江戸城

築城と造営の全貌

野中和夫

同成社

1．江戸城天守台全景（1～8　撮影：小池　汪）

2．天守台東壁

3．中之門（見渡し）

4．中雀門礎石

5．大手石橋全景

6．大手石橋電飾灯台座の獅子

7．富戸海岸の崖面

8．大川、三嶋神社境内の角石

目次

江戸城——築城と造営の全貌

第一章　江戸城前史

一　自然環境

都市の発展には、交通の要所であることが不可欠である。それには、内陸部であれば街道や河岸、海浜部であれば港の整備を必要とする。三つの条件が重なればそれにこしたことがないが、さらに一層という条件をつけると、政治的側面や、地理的要因に大いに左右される。

家康が江戸に入府した天正十八（一五九〇）年は、今日の東京都心部と比較すると、地勢は全く変わっていた。

江戸城周辺は、関東山地から東に延びる武蔵野台地の東端部に位置するため高台が、一方では、それに続く東京低地が拡がっていた。東京低地は、地形学でみると、利根川と荒川の二つの河川によって形成された三角洲となるが、今日、ここには、隅田川、荒川、中川、江戸川の四本の河川が注ぎ、幾度となく大洪水に襲われていた。人々は、その被害から免れるため、その都度、流路を変え、対応することを試みた。そのため、元の河川の流路を見失うことさえある。東京低地における洪水対策は、近世・近代を経て現代も続いている。また、昭和以降、地盤沈下という新たな課題も浮上している。

一方、台地に目を転じると、武蔵野台地は、原形が扇状地にあるといわれている。最終氷河期における寒冷化によって奥東京湾の浅海底が陸化して海成低地となり、その後、河川の侵食によって河成低地も形成されることとなった。つまり、高位の段丘面と低位の段丘面が生じたことになる。

武蔵野台地の南東部にあたる山手台地は、高位の下末吉面と下位の武蔵野面の二つの段丘面からなると理解されている。下末吉面には、淀橋台、荏原台、田園調布台などが属し、江戸城に限ると、淀橋台が広く被う。淀橋台は、最も高位の段丘面（S面）で、神田川と目黒川の二つの河川に挟まれた範囲を指し、西は、神田川の水源である井の頭池の東側、高井戸付近から世田谷・渋谷・港・新宿・千代田区の広範囲に拡がっている。標高は、三〇～六〇メートル位であるが、比高差は、西側ではほとんどない緩やかな勾配で、東端部近くで一〇メートル程となる。また、鹿角状に小支谷が入り組んでいるのも特徴である。

他方、武蔵野面には、豊島台・本郷台・目黒台などが属し、いずれも淀橋台より一・二段低い地形となる。このうち、豊島台と目黒台は、淀橋台を北と南の双方から囲むように一段低いM1面にある。豊島台は、神田川と谷端《やば》川（小石川）に挟まれた池袋を中心としており、目黒台

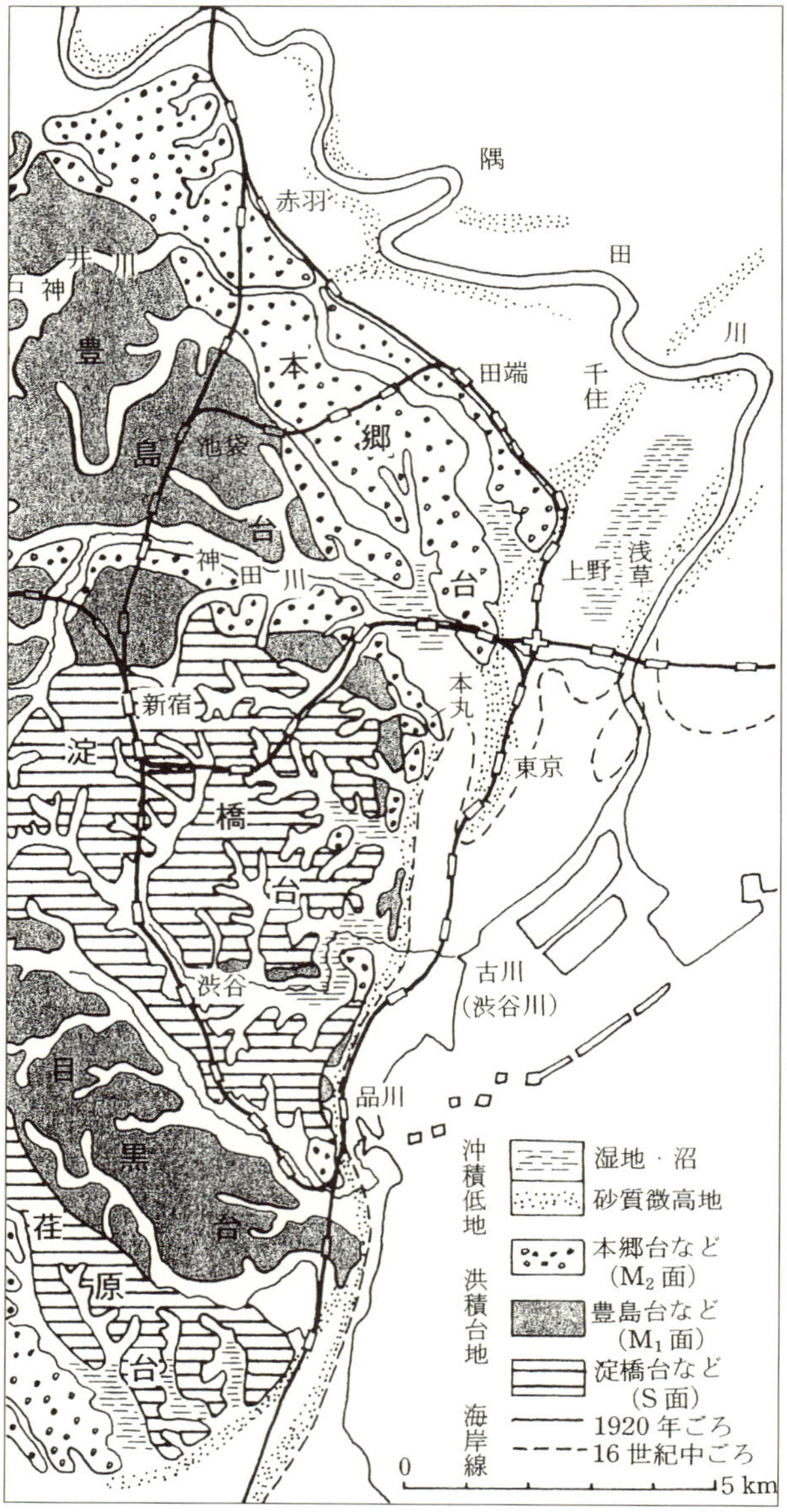

図１−１　江戸城周辺の地形（貝塚『富士山はなぜそこにあるのか』1990年より）

は、目黒川の右岸域が範囲となる。本郷台は、豊島台の東、同台よりさらに一段低いM２面、谷端川と谷田川（不忍池に注ぐ）に挟まれた赤羽から上野に至る範囲を指す。標高は、二〇～二五メートル。この本郷台は、段丘を画する二つの河川が東流後、急変することから、南北に細長い形状をとることとなる。

ちなみに、これら段丘面が形成された年代は、S面が一二万年前、M1面が一〇万年前、M２面が七万年前といわれている。

次に、江戸城に焦点を絞り、地勢をみることにする。先に述べたなかで、一つ欠落していることがある。それは、日比谷入江であり、本郷台を南下し、神田橋・常盤橋・数寄屋橋に繋がる砂洲である。砂州は、「前島」とも呼称されている。その成因については、本郷台と河川の侵食作用で説明することができる。

『聞見集』や『霊岩夜話』を参照すると、家康が入府した天正十八年の北条氏が築いた江戸城には、内桜田大手門より三の丸平川口迄の間に掻上土居の惣構えがあり、四五カ所、海外に出入する木戸門があったことが記されている。三の丸の東側まで日比谷入江が延び海岸であったとは考え難いが、かなり近くまで入江が迫っていたことは間違いない。それは、和田倉門遺跡の発掘調査や貝塚爽平氏による工事現場の貝殻と泥層堆積物の踏査によって明らかである。家康は、この日比谷入江を埋め立てることによって、江戸城外郭の東側に広大な土地を入手し、同時に濠を築き、物資の輸送に不可欠な荷揚場や江戸湾の整備を着々と進めることになる。

江戸城全体を見渡すと、淀橋台・豊島台・本郷台の三つの段丘と東京低地からなる。貝塚爽平氏は、明治以降の地形図から、江戸城が三つの段丘面を利用して築城されたと解く。その視点を標高に置き、半蔵門の西側、永田町周辺は標高が二八メートルと本丸や北の丸よりも五～一〇メートル高いS面。江戸城の中心部では吹上御苑が二五メートル（M1面）。北の丸と本丸が二〇メートル（M2面）で最も低い段丘面と考えた。他方、千代田区教育委員会では、発掘調査から本丸から三の丸にかけては一〇メートル余りの盛土があり、基盤面は下位にあること、吹上は台地を削り本来はもう少し高い位置にあることを指摘する。千代田区教育委員会の場合、本丸がM2面、吹上がS面ということになろうか。

次に、河川についてみる。山手と東京低地の二者に分け、述べることにする。

山手、武蔵野台地の東端部は、扇状地でいうならば扇端にあたる。つまり、谷間からは、湧水が出てくる。それらの集まった代表的な池が井の頭池、善福寺池、妙正寺池、三宝寺池、石神井池などである。江府内の中程には、神田川が東流するが、この川は、井の頭池・善福寺池・妙正寺池を水源とし、そこから流れる川が途中で一つになったもので、かつては平川と呼称されていた。この平川は、小日向から水道橋、下平川村、神田村を経て前島の東側から日比谷入江に注いでいた。明治大学刑事博物館所蔵「長禄江戸図」（同図には「神田川」と記入）をみると、小石川と飯田橋川南側で合流し溜池を形成している。神田川は、徳川時代になると、秀忠・家光の代に外濠の掘削が行われ、御茶ノ水・浅草橋を経て、隅田川に注ぐ。旧来の流れは、新日本橋川と呼称されるようになる。三宝寺池・石神井池に水源をもつ石神井川は、本郷台を横断し、王子あたりから南下し、不忍池、お玉ケ池を経て隅田川河口に注ぐ。注目されるのは、本郷台を横断する流れである。今日の飛鳥山・王子の谷間を横切るもので、後述する豊嶋氏の開削によって流路を変更したものである。また、前述の「長禄江戸図」をみると、江戸城の西側、後の外濠・真田濠あたりからの湧水が溜池に注ぎ、日比谷入江へと流れている。

東京低地では、前述したように、今日、四本の河川が東京湾に注ぐが、中世において注目されたのが、太日川《ふとひ》（江戸川）と隅田川である。太日川は、旧絹川（鬼怒川）と利根川の支流が関宿周辺で合流し、江戸湾に注ぐもので、北関東、さらには奥羽を結ぶ重要な水上交通としての役割を担っていた。一方、隅田川は、海路、武蔵に入るには房総を経由するため、要所となっていた。

家康が藤堂高虎とともに一帯を縄張りするにあたり、これらの地形、なかでも三つの段丘面をどの程度、意識していたかは定かではないが、防禦の点からみると、その選地は優れたものであるといえる。ところで、江戸城の縄張りは、「渦巻型」ともいわれている。それは、内濠から外濠にかけて渦を巻く形状で濠を巡らしていることに由来するが、濠が空堀でなく水堀である以上、水の確保は不可欠である。勿論、さきに述べた河川も利用される。武蔵野台地は、ある種、扇状地であると述べた。扇状地の場合、河川は伏流するので、扇央で流水をとることはなく、扇端が湧泉源となる。西ヶ谷恭弘氏は、この伏流水に逸速く注目し、江戸城の沼池や水堀について、「城郭の水堀―その歴史と概要―」（『水環境学会誌』三六-四）のなかで以下のように述べている。

……台地伏流水は北端で前述の赤塚にみたとおり沢水として流出。南東の江戸城の丘には、多くの支谷が形成されて伏流水による池や

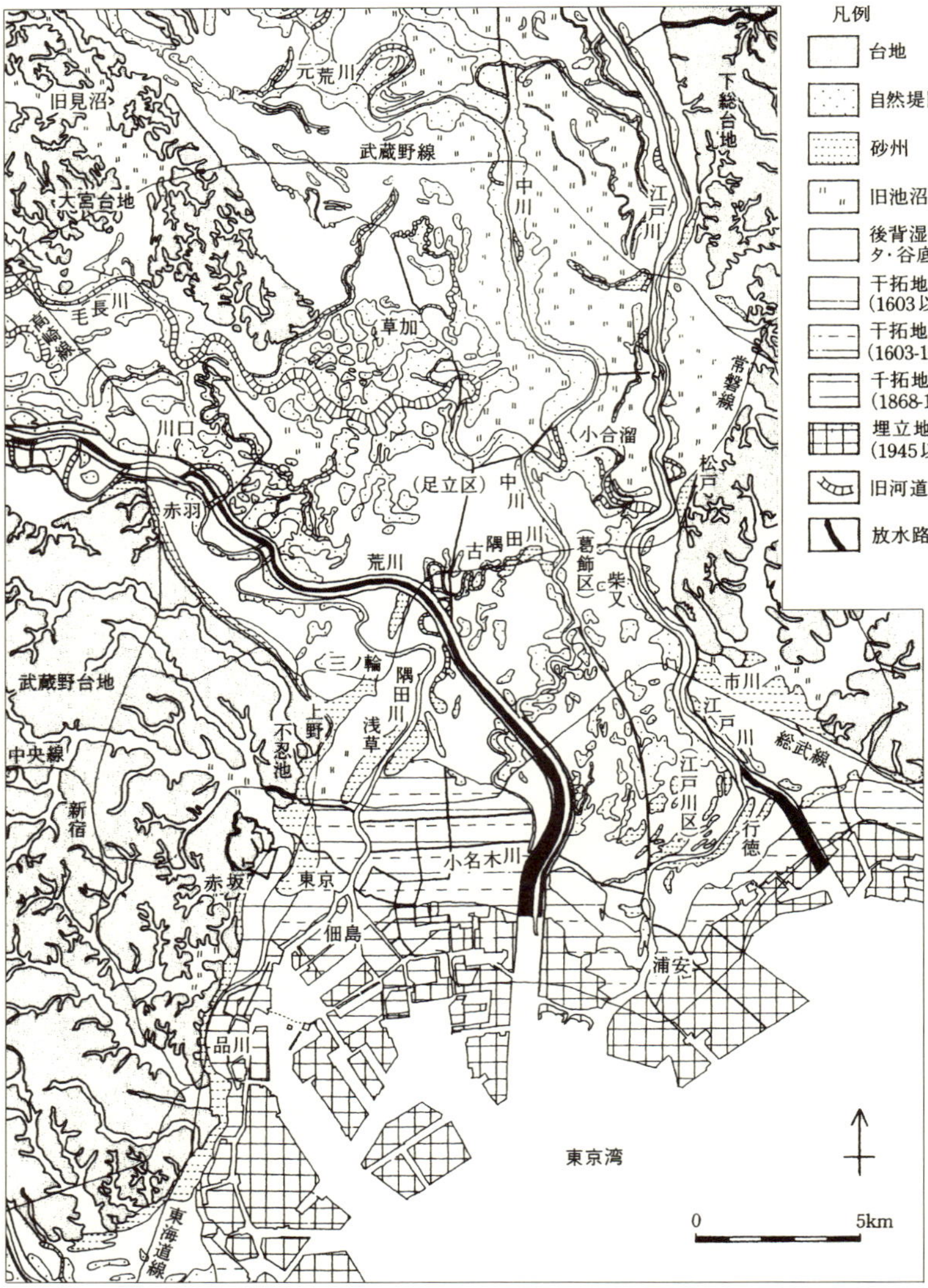

図1-2　東京低地地形区分図（貝塚ほか『日本の地形』4　関東・伊豆小笠原、2000年より）

沼が形成された。江戸城の丘で最も大きな伏流水がつくり出した沼池は、局沢《つぼねざわ》とこれに続く蓮池で、ついで大きな沼池が千鳥ヶ淵である。局沢は家康の時代に埋立てられ、今みる乾濠と蓮池濠となっている。

武蔵野台地支谷の伏流水の沼池を水源とする江戸城北側と西側の堀水は、水位の標高が東側と南側の堀の水高より当然高い。

（中略）

西ヶ谷氏は、最も水位が高い所であろうとして四ツ谷見付左右の真田濠で標高一九メートル。千鳥ヶ淵以下、主な濠の水位標高を一覧表にまとめ、その上で、濠の水の吐口となる日本橋川河口で一メートル、神田川河口で〇・五メートルをあげている。表に載る主な濠の水位標高をみると、千鳥ヶ淵で一六メートル、清水濠で四メートル、大手濠で四～三・五メートル、日比谷濠で二メートル、乾濠（旧、局沢）で一〇メートルとなっている。

同論文では、さらに重要なこととして、水堀・濠と土橋との関係について、

……土橋左右の水位調節のため、土橋には水を流す穴が開かれ、水位の高い濠・堀の水位が一定の高さに達すると土橋に開けられた穴の水路から水が低い堀側に流れるようになっていた。このように江

戸城の水堀は、武蔵野台地に滲み込んだ伏流水となって江戸城域の小支脈谷間に出て、堀の水となる。江戸城の水堀が常に清らかで、激しい自然の汚れがないのは、城域の西の四ツ谷から、東側の江戸湾に流れるように水流があるからだ。それは区分区分に城門の前方にある土橋が左右の濠・堀の水位を自動的に調節しているからだ……（以下略）

と述べている。城郭はもとより、地理にも精通している西ヶ谷氏ならではの見解である。濠を掘ること自体は、人工的な行為であるが、濠に水を入れて流すとなると、やはり地理・地形をみることができなければ無理がある。また、水利技術が伴わなければ不可能である。両者が揃うことで、江戸城の濠が保たれたことになる。

　江戸の地形をみる場合、河川の改修、濠の掘削などと共に、台地の削平や低地の埋め立てによる改変も忘れてはならない。家康が公儀普請として神田山を切り崩し、外島の洲崎を埋め立てたことは周知のことであるが、近年、都心部での発掘調査によって、江戸時代に人工的に地形を改変した様相が明らかにされつつある。後藤宏樹氏は、「遺跡にみる城下町江戸の造成」（図録『発掘が語る千代田の歴史』）のなかで、切土のパターンと盛土のパターンの二つに大別し、前者を台地上、後者を台地上と谷・低地に細別し、具体的な事例をあげて述べている。そのなかの一例として切土のパターンをみると、氏が台地上と分類したなかの一番町遺跡や隼町遺跡では、旗本・大名屋敷地内のうちの高所を削平し、低所を盛土することで平坦面を確保しているという。また、駿河台の明治大学記念館前遺跡では、表土を剥ぐと、地表下五メートル以上でみられる白色粘土層が露出し、大規模な削平が確認されたという。この削平は、史料と照会すると、慶長八（一六〇三）年の公儀普請によるものと考えられる。ちなみに、前述した平川下流域に位置する一ツ橋二丁目遺跡や飯田町遺跡では二〜三メートルの盛土がみられ、とりわけ下層に灰色粘土を用いることで（湿地・溜池）地形を改善しているという。すなわち、江戸時代に大小様々の造成工事によって地形が改変されているのである。

二　家康入府以前の江戸

江戸の語源　江戸の名称をめぐっては諸説があるが、「江」と「戸」を切り離して考えるという点では一致する。「江」については、広義では今日の東京湾、狭義では日比谷入江を指すという見解が多い。一方では、中国の揚子江や韓国の韓江などのように河川の流れを指すという見解もある。「戸」については、門という見解が大多数を占める。したがって「江戸」とは、日比谷入江の門もしくは、河川ならば隅田川あるいは旧神田川の河口ということになる。

江戸氏館　江戸に居館を構えたのは、寛平《かんぴょう》元（八八九）年桓武天皇の曽孫、高望《たかもち》王が平姓を賜い、上総介として上総に任じられたことにはじまる。高望王の子良文は、武蔵守に任ぜられ、武蔵はもとより相模まで勢力を拡大する。このあたりから、桓武平氏による坂東進出がはじまる。一族は、坂東七平氏と呼ばれるように秩父・千葉・豊嶋・葛西・畠山・河越・江戸氏が相次いで登場する。そのなかで秩父氏は、武基・

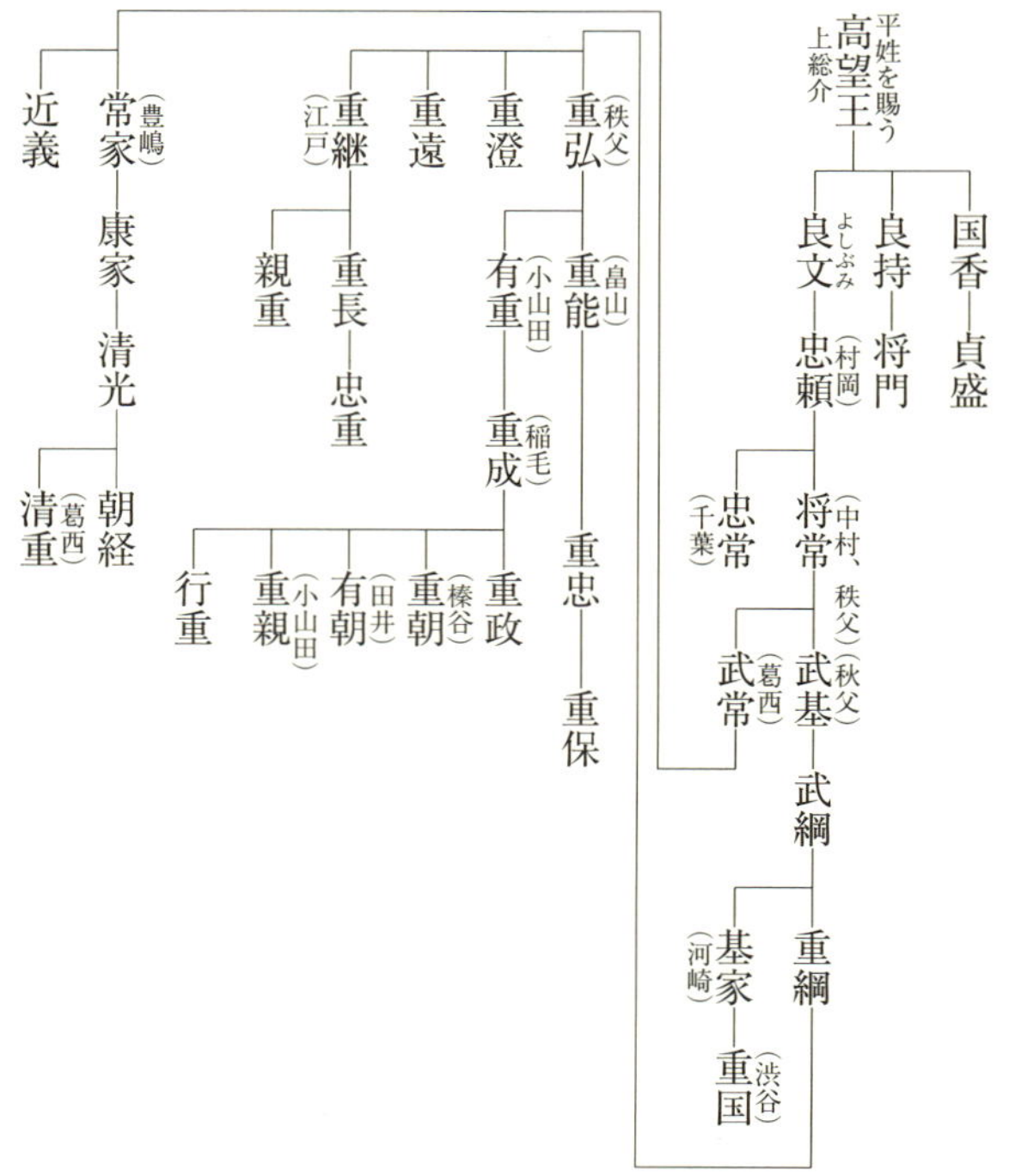

武常の代で大いに発展する。武蔵国内では、東部に勢力を拡大し、豊嶋・葛西を開拓していく。豊嶋は、古代には郡衙が置かれ、近年、御殿前・七社神社前遺跡の発掘調査によって、その位置を特定するに至っている。古代から要衝の地であるが、豊嶋氏は、それとは直接関わりはない。家系図を信用するならば、武常の子、常家が祖といわれ、平塚城が本拠と考えられている。さきに述べたように旧石神井川（谷田川）が本郷台を横切る流路をとるが、この開削も豊嶋氏が行ったものである。豊嶋氏は、その後、鎌倉方の有力御家人となり、足利政権下では、後述する山内上杉氏のもとで、板橋・志村・練馬・石神井などを支配した。その後、太田道灌の時代になると、古河公方や山内上杉氏の家宰長尾景春の乱などにまきこまれ、ついに文明九（一四七七）年四月十三日に平塚城が攻められ、翌一四日には練馬城が落城。翌年一月二十五日は平塚城が落城し、滅亡することとなる。

江戸氏については、秋父氏から分出した家柄で、重綱の子、重継が祖といわれている。重継は、居館を構えた江戸の地名から名のったと考えられているが、その地名の語源についても二つの説を紹介したが確固たるものではない。史料が乏しいこともあり、江戸氏館の位置は、いまだ不明である。有力な説として、村井益男氏と西ヶ谷恭弘氏の二つの説を紹介する。

村井氏は、『江戸城―将軍家の生活―』のなかで、重継が築いた江戸館の位置・構造・規模などの確実な徴証が皆無であると断った上で、あえて推論するならば、現在の皇居のある台地上であろうとしている。それは、『新編武蔵風土記稿』をはじめとする江戸時代に編纂された文献で確認されていると述べている。村井氏によれば、江戸氏館、太田道灌が築いた江戸城、後北条氏、家康が築いた江戸城と四代にわたる館・城は、同じ位置ということになる。

他方、西ヶ谷恭弘氏は、『江戸城―その全容と歴史―』のなかで、まずは、江戸の初見史料を弘長元（一二六一）年十月二十一日の平長重書状に「豊嶋郡江戸」と記されていることを指摘する。その上で、江戸の語源を川に求め、下総国から武蔵国の出入口を管理した江戸氏の居館を隅田川右岸、石浜神社境内およびその周辺の地と考える。とりわけ、昭和六十一年から同六十三年にかけての地中レーダー探査によって二重の堀の確認が裏付けられたと解く。また、江戸城跡（皇居）は、中世まで荏原郡であることもあげている。

江戸氏は、重継の子、太郎重長の代になると史料に登場する。治承四（一一八〇）年、源頼朝は、平氏討伐のため伊豆で挙兵する。石橋山合戦で敗れると、海路、安房に入る。頼朝は、房総の諸氏を味方につけ、同年九月十七日、一万七〇〇〇人の大軍を率いて下総国府に入る。この時点では、江戸重長をはじめとする秩父系武蔵平氏の大半は、平氏側についていた。頼朝が武蔵国に入るには、江戸・葛西・豊嶋の諸侯を味方にしなければならない。頼朝は、逸速く頼朝側についた葛西・豊嶋の両氏を通じて味方に付くことを勧めた。『吾妻鏡』には有名な文言「汝已に棟梁たり」と江戸氏が武蔵国の棟梁たちを統率する地位であることが記されている。にもかかわらず、頼朝側に応じることはなかった。

頼朝は、同年十月二日、三万人に増兵し、太日川（江戸川）・隅田川を渡り、隅田宿に陣を張る。ここに至り、再度、葛西・豊嶋の両氏による取り成しによって十月四日、ついに和睦することとなる。重長は、その後、鎌倉方の有力御家人となり、一族は、今日の台東・荒川・千代田の各区に勢力を延ばし、支配するようになる。

しかし、十二世紀末、鎌倉幕府が開かれるようになると、鎌倉道が整備される一方で、東海道は、畿内・東海からの海路が衰退し、足柄峠を越える山道が中心となる。それによって、旧来は、要所であった隅田川周辺が、多摩川周辺へと移る。江戸氏は、隅田川の渡船管理や東京低地の開拓に長けていたことから、多摩川下流域に所領を与えられることとなる。その後、十四世紀に入ると江戸氏は、隅田川と多摩川の両下流域を支配するが、隅田川の右岸石浜城には千葉氏が入城するなどして没落していった。

太田道灌と江戸城　享徳三（一四五四）年十二月二十七日、鎌倉公方足利成氏は、関東管領上杉憲忠を殺害する。そもそも室町幕府は、関東を支配するために、足利尊氏の四子である基氏を鎌倉御所にあて、それを補佐する管領に姻戚関係の上杉憲顕を就けた。その勢力は強く、京都の幕府に優るとも劣らない程に拡大する。それ故、時には、幕府の政策に従わないことすらあった。鎌倉御所四代の足利持氏の時に事件が起きる。

応永三十五（一四二八）年将軍足利義持が逝去すると、継嗣問題が発生する。持氏は将軍になることを望んだが、義持の弟の義円（後の義教）が就くこととなった。持氏は、これに不満で幕府に反抗する態度が鮮明になる。仲介役にあった管領の上杉憲実は、失脚し、白井に追いやられた。将軍義教は、持氏に追われた管領の上杉憲実に援軍を送り、遂に衝突が起こる。永享十一年（一四三九）、持氏は鎌倉の永安寺で自殺することとなる。

因縁は続く。持氏の子、成氏は鎌倉御所に、上杉憲実の子の憲忠は関東管領に就くが、親からの因縁は収まることなく、ついに享徳三年、鎌倉で上杉憲忠を殺害する。これらは、鎌倉御所と関東管領による親子二代にわたる争乱ということになる。康正元（一四五五）年、足利成氏は、幕府と山内・扇谷上杉氏の連合軍に鎌倉を追われ、古河に移ることとなる。以後、古河公方として、小山・結城・古河・忍・菖蒲・関宿・野田などに諸城を構え東関東を支配し、幕府および両上杉氏と対立することとなる。

一方、かねてより対立関係にあった両上杉氏は、山内上杉氏が白井・深谷・松山、扇谷上杉氏が河越・岩付・蕨などに諸城を構え、西関東を支配していた。また、山内上杉氏は、家宰職長尾家の跡目をめぐり、長尾景春が反旗を翻す。文明五（一四七三）年のことである。これには、反上杉として練馬城の豊嶋氏や小磯城の越後氏なども加わる。新しく鎌倉御所に着任した足利政知（伊豆堀越に下向したことから堀越公方とも称される）は、古河公方と長尾景春の二つの反乱を鎮めるために、相模の扇谷上杉定正に命じて、武蔵国内に新たな拠点となる城を築かせた。それが岩付城・河越城・江戸城の三城である。

太田資長《すけなが》（道灌）は、扇谷上杉家の家宰であったので、足利政知の命に従い、父道真と共に、江戸城を築城することとなる。宮内庁書陵部所蔵『鎌倉大日記』によると、江戸城は、康正二（一四五六）年に着手され、翌長禄元（一四五七）年四月八日に完工する。

道灌が築いた江戸城の位置をめぐって諸説がある。有力なのが、旧本丸の台地上である。『霊岩夜話』を参照すると、

> 扇が谷殿の家老に太田備中守資清と申たる者、入道して道灌齋と名乗る。文武両道に達し、就中城取縄張修練の聞之有て武州川越の城主なりしが、鎌倉通用のため、江戸に一城をとり立べきとある所存をもって、ここかしこ城地を見立、はじめはもと吉祥寺の臺を城に取立可申とあり。縄張などもいたしはじめ候所、或夜霊夢の告によって、只今の御城になりし所へ罷越、葉付の竹をとらせ、二三本城の形に廻し、その後在所の者を呼出し、此竹の傍の内の村々の名を何と申ぞと尋候所に、百姓共申候は、千代田・寳田・祝言村と申す三村にて候とこたへれば、道灌聞て、国の名は武蔵、郡の名は豊島、いまの城に取立べきと思ふ三村の名とてもおの〱吉祥の名也。此地に城を築に於ては、末々繁昌疑ひなしと、この考を以て城に取立候となり。

とある。「吉祥寺の臺」とは、現在の駿河台を指し、太田道灌は当初、其地に江戸城を築く予定であったが、夢見で千代田・宝田・祝言に変更したという逸話である。

このほかに、江戸郷平川村説、旧西丸説などがある。江戸郷平川村説は聞き慣れないが、『東京市史稿』皇城篇第壹に、諸説の一つとして以下のように紹介されている。

> ……按ズルニ平河天神社文明十年（一四七八）ノ棟札中「大日本國武州豊島郡江戸平河城内」と記シ、持資築城ノ後、俄ニ村名ヲ改メタリトモ思ハザレバ、平川村ノ名ハ久シキ以前ヨリ存シ、持資此ノ江戸郷平川村ニ城キタルヨリ乃チ之ヲ江戸城又平河城トモ称シタル者ニ非ザル歟、上下平川村ノ名ハ明ニ永祿二年（一五五九）ノ小田原衆所領役帳ニ見ユ……（以下略）

ここでは、平河天神社の棟札から、江戸城=平河城とし、平川村の一角とするものである。

旧本丸と共に有力なのが、旧西丸説である。「新安手簡」と「江戸城考」の二つの史料を紹介する。共に『東京市史稿』皇城篇に所収されている。

「新安手簡」には、

静勝軒ハ、當時ノ本城ノ事ニハ是アルマジク候。西城ガムカシノ本城ノアトト見ヘ申候。船見山ト申所有之候。外ヨリ見ヘカネ候ヘドモ、キハメテ高クシテ、國府臺ナドハ手ノトヾクホドニ覺ヘラレ候。コノ所子城トゾンジラレ候。當時櫻田大手ノ門ヲ昔ヨリ泊船門ト申候。コノ邊マデ東南ヨリ入海ト見エ候。比々谷門ヨリ外ハ、カノ入海ニテ皆々地形ハ築キ立ラレシヨシニ候。夫故ニ今モ地震ハコトノ外クロキ地ニテ、萬里記ニ符合イタシ候所コレアルコトニ候。

とある。また、「江戸城考」には、

昔ノ本城ハ全クイマノ西城ナラル説モノカヾアルベキ。サレド西城ノ方モカマヘノ内ナリシトイハヾ、サモ有ベシ。江亮記ノ文萬里和尚ノ詩ノ序ナドヲ以テミルニ、今ノ西城トハオモハザルニ似タリ。既ニ江戸城ノ北畔ニ菅廟ヲ立シコト、梅花無盡蔵花下晩歩ノ詩ノ序ニモ見ユ。コレ梅林坂ノ邊ナリトイフ。又事蹟合考云、大導寺友山傳聞ノゴトクイカニモ西城ハ御入國以後役取立アリシモノ明カナリ、今ノ世西丸御休息ノ間ノ前サル芝山、古来ヨリ道灌ノ船見山ト申傳フト云々。又武者物語ニ、古キ侍ノ物語ニ云、太田道灌入道居城ノウチ山里ト云ウ所アリ、カノ所ニカラカサ程ノ木ノコ生出ル、諸侍是ヲ見テ、怪物ナリトテ道灌ヘイヒケル、入道聞給ヒカヘツテ怪物ニアラズ、自然サカサマニ生出アラバフシギナルベシ、ケイヤウ常ノ木ノコヨリ大ナリト云バカリトテ、キニカケ給ハズ、其ノチ廿日バカリ過ギ、右ノゴトクナル菌サカサマニハユル、諸侍ハ是ヲ見テ驚キ、道灌ニイヒ上ケル、入道聞給ヒテ、カヤウノ義ハ皆狐ノワザナルヲ人間タブラカサレテマヨウト見ヘタリトテ、終ニキニカケ給ハザルユエ何事モナカリキトイヘリ。按ニ此事ハタヾ一場ノ快談ニシテ、コ、ヘイフヘクアラザレド、道灌ノ居城山里トイヘルハ、今モ吹上ノ邊ニ山里トイヘル所アリ、則チ其所歟。此事古ヘヨリ傳ヘシ事ト見ユレバ、殊更ニ設ケタルコトモアラザルベシ、是ニヨレバ、山里則居城ノ内トイヘバ、今ノ西城ニヨリタル方モ構ノ内ナリシタルベシ。或人ノカタリシハ、近キコロ西城ノ御修理アリシニ、桔梗ノ紋ツキタル瓦出シ、是全ク太田家ノ紋ナレバ、古キ世ノ物ナリシト見ルベシ、紋付タルサマモ多ク磨滅シテヤウヨク分ル、程ナリ。又一年西城ノ長局ノ御修復アリシニ、其頃十六葉ノ菊ノ紋付タル瓦ヲモ堀《ママ》出セシコトアリ。或人云、昔二條ノ御殿トヤランヲ江戸ヘ引レシトイフ事アリシ、モシ其頃ノ物ナルベシト、サレド此所ヘ二條ノ御殿ヲウツサレシトイフ事ハ、他ノ書ニ所見ナキ事ナリ。又一説ニ、十六葉ノ菊ノ紋ハ、イマ山本家ナド用ユ、是モ太田家ヨリ分レシモノナレバ、此菊ノ紋ヲ太田家ニテ付タル一ツニヤト。イカヾアルベキ、其マサシキ事ヲシラズ。是ラニヨレバ、西城ノ方ニ城モアリシニヤ、イヅレ、今ノ御本城西城ハ古ヘノ阯モスコシクダヒテ、別ニ御両城ノ間ニ有シ城ナルモシルベカラズ。

とある。「江戸城考」の最後の文言にあるように、道灌が築いた江戸城は、本丸、或いは西丸のいずれかであることは間違いない。強いていえば、棟礼の平河神社や梅林坂などが本丸内であることから本丸がやや優勢というところであろうか。

道灌は、永享四（一四三二）年に生まれ、二五歳で江戸城を築くことになる。正確な位置は別として、史料を読む限りにおいて、前島（八重洲）を眼下にもつ江戸城と城下は、大いに賑わっていた。その姿は、京や鎌倉をはるかに凌いだともいわれている。道灌の名声に、江戸を訪れた人も少なくない。そのなかには、文人の万里集九《までのしゅうく》や京五山の一つ南禅寺の高僧、蕭庵龍統《しょうあんりゅうとう》などがいた。万里集九は『静勝軒銘詩並序』を、蕭庵龍統は『寄題江戸城静勝軒詩序』を著している。そのなかで江戸の賑いについて、万里集九は、

倉廩《そうりん》紅陳の富めるや、粟を裁して皀莢《さいかち》と雑ゆ、市鄽《してん》交易の楽めるや、城門の前に市場を設く、薪を担うて柳絮《りゅうじょ》に換う、僉《みな》曰う、一都会なりと……（以下略）

と記し、蕭庵龍統は、

城の東畔に河あり、其の流れ曲折して南の片、海に入る、商旅大小の風帆と魚猟来去の夜篝《よかり》は、竹樹烟雲《ちくじゅえんうん》の際に穏見出没す、高橋の下に到り、纜《ともずな》を繋ぎ櫂を閣《お》き、鱗集蟻合し、日々市を成せり、則ち房の米、常の茶、信の銅、越の竹箭、相の旗旄《きぼう》騎卒、泉の珠犀《しゅせい》異香より、塩魚、漆枲《しったい》、梔《くちなし》、茜《あかね》、筋膠《すじにかわ》、薬餌の衆《おお》きに至るまで、彙《い》聚《しゅう》し区別せざるなきものは、人の頼る処なり……（以下略）

と記している。蕭庵龍統の記述は具体的で、各地の特産品が江戸に集荷する様子がよくわかる。つまり、交易が盛んで特産品を積んだ帆船が江戸湾・日比谷入江に入り、市が盛んで、活気を呈する城下の姿を垣間みることができるのである。

ここで問題となるのが、道灌の築いた江戸城の構造ということになる。前述の『寄題江戸城静勝軒詩序』には、

壘之高さ十餘丈、懸崖峭立《しょうりつ》す。周らすに繞垣《じょうえん》を以ては数十里許り。外に巨溝浚塹《きょこうしゅんざん》有り、咸《みな》泉脈に徹《とお》る。瀦《たたうる》に鄰碧《りんぺき》を以てす。巨材を架して之橋と為し、以て出入之備えと為す。而して其門を鉄にし、其墻《しょう》を石とし、其径を磴《いしだん》とし、左盤右紆《さばんゆうう》して、聿《ついに》其壘に升《のぼ》る……

（以下略）

とある。高さ十余丈程の土塁を巡らし、濠を掘り湧水から水を引き堀とする。巨木を使って橋を造り、出入口とすることで備えを固めているのである。門は鉄、かきを石、道は石段（石畳）の続くとある。堅牢な様子がうかがえる。

また、『静勝軒銘詩並序』には、

城中の五六井、大旱《だいかん》すと雖も其の水縮むことなし。その塁営の形たるや、曰《いわ》く子《ね》城、曰く中《なか》城、曰く外《と》城。凡そ三重なり。二十又五の石門有り、各飛橋を掛く。懸崖千万仭なり。……（以下略）

とある。万里集九によると、道灌の築いた江戸城は、子城・中城・外城の三重構造ということになる。さきに、道灌の築いた江戸城の位置をめぐり三つの説があることを紹介し、今日、不確定であることを述べた。位置が不確定であるが故に、子・中・外城の構造の解釈についても諸説がある。

ただし、史料を読むと、中城には、道灌が静勝軒と名付けた居宅のほか、直舎（詰所）、戍楼《じゅうろう》（物見櫓）、保障（防柵）、庫痩《こゆ》（倉）などを構えていた。西ヶ谷恭弘氏は、前掲書のなかで史料の精査の上で、静勝軒の位置を下梅林門を入った梅林の辺りと推定している。万里集九が道灌に招聘され、江戸城静勝軒を訪れたのは、文明十七（一四八五）年十月

三日のことである。当日は、歓迎晩餐会が開かれ、万里は次の句を残している。

静勝軒晩眺　三日、余曽作静勝軒詩、
太田道灌亭日静勝、迎余晩燕、
一々細併佳境者、隅田河外筑波山、
入窓富士堪道、潮気吹舟慰旅願、
開窓則隅田川在東、筑波山在北、
富士出諸峯、在三日程之西、
向東南海波方頃、

万里集九は、近江の生まれで、幼少期を相国寺雲頂院、その後、美濃国守護代の斎藤妙椿のもとに身を寄せていた。静勝軒（江戸城）を訪れるにあたり、九月には美濃を出、陸路、足柄峠を越え、相模の扇谷上杉定正の屋敷に着いたのが九月三十日。品川には前日の十月二日、長旅を経てはじめて目にする江戸の風景であった。富士山はもとより、大河、隅田川と遠方の筑波山、日比谷入江の潮風が印象深いのである。

道灌の築いた江戸城は、堅牢でかつ城下では市が開かれ賑わうことから、名声が瞬く間に広まる。道灌が優れているのは、武人としてはもとより万里集九との交流をはじめとする文人であるということも忘れてはならない。

文明六（一四七四）年六月十七日、江戸城で歌合会を開いたのは有名で、文明八年には、京都南禅寺の村奄霊彦《そんあんれいげん》・雪樵景茝《せっしょうけいさい》、建仁寺の蕭菴龍統・黙雲龍澤《もくうんりゅうたく》、相国寺の補菴景三《ほあんけいさん》に求め静勝軒にかかげる詩文を記したという。

太田道灌は、三〇年余を江戸城で過ごし、文明十八年（一四八六）七月二十六日、主君の扇谷上杉定正の館である相模糟屋の館で暗殺される。道灌五五歳のことである。道灌の殺害をめぐっては、三年後の延徳元年（一四八九）三月二日、上杉定正が執事の曾我豊後守に送った書状に記されている。

諸人之批判ニ、今度之一乱自㆓身上㆒事起候間、治乱之沙汰、おかしき様ニ存知方可㆑有㆑之候。覚悟之前候。但道灌成㆓堅固壁塁㆒、山内江可㆑為㆓不義企㆒候間、度々以㆓専使㆒如㆑加㆓折檻㆒者、這般之事者、可㆑為㆓存知之前㆒候処、誤如何。左伝云、過㆓都城百雉㆒、国之害也。如何江河両城堅固候共、山内江不義連続候は、果而不㆑可㆑叶之由、申付候処、不㆑覃㆓承引㆒、剰思㆓立謀乱㆒候間、則令㆓誅罰㆒、迎㆓鉢形㆒注進畢。而顕定為㆓合力㆒、至㆓于高見㆒、被㆑揚㆓軍旗㆒間、忝《かたじけない》存候処、無㆓幾程㆒被㆑翻㆓御覚悟㆒。先太田源六お甲州辺へ忍出、色々当方可㆑有㆓追討㆒御行、現形候。別而無㆓越度㆒、既一二代当家成㆓興立㆒、太田父子おも山内へ挟㆓逆心㆒間、加㆓誅戮《りく》㆒処、結句定正可㆑有㆓御対治㆒謀略、何事候哉。東八州亡国之悲歎、三歳嬰児も知義也。

つまり、道灌が江戸城や河越城の壁塁を堅固にして、扇谷上杉定正と対立関係にある山内顕定に対して不儀を企て続けた。道灌に不儀の中止を告げたが承知をせず謀反を思いたったので、直に誅罰した。山内顕定のために、鉢形城に仰入れ注進したが、対立して一戦を交えることになったというのである。道灌が主君に対して裏切り行為を行なったのか、あるいは、定正が道灌の才能に嫉妬した故のものであるかは定かではない。道灌を殺害したのは、定正の家臣、曾我兵庫であるが、道灌は倒れながら、「当方（扇谷上杉家）滅亡」の一言を発したと伝わる。

道灌の死後の江戸城

道灌が暗殺されると、道灌の子源九郎資康《すけやす》をはじめとする下士たちは、定正を離れ、山内顕定のもとに走る。資康は、甲斐で兵を挙げる。かつて道灌が支配した江戸城と河越城は、上杉定正が治めることとなり、江戸城には家臣の曾我祐重《ゆけしげ》が城代となる。山内上杉氏と扇谷上杉氏との対立が深まるなかで、上杉定正は明応二（一四九三）年十月五日、五二歳で生涯を閉じる。五郎朝良が継承するが、両上杉氏の対立は一層、深まる。

永正元（一五〇四）年、山内顕定は、武州立河原で扇谷朝良を破り、十月三日、河越城で朝良は和睦する。この時、太田資高は、再び扇谷上杉家に復帰したと考えられる。朝良は、家督を養子の朝興に譲り、自らは江戸城に籠ることとなる。道灌の最後の一言が的中するのである。その後、永正十五年四月二十一日、朝良が逝去すると養子の朝興が名代として跡を継ぐが、勢力は弱まった。遂に大永四（一五二四）年正月十三日、太田道灌の孫太田資高・資貞が江戸城に返り咲くこととなる。これには、上杉朝興の家老であった資高・資貞が謀叛を起こし、宗瑞の跡を継いだ北条氏綱と通じ、氏綱が、豆州と相模の一万五〇〇〇の軍勢を引き連れ、品川前の高縄原（高輪）で上杉朝興軍八〇〇〇余を打ち破ったことから帰参がかなうのである。敗れた上杉朝興は河越城に落ち、大永六年と享禄三（一五三〇）年の三回にわたる江戸城奪回を試みるがいずれも失敗し、天文六（一五三七）年に河越城で逝去する。朝定が継ぐが同年、北条氏綱の攻撃に敗れ、扇谷上杉家は、武蔵国から退くことになる。

北条氏時代の江戸城

上杉朝興を敗った北条氏綱は、江戸城を治めることになる。直に城郭を修理し、遠山四郎兵衛直景を城代とした。「小田原記」には、本城を富永政直、二ノ丸を遠山四郎兵衛、香月亭を太田資高兄弟とも記されている。これらの人物が守備したことは間違いないが、分担については一考を要する。太田資高・資貞にしてみると祖父の道灌が死去した文明十八年以後、実に三八年ぶりに江戸城に帰参したことになる。しかし、城代ではなく監視される立場にあった。資高の跡を継いだ康資は、永禄六（一五六三）年十二月、北条氏による境遇を怨み、一族で岩付城主の太田資正と通じ安房の里見義弘と連絡をとり謀叛を企てる。翌七年正月七・八日の両日、歴史上、有名な国府台合戦が行われる。北条軍の江戸城代遠山綱景は戦死するが、北条氏康軍は圧勝し、太田康資は安房に逃れる。康資は、その二年後に逝去し、誕生寺に葬られた。

他方、江戸城をみると、大永四年、扇谷上杉朝興の敗北を知り、同年十月、山内上杉憲房は兵を挙げ鉢形城を攻めるが、北条氏綱はこれを防ぐ。また、永禄四年三月には、越後の長尾景虎、上杉憲政らが、岩付城主の太田資正を先峰として小田原に押し寄せている。この時、江戸城は、攻められることなく通過されて事なきをえた。ちなみに、江戸城の城代は、遠山政景、北条氏秀がつとめることになる。

その後、天正四（一五七六）年から同五年にかけて、江戸城の城普請が行われる。天正四年三月晦日、武州阿佐ヶ谷村の住民に江戸城中城塀普請を命じる。「武州古文書」には、

江戸中城塀之事

四間　　阿佐ヶ谷

右江戸中城塀四間、當郷請取ニ自レ今定置物也、依レ之掟條々。

一、大風吹散時者、島津主水・小野兵庫助・太田四郎兵衛三人觸次第、三日中修覆可レ致之事。

請取之塀破損をは、何時も彼三人如二申付一可レ致レ之、扨又一年之内何ケ度致候共、奉行之取證文御尋之砌、明鏡ニ可二申上一事。

若奉行人横合非分申付義有レ之ハ、小田原へ来、可レ捧二目安一事。

以上。

右来四月晦日を切而、塀厳密ニ可レ致レ之者也。

如レ件。

追而塀之致様ハ、三人之奉行得二作意一、奉行如レ申、手際をよく可レ致レ之者也。

天正四年丙子三月晦日

阿佐ヶ谷小代官百姓中

とある。大風が吹いた時には、三人の奉行が知らせるから、三日以内に担当する中城四間分の塀を修覆せよ。担当の塀は、何度も修覆を発するかもしれないから、三人の奉行の指示をよく聞くようにとのことである。郷村ごとに石高に応じた請切作業を末代まで命じた史料である。

天正五年六月二十日、島津主水以下六名を奉行に、太田四郎兵衛を検使として城の修理が命じられている。「林氏所蔵文書」には、

江戸夏普請申付條々

一、来廿七日悉人足を集、廿八日より可レ為二普請一事。付、来月八日より傍示本人足四百八十餘人、十日合四千八百廿人たるへし。

一、朝者六大鼓を傍示に、奉行衆普請庭出、両度之認、於二普請庭に一可レ致レ之事。

一、人足、天明者集、入會の鐘を傍示に、可二罷帰一。

一、朝五ツ大鼓打迄不レ来人足をハ、不参帳ニ可レ付、彼不参帳、普請終而可レ経二公儀一、其上是非可二申付一事。

一、普請庭奉行中、諸曲輪見廻、為レ不レ致不レ叶所有レ之ハ、可レ致レ之。

一、普請終而、委細普請中之帳を仕立、可レ致二披露一事。

以上

右大切之人足大方ニ致、無稼軍役、一理ニ普請申付候者、奉行中一同、可レ為二重科一候。仍如レ件。

丑六月廿日

島津主水正
牛込宮内少輔
川村兵部丞
小野丹後守
林　備前守
興津加賀守

自二小田原一之検使
太田四郎兵衛

とある。この史料によると、江戸城の普請が天正五年七月二十八日より八月八日にかけての十日間に延四八二〇人をかけて行われたことになる。かなり大規模な改修工事といえるものである。

ところで、この頃の北条氏は、早雲以降、氏直に至って五代にわたり

順調に勢力を拡大し、ほぼ関東一円を支配するに及んでいた。しかし、中央では、織田信長が本能寺で暗殺されると、家臣であった豊臣秀吉が跡を継ぐ。秀吉は、天正十一（一五八三）年に大坂城の築造に着手し、天正十三年四月には竣工している。大坂城築城と併行して、天下統一の野望を抱き、諸国を平定にかかる。関東も例外ではなかった。

小田原城落城と家康移封の経過　天正十六年四月、秀吉は、聚落第に行幸を仰いだ後、富田信広・津田信勝・僧の妙音院を使者として小田原に送り、北条氏直の上洛を求めた。しかし、氏直は応じなかった。秀吉は、北条氏討伐を決め、天正十八（一五九〇）年四月、徳川家康を先峰として小田原城を包囲する。秀吉軍は、本隊が約一〇万八〇〇〇人。これに海上に六五〇〇人、輸送に七五〇〇人という布陣であった。一方、籠城する北条方は、約五万七〇〇〇人。

その間、改修された江戸城は、城代の遠山景政が小田原城に籠城したので、守将には景政の弟の川村秀重が就いた。しかし、同年四月二十二日、遠山丹波守と眞田隠岐守の謀叛によって、徳川家康の家臣である戸田忠次に降伏することとなる。北条氏綱が江戸城を支配する大永四年から六七年目のことである。小田原城も七月六日には降伏した。

小田原城が落城する前の六月二十六日、石垣山一夜城で秀吉と家康との有名な対談が『落穂集』に記されている。

秀吉卿笠かけ山の陣城普請出来して、陣替に付、家康公信雄卿御同道にて、御見舞被レ成候処、秀吉卿御申候は、此山の出先より小田原城中の能見る所有レ之候と有レ之。家康公を御同道にて御出候へは、信雄卿も同しく立出給ひ、家康公の御側に付添はなれ申されず候を、秀吉卿気の毒に思給ひ候にや、其所に至り被レ申と、小袖の裳をかきまくり給ひなから、むかしより破家のつれ小便と申候、大納言殿是へと御申に付、家康公には、秀吉卿の側近く御立寄被レ成候へば、御袂を取て引すへ被レ申、自身も御側にならび居給ひて、城中の方をみやり、御耳雑談被レ申ニ付、信雄卿はあなたこなたと徘徊致し居たまふ内に、秀吉卿御申候は、小田原の城中、家作等も只今までの通にて明渡し候はゞ、其元には其侭居城に御用ひ可レ有哉と、家康公御聞被レ成、以来の儀はともかくも、先当分は、小田原に在城仕る外は有まじく候と、御挨拶被レ成候へば、秀吉卿御申には、夫は大きなる御思案違にて候、爰元の儀は、境目にて大切なる場所にも候へば、御家来の内にて、慥成る者に預け置れ、其許には、是より廿里ばかりも隔り江戸と申所是あるよし、人の申を承り候ても、絵図の面にて見及ひ候ても、繁昌の勝地とも可レ申所にて候間、江戸を居城に被二相定一可レ然候、今度此表の隙を明け、奥州へ発行の節、我等儀も、江戸表の様子を見分の上、猶又御相談可レ申と、御申候となり、此趣は、右の次第に候へば、外の承り不レ申様とても無レ之候へとも、其時代よりの取沙汰と相成、我等若年の比より承り及ひ候に付、虚実の段は不レ存候、

（以下略）

とある。小田原城落城を間近に見据え、秀吉と家康の対談で、戦後の小田原城の支配と家康の新たな居城、江戸城を勧める文言である。秀吉は、小田原攻めで難攻不落の同城の主として家康が入ることで、一層の権力強化となることを恐れ、あえて江戸城へ差し向けようとしている様

子がうかがえる。家康が同道した織田信雄の右往左往する描写も効果的である。

秀吉が、家康に関東移封を告げたのは、小田原攻めの最中である天正十八年五月二十七日といわれている。この時点では、具体的な移封先は決まっていなかった。家康が家臣に移封のことを告げると、家臣の不満や意見が次の史料に記されている。「本多家武功聞書」には、

太閤より奥州へ御国替之儀を被二申越一候と有レ之時、中務（本多忠勝）式部（榊原康政）兵部（井伊直政）など、少も上方辺をとこそ存候に、奥州迄は迷惑成義と申、腹を立る。仰には、百万石御加増有レ之は、奥州へ成とも可レ被成二御座一、物成の善悪にも御かまひは無レ之候。左様に候は丶、天下に手に立ものは有間敷と被レ仰候。其後太閤いかゞ被二思召一けん、奥州への御国替はやみ申候由。

と記されている。小田原攻では先峰を務め、江戸城を落城させたいわば立役者である。当然のことながら、移封であれば京周辺、大幅な増封の上での彼地を考える。移封が江戸というのは、正に寝耳に水である。

しかし、内藤清成が著した『天正日記』をみると、同年六月二十八日の条に、江戸への移封のことが今日きまるなりとある。北条氏政が降伏し、小田原城が落城するのが七月六日であるから、家康の江戸への移封は、その前に決断されたことになる。

ちなみに、家康は、江戸移封もありうると感じ、事前に下調べをさせていることが『天正日記』六月の条中に記されている。

六日　江戸の事いろ〳〵仰出さる。庄兵衛めしつれ、平右衛門平八郎くら助三人にて、内々江戸へ下る。よつやの五郎兵衛方へ。

七日　うし。浅草へ行、いろ〳〵たゞしかた、町屋みなひつそく。内々のことにて、とりわきこまる。本住院へよりてめし。

九日　う。はれる。かなすぎにてひるめし、庄右衛門きもいり。

十日　たつ。とうけ坂にて甚之丞。このものよくわかる。

十一日　み。ふる。青山しゆく場とりたて候様、甚之丞申出る。御入ぶの日と申。

十二日　ふる。めぐろにとうりう。新右衛門。十兵衛。十兵衛まめのもちくれる。

十四日　はれる。小田原より急にかへれと云事。

十五日　はれる。江戸をは平八郎平右衛門にあづけ、明七時のり出す。

十六日　はれる。小田原へ着。城かた、心かはりのものありという事

十八日　ふる。江戸より、平八郎平右衛門かへる。

町かず、たて十二町、よこは三四町、所々にてさだまりなし。家かず、やけ後故たしかならず。

とある。この江戸への下見について、『東京市史稿』皇城篇には、家康が五月二十七日の時点で内意を得ていたとある。筆者は、その史料にあたっていないが、内藤清成ら家臣の派遣を考えると、それが正しいと考えられる。

小田原城が落城後、秀吉がはじめて小田原城に入るのが七月十三日。論功行賞があり、家康には、伊豆・相模・武蔵・上総・下総・上野など旧北条領を中心として、このほか石部・関地蔵・島田など幾内・東海に

一万石の領地が与えられる。松平家忠が著した『家忠日記』をみると、秀吉は、七月十六日に小田原を発ち、東北の会津に向かう。途中、江戸に到着したのが十九日。翌日には江戸を発つとある。家康が江戸にいつ入るかは諸説あるが、『大日本古文書』所収の「浅野家文書」には次の一条が加えられている。

　一、家康をも江戸まで被㆓召連㆒、江戸之御普請可㆑被㆓仰付㆒之由、
　　御諚被㆑成候事。

とある。この史料では、家康が秀吉に同行した筈ということになる。秀吉が江戸に立ち寄るのは、大道寺政重が北条氏に通じていたために処罰することが目的である。七月十九日に櫻田で誅すともある。秀吉は、江戸に一日もしくは数日留まるが、「武徳編年集成」の七月十四日の条に、

　……江戸ノ城内ニ秀吉ノ仮館タルヘキ殿舎ナケレバ、北曲輪平河口日蓮宗法恩寺ヲ以テ旅営トシ、饗応ノ事ヲ計ルト云フ。

とある。無血開城といわれる（?）江戸城が荒廃しているので法恩寺に宿泊するというものである。

一方、家康が八月一日に入府したとする史料は、『天正日記』、松平家忠の著した『家忠日記増補追加』などにみられる。そのうち、『天正日記』には、

　八月朔日　かのえむま。はれる。いろは迄藤兵衛権右衛門。小むかひにて、忠右衛門いろ〳〵書付出す。
　八半時貝塚へ御着、御膳被㆓召上㆒、七時過御入城。めてたさ申ばかりなし。御供の衆、小屋わり。

とある。家康の入府時期を巡っては、二説を紹介したが、やはり、家臣の記録の方が正しいように思われる。

第二章　公儀普請としての江戸城修築

一　江戸城の縄張り

家康が入府した当時の江戸城は、石川方正の『聞見集』や三浦浄心の『霊岩夜話』などを参照すると、本丸・二の丸・三の丸に分かれ、空濠で区切られていたという。大手門は、後の百人番所のあたりにあり、内櫻田大手門の辺から三の丸平川口までの間には掻上土居の惣構えをとり、四五カ所、海岸に出入する木戸門があったという。

さきに、後北条時代の城代、遠山直景は、天正四年から五年にかけて、江戸城普請を大規模に行ったことを述べた。いわば、リホームしたわけである。その後、秀吉の小田原攻めで江戸城は、家臣の謀叛によって天正十八年四月二十二日に降伏することになる。遠山直景の普請から一三年後のことである。この歳月は、通常であれば、江戸城内の屋舎が廃墟に近い状況であることを想像することができない。すなわち、江戸城降伏に至るまでに、激しい戦火が展開された可能性があるのである。筆者は、残念ながら、それに関する史料にあたることができなかった。

家康が入城する以前の江戸城は、太田道灌の子城・中城・外城の三つの郭による縄張りを基本とし、後北条時代の城主、遠山四郎兵衛は、梅林坂あたりの香月亭に居を構えていたことになる。

家康が入城すると、荒廃した城の修繕はもとより、城そのものを見直し、新たな縄張りを手掛けることとなる。松平家忠が著した『家忠日記』をみると、天正十八年九月五日の条に、平川・牛込・局澤・芝崎にあった十六寺院の移転を命じる。さらに、翌年四月の条には、一門と譜代大名に、知行一万貫に付、五人宛の夫役を課す。寺院の移転と堀の埋め立てが縄張りの第一歩となるが、詳細は不明である。

文禄元（一五九二）年七月十日、西丸修築に着手する。入府時には、西丸は野山で田畑を散見する程度であったが、松平家忠の縄張り、本多正信・井伊直政らが工事にあたり、翌年三月に竣工する。その後も計画されるが、伏見城の夫役から延期となる。

公儀普請としての江戸城修築とその縄張り　家康が、慶長八（一六〇三）年二月十二日、征夷大将軍に任命されると、江戸城を天下の城とするため、本格的に着手する。諸大名の江戸での屋敷地と商業地の確保のため、神田山を切り崩し、洲崎の埋め立てを開始する。三月三日のことである。村井益男氏の『江戸城』によれば、この普請には、福島正則・前田利長・伊達政宗・加藤清正ら一三組七〇家が動員され、所領一〇〇〇石に付き一人宛の「千石夫」の夫役が課せられた。組頭を除くと、浅野幸長組の一二家のみ構成が明らかで、同組には、堀尾忠晴・池田輝正・蜂須賀至鎮・加藤嘉明・山内一豊らが入り、総石高が二一九・九万石となる。この組だけで夫役が約二二〇〇人となる。夫役以上に人夫を出す大名もいたであろうから、全体として少なくとも三万人前後は集まったものと考えられる。

公儀普請としての江戸城の縄張りとしては、家康・秀忠・藤堂高虎の名がよく登場する。『慶長日記』には、

三月一日（慶長十一年）江戸城経始、藤堂高虎縄張あり、公（家康）高虎に本丸狭ければ廣けられんと仰ければ、高虎云、本城は狭きに利多し、廣きに小勢籠りたるは利少しと申上るゆゑ、前の廣さ也、二三の丸は縄張替りたるとなり。

（括弧内は『東京市史稿』より）

とある。一方、『参考落穂集』には、

慶長十七年以来、江戸城御造営の時、先惣御縄は、台徳公御自身に被遊候、大手下乗橋西丸外櫻田半蔵門に懸て、こと〳〵く台徳公の御縄なり、平川口竹橋の邊藤堂高虎縄張なり、竹橋と平川橋との間帯曲輪に取候事、功者の所為の由なり、四谷門の續き木戸喰違門は、小畠勘兵衛昌盛か縄なり。先年より井伊掃部頭下館後即彼木戸門の際の榎の大木共は、勘兵衛逆茂木として植たるもの至子今数株しげりたるよし、古老申傳ふ旨なりと云々。

とある。台徳公とは、秀忠の諡で、家康が慶長十年四月十六日に将軍職を秀忠に譲り退隠することから、『参考落穂集』では秀忠の縄張りとしている。藤堂高虎は、築城家として名高く、関与したことは間違いない。その功で慶長十一年九月には、備中二万石を加増されている。秀忠の関与については不明である。

二　江戸城修築の経過

江戸城の修築は、洲崎の埋め立てにはじまるが、ここでは、その後の修築経過について概述する。

1　慶長度の修築

幕府は、石垣の城として、天領である伊豆の山々から石を切り出し、運搬するための石船の建造を二八家の大名と堺の豪商、尼崎又次郎に命ずる。大名には、石船の建造とあわせて所領一〇万石に付、「百人持之石」（一〇〇人で運搬できる石、約四トン位）一一二〇個を採石し、廻漕することとなる。これは、慶長九年六月朔日、江戸城修築を発令し、石船建造と石の切り出しの助役を命ずるのが二カ月後の八月となる。これで、慶長十一年からの普請に備えるのである。二八家の大名は、表2-1のとおりである。数家を除いて西国の外様大名があたることになる。幕府は、石船三〇〇〇艘の建造のための費用として金子一一九二枚五両を配布する。このうち、史料で明らかな石船の建造数は、浅野幸長三八五艘、黒田長政一五〇艘、尼崎又次郎一〇〇艘である。

このなかに、異色ともいえる尼崎又次郎が含まれているのは、天正十八年小田原攻めの際、家康との約束といわれている。およそ一五年の歳月を経て、それが果たされることになるのである。二八家が寄せた築石

表2-1　慶長9年の手伝普請を命じられた大名一覧

大名名	国	居城	石高(万石)	備考
浅野紀伊守幸長	紀伊国	和歌山城	三九・五	三八五艘
(池田)羽柴三左衛門輝正	播磨国	姫路城	五二	
(福島)羽柴左衛門大夫正則	安芸国	広島城	四九・八	
加藤肥後守清正	肥後国	熊本城	五二	
毛利藤七郎秀就	周防国	山口城	三六・九	
加藤左馬助嘉明	伊予国	松山城	二〇	
蜂須賀阿波守至鎮	阿波国	徳島城	一八・七	
細川越中守忠興	豊前国	小倉城	三六・九	
黒田筑前守長政	筑前国	福岡城	五二・三	一五〇艘
鍋島信濃守勝茂	肥前国	佐賀城	三五・七	
生駒讃岐守一正	讃岐国	高松城	一七・三	
山内土佐守一豊	土佐国	高知城	二〇・二	
脇坂中務少輔安治	淡路国	須本城	五・三	
寺澤志摩守廣高	筑前国	唐津城	一二	
松浦法印鎮信	肥前国	平戸城	六・三	
有馬修理大夫晴信	肥前国	原城	五・三	
毛利伊勢守高政	豊後国	佐伯城	二	
竹中伊豆守重利	豊後国	府内城	二	
稲葉彦六典通	豊後国	臼杵城	五	
田中筑後守忠政	筑後国	柳河城	三二・五	
富田信濃守知信	伊勢国	津城	七	
稲葉蔵人康純	伊勢国	田丸城	四・五	
古田兵部少輔重勝	伊勢国	松坂城	五・五	
片桐市正且元	大和国	龍田邑主		
小堀作助政一	大和国	龍田邑主		
米津清右衛門政勝	大和国	龍田邑主		
成瀬小吉正一	大和国	龍田邑主		
戸田三郎右衛門尊次	三河国	田原城	一	
尼崎又治郎		二八家合計		一〇〇艘

は、慶長十一年二月からの江戸城修築では、石垣が七〇〇間、高さ十二～十三間分であると『當代記』にはある。しかし、本城周辺の高石垣は別として、外郭の石垣の高さは、およそこの半分位であった。石船は、「百人持之石」二個を積んで、一カ月間に採石地の伊豆と江戸とを二往復する。石船は三〇〇〇艘建造されることから、単純に計算すると一カ月間に「百人持之石」が六〇〇〇〇個運ばれたことになる。さらに、二八家の総知行高が約五三〇万石であるから、少なくとも「百人持之石」に換算して五万八二四〇個が用意されたことになる。ちなみに、加藤清正は、幕府の課した他に、一万石に付二個以上を献石している。

幕府では、石船の不足が予測されたことから、急遽、慶長十年七月に島津陸奥守忠恒に三〇〇艘の建造を命ずる。黄金一五〇枚が幕府から配布されたが、翌年二月からの公儀普請までには時間が少なく難儀であったことが『薩藩舊記』に記されている。それは、一五〇艘を国元の国分・帖佐・鹿児島の三カ所で建造し、期限内に間に合ったものの、残りが江戸に廻送するのが五月とも八月ともいわれていることからも察することができる。

採石・運搬では、無理が続いたようで、『當代記』に垣間みることができる。慶長十一年五月十九日より大雨が続き、二十五日夜に入り風雨が強まる。史料では、石船数百艘が沈没・破損したとある。具体的には、鍋島信濃守一二〇艘、加藤左馬助四六艘、黒田筑前守三〇艘、そのほか五三艘と記す。また、『参考落穂集』には、加藤肥後守の石船が品川沖を航行中、大風雨にあい、積石を悉く水中に没したとある。さらに、『大日本史料』には、蜂須賀阿波守の石船が相模灘から鎌倉崎に向から五月二十六日早朝、大風で転覆し、三九人が死亡したともある。たとえ、台風でも石船は航行しなければならなかったのである。
慶長九年には、このほか、諸国に木材伐出の御用、相馬大膳大夫利胤に城廻り、秋月長門守種長に堀普請を各々命じている。

慶長十一年の公儀普請　同年、三月朔日より江戸城普請が開始される。藤堂高虎の縄張り、内藤金左衛門忠清・貴志助兵衛正久・神田與兵衛正俊・都築弥右衛門為政・石川八左衛門重次らの奉行のもと、二四家の大名が助役を命じられる。表2-2に一覧を示したが、一〇万石以上の西国大名が大半を占め、そのうち石船建造から採石・運搬と続く大名は、一六家に及ぶ。

この年の普請は、本丸御殿の造営、天守台石垣、富士見櫓下石垣をはじめとする本丸廻りの石垣、虎ノ門など外郭石垣修築となる。外郭石垣は、雉子橋より溜池落口に至る間といわれている。他方、作事では、『當代記』や『慶長見聞書』によると、慶長十一年九月二十三日、本丸御殿が完成し、西丸から移徙とある。詳細な経過は不明であるが、本丸を担当したのは毛利家で、『毛利氏四代實録考證』によると、同家が手伝普請で要した人員は、二九八八人と記録されている。伊豆での採石（七カ所）・廻漕もある。『山内家史料　忠義公記』の「相模伊豆之内石場之覚」によると、慶長十八年の土佐藩石奉行の報告であるが、伊豆での毛利家の採石場は、川奈と富戸にあり、人足等が各々五〇〇人程、三〇〇人程と記録されている。時間軸が異なるが、この記録を参考にすると、御殿造営に関わった人員は、二〇〇〇人程であろうか。
はじめての造営記録である。

表2-2　慶長11年の手伝普請、助役大名一覧

大名名	国	居城	知行(万石)	普請箇所	石船建造の有無
細川越中守忠興	豊前国	小倉城	三六・九	外郭石垣	有
前田筑前守利光	加賀国	金澤城	一一九・五	外郭石垣	無
池田三左衛門輝正	播磨国	姫路城	五二	外郭石垣	有
加藤肥後守清正	肥後国	熊本城	五二	外郭石垣	有
福島左衛門大夫正則	安芸国	広島城	四九・八	外郭石垣	有
浅野紀伊守幸長	紀伊国	和歌山城	三九・五	外郭石垣、富士見櫓石垣	有
黒田筑前守長政	筑前国	福岡城	五二・三	天守台	有
田中筑後守吉政	筑後国	柳河城	三二・五	外郭石垣	有
鍋島信濃守勝茂	肥前国	佐賀城	三五・七	虎ノ門石垣	有
堀尾帯刀忠晴	出雲国	富田城	二四	外郭石垣	無
山内対馬守忠義	土佐国	高知城	二〇・二	本丸石垣	有
毛利長門守秀就	周防国	山口城	二〇・二	本丸	有
有馬玄蕃頭豊氏	肥前国	原城	五・三	外郭石垣	有
生駒讃岐守一正	讃岐国	高松城	一七・三	外郭石垣	有
寺澤志摩守廣高	筑前国	唐津城	一二	外郭石垣	有
蜂須賀阿波守至鎮	阿波国	徳島城	一八・七	外郭石垣	有
藤堂佐渡守高虎	伊予国	今治城	二二	縄張り、外郭石垣	無
京極修理高知	丹後国	宮津城	一二・二	外郭石垣	無
中村伯耆守忠一	伯耆国	米子城	一七・五	外郭石垣	無
加藤左馬助嘉明	伊予国	松山城	二〇	外郭石垣	有
保科肥後守正光	信濃国	高遠城	二・五	本丸石垣	無
古田兵部少輔重勝	伊勢国	松坂城	五・五	本丸石垣	有
吉川左京廣家	（毛利家家臣）		（二・四）	本丸	（有）
遠藤但馬守慶隆	美濃国	八幡山城	二・七	城廻り	無
木下右衛門大夫延俊	豊後国	日出城	三	虎ノ門石垣	無

建造物の壁や塀には、仕上げに漆喰が塗られる。その用材として石灰（焼石灰）が重要となる。その産地が八王子のさき、青梅の上成木村と北小曾木村である。江戸時代を通じて両村では「白土石灰（焼石灰）」

が生産されるが、公儀普請としての初出の史料は、老中の大久保相模守忠隣と本多佐渡守正信から代官の大久保石見守長安に宛てた書状となる。

今度江戸御城御作事御用白土、武州上成木村・北小曾木村山根より

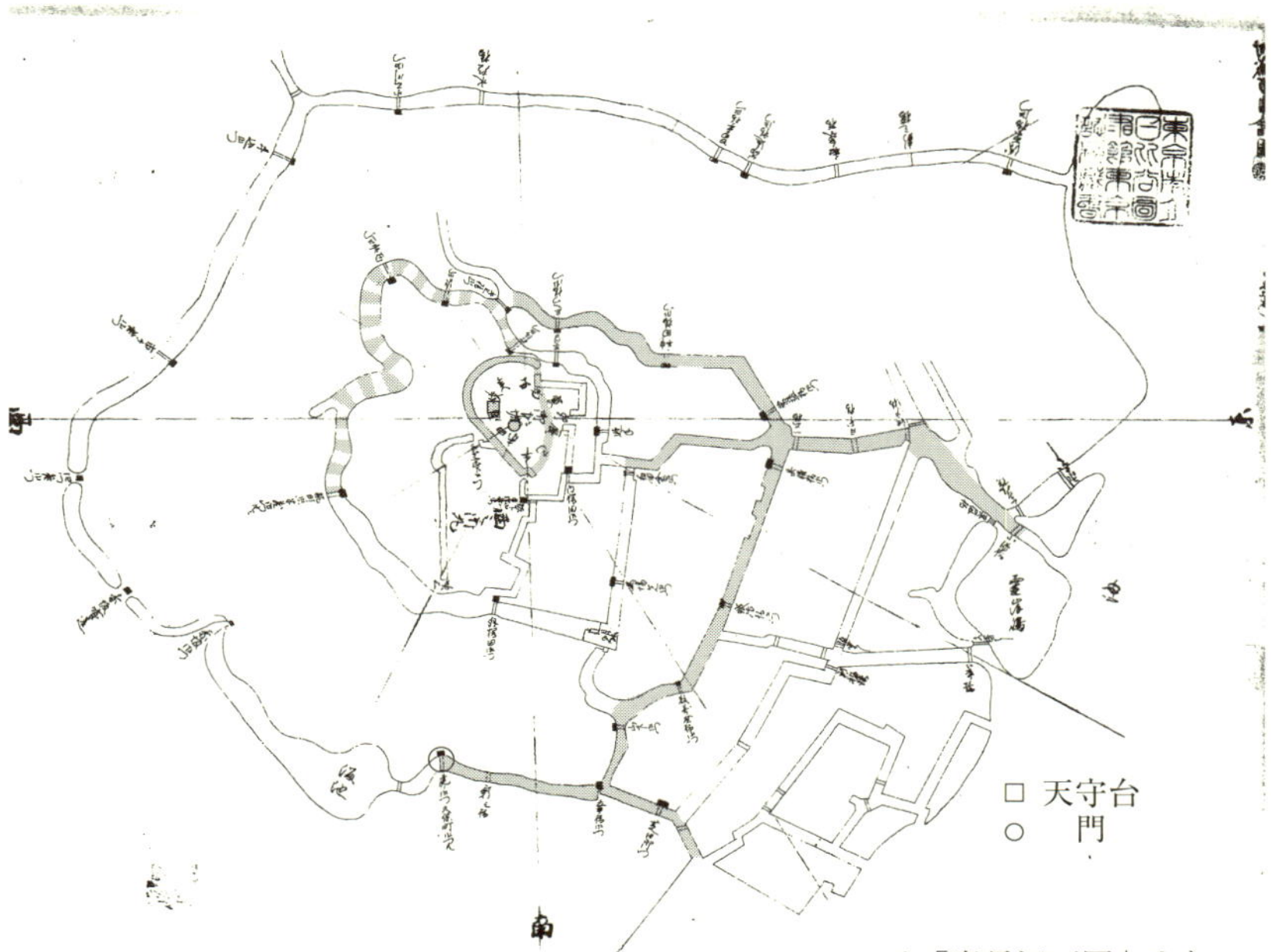

は「慶長江戸図」より
（原図は、「御城方角絵図」を使用）

図2－1　慶長十一・十二年の修築工事

取寄候。御急之事に候間、其方御代官所三田領・加治領・御領・私領・道中筋ヨリ助馬出之、無滞石灰附送候様可申付、駄賃口附、服忌有之者、堅出し不申候様可申付候、以上。

午十一月

大　相模守

本　佐渡守

大久保石見守殿

慶長十一年十一月に出された書状であるが、宛先の大久保代官は、この書状に添書を添けて上成木村と北小曾木村の焼石灰生産者に伝達している。

如斯御用白土に仰付候間、大切に致吟味道中伝馬無滞様、附送可申候。服忌者堅不出様可申付候、以上。

午十一月

大　石見守

高麗郡上成木村白土焼

多摩郡北小曾木村白土焼

正に、江戸城の公儀普請着手と同時に「御用白土（焼石灰）」の需要となるのである。

この年の石垣普請では、様々な記録・逸話が残る。黒田長政は、天守台を担当する。『當代記』には、長政が築いた石垣は高さが八間で、六間が常ノ石、二間が切石とある。完成は翌年であるが、八割方は担当したことになる。

加藤清正に関する逸話がある。清正は、大坂城で「肥後石」と呼称さ

れる巨石を献上した（実際は池田忠継）と伝わる話がある。江戸城でも中雀門の枡形内に「大孤石」「小孤石」と呼称される大角石を献上したと伝わる。現在は、盛土と舗装によって実見することはできないが、元禄大地震の復旧で大きいが故に書院二重櫓台石垣が倒壊するおそれから動かすことができなかったという記録が残る。

なお、慶長十一年の外郭石垣普請は、同年五月には竣工している。寄せ方、築き方共猛スピードであることがわかる。

慶長十二年の公儀普請　この年の普請は、前年の工事の継続と堀普請が中心となる。工事は、関東・信越の諸大名が命じられる。関東の大名には、総勢一〇〇万石中、八〇万石を採石・運搬、二〇万石を天守台の修築に振り分けている。採石・運搬は上州中瀬とし、一万石に付栗石二〇坪の割りあてと同五艘宛の石船が貸与されている。石船には、栗石一坪＝一間四方の箱に一つを積み、一カ月二往復したとある。すなわち、一六〇〇坪の栗石を運搬したことになる。

表2－3　慶長12年の奥羽・信越助役大名一覧

大名名	国	居城	知行（万石）	普請箇所	石船建造の有無
伊達陸奥守政宗	陸奥守	仙台城	六一・五	堀普請（雉子橋北方より溜池際まで）外郭の土居二間高める	有
上杉彈正少弼景勝	出羽国	米沢城	三〇		無
蒲生飛驒守秀行	陸奥国	会津城	六〇		無
最上出羽守義光	出羽国	山形城	五七		無
佐竹右京大夫義宣	出羽国	久保田城	不詳		無
堀越後守忠俊	越後国	春日山城	四五		無
溝口伯耆守秀勝	越後国	新発田城	六		無
村上周防守義明	越後国	村上城	九		無
中村大膳大夫利胤	陸奥国	中村城	四・九	堀普請	無
諏訪因幡守頼水	信濃国	高島城	二・七	堀普請	無

天守台の修築は、閏四月朔日に開始し、前年に積み上げた石垣のうち切石による二間分を一旦下ろし、二間を新たに積み増し、一〇間に仕上げている。この天守台の広さは二〇間四方である。ちなみに、この上に五層の天守があがるのである。

奥羽・信濃の大名は、前年に西国大名が築いた雉子橋から溜池落口までの石垣に沿って堀普請が命じられる。堀り上げた土を用いて六間の石垣に二間の土塁を築き、八間の高さにしている。

このほか、中雀門の修築も行われている。

ドン・ロドリゴ・デ・ビベーロがみた江戸城　スペイン人のドン・ロドリゴは、江戸城修築がはじまって間もない慶長十四年に来日し、『日本見聞録』にその様子を以下のように記している。

　第一にして主要なる塀は、四角形の甚だ大なる切石を、石灰又は他の混和物を用ひずして積み上げたるものにして、其幅甚だ広く、所々砲を発する孔あり、但し砲門の数は多からず。塀の下に濠あり。河水之に流れ入る。又一の釣橋あり。其構造は予が見たる中、最も巧みなるものなり。門は甚だ堅固にして、予が為めに開きたるとき、内に長銃手幷に小銃手二列に立てるを見たり。予ハ其数一千以上なるべしと考へしが、先導の士官も亦然らんと云へり。進んで第二門に至り、前と異なる塀を見たり。其形我がテラプレノに似たり。両門間の距離ハ三百歩なりき、此所に又鎗手四〇〇人の一隊あり。第三門に至れば、石垣ハ高さ四バラあり、此にハ長銃手幷に小銃手の為め、相当の距離に、レベリンの如きものあり。此所に長刀を携へたる兵士三百人の一隊あり。長刀は我がアラバルダに似たる武器なり。此等并に前に挙げたる兵士の家は、三門間の空地にあり。美なる庭園を備え、家の窓は市に臨めり。第三門より宮殿に入るべし、其一側に厩あり。此所に二百餘頭の馬あり。飼養宜しきを得馬肥えたり、若し西班牙に於けるが如く之を訓練するものあらば、缺くる所なるべし。馬は皆尻を壁にし、頭を入口に向け、二個の鎖を以て繋げり。これ後足を以て蹴ることなからんが為なり。他側に武庫あり。金作りの鎧鎗長銃刀等、十万人の用に供すべき武器を備えたり。進んで宮殿に入れば第一室の床は、畳と称し、我が蓆よりも遙に清浄なるものを敷けり。畳ハ其端に金の織物、金繡の繻珍天鵝等の飾を施し、四角形にして、塡め合はすべく、甚だ精巧なるものなり。壁は皆木と板とを以て造り金銀并諸色を以て、狩猟の絵を書けり。天井も亦之に同じく、木地を見ること能はず。予等外人は、此の第一室にて観たる所より勝りたることは望むべからずと考へしに、第二室第三室は更に之に勝り、内に進むに随ひ結構愈々美なり。

（以下略）

この史料は、『大日本史料』に所収されているものであるが、ドン・ロドリゴが江戸に到着し、外郭の石垣をみた感想。本丸御殿に入るまでの三門の警備。先導する役人の案内の影響か誇張して記されている。第三門が中雀門であることから、その手前、二の丸の厩と武器庫が記されている。玄関を入り遠侍の襖絵は狩猟文とある。後年、ここには狩野常信による獅子牡丹が飾られる。ドン・ロドリゴは、大広間で将軍秀忠に謁見するのである。完成していない江戸城を、外国人からの所見は、興味深いものがある。

慶長十六年の公儀普請　これまで西丸の修築が及んでいなかったことから、同所の石垣と堀の掘削、さらには龍ノ口の整備を目的とする。この年は、伏見城・名古屋城・駿府城の公儀普請と重なり、奥羽・関東・信濃の大名に助役を命ずる。慶長十二年の助役と重複する大名は、伊達政宗・蒲生秀行・上杉景勝・最上義光・佐竹義宣・相馬利胤・諏訪頼水、これに加えて常陸国宍戸城主秋田實季・同国眞壁城主浅野長重、信濃国高遠城主保科正光、下総国岩富邑主北條氏重らがあたる。老中の本多正信を総督とし、三月朔日着工し、七月十日竣工する。その間、五月、伊達政宗が担当した半蔵町御堀（半蔵門外）が二〇〇間程崩壊し、諸大名の手助けを受けた記録も残る。

なお、慶長十七年十二月三日、幕府は、慶長十九年の普請に備え、信濃の大名、保科正光・仙石忠政・諏訪頼水・眞田信之らに伊那の木材伐出を命じている。

慶長十九年の公儀普請　大規模な修築で、前年十月十二日、老中の酒井忠世・土井利勝・安藤重信の連署で、西国大名を中心とする三四家に助役を命じる。本丸の高石垣、二の丸枡形及び石垣（内桜田門も二の丸と呼称していることから、今日の二の丸・三の丸）、西丸大手門前の角石垣、桜田・日比谷の辺の石垣が主要な工事である。表2-4に、助役大名一覧を示した。伊東祐慶・鍋島勝茂・山内忠義らが慶長十八年から伊豆での採石記録がある。幕府は、三四家の大名に対して、慶長九年と同様、一〇万石に付「百人持之石」一一二〇個の採石・運搬を命じて

表2－4　慶長19年の助役大名一覧

大名名	国	居城	知行(万石)	普請箇所・備考
細川越中守忠興	豊前国	小倉城	三九・九	本丸高石垣
黒田筑前守長政	筑前国	福岡城	五二・三	九月八日石垣崩落、本丸石垣
鍋島信濃守勝茂	肥前国	佐賀城	三五・七	虎ノ門石垣・他、多賀・眞名鶴・伊東より石運送
寺澤志摩守廣高	肥前国	唐津城	一〇	二の丸枡形
松浦肥前守隆信	肥前国	平戸城	六・三	本丸石垣 キリシタン改のため六月十八日免役
田中筑後守忠政	筑後国	柳川城	三二・五	
加藤肥後守忠廣	肥後国	熊本城	五一・五	桜田・日比谷辺の石垣
伊東修理大夫祐慶	日向国	飫肥城	五・七	虎ノ門外石垣、前年宇佐美で採石
島津左馬頭忠興	日向国	佐土原城	三	本丸高石垣
中川内膳之盛	豊後国	竹田城	七	
毛利伊勢守高政	豊後国	佐伯城	二	
稲葉彦六典通	豊後国	臼杵城	五	
竹中伊豆守重利	豊後国	府内城	二	
毛利長門守秀就	長門国	萩城	三六・九	本丸石垣、内桜田門枡形
福島左衛門大夫正則	安芸国	広島城	四九・八	
堀尾山城守忠晴	出雲国	松江城	二四	
加藤左近大夫貞泰	伯耆国	米子城	六	
池田左衛門督忠継	備前国	岡山城	三八	本丸石垣
池田武蔵守玄隆	播磨国	姫路城	四二	二の丸石垣、普請の石、伊豆山で買入・運搬
池田備中守長吉	因幡国	鳥取城	六	
森右近大夫忠政	美作国	津山城	一八・六	城廻り石垣 八月六日浅野家丁場崩落に巻込まれ家臣死亡
有馬玄蕃頭豊氏	丹波国	福知山城	二一	本丸石垣
京極丹後守高知	丹後国	宮津城	一二・三	
京極若狭守忠高	若狭国	小濱城	九・二	金子三千両を賜わる（普請入用）
加藤左馬助嘉明	伊予国	松山城	二〇	
脇坂中務大輔安治	伊予国	大洲城	五・三	
山内土佐守忠義	土佐国	高知城	二〇・二	城北大橋西高石垣、西丸見付下馬前石垣
蜂須賀阿波守至鎮	阿波国	徳島城	一七・六	本丸石垣
小出大和守吉英	和泉国	岸和田城	五	
浅野但馬守長晟	紀伊国	和歌山城	三七・六	桜田・日比谷辺か、池沼（左縄張替、後へ一五間引入）六月十二日、工事中石垣崩落一五〇人死亡、八月六日、九月八日再度崩落
古田大膳大夫重治	伊勢国	松坂城	五・五	西丸石垣
藤堂和泉守高虎	伊勢国	津城	二二	本城（西丸或は二の丸）拓修、狭間石の導入
遠藤但馬守慶隆	美濃国	八幡城	二・七	
土屋平八郎利直	上総国	久留里城	二	本城修理

いたものと考えられる。三四家の総知行は、六五四・六万石となる。つまり、「百人持之石」を七万三二一五個運んだことになる。これに関連して池田玄隆の手伝記録が注目される。同家では、慶長十八年十二年より準備をはじめ、家臣に命じて普請で使用する石材を伊豆山で買い取り、船で運んだことが記されている。伊豆・相模の「商人丁場」は、後述する徳川林政史研究所所蔵の『駿州／豆州／相州　御石場絵図』によって元禄・宝永から享保期には存在したことが知られている。この史料は、伊豆の商人丁場から石を買い取り、廻漕したことを示唆している。ちなみに、公儀普請が本格的に開始する慶長十一年時点で百人持之石一個が銀二〇〇枚、ゴロタ石（割栗石）が一間四方の箱一つで小判三両と『當代記』にある。需要に応じて高騰したものであるが、この数字を池田玄隆にあてはめると、知行四二万石であるから、一〇〇人持之石を四七〇四個、銀九四万八〇〇枚を要することになる。石の直段は、江戸での買入代金と考えられ、現地では格安と思われるが、それでもかなりの出費である。京極忠高が普請の助用として、幕府から三〇〇〇両を賜うことが記されている。知行の九・二万石に応じた採石・廻漕と、江戸城の石垣普請の経費を考えると、三〇〇〇両はそのうちの一部にしか過ぎないことを看取することができる。

慶長十九年の修築工事は、三月朔日に着手し、四月六日には石垣の根石を置くとある。丁場の位置は不明であるが、第一丁場（當代記では町場の文字を使用）は五月二十日頃に竣工し、第二丁場へと移る。工事は、九月末で中断する。これは、十月より大坂冬の陣が起こり、大名達が戦備のため国元に帰ることによるためである。

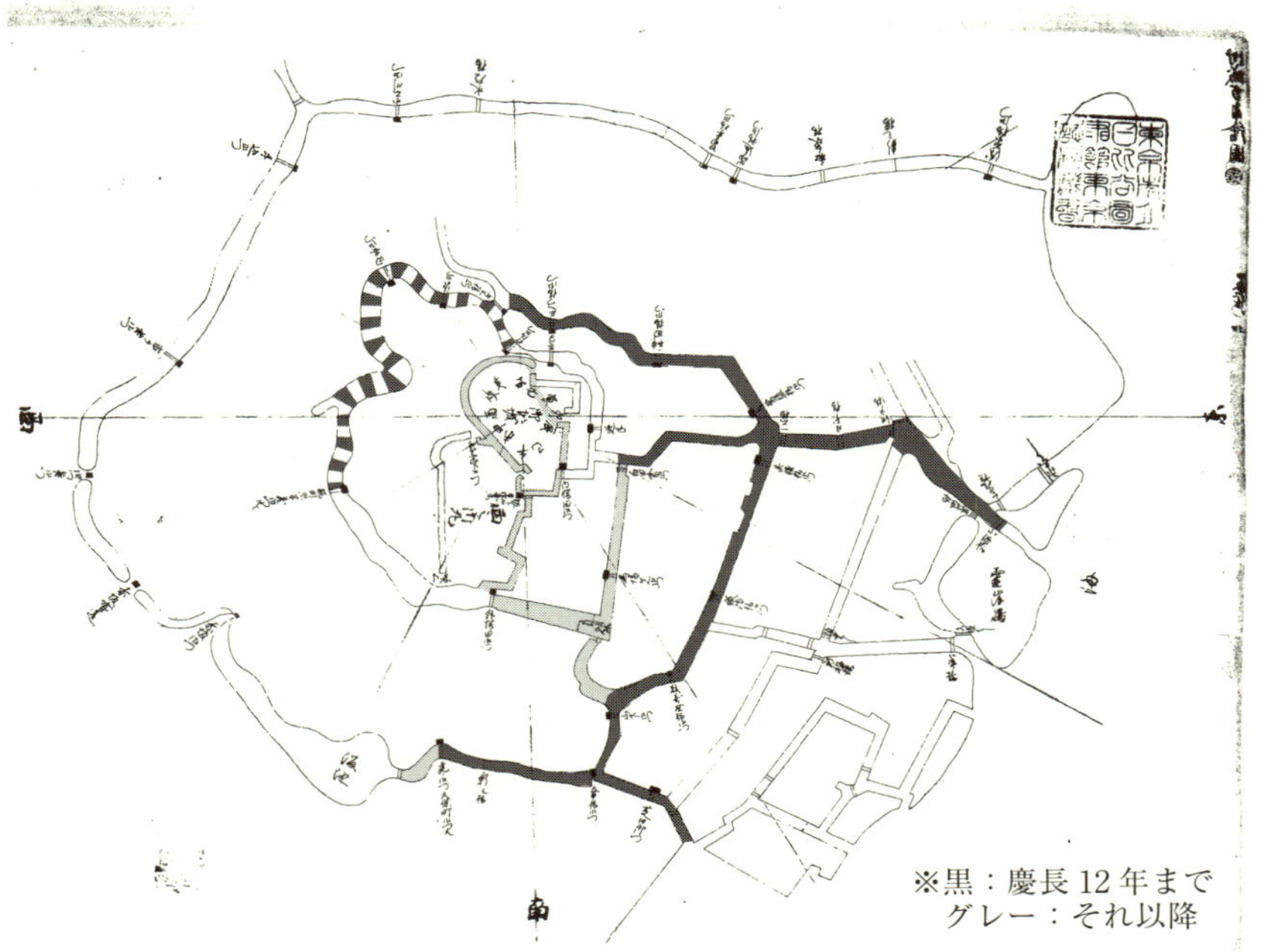

図2－2　慶長十九年の修築工事

　この工事では、浅野長晟が担当する丁場が三回、崩壊する。他に黒田長政の丁場が一回崩壊しているが、複数回は、浅野家だけである。記録をみると、六月十二日、八月六日、九月八日とある。六月の崩壊では、一五〇人程が亡くなっている。浅野氏が担当した丁場は、かつて池沼地で地盤が悪い箇所であったことは間違いない。持場は、本丸・西丸ともあるが、地盤を考慮すると、桜田・日比谷の辺と考えられる。八月の崩壊では、隣の丁場を担当した森忠政でも犠牲者がでている。

　『東京市史稿』皇城篇には、「明良洪範」からの引用として、加藤忠廣と浅野長晟の石垣の築き方について、次のように記している。

> 江戸御城ノ石垣ヲ築ク時、櫻田日比谷邊ヲ加藤清正ト浅野長晟に命セラル。加藤家ニテハ、森本儀太夫奉行ス。然ルニ此邊一圓沼ナレハ、石垣ノ土臺ヲ堅ムルニ、森本指圖シテ、人夫大勢ヲ出シテ、武蔵野ノ萱ヲ夥敷刈取ラセ、夫ヲ沼ニ入、十歳ヨリ十三四歳迄ノ子供ヲ集メ、其上ニテ遊ハスニ、興有ル事ニ思ヒ、踊リ狂フ。斯テ日ヲ送ル内ニ、浅野家方ニテハ、石垣大方出来シケル。諸人森本ノ指圖ノ埒明ヌヲ皆笑ヒ居ケル。森本ハ、諸人ノ笑フニ少シモ構ズ、能堅マリシヲ見テ、石垣築立ニ掛リシ故、浅野家方ヨリハ餘程後レテ出来シケル。然ルニ或日大雨降ケル。此時浅野家方ニテ築立タル石垣、土臺能堅マラサレバ、所々崩シ、再ビ築直シケル。加藤ニテ築立シ石垣ハ、土臺能堅マリシ故、少シモ崩レズ。是ヲ見テ諸人森本ノ指圖ヲ感シケル、浅野長晟是ヲ聞テ森本ヲ招キ、其仕方ヲ問フ。森本答テ、沼ナド堅ムルニハ、急ニ堅メテハ全タカラズ、之ニ依テ

萱ヲ踏込、童子等ニ踊リ狂ハセ。自然ト堅ムル也と云。（以下略）

築城家として名高い加藤家の逸話である。地盤の悪い地での基礎堅めの重要性を説いたものであるが、浅野長晟の奉行にはここが不足していたようである。三回の石垣崩壊は、浅野家にとって不名誉なことであったが、大きな咎めはなかった。

2　元和度の経過

元和度の普請は、四年・六年・八年の三回行われる。元和元（一六一五）年、大坂夏の陣で豊臣家が滅び、幕府に抵抗する勢力がいなくなる。翌年四月十七日、大御所の家康が薨去する。

元和四年の公儀普請　西丸南濠（半蔵濠）の掘削と半蔵門の地形、さらには、前年に東照大権現となり日光東照宮に改装されたことと関連し、紅葉山に東照社を造営し、正遷が加わる。

堀の掘削は、館林城主榊原出羽守忠次、大多喜城主阿部備中守正次ら関東の大名に命じる。紅葉山に東照社を造営することは、ここが将軍家にとって神霊空間のはじまりとなるものである。造営は、前年三月、久留里城主土屋平八郎利直が命を受け、翌年、四月十七日に正遷宮の儀式が行われた。また、これに関連して、深谷城主松平大膳亮忠重が紅葉山の堀普請（道灌濠）を命じられている。

なお、元和四年三月二日、黒田長政が東照社に石鳥居一基を寄進したとある。余談であるが、黒田家では次代の忠之の時にも紅葉山東照社に石鳥居を寄進している。その鳥居には、

奉寄進　　御鳥居一基

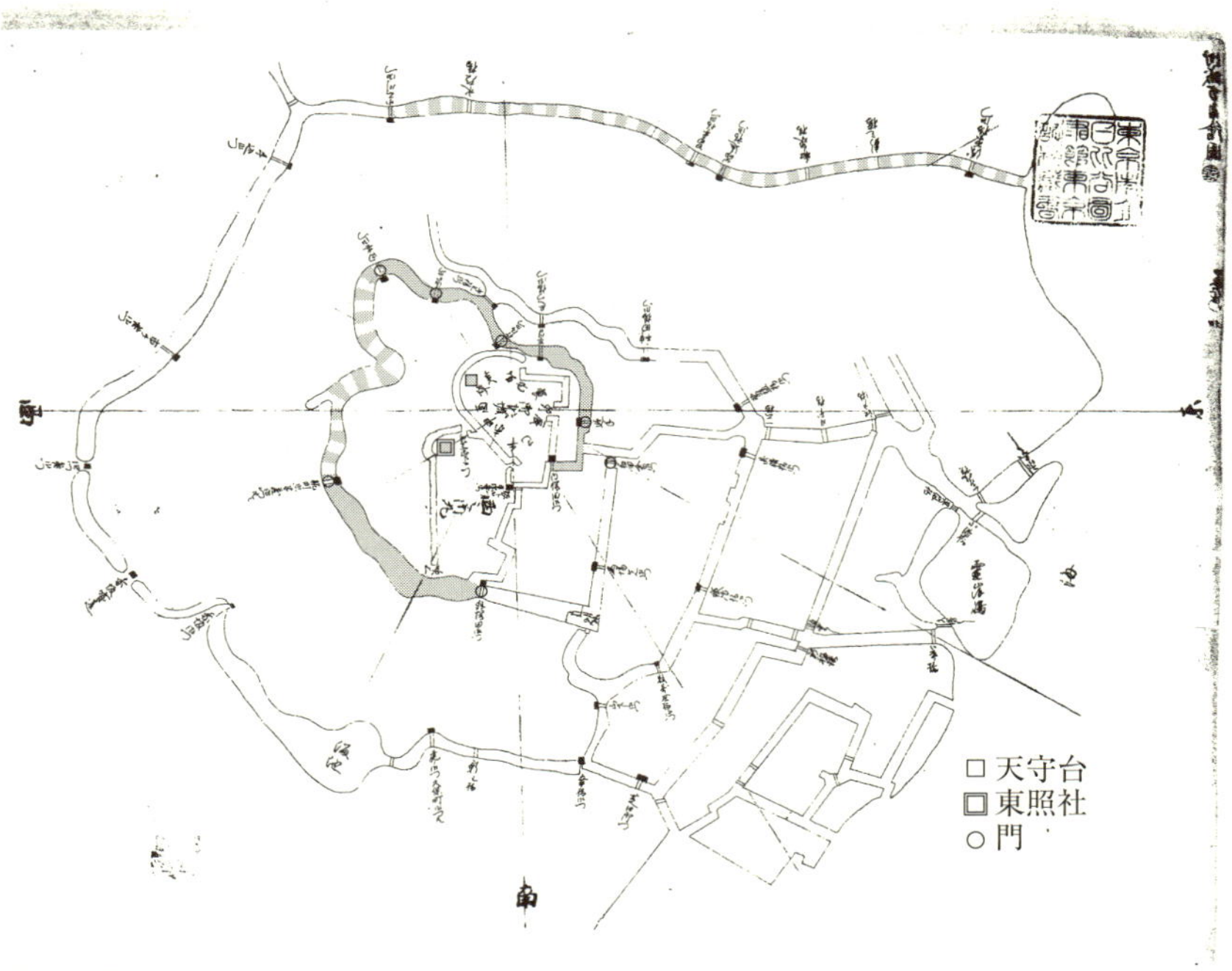

図2－3　元和四・六・八年の修築工事

紅葉山

東照大權現　寶前

得鉅石於領國志摩郡迎茲南海運子當山陽鐫而奉建

とあり、裏面には、

寛永三年丙寅九月十七日　筑前侍従四位下
　　　　　　　　兼右衛門佐源朝臣忠之

と彫られていたという。第四章図4-19の『紅葉山繪図』をみると、東照社の参道には二基の鳥居が描かれている。これは、黒田家が寄進したものである。

　元和四年の東照社には、石鳥居のほかに手水鉢と燈籠の寄進があったことを「紅葉山原廟發撤記」が伝えている。御本地堂前の石手水鉢（一座）には、

　奉献上
　　東照三所大権現　　御寳前
　　元和四年十二月吉日　浅野但馬守源朝臣長晟

と、同所の唐銅燈籠には、

　武州江戸
　東照三所大権現　　御寳前
　　元和四午年卯月如意珠日

とあり、裏に

　　　　　　御大工鑄物師椎名兵庫助

と彫られていたとある。二つの金石文の「東照三所大権現」とは、山王権現・日光権現・東照権現の三社を指すもので、浅野長晟の寄進は慶長十九年の汚名返上と正室が家康の娘であることによるものと考えられる。このほか、毛利秀就の角石献上もある。

元和六年の公儀普請　慶長十九年の普請が大坂冬の陣で中断したことから、その続きとなるものである。前年に松平定綱が助役を命じられるのが、翌年の準備工事といわれている。元和六年の工事は、伊達政宗以下七家の奥羽の大名が助役を命じられる。内桜田から清水門に至る石垣と外桜田・和田倉門・大手門・竹橋門・清水門・田安門・半蔵門の枡形修築が主な工事箇所である。四月十一日に着手し、十月までには大半の丁場で竣工する。表2-5の助役大名のほかに、池田忠雄の石材献上や細川忠興や黒田長政が自ら普請を申し出たことが記録されている。しかし、実際に工事を担当したかは不明である。

　この年秋には、神田濠普請と土手普請が行われた。

なお、尾張・紀伊・水戸の御三家の屋敷が吹上内に築かれたのは、年末のことである。

　この手伝普請で、伊達家の丁場で要した人夫数と費用が『伊達治家記録』に記されている。そこには、人夫四二万三一七九人半、黄金二六七六枚五両三分とある。

元和八年の公儀普請　本丸御殿と天守台の改造を目的とする。御殿は、従来のものが手狭なことから拡張を、これによって天守台も本丸の

表2-5　元和6年の助役大名一覧

大名名	国	居城	知行（万石）	普請箇所・備考
松平越中守定綱	遠江国	掛川城	三	元和五年の助役、翌年の準備工事か
伊達陸奥守政宗	陸奥国	仙台城	六一・五	大手門枡形と大手石垣十三丁余
上杉彈正少弼景勝	出羽国	米澤城	三〇	石垣修築、濠浚
佐竹右京大夫義宣	出羽国	久保田城	不詳	
蒲生下野守忠郷	陸奥国	若松城	六〇	
最上源五郎義俊	出羽国	山形城	五七	内櫻田より清水門に至る石垣と枡形
南部信濃守利直	陸奥国	三戸城	一〇	
相馬大膳大夫利胤	陸奥国	中村城	四・九	大手門枡形石垣

北西へと移動する。

御殿の造営は、表方が老中土井大炊頭利勝を奉行、中井大和を大工棟梁、奥方が老中酒井雅楽頭忠世を奉行、鈴木近江を大工棟梁として、二月十八日着手、十月には竣工する。次章で述べるが、元和度の御殿指図が残されていないため、実体は不明である。

天守台の築造は、御殿より遅れ、阿部正之を奉行とし、広島城主浅野長晟（和歌山城より移封）と熊本城主加藤忠廣が助役を命じられる。天守台が竣工するのは、翌年三月である。そして、五層の天守があがるのである。

このほか、高田城主松平忠昌、高崎城主安藤重長などの助役も記されている。また、二の丸に東照社を造立したのもこの年である。

なお、元和九年七月二十七日、伏見城で将軍職を家光に譲っている。

3　寛永度の経過

寛永度の修築は、退老した秀忠のための西丸御殿の改造にはじまり、寛永五（一六二八）年七月十一日の地震を契機として翌年、西丸修築と雉子橋から数寄屋橋にかけての石垣修繕と堀浚。寛永十二年の二の丸拡張。寛永十三年の外郭修築。寛永十四年の本丸御殿と天守台の改造をもって江戸城の基盤が出来上がる。

寛永元年の公儀普請　老中稲葉正勝を奉行として、譜代大名の助役のもと西丸御殿の改造を四月八日に着手する。九月には竣工し、前将軍秀忠は、九月二十二日に移徙する。

西丸御殿と併行して、大手木橋を修理する。二カ月間を要しているので、大修理ともいえる。明治二十一年に大手石橋に架設替えする際に、同所擬宝珠の一部が平川橋に移設されている。第七章第一節で述べるが、その擬宝珠には、「寛永元甲子年／八月吉日」と製作者である椎名源左衛門尉吉勝と長谷川越後守の名が各々、彫られている。橋の修理を裏付ける資料が残されているのである。御殿改造では、尾張中納言徳川義直と紀伊中納言徳川頼宣が木材を献上している。

なお、浅野長晟が清水門を建てたとある。

寛永四年には、日比谷門と梅林坂門を建設する。その助役は、日比谷門を浅野長晟、梅林坂門を稲葉正勝が命じられた。

寛永五年の地震と翌年の公儀普請　寛永五年七月十一日午刻（昼十二時頃）、マグニチュード六・一と推定される地震が発生する。おそらく江戸湾北部を震源とする直下型地震と考えられるが、江戸城では西丸や雉子橋・数寄屋橋間の石垣が所々で崩壊したとある。詳細な記録が皆無に等しいことから、被害の実体はわかりかねるが、翌年の公儀普請の構成大名をみると、かなり激しい揺れであったと推察される。

幕府では、十一月十八日、翌年、江戸城を修築することを諸大名に命ずる。石垣修築と堀普請である。石垣総延長は一七五〇間、坪数が四万四五三三坪二合八勺三才に及ぶ。

この普請では、築方と寄方（採石・運搬）の二手に分け、さらに築方を七組に分け修築することを特徴とする。築方は、東国の諸大名、寄方は、徳川権大納言義直・徳川権大納言頼宣、徳川大納言忠長、徳川権中納言頼房の徳川四家に三河以西の譜代大名が行うもので、一〇〇家以上の大名が動員されている。築方の組編成は、表2-6に示した。老中が

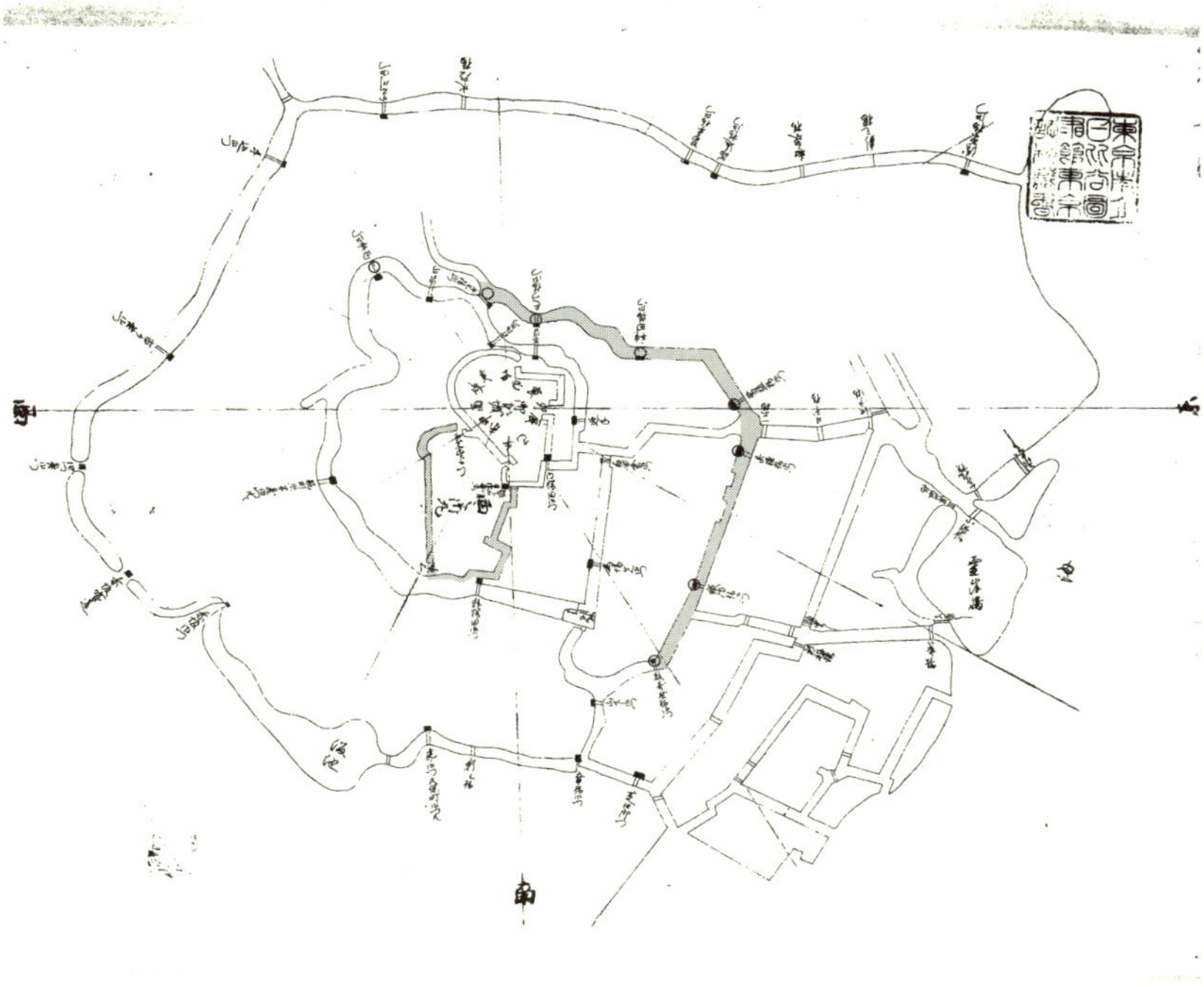

図2－4　寛永元・六年の修築工事

自ら組頭となり六組、その他を寄合組としているが、江戸城修築では、はじめての割普請となるものである。徳川期の大坂城や二条城では行われていたが、ようやく導入されたことになる。ちなみに、幕閣が組頭となる一～六組は西丸修築、寄合組は外郭を担当することとなる。

表2－6　寛永6年の築方・助役大名一覧

組	大名名	国	居城	知行(万石)	役高	普請箇所
一	酒井雅楽頭忠世	上野国	厩橋城	一二・二	208,300石	西丸大手門枡形
	酒井阿波守忠行(忠世嫡子)			二		
	西尾右京忠昭	常陸国	土浦城	二		
	細川玄蕃頭興昌	下野国	茂木邑主	一・六		
	眞田伊豆守信之	信濃国	松代城	八・二		
	眞田河内守信吉	上野国	沼田城	三		
	眞田大内記信政(信之子)					
	眞田隼人信重(信之子)					
二	土井大炊頭利勝	下総国	佐倉城	一四・二	228,800石	西丸玄関前門石垣
	堀美作守親良	下総国	烏山城	二		
	佐久間日向守安長	信濃国	飯山城	〇・三		
	佐久間大膳亮勝之	信濃国	長沼城	一・五		
	本多大隅守忠純	下野国	榎本城	二・六		
	松平五郎八忠房(忠利子)	三河国	吉田城	四・五		西丸石垣、伊豆より石の廻漕
	松平采女正忠利(憲良庶兄)	信濃国	小諸城			西丸石垣
	浅野采女正長重	常陸国	笠間城	五・三		
三	酒井讃岐守忠勝	武蔵国	河越城	八・一	174,400石	
	安藤右京進重長	上野国	高崎城	五・六		
	稲葉丹後守正勝	下野国	眞岡邑主	四		西丸裏門虎口、神田橋門修理ほか
	井伊兵部少輔直勝	上野国	安中城	三		
	酒井山城守重澄	下総国	生實邑主	二・五		
	内藤伊賀守忠重	常陸国		二		
	新庄駿河守直好	常陸国	麻生邑主	二・七		
四	永井信濃守尚政	下総国	古河城			西丸的場・山里枡形、西丸石垣
	土屋民部少輔利直	上総国	久留里城	二・一		
	秋元但馬守泰朝	上野国	惣社城	一・五		
	水野左近忠善	下総国	山川邑主	三・四		

組	氏名	国	城	知行	役高	備考
	井上河内守正利	遠江国	横須賀城	五・二	126,000石	月見櫓台裏門の枡形
	青山大蔵少輔幸成	遠江国		一・六		
	内藤百助正勝	安房国	勝山城	二		西丸石垣、堀普請
	京極主膳正高通	丹後国	峯山邑主	一・三		
	小笠原左衛門佐政信	下総国	関宿城	二・二		的場曲輪石垣
五	榊原式部大輔忠次	上野国	館林城	一一	161,950石	西丸石垣、濠浚
	水谷伊勢守勝隆	常陸国	下館城	三		
	西郷若狭守正員	安房国	東條邑主	一		西丸石垣
	秋田河内守俊季	常陸国	宍戸城	五		桜田門石垣、鍛冶橋濠浚、西丸石垣・濠浚
	牧野右馬允忠成	越後国	長岡城	七・四		
	松平大膳亮忠重	上総国	佐貫城	一・五		西丸石垣、鍛冶橋外濠普請
	日根野織部正吉明	下野国	壬生城	一		
	皆川志摩守隆庸	常陸国	府中城	一・四		
六	奥平美作守忠昌	下野国	宇都宮城	一一	243,210石	
	内藤左馬助政長	陸奥国	岩城平城	七		
	大關右衛門高増	下野国	黒羽城	一・九		
	那須美濃守資重	下野国	福原邑主	一・四		
	土方彦三郎雄氏	伊勢国	菰野邑主	二		
	大久保加賀守忠任	武蔵国		二・一		
	相馬大膳亮義胤	陸奥国	中村城	六		西丸石垣（人夫六百人）
寄合組	伊達中納言政宗	陸奥国	仙臺城	六一・五	三〇・七	数寄屋橋・日比谷門枡形、山ノ手石垣、大橋四股去除、ほか
	上杉彈正少弼定勝	出羽国	米澤城	三〇	一五	堀普請
	鳥居伊賀守忠恒	出羽国	山形城	二四	一二	
	佐竹右京大夫義宣	出羽国	久保田城	二〇	一〇	神田橋・半蔵門の石垣
	岩城忠次郎宣隆	出羽国	亀田邑主	二	二	
	松平光長仙千代	越後国	高田城	二五	二五	
	酒井宮内少輔忠勝	出羽国	庄内城	一三・八	一三・八	

組	氏名	国	城	知行	役高	備考
	酒井長門守忠重	出羽国	村山	〇・八	〇・八	
	酒井右近直次	出羽国	左沢	一・二	〇・六	
	堀丹後守直寄	越後国	村上城	一〇	五	
	松平伊予守忠昌	越前国	福井城	五〇・五	五〇・五	雉子橋門・田安門
	松平出羽守直政	越前国	大野城	五	二・五	
	松平大和守直基	越前国	勝山邑主	三	三	外曲輪
	松平土佐守直良	越前国	木本	二・五	二・五	
	本多飛彈守成重	越前国	丸岡城	四・六	四・六	
	徳川中納言頼房	常陸国	水戸城	二八	二三	
	加藤肥後守忠廣	肥後国	熊本城	五四	二七	
	浅野但馬守長晟	安芸国	廣島城	四二・六	四二・六	和田倉門、西丸虎口土橋石垣、濠浚
	溝口出雲守宣直	越後国	新發田城	五	二・五	城中石垣
	溝口伊豆守政一	越後国	沢梅	一・四	〇・七	
	南部信濃守利直	陸奥国	三戸城	一〇	五	外濠浚
	戸澤右京政盛	出羽国	新庄城	六	三	石垣修築
	六郷兵庫頭政乗	出羽国	本庄城	二	一	
手伝	池田宮内少輔忠雄	備前国	岡山城	三一・五	西丸山里庭園	
	有馬玄蕃頭豊氏	筑後国	久留米城	二一	西丸山里庭園	

※知行と役高は異なる

また、慶長期を好例として、江戸城修築では、助役大名が築方と寄方を兼務していたが、寛永六年の普請では、分化することを看過することができない。これらは、労働力の組織化が進み、新たな段階に入ったということができる。北原糸子氏は、『江戸城外堀物語』のなかで、寄方三八家を具体的に示している。しかしながら、伊豆・相模での採石丁場を『細川家文書』「伊豆石場之覚」でみると、加藤忠廣・細川忠利・前

表2-7　寛永12年の助役大名一覧

大名名	国	居城	知行（万石）	普請箇所・備考
藤堂大学頭高次	伊勢国	津城	三二・三	大手三之門石垣、二の丸石垣
浅野安藝守光晟	安藝国	廣島城	四二・六	二の丸石垣
浅野因幡守長治	備後国	三次邑主	五	二の丸石垣
有馬玄蕃頭豊氏	筑後国	久留米城	二一	二の丸泉水
酒井雅楽頭忠世	上野国	厩橋城	一二・二	二の丸三階櫓、平川門番所・冠木門
土井大炊頭利勝	下総国	古河城	一四・二	平川門渡櫓門
稲葉美濃守正則	相模国	小田原城	八・五	平川門、櫓二カ所

田利常らの丁場が存在したことを記している。加藤忠廣を除く二家は、寛永六年の助役は命じられてはいない。このほか山内忠豊が寛永六年の普請で材木五五〇本、角石二〇個、平石三〇〇個の献上目録を幕府に差し出している。その時の角石が廻漕されず稲取港周辺に残置されている。つまり、西国の有力大名は、相模・伊豆に採石丁場を確保していたことになる。これら西国大名の採石丁場は、いつ発令されるか予測できない故の備えと考えることができる。

　寛永六年の公儀普請では、築方が東国大名であった。東国大名の助役は、それまで堀普請が中心で、記録がよく残る伊達家の場合でも、元和六年の普請では採石・廻漕の記録がない。これは、東国の有力大名が伊豆では採石丁場を確保していないことを示唆している。

　したがって、寛永六年の普請では、寄方が必要であったのである。

寛永九年の公儀普請　寛永九年正月二十四日、前将軍秀忠が薨去する。諡を台徳院とし、増上寺に霊廟が造営される。霊廟は、第四章で述べることにし、紅葉山には御霊屋が造営される。老中永井尚政を奉行とし、棟梁に鈴木近江と木原大工允があたる。十月二十三日には上棟し、翌日には家光をはじめ諸大名が参詣している。

寛永十二年の公儀普請　前年閏七月二十三日戌刻（夜八時頃）西丸御殿が全焼する。徳川の世になって初のことであり、騒然とする。

　寛永十二年の普請では、二の丸を東へ大きく突出することで拡張し、あわせて二の丸・三の丸の整備を目的とする。記録上、はじめて三の丸が公然と使用されることになる。

　工事に先立ち、三の丸内にあった酒井忠勝の屋敷を外に移す。四月二日に縄張り、六月には順次竣工するが、泉水の工事のみ大幅に遅れる。この修築で、大手三之門の枡形は、右折から左折へ、平川門枡形は、直進から左折形式へと変化する。

　この公儀普請で、藤堂家の経費が「藤堂氏記録抜抄」に記されている。同家が担当した石垣丁場は、延長一三〇間、高さ七間で坪数が九一〇坪。使用する石は、大坂城普請の残石と、新たに「伊豆たい島」などで切出石を用いることで対応する。その一覧表が表2-8である。これには、寛永十二年の手伝普請以外の資材代が若干、含まれているが、二万五〇〇〇両余の入用となる。ちなみに、同家では、四八〇五人体制で臨んでいる。この経費をみると改めて大工事であることがわかる。

　二の丸の拡張によって、翌年六月二十一日には二の丸新御殿が完成する。

寛永十三年の公儀普請　外郭の修築工事を目的とし、これによって物構えが完成する。大工事となり、石垣普請については、寛永十一年中に助役の内命がある。これは、伊豆での採石・廻漕と関連する。先述し

表2－8　藤堂家が要した経費一覧

	項　　目	金　額
	購入石（平石8,955個、角石・角脇・狭間石555個、岩岐石90間・他）	7,082両３分銀１匁３分
	築石回漕賃	707両１分銀５両９分
	石垣加工・手間賃	439両銀９分
	割栗石970坪代金（１坪１両３分２匁）	1,728両銀１匁８分
	割栗石回漕賃	449両１分銀７匁４厘
	石船40艘代	761両２分銀９匁
	石垣の土台・杭木を含む木材代金	1,381両２分銀10匁５厘
	下小屋仕用代	1,458両２分銀２匁５分
	普請道具代	721両銀10匁４分
	丁場埋土代（12,230坪７合）	5,546両１分銀８匁５分３厘
	西丸土手・塀、元大橋和田倉橋鎹釘・手間代	198両３分銀10匁８分
	手ぬくい・下帯・脚半代	125両銀９匁７分５厘
	新規役人雇代金（983人）	1,378両銀14匁８分
小　計		21,973両銀３匁３分７厘
その他	足扶持代（普請中）	2,168両
	先年購入未払石代（石1,045個、割栗石918坪）	2,076両３分銀５匁７分
	大坂で購入道具代・運賃、穴生大工作料・他	1,392両１分
小　計		5,637両
合　計		27,610両１分銀３匁

※　合計は銀1,837貫860匁（但64匁替）

たように、寛永六年の普請では、築方を東国の諸大名、寄方を譜代大名が担当した。しかし、寛永十三年の普請では、石垣方が寄方を兼務し西国大名、堀普請を東国大名が担当する。寄方のみの助役はないのである。この普請では、寛永六年と同様、石垣・堀とも組編成が行われる。石垣方では六組に編成され、各組頭は、一組が前田利常、二組が松平忠昌、三組が細川忠利、四組が池田光政、五組が黒田忠之、六組が鍋島勝茂が務める。組頭は、いずれも大大名である。

　石垣方の担当は、雉子橋から溜池落口の櫓台までと、四ツ谷門を除く赤坂門から浅草橋門の外郭北側の枡形構築である。前者の外郭南側の修築は、慶長十一年・寛永六年に続いて三回目となるものである。この割普請図が立花家に伝わり、『江戸城普請分担図（立花家文書）』の名称で御花資料館が所蔵する。雉子橋枡形から幸橋までと、そこから溜池落口の櫓台までの二巻からなる。近年、丸の内一丁目遺跡の発掘調査によって、絵図の正確さが立証されることとなった。同遺跡は、東京駅の南東に位置し、四組の池田《（松平）》光政組が担当する箇所で、絵図には、鍛冶橋門に隣接する北側、九鬼大和守（絵図より）・池田新太郎・毛利市三郎・山崎甲斐守・中川内膳正の順で丁場名、石垣の長さと高さが記されている。発掘調査では、土台木（胴木）上の三段の石垣が検出された。石垣には刻印が認められ、大坂城の割普請との照会によって池田・毛利・山崎・中川の四家を特定することができ、さらに、土台木による丁場境の実際の長さと絵図での寸法（京間＝六尺五寸を使用）とが一致するものであった。これによって、絵図からも寛永十三年の石垣割普請の研究が効果的であり、進展することとなった。他方、外郭北側の枡形では、明治三十五年に解体された牛込門の角石の一つの控（長辺）から「入阿波守門」の文字が発見されている。現在、この石は、JR飯田橋駅西口駅前に置かれている。「入」の文字が小口端近くに施されているなど不自然な点もあるが、素直に解釈すると、寛永十三年に牛込門を修築した蜂

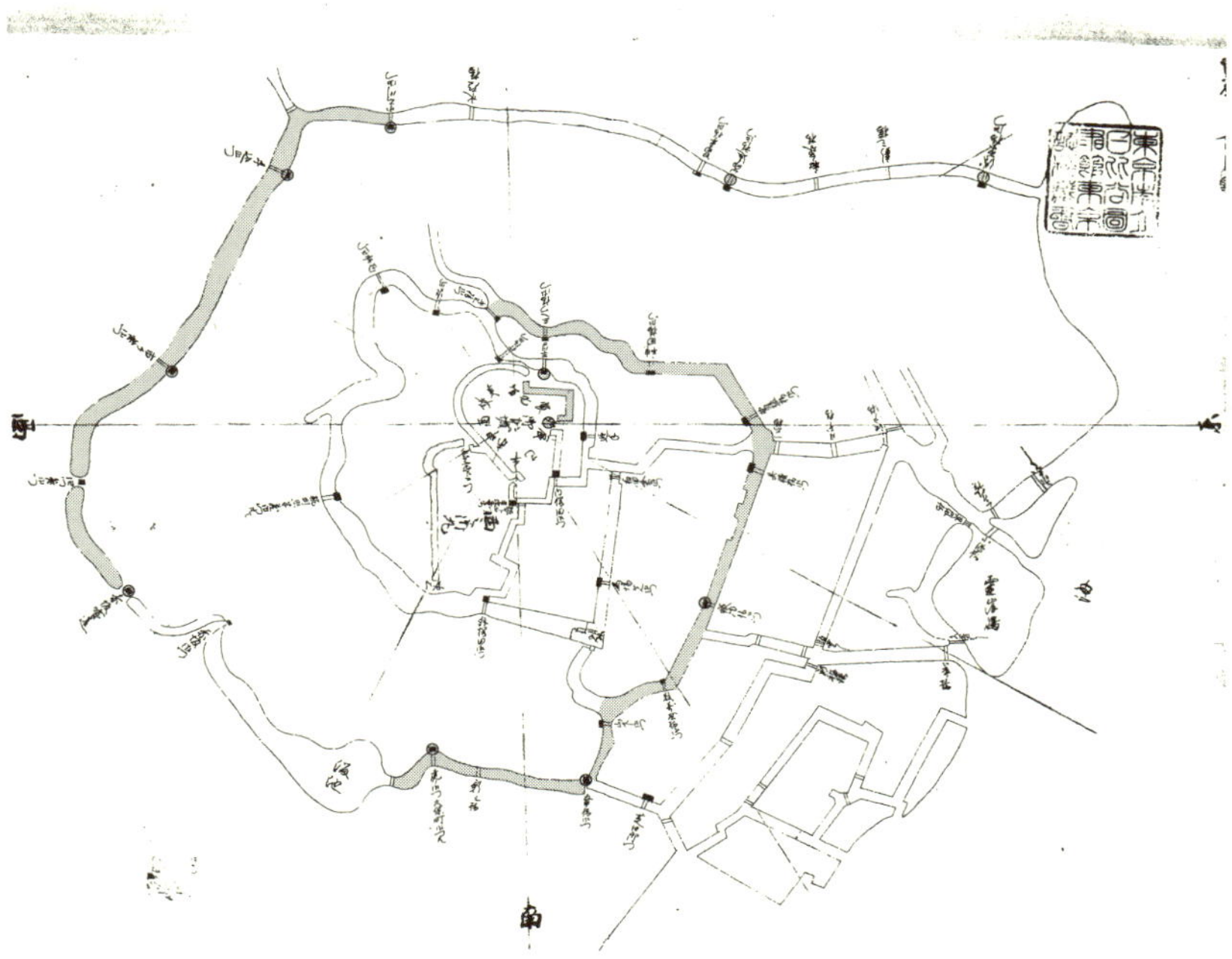

図2−5　寛永十二・十三年の修築工事

須賀阿波守となる。

　ところで、石垣方の伊豆・相模での採石状況は気になるところである。とりわけ、中・小大名の動向を無視することができない。筆者は、これに関する史料を持ち合わせてはいない。後述する『細川家文書』の「伊豆石場之覚」を参考にすると、寛永十三年の普請に向けた亥ノ年（寛永十二年）の丁場の様相は、相模の江之浦で立花飛驒守・立花民部少輔・有馬左衛門佐・平岡石見守・山崎甲斐守の五大名、伊豆の上多賀で立花飛驒守・立花民部少輔・有馬左衛門佐・戸川土佐守・平岡石見守・稲葉淡路守・九鬼大和守・桑山左衛門佐の九大名が記されている。この大名には、一〇万石を超える立花飛驒守が含まれるが、おしなべて中・小大名である。これら大名の構成は、人員の増減はあるが、網代村・宇佐美・大川・稲取・江梨の各丁場でも該当する。中・小大名が単独で採石・廻漕するには資金が乏しく、あり得ないことである。すると、これがどうやら採石丁場での組編成ということになりそうである。

　この採石丁場での組編成（？）を江戸での石垣方の組編成と対比すると、三組の細川越中守組と四組の新田新太郎組との混成であることがわかる。この現象が何に作用されるものであるかはわかりかねるが、興味深い。ちなみに、表2−9では、松平伊豫守・毛利長門守・細川越中守・池田新太郎・黒田右衛門佐の大大名も、相模・伊豆で採石・廻漕したことが史料に記されている。記述漏もあると思われるが、大大名に限ると、従来通りの助役と理解できそうである。

　石垣方の普請始は、寛永十三年正月八日であるが、同日、家光より石垣方に禁令七箇条が出される。そこには、

表2－9　寛永13年の助役大名一覧（石垣方）

組	大名名	国	居城	知行（万石）	普請箇所・その他
一	前田加賀守利常	加賀国	金澤城	一一九・二	筋違橋門枡形
二	松平伊豫守忠昌	越前国	福井城	五二・五	浅草橋門枡形、伊豆より石切出
	毛利長門守秀就	長門国	萩城	三六・九	半蔵門枡形、伊豆採石・廻漕
	松平大和守直基	越前国	大野城	五	
	松平土佐守直良	越前国		二・五	
	本多飛彈守成重	加賀国	丸岡城	四・三	
	九鬼式部少輔隆季	丹波国	綾部邑主	二	
三	細川越中守忠利	肥後国	熊本城	五四・一	御成橋枡形、銭亀橋九一間二尺、枡形両脇七二間四尺九寸、伊豆で採石・廻漕
	蜂須賀阿波守忠英	阿波国	徳島城	二五・七	牛込門枡形
	森内記長繼	美作国	津山城	一八・六	市ケ谷門枡形
	有馬左衛門佐直純	筑後国	久留米城	二一	
	立花飛彈守宗茂	筑後国	柳川城	一〇・九	
	立花民部少輔種長	筑後国	三池邑主	一	
	木下右衛門大夫延俊	豊後国	日出城	三	
	稲葉民部少輔一通	豊後国	臼杵城	五	呉服橋の南一三間四尺九寸二分
	稲葉淡路守紀通	丹波国	福智山城	四・五	
四	池田新太郎光政	備前国	岡山城	三一・五	小石川門枡形、伊豆岩村より築石廻漕
	池田勝五郎光仲	伯耆国	鳥取城	三二	溜池櫓台
	池田石見守輝澄	播磨国	山崎邑主	六・三	
	池田右近大夫輝興	播磨国	赤穂城	三・五	
	池田出雲守長常	備中国	松山城	六・五	
	池田内蔵助重政	播磨国		一	
	平岡石見重勝	若狭国	徳野邑主	一	
	建部三十郎政長	播磨国	林田邑主	一	
	九鬼大和守久隆	摂津国	三田邑主	三・六	鍛冶橋門・虎の門石垣
	中川内膳正久盛	豊後国	岡城	七	
	山崎甲斐守家治	備中国	成羽邑主	三	
	戸川土佐守正安	備中国	庭瀬邑主	二・二	
	桑山左衛門佐一玄	大和国	布施邑主	一・三	
	毛利市三郎高直	豊後国	佐伯城	二	
五	黒田右衛門佐忠之	筑前国	福岡城	四三・三	赤坂門枡形、伊豆で採石・廻漕
	寺澤兵庫頭堅高	肥前国	唐津城	一二・三	
	松倉長門守重次	肥前国	高木城	四・三	
	松浦肥前守隆信	肥前国	平戸城	六・三	
	大村純信松千代	肥前国	大村城	二・七	
	谷大學衛政	丹波国	山家邑主	一	
	蒔田權佐廣定	備中国	浅尾邑主	一	
	土方木工助雄高	伊勢国	菰野邑主	一・二	
	小出大和守吉英	但馬国	出石城	五	
	小出對馬守吉親	丹波国	園部邑主	二・九	
	杉原吉兵衛重長	但馬国	豊岡城	二・五	
	伊東若狭守長昌	備中国	岡田邑主	一	
	宮城主膳正豊嗣			〇・五	
	加藤出羽守泰興	伊予国	大洲城	六	
	黒田甲斐守長興	筑前国	秋月邑主	五	
	黒田市正高政	筑前国	東蓮寺邑主	四	鍛冶橋・八官橋石垣、真鶴より採石・廻漕
六	鍋島信濃守勝茂	肥前国	佐賀城	三五・七	虎の門枡形
	生駒壹岐守高俊	讃岐国	丸亀城	一七・一	喰違小枡形
	伊達遠江守秀宗	伊予国	宇和島城	一〇・三	
	織田出雲守信友	大和国	松山城	三・一	
	織田辰之助信勝	丹波国	柏原邑主	三・六	
	秋月長門守種春	日向国	高鍋城	三	
	島津右馬頭忠興	日向国	佐土原城	三	
	遠藤伊勢守慶利	美濃国	八幡城	二・七	
	一柳監物直盛	伊予国	西條城	六・八	
	京極丹後守高廣	丹後国	宮津城	七・八	
	京極修理大夫高三	丹後国	田邊城	三・五	
	青木甲斐守重兼	摂津国	浅田邑主	一	
	織田大和守尚長	大和国	柳本邑主	一	
	小出大隅守三尹				
	古田兵部少輔重恒	石見国	濱田城	五	
	久留島丹波守通春	豊後国	森城	一	

江戸惣構石垣御普請之時御條目

條々

一、喧嘩口論堅制禁之訖。若違犯之族有之者不論理非、双方可處斬罪、勿論令荷擔者、其咎可重於本人事。

附。於何事、申分有之者、普請以後可及沙汰、縦雖有道理、申出輩者、可為曲事之事。

一、自然喧嘩口論火事有之時、一切其所不可馳集事。

一、普請之組頭、対組中萬贔負偏頗不可致之。若他人組與論所之儀、或組頭取持之成荷擔、或組中企一味、悪事不可有之事。

一、不可論石場事。

一、猥不可伐採山林竹林、并不可荒作毛事。

一、押売押買諸事不可狼籍事。

一、人返之儀停止之。於有申趣者、普請相済、可沙汰之。但重科人者、達普請奉行、可任其指図。萬事不可致私之出入事。

右、可相守此旨者也。

とある。人夫・役人など多くの人が集まるなかで、喧嘩や口論は、当然のように発生する。円滑に工事を進めるには、最小限に留め、拡大を防止するための条項といえる。それは、最後の条にもあてはまる。人夫が作業条件などで他の組に逃げこんだ場合の対応を示したものである。六○家に及ぶ石垣普請であるが故の禁令である。

石垣及び枡形の構築は、寛永十三年四月までには終わる。

堀普請は、石垣方が普請を開始する正月八日、赤坂から小石川までの掘削が命じられる。七組に編成され、組頭には、伊達政宗・松平光長・上杉定勝・佐竹義隆・加藤明成・榊原忠次・酒井忠勝が任じられる。

堀普請に関する記録は、『大日本古文書』所収の「伊達家文書」によく残されている。史料をみると、二月二十九日に丁場の割付が決められる。市ヶ谷土橋から伊賀町土橋までの一番丁場であるが、以下のようになる。

江戸城堀普請諸覺書

市ヶ谷

一番　加藤式部殿

二番　上杉彈正殿

三番　佐竹修理殿

四番　松平越後守殿

五番　松平陸奥守殿

六番　酒井宮内殿

七番　松平式部殿

とある。この番号は、丁場割符図の順番通りとなる。各組の編成は、伊達政宗が単独であるのを除き、表2-10の通り五八家の東国大名が命じられる。いずれも石高の半役となる。鍬初は三月朔日、竣工するのが七月二十三日と記録されている。伊達家の場合、堀普請に着手するのが三月九日であり、その前に二つの土橋を完成させる。その土橋とは、一つが市ヶ谷土橋、もう一つが麹町土橋である。

普請に際し、七組の組頭による申定書を作成する。石垣方が家光から出された法度に対して、堀方は自ら定めた規範ということで性格が異なる。一九条にわたり細則を定めているが、それは、

表2-10　寛永13年の助役大名一覧（堀方）

組	大名名	国	居城	知行（万石）	備考
一	伊達中納言政宗	陸奥国	仙臺城	六二	五月二十四日政宗薨去、翌日助役免
二	松平越後守光長	越後国	高田城	二五・五	
	眞田伊豆守信之	信濃国	松代城	八・二	
	眞田熊之助				
	眞田内記信政	上野国	沼田城	一	
	眞田隼人信重（信政の弟）			○・八	
	溝口出羽守宣直	越後国	新發田城	五	
	溝口又十郎宣秋	越後国	桐梅邑主	○・六	
	溝口内記宣俊	越後国	池端邑主	○・五	
	溝口左兵衛宣知	越後国	二朋邑主	○・四	
	溝口金十郎政勝	越後国	水原邑主	一	
	溝口権助助勝	越後国	澤海邑主	○・三	
	溝口九十郎直勝（助勝の弟）			○・一	
	佐久間三五郎勝長	信濃国	飯山城	三	
	佐久間蔵人勝友	信濃国	長沼城	一・三	
	佐久間辰千代勝盛				
	織田百助信昌	上野国	小幡邑主	二	
	本多主税政顯	下野国	榎本城	二・八	
	戸田因幡守忠能	三河国	田原城	一	
	北條久太郎氏宗	河内国	狭山邑主	一	麹町の堀普請
三	上杉彈正少弼定勝	出羽国	米澤城	三○	半役、三千人、翌年新堤上に松杉植樹
	戸田丹羽守光重	播磨国	明石城	七	
	松平因幡守憲良	信濃国	小諸城	三	
	水谷伊勢守勝隆	常陸国	下館城	四・七	
	仙谷越前守政俊	信濃国	上田城	六	
四	佐竹修理大夫義隆	出羽国	久保田城	二○	
	鳥居左京亮忠恒	出羽国	山形城	二二	
	新庄越前守直好	常陸国	麻生邑主	二・七	
	土岐山城守頼行	出羽国	上山城	二・五	
	岩城但馬守宣隆	出羽国	亀田城	二	
五	六郷長五郎政勝	出羽国	本庄城	二	
	加藤式部少輔明成	陸奥国	若松城	四○	
	南部山城守重直	陸奥国	森岡城	一○	遅参して閉門
	加藤民部少輔明利	陸奥国	三春城	三	
	松下左助長綱	陸奥国	三木城	三	
六	榊原式部大輔忠次	上野国	館林城	一一	
	牧野右馬允忠成	越後国	長岡城	七・四	市ヶ谷門外の堀普請
	牧野内膳康成（忠成の二子）			（一分与）	
	牧野播磨守定成			（○・六分）	
	内藤帯刀忠興	陸奥国	岩城平城	七	
	内藤兵部少輔政晴	陸奥国	高槻邑主	二	
	安藤右京進重長	上野国	高崎城	六・六	
	井上河内守正利	遠江国	横須賀城	五・二	
	相馬虎之助義胤	陸奥国	中村城	六	赤坂・市ヶ谷・牛込・小石川堀普請、三・五万高役
	成瀬藤蔵之虎	三河国	足助邑主	一	
	西郷若狭守正員	安房国	東條邑主	一	
	山口但馬守弘隆	常陸国	牛久城	一・五	
	高木善次郎正弘	河内国	丹南邑主	一	
七	酒井宮内大輔忠勝	出羽国	庄内城	一四	
	丹羽五郎左衛門長重	陸奥国	白川城	一○	市ヶ谷辺を担当
	堀丹後守直寄	越後国	村上城	一○	
	小笠原左衛門佐政信	下総国	関宿城	二・二	
	戸澤右京亮政盛	出羽国	新庄城	六	
	井伊兵部少輔直之	上野国	安中城	三	
	前田大和守利孝	上野国	七日市邑主	一	
	土方彦三郎雄次	伊勢国	菰野邑主	二	
	堀淡路守直升	信濃国	須城城	一	
	酒井長門守忠重（忠勝の弟）	出羽国	村山	○・八	

御堀方七與申定之覺

一、惣町場、何れも出合もくろみ、鬮取致候上者、損得有之共以来申分有之間敷候。但ほりかゝり大分のあしき所候而、丁場主壹分に不成所ハ、惣様より可致事。
一、丁場鬮取致候以後、御奉行衆様御好か王り之所於有之者。指引可為惣割符、若其丁場に而、御普請仕義不成内ハ、相談を以、御堀之内何方成共ほらせ、其坪を積り、重而指引可致算用事。
一、下々口論、并中間ニ出入候者、随分申事ニ不成様に、萬事可致相談事。
一、御堀ほり申候内ニ、御役高増引申義候者、右之　取次第に、よりのき可致候。縦町場悪敷候共、異儀申間敷候。但御普請に取かゝり候以後、役高引候者、惣様より費用に相談候か、又は其與中としてほり立候者、重而丁場に而指引可致算用候。御役高増候者、次々町場坪数致算用、渡可申事。
一、土捨場、堀口より壹丁之間ハ、其丁場主損に致、申分有間敷候。若壹町より外へ捨候者、七組へ埋り、置所を前廉にみせ、捨土を坪に積り、一日に六里ふみにして、壹坪ニ付三百六拾荷宛致、重而指引可致算用候。あまり土惣割符たるへき事。
一、見かくしの御土手并土取場、土捨場之儀、壹丁切に相談を以、重而可相極事。
一、御土手、其外付芝之儀、先面々丁場切に致、坪数重而之町場尓而可致指引事。
一、町場之かへ水なかし候水道、何方に成共、上丁場より好次第ニすゑ、水滞候者、丁場主より人足を出し、水通し可申候。樋之内へどろ入不申様に可申付事。
一、かへ水之樋入札に申付、代銀可為惣割、又方々より出候水除ほらせ候儀も惣割符に可致事。
一、面々町場境たゝら丈夫にいたし、水もり不申様に可申付候。若たゝらきらし候者、其丁場より、他之町場之水かへほし可申候、たゝら取候時者、双方申合取可申事。
一、御堀手前之分出来申候共、惣丁場無出来内は、前々のをく奉行を付置、水かへさせ可申事。
一、他之丁場へ土捨不申様ニ、互可申付候。若捨候者於有之ハ、とらへ、其家中下奉行へ可相渡候。付他之丁場に而、人足休又は買物以下ニかゝり、普請さまたけに成候者、是又可為同前候。縦打擲仕候共、申分有之間敷事。
一、御堀之外ニ惣通通可致事。
一、出角入角之うしろ土捨場、すちかへ縄をはり可申事。
一、組定有之上ハ、何事も可有相談候。ぬき〳〵に致間敷事。
一、町場出来、御奉行衆へ相渡候巳後、破損致候者、其一與切ニ仕直シ可申事。
一、七組之内、壹番ニ出来候町場、二日待合可申事。
一、昼夜水かへの儀、七組より壹人宛奉行を出し、惣丁場無油断可申付事。
一、談合有之由、日行司より申来候者、無油断寄合、萬事可致相談事。
寛永拾三年二月廿七日

とある。これら東国大名の組頭は、江戸城の公儀普請においては、慶長十二年・元和六年・寛永六年と幾度となく堀普請を命じられている。元和六年・寛永六年の助役では、石垣普請も加わるが、江戸の地形にも馴れ、濠の掘削上や人夫の労務管理上の課題を熟知していることからきているものと考えられる。外郭の西から北側にあたる赤坂から市ヶ谷にかけては、二つの小谷がある。一つは、溜池小谷、一つは紅葉川小谷。この二つの小谷を掘削することで、防御に富んだ濠が可能となる。牛込門を過ぎ、小石川門から先は、武蔵野台地の東端、本郷台を掘削し、神田川と合流する形状で隅田川に繋がる。土木工学的にみて、深く掘ると水が出やすい難所でもある。その辺のところを推察してのものでもある。

図2-6は、市谷土橋から伊賀町新土橋までの一番丁場の割符図である。一番の加藤式部大輔丁場が市谷土橋、順次、南・西側に向かい深く幅が広い掘削を要し、七番の榊原式部大輔丁場となる。図2-6を立体的にしたのが図2-7である。『赤坂御門・喰違土堀』の報告書から引用したものであるが、一番から三番丁場までは、距離はあるが比較的浅い掘削であるのに対して、四番丁場から急激に深くなる。四ツ谷土橋を過ぎ四ツ谷界隈の台地の掘削では一段と深くなり、それによって真田濠を築き、喰違土橋に至るのである。ちなみに、濠の水位調節は、土橋下の暗渠で行い、一番丁場でみると、喰違土橋と四ツ谷土橋間が最も高く、次いで四ツ谷土橋と市ヶ谷土橋間、丁場からは除かれるが市ヶ谷土橋から牛込土橋の順で低くなり、やがて隅田川に注ぐ仕組みとなっている。時間軸は下がるが、二つの濠間の土橋が果たす水位調節については、第九章を参照していただきたい。

図2-6の一番丁場の堀普請は、四月二十一日に竣工し、二番丁場の

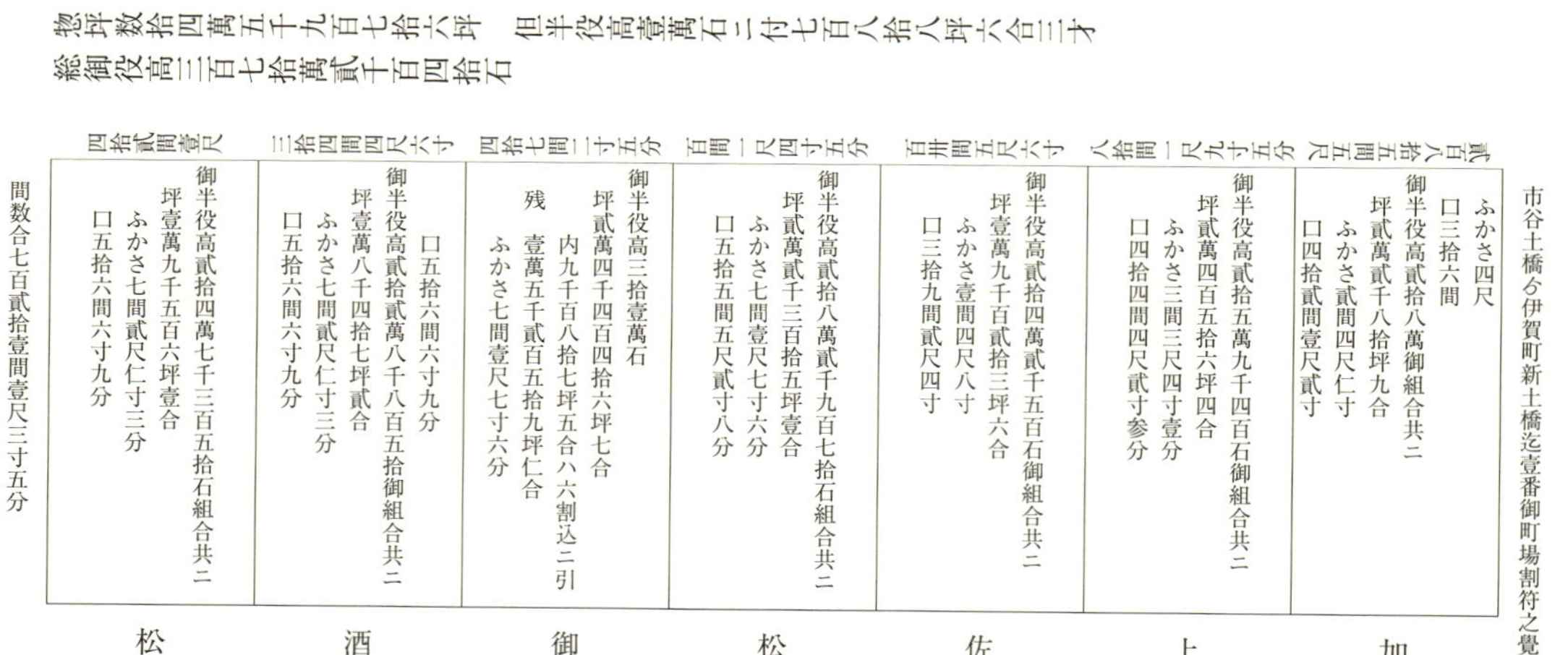

市谷土橋ゟ伊賀町新土橋迄壹番御町場割符之覚
貮百八拾五間五尺
ふかさ四尺
口三拾六間
御半役高貮拾八萬御組合共ニ
坪貮萬貮千八拾坪九合
ふかさ貮間四尺仁寸
口四拾貮間壹尺貮寸
加藤式部殿
八拾間一尺九寸五分
御半役高貮拾五萬九千四百石御組合共ニ
坪貮萬四百五拾六坪四合
ふかさ三間三尺四寸壹分
口四拾四間四尺貮寸参分
上杉彈正殿
百卅間五尺六寸
御半役高貮拾四萬貮千五百石御組合共ニ
坪壹萬九千百貮拾三坪六合
ふかさ壹間四尺八寸
口三拾九間貮尺四寸
佐竹修理大夫殿
百間一尺四寸五分
御半役高貮拾八萬貮千九百七拾石組合共ニ
坪貮萬貮千三百拾五坪壹合
ふかさ七間壹尺七寸六分
口五拾五間五尺貮寸八分
松平越後守殿
四拾七間二寸五分
御半役高三拾壹萬石
坪貮萬四千四百四拾六坪七合
内九千百八拾七坪五合八六割込ニ引
残 壹萬五千貮百五拾九坪仁合
ふかさ七間壹尺七寸六分
御手前分
三拾四間四尺六寸
口五拾六間六寸九分
御半役高貮拾貮萬八千八百五拾御組合共ニ
坪壹萬八千四拾七坪貮合
ふかさ七間貮尺仁寸三分
口五拾六間六寸九分
酒井宮内大輔殿
四拾貮間壹尺
御半役高貮拾四萬七千三百五拾石組合共ニ
坪壹萬九千五百六坪壹合
ふかさ七間貮尺仁寸三分
口五拾六間六寸九分
松平式部殿
惣坪数拾四萬五千九百七拾六坪
総御役高三百七拾萬貮千百四拾石
但半役高壹萬石ニ付七百八拾八坪六合三才
間数合七百貮拾壹間壹尺三寸五分

図2－6　「伊達家文書」に記された1番丁場の割普請図

市ヶ谷土橋から小石川の水戸中納言下屋敷溜池迄の二番丁場に着手する。堀普請の途中、五月二十四日に伊達政宗が逝去する。そのため、伊達家は、翌日、助役を免ぜられることになる。堀普請は、七月二十三日に竣工する。

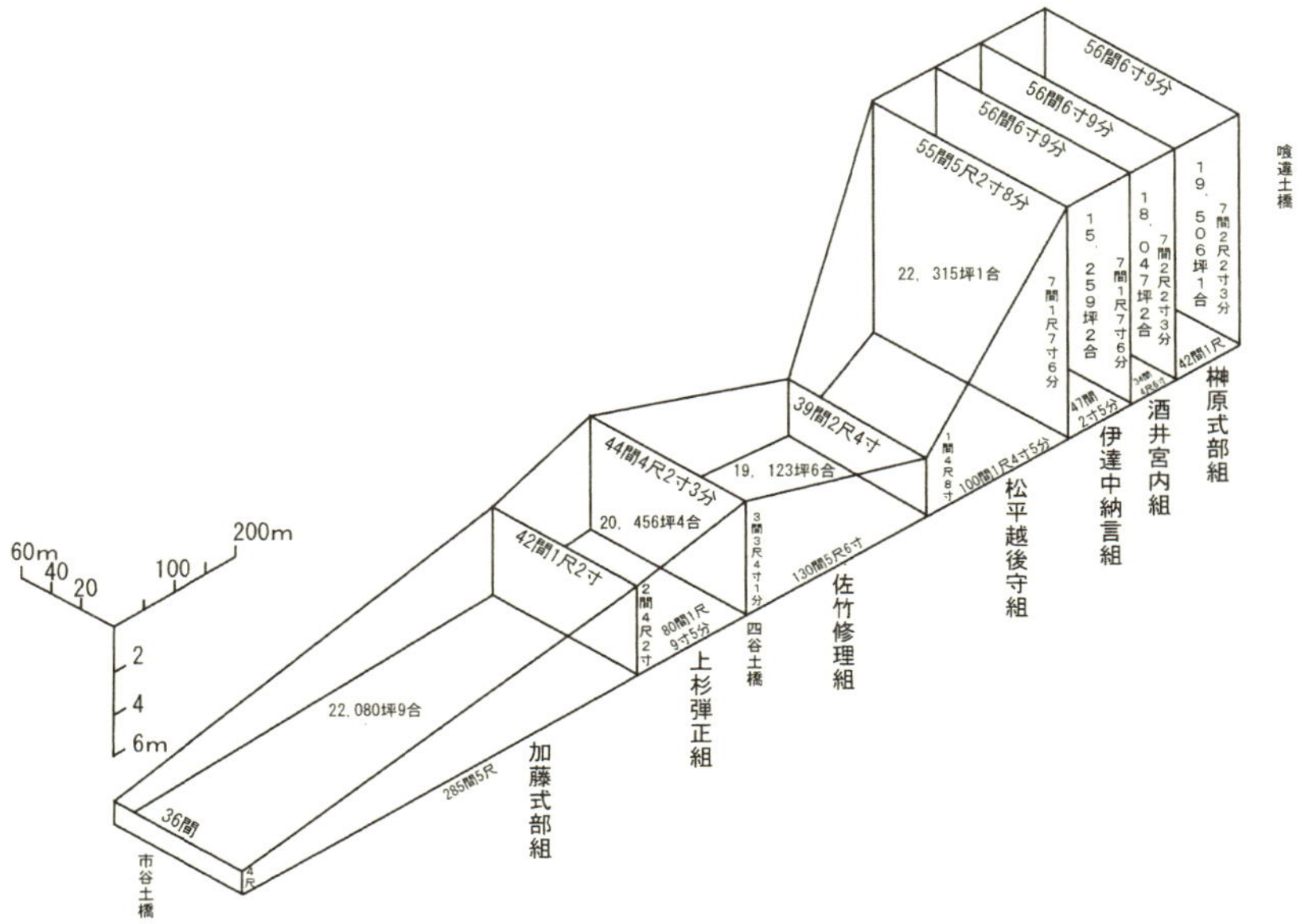

図２－７　同・堀普請丁場割模式図（『赤坂御門・喰違土橋』報告書より）

記録をみると、翌年三月、外郭の土堤に松杉の苗を植樹したとある。

このほか、寛永十三年には、土井利勝・稲葉正則・内藤信照・浅野長直らの譜代大名によって西丸御殿の造営が行われた。

寛永十四年の公儀普請　前年に外郭の惣構えが完成し、いよいよ本丸御殿と天守台の改造にとりかかる。元和度にも新造されるが、御殿の一層の拡張からくるものである。助役は、前年の堀普請にあたらない譜代大名とし、表2-11の大名が命じられる。総奉行は、酒井忠勝で、普請の助役を兼ねている。

助役を命じられない有力大名は、御殿改造に伴う献上品が相次ぐ。毛

表２－11　寛永14年の助役大名一覧

大名名	国	居城	知行	普請箇所
酒井讃岐守忠勝	若狭国	小濱城	一一・三	中仕切鉄門櫓
本多甲斐守政朝	播磨国	姫路城	一〇	地形及び所々石垣
小笠原右近大夫忠政	豊前国	小倉城	一五	
菅沼織部正定芳	丹波国	亀山城	四・一	「御座之間」ほか将軍座所
大久保加賀守忠職	美濃国	加納城	五	
小笠原左衛門佐政信	下総国	関宿城	二・七	
遠山刑部少輔秀友	美濃国	苗木城	一	奥殿、外四家と共に
水野日向守勝成	備後国	福山城	一〇・一	天守一層目
永井信濃守尚政	山城国	淀城	一〇	天守二層目
松井周防守康重	和泉国	岸和田城	六	天守三層目
松平山城国忠國	丹波国	笹山城	五	天守四層目
永井日向守直清	山城国	長岡城	二	天守五層目
黒田右衛門佐忠之	筑前国	福岡城	四三・三	天守台
黒田甲斐守長興	筑前国	秋月邑主	五	
浅野安芸守光晟	安芸国	廣島城	三七・六	
浅野因幡守長治	備後国	三次邑主	五	

利秀就は、銅一万斤と緑青千斤、さらには角石・角脇石を四〇個。山内忠義は、木材六万六四四〇本と杉板一〇〇〇間。細川忠利は、金箔二〇万枚と階石五〇〇個。上杉定勝は、銅一〇〇〇貫目。亀井茲政は、槻材三七二六本。

かくして、正月十一日に本丸地形に着手、二月八日に鍬初手斧初、八月二十六日に御殿が竣工する。天守台は、正月六日に着手し、八月十五日竣工。ひき続き天守の造営工事がはじまり、松井家譜によると同年十二月六日竣工とある。

この改造された新御殿は、寛永十六年八月十一日の火災で全焼し、二年足らずで再び新造されることになるのである。

本節では、寛永十六年の御殿造営までを扱うこととし、その間の主な事績を列挙する。

寛永十四年には、本城の東照社を天守台下から二の丸へ遷し、翌年には外郭の市ヶ谷濠の堀浚い、寛永十六年には、寛永十三年に外郭枡形が竣工するが、作事が施されていなかった筋違橋門・小石川門・市ヶ谷門・四ツ谷門・喰違門・赤坂門を、その前年には牛込門が構築され、全ての見附が完成する。また、紅葉山文庫の建設も行われた。

以上、徳川期の江戸城修築をみると、大別すると三段階あるといえよう。

第一段階は、家康が入府し、征夷大将軍に任じられる前まで。西丸に新御殿を築くが、有力な一大名の段階で、詳細は不明。

第二段階は、家康が征夷大将軍に就くことで江戸城が天下の城として公儀普請がはじまり、序々に進められていく段階。この時点では、反抗勢力があり、下限を大坂夏の陣まで。

第三段階は、元和・寛永度で、俗にいう天下普請として、御殿の拡張・整備と外郭を含む惣構えの完成した段階。一般的には、外濠と枡形の完成から寛永十三年とみるむきが強い。筆者は、外郭諸門の作事、天下城としての本丸御殿の改造などから、寛永十六（一六三九）年をもって江戸城が完成したと考えたい。

なお、第二・三段階の公儀普請では、西国大名・東国大名・譜代大名に交互に助役を命じ、かつ適材適所に配置していることを見逃すことができない。

三　石材の調達と運搬

江戸城のみならず第八章以降で述べる宮城造営において、各地で産出する石材が使用されている。江戸城の場合、多量に使用される石垣では、角石・角脇石・平築石などの主要石材を、堅固な安山岩とし、伊豆・相模に求めている。それは、石材が豊富であること。伊豆が幕府直轄支配地の天領であり、相模の場合、修築時期と番城時代が重なる時があり、かつ藩主が譜代大名であることから採石が容易な環境にあること。採石場が江戸に近いこと。石船での運搬ができること等々の理由からくるものである。

しかしながら、江戸城をはじめとして公儀普請として修築された駿府城・名古屋城・大坂城など諸城の採石丁場が、幕府によって正確に記録されたことはない。それを知るためには、西国有力大名家や地元に伝わる古文書、あるいは、採石丁場の石に刻まれた文字や符号を検証するということになる。

1　山内家史料と細川家文書に記された伊豆・相模の採石丁場

大名家に伝わる古文書で、伊豆・相模の採石丁場を記した史料は、山内家と細川家の二例がよく知られている。それは、公儀普請において、有力西国大名の場合、慶長期から寛永期にかけて石垣普請を命じられ、あわせて石場での採石と廻漕を知行に応じて求められたことからきている。つまり、代官を通じて伊豆での石場情報を得、突然の助役にも対応できる事前の準備にも繋がるわけである。石材量が豊富であれば、御三家・蜂須賀・細川・黒田・寺澤家などを好例として、名主や地元有力者を通して恒久的な丁場預を締結し、石の確保を行っている。

山内家史料「相模伊豆之内石場之覚」　この史料は、山内神社宝物館が所蔵するものである。内容は、土佐藩石奉行由比五左衛門が慶長十八年六月二十八日付の進上書であることから、慶長十九年の公儀普請を睨んでの情報ということになる。その内容をみると、

相模伊豆之内石場之覚

伊豆ノ国

一、伊豆ノ山　人不居、石番者計　松平武蔵守殿

同

一、熱海　人不居、石番者計　森右近殿衆

同

一、たか　人数三百人程、石切り舟にもつみ申候　羽柴左衛門大夫殿衆

同

一、同所　左（虫喰）仕舞にて罷上り候　鍋島信濃守殿衆

同

一、網代　人数六〇〇人程、石切り舟にもつみ候　加藤肥後守殿衆

同

一、宇佐美　人数百人程、石切舟にもつみ申候　黒田筑前殿衆

同

一、同所　人数四百人程、石切舟にもつみ申候　田中筑後守殿衆

同

一、同所　人数三百人程、右同申候　長岡越中守殿衆

表2-12　山内家史料に登場する伊豆の大名丁場一覧

丁場名	史料上の大名	大名名	人数	慶長十九年の助役有・無	備考
伊豆ノ山	松平武蔵守	池田利隆(輝政長男)	石番者計	有	百人櫓角石（一〇石目）
熱海	森右近衆	森忠政	石番者計	有	
たか(多賀)	羽柴左衛門大夫衆	福島正則	三〇〇人程	有	百人櫓角石（九石目）
たか(多賀)	鍋島信濃守衆	鍋島勝茂	不明	有	
網代	加藤肥後守衆	加藤忠広	六〇〇人程	有	乾櫓下隅角石「十」と共に
宇佐美	黒田筑前守衆	黒田長政	一〇〇人程	有	
宇佐美	田中筑後守衆	田中忠政	四〇〇人程	有	
宇佐美	長岡越中守衆	細川忠興	三〇〇人程	有	梅林坂側築石「羽柴越中守」
はど	生駒讃岐守衆	生駒一正	一〇〇人程	無	慶長十一年の助役
伊東	松平筑前守衆	前田利常	五〇〇人程	無	慶長十一年の助役
川奈	毛利宰相衆	毛利秀就	五〇〇人程	有	
川奈	寺澤志摩守衆	寺澤広高	三〇〇人程	有	
ふと(富戸)	毛利宰相衆	毛利秀就	三〇〇人程	有	
稲取	松平土佐守	山内忠義	一〇〇人余	有	

（以下略）

とある。これをまとめたのが表2-12である。この史料に載る伊豆での採石丁場は、一四箇所が記されている。そのうち毛利家の丁場が川奈と富戸の二箇所であるのを除くと他はいずれも一箇所となる。一三家の大名のうち、慶長十九年の助役を命じられていない大名として、生駒一正と前田利常の二家がある。しかし、二家の丁場の記述に「石切舟にもつみ申候」とあることから、自ら献上した可能性がある。

後述する細川家文書と照会すると、多賀の福島正則、川奈・富戸の毛利秀就、稲取の山内忠義など同史料と一致する丁場が少ない。しかし、先述したように、年月日が入った石奉行の報告という点で、十分ではないにしろ信憑性の高い情報と考えられる。

細川家文書「伊豆石場之覚」　永青文庫が所蔵する史料である。史料は、寛永十三年の公儀普請を前に前年の三月朔日付で普請下奉行の坂崎半兵衛と佐藤安右衛門の両名が、相模・伊豆の採石丁場の様子を地元代官の聞き取り調査を通じてまとめたものである。史料は、丁場名とともに先年（慶長・元和期）、巳ノ年（寛永六年）、亥ノ年（寛永十二年）の七四箇所の大名丁場が記されている。山内家史料が慶長十八年時点に限定されているのに対して、三段階が触れられていることで時間軸の幅を持って知ることができる。特徴的なこととして、寛永六年と十三年の公儀普請における相模・伊豆の大名丁場の情報をきめ細かく収集し、記していることをあげることができる。なかでも亥ノ年（寛永十二年）の丁場では、北原糸子氏が指摘されているように、江戸での石垣組普請と採石丁場での組編成が異なることが注目される。まずは、史料の体制を紹介する。

伊豆石場之覚

高三百七拾六石八斗余
一早川新丁場　石多湊ヨシ
　巳ノ年三大納言様御丁場
一大ケ《ガ》窪　但石橋之内　石多湊吉御代官八木二助右衛門
　巳ノ年小笠原右近大夫殿丁場
早川ゟ石橋迄拾丁
高貳拾六石貳斗余
一石橋　石多湊ヨシ　御代官同人
石橋ゟ米神へ拾丁
　先年ハ石川主殿殿丁場
　巳年ハ小笠原幸松殿丁場
高拾九石八斗余
一米神　石多湊吉　御代官同人
米神ゟ根府川へ半道
　巳年ハ三大納言様伊井掃部殿丁場
根府川ゟ江之浦ハ五町
高拾貳石四斗
一江之浦　石多湊ヨシ　御代官同人
江之浦ゟ久津見岩へ十町
　先年ハ堀尾山城殿丁場
　巳年ハ松平下総殿丁場

一久津見但岩之内石多湊吉　　御代官同人
　先年ハ中川内膳殿松平阿波殿丁場
高六拾三石五斗余
一岩　高丁場　石多湊ヨシ　　御代官同人
岩ゟ白磯へ四町
　先年ハ松平宮内殿浅野但馬殿丁場
　巳年ハ三大納言様御丁場

（中略）

史料では、東浦を南下し、耳高（河津の見高）が東浦最南端の丁場となる。濱村・河津、下田、松崎と湊・代官などの紹介が続き、西浦中程の小土肥から採石丁場が再び登場する。西浦を北上し、史料の最後が、

高四拾三石
一長濱　　　　　　　　　　　　　（市川喜三郎）御代官同人
高百六拾貳石余
一三津《ミト》　丑寅ノ風ニハ大船百五拾艘も懸リ可申シ其外之風ニ而ハ懸リ不申　　御代官同人
一重寺　　　　　　　　　　　　　御代官同人
沼津境　　あ連波石ハ悪候得共石場触御座候
　駿河様御丁場　高力摂津守殿
　　松平幸松殿丁場近

で終わる。ここまでは、亥ノ年（寛永十二年）は登場しない。史料は、これに続いて細川越中守組の亥ノ年の一二丁場が記されている。そこには、

　伊豆相模之内細川越中守組へお渡申石場之覚
東浦

伊豆ノ内
一いなとりノ内梅木沢
　先年　松平土佐守殿
　巳ノ年　同　隠岐守殿
　　　　同　越中守殿
　　　　同　肥前守殿
　亥ノ年　有馬左衛門佐
　　　　山崎甲斐守
　　　　稲葉淡路守　渡
　　　　九鬼大和守
同
　先年　福嶋大夫殿
　亥ノ年　立花飛騨守
　　　　同民部少
　　　　戸川土佐守　渡
　　　　平岡石見守
　　　　桑山左衛門佐
一大川ノ内大塚谷
　巳ノ年　尾張
一うさ見ノ内大丁場
　先年　田中筑後守殿
　巳ノ年　松平隠岐守殿
　　　　同　越中守殿
　亥ノ年　有馬左衛門佐
　　　　山崎甲斐守
　　　　稲葉淡路守　渡
　　　　九鬼大和守
同
　田中筑後守
一同小丁場　巳ノ年　松平隠岐守
　　　　同　越中守
　亥ノ年　立原飛騨守
　　　　同　民部少
　　　　土川《ママ》土佐守　渡
　　　　平岡石見守
　　　　桑山左衛門佐
（以下略）

とある。東浦で九カ所、西浦で三カ所になる。この史料をみる限り、亥ノ年の相模・伊豆の採石丁場は、細川越中守組のみの記述である。巳ノ年のように全ての大名丁場を網羅しているわけではない。前節寛永十三

年の普請では、石垣方組頭の松平忠昌・池田光政・黒田忠之らも相模・伊豆で採石・廻漕を行っており、これら有力大名も採石丁場で新たな組編成を行っている可能性が十分ある。

伊豆の採石丁場での細川越中守組は、同家を組頭として、有馬左衛門佐・山崎甲斐守・稲葉淡路守・九鬼大和守・立花飛彈守・立花民部少輔・戸川土佐守・平岡石見守・桑山左衛門佐の一〇家で構成されている。このうち、表2-9の石垣方三組の細川越中守組に入るのは、有馬左衛門佐・立花飛騨守・立花民部少輔・稲葉淡路守の四家にすぎない。他の五家は、石垣方ではいずれも四組の池田新太郎組に属している。一般的に、石垣方と採石丁場での組編成が同じであるほうが作業効率が良いと考えることができる。しかし、異なっている。幕府の意図は、残念ながらわかりかねる。

表2-13に、細川家文書に記された相模・伊豆の大名丁場をまとめた。先年は、慶長・元和期を指すものであるが、時間が経過していることもあり、後述する標識石や境界石、各村差上帳や明細帳、古文書などと照会すると一致しないものも少なくない。また、各期を通じて、小田原以北、今日の小田原市北部と南足柄市の丁場については触れられていない。それは、公儀普請に要する採石期間が短かく、しかも番城時代に限られていることに起因する。ちなみに、「塚原村明細帳」をみると、寛永元年の小田原城普請のため、同村内には七家の大名丁場が存在した。松平石見守（池田輝澄）・松平右京（池田政綱）・松平宮内（池田忠雄）・京極丹後守（京極高知）・賀藤《ママ》肥後守（加藤忠廣）・池田備中（池田長幸）・吉田兵部（古田重恒）の七家である。この七家が小田原城の改造に関わったかということは別として、『山内家史料』の「忠義公記」には、山内家が寛永六年の江戸城修築のため、前年に塚原に二カ所の採石場を確保したとある。塚原向板には山内家の境界石が存在し、小田原市北部の久野からも同家の標識石と家紋の「三ツ葉柏」の刻印石が発見され、史料を裏付ける証左となっている。ちなみに、刻銘には、稲取の角石と同様「松本土左守」と「左」の字が彫られている。山内家史料をもとに、寛永五年に小田原以北に採石場を確保していた大名をあげると、松平土佐守のほかに織田河内守・伊東修理大夫・石川主殿があり、浅野但馬守・有馬玄蕃頭・松平宮内少輔・松平阿波守なども加わる。このように、『山内家史料』をみると、同家が江戸城と小田原城の二つの公儀普請を見据えて小田原以北に採石場を確保していたことが理解でき、他藩も同様と考えられるのである。細川家の場合、小田原城普請を視野に入れていないことから、早川以西の採石丁場と湊の記述になったものと考えられる。

『細川家文書』の史料に載る採石丁場と、標識石や境界石、刻印、他の文献資料などからの丁場資料を用意し検証すると、亥ノ年は別として、一致するものが少ない。これは、表2-13に記された大名丁場よりもはるかに多い数の大名丁場が存在し、他方では、助役を命じられなくとも築石を献上した大名がいることを示唆している。

補助的な文献として「塚原明細帳」をあげた。この史料が書かれたのは、中表紙に「村中萬覚書帳／寛文拾弐年九月」とあることから一六七二年のことであり、七家の丁場が記された寛永元年からは、五〇余年が経過する。時間の経過が史実を曖昧に伝えることもありうるので、史料

表２-13 『細川家文書』に記された大名丁場一覧

丁場名	先年（慶長・元和）大名丁場	巳ノ年（寛永六年）大名丁場	亥ノ年（寛永十二年）細川組大名丁場	備考
早川新丁場		三大納言		尾張家相州石場絵図「早川磯・小廉久保・久保尻丁場」
大ケ窪		小笠原右近大夫		
石橋		小笠原幸松		
米神		井伊掃部		
根府川		三大納言		
		井伊掃部		
江之浦	堀尾山城守	松平下総守	立花飛彈守 立花民部少輔 有馬左衛門佐 平岡石見守 山崎甲斐守	
久津見	中川内膳 松平阿波守	三大納言		尾張家相州石場絵図「久津見丁場」
岩	松平宮内少輔 浅野但馬守	三大納言		尾張家相州石場絵図「小松原・丸山丁場ほか」 青木家所蔵「岩村字澤尻石丁場絵図」
白磯				
真名鶴	加藤左馬助 秋月長門守	本多美濃守		
志とど笠嶋	鍋嶋信濃守	井伊掃部		貴船神社「鍋島信濃守」銘手水鉢
円山	黒田筑前守	三大納言		丸山丁場「水戸殿石場」標識石 「石工先祖碑」、黒田家口開丁場
川ふり新丁場		尾張大納言		
新井	加藤左馬助	松平山城守		
黒崎	鍋嶋信濃守	岡部内膳		
同		尾張大納言		
伊奈村		京極丹後守		
熱海		紀井大納言		
多賀	一柳監物 細川越中守	紀井大納言 小笠原右近大夫 小笠原幸松 水野日向守 松平山城守		
上多かノ内（熊かとう）	福嶋左衛門大夫	尾張大納言	立花飛彈守 立花民部少輔 有馬左衛門佐 土川《ママ》土佐守 平岡石見守 山崎甲斐守 稲葉淡路守 九鬼大和守 桑山左衛門佐	
下多かノ内（大西はら）	加藤肥後守	北條出羽守	細川越中守	
網代村	細川越中守 松平中務 松平宮内少輔 大村民部少輔	伊井掃部 松平紀伊守 北條出羽守 松平中務	（木沢外浦） 立花飛驒守 立花民部少輔 有馬左衛門佐 土川《ママ》土佐守 平岡石見守 山崎甲斐守 稲葉淡路守 九鬼大和守 桑山左衛門佐 （京安寺谷） 細川越中守	中張窪丁場「有馬玄蕃」境界石 「羽柴左近」標識石 瘤木丁場「浅野紀伊守」標識石
宇佐美	立花飛驒守 稲葉彦六 伊藤修理大夫 森摂津守 木下右衛門 田中筑後守	松平隠岐守 細川越中守 田中筑後守	（大丁場） 有馬左衛門佐 山崎甲斐守 稲葉淡路守 九鬼大和守 （小丁場） 立花飛驒守 立花民部少輔 土川《ママ》土佐守 平岡石見守 桑山左衛門佐	『聞間家文書』 御石ヶ沢立丁場「松平宮内少石場」標識石と㊥の刻印石 ナコウ山丁場「羽柴越中守石場」標識石 『荻野家文書』宇佐美村差出帳 中ノ沢丁場「◉」蛇の目紋、松平隠岐 『杉山文書』宇佐美村差出帳控、同・明細帳
湯川村	鍋嶋信濃守 生駒讃岐守	本田美濃守		『荻野家文書』 磯辺山丁場「⋈」矢はず、毛利市三郎
松原村	藤堂和泉守			
和田村	松平筑前守	紀伊大納言		「竹中伊豆守」標識石 『伊東市史』岡村差出帳写

新井村	松平筑前守 生駒讃岐守 脇坂淡路守	本多美濃守		前山・又居丁場「いよ松山」の境界石
川奈村	寺沢志摩守 松平長門守	尾張・紀伊大納言		尾張家豆州石場絵図「小かじ路丁場」 尾張家境界石「尾」の境界石
富戸村	寺澤志摩守 松平長門守			尾張家豆州石場絵図「釜屋・脇野浜丁場」 富戸海岸に「◯」の刻印石・元船石
八幡野	嶋津陸奥守商人切			
赤沢		本多下総守？		
大川（大塚谷）	福嶋左衛門大夫 有馬左衛門佐	尾張大納言	立花飛騨守 立花民部少輔 戸川土佐守 平岡石見守 桑山左衛門佐	
堀河		紀伊大納言		
稲取	松平土佐守	松平隠岐守 松平越中守 松平肥前守	有馬左衛門佐 山崎甲斐守 稲葉淡路守 九鬼大和守	「進上　松平土佐守」角石 尾張家豆州石場絵図
耳高		尾張大納言		
小土肥		菅沼織部		
戸田	細川越中守 鍋嶋信濃守	駿河・紀伊・尾張大納言 高力摂津守 小笠原右近大夫 菅沼織部		戸田村石切文書
江梨		駿河大納言 小笠原右近大夫	（東湾） 有馬左衛門佐 山崎甲斐守 戸川土佐守 （南丁場） 稲葉淡路守 九鬼大和守 桑山左衛門佐 平岡石見守 立花民部少輔 （大くが） 立花飛騨守	尾張家豆州君沢郡丁場絵図
久科				駿河大納言 本多伊勢守 松平主殿 丁場有
足保				駿河大納言丁場有
古字				駿河大納言 本多伊勢守 松平主殿 丁場有
立保				駿河大納言丁場有
平沢				駿河大納言丁場有
重寺				駿河大納言 高力摂津守 松平幸松 丁場有

の検証には慎重さが求められるのである。

2　標識石と境界石

伊豆・相模の採石丁場について、山内家史料と細川家文書を紹介したが、史料には限界がある。江戸初期の公儀普請では、採石場での一回あたりの期間は長くても半年程であり、しかも恒久的なものではない。寄方を命じられた大名はもとより、藩の存続のため助役以外の大名も山に入り熾烈な競争を展開している。そのため、実に多くの大名丁場が存在し、特定することを一層、困難にしている。そのようななかで、採石場で大名丁場を特定できる文字資料の存在は大変有難い。便宜上、標識石・境界石と区別することも可能であるが、意図するところは同じである。筆者は、野中和夫編『石垣が語る江戸城』のなかで、「標識石」を大名や家臣、あるいは藩を特定できる文字資料「境界石」を、それに範囲や距離などを加えたものと規定し、分類したことがある。

さきに、山内家が南足柄市塚原向板や小田原市久野に採石丁場を確保したことを述べた。『山内家史料』の「忠義公記」に、……清水などを頼み、又所所名主方内証に才覚仕り、久野山ノ内鶴巻山と申す所ニテ河内様御取扱い成され候次、名主かくし山一所取りかため、名主手形取交わし、山ニもしるし仕置き候。右道ノのり小田原へハ、石場より一里半も御座有る可く候。

（以下略、傍点筆者）

とある。この史料は、内田清氏が「足柄・小田原産の江戸城石垣石」のなかで紹介したものであるが、家臣が鶴巻山の持主である名主と手形を取り交わし、採石場を確保したので「山ニもしるし」＝境界石を置いたというのである。この境界石は、表2-14の1・2に集成したように現存する。すなわち、熾烈な競争で自ら確保した丁場であるために、他藩へ明示する必要があったのである。

　境界を明示するという点では、徳川林政史研究所所蔵「駿州／豆州／相州　御石場絵図全」に描かれている尾張藩丁場絵図も同様である。採石丁場の要所に「尾」字を刻んだ切石を配し、絵図にはそれを朱線で結んでいる。鈴木茂氏は、『伊東・文化財とその周辺』のなかで、川奈「小かじ路御丁場」の「尾」の境界石を発見したことを写真入りで紹介している。表2-14の16が該当する。

　ちなみに、境界を示すのは、「境界石」だけではなく、刻印で代用する場合もあると筆者は考える。これについては、採石丁場の諸相で述べることにする。

　ともあれ、大名丁場を特定できる標識石・境界石を表2-14にまとめた。管見であるが、二一例の報告がある。このうち、西浦の戸田村における二例は、検証のしようがなく、銘文を含め不明な点が多いことをあらかじめ断っておく。なお、表には、補助資料としてa～dの四例を添えた。資料は、採石丁場ではない

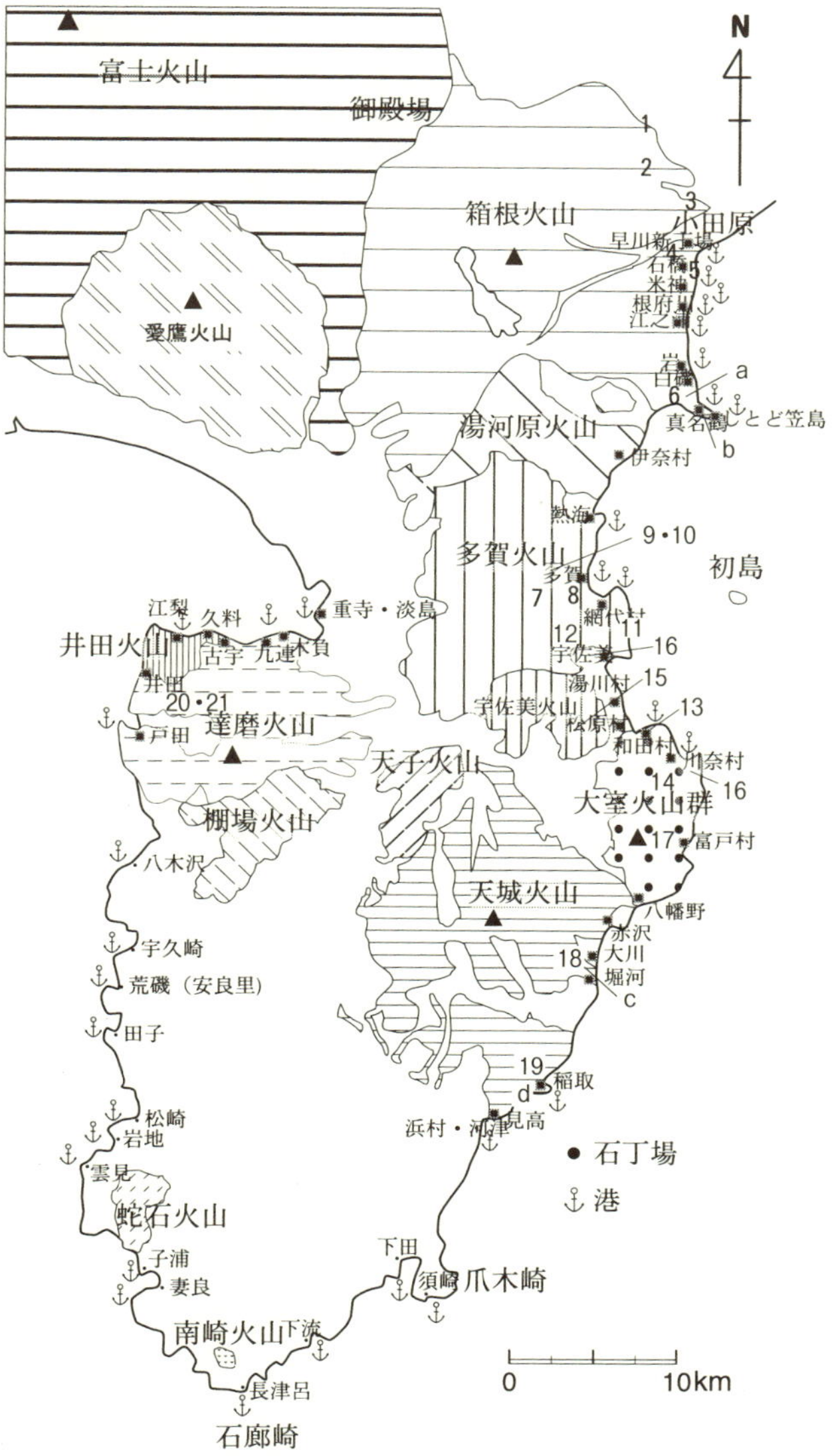

図2-8　相模・伊豆の石丁場と標識石・境界石

表2-14　大名丁場を特定できる標識石・境界石一覧

番号	標識石・境界石区別	所在地・丁場名	大名・藩名	銘　　文	刻印の有無	時間軸	発見時の位置、石の特徴、ほか	存・否
1	境界石	南足柄市塚原向板	松平土左守(山内忠義)	「此尾北南谷川切水／ たり下原まて北ハ大峯／ いり舟帰口ノ北かの／ 村山切いりを下／ 松平土左守いし者」 （5行）	無	寛永5年	自然石	有
2	境界石	小田原市久野	松平土左守(山内忠義)	「つるまき山いりから／ 沢切くほ入まて／ 松平土左守／ 石者　　　　」（4行）	無	寛永5年	自然石、斜面、 約200m先に「三ツ葉柏」刻印石	有
3	標識石	小田原市久野上柳原	加藤肥後守	「加藤肥後守／石場」（2行） 「三左」と小槌紋	有 ⚲ （小槌紋）	慶長もしくは寛永	巨岩自然石、水田内・流出によるもの宅地造成により	無
4	境界石	小田原市、石垣山一夜城内	加藤肥後守	「此石かき左右／ 加藤肥後守／石場　　」 （3行）	無	慶長か	割石（矢穴ナシ）、一夜城南腰曲輪移設されたもの	有
5	標識石	小田原市早川海蔵寺前	羽柴右近(森忠政)	「口長十七子／ 羽柴右近石場／ 六月廿日」　（3行）	無	慶長17年	三浦義方『相中襍志・智』	無
6	境界石	真鶴町岩	水戸中納言	「従是東二十八間／ 水戸殿石場」	無	寛永以降	角柱切石、原位置移動	有
7	標識石	熱海市下多賀、瘤木丁場	浅野紀井守(浅野行長)	「浅野紀伊守内／ 右衛門左」	有⊗ (片源氏車)	慶長期	巨岩割石、流出	有 (埋戻)
8	標識石	熱海市下多賀瘤木	羽柴右近(森忠政)	「羽柴右近」	無	慶長期	巨岩自然石、所在地は旧住所	有
9	境界石	熱海市下多賀、中張窪丁場	有馬玄蕃頭豊氏	「是よりにし／ 有馬玄蕃／ 石場／ 慶長十六年／ 七月廿一日」　（5行）	無	慶長16年	巨岩自然石、山腹 10番「羽柴右近」の上位	有
10	標識石	熱海市下多賀、中張窪丁場	羽柴右近(森忠政)	「羽柴右近」	無	慶長期	割石、山腹	有
11	標識石	伊東市宇佐美、御石ヶ沢Ⅱ	松平宮内少輔 (池田忠雄)	「松平宮内少石場」	有右上「⌝」(曲尺) 左下「⌞」(曲尺)	元和もしくは寛永	割石（矢穴アリ）、下位に細川家丁場	有
12	標識石	伊東市宇佐美、ナコウ山	羽柴越中守(細川忠興)	「羽柴越中守石場」	無	慶長期	ナコウ山山頂のテラス、矢割で二分	有
13	境界石	伊東市新井、新井石工場	伊予松山藩	「いよ松山／ これより／ 南丁ば」　（3行）	有◎「右三ツ巴」 中「中変形」	寛永期か	蒲生忠知もしくは松平定行 刻印から前田家との境界か	有
14	境界石	伊東市新井、新井石丁場	伊予松山藩	「石は／ いよ松山／ これより／ 北みなミ』（4行）	有◎「右三ツ巴」	寛永期か	右より読んだが、本資料は逆か	有
15	境界石	伊東市鎌田、鎌田丁場	竹中伊豆守(竹中重利)	「これより南／ 竹中伊豆守」	無	慶長期	自然石、山腹	有
16	境界石	伊東市川奈、川奈石丁場Ⅲ	尾張大納言	「尾」	無	寛永以降	尾張家豆州石丁場絵図「小かじ路丁場」と一致	不明
17	境界石	伊東市富戸	松平大膳大夫(毛利綱廣) もしくは松平長門守(毛利秀就)	「是□北松平因」	無	寛永以降	富戸海岸に「ㆆ」（一品）の刻印石 尾張家豆州石丁場絵図「釜屋丁場」に有	不明
18	標識石	東伊豆町大川	大久保石見守長安	「大久保石見守石場」	無か	慶長期	山腹　昭和41年まで存在	無
19	（標識石）	東伊豆町稲取、磯脇丁場	土佐藩	「越前」	有「⊕・⊗・ф」	慶長期	山内家家臣の百々越前安行か谷間山腹	有か
20	境界石	戸田村田代山	細川越中守 (細川忠興)	「これよりにし／ ほそかわ越中守石場」 （2行）	不明	慶長期か	細川家文書「伊豆石場之覚」には、戸田での丁場は先年とあり	不明
21	標識石	戸田村小山田洞	鍋島信濃守	「鍋島信濃守」	不明	慶長期か	19に同	不明
a	供養碑・墓碑	真鶴町	黒田藩	石工先祖碑	無	現存　安政6年 (1859)	・碑文に慶長11年（1606）黒田長政が中村久左衛門以下7人の善工により「発口（くちあけ）丁場」を開くとある。 ・7基の墓碑・供養碑も有 ・口開（口発）丁場と高石・丸山丁場間の「先祖畑道」の脇	有
b	手水鉢	真鶴町	鍋島信濃守 (鍋島勝茂)	「寛永十二年乙亥九州肥前国／ 奉寄進手水鉢　鍋島信濃守／ 福地六郎右衛門／ 六月吉日」（4行）	無	寛永12年	真鶴半島の貴船神社境内	有
c	角石	東伊豆町大川	羽柴左衛門大夫 (福島正則)	「（一行目は判読不可） 羽柴左衛門大夫内」 （2行）	有「⊜」 (丸に二ッ雁)	慶長期	・旧下田街道脇 ・刻印は、刻銘と同一面 ・通称「ぼなき石」	有
d	角石	東伊豆町稲取港周辺	松平土左守 (山内忠義)	「御進上　松平土左守／十内」 「進上　松平土左守」	無	寛永5年	・「松平土左守」銘6個 ・寛永5年12月26日付の献上目録と一致 ・通称「畳石」	有

・19・20の詳細は不明
・15・16は、郷土史家鈴木茂氏により紹介（写真・拓本アリ）
・a～dは参考資料

が、大名名を刻むことで、近くに採石丁場が存在することを示唆しているからである。

次に、表2-14からみた特徴を指摘する。

一は、藩・大名のほかに代官・家臣の名が含まれていることである。18の大久保石見守とは、石見銀山・佐渡奉行・伊豆奉行の所謂、天下総代官を兼ねた大久保石見守長安を指すものである。武田氏に仕え、同家滅亡後、家康に見出され、その後、小田原藩主大久保忠隣から「大久保」の姓を賜り、権勢を振った。慶長十九年に没するが、大久保長安が大名以上の力を持ち、幕府に献石したことがうかがえる。代官としては、唯一の資料である。『東伊豆町の築城石』によると、昭和四十一年までは存在していたという。農道拡幅工事の際、破損し片付けられたようで残念である。19は、東伊豆町稲取の磯脇丁場の巨岩に矢穴・刻印とともに彫られたもので、山内一豊の家臣の百々越前守安行と考えられている。越前は、近江犬上郡百々村の出身で、織田秀信・豊臣秀吉、関ヶ原の戦後に山内一豊に仕える。高知城の惣奉行を務め、江戸城公儀普請では稲取に派遣された。その後、丹波篠山城の普請中の慶長十四年に同所で没している。稲取には、先に述べた山内家史料や細川家文書によって山内家の採石丁場の存在が知られている。その証左となるものである。丁場を特定するために、家臣の符号（刻印）を刻むことは通例である。しかし、刻銘は僅少である。表2-14に含めていないが『宇佐美北部石丁場群分布調査報告書Ⅰ』をみると、洞の入川地区第九支群で「田中、ᗑ」の割石が発見されている。刻印の矢はずは、大坂城や江戸城外堀を引用するまでもなく、毛利市三郎丁場で使用したことが知られている。報告書の写真をみると、銘と刻印とが同一面にほぼ同じ大きさで併列して刻まれている。「田中」は、毛利家家臣を示唆するものであるかもしれない。表では、田中の帰属を特定することができなかったので除いてある。

一は、標識石・境界石に刻まれた銘文をみると、藩・大名が限られていることである。加藤肥後守が二例、羽柴右近が二例、羽柴（細川）越中守が二例、松平土佐守が二例、伊予松山藩が二例、他は浅野紀伊守・有馬玄蕃頭・竹中伊豆守・松平宮内少輔・鍋島信濃守・松平長門守（大膳大夫？）・水戸中納言・尾張藩が各々一例となっている。一三の藩・大名であり、未発見や隠滅した資料もあるであろうが、表2-1・4・6・9などの寄方・築方を命じられた大名数と比較すると圧倒的に少ない。それは、刻印によって範囲を示し、明示することができることによるものであると考えることができる。

一は、時間軸を特定することは比較的容易である。5・9のように年号が入るものがある。8・10・12の大坂夏の陣以前の秀吉から賜った「羽柴」の姓が用いられているものや、7のように官職（官途）名が紀伊守であることで、慶長期でも九年・十一年と特定することが出来る。少々、難解なのは、3・4の「加藤肥後守」である。これには、加藤清正と忠廣のいずれかの人物が該当する。文献では、寛永期とみる向きが優勢である。3は、筆者が踏査した時点ですでに隠滅し、手掛りは先述した内田氏の論文となる。刻銘の反対側の三左と小槌の拓本が載るが「加藤肥後守」の銘については、縦三八センチ、横二八センチという法量が示されているものの、字体や刻みの深さは不明である。7・8・

10・12・13の事例では、行書体で彫が深いのであるが。4は、さらに不思議である。この境界石は、石垣山一夜城の南曲輪から南腰曲に登る右手小型の割石にあり、文字は、草書体で彫りの浅いものである。そもそも一夜城内に採石丁場が存在しないことから、この境界石は、ある時点で移設されたものであることに間違いがない。移設時期は、二つの時期が想定される。一つは、一夜城の築城時。一つは寛永期以降。刻銘が施されたこの割石には矢穴が存在しない。様々な解釈が可能なのである。

下限については、6・16・17が参考となる。6は、民家の奥まった位置に移設されているが、唯一、直方体（頂部は四角錐）の切石に刻まれている。中央に大きく深く楷書で「水戸殿石場」、右手に小文字で範囲が示してある。御三家の相模・伊豆での採石丁場は、寛永六年の修築の前年に開き、少なくとも江戸時代後期までは名主をはじめとする地域の有力者に依頼し、丁場頂として維持・管理をしている。寛永期に建てたものであれば、「水戸中納言石場」となるはずである。刻まれた切石が整然としていることから、江戸城修築後の何れかの時期に造られ、建てたものと考えられる。16・17については後述する。

一つは、表2-14のなかで、唯一、明示ではなく誇示している標識石が12の「羽柴越中守石場」である。下田街道の宇佐美と網代を結ぶ通称「琵琶転の嶮」を尾根筋に南東に向かうと標高三五二・七メートルのナコウ山がある。山頂を少し下りた南東部にテラスを設け、矢割で二つに割った片方が大きく深く彫られ、南面するように建てられている。眼下に宇佐美港を臨む絶景地でもある。山を降りると同家の採石丁場がある御石ヶ沢Ⅰ丁場に続く。山頂の標識石をみる機会のある人は限られている。他藩や一般の人がみる機会はまずない。標識石は、威風堂堂としており、家臣を鼓舞する性格を兼ね備えているとも思われる。

一つは、標識石・境界石のなかには、原位置を保たないものが存在することである。6・8は、故意に移動したものであるが、かつて存在した3や7などは、水害によって流されたものである。ともにかなり大形の石であり、水害の大きさを知るとともに二家の採石丁場の位置が気になるところである。

3　徳川林政史研究所所蔵の尾張家丁場絵図

表2-14の伊東市川奈で発見された「尾」の刻銘石は、尾張藩の丁場を指すものである。

徳川林政史研究所には、かつて尾張藩が所有していた丁場絵図と證文帳が所蔵されている。絵図は、『駿州／豆州／相州　御石場絵図　全』の外題をもつ彩色が施されたもので、二三カ所の採石丁場が描かれている。一紙に一丁場を原則とするが、石橋村早川磯丁場と小廉久保丁場のように二つの丁場が隣接する場合には一紙に二丁場が描かれているものもある。法量は、縦四三八ミリ、横五九八ミリを測る。證文帳は、『相州／豆州／駿州　三ヶ所御石場預り主／差出候證文帳』の外題をもち、相州石橋村内から駿州徳倉山の八件の預り帳を一冊に綴じたものである。法量は、縦二六〇ミリ、横一九一ミリを測る。絵図と證文帳は、『豆州御石場事／御作事方ゟ出候図面一冊／留帳壱冊』の外題をもつ外袋に収納されている。具体的にみることにする。

図2-9は、「相州足柄下郡石橋村三ヶ所之内」の内題をもち、小廉久

保御丁場と早川磯御丁場の二つの丁場が描かれている。中央の三体の山のうち、右手山頂から海岸に向かって道が延びており、そのなかに「早川村ト石橋境」と記されている。したがって小廉久保御丁場の大半が石橋村に属することになる。小廉久保御丁場は、画面中央朱引線の内側を指し、図内には、

朱引之内
小廉久保御丁場

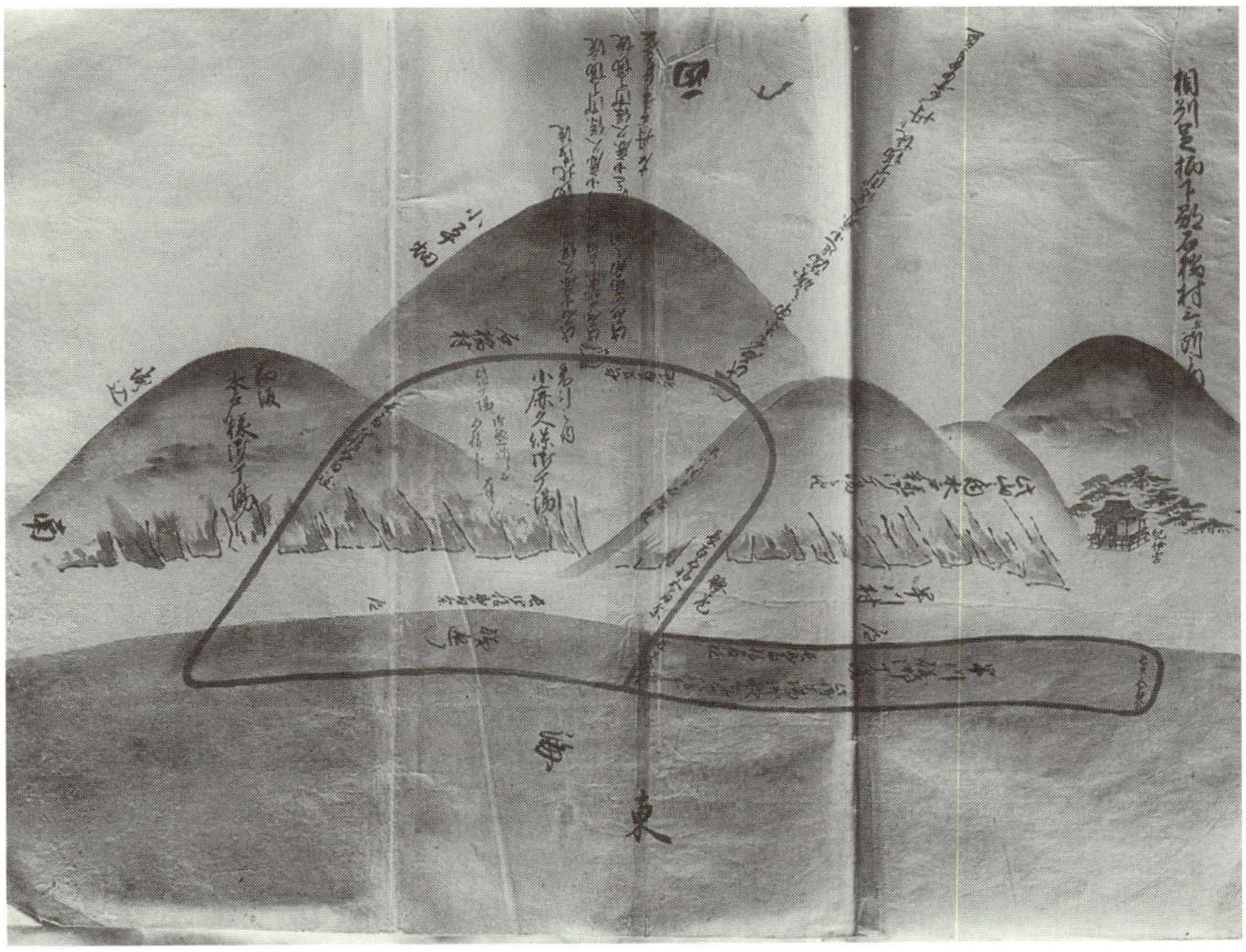

図2－9　早川磯丁場・小廉久保丁場絵図（徳川林政史研究所所蔵）

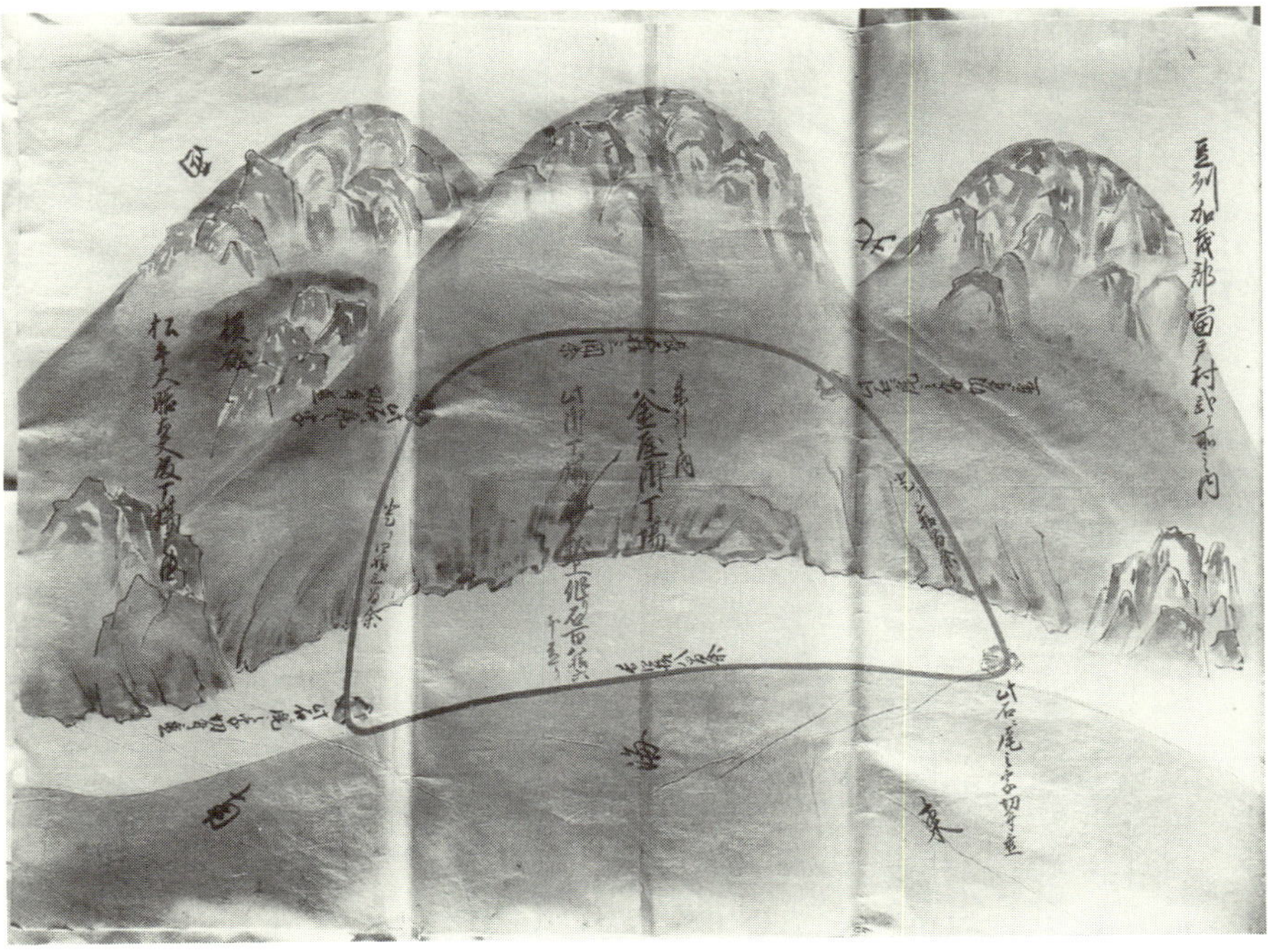

図2－10　釜屋御丁場絵図（徳川林政史研究所所蔵）

とあり、隣に朱書で、

> 此御丁場ニ　御献上作リ石　五拾本　有リ

と記されている。公儀普請用に築石が五〇本あることを示唆している。同様に、北側の早川磯御丁場には、「此御丁場ニ御献上作石八拾本有」と記されている。本図の特徴は、山腹に二つの石が描かれていることにある。右手の石の上位には、「此石ゟ東南之磯際迠小廉久保御丁場境ト丹ニ而書付置」とある。左手の石の上位には、北境・北東・西南に同様のことが書かれている。本絵図には、境界を示す石に「尾」字の表記がないが、川奈小かじ路御丁場で発見されたものと同じ境界を示す石となる。絵図には、丁場を朱引線で範囲を示すと共に距離を入れている。海岸がある東側では「長四拾弐間余」、北側には「長百五拾五間余」とあり、同様に西側、南側にも記入されている。

本図で看過することができないのは、尾張家の二つの絵図に隣接して「水戸様御丁場」が記されていることにある。水戸家と紀州家は他の丁場絵図にもしばしば登場する。そのほかでは「石橋村三ヶ所之内　久保尻御丁場」に稲葉能登守丁場、「岩村九ヶ所之内　高御丁場」に土屋相模守丁場、後述する「豆州加茂郡富戸村弐ヶ所之内　釜屋御丁場」に松平大膳大夫丁場と三大名の名が記されている。このほか商人丁場もよくみることができる。

図2-10は、「豆州加茂郡富戸村弐ヶ所之内」の内題をもつ釜屋御丁場絵図である。朱引線の範囲が丁場となるが、図2-9と比較すると、二点相違する。一点は、丁場の境界を示す石が四個記入されているが、いずれも「此石尾之字切付置」とある。「尾」の境界石が明記されていることになる。図2-9は例外的で、尾張家の大半の丁場絵図には、絵図に描かれた境界石に「尾」の刻銘石を配置しているのである。一点は、二つの絵図とも丁場が海岸まで延びるが、釜屋御丁場の場合、磯までは含まれていない。海岸には丸味を帯びた石が点在するが、築石には不向きということであろうか。

この丁場での献上作リ石は、百八拾六本とある。本図の左手には、「松平大膳大夫殿丁場之由」とあり、毛利家の丁場が隣接することが記されている。富戸海岸には、毛利家の家紋である「一∴（一文字三星）」を簡略化した「一〇（一品）」の刻印石が図2-12のように存在する。また、この刻印の上位「一」が欠けたと考えられる直径一七寸（約五〇センチ）程の「〇」の大型刻印石も分布する。さらに尾張家と毛利家との境界と伝わる「元船石」なども存在する。元船石は、長径が三メートル、高さが二メートル程の巨石で、上位には一七個の矢穴が施され山側から八個目では刻印と重なり「⊕」の形状をとる。ちなみに、「一〇」や大型「〇」の刻印石は、元船石の西側に位置する。

富戸海岸には、刻印石や元船石のほかに毛利家の境界石が存在するといわれてきた。伊東市教育委員会による『伊豆石丁場遺跡確認調査報告書』のなかで鈴木茂氏が採拓した「是《(ヨリ)》　北松平□」の資料が公表された。刻銘は、長さが三五センチを超えるもので、松平の下に続く文字は途中で欠落し、「長」もしくは「大」の字が続く。文字の大きさからすると「大」の可能性が高いが、その場合には「松平大膳大夫（毛利綱廣）」となり絵図と一致する。「長」であれば、「松平長門守（毛利秀就)」となる。毛利家であることに変わりがない。残念ながら、この境界石の所在は不明である。

ところで図2-9・2-10の丁場内に朱書の献上作り石の数をみると意外に少なく、絵図の作成時期が気になるところである。それには、證文帳が参考となる。絵図と證文帳を集成したのが表2-15である。證文帳の内容は、各丁場預り人から尾張藩石奉行の勝野三五七に宛てた書上で、丁場ごとの貯石量を用途別に具体的に報告したものである。表2-15の1～7は、享保十(一七二五)年九月と安永九(一七八〇)年に丁場改めを一斉に行っている。史料を読むと、絵図に記された献上作り石の数量は、いずれも享保十年の丁場改め時のものであることがわかる。8は、7の預り石の改めをさらに寛政三(一七九一)年三月に行ったものである。尾張藩にとって最大の丁場は岩村(現、真鶴町)にあるもので、小松原・丸山・玄藩・久津海・橋之上・宇當坂・高・打合・巻之上の九つの丁場からなる。同所は、安山岩の最上品である「本小松石」が産出することで有名である。『細川家文書』によると、尾張藩が岩村で

表2-15 尾張家が所有した相州豆州駿州の丁場数と證文帳一覧

整理番号	『相州／豆州／駿州　三ヶ所御石場御預り差出候證文帳』の細別	絵図の丁場数
1	相州足柄下郡石橋村三ヶ所御石丁場御預り帳	3
2	相州足柄下郡岩村九ヶ所御石丁場御預り帳	9
3	相州足柄下郡土肥村之内貳ヶ所御石丁場御預り帳	2
4	豆州加茂郡川奈村御石丁場御預り帳	1
5	豆州加茂郡富戸村貳ヶ所御石丁場御預り帳	2
6	豆州君沢郡古宇村貳ヶ所五ヶ所御石丁場御預り帳	5
	足保村	
	江梨村貳ヶ所	
7	駿州駿東郡徳倉山之内大谷田御石丁場壱ヶ所御預り帳	1
※8	駿州駿東郡徳倉山之内大谷田御石丁場壱ヶ所御預り帳	※1

※は、7に寛政3年(1791)3月丁場改めを記したもの
この表には、絵図に記された丁場名は除いてある

図2-11 富戸海岸遠景

採石を開始するのは、寛永五年とある。この時点における岩村内からの採石量は残念ながら不明である。岩村での證文帳には、二回の丁場改めのほかに万治元年から二年にかけての明暦大火後の公儀普請で献上した一三八七本（この時点での公儀用貯石数は四二九七本）と尾張藩自身のための「御自分石」の延宝八（一六八〇）年時の八七六本に元禄十（一六九七）年屋敷模様替えで使用した四六二本の明細も記されている。これに二回の丁場改め時のものが加わる。図2-9・10の丁場の貯石数が全て公儀用であったので、御自分用が載る岩村丸山御丁場でみると、

此御丁場ニ
御献上作石四百七拾八本
御自分作リ石壱本
有り

と区別して記入してある。享保十年の岩村九丁場での公儀用預り石二九一〇本の内訳と安永九年時の貯石数を示したのが表2-16である。ちな

図2-12 富戸海岸の「〇̄」刻印石

表2-16 尾張藩證文帳にみる享保10年・安永9年の岩村丁場での貯石数（単位本）

丁場名	角石	角脇石	升形石	平石	三尺石	大平物	小計	安永9年次の不足分
小松原	1	1	11	347	1,106	2	1,468	
丸山	1	19	50	246	159	3	478	升形－5、三尺石・平石－45、大平－2
玄藩		7	18	7	81		113	
久津見				3			3	平石－3（海中）
橋之上			6	10			16	
宇當坂	1	1	10	57		1	70	
高	1	3	13	145			162	
打合				442			442	※平石半分土中埋、数は一致
巻之上	1		6	78	73		158	
小計	5	31	114	1,335	1,419	6	—	－55
合計	2,910							2,855（－55）

みに、公儀用としては、万治二年の廻漕後、安永九年に至るまで使用した記録はない。

史料からわかることは、尾張藩岩村内での貯石量は、自然災害によって消失したものを除くと変化はない。余談であるが、『永代日記』明暦二（一六五六）年十一月二十日の条をみると、老中から翌年の本丸普請に備え、岩・真鶴から八四〇〇本の石を出すよう覚書到来が記されている。不幸にも、翌年一月十九日の明暦大火で本城が全焼する。当初の予定とは変更になるが、尾張藩は、同村内の紀伊・水戸両家の丁場などとともに石を搬出したわけである。表2-16をみると、岩村内の尾張藩九丁場のうち久津海・橋之上の二丁場に限っては、享保十年の丁場改時において、献上作石はほとんど残されていない。採石・廻漕がほぼ終了したことを示唆している。ただし、久津海丁場では、御自分作石五拾本とあるので、安永九年の丁場改時に貯石数が無というわけではない。岩村内の他の丁場をみると、享保十年時点では、小松原・丸山・打合の三丁場ではかなりの数の貯石量があるが、万治二年以前、とりわけ寛永五年の公儀普請での採石・廻漕が主体であったことが推察される。

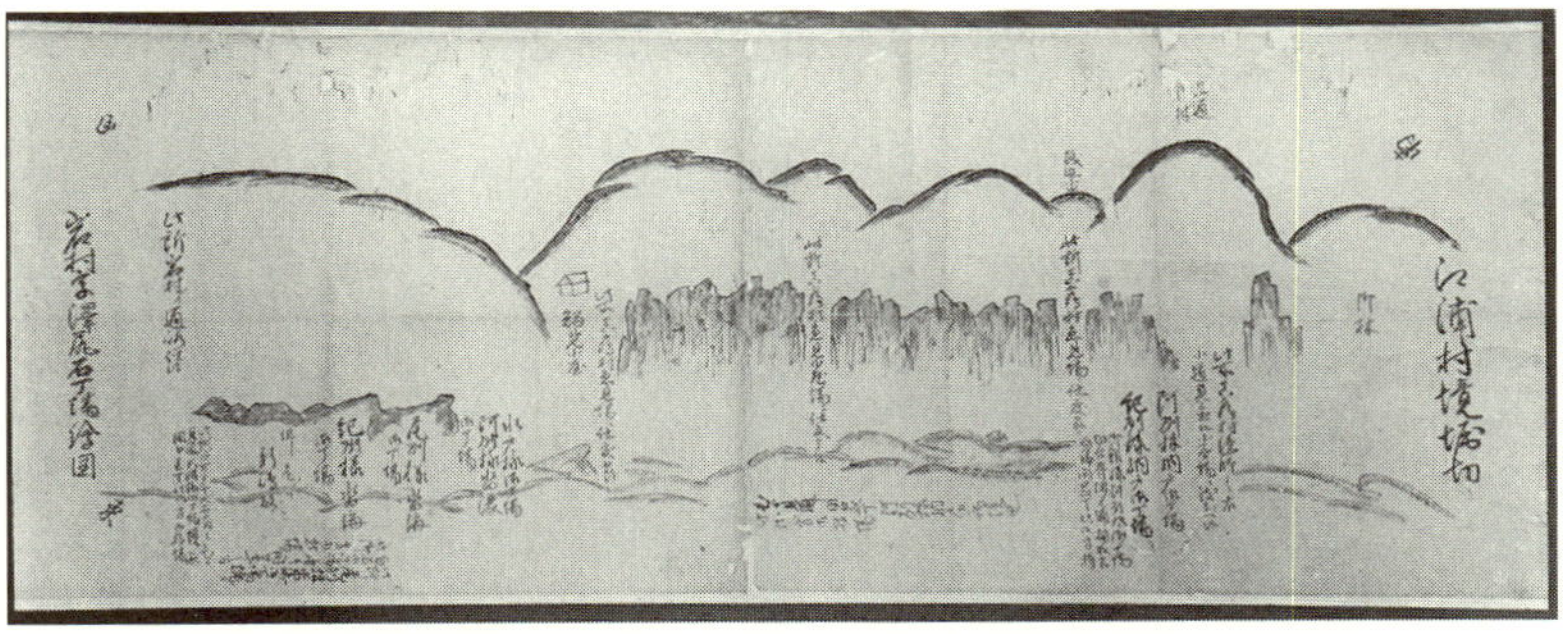

図2-13 「岩村字澤尻石丁場絵図」（真鶴町教育委員会所管、青木春江氏所蔵）

ふり返って丁場絵図の作成時期を考えると、朱による献上石・御自分石の記入は、證文帳との照会で享保十年であることは間違いない。周囲の景観で、老中の土屋相模守の丁場があることから、丁場絵図そのものの作成時期は、一七〇〇年前後までさかのぼる可能性があると考える。

なお證文帳には、付箋で寛政四（一七九二）年十月小松原丁場から御自分石一七本を積み下げたことが記されている。

青木家所蔵「岩村字澤尻丁場絵図」　尾張家の最大の丁場が岩村内の九カ所の石丁場であったことは疑う余地がないところであるが、地元には、江浦村境から岩村東部にかけての丁場絵図が伝わる。青木家所蔵「岩村字澤尻丁場絵図」である。彩色が施され、法量は、縦二七・六センチ、横七九・〇センチを測る。山の稜線と海岸線が簡略化されているが、山腹から海に面して急峻な岩場が続き、岩場と海岸との間には大名丁場、岩場の上には、真鶴村魚見場が記されており、興味深い。採石丁場をみると、二手に大別できる。画面右手、南側の江浦村側には阿州様（蜂須賀阿波守）納戸丁場と紀州様納戸御丁場。画面左手の西側には、水戸様御丁場、阿州様沓海御丁場、尾州様沓海御丁場、紀州様沓海御丁場が続いている。画面左手は、三家の沓海丁場＝久津見丁場を指している。前述の尾張家丁場絵図では、野中和夫編『石垣が語る江戸城』で紹介したが、尾張家「久津海御丁場」の南隣には「商人新丁場」、反対側に丁場は記されていない。時間が経過するなかで丁場所有者も変わるが、両図の相違が時間によるものか、あるいは別の要因か興味が尽きな

い。図内には、丁場の持場に関する情報も記されている。一例をあげると、画面左手、紀州様沓海御丁場の下位には、

此所尾州様沓海御丁場境ゟ
白石御丁場續キ間口壱丁之間
此御方御持場

とある。

この丁場絵図には、製作者や年代が記されていない。しかし、手掛りとして、本図には三カ所の真鶴村魚見小屋と同村小道具置場が記されている。画面左手、水戸様御丁場の上位には小屋が描かれ「鯔見小屋」、右隣には「此所真鶴村魚見場ニ仕度申候」と記されている。本図は、岩村内であるにもかかわらず真鶴村魚見小屋なのである。これは、岩村の石材業の衰退と関係する。江戸城修築、明暦大火後の復興が終わると石の需要が激減する。石材業も細々となっていくなかで、新興の宇佐美村業者に押されていく。享保十年五月には、根府川村・岩村・真鶴村・福浦村・吉浜村・門川村の名主・組頭、村々惣船持代・石切代の連署で「豆州宇佐美村石切出しにより石方六か村渡世差障りつき禁止方願書」を提出する。同町八三号文書である。他方では、石材専門業に見切りをつけ、漁業に再興の活路を見出そうとする。正徳五（一七一五）年十月二日、岩村名主喜右衛門ほか二名の連署で「岩村小百姓等漁業渡世願」を藩・代官などに提出する。三四号文書である。真鶴村からの返答書を含め、関連する史料は、三八号文書まで続く。真鶴村漁民が岩村沖合での漁業権を獲得していたため、譲ることはなく漁場論争へと進む。やがて和議となり、三八号文書の「岩村漁師目録」に繋っている。真鶴村漁師には、寛永年間、紀州大崎村の与次兵衛によって鯔網漁が伝えられ、高度な技術を会得していた。和議のなかで、岩村内に「魚見小屋」の設置を認めさせたと考えられる。したがって、絵図の製作時期は、十八世紀中頃以降と考えることができる。

4　「石曳図屏風」の解釈

江戸城公儀普請のための相模における採石・運搬・検収・船積・出航という一連の作業を描いた絵図として、「石曳図屏風」と「石切図屏風」が広く知られている。

「石曳図屏風」は、神奈川県足柄下郡箱根町湯本の「早雲足洗の湯」とする伝承を持つ湯場『和泉館』の下田愛子氏が所蔵する。その由来は、亡夫の昌男氏が、戦前、小田原藩の人足口入業者であった風祭在住の三浦家から入手したものといわれ、六曲屏風を入手後、黒縁の重厚な衝立に変えている。絵図の解釈については、鈴木茂氏が『伊東・文化財とその周辺』のなかで発表され、その後、筆者を含め数人が試みている。

「石切図屏風」は、かつて小田原市入生田の鈴木一秀氏が所蔵していたもので、その後、小田原市に寄贈され、現在は、小田原市郷土文化館が所蔵する。青木路春氏は、『真鶴叢談』のなかで屏風図の内容を紹介するとともに、故人の鈴木一秀氏から絵の由来を聞き書きし、同書に載せている。それによると、鈴木氏の祖父が嘉永五（一八五二）年、小田原城が火災に遭遇し、その復旧工事のために、石を風祭の採石場で切出し、早川の浜に運び、そこから船で御幸《みゆき》浜に運搬した時の光景を明治になって絵師に描かせたとある。この由来のうち、小田原城火災は誤り

で、石船の白旗に「西丸御普請／御用也」とあることから、江戸城西丸焼失による復旧用というのが正しい。時間の経過のなかで、語り間違いが生じたものである。しかし、制作時期・採石の目的が明確であり、資料的価値は高い。この絵図の解釈は、青木路春氏や内田清氏などが発表されている。

本書では、「石曳図屏風」の内容を検証し、不足部分を「石切図屏風」で補うことにする。

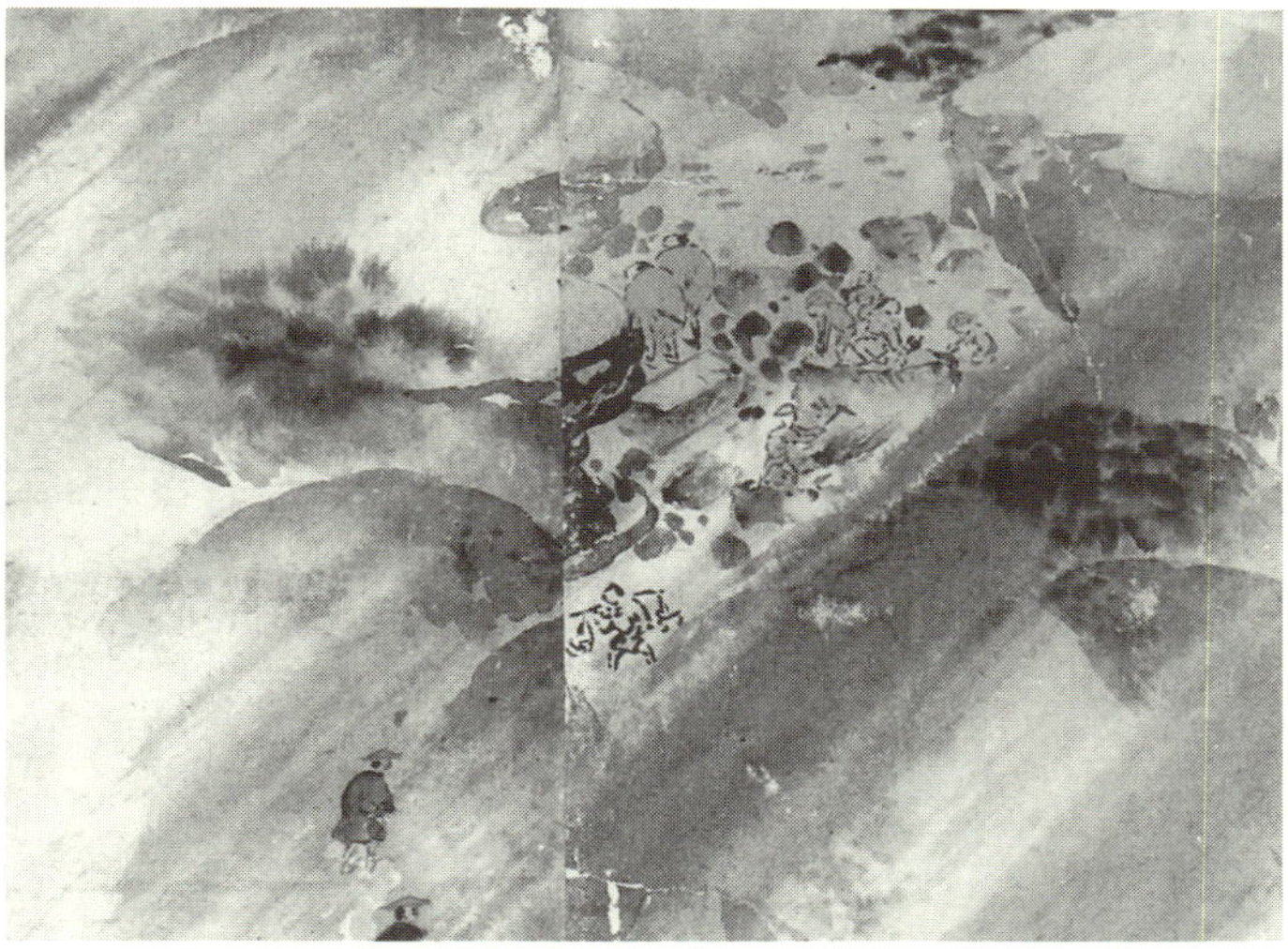

図２−14　石取り場面（「石曳図屏風」部分〔図２−14〜20：下田愛子氏所蔵、箱根町教育委員会所管〕）

画面の寸法と九つの場面　この屏風図は、赤・緑・黄・茶・黒の五色を用いたもので、法量は、縦一一四・〇センチ、横二三三・五センチを測る。元は、巻子装であったものと考えられる。現在は、衝立装となり、三段九場面からなる。上段には四場面あり、右側より雨中での石取りと役人の視察、山頂から急斜面を暴走する修羅、山腹での道の整備、崖面を吊籠を用いての石取。中段には二場面あり、右側より斜面にて大石を載せた修羅引と海岸近くの検収所。下段は三場面あり、右側より海岸での角石を積んで修羅ごと箱船にのせる艀積み、箱船から双胴形式をとる本船積み、出航。おおむね一連の作業が描かれている。

石取りの場面には、二つの場面がある。図2-14は、雨中、築石を割出すために、巨岩をツルハシやクワで掘り出す人、その土を天秤棒で運

図２−15　崖面での石取り

ぶ人、ゲンノウとノミで露出した石に矢穴を穿つ人等々が描かれている。採石風景の周囲を見渡すと、平場が形成されている。平場の一角には、すでに切出した角石一個が置かれている。平場は、山頂近くであろうか。この景観は、標識石と角石はないが、伊東市宇佐美ナコウ山の「羽柴越中守石場」とイメージが重なる。図2-15は、断崖絶壁の岩場を吊籠を用いて採石する光景である。崖の上には、三本の杭を打ち込み、各々に綱を結び固定し、各々の杭を見守る人物が三人。吊籠を上げるための待機であろうか。吊籠のうち、左手の籠の人物は、両手で頭の上の綱を持ち降下中。中央の籠に乗る人物は、両手にゲンノウとノミを持ち採石を開始。きわめて危険な採石する景観である。伊東市富戸海岸の背後には、急峻な崖面が続く。このような場所で採石をしたのであろうか。

図2-16　斜面を暴走する修羅

石引き（修羅引き）の場面には、二つの場面がある。図2-16は、山頂近くで採石した角石を修羅にのせ、速度を調節するために後綱を結んでいたが、それが切れて暴走する修羅。修羅に付いていた人夫が逃げ惑う。図2-17は、誇張した大角石を修羅に積み、枕木を敷いた修羅道を引手と梃手の押手の二手で運搬する光景。修羅の前端には鉄環を取り付

図2-17　修羅引き

け、それに太綱を結び、七〇人程の人夫が引く。人夫には半裸姿もいる。図は部分のため、このなかにはみえないが。斜面下位には、羽織姿に扇を持ち、振りかざして音頭を取る二人の人物。修羅の後部には、一本の綱が木の根元に巻き付けられ、スピードを調節している。梯子押しの背後にも多くの人夫が描かれているので、交代要員か。修羅に目を転じると、大角石を綱で固定し、正面には立位の二人。一人は、幣束と「上り藤に大」の大久保家の家紋の入った白旗を持ち、一人は大扇を振りかざして鼓舞する。その前方には、片側二人宛で人夫が座り、足でかじを取っているようにもみえる。この光景には、およそ一五〇名程が描かれていることになる。江戸城の築石で本図にあるような大角石はない。また、表2-12の山内家史料を参考にするならば、絵図に描かれている人数は、一家の派遣した人数位に及ぶ。二つの修羅引図を比べた場合、暴走は別として、人数的には図2-16の方が現実的ではある。しかし、小田原藩主大久保家の旗を掲げる以上、誇張する必要があることも理解できる。補足すると「百人持之石（約四トン）」を平地で運搬するためには、金沢城修築で戸室山の採石丁場から築石を運搬するのに一人宛四〇キロといわれている。これを参考にすると、平地で修羅を用いて人夫だけで運んだとすると、あながち誇張とはいえないものがある。

修羅は、初現として大阪府藤井寺市仲津姫陵古墳の陪塚である八島塚古墳と中山古墳の周濠から出土したことが知られている。二つの古墳名となるのは、これに助太山古墳を加え、三つの古墳が周濠を共用し、区切ることが難しいためである。大・小二つの修羅とテコ棒一本が出土し、大型の修羅は、全長八・七五メートル、最大幅一・八五メートル、テコ棒の全長が六・二四メートルと報告されている。ちなみに、この修羅は、二股に分れた自然木である。五世紀中葉の所産で、古墳の石材運搬のために使用されたものである。

江戸城修築時における修羅については、『細川家文書』から知ることができる。寛永十三年の普請で要した項目のなかに、地車六〇、平田船二〇艘、長さ二間半の丸太四四〇本、長さ八～九尺の修羅木二四〇本、くさり八〇が記されている。村井益男氏は、『講座・日本技術の社会史』のなかで、この記述から、修羅の構造は、三本の木を先頭に集め、後方を開いて横木で固定し、橇状にしたものと推察している。同家には、明暦大火の公儀普請で要した道具のなかに、大・中・小型の修羅一〇〇艘の記述があり、各修羅の軸木として三本宛の本数が長さ・太さと共に記されている。

修羅は、採石丁場における運搬具としての道具であることはもとより、石材の消費地でも使用される。江戸城の絵図にはないが、駿府城築城を描いたとされる名古屋市博物館所蔵「築城図屏風」には、大角石を修羅に載せ、城内を枕木を並べながら人夫が引手と梯子での押手の二手による運搬の光景が描かれている。

道普請の場面

山裾から山頂に向かう九十九折の道。山頂近くは採石をしたと思われる地肌が露出。山腹の道中二カ所では、各々五～六人が一組となって編笠に蓑を纏い鍬や鶴嘴で道普請。監督者とおぼしき人物もいる。この場面は、兎角、軽視されがちであるが、修羅道の整備は重要である。『大日本史料』「黒田御用記」に以下の記述がある。

……峠より波止場までの道が悪くて困っているようだが、何としても入れ道を造り、石を落とすことはならぬ。道造りは少しの手間で出来る。石船の出航後にそのような作業を指示しないのは、何のために任地させているのだ沙汰の限りだ。

これは、意訳したものであるが、現地に派遣した役人に、道普請の重要性を説いている。石を落とす＝城が落ちるに繋がる。単に捨えばよいというものではない。伊豆半島東浦、東伊豆町大川の旧下田街道沿に修羅道を兼ねた道脇に通称「ぼなき石」と呼ばれる福島正則が切り出した角石がある。角石は、修羅から落下したものか、修羅ごと道に乗りあげたものであるかは不明であるが、港に着くことなく残置されている。伊豆の丁場には、このような築石を目にすることがある。

検収所の場面

採石した築石は、そのまま石船に積まれるのではなく、海岸近くの検収所に集められる。図2-18は、検収所の光景である。四方に竹矢来を巡らせ、その外側には「上り藤に大」の大久保家の家紋の入った幌幕を張り、画面正面と右手に二棟の建物。正面建物は、入母屋形式の尾根で、なかには脇差姿の四~五人の役人と報告する人物。右手の建物は、切妻式屋根であるが、竹矢木側に大きく傾く。なかは、綱で巻かれた角石群。二つの建物と幌幕との間、中庭には一面、運搬されてきた築石群。綱は解かれ、筆を手にした下役人二人が検収にあたる。

周囲を見渡すと、二つの施設が注目される。一つは、検収所の左手、やはり竹矢来に囲まれたなかに、大きな角柱が一本。文字はみえないが大久保家もしくは小田原藩を明示する標識石である。画面手前、左右に延びる幔幕は中央で途切れ、左側には「上り藤に大」の旗が立つ。隣りには円柱形の容器（?）二つ。幔幕が途切れた位置から磯に向かって箱船に通じる道。石垣もしくは土嚢が積まれ、道は整備されている。うっすらと描かれているために判然としないが竹矢来で囲まれた検収所の左右にも角柱状の線がみえる。溢れ出た築石と思われる。

図2-18　石の検収所

検収所が文献や考古学資料として報告されたことはない。黒田長政が採石地に石の数量と大きさを指示した史料がある。『大日本史料　慶長十一年』の「麻生文書三　筑前」には、

荒切角石之覚

一、角石　拾弐　長さ八尺より七尺ノ間、はゞあつさ三尺

一、角脇　拾弐　長さ五尺六尺の内外、はゞあつさ三尺はゞは弐尺

五寸にても

右角わきは、前から割置候大石の中をせんさく仕、取合これなき分、切たし申べき候也

長政

とある。また、別の書状には、

一、書中遣候　今度公儀より角石当り候間、其元にて申付、きらせ申べき事

一、つら三尺四方に、長さ六尺の角　五ツ

一、つら弐尺より三尺の間、長さ五尺六尺の間の角　五ツ

此分、急度きらせ出来次第、積み越し申べく候也

とある。採石地に、角石と角脇石の数量と大きさを指示したものであるが、検収所で遵守すればそれで終わりである。しかし、史料には続きがあり、江戸に到着した石は、指示したものより大きく、再度、切ることとなる。長政は叱責するが、検収所がどこまで機能したかは不明である。

艀積みの場面

検収所前面の場面である。足場が悪い磯に箱船を付け、船からは二本の綱が延びる。一本は、先端が尖った岩に巻き付け、一本は、綱の先端に錨を結び、磯に杭を打ち込み錨をかけることで箱船を固定する。箱船の先端には、綱が一本沖合いに延びる。沖合に停泊している本船（石

図２-19　艀積み

船）に繋がっているのである。検収所からは、枕木を敷きながら角石を動かし、修羅ごと箱船に積もうとしている。人夫は、梯子を使い、修羅の後方では長板も用い押し上げている。海中に入って、枕木を操作している人夫もいる。奥には、編笠を被った役人が小船から監視している。

本船積みの場面

沖合で帆を畳んだ二艘。画面手前の船は、錨を上げ、中程には捲車が積まれている。中程の本船（石船）の先には箱船が付き、角石に掛けた綱が捲車に結ばれている。人夫は、箱船の後方から梯子を使っての押手と、捲車を動かす巻手の二手で角石を動かす。船が二艘並ぶのは、双胴船形式をとるためで、間に挟まれた石船に積み込むのである。二艘の帆船の船尾には、二本の旗が立てられ、そのうちの一本は、「上り藤に大」の旗。

『慶長見聞集』には、船積みについて以下の記述がある。

……先年江戸御城石垣をつかせらるゝによって、伊豆の國にて大石を大舩につむを見しに、海中へ石にて島をつき出し、水底深き岸に舟を付け、陸と舟との間に柱を打渡し舟をうごかさず平地のごとく道をつくり、石をば台にのせ、舟のうちにまき車を仕付けて綱を引、陸にて手子ぼうを持て石をおしやり、舟にのする。舩中にまき車の工み奇特也……　（以下略）

この記事では、箱船や捲車船は必要なく、本船に捲車を備えた一艘のみですむことになる。近年、水中考古学が注目されている。鈴木茂氏は、『伊東・文化財とその周辺』のなかで伊東市街地の南方の新井で、陸と手石島との間の海中に石積状跡二カ所を発見したとある。石積には、人工的な切石が用いられているとも補足している。ここは、汐の流れが早く、築島であれば『慶長見聞集』の証左となる。ただし、築島であれば、各所に残されていなければならない。昭和四十八（一九七三）年、伊東市教育委員会による湯川横磯の海底調査で、海底の砂地に長さ約四・五メートルの範囲から連続して切石が発見されたという。築石のなごり（築造中を含）か、あるいは船からの落下によるものか判然としないが、興味深い資料である。慶長年間、幕府は三〇〇〇艘の石船を建造させている。公儀普請を円滑に進めるためには、石船の多くの停泊施設が求められる。築島を全て否定するわけではないが、作業効率を考えると、屏風図に描かれている双胴船形式の方が適していると考える。

出航の場面

築石を積んだ石船が帆を上げ、次々と出航していく。あたかも船団を形成するかのように。二つの史料で考えてみたい。一つは、石船の乗組員。一つは、石船の大きさ。

前者は、慶長から寛永期の江戸城修築時には、実に多くの藩（大名）が相模・伊豆の採石地に入る。作業が激務であるため、石工・人夫たちのストレスが溜り、内部はもとより他藩の労働者との衝突が起こる。各藩では、これを未然に防ぐため、細かな就労規則を設ける。それは、石船の乗組員についてもいえることである。鳥羽正雄氏は、『近世城郭史の研究　文献資料』のなかで、毛利家の石船乗組員の就労規定について、以下の史料を紹介している。

掟

一、伊豆に至り　罷り着き候儀　油断なく様に心懸け候事

一、泊々において　一切陸地へ加子罷りあがる間敷事
一、他国の船かかり相候時　口論仕らず様に内々申し付べく事
一、舟道具の儀　無念に仕損そうろう者　弁置くべく候
自然大風　其ノ他　無紛の儀にそうらはば　自信罷りこし候者
と　上乗と相談　手堅く相究置くべく事
一、先様に於る石積の儀　伊豆に罷り居り候　物頭三人の者共申し
次第　一切油断有るべからず事
一、石積みの荷足、前々より相定めの如く候、舟ばたより水ぎわ壱

図2-20　本船積み

尺五寸の事
一、伊豆并に江戸川口に横目付け置候間、よく候日和を油断せし
め、乗りはづし候はば相究、科料申付くべく之由　江戸へ申し遣
す事

慶長十七年十月一日

慶長十九年の公儀普請に備え、前年の相模・伊豆での採石した築石を石船で廻漕する上での注意事項といえるものである。伊豆をはじめ寄港地での上陸禁止、他国船員との口論禁止、船道具の補充と悪天候での対応、採石地で三人の役人の指示を遵守することが記されている。最後から二条目は、少し気になる。船積の際、「舟ばたより水ぎわ」とは、本船と箱船の距離を指すものであろうか。あるいは、水面までの深さを指すものであろうか。「石曳図屛風」を参照すると、箱船には修羅ごと築石が積まれている。石と修羅とを固定している綱を解き、築石を結んである綱を捲車で引けば「一尺五寸」の距離で落下しないと解釈できるのであるが。

石船は、「百人持之石」二個を積むことがノルマとされている。そのため、九反から一三反帆の一〇〇石から二〇〇石積の石船が一般的と考えられている。高木浅雄氏は、少々異なる史料を提示する。同氏は、「戸田村の石切文書」のなかで、紀州藩が建造した七五〇石積の「千歳丸」を紹介している。紀州藩では、西浦での丁場管理を勝呂家に依託し、あわせて採石・廻漕も委ねている。勝呂家は、長年の功績により、明暦二（一六五六）年に同船を拝領し、修理して使用したとある。「千歳丸」が寛永年間から七五〇石積であったかは不明であるが、仮にそう

であるならば、江戸湾に入り龍ノ口に横付けすることは不可能である。これまで史料が皆無のために問題視されることはなかったが、一〇〇石積や二〇〇石積の石船がそのまま陸付けされたとするには疑問が残る。本書第八章において、宮内庁宮内公文書所蔵『皇居造営録』の石材に関する史料では、全ての石材について台場周辺の浅瀬で本船から艀船への積み替えが記されている。七五〇石積の千歳丸が龍ノ口まで入ることは無理であるが九反帆から一三反帆の石船の場合も、江戸湾河口での積み替えを視野に入れた方が良いと筆者は考える。今後の課題でもある。

絵図の制作時期と二つの屏風図の相違　二つの絵図を比較する前に、「石切図屏風」に描かれた内容をみる。大きく分けると四つの場面からなる。採石場で矢穴を穿ち切石（角石）を加工する場面。これには、崖面での採石もあり、火を熾《おこ》し屋根の下で鍛冶仕事をする人も含まれる。切石は平場で加工が施され、採石・加工・鍛冶場には、二〇人以上の職人・人夫が描かれている。石引は、二つの場面がある。一つは牛車引、一つは人力。共に積石の下には車輪が描かれていることから、修羅ではない。人力のものは、ネコグルマである。牛車引では、二人の人物が荷石の後につき綱を持ち速度を調整している。海岸には、竹矢来を囲い幔幕を張り検収所とし、隣りでは切石を箱船に積む場面。石積では、箱船から二本の綱を浜に延ばし、杭に巻付け固定。築石は、海岸にスロープ状の木杭を設け、六人の人物が石を引き、後ろでは三人の人物が梯子で押す。本船（帆船）は、沖合に停泊し、本船から箱船に綱が延びる。本船には、「西丸御普請／御用也」の白旗が立てられ、四人の人物がみえる。図内からは捲車は見あたらず、一捜のみである。この状態で石を積み込むことは困難であることから、捲車船がこのあと到着し、やはり、双胴船形式をとるのであろうか。本船部分を一場面とした。

前述した「石曳図屏風」の画面と比較すると、鍛冶場と牛車引・ネコグルマの場面が新たに加わることになる。鍛冶場は、道具を手入れする以上、必要不可欠となる。牛車引は、「築城図屏風」にも描かれており、やはり、荷車の上に石を積んでいる。平坦地を運搬するには適している。『真鶴町史』資料編近世で紹介されている一号文書「寛文十二年七月　相州西部西筋真鶴村書上帳」のなかに、石の運搬に関する条文がある。その部分を抜粋すると、

一、湊より東日和山、是ハ先年より湊を出舟之時、舟主・舟頭此山ニ登リ順風を見申ニ付て日和山と申伝候、岸ニ島有、すゝ島と申伝候、此山湊ノ方ノ磯辺をはとばと申候、是ハ先年江戸　御城様御石垣御用石、丸山丁場より此所へ大石は牛車、小石ハしゆら人足ニテ引出シ、此所ニて舟積ニ付てはと場と申候、于今おゐて此はと場ニ松平右衛門佐様切置之角石・平石御座候、御札場より日和山迄道法弐町半、御札場よりはと場迄道法弐町六間御座候

（傍点は筆者）

とある。石の大きさに応じて、牛車と修羅を使い分けたとある。この書上が寛文二（一六六二）年であり、公儀普請の寛永十三年からは二五年が経過する。そこでの新たな手法というのではなく、おそらく、公儀普請の採石が盛況な当時にあっても牛車引を行ったと解釈した方がよさそ

うである。

「石曳図屏風」にネコグルマを含むこの二つの場面がないのは、忘れたのではなく、代表的な場面を強調するためにあえて選択し、描いたものと思われる。

二つの屏風図とも絵師がよく観察しており、見ずしては描くことのできないものである。なかでも「石曳図屏風」は、人物に躍動感があり、大人数が描かれている分、臨場感が伝わる。

次に問題となるのは、「石曳図屏風」の制作時期である。諸説あるが、筆者は、鈴木茂氏と同様、慶長十九年以前と考える。それは、各場面に描かれている小田原藩主大久保家の「上り藤に大」の家紋と「石切図屏風」との比較によるものである。大久保氏が小田原藩主となるのは、北条氏滅亡後、天正十八（一五九〇）年に遠州二俣城から知行四・五万石で入ることにはじまる。二代忠隣のときに六・八万石に加増されるが、慶長十九年に幕府内の勢力争いに敗れ改易となる。前期大久保氏ともいえる。貞享三（一六八八）年、忠隣の曽孫にあたる忠朝が佐倉城から入封し、以後、明治維新まで続く。後期大久保氏である。つまり、いずれかの時期に限られてくる。他方、嘉永六年の江戸城西丸普請のための採石から廻漕までの一連の光景を描いたとされる「石切図屏風」と比較すると、検収所に集められた築石の数量や出航する石船の数が「石曳図屏風」の方が圧倒的に多い。それは、大規模な公儀普請であることを示唆しており、記録を繙くと寛永十三年以前となる。両者をあわせると、「石曳図屏風」が制作された時期は、慶長十九年以前となるのである。

細川家が寛永十三年の公儀普請で準備した資料・道具目録　岡本良一氏が『大坂城』のなかで、細川家が寛永十三年の江戸城公儀普請で同家が準備した資材・道具目録を、(A)運搬用、(B)石工用、(C)堀の掘さく

表２−17　細川家が寛永13年の公儀普請で準備した資材・道具一覧（岡本1970より）

種別	資材・道具名	数量	種別	資材・道具名	数量
A 運搬用	土台木	400間	B 石工用	つるはし	200丁
	石持棒	100本		大玄能	5丁
	手子木	1,000本		中玄能	20丁
	持子棒	800本		石切槌	300丁
	修羅	30組		同のみ	1,500本
	南蛮ろくろ	5つ		同矢	500本
	車	30輌		はさみたがね	80本
	足代木	1,000本		かな手木	20丁
	道の敷木	4,000本		栗石枡	10個
	石入橋の木材	6,024本		鍛冶炭	500石
	橋の下敷木	5,332本	C 掘さく用	水取道具	10本
	井楼用木材（２台分）	680本		竜骨車	10台
	橋上の敷板	150枚		水替桶	1,000個
	上り梯子	20丁		あき俵	30,000俵
	かけや	20丁		もっこ縄	1,500束
	丹波ゆかき（ざる）	1,000		鍬柄ふち共	800丁
	平田船	20艘		銑付	250丁
	綱苧	3,000貫	D その他	こみすくい	90
	かつら	200束		なよ竹	500束
	かすがい	15,000本			

用、(D)その他の四種に分け紹介している。二つの屏風図や後述する石工道具を理解するために紹介する。表2-17にまとめた。岡本氏による資材・道具の四種類の大別は、必ずしも適切ではない。一例をあげると、運搬用の土台木四〇〇間は、石垣下の胴木（これは、細川越中組分か）を指すものであり、かすがい一・五万本は石垣間に差し込み石垣間の安定を保つためのもので運搬用ではない。とはいえ、それは項目を変えればすむことである。この表は、採石地、廻漕、石垣・堀普請の全てを含むものである。このなかで、二点取り上げてみたい。一点は、運搬具である。採石地と江戸での使用を区別することはできないが、修羅と車（車輌）がまずは対象となる。修羅は、「石曳図屏風」に記されており、持子棒（あるいは手子木）が梯子にあたるもので、修羅一組あたり、梯子を持つ押手の人夫が二〇～三〇人付くことになる。修羅道に敷く枕木も四〇〇〇本とあり、屏風図の場面と一致する。問題となるのは車である。双方の地での利用が考えられ、それには、「石切図屏風」にあるような牛車とネコグルマの二者が想定できる。三〇輌と多いことから全てを牛車と考えるにはふさわしくなく、やはり、両者であろうか。また、石持棒とあることから、小型の石を人夫が天秤棒で担ぐためのものであろう。石垣を積む際の道具と考えられる。すなわち、これら運搬具を総合的にみると、城下での石の運搬の様子が描かれた「築城図屏風」の光景と全く同じということになる。南蛮ろくろも興味深い。これは、捲車を指すものと考えられ、屏風図では、双胴船のうちの捲車船として描かれていた。捲車は、江戸での積み下しや石垣を築く上でも利用することが出来、五台の数字を含め気に掛かるところである。一点は、石工道具にある。石切槌・のみ・矢の数量である。この道具は、後述する石割りの際に使用するものである。石切槌三〇〇丁は、石工の数が最大で三〇〇人となる。矢割の楔（矢）の数が五〇〇本であることから、せいぜい一〇〇～一五〇人程度であろうか。石割は、石垣を築く際に長さや幅などを調整するために、江戸でも石工を必要とするが、主体は採石地ということになる。なお、はさみたがねや鍛冶炭が多く準備されており、ノミの使用頻度の高さを見込んで準備していることを示唆している。

四　矢割と石工道具

矢割　江戸城をはじめ近世城郭の石垣をみると築石に連続する台形状の工具痕がある。それは、矢穴技法によって石割りされたものである。矢穴技法とは、母岩の表面に分割する線を墨壺と黒縄で引くことにはじまる。現存する伊豆の丁場で墨線を探し出すことは困難である。次の工程では、かね尺やかね定規、タガネで割付線を引く。これは、伊豆の採石丁場でしばしば目にすることができ、江戸城の石垣でも散見する。分割するためには、割付線に沿って一定の間隔で長方形の穴の位置を決め、ノミで穿つ。この穴のことを矢穴といい、矢穴に楔（矢）と迫《せ》り鉄《がね》を入れ、その上から玄翁で万遍なく叩くことで分割することになる。楔（矢）は鉄製であるが、割れない場合、樫の木の木製矢に替え、矢穴に収めた後、十分な水を加えて一晩放置すると、楔の膨張と自重で分割できるという。この樫製の楔について岡田善十郎氏は、「伊豆石丁場遺跡調査の現状」（『江戸時代の生産遺跡（発表要旨）』）のなかで紹介し、木製の矢のなごりが朽ちた状態であるが、東伊豆町稲取の本林石丁場で発見されたことを補足している。

矢穴技法の初現は、中村博司氏の「『石切り』の技術と系譜」(『小豆島　石の文化シンポジウム資料集』)によると、十三世紀中頃であるという。奈良県大和郡山市の額安寺境内の矢穴痕をもつ宝篋印塔には「文応元年十月十三日　願主永広」「大工大蔵安清」と刻まれているという。同論文には連続する矢穴の拓本が添えてあり、この時点、すなわち文応元(一二六〇)年には矢割技法が用いられ、ここまでは確実にさかのぼることができるというわけである。

近年、矢穴の大きさから編年を組む試みがなされている。江戸城の築石に関する採石丁場では、島田冬史氏による『宇佐美北部石丁場群分布調査報告書　I』にはじまる。同書では、御石ヶ沢第二地区第一・三・八支群の矢穴の統計処理を行い、丁場によって矢穴の大きさが異なり、その差が時間軸の差である可能性を指摘した。今日、採石丁場も発掘対象となり、刻印とともに矢穴の調査も増えつつある。採石丁場の帰属を特定することが困難であり、矢穴石の時間軸はなおさらである。矢穴の大きさと刻印とをあわせることで、十分ではないが相対的に矢穴の大きいものほど古い傾向にあることが資料の増加によって明らかとなってきている。公儀普請(寄方)を命じられた大名は、担当役人を相模・伊豆に派遣し、その役人は、代官や地元責任者から情報を得、山に入り、事前に調査を行ったはずである。慶長期には、大きな切石を江戸に送ることは手柄であり、同時に数量が求められたことが予想される。したがって、巨岩がある良い丁場は熾烈な競争が起こり、初期の矢穴が相対的に大きくなることはうなずけるところである。しかし、一方では、石の大きさに応じて複数の楔(矢)を用いた可能性もあり、矢穴と母岩との因果関係を明らかにすることが求められている。

石工の道具　近世城郭の研究に、採石丁場が加えられ、大阪歴史学会『大坂城再築と東六甲の石丁場』をはじめとして各種論考が発表され、目覚しい成果が上っているのに対して、石工の道具、すなわち民俗資料については軽視されてきた。

民俗学者の田邉悟氏は、『伊豆相模の民具』「真鶴石と石屋」の項のなかで、石材の切出し工程として(1)石割り、(2)荒取り、(3)運搬の手順を示し、聞き書き調査をもとに各工程の道具を紹介している。一例をあげると、石割り・荒取り工程で用いた石工道具を写真とともに解説を加え、ヤジメが明治以前には木製のものが使われ、槌の部分だけ鉄輪をはめ補強したことなど貴重な報告が載せられている。

他方、国立歴史民俗博物館の企画展「時代を作った技—中世の生産革命—」では、熱海市中張窪石丁場遺跡を保存する会が所蔵する石工道具と鍛冶道具が紹介されている。石工道具への関心は薄いが、成果・紹介を含め、皆無というわけではない。

筆者は、かつて『石垣が語る江戸城』を上梓するために真鶴町民俗資料館を訪れ石工道具を見学し、あわせて同町の石材業者から聞き書きをしたことがある。図2-21~29は、同行していただいた写真家の小池汪氏が撮影されたものである。法量を交え、簡単に説明する。石割りするためには、まずゲンノウとノミが必要となる。ノミは、サキノミ・ソコノミ・ツバクロノミの三種類がある。サキノミは、細長く先端が鋭く

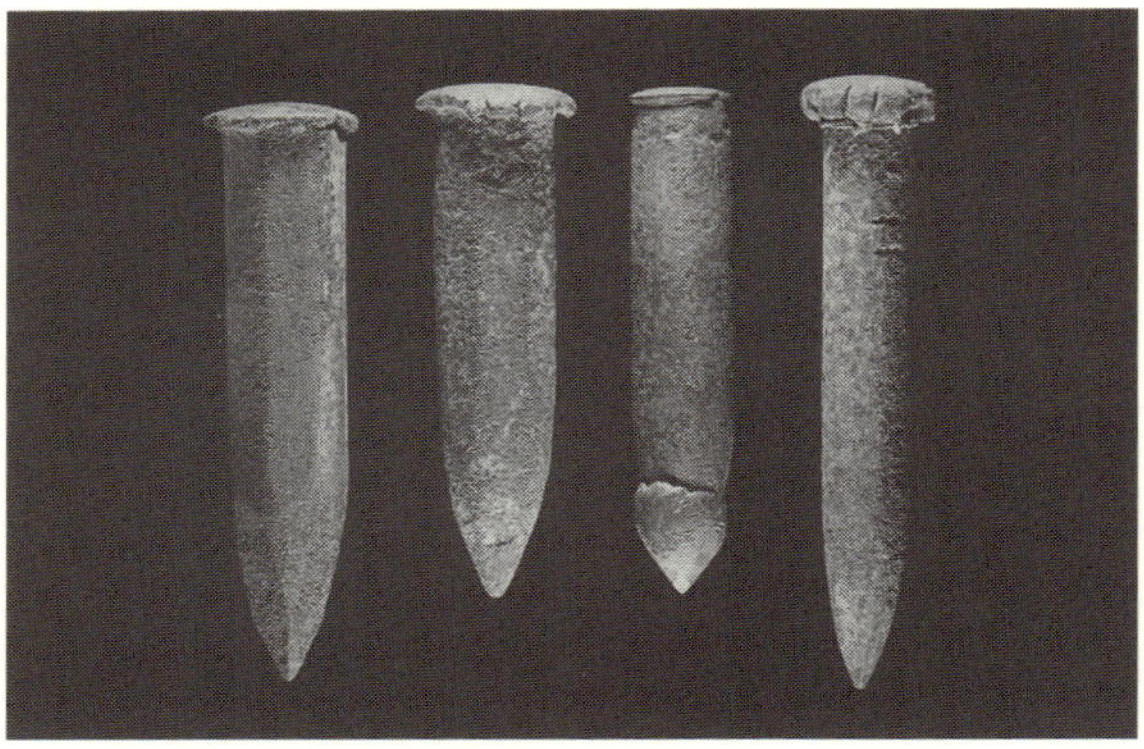

図2-22　ノミ②

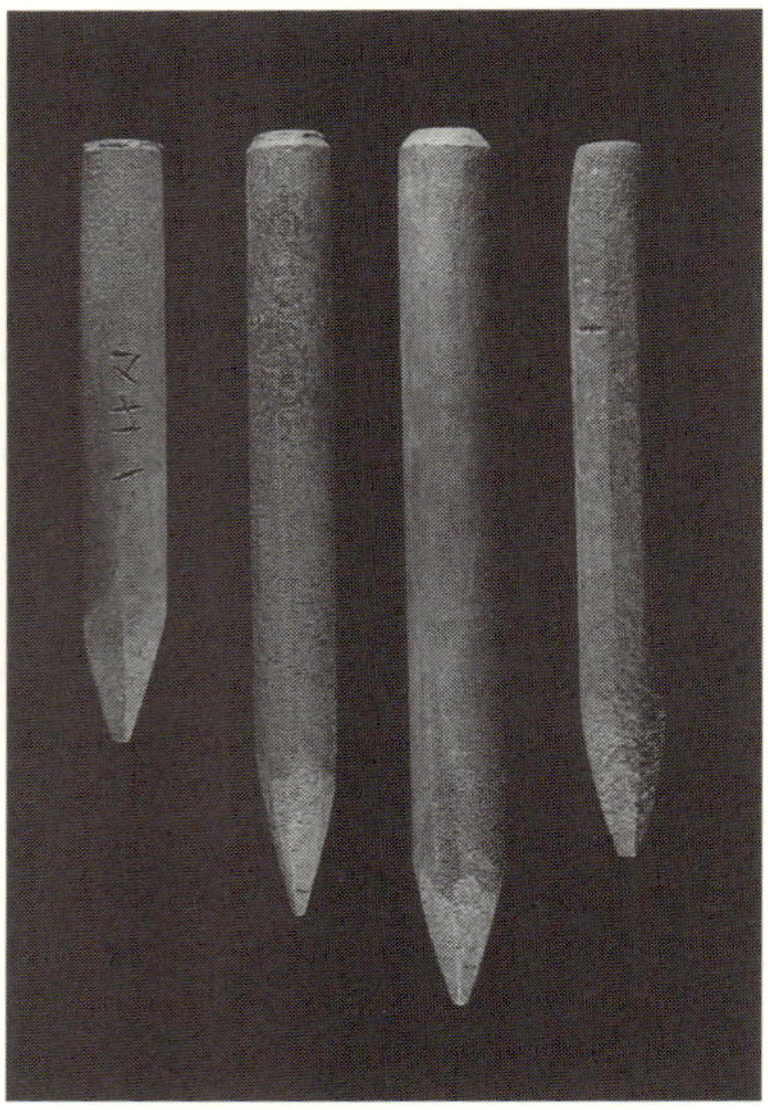

図2-21　ノミ①（図2-21～27：真鶴町民俗資料館所蔵）

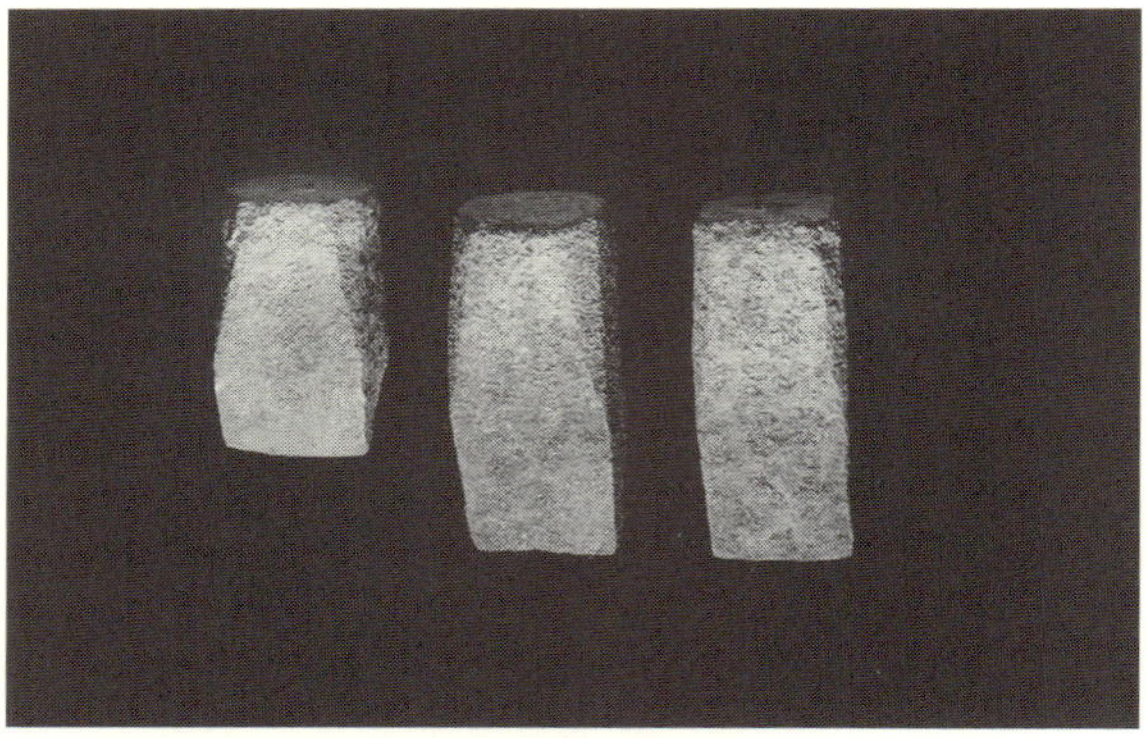

図2-23　ヤ

尖ったノミで、矢穴を穿つために最初に用いる。先端が八角形を呈するものが多い。図2-21の四本が該当する。同図左端は、かつての所有者である「マキノ」の刻字が二カ所に施されている。断面形は円形を呈し、全長一八三ミリ、直径二四ミリを測る。ノミがあたる頂部は三一ミリとやや太く、鋭利な先端を作出するために四一ミリの長さをもって細くしている。重量は、約六〇〇グラム。同図最大の長さをもつ右手二番目のノミは、全長二七一ミリ、最大幅二八ミリ、刃部長四七ミリを測る。上端は、周囲が面取りされている。重量は、一キロ以上。長さが短かいのがソコノミとツバクロノミである。ソコノミは、先端が多くの場合、四角形を呈し、サキノミを使用後、矢穴を拡げていく。サキノミと比べ短かく、ゲンノウで繰り返し叩くので上端にツブレ痕が残る。相対的に短かいことを特徴と

図2-24　ゲンノウとヤジメ

図2-26　ビシャン

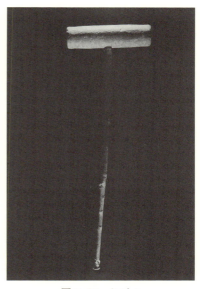

図2-25　ヤジメ

図2-28　コヤスケ

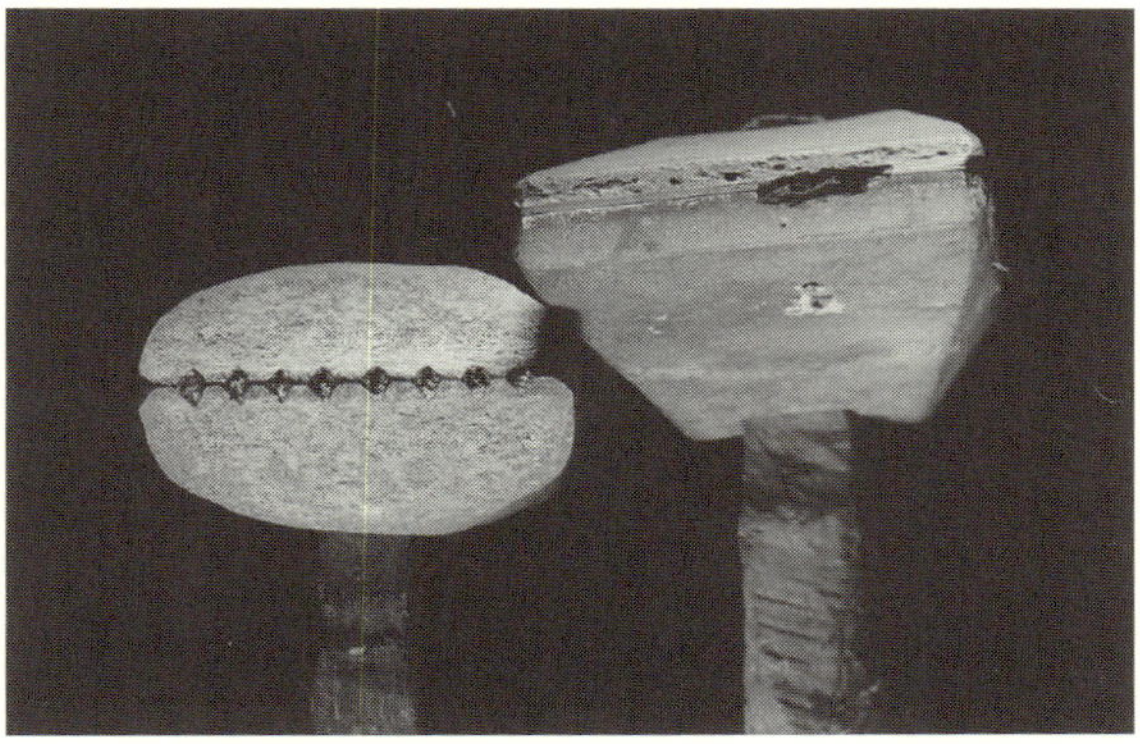

図2-27　ハビシャンとチョウナの刃部

図2-29　ハビシャンとチョウナ

する。図2-22の右から二番目を除く三本が該当する。左端は、本体の八角形から刃部を作出しており、全長一五八ミリ、直径三三ミリ、刃部長四三ミリを測る。上端は、叩きによってツブレ、変形した長径が四一ミリとなる。重量は、七九〇グラム。同図左から二番目も同じ形状であるが、刃部は六角形となる。法量は、全長一三八ミリ、直径三二ミリ、刃部長四一ミリ、長端は三一ミリを測る。重量は、七〇〇グラム。ツバクロノミは、図2-22右から二番目で、先端が八角形にツバメの羽根を広げた形状にあることからその名が付く。ハジキノミの方が正式名称であろうか。荒取りの工程で小型のゲンノウと共に用いられる。ノミは、鉄製であるが、本資料のみ刃部周辺を真鍮が被う。ちなみに、真鍮は、先端の刃部ハガネを溶接するためのものである。形状は、太く短かいが上端のツブレはほとんどなく、円形を呈する。刃部は短かいが、ツケハガネによるものである。図2-21・22のノミのなかでは、唯一の特徴といえる。法量は、全長一三八ミリ、直径二七ミリ、刃部長五ミリを測る。重量は、五四〇グラム。直鍮（熔接）の範囲は、長さ二六ミリに及んでいる。

図2-23は、鉄製のヤ三点である。上端は四角形を呈し、大きく、刃部に向かって厚さを減じ、先端は鋭利ではなく平坦な形状をとる。全体的にがっちりしている。法量は、左端がやや短かく、上端が三一×三〇ミリ、全長六〇ミリ、刃部先端長二九・五ミリ、重さ二七〇グラムを測る。中程のヤは、右端より幾分厚みがあり、上端が三〇・五×二七ミリ、全長七七ミリ、刃部長三〇ミリ、重さ三四五グラムを測る。三点のヤは、江戸時代の採石丁場に残されている矢穴の大きさと比べるとかなりの小型である。当時のヤは、少なくとも上端の最大径が二～三倍、長さも増し、大型のものとなる。

図2-24の右側は、ノミで石割り・荒取りするゲンノウである。同図左と図2-25は、矢穴にヤを入れ、石割りで使うヤジメである。ゲンノウは、使用目的によって大小あるが、図のものは、槌の部分にわずかに面取りが施され、その法量は、両端の直径が六一ミリ、長さ一七六ミリを測る。中央には柄を受ける直径一五ミリの円孔が施される。柄の長さは、五〇五ミリを測る。

図2-26～29は、調整・整形に用いるビシャン・チョウナ・コヤスケである。図2-26は、鉄製槌の片面に格子目状の刻目を入れたビシャンである。格子目状の刻みを強調するため、横位置から撮影したものである。ちなみに、反対側には刻目はなく、槌による敲打痕を観察することができる。刃部となる格子目面を中心として法量をみると、左端の目が細かく、縦九目の横一〇目で三三×三九ミリ、長さが七六ミリ。中程が縦八目の横九目で三九×四一ミリ、長さが八九ミリ。この二つは、側面が内側に湾曲する。右端は目が粗く、縦横とも五目、三一×三二ミリ、長さ一六四ミリを測る。いずれのビシャンにも、三〇センチ前後の木製柄が付いている。図2-27・29がハビシャンとチョウナである。図2-27は、刃部を拡大したもので、左側の刃部が鋸状を呈しているのがハビシャン、先端が鋭利なものがチョウナとなる。ハビシャンは、横断面が長楕円形を呈し、刃部となる両端に向かって厚さを減じている。鋸状の刃部は、一方が五四ミリで他方が五六ミリ、長さが一二六ミリを測る。チョウナは、両端にツケハガネが施されており、切れ味を増す工夫がみられる。とはいえ、図2-27の刃部拡大のように刃こぼれもみられる。側面は、丁寧な面取り加工が施されている。法量は、刃部長五一ミリ、全長一九三ミリ、厚さ四七ミリを測る。図2-28は、石面の端を直線的に削り取ったり、調整することに用いるコヤスケである。片側に鋭利な刃が付き、重量を必要とするためか刃部の反対側は厚くなっている。図2-28の右側は、横面が嘴状の形状をとり、下端が幾分内湾する。全長一六〇ミリ、刃部の反対側で五八×三九ミリを測る。

真鶴町民俗資料館が所蔵する石工道具は、いずれも近代の資料である。しかしながら、石割り、荒割り道具は、少なくとも昭和三十年代までは主体をなすものであった。昭和四十年代になるとドリルによる削岩機が普及し、今日ではジェットバーナーを導入しているという。機械化は、時代の流れであるが、要所では矢割りが使われているとも聞く。技術を伝承するためには、道具も大事にしたいものである。

五　相模・伊豆採石丁場の諸相

江戸城石垣の九割方は、相模・伊豆で産出した安山岩といわれている。これら安山岩は、火山岩の一種で、当地では、小田原から真鶴にかけては箱根火山に由来する真鶴系安山岩、熱海から伊東にかけては多賀火山・宇佐美火山による宇佐美・多賀系安山岩、八幡野から見高にかけては天城火山による天城系安山岩の三つの産地が主体をなしている。これら安山岩の産地は、豊富な量、堅緻な材質、さらには江戸に近く廻船による運搬が容易であることなどから採石地に選ばれたわけである。

図２-30　真鶴町番場浦海岸採石跡

採石丁場は、石の加工が容易な自然石が露出する山間に多く、二つの屛風に描かれている崖面で採石の痕跡を確認することは困難を伴う。また、尾張藩丁場絵図の早川磯丁場のように、海岸の磯場での採石もあり、図2-30の真鶴町番場浦海岸は、その好例である。

本章では、大名丁場を比較的特定しやすく、かつ特徴的な四つの地域の丁場と、時間軸が下るが横穴状に採石する一つの丁場を紹介することにする。

1　熱海市下多賀瘤木・中張窪石丁場

多賀から網代にかけて大きく湾曲する海岸線の中程、東流する宮川の山間で確認された丁場である。ここからは、浅野紀伊守・羽柴右近・有馬玄蕃頭・前田筑前守と少なくとも四家の慶長期の丁場が知られている。このうち、前田筑前守を除く三家の丁場は、標識石・境界石が存在することで特定を容易にしている。丁場の位置関係を図2-31に示した。

瘤木《こぶき》石丁場

この丁場からは、二つの標識石が知られている。いずれも原位置をとどめるものではない。一例は、宮川取水場に隣接し、平成九年の発掘調査で出土したものである。標識石は、長さが五メートルを超える巨石で、矢割りによって二分し、狭長な平坦部を利用して太く大きな文字で「浅野紀伊守内／右衛門左」と二行にわたり彫られている。この文字が

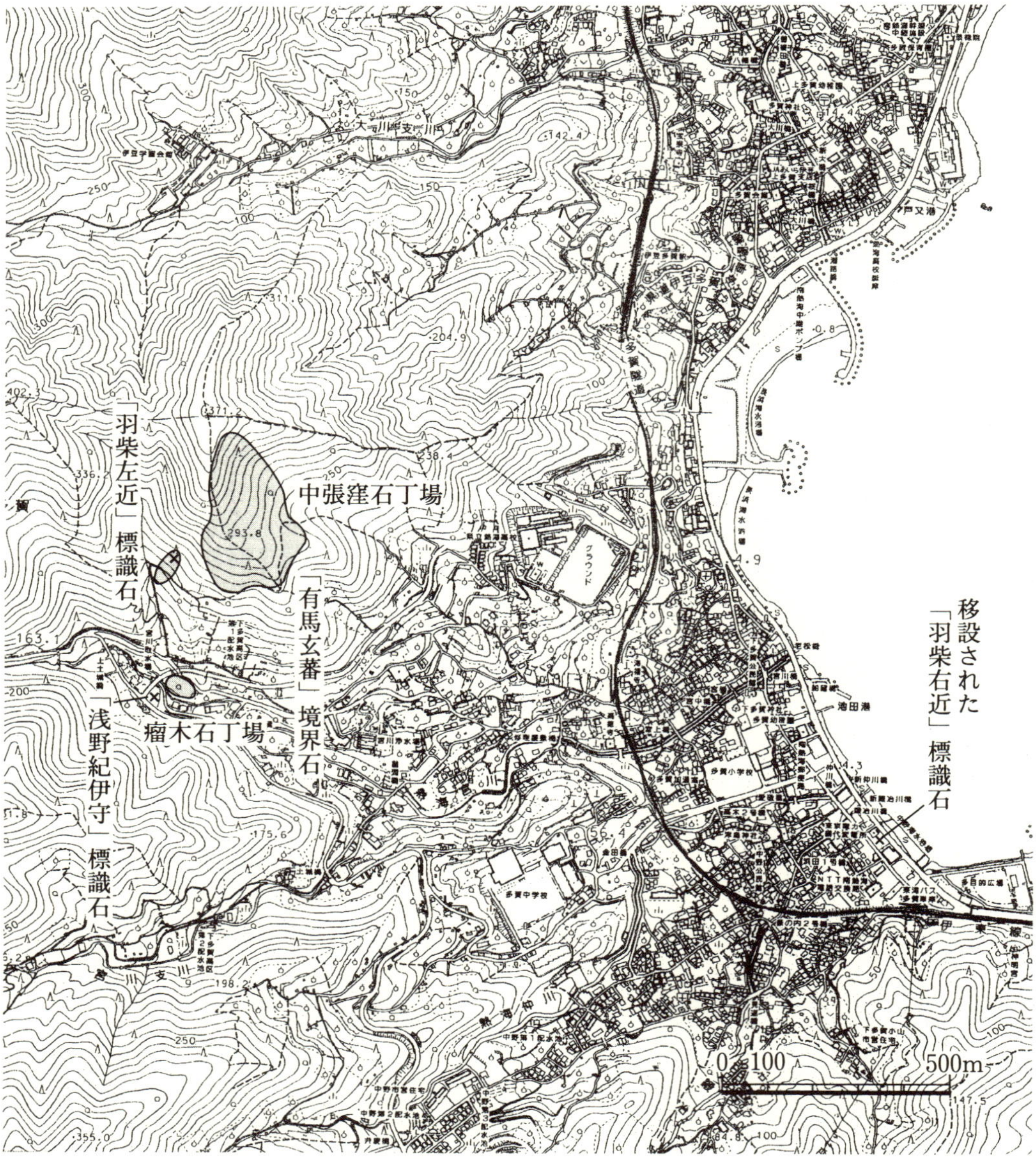

図２−31　瘤木・中張窪石丁場の位置

ある面の中程には、さらに二分しようとした割付線も認められる。また、銘が彫られた面とは異なる自然面には、「⊗」と「〓」の刻印が施されている。

浅野紀伊守幸長は、慶長九年・十一年に江戸城助役を命じられている。同家は、慶長十九年にも命じられているが家督が代わり官途名が但馬守長晟となる。つまり、この刻銘は、さらに時間軸を限定することができるのである。二種類の刻印と浅野家との関係は不明である。現在、この標識石は、発見された場所に埋め戻されているという。宮川の河川敷にあり、大量の土砂中から出土していることから、この標識石の原位置は、宮川の上流域にあったものとみることができる。

一例は、熱海から伊東に延びる国道一三五号線の公園の片隅

図2-32　二つの「羽柴右近」標識石（右：中張窪石丁場、左：瘤木より移設）

に移設された「羽柴右近」の標識石である。図2-32のように長さ約三・三メートル、高さ約一・五メートルの大きな自然石の中程に、長さ四一センチの範囲に深く明瞭な文字を刻んでいる。後述する中張窪丁場の標識石とは同一字体のものである（図2-32左）。公園内の案内板をみると、元は、下多賀瘤木一四九七-二番地の小松氏の所有地内にあったとある。刻名の「羽柴右近」とは、秀吉から「羽柴」の姓を賜ったうちの一家、津山城主の森右近大夫忠政を指すもので、同家は慶長十九年の助役を命じられている。

中張窪石丁場

浅野紀伊守標識石が発見された北側、急勾配の道を直進し、右折すると斜面左手奥に「羽柴右近」の標識石がある。刻銘は、割石の平坦面に施されており、石の大きさは長さ約二一五センチ、高さ一〇〇センチ程で国道沿に移設された標識石の三分ノ一程度。山道が修羅道と考えられることから、この周辺が森右近大夫の石丁場ということであろうか。しかし、標識石のまわりに数個の矢穴石が分布するが、それを除くと踏査をしても石そのものが見あたらない。採石が完了したとしても石の残滓はあるはずである。斜面上位のものが落下した可能性もある。

この標識石から山道を東へ二五〇メートル程登った左手、標高約二三〇メートルの地点から稜線に沿って自然石の巨岩が並ぶ。道筋の巨岩の一つが有馬玄蕃頭の標識石である。地元保存会によって案内板、土嚢を積むなどの保存対策がとられている。この境界石の大きさを正確に測ることはできないが、高さ約三二〇センチ、幅約二四〇センチ、周囲約八〇〇センチ程である。刻銘の面は山道側、ノミで調整加工し、文字は、

図２-33　有馬玄蕃頭の境界石

縦六〇センチ、横八二センチの範囲にわたり五行刻まれている。彫りが浅いことから、判読しずらい文字があるが、案内板を参照すると、

是ヨリにし
有馬玄蕃
石場
慶長十六年
七月廿一日

となる。標識石前の山道を進むと左手斜面側に矢穴石が点在するが、刻印はみあたらない。少し離れた場所で、「◬」「㊋」の刻印があるが、大坂城の有馬玄蕃頭が担当した丁場ではこの刻印をみることはない。他の大名丁場であろうか。境界石に戻り、有馬玄蕃頭豊氏が助役を命じられたのは、慶長十一・十九年、寛永十二年の三回ある。翌年の有馬左衛門

図２-34　前田家丁場内の刻印・紀年銘石

左直純を含むと有馬家としては四回になる。標識石の紀年銘を見ると、慶長十九年の公儀普請を命じられる前にここの石丁場を確保していたことになる。

この丁場の先には、前田筑前守丁場が広範囲に分布する。なかでも、標高三五〇メートルを超えるであろう稜線近く、最高位に形成されたテラスは特徴がある。それは、このテラスを頂点とし、そこから要所ごとに長さが一尺二寸（三六センチ）を測る「中」の刻印石が分布することにある。あたかも前述した尾張藩の「尾」の刻印石のように丁場の範囲を示しているかのようでもある。ちなみに、「中」の刻印は大きいが、それが施されている割石のサイズは中型以下であり、特別なものではない。この前田家の丁場は、平面とともに垂直方向にも拡がる。特徴的な最高位のテラスとその周辺をみることにする。このテラスは、稜線近くの急斜面を掘り、二丈程の平坦面を確保する。谷側を除く三方の角に、矢割で得られた石にテラス面の中心を向くように「中」の刻印を施し、テラスの周囲には割り落とした小型の割石が並ぶ。テラスの内側は、中央に中型サイズの割石、周囲を木端石が被っている。南西側の「中」の刻印石の近くには、特徴的な文字が施された刻銘石二つがある。一つは、小振りの割石に「久兵衛」の文字。二・三文字目は、肉眼では判然としないが人物名である。おそらく石工の責任者であろう。一つは、テラス面の入口、小振りの自然石に「コ八」の刻印と右下に「慶長十九年」の文字が刻まれている。図2-34のように刻印は明瞭であるが、年号の文字は刻みが浅く、最初の一文字は判然としない。この二つの刻銘石は、いずれもテラスを意識しているかのように配置されている。このテラス周辺には、「中」のほかに、「ヘ・田」の二種類の刻印が施された扁平な石一個がある。

このテラスから一〇メートル程下位にもテラスがある。こちらは、正に石割の最中で、中型の割石群が所狭しと分布する。それらの石には、「中」や「⊠」の刻印のほかに「井・の十一・ま」の三種類（中程のものが三つの刻印であれば五種類）が施されたものもある。ここで紹介した刻印のうち、「中」・「田」・「⊠」・「ま」は、藤井重夫氏を代表とする築城史研究会の『大坂城　石垣調査報告書㈡』を参照すると、前田家が担当した丁場では頻繁にみることができる刻印である。他の刻印を前田家と特定することは困難であるが、共伴関係から同家とみることに問題はない。前田家がこの丁場を開いたのは、前述した「慶長十九年」が参考となる。前田家が江戸城公儀普請を命じられるのは、慶長十一年と寛永十三年の二回ある。「慶長十九年」とあるのは、いつ命じられるかわからない寄方を見通してのことと思われる。おそらく、寛永十三年の公儀普請では、ここから大量の築石を搬出したものと考えられる。

2　伊東市宇佐美北部石丁場群

この石丁場群は、伊東市北部に位置する同市最大の採石丁場で、約四三〇〇ヘクタールの広大な範囲が対象となっている（図2-35）。小字名に「御石ヶ沢」とあるように、石材が豊富で、江戸城献上石の産地として古くより知られている。旧下田街道の最大の難所、宇佐美から網代に向かう通称「琵琶転の嶮」の峠から尾根筋に南東方向に進むと、この地域内の最高到達点ナコウ山（標高三五二・七メートル）がある。このナコウ山山頂丁場を中心として北から東にかけて御石ヶ沢Ⅱ・Ⅰ・Ⅲ丁石場・ヨシノ山石丁場、南には洞ノ入Ⅰ・Ⅱ石丁場、南東には大窪・ハナレ山石丁場等々が分布している。ここでは、ナコウ山山頂石丁場、御石ヶ沢Ⅱ・Ⅰ石丁場を中心に紹介していく。

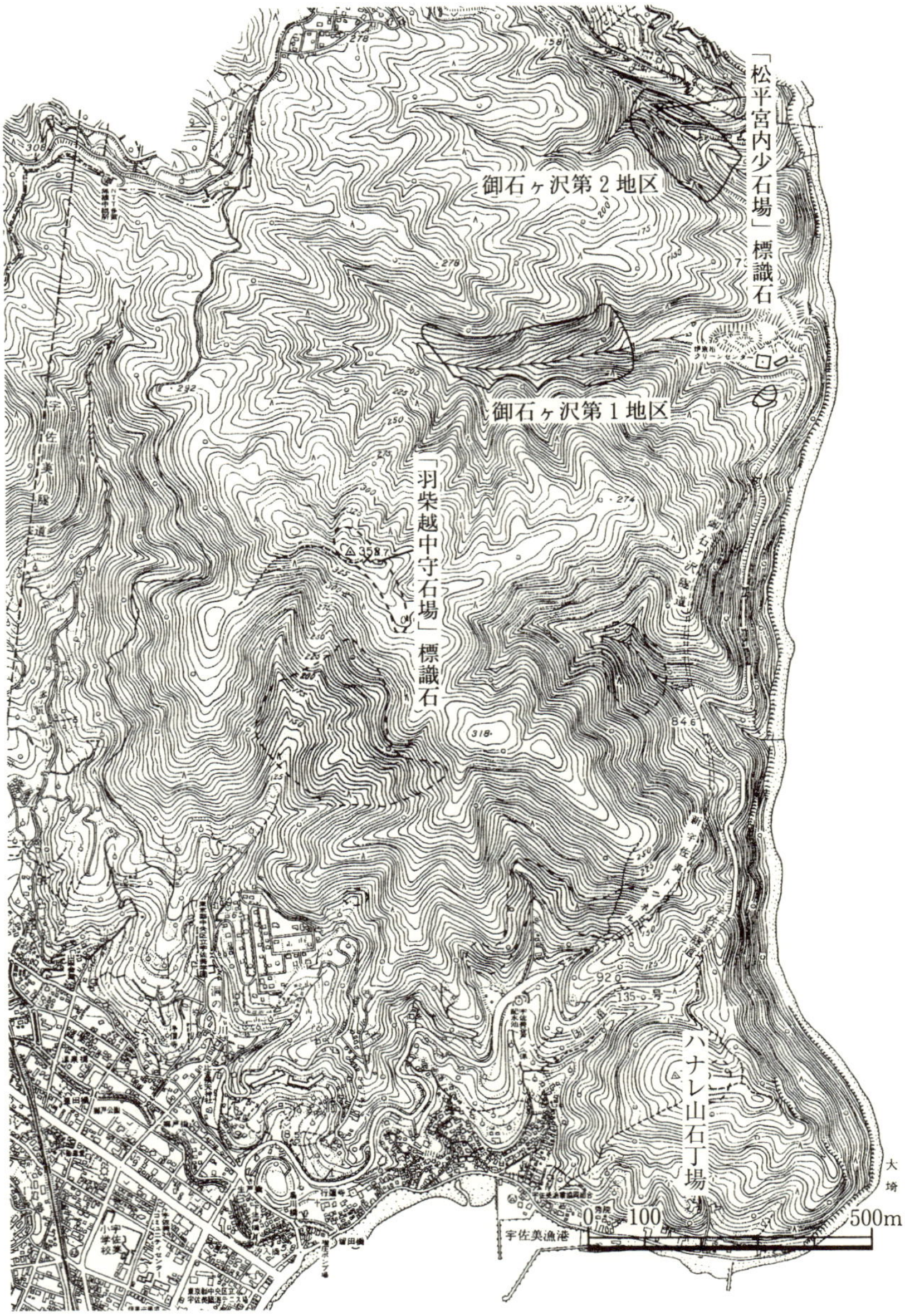

図２−35　御石ヶ沢石丁場の位置

ナコウ山山頂石丁場

ここは、ナコウ山から南東に約一〇メートル下りた南側に三角形状のテラスを設け、最も奥まった位置に「羽柴越中守石場」の標識石があることで知られている。標識石は、母岩を矢割によって二分し、切断面に文字を刻んでいる。石の大きさは、高さ約一九〇センチ、幅約二八〇センチを測る。文字は、割石の中央に深く大きな文字が彫られ、刻銘の大きさは縦一一一センチ、幅二一センチを測る。ちなみに、矢割された矢穴の上端幅は四寸（一二センチ）を測る。三角形のテラスは、二〇メートル程の幅をもち、地表には矢穴石はほとんどなく、一面を木端石が被っている。伊東市教育委員会によるトレンチ調査では、少なくとも地表約四〇センチまでは木端石の層が続き、故意に片付けたとする所見が加えられている。ちなみに、木端石の下は、シルト

図2-36 ナコウ山山頂石丁場と「羽柴越中守石場」標識石

層、岩盤が続くと報告されている。このテラスには、もう一つ注目される遺構がある。テラスの西端、長さ約五メートル、幅約二メートルの範囲に拡がる石積遺構である。石の表面にはススが付着し、鍛冶場であった可能性がある。

標識石の「羽柴越中守」とは、細川越中守忠興を指し、前述した森右近大夫と同様、秀吉から「羽柴」の姓を賜ったうちの一家で、この丁場が慶長期のものであることを示唆している。細川家の助役は、慶長九・十一・十九年とあり、家督が忠利に代わった寛永十三年にも命じられている。

細川家の宇佐美北部地区における石丁場は、ここ以外では後述する御石ヶ沢Ⅱ石丁場第五支群（「㊥」の刻印）、御石ヶ沢Ⅰ石丁場第一・二支群（「三・九・⊙・⁙」の刻印）、さらには宇佐美漁港の裏手、ハナレ山石丁場第二支群（「⁙」の刻印）などが知られている。

御石ヶ沢Ⅱ石丁場

宇佐美最北部に位置する石丁場である。熱海市から伊東市に延びる国道一三五号線の右手、深い沢の両斜面が石丁場で、谷間近くに作業宿舎が建つ。谷に向かって南面する二つの支群をみることにする。

最深部の第一支群には、「松平宮内少石場」の標識石がある。谷間には道路が敷設されているため、標識石が建つ南斜面が範囲となる。二〇点程の矢穴石が点在するが、刻印はみあたらない。標識石は、角張った石の中央に「松平宮内少石場」その左側に二重の点描で太く大きな「ㄱ（曲尺）」の刻印、見落としがちであるが文字の右側、宮内の文字の右側に浅く小さな「L」の曲尺の反対方向の刻印が点描で施されている。中央の文字は、縦五五・二センチ、横九センチとやや大きく彫られている。刻銘の「松平宮内少」とは、池田宮内少輔忠雄を指し、慶長九年に生まれ、淡路洲本城主となり、元和元年に備前岡山藩を継いだが寛永九年に若くして没している。池田忠雄は、元和六年の東北諸侯が命じられ

図2-37　「松平宮内少石場」標識石

た公儀普請の際に、角石・平石・栗石等の献上記録があるので、本石丁場はその時に開かれたものと考えられる。

　第一支群を約二〇〇メートル程下ると、作業宿舎の南東にテラスを持つ細川家の石丁場がある。第二支群である。石量が豊富で、遺存状態も良好である。矢割した切石の大半に太く大きな「㊥」の刻印が施されている。熱海市網代の『聞間家文書』のなかに、この刻印に関する史料がある。『熱海市史』資料編六一号文書「諸用留」には、

図2-38　御石ヶ沢Ⅱ石丁場の「㊥」の刻印石

　御大名様方御
石町場
　一若宮并山洞
　　（福岡城主）黒田様御町
場
　　御石ニ(た)印
　内田由左衛門預り
　　御扶持壱人
分被下置候、
　一御林之内
鈴木沢并三左衛門町
場
　　（熊本城主）細川様御石
町場　御石に㊥印
　岡本善左衛
門預り
　　　　　　　（以下略）

とある。細川様の右隣括弧に記された熊本城主とあることから小倉城から転封された後のことを指し、細川忠利以降のものとなる。前述した『細川家文書』亥ノ年の同家の石丁場史料とも一致するのである。

　御石ヶ沢Ⅱ石丁場には、二家のほかに、「◎（右三ツ巴）・∞（輪違い）・†（クルス）」の三種類の刻印を組みあわせた大名丁場や「〒（小槌）」の刻印を施した大名丁場なども知られている。

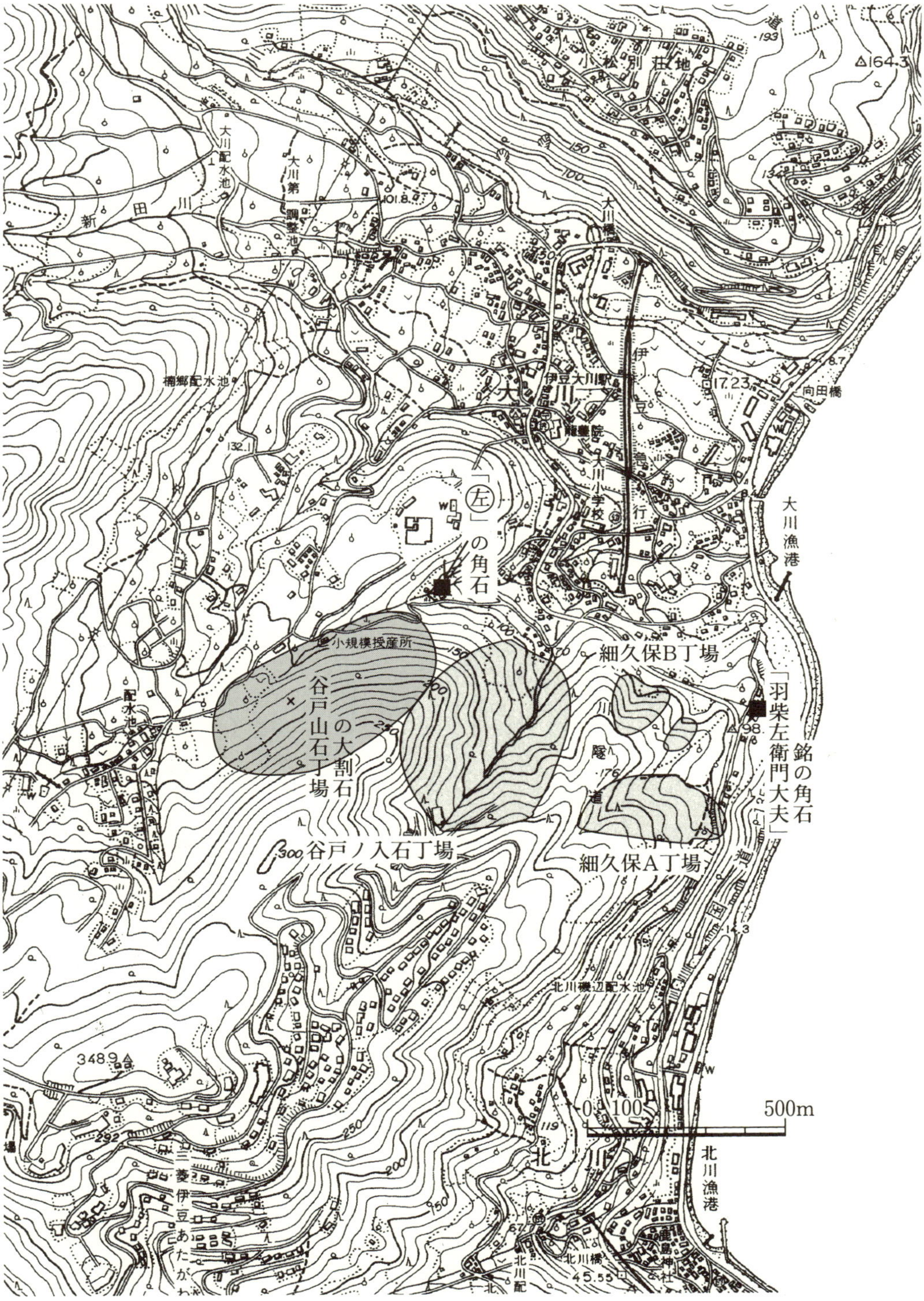

図 2-39 東伊豆町大川地区の石丁場

御石ヶ沢Ⅰ石丁場

御石ヶ沢Ⅰ石丁場の南側に位置する。谷間が深く、石量が豊富である。五~六種類の刻印がみられるが、細川家の家紋である九曜文「⁙」が他の刻印と共伴する事例があることから、この谷全域（あるいは大半）が細川家の丁場である可能性がある。この谷間でみかける刻印とは、九曜紋のほかに「⊡」・「九」・「三」・「⊙」・「⊛」がある。石丁場の様相をみることにする。沢には湧水が流れるが、左岸の方が残りが良い。国道から山道に入り、しばらくいくと谷間の平場に十数個の平石が並んでいる。矢割され、荒割のタタキ調整がみられ、各々の切石には「⊡」の刻印がみられる。矢割で生じる残滓や木端石がほとんどないことから、これらは完成品であり、修羅に積むのを待機する状態にある。沢沿いに奥に進むと右手に中型の自然石が一個ある。「⊛」の刻印が施され、周囲に目立つ石がないことから、標識石の代わりをなしているようにもみえる。さらに進むと小テラスがいくつかあり、そこには、刻印が施された矢割石が点在する。割石の大きさは、長さが一二〇~一五〇センチで平石としては十分なサイズである。分布報告書をもとに、最深部の平場を第一支群、国道側を第二支群とそのまま用いることにする。

第一支群は、沢が二つに分岐する箇所にあたり、山間にあってはかなり広いテラスがある。前述した「⊡」の切石と同様、完成品も五本、小口を揃えて並ぶ。ちなみに、この切石には刻印はみあたらない。このテラスでの作業は、分割・荒割工程である。切石の右手、テラスから緩斜面にかけて中型サイズの石が豊富に分布する。テラスでは、矢割した石が多く、それらには「三」・「⊙」・「⁙」の刻印が施されている。一石に一個の刻印を原則とするが、「三・⊙」、「⊙・⁙」の二種類が施されたものも散見する。

第二支群は、第一支群の東側、五〇メートル程の位置にあり、小テラス二つからなる。第一支群と比較すると石量は少ない。割石は一二〇~一五〇センチ程度で、矢割によって二分された状態のものもある。割石には刻印が施されており、「三」・「九」・「⊙」の三種類である。「三・⊙」もある。

これら、沢の左岸での様相は、テラスが石の加工場であると共に切石を集める場所でもあることを示唆している。さらに、刻印に数種類あるのは、中張窪石丁場の前田家が担当した丁場の刻印と同様、家臣や現場責任者の印等々からくるものと考えられる。前田家（金沢藩）の場合、「加賀藩初期の侍帳」をもとに刻印と家臣との関係を特定しようとする試みもある。例えば「ｷ（松の葉）」は本多阿波守政重のように。しかし、前田家以外の侍帳は知られておらず、家臣の特定は困難といわざるをえない。

なお、谷間の右岸では、第一支群の南側、第三支群で大角石を調整中の石に「九」の刻印が施されているが、これを除くと刻印はみあたらない。

3　東伊豆町大川の谷戸ノ入・谷戸山・細久保石丁場

東伊豆町の北部、大川漁港の西側約〇・五キロに箒木山より南東方向に延びる尾根筋の末端、三つの深い谷が入るが、その谷間に沿って石丁場が分布する。西側より、谷戸山石丁場、谷戸ノ入石丁場、細久保A・

図2-40　「羽柴左衛門大夫内」銘の角石

B石丁場の順で並ぶ。また、細久保石丁場の東には、北川から大川に向かう旧下田街道が南北に延びる。採石丁場もさることながら、地元では、二つの角石が注目されてきた。一つは、町道草崎湯ノ沢線が大川で旧下田街道と交差し、旧道が大川漁港に下る右手、道にのりあげた角石である（図2-40）。通称「ぼなき石」。角石の小口の片方に、刻銘と刻印が施されている。刻銘は、一行目は判読不能。二行目は「羽柴左衛門大夫内」とある。羽柴左衛門大夫とは、福島左衛門大夫正則を指し、江戸城普請では、慶長九・十一・十九年の助役を命じられている。広島城主四九・八万石の大大名であったが、無届で居城を改修したことから、元和五年九月改易され、信濃高井野村に追放された。この改易と角石が修羅から落下（乗りあげる）したことをかけて、後世の人が名付けたものである。刻印は、中程に「〇（丸に二ツ雁）」が施されている。地形

図2-41　谷戸山石丁場の大割石

図 2-42　谷戸ノ入石丁場の巨岩自然石群

的にみると、細久保石丁場のいずれかで切り出されたものであるが、同所で丸に二ツ雁の刻印は発見されていない。一つは、谷戸山石丁場が谷の北東斜面に開かれるが、そこで切り出され、修羅道を引いている際に誤って修羅ごと沢に落下した角石。現存し、工具痕が残らないほど丁寧に調査が施されている。小口面にはっきりと、「㊧」の刻印。「工」の部分の崩しが大きく、丸の中は「九」にもみえる。大きさが、後述する稲取栗田氏宅前の通称「畳石」に匹敵し、小口面が一三〇×一〇七センチ、控（長さ）が三一三センチを測る大型のもの。前述した「ぼなき石」が小口面一二一×一二二センチ、控二五〇センチであるのと比較すると、体積は、一・五倍以上になる。この角石から沢筋を二〇〇メートル程進むと右手にやや大型の自然石があり「㊧」の刻印。ここから谷戸山丁場の斜面を登ると斜面中腹に長さ六メートル、高さ一・九メートル、奥行一・八メートルを測る大割石。矢穴が鮮明に残り、その大きさは長さ一一センチ、深さ一四センチを測る。矢穴が大きい（図2-41）。しかし、この上端面にも矢穴が残るが小型で半分程。大割石の前方五メートルには、この大割石の片面から切り出したと考えられる調整前の角石。矢穴の大きさは、大割石で付近には割り落とした大型の矢穴石が分布。未完成の角石は、長さが三一三センチ。斜面下位には、やや大きな角石が二つ。谷戸山石丁場の大割石と三つの角石は、矢穴の大きさだけをみると慶長期となるが、切り出した角石の大きさでみると「㊧」の角石と同様、大型となる。ちなみに、大割石と三つの角石に刻印はない。整然とした大型の角石は、丸のなかを左と読み、寛永十三年の細川越中組の有馬左衛門左直純もしくは桑山左衛門佐一玄をあてる向きがある。『細川家文書』を参照すると後者となる。筆者は、角石の文字の読みの再検討、母岩と矢の大きさとの関係、矢穴の大きさによる時間軸の設定等々、資料が課題を投げかけていると感じている。ところで、後者の角石に地元で関心が高いのは、「ぼなき石」のような由来ではない。大正元（一九一二）年の豪雨で上流から土砂が押し寄せ、角石は半分以上埋没したという。しかし、角石は流されることがなく、位置を停め、その後の護岸工事で再び全容を現している。自然災害に負けることなくどっしり構え、その大きさを含め人々に感動を与えているのである。

谷戸ノ入石丁場

江戸時代の石丁場の様相を最もよく留めているうちの一つである。「[分銅紋]」の刻印が多いことから、「分銅紋の谷」とも呼ばれている。この石丁場を紙上に発表されたのは、金子浩之氏で、「伊豆石丁場遺跡の現状」（『江戸時代の生産遺跡』）が嚆矢となっている。その後、東伊豆町教育委員会から『東伊豆町の築城石』が刊行され、そのなかで大川地区に所在する谷戸山・谷戸ノ入・細久保石丁場の測量調査を行い、分布図とともに概要が報告されている。筆者も「伊豆東浦の石丁場と江戸城築城石」（『怒濤の考古学』）で発表したことがある。

石丁場の前面谷間の山道に立つと、道幅が軽トラック一台分の幅があるが、修羅道を活用していそうで感動する。

石丁場の全容を説明する前に、前述の報告書から、この谷における刻印と数量をあげることにする。「Ꝏ」一〇二個、「㊦」二個、「⁂」二個、「⊙」二個、「†」と「乚」が各一個、このほか未確認ながら「(ひ)」・「⧄」・「△」・「○」の刻印がかつて存在したという。やはり「Ꝏ」が圧倒的に多く、「分銅紋の谷」と呼ばれているわけである。しかし、この刻印は、谷間全体に満遍なく分布しているのではなく、三カ所に密集している。最大の箇所は、道路から山道に入り二五〇メートル程登ると平場があり、右手には小さな谷が入る。この平場から南側（谷奥）約二〇〇メートル、西側（斜面側）約二〇〇メートルの範囲が該当する。大型矢穴石の大半に「Ꝏ」の刻印が施されている。その数は、全体の八割以上を占める。報告書を参照すると、谷間のE—一・二、D群、斜面のK一・二、六～八、C-一、J二群となる。記号がとんでいるのは、測量調査の基準杭との関係にあるので大意はない。このほか二つの小群は、山道に入りすぐ右手六〇メートル程の斜面にあるN一〇群と山道の反対の東斜面になるR六群となる。

次に、谷戸ノ入丁場の範囲をみると、谷間では、D一群のさき、谷奥に約二五〇メートルは続く。谷間には、大型矢割石や石目があわず残された大型自然石を含め、足の踏み場がないほど石が密集する。山道に入り、五〇〇メートル程登った平場、山道筋には大型角石一個が残されている。西側の斜面上は、二〇〇メートル程続く。最上位の作業場にはテラスを設け、角石二個が置かれている（図2-43、J一群）。周囲には、割り落とされた大・中の矢穴石が分布する。ここから垂直方向に一〇メートル程登ると五〇～一〇〇トン以上の大型自然石が等高線に沿って列をなすかのような形状で続く（図2-42）。石材には不自由しない。この奥まった石丁場では、刻印はみあたらず、分銅紋を施した大名とは採石者が異なることを示唆している。矢穴の長さをみると、共に七～八センチで変化はない。山道に入り、N一〇群とE二群をはじめとする分銅紋の割石群とに狭まれた範囲も石材が豊富で、谷間には「⊙」の刻印石があるが、斜面上の石に刻印はない。

谷間に延びる山道の反対側、土砂で埋まったものがあり、石材量は東側斜面ほどではないが、山道から二五〇メートルは石丁場が続く。このなかには、開発によって移設された角石三個（V二群）も含まれる。この西側斜面では、下位のR六群の「Ꝏ」を境として、その上位で刻印をみることはない。

ここで、代表的な作業場面をみることにする。図2-44は、K七群の斜面中程のテラスである。およそ一〇メートル四方の平場を設け、山側には割石。木の幹に挟まれた矢割石の手前には、「Ꝏ」の刻印がみられるが、反対側にも刻印がある。画面中央奥の扁平な大型石も矢割によって三分割されているが、各々に分銅紋が施されている。テラス中央には

図 2-43　斜面上の小テラスに残置された二個の角石

図 2-44　斜面上の小テラスと分銅紋の割石

目立った石がなく、ここで角石を加工したものであろうか。斜面側には矢穴石が捨てられている。斜面下位にあたるK八群は、矢穴石群が折り重なり、そのなかには分銅紋の矢割石も多くみられる。遺棄ではなく、手荒い方法であるが自重を利用して落しているのであろうか。仮にそうであるならば、谷間の修羅道に運び出すのが大変である。谷間の小テラスD一群は、沢の水を利用した鍛冶場であるかもしれない。発掘すれば明らかであるが、「[分銅紋]」の刻印石がテラスの縁に三個、弧状に配置されている。K七群の刻印石を紹介したが、刻印と矢割の順位が気になるところである。図2-45は、E一-A群の谷間近くにある矢穴石である。正面に二つの分銅紋が施されている。その間に斜めの方向にヒビ割れと思える箇所に水が染み込んでいる。上面には、矢穴列が規則正しくみられ、染込口に続く。すなわち、二つの順位は、まず刻印を二つ入れ、その上で矢割によって二分しようとしたことを示唆している。この資料は、石目を見誤ったためか、矢を入れることはなかったのである。刻印としての分銅紋の大きさは、一三センチのものも含まれるがおしなべて一二センチ（四寸）で統一されている。

図2-45　分銅紋二つと矢穴列（ＥＴＡ群）

谷戸ノ入石丁場で、もう一つ注目されることがある。前述の谷間の小テラスに隣接する南側、D一群に、角石を加工する工程を知ることができる資料がある。図2-46は、自然石の表皮を割り取り、長方体状の切石にした上で、それをもとに角石を加工しようとしたものである。写真のある二列の矢穴、奥に小口面の縦方向の矢穴列に少なくとも三方向で確認することができる。矢穴列から、当初、加工しようとした角石のサイズは、小口面が四×三尺（一二〇×九〇センチ）、控えが六尺（一八〇センチ）となる。石目を誤まったものであろうか、矢が掛ることはなかった。この矢穴の大きさは、上面で七・五×三センチ、

図2-46　角石製作工程を知る矢穴例（D一群）

深さが四・五センチを測る。前述した分銅紋の石と変わらない。

そこで、本石丁場を特徴づける分銅紋の帰属が問題となる。『寛永重修諸家譜』をみると、分銅紋は、出雲松江城主堀尾家の家紋とある。他方、『藩史大辞典』では、同家の家紋を「抱みょうが」とし、他に「分銅紋」と「五三桐」を使用とある。堀尾氏の居城、松江城の石垣にもみることができるし、同家が大坂城で担当した内堀四七二八壁でもみることができる。帰属を堀尾家とみてほぼ間違いがない。同家が江戸城修築を命じられるのは、慶長十一・十九年の二回ある。さらに同家の存続に関わることとして、三代忠晴が寛永十（一六三三）年に病死すると、嗣子がいないので断絶する。したがって、分銅紋の帰属を堀尾氏とすると、寛永十年以前となる。松江城の刻印と比較すると当地のものは小型であり、矢穴の大きさも相対的に小さい。客観的な裏付けには欠けるが、慶長期までさかのぼるのには難があり、寛永期とみるのが穏当ではないかと考える。補足すると、谷戸ノ入丁場での同家の様相は、丁場の確保や採石中ではなく、切石を運搬した後とみることができる。記録に残らない献上石であろうか。

4　東伊豆町稲取の山内家石丁場と献上角石

これまで取り上げた三地区の石丁場群と比較すると、様相が異なる。良港である稲取港があり、その周辺に平地が拡がっていることから温泉地として開発が進み、石丁場もその対象地となったところも少なくない。この地区の石丁場については、前述した『東伊豆町の築城石』や小野英樹氏の「伊豆にみられる石丁場」（『怒濤の考古学』）などで紹介されている。良港と豊富な石材に恵まれていたため、『山内家史料』や『細川家文書』に記されているように、慶長期から多くの大名丁場が存在した。今日では、図2-47のように磯脇石丁場・愛宕山石丁場・向山

図2-47　東伊豆町稲取地区の石丁場と土佐藩角石

図２−48　「進上　松平土左守」角石（栗田家前）

石丁場・本林石丁場など限られたところでしか知られていない。筆者は、この地区の最大の特徴は、寛永五（一六二八）年、山内土佐守忠義が翌年の公儀普請に備え、献上しようとした角石が稲取港周辺に当時の位置で現存することにあると考える。そこで、献上目録と角石の両者を中心として述べることにする。『山内家史料』には、

寛永五戊辰　来年就御普請　以御目録　御石并御材木於江府被差上
度旨　十二月十六日土井大炊頭殿江御書を以被仰込
　本数　五百五拾本　但寸尺不知
　角石　弐拾
　平石　三百　　　但三尺四尺
右之石ハ従㆓先年㆒為㆓御用意㆒伊豆稲取ニ御取置今度御献上也為御奉
行渡邊半左衛門并御歩行之者被㆑遣㆑之
翌寛永六年彼地より江戸へ船ニ而運送右之餘ハ松平隠岐守君同越中
守君同肥前守君江被㆑進㆑之此御三人江今度御普請就被仰付也

とある。寛永六年の江戸城普請は、築方を東国大名、寄方を譜代大名が命じられる。土佐藩では逸速く献上目録を提出し、廻漕を手配すると共に、同藩の石丁場内の余石を丁場ごと松平定信・細川忠利・前田利常の三家に譲るというものである。

献上の背景を探ると二つある。一つは、寛永六年の公儀普請では、西国大名が助役を免れたように思われがちであるが、そうではない。『山内家史料』をみると、西国大名には、伊豆・相模から石の運送を命じたことがわかる。土佐藩では、寛永六年一月、樋口関大夫に石船三五艘を手配させるよう命じると共に、その旨を下田の船手奉行に伝える。さら

に、献上石の件で渡邊半左衛門を稲取の石場へ派遣する。その部分の史料を抜粋すると、

……寛永六己巳年伊豆御石江公儀就二御用一忠義公より船三拾壹艘樋口関大夫支配正月四日甲浦出船舊冬御手船ニ艘廻ニ艘着船伊豆御船手之御奉行衆

向井将監殿　石川八左衛門殿

今村傳助殿　向井五郎八殿

右之衆江被仰遣都合三拾五艘参候内関大夫海上乗技一番至伊豆着船依之御急之石早速運送有之通右御奉行衆より御老中江茂被仰入由也。伊豆稲取石場江御國より渡邊半左衛門派遣置之　（以下略）

とあり、土佐藩が石船三五艘を担当していることがわかる。土佐藩の財政は、困窮していた。土佐藩に限らず、江戸城・名古屋城・大坂城をはじめとする度重なる公儀普請で各藩の財政が逼迫していたのである。土佐藩では、借銀も多く（元和年間に二〇〇〇貫目）これを打開するために、財政負担の大きい寄方を、国元の豊富な木材と切石の献上で乗り切ろうとしたと考えられるのである。切り出した石の一部は、江戸に廻漕したと思われるが、それに続く角石が現地に取り残されたということになる。具体的に、この時切り出し、稲取に現存する角石を集成したのが表2-18である。稲取には、伊豆稲取駅前や東伊豆町役場前に移設された角石がある。それらは、土佐藩が切り出した角石とは特定できないので、表からは除いた。図2-47の石丁場の分布と照会しながら特徴を述べることにする。一つは、七個の角石のうち六個に「進上　松平土左守」の文字が刻されている。これは、「土佐守」ではなく「左」の文字が用いられているのが特徴で、前述した塚原向坂と久野（表2-14-1・2）の境界石も同様である。この理由について、『東伊豆町の築城石』では、『山内家史料』を引用して、「土左守」に人篇がないのは朝廷から官職を宣旨された時、書付に「土左守」と記されていたことから、一代に限り使用したと説明している。この「土左守」の文字が使用されていることで、寛永五年の献上目録に載る角石と特定することができるのである。補足すると、全てが小口面に小振りに刻されている。一つは、七個のうち唯一、吉祥寺境内の角石に家紋の「三ツ柏」の一

表2-18　稲取周辺に残された土佐藩角石

地図上の番号	石丁場名	刻銘・刻印	法量（cm）		備　考
			小口面（縦×横）	控（長さ）	
a	磯脇（E3）	「進上　松平土左守」	128×126	264	近くに「越前」標識石
b	向（E2－1）	「御進上　松平土左守／十内」	135×128	307	栗田氏宅前
c	向（E2－2）	「進上　松平土左守」	123×105	300	栗田氏宅前
d	愛宕山A2石丁場	「進上　松平土左守」	100×100	（150＋50）	近くに「中」の自然石
e	吉祥寺（F1）	「」（柏の一葉）	110×100	246	吉祥寺境内
f	八幡神社（F2－1）	「進上　松平土左守」	112×100	246	八幡神社境内、移設）
g	十王堂（F3－1）	「進上　松平土左守」	—	—	役場南角に移設

※『東伊豆の築城石』では、e～gを田町F丁場と呼称

葉の刻印が施されていることである。境内裏手の墓地には割石があり、いずれも「〓・〓・井」の三種類の刻印が認められる。角石がこの周辺で切り出されたものであることは間違いない。この角石に限り、刻銘にしなかったのは謎である。一つは、角石の位置から、原位置を保っているのは、f・gを除く五個となる。そのうち、a・dは、同家の石丁場内にあり、そこで調整された完成品である。dの場合、大型自然石に熱海市中張窪石丁場と同様「〓」の刻印があることから、史料に載る前田家に譲った石丁場であることがわかる。b・cは、稲取港の目前にあり、船積みを待つ状態にある。gは、役場前に移設されたが、かつて道路を隔てた古石垣の根石として埋もれていたということなので、b・cと同様とみることができる。一つは、bの角石が一際大きく、刻字も多いことである。文字は、「進上」の上に「御」を付け「御進上」とし、左側には「十内」が加わる。一〇個のうちの代表する一個であることを示唆している。前述した目録には「角石　弐拾」とあることから一〇個宛切り出し、廻漕しようとしたものと考えられる。栗田氏宅前に二つ並ぶ角石は、圧巻である（図2-48）。

なお、山内家には、慶長・元和期と稲取で採石した記録が『山内家史料』にある。慶長期のものを紹介すると、

二月上旬江戸城修築助役ノタメ公親ラ參府シ石材ヲ伊豆國稲取ニ於テ採取シ城壁ヲ築ク

〔御記録〕○公儀御普請従御家御勤　慶長十一丙午年江戸御城為二御普請一石垣分七百間高ニト二間或十三間在レ之康豊公忠公之義御事を始諸大名衆拾五人ニ被レ仰二付之一是康豊公御家督始而御役儀也二月上旬何茂江戸江御越関東御大名方ハ去年将軍秀忠様御上洛之依レ為二供奉一今年御普請御故免但為二御留主居一上京無レ之御衆ハ千石夫ニ壹人宛之人夫彼レ差二出之一是を千石夫と申なり御家来ハ石為二運送一伊豆稲取江被レ指二遣之一依レ之従二御家一深尾和泉重良山内掃部豊成豊之御字被レ遣レ之其外中老御物頭馬廻並御普請奉行木部茂兵衛山田久兵衛御普請横目由比五左衛門江戸ニ相詰百百越前其外侍數輩石為二運送一伊豆稲取江罷越康豊公御丁場坪数二百十七坪五尺但壹万石ニ付十坪四尺五寸宛成就也

とある。山内家が慶長十一年の普請で二一七坪五尺の石垣を受け持ち、その石を稲取で百々越前らによって採石し、廻漕したというものである。今日では、石丁場内の開発が進み、石量が僅少で目立つことはない。しかし、山内家が慶長から寛永期までは、この地区の石丁場に限定し採石しても十分の量があり、さらに三家に譲るほど石丁場が豊かであったことを看取することができるのである。

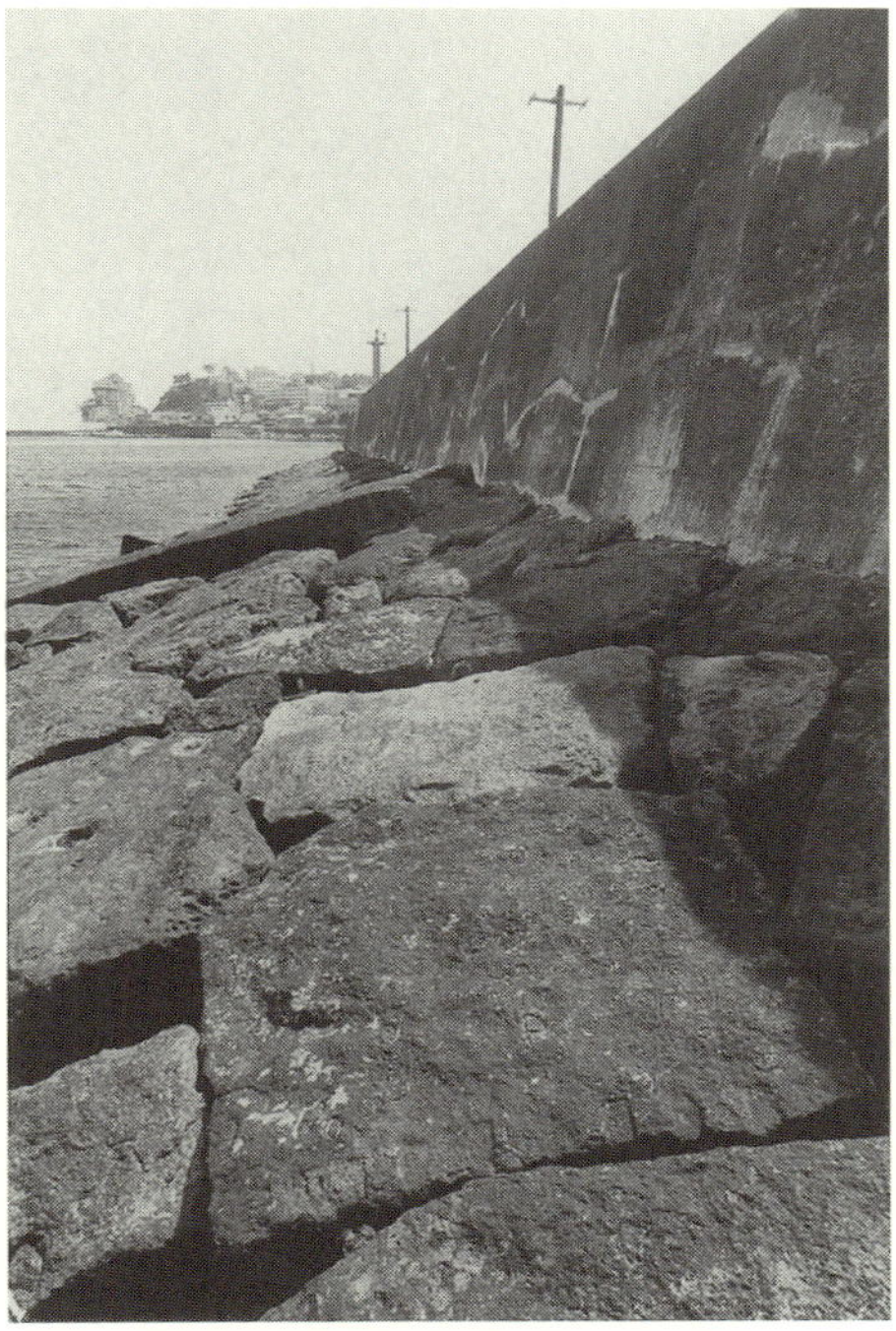

図2-49　稲取港岩壁の矢穴石

補足すると、土佐藩では、稲取で円滑に採石作業を進めるために、以下の就労規則を定めている。

今度伊豆へ遣法度之覺

一在々百姓町人又者宿之亭主等、たいし非分申懸相論仕出候者不レ論レ理此方之者成敗可レ仕事

一普請所尓て小屋道具普請道具薪以下猥剪取申まじく候但共處之代官庄屋ニ相理和談之上尓て者可レ為二各別一事

一役之者普請未進仕候者為二過銭一壹人ニ銀子五匁宛其日中ニ可二召置一事

一今度遣候侍共並横目之者共申付候義普請之者如在仕候誰々者ニよらす成敗可二申付一事

一侍共他家中之者共ニ知音在レ之候とてつきあひ咄候事可レ令二停止一候並晝夜無二由断一普請場へ罷出精を出可二申付一候事

右條々を相背諸事緩々於二申付一者可レ為二曲言一者也

これと同様の就業規則の法度は、諸藩においても出されている。地元との摩擦を避け、他方では、各藩から採石就業者が伊豆・相模に集う。問題を未然に防ぐためのものといえる。

5　石丁場における刻印

すでに、瘤木・中張窪石丁場から谷戸ノ入石丁場を述べるなかで石丁場内の石に刻まれた刻印について触れた。それらは、境界石の代用であったり、運搬をまつ切石であったり、おそらく築石に使うであろう割石など多岐にわたる。この刻印は、大名家の家紋や馬印など帰属が明らかなものもあるが、大半が家臣や石工責任者などの判然としないものである。今日、刻印の帰属を求めるには、大坂城石垣で寛永元・五年に修築された石垣刻印がよく用いられている。そこでは、築石に施された刻印が多く、丁場割がしっかり残り、石垣を積む際に丁場関係者によって刻印が施されたものと理解されているからである。その成果を相模・伊豆の石丁場にも応用しようと考えるわけである。江戸城の場合、慶長期から大規模の公儀普請が行われ、大量の築石が用いられている。したがって、時間軸がさかのぼる分は、帰属を確定するのにもう一工夫が必要となる。他方では、石丁場内に刻印が施されていない石も多く、この点の解決も求められている。

北垣總一郎氏は、「近世城郭における石垣符号の一考察」（『城』第七二号）で、毛利秀就が定めた「伊豆への御ケ条」のなかに、刻印に関する条文があることを紹介し、採石地における刻印の目的について説いている。論文で用いた毛利秀就の法度をみると、

条々

一、石場　相定候はゞ　こやかけ申付べき事

一、普請の儀　朝夕六つ時分を限に仕るべき事

一、右の大小により　のみ穴数を相定候て　一日別請切にあて候て申しつけべき事付、石の数定め候儀　日々よこ目のものと相談候て数をも相定の其辻を以て未進過上の沙汰仕るべき事

一、毎日人数究めの儀　よこ目のもの仕るべく由申聞候事

一、普請道具の儀　我物入らずにむざとそこなひ又は取ちらし候はぬやうにさくまひ頭々として手堅選作仕るべく候　今度の儀は

三百人の高辻にて候間　いつも大組の者共三、四百人の間にて
入候積　これ在こと候間
追て聞合指引の讃談申付べき候　自然大組の道具よりも人増
やうに候はば為以来之候条増分之儀はかしら　かしらの弁に
申付べき事

一、今度上せ候三百人のもの三人のかしらに百人宛爰元より組付候
諸掟又さきの普請の手廻をも申付　道具已下をも三つに仕分け
手前えせんさく仕やうに申付べし

一、仕出候石にも三人之もの共　手前切に相しるしを仕るべく候
来年かしら奉行遣候もの石之善悪見つけ候てせんさく仕るべく
ために候事

右之条々之旨を以て下々手堅申付べく候　此上相背輩もの候
はゞ帰国の上を以聞届け曲ことに申付べく候也

慶長拾七年七月廿四日

木原左近允殿
児玉平右衛門尉殿
松田九兵衛殿

となる。七カ条からなる法度のうち、刻印に関するものは、最後の二条である。史料では、毛利家が慶長十九年の公儀普請に備え、採石のため三〇〇人を伊豆に派遣し、一〇〇人宛、木原左近允以下三人の奉行を付け、各々奉行のもとで切り出す石に「相しるし（刻印）」を付けるとある。その上で、翌年、総奉行を派遣し、切り出された刻印石から石の善悪を検査するというのである。三人の奉行がいることから、少なくとも三種類の刻印があるはずで、この時点での刻印の目的は、良質な切石を江戸に送るため、自藩内で競わせ、その判断材料の印ということになる。日付が慶長十七年となっているので、慶長九・十一年の助役の時も、おそらく同じと考えられる。

他藩の場合、残念ながら比較する史料を筆者は知らない。慶長十九年の公儀普請では、助役を命じられた大名が表2-4のように急増する。それとは別に献上石を目的とした大名もいる。実に多くの大名・藩が伊豆・相模の石丁場に入ることになる。海岸近くの検収所には、莫大な数の切石が集まったであろう。各藩では、トラブルを未然に防ぐため、刻印が自然発生的に拡大したものと考えられる。

なお、「伊豆への御ケ条」の全てを紹介したのは、石の大小と矢穴数との関係、よこ目（横目）のもの＝石工棟梁（監督者）が石目や状況判断などを任せるなどの興味深い条項があるので載せたものである。

本書では、筆者の力量不足から、伊豆・相模の大名丁場と刻印との因果関係を明らかにすることができないが、近年、東伊豆町教育委員会『東伊豆町の築城石』、伊東市教育委員会『静岡県伊東市　伊豆石丁場遺跡確認調査報告書』、熱海市教育委員会『熱海市内伊豆石丁場遺跡確認調査報告書』など各自治体が主体となって石丁場を記録する動きがある。石丁場を精査し、大坂城石垣や関連する採石丁場をはじめとする他の城や地域と比較検討することで、刻印の帰属が次第に明らかになるものと考える。

6　伊豆半島南端の凝灰岩質砂岩採石場

伊豆東浦での築城石石丁場の南端は、河津町見高である。同町内には、この石丁場以上に有名な採石場がある。通称「澤田石」で建築材に用いられる凝灰岩である。第九章でも述べるが宮城造営にも用いられている。かつて、故・五十嵐俊雄氏らと相模・伊豆の石材産地と採石丁場を踏査したことがある。澤田石の採石場は、山の斜面裾部にあり、すでに閉山し、扉に錠が掛けられていた。入口の形状から、横穴状の採石坑であることが予想できた。開口部から少し離れた道沿いには、板状の切石が積まれていた。

同じ凝灰岩（凝灰岩質砂岩）であるが石質が少し異なり、主に土木用として用いられる石材に、通称「下田石」がある。この石は、下田から南伊豆町青野川流域、妻浪、蓮台寺から松崎に至る伊豆半島南部に分布する。石材が墓碑や品川台場などに用いられていることは、あまり知られていない。

南伊豆町下賀茂に在住する菰田忠喜氏が所有する凝灰岩の採石坑をみることにする。崖の斜面を利用して三基の採石坑が現存する。菰田氏によると、①曾祖父の代にあたる明治初年以降、採石を行っていないこと、②採掘坑内の地下水を吸み上げる管の敷設以外は当時の状態にあること、③三基のうち最大規模の採掘坑を戦時中、陸軍の貯蔵施設として使用されたこと、④採掘坑の隣、谷戸の奥まった位置に寺が存在したとのことである。最大規模の採掘坑は、ご自宅の裏手約一・五メートル程登った二つの開口部。なかで連結するが、左側の入口が大きく二メートル四方程。なかに入り、一・二メートル程下ると二手に坑が分岐する。

図2-50　凝灰岩採掘坑の天井部工具痕

図２－51　凝灰岩採掘坑の現況

正面側が最初の坑で、幅は五メートル以上。緩やかに傾斜するが、斜中で急激に降下する。地下水がたまり、優に四メートル以上の深さがある。奥壁はみえるが底はみえず、右手は、もう一つの小さな縦坑と連結する。左手は、幅が広く高さのある縦坑が一本。そこから樹支状に三本の坑が延びる。図２－50は、左手奥に延びる採掘坑から、正面の坑をみた写真である。右手が入口で、すでに内部に入った状態。左手隅の壁が縦坑と左手に延びる坑との境界。右隣が急降下する縦坑の奥となる。坑

図２－52　奥壁に残された採石痕

内は整然としており、地下水を吸み上げる管以外は何も見当たらない。天井を見上げると、工具痕が見事に残る。入口からのわずかばかりの自然光がライティングの役割を果たし、工具痕を一層、際立たせる。採掘坑のあまりにも規模が大きいことに圧倒され、江戸時代後期から幕末にかけてのものとは信じ難い。採掘坑に登る手前の平坦地には、切出された板状の石が五〇本余、積み重ねてある。

谷戸の最新部に位置する採掘坑は、前述の坑と比較すると規模が小さいが、採掘時の様相をよくとどめている。開口部は、幅約一メートル、高さ約一・五メートル。なかに入り、三メートル程で幅を急激に増し約四メートル。奥壁まで約二〇メートル。この縦坑は、坑内で壁によって二分され、開口部側と奥壁側、さらに中程で合流する。天井の落盤を考慮して、中央の壁が支柱の役割をしているように思われる。図2-51は、奥壁側から開口部側をみた写真である。画面左手の側壁が工具痕を留め、整然としているのに対して、画面右手の縦坑を二分する中央の壁は雑然としている。床は平坦ではなく、直方体状の切石や割石、石屑等々が雑然と堆積している。側面の左右には、各一木宛で横方向にも採掘坑が入る。左手の横坑はやや長く、床が三段の高さをつけて掘り進んでいる。採石方法を知る手掛りが、奥壁上位にその痕跡を留めている。奥壁寄は地下水が溜り近づくことができないが、およそ一メートル程の枠のなかに二本の縦位の線を引き、その線に沿って五〜一〇センチの幅の窪みを入れている（図2-52）。この枠内の一区画が、坑内に残されている直方体状の切石と平面形がほぼ同じとなる。すなわち、奥行は掘られていないが、いわば割付線の役割を果たしているものと考えられる。

ここで紹介したのは、二基の採掘坑であるが、南伊豆町に限ってみると、採掘坑や採掘跡が点在するという。この地域での凝灰岩の採石開始時期が気になるところである。有力な説として、江戸時代後期の寛政年間頃という見解がある。平山喜代一氏は、南伊豆町下流《したる》地区の古文書と宜宝山石丁場での採石に関する聞き書きから、高橋廣明氏は、下田市周辺での石材史料をその根拠としている。また、金子浩之氏は、考古学の視点から伊東市八幡宮来宮神社の発掘調査をもとに詳細な分析を重ね導いている。寛政年間頃と限定するには、史料の精査を必要とするが、十八世紀後半から十九世紀初頭とすることで大過なかろう。

六　江戸城石垣の刻銘・刻印

『城郭史研究』第二七号の「狭間まどから」に、城郭関係図書に添付されている読書アンケートに関する記述がある。それによると、五〜六割以上の人が「石垣」と回答しているという。石垣の雄大さや匠の技に魅了されているわけである。さらに、符号が刻まれている築石を発見すると、何かの暗号のようにもみえ、どことなく得をした気分になる人もいるかも知れない。筆者の場合、石丁場に残されている採石の景観とその石丁場の帰属を明らかにするために刻印石の収集に奔走し、石垣そのものの刻印を目的をもってみるようになったのは、かなり時間が経過してからのことである。江戸開府四〇〇年が過ぎた平成二十二年八月七日の読売新聞朝刊に、宮内庁発表として「加藤肥後守内」ほか一〇名以上の刻銘石の存在が明らかになったと報道されると、再び江戸城石垣に視線が向けられるようになった。

築石に名が刻まれていることへの関心は、今にはじまったことではない。幕末安政年間、名古屋城の天守・御殿など諸施設に関する書物が尾張藩家臣の奥村得義によって著されている。『金城温古録』の名で広く知られている。そのなかに角石に大名名が刻まれていることが紹介されている。一例として「第十四之冊　御天守編之六」でみると、大天守に連結する小天守の東壁天端の角石に一ノ石銘として「加藤肥後守／内新美八左衛門」、同・南西隅には二ノ石銘（上位）・三ノ石銘として各々「加藤肥後守／内南条元宅」・「加藤肥後守内／新美八左衛門」とある。さらに大天守石垣の南面辰巳隅には刻印が加わり「加藤肥後守内／㊥／小野弥□兵衛」、南面未申隅に「加藤肥後守内／中川太郎□」、北面丑寅隅に「加藤肥後守／内小代下総」の三つの刻銘石を載せている。これらは、いずれも角石の控部分に刻されており、かつ位置も明記されている。ちなみに、名古屋城の場合、公儀普請の丁場割図が伝わり、大天守・小天守とも加藤清正が担当している。つまり、刻銘と丁場割とが一致することになる。著者の奥村得義はそのことを知っていたはずである。

宮内庁管理部による新資料の提供　さきに新聞で刻銘石の紹介をしたが、宮内庁管理部からそれに関する正式な報告書が刊行されている。それは『江戸城跡　皇居山里内石垣修復工事報告書』に所収されている。刻名を中心として、地図で位置を確認しながら特徴を記すことにする。

・乾櫓下西隅角「加藤肥後守内」（図2-53-1）

西面する角石の小口面、水面上三石目の位置にあり、加えて漢数字の「十」もある。そのため、この角石には「加藤肥後守内／十」と刻まれていることになる。刻銘と漢数字とは関係がなく、漢数字は石垣を積む際に刻まれたものである。刻銘がある西面の角石には、水面上の「八」から「十三」・「†（十四を示す）」と一石に漢数字一個を重ねている。十五となるところで九〇度向きを変え、北面する角石に「十五」から「十九」まで順次続く。この漢数字は、石垣の積む順位を示しており、水面下には七石の角石があることになる。「十九」の上には六石あり、全部で二五石の高石垣であることがわかる。「二〇」以上の数字がないのは、拙著『江戸・東京の大地震』で紹介したが、関東大地震による崩落のためと考えられる。漢数字が続く西・北の二面には刻印が多く、種類も多い。報告書では、加藤清正が積んだ石垣と解釈しているが、それは誤りで、ここでの刻銘・刻印は、採石した大名を指すもので、築方ではない。

・山里門脇「肥後守／内／吉村□左衛門」銘の築石（図2-53-2）

山里門は、寛永六（一六二九）年に松平（池田）宮内少輔忠雄によって修築されている。官途名が異なることから、池田忠雄とは無縁である。

・富士見櫓西面の「百々越前」銘の築石（図2-53-3）

富士見櫓下の石垣には多くの刻印がみられる。そのうちの平築石の一つに「百々越前／㊁」の刻印石があるという。「百々越前」については、標識石や伊豆稲取の項で述べたが山内家家臣で慶長十一年の助役で伊豆に派遣された百々越前安行のことである。「㊁」の刻印は、山内家の替紋ともいわれ、高知城や百々越前屋敷跡からも発見されて

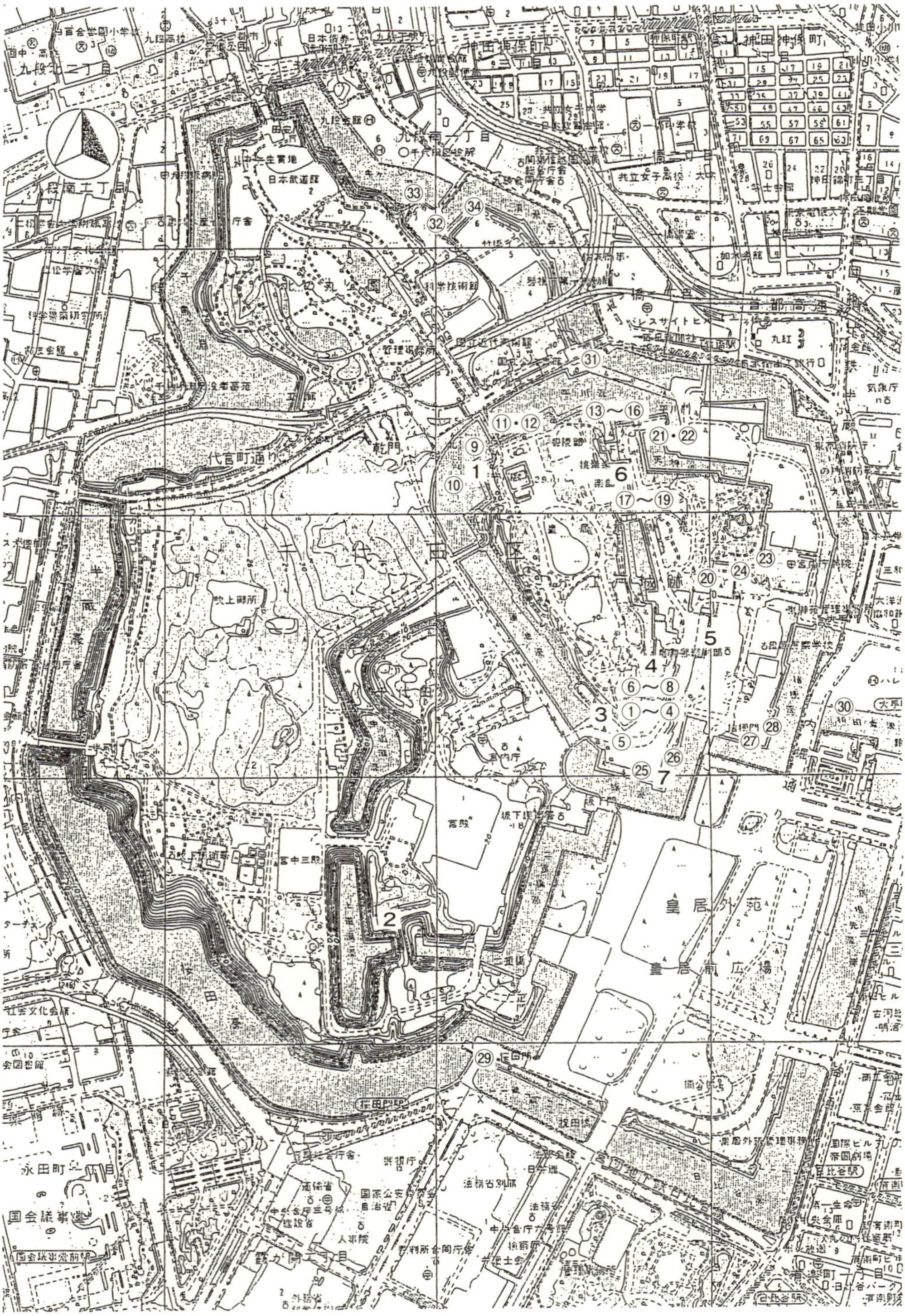

図 2 -53　新発見の江戸城刻銘石の位置と石垣刻印調査

いる。

・「羽三左」の刻銘石（図2-53-4）

この刻銘石は、二個確認されている。いずれも平築石に施されており、一つは書院前櫓下、一つは書院出櫓の新門側。「羽三佐」とは、羽柴（池田）三左衛門輝政を指し、慶長九・十一年の助役を命じられている。同家では、慶長十九年の公儀普請以降、家督を利隆に譲り、官途名が武蔵守と変わるので、この刻銘から時間軸を特定することができる。

・旧百人櫓角石の三家四個の刻銘名（図2-53-5）

大正九（一九二〇）年、「宮城桔梗門及三ノ丸湟池埋築工事」として、桔梗門（内桜田門）から下乗門間の石垣撤去の際に、百人櫓石垣の角石から発見されたものである。七石目から一〇石目の控の部分に施され、七・八石目の両石に「松平左衛門督」、九石目に「羽柴左衛門大夫」、一〇石目に「松平武蔵守」とある。「松平左衛門督」とは池田左衛門督忠継、「羽柴左衛門大夫」とは福島左衛門大夫正則、「松平武蔵守」とは池田武蔵守利隆を指すもので、三家に共通する助役は、表2-4に示した慶長十九年である。注目されるのは、同じ櫓台の石垣に三家の刻銘が入った角石が用いられていることにある。これは、寄方と築方が異なることを示唆している。

・「羽柴越中守」刻銘石（図2-53-6）

汐見坂と梅林坂間の高石垣、梅板坂側角石上部八石目にあたる。羽柴越中守とは、細川越中守忠興を指し、慶長九・十一・十九年の助役を命じられている。しかし、同所の高石垣は、明暦大火後の万治度の

図2-54　蓮池巽台石垣刻銘石

図2-55　蓮池巽櫓の「卍」の角石

修築で積まれたもので、採石当時のものではない。幕府が貯石していたものが利用されたのである。

・蓮池櫓台角石の三点の蜂須賀阿波守刻銘石（図2-53-7）

蓮池櫓台角石には、大型の「卍」の刻印があり、刻銘石の存在については、筆者も野中和夫編『石垣が語る江戸城』のなかで報告したことがあるが、濠を隔てることもあり、判然とはしなかった（図2-53）。

報告書では、東面する石垣の南側角石に二個、北側角石に一個確認されたとある。いずれも角石の控の部分となる。南側では、天端石から数えて四石目と一〇石目にある。四石目は二行あり、「者《は》ちすかあ王《わ》守内」とあり、右側の一行は判読できず。一〇石目も二行あり「ちす□□は守内／小南□□□」と報告されている。後者は、図2-54にあたる。二つの刻名とも大名名の刻字が浅く、牛込門の「入阿波守門」の角石とは大きく異なる。北側では、天端石から三石目となる。「卍」の刻印もあり、「卍／者《は》ちす」と確認することができるという。蓮池巽櫓における「卍」の刻印は、大きく深い。図2-55は、同所南壁の刻印であるが、刻銘とは大分異なる。謎の一つでもある。ちなみに、蛤濠に面するこの石垣は、慶長十九年の修築と考えられる。さきに旧百人櫓角石の刻銘石を紹介したが、それと同時期のものである。

宮内庁管理部によって報告されたこれら資料は、江戸城の石垣を研究する上で、刻銘と刻印との関係、時間軸にみる寄手と築手の関係などの解明に一石を投じている。筆者は、梅林坂寄の「羽柴越中守」銘を除く本丸周辺の刻銘石について、慶長期を中心とする寄方の大名が石丁場で刻み、慶長・元和期の築方ではそれら文字とは無関係に一石として積んだものと考える。この点については、刻印の分布や帰属などを交えて後述することにする。

石垣と刻印　石垣に刻まれている刻印の調査のうち公儀普請の城としては、大坂城・駿府城・名古屋・篠山城・明石城などが対象となり、多くの成果がもたらされてきた。なかでも、大坂城での研究は、目覚ましいものがある。佐藤佐《たすく》氏が嚆矢となるが、昭和三十四（一九五九）年、文化財保護委員会・大阪市教育委員会・大阪読売新聞社の三者によって、大坂城総合学術調査団が結成され、そのなかで大坂城石垣刻印調査が大規模に行われることとなった。正式報告書は刊行されていないが、村川行弘氏は、『大坂城の謎』のなかで、徳川期大坂城修築となる元和六年、寛永元年、同五年の三回の公儀普請による助役大名の丁場割と石垣刻印とが一致すると発表された。これまで判然としなかった刻印とその帰属となる大名・藩との関係がようやく明らかになったのである。藤井重夫氏は、「大坂城石垣符号について」（『大坂城の諸研究』）のなかで石垣刻印を詳細に分析され、割普請はもとより、本来担当丁場にない刻印石が散見することから、石の融通という新たな見解を発表された。また、同氏を中心とする築城史研究会が、従来の大坂城刻印調査では、①刻印の原位置がわからないこと、②刻印の見間違いがかなりあり不十分であることなどが指摘され、新たに石垣の個々の石を図上に記し、その上で刻印を書き込むという大変、根気と時間を要する作業に取り組んだ。その成果は、『大坂城　石垣調査報告書㈡』として出版された。この報告書に所収されているのは、南外堀（玉造西周辺部中心）、内堀（桜門東空堀）、東外堀（玉造口東周辺中心）の二六壁で、前述した村川氏の『大坂城の謎』に報告された石壁ごとの刻印調査とも照会できる配慮がされている。これによって、寛永元年・同五年の大名丁場と刻印との関係が一目瞭然となり、村川氏の成果をさらに推し進めると共に、公儀普請の城の刻印研究の指針を与えている。

江戸城の刻印に関する研究は、他城と比較すると最も遅れている。それは、中心となる部分が皇居や皇居東御苑内にあり立入制限があること、外濠の取り崩し・埋め戻し・河川改修などで調査が困難であることなどが要因となっている。それは、仕方のないところでもある。

筆者は、相模・伊豆の石丁場刻印石と江戸城石垣刻印との関係を明らかにすることを目的として『石垣が語る江戸城』のなかで、目視による調査成果の一端を紹介した。この手法は、藤井氏の研究を引用するまでもなく、曖昧で、種類と数量の把握には不十分であることは重々、承知している。

近年、宮内庁管理部から、従来、不可能と思われてきた石垣刻印に関する調査報告書が相次いで刊行された。『江戸城跡　皇居山里内石垣修復工事報告書』（二〇〇九）、『特別史跡　江戸城跡　皇居桔梗濠沿石垣修復報告書』（二〇一三）である。これら報告書には、天守台の北西・乾櫓下の二面、富士見櫓下の二面、桜田巽櫓と大手門間の一面の五面の石垣について、築石と刻印との関係を図上で明記している。さらに、後者の調査では、石垣の解体修復となったことから、石垣間に挟まれた目視できない部分も可能となり、結果として九〇五個の築石中、約三〇〇個で刻印を確認することができたと報告している。刻印の目的を研究する上で、注目される報告である。

本書では、筆者の既存発表資料に、これら新資料を加え、江戸城刻印の特徴について指摘するものである。なお、順序は逆になるが、主要な刻印の帰属については後述する。

表2-19の位置の項のなかで①～㉒が、寛永十二年の二の丸拡張以前の本丸・二の丸の位置となる。このうち、⑮～⑲を除くと、いずれも慶長期に修築されたものである。史料をみると、唯一、①～③の富士見櫓下が慶長十一年で、他は慶長十九年となる。両者をあわせ、慶長期の特徴を指摘する。一は、刻印の種類と数量が多いことである。一つの石壁に限定してみると、①・②・⑨・㉕・㉖など特定の刻印が多いところもある。しかし、それは偶然によるもので、石置場から丁場に運搬した平築石に多くみられただけで、築手を示唆するものではないのである。筆者は、かつて富士見櫓下で「」の刻印が多いことから、加藤清正と共に同所を担当した浅野幸長の丁場割の可能性を述べた。しかし、同所には「百々越前、」など他藩の刻印が含まれており、また、加藤家と区別するものがなく、見識不足を認めざるを得ない。この期の顕著となるのが、表2-19にはないが、前述した百人櫓角石にみられる三家の大名の刻銘石といえる。これら資料は、刻印を施した寄方と、その石を用いた築方とは異なることを示唆していることになる。一は、刻銘とは直接関係がない例外的な資料として、乾櫓下隅の漢数字をあげることができる。「八」から「一九」までの石目は、石垣を築く上での順番を明示するもので築手が施したものと断定できる。一は、本丸周辺の石垣のう

表 2 -19　江戸城石垣刻印観察一覧

位　置		刻印の種類・数	刻印石の点数	石垣修築時期	備　考
富士見櫓及隣接石垣	東南壁 ①	・⊛（結三輪）40以上。△11、⊖9、⊙（蛇ノ目）5、⊜3、⊕（丸に十字）3、回（釘抜）3、○	75以上	慶長11年	・刻印調査報告書有 富士見櫓直下を除く北側は刻印無
	西南壁直下 ②	⊛（結三輪）35以上、△18、⊙（蛇ノ目）9、⊖6、○6、回（釘抜）2、ᨏ（雁）2、一 2、⌓（扇）、#	92以上	同上	・刻印調査報告書有
	南壁中央 ③	⊛（結三輪）20以上、○16、△7、冃3、#3、⊜2、⊖2、Ⓢ、幵、⊕（丸に十）	57以上	同上	・同上 ※「百々越前、⊜」刻印
	南西 ④	⊖5、⊖5、△5	15	同上	・同上
	蓮池濠東端 ⑤	⊛（結三輪）4、⊙（蛇ノ目）4、△3、⊖2、⊖、Ⓢ	14	慶長11・19年か	旧蓮池濠東端の石垣3面
	下埋門右手 ⑥	⊙（蛇ノ目）、㊈（丸に九）、⊶、○、×	5	慶長19年	
	⑦	▭2、▱	3		
	⑧	⊛（結三輪）、⊖、⊖、Ⓨ、#、「回、十」、一、○	8		
乾櫓下	乾櫓下北西 ⑨	「仐、三」・「「仐、九」・「「仐、二」・「「仐、山」多。 ◎ 多、「「冂、「◇」、「○、◇」、「宀、は」。 「㊅、#」、宀（木槌）、㊥（丸に中）、㊅（右三ツ巴）、㊅、⊕、⊲、ほか	刻印多	慶長19年	・刻印調査報告書有 ※「加藤肥後守内」角石、石目漢数字
	乾櫓下西壁 ⑩	「仐、七」、「仐、三」、「仐、山」、「大、大」「△、◇」、「ψ、7」、「冂、⊜」、◎、△、⊜、ψ、‡など	刻印多	慶長19年	・刻印調査報告書有 ※石目漢数字
北桔橋門前	北西壁・右手⑪	㊅（丸に右巴）6、⊝3、㊥（丸に中3）、⊕、ひ4、ⓒ、⊜、ㄱ、#、⊚、フ、kd、ʃ、○、□、×、「□、フ」、「㊅、Δ」、「#、⊜」、「#、ぱ」、「#、□」、「⊜・フ」	33以上	慶長19年	角石に㊅の刻印
	北西壁・左手⑫	⊜2、⊜、㊅、㊅、ʅ、#、井、×、「△、○」、○、#、不明」	12	同上	西壁に比べ刻印少
梅林坂枡形及続	梅林坂枡形北壁 ⑬	卍（まんじ）5、†（クルス）3、◈3、△3、⊝、⊙、⊙、↾、⊡、ஃ（三ツ星）、◈、ま、ß、⌓（扇）、⊠、田、日、日、⊖、「ヱ、三」、「⊙、ㄱ」2、「□、ஃ」	36	慶長19年	明暦大火・元禄大地震で解体・復元
	梅林坂続東壁⑭	卍（まんじ）7、†（クルス）4、⌓（扇）2、8 2、上、ㄲ、J、F、///、一、ǂ、ǂ、♪、⊙、Ⓢ、⌓（扇）、□ 2、⊡、⊡、田、㐅、⊖、⊕、⊝、⊖、⊗、⊙、Φ、⊖、◈、◈、F、⊃、ㄱ、△、◇、X、+、「L、⊙」、「⊙、△」、「大、X」、「X、ᨏ」、「⊝、△」、「†、†」、「?、Φ、卍」	57	同上	同上

上梅林門	南壁 ⑮	L（曲尺）2、†（クルス）3、—3、ヰ、△、「L、†」、「†、†」、「L、†、—」	13	寛永4年か	
	東壁 ⑯	†（クルス）5以上、7（曲尺）5以上、二複数、「†、7」10以上、「†、ニ」5以上、「†、7、二」複数	多数		
汐見坂・梅林坂間	東壁 ⑰	三2、○、∞	4	万治元年	明暦大火後高石垣、「羽柴越中守」
	北壁（太鼓櫓）⑱	△、⊡、田	3	同上	明暦大火後高石垣
	汐見坂北壁 ⑲	∞	1	—	
大手三之門続北側	東壁 ⑳	「さら川」3、ㄅ2、⊙2（丸に六葉か？）、◁2、◎4、⊕3、日2、中（木槌）2、$、⊖、用、△、◇（違釘ぬき）2、△2、△、†（クルス）2、⊖、∞、∞（輪違）、ㄅ、几、⊃、□、⊖、本、中、中、中、「△坂」、「中、⊛」2、「⊕、⊛」、「干、△」、「三、△」、「M、4」、「◇、4」、「⊡、不明」	52	慶長19年	
下梅林門南	東壁 ㉑	□（平角）49、∞（輪違）8、⊡3、卍、⊛（結三輪）2、「7、凸、不明	64	慶長19年	明暦大火・元禄大地震「舟はし」解・復元
	南壁（下梅林前）㉒	∞（輪違）7、□（平角）4、「ト、†」、「†、7」	13	同上	
二の丸南壁・他	東壁櫓台 ㉓	个	1	寛永12年	
	南壁櫓台 二の丸南壁 ㉔	⊕、「⊕、△」他に1 7（曲尺）3、⊕3、⊙（蛇ノ目）、△、○2、△、ㄣ、⊡、図、U、—、「⊡、—」「×・□・○」	3 18 } 21	寛永12年	※元禄大地震で崩落
蛤濠南壁・東壁	蓮池巽櫓続南壁 ㉕	卍（まんじ）3、◇2、□（平角）、⌓（扇）、∞、「卍、□」2、「□、44」、「日、◇」、「日、†、⌓」	13	慶長19年	
	巽櫓南壁 ㉕	卍（まんじ）3、「□、∞、44」2	5	同上	
	巽櫓東壁 ㉖	卍（まんじ）、□平角2、L（曲尺）	4	同上	※「はちすかあわ守」刻銘石3
	蓮池巽櫓続東壁 ㉖	卍（まんじ）7、△、△、△、⊕、X、f、「□、44」、「∞、□」、「日、◇」	16	同上	
桔梗濠南壁	桜田巽櫓南壁㉗	8（分銅紋）8、△2、△2、○2、8、⊕、凹、回（釘抜）、ō（一品）、⌓（扇）、中、凸、⊜（折敷に三）、⊙、「中、△」、「⊖、井」、「⊛、广」、「⊛、δ」、「L・O・ヽ/」	29以上	元和6年	内桜田門と巽櫓間も刻印多
桔梗濠東壁	巽櫓と大手門間㉘	九（多）、⁘（九曜紋）、ニ、8（分銅紋）、ō（一品）、□（平角）、◇、†（クルス）、∞（雁）、て、⊜、回（釘抜）、器、⊕、凬、凬、凬、凬、⊞、中、は、V（矢はず）、目、「ō、⊸」、「わ、ō」、「ニ、ō」、「Ø、卍」、「⊜、⊛」、「M、†」など	約300	元和6年	・報告書刊行有（2013）905個のうち約300個に刻印

外桜田門外・他	外桜田門渡櫓右手	「8、⧖」	1		・刻印は角石に大
	外桜田門左手 ㉙	8(分銅紋)6、⊕2、圓3、圓2、L、①、⧗、⊗、「ō、ニ」2、「ō、こ」2、「†、ō」、「ō、ᗰ」、「⊙、△」2、「て、]」、「8、中」、「⊗、ቑ」、「ቑ、⚠」、「卌、こ」、「ō、I、4」、「⧗、て、ニ」	32	同上	
	外桜田門右手	回(釘抜)2、⊖、L(曲尺)、中、⊕、卌、∞(違釘ぬき)、圓、ひ			
和田倉濠北壁	和田倉門渡櫓北壁 ㉚	⊖、θ、⊥、L、⊖、ō、回(釘抜)3、㊅2、中、中、Ⓛ、ō、⊖、⊜、⊡、㊂(折敷に三)、⧖(扇)、△、□(平角)、∴、⚠、◇、㊂、◇、卄、「⁘、「」2、「⊗、0」2、「回、大」、「⊜、◇」、「⊕、□」、「△、㊅、⊕」、「ቑ、△、⚠」「㊂、不明」など	6 34以上	同上	・震災で幾度となく崩落
竹橋門外左右東壁	竹橋門左手下	回(釘抜)11、⊖2、中、△、◇、卜、∞、㊂(折敷に三)、「ቑ、①」、「△、①」、「△、⊖」、「△、⊖、I∈」	62以上	元和6年	・渡櫓門跡石垣にも刻印多有
	竹橋門右手 ㉛	回(釘抜)16、∞(輪違)4、⊕2、①2、ō(一品)2、㊥(丸に中)、⊙(蛇ノ目)、○、⊗(結三輪)、∞、ロ、†(クルス)、大、△、こ、て、圓、圓、「①、ō」、「△、①」、「ō、ニ」、「L、「」、「回、∞」、「ニ、Ⓟ」、「△、⧗、ヒ」、「㊂、8、△」、「①、回、一」、「ō、ᗰ、∞」、「⊖、回、⚠、月」、「⚠、ቑ、△、不明」など			
清水門内	高麗門左手 ㉜	「□、○」、「ㄨ、⊃」∩	3	元和6年	・明暦大火で焼失
	渡櫓門(正面)	回(釘抜)2、ቑ、8、圓、8(分銅紋)、⊟、⊖、「†、◠」、「8、⧖」、「†、⊗」、「⊥、ᗡ」、「◈、◈、圓」他に陽刻「○」	14	同上	
	同(背面右手)	△3、⁘(九曜紋)、圓、◠(扇)、「t、⊙」、「⊗、ロI、♉」、「⊗、山」	9		
	同(背面左手)	「H、㊂」、こ、⊃	3		
	同(左側面)	夲(大工か?)、⊡、△、⚠、N、○、し、「†、I」、「◿、†」、「㊂、ニ」	11		
	同(右側面)	回(釘抜)2、†(クルス)、ō(一品)、8(分銅紋)、□、○、♉、⚠、⊖、◇、⚠、「†、L」、「◠、†」、「卍、C」、「⚠、⊖」、「ᗰ、†」、「○、△」、「8、⧖」4、「⊗、ᗡ」、「8、△、⧖」	24以上		牛ケ淵に面する
	外枡形東壁	8(分銅紋)4、⧖(扇)、8、†(クルス)、⊕、○、回(釘抜)、⊗(結三ツ輪)、⁘(九曜紋)、九、了、圓、㊂(折敷に三)2、「ō、こ」2	19		※清水濠に連く石垣を含

	内枡形北壁	屮、ㄒ、T、⊥、ニ、田、田、ㄱ（曲尺）2、「个、†」、「ヨ、屮」	11		
	内枡形続南壁	圓、(ᑭ、「Ⓙ、▱」	3		
午ケ淵	渡渡側壁続 ㉝	⊼（一品）5、ᒣ（クルス）3、8（分銅紋3）、⊕3、㊂（折敷に三）2、82、ၑ、⊽、三、ᨓ、△、圓、⊙（蛇ノ目）、ㄱ（曲尺）、「8、⊽」4、「」㊂、H」、「⌓、†」、「△、8」、「†、⊙」、「屮、ㄇ」、「ᑌ、□」など	40以上	元和3年	
	同続南壁	⊼（一品）、8（分銅紋）、†（クルス）、⊽、⚠、卍（まんじ）、⊜、「†、⚠」、「⊽、8」、「㊂、H」、「ᒥ、L」、「⌓、†」、「ꝏ、ᑌ」など	多数	同上	
清水濠（北の丸側北寄）	清水濠① ㉞	㊀2、○3、Ⓣ2、⊠、㊉、㊉、㊀、㊁、㊉、日、⊼、□（平角）、⊜、⊜、圓、圓、⧗、噐、ƻ、九、⊼（一品）、ᨓ（片源氏車）、8、井、「⊼、こ」、「⚠、甲」、「㊁、⋷」、「⁘、◎」、「㊂、大」、「⊽、ᒻ、井」、「†、⊼、†」、「○・△・不明」	44以上	元和6年	角に「五目」の刻銘石有
	清水濠②	㊉2、○2、九2、圓2、⊼（一品）2、㊀、㊥（丸に中）、㊤、㊀、⊕、ᓀ、△、L、二、⚠、⧗、圓、「⊼、こ」2、「⊼、†」、「⊼、二」2、「凸、回」、「†、回」、「G、小」、「⚁、⊕」2、「◎、不明」、「二、◎、○」、「ꝏ、ᑲ、⊙」、「⚁、不明、圓」	37以上	同上	
半蔵濠鉢巻	出隅以南 ㉟	卍（まんじ）、⊙（蛇ノ目）、㊀2、8、井、ᓀ、N、⤡、「⊙、ᓀ」、「⚠、不明」		元和6年	報告書刊行済
	中央	⊙（蛇ノ目）5、⧗5、⊜4、N3、井2、⧗2、△、M、ᑌ、□（平角）、M、ᑌ、⚠、㊐、Ⓛ、「⚠、⊙」、「N、⊙」2、「⊙、⧗」、「井、⧗」、「⊙、ㄱ」「⚠、⚠」、「井、⟡」、「井、Ⓣ」、「N、ㄒ」、「⊕、ᑲ」、「⊙、⧗、△」、「⊙、N、ㄱ」			
	出隅以上	⊙（蛇ノ目）2、⚠、井、㊇、㊅、「井、㊇」、「⊙、⚠」			
外濠（鍛冶橋周辺）	丸の内1丁目A地点	㊓2	2	寛永13年	丸の内1丁目遺跡報告書済
	同　B地点	□（平角）55、ᗜ（矢はず）3、ꝏ（違釘抜）、†（クルス）、3、「□、†」	64		（毛利市三郎丁場）
	同　C地点	㊓52、「㊂、Ⓔ」2、ᒑ、「ᕲ、㊓」	56		（山崎甲斐守丁場）

立花家文書「江戸城普請分担図」と一致

	同　O地点 同近代石垣	「⊶、ɤ」 ㊎13、□（平角）6、♉（矢はず）8、○3、「（曲尺）6、⊔、⧄、⧅、「㊎、♉」	1		（中川内膳正丁場）
	（Ⅱ）遺跡 Dブロック	L（曲尺）、⊔、（墨書で「七十七」「三十」	2	同上	丸の内1丁目遺跡（Ⅱ）Cの続 （内川内膳正丁場）
	Cブロック	刻印無（墨書は有）	0		（加藤出羽守丁場）
	Bブロック	†（クルス）10、亣2、L（曲尺）2	14		（小出対馬守丁場）
	Aブロック	†（クルス）9	9		（小出対馬守丁場）
同（呉服橋周辺）	A地点	「回、ロ」、「回、日」、×、S	4		・明治24年石垣撤去 昭和24年積直 ・松平右衛門佐組の築石を再利用
	C地点	回3、ひ、ハ、ロ、7（曲尺）、「L、回」、「回、□」、「米、回」	11		
	D地点	回3、†（クルス）3、ひ、「（曲尺、米、「回、†」「ㄣ、回、卍」、「回、L、回」、「呂、○、□」	13		

ち、白鳥濠や蓮池濠など刻印が皆無もしくはそれに近い箇所があること。これは、寛永度修築後、元禄大地震をはじめとする大地震によって崩落した石垣や、明暦大火で損傷した修繕時のものと考えられる。そこでは、落下＝城が落ちるの験を担ぎ、新石を用いているのである。筆者は、江戸城の場合、正保年間以降、特定の場合を除き、石垣には刻印を施していないと考えている。一は、人為的に解体・復元した⑬・⑭・㉑の場合、復元に元の石を使用していることである。明暦大火や元禄大地震では、瓦礫の搬出と資材の搬入が必要となる。城内に船を入れるために天神濠の一部の石垣を崩し舟着場とし、同様に梅林坂を開けている。次の搬入を待つわけではないが、梅林坂の石垣は、江戸城で最も緩んだ石垣として現存する。

次に、元和期についてみることにする。㉗～㊲が該当する。石垣における刻印の種類と数量、寄手と築手の関係など刻印に限ってみると慶長期と同じである。あえてあげるならば二点ある。一は、桔梗濠・大手濠・清水濠・（牛ケ淵）の石垣は、元和六年、伊達政宗をはじめとする東北諸侯が担当する。慶長期にあっては、石垣普請を西国大名が担当し、そこでは寄手と築手の両者を担当していた。ところが、元和六年に該当する㉖～㉘、㉛～㉝の石垣刻印をみると、代表的な刻印は全て西国大名に帰属する。東北諸侯の刻印が見当らないのである。すなわち、ここでは東北諸侯は、築手に専念したことになる。ちなみに築石は、池田忠雄の石材献上の記録があるが、大半は慶長十九年の公儀普請で貯石していたものと理解できる。一は、清水門の渡櫓門および内外枡形を含め、刻印が豊富であること。濠に面する箇所としては、㉙の外桜田門の高麗門左のような類例があるが、同時期の外桜田・和田倉・大手門・平河門・(半蔵門)の渡櫓台では、刻印そのものがほとんどない。強いて類似するのは竹橋門であろうか。

寛永期は、大坂城とは少し相違する。一は、丸の内一丁目遺跡のB・C地点を好例として丁場割の刻印と『立花家文書』「石垣方丁場割図が一致する寛永十三年の公儀普請がある。これは、大坂城と同様、丁場割と刻印とが重なる事例である。理由の一つには、頑強第一であるが石垣は、構築後、崩落や孕みなど不具合が生じる場合がある。その石垣は、構築者が直すことを原則とするので、刻印があることによって逸早い発見に繋がる。幕府としては、競わせ管理することができる。他方、構築者は、世間から石垣技術を監視されていることになる。一は、担当者と丁場刻印とが一致しない事例である。⑮・⑯・㉓・㉔が該当する。記録をみると、寛永四(一六二七)年に稲葉正勝が、「梅林坂門」の修築を命じられたとある。筆者は、刻印の共通性と数量の多さから、この位置を上梅林門と理解した。そこでの刻印は、「ᒣ(曲尺)」と「ᒥ(クルス)」が大半を占め、もしくはそれとの組みあわせで構成されている。一家の石を寄せたと考えられるものである。この刻印が、稲葉正勝と特定できれば、築手の刻印となるのであるが。㉓・㉔は、寛永十二(一六三五)年の二丸拡張で表2-7のように石垣を藤堂高次・浅野光晟・浅野長治の三家が担当した箇所である。元禄大地震でも修繕されているが残されている刻印は、三家のものとは全く異なる。範囲が広いことから丁場割をしたものと考えられるが、刻印からはその形跡がない。

筆者は、江戸城石垣普請で一つ疑問を抱いている。それは、雉子橋門から溜池落口間の外濠普請である。記録では、慶長十一年、寛永六年、同十三年と三回の石垣普請がある。寛永十三年の普請に関しては、「石垣方普請丁場絵図」の信憑性を発掘調査が裏付けるかたちで研究の方向性が見出されている。しかし、前二回の痕跡はなく、その時積まれた石そのものの行方すらわからない。同所での積石に古石を使ったのであれば、慶長十一年に寄せた石には多くの刻印が施されていたはずである。何より、寛永十三年の普請は、同六年の普請からわずか七年しか経過していないのである。

大坂城刻印と江戸城刻印　石垣刻印は、公儀普請の城では多くの大名が助役を命じられているので、豊富な種類を発見することができる。大坂城総合学術調査を担当した村川行弘氏は、『大坂城の謎』のなかで、同城の刻印について基本形が二〇〇種内外、全種類が一二四七種類を超えることはないと述べている。

江戸城は、公儀普請として、規模や動員した大名数を大坂城と比べると、両者ともに大きく多い。したがって、刻印の種類・数も多いことを予想することができる。さきに、表2-19でその一端を紹介したが、正に、そのことを暗示している。また、丸の内一丁目遺跡の発掘調査を契機として、寛永十三年の公儀普請に限ると『立花家文書』の丁場割図と照合することから、両者を検討することで、刻印の帰属の特定が可能であることも明らかとなった。しかし、都市の発展によって、外濠における刻印調査がほとんど不可能であることも現実である。刻印調査をするのであれば、皇居・皇居東御苑・北の丸公園の石垣が中心となる。そこでの石垣は、大地震や大火によって修繕された箇所を除くと大半が慶長

表2-20　大坂城における石垣刻印と大名一覧（代表的なもの）

大名名	居城	代表的刻印	代表的な壁面	江戸城
松平筑前守利常	金澤城	田・卍・㊂・个・亍・卜・卜・⊠・⧗・ㄖ・の・中・司・爪	八四〇四壁・八四〇三壁・八四四〇壁・〇一〇二壁	○
細川越中守忠利	熊本城	⁘・九・十・巾・中	八四〇七壁	○
木下右衛門大夫延俊	日出城	㊍	八四〇七壁	
本多因幡守政武	高取城	㊁	八四〇九壁	
松平長門守秀就	萩城	〇・乙・二・口・ᓬ・大	四七二四壁・四七二八壁・〇一〇三壁	○
（池田）松平石見守輝澄	山崎城	㊇	四七二一壁	
（池田）松平右京大夫政綱	赤穂城	占・古	四七二一壁・四七二八壁	
嶋津右馬頭忠興	佐土原城	⊕	四七二七壁	○
堀尾山城守忠晴	松江城	Ꙅ	四七二八壁	○
稲葉淡路守紀道	福知山城	㊂	四七二八壁	○
山崎甲斐守家治	成羽城	㊤	四七二八壁	○
京極丹後守高広	宮津城	⊡	〇一一〇壁	○
京極若狭守忠高	小濱城	▦	〇一一〇壁	○
蜂須賀阿波守忠鎮	徳島城	卍・L・ᔑ	村川行弘『大坂城の謎』より	○
加藤肥後守忠廣	熊本城	◎・ф		○
（黒田）松平右衛門佐忠之	福岡城	卍・㊅・⊜・⯎・十・□・t		○
鍋島信濃守勝茂	佐賀城	啚・井・中		○
（池田）松平新太郎光政	鳥取城	ロ・◇・☆・⊙・⊜		○
（池田）松平宮内少輔忠雄	岡山城	✢・L・L・⊙・井・㊥		○
有馬玄蕃頭豊氏	久留米城	回・ᘏ		○
（山内）松平土佐守忠義	高知城	⊘・∝・⊛		○
加藤左馬助嘉明	松山城	十・⌓		○
森右近大夫忠廣	津山城	ᐃᐃ・M・十・⌓・◬		○
生駒壹岐守高俊	高松城	◠・◠・◠・㊏		○

大名名	居城	代表的刻印	代表的な壁面	江戸城
寺澤志摩守廣高	唐津城	て・て		○
立花飛彈守宗茂	柳河城	ⓞ・□		○
中川内膳正久盛	竹田城	⊕・△・十		○
松浦肥前守隆信	平戸城	∴		○
石川主殿頭忠總	日田城	⌒		○
加藤出羽守恭興	大洲城	⊕・⊕		○
古田兵部少輔重恒	濱田城	⊜		○
有馬左衛門佐直純	延岡城	㊧・㊧		◎
織田刑部大輔信則	柏原城	⊜		
毛利伊勢守高政	佐伯城	Ɣ		○
戸川土佐守正安	庭瀬城	⊖・㊀・⊕		○
桑山左衛門佐一直	新庄城	□・◬		○
織田河内守長則	野村城	田・⊠		○
遠藤但馬守慶隆	八幡城	⊖・ノ		○
越前宰相忠直	福井城	△・穴・∞・×・Z		○
久留島越後守通春	森城	㊇		○
田中筑後守忠政	久留米城	卐・早		
浅野紀伊守幸長	和歌山城	⊛	小野田護「駿府城の石垣のふる里と刻印」より	○
脇坂中務少輔安治	須本城	∞		○
伊達遠江守秀宗	宇和島城	卍		

期・元和期となる。寄手と築手の二者があり、石垣に施された刻印は、寄手が切石を廻漕するまでの間に施したと考えられている。したがって、現存する石垣の一面をみただけでも実に多くの種類の刻印を容易に発見することができる。他方では、築手が石に反映されていないために、刻印の帰属の特定を困難にしている。

本書では、刻印の帰属の手掛りとして、大坂城刻印調査成果を参考としたい。表2-20に代表的な刻印と大名名とを記した。大坂城は、大坂夏の陣後、徳川期の城として、元和六年・寛永元年・同五年の修築を行っている。そのなかで、寛永期の丁場割と刻印との関係が密接であるといわれている。表では、藤井氏ら築城史研究会による詳細な報告と村川氏の報告とを区別した。それは、資料性の高さによるものである。なお、補足として、小野田護氏の「駿府城のふる里と刻印」(『家康と駿府城』)に掲載されている刻印の一部を加えてある。勿論、各大名家では、表2-20に記した刻印だけというのでなく、多くの種類を用いている。ここに記したのは、あくまでも基本形となる。

表2-19と表2-20を比較すると、紙面では表2-19の方が多い。時間軸にも一因する。表2-19にあげた刻印は、江戸城全体からみるとほんの一部にしか過ぎない。この限られた条件下で江戸城刻印を述べるのは無謀と考えるので、資料の蒐集に努め、もう少し揃った時点で考察を加えたい。

七　石垣修築技術

近世城郭の石垣研究では、あらゆる角度から議論がされ、多くの成果がもたらされている。近年の代表的なものをあげると、日本城郭史学会による「城石垣と採石丁場」(成果は『城郭史研究』第二七号に所収)、大阪歴史学会による『大坂城再築と東六甲の石切丁場』(別冊ヒストリア)、小豆島町商工観光課・企画財政課による「小豆島石の歴史シンポジウム」、二年にわたり後年は、小豆島石の文化シンポジウム」、金沢城調査研究一〇周年記念シンポジウム「城郭石垣の技術と組織を探る—金沢城と諸城」など、枚挙にいとまはない。

石垣技術というと、穴太(穴生)や穴太積が有名である。穴太をめぐっては、中村博司氏による「『穴太』論考—石積み技術者穴太の誕生と展開をめぐって—」(『日本歴史』第六九四号)優れた研究がある。周知のように穴太は、中世叡山の散所法師の系譜をひく技術集団である。慶長期以降、各地で石垣をもつ城が築城されるようになると、各藩は、こぞって穴太を召抱えるようになる。江戸城も例外ではない。一例として第七章で明暦大火後の復旧を扱うが、幕府の石垣方には「穴生駿河」、他方、助役の一家である前田家の構成員には穴生頭の小川長右衛門(江州坂本穴生村者)公儀より出被者として戸波駿河などの名がみられる。このほか、公儀では、穴生丹後・三河・出雲なども史料に登場する。他藩からも穴太流派を組む人物が派遣されていたに違いない。

穴太積の特徴は、穴太の技術伝承者が築いた石垣で、一般的には次の五点があげられている。①野面石を使用する。②石は、大・中・小型の石を配し、まれに巨石も用いる。③「品」の字を基本として積み上げ、横目地が通らないため「布積み崩し」となる。④石垣裏の隙間には介石を入れ、割栗石を多く入れ排水処理を十分に行うこと。⑤石垣の隙間に間石・小詰石を入れること。などである。

平野隆彰氏は、『穴太の石積』のなかで、穴太流伝承者で栗田家十三代当主の栗田万喜三からの聞き書きから、穴太積の重点八項目をあげている。

図2-56　富士見櫓隅角石

一、堅固な石垣にせよ
二、石を無理に据付けるな
三、根石は天を見せよ
四、勾配は、真の勾配よりやや寝かせよ
五、石の合端は、「二番」より奥でつけよ
六、石面の最前端を「通り面」にせよ
七、間石《あいいし》はなるべく二個使用せよ
八、石尻の艫介石《ともかいせき》（主介石）は水平に打込め

四番目の勾配とは、根石部分を指し、隅角では反りが生じるので地上よりも寝かし安定を保つことを意味する。これは、あくまでも基本であり、穴太の流派であれば、積み上げた石垣そのものが穴太積となるわけである。

本書では、石垣技術として、高石垣と割普請の二点について考える。

高石垣　江戸城では、本丸御殿の周囲を高石垣が取り囲む。そこでの特徴は、隅角において切石を用いて算木積とし、幾分反りをもって築いていることにある。北垣總一郎氏は、『石垣普請』のなかで、高石垣について、旧来の傾斜角しか使わない「矩《のり》勾配」から反りを加えた「矩返し勾配」への移行、さらには石材の規格化と量産化を指摘する。

江戸城の高石垣をみると、二つのタイプがある。一つは、富士見櫓台の石垣。一つは、乾濠と平河濠に面する石垣。共に隅角に特徴がある。図2-56は、前者の東南隅の石垣である。算木積に使用されている角石は、切石ではあるが、整然としたものではない。また角石や角脇石間に小詰石が随所にみられる。築石は、粗加工石が主体であるが自然石も交り乱積である。石垣勾配は、天端近くで幾分反るものの、およそ五五度の角度で直線的に延びる。ちなみに、角石・角脇石・平築石は、安山岩によるものである。一方、後者では、角石・角脇石とも整然とした切石で、同石間の小詰石はほとんどみられない。築石は、乱積であるが、自然石が見当たらず、サイズもおおむね統一されている。勾配も大きく、七〇度以上あり、しかも反りがある。ただし、石材をみると、安山岩に加えて花崗岩が交る。平河濠に面する出隅では、角石・角脇石の大半が花崗石で占められているところもある。二つの高石垣を比較した場合、時間差と考えることができる。筆者は、富士見櫓下の高石垣は、慶長十一年の修築によるものと考えている。それに対して、本丸北側の乾濠や平河濠の高石垣は、地震が要因となって後世に積み直しされたものであることは間違いない。仮りに復旧が従来のままであるとするならば、慶長十九年の流れをくむもので、これまたわずかではあるが時間差となる。

白峰旬氏は、「全国穴太・石垣関係史料」(『金沢城石垣構築技術史料I』)のなかで、黒田長政の公儀普請での構築に対する認識として、次のように紹介している。

大坂城再築において、黒田長政は、家臣が角(石)の格好そのほか手際が良いように念を入れて築き立てることを報告したのに対して、堀の広さは三〇間もあり、向い端からは「遠目」になるので、手際の善悪を見分けることはできないため、石垣の「よわみ」がないように念を入れ、手際にはかまわず早々に(石垣)築き立てるよう指示している(福・上―六七八号)。

(以下略)

この史料を通して江戸初期、徳川政権下の大坂城修築にあって、まず留意されていたのが、角石の格好の良さと手際の良さ=石垣の出来栄えであること。その上で、長政はあえて手際の良さよりも普請を急ぐことを命じたと解している。

今日、皮肉にも石垣編年を組むには、隅角石が鍵となる。北垣總一郎氏は、前掲の『石垣普請』の中で、近世城郭の石垣編年を五期に分け、I期を天正・文禄年間まで、II期を慶長・元和年間、III期を寛永・正保年間、IV期を慶安~文化・文政年間、V期を幕末とまとめている。ちなみに、前述したII期の特徴として、高石垣と矩返し勾配をあげている。慶長期の公儀普請において、新技術が導入されているわけである。

割普請　江戸城修築では、前述したように丸の内一丁目遺跡の発掘によって、寛永十三年の割普請がはじめて確認された。寛永六年の公儀普請では、組編成がされているものの、割普請であったか否かは現在のところ不明である。

丸の内一丁目の発掘調査では、石垣を積むにあたり、根切が濠の縁から深さ約一・五メートル、幅約三・三~四・五メートル掘り下げ、その上に二列の胴木(土台木)を並べ、その間および濠端側に割栗石を敷き詰めることで補強している。胴木の継手には、四種類の伝統工法による細工が施され、かつ刻印や文字によってあらかじめ設置位置を決めるなどの工夫も報告されている。そして、胴木の上には、石垣が三~四段積まれ、石垣に施された刻印と『立花家文書』「石垣方普請丁場図」との照会で割普請を特定することができたというわけである。

慶長十九年の公儀普請の逸話として、浅野長晟と加藤忠廣の事例をあげたが、割普請の場合、問題がないわけではない。白峰氏は、前掲の論文のなかで、以下の事例を紹介している。

……例えば、名古屋城普請に該当すると思われる事例では、助役諸大名が石垣を完成させたものの、「事々敷昼夜なく」普請をおこない、「角にもかまひなく境目」をあけて、それぞれの大名が築き上げてしまったため、「ならしギハ」（石垣の天端における各大名相当分の境界を指すと考えられる）において、五～六寸の食い違いが出来てしまった。この点について、穴生は「不苦」と言ったが、幕府大工頭の中井正清の弟子は曲尺をあてて（計測し）納得せず、前々よりこのようなことはなかった、と言ったため、諸大名は少しずつ石垣を崩して築き直した（松・六―1188号）。

中略

元和六（一六二〇）年の大坂城再築では、黒田家の場合、加藤忠広の丁場との境目について、加藤忠広の丁場では大石で築いているのに対して、黒田家が小石で築いては見苦しいので、黒田家では、小河長右衛門（穴生）などの指図により石を大きく割った（福・上―197号）。また、加藤忠広の丁場との境目において、根石の置き方が不注意だったため、黒田家の石垣の間に栗石を入れることになり、加藤忠広の丁場の石垣が次第に高く築かれて、「のり」（＝法）の分が黒田家の「そん」（＝損）になったので栗石が入り増しになった（福・上―197号）。

（以下略）

白峰氏の原文訳をそのまま転用した。この二つの事例は、丸の内一丁目遺跡の事例と比較すると、時間軸の方で先行する。江戸初期の石垣修築技術は、日進月歩の如く著しく進展する。それは、監督する公儀の役人側にもあてはまるものであろう。

胴木（土台木）にみる割普請の様子は、見事の一言に尽きる。一つ気になる点がある。石垣刻印である。池田新太郎組のうち、組長はもとより、毛利市三郎や山崎甲斐守が担当した丁場では、石垣刻印が顕著であるのに対して、同組でそれに続く九鬼大和守や中川内膳正が担当した箇所ではほとんどみられない。中川内膳正は、徳川期大坂城再築にあたり、担当した玉造口石垣（築造史研究会の報告の第〇一〇一号壁）において、「△」の刻印を中心として、「㊀」や「∧」などを用いている。しかし、少なくとも発掘によって、同家が担当した丁場から、この刻印は発見されてはいない。九鬼大和守に至っては、丸の内一丁目遺跡はもとより、文部科学省敷地内A地点でも同家が担当した丁場でそれを示唆する刻印は見当らない。江戸城の場合、寛永十三年の割普請と石垣刻印との関係は、史料を精査した上での議論が必要と考える。

石垣技術という点では、文部科学省敷地内B地点の石垣は、興味深い。胴木（土台木）上に一四段（約七・四メートル）の築石が確認され、上部一～二段を除くと旧来の石垣という。『立花家文書』を参照すると、同所は、戸川土佐守と毛利市三郎が担当した丁場であり、毛利家の「ᛗ（矢はづ）」刻印も多数検出されている。しかし、石積をみると、刻印が濃密に分布する胴木上七～八段までは布積みであるが、その上は目地が通ることなく、乱積みに近い。明らかに積方が異なる。近代以降は、上部のみということであるから、江戸時代のある時点（例えば安政江戸地震）で積み直しを行ったとみることができる。ちなみに、隣りの戸川土佐守丁場の築石の大きさと比較すると、戸川家が担当した丁場の築石の方が大きく、毛利家の方が小振りである。

発掘調査では、残された遺構＝石垣から語るしかないが、さきに白峰氏が指摘されたように、割普請であるが故の問題が、江戸城も例外ではなかったのかもしれない。

第三章　御殿・天守・櫓の造営

一　御殿の造営

江戸城には、本城と西城があり、各々、御殿が造営されるが、その広さは、意外と知られていない。今日であれば、地形図から算出するところであろうが。まずは、二つの資料から、面積に関する情報を紹介する。

図3-1は、都立中央図書館特別文庫室所蔵「江戸城造営関係資料（甲良家伝来）」のなかの『御城内総絵図』（東京誌料六一五一-六、以下、東京誌料は略）である。彩色が施されており、濠を灰色、天守・櫓（二・三重を数字で区別）を茶色、渡櫓門・土塀・橋を黄色、石垣を黒、土塁を淡灰褐色で区別している。図は、簡略に描かれているが、本丸部分に限り、面積・距離が記されている。表・中奥で数字を拾うと、「八千二百廿五坪」「百十間　中仕切門ヨリ」「五十七間御門通マテ」とある。大奥では、「一万千四百八十九坪」「百二間中仕切御門ヨリ」「東西百七間　御門通迠」とある。これ以外に汐見坂と梅林坂の高石垣に「四十七間、二十五間」、さらに「表奥合二万十四坪」と記されている。このうち、面積でみると、表奥合わせた約二万坪は、本丸全域を指すものではない。表中奥では、中雀門から大奥との境である中仕切門までが約八〇〇〇坪、同様に大奥では、中仕切門より天守台裏手の土塀までが約一万一〇〇〇坪であることを意味している。本図には、建物の配置は示されていないが、本丸御殿が全て収まることになる。資料に記された合計と二つの空間の面積を加えたものとでは、三〇〇坪の開きがあるが、この絵図が作成された時点では、本丸が約二万坪と理解されていたものと考えられる。ちなみに、本図をそのまま解釈すると、南端の富士見櫓や北端の北桔橋門などは外れており、文字の位置からみると、富士見宝蔵や表向きの能舞台なども含まれないことになる。

本図の作成時期が問題となる。後述する図3-10との比較が参考となる。本図の特徴は、本丸大奥の西側に菱櫓と西側二階櫓、三の丸の大手門と桜田巽櫓間に二重櫓が描かれていることにある。いずれも明暦大火後には再建されず、櫓台のみが残ることとなる。また、御書院櫓はあるものの書院出櫓はみられない。江戸図屏風には描かれているので、写しの際の書き漏れか。二の丸の泉水も重要である。これらを参考にすると、元図は、寛永十六年以降で明暦年間頃ということになる。本図は、概略図であるが、三点注目すべきことがある。一点は、紅葉山下門の隣りに「鼠穴」とあり、道灌濠と蓮池濠が橋の下で連結していること。二

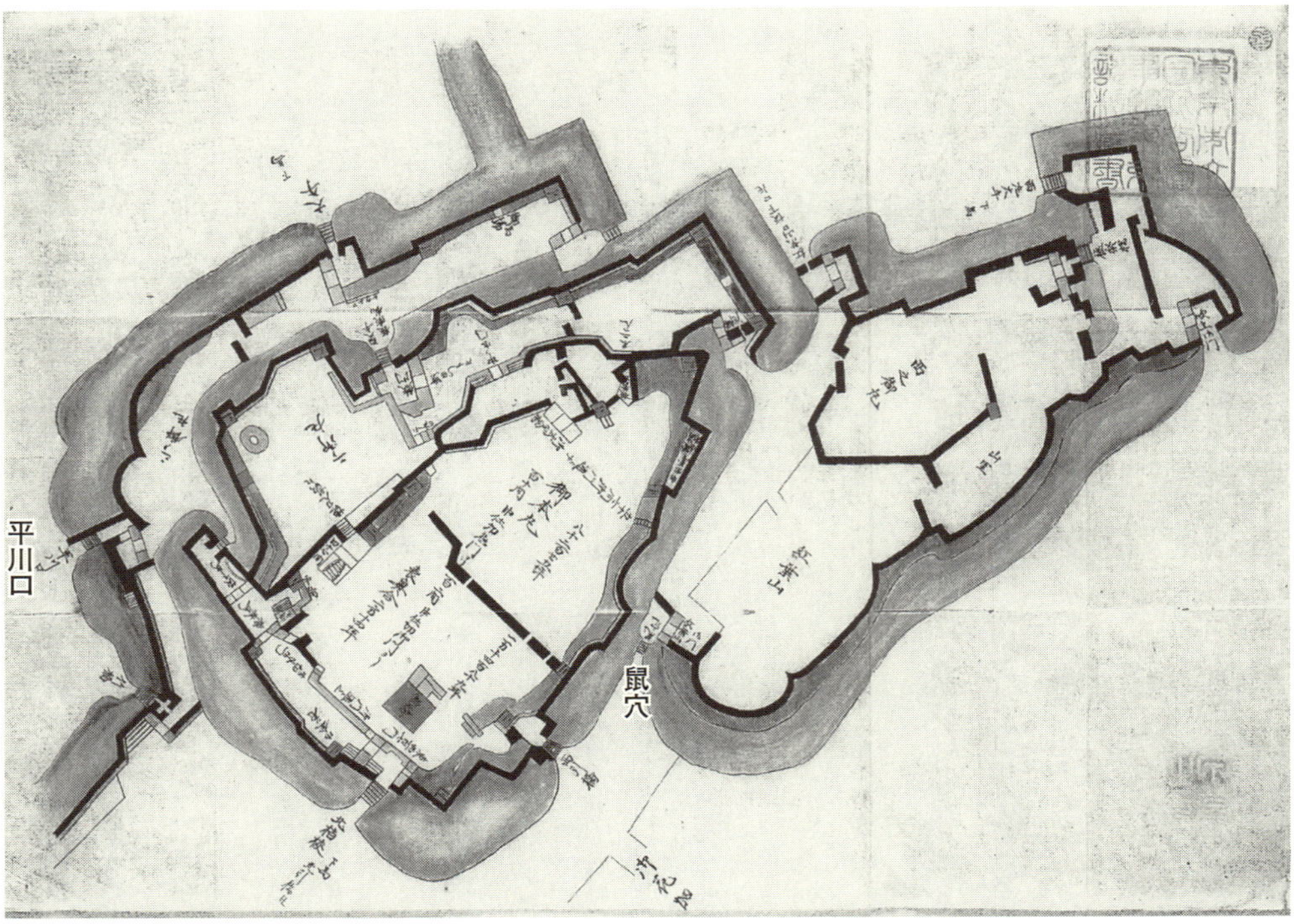

図３－１　『御城内総絵図』（図３－１～36：都立中央図書館特別文庫室所蔵）

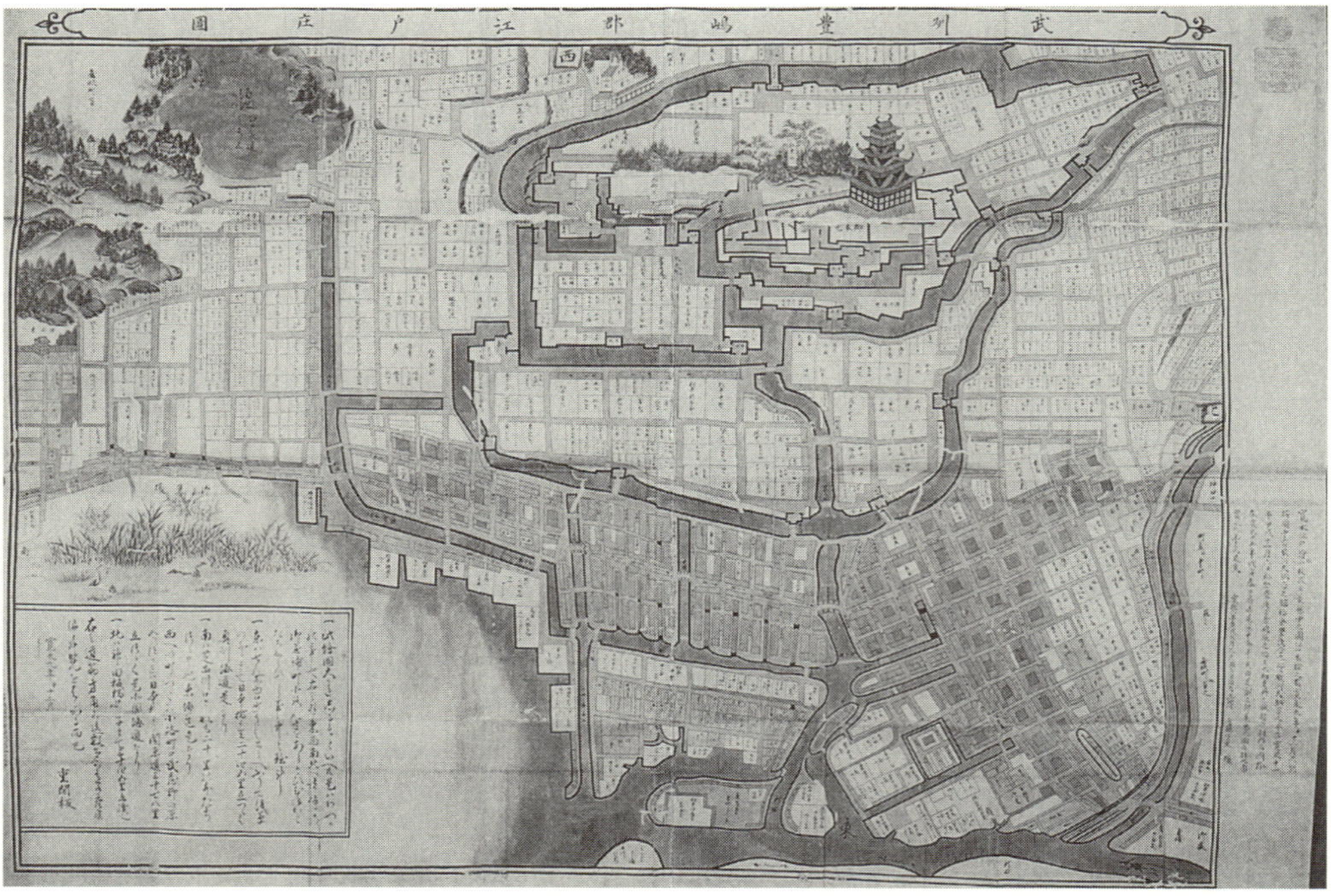

図３－２　『武州豊嶋郡江戸庄図』

つの濠間は、暗渠形式をとる土橋であることが知られている。「鼠穴」は、その隠語かも知れないが、見慣れない図である。一点は、「平川口」とある平川門の右手、濠に面して不浄門に続く船着の石段が記されていること。これは、西ケ谷恭弘氏が『江戸城―その全容と歴史―』のなかで指摘されているが、不浄な者を送り出すための施設と考えることができる珍しい図である。一点は、西丸二重橋と三の丸下乗橋を「極楽橋」と称していることである。細部を検討すると、興味深い情報が記入されている。焦点が少し外れたが、図3-1では、描かれた当時の本丸に対する意識上の面積ということになる。

もう一例は、市川之雄氏が大正十一年（一九二二）に著した『宮城風致考』（宮内庁宮内公文書館所蔵、識別番号三八六〇二）の中篇に、旧江戸城の面積に関する記述がある。その部分を抜粋すると、

総面積三十萬六千七百六十坪
旧西丸　六萬八千三百八十五坪
　内崖地　一萬百五十一坪
吹上御苑　十三萬五百六十八坪
　内崖地　一萬四千百四十五坪
道灌堀　一萬三千九百九十八坪
旧本丸　九萬三千八百九坪
　内旧本丸　三萬四千五百三十九坪
　旧二ノ丸　二萬七千五百八十五坪
　　内白鳥堀　九百七十五坪
旧三ノ丸　二萬二千六十七坪
　二三ノ丸間堀　八千七百八十三坪
　三ノ丸地詰ヨリ竹橋ニ至ル所　八百三十六坪

と記されている。明治期に埋めた濠の一部があるが、参考となる数字である。やはり、皇居＝江戸城の中心部は広い。

御殿新造の経過　本城には、本丸・二の丸・三の丸御殿、西城には、西丸御殿が造営される。このうち、三の丸御殿については、不明な点が多い。表3-1に、御殿の新造の変遷を記した。改造・修理は除いた。例外的に、三の丸御殿の場合、明暦大火後の再建時期が判然としないので、改造を補筆してある。

御殿の新造は、江戸のはじめと幕末に集中するが、様相が異なる。家康が江戸に入城したのは、天正十八（一五九〇）年八月一日といわれている。それ以前、江戸城の城代は遠山景政であるが、その荒廃ぶりは顕著であった。『霊岩夜記』には、

……御城内家共こけらふきと申ては一ヶ所もなく、悉く日光そき甲州そきなどを以て、とりふき致し、御台所はかやふきにて、手広くは之あり候へ共、疎外なる古家にて、御玄関の上り段には船板のはゞの広きを二段に重ね、板敷と申義も之なく、土間にて之あり（中略）……取ふきに仕りたる屋根の上を籠城の節、土にてぬり候に付、其もり雫にて畳敷等もくさり候……（以下略）

と記されている。薄板で葺かれた屋根に、土砂をのせることで隙間から雨水が漏れ、畳が腐っていたというのである。そのため、家康は、文禄元（一五九二）年、西丸造営に着手する。八月までには大方、完成をみたようであるが、伏見城助役などもあり、拡張などで新造となるのは、

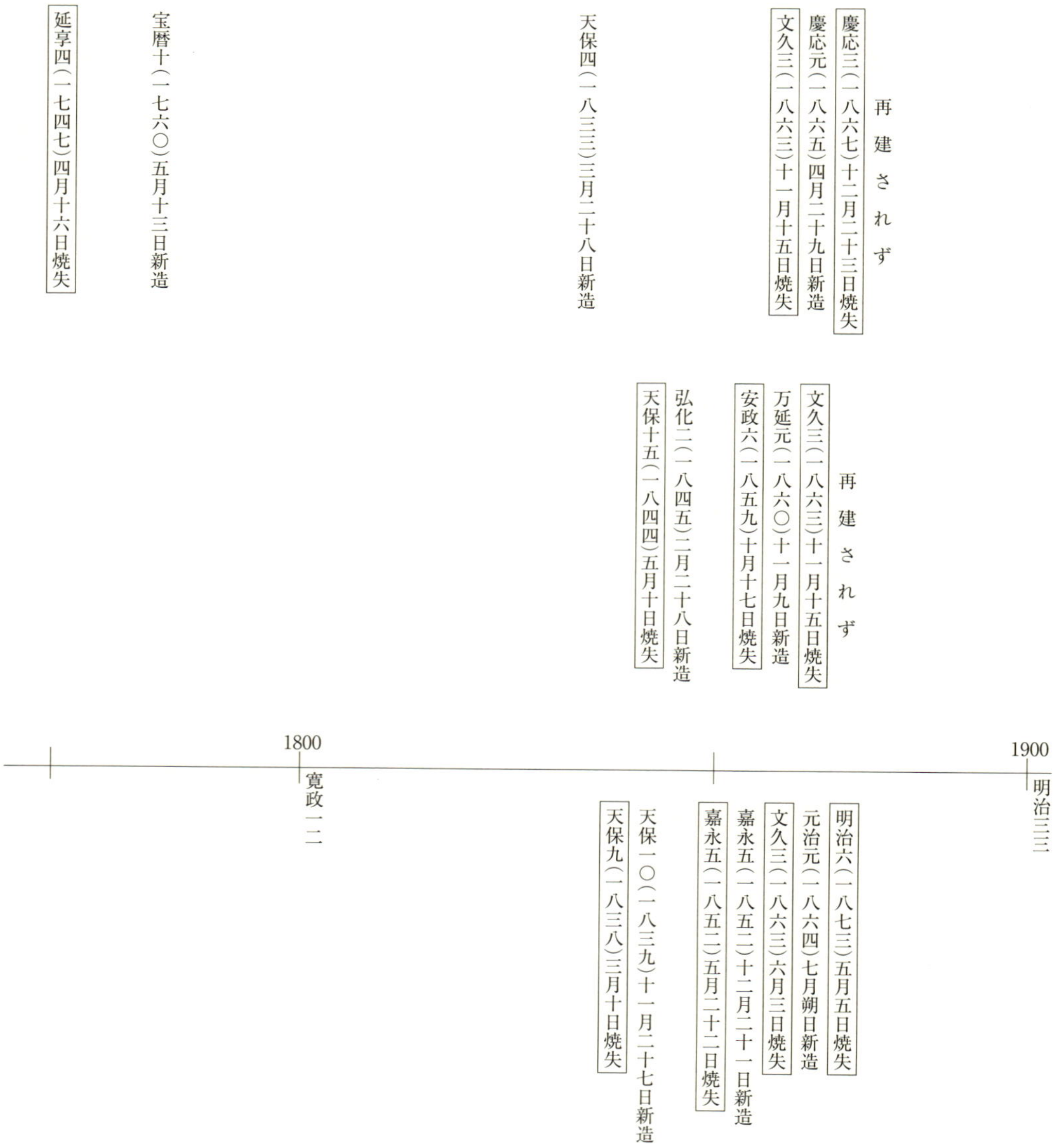
再建されず
慶応三(一八六七)十二月二十三日焼失
慶応元(一八六五)四月二十九日新造
文久三(一八六三)十一月十五日焼失
天保四(一八三三)三月二十八日新造
宝暦十(一七六〇)五月十三日新造
延享四(一七四七)四月十六日焼失
再建されず
文久三(一八六三)十一月十五日焼失
万延元(一八六〇)十一月九日新造
安政六(一八五九)十月十七日焼失
弘化二(一八四五)二月二十八日新造
天保十五(一八四四)五月十日焼失
1800
寛政一二
1900
明治三三
明治六(一八七三)五月五日焼失
元治元(一八六四)七月朔日新造
文久三(一八六三)六月三日焼失
嘉永五(一八五二)十二月二十一日新造
嘉永五(一八五二)五月二十二日焼失
天保一〇(一八三九)十一月二十七日新造
天保九(一八三八)三月十日焼失

表3－1　江戸城御殿の変遷

三の丸御殿	寛永二十（一六四三）七月十二日新造
	慶安元（一六四八）九月二十八日新造
	明暦三（一六五七）一月十九日焼失
	※元禄二（一六八九）十一月二十六日改造
	元文三（一七三八）撤去
二の丸御殿	寛永十三（一六三六）六月二十一日新造
	寛永二十（一六四三）七月二十五日新造
	明暦三（一六五七）一月十九日焼失
	明暦三（一六五七）八月十二日移築
	延宝九（一六八一）九月十一日移築
本丸御殿	慶長十一（一六〇六）九月二十三日新造
	元和八（一六二二）十一月十日新造
	寛永十四（一六三七）九月十九日新造
	寛永十六（一六三九）八月十一日焼失
	寛永十七（一六四〇）四月五日新造
	明暦三（一六五七）一月十九日焼失
	万治二（一六五九）九月五日新造
（年表軸）	1600 慶長五
	1700 元禄十三
西丸御殿	文禄三（一五九四）新造
	慶長十六（一六一一）七月十日頃新造
	寛永元（一六二四）九月二十二日新造
	寛永十一（一六三四）閏七月二十三日焼失
	寛永十三（一六三六）十一月二十六日新造
	慶安三（一六五〇）九月二十日新造

※　三の丸御殿は、明暦大火後の再建時期が不明。記録では、桂昌院殿舎。

文禄三年頃といわれている。

　慶長八（一六〇三）年二月、征夷大将軍の宣下を受けた家康は、公儀普請として江戸城築城に本格的に着手する。そして、本丸御殿が慶長十一年九月二十三日には竣工する。西丸御殿も新造されるが、文禄度・慶長度の御殿の図面が皆無であることから、その実態は、不明と言わざるを得ない。元和度の本丸御殿も、天守を本丸北側に移動し、殿舎の拡張をとるが同様である。

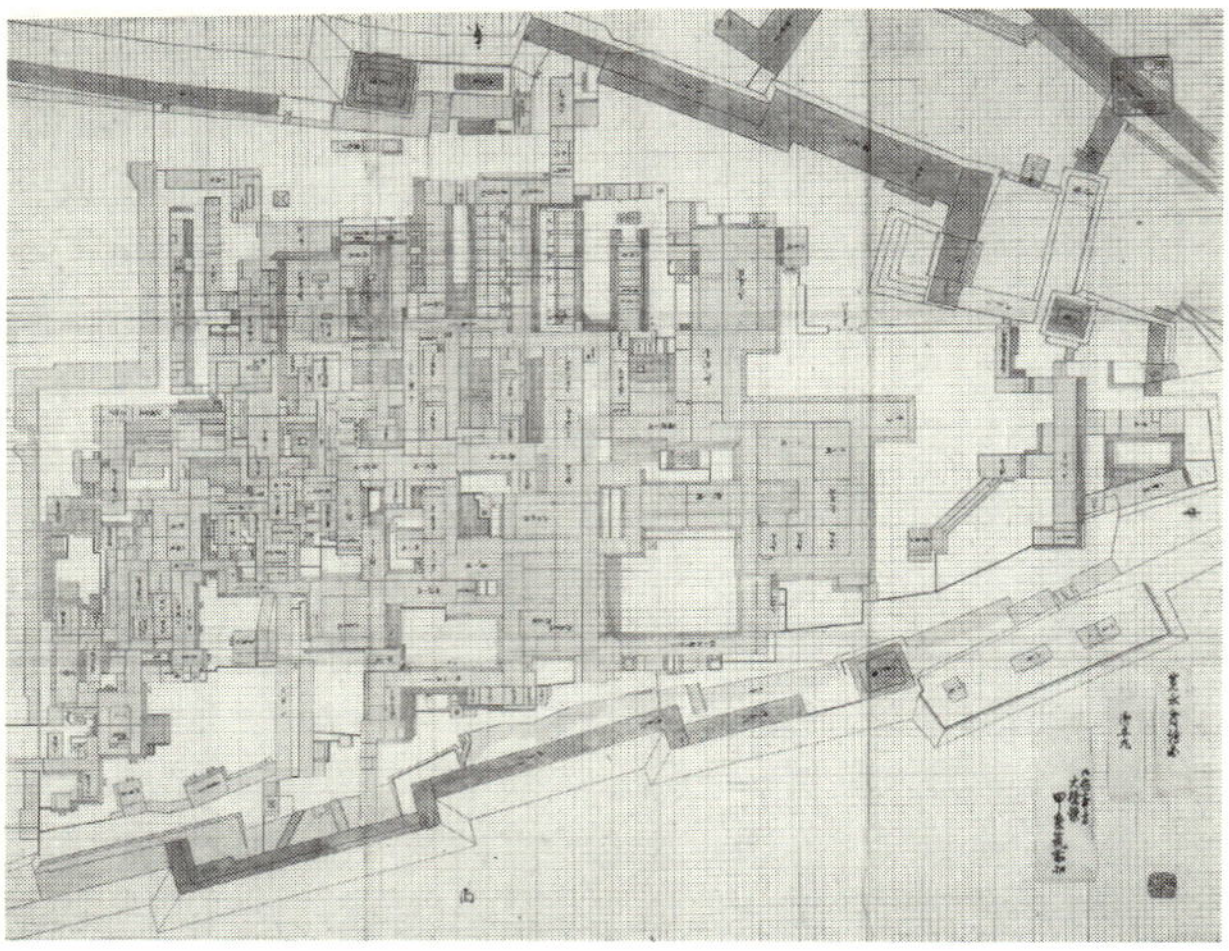

図3－3　『御本丸寛永度絵図』

　すなわち、家康が江戸に入城してから造営された文禄度造営の西丸御殿はもとより、公儀普請としての慶長度本丸・西丸御殿は、比較的小規模なものであったことから、元和度、寛永度と相次いで殿舎拡張に伴う造営事業が行われたとみることができるのである。

　御殿の基本形が確立したのは、寛永十二年の二の丸拡張工事後の御殿造営にあるといえる。寛永度では、二の丸・三の丸御殿がはじめて造営される。ここで注目されるのが、本丸御殿である。寛永度から、御殿指図が存在するが、それに先行する都立中央図書館特別文庫室所蔵『武州豊嶋郡江戸庄圖』（請求記号A一三-二）をみると、天守がデフォルメされ、本丸北虎口空間を広くとり、表中奥と大奥との境界が直線的に描かれている。本図は、寛政二年に写されたものであるが、原図は、寛永九年申十二月」に作成されたものであることが記されている。二の丸拡張は行われておらず、大手三之門と平河門の枡形形式も史料と整合する（図3-2）。つまり、元和度の姿といえる。この図では、御殿の様子をうかがうことはできないが、三の丸内には、酒井讃岐守と酒井雅楽守の両家の屋敷がみえる。ちなみに絵図が描かれた時点では、三の丸を「二の丸」と呼称していた。

　寛永度の本丸御殿指図は、大熊喜英氏所蔵『御本丸惣絵図』（以下、大熊図と呼称）と都立中央図書館所蔵『御本丸寛永度絵図』（六一六-四二、図3-3）と『寛永度大奥絵図』（六一八一-〇六、図3-4）が知られている。本丸御殿は、寛永度において二回、新造される。それは、火災が原因であるが、わずか三年も経ないうちの造営となる。史料によると、寛永十六年の火災では、天守と櫓の一部で焼失を免れたと記されている。二件の指図を比較すると、天守台の形状や大きさは全く同じであり、表向きの主要な部屋の配置もほぼ同じである。北虎口空間が広くとられていることも共通する。しかし、異なる点もある。一点は、中奥と大奥の境界を示す石垣が大熊図では直線であるのに対して、他方は東側で屈曲していること。一点は、大熊図では、中奥の御座之間、御休息所、大奥の御殿向の位置が相対的に東寄りに描かれていること。一点は、北虎口空間から大奥長局向に入る切手門の位置が、大熊図では上梅林門側の東向であるのに対して、他方では天守台側の西向きであることなどをあげることができる。大熊図は、大奥長局向部屋などの書き込みから、寛永十七年の指図と考えられている。筆者は、双方の図が寛永度指図であるとした場合、大熊図の方が明らかに古い様相を呈していると考える。したがって、大熊図を寛永十四年、他方を寛永十七年の指図と考えるのである。

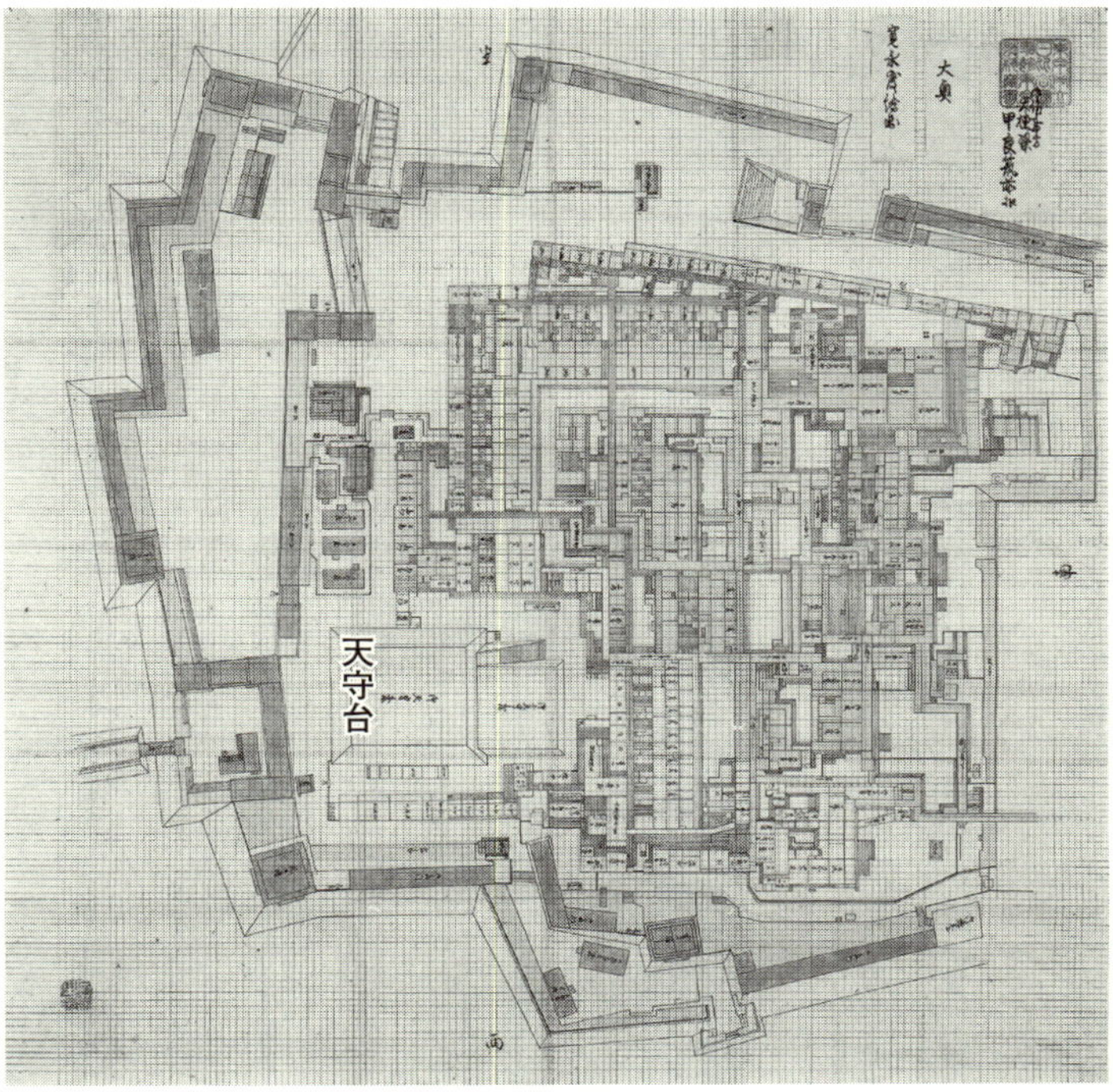

図３－４　『寛永度大奥絵図』

　図3-3・4の指図には、二つの特徴がある。一点は、両図とも碁盤目状の朱引きによる地割線上に指図が描かれていること。一点は、二つの図とも写しの元図が存在することである。前者は、後述する本丸地割図や指図基本形と関連するので、そこで述べる。後者は、押紙によって存在が明記されている。図3-3では、「寛永度繪図」「御本丸」「御作事方／大棟梁／甲良筑前扣」、図3-4では、「寛永度繪図」「大奥」「御作事方／大棟梁／甲良筑前扣」とある。両図に共通する甲良筑前は、第五章で述べるが甲良家八代の棟村もしくは十代の棟全を指すもので、本図が十八世紀後半以降に写されたものであることを示唆する。元図が問題となる。図3-3には、『御本丸表絵図』（六一六-一二五）、図3-4には、『寛永度御本丸大奥惣絵図』（六一八一-〇一）が対応する。このうち後者には、外題があり、「寛永度／御本丸惣絵図／大棟梁／甲良左衛門扣」と記されている。甲良左衛門とは通称で、二代宗次と四代宗員が用いている。宗次は寛永十五年に御作事方から身を引き同十七年に没していることから、ここでは宗員が該当する。甲良家伝来の江戸城造営資料は、宗員以降のものが大半を占める。寛永・慶安・承応・万治年間等々の図面は散見するが、それらは、宗員の代におそらく大工頭から借用し、写

した上で保管されたものと考えられる。つまり、図面の由来が確かなのである。ちなみに、法量は、図3-3が縦七三・〇センチ、横九三・〇センチ、図3-4が縦横とも七二・〇センチを測る。

ところで、寛永度の本丸御殿の新造で、造営期間の短かさには驚かされる。初回では、寛永十四年正月六日に着工し、同年九月十九日竣工。焼失後は、寛永十六年八月十八日着工、寛永十七年四月五日竣工。二回の造営工事では、ともに八カ月程で完工している。『東京市史稿』皇城篇を参照すると、殿舎の拡張が顕著な本丸御殿において、天保十五年の出火による再建では、総建坪一万一三七三坪余。このうち表中奥が四六八八坪余、大奥が六三一八坪余、櫓・番所・腰掛三九一坪余と記されている。大奥長局向の拡張分を除いても寛永度の建坪は八～九千坪程はある。表中奥と大奥とを同時に着工し、短期間で完工するには、正確な指図、建地割、矩計《かなばかり》図や基準となる水準線が必要となるのである。少なくとも寛永度の二回の造営では、これら図面が揃えられていたはずである。

寛永度のもう一つの特徴は、二の丸の拡張後、二の丸御殿と三の丸御殿が造営されることにある。二の丸御殿の指図は、わずかであるが東京国立博物館所蔵『二之御丸御指図』と国立公文書館所蔵『江戸城二丸御絵図』等が知られている。前者は、寛永十三年に竣工した御殿、翌年九月十四上棟の二丸東照社、三の丸は独立しているが御殿は無く御鷹部屋が描かれている。後者は、寛永二十年に竣工した詳細な指図である。表向と奥向は明瞭に区分されている。この新御殿は、竹千代（後の家綱）が移徙するためのものである。御殿とは直接関係するものではないが、二点の絵図には二の丸内の北東に泉水が描かれており注目される。二の丸苑庭は、小堀遠州の設計と伝わる。この泉水に玉川上水の御本丸掛が引かれるのは明暦元年（一六五五）七月のことである。それ以前の泉水への給水、管理などは不明な点が多い。

西丸御殿についても少し触れておく。西丸御殿の最古の指図は、筆者が知る限り都立中央図書館特別文庫室所蔵の『御表方西之御丸惣差図』（六一七一-四三、図3-5）である。本図は、慶安度の表中奥指図であるが、後出する元禄・宝永度指図と比較すると、相違が四点ある。一点は、大奥との境に「石切石垣」の表記があり、銅塀以前の古い形態であること。一点は、白書院から御座之間西側が御成廊下で連結することなく途切れていること。一点は、本図右下（北東）の「石之間」の上位の部屋に「大番所」「番所」と記入されていること。後続の指図では「御臺所」となる。一点は、彩色が施されているが、茶色の濃く塗られた箇所が大広間、遠侍、役部屋となる惣部屋、大番所、舞台と楽屋、玄関前門、腰掛などと、示された範囲が全く異なることなどである。この指図に先行するのは、唯一、『江戸図屏風』ということになる。二重橋、玄関前門、遠侍、中門から大広間、その背後に大奥が描かれていることは理解できるが、御殿の規模や部屋の配置などは、残念ながらうかがうことができない。

江戸初期の御殿造営では、安定した徳川政権下で殿舎拡張に伴う新造が相次ぎ、三代将軍家光のもとで基本的な設計が出来上ったとみてほぼ間違いない。

それを一層、確固たるものにしたのは、明暦三（一六五七）年一月十

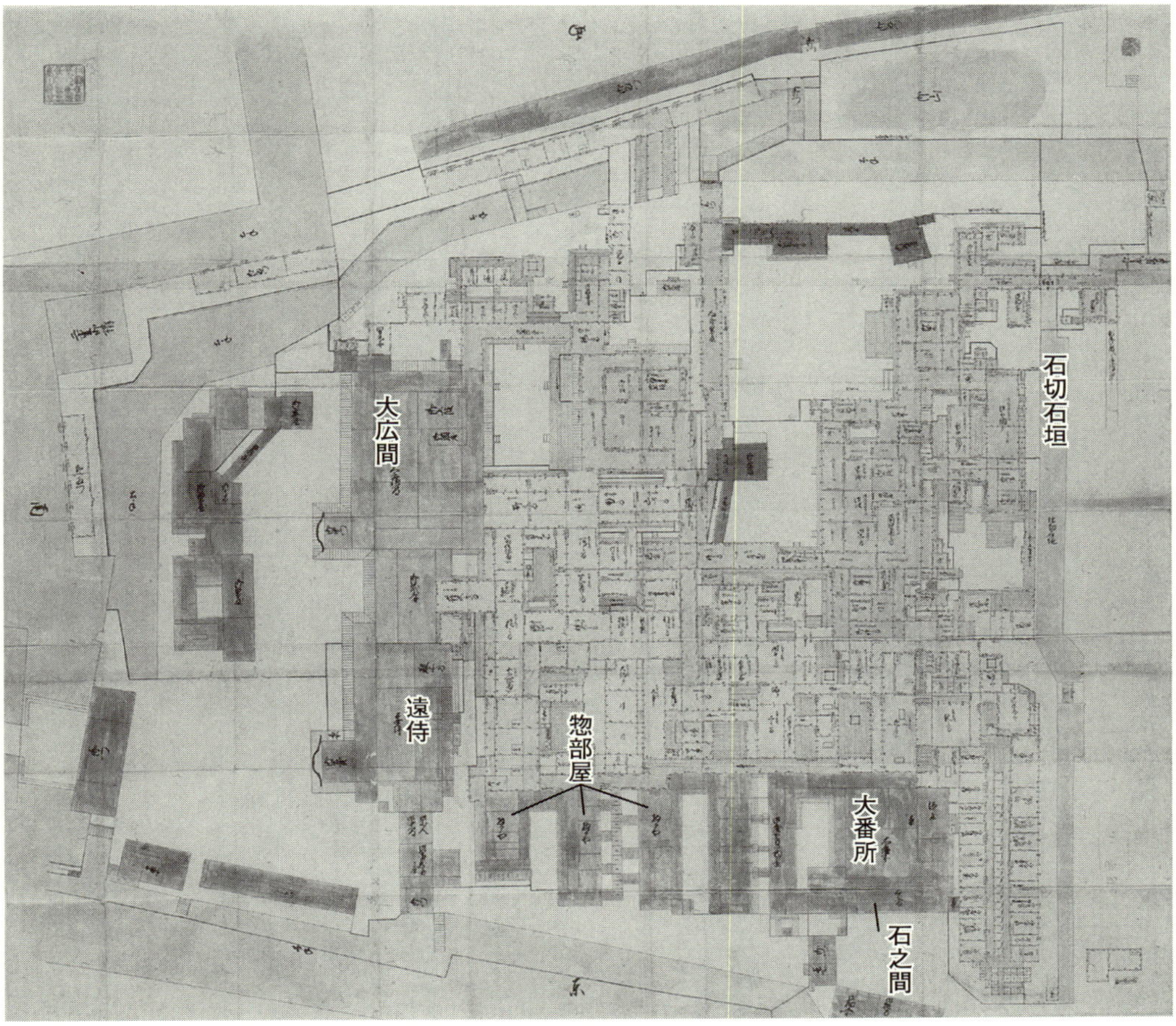

図3－5　『御表方西之御丸惣差図』

九日の所謂、明暦大火によって、本城の御殿（本丸・二の丸・三の丸）が全て焼失したことにあるといっても過言ではない。この災害を契機として将軍・幕閣・諸役人をはじめとする関係者全てに危機管理意識が共有され、そのことが御殿の新造と維持・管理に反映されたとみることができるのである。表3-1をみると、二の丸御殿が延享四年に焼失するものの、本丸・西丸御殿に限ると、天保年間に相次で焼失に至るまでのおよそ一八〇年間は、小さな改造や修理があるものの、新造されることなく、旧造の殿舎が利用されていることがわかる。

幕末は、天保年間以降、焼失が原因となって、御殿の新造がくり返し行われる。その度に、財政が困窮し、幕府権力の著しい衰退に歯止めがかからなくなる。江戸初期の様相とは、一変するのである。

弘化二年の本丸御殿新造経過　天保十五（一八四四）年五月十日、朝六時頃、大奥の広敷向一ノ側より出火、本丸御殿が全焼する。『東京市史稿』皇城篇第三をもとに、片付けから、新御殿造営に至る経過を概述する。

火災と同時に、将軍家慶は西丸御殿に移るが、幕府は即日のうちに片付けを開始する。その際、金銀銅鉄物など金属類は、一旦、灰とともに北の丸の竹橋御用地に運搬し、同時に焼金属売買禁止の町触れを発す。焼金属を含む灰の量は、およそ一万俵に及んだという。ちなみに、この灰俵は、篩物・泥流し・洗物・選別等々を行い、延七〇日、六三〇〇人を費している。金属類は、後日、金座銀座の方で買上げとなり、勘定方に入金されることになる。焼古銅地鉄竿鉛で三万三五五〇両三分永五九文九分と記されている。

さて、幕府では、五月十三日に老中の土井大炊頭利位を総奉行、若年寄の大岡主膳正固を副奉行に任じ、復旧に向けての体制を整える。先に述べたように、新造する本丸御殿は、御作事方が担当する表向中奥の四六八八坪四合六勺二才と書院渡櫓・大御門・番所・腰掛等々の三九一坪二号五勺、小普請方が大奥の六三一八坪余の合計、一万一三七三坪余となる。その復旧資金は、献金が重要となる。幕府では献金の規定を定め、一万石以上の大名はもとより、一万石未満の旗本にも課す。大名には、一万石に付五〇〇両の割合としたが、松平大隅守《(島津)》一五万両、細川越中守九万両のように多く献金する大名も少なくなかった。その結果、大名・旗本から六六万七〇四七両余、町方から一一万三六一〇両余の合計七八万六五七両余が集まった。このほか、大名によっては物資を献上するものもいた。大久保加賀守は石材、徳川斉荘は木材、松平越前守は鳥子紙などが記されている。しかし、新造経費は、献上費だけでは賄うことができず、総工費の一七五万四三四五両のうち、幕府が不足分の九七万三六八八両余を負担することになる。

村井益男氏の『江戸城』に、天保年間における御金蔵の所有高に関する記述があるので抜粋する。

天保十四年ころ蓮池御金蔵の総有高

大判　三二九枚
金　一、九五六、八一三両余
銀　一〇、四七九貫余
銭　四一、四九五貫八二六文

天保八年以来奥御金蔵の有高

金　四三八、〇〇〇両
銀　三、〇〇〇貫（金にして五〇、〇〇〇両）
計　四八八、〇〇〇両
金分銅　八個　目方　三三七貫五五〇匁
銀分銅　六個　目方　二四九貫八八〇匁

ほかに当時蓮池御金蔵にあり、おって奥金蔵へ納めるべき分

金分銅　三個　目方　一二三貫九五〇匁
銀分銅二三個　目方　七〇二貫四七〇匁

と記されている。つまり、不足分は、蓮池御金蔵の総有高の金のおよそ半分に相当する金額なのである。本丸御殿の新造に先行して、天保九年には西丸御殿が焼失してやはり新造している。その工費が一四四万二一六九両余かかっている。一〇年も経過しないうちに二度の出火でおよそ三二〇万両の出費となる。幕府、さらには大名にとっても負担が大きく、幕府の財政は困窮していく。

次に、復旧で要する資材を考えることにする。まずは、一万坪を超える建築資材をみる。第七章第三節で述べるが、享保三年の二局分掌で、御作事方と小普請方の双方から提出される。御作事方からみることにする。そこでは、大棟梁平内大隅と足代方楢崎庄右衛門の二通の願書が火

災の翌月に提出されている。木材の種類と数量に関する部分を抜粋すると、

覚

一、五萬本。杉丸太。長貳間。末口貳寸ゟ四寸迄末延。
一、五萬本。松丸太。長貳間切。同貳寸五分ゟ三寸迄。
一、三十萬本。唐竹。　四五寸廻り。
一、壹萬束。山枌杉屋根板。
一、壹萬五千束。杉小舞貫。
一、千　束。松貳間。　貳寸、一寸五分角。
一、千　束。杉中貫。
一、五千枚。杉板長壹間。巾尺廻、厚六分
一、五千枚。杉板長壹間。巾尺廻、厚四分
一、貳萬枚。葭簀。

これは、足代方の栖崎庄右衛門から提出されたものである。大棟梁の平内大隅からは、

一、八千本。杉丸太長貳間ゟ三間迄。末口三寸ゟ五寸迄。
一、五千挺。杉長貳間。　大貫。
一、四千挺。同長貳間。　中貫。
一、三千挺。同長貳間。　小廻貫。
一、貳千本。同長貳間。　小割。
一、五千本。松長貳間。　貳寸角。
一、四千本。同長貳間。　大三寸。
一、千　挺。同長壹間ゟ貳間迄。　敷居木
一、七千枚。杉板長壹間。　尺廻、四分。
一、壹萬貳千枚。松板長壹間　尺廻、六分。
一、三千本。松椴長貳間ゟ三間迄。　五寸角ゟ尺角迄。
一、貳千本。杉長貳間ゟ三間迄。右同断

と記されている。御殿の基本的な図面を保管しているので逸早く、かつ具体的な数字で表されている。御作事方の大工頭を頂点とする大工集団の強固な繋りをうかがうことができる。一方、奥向を担当する小普請方は、やはり六月に提出するが、様相が異なる。木材については、

一、杉捍五寸角。　一、同六寸角。
一、杉中貫。　一、松六分板。
一、杉丸太三五分。一、八九廻り竹。
〆六品。

とあり、足代丸太についても、

一、貳萬本。松長丸太。貳間、末口貳寸ゟ四寸迄

の願書となる。買出人の重兵衛、福田屋久兵衛ほかから提出された書上を小普請方大鋸棟梁南川米八が統轄するものであるが、体制の弱体化は歴然としている。木材の調達にあたっては、江戸市中はもとより、京都・大坂、さらには木曽山に及んでいる。

ちなみに、御作事方と小普請方が担当した本丸御殿普請総御入用取調で、木材に関する手間賃、種類・本数と値段・運送賃等々の記述がある。その部分を抜粋すると、

一、金貳萬六千四百三拾六匁三分永百三十八文貳分。
　　銀百六十九貫貳百十八匁八分三厘。　御材木蔵御入用。
　　米千百八拾壹石九合貳勺。
是ハ御作事方・小普請方・御細工所渡、諸木挽・木挽《ママ》板賃・人足

賃・役所小買物并御材木蔵ニ而御買上相成候山挽物・板類御入用。

外

銀貳百四拾五貫六百拾六匁貳分八厘。挽木・挽板賃・其外とも、割増丈ケ分、別段御手當。

金六拾貳萬九千九百八拾四両壹分永百三十五文。三分壹諸材木板類、并山厘六毛。挽物竹木板御入用。

内、

金貳拾壹萬八千七百九拾四両三分永四拾八文五分四厘九毛。御蔵有合材之門御遣方ニ相成候分。

是ハ、大奥向・奥向・御表向・御普請用并炎上跡仮板圍、且御城内向御取繕御用、御作事方・小普請方・御細工所渡り諸材木、数拾壹萬貳千九百六十本、此尺〆十貳萬貳百四拾本壹分九厘九毛、榑木貳萬七千拾貳挺、板子貳千七百五拾五挺、諸板三拾四萬七千七百五拾枚、此尺〆三拾五萬八千三百三拾六枚壹分八厘四毛、椹丸太三百四十四本、椹・杉屋根板三萬千三百四十把、諸杉板《ママ》三萬六千三百七束、諸引割物百七十九本、此尺〆貳十壹本九分五厘、割出脊六十四本、此尺〆拾貳本六分貳厘、諸枕木千百壹本、此尺〆貳百拾本八厘七毛、檜厚割百三拾三本、此尺〆四百拾本五分壹厘、且京大阪其外御買上諸材木数千八百九本、此尺〆三千貳百七拾七本七分八厘御入用。

金壹萬六千七百六両永貳拾三文六分御林諸木、并寺社百姓献納材伐出運送賃其外共御入用。

是者、武州・相州・甲州・遠州村々御林并駒場御用屋敷、四ツ谷大番町、千駄ヶ谷御煙硝蔵御林ゟ松丸太其外諸材、且寺社百姓献納材共木数貳萬四千七十壹本、此尺〆壹萬九千七百五拾九本九分四厘四毛、伐出運送賃銀、百姓持山之分元木代被レ下御入用共

（以下略）

と記されている。莫大な木材の資用とともに、木料・加工賃等々が総工費の三分の一以上を占めていることになる。

資材のうち、屋根瓦について補足する。本丸御殿では、大広間・白書院・黒書院・御座之間・御休息之間、大奥向など将軍が行動する部屋の屋根は銅瓦葺、それ以外は本瓦葺であることが知られている。それを示した『御本丸御殿向銅葺屋根水取絵図』（六一六‐一二）や『御本丸御座鋪向銅屋根絵図』（六一六‐四四）も存在する。新御殿では、銅瓦を二一〇万一五八一枚、大坂瓦を八六万一五二八枚買入している。大坂瓦の約八六万枚は、元禄大地震で復旧のために幕府が発注した瓦の枚数に匹敵する。

普請小屋は、六月には出来上がる。御作事方は、外神田佐久間町河岸と西丸広場一円、中之門内広場一円。小普請方は、一橋門外明地、鎌倉河岸と平川門外広場一円。細工所は、内桜田門外下馬所前広場一円。手斧初・鍬初・柱建の儀式は、御作事方が七月二十三日、小普請方が二日遅れの七月二十五日に行われ、本格的な復旧工事が進む。同年十二月九日、中奥と大奥が上棟する。そこで十二月十一日には中奥、同月十三日には大奥の地鎮安鎮祈禱が覚樹王院によってとり行われた。また、この日をもって「弘化」と改元する。本丸表向の鍬初柱建の儀式は、弘化二年正月二十七日に行われ、四月十八日に上棟する。五月二日には、日光門跡慈性法親王によって地鎮安鎮の執法が行われている。着工からおよ

そ八カ月を経て上棟したことになる。

御殿造営で工費が膨んだ要因の一つに、人件費の高騰をあげることができる。幕府では、職人不足から、九月には、遂に大工賃銀を二倍にし、募集することにする。それは、

町触

常夏中ゟ類焼場普請其外ニ而雇入候大工賃金、早出居残り名目ニ而内々不相當之賃金増方致候由ニ付、先達而伺済之上、町雇

一、大工壹人賃金一日三匁、飯料壹匁二分。

但、實々早出居残り者、飯料無構、賃金壹匁五分増、壹人分飯料共銀五匁七分。

一、御作事方・小普請方・御普請方此節御雇人之分、其御向にて賃銀御渡し有之候間、右之分ハ前書町雇之賃銀ニ者拘り不申事。

右之趣、伺済之上達来候間、右職分之ものハ勿論、其外行届候様可申通候。以上。

九月十三日　名主所。行事。

と記されていることから理解できる。第五章で詳述するが、幕府では、明暦大火の復興で、大工本途手間をはじめ職人の手間賃が急騰したことを教訓として、元禄大地震の復旧以降、定額で押さえようとする。体制が強固な御作事方では、大工の一日あたりの賃金が銀一匁五分に飯米一升五合とし、実体はともかく天保八年まではそれを続けている。その史料も存在する。この町触による大工募集は、工費の増加は別として、幕府の弱体化を進める要因の一つになっていくのである。

本丸御殿のうち、中奥と大奥が完工したことから、将軍家慶は、弘化二年二月二十八日、西丸御殿を出、西丸大手門、内桜田門を経由して本丸に移徙することになる。

なお、図3-6は、弘化度表中奥の指図『江戸城御本丸御表御中奥御殿向御櫓御多門共総絵図』（六一六-一四）である。右下に内題、左上に総奉行阿部伊勢守以下、主要な組織一覧が記されている。御作事方では、大工頭に村上與五郎、大棟梁に平内大隅と辻内近江の名が記されている。最後に、本図所有者の「大棟梁／甲良若挾扣」の名と「建仁寺流官匠甲良印」の朱角印が押されている。

本丸地割図と御殿指図　御殿の新造が驚異的スピードで進行することを前述したが、それは、地割図をはじめとする基本設計図の存在と保管にあるといえる。現存するのは、本丸御殿を例にすると、寛永度までさかのぼることができる。「江戸城造営関係資料（甲良家伝来）」でみることにする。

先に、図3-3・4で碁盤目状の朱引線があることを指摘したが、その元となる図が『御本丸表御殿向絵図』（六一六-二四、図3-7）と『御本丸大奥絵図』（六一八一-〇四、図3-8）である。図3-7は、表中奥空間に地割線を引き、その上に主要な部屋を描き、彩色で区別している。将軍が使用する部屋は茶色、遠侍と部屋向は淡黄色で塗られている。前者を南側からみると、表舞台、大広間、松之廊下、白書院、竹之廊下、黒書院、御座之間、御休息之間、御鈴廊下等からなる。例外的に御宝蔵曲輪に入る門、長屋門、中之口、納戸口と大奥に連絡する仕切門なども色濃く塗られている。本図の特徴として、大奥との境界が北東で屈曲していることがある。前述の大熊図では、その境が直線的であるこ

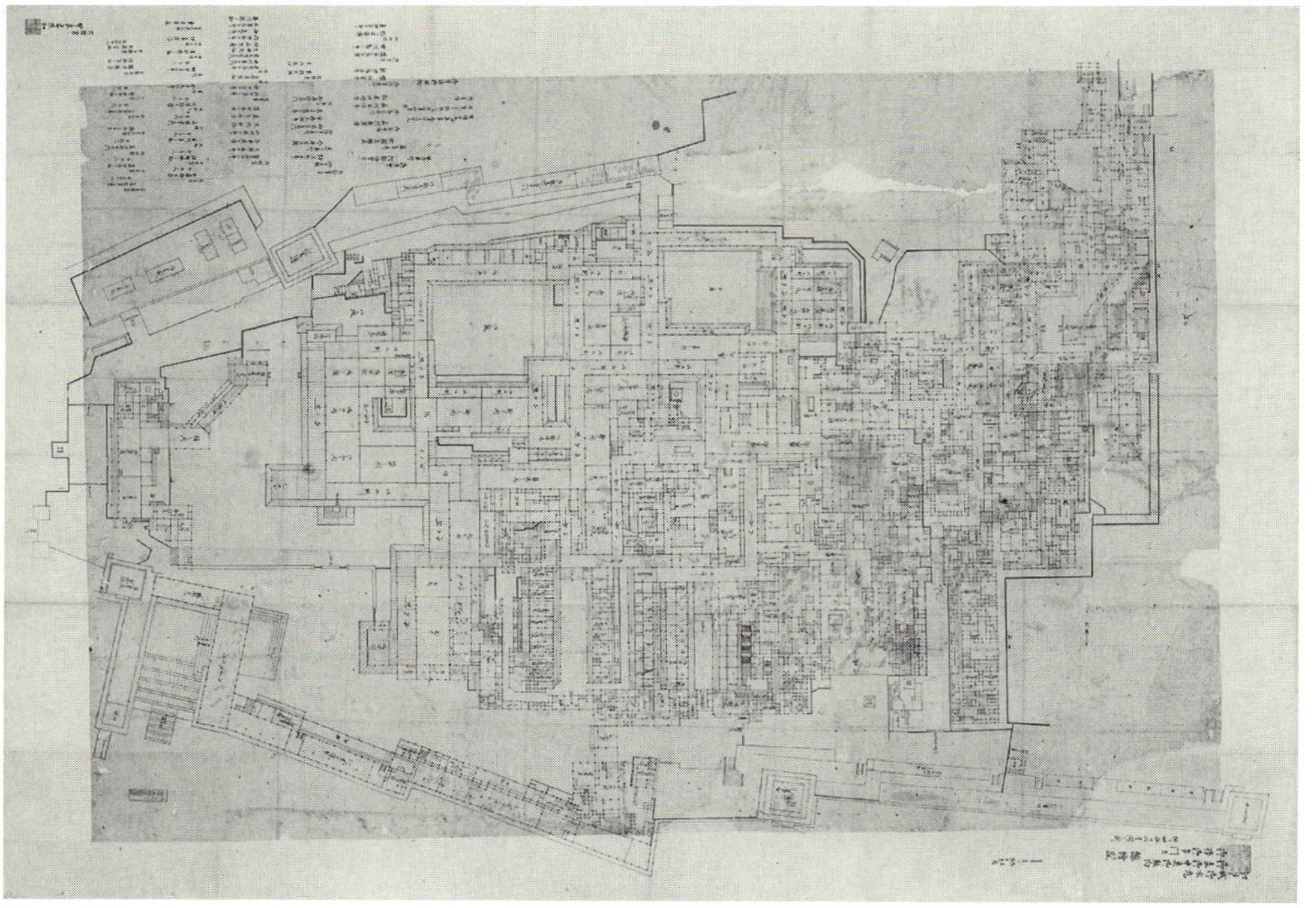

図3－6　『江戸城御本丸御表御中奥御殿向御櫓御多門共総絵図』

とから、図3-3・4の基本となる地割図といえる。法量は、縦五〇・〇センチ、横七〇・〇センチを測る。図3-8は、大奥の地割線である。表中奥の地割図と比較すると、御殿向、広敷向、長局向の主要な部屋が地割線の上に描かれており、幾分、丁寧な図となっている。また、地割の一枠が大きく、図3-9の二五枠分に相当する。彩色は同様であるが、石垣を示す灰色が加わる。中奥との境界となる石垣塀、天守台、切手門などが該当する。切手門は、天守台を正面にみる西向の開口で描かれ、

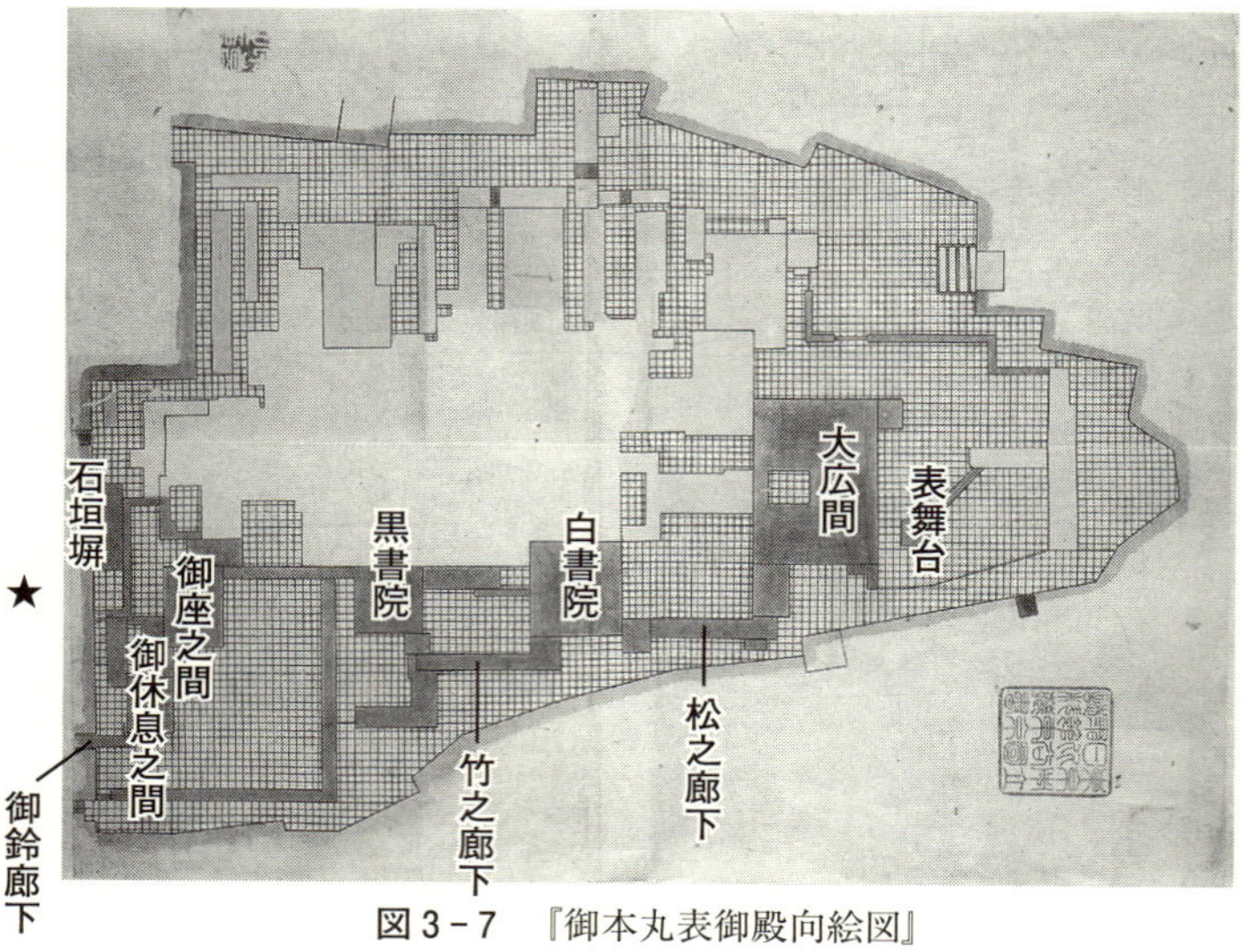

図3－7　『御本丸表御殿向絵図』
★印は図3－8の★の位置に対応

図3-4とも共通する。なお、この地割線の平面図で、図3-4に対応する天守台の拡大図があるが、それは後述する。本図の法量は、縦四五・〇センチ、横三七・〇センチを測る。

図3-9は、図3-7・8を合成した『御本丸総御絵図』（六一六-二八）で、地割の一枠を同一サイズとし、図3-3の細かな地割にも対応できるように、図右端の三枠分を用い、関係を明示している。本図では、同じ色彩で区別してあることから、将軍の使用空間が本丸御殿内の西側に偏在していることがよくわかる。ちなみに、表向の玄関先、遠侍、大広間の外形は、図3-3はもとより、弘化度、万延度指図とも一致する。法量は、縦四八・一センチ、横八一・〇センチを測る。

図3-7・8・9の本丸御殿の地割線が引かれた時間軸の特定が求められるが、それを知る資料が図3-10の『御本丸総御絵図』（六一六-二七）である。本城の縄張りを正確に描き、その上で、本丸御殿の主要な部屋を挿入したものである。地割線は引かれていないが、図3-9をそのまま挿入した形状にある。本図の特徴は、前述した図3-1と同じである。図3-1では書き漏れた書院出櫓も加わる。二の丸拡張、大手三之門と平河門の枡形変更、本丸西側の菱櫓と西側二階櫓、本丸御殿二回の新造から、本図の作成された時期を寛永十六年を上限、明暦三年を下限と考えることができる。筆者は、野中和夫編『石垣が語る江戸城』で東京国立博物館所蔵『江戸城図（明暦元年）』を紹介したことがある。大奥との境界となる屈曲する石垣塀と御鈴廊下・仕切門の位置、切手門、二の丸の拡張と全く同じに描かれている。その外題には、「江戸城本城／明暦元年扣／寛永御建直ノ儘御縄張」と記されている。時間軸を特定する参考資料である。

以上のことから、これら地割図をもとに図3-3・4の指図や、明暦大火後の『江戸城御本丸御表御中奥御大奥総絵図』（六一五一-〇四、第六章図6-6参照）などが作成されているのである。

殿舎のレイアウトには、地割が大変効果があるが、御殿造営を同時に着工する場合には、水準線が重要となる。万延度、表中奥の造営に関する図面が良好な状態で伝わる甲良家資料の建地割をみると、各々必要な寸法と共に朱引線が引かれており、その上には「此朱引御座之間石上場引通シ」と記されている。すなわち、中奥の御座之間の床下石が基準となっているのである。それによって、統一された水準線が可能となるの

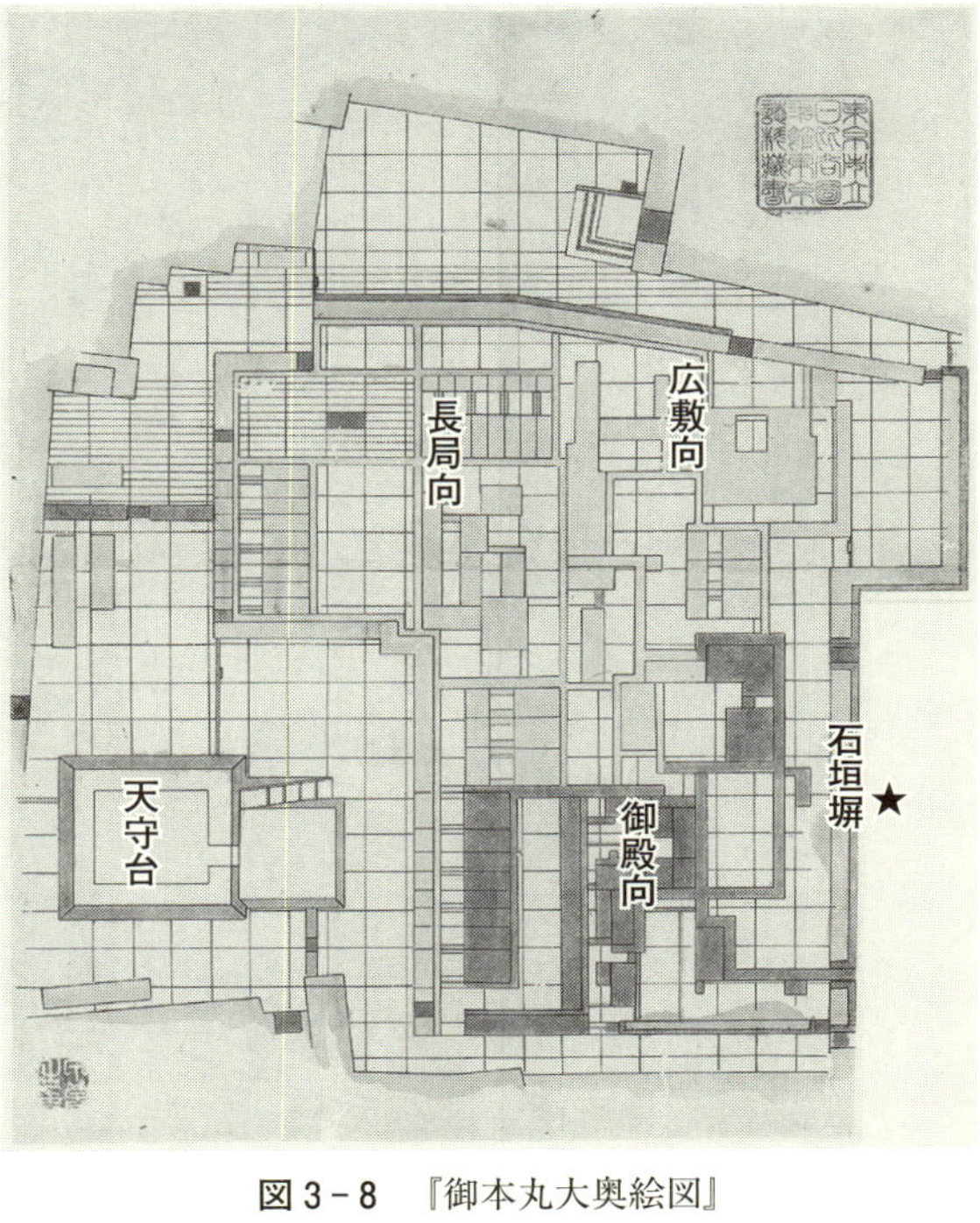

図3-8 『御本丸大奥絵図』

である。万延度では、大奥との境界である銅塀から中奥の舞台・楽屋、御座之間、中庭、黒書院、中庭、白書院、中庭、遠侍外側・玄関、中門の順で地下りを示した『御本丸御座之間より大広間迠地下り絵図』（六一六五-五〇）がある。銅塀と御座之間石の上場各々二尺六寸一分のラ

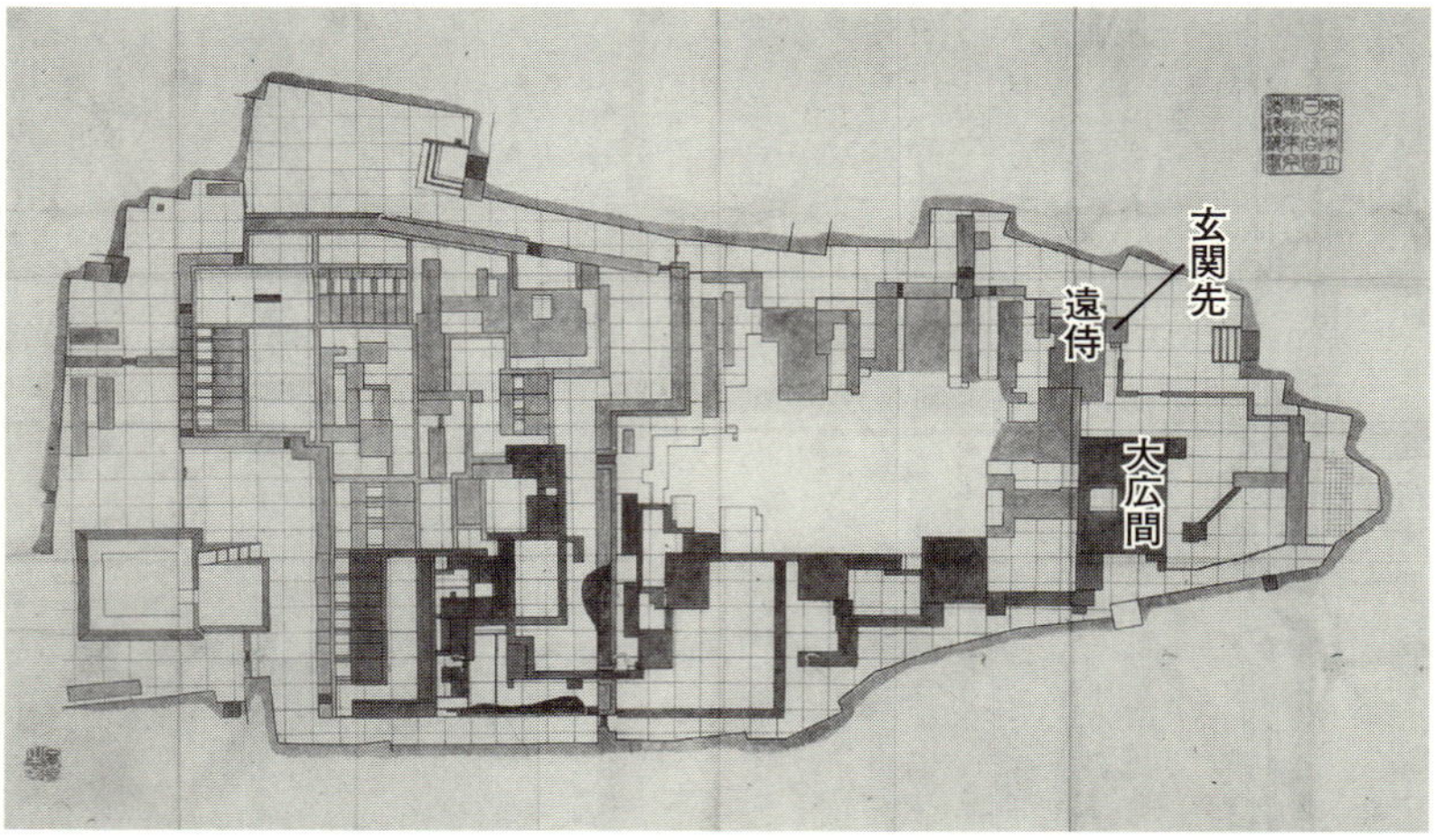

図3－9 『御本丸総御絵図』

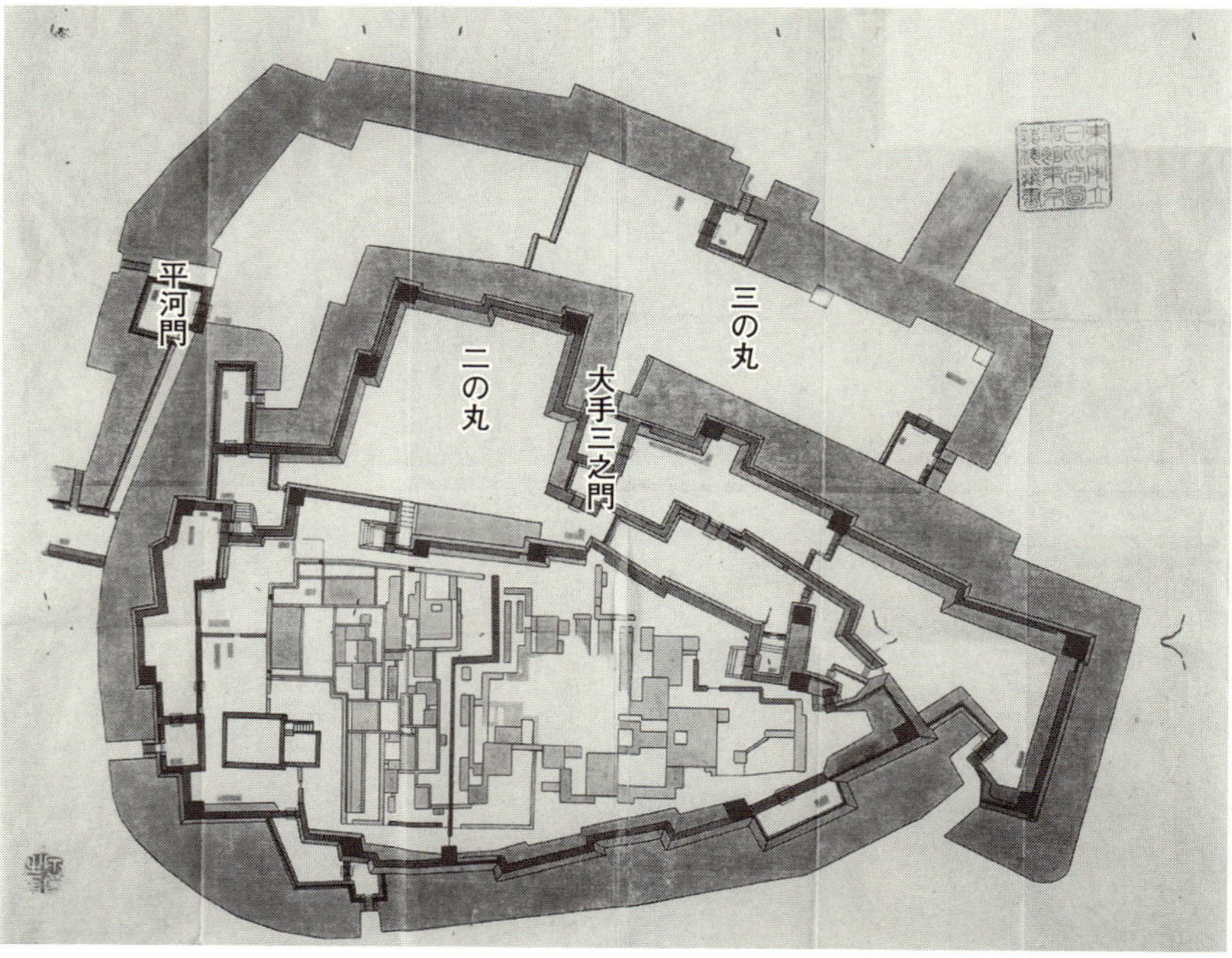

図3－10 『御本丸総御絵図』

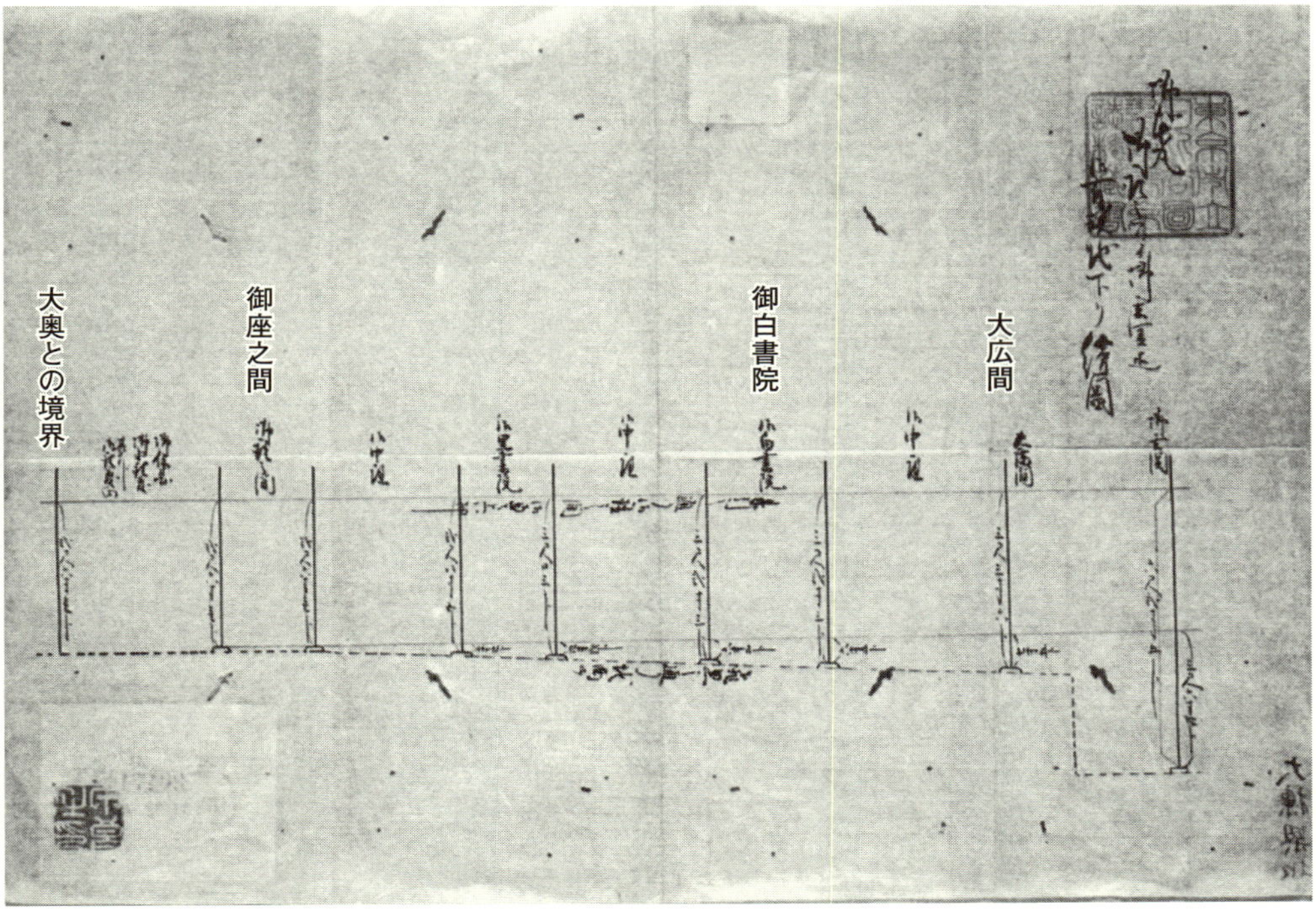

図3‐11　『御本丸御座之間より御玄関迠御有形地下り絵図』

イン上に朱引水準線を引き、各所の朱印線からの距離（高さ）を示したものである。中門の南端の礎石上では「三尺四寸四分」と記されている。この図に先行する絵図が存在する。図3‐11の『御本丸御座之間より御玄関迠御有形地下り絵図』（六一六‐三六）である。御座之間石上場を朱引線下「二尺六寸五分」にとり各所の寸法も同じであるが、万延度の地下り絵図と比較すると、両端が異なる。万延度では、左端を「銅塀」と明記してあるのに対して、本図にはない。右端の中門は、省略されている。本図の製作された時期を特定することは困難と言わざるをえない。しかし、地割図や図3‐3・4の指図が作成され、造営された寛永度では、この図がなければ八カ月程で竣工することが不可能といえる。何気ない図ではあるが、重要な図なのである。本図を詳細にみると、御殿空間内では、御座之間周辺が最も高く、南に向かって緩やかに傾斜していることがわかる。御座之間右上場を零とすると、黒書院で二寸四分（約七・三センチ）、白書院で六寸二分（約一八・八センチ）、大広間で七寸五分（約二二・三センチ）下がっている。大奥の資料のなかで地下り絵図は報告されていないが、同様のものが存在したと考えられる。

図面にみる建物・部屋の構造　御殿の建築図面には、内法による平面図である指図《さしず》、木構造を示す立面図の建地割《たてぢわり》、柱と部材との関係を示す矩計図《かなばかりず》をはじめ多くの種類がある。万延度大広間を例にあげ、代表的な図面を紹介する。図面が建築図面であることから、建物の基礎となる土木に関するものは、残念ながら皆無である。元禄大地震や安政江戸地震など大地震を経験しながら、被害が記録されていないところをみると、堅固な地形《じぎょう》（土台工事）が施されていたことが推察される。

図3-12は、『御本丸大廣間地繪図』（六一六二一一九）である。大広間の御上段・御中段・御下段・御二之間・御三之間・御四之間・御納戸構・御後之間・御入側・御中門等々の正確な情報を平面図に全て記入している。確認が済んだ項目には、文字の上に朱で印を付けている。内題がある右上には、御勘定方・御作事方・御目付方・吟味方の四手方の黒印と朱書があり、検査終了後の図面であることを示唆している。この地絵図をもとにして各図を作成する。図3-13は、『御本丸大廣間土臺繪図』（六一六二一一七）である。三色で色分けし、主要な箇所には槻、時服置所や法眼溜・戸袋の下には檜と記されている。荷持柱も明記されている。薄くであるが、全体に碁盤目状の朱引線が引かれている。本図にも、四手役の黒印と朱書きがみられる。図3-14は、土台の上にくる『御本丸大廣間足堅繪図』（六一六二一一七）である。図3-13の土台の上に平行して大引や足堅メをすることで堅固なものとしている。草色の濃い箇所が足堅メ、茶色の淡い箇所が大引である。図内には、大引が「壱間」間隔であることが記されている。図では分かりにくいが、足堅メと大引の位置に荷持柱一五本と床カ木が記されている。本図も朱引線と四手役の印がみられる。図3-15は、『御本丸大廣間格天井割繪図』（六一六二一一五）である。図3-12の地絵図と対比することを目的とした。本図では、御上段と御中

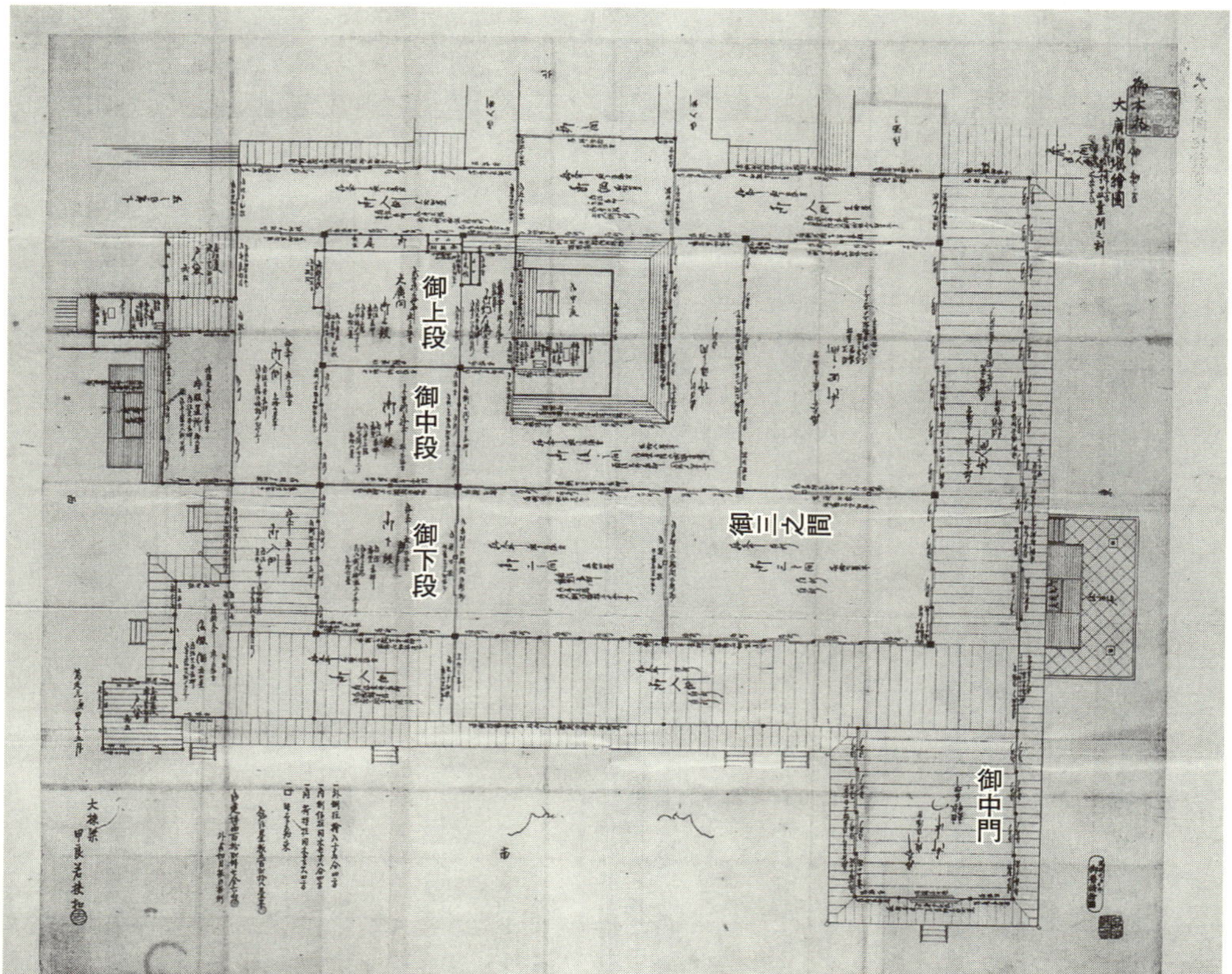

図3-12　『御本丸大廣間地繪図』

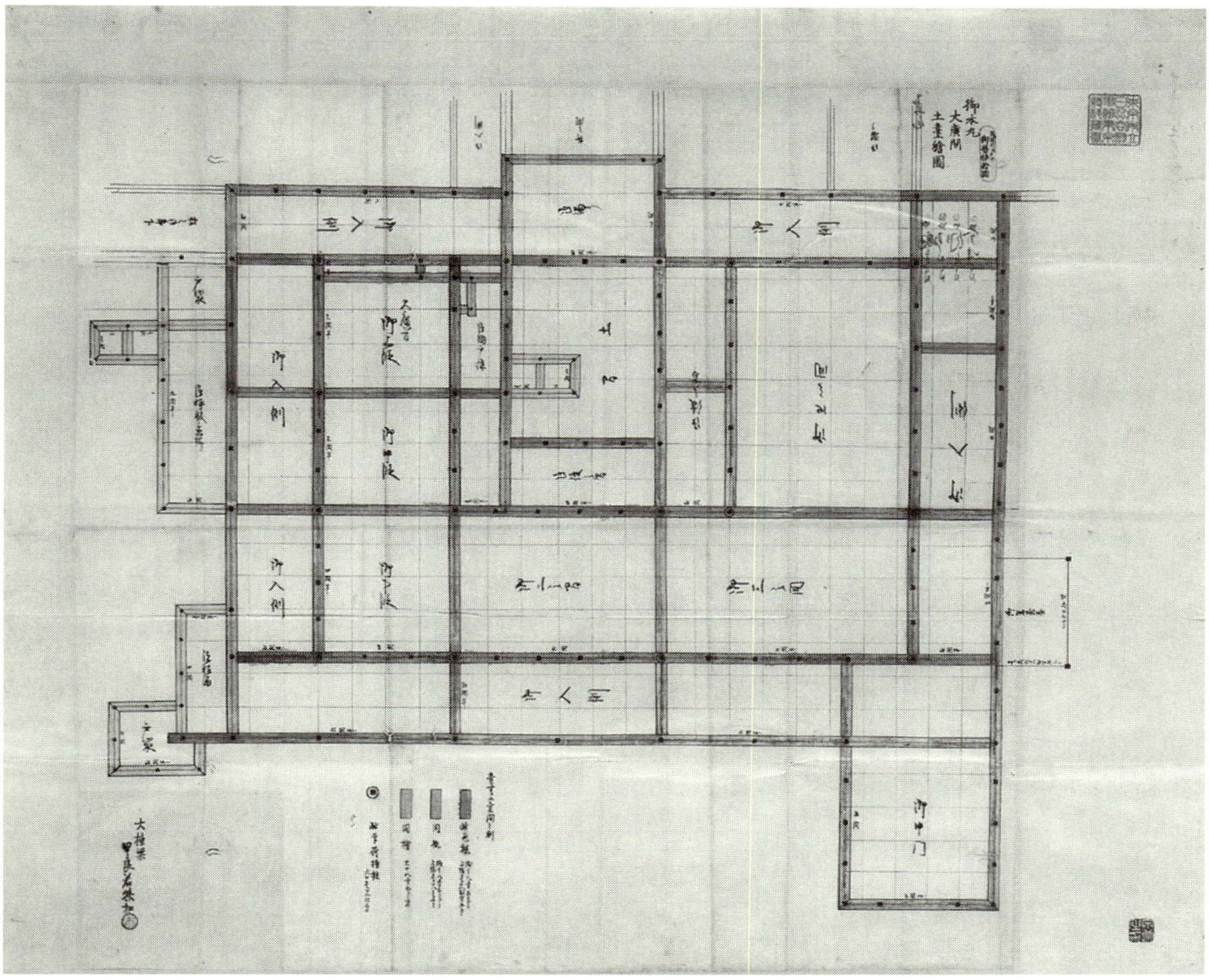

図３-13 『御本丸大廣間土臺繪図』

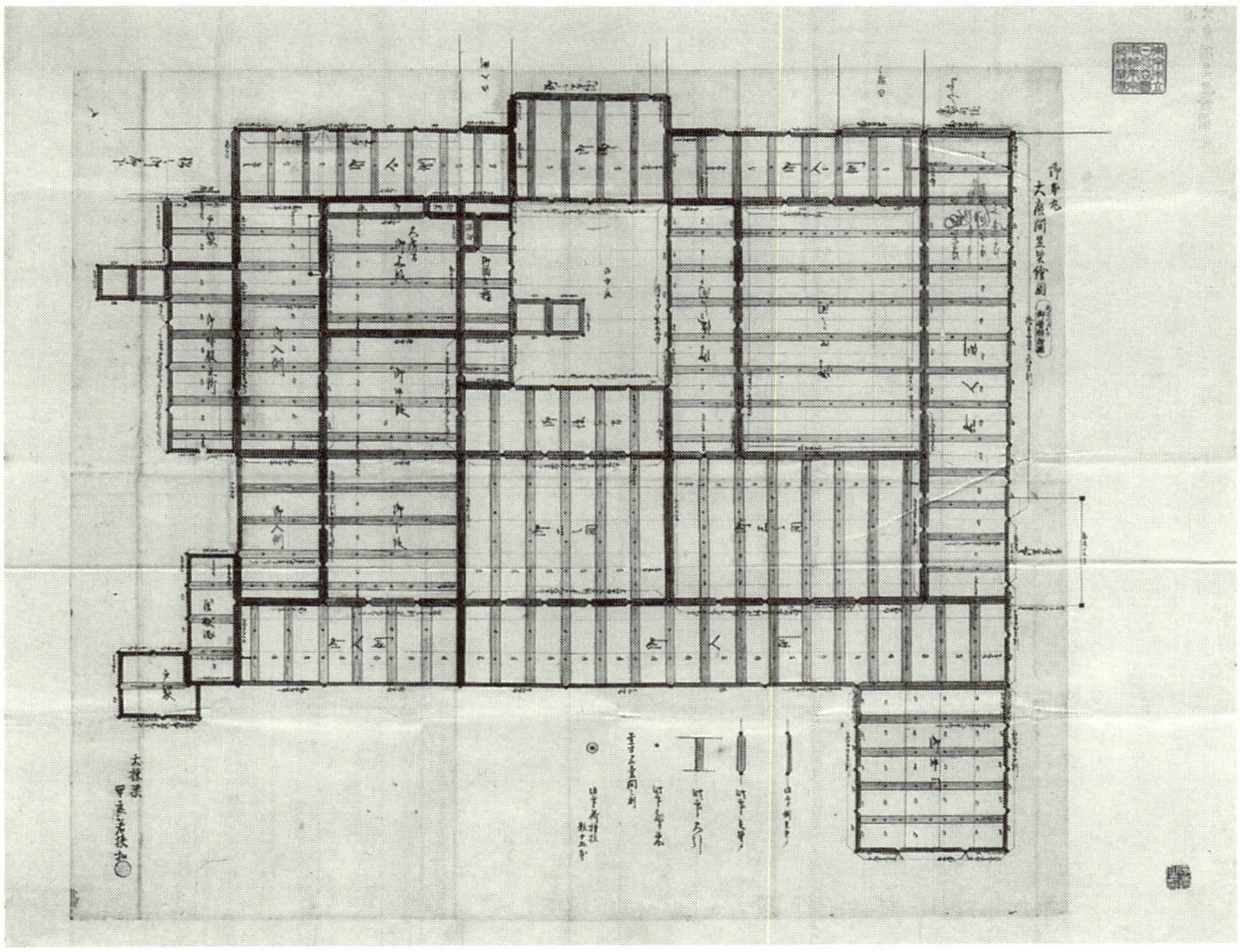

図３-14 『御本丸大廣間格天井割繪図』

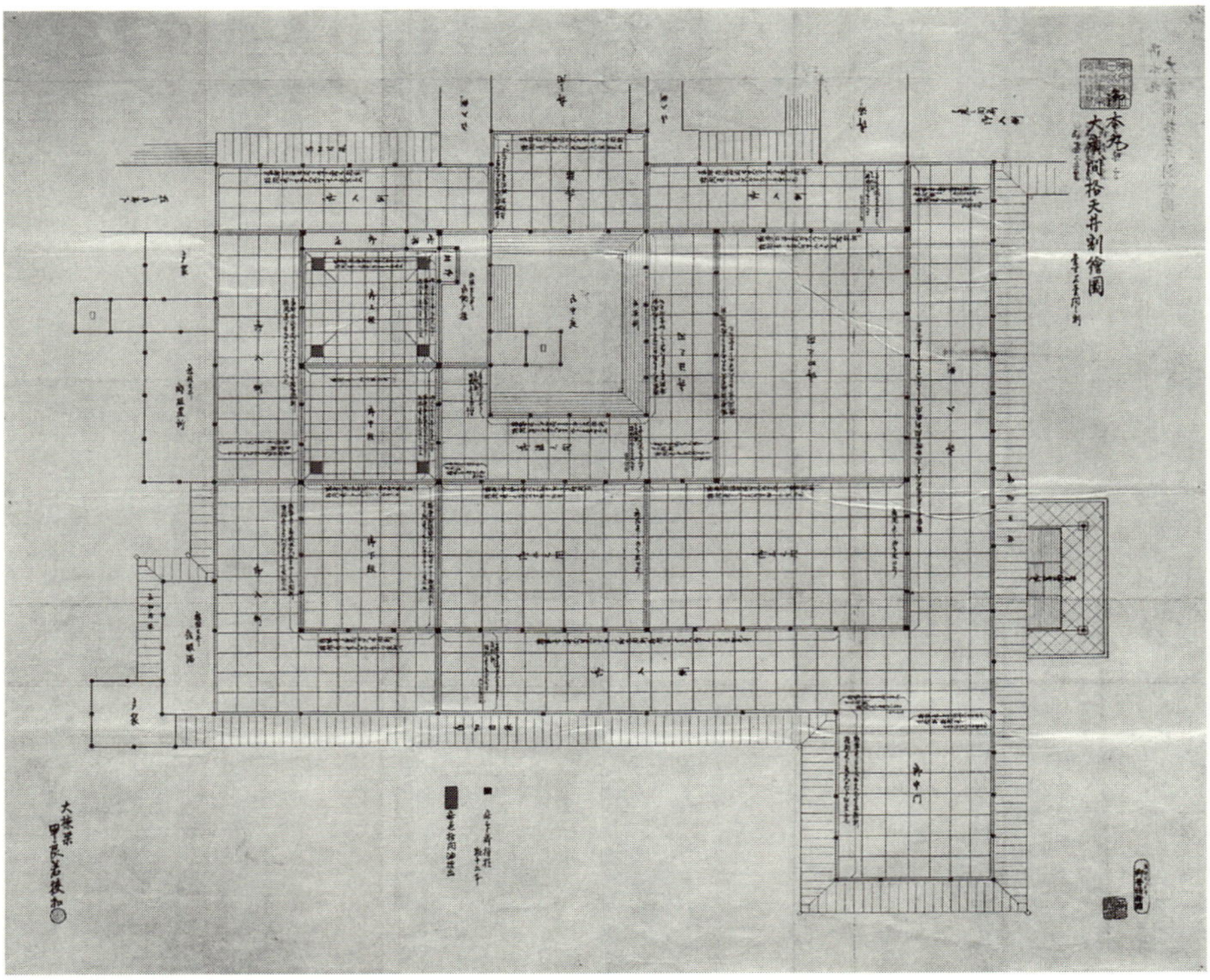

図3-15『御本丸大廣間足堅繪図』

段の格天井が細かく描かれ、隅に朱で「格間油湮出」があることを示している。本図では、格天井の枠目の大きさによる相違がわかるが、図3-12を参照すると、御上段が「弐重折上格天井」、御中段が「壱重折上格天井」、御下段ほかが「格天井」とあり、いずれにも「廻り御張付」の文字が添えられている。すなわち、格式に応じて天井が変わっているのである。本図には、格天井間の寸法と一五本の荷持柱、四手役の印が記されている。図3-12~15は、いずれも裏打ちが施されており、裏打紙に同じ外題が記されている。図3-16は、『大廣間三拾分一建地割』(六一六二一-一七)である。大広間の中心をなす御上段・御中段・御下段と御入側との木構造が示されており、前述の格式に応じた格天井の相違がよくわかる。また、御上段には、正面の書院造りの御床、側面に設けられた「御千鳥棚」や「御帳臺」が描かれている。入側南東部の破風と鬼板もよくわかる。図面としては、小屋梁絵図や鬼板正寸図などもある。『御本丸大廣間棟鬼板(正寸絵図)』(六一六二一-一二)は、法量が縦一五七・〇センチ、横二一二・〇センチを測る大きな図である。大広間の屋根は、全て銅葺であるが、図3-17は、『御本丸大廣間御屋根水取繪図』(六一六二一-一三)である。図中右端の御駕籠台の先端、四半石の上が唐破風であるのを除くと、他は全て千鳥破風の形式をとる。図中には、軒桁の長さのほか、㊀~㊇の番号が付けられ軒の高さを示し、㊀の大棟下では「壱丈九尺五寸九分(約五九三・六センチ)」、中門で「壱丈八尺弐寸九分(約五五四・二センチ)」、最も低いのは時服置所の北側で、「壱丈弐尺(約三六三・六センチ)」とある。図中右下の突出部は中門、右上の青色に彩色されているのは本瓦葺となる虎之間に続く屋根である。

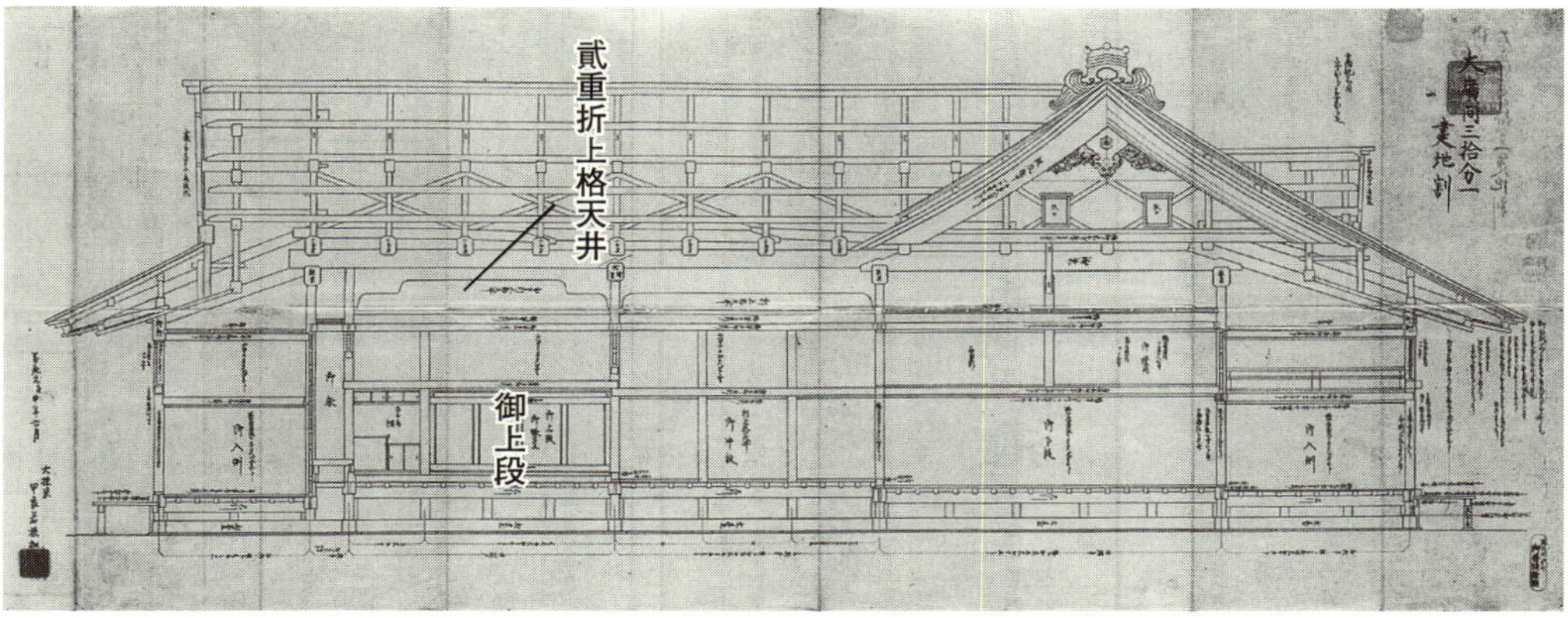

図３-16 『大廣間三拾分一建地割』

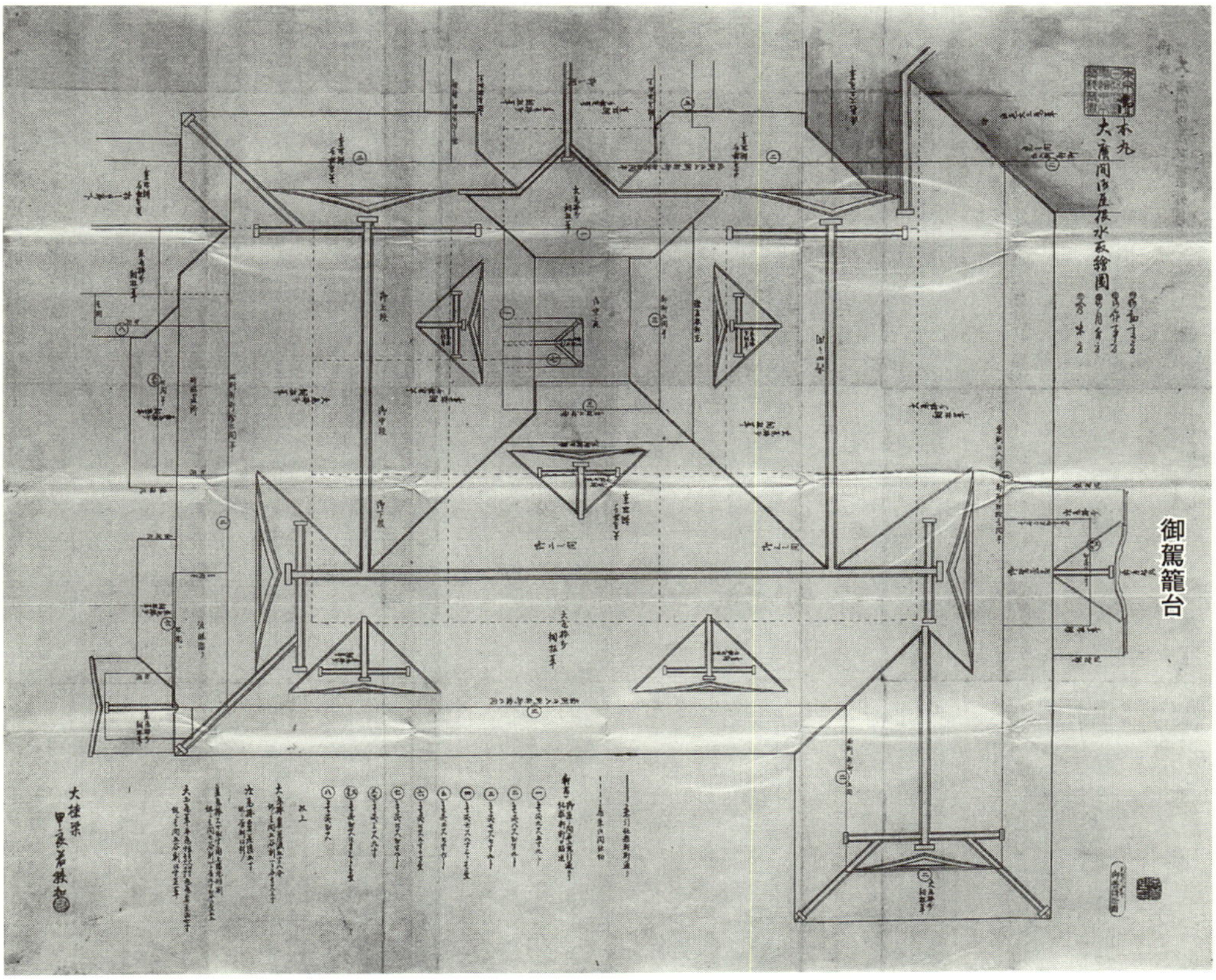

図３-17 『御本丸大廣間御屋根水取繪図』

図門には、「此色大土瓦葺」の記入がある。本図にも四手役の印がある。法量は、縦八七・五センチ、横一〇四・五センチを測る。

大広間ではないが、本丸御殿の玄関口をみることにする。図3-18は、『御本丸御玄関遠侍建地割』（六一六七-D〇一）である。表装は、軸装に変更している。二つの図からなり、上位に遠侍を南面、下位に東面を置いている。南面の図では、右手やや低い建物が玄関で、唐破風と千鳥破風による組破風の形態をとる。正面五間、奥行四間で、軒の高さは石の上場から一丈九尺五寸を測る。重厚な玄関となっている。遠侍は、桁行一六間、梁間一一間で、軒の高さは、基準となる御座之間石上場引通（下位に朱引線有）より軒桁脇迠一丈八尺二寸九分を測る。土台は、成り八寸五分・上バ一尺で、大引は一尺角、根太は四寸角の柱が用いられている。屋根は本瓦葺で、上位中程に瓦の寸法として、

本瓦葺

平瓦 長壱尺四寸 中壱尺弐寸

丸瓦 長壱尺九寸 前後七寸

の記入がある。東面の図では、左手下位の千鳥

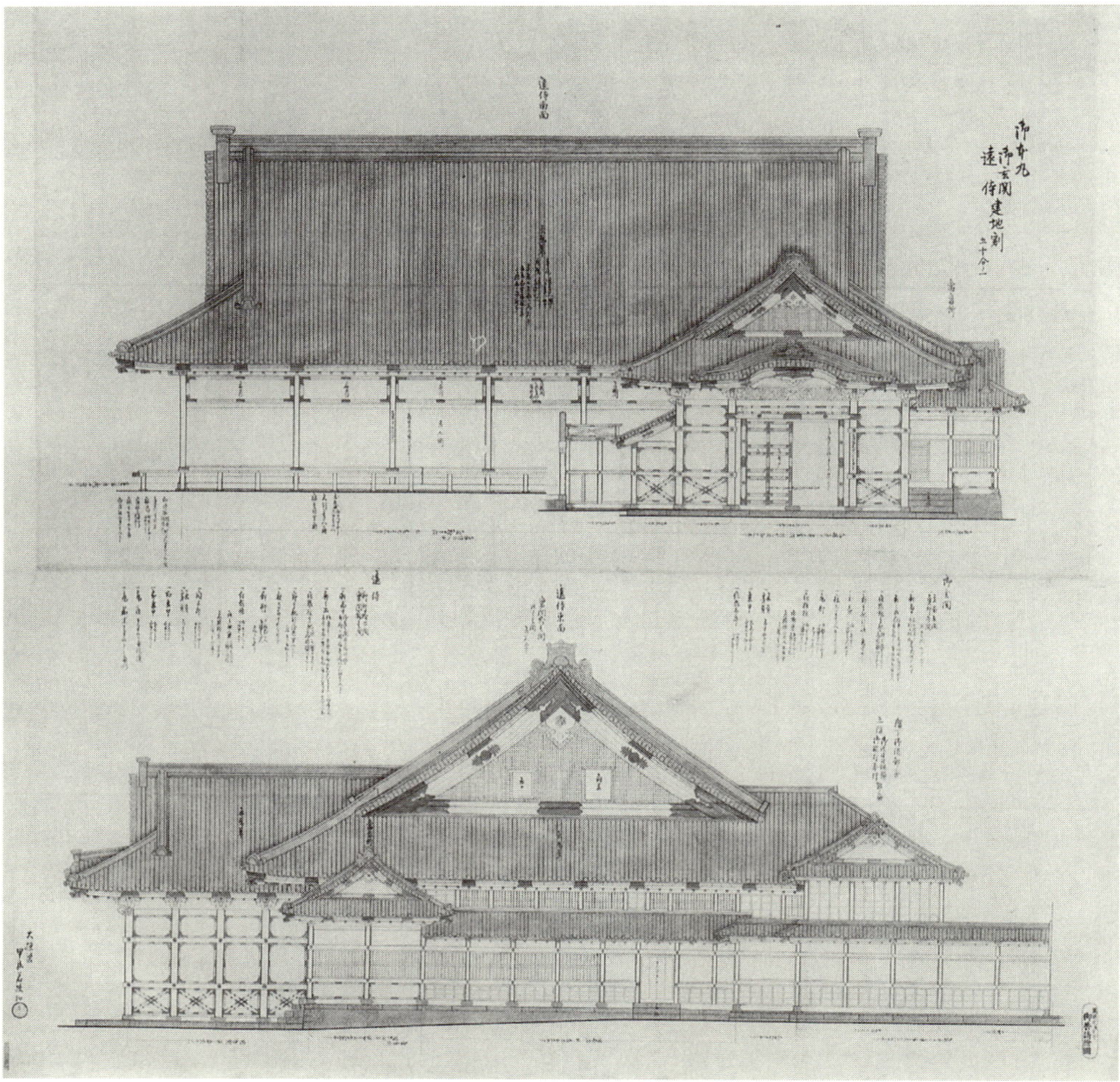

図3-18 『御本丸御玄関遠侍建地割』

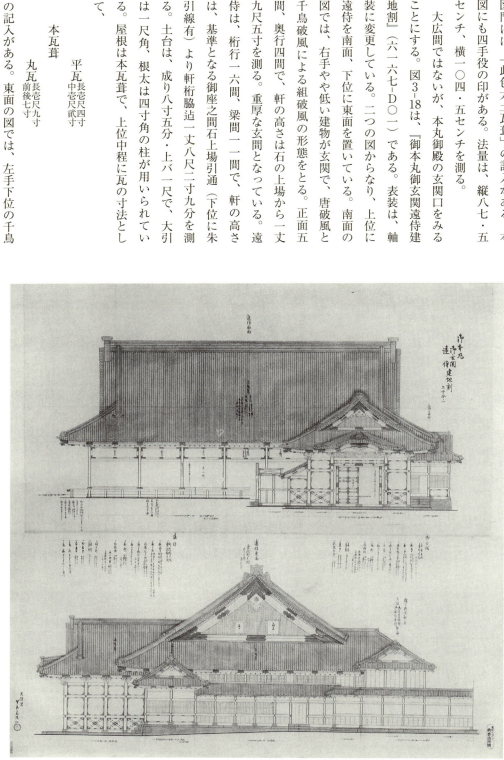

破風の上位に「當番所」、右手二階建の上位に「階下御続部屋／上階御目付組頭御佐提灯奉行部屋」とある。遠侍が御徒《おかち》の詰所であることを示唆している。

ここで取上げた図面は、ほんの一部である。幕末の御殿図面類は、豊富で保管状況が良好なことから、復元を容易にしている。

主要な部屋の配置と機能　本丸地割図について述べたが、寛永度以降、万延度に至るまで表向と中奥の主要な部屋の配置は、ほとんど変化することはない。表向は、謁見や儀式が行われことと諸役人が政務をとる空間からなる。中奥は、将軍の執務と起居と老中・若年寄・側用人らによる奥政治の空間にあることからくるものである。それに対して大奥は、御台所を中心に後宮の女官たちが生活する空間で、女官の増加に伴って建物・部屋とも増加する。将軍にとっては、いわば私邸といえる空間にあたる。

御殿内の主要な部屋の配置と機能・役割については、村井益男氏の『江戸城—将軍家の生活—』、深井雅海氏の『江戸城—本丸御殿と幕府政治—』などで述べられているので、それらにゆだね、ここでは、概述するにとどめる。

将軍が行動する部屋には、上段・下段之間に加えて、次の間が付いている。上段之間には必ず御床と違棚が設けられており、その構造は書院造りの流れをくんでいる。各部屋には、格式に応じているが、違棚は、全て形状が異なる。図3-19は、『御本丸御殿向御棚絵図』(六一五七-〇一)の部分である。巻子装に設えてあるが、表向で最も重要な大広間の正面「殿上之間／御棚」、側面の御帳台隣りの「大廣間／御千鳥棚」、反対側の「大廣間／西御棚」をはじめ一〇点の御棚絵図が所収されている。はじめの二点は、規模と違棚のわずかな高さの違いしかないことから、一見すると同じである。以下は、大きく異なり、最後の「御休息／御棚」や「御小座敷／御棚」と比較すると、その差は、一目瞭然である。

大名にとって殿席(席次)は、重要となる。大広間と白書院を連絡する松之廊下の西側、大廊下は、御三家と連枝および前田家。ここは、特別待遇の席である。四〇〇畳ある大広間は、二之間と三之間を控所として四位以上の外様大名。島津・伊達・細川・黒田・浅野・毛利・鍋島・池田・藤堂・蜂須賀・山内・上杉・津軽など二三家。大広間の北側、柳之間は、五位の外様中大名。

白書院は、一二一〇畳程あ

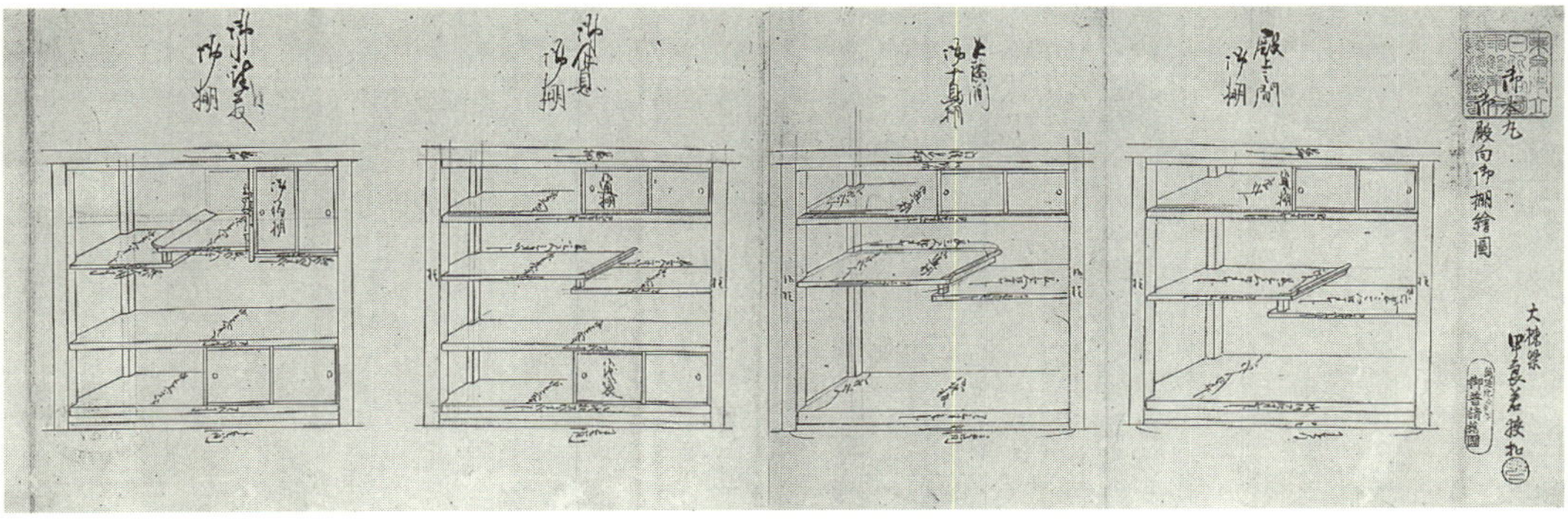

図3-19　『御本丸御殿向御棚繪図』・部分

り、上段・下段之間に連歌之間・帝鑑之間・溜の五部屋からなる。帝鑑之間は、古来譜代の席で、大久保・戸田・堀田・内藤などおよそ六〇家。白書院の北側には、菊之間・雁之間が続く。雁之間には、詰衆として、板倉・稲葉・青山・阿部・水野家など譜代中堅のおよそ四〇家。菊之間は、詰衆並として、大番頭・書院番頭・小姓組番頭など。雁之間・菊之間は、「御取立之譜代の席」ともいわれ、とくに雁之間は詰衆としての職務があり、平日、交代で登城。

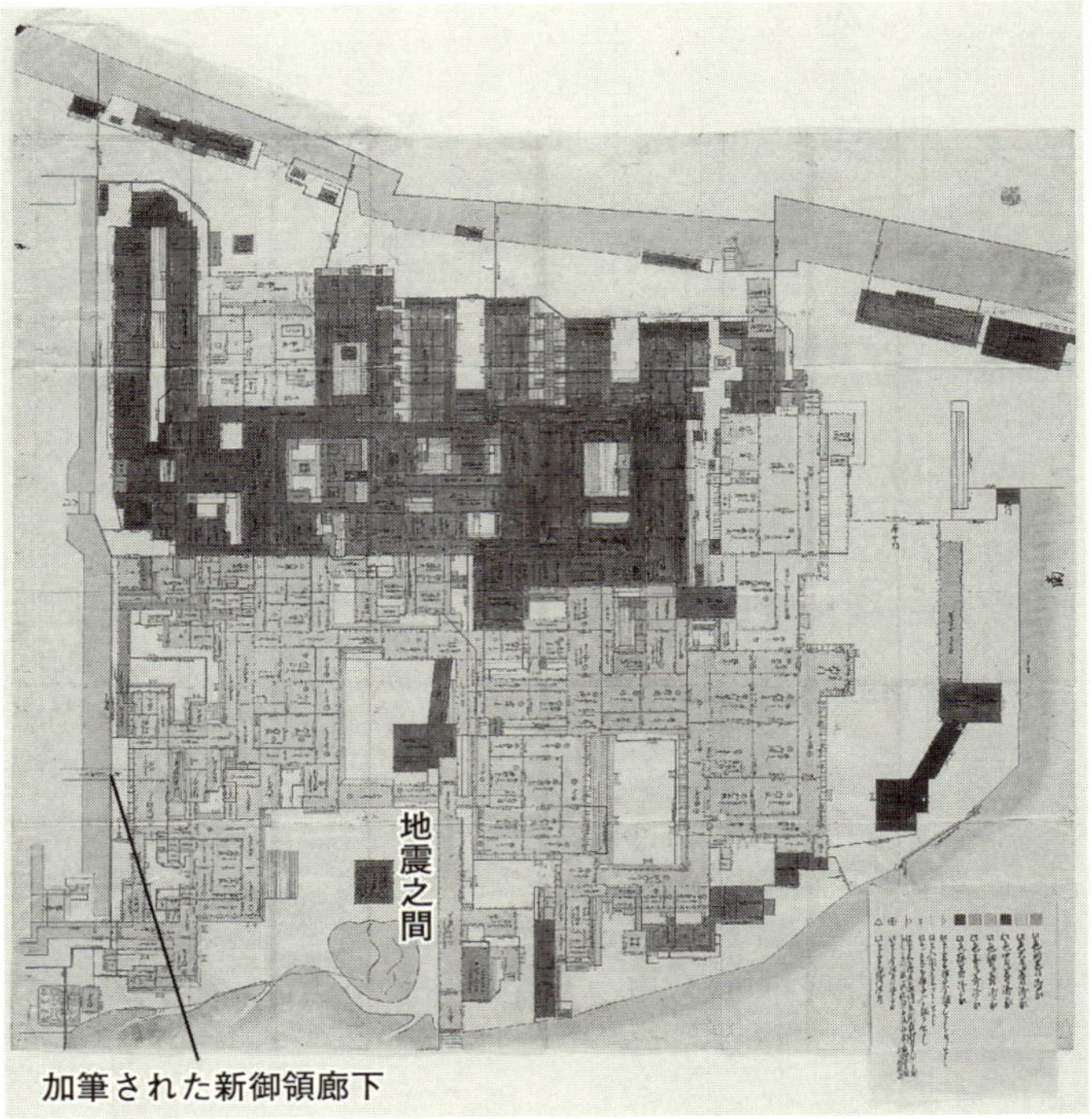

図 3-20 『西丸表大奥繪図』

黒書院は、白書院が表書院であるのに対して裏書院であり、七八畳からなる。上段・下段之間に西湖之間・囲炉裏之間がある。

白書院と黒書院を連絡する竹之廊下の続きには、溜之間がある。溜之間は、臣家に与えられた最高の席次で、常詰として高松松平家・会津松平家・井伊の三家。

このほか、役職に応じて芙蓉之間・山吹之間・紅葉之間・檜之間・羽目之間などがある。

幕政の中枢となるのが御用部屋である。黒書院から中奥の御座之間に向かう御成廊下の東側、老中御用部屋と若年寄御用部屋。共に炉がきられており、密談には、炉の灰に文字を書いて行ったといわれている。御用部屋は、当初、設けられておらず、将軍の執務室である御座之間（上段・下段之間、二之間、三之間、相之間）の三之間が相談部屋であった。しかし、貞享元（一六八四）年、若年寄稲葉正休が大老堀田正俊をここで殺害するという事件を契機として、将軍の居室から離れて御用部屋の設置へと変わった。それによって、将軍と老中・若年寄らとの間の取次役である側用人の権力が増すことになる。御用部屋に接して南側には奥右筆、少し離れて表右筆の部屋。右筆は、書類整理・作成などの書記であるが、奥右筆の場合、老中の決裁に大きな影響を及ぼし、身分は高くないが、隠れた実力者でもあった。

玄関・遠侍の裏手には、納戸口から入る老中・若年寄・側用人の幕閣の下部屋と呼称される個室、中之口からは奏者番・高家・大目付・目付・寺社奉行・町奉行・勘定奉行など表勤務の役職部屋がある。

中奥は、将軍の執務・起居の場であり、その居室は、御座之間・御休息之間・御小座敷からなる。このなかで、将軍が決裁をする場となるのが、御座之間である。前述したように、ここの三之間がかつての御用部屋であったが、側衆の詰所に代わる。このなかで、側用人と御側御用取次は重責で、御膳建之間を挟んで東側に設けられる。側近政治が可能となるのである。

このほか、中奥には、坊主部屋・大台所などがある。

大奥は、中奥とを塀で遮断し、唯一、御鈴廊下で連絡されている。御台所を中心として後宮の女官たちが生活する空間で、御殿向、広敷向の三つからなる。御殿向は、将軍の居間兼寝室（小座敷）、御台所の生活空間を中心として、御座之間・対面所・客座敷・化粧之間・仏間などがある。広敷向は、御殿向の東側にあり、大奥の事務と警備を担当する詰所である。大奥で、唯一、男性役人がおり、玄関もここだけとなる。長局向は、広敷向を挟んで北と南にある。女中たちの詰所は御殿向にあり、ここは住居となる。北側に位置する長局向は、南より順次、一の側……四の側と四棟の建物、さらにその東側にも一の横側……三の横側と御半下部屋があり、役職の格式に応じて部屋が決められている。

二つの御鈴廊下　中奥と大奥の仕切は、明暦大火を挟んで以前は石垣塀、以後は銅塀となる。そのため、連絡は、御鈴廊下となる。指図が残る寛永度から、将軍が大奥に渡るための（上）御鈴廊下が描かれているが、下御鈴廊下が設けられた時期は、特定されるまでには至っていない。下御鈴廊下は、老中や老女などが対談のために用いられたもので、深井雅海氏は、指図の検討から、九代将軍家重（延享二年十月七日宣下）のはじめ頃までは、御鈴廊下は一カ所の可能性が高いとみている。筆者は、もう少し前と考える。吉宗が将軍につき、中奥を改造した『御本丸表向絵図』（第七章図7-16、享保十三年頃）では一カ所である。本丸御殿指図は、このあと弘化度（図3-6）までは知られていない。そこで参考となるのが西丸御殿指図である。

第六章で、吉宗が将軍を退位し、西丸御殿へ移徙した際の御小座敷改造図には、下御鈴廊下が描かれている（第六章図6-5）。また、元禄大地震後に緊急避難用として「地震之間」が設置されるが（第七章図7-13）、それと同じ図がもう一点存在する。図3-20の『西丸表大奥絵図』（六一七一-五一）である。後述する第七章図7-13と比較すると、彩色の色見を除くと、唯一、異なる点がある。御鈴廊下の東側に、朱書で「新御鈴廊下」と加筆されていることである。位置関係から、新御鈴廊下＝下御鈴廊下となる。問題は、加筆の時期である。そこには、彩色が施されていないことから、本図作成後（写し）、しばらく経過したものであることは間違いない。第七章図7-13では、下御鈴廊下が新設された表示はない。本丸・西丸御殿の推移が、銅塀や「地震之間」など、ほぼ同時に改造されていることを考慮すると、享保年間終りから寛保年間の吉宗の時代の設置と考えるところである。

御殿新造に伴う規式・地鎮　御殿新造に伴う各種儀式が行われた記録はあるが、甲良家伝来資料のなかに、規式絵図が二点存在する。一点は、『江戸城御本丸御普請大廣間御上棟御釿納御規式繪圖』（六一六二一-Ｄ〇一）。一点は、『御本丸御座之間御釿初御鍬初御柱立御規式繪圖』（六一六一-Ｄ〇二）。前者は軸装、後者は五紙を巻子装にしたものである。共に万延度の規式絵図であるが、ここでは前者を紹介する。

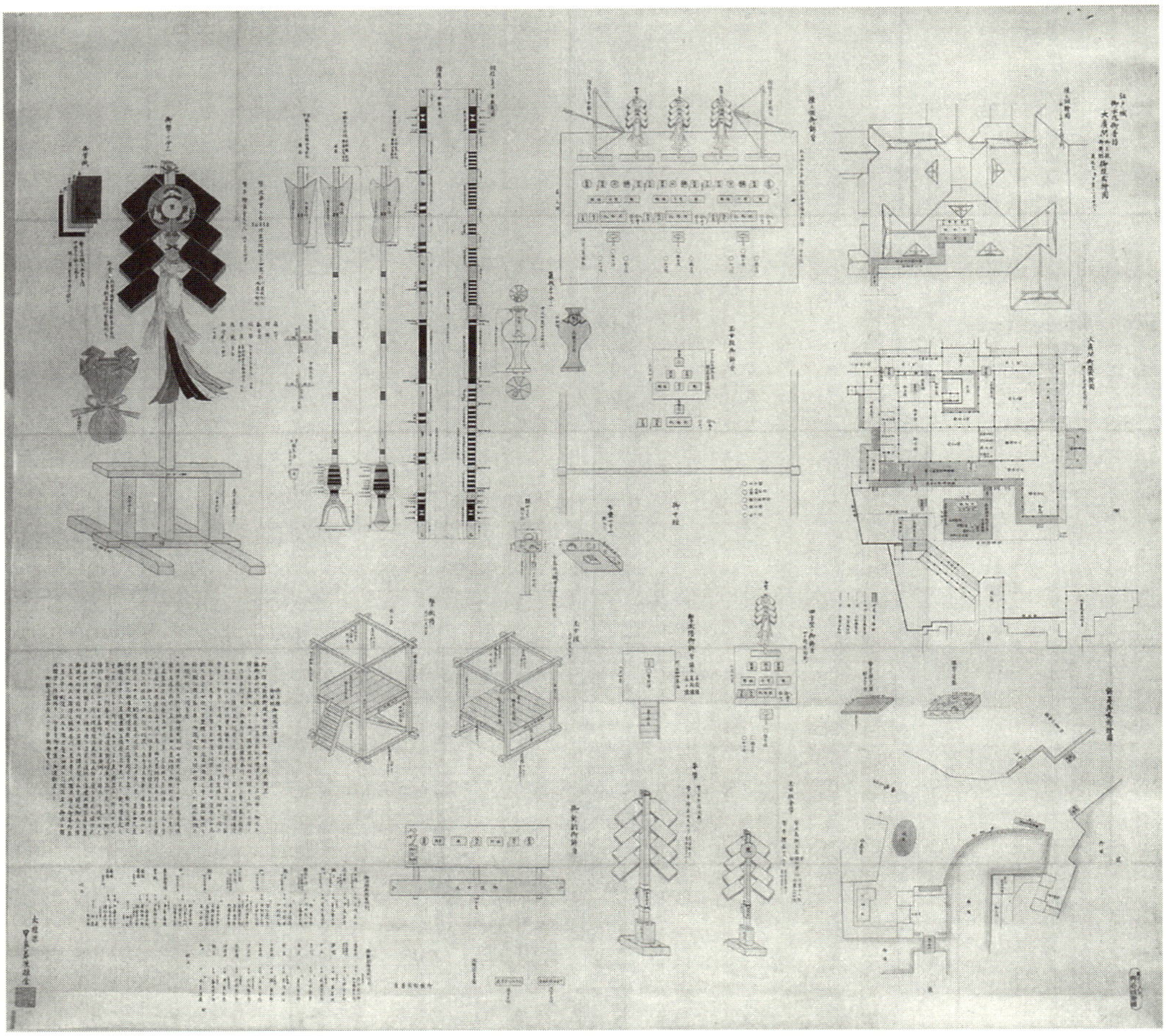

図3-21『江戸城御本丸御普請大廣間御上棟御釿納御規式繪図』

図3-21は、彩色が施され、遺存状態が極めて良好な規式絵図である。画面右手上、内題の隣には大広間の棟棚絵図。赤枠と黄色に彩色された箇所は、棟之御棚絵図（本図左に詳細図）と御屋根上歩機材。上位中程には、棟之相御飾付として三本の御幣と二張の弓矢、青銅・鏡餅・熨斗・塩鯛・洗米・土器などの供物、槌と打盤三組が飾付の順位ごとに描かれている。外白晒布御幕金欄水引張・棚下白布張の文字もみえる。上位左側には相位之弓（男鏑矢用）、陰陽之弓（女鏑矢用）、男・女鏑矢、御幣、御幣紙・砂金□の詳細な図が左上と一連に示されている。棟之棚絵図の下には大広間規式絵図。図内中庭の左右と手前二箇所には四方堅。御中門と表舞台との間には、御釿納規式小屋。そのなかには供物棚と御規式役・諸方棟梁をはじめとする席次。御上段之間の中央の位置には、玉女段。玉女段の飾付と玉女段はその左側に詳細な図。御釿納御飾付は、画面下位中程。表舞台と大広間との間には、聲掛櫓。その詳細な図は、規式次第書の右側に。総高サ壹丈三尺（約三九四センチ）、立台まで六尺五寸の記入。右下には、餅蒔御場所絵図。蓮池濠南側と紅葉山御橋御門との間には、二カ所の餅蒔櫓。三間四方とあり。蠔濠の端部には、一三間の規模の諸御役人出張所が置かれている。玉女段金幣や四方堅の奉

幣など実に精緻に描かれている。画面左下には、三カ条からなる規式次第書に御上棟御規式役割と御釿納御規式役割。規式次第書を読むと、

御上棟

御規式次第書

御釿納

一御上棟御釿納御規式神酒供物等御出席以前飾付

一総御奉行掛り役ニ席ニ江着座即刻大棟梁座を立同時小御大工頭も座を立御入側尓て御上棟御規式相始并段申上御大工頭ゟ御作事奉行江申上御奉行座を立総御奉行江申上畢而長工役座を立玉女段尓禮拝玉女役座を立奉幣持出し長工役江相渡復座長工玉女段江向禮拝幣を振事三度夫より御切目椽江出幣を振幣串尓て幣盤を突時尓聲掛役誦文を唱四方堅棟之棚共一同小槌打各三度畢て長工幣を玉女役江相渡し復座玉女復幣を如元納之復座玉女役四方堅棟之棚共洗米神酒供之畢而鍛治鎮護之修法鍛治棟梁勤之畢て御規式相済共段如始申上引続御釿納之御規式所江一同着座

一大棟梁座を立御釿納御規式相始共段前之通申上畢て道具運役座を立道具箱前尓至り墨壺曲尺墨指持之御規式木中央尓至り差置復座準規役座を立中央尓至り墨壺曲尺墨指持之木元之方尓着座小工役座を立中央尓至り曲尺墨指持之木未之方尓着座双方尓て曲尺を立木口割の仕方畢而糸引役座を立準規役より墨糸を請取進て小工役江相渡し糸打各三度畢て復座準規小工共道具を中央尓納復座道具運役座を立中央尓至り墨壺曲尺墨指持之如元納復座釿運役座を立道具箱前尓至り釿を受取持之御規式木中央尓置復座釿之役座を立中央尓至り釿を持木元之方に至り釿立三ケ所次尓木未之方尓至り釿立三ケ所又中央尓至り釿立三ケ所畢而釿を置復座釿運役座を立中央尓至り釿を持納之復座土器配土器持共座を立飾棚より持出し御規式木之元未中央之三ケ所尓供復座洗米供洗米持共座を立前之通供之復座神酒供銚子加江役共座を立前之通供之復座大棟梁座を立御規式相済共段如始申上右畢而大棟梁熨斗三方持之御大工頭江差出御大工頭持之総御奉行江差上畢て大棟梁持之御奉行衆江差上畢而掛役々は大工棟梁熨斗神酒を引相済直尓御大工頭大棟梁江拝領物　仰付旨御申渡御退散夫より

御数寄屋土居上尓て蒔餅御覧ある

と記されている。三条目の御釿納規式では、次第と役割の右手に御釿納飾付と着座の図がある。御規式木には、両端に文字が記されており、右手に「未」、左手に「元」とある。また、差座をみると、中央に大棟梁着座、左手に御規式役着座とある。右手には、二つの道具出役の席があり、辻内近江道具箱と甲良若狭道具箱の記述がある。辻内近江と甲良若狭は、共に御作事方の大棟梁で、万延度の本丸表向御殿新造では、各種図面の作成はもとより、実質的に工人の采配を振うことになる。二人の規式での役割をみると、辻内近江は、御上棟規式で玉女役、釿納規式で釿立。甲良若狭は、同様に長工奉幣役と準規に就いている。

なお、本図左下には、「大棟梁／甲良若狭棟全」と「建仁寺流官匠甲良印」の朱角印が押されている。

地鎮具は、明治二十二（一八八九）年五月、本丸跡で教導団生徒の久松頼三氏によって掘り起こされ、現在は、東京国立博物館に所蔵されて

いる。『東京市史稿』皇城篇第壱に発見された地鎮安鎮具について、以下の記述がある。

安鎮入用覚　○地鎮ニモ用フ。

一、唐銅輪寶　一。
一、同鐝　一。
一、七寶（金銀、瑠璃、珊瑚、眞珠、瑪瑙、琥珀）　各一粒。
一、五薬（赤箭、人参、茯苓、石菖蒲、天門冬）　各半両。
一、五香（沈香、蘇香、龍脳、欝金、安息香）　同。
一、五穀（籾、大、少、小豆、大豆）　各一合半。
一、蜜　一両。

右七品者、箱ニ入、天井エ納候事。

これは、「地鎮安鎮並火防之記」によるものであるが、このうち輪宝と七宝の出土が知られている。輪宝は、銅製で直径が約一八・八センチ。正確な出土位置は不明であるが、これは、万延度の新造の際の地鎮安鎮具である可能性が高い。

なお、輪宝は、毛利家下屋敷の土坑内からも出土したことが知られている。

二　天守・天守台の造営

江戸城の天守は、家康・秀忠・家光と三代に各一回宛、合計、三回あがることになる。それは、慶長十二（一六〇七）年、元和九（一六二三）年、寛永十五（一六三八）年である。

慶長度の天守・天守台　戦国時代の織田信長の居城、安土城に七層の天守が築かれると、近世初期にかけて各地の城に相次いで天守がみられるようになる。天守建築の起源は、信長の岐阜城や松永久秀の多聞山城、あるいは、重層に望楼が付く足利義昭の近衛御所と考えられている。

家康が江戸に入府し、居城とするのは、天正十八（一五九〇）年である。先に、文禄二年に西丸御殿の新造に着手することを述べたが、記録の上では、慶長度の天守が造営されるまでに十五年を経ている。周囲を見渡すと、慶長十二年の新造以前にあっても不思議ではないが、知られてはいない。

慶長度の天守は、残念ながら不明と言わざるをえない。内藤昌氏の考証によって中井家所蔵の天守建地割『江戸城御天守絵図』が元和度天守建地割と考える向きが多いことから、それを手掛りにするほかはない。そのようなわけで、慶長度の天守は、不明な点が多い。それは、天守・天守台の位置が今一つ判然としない。この時期の江戸城建築の配置を示す絵図は、国立国会図書館所蔵『慶長江戸図』と都立中央図書館特別文庫室所蔵『慶長江戸絵図』が知られている。前者は、濠の巡りから曲輪の存在を知ることができるが、肝心な部分は、「御城地」とあり白抜きされている。後者は、本丸の建物の配置はあるものの、建物の明記はない。寛永度指図と比較すると、本丸の北側、搦手の位置に東西方向に濠を配し、その南側に塁線を築くことで外枡形の虎口としていることが特徴である。殿舎は、西側と北側の二手に分かれ、西側の建物群は二本の廊下で連結していることから、このあたりが表向きであろうか。天守台は、この建物群の西側、小天守台を北側にとる形状に描かれている。現存する天守台よりおよそ二〇〇メートル程、南側に位置する。該当する位置には、天守台の痕跡が皆無であることから、あくまでも絵図からみた推定位置ということになる。

天守台については、『當代記』に記録が残る。そこには、

此比関東普請衆ニ扶持被下、二月ヨリ之勘定ニ出也。去年ノ石垣高サ八《はち》間也。六間ハ常ノ石、二間ハ切石ナリ。此切石ヲ退ケ、又二間築上、其上ニ右ノ切石ヲ積、十間殿守也。惣テ土井モ二間アゲラレ、合ハ間ノ石垣也。殿守臺ハ二十間四方也。

とある。前年の慶長十一年の天守台造営を担当したのは、黒田長政である。堅固な天守台を築いた褒美として、家臣の母里太兵衛友信と野口佐助一成は腰物を与えられたと記されている。この『當代記』を参考にすると、黒田長政が慶長十一年に八間の高さまで積上げ、翌年、関東諸侯が上位二間分を一旦下ろし、二間分を新たに積増しした上で当初の切石二間分を戻したことになる。天守台は、高さが一〇間ということであろうか。

なお、『武徳編年集成』によると、

（慶長十二年四月）朔日江戸城本丸ノ天守修造始る。伊達・蒲生・上杉・最上・佐竹・溝口・堀・村上等是ニ與ル。天守臺二重目ハ伊達政宗一人ニテ是ヲ修造ス。天守臺石垣ハ、南部・津軽両家是ヲ築フ。関東及ビ信州御譜第ニ非ザル十萬石ヨリ一万石ノ非、其高二百萬石ヲ五組トシ、其四組石ヲ運送シ、一組ハ是ヲ築ク。

ともある。これによると、奥羽越後の大名も、天守台を築いたことになる。

天守の造営は、京都の大工頭中井大和守が任じられている。『大工頭中井家文書』の第一二三号文書、大久保長安から中井大和に宛てた二月十五日付（年未詳）の書状に、

猶々、御むつかしく候とも慥成衆を被遣材木能木をかい候やうニ頼入候、自然木なと替り候へは如何候間貴所もの我等ものにこくい《（刻印）》を打候様ニ被仰付給候、江戸御殿守儀も貴所へ被仰付候ハン由、大御所様被成御意候、貴所父子上手之由申上候、加州長谷なともわるき所を立なおし尤之由　御意候間、左様之儀も御談合可申候、又内裏之御材木もそろ〱ととらせんと御意候間、左様之入元木共も書立候儀頼入候、以上

（以下略）

とある。駿府城普請の材木買入の件の書状であるが、家康の意向で江戸城天守新造を中井父子に申し付ける旨が記されている。

中井正清は、天正十六（一五八八）年伏見で家康に二〇〇石で召しかかえられ、関ケ原戦以後、伏見城や二条城の造営を任じられている。また、慶長十七年、名古屋城天守も中井正清が担当している。同史料の一三三号、六月廿八日付（年未詳）で幕府老中連署奉書が中井大和に発給されている。

以上

急度申入候

一御天守斗早々相立可申候事

一御天守立候後、御家を八立可申候事

一御天守御家両方一度ニ立候ハヽ人足以下なにかニ付手まハレ如何
候間、懇御天守を立可申候由　御諚ニ候、恐々謹言

（以下略）

すなわち、中井大和は、江戸城天守造営後、直ちに名古屋城天守をあげたことになる。名古屋城は、昭和二十年、戦災で焼失するが、安政年間に奥村得義によって著された『金城温古録』を参照すると、五層の天守は、穴蔵一三間×一一間、初重一七間×一五間で総高「土台下端ヨリ五重ノ棟上端マデ、総高十七間四尺七寸五分」となる。当然のことながら、江戸城天守は、これよりも大きかったものと考えられる。

元和度の天守・天守台　御殿の拡張に伴い、天守・天守台は、本丸内の北側に築かれることになる。記録では、元和八（一六二二）年九月九日、阿部正行を奉行に浅野長晟と加藤忠廣が修築を命ぜられ、翌年三月十八日には普請を終え、同月二十一日に褒美を受けている。元和度の指図は皆無であることから、正確な位置は不明である。前述した寛永九年開版の『武州豊嶋郡江戸庄図』（図3-2）を参照すると、その位置は、現存する天守台あたりになろうか。天守建地割は、中井家所蔵『江戸御天守軸組図』や京都大学附属図書館所蔵『江戸城天守平面図』が知られている。前者は、妻側半分の構造骨組図で、宮上茂隆氏の復元によると、妻側二層目屋根が比翼千鳥破風、三層目が千鳥と組千鳥破風となっている。後者は、各層の平面図であり、一階となる部分の大きさは七尺《（間）》マで北側が一六間、西側が一八間と記されている。これら中井家が保管していた江戸城天守図は、内藤氏が元和度、宮上氏が慶長度と意見の分れるところでもある。

なお、中井大和は、元和度の本丸御殿造営では、表方の大工棟梁を命じられている。

寛永度の天守・天守台　寛永度天守台は、図3-4・8・9・10を好例として、本丸北側に築かれる。寛永十四（一六三七）年正月六日、天守台の修築は、黒田忠之・黒田長興・浅野光晟・浅野長治の四家大名によって着手され、同年八月十五日には完成する。この天守台は、元和度天守台の長軸を九〇度反転したものであることが、『黒田家續家譜』に記されている。その部分を抜粋すると、

江戸御天守の臺の舊基ハ、昔年加藤肥後守清正・浅野紀伊守幸長ニ命し築しめらる。今春其舊基を改め、縦横の長短を替て新たに築くへき由、忠之及浅野安藝守光晟に命を下し給ひ、両人是を奉て経営せらる。忠之家人黒田美作・小河内蔵允を惣司とし、辻金左衛門を副吏とす。秋の末に至て其功を終る。此度又清左衛門機功を用ひて其功成就する事速なり。

とある。図3-4の天守台の拡大図が図3-22の『御本丸御天守台絵図』（六一九一-〇三）である。全体に碁盤目状の朱引線を施し、その上に南北に長軸をとる形状で「御小天守臺」「御天守臺」が描かれ、小天守台の東側には岩岐（階段）が付く。後述する万治度・万延度の天守台平面図と比較すると、本図小天守台には井戸がみられない。周囲をみると、画面左端が本丸北虎口空間となるが、そこから天守に向かう門や大奥御金蔵が描かれている。

天守の造営は、旧川越藩「松井家譜」によると、総奉行に松井内蔵助重政が任じられ、一重目を水野日向守勝成（福山城主）、二重目を永井

信濃守尚政（淀城主）、三重目を松平《松井》周防守康重（川越城主）、四重目を松平山城守忠國（篠山城主）、五重目を永井日向守直清（高槻城主）が担当している。

寛永度天守絵図は、都立中央図書館・東京国立博物館・弘前市立図書館所蔵など数多く存在することが知られている。ここでは、絵図に添えられた文字情報の多い都立中央図書館所蔵の『江戸城御本丸天守百分ノ壱建地割』（六一九一－D〇五、図3-23）と『江戸城御本丸御天守閣建方之図』（六一九一－D〇一、図3-24）の二点を紹介する。共に現状は、軸装されている。

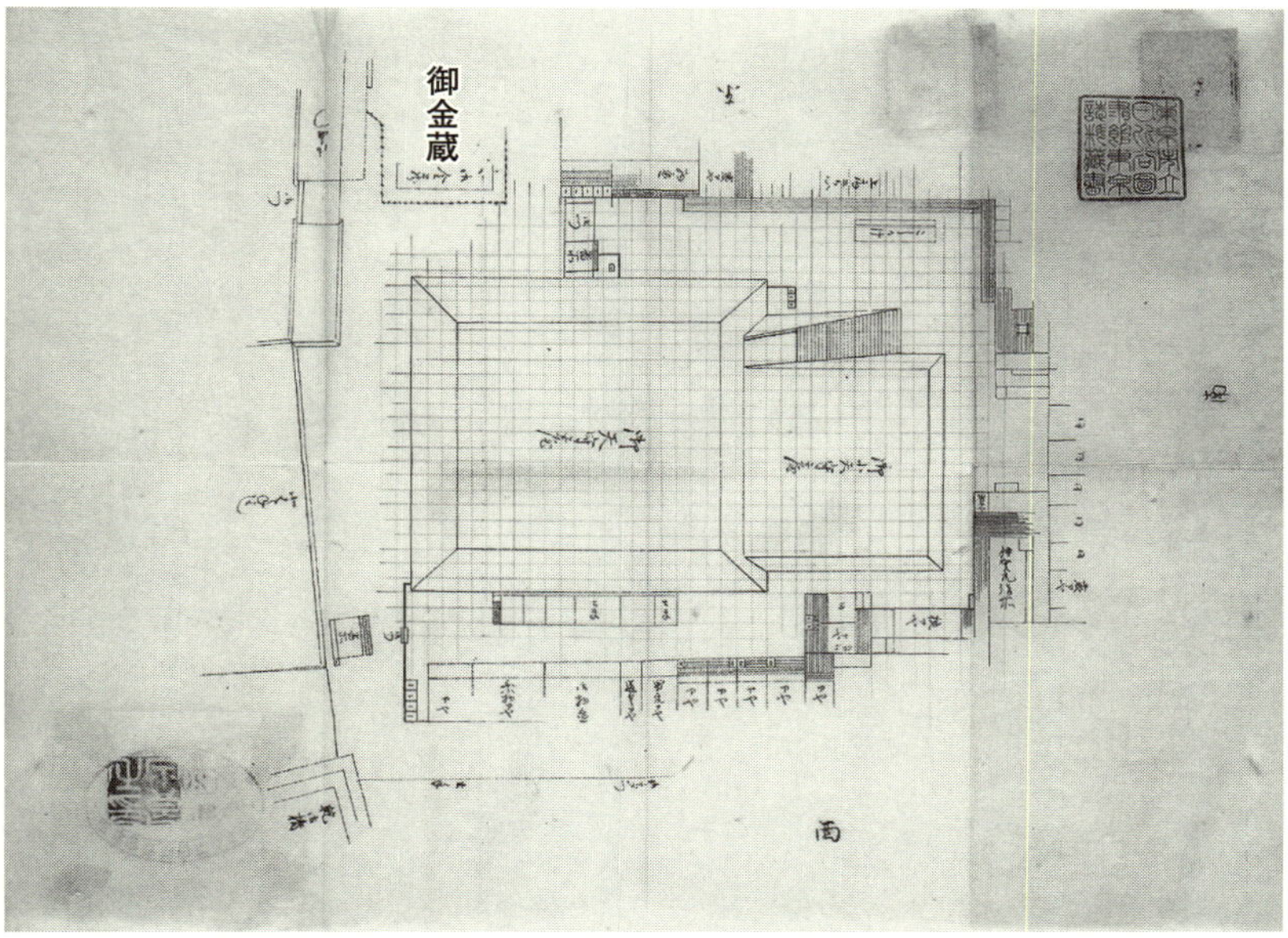

図3-22　『御本丸御天守繪図』

図3-23は、法量が縦七六・三センチ、横七〇・七センチを測り、内題に「江府御天守圖」、左下に「大棟梁／甲良豊前扣」と「建仁寺流官匠甲良印」の朱角印が押されている。図の右側に造営の経過と大工・木挽の人数、左側に各重の広さと柱の本数が記されている。右側を読むと、

　寛永十五年七月十三日辰之時御柱立穴蔵
　同月二十七日初重御柱立
　同十月二十六日鵄吻ヲ上ル十一月五日金子ニ而包ム
　　総柱合七百本其内通シ柱五十四本

とある。七月十三日の柱立から鵄吻（鯱）が棟に上り、金箔で包まれたのが十一月五日という四カ月足らずの突貫工事であることがわかる。それに続く人員をみると、

　御天守大工之高同足代仮り橋共
　　合二十八万千七百六十三人半
　外ニ壊方ニ遣大工
　　四万七千七百三十壱人
　同所廻り所々遣大工
　　八千五百四十五人

登細所々之分大工

　　四千七百六十四人

右総合三十四万二千八百〇四人也

　外ニ木挽十万二千八百〇四人半

とある。大工・木挽の総計は、四四万五〇〇〇人程となるのである。これを単純に計算すると、一日あたり大工・木挽が四〇八八人従事していたことになる。人足は、このほか壁塗りや屋根葺も加わるのである。

次に左側の各重の広さと柱の本数をみることにする。

（一重目）

一　桁行　京ま　拾九間弐尺九寸

　　梁間　　　　拾七間壹尺九寸

　　　　　　　　柱数百九拾壹本

（二重目）

一　桁行　京ま　拾六間壹尺

　　梁間　　　　拾四間

　　　　　　　　柱数百五拾五本

　　　　　　　　　内

　　　　　　　　拾三本 弐重目ゟ三重目迄 通し柱

（三重目）

一　桁行　京ま　拾三間二尺五寸

　　梁間　　　　拾壹間壹尺五寸

　　　　　　　　柱数百弐拾七本

　　　　　　　　　内

図３-23　『江戸城御本丸天守百分ノ壱建地割』

三拾貳本（三重目ゟ四重目迠）通し柱

柱数七拾五本

（四重目）
一　桁行　京ま　拾間五尺
　　梁間　　　　八間四尺

内

九本（四重目ゟ五重目迠）通し柱

（五重目）
一　桁行　京ま　八間四尺
　　梁間　　　　六間三尺

柱数三拾五本

とある。建割図には寸法が記されており、天守台であれば、正面側が「石垣根張之長サ京ま貳拾貳間貳尺壹寸（約四三・七メートル）」高さが「石垣直立京間七間（約一三・八メートル）」とあり、棟の高さであれば、一重目として「軒高サ石上ハゟ桁上場迠貳丈八尺六寸」などの詳細な寸法が記されている。ちなみに、図3-24は、「江戸城御本丸／御天守閣之圖」の内題をもつ天守木構造を示した図である。二重目は桁上場ヨリ瓦上場迠が貳丈五寸、同・三重目が壹丈九尺七寸、同・四重目が壹丈六尺八寸、同・五重目が壹丈三尺五寸と記されている。本

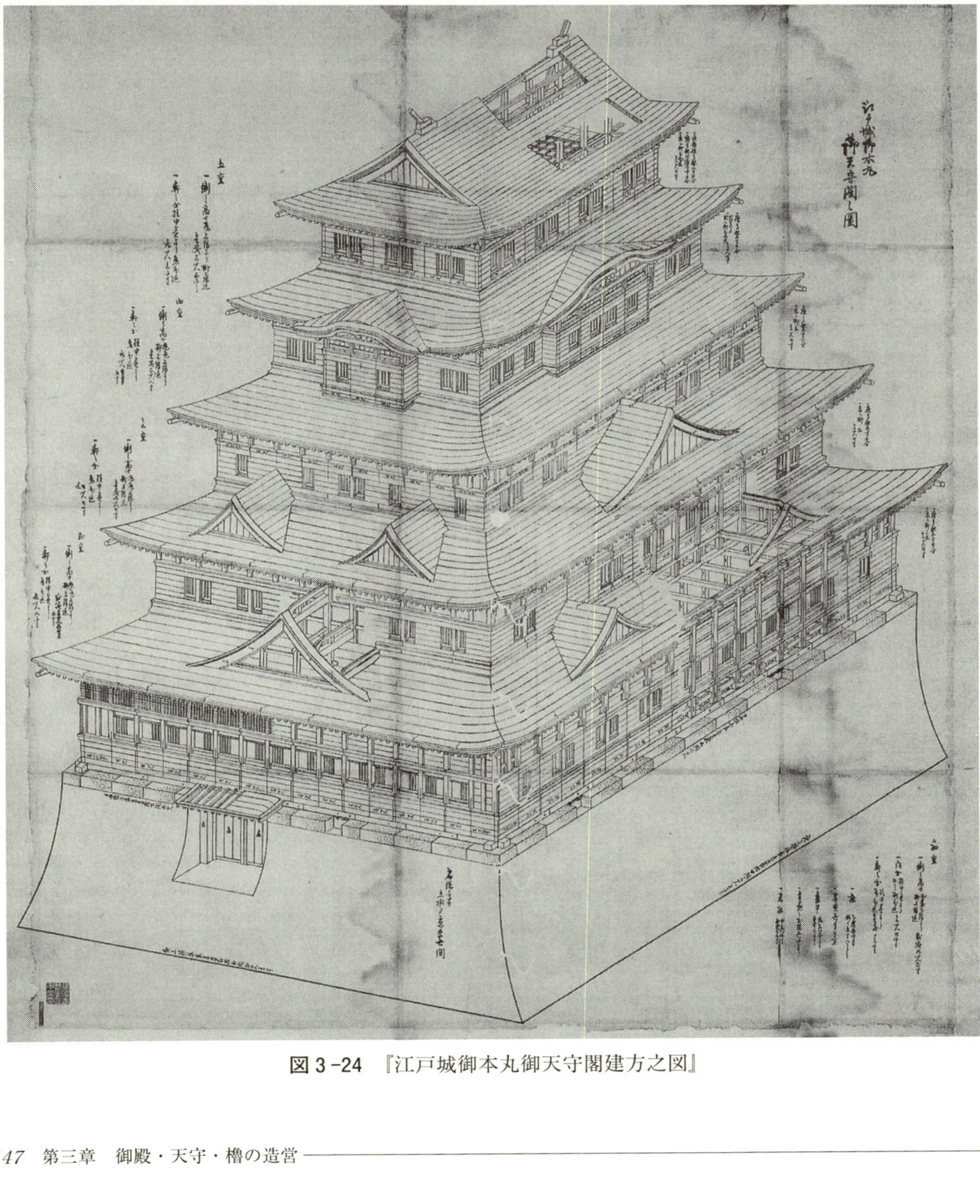

図3-24　『江戸城御本丸御天守閣建方之図』

図では、一〇〇分の一の縮尺とあることから、対比して総高をだすことが可能である。『東京市史稿』皇城篇では、中川飛騨守家に伝わる絵図(所在不明)から平地から棟瓦の上場までの高さとして三十九間一尺(約七一・二メートル)と記している。日本一の大天守なのである。本図と全く同じアングルで、鵄吻・鬼板・屋根・壁・天守入口階段を描いた『江戸城御本丸御天守閣外之図』(六一九一-D〇二)も存在する。本図の特徴は、木構造とともに、図3-23の建地割内の寸法を左右の余白にまとめてあることをあげることができる。また、天守台のもう一方も「地上根張長さ京ま貮拾四間三尺壹寸」と記されている。

図3-23・24から、破風飾りは、妻側の初層に大千鳥、二層目に比翼千鳥を、平側は、二層千鳥と初層の千鳥で組千鳥とし、四層には両面とも唐破風にすることで、幕府・将軍家の風格を高めている。五層目には、高欄を設けず、各層の面積が徐々に減じることから、寛永度天守は、層塔型天守であるということがわかる。

ところで、寛永天守図には、彩色が施されていないため、これだけでは屋根や壁の色はわからない。『江戸図屏風』をみると、鵄吻と破風飾りが金色、屋根は黒銅色(銅板葺)、壁は黒と白の二色で塗られている。壁のうち、三分の二以上が黒色を占めているが、西ヶ谷恭弘・小松和博の両氏らは、これを黒銅板と考えている。明暦の大火の天守の焼失を記した『後見草』に、

……御本丸へ吹来る火粉雨のことし御天守二重目の銅窓の戸内より開き、是より火先吹込、移り申候よし。(以下略)

とある。銅窓の戸は、窓の引戸が銅製であることを示すもので、『江戸図屏風』では、銅窓を含め一面が黒銅色に塗られていることからうかがうことができる。

万治度の天守台　明暦三(一六五七)年一月十八日、丸山本妙寺から出火し、江戸市中の六割が罹災する。江戸城も例外ではない。十九日未明には一旦、鎮火するものの、昼頃から再び出火し、江戸城本城は全焼する。再建を目指し、天守台の修築を命じられたのが前田加賀守綱紀である。現存する天守台である(口絵1)。

万治度の天守台造営に関する資料は、大阪城天守閣所蔵『江戸天守台之図』、金沢市立玉川図書館所蔵『江府天守台日記』などが知られている。前者は、天守台平面概略図で、小天守台に井戸が描かれているなど、今日の形状に繋がるものである。図内に寸法が入っているので拾うと、天守台が北側で「根ハリ貮拾貮間貮尺/但根石ハ听今有是可用」、東側で「根ハリ貮拾四間貮尺」、高さが「御天守臺高サ地ヨリ六間」、小天守台が北側で「梁間ナラショテ拾八間四寸」、南側で「根ハリ拾五間半」、西側で「拾壱間四尺二寸」「高サ地ヨリ四間」と記されている。この天守台は、造営にあたり、根石の一段目を寛永度のものを利用していることから、根張の長さは寛永度天守台と同じとなる。高さは、「京間七間(四五・五尺)」から「六間(三九尺)」と六尺五寸(約一九五センチ)減じている。石垣では、二段程低くなることになる。この資料によると小天守台の高さは、天守台よりも二間低いことになる。しかし、現状では、小天守台が二段構えにあり、井戸跡のある南側の低い方は目測で三間以上低い。これは、後述する万延度の本丸造営の際に小天守台を短くするが、その時の改変と考えられる。明治十六(一八八三)年参謀

本部陸軍部測量局によって作成された「東京武蔵國麴町区代官町及一番町近傍」の五千分一の地図では、現状の形に測量されている。ふり返って後者は、前田家の普請参加者の手控えから編集されたもので、進行状況や経費などが詳細に記されており、興味深い史料である。

次に、『東京市史稿』皇城篇から前田家の手伝普請をみることにする。前田家が手伝普請を命じられたのは、明暦三年九月二十七日のことである。正月には体制を整える。普請惣奉行に本田安房・奥付河内・長九郎左衛門・奥村因幡の四名、組織のなかには穴生頭の小川長右衛門、手木者之頭に美濃屋少次郎らを任じ、石切大工ら四～五〇〇〇人を手配する。普請は、明暦四年五月四日に開始するが、前天守台の片付けに関する逸話がある。

御普請の最初、天守の古石を取退し時、数十年運上の金銀、此度の火難に一に成、灰吹の金銀数多有之、依て竹田・古市等、人夫を以て御本丸へ運入る事数千俵也于時利常公砂金悉く拾取らば、日数を経て、御普請は来年に至らん、砂金を以て為理土時は、早く御普請出来せんと、御老中へ被仰達の処、各御尤の旨にて、其通ニ成也。又焼石共御點見御吟味の処に、大石共表に逢ひ、裏の方無別儀故、何も御用に被立と云々。

このなかの竹田・古市は、前田家の石垣築奉行である竹田市三郎と古市左近を指している。その内容は、天守穴蔵に貯えておいた財宝のうち、砂金は泥や瓦礫・木材に混入して散在しているので、拾い集めるには相当の時間を要するという前田利常の問に対して、幕府はもっとものことであり、普請を急ぐという判断を下すというものである。万治度以降、天守が上らないので、天守台には今も砂金が眠っているかもしれない。

『後見草』に、前田綱紀が修築した石材に関する記述がある。

御本丸二三の丸焼石垣共、戊年御築直し御普請御手傳、大名衆へ被仰付御天守臺御石垣并御天守迄松平犬千代殿。只今迄ハ御天守臺伊豆石なるを、此度角石角脇石平石迄残らす根二番石なり上の分見影石に可被遊由。扨前々御天守臺伊豆石之分は、外の石垣の所へ足し石に可被成候とて、大きつね小きつねともに取除け申筈ニ相極る。

此両石は、御玄關前升形見附に築申候。

とあり、現存する天守台外観の石材と見事に一致する。小天守台は、東側の階段は同一石材であるものの、他は伊豆石（安山岩）が主体をなす。『江府天守台日記』では、御影石（花崗岩）を公儀与力衆一〇人程で切り出し、深川三つ又に廻送とある。石質から、犬島や小豆島で採石されたものである。大きつね小きつねの大形安山岩角石は、慶長度の修築で加藤清正が切り出したと伝わるもので、元禄大地震の復旧の際に二つの大石に関する記述がある。それは、『鈴木修理日記』宝永元年六月八日の条に、

一御玄関前溜り之内、大狐・小狐と銘御座候大石、拾間御多門入隅之方江三分二入、三分一面ヲ出候得バ、丈夫ニ御座候間、右入隅江弐ヅヽ石引込申度奉存候ニ付、色々相談仕候処ニ、二重御櫓台石垣と拾間多門石垣之間、八尺九寸御座候、此所掘候得バ、二重御櫓台石垣あやうく罷成、御櫓江も障り申候ニ付、大石引込候義、難成奉存候。

（以下略）

とある。二つの銘石がかなり大きな角石であることがわかる。現在、中雀門周辺は、盛土・舗装されていることから、残念ながら二つの角石をみることはできない。

ふり返って、前田家の普請記録をみる。

明暦四年三月十四日、石材を引き揚げるために神田橋脇の御堀石垣五○間程崩し、臨時の船着場（陸揚場）の修築にはじまる。同じ頃、二の丸梅林坂石垣を一○間程崩している。これは、天神濠の下梅林門手前に復旧用の船着場を設け、築石を梅林坂から本丸へ上げるためのものである。同年五月四日、本格的な普請がはじまる。七月一日、丑寅（北東）に最初の角石を据える。万治元（一六五八）年八月十八日には角石の据付、九月二十四日には石垣の修築を終え足代を撤去する。二カ月足らずで積み終えたことになる。堅固な天守台である。石野友康氏は、『城郭石垣の技術と組織を探る—金沢城と諸城—』のなかで「万治元年の江戸城普請と加賀藩」と題して発表され、前述の日記を引用し、堅固な天守台の奥義として、

……角石之口すきと切合候へハ、上へ築上て押つよく懸り候故、角ノはくち上か下か欠候由ニて、は口一尺計口二三寸うは口ニ仕候石垣築候ニ、角と角四角ニ合候ヲ石切と申て嫌候由也、ケ様ニ築候へハ石垣ノよハミニ成候事、……

と紹介している。これは、前田家の組織のなかに穴生頭の小川長右衛門が、公儀から穴生村出身の戸波駿河が派遣されるなど、石積技法に優れた「穴生流」が発揮されていることになる。

その後、九月晦日には、将軍家綱の巡視を受け、十月九日に受賞している。

前田綱紀は、当初、天守台と天守の修築を命じられた。しかし、万治二年、松平《（保科）》肥後守正之の献言により天守は廃止することになった。『寛政重修諸家譜』は、

正之萬治二年九月朔日、御城の営作事をはり、天守をもつくられんとて、老職の人々相議しけるに、天守は近世の事にて實は軍用に益なく、唯観望に備ふるのみなり、これかために人力を費すへからすといひけれは其事やみぬ。

と伝えている。同様のものは、『千登勢のまつ』や『後見草』にも記されている。泰平の世に観望を目的とする天守はもはや不要というのである。勿論、明暦大火の復興に多額の出費となり、支出を少しでも押えたいという本音もあるのであるが。

幻の正徳度天守　明暦大火から五五年が経過した正徳年間になると、再び天守再建が持ち上がる。左は『吹塵録』に収められている史料で、正徳二（一七一二）年正月十三日、小普請奉行竹田丹後守から大久保隠岐守宛に宛てた進達書付の要点である。

江戸御天守寸間其外細記

御天守石垣　南北二十間一尺四寸。
東西十八間一尺。
高五間半外狭間石三尺。
但柱間間隔七尺間《マ》十八間ニ割。
東西七尺間《マ》十六間ニ割。

小天守石垣　南北十二間二尺二寸。

　　　東西十三間二尺二寸。
　　高三間二尺。
御天守台石垣上ヨリ箱棟迄二十二間五尺。
　初重　南北十九間二尺九寸。東西十七間一尺九寸。
　　　但、窓六十箇所。
二重目　南北十六間二尺八寸。
　　東西十三間六尺三寸。
　　　但、窓三十六箇所。
三重目　南北十三間二尺五寸。
　　東西十一間一尺五寸。
　　　但、窓二十八箇所。
四重目　南北十間五尺。
　　東西八間四尺。
　　　但、窓十二箇所。
五重目　南北八間四尺。
　　東西六間三尺。
　　　但、窓二十八箇所。
鴟吻　高壹丈程、横六尺五寸程、此尺坪三百五拾六坪程。
下棟隅棟　貳百八十六坪。
屋根坪　千六拾九坪程。
穴蔵深　壹丈三尺。
初重板敷ヨリ二重目二階迄四間四尺程。
二重目二階板ヨリ三重目二階板迄四間二尺程。
三重目二階板ヨリ四重目二階板迄四間程。
四重目二階板ヨリ五重目二階板迄三間二尺七寸程
五重目二階板ヨリ桁上天井迄二間二尺程。
総高地形ヨリ箱棟上迄二十八間五尺程。
初重七百二十四畳。二重目四百八十二畳。
三重目三百六十七畳。四重目二百十六畳。
五重目百二十一畳。総合千九百畳。
穴蔵之内百三拾五坪壹合。
初重三百三拾六坪壹合八勺。
二重目二百二十五坪壹合九勺。
三重目百五十坪二合五勺。
四重目九十二坪九合五勺。
五重目五十五坪六合貳勺。
　　総合九百九拾五坪壹合壹勺。

これは、寛永度天守を基本としているので天守は図3-22と全く同じである。天守台は、万治度のものを想定していることから、石垣高さは、寛永度よりも減じている。

正徳度天守再建案絵図が、国立公文書館と都立中央図書館に所蔵されている。前者は、『江戸城御天守絵図』の資料名で、正面・側面・各重の平面図の三点からなるもので、いずれも彩色が施されている。正面と側面の絵図では、鴟吻と破風の飾りを金色、屋根を銅色、壁を淡墨と白の二色に色分けしている。彩色は異なるが、『江戸図屏風』と同じ構造であることを示唆している。図内には、「御天守高サ地形ゟ箱棟上迄貳

図 3-25 『江戸城御殿守正面之絵図』

図3-26 『江戸城御殿守横面之図』

拾八間五尺程」「石垣高サ六間」と記されている。正面図には、天守台に朱引線が引かれており、「此朱引小天守石垣大サ」の付箋が貼られている。ちなみに、朱引線の上端が、天守入口の高さとなる。各重の平面図では、穴蔵・天守台・小天守台のいわゆる基壇となる図に、小天守台内の東側に偏在する井戸の規模を「水屋弐間弐間半」、さらに、小天守台の上位を「瓦塀」と「石がんぎ」を巡らしていることが注目される。ここでの水屋（井戸跡）については第六章で述べる。天守台が大奥と隔絶されていることは知られているが、瓦塀を巡らすことで二重の壁を築いていることになるのである。

後者は、『江戸城御殿守正面之絵図』（六一九一-D〇四、図3-25）と『江戸城後殿守横面之図』（六一九一-D〇三、図3-26）が知られている。両図には、寸法が記されていないものの、丁寧な彩色が施されており、色の違いによって構造が異なることがよく示されている。

万延度の小天守台改造　天守・天守台の築造について述べてきたが、修造・改造に関する記録が二つある。一つは、承応二（一六五三）年の天守・天守台修造。一つは、万延元年の小天守台改造である。

前者は、天守（天守台を含）の破損修復から、承応二年六月二十一日、本多能登守忠義を総奉行に任じ、同年九月二十五日に修理を終えたとある。破損の原因は記されていないが、慶安二（一六四九）年六月二十日の地震で、二の丸をはじめ日比谷から北の丸田安門にかけてと紅葉山石垣等々が崩れたとある。おそらく、この地震が要因となって破損したものと考えられる。三代将軍家光が慶安四年四月二十日に薨去したことから、修復が遅れたことによるものであろう。

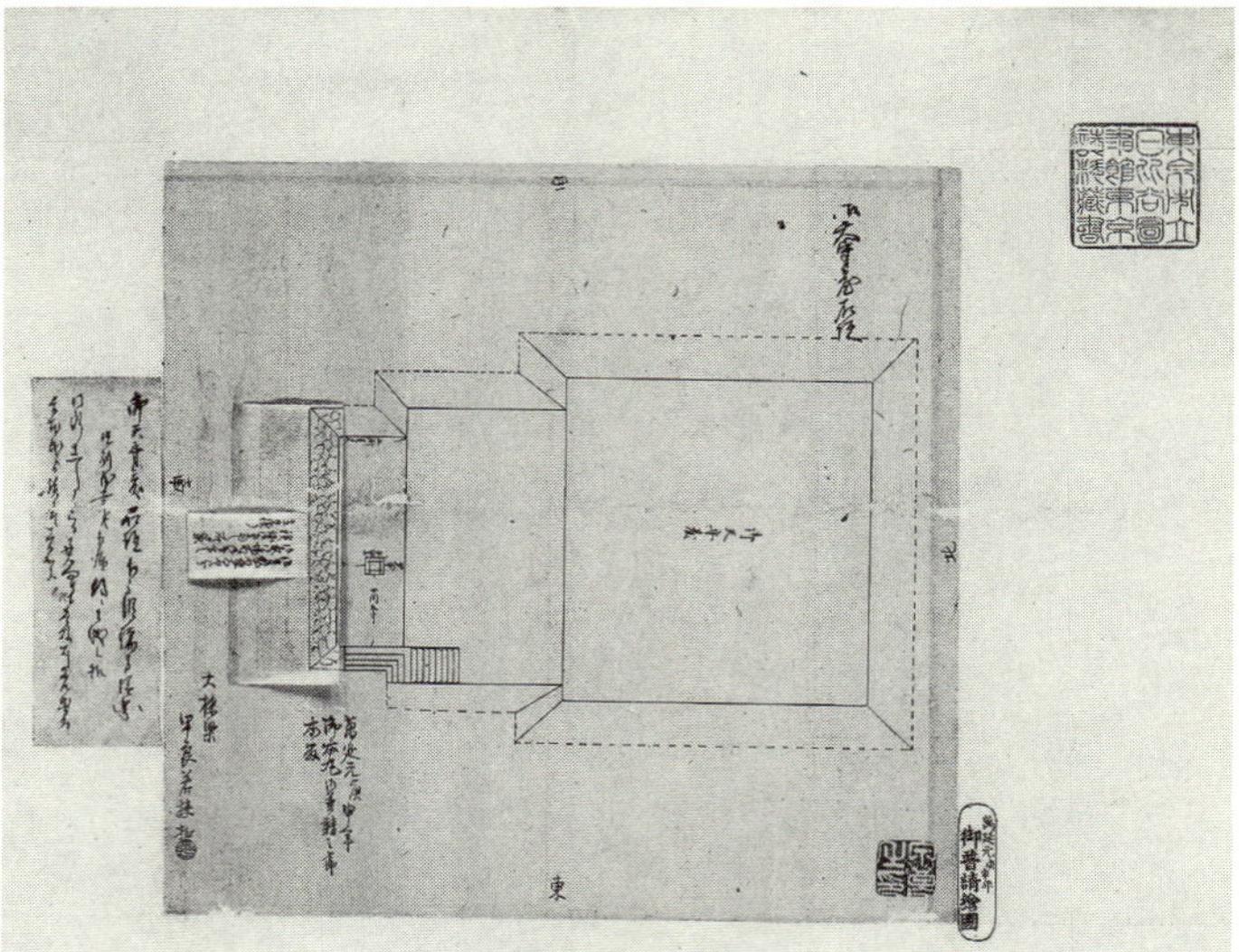

図3-27『江戸城御本丸御天守台絵図（万延度）』

後者は、安政六年十月十七日の本丸御殿が全焼し、万延度普請絵図のなかにみることができる。図3-27は、『江戸城御本丸御天守台絵図（万延度）』（六一九一-〇二）である。本図の特徴は、二点ある。一点は、図中に押紙があり、小天守台を短かくした理由として「此有形石垣大石之分御表御場所之御遣方之積……」とあり、小天守台の石を表方で使用しようとしていること。図内では、旧位置に白紙を貼り、新たな南側石垣を書き加えていること。一点は、小天守台の西側ラインが屈曲していること。前田綱紀が築いた万治度の天守台では、小天守台西側石垣のラインは直線的に延びている。さらに、前述したように、現存する小天守台は縦断面をみると二段構えになっている。図3-26にはそのあたりの改変が記されていないが、表方築石の必要性を考慮すると、小天守台の縮小化とともに大幅に改造された可能性が高いのである。

三　江戸城の櫓

江戸城の櫓として、三重櫓、二重櫓、多門櫓等々が知られている。三重櫓と二重櫓は、物見と横矢掛りを目的とすることから、石垣の屈曲部や隅に築かれることが多く、江戸城も例外ではない。近世城郭では、櫓が数多く築かれるため、城門と櫓に囲まれて御殿が存在する形態をとるのが一般的であった。多聞櫓は、平櫓であることから、三重櫓や二重櫓と比べると物見という点では劣るが、土塀などよりも防禦に優れ、塁上に巡らすことで一層、効果が上がると考えられている。

現存する江戸城の櫓は、本丸の富士見櫓と御休息所多聞櫓、三の丸の桜田巽櫓、西丸の伏見櫓とそれに続く十四間多聞櫓と十六間多聞櫓がある。いずれも関東大地震で破損し、桜田巽櫓と西丸の櫓は、基礎となる石垣から積み直し（西丸の場合には鉄筋を入れ補強）、解体した櫓を補強材を用いて築いている。古材を用い、外観を変えていないことから、旧状はとどめている。関東大地震の旧江戸城での被害と復旧については、拙著『江戸・東京の大地震』で述べているので、ここでは除くことにする。

江戸城の櫓の景観は、『観古図説』をはじめとして古写真から、明治初期の様相は広く知られている。しかし、慶長度から寛永十四年本丸御殿が造営する頃の櫓の配置の全体像は、いまひとつ判然としない。まずは、時間軸に沿ってみることにする。なお、ここでは、三重櫓と二重櫓に限定する。

寛永度の櫓　本章の第一節御殿で述べた絵図でみることにする。寛永度とはいっても、二の丸御殿が造営された寛永十三年を境として、櫓の数が減少する。前半を代表するのが『江戸図屏風』と二の丸指図である。『江戸図屏風』の制作時期について、次章で詳述するが、筆者は、寛永九年から十二年の間と考える。そこでの櫓の配置で特徴的なことは、①二の丸が拡張以前であることから、同所東側では大手三之門の北側にのみ東櫓があること。②三の丸で、桜田巽櫓と大手門間に二重櫓、さらに大手門と平河門間に二カ所の櫓があること。③西丸下で南東隅の日比谷櫓に加えて、北東の和田倉櫓が描かれていること。このうち、①を除き石垣が横矢掛となっており、絵図のとおり二重櫓が存在したことは間違いないものと考えることができる。②の大手門北側の二つの櫓は、寛永十三年に造営された『二之御丸御指図』にも描かれている。『江戸図屏風』で検討を要するのは、「梅林坂」と記された左側の櫓が太鼓櫓か否かということである。『二之御丸御指図』には、東照社はあるが、太鼓櫓はない。ちなみに、寛永二十年に造営された国立公文書館所蔵『江戸御城二ノ丸御殿向之図』には、太鼓櫓が台所前三重櫓や汐見櫓と共に明確に描かれている。万治度の高石垣になる以前のことである。

寛永十三年以降、明暦三年までの絵図は、二之丸指図のほかに、図3

-1・10などが参考となる。特徴をあげることにする。①本丸の西側、乾櫓と数寄屋櫓間に菱櫓と二階櫓の二つの櫓が描かれていること。『江戸図屏風』では、存在が判然としない。しかし、明暦大火後には、この二つの櫓は再建されてはいない。②二の丸拡張に伴って、同所には新たに巽奥櫓、東櫓、北櫓の三つの櫓が築かれていること。③三の丸の大手門と平川門間の二つの櫓が撤去されていること。大手門と桜田巽櫓間の櫓は、本丸の二つの櫓と同様、明暦大火後に再建されてはいない。和田倉櫓についての資料はないが、三の丸の撤去された三つの櫓に順ずるものと考えられる。

三重櫓と二重櫓を比較すると、物見という視点から三重櫓の方が重要であるが、この時点で三重櫓は、本丸の富士見櫓と台所前三重櫓、二の丸の巽奥櫓と東櫓の四カ所である。これは、幕末の本丸御殿焼失まで続く。補足すると、大熊家寛永度指図には、数寄屋櫓に「三重御櫓」の記入がある。寛永十六年の本丸焼失以前は、富士見櫓クラスの櫓がもう一カ所存在していたことになる。図3-3以降は、二重櫓となる。

ふり返って、寛永度の櫓の配置をみた場合、寛永十三・十四年頃が一つの転機となっているといえる。二の丸・三の丸に御殿を造営することで、二の丸御殿の周辺には防備を兼ねた三重櫓と二重櫓を築き、反対に三の丸では新御殿造営によって警備の増強から、従来の櫓が一部撤去となっている。この櫓の配置と増減は、徳川政権が安定したことによるものと考えられる。寛永度の江戸城の櫓は、大名が登城する本城東側に多く配置している。しかも他の城と比較した場合、規模が大きく、白塗の景観は、防備というよりはみせることで威厳を高めている感すらする。それは、明暦大火後に、一層、顕著となる。

本城に対して、西城すなわち西丸では、極端に二重櫓（三重櫓はない）が少ない。今日知られているものは、伏見櫓、太鼓櫓、獅子口櫓の三カ所しかない。伏見櫓は、『江戸図屏風』に描かれ、以降の絵図に登場するが、太鼓櫓は、大奥の東側に位置し、櫓台の記述はあるものの、修築と撤去の時期は不明であると言わざるを得ない。享保三年の御作事方と小普請方による二局分掌の絵図が数多く存在するが、そのなかに西丸太鼓櫓（櫓台を含）が描かれているものはない。謎が多い櫓である。獅子口櫓は、西丸大手門の南西部、獅子口門の南側に位置する。『江戸図屏風』には描かれておらず、享保三年の二局分掌図には「櫓臺」の記入がある。本城・西城では「櫓」とあることから、この時点ですでに撤去されていることがわかる。いずれにしても、江戸城を縄張りした時点から、西丸に櫓が少ないのは不思議である。

ここで、寛永十三年から明暦三年までの二重櫓・三重櫓を記しておくことにする。

本丸…富士見櫓・書院櫓・書院出櫓・台所前三重櫓・汐見櫓・太鼓櫓・梅林櫓・五十三間櫓・乾櫓・菱櫓（万治度再建されず）・二階櫓（万治度以降再建されず）・数寄屋櫓の一二カ所。

二の丸…蓮池二重櫓・蓮池巽櫓・寺沢櫓・百人櫓・巽奥櫓・東櫓・北櫓の七カ所。

三の丸…桜田巽櫓・桜田巽櫓北側の二重櫓（万治度以降再建されず）の二カ所。

西丸…伏見櫓。（獅子口櫓は不明）

西丸下…日比谷櫓。（和田倉櫓は不明）

日比谷櫓の撤去　西丸下には、北東端と南東隅に二つの二重櫓が存在したことが知られている。このうち、南東隅の日比谷櫓については、『江戸図屏風』に描かれており、元禄大地震の復旧や享保三年の二局分掌などでは「三浦壱岐守御預り御櫓」として存続している。その後、享保十七（一七三二）年三月二十八日、西丸下御用屋敷裏から飛火し延焼。再建するものの、明和九（一七七二）年二月二十九日の行人坂大火にて焼失。以後、再建することはなかった。

明暦大火後、三の丸から西丸下にかけて、いずれも巽の方角に二カ所の櫓しか配置しなかったことになる。櫓本来の物見や防備という機能は、すっかり失われているのである。

建地割にみる江戸城櫓の特徴　都立中央図書館特別文庫室所蔵「江戸城造営関係資料（甲良家伝来）」には、二重櫓と三重櫓の建地割が存在する。二重櫓では、御書院二重櫓・汐見二重櫓、三重櫓では、御台所三重櫓のいずれも正面（平側）と側面（妻側）の建地割が知られている。このほか、富士見櫓の本取絵図もある。ここでは、比較する上で、二重櫓の建地割でみることにする。

図3-28は、御書院二重櫓の正面と妻側の二十分一の二点の建地割を軸装にした『江戸城御本丸御書院二重御櫓正面・御櫓妻』（六一九二-D〇一）である。法量は、縦七〇・〇センチ、横一四〇・〇センチを測る。この櫓の図には、このほか正面と妻の単独の建地割各二点が存在する（六一九二-六～九）。図をみることにする。正面と妻の建地割絵図には、各々内題があり、四手役の朱書と黒印が押されている。すでに検査

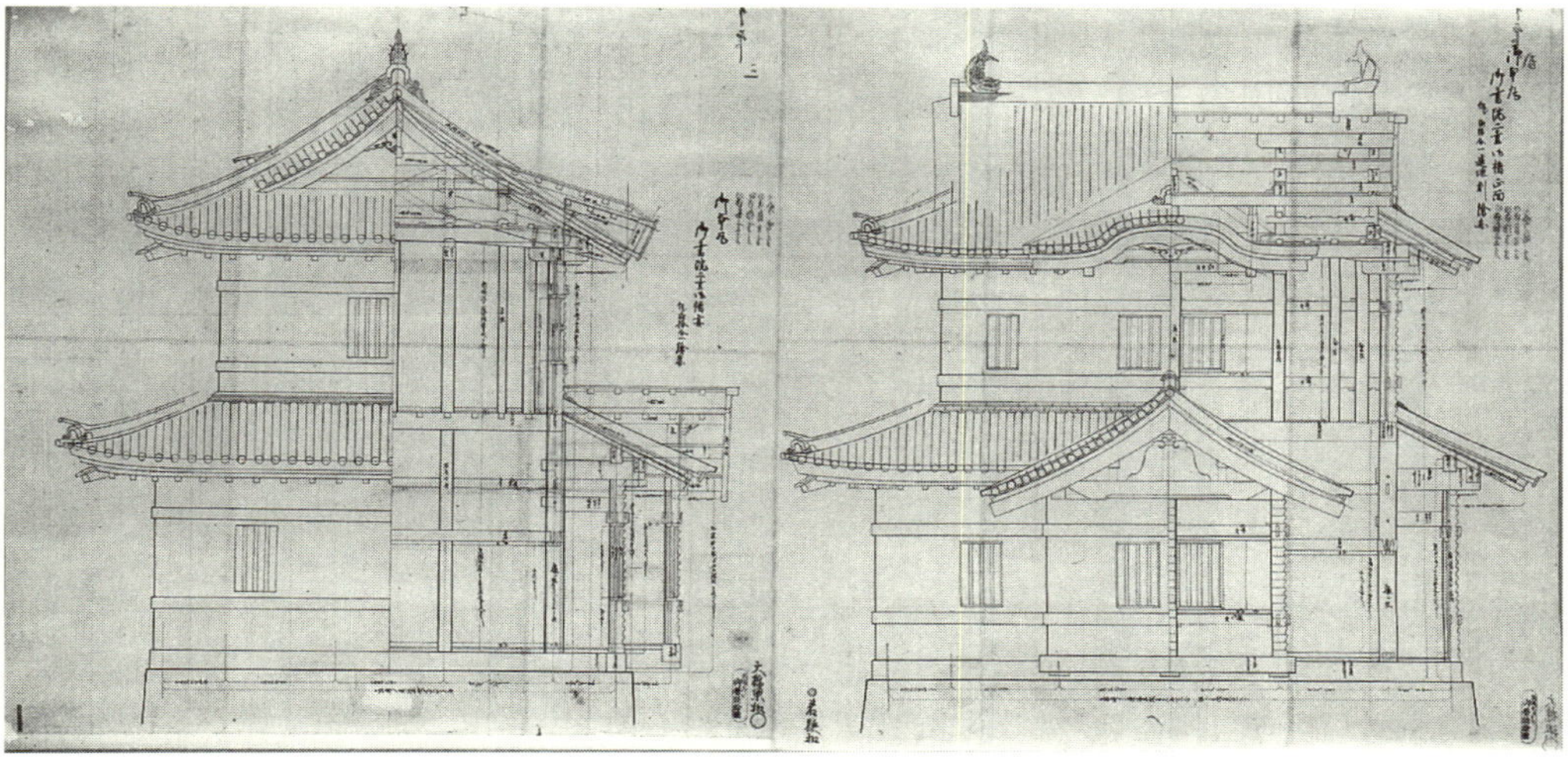

図3-28　『江戸城御本丸御書院二重御櫓正面・御櫓妻』

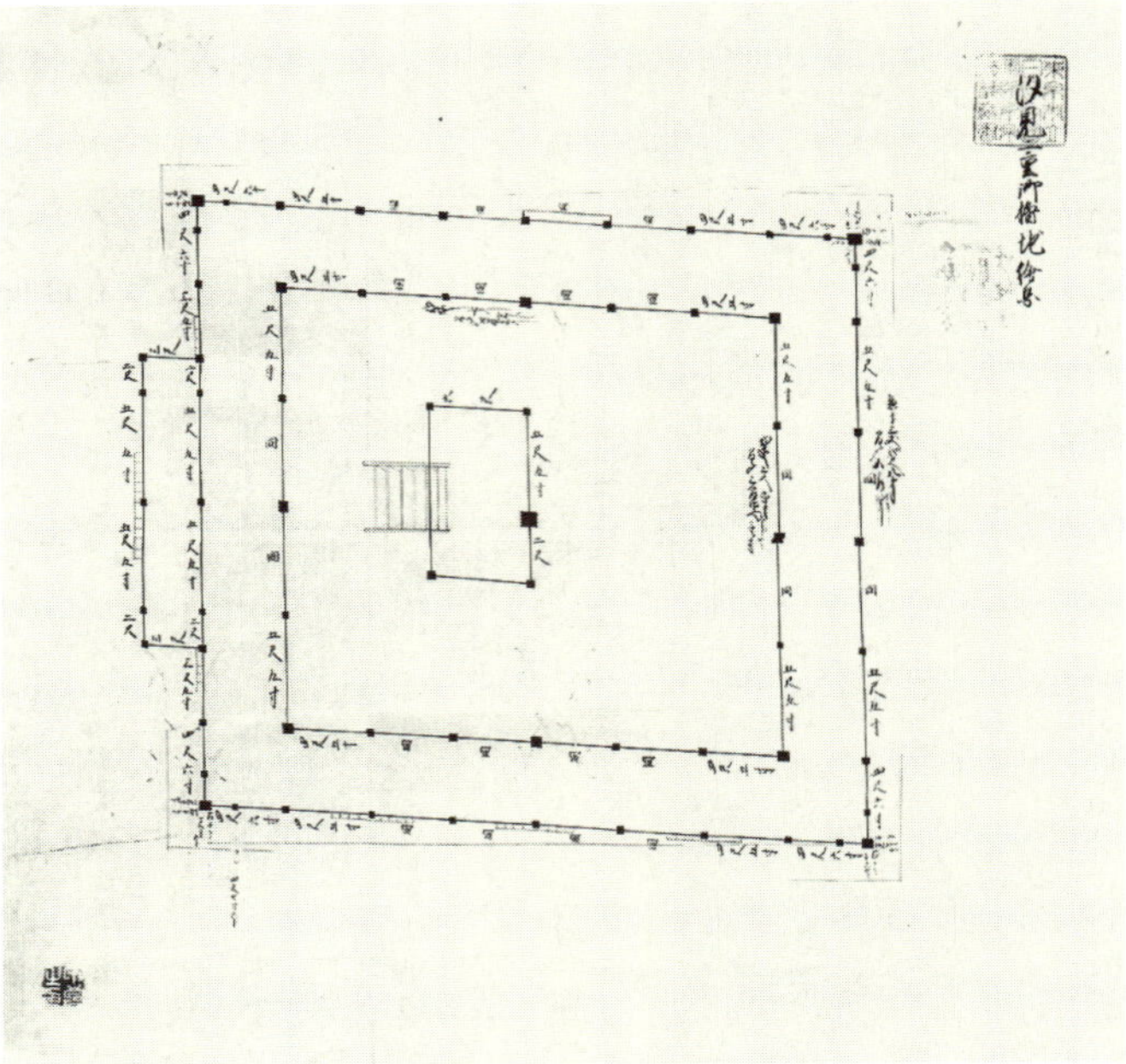

図3-29『汐見二重御櫓地繪図』

図3-30『御本丸汐見貮重御櫓正面建地割』

済の図面であることがわかる。さらに、「萬延元庚申年／御普請繪圖」の黒印があることから万延度の造営の際に作成されたものである。正面中央には出窓があり、切妻破風をあしらう。二層目平側に唐破風を施している。出窓・破風が中雀門枡形を向く形状となる。また、江戸城の特徴として、一層目と二層目の外壁窓の上下には、二条の長押が巡らされている。下層と上層の逓減が正面・妻とも同じで、屋根は入母屋形式をとる。規模は、正面が土台の柱間で五間一尺五寸八分（京間、約一〇・三メートル）、妻で四間一尺四寸八分（京間、約七・七メートル）を測る。つまり、初重が五間×四間、二重が四間×三間で、中心部に身舎、その周囲に入側を巡らしている。全体として、重厚感が漂う。

図3-29～31は、汐見二重櫓の平面図と建地割である。図3-29は、『汐見二重御櫓地繪圖』（六一九二-一九）の内題をもつ平面図である。平面形が幾分、菱形を呈し、梁間五間三寸（京間、妻側で約九・九四メートル）、桁行五間三尺四寸（京間、平側で約一〇・九七メートル）を測る。御書院二重櫓より一回り大きいことになる。入側をみても、汐見二重櫓が四尺六寸であるのに対して、御書院二重櫓では三尺八寸四分

と七寸六分と約二三センチの差がある。妻側中程には、長一丈五尺八寸、幅三尺の出窓が付く。図3-30は、『御本丸汐見貳重御櫓正面建地割』（六一九二-〇二）である。法量は、縦七七・五センチ、横八六・五センチを測る。一層目妻側中程の出窓には唐破風をあつらえ、二層目は入母屋となる。御書院二重櫓と同様、各層の窓の上下には二条の長押が巡る。また、図の左手には、袖多聞が続くことから、袖多門の土台と側柱が描かれている。図3-31は、『御本丸汐見二重御櫓平建地割』（六一九二-〇一）である。法量は、縦七八・五センチ、横八三・〇センチを測る。図3-29・30には、四手役の朱書と黒印、さらには「大棟梁／甲良若狭扣」と甲良の黒印が押されている。

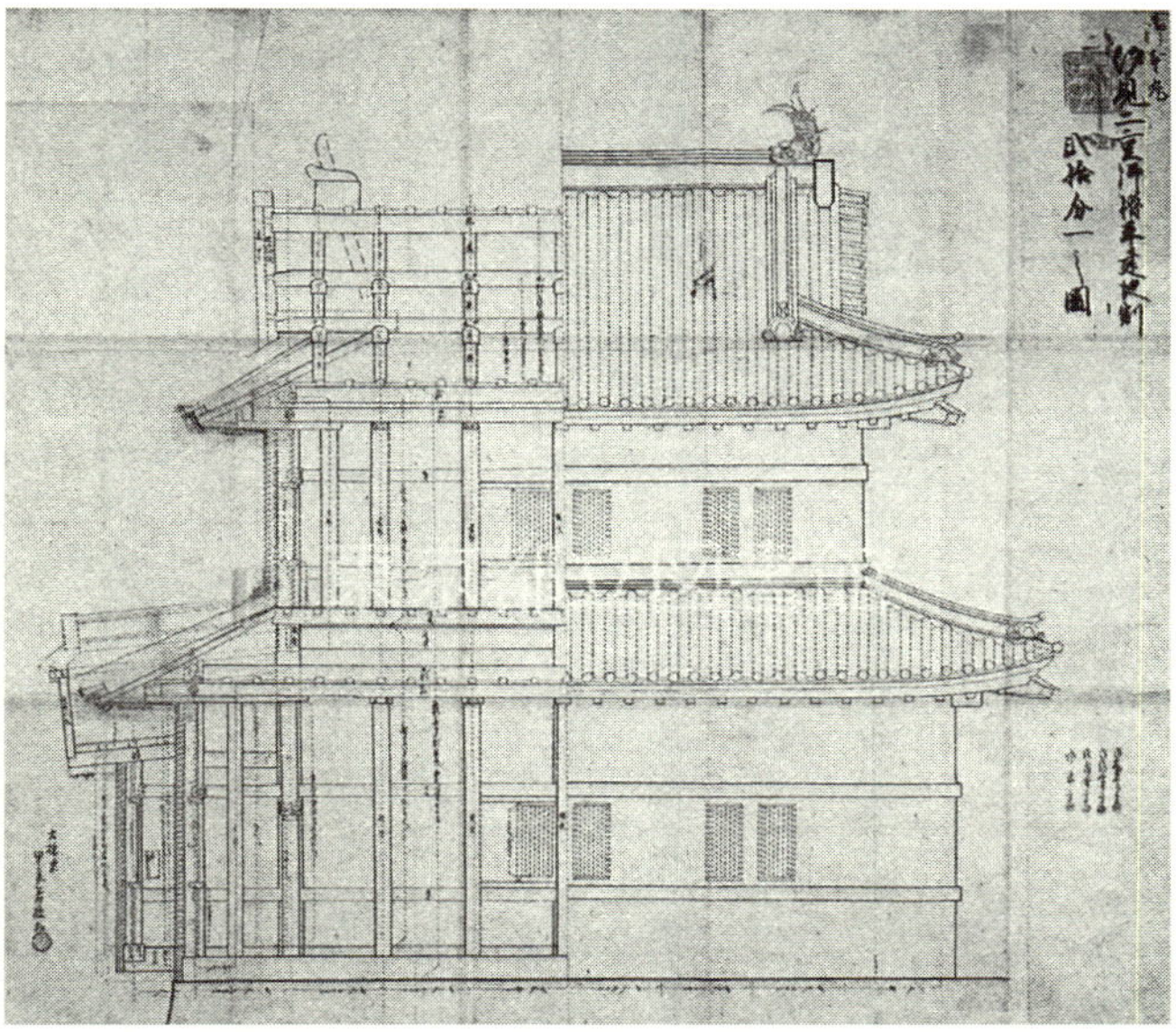

図3-31　『御本丸汐見二重御櫓平建地割』

江戸城では、二つの二重櫓をみても明らかのように規模が異なり、出窓上のあつらえも異なる。現存する櫓でみると、桜田巽櫓では初層平側に切妻破風を、上層は東西棟入母屋造り、伏見櫓では平側初層に千鳥破風をあつらえ、二層目は千鳥破風頂部を受ける形で据千鳥破風が飾られている。

江戸城の二重櫓は、詳細にみると、個々の特徴が目立ち、統一性が欠けるようにもみえるが、それは間違いである。先に、本丸地割図と御殿指図との関係を述べたが、二重櫓と三重櫓の場合にも、基本となる建地割図が存在する。

図3-32は、『二重御櫓』（六一九二-一八）の内題をもつ二重櫓の基本図である。入母屋二重造の妻側の図面で、出窓と破風は描かれていない。しかし、外壁の各層の窓の上下には長押を巡らせ、長押や軒の高さが記されている。一層目には、「長押内法三尺四寸／軒ノ高サ土臺下ゟ桁上迠壱丈壱尺」、二層目には、「長押内法三尺／五寸へし　屋根留ゟ桁上迠五尺八寸」とあり、その上で「惣高サ石垣上ヨリ棟瓦上迠京間四間貳尺七寸」と記されている。高さと長押の位置を指定していることになる。図中左手には平面図がある。一層目は「三間四方」とあり、半間の入側が付く。二層目は「貳間四方」とあり、一層目の入側が除かれたものである。

図3-33は、『三重御櫓』（六一九二-二〇）の内題をもつ三重櫓の基本図である。そのため、台所前三重櫓や富士見櫓、二の丸の巽奥櫓などの

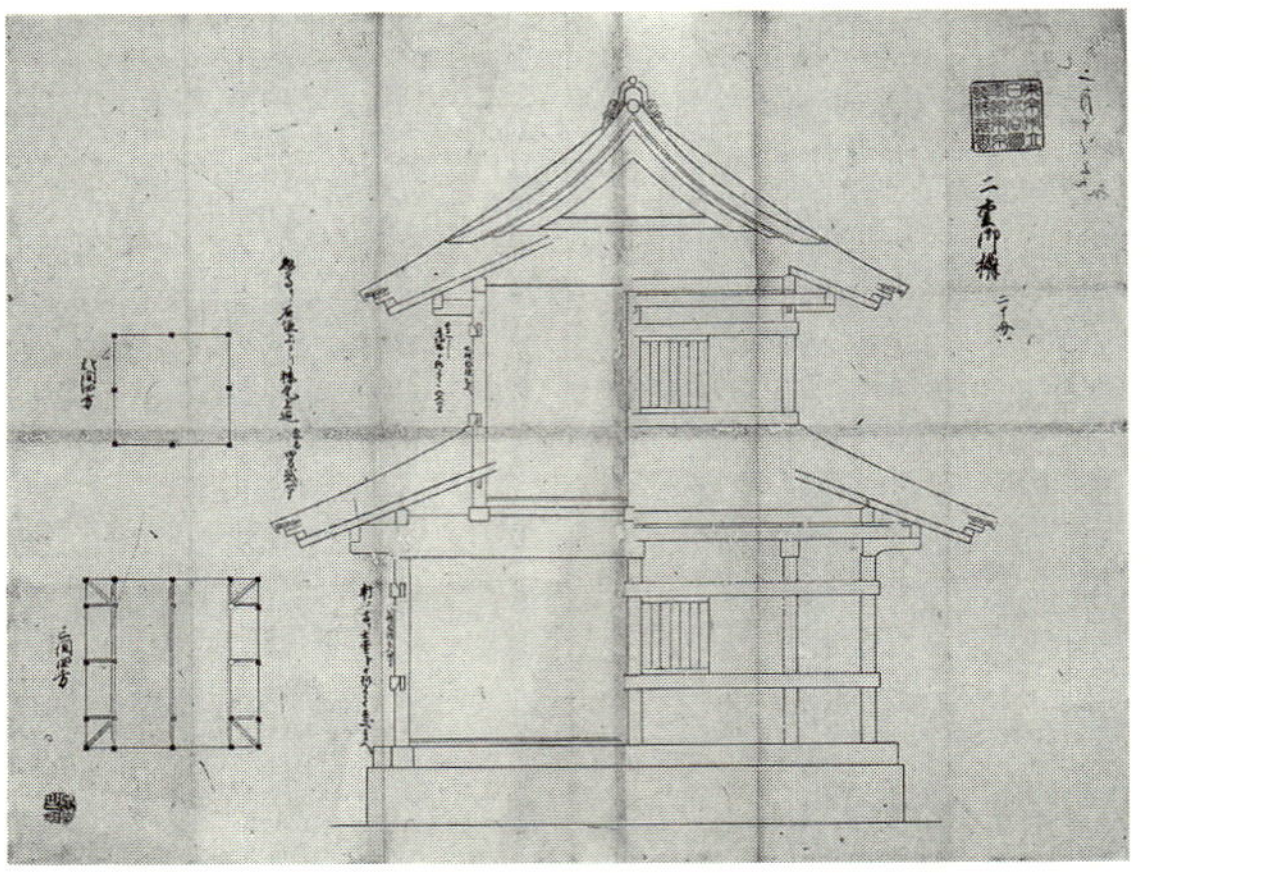

図3‐32『二重御櫓』

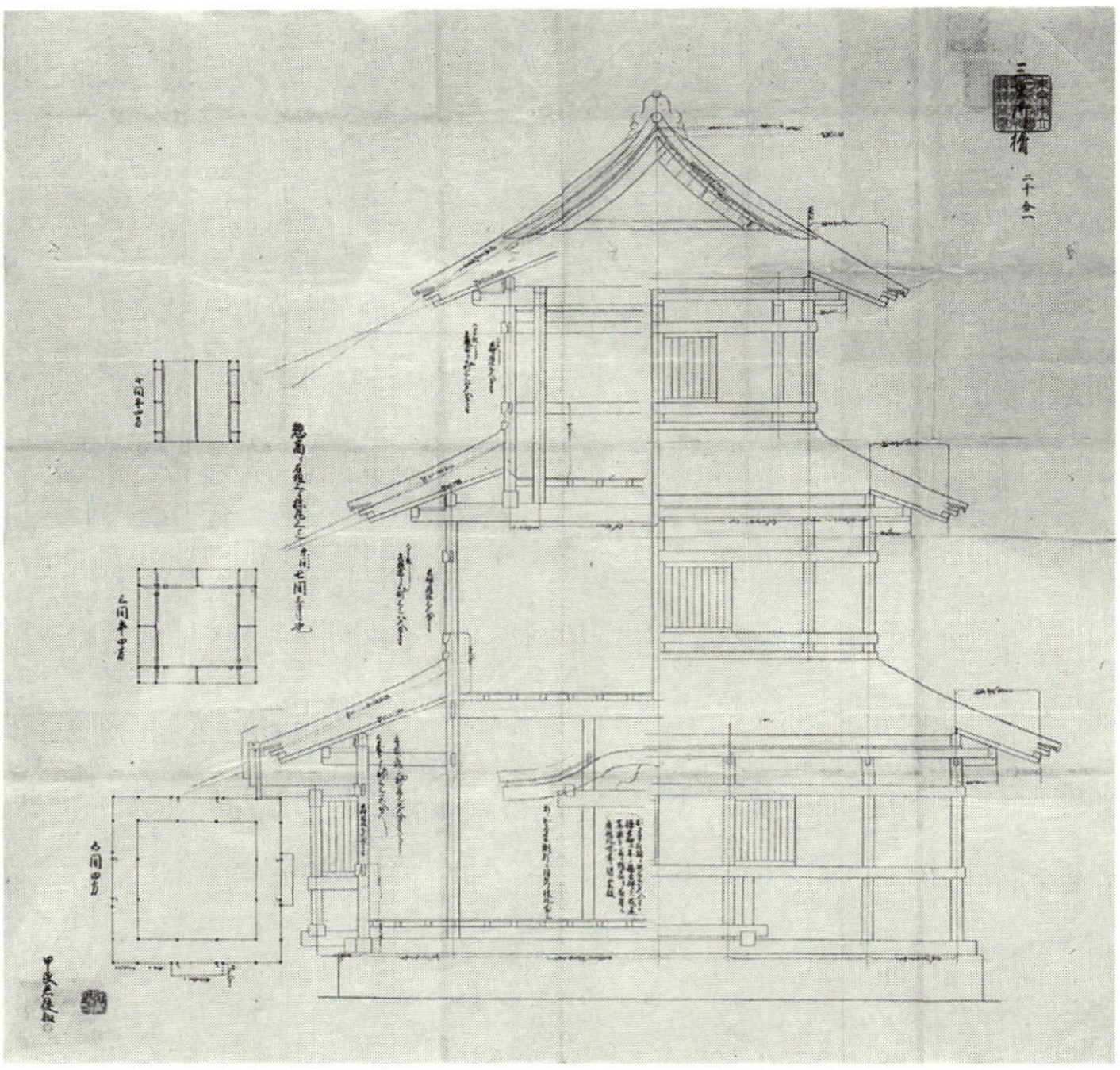

図3‐33『三重御櫓』

もととなる図といえる。前述した図3‐31の二重櫓と比較すると、朱書きによる数値が数多く記入してあり、指定が細かくなる。ここでは、墨書のみを拾うことにする。初層には、「長押内法三尺九寸／土臺下ヨリ軒桁上迠一丈貳尺（床板上端ゟ桁端迠九尺四寸八分）」、二層目には、「長押内法三尺九寸／六寸惣し　屋根留りゟ出桁上迠八尺五寸」、三層目には、「六寸へし　長押内法三尺三寸／六寸惣し　屋根通りゟ出桁上迠七尺七寸」とある。その上で「惣高サ石垣上ゟ棟瓦上迠京間七間三寸也」と記されている。また一層目の破風について「軒ノ出間半側軒ヒ同所破風面迠」とあり、さらに、

　出シ高サ柱踊ゟ桁上迠七尺六寸
　腰長押ハ平ノ腰長押下ハ成違
　妻ノ梁下へ直シ鴨居ヲ取付ル
　唐破風也妻ノ鎊雲板

とある。左側には各層の平面があり、初層は「五間四方」で四尺八寸七分の入側が巡り、二カ所に長一間半、幅二尺六寸の出窓が描かれている。二層目は「三間半四方」、三層目は「武間半四方」とある。

富士見櫓でみることにする。富士見櫓は、本丸の南端に位置し、明暦大火後、天守が再建されないことから、その代りをなしたと言われている。四面全てに窓をもち、一層妻側に唐破風、平側に切妻破風を、二層目平側に切妻破風を受ける形で唐破風をあしらう。図3‐34は、『富士見三重御櫓本取繪圖』（六一九二‐一二三）である。図3‐33の基本図の長さ

内法と高さを比較する。図3-34では、初層の長押内法が四尺二寸、高さが一丈二尺四寸一分、二層目が同様に三尺八寸に八尺一寸六分、三層目が三尺四寸七分に七尺七寸一分とある。数値にわずかな差があるが、基本形を踏襲しているといえる。

江戸城の二重櫓と三重櫓をみると、破風飾りと出窓、白壁と二重長押が目に付くが、基本図があることで高さを調節し、土台が大きい分、重厚さを増しているのである。さらに、破風を銅の黒板包としていることで櫓の外観をひきしめている。実に雄大さとバランスに卓越していることがうかがえる。

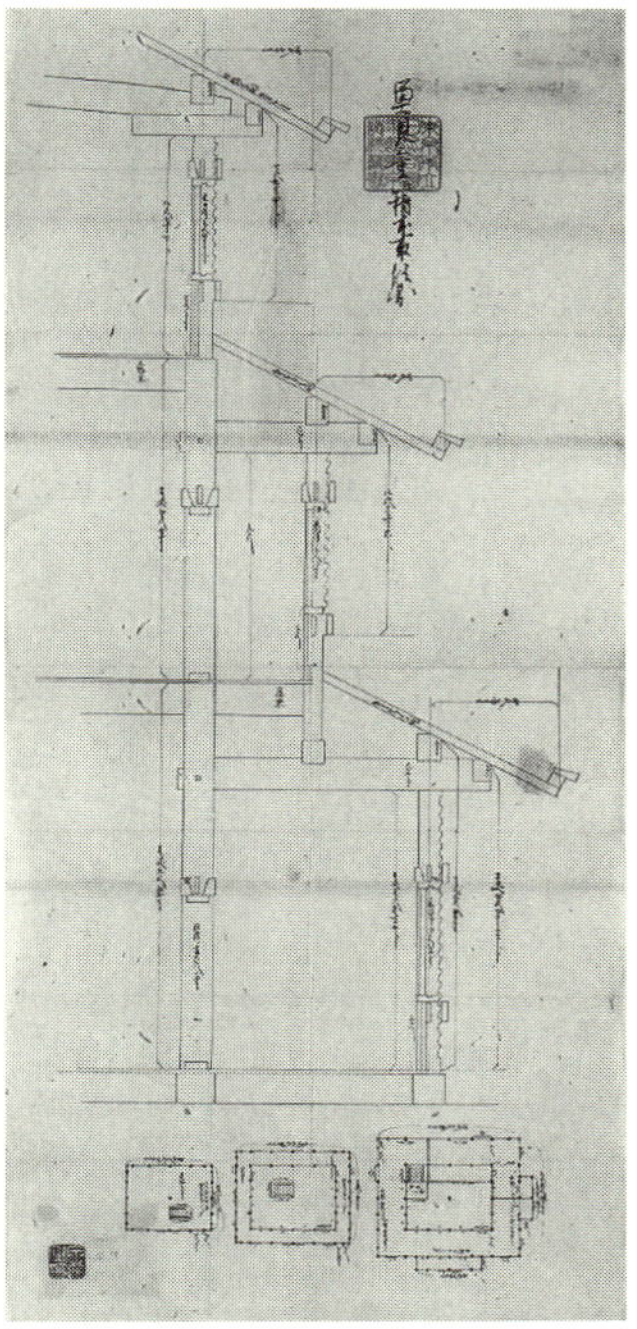

図3-34　『富士見三重御櫓本取繪図』

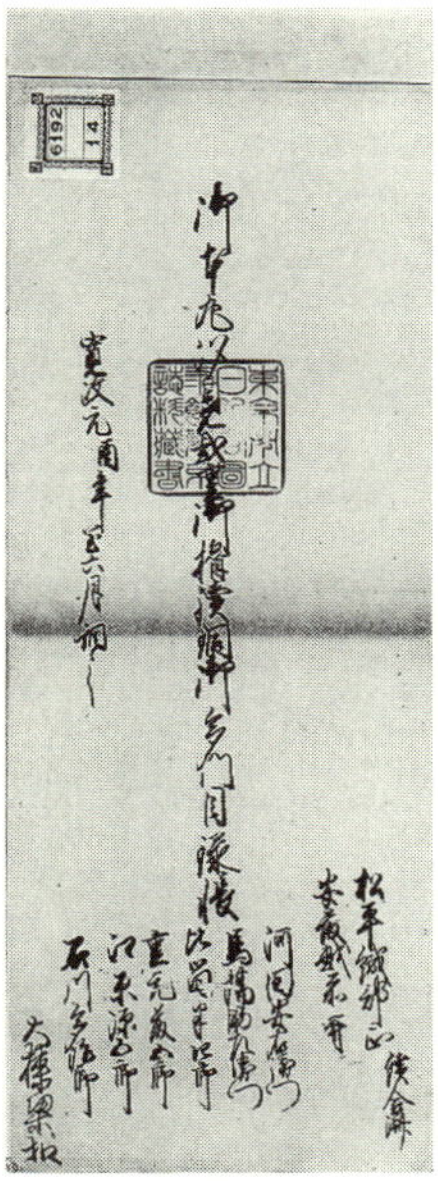

図3-35　『御本丸汐見貳重御櫓續銅御多門目録帳』・表紙

各層の窓の上下に施した二重の長押は、多門櫓にも該当する。御休息所前多聞櫓や伏見櫓に続く十四間多聞櫓でみることができる。

二点の櫓目録帳　「江戸城造営関係資料（甲良家伝来）」には、櫓に関する二点の目録帳が存在する。一点は、『御本丸汐見貳重御櫓續銅御多門目録帳』（六一九二-一四）であり、一点は、『御本丸汐見二重御櫓一件目録帳』（六一九二-一七）である。共に長帳で、「寛政元酉年閏六月調之」とある。前者は一〇紙、後者は一一紙からなり、法量は、縦三九・〇センチ、横一四・〇センチを測る。本章では多聞櫓について触れていないので、前者を紹介する。

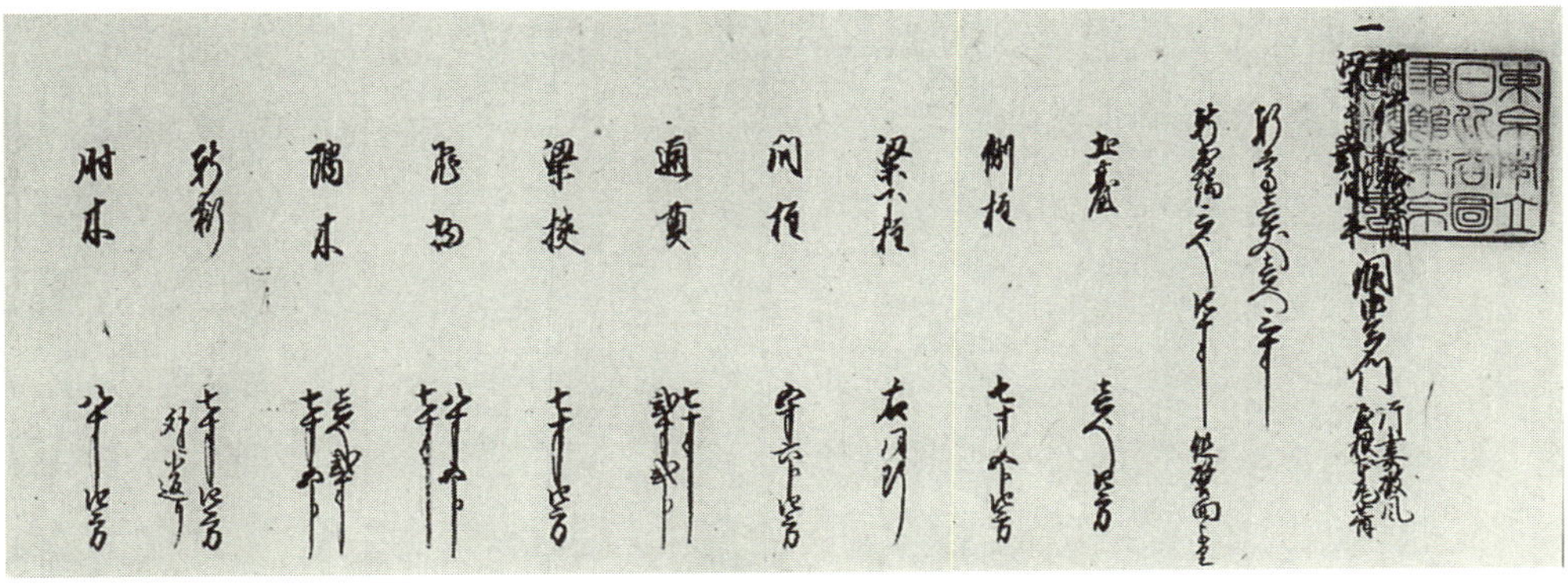

図3-36　同・部門

汐見二重櫓続銅多聞櫓は、図3-30の汐見二重櫓妻側建地割の左手の袖多聞が該当する。この多聞櫓は、汐見二重櫓から白鳥濠に沿って南側に延びることになる。図3-35は、目録の表紙である。下位に松平織部正と安藤越前守、河田安右衛門・馬場助左衛門・比留半四郎・重元藤五郎・江原源五郎・石川多治郎の八名の御作事奉行下役人が記されているが、これは汐見二重櫓目録でも同じである。

内容をみることにする。図3-36は、史料の冒頭部分である。

一　桁行四拾四間　　片妻破風
　梁間二間半　銅御多門　屋根本瓦葺
　軒高壱丈壱尺三寸
　軒出隅三尺四寸　但壁面よ里
　土臺　壱尺四方
　側柱　七寸五分四方
　梁下柱　右同断
　間柱　五寸六分四方
　通貫　七寸 貮寸貮分
　梁挾　七寸四方
　飛物　八寸五分 七寸
　隅木　壱尺貮寸 七寸五分
　軒桁　七寸四方 外ニ少返り
　肘木　八寸四方
（以下略）

とある。各部材の寸法を詳述している。後に続く主要な項目のみを網羅すると、

一同入口大戸口　裏自戸　但大柱貮枚刻
一　巾貮尺六寸三分
　鴨居内法三尺　窓
一　長拾八ま　小細工方詰所後　笠木塀　土臺建
　高サ壱間　内　片面羽目
　拾六ま　六尺五寸ま
　但内壱ケ所　大戸口ニ
　壱ま　三尺五寸ま
　壱ま　貮尺ま
一　桁行拾五間小細工戸　詰所　方形造り
　梁ま壱間半　屋根桟瓦葺
　但六尺ま
　軒高サ壱丈
一　長延拾九間五尺小細工方詰所　笠木塀　土臺建
　高サ九尺　片面羽目
一　御多門　之分所々角柵
　七尺貮寸
一　巾七尺貮寸　奥土戸御門
　高壱丈四尺
　但片開大　壱枚　通付キ

一　長五ま
　高壱丈貳尺　　同左右簓縁塀
　　但柱据之地覆長押有屋根本瓦葺
一　長四ま　土手登り
　高壱間　　　瓦塀
一　桁行貳間　御土戸御門　小棟造り
　梁ま壱間半　　番所　　屋根本瓦葺
　　軒高サ八尺五寸
　附テ
　　長延三間壱尺折廻し
　　　　　　　付御庇
　出隅間半
一　桁行六間　　　宝形造り
　梁ま壱間四尺　物置　屋根桟瓦葺
　　軒高サ壱丈
一　桁行拾貳間　小仕事所　宝形造り
　梁ま壱間四尺　腰掛共　屋根桟瓦葺
　　軒高壱丈

とある。この目録帳には、銅多門以外にその付近の建造物についても収録されているが、史料に登場することが皆無なことから、興味が尽きない。ちなみに、銅多門は、梁間が二間半と通常の大きさであり、犬走りは付かないものと考えられる。

二つの目録帳が作成された経緯は不明であるが、建地割と整合することから、細部の情報を得ることができる。次の機会に、汐見二重櫓建地割と同所目録帳を熟視してみたい。

第四章　紅葉山と歴代将軍

一　神霊空間と宝蔵としての紅葉山

西丸に隣接する北側、道灌濠と蓮池濠に挟まれた空間を紅葉山（楓山）と呼称する。道灌濠の名称は、太田道灌によって築かれた江戸城に由来するが、同氏が巡らしたものであるかは定かではない。都立中央図書館所蔵『慶長七年江戸図』には、道灌濠の西側の一部が描かれているので、名称はともかく、家康が江戸に入府して、征夷大将軍に任じられる前に存在したことは確かのようである。

紅葉山が幕府にとって重要な空間となるのは、家康が元和二（一六一六）年四月十七日に薨去し、その二年後の元和四年四月十七日に家康を祀る東照宮を此地に造営し、遷座することにはじまる。城内での東照宮は、当初、紅葉山のほかに、二の丸西端にも築かれていた。現在の汐見坂北側の高石垣下の位置にあたる。それは、東京国立博物館所蔵『二之御丸御指図』に描かれている。二の丸東照宮は、記録によると、寛永十四（一六三七）年九月十四日上棟、同二十六日正遷座とある。その後、承応三（一六五四）年に紅葉山東照宮が改造されたのを契機として、二の丸東照宮は撤去され紅葉山と合祀する。二の丸東照宮は、同年十一月十四日に川越の仙波に移設されることになる。

紅葉山が将軍家や幕府にとって神霊区域として定着するのは、二代将軍秀忠が寛永九（一六三二）年正月二十四日に薨去すると、霊廟を三縁山増上寺に、御霊屋を紅葉山に造営することにあるといっても過言ではない。以後、将軍が薨去すると、霊廟は、三代将軍家光が日光輪王寺であるのを除き、菩提寺である増上寺と東叡山寛永寺に、御霊屋は、菩提寺と紅葉山に造営されることとなる。

安政五（一八五八）年に写本された『柳営年中行事』をみると、歴代将軍の祥月命日には増上寺と寛永寺に参詣するとともに、幕府の年中行事に紅葉山参詣を組込んでいることがわかる。具体的には、正月・四月・十二月の各十七日には東照宮、五月十七日には東照宮と惣御霊屋、九月十七日には惣御霊屋と都合、五回の参詣となる。

霊屋と宝塔　霊廟や御霊屋という用語について、少し説明を加えておく。近世に入ると、大名や武士などの霊を祀るための廟が築かれるようになる。京都阿弥陀峯の豊臣家の豊国廟が有名であるが、徳川家もしかりである。廟は、一般的に霊屋、霊廟、霊殿、霊牌所などを総称して用いる場合が多い。この用語をさらに規定したものが、『有章院殿御實紀』のなかにある。六代将軍家宣が正徳二（一七一二）年十月十四に薨

去すると、翌年、釿初が行われるが、九月十四日の条に、

今より後、廟殿の事を仏殿ならびに御堂と称し来たりしを霊屋ととなへ御墓所を御廟と称せしを宝塔とあらため称すべしなり

と記されている。これに従うと、霊屋と宝塔の二語に尽きるが、今日の使用状況をみる限り、この規定が一般化するまでには至っていない。徳川家の場合、菩提寺となる霊廟では、霊を祀る区域（本殿・拝殿・水盤舎・鐘楼など）と遺骸を埋葬する墳墓（宝塔）ならびに関連する施設（奥院の拝殿や中門など）の区域の二つで構成されている。両者は、参道によって連結されている。つまり、奥院全体が宝塔を中心とする墓所空間、手前が御霊屋空間となっているのである。

具体的に、前述の家宣の事例でみることにする。家宣は、諡《おくりな》を文昭院と称し、霊廟が増上寺に造営される。太平洋戦争まではその姿を留めていたが、昭和二十（一九四五）年五月二十五日の東京大空襲で二天門を除く全ての建物が焼失している。文昭院霊廟の絵図が、港区立港郷土資料館に所蔵されている。図4-1は、『増上寺　文昭院殿御霊屋前銅燈籠并石燈籠建場之繪圖』である。最上位には、八角形の宝塔を中心として奥院の拝殿、中程には御霊屋（本殿）のほか拝殿・廻廊・唐門・水盤舎・勅額門など、最下位には二天門が描かれている。それら墓所、各種建物を連結する参道沿には、諸大名から献上された銅・石燈籠三六七基がずらりと並ぶ。参道沿の燈籠を除く二つの重要な区域、すなわち、広義では宝塔・拝殿の奥院を墓所、本殿から拝殿の権現造りを中心として二天門までの建物を御霊屋と呼称するのが理解しやすいのではなかろうか。

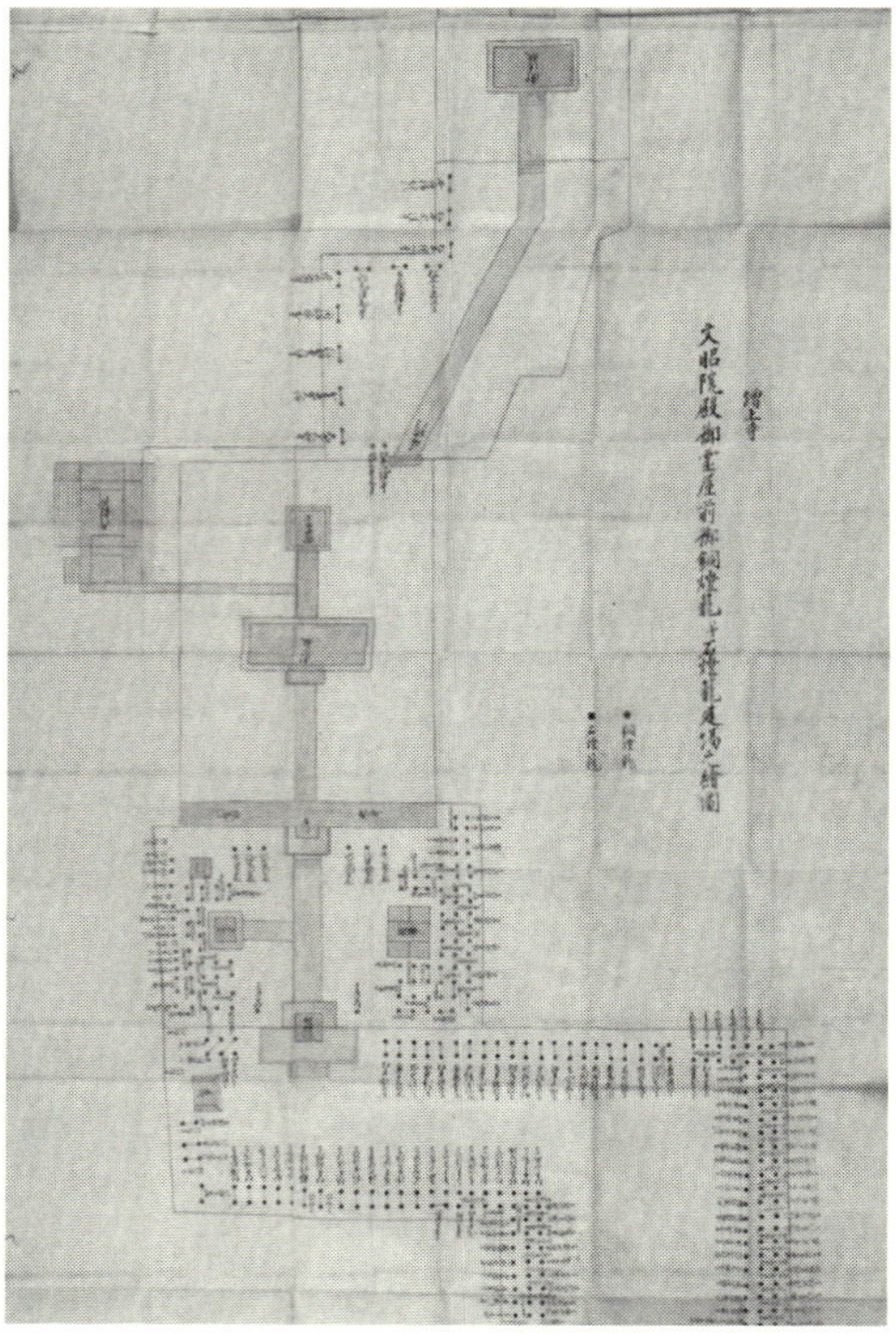

図4－1　『増上寺　文昭院殿御霊屋前銅燈籠并石燈籠建場之繪圖』（港区立港郷土資料館所蔵）

『紅葉山東叡山三縁山御廟圖』　御霊屋は、紅葉山と菩提寺の両者に造営されるが、両者の関係を理解する上で注目される絵図が東京都公文書館に所蔵されている。図4-2は、『紅葉山東叡山三縁山御廟圖』である。彩色が施されており、東照宮を中央に、左上に紅葉山、右側に増上寺、左下に寛永寺の御霊屋・霊廟が配置されている。模式化した御霊屋には諡《おくりな》（合祀を含）が記されており、年号が記されていないものの、ある程度の製作時期を推察することができる。ちなみに最も新しい諡は、東叡山二之御霊屋に祀られている温恭院（十三代将軍家定）である。後述する表4-1と照会すると、家定は安政五（一八五八）年に薨去するので、絵図の製作は、それ以後であることがわかる。御霊屋は、模式化されているがその配置、合祀された諡などは正確である。本図で三点注目される。一点は、東照宮が寛永寺と増上寺にも祀られているにもかか

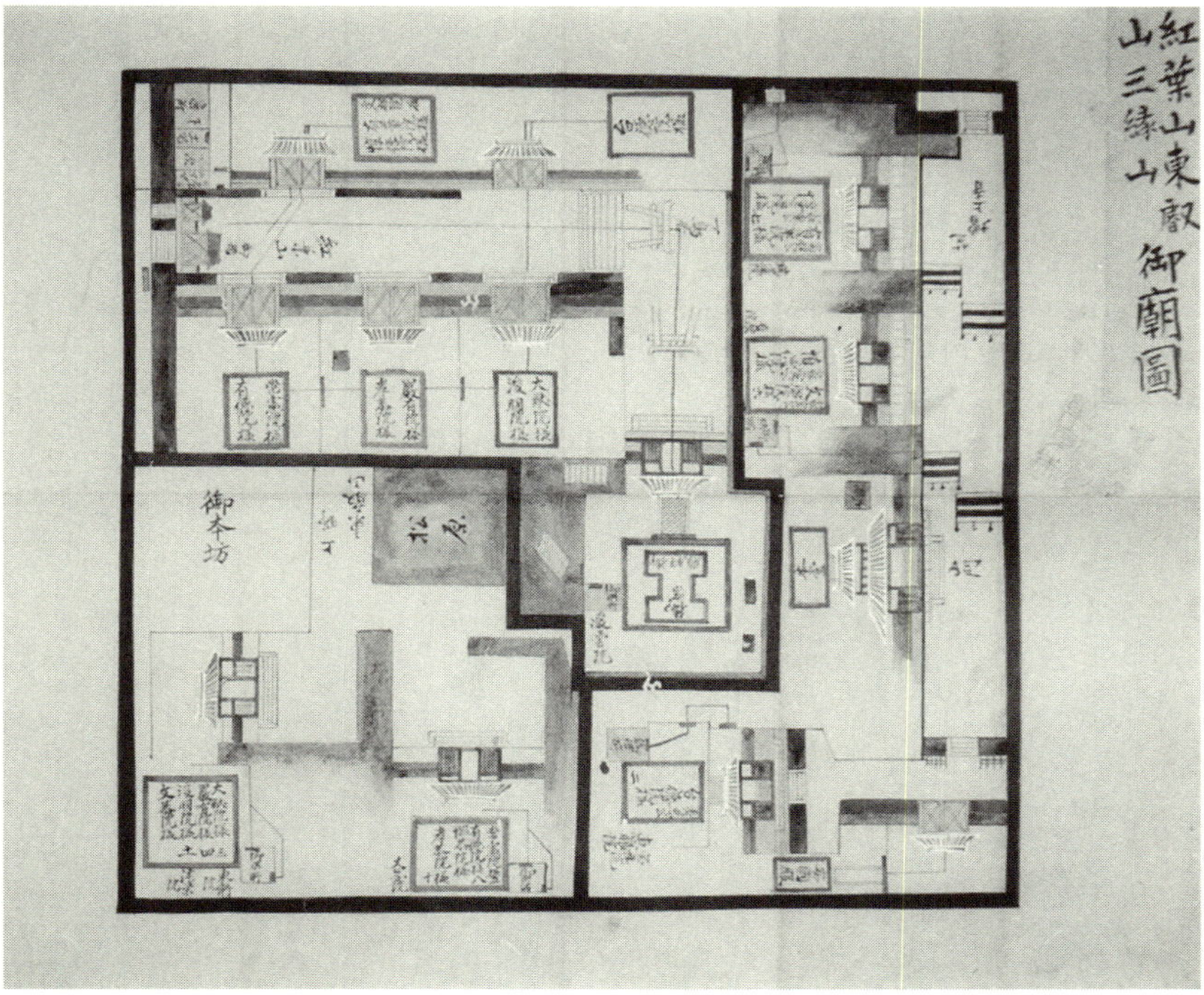

図４－２　『紅葉山東叡山三縁山御廟図』（東京都公文書館所蔵）

わらず、本図では紅葉山のみに描かれていることである。一点は、増上寺の諡の最も新しいのは慎徳院（十二代将軍家慶）であるが、前述した寛永寺の温恭院と共に本来加筆すべき紅葉山の御霊屋には両者の諡が記されていないことである。一点は、増上寺に限り諡と生前名が記されていることである。このうち一点目は、増上寺・寛永寺・紅葉山の三者間において紅葉山の東照宮が最重要視されていることを示唆している。歴代将軍が全て祀られていることから至極当然ともいえる。二点目は、表4-1を参照すると、度重なる合祀と幕末の合祀の変更が要因となっていそうである。紅葉山の御霊屋の諡をみると、十代将軍家治が当初、三代将軍家光の大猷院の御霊屋に合祀されるが、その時点のものとなっている。五代将軍家綱の常憲院御霊屋への合祀変更が記されていない。したがって、十一代将軍家斉の文恭院以下は、紅葉山の御霊屋には記されていないのである。本図を描いた絵師がその辺のことを知らなかったとは思えないが、実に不思議な図となっているのである。三点目は、本図作成者が、増上寺にゆかりのある人物によるものであろうか。とりわけ後二者は、公式な絵図では決してありえないものである。とはいえ、三者の関係を知る絵図としては大変、興味深いものである。

紅葉山のもう一つの機能は、宝蔵である。家康が古典籍を蒐集したことは有名であるが、それらをもとに幕府は寛永十六（一六三九）年に紅葉山御文庫を新装する。これは、楓山《もみじやま》文庫・楓山秘閣とも称している。紅葉山の宝蔵は六棟あり、このうち二棟を紅葉山御文庫が占めている。ここには、『古事記』や『菅家文藻』、『明月記』などの古典籍のほか、幕府の公式記録ならびに幕府が蒐集した諸史料などが追加所蔵されている。ちなみに、紅葉山御文庫は、明治になり内閣文庫と名称がかわり、今日では国立公文書館内に所蔵されている。残りの四棟は、具足蔵（二棟）、屏風蔵、鉄砲蔵となっている。具足は、将軍の御召具足である。

以上、紅葉山は、幕府にとって神霊区域であることと共に宝蔵を管理

埋葬地	備　考
久能山のち 日光東照宮に改葬	
増上寺	
日光輪王寺	
寛永寺	
寛永寺	
増上寺	
増上寺	文昭院（６代）と合祀
寛永寺	常憲院（５代）と合祀
増上寺	文昭院（６代）・有章院（７代）と合祀
寛永寺	大猷院（３代）と合祀、安政６年８月23日常憲院御霊屋へ
寛永寺	大猷院（３代）・浚明院（10代）と合祀
増上寺	文昭院（６代）・有章院（７代）・惇信院（９代）と合祀
寛永寺	大猷院（３代）・文恭院（11代）と合祀
増上寺	慎徳院（12代）と合祀
谷　中	

するという重積を担うこととなる。

二　絵図・古記録にみる紅葉山御霊屋

徳川家の菩提寺である霊廟建築の調査は、国宝建造物に指定されていた昭和九（一九三四）年、田邊泰氏を嘱託とする東京府によって実施され、詳細な報告書『東京府史蹟保存物調査報告書　第十一冊「芝・上野徳川家霊廟」』が刊行されている。霊廟建築の形式・種類・特質について詳細な記述があり、棟札の内容や霊屋平面図、多くの写真を交えた研究の基本書となっている。また、調査を担当した田邊泰氏は、後年、『徳川家霊廟』を著されている。

他方、紅葉山御霊屋は、明治元（一六八八）年十月十三日に明治天皇が西丸に入ると、同年十二月十九日には徳川家に命じて撤収されることとなる。つまり、前述の菩提寺霊廟のように正確な記録をとることはなかったのである。

本書では、都立中央図書館特別文庫室所蔵「江戸城造営関係資料（甲良家伝来）」の絵図を中心として紅葉山御霊屋の造営経過について述べることにする。まずは、三点の資料を紹介する。

『紅葉山御宮御仏殿惣絵図』　図4-3は、紅葉山社殿仏殿が描かれた絵図のなかでは最も古いもので、『紅葉山御宮御仏殿惣絵図』（六一七五-一〇）の名称がつく。彩色・裏打ちが施されており、外題には二枚の付箋に「此所文照院様御霊屋」と「紅葉山／御宮御仏殿惣絵図」と記されている。後者が資料名になっているが、前者の文照院は文昭院（六

表４－１　歴代将軍の薨去と紅葉山御宮・御霊屋への遷座

代	将軍	諡・神号	記録上の死亡日	紅葉山での御霊屋造営、合祀
初	家康	安国院のち 東照大権現	元和２年（1616）４月17日	元和４年（1618）４月17日
2	秀忠	台徳院	寛永９年（1632）正月24日	寛永９年（1632）10月24日
3	家光	大猷院	慶安４年（1651）４月20日	承応３年（1654）７月10日
4	家綱	厳有院	延宝８年（1680）５月８日	天和元年（1681）12月朔日
5	綱吉	常憲院	宝永６年（1709）正月10日	宝永７年（1710）８月27日
6	家宣	文昭院	正徳２年（1712）10月14日	正徳４年（1714）６月２日
7	家継	有章院	正徳４年（1714）４月晦日	享保２年（1717）８月晦日
8	吉宗	有徳院	寛延４年（1751）６月20日	宝暦元年（1751）12月23日
9	家重	惇信院	宝暦11年（1761）６月12日	宝暦12年（1762）５月７日
10	家治	浚明院	天明６年（1786）９月８日	天明７年（1787）７月９日
11	家斉	文恭院	天保12年（1841）正月晦日	天保13年（1842）３月29日
12	家慶	慎徳院	嘉永６年（1853）７月22日	嘉永７年（1854）10月10日
13	家定	温恭院	安政５年（1858）８月８日	安政６年（1859）８月20日
14	家茂	昭徳院	慶応２年（1866）８月20日	慶応３年（1867）12月21日
15	慶喜		大正２年（1913）11月22日	

※厳有院御霊屋には、10代家治の嫡子家基（孝恭院）と合祀

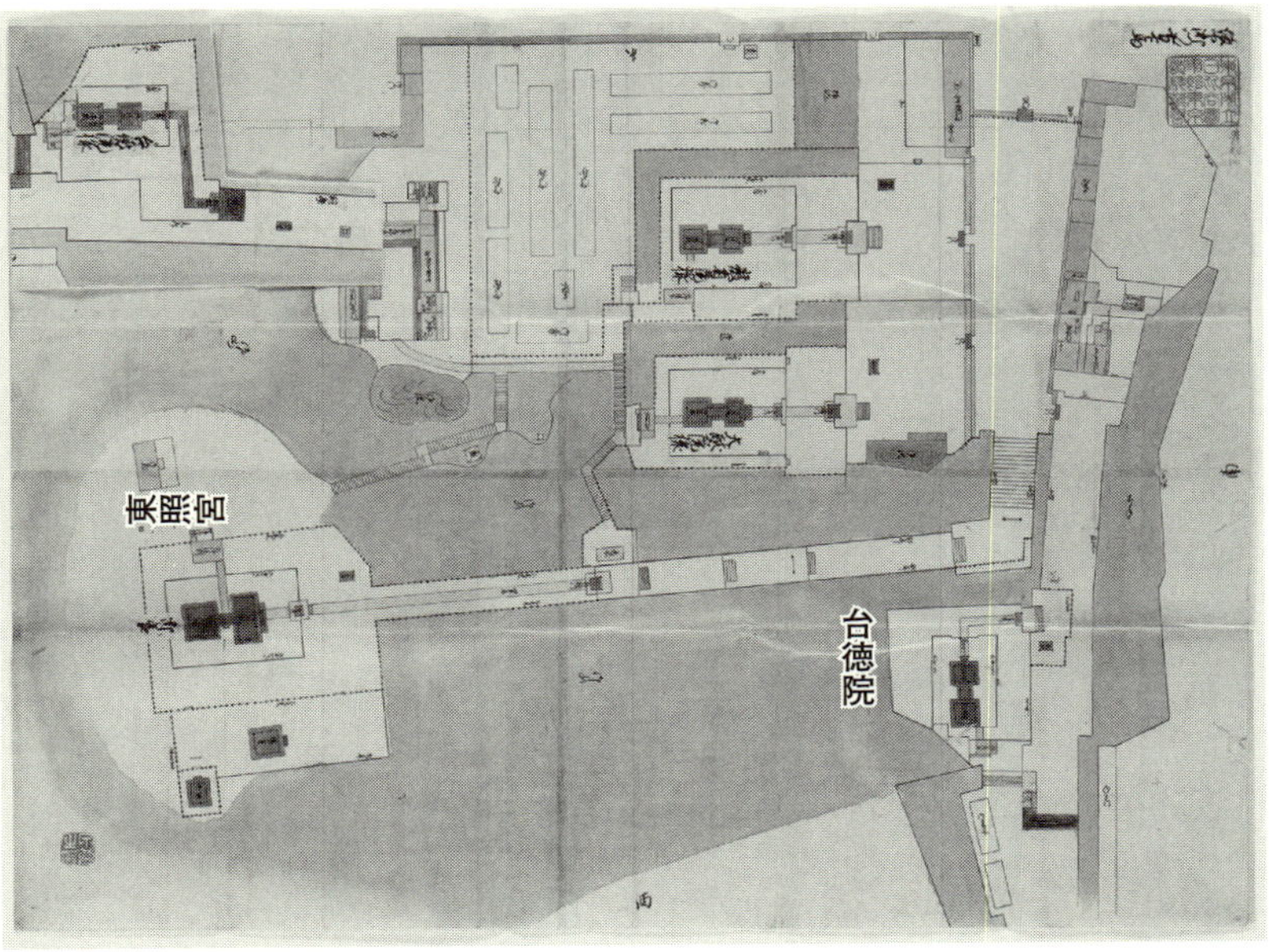

図４－３　『紅葉山御宮御仏殿惣絵図』（〔図４－３～11〕都立中央図書館特別文庫室所蔵）

代将軍家宣）の誤りであり、本紙御霊屋は四代将軍家綱の厳有院までしか描かれていないので、これは、後世に資料整理をした時の貼り間違いである。本図の特徴を指摘する。図右上の御成門を直進し、右折すると左手奥には東照宮が描かれている。紅葉山では北西端に位置することになる。本紙左上には貼紙があり、二代将軍秀忠の台徳院の改修が描かれ

ている。台徳院御霊屋は、図内右下であることから、本来は、その上に貼付するところである。貼紙の改修箇所をみると、勅額門とその階段の位置が九〇度東側に変更している。この改修は、記録には残されていない。図の中程には二つの御霊屋が描かれており、左側が大猷院（三代将軍家光）、右側が厳有院となる。厳有院御霊屋の右手には、植込みを挟んで二棟の蔵が配置されている。紅葉山での宝蔵の位置は、紅葉山の北東に位置するが、この時点では、土蔵（宝蔵）が七棟あることになる。

『紅葉山物指図』と『紅葉山物絵図』　五代将軍綱吉の常憲院御霊屋は、厳有院の東隣りに造営され、その間の経過を貼紙で示した資料として『紅葉山御宮四ヶ所御仏殿絵図』がある。これに続くのが『紅葉山物指図』（六一七五‐八）と『御城内紅葉山物絵図』（六一五二‐一）である。ともに、六代将軍家宣の文昭院の御霊屋まで描かれている。

図4‐4は、彩色・裏打ちが施され、外題・内題とも短冊状の和紙に記されている。外題には「紅葉山物指図／甲良左衛門扣」、内題には「紅葉山物指図／正徳四甲午六月改ル」とある。正徳四年六月改ルと記されているのは、表4‐1に示したように文昭院の御霊屋が造営され遷座する時にあたる。法量は、縦八四・五センチ、横一二五・〇センチを測る。本図の特徴は、方位を明示し、全体を碁盤目状に朱引による地割線を施した上に東照宮や御霊屋、宝蔵等々を描いていることにある。一枠が六間四方にあたるが、各種建造物の配置が正確に示されたものである。第三章で本丸御殿の地割について述べたが、紅葉山においてもしかりということがわかる。大猷院から常憲院の三つの御霊屋は、実に整然と配置されている。本図の配置をみると、東照宮が参道を含めると際

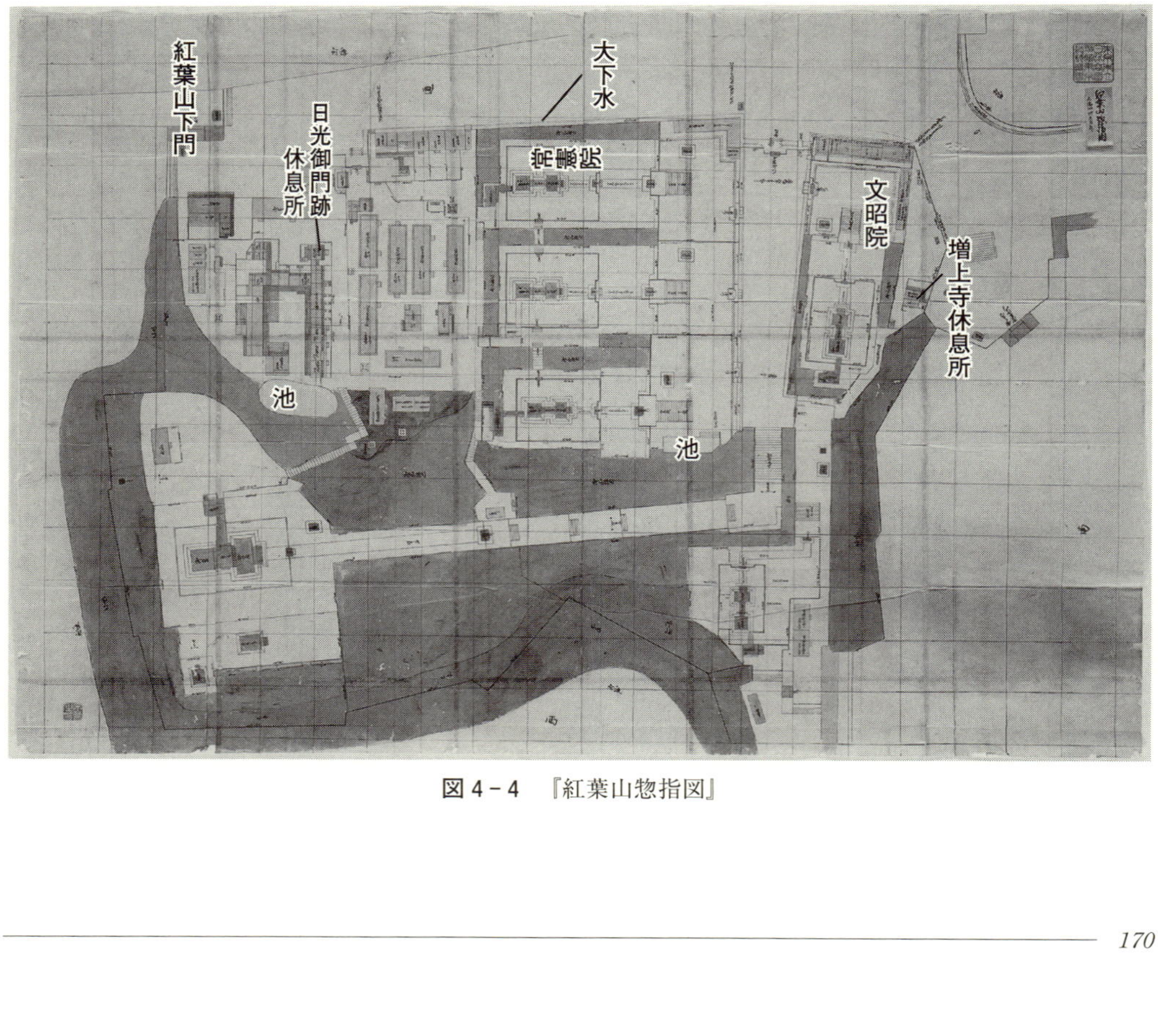

図4－4　『紅葉山物指図』

立って広くとられ、周囲に樹木が繁茂していることがわかる。これは、『江戸図屏風』からもいえることである。文昭院の御霊屋は、御成門の左手、紅葉山内では最も南側に位置している。この時点で、紅葉山の区域内には新たな御霊屋を造営する空間がなくなっている。増上寺には、七代将軍家継の宝塔・御霊屋を造営するが、紅葉山では御霊屋を新たに造営する空間がないために、以降、他の御霊屋に合祀を余儀無くされることになる。本図は、図の正確さとともに多くの情報が記されているので少し紹介する。一点は、日光御門跡と増上寺休息所が明記されている。日光御門跡は、寛永寺門主と兼務し、図中では宝蔵群の裏手、「コ」字形の役僧部屋や下供部屋などが並ぶ南東端の廊下で繋がる独立した位置、増上寺休息所は、日光御門跡とは対峙する文昭院御霊屋の南側に位置する。つまり、紅葉山の御霊屋との位置関係でみると、日光御門跡と増上寺門主の控の間は、南・北端に配置されていることになる。一点は、紅葉山には紅葉山文庫をはじめとする六棟の宝蔵があることを述べたが、本図には蔵の収蔵品に関することが記されている。北側から御具足蔵と御書物蔵、南側に向かって御鉄砲蔵、御具足蔵、御屏風蔵、西側に御書物蔵を配置する。蔵は、梁間が三間と同じであるが、桁行が異なる。最小は、二棟の御書物蔵で拾間、最大は北西の御具足蔵で拾五間、残りの三棟は捨三間と記されている。一点は、図中北東端が紅葉山下門であるが、大番所を隔てた西側に小普請方御用部屋の建物を構えていることである。享保三（一七一八）年の御作事方小普請方所管分定によって紅葉山御宮・御仏殿をはじめとする一円は、小普請方の所管となるが、この建物はまさにそれを裏付けるものである。なお、図4-3～5をはじめとして紅葉山御宮御霊屋の絵図には、必ず二カ所の池が描かれている。東照宮の東側、同・御蔵に至る石壇の脇と大猷院御霊屋御手水屋の西側である。地形でみると、武蔵野台の東端、武蔵野面（M1面）にあたる。河岸台地から東京低地にさしかかるところでもある。つまり、道灌濠の成立とも関係するが、水量が豊富な所ということになる。

図4-5は、『御城内紅葉山惣絵図』である。彩色・裏打ちが施されており、法量は、縦九一・五センチ、横一〇〇・一センチを測る。外題は、裏打ち後に「御城内／紅葉山惣絵図㊞甲良扣」、内題は、外題と同様「御城内／紅葉山惣絵図」左下に「御作事／大棟梁甲良豊前扣」とあり、「建仁寺流宮匠甲良印」の朱角印が押捺されている。本図には外袋があり、中央に「江戸御城内／紅葉山惣絵図」、左端に「享保十一丙午年二月　大棟梁／甲良豊前扣」と記されている。外袋の年号は、甲良豊前（四代宗員）が御作事方大棟梁として在職した終年にあたる。本図の特徴は二点ある。一点は、新たに造営される文昭院の位置と御宝蔵内西側に貼紙が貼られていること。一点は、追加された文昭院御霊屋にも貼紙があることである。前者は本図が当初は五代将軍綱吉の常憲院御霊屋造営時のもので、前述の『紅葉山惣指図』よりも古い時点で作成されたものであることを示唆している。文昭院造営前の同位置には、台徳院側に将軍の控となる上段・御次之間、その北側には、紅葉山入口の石橋際から長屋が続き、御宮仮廊下置所、台徳院・大猷院・厳有院の仮廊下置所、小普請方、指示小屋、人足方等々の部屋が並んでいる。また、御宝蔵の貼紙の上には、新たに西端に「御書物蔵」が加わり六棟となる。さらにその西側には、文昭院御霊屋造営前の仮廊下置所を移動し、二棟建

てられている。後者には、文昭院御霊屋に限り四枚の貼紙があることである。この貼紙には、御霊屋の諸門間の距離をはじめとする各種数字の他に、各空間の面積（従来、新造営時、差引）が貼紙四枚に記されている。仏殿・拝殿がある中心部分には、

御玉垣内坪数百九拾五坪半
十日　御仏殿御玉垣内坪数
弐百四拾六坪差引〆五拾坪半出シ

とある。同御霊屋の各空間はいずれも拡げられており、中段では四拾六坪七合五夕、下段では五拾六坪出シとあり、左下の付箋にはそれらの総計として

御構惣坪数合ハ八百四拾壱坪
十日　御仏殿御構惣坪数ハ
差引〆百六拾九坪出シ

と記されている。全体では一〇一〇坪となりかなり広い面積となる。本図の袋書きについて述べたが、表4-1をみると、享保十一（一七二六）年の時点では、文昭院に加えて七代将軍家継も有章院として文昭院御霊屋に合祀されることになる。しかし、図4-5には、合祀の記述がない。したがって、本図は、袋書の年号と異なり、文昭院御霊屋が造営されて間もない頃に作成されたものと考えられる。

有章院以降は、紅葉山では全て合祀となる。菩提寺となる増上寺と寛永寺の二寺では、有章院まで霊廟が造営されるが、八代将軍吉宗が霊廟の新規造営禁止の旨の令を享保五（一七二〇）年に

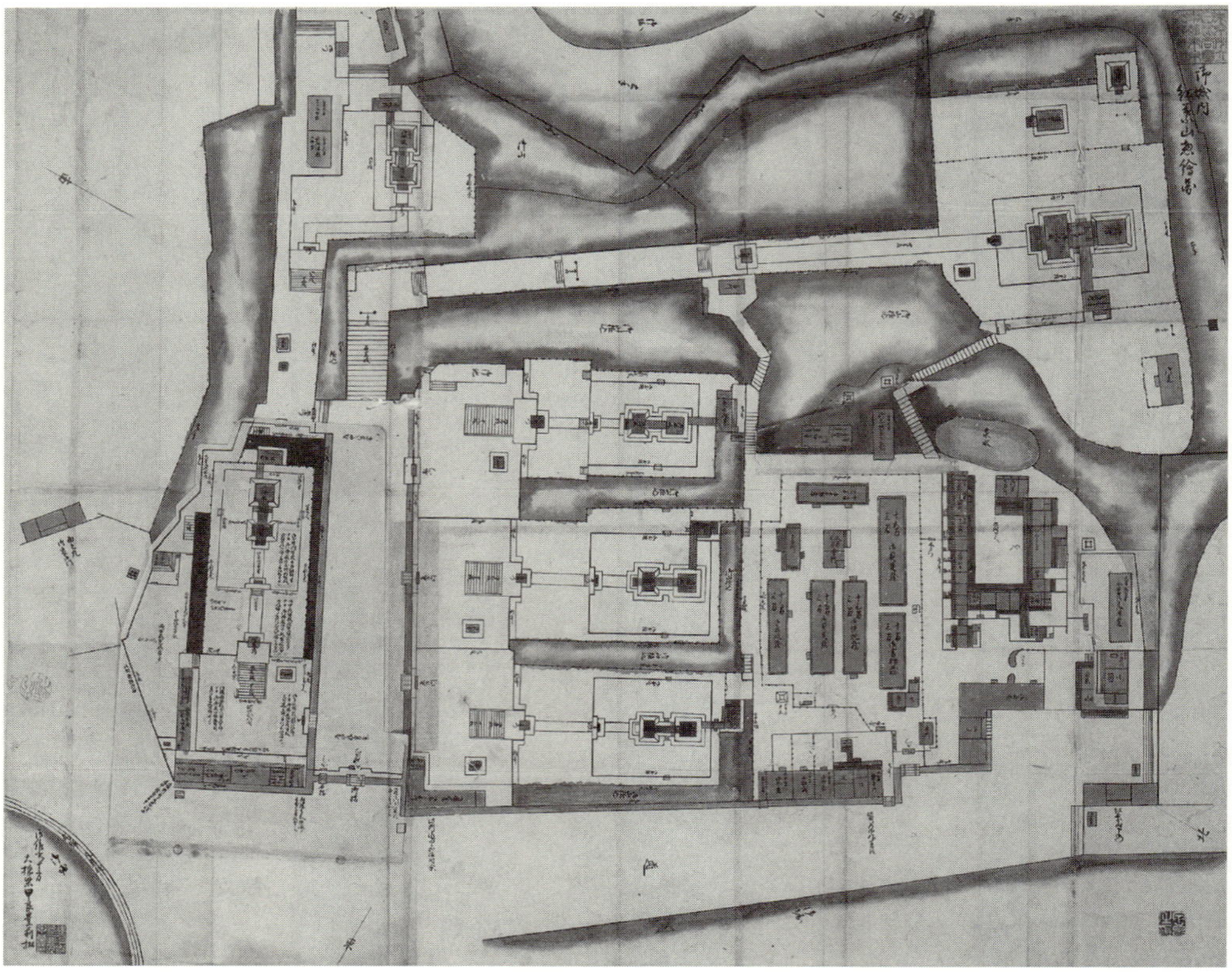

図4-5　『御城内紅葉山惣絵図』

下すと、宝塔・拝殿の墓地を除き既存の霊廟に合祀されることとなる。

紅葉山の御宮御霊屋絵図では、有章院以降にあっては、東照宮と台徳院を除く各御霊屋の仏殿に合祀となるので、そのことのみが加筆される。そのなかで注目されるのは、『江戸城紅葉山御宮御霊屋勤方絵図』（六一五二―一）と江戸東京博物館所蔵『紅葉山御霊屋之図』である。前者は、裏打ち後の内題と左下に「大棟梁／甲良豊前扣」を、御霊屋には有章院の合祀が描かれていることから、享保年間に作成されたものである。資料名（内題）にあるように、御宮御霊屋の勤方役人の立位置が示されている。新番頭・新番細頭・御番方・御使番を四種の記号で表し、その位置は、拝殿脇もあるが、大半は、拝殿と唐門（御重門）間の参道沿に配置されている。後者は、絵図の上位に十一代将軍家斉が享和二（一八〇二）年七月十四日と文化二（一八〇五）年五月十七日、嫡子家慶が文化五年正月二十四日と翌年正月二十九日に紅葉山御宮御霊屋に参詣したことが記され、図中には新番の立位置が示されている。新番の位置は、前者と同様に描かれている。

紅葉山の御宮御霊屋の配置について概述したが、菩提寺の御霊屋と比較すると、二点相違がある。一点は、菩提寺では大名から献上された銅・石燈籠が並ぶが、紅葉山ではみられないこと。一点は、紅葉山と菩提寺の御霊屋では合祀が異なること。一例をあげると、寛永寺の御霊屋では、厳有院には浚明院と文恭院（一之御霊屋）、常憲院には有徳院・温恭院と孝恭院（二之御霊屋）が祀られている。表4-1とは大分、異なる。

三　厳有院御霊屋仕様帳

菩提寺霊廟での御霊屋は、昭和二十（一九四五）年の空襲によって多くを焼失した。現存するものは、大猷院の日光輪王寺を除くと、増上寺の台徳院惣門、有章院二天門、文昭院中門、狭山山不動寺に移築された台徳院勅額門・丁字門・御成門など数少ない。しかし、前述した昭和九年刊行の『東京府史蹟保存物調査報告書　第十一冊「芝・上野徳川家霊廟」』によって、おおむね知ることができる。

他方、紅葉山の御霊屋については、平面図はあるものの、建地割や古写真・絵画などはこれまで皆無に等しく、報告をみたことはない。管見では、「江戸城造営関係資料（甲良家伝来）」のなかに、『紅葉山　厳有院様御仏殿仕様帳』（六一七五―一二）の外題がある三十一紙の唯一ともいえる史料がある。内容は、十七項目からなり、紅葉山厳有院様御仏殿・御宮殿・須弥檀・御拝殿向拝共・御廊下・御唐門・御玉桓・四脚御門・同所両脇銅瓦塀・御手水屋・御供所・御仏殿ゟ御供所江之取付廊下・袁屏中門同両脇惣屏共ニ・同所両脇屏東側共ニ・御供所のさき屏・御玉垣外廻り割矢来・外廻り角矢来の順で詳細に記されている。図4-6は、冒頭の部分である。前述の図4-3～5では、厳有院御霊屋は、四脚門（勅額門）唐門、拝殿（附向拝）、廊下、仏殿が一直線に配置されているが、仕様書では、中心となる仏殿にはじまり、前方ならびに玉垣や御供所、矢来に至る。昭和九年の霊廟報告書よりも細部の構造まで詳細に記されているので、多くの情報を得ることができる。少々読む

中　　門	備　　　　考
向　8尺7寸 横　5尺8寸	『紅葉山　厳有院様仕様帳』より
正面柱間11尺1寸 側面柱間4尺3寸	(棟)　寛永9年（1632） 7月21日上棟
2間×1間	(棟)　正徳3年（1713） 9月5日上棟 仏殿には3基の厨子：文昭院、昭徳院・静寛院、慎徳院
2間×1間	(棟)　享保2年（1717） 3月19日上棟 仏殿には3基の厨子：有章院、惇信院、文昭院の父
2間×1間	(棟)　延宝9年（1681） 4月8日上棟　※　※ 仏殿には4基の厨子：大猷院・厳有院・浚明院・文恭院
2間×1間	(棟)　宝永6年（1709） 11月19日上棟 仏殿には正面4基側面2基の厨子：正面は常憲院、有徳院、温恭院、天璋院、孝恭院　側面は浄光院・證明院・高厳院、心観院・澄心院・浄観院

と、

紅葉山　厳有院様御佛殿

一三間四方　但梁間〆　弐間五尺宛　寳形作り

三手先唐様重垂木屋祢銅瓦露盤請花覆飾有下御縁腰組四手先

一惣柱槻丸柱内外共ニ木地拭漆金欄包折者可レ金物

一臺輪槻志のむ祢内外木地拭漆鎊金物折者可レ

一柱貫内法貫腰貫槻木地内外共ニ拭漆

一柱貫内法貫の相小壁地紋彫花輪違外土朱塗内ノ方

惣金箔同廻リ加らしふち几帳面内外共ニ惣金箔

一四方惣材目外槻木地目板縁共ニ拭漆内之方桧堅羽目

金箔蓮花之絵有

一両脇中ノ間折唐戸布きせニ土朱塗向中之間唐土ハ

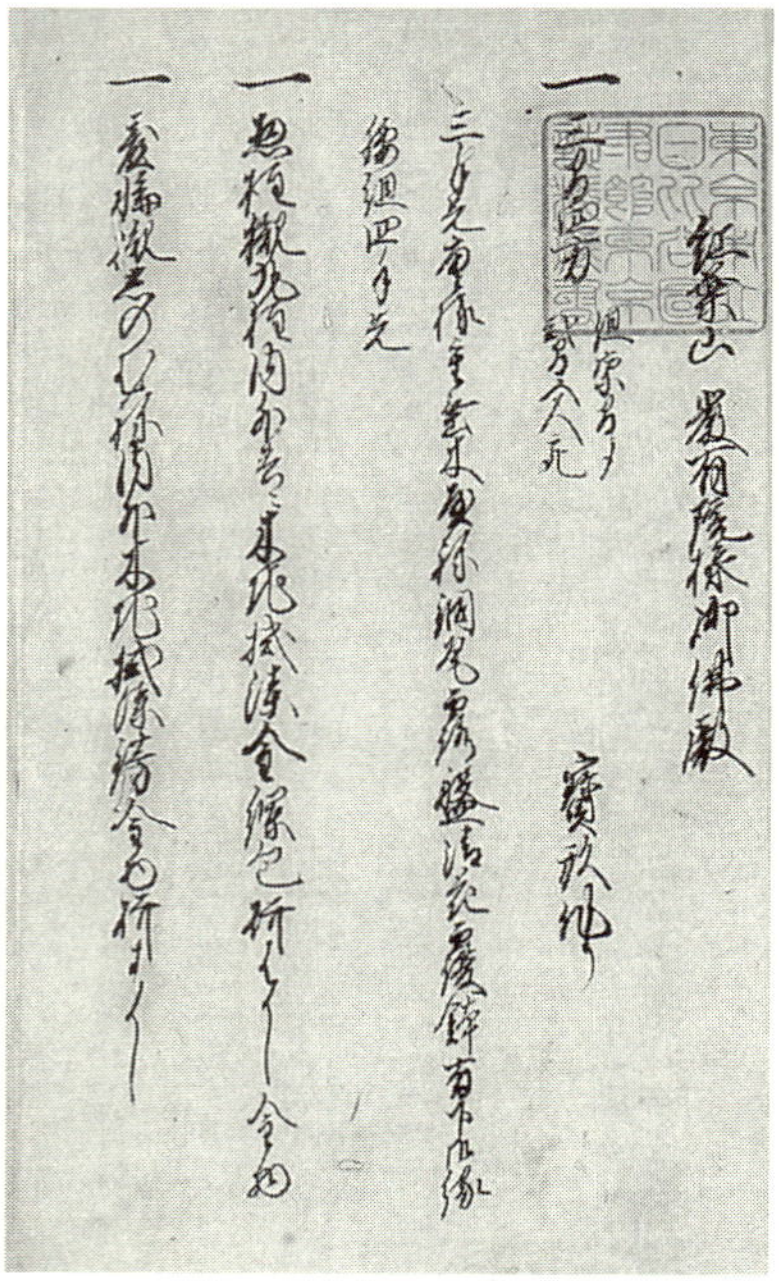

図4－6　『紅葉山　厳有院様御仏殿仕様帳』・部分

表4－2　紅葉山厳有院と菩提寺御霊屋の主要建造物の規模一覧表

御霊屋		仏殿 桁行×梁間　重・単層	相之間、廊下 桁行×梁間　重・単層	拝殿、向拝 桁行×梁間　単・重、向拝
紅葉山厳有院		3間×3間、　単	2間5尺×7尺8寸、単	3間×2間　単、向　8尺7寸 横　5尺8寸
増上寺	台徳院	5間×5間、　重	5間×1間、　単	5間×3間　単、　正面3間
	文昭院	3間×3間、　単	4間×1間、　単	7間×3間　単、　正面3間
	有章院	3間×3間、　単	4間×1間、　単	7間×3間　単、　正面3間
寛永寺	厳有院	5間×3間、　単	4間×1間、　単	7間×3間　単、　正面3間
	常憲院	5間×3間、　単	4間×1間、　単	7間×3間　単、　正面3間

※　古記録では延宝9年4月21日霊廟上棟とある。

布きせ慌有塗内の方惣金箔唐戸上の板ニ両面地紋
彫リ同下の板ニ両面輪宝の彫物共ニ惣金箔組手惣金物共ニ白檀塗
同内之障子黒塗方立槻木地外ノ方拭漆内の
方金箔祢ニ土朱塗
一三方櫛形六ま内外几帳面共ニ土朱塗同中之格子黒
塗唐花ハ金箔櫛形の鎊者可レ金物ハ毛地彫同敷
居鴨居ハ内法貫腰を用内ノ方ニ障子有黒塗表ノ方

（以下略）

となる。仏殿の各所に細工が施され、漆や金箔を多用した豪華な造りであることがうかがえる。

次に、規模・構造からみた紅葉山と菩提寺の御霊屋の相違について述べることにする。表4-2は、前掲の仕様帳と報告書から作成したものである。

御霊屋は、仏殿（本殿）と拝殿とを相之間で連結した所謂、入母屋権現造りの形式をとるものである。阪谷良之進氏によると、徳川家霊廟の権現造りは、㈠石之間単層殿式、㈡相之間重層殿式、㈢相之間単層殿式の三形式に大別できるという。これを用いると、増上寺台徳院が㈡であるのを除くと、他はいずれも㈢ということになる。ちなみに、日光・久能山東照宮や後述する紅葉山東照宮は㈠に属する。表4-2では、紅葉山御霊屋が霊廟の御霊屋と比較すると、相対的に小規模であるといえる。仏殿は、増上寺文昭院・有章院御霊屋と同規模であるが、相之間（仕様帳では廊下）と拝殿にあってはかなり小さい。これは、紅葉山の空間とも関係しているものと考えられる。余談であるが、菩提寺の御霊屋は、寛永期の台徳院を除くと造営時期が近いこともあり、構造・規模が類似する。そのなかで、仏殿の桁行が長いのが寛永寺御霊屋の特徴といえる。

なお、仕様帳の御宮殿と須弥檀は、仏殿内に築かれたもので、表4-2の備考に記した菩提寺御霊屋で、合祀による宮殿様の厨子を複数配置するが、それを安置するための施設が唐様須弥檀である。

厳有院霊廟の造営と紅葉山御霊屋　四代将軍家綱は、延宝八（一六八〇）年五月八日薨去する。『柳営日次記』によると、

延寶八年五月十一日。阿部美作守正武。右召之、於上野、御廟所御普請御手傳被仰付之。

とある。五月二十二日には仮廟所が出来上がる。霊廟造営は、同年八月二十八日に起工し、翌年三月十三日柱立、四月二十一日上棟と記録されている。後述する棟札には四月八日上棟とあり、若干の差がある。造営に関する主な関係者は、

総奉行　大久保加賀守忠朝
大工頭　鈴木修理長常・木原内匠義永
大棟梁　平内大隅應勝
大佛師　左　京
鋳物師　椎名伊豫

となる。また、昭和九年刊行の『東京府史蹟保存物調査報告書「芝・上野徳川家霊廟」』に記されている棟札には、

●延寶九年棟札（高四尺一寸七分・幅九寸八分・厚八分五厘）

（表面）

造営　奉行　従四位下侍従兼加賀守大久保氏藤原朝臣忠朝
上棟　征夷大将軍正二位内大臣兼綱吉　武州東叡山
営鑑　従四位下左門尉源姓酒井氏忠治
厳有院殿　従五位下右近將監源姓松平氏利正
副司　従五位下伊豫守藤原姓大久保氏忠直
延寶九年酉年四月八日　従五位下右衛門佐源姓坂本氏重治
大工頭　鈴木修理藤原長常
木原内匠藤原義永

（裏面）

元禄十一年戊寅九月六日焼失卽降　台命再造営之
明年己卯二月二十九日造畢

とある。裏面の元禄十一（一六九八）年九月六日は、同日の大火で、厳有院霊廟は本坊と共に延焼する。そこで、戸田山城守忠昌を総奉行、大工頭を鈴木修理と穂積長頼等々によって再造営され、その棟札も存在した。

墓所の宝塔はしばらく時間を要し、貞享二（一六八五）年五月七日、工匠鶴飛驒、鋳物師椎名伊豫によって完工。その棟札もかつて存在し、

卍
聖主天中天　迦陵頻伽聲　哀愍衆生者　我等今敬禮
奉造営　御願主征夷大將軍正二位内大臣源綱吉
厳有院殿金銅寶塔　貞享二年乙丑五月七日
御導師天台貫主輪王寺宮二品親王守全
奉行従四位下侍従山城守藤原姓戸田氏忠昌
副司　佐久間宇右衛門尉平信就
藤懸采女平永次
増正慈海奉命代為供養師
監営　従五位下播磨守藤原姓青山氏幸明
工匠　鶴飛驒源正行

鋳師　椎名伊豫良寛

と記されていた。厳有院霊廟の造営は、勅額門から拝殿・相之間・本殿の御霊屋空間と、仕切門・奥院中門・宝塔の墓所空間とは別組織で行われていたことになる。ちなみに、寛永寺で徳川家の霊廟の造営が行われるのは厳有院が最初となる。

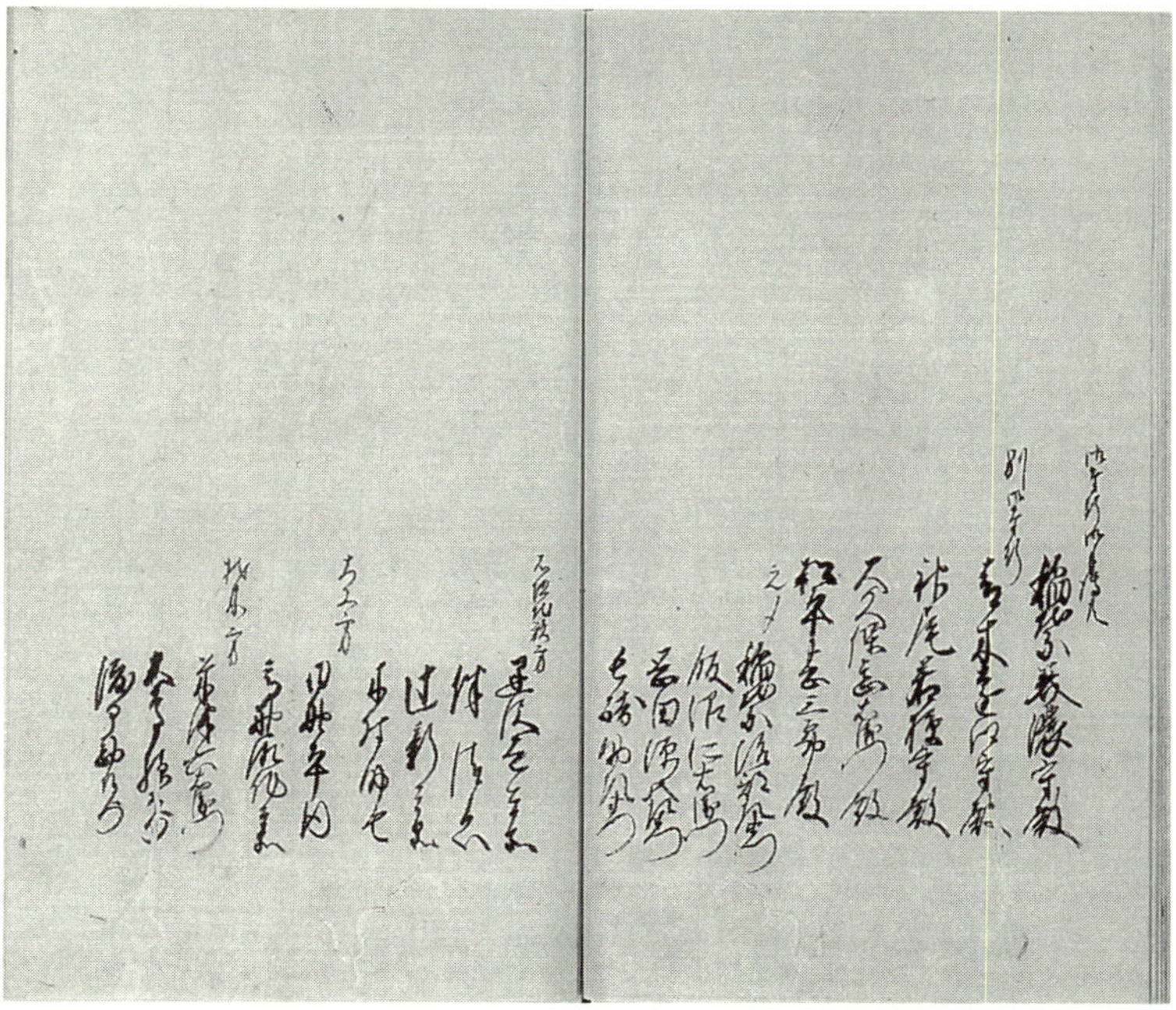

図4－7　『紅葉山　厳有院様御仏殿仕様帳』・部分

一方、紅葉山での厳有院御霊屋の造営は、前述の『紅葉山　厳有院様御仏殿仕様帳』の巻末に組織が記されている。図4-7は、その部分である。棟札とは体裁が異なるが、御奉行御手伝共として稲葉美濃守殿、別御奉行として青木遠江守殿・神尾若狭守殿・大久保甚右衛門殿・松平甚三郎殿の四名。以下、元〆、石垣地積方・大工方・材木方・鍛冶方・錺鋳物方・中手方壁方・前後ねり方・前張方繕方　方・小間可物・同付・水上ケ・御手前大工と三二名が名を連ねる。惣奉行の稲葉美濃守は老中、別奉行の青木遠江守ほか四名は、作事奉行と普請奉行から就いている。組織の最後が図4-8である。御被官に片山三七郎殿・内山清右衛門殿、御仏殿須弥檀御宮殿を鶴飛騨、以下、御拝殿外廻り矢木、御唐

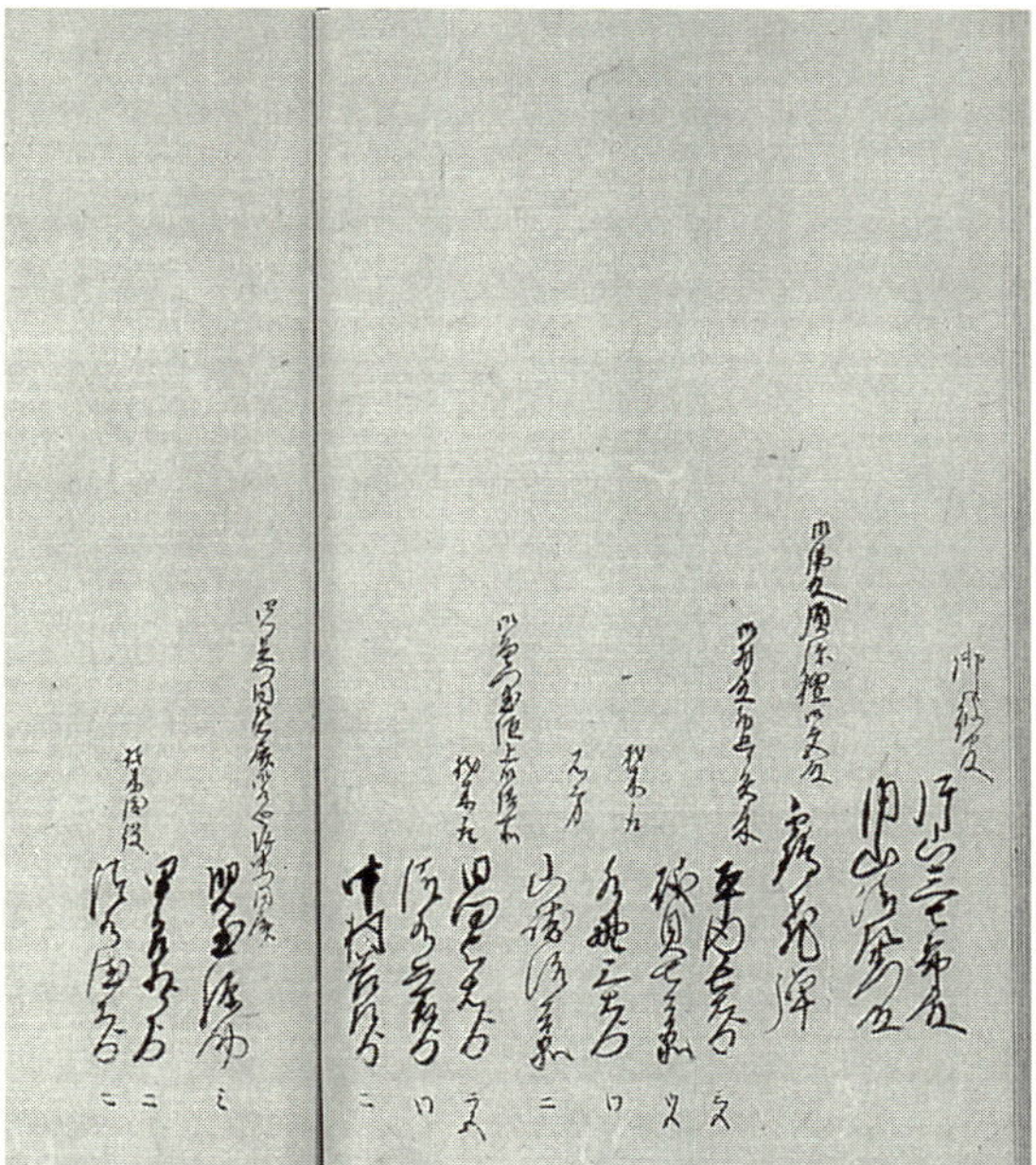

図4－8　『紅葉山　厳有院様御仏殿仕様帳』・部分

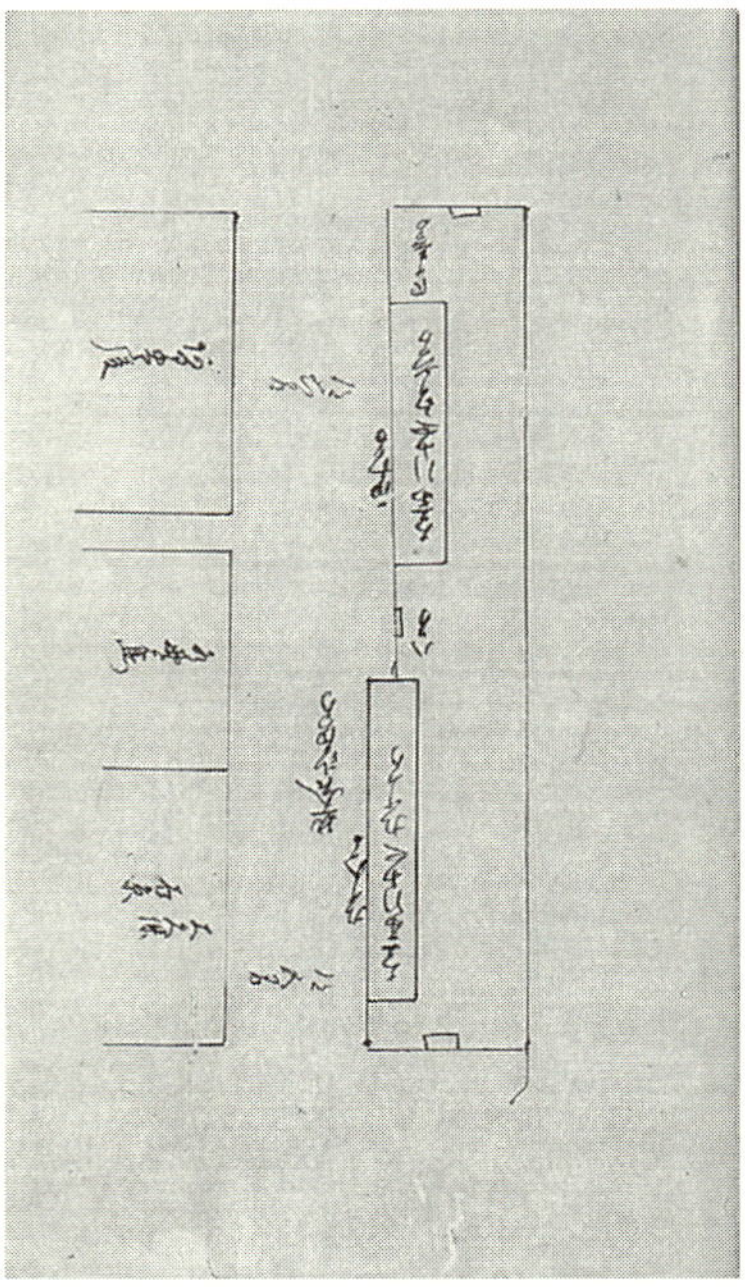

図4－9　『紅葉山　厳有院様御仏殿仕様帳』・部分

門玉垣上御場所、四ツ足門（四脚門）同瓦塀御水や塀中門間塀等々の担当者と人数を記してある。普請場所の指定、材木取、材木後役など前頁の組織一覧とは異なる表記である。ちなみに、担当者の下の小文字の人数は、補佐する数字と思われるが合計二二人となる。

なお、本仕様帳には、唯一、図が付く。図4-9である。大工木引小屋が二カ所描かれており、一方が長さ九〇間、他方が五六間とある。広いスペースを要していることがわかる。

紅葉山の厳有院御霊屋の造営も、寛永寺霊廟の御霊屋・墓所の造営とは、異なる組織で担っているのである。紅葉山での御霊屋の造営は、『東京市史稿』皇城篇を参照すると、天和元（一六八一）年十二月朔日とある。霊廟の御霊屋造営からおよそ八カ月後のことである。

『紅葉山厳有院様御手水鉢石』　「江戸城造営関係資料（甲良家伝来）」には、厳有院御霊屋について前述の仕様帳のほかに、手水鉢石の図が存在する。手水鉢石は、御手水屋内に設置されるもので、仕様書には上屋の構造形式が記されているものの、規模や形状などは記されていない。御手水屋は、図4-3～5では、勅額門の手前、階段の右手に設置されている。一方、昭和九年刊行の霊廟調査報告書には、台徳院水盤舎の写真と平面図（手水石を含）が記されているが、手水石に限ってみると花崗岩製であること、文昭院と有章院に奉献者の金石文銘があること。規模については、九尺二分（約二七三センチ）に四尺五分（約一二七センチ）とあるが、深さや構造等々については残念ながら記されてはいない。ちなみに銘文は、文昭院手水鉢石には「正徳三年癸巳十月十四日備前少将源継政」、同様に有章院には「奉献／御盥水／正徳六年丙申四月晦日／越前福井城主／従四位下少将源朝臣吉邦」と彫られていたとある。前者は、岡山藩主池田継政、後者は、福井藩主松平吉邦の奉献によるものである。前掲の台徳院手水石の写真にも、小口面に三行にわたり文字が刻まれているようにみえる。国立国会図書館所蔵『台徳院御霊屋献備御燈籠記』には、御水屋の奉献として鍋島肥前守勝茂と寺沢志摩守広高の名が記されている。台徳院御水屋は、中門の手前、参道の左右に設置されているが、増上寺所蔵『台徳院御霊屋絵図』を参照すると、写真の背景から寺沢広高の奉献名が入っているものと考えられる。

御手水鉢石の絵図に戻る。本資料の外題には「紅葉山厳有院様／御手水鉢石」、内題には「御手水鉢石／十分一」と記されている。法量は、縦二七・五センチ、横三九・〇センチを測る。現存する手水鉢は、上野東照宮、増上寺清揚院（甲府宰相綱重、家光の子）などが知られているが、ここでは、清揚院手水鉢と比較することにする。表4-3には、図4-10の厳有院手水鉢の図面からおこした数値と、実測したものを載せ

表４－３　厳有院と清揚院の手水鉢石計測一覧表（単位は㎝）

項目			厳有院	清揚院	備考
手水鉢石	身部	長径	192.6（６尺４寸）	177.2	口縁端内側の調整は、厳有院が２段に対して、清揚院は１段。
		短径	117.4（３尺９寸）	105.0	
		口縁端部身幅	14.6	15.0	
		深さ	38.8	22.0	
		厚さ	20.6	38.0	
	脚部	長径	180.6（６尺）	174.0	
		短径	105.1（３尺５寸）	106.0	
		深さ	30.9	31.5	
		厚さ	24.3	45.5	
	総高		90.3（３尺）	91.5	
台石		長径	209.9	※196.0	清揚院の台石は、２点で手水鉢石を支え、70.0㎝の間隔あり。台石上端は面取りを施す。
		短径	131.1	125.0	
		高さ	21.7（７寸）	19.0＋α	

厳有院の（　）内寸法は絵図に記してあるもの。

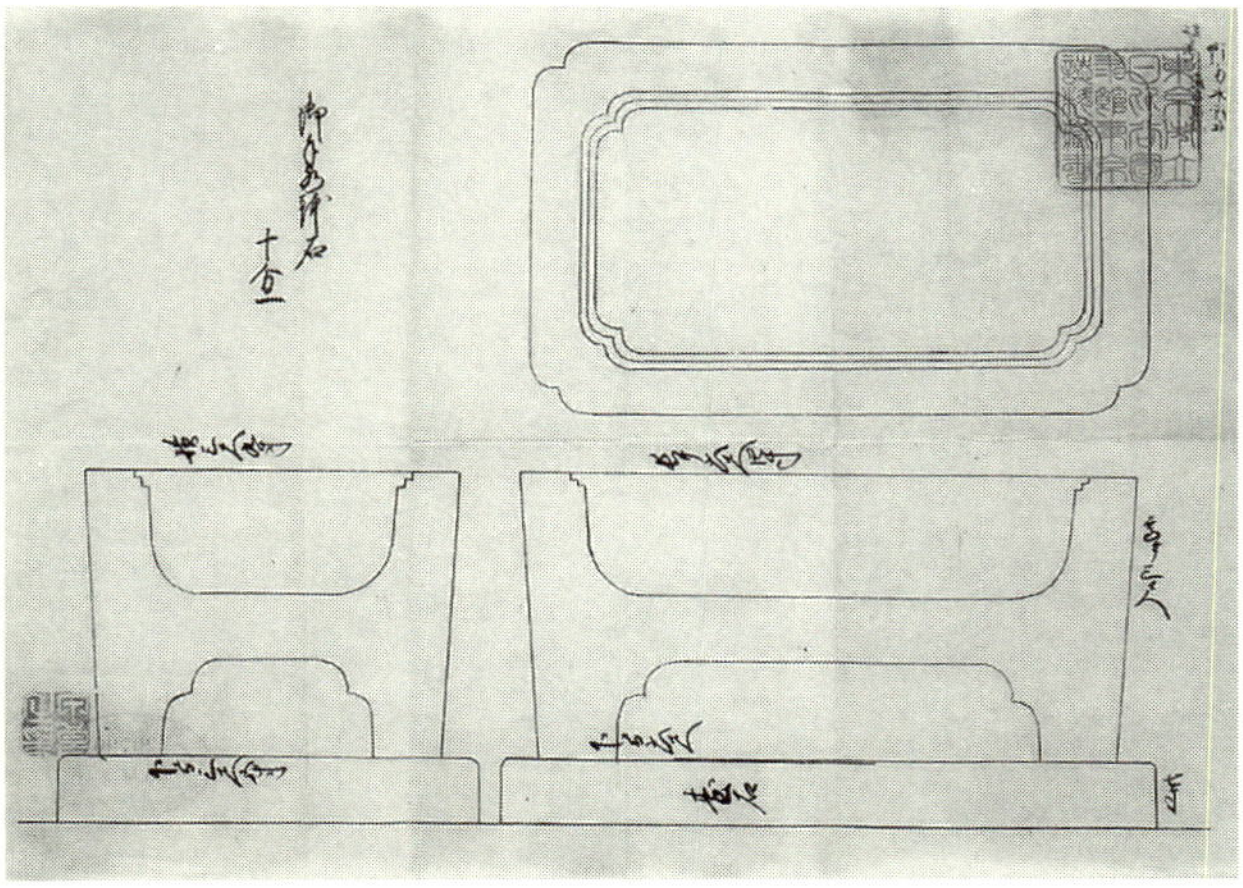

図４－10　『紅葉山厳有院様御手水鉢石』

た。

清揚院手水鉢は、台石とも表面が薄いピンク色を呈する花崗岩製のもので、器面に丁寧な磨きが施されている。紀年銘はみあたらない。両者を比較することにする。形状は、一つの石から身部と脚部を彫りだしており、ともに重厚な造りとなっている。規模は、厳有院の方が幾分大きいが、おおむね同じである。つまり清揚院手水鉢石と同程度のものが紅葉山厳有院御霊屋の御手水屋内に置かれていたことになる。一方、相違を三点指摘する。一点は、厳有院図面では身部の四隅が花弁状の曲線で加工されているのに対して、清揚院では角が直線的であること。一点は、身部の内側端部が厳有院では二段であるのに対して、清揚院では一段であること。一点は、総高と脚部の彫りの深さがほぼ同じであるのに対して、身部の深さが厳有院で約五寸深いこと。これらは、厳有院手水鉢石の方が細密な加工が施されていることを示唆している。図面と実物資料の比較のため、多少の無理が生じるであろうことをお断りしておく。

四　紅葉山の東照宮

『江戸図屏風』の左隻に、うっそうとした紅葉山の木立のなかに東照宮と参道の鳥居が描かれていることは、よく知られている。しかし、紅葉山東照宮に関することは、これまで紹介されることがほとんどなかった。

家康は、元和二年に薨去すると、遺言により亡骸は久能山に、葬礼は増上寺で施行され「安国院殿」を尊称とし位牌が大樹寺に安置された。増上寺の安国殿には、家康が祀られている。一周忌に日光東照宮に遷座し、天海僧上の主張によって、「東照大権現」の神号が勅許されることとなる。かつて紅葉山東照宮に掲げられ、現在、徳川記念財団所蔵の『東照大権現』の扁額の裏面には「元和三年三月廿八日」の刻名があるという。神号授与がこの頃行われたことがうかがえる。紅葉山の東照宮に遷座するのは、死去の二年後、元和四年四月十七日のことである。

「江戸城造営関係資料（甲良家伝来）」のなかに、紅葉山東照宮が描かれた絵図が一点存在する。『紅葉山権現様古御宮承応三年御建直之図』（六一七五－四）である。裏打ちが施されており、法量は、縦五九・〇センチ、横一六二・〇センチを測る。本図には外袋があり、中央に「紅葉山御宮地割」、左上に「寳永三丙戌年五月ニ改写」、左下に所有者である「甲良豊前扣」と記されている。本紙には、石之間単層殿式の権現造りの建地割が大きく描かれ、左上に柱間と縁幅の寸法を入れた平面図、右上に承応三年紅葉山東照宮建直の担当者と御被官、さらには大猷院御霊屋の新造に関する記述、左下に本図を改写した藤井清七郎の名と所有者を示す「甲良之印」の角朱印が押されている。このうち、左上の文字を抜粋する

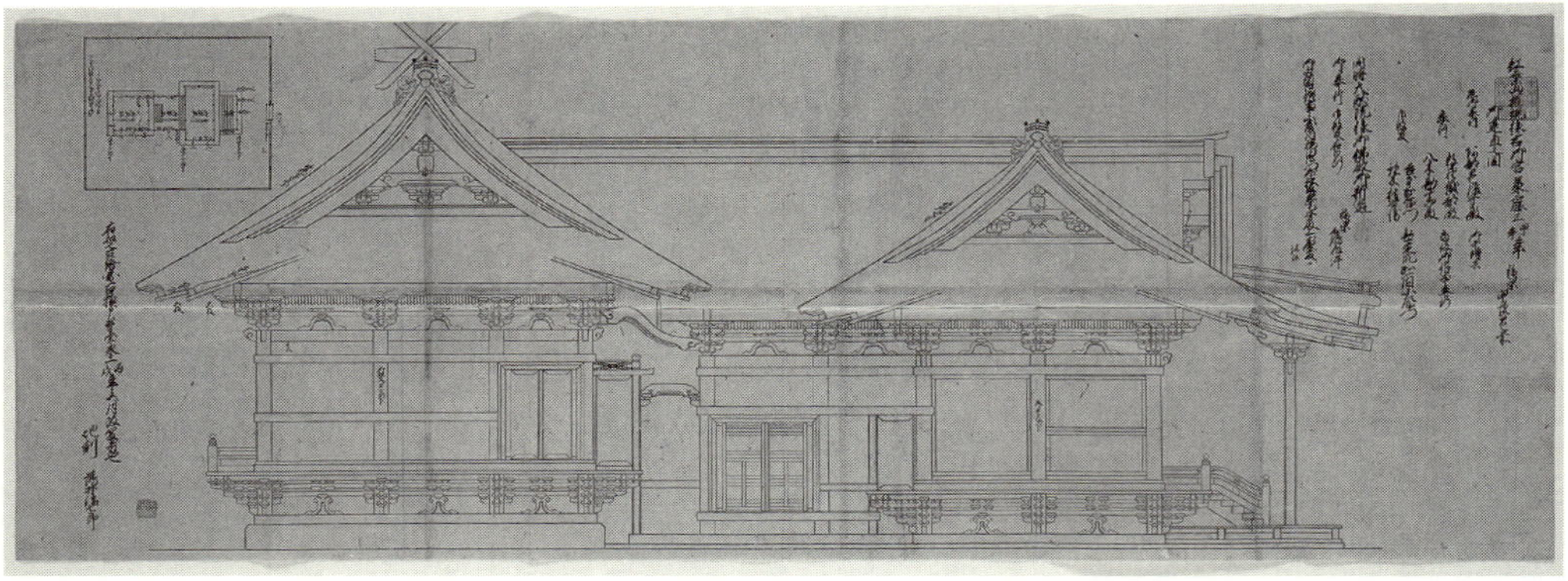

図４－11　『紅葉山権現様古御宮承応三年御建直之図』

と、

紅葉山権現様古御宮承応三甲午年

御建直之図　棟梁甲良豊前

惣御奉行　阿部豊後守殿　御本傳共

奉行　牧野織部殿　両役御作事奉行

八木勘十郎殿

御被官　吉本加右衛門　勘定衆加園小左衛門

鈴木徳兵衛

同時大猷院様御仏殿後新造

御奉行御被官右同断　棟梁鶴飛驒

御両所作事小屋内櫻田御門外松平能登守殿上〝屋敷〟仕候

とある。古記録をみると、東照宮の改造は、承応二（一六五三）年六月十日、惣奉行に阿部豊後守忠秋が任じられ、同年六月二十二日に手斧初、翌年四月十日柱立、九月十二日上棟、同月十六日正遷宮、翌十七日には将軍家綱が参詣とある。奉行には、牧野・八木の両名に加えて保田甚兵衛があるが、図中には保田の名前はみあたらない。

建地割と平面図からみることにする。本社・幣殿（石之間）・拝殿・向拝からなる権現造りである。本社は、拝殿・石之間よりも床を高くし、桁行三間、梁間三間の単層入母屋造で廻椽が巡る。縁幅は、図中に「三尺六寸」とある。石之間は、本社の左右の回廊部分が短かくなるが、紅葉山霊屋の相之間よりも広く桁行三間、梁間三間をとる。拝殿は、桁行五間、梁間三間の単層入母屋造。向拝は、三間に設けられ、四本の柱を建て、五級の木階によって拝殿廻椽に上る。

詳細な仕様がないためにわかりかねるが、元和四年に紅葉山に造営された東照社と比較すると壮麗さが増したことは確実である。

五　増上寺、台徳院霊廟

二代将軍秀忠が寛永九（一六三二）年正月二十四日薨去すると、幕府は、翌日、御作事方大工頭の木原木工と奉行の松平右衛門大夫正綱を増上寺に派遣し、廟所の見分を命じる。同月二十六日、造営惣奉行に土井大炊頭利勝以下、造営関係者が任命される。江府内での最初の霊廟造営となることから、その組織はもとより、規模・荘厳さにおいて類をみないものとなる。土井利勝のもと副奉行に大工頭の鈴木長次と木原義久が入ることで実務の統率を、取設管理の御被官大工には片山国久以下四名、施行には甲良豊後・左衛門尉や平内正信ら五名が担当し、その後の幕府造営の体制整備が行われることになる。さらに、御用絵師や御用蒔絵師が加わるなど各職最高の人が名を連ねている。その組織を知る刻銘石が、昭和五（一九三〇）年、国宝に指定される調査で霊屋本殿下から発見された。その刻銘は、以下の通りである。

台徳院殿一品大相國公尊儀御廟

造営總奉行

佐倉侍従藤原朝臣利勝

副奉行

荘田小左衛門尉源安照　黒川八左衛門尉藤原盛至

山角藤兵衛藤原勝成　市岡太左衛門藤原忠次

大工　近江守藤原長次　大工允　藤原義久
下奉行
大野仁兵衛尉定仍　中根徳右衛門尉貞正
高田所左衛門尉定卿　服部右衛門尉保重
大野平左衛門尉定正　箕浦九太夫光治
山中又左衛門尉元長　牧兵右衛門尉清定
衛藤荘左衛門尉乗政　片山太郎左衛門尉重次
行方六左衛門尉胤吉　石川才三郎直純
服部三之丞保吉　近藤文左衛門尉雪信
町田新右衛門丞長時　石原三右衛門尉忠昌
岡本作右衛門尉高直　山下與兵衛尉茂俊
今村角兵衛尉良宸　竹田次郎兵衛尉重信
奥野采女正信在
寛永九壬申六月廿四日誌焉
御被官大工
片山源左衛門尉国久　林兵十郎時元
谷田又兵衛尉宗次　内藤甚左衛門尉吉久
下棟梁
甲良豊後守宗廣　平内越前守正信
甲良左衛門尉宗次　工保刑部少輔信吉
天満和泉守宗次
鍛冶大工
高井弥惣右衛門定香　高井助左衛門尉吉次
高井新太郎政治　高井弥蔵定久
画工
狩野主馬進安信　狩野休白長信
狩野采女正守信　狩野主馬助一
狩野大工助吉信　狩野元俊秀信
狩野與次信吉
塗師
寺本又五郎重次　奈良八郎左衛門尉茂保
鈴木弥左衛門尉正信　菱田孫左衛門尉房長
榎本弥兵次利乗　栗本所左衛門尉信政
栗本喜左衛門尉正秀
蒔画
幸阿弥與兵衛尉長重　幸阿弥又右衛門尉長久
五十嵐太兵衛尉正俊　岡荘左衛門尉清継
大森藤左衛門尉重吉
飾屋
体阿弥越前守上安　松井弥平次長俊
森源三郎正定　松本弥八郎長勝
石井彦次郎吉久
石屋
甚左衛門尉重正

ところで、秀忠の葬儀・密葬は、『大猷院殿御實紀』によると正月二十七日に行われたとある。ちなみに、秀忠の諡である「台徳院」は、家光が正月二十九日、増上寺の秀忠を詣でた際に贈られたものである。

霊廟の造営は、寛永九年二月十日開始され、七月二十一日に本殿の上棟式、同二十四日に開眼供養が挙行されたとある。『台徳院御霊屋献備御燈籠記』の献備品の日付の大半が寛永九年七月二十四日であることからも裏付けることができる。ちなみに、台徳院霊廟の造営は、日光東照宮の改築・造営が寛永十三年であることから、それよりもさかのぼることになる。大坂夏の陣を経て天下統一を果たし、安定的な経済基盤の裏付けのもと技術の粋を尽くし、豪華な霊廟が造営されることになったのである。

台徳院霊廟は、昭和二十年五月二十五日の大空襲で、宝塔をはじめとする奥院や霊屋の本殿等々は焼失し、焼け残った建物は惣門や勅額門などわずかにすぎない。

昭和五（一九三〇）年五月二十二日、文部省告示第一六一号で増上寺と寛永寺の徳川家霊廟は、国宝に指定される。東京府では、国宝指定に伴う徳川家霊廟の調査を田邊泰氏に依嘱し、その成果を『東京府史蹟保存物調査報告書第十一冊「芝・上野徳川家霊廟」』と題する報告書を刊行している。前述の本殿床下の刻銘石の発見も、その時の調査によるものである。

現在では、その記録に頼らざるをえないが、台徳院霊廟に限ると、増上寺所蔵の二点の『台徳院御霊屋絵図』から詳細な情報を知ることができる。

『台徳院御霊屋絵図』　増上寺では、同一資料名の絵図が二点所蔵されている。ここで紹介するのは、「地9」と分類されている大絵図である。金箔・金泥が施された豪華な絵図で、法量が縦二五〇・八センチ、横一八四・二センチを測る。所蔵先の都合で掲載することができないが、港区立港郷土資料館主催「増上寺　徳川家霊廟」展の図録に所収されているので、それを参考にしていただきたい。

画面は、下位に東、台徳院宝塔を祀る八角堂奥院が左斜上。本堂ならびに三解脱門が左手、家康を祀る東照社が左手の配置となる。台徳院霊廟は、画面中央、東の方位が示された上位、三解脱門を南に進み極楽橋を右折すると石橋に辿り着く。石橋は、「竪二間、横九尺五寸」とあり、献備した「石橋松平丹羽守上之」が記されている。前述の極楽橋の東側より惣門の前に肌色に塗られた短冊状の施設が描かれている。東照社の前にも南北に延びる同様のものがみられる。絵図の上では一つになるか不明である。河川ならば水色に塗るところである。二つの橋と、その配置から人工的なものと考えられるが、結界を意図としたものであろうか。注目されるところである。八脚門の惣門を潜ると階段正面が勅額門である。四脚門の形式をとり、絵図には描かれていないが、『増上寺役鑑便覧』巻二によれば、勅額の裏には「寛永九壬申年四月十六日庚申」と記されていたという。惣門から勅額門の参道両脇には、大名から奉献された石燈籠が並ぶ。階段手前の「加藤式部少輔明成」の文字が入った箇所は、金泥が塗られておりひときわ目立つ。国立国会図書館所蔵『台徳院御霊屋献備御燈籠記』を参照すると、同家は「釣燈籠」を献備したとある。本図には金泥された箇所を散見するが、史料と照会すると銅燈籠もしくは釣燈籠であることがわかる。勅額門を入ると、右手北側には

台德院靈廟權現造靈屋側面圖（據大熊博士所藏圖）

図4-12　台徳院御霊屋側面図（報告書より）

丁字門。正面は、石敷の参道を進むと奥中央に中之門。左右には透塀を配置。手前左右には、大型の水盤舎。右手水盤舎には「御手水鉢鍋嶋肥前侍従藤原勝茂」、同左手には「御手水鉢寺沢志摩守紀氏廣高」と献備者の名が記されている。中之門は、霊屋の正門となる。玉垣を巡らし、絵図では朱引線で表示。霊屋は、拝殿・相之間・本殿が並ぶ権現造り。拝殿は、「八間半、四間五尺」とあり、桁行五間、梁間三間。本殿は、「九間三尺五寸四方」とあり、桁行・梁間とも五間。本図ではわからないが、徳川家霊屋では唯一の重層形態をとる（図4-12参照）。本殿北側廻廊から、渡廊で御供所に連絡する。相之間南側の透塀の潜門より左手石敷を南へ進むと東面して天人門（御成門）がある。絵図には「涅槃御門」と記されている。ここからが奥院となる。直進し、右折すると奥院拝殿、石段を上ると奥院中門があり、その内側には八角形の宝塔覆屋がある。本図では、金箔で描かれている。

台徳院本殿の右手北側には、秀忠夫人の崇源院霊牌所が描かれている。前述の勅額門右手の丁字門から入ることになる。台徳院霊屋に並んで中門と左右の透塀、その内側には、拝殿・相之間・本殿の権現造り霊屋となっている。本殿左手から渡廊が御供所へと続いている。崇源院は、秀忠に先行する寛永三（一六二六）年九月十五日逝去。同十八日に葬儀が行われている。当初の霊牌所の位置は不明であるが、正保四（一六四七）年三月十五日崇源院霊屋御造営、同十七日御入仏とあることから、この年に絵図に描かれた位置に造営されたと考えられている。

本図には、台徳院霊廟に関して、詳細かつ実に丁寧に描かれている。この大絵図が描かれた時期が問題となる。高山優氏は、港区立港郷土資料館特別展図録『徳川家霊廟』のなかで、秋田藩主佐竹家に伝来する千秋文庫所蔵『芝増上寺絵図』との比較から、本堂裏手の「護國殿」と三解脱門左手の「開山堂」の表記に注目し、宝暦十一（一七六一）年以降の制作という見解を示されている。二つの大絵図には、元図が存在したと考えられるが、空襲で焼失した今日、貴重な資料であることにかわりはない。

発掘された台徳院霊廟

　発掘調査は、昭和三十三年から三十五年と平成十三年から十四年にかけて、二回にわたり実施されている。前者は、前述の東京大空襲によって霊廟全体が壊滅的被害を受け復元が困難なことから、ホテル事業の話が進み、事前調査として行われたものである。その成果は、『増上寺　徳川将軍墓とその遺品・遺体』の書名で報告書が刊行されている。将軍墓の調査は、台徳院を含む六基であるが、ここでは台徳院墓に限り簡略に述べることにする。台徳院の宝塔は、木製であることから焼失し、八角形の蓮華台座の発見と蓋石の除去にはじまる。蓋石は、二点の板状の巨石からなり、一点の長さが三〇〇センチ、幅・厚みが一〇〇センチ程とある。一点の側面には、「村上」「長九尺五寸」「はば三尺」「あつさ三尺七寸」の墨書がみられ、大きさを指定している。「因」「田」の刻印もある。石室は方形で、内法が一辺約二〇〇センチ、深さ約一七五センチを測る。底には九個の板石を配し、それで棺の台としている。秀忠の遺骸は、所謂、座葬で「……半白の頭髪を正しく髷に結った上に、冠を着用し、東方、拝殿の方向を向いて、胡座の姿勢……（以下略）」とあり、安座した状態でかつ布に包まれていたことを報告している。遺品は、豊富で、衣類が夜着三領、小袖九領（うち四領は着装か）、産衣、扇、大刀、小刀、鉄砲等々が出土している。

　後者は、港区教育委員会によって実施され、増上寺寺域第2遺跡の成果が大きい。調査範囲は、旧惣門前から裏手にかけてである。注目される三点をあげる。一点は、九九号遺構と称される石組溝である。惣門前を南北、北端から右折し東進するもので、前述した『台徳院御霊屋絵図』の惣門前方の石橋から極楽橋先に延びる溝が該当する。石組は、小口面が一辺約五〇センチ程の安山岩を約二メートル積み上げたもので、最上位の石には柱を建てたと考えられる枘穴をもつという。この幅は、約四・六メートルを測る。さらに、惣門前の中央には、長さ二・四〜二・六メートル、幅四・九メートルの方形張出部が検出されている。相応する石の上端には、枘穴がある。この遺構は、大絵図に描かれた惣門前の石橋の橋台にあたる。一点は、移築する前の惣門の基礎である。矩形のコンクリート基礎の下から砂利が詰まった土坑一二基が検出された。八脚門の柱跡である。一点は、惣門から勅額門にかけての参道沿に立てられた石燈籠の基礎である。片側二基の四列、発掘調査では、五七基が検出された。その構造は、深さ一〇〜四〇センチの土坑を掘り、その上に五角形に成形した板石を六枚並べることで外形を六角形とし、中心部分に礫を充填することを基本とする。礫下の焼土痕や、土坑内に根締めの痕跡も確認されている。

　増上寺寺域第2遺跡の発掘調査では、大絵図との整合性を裏付ける結果となっている。惣門前の石組溝は、幅が三間弱と広く、深さも一間あることから、通常は空堀であった可能性が高い。結界を意図としたものなのであろうか。

六　港区立港郷土資料館所蔵の徳川家霊廟古写真

港区立港郷土資料館には、幕末から明治にかけて撮影された古写真が多数所蔵されている。そのうち一六九点を所収した『幕末・明治期古写真集―名所・旧跡、そして人びと―』が平成二十五（二〇一三）年、港区教育委員会から刊行されている。

図４－13　台徳院水盤舎（図４-13〜17：港区立港郷土資料館所蔵）

図４－14　台徳院宝塔

増上寺境内の徳川家霊廟の古写真は、同寺南側に造営された台徳院や崇源院（秀忠の御台所）の南廟、文昭院・有章院の御霊屋や文昭院・有章院・慎徳院・昭徳院の墓所などの北廟に関するもの二四点（鐘楼前の火消二点を除く）が紹介されている。そのうち、五点を取り上げる。

台徳院霊廟　台徳院霊廟は、昭和二十年の空襲で焼失するが、跡地に惣門が現存する。また、戦災を免れた勅額門・丁子門・御成門が埼玉県所沢市の不動寺に移設・保存されている。図4-13は、御霊屋中門側から東をみた二棟の水盤舎である。江府下で最初に造営された霊廟で、全てにおいて規模が大きく、豪華な造りとなっている。軒下は石敷で、実寸長約八五六センチ、幅約六七〇センチに及ぶ。柱間は、桁行三間、梁間二間で単層切妻式の銅板葺である。柱は、各々方形一本柱で上部には金襴巻が施されている。中央の石製水盤（手水鉢石）の長辺の左右には、三段の石段を設けている。屋根側面の唐破風は特徴的である。境内に現存する清揚院水盤舎と比較すると、重厚感があり、豪華である。報告書をみると、手水鉢石の長さが九尺二分、幅が四尺五分とあり、表4-3と比較するとはるかに大きい。図4-14は、宝塔である。八角堂の覆屋中央に立てられた墓標で、他の宝塔が全て石製であるのに対して、唯一、木製の宝塔である。豪華な高蒔絵や七宝入の透金具など技術を結集した造りとなっている。宝塔は、遺骸埋葬施設の上位に建てられているため、御霊屋に直結するものではない。

図4-15　有章院勅額門

有章院御霊屋　図4-15は、北廟の南東方向から有章院勅額門をみたものである。画面右手背面には鐘楼がみえる。正面石段を登ると、

図4-16　有章院

図4-17　有章院唐門

「有章院」の勅額が目に付く。門は四脚唐門で、屋根は銅板葺である。正面に軒唐破風、側面に千鳥破風を架す。柱は、石製礎盤の上に設置し、円柱で、上下には粽《そう》が巻かれている。柱には、地文に雷文、その上に龍が巻きついた状況を見事に彫刻している。柱の上部には台輪、頭貫があり、台輪上の欄間には牡丹唐草が彫られている。側面の羽目板には、松竹や雲鳳の透彫、扉には波菊・怪獣等々が彫られている。全体を朱漆塗にし、随所に金箔押がみられる豪華な造りとなっている。図4-16は、勅額門の内側、南に位置する水盤舎側から北側をみた写真である。左手に鐘楼、右手が勅額門である。勅額門の柱と羽目板が間近なことから、彫刻の繊細さがよく見える。鐘楼は、桁行三間、梁間二間の重層袴腰付で、屋根は入母屋の銅板葺である。基台は石造で、葛石と地覆石の間には束を立て、中央に外定形、左右に牡丹が彫られている。廻椽には勾欄、正面中央間には板唐戸を付けている。内部には、梵鐘が架けられており、前掲の報告書によると、

武州三縁山
有章院殿　御霊
正徳六丙申四月晦日
御鑄師
椎名伊豫重休

の銘があるという。なお、図4-15と16には、大名から奉献された燈籠が並ぶ。図4-17は、位牌を祀る本殿の入口となる唐門である。この写真は、イギリス領コルフ島で生まれたフェリーチェ・ベネトによって慶応三（一八六七）年頃撮影されたものである。写真の下端には、本人の自筆のサインがある。勅額門を入って正面が拝殿・相之間・本殿と続く御霊屋の入口となる唐門である。五段の石段を登ると、石製礎盤の上に桁行二間、梁間一間の向唐門で屋根は銅板葺である。軒唐破風の上に千鳥破風を架しているのが特徴である。柱は、円柱で前方二本には粽、銅板の金襴巻や根包があり、柱身には波形文の地文が彫られている。柱の上部には、台輪・頭貫があり、頭貫の木鼻には獅子が彫刻されている。台輪上の欄間には、中央に蟇股、

左右に雲と梅、虹梁の上には飛天が彫られている。側面の羽目板には花狭間など、扉にも多くの彫刻が施されている。唐門に続く左右の廊は、外側が透塀となる。地覆と腰長押間の羽目板は花狭間、腰長押と頭長押間には外定形の内側に花鳥や波文など、その上の頭貫間には波の透彫がみえる。料栱間には蟇股が設けられている。唐門も実に豪華である。

本書では、徳川家霊廟の古写真を数多く紹介することが目的ではない。厳有院御霊屋仕様帳に載る各種建造物の粋を尽した技術の一端を目視しようとしたものである。今日、上野寛永寺には、厳有院霊廟の勅額門や水盤舎、常憲院霊廟の勅額門と鐘楼、水盤舎、本殿等々が現存するという。貴重な文化財を後世に伝えてもらいたい。

七　紅葉山絵図の水路と橋

歴代将軍の御霊屋が、菩提寺の霊廟と紅葉山に造営された背景には、戦乱が終結し安定した政治と強固な経済的基盤があるといっても過言ではない。壮麗な御霊屋を造営することは、世間に対して、将軍や幕府の威厳を高めることにも繋がる。

将軍家は、三縁山増上寺と東叡山寛永寺の二カ所を菩提寺にもつ。それは、浄土宗と天台宗の二つの宗派を信仰することでもある。

紅葉山に歴代将軍の御霊屋を造営し、祀ることは、幕府中枢部に神霊区域を設けることで将軍の絶対的な権威を誇示するとともに、宗派を対立させることなく信仰を示すものでもある。

これらを考慮すると、台徳院の増上寺での霊廟と紅葉山御霊屋の造営が、画期となっている。台徳院霊廟は、前述したように記録の上では寛永九年七月二十四日に開眼供養とある。造営開始から五カ月という超スピードである。竣工時期を巡って、異論がないわけではない。大熊喜邦氏は、「君臣言行録」の「寛永十年正月廿四日、台徳公御仏殿成就す」という記事に注目し、開眼後、同年九月更に霊廟を経営し、翌年正月に仏殿成就、諸堂門垣が整備されるのは寛永十一年であると述べている。大槻如電氏も同様の説を発表する。一つ異なるのは、霊廟の堂宇が三代将軍家光の意を満足させるものでなかったので、修繕増築を名目として、更に精美な堂塔を作らせたのであろうとし、増上寺記より寛永十二年説を展開している。

台徳院の造営を画期とした場合、増上寺大絵図と紅葉山御霊屋図には、ある共通点がみえてくる。それは、石橋と水路（堀？）である。増上寺大絵図では、台徳院と東照社の前方に描かれている。改造された崇源院霊牌所や、本書では古写真以外に論じることのなかった北廟の文昭院・有章院の二天門（台徳院の惣門にあたる）前方にはみることはない。参謀本部陸軍部測量局が明治十七（一八八四）年に作成した「東京府武蔵國芝區芝公園地近傍」の五千分一の地図をみても同様のことがいえる（図4-18）。

一方、紅葉山御霊屋図では、紅葉山下門を左折すると、正面に日光門跡休息所や御仏殿御供所への出入口となる門がある。この門前から御宝蔵・常憲院・文昭院御霊屋の東側に沿って川が描かれている。唯一、本紙全体に朱引線がみられる図4-4には、この部分に「大下水」の文字が記されている。使用目的を考えると、いささか違和感がある。紅葉山

図4-18 「東京府武蔵国芝區芝公園地近傍」測量図

には役人が配置されているものの、生活排水がこの大下水に入ることはまずない。それを目的とするならば、紅葉山東側の道端沿に巡らす必要はなく、道灌濠や蓮池濠に連結すれば済むことである。東照社や各霊屋に入る南東部には、御成となる「御橋御門」がある。現存する最古の図4-3には、この門はないが、他の絵図には全てに描かれている。紅葉山全体を簡略に示した『紅葉山繪図』(六一五二-三二)の場合も同様である。東照社と各御霊屋を参詣するためには、必ずここを通過しなければならない。門前には、二つの橋が架けられている。中央に「御橋」南側に「石橋」と記されている。二つの橋の前方西側には各々門があることから、紅葉山に参詣するにあたり、東照社の神殿と御霊屋の仏殿を区別してのものであろうか。あるいは、身分によるものであろうか。判然とはしない。門を入ると、幅広い道が西に延びる。正面が東照社へ通ずる石段。道の左右が各御霊屋に入る二天門となる。二天門と道との境には、西から東に延びる水路が走り、各二天門に入るための橋が描かれている。すなわち、東照社は

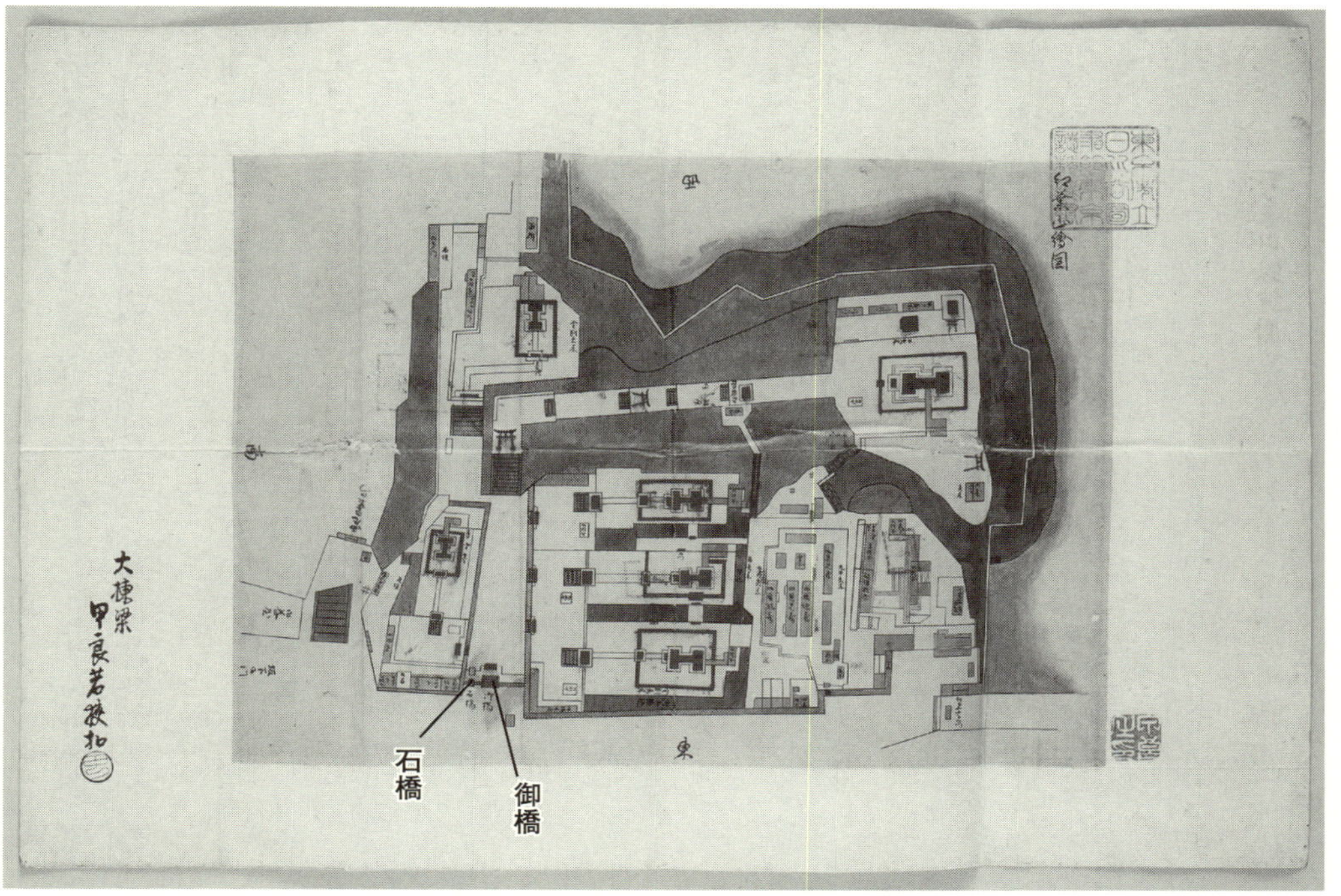

図 4-19 『紅葉山繪図』（都立中央図書館特別文庫室所蔵）

「御橋御門」前方の水路、各御霊屋では二天門前方の水路が所謂、結界としての役割を果たし、橋が現世と来世とを繋げているともみることができる。

御霊屋前の水路と橋は、増上寺では、台徳院霊廟のみでみられたが、寛永寺の場合、厳有院霊廟では二天門前に水路が描かれているものの、常憲院霊廟にはみられない。徳川家霊廟で、水路が結界としての機能を保ったのは、厳有院までということになる。紅葉山での常憲院・文昭院御霊屋造営では、水路を排除することができず、先例に従ったものとみることができる。

紅葉山での水路・橋の敷設時期が問題となるところである。参考となるのが国立歴史民俗博物館所蔵の『江戸図屏風』である。屏風図の内容は、三代将軍家光の一代記ともいわれているが、増上寺台徳院霊廟、紅葉山に東照社と台徳院御霊屋が描かれているので、大変、興味深い。はじめに、屏風図の制作時期を考えることにする。江戸城では、二の丸が拡張されておらず、大手三之門は右折、平川門は直進する形式で描かれている。大手三之門と平川門枡形が左折する形式に変遷するのが寛永十二（一六三五）年であるから、下限をそこに求めることができる。また、台徳院霊廟・霊屋から、上限を寛永九年とみることができる。

その上で、同図の増上寺台徳院霊廟をみると、奥院・霊屋・勅額門・惣門等々が前述の『台徳院御霊屋絵図』と同じ配置で描かれ、惣門前の水路・極楽橋などもみられる。唯一、異なるのは、惣門前の水路上に架る橋が石橋ではなく、木橋が二つ描かれていることである。一方、紅葉山では、台徳院仏殿は、屋根のみとなっている。東照社の参詣を終えた一行が戻る様子が描かれているが、この図には、水路が描かれていない。勿論、紅葉山内での橋はない。すなわち、この屛風図が正確であるとすれば、紅葉山に水路が敷設されたのは、台徳院御霊屋造営以降ということになるのである。

第五章　江戸城造営と修繕を支えた大工集団

一　御作事方大工頭を頂点とする大工集団と絵図面の設計・管理

江戸城造営は、家康が三河以来の木原吉次を中心とする浜松棟梁と、新たに重用された中井正清ら上方大工の双方で担うことになる。しかし、中井正清ら上方大工は、技術力をはじめ多くの点で浜松棟梁に優っていたといわれている。

寛永九（一六三二）年、江戸城（公儀）の建築を担う作事奉行が常設機関として設置されると、そのもとで大工集団が組織化される。それは、大工頭を頂点とし、大棟梁、各種棟梁・肝煎・平職人が縦系列となる一種のピラミッド社会である。各種の棟梁とは、大工はもとより、木挽・鍛冶方・錺《かざり》方・塗師方・石方・壁塗・屋根方・瓦方・彫師・経師・建具方等々が含まれ、これら各種棟梁のもとに、各々の煎入と職人が属することになる。棟梁は、技術を磨きながら、後進を養成することも行う。そのため、公儀普請の時には、大工頭の一声で、態勢が整うことになる。

大工頭は、木原・鈴木の両家が世襲していく。中井家は、京都御大工頭として、畿内六カ国の公儀直轄工事を担当することになる。大工頭には、二家のほかに十七世紀はじめ片山家がわずかな期間であるが加わる。元来は、高い大工技術を兼備し、大工集団の統率と工事の管理を行っていたが、実務は大棟梁が担い、次第に行政官化していく。

大棟梁は、甲良《こうら》・平内《へいのうち》・鶴の三家にはじまる。寛文二（一六六二）年に辻内《つじのうち》家、天明二（一七八二）年に石丸家が加わるが、他方、享保五（一七二〇）年に鶴家が川船方への転役もある。この大棟梁は、工事の設計を担当し、あわせて図面の管理をおこなうことになる。後述する甲良家は、鎌倉河岸に居を構え、地下に絵図を置き、保管していたという。

ところで、江戸城の造営・修繕では、土木工事（普請）を普請奉行、建築工事（作事）を作事奉行と小普請奉行が担当する。後者の作事では、寛永九年の設置が契機となり、両奉行の配下には御作事方と小普請方を設けるが、両者には明確な役割分担はなかった。しかし、御作事方には前述の大工頭を頂点とする大工集団の組織があるのに対して、小普請方では同様の組織がないことから、当初は小規模な建築工事や修繕を担当していた。やがて、自前の棟梁を抱えるようになる。村松・柏木・溝口・大谷・依田・清水家等々である。江戸城図面や史料にもしばしば登場する。小普請方の組織は、大工棟梁を中心とするため小回りがきき、仕事が合理的であることから、次第に勢力を強める。なかでも、元禄大地震など大規模な復旧工事では、御作事方だけでは間にあわず、小普請方の協力が不可欠となる。やがて、享保三（一七一八）年の安定した二局分掌へと繋がる。この分掌では、第七章第三節で詳述するが、御作事方が表向、小普請方が奥向を主に担当することになる。その後、文久三（一八六三）年、組織の再編によって小普請方は廃止され、御作事方に集約されることとなる。

大工頭の役割　大工頭が史料上に頻繁に登場するのは、明暦大火と元禄大地震後の復旧においてである。とりわけ、元禄大地震の復旧については、『鈴木修理日記』によって、復旧が完了するまでの経過を詳細に知ることができる。第七章第二節で述べるが、前述の大工頭の職務に加えて、注目すべき三点を指摘する。一点は、被害の把握と復旧への見立てで大工頭の意見を重用していること。一点は、手伝大名を選出するにあたり過去の記録を参考にするが、その史料を幕府担当部局ではなく、大工頭が保管していること。一点は、大災害の復旧には、手間賃や資材の高騰がつきものであるが、大工集団の頂点を介してそのうちの手間賃の上昇を押さえることができることである。通常、幕府の記録に裏方である大工頭に関する記述は滅多にない。現に、享保期以降の古記録にみることはほとんどない。しかし、江戸城をはじめとして公儀が関連する寺社や各種構造物の造営・修繕を進めていく上では、欠くことのできない役職なのである。

都立中央図書館特別文庫室所蔵「江戸城造営関係資料（甲良家伝来）」のなかに、大工頭鈴木修理長頼を知ることができる『甲良家文書』（六

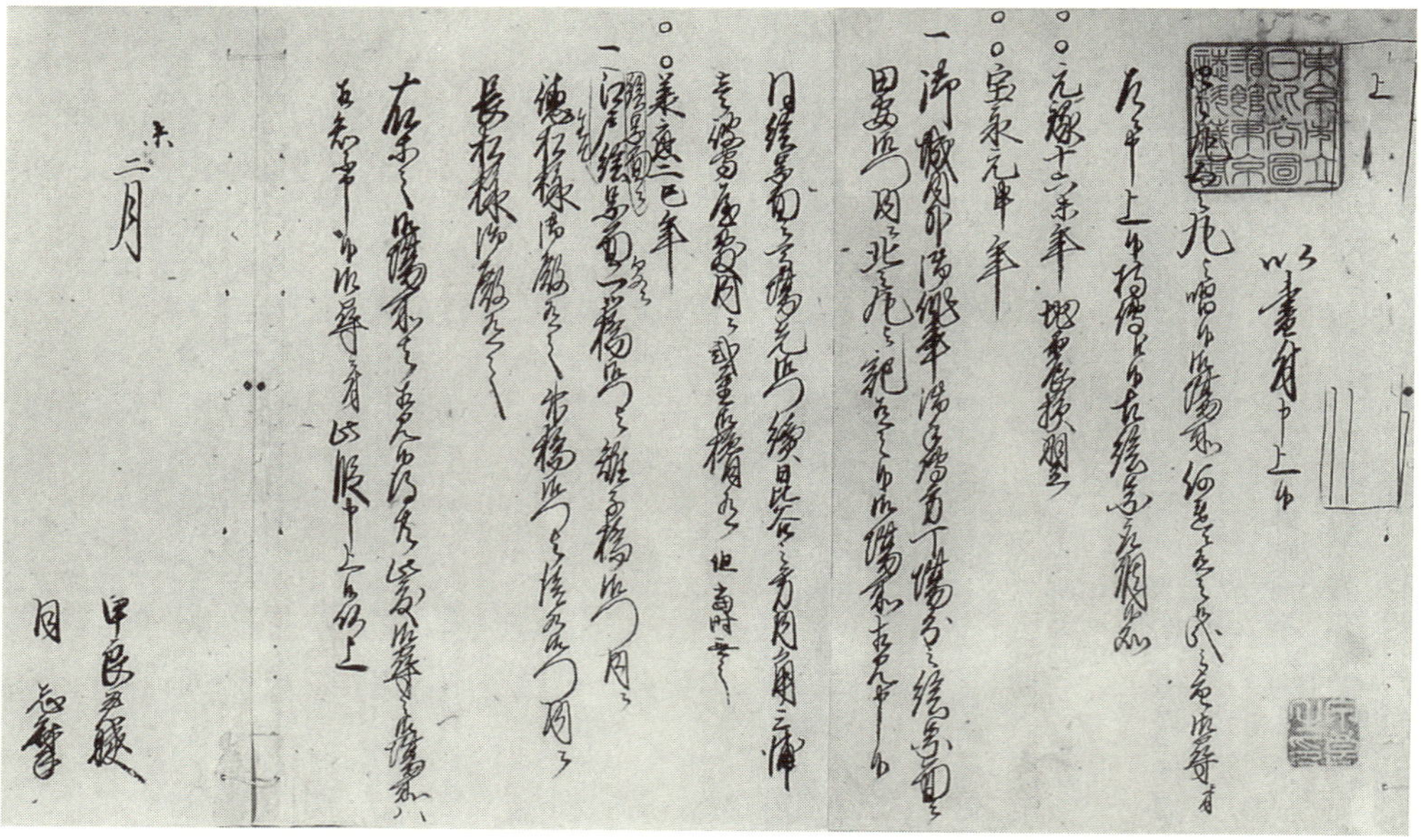

図5－1　『甲良家文書』・部分（図5－1～6：都立中央図書館特別文庫室所蔵）

一六-四三）がある。史料は、二三紙からなるが、そのなかに、安政六（一八五九）年、小納戸頭から江戸城の四之丸・五之丸に関する応答がある。元禄大地震後の復旧絵図面と『鈴木修理日記』が関連する。図5-1は、大棟梁甲良若狭・志摩親子の返答である。

　　以書付申上候
四之丸五之丸と唱ゆ御場所何連ニ有之候哉今度御尋ニ付左ニ申上
候持伝共候左絵図取調候処
　元禄十六未年　地震損翌
　　宝永元申年
一御城内外御作事御手伝方丁場之分之絵図面ニ
田安御門内ニ北之丸と記有之候御場所相見申候
同絵図面ニ馬場先御門續日比谷之方内角三浦
壱岐守屋敷内ニ貳重御櫓有但当時無之
　　承応二巳年
一（絵図面ニ）江戸絵図面一（写ニ）ツ橋御門ゟ雉子橋御門内ニ
徳松様御殿有之竹橋御門ゟ清水御門内ニ
長松様御殿有之
右等之御場所者相見候得共此度御尋之御場所ハ
相知可申候御尋ニ付此段申上候以上
　未二月　　　　　　　　　　甲良若狭
　　　　　　　　　　　　　同　志摩

とある。資料の照会とした元禄十六年・宝永元年の絵図面は、第七章の図7-8・9となる。小納戸頭の問に対して、甲良若狭親子の返答は不明とある。図5-2は、他の大棟梁である平内・辻内・石丸の三家による同様の返答である。この史料では、安政六年の時点で、御作事方大棟梁が江戸城関連の絵図を保管しており、大棟梁のなかでも甲良家が筆頭格であることを示唆している。甲良若狭は、「四之丸・五之丸」の問に対して、『鈴木修理日記』の宝永元年五月廿日・廿六日、六月二日の条を抜粋して「五之丸様」の記述から、前述の絵図面でその位置の確認を試みたが、やはり不明であったことを報告する。図5-3は、その調査

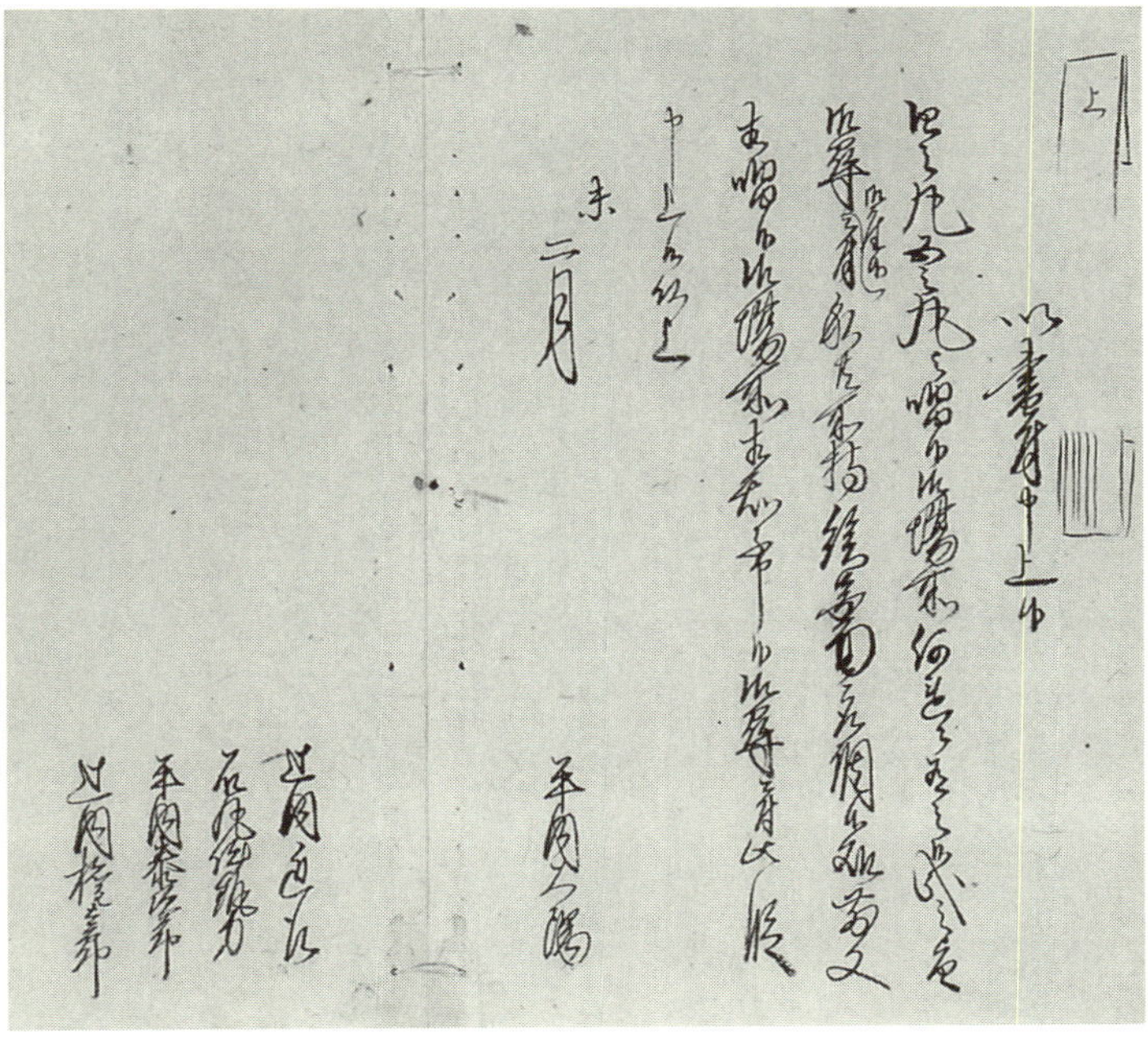

図5－2　『甲良家文書』・部分

の史料である。朱書で小納戸頭の問と取調結果が記されている。安政六年二月廿四日の日付もある。

小納戸頭の「四之丸・五之丸」の位置の探求の目的は判然としないが、その返答が御作事方、その時点では実質的に絵図を管理している大棟梁からのものなのである。さらに、作図された当時の大工頭の日記そのものも、保管している絵図に次いで二番目の準公用的な史料になっている。大工頭の存在の重要性を知るところでもある。余談であるが、大工頭の『鈴木修理日記』には、少なくとも二種類が存在する。一件は、甲良若狭が抜粋してコメントを付けたもの。一件は、第七章第二節で紹介する都立中央図書館所蔵のもの。後者は、これを底本として活字化されている。両者は、記述内容が異なるので、図5-3に対応する後者の

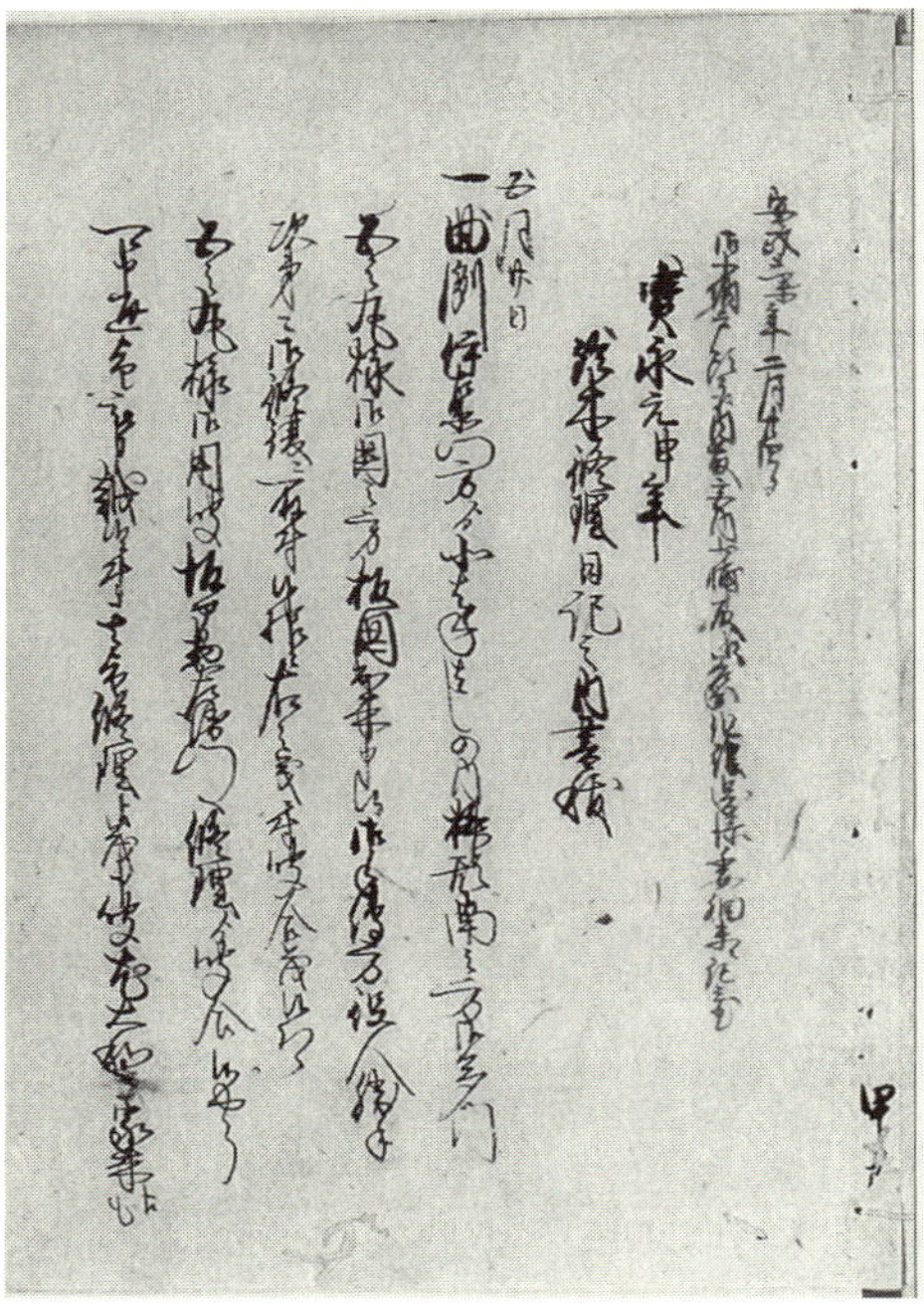

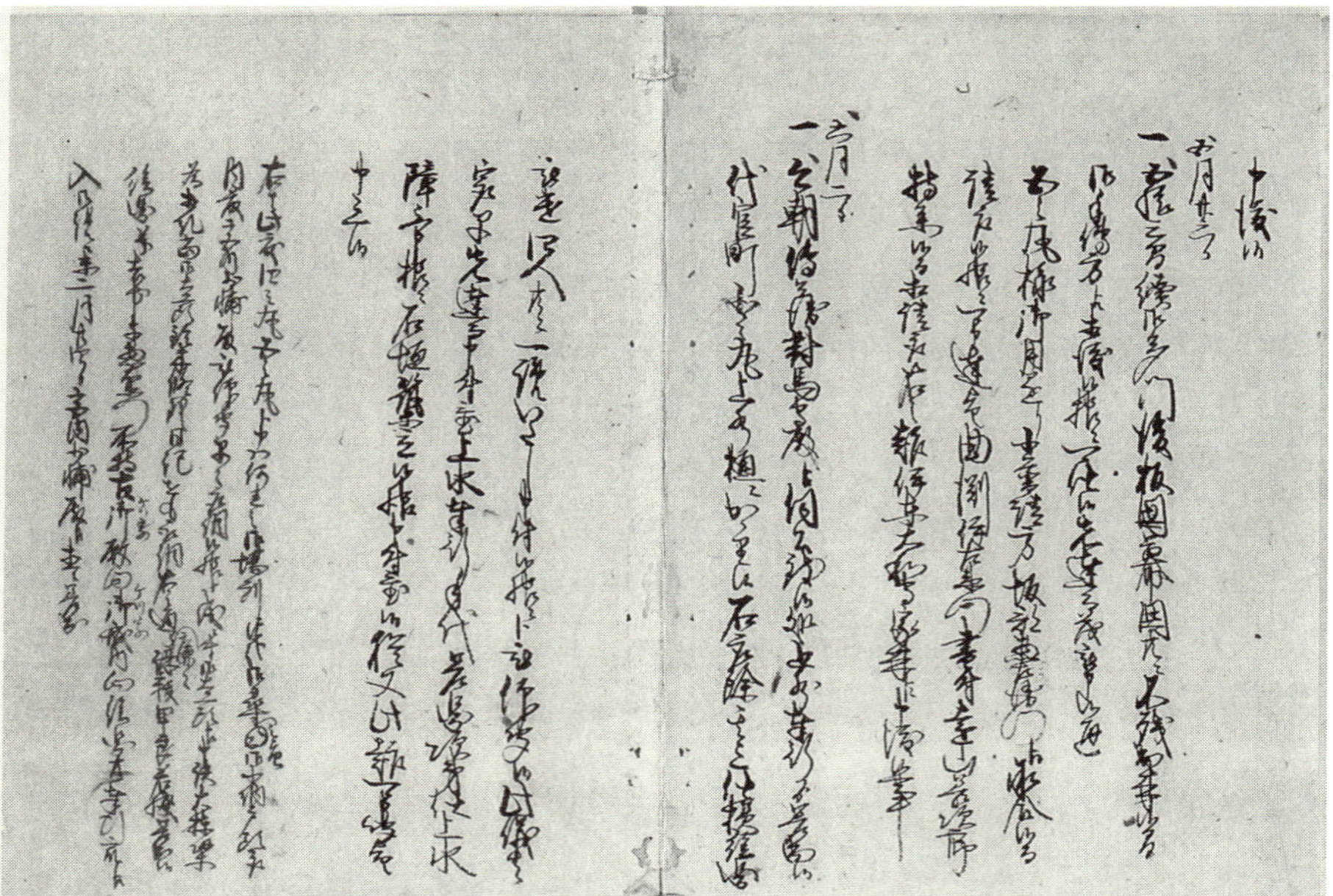

図5-3　『甲良家文書』・部分

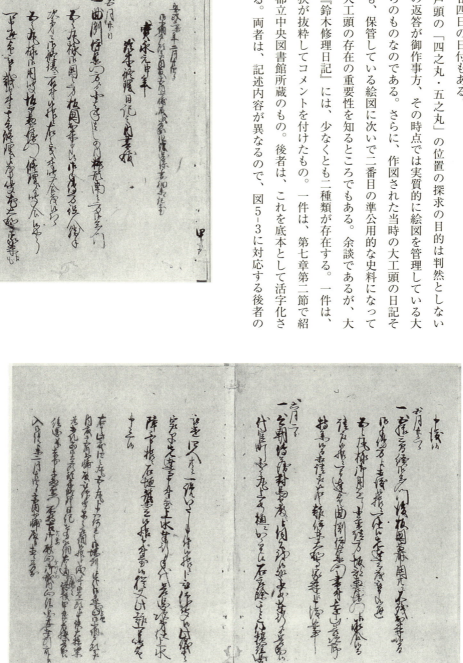

宝永元年五月廿日・廿六日、六月二日の部分を抜粋する。

（五月）廿日　戊午　終日小雨降
一午刻ゟ小屋江出ル、暮前帰宿。

（中略）

廿六日　甲子　晴
一巳刻ゟ小屋江出ル、暮前帰。
一左之書付、御作事奉行衆、於小屋被仰渡之、三七も被出、則貞右衛門義、三七同道、美濃守殿・右京大夫殿・御老中・若年寄衆江御礼ニ相廻ル。

上書ニ　小幡上総介
　　　　大島肥前守　江

鈴木与次郎
御被官忠左衛門惣領
大石貞右衛門

願之通、聟養子可被申渡候、已上。

（中略）

（六月）二日　庚午　晴
一今朝、昨日之棟梁共、誓詞申付ル。
一辰后刻ゟ桜田辺見廻り、大手江出、見廻り、帰る。
一未刻ゟ小屋江出ル、暮時帰。
一今日、猿江・源森両御材木蔵江、御材木請取候様子見廻りニ、松坂源太郎・和田与右衛門遣ス。
一上杉民部大輔殿ゟ御使者、弾正大弼只今相果候故、家来御普請場江差出し候事遠慮致候、委細ハ秋但馬守殿迄御窺申上候。

（以下略）

と記されている。後者の場合、大工頭として公用日記としての性格を帯びたものとなっている。両者を比較検討することによって、寛文十（一六七〇）年から宝永三（一七〇六）年までの御作事方の動向を逐一、明らかにすることが可能となる。しかし、残念ながら前者の史料の所在は不明である。

大棟梁としての甲良家　江戸城の建築図面をまとめて保管している機関として、都立中央図書館、東京国立博物館、国立公文書館、江戸東京博物館等々が知られている。各機関での資料の入手・伝来には経緯がある。都立中央図書館の場合、御作事方大棟梁を代々勤めた甲良家の末裔にあたる伝次郎氏が昭和三（一九二八）年、日比谷図書館に譲渡し、その後、移管されたものである。資料のうち、江戸城造営関係の六四六点が昭和六十二（一九八七）年、国の重要文化財に指定されている。目録から、主要な内訳をみると、天守九点、櫓二八点、本丸四四一点、西丸八七点、紅葉山一八点、吹上九点となる。享保三年の御作事方と小普請方の二局分掌によって同家は御作事方に属することから、表向に関する資料が大半を占める。しかし、前章の紅葉山関係や大奥指図など担当外の図面や史料も写しとり、保管していた。

甲良家は、神田橋近くの鎌倉河岸に邸を構え、地下室を設け、そこで絵図面を保管していたことが知られている。甲良氏に関する研究は、戦前、田邊泰氏が『建築雑誌』第五〇輯に「江戸幕府大棟梁甲良氏に就いて」を、近年では伊東龍一氏が『江戸城』のなかで「江戸城関係図面と幕府作事方大棟梁甲良家」などを発表している。それらをもとに作成し

「江戸城造営関係資料（甲良家伝来）」での主な資料
㊄・元禄度　西丸表・中奥絵図（6171-25） ㊉・外郭御門絵図（6194-02）　・御手伝方丁場絵図（6158-07）　・方角絵図（6151-15）　・御場内場所分絵図（6151-07）　・家伝書（784-53）　・匠家仕口雛型（784-52）　・御作事方仕口之図（784-50）
㊉・大工積（6158-9）　・諸絵図（785-07）
㊄・寛政度　西丸表絵図（6171-24） ㊉・吹上総絵図（6153-01）
㊍・本丸表・中奥総絵図（616-14）・寛永度　御本丸表中奥大奥絵図（616-42、6181-06） ・弘化度　本丸下水絵図（616-13） ・万延度　天守台絵図（6191-03）・玄関遠侍・白書院絵図（6167-01、6164-7） ㊄・嘉永度　西丸表中奥大奥絵図（6171-30、6182-02） ・元治度　西丸総絵図（6171-21）
（他・匠家雛形上下、安政４・蔵）

たのが表1である。絵図や史料には、製作年代（写しを含）を明示しているものもあるが、記されていないものも少なくない。その場合、実名や通称が記されていれば、一つの手懸りとなる。

表5-1をみると、都立中央図書館所蔵「江戸城造営関係資料（甲良家伝来）」のなかで、実名や通称が入った資料は、四代宗員と十代棟全のものが圧倒的に多い。

江戸城造営に関する絵図のうち、慶長・元和・寛永度に製作されたものは、甲良家所蔵を含めても皆無に等しい。中井家史料を除くと唯一、寛永度本丸殿舎指図の大熊家所蔵『本丸惣絵図』が知られているに過ぎない。慶長・元和度はともかく、寛永度では、少なくとも絵図を製作し、そこから建築にあたっているのである。甲良家資料にも写しの絵図が存在する。『江府御天守図』（六一九一-D〇五）、本丸の地割図である『御本丸表御殿絵図』

表5－1　甲良家歴代一覧と当主のもとで作成あるいは写された主要資料

代	実　名	通　称	作事方在職期間	没　年
初代	宗　廣	豊　後　守 小左衛門・左衛門尉	慶長元年(1596)-寛永13年(1636)	正保6年(1646)3月17日
2代	宗　次	左　衛　門	慶長19年(1614)-寛永15年(1638)	寛永17年(1640)8月28日
3代	宗　賀	豊　前 助　五　郎	延宝元年(1673)-元禄12年(1699)	享保2年(1717)8月12日
4代	宗　員	相　員 助五郎・左衛門 志摩・豊前	延宝5年(1677)-享保11年(1726)	享保18年(1733)3月28日
5代	棟　利	若　狭 小左衛門・宗諄	享保3年(1718)-享保20年(1735)	享保20年(1735)4月4日
6代	棟　保	匠　五　郎	享保20年(1735)-宝暦7年(1757)	明和3年(1766)12月12日
7代	棟　政	小　左　衛　門 清　五　郎	宝暦7年(1757)-宝暦10年(1760)	宝暦10年(1760)8月20日
8代	棟　村	豊　前 筑前・富助	宝暦10年(1760)-文政2年(1819)	文政3年(1820)4月28日
9代	棟　彊	吉　太　郎	文化9年(1812)-天保4年(1833)	天保5年(1834)1月6日
10代	棟　全	筑　前 若狭・初三郎 作　之　助	天保4年(1833)-慶応4年(1868)	明治11年(1878)9月4日
11代	棟　隆	若　狭 志摩・匠造 保　之　助	――――	明治43年(1910)12月24日
12代	大島盈株		――――	大正14年(1925)2月13日
	伝次郎		――――	昭和21年(1946)5月2日

・右端の資料一覧は、甲良家当主の実名もしくは通称が明記されている代表的なもの。
・㊍は本丸、㊄は西丸、㊀は本丸・西丸以外のものを指す。

（六一六-二四）と『御本丸大奥絵図』（六一八一-〇四）、十代棟全の写しによる『御本丸寛永度絵図』（六一六-四二）と『寛永度大奥絵図』（六一八一-〇六）等々がある。棟全の写しには原図が存在し、そのうちの大奥を描いた『寛永度御本丸大奥惣絵図』（六一八一-〇一）には外袋が付き、袋の外題に「寛永度／御本丸惣絵図／大棟梁／甲良左衛門扣」の四行が記されている。これら甲良家に伝来する寛永度の絵図は、「甲良豊前」の名もあることから三代宗賀のものも含まれるかもしれないが、四代宗員までには写し終えていると考えられる。つまり、その時点では、多くの寛永度指図が存在したことになる。おそらく、図面の管理は、大工頭によるものと考えられる。

先に、二種類の『鈴木修理日記』の存在について述べた。同日記は、寛文十（一六七〇）年九月から宝永三（一七〇六）年まで長常・長頼の二代にわたって記されている。その間、大工頭が御作事方大工集団を統率する姿が実務から官僚化し、本来の職務を大棟梁が担うことになったと考えられる。それ故に、必要な図面を写し、以後、図面類は、大棟梁が管理するようになったのである。また、表5-1をみると、甲良家でも二代宗次から三代宗賀の間に、三五年間、御作事方職務を離れる期間がある。宗賀・宗員の代で、再度、体制を整え、大棟梁としての職務を遂行したものと考えられる。四代の宗員が著した『建仁寺流家伝書』や『匠家仕口雛形』は、宮大工としての奥義・秘伝書でもある。さらに、後述する『工手間附』を作成し、大工の基本単価を示している。着実に、大棟梁としての地位を固めているのである。

表5-1には、絵図や史料に実名や通称が入っている主なものを記入した。十代の棟全の記入が多いのは、天保十五（一八四四）年・安政六（一八五九）年の本丸御殿焼失、嘉永五（一八五二）年・文久三（一八六三）年の西丸御殿焼失によって、新御殿造営となるためである。なかでも万延元（一八六〇）年の本丸表、嘉永五年の西丸表の造営と元治元（一八六四）年の西丸仮御殿の造営は、設計を担当しているので、図面類がきわだって多く残されている。今日の江戸城御殿建築を研究する上で、根幹をなす資料群となっている。

ちなみに、甲良家伝来資料には、実名や通称が入らないものが多数存在する。表5-1の無記名の箇所も、当主の指示で絵図が作成されていることを加えておく。

なお、資料には、所有者である甲良氏の印が押されている。印は、数種類あるが、そのなかで「建仁寺流官匠甲良印」の朱角印は、実名や年号が入っているものが多く、資料のなかで注目される。

二　御作事方の大工作料（手間賃）

御作事方大工集団が大工頭や大棟梁とともに統制を維持するためには、大工の手間賃が気になるところである。『鈴木修理日記』によって、明暦大火や元禄大地震後の復旧時の様子、後述する『大工積』や『大工手間本途内譯』、『玉川上水留』などから知ることができる。『玉川上水留』の場合には、御作事方ではなく、一般の大工であることをあらかじめ断っておく。順を追ってみることにする。

明暦大火と元禄大地震復旧の大工作料については、『鈴木修理日記』に垣間みることができる。明暦大火では、江府内のおよそ四分ノ三が焼失したことから、資材や手間賃が急騰する。御作事方大工の賃銀も同様である。具体的な数字として、同日記の元禄十六年十二月五日の条の覚として、

一明暦三丙年江戸大火ニ付、大工・木挽作料御増之儀、御詮議の上、大工ハ弐匁五分、木挽ハ弐匁宛ニ可相勤之旨、同年七月廿四日、久世大和守殿被仰渡之。

十二月五日　鈴木修理

とある。十二月三日の条にも記されている。同日記を読むと、明暦大火以前の御作事方大工の手間賃は、一日あたり銀一匁五分に飯米一升五合であったと考えられる。一気に一・七倍上昇したことになる。史料には記されていないが、上昇賃銀に飯米一升五合が加わることになる。この

定額賃銀は、寛永九年の作事奉行支配下の大工集団形成までさかのぼる可能性がある。

元禄大地震では、地震発生直後から、幕府が各種手間賃の抑止にかかる。詳細は、第七章第二節で述べるが、同日記の元禄十六年十一月廿六日の条にその経過が記されている。鈴木修理は、大工頭として幕府の意向を承諾し、御作事方の各種棟梁および小普請方支配には、元禄十七年三月七日に伝えたことが、同日の条に記されている。ちなみに、大工の手間賃は、従来通りの銀一匁五分に飯米一升五合で据置きされることになる。

その後の賃銀は、享保十四年作成の『大工積』と宝暦九年作成の『大工手間本途内譯』でみることができる。ともに、大棟梁の甲良家が保管していたものである。前者では、作料の値上げが試みられるが公式にはそのようにはならず、結果として、二つの史料では従来通りとなる。

すなわち、表5-2にまとめたが、明暦三年の大火後の復旧期間を除き、『大工手間本途内譯』が作成される間の少なくとも一〇〇年間は、大工作料が一日あたり銀一匁五分と飯米一升五合を定額としていたことを看取することができる。さらに、『大工手間本途内譯』の最後には、

天保八丁酉年八月小普請方ゟ
間合有之候ニ付取調右之通答

が加筆されている。天保八（一八三七）年、小普請方より本途の問について取り調べ、返答したことが記されている。同史料の冒頭は、

大工手間附
　大工壱人ニ付

表5-2　史料にみる作事方大工の１日当りの作料（手間賃）

項目 / 年号	大工作料（手間賃）	備考
明暦３年(1657)	（１匁５分・飯米１升５合)→２匁５分	・明暦大火で作料が上昇、久世大和守の判然 ・『鈴木修理日記』元禄16年12月５日の条
元禄17年(1704)	１匁５分・飯米１升５合	・元禄大地震復旧の作料 ・幕府、作料の上昇を地震直後に抑止 ・『鈴木修理日記』元禄17年３月７日の条
享保14年(1729)	１匁５分・飯米１升５合	・『大工積』 ・作料１匁５分→２匁の上昇を計画
宝暦９年(1759)	銀１匁５分・米１升５合	・『大工手間本途内譯』 ・史料に天保８年（1837)、小普請方より取調有
嘉永元年(1848)	銀４匁	・『玉川上水留』資料15より ・大工手伝は３匁

※・嘉永元年の項は、作事方大工作料によるものではない。
　・弘化２年の大工作料は、第３章を参照

銀壱匁五分
米壱升五合　宛

にはじまるが、これを変更した痕跡はない。つまり、ここまでは同じということになる。上限を寛永九（一六三二）年に求めるならば、何と二〇〇年間、継続されたことになる。

御作事方の大工集団が大集団であることに間違いはなく、それ故に、大工事には欠かすことができない。そのうちの大工手間賃について述べたが、一〇〇年以上、ことによると二〇〇年間にわたりそれが据置かれたことは、驚きとしかいいようがない。それが幕府を支える力の一つとなっているともいえよう。

表5-2には、国立国会図書館所蔵『玉川上水留』の「嘉永元申年正月ゟ十一月迄　玉川上水御本丸掛代官町土手上より北桔橋外迄矢来弐之桝樋筋御普請一件　御普請方」に記されている大工手間賃も加えてある。史料は、普請奉行の支配下にあり、これまでの御作事方大工とは組織が全く異なる。飯米はなく、全て銭の支払となる。参考までに同史料内の他の職種の賃金は、石工銀九匁、人足銀三匁と記されている。

三　四点の大工手間本途にみる基準値の作成と時間的変遷

「江戸城造営関係資料（甲良家伝来）」には、大工の技術・作業量の基準を示した大工手間本途帳が四点存在する。『工手間附』（六一五八-一一）・『大工積』（六一五八-九）・『見合帳』（六一五八-一〇）・『大工手間本途内譯』（六一五八-一二）である。これらは、名称や法量、紙面の枚数は異なるが、御作事方として定点での作業単価（大工の人数で表示）を示したもので、大棟梁にとっては不可欠であることはもとより、江戸城造営や修繕を理解する上で重要な史料となる。まずは、各史料の体裁と内容を紹介する。

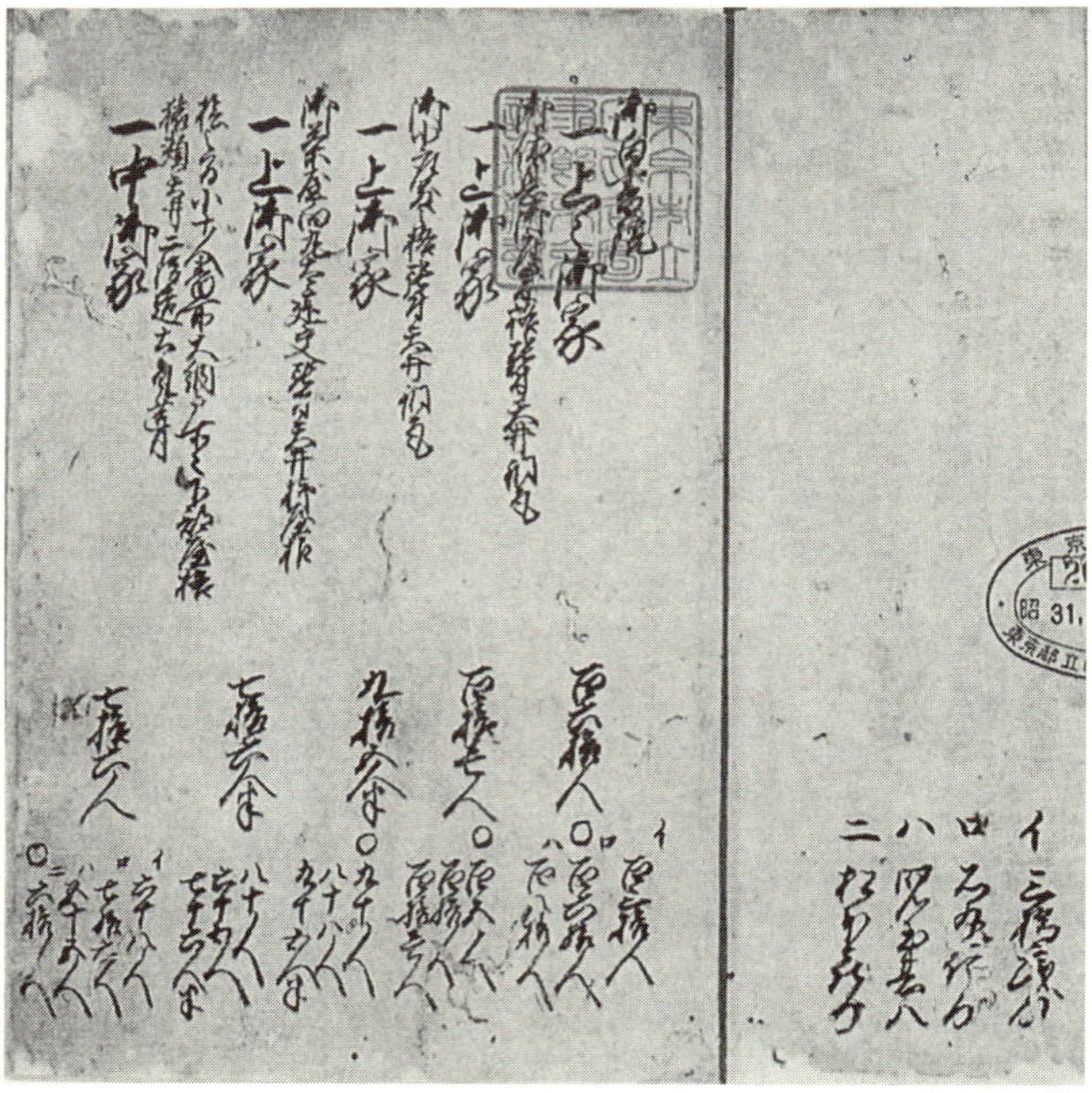

図5－4　『工手間附』・部分

『工手間附』　八紙からなり、法量は縦二四・〇センチ、横一七・〇センチを測る。表紙には、「極／工手間附／酉九月」とある。図5-4は、その裏面と「御白書院／一上之御家」にはじまる冒頭部分である。本紙の特徴は、表紙裏にイ～ニの四名の棟梁を記し、各箇所宛で棟梁に

積となる人数を提出させ、その上で大棟梁の判断で大工手間本途を決めていることにある。冒頭部分を読むと、

御白書院
一上之御家　百六拾人
御休息御座敷格張付天井銅瓦
一上之御家　百拾壱人
御小座敷之格張付天井銅瓦
一上之御家　九拾五人半
御茶屋向丸太建張付天井柿屋根
一上之御家　七拾六人半
桧之間小十人番所大納戸所々下部屋格
猿頬天井二階造工瓦葺
一中御家　七拾六人
所々大番所格平家土瓦葺
一下御家　六拾九人半
三重
一御櫓　六拾八人
一御多門　三拾弐人半

イ三橋浅衛門
ロ石丸作衛門
ハ児玉甚八
ニ松本㐂(喜)衛門
イ　百三拾人
○ロ　百六拾人
ハ　百八拾人
○百五人
百拾人
百拾壱人
○九十人
八十八人
九十五人半
八十人
六拾五人
七拾六人半
イ六拾八人
ロ七拾六人
ハ五拾五人
○ニ六拾人
○三拾弐人
四拾弐人
三拾壱人
壱重壱坪
○五拾人
六拾八人
五拾三人
○弐拾五人
三拾弐人半
弐拾弐人

一冠木門 明弐間半
一大御門 七間ニ四間
五百六拾人
四百八拾五人
六百廿人
○五百人
壱坪
八拾人
六拾五人
○七拾人

（中略）

となる。四人の棟梁に見積りさせているが、項目によって一人欠けることもある。○印が付けてあるが、それも決定というわけでもない。史料は、渡リ御櫓・木戸門・土瓦塀・笠木塀など十一項が続く。

このあとは、「御役屋敷ノ内」に入る。

御役屋敷ノ内
柿屋根
一上家　弐拾壱人
十[六]人
十六人
廿四人
同所
一中家　拾七人
九人
八人
十七人
○十壱人
同所
一下家　拾壱人
五人
五人
○八人
土瓦葺腰板なし
一二階造表長屋　弐拾五人
拾壱人
十人
廿弐人
瓦葺
一二階土蔵　弐拾八人
十九人
十九人
十五人
廿四人

腰板あり片めん　六人
六人
一切板屋根布板土塀　高壱間 六人　十貳人
〈中略〉　○八人
壱間　四人半
一床下風窓　貳人半
貳人
○三人
一同所　壱間　○壱人半　イ
○十八人
一押入 間半ニ壱間 柱立ニ而羽目共　九人
八人
○壱人半
一か満ち棚　壱間　壱人
貳人

とあり、四一項目が記されている。最後に、「御殿内」として四項目が加わる。

御殿内　十八人
廿四人
一戸袋　鋲打羽目扉付　壱ヶ所　○十六人
御役屋敷向八人□
一鑓立　貳間　○三人
○五人
一鐵砲臺　五挺掛ケ　四人
六人
○五人
一弓立　五挺掛ケ　五人
六人

で終わる。すなわち、六六項目にわたる大工手間本途が記されていることになる。甲良家伝来の四点の本途帳のなかで最も古い史料で、後の見直しでは、この項目が基本となる。後続する『大工積』では、最後に「土台板下見」が加わり六七項目。『見合帳』では、『大工積』から「掛ヶ所」など三項目が除かれ六四項目となる。

『工手間附』の製作年代は、「酉九月」がヒントとなる。後続する『大工積』をはじめとする三点の史料との比較検討から、享保二丁酉（一七一七）年と宝永二乙酉（一七〇五）年の可能性がある。後続する史料が一二年間隔であることを考慮すると、享保二年である可能性が最も高い。

『大工積』　四点の史料のなかで最も整っている。大工六ヶ条が含まれていることと、奥書に「享保十四己酉年／閏九月　大棟梁　甲良若狭印」があることを特徴とする。一四紙からなり、法量は縦二六・九センチ、横二〇・八センチを測る。冒頭の部分を記すと、

御白書院格
一上之御家　壱坪ニ　百六拾人
御休息御座之間格張付天井銅瓦
一上御家　壱坪ニ　百五人
御小座敷格張付天井銅瓦
一上御家　壱坪ニ　九拾人
御茶屋向丸太建交張付天井柿葺
一上御家　壱坪ニ　七拾六人半
桧間小十人番所大御納戸所之下部屋格 猿頬天井二階作り土瓦葺
一中之御家　壱坪ニ　六拾人
所々大番所格平家土瓦葺

一下之御家　壱坪ニ　三拾弐人
一三重御櫓　壱重之壱坪ニ　五拾人
一御多門　壱坪ニ　弐拾五人
一冠木門明キ弐間半　壱ヶ所　五百人
一大御門七間ニ四間　壱坪ニ　七拾人
（以下略）

とある。棟梁の積はなく、決定したもののみが記されている。『工手間附』と比較すると一箇所あたりの大工手間本途は下がるが、その数字は同史料下端の棟梁が出した〇印の数字となる。両史料の関係が注目される。

　六七項目の後に続く大工六ヶ条は、奥義ともいえるものである。これを読むと、

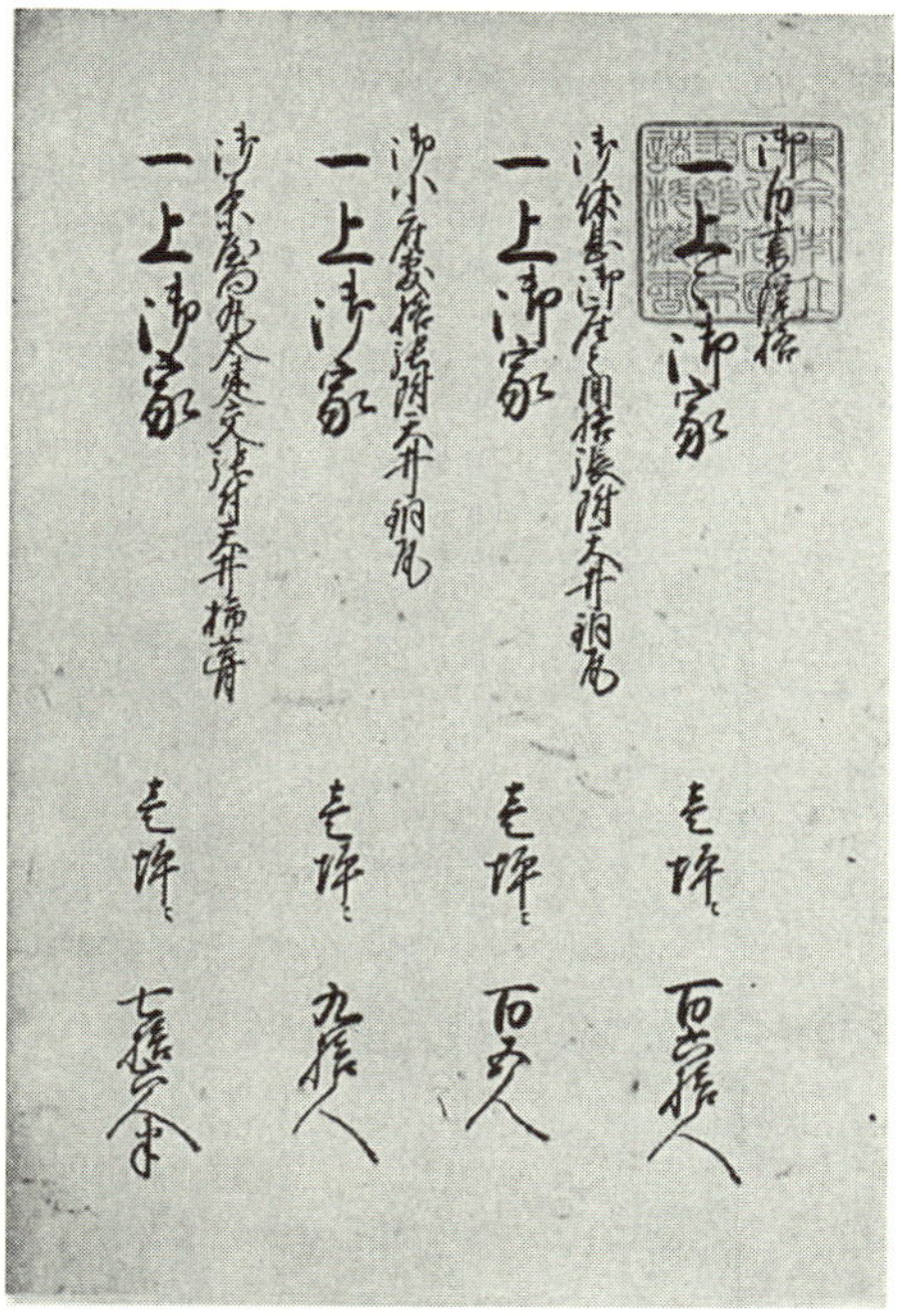

図5－5　『大工積』・部分

右大工積之儀者当時作料を相考仕立申候
此外建具類小仕事并御住居替御修復者
右之格を以其砌、御吟味ニ而御請可申上佐
然共神社佛閣者格別ニ手間掛り候間、其節可申上候
一御用ニ付平生指出シ候日帳大工作料壱匁五分ニ
壱升五合ニ而者元ゟ雇出シ難仕、唯今迄ハ外ニ
御細工助成を以埋合相勤来り候得共、此度
手間至格引下ヶ御請仕候上者、日雇大工江
埋合相拂可申候手当テ無御座候間日雇大工
壱人ニ付弐匁ニ壱升五合ニ当り候様ニ仕度奉存候
御事
一世上大工発向仕候節抜又者相渡り候飯米直段
高下或者若旲變ニ付萬物高値ニ罷成候ハバ
先格之通増作料可奉願事
一旅掛ケ御用者御定作料飯米一倍ニ被成下候様
仕度奉存候事
一夜細工被仰付候ハバ夜四ツ迄ハ壱人前、夫より
御吟味之上刻割ニ作料飯米共ニ被下候様ニ
仕度奉存候事
一急御用御座候節世上大工発向仕雇候得而茂
相調兼候儀茂御座候ハバ古来之通其砌町
触可奉願事

一御城内其外御普請取掛リ候時、御成有之
不時ニ御普請相止候儀者先達而申上候通
弥日帳ニ御立取下候様ニ仕度奉存候事

とある。この六ヶ条をみると、これまで大工雇に対して定額に加えて細工助成で対応したが、手間格引下げで助成が困難になり、手間賃の上昇で対応しようとしていること。物価変動に作料をあわせることでもある。旅先での仕事や夜四ツ（夜の一〇時）を過ぎる仕事は、手当てを上げること。急な仕事の対応や城内で御成《おなり》に遭遇したときの対処など、細かく記されている。このなかで注目されるものは、従来、日雇大工の作料を一日あたり銀一匁五分に飯米一升五合としているが、このほかに格で対応し増料金を支払っていたことである。後述する表5-2・3でみると、『大工積』と先行する『工手間附』では、格の大工手間本途にかなりの差があり、格で対応していたことがわかる。

『見合帳』　表紙に、「見合帳／酉九月　仁左衛門」とある。七紙からなり、法量は縦二四・〇センチ、横一七・〇センチを測る。本史料の特徴は、図5-6にあるように、上位に墨書で『工手間附』に記されている格の人数（若干、人数の異なる項目もある）、下位に朱書で新たな人数を記していることにある。両者の数字が併記されているのは、御役屋敷向の「布板屋根土塀者じき板」までで、それ以降は朱書きのみの数字となる。また、綴じには補紙を用い、その上に通しの番号が付けてあることも特徴である。さらに、史料には朱書の数字の隣に墨書の数字を記した付箋が貼られているが、これは『大工積』の格の人数である。すなわち、本史料は、先行する『工手間附』『大工積』を参考としながら、

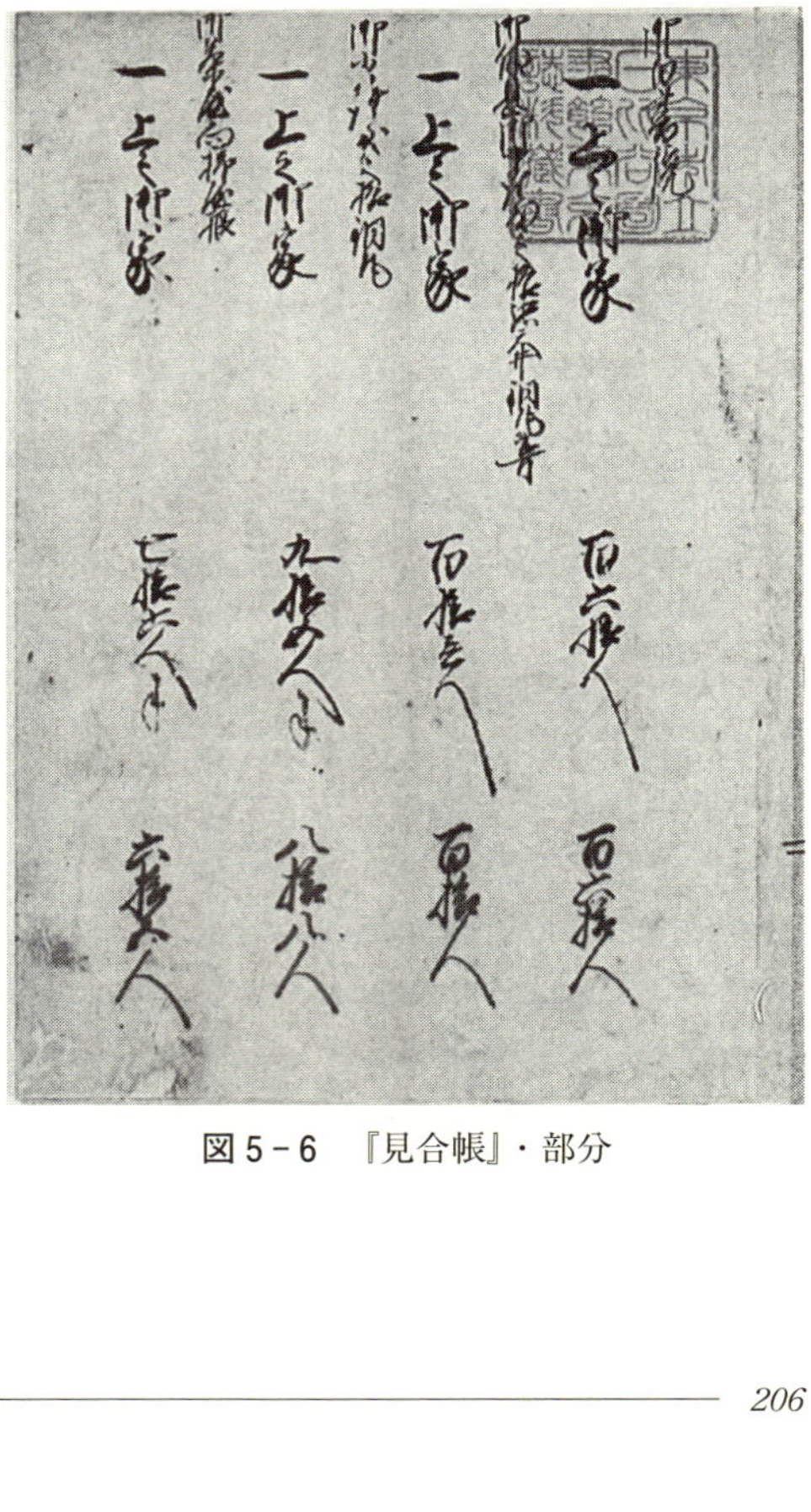

図5－6　『見合帳』・部分

新たに作成したものであることがわかる。図5-6に先行する冒頭部分を読むと、

御白書院
一上之御家　百六拾人　百六拾人
御休息御座間之格張天井銅瓦葺
一上之御家　百拾壱人　百拾人
御小座敷之格銅瓦
一上之御家　九拾五人半　八拾八人
御茶屋向柿屋根
一上之御家　七拾六人半　六拾五人

とある。格の項目の記述が、前述の二書と比較すると簡略化されているが、内容は同一である。

この『見合帳』の作成時期は、表紙の「酉九月」が参考となる。先行する『工手間附』と『大工積』、後続する『大工手間本途内譯』から、寛保元年辛酉（一七四一）と考えられる。ちなみに、ここまで大工手間本途の格見直しは、一二年ごとに行われていることになる。

『大工手間本途内譯』　本史料は、『大工手間本途内譯一』『大工手間本途内譯二』『大工手間本途内譯附録三』『大工手間本途附録四』『當時物』の五冊からなる。法量は、いずれも縦一三・三センチ、横二〇・二センチを測る。前述の三冊と比較すると著しく項目が細分化され、格の一層の引下げと、修復における大工手間本途が加わることを特徴とする。

格の引下げについては、『東京市史稿』皇城篇第三に附記として、以下の記述がある。

寳暦元年辛未（一七五一）十一月、幕府大工手間附ヲ改メ、本途帳ヲ作リテ、工費ノ標準ヲ定ム。十五日戊寅・十六日己卯・十七日庚辰大工頭・下奉行・被官・定假役・小役ノ者・及大棟梁三人・並ニ諸色ノ者ニ下命スル所有リ。○御作事永代帳

と記されている。さらに、

（前略）本書ハ天保八年（一八三七）八月小普請方ヨリ下問ニ対シ、大工頭（大棟梁の誤り）甲良氏ヨリ書出シタル者ニシテ、其改竄ハ寳暦九年（一七五九）九月十七日伺済ノ上改減シタル所ニ係ル。（中略）同時ニ幕府ガ大工頭以下ニ命ジテ、工費豫算ノ組立手續ヲ定メタルコト、御作事永代帳ニ見ユ。（以下略）

ともある。大工手間本途の改定が、宝暦元年、幕府の命令で行われたこと。天保八年の小普請方の問に対して大棟梁の甲良氏から宝暦九年の格の引下げ書を示していることがわかる。ちなみに、『東京市史稿』には、甲良家伝来資料のうちの『大工手間本途内譯一』の読下し文が記されている。

史料に戻る。本途内譯一には、従来の項目を細分し一三七項の格の見直しと新たに修復の項を設け、本途内譯二では、それをより詳細に記している。本書では、大工手間本途の体裁と特徴、時間的変遷を目的としている。そのため、本途内譯一の部分を抜粋し、紹介することにする。

大工手間附　大工壱人ニ付 銀壱匁五分 米壱升五合 宛

い
一上之御家格　大廣間 御白書院　屋根銅瓦葺格天井　壱坪ニ付 百貮人

ろ
一上之御家格　御座之間 御休息　屋根銅瓦張付天井　壱坪ニ付 八拾五人

は
御小座敷格　張付天井　壱坪ニ付 七拾人

に
御茶屋九太建柿葺張付天井　壱坪ニ付 六拾四人

ほ
雁之間菊之間格　壱坪ニ付　~~六拾弐人~~　六拾人

へ
柿葺　壱坪ニ付　~~四拾八人~~　四拾六人

と
御屋形向柿葺　壱坪ニ付　~~三拾弐人~~　三拾人

一中之御家

ち
土瓦葺猿から天井　壱坪ニ付　五拾八人

り
御小納戸御家向御溜御廊下共格
末之間　壱坪ニ付　四拾五人

ぬ
柿葺　壱坪ニ付　~~弐拾弐人~~　弐拾人

る
御~~家~~屋形向柿葺　壱坪ニ付　~~弐拾壱人~~　拾九人

一下之御家

を
所々大番所格平家土瓦葺　壱坪ニ付　弐拾五人

（中略）

とある。これらの項の最後には、

右御家向上中下下屋敷御役
屋敷共内法り廻り窓御天井
木格子御張付縁御油煙出
外廻り下見風窓押入共之積
御座候。尤御好之御造作御床コ
御棚卸欄間彫物花さ満
類者壱坪当り之外ニ御座候

と記されている。これに続いて、修復之部となる。冒頭の部分を記すと、

御修復手間附

い
一上之御家
但シ御修復手間附之義者
此度新規御普請手間附
相改リ候坪当ヲ以作略致相極候
御白書院格　壱坪ニ付　~~三拾五人~~　三拾弐人
右仕様廻り羽目胴縁張付縁敷居

板敷風窓寄敷居取放土臺取替
柱根朽之分根継致取放候木道具
足木致如元取付板敷張置候積　壱坪ニ付 ~~八人~~ 七人
右屋根
右仕様軒廻リ化粧道具宜敷分
其儘差置積御所取替野垂木
野裏板共半分打替木瓦切継
熨斗板仕置木棟鬼板取替御積

（中略）

とある。以下「ろ／御休息御座之間格張付天井割足堅メ」に続く。前述の三点の大工手間本途と比較すると、実に細部に至るまで規定しているのである。本史料の最大の特徴は、作事・小普請両奉行所がこの本途手間附を了解していることである。少し長くなるが、最後に以下のことが記されている。

一御普請并御修復場所見分
御入様積リ御材木積并御普請
御修復場所江付居候御作事方
棟梁小普請方肝煎勤料者
書面手間付壱坪当り之外尓
古来ゟ立来候ニ付此度茂坪
当之外之積リ相極メ申候
御作事方棟梁勤料
壱人ニ付
銀壱匁八分
米壱升五合
小普請方肝煎勤料
壱人ニ付　銀壱匁五分　米壱升五合
御作事方大棟梁
辻内豊後
平内大隅
甲良匠五郎
小普請方棟梁
村松飛騨
柏木近江
大谷甲斐
柏木日向
依田壱岐
溝口九兵衛
小林惣左衛門
同見習
柏木土佐
大谷長四郎
村松孫治郎
小普請方吟味役
間宮平左衛門

鈴木清蔵
芹沢市右衛門
伴伊平衛
御作事方御被官
細井繁右衛門
宮地清九郎
清水平次郎

右大工手当付新規御普請之分
朱書之手間付ヲ以只今まて
御入用積り仕来候抛此度吟味
手間付引下ヶ墨書之通り
相定御修復手間付之義者
此度相致候新規御普請
手間付ヲ以割合吟味仕
書面之通御座候
寳暦元辛未年十一月
伴善左太夫
内崎治兵衛
松浦吉左衛門
都築又左衛門
窪田十左衛門
岡崎久左衛門
御作事方御大工頭

大柳八左衛門
福田久左衛門

右之通此度吟味之上御普請
并御修復大工手当附相極
御作事方小普請方共書面之通
手間付ヲ以新規御普請とも
御入用積可致候。尤御修復
仕形坪数之多少ニ依而右
手間付之内割引等ニ而茂
可減筋も有之候者吟味之上
相減積立候様申渡度候　以上
御作事奉行
未
十一月
久松筑前守
一色周防守
小普請奉行
駒井能登守
大井伊賀守

寳暦九卯年九月十七日
手間附朱書之通相減
伺済

本途工高貳百九拾四口之内朱書
之通減し伺済工数百六拾七人
引方ニ相成候當時本途工高
四千百六拾人三分ニ定
天保八丁酉年八月小普請方ゟ
間合有之候ニ付取調右之通答

と記している。天保九年の西丸御殿、天保十五年の本丸御殿と相次いで焼失するが、この格をもって再建されたことになる。

四点の大工手間本途にみる格の比較　四点の史料の体裁と特徴について述べてきたが、ここで、格を比較することにする。時間が経過するに従って、格の引下げを再三、指摘したが、同一項目で比較したのが表5-3・4である。表5-3は、御殿向と御屋敷向の一五項目の格を比較したものである。『見合帳』の「大番所格」と「三重櫓」で格の引上げも散見するが、これは例外的なものであり、おしなべて引下げが顕著である。『工手間附』と『大工手間本途内譯』で比較すると、「上御家」の三項目では六三～七三％、役屋敷向に至っては四三～五七％とおよそ半分となる。『大工積』の大工六ヶ条では、手間賃の補塡を格で補うとあるが、当初はかなり割高であったことになる。表5-4は、各史料の最後に記されている小細工の手間本途である。『工手間附』では、表5-3のような明瞭な格の数字が示されておらず、棟梁の出した数字の上の○印としたため、全て『大工積』と同じとなっている。項目が小細工のため、表5-3のような手間本途の大幅な引下げはないが、相対的にみると引下げは免れないところである。

大棟梁は、図面を引くことと共に、実質的な工事施行者でもある。大工を束ね、諸職棟梁をも統率しなければならない。そのためには、大工手間本途が重要となる。甲良家には、四点の史料が伝わるが、『工手間附』に先行するものも存在したかもしれない。しかし、「江戸城造営関係資料（甲良家伝来）」をみると、先述したように四代宗員の時代で図面が急増し、『家伝書』や『御作事方仕口之図』等々の奥義が作成され

表5-3　四点の大工手間本途による格の比較㈠

項目	『工手間附』酉九月（一七一七）	『大工積』享保十四己酉年閏九月（一七二九）	『見合帳』酉九月（一七四一）	『大工手間本途内譯』寶暦九卯年九月十七日（一七五九）
御白書院格　上之御家　壱坪ニ	一六〇人	一六〇人	一六〇人	一〇二人
御休息御座之間格　上御家　壱坪ニ	一一七人	一〇五人	一一〇人	八五人
御小座敷格　上御家　壱坪ニ	九五人半	九〇人	八八人	七〇人
桧間小十人番所 大御納戸所々下部屋格　中之御家　壱坪ニ	七六人	六〇人	五五人	四五人
所々大番所格　下之御家　壱坪ニ	六九人半	三二人	三四人	二五人
三重御櫓　壱重之　壱坪ニ	五〇人	五〇人	五三人	四七人(平均)
御多門　壱坪ニ	二五人	二五人	二二人	二二人
冠木御門　明キ二間半　壱ヶ所	※五〇〇人	五〇〇人	四八五人	四四九人
大御門　七間ニ四間　壱坪ニ	※七〇人	七〇人	六五人	四八人
渡リ御櫓　壱坪ニ	※三八人	三八人	三二人	二七人
役屋敷向　柿葺上家　壱坪ニ	二一人	一六人	一六人	一二人
同・中家　壱坪ニ	一七人	一一人	八人	九人
同・下家　壱坪ニ	一一人	七人	五人	五人
二階造リ表長屋　壱坪ニ	二五人	一四人	一〇人	一二人半
二階土蔵　壱坪ニ	二八人	一九人	一二人	一二人

・『大工積』の※印は、史料内下端の○印によるもの。

表5-4　四点の大工手間本途による格の比較㈡

項目		『工手間附』	『大工積』	『見合帳』	『大工手間本途内譯』
井筒枠	五尺四方	※八人	八人	八人	八人
四方なが連 亀甲	五尺四方	※七人	七人	七人	六人
片なが連 亀甲	五尺四方	※五人	五人	四人	五人
木格子	壱間ニ	※ 上八人 中六人	上八人 中六人	六人半	上六人 中四人 下二人半
平窓	壱間ニ	※三人半	四人	四人	三人
獅子口窓	壱ヶ所	※二五人	二五人	二六人	上四六人 中一七人
押入 間半ニ 壱間	壱ヶ所	※一八人	一八人	九人	一三人
か満ち棚	壱間	※一人半	一人半	一人	二人
御殿向 戸袋	壱ヶ所	※一六人	一六人	二四人	一五人
役屋敷向 戸袋	壱ヶ所	八人	八人	八人	三人
鐺立 武間 壱ヶ所		※三人	三人	四人	三人
鉄砲台 五挺掛ケ		※五人	五人	四人	三人半
弓建 五挺掛ケ		※五人	五人	五人	三人半

・『工手間附』の※印は、下端の○印の数字によるもの
・『大工手間本途内譯』は、同史料二の数字によるもの

る。これら資料から、甲良家が大棟梁としての地位を強固にし、新たな規範の作成に臨んだとも考えられなくもない。

甲良家伝来資料には、『塗師方壁方瓦方當時物並本途内譯』（七八六―一二）や『鍛冶方錺方本途』（六一五八―一二）が含まれている。大工はもとより、諸職の手間本途をも所有していたのである。ここにも、御作事方を実質的に統率する大棟梁の姿を垣間みることができる。

第六章　江戸城の水事情

江戸の水道に関する研究は、東京市役所『東京市史稿』上水篇第1ならびに東京都水道歴史館所蔵『上水記』などの史料集をもとに、堀越正雄『井戸と水道の話』、肥留間博『玉川上水―親と子の歴史散歩―』、伊藤好一『江戸上水道の歴史』、榮森康治郎・神吉和夫・肥留間博『江戸上水の技術と経理―玉川上水留・抄翻刻と解析―』など、先学諸氏によって基軸となる神田上水・玉川上水の実態が徐々に明らかにされつつある。一方、江戸遺跡研究会では、一九九〇年代以降、都心部での上水・下水に関する遺構の発掘が相次いだことから、それらの成果を収めた『江戸の上水道と下水道』を刊行している。

このように、文献と考古学の両面から江戸の水事情が次第に解明されつつあるといっても過言ではない。しかし、本丸や西丸など御殿がある江戸城中枢部での水事情に関する論考は、断片的な発掘報告があるものの、皆無に等しいものであった。

筆者は、野中和夫編『江戸の水道』のなかで、前述の史料、発掘調査報告の他に絵図や古写真などを交えて、この課題について述べたことがある。刊行当時、半蔵門から吹上門を経由して西丸御殿に至る西丸掛（都立中央図書館特別文庫室所蔵『神田玉川両上水御門々其外持場絵図』の奥書「安政二卯年二月日写之」がある絵図に描かれている）の樋筋や、西丸各所の下水路等々について、史料が不足することから十分に述べることができなかった。その後、第八・九章で述べる宮内庁宮内公文書館所蔵『皇居造営録（上水）一～三　明治一五～二一年』（識別番号四一二一一～三）と『皇居造営録（下水）一～九　明治一六～二一年』（識別番号四四一三一一～九）を閲覧することで不足を補う機会を得ることができた。ここでは、その成果を交えて再考することにする。

一　御殿空間での堀井戸と水箱

御殿内での上水・給水は、堀井戸や水箱であり、部屋としての「茶所」「湯呑所」なども含まれる。「茶所」「湯呑所」などは、指図内に記されているために理解しやすいが、堀井戸や水箱の場合、なかでも堀井戸に限ってみると数種類の記号で表わされており、捜し出すことが困難である。一般的に、「井」の記号は井戸と理解されているが、屋外ならともかく、御殿内でしかも堀井戸となると疑問視する人も少なくない。そこで、この問題から明らかにしたい。

御殿内の堀井戸を示す資料　都立中央図書館特別文庫室所蔵「江戸城造営関係資料（甲良家伝来）」のなかに、指図内の「井」の記号の脇に付箋を貼り「堀井戸」であることを明記した資料と御殿内の井戸屋形図がある。

前者は、唯一、西丸大奥における元禄大地震の復旧指図である『西丸大奥総本家絵図』（六一八二-五）にみることができる。図6-1は、彩色が施された絵図で、御殿向と長局向の一部を黄色、他を淡赤と茶色で区別している。凡例でみると建直し箇所は御殿向内になるが、色褪せて明快ではない。内外題はないが、本紙外側には旧所有者である「大谷出雲扣」の文字がみられる。本図の時間軸を特定できるものとして、図中右手端中程、対面所の西側に「地震之間」の明記がある。「地震之間」については、次章で詳述するが、将軍の地震避難所として設けられている。それは、江戸時代を通じてのものではなく、元禄大地震（一七〇三年）の翌年から、吉宗が将軍に即位し、「御休息所」の改造が終わる享保十二（一七二七）年までのごく限られた期間である。

目的の「井」の理解について述べる。本図内には、「井」の記号が一二カ所ある。多くは、数条の線が引かれた濡縁内にあり、水との関わりを容易に推察することができる。「井」の記号の脇には、五カ所に付箋が貼られている。画面中央下の玄関・石之間に続く箇所が御殿向であるのを除くと、他は長局向にある。ちなみに、石之間に隣接する「井」の付箋には、「在来堀井戸」と記されている。長局向内の付箋についてもみることにする。画面左端中程、「東」の方位が描かれている隣りには「有来上水、井戸」、黄色と茶色に色分けされた唯一、濡縁ではない屋外にあたる箇所の付箋には「此井戸不浄所、御用達不申候」。ちなみに、近くには御不浄（便所）の印がある。この二点の付箋は、画面左手を向

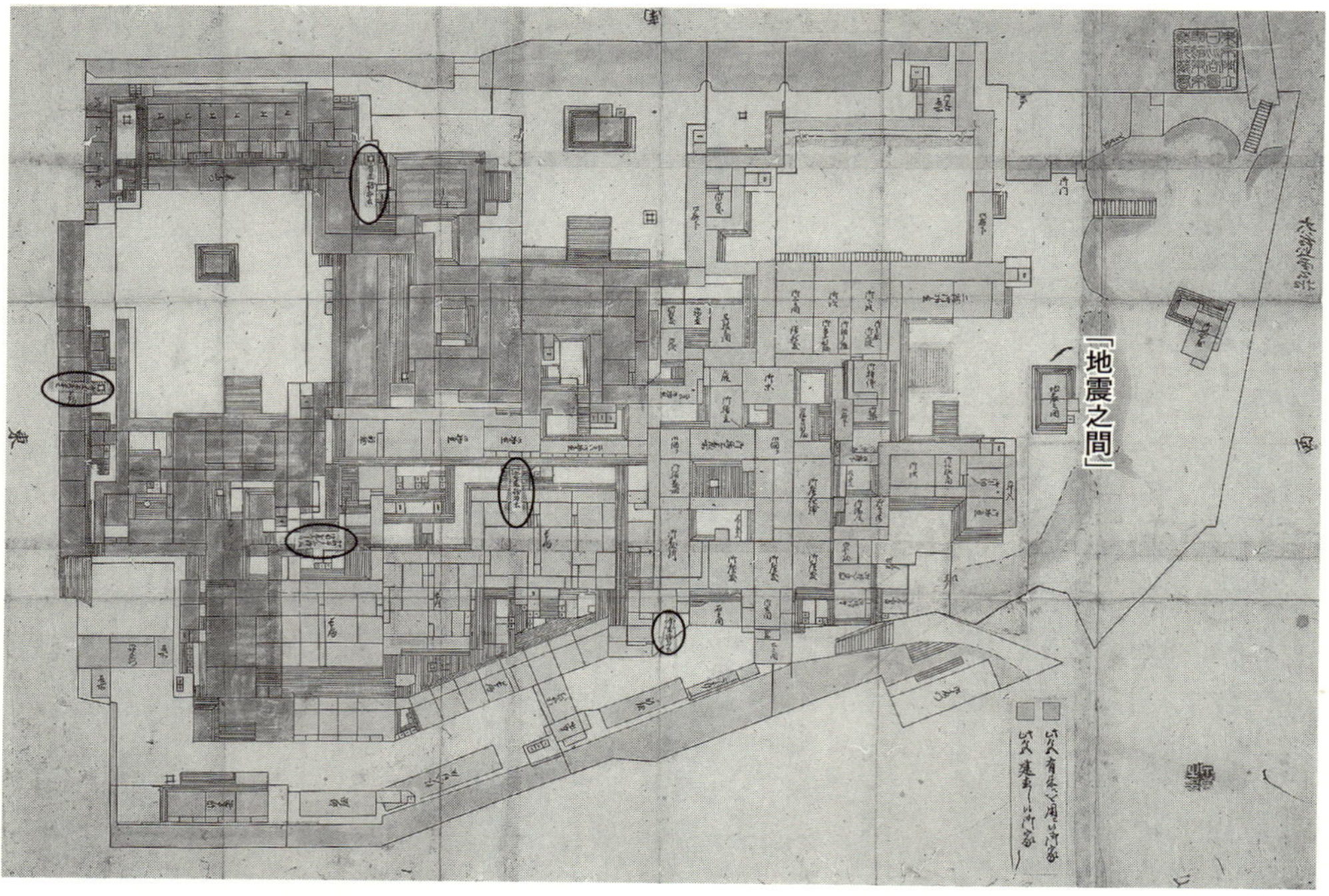

図6-1　『西丸大奥総本家絵図』（図6-1～7：都立中央図書館特別文庫室所蔵）
○印は「井」の脇に貼られた付箋

くように縦長に貼られている。残りの二枚は、石之間の脇の付箋、右下の凡例、さらには指図内の主要な部屋名の文字と同様の向きとなる正位に貼られている。この二つの付箋には、「有来堀井戸」と記されている。図内一二カ所の「井」のうち何故、五カ所に付箋が貼られたのかは不明であるが、付箋の内容は、いずれも堀井戸であることを示唆している。すなわち、「井」を堀井戸と理解することができるのである。なお、堀井戸と水箱との区別は、管見ではあるが、後述する『西丸御屋敷絵図』（六一七一-四二）にみることができる。

後者は、安政六（一八五九）年十月十七日に本丸御殿が全焼するが、その再建となる万延度の一連の図面内に二点含まれているものである。図6-2は、『御本丸御膳所井戸屋形矩斗』（六一六七-二八）、図6-3は、『御本丸御膳所井戸屋形御廊下江取付絵図』（六一六七-二六）の内題をもつ断面図である。内題の御膳所は、本丸表向の北端にあり、将軍の食事を用意する場所である。図6-4は、『御本丸表奥御殿向総絵図』（六一六-三九）で、内外題はないが万延度の指図である。後述する弘化度の指図と比較すると、主要な部屋の配置に変わりはないが、画面左上の富士見宝蔵の四棟の土蔵の長軸方向（北側から二棟目、南側二棟と同じ向き）や黒書院裏手の御茶屋の有無などわずかばかり改造が行われている。図6-4では、「御膳所」の文字は、御賄所や御台所とは九〇度向きを変えて記されている。特別な場所であることを示唆しているのである。井戸は、廊下を挟んで西側の濡縁内にある。濡縁の周囲は、廊下が巡っている。

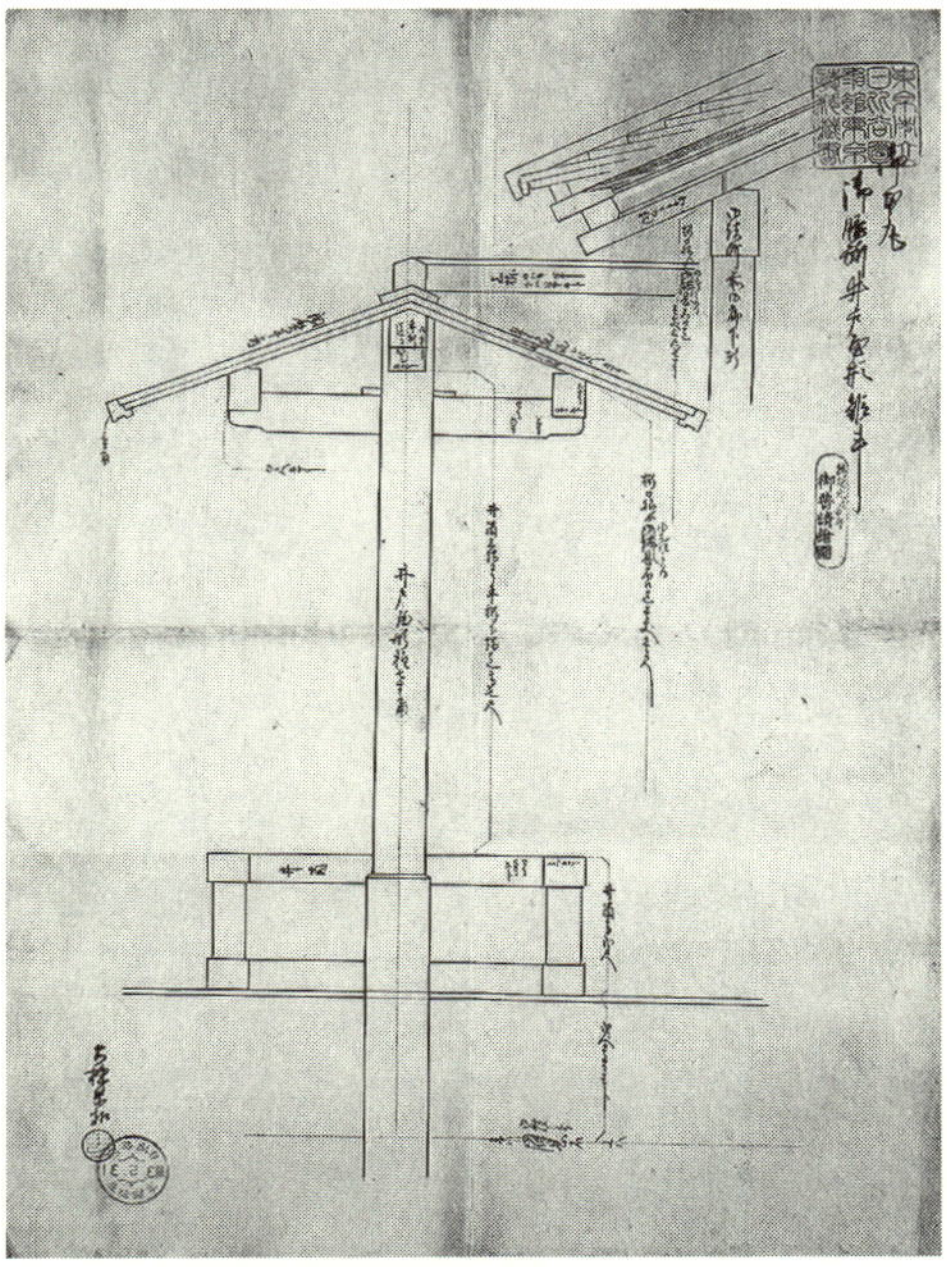

図6-2　『御本丸御膳所井戸屋形矩斗』

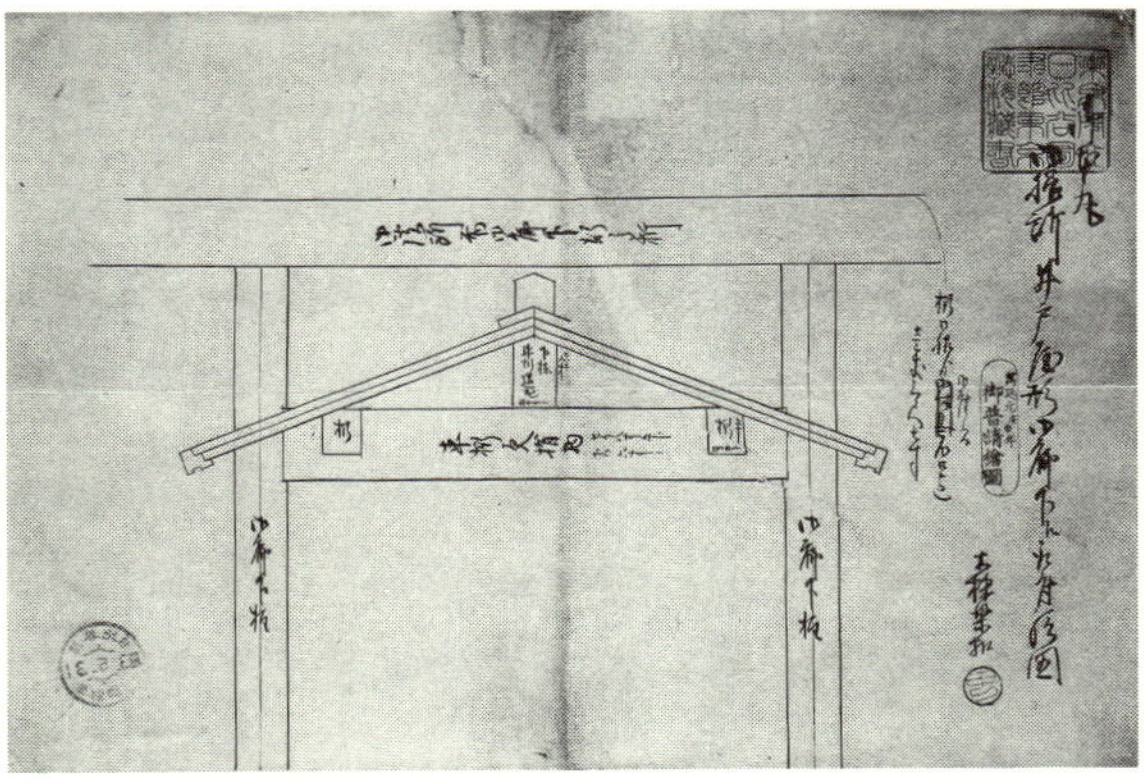

図6-3　『御本丸御膳所井戸屋形御廊下江取付絵図』

ふり返って、図6-2・3をみることにする。図6-2は、中央に井戸屋形を支える七寸角の柱。御詰所前御廊下軒から屋形心柱の頂部に上棟をかけ固定し、屋根は胴葺で片側が四尺五寸。車桁下より井筒上端までの高さが七尺（約二・一メートル）。井筒は、高さが二尺で、一辺がおよ

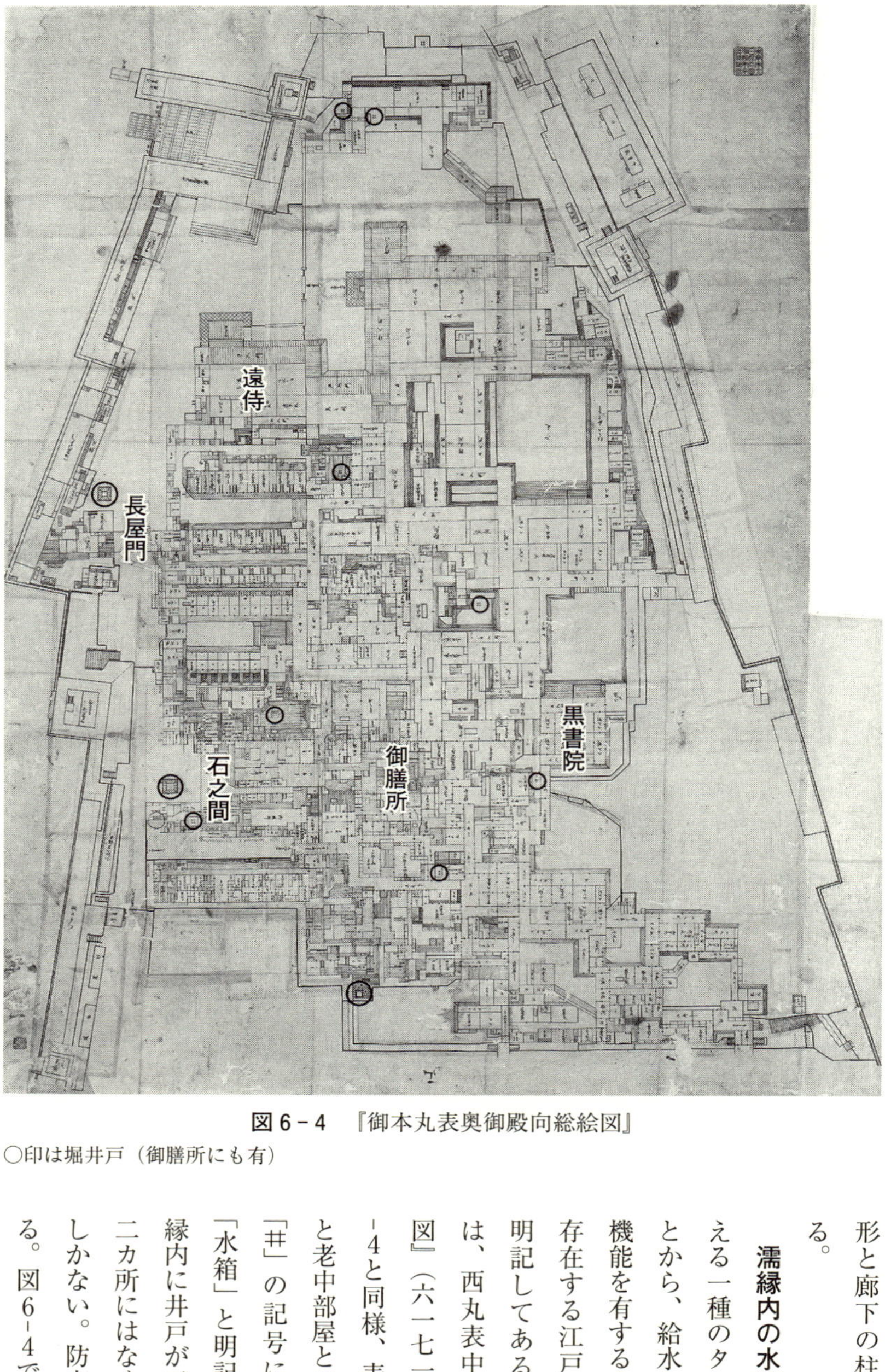

図6－4　『御本丸表奥御殿向総絵図』
○印は堀井戸（御膳所にも有）

そ五尺となる。また、井筒の周囲は、濡縁となることから、板間に描かれている。ちなみに、屋根が銅葺とあるのは、御殿内では将軍に関連する建物のみで使用されている。堀井戸の地下の構造は記されていないが、御殿内に堀井戸がある証左となるものである。図6-3は、井戸屋形と廊下の柱との取付を示したものである。

濡縁内の水箱　水箱は、井戸水を蓄える一種のタンクである。御殿内であることから、給水とともに、防火用水としての機能を有するものである。しかし、数多く存在する江戸城指図のなかで、「水箱」と明記してあるのは、筆者の知るところでは、西丸表中奥を描いた『西丸御屋敷絵図』（六一七一-四二）が唯一である。図6-4と同様、表向の「石之間」西側の台所と老中部屋との間に濡縁があり、堀井戸の「井」の記号に近接して長方形の枠内に「水箱」と明記している。同絵図では、濡縁内に井戸が三カ所描かれているが、他の二カ所にはなく、全体を見渡しても一カ所しかない。防火用水としては、全く不足する。図6-4では、前述の井戸の隣りに水箱と思われる長方形の枠が描かれている。

また、濡縁の各所には、井戸に関係なく同様の枠をみることができる。参考までに、図6-4で濡縁内の長方形の枠を数えると三カ所ある。全てを「水箱」と考えるには、いささか資料が不足するが、幕末に本丸と西丸御殿の火災が相次ぐことから、時間軸のなかで濡縁における水箱の設置が急増する。すなわち、それを防火用水としての機能と考えて大過なさそうである。

1　本丸御殿の堀井戸

江戸城で上水について考えると、堀井戸と玉川上水の上水道の二者に大別することができる。このうち、上水道は、生活に幅広く利用されていそうではあるが、実際には泉水に引き込まれることを主要目的としており、将軍や御台所が飲料水として口にすることはまずない。苑庭を整備することで、諸大名に対して威厳を保っているのである。諸大名もこれに習い、余裕のあるものは茶会などで誇示する。この上水道については、後述する。

第三章で述べたように、本丸御殿の主要な建物・部屋の配置が寛永度以降、幕末まで踏襲されることから、表向・中奥での堀井戸は、数量・位置とも同じであることが想定される。一方、大奥は、時間が下るに従って規模が拡大し、居住者の増大による上水の不足から、堀井戸の増加が見込まれる。これに、御殿の炎上、その後の再建時において、堀井戸も見直され、位置や数が変化している可能性がある。

そこで、時間軸に沿って、指図内に記された堀井戸の特徴について述べることにする。井戸の記号は、「井」以外にもあるのでそれを含め、水箱と考えられる枠や部屋に「湯呑所」「茶所」と文字で記されているものは除くことにする。

表6-1に、本丸御殿の新造・再建の一覧を示した。このうち、慶長度・元和度の指図は残されておらず、初期のⅠ・Ⅱ期は、残念ながら不明と言わざるを得ない。寛永度は、大改修と焼失が要因となって、三年足らずのうちに二度、新造されている。御殿の各部屋の配置はほぼ同じであると考えられる。寛永度の指図は、大熊家所蔵の『御本丸惣絵図』と都立中央図書館特別文庫室所蔵『御本丸寛永度絵図』（六一六-四二）と『寛永度大奥絵図』（六一八一-〇六）の二者が知られている。後者の場合、内題の有無の相違があるものの、記述内容が同一である『御本丸表絵図』（六一六-二五）と『寛永度御本丸大奥総絵図』（六一八一-〇一）も存在する。二者を比較すると、大奥長局向の部屋数と配置に顕著な差が生じている。前者の場合、部屋の所々に書き込みがあり、例えば大奥長局の名から小松和博氏はⅣ期の寛永十七年度の指図と考える。筆者は、万治度の指図と伝わる図6-6で後世に書き足しがあることと前述の

表6-1　本丸御殿の新造・再建一覧

段階	御殿の建造・再建日時	再建の契機
Ⅰ	慶長11年（1606）９月23日	幕府としての新造
Ⅱ	元和８年（1622）11月10日	殿舎大改修、天守台の移動
Ⅲ	寛永14年（1637）９月19日	殿舎拡張に伴う大改修
Ⅳ	寛永17年（1640）４月５日	寛永16年（1639）８月11日焼失
Ⅴ	万治２年（1659）９月５日	明暦３年（1657）１月19日焼失、明暦大火
Ⅵ	弘化２年（1845）２月28日	天保15年（1844）５月10日焼失
Ⅶ	万延元年（1860）12月７日	安政６年（1859）10月17日焼失

※文久３年（1863）11月15日焼失後、本丸御殿は再建されず

二種類の指図に顕著な相違があることから、大熊家所蔵の指図をⅢ期、都立中央図書館所蔵の指図をⅣ期と考えることにする。

万治度指図についても、あらかじめ断っておく。図6-6は、『江戸城御本丸御表御中奥御大奥総絵図』（六一五一-四）である。明暦大火後の本丸再建図として知られている。本図が万治度と特定されたのは、裏打ちされた外題に本図名とともに「萬治年」と朱書きによる記入があることによるものである。しかし、筆者は、拙著『江戸・東京の大地震』をはじめとする論考のなかで、本図を元禄大地震後の宝永年間の書き足しによるものと位置付けた。その理由として、三点をあげた。①図内左斜下の老中下部屋に土屋相模守をはじめとする七名の老中、久世大和守・他三名の若年寄、松平伊豆守・他四名の合計一六名の名が記されている。『日本史総覧』による在職期間を調べると共通期間が宝永二（一七〇五）年九月二十一日から翌年三月十日であること。②中奥・大奥の中庭に「地震之間」が描かれているが、この施設は元禄大地震後に将軍の緊急避難所として建てた軽構造のもので、最大で元禄十七（一七〇四）年から享保五（一七二〇）年に限られていること。③中奥に二カ所の泉水が描かれているが、これに給水するためには御本丸掛の玉川上水を引くことが不可欠となる。国立国会図書館所蔵『玉川上水大絵図』は貞享年間（一六八〇年代後半）に作成されたものであるが、同図に描かれた御本丸掛の樋筋は、北桔橋を通過し、竹橋門内から帯曲輪、平河門前に通じていること。本図を参照すると、本丸に樋筋が引かれるのは元禄以降となる。以上の三点から、本図は、基本となる元図を万治度指図（原図は存否を含め不明）に求め、宝永年間に必要事項を追加したものと位置付けた。

なお、吉宗が将軍に即位し、中奥の改造を特定できる（享保十二年）『御本丸御表方物絵図』（六一六-三七）があるので、補足的に含め検討することにする。

指図にみる井戸の位置と数量　指図には、下図があるので、全てが正確かというと必ずしもそうではない。また、井戸の場合、記号で表わしているので書き漏れがあるかも知れない。そのあたりを考慮して、概要にとどめることにする。筆者は、さきに『江戸の水道』で発表したが、再度、指図を検討し、若干の修正を加えてあることをあらかじめ断っておく。なお、弘化度大奥は、東京国立博物館所蔵『江戸城本丸大奥総絵図』、万延度大奥は、同館所蔵『本丸大奥向総絵図』から表6-2を作成した。

表6-2をみると、寛永度②の指図内で表向きの井戸の数が極端に少ない。それは、地割線を引いた上に指図が描かれているが、書き漏れか、あるいは堀井戸の本来の位置を示したものであることが推察される。後者の場合もあり得るので、図6-7の表中奥の指図で井戸の記号をみることにする。図内には七カ所の井戸が描かれている。濡縁内は、遠侍西側、御臺所西側、御膳所前の三カ所、残りの四カ所は表6-2に記したが、これに図中左下の石之間東と図内中程の菊之間東側の二カ所を加えた五カ所は、以後の御殿再建時にはほとんど描かれており、必須の位置ということができる。次に、各段階でみることにする。寛永度①・②の表中奥では、御休息所前多門東側や、竹之廊下西側、大広間と白書院間の中庭隅の、所謂、御殿西側に井戸が描かれているのが一つの

表6-2　指図に描かれた本丸の堀井戸

時間軸		表・中奥					大　奥				
段階	新造・改造	濡縁内	井	[井]	その他	小計	濡縁内	井	[井]	その他	小計
Ⅲ	寛永度①	6	3	2	御休息所前多門東2、楽屋東端1	14	3	8	7		18
Ⅳ	寛永度②	3			4（石之間東、竹之廊下西、松之廊下東中庭内、菊之間東）	7	※7	3		2（御対面所南東、長局向中程）	12
Ⅴ	万治(宝永)度	6	3	2	2（石之間東、図左端の新御門南）	13	9	1	10	2（小天守台、天守台西）	22
—	享保度	7	1	4	2（石之間東、中雀門西）	14					
Ⅵ	弘化度	4	2	1	4（石之間東、菊之間東の中庭、黒書院東の中庭、目付御用所隣）	11	10		9	1（広敷向東端）	20
Ⅶ	万延度	5	3	1	3（石之間東、目付御用所隣、長屋門南）	12	9		9	1（広敷向東南）	19

※寛永度②の濡縁内は「井」ではなく別記号のものを含『江戸の水道』（同成社、2012年）の表を修正

特徴である。万治年間以後の指図には、この位置での井戸をみることはない。一方、大奥では、大半が長局向と広敷向（大奥勤務の男性役人の詰所）にみられるが、各段階を通じて御殿向に井戸が数カ所みられるのが表中奥との相違である。また、寛永度①・②には、天守台が描かれているが、そこには金明水の井戸はない。図6-6の万治度小天守には、前田綱紀が築いた井戸があり、これは現存する。小天守台井戸跡については後述する。

第Ⅴ段階の万治・宝永度以降、本丸御殿内の井戸の数は、ほぼ一定となる。表中奥では一二カ所前後、大奥では二〇カ所前後。大奥では、時間の経過に伴い長局向の建物が増築するが、井戸の数が増えることはない。井戸水が枯渇することを防止するための策といえる。

井戸の数がほぼ同じであることを指摘したが、位置も同様である。表中奥について、図6-4の万延度指図でみることにする。遠侍西側、虎之間前の濡縁（同図では井戸の記号が漏れ、水箱のみ記入、隣接して茶所）、目付御用所隣（湯呑所との図も有）、御台所南側の濡縁（水箱とおぼしき枠有）、石之間東側、風呂屋口御門を入って左手、御膳所前の濡縁、御膳所の西側、御側部屋隣りの濡縁、菊之間東の八カ所は享保度以降の指図では固定している。炊事や飲料を考慮して配置されているのである。井戸の固定という点では、書院二重櫓と楽屋部屋間の井戸もこれに含めてもよい。八カ所のうち、目付御用所隣については、堀井戸ではない可能性がある。同所は、「井」の記入もあるが、万治度以降の指図では「湯呑所」あるいは特異な記号で記されていることが多い。廊下を挟んで南側には虎之間前の濡縁内の井戸がある。あえて、近接して堀井

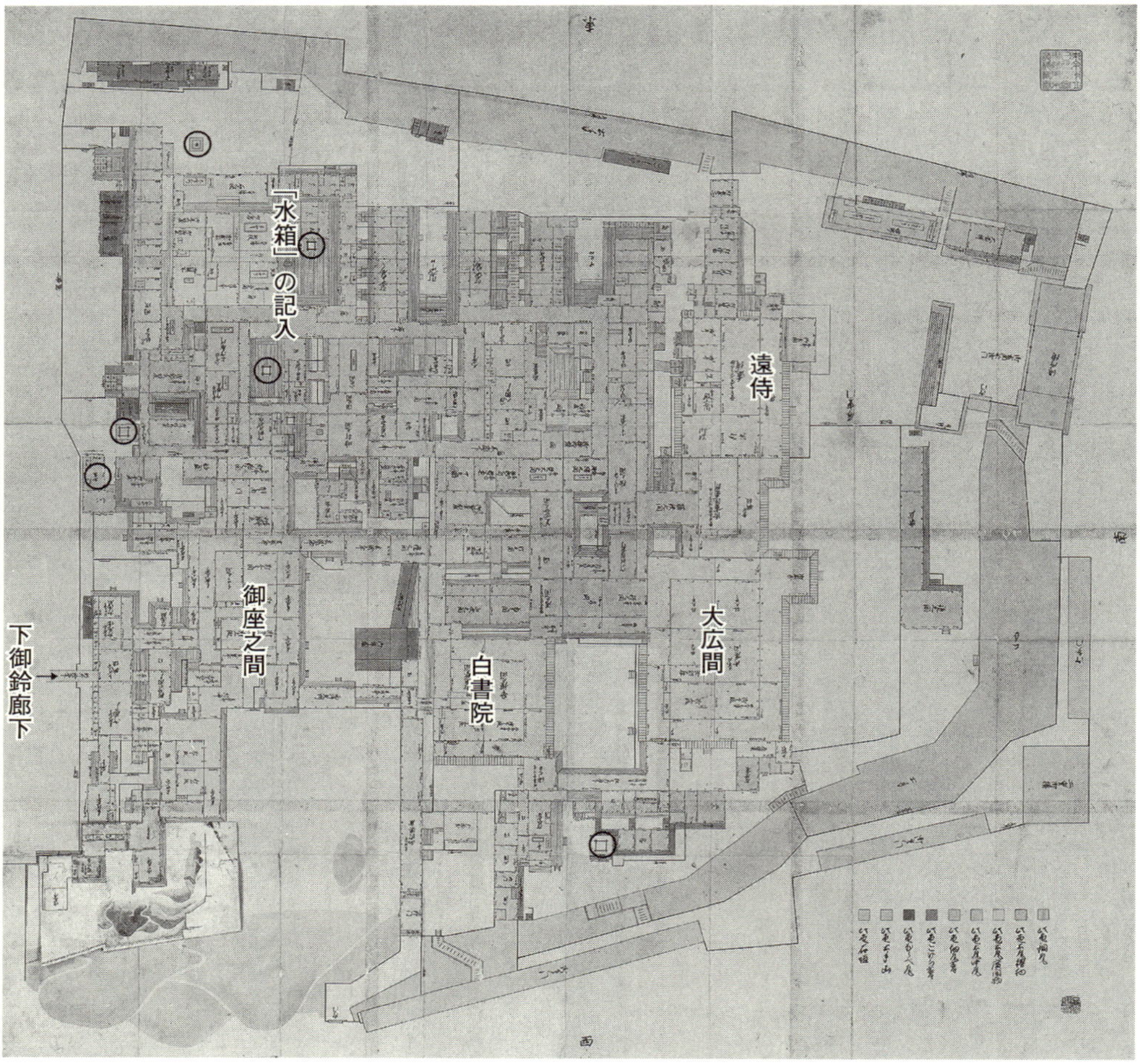

図６－５　『西丸御屋敷絵図』

○印は堀井戸

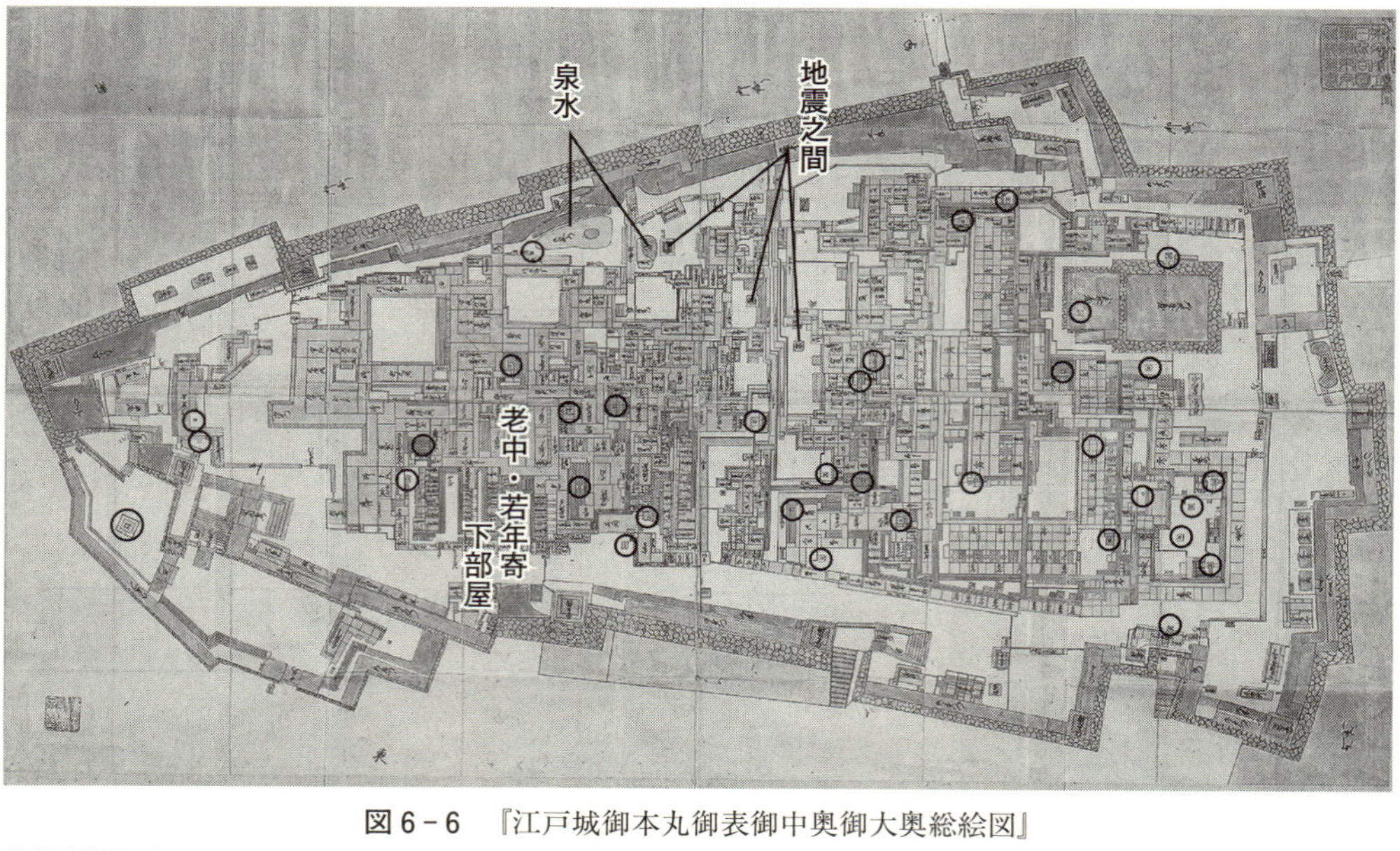

図６－６　『江戸城御本丸御表御中奥御大奥総絵図』

○印は堀井戸

戸二つは必要であろうか。

「湯呑」「湯呑所」は、表中奥では二カ所描かれている。前述のものを除くと、御台所南側の濡縁（堀井戸が有）と老中下部屋間にみることができる。これは、万治度以降、固定されており、寛永度①・②の指図には明記こそされていないが、同様のことを推察することができる。後者の事例を参照すると、前者も同様のことが推察される。役人と湯呑所、さらには堀井戸との関係が目に浮かぶ。

表中奥で軽視することができないのが、石之間の東、屋外に設置された堀井戸である。

寛永度指図にはみられないが、寛永度②以降は不動の位置を占め、しかもきわだった記号で記されている。これは、西丸御殿でも同様である。筆者は、関連する資史料をもちあわせていないため、これ以上は断念する。

次に、少ない事例三点を取り上げる。一点は、中奥での井戸。一点は、黒書院東側の井戸。一点は、長屋門南側の井戸。

中奥での井戸は、位置・数とも不定であることを特徴とする。ちなみに、表向と中奥との境界は、図6-4に朱引線で示されているが、風呂屋口に入り御賄所の北側、御側部屋前の濡縁（堀井戸が有）、御控座敷より北側を指す。指図でみると、寛永度①は四カ所、寛永度②は無、万治度は三カ所、享保度は四カ所、弘化度は三カ所、万延度は三カ所ある。このうち、御側部屋隣の濡縁内は万治度以降、風呂屋口の西側は弘化度以降（別の天保図には有）に同位置で描かれているが、他は図6-4・7を好例として不定である。中奥では、御座之間東側の改造がしばしば行われるが、そのあたりが要因であろうか。

黒書院の東側は、第三章図3-6の弘化度。長屋門南は、万延度に限定されている。前者は特異な記号で記されており、同時期の『弘化度御普請絵図』（一六一一-四〇）を参照すると水箱状のものが描かれている。堀井戸ではなく、水箱と理解した方がよさそうである。長屋門南側の井戸は、西丸御殿の嘉永度指図にもみられ、相次ぐ御殿炎上から、防火用水のための確保と考えられる。

なお、ここでは詳述しないが、弘化度・万延度の指図には、防火対策と考えられる水箱が多数描かれていることを特徴として指摘することができる。

大奥については、筆者の勉強不足があり、資料を十分、蒐集し検討した上で別稿にて論じることにする。

小天守台の井戸跡　天守台の変遷は、第三章で述べたが、天守台内に井戸が築かれたのは、明暦大火による万治度の再建となる。担当したのは、金沢城主の前田綱紀で、その詳細な記録は、金沢市立玉川図書館所蔵の『江府天守台修築日記』に記されている。

この井戸跡は、図6-8の通り小天守台に築かれ現存するが、大阪城天守閣所蔵『江戸天守台之図』には、この井戸がある箇所を中天守台と記している。井戸がある箇所を小天守台とするか中天守台とするかは別として、花崗岩を用いた整然とした井筒が築かれていることは間違いない。天守台を焼失前の伊豆石（安山岩）から見影石に代えることを命じたことは、『後見草』に記されているが、松平犬千世（前田綱紀）は井筒にも厳守したわけである。

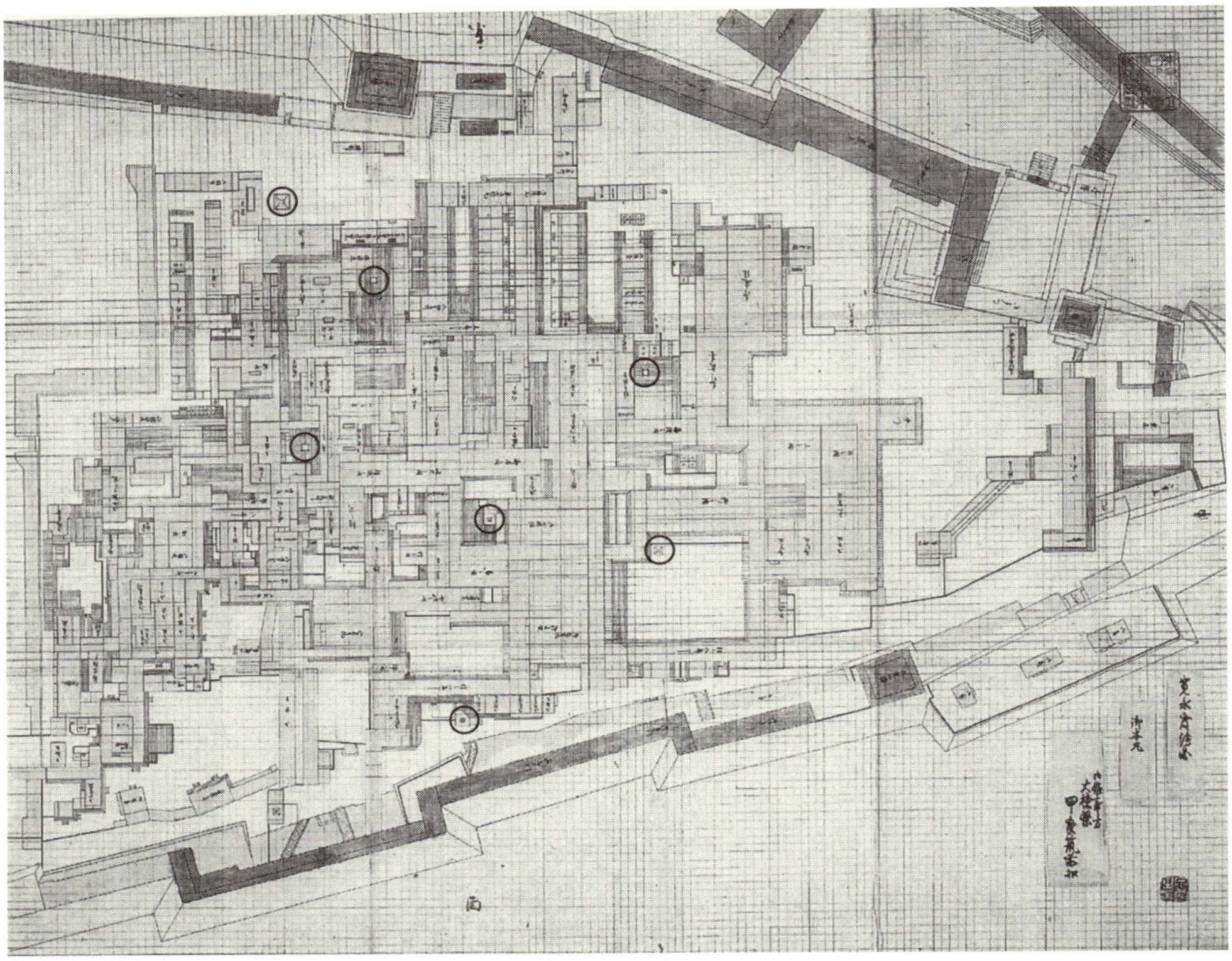

図6-7右　『御本丸寛永度絵図』
左　『寛永度大奥絵図』

具体的に、井戸跡をみることにする。小天守台は、天守入口を除き平坦のように思われがちであるが、江戸城小天守台は二段構成をとり、井戸跡は南側の低い段の登口に近い東側に偏在する。井筒とそれを被覆する石材に花崗石を用いている。井筒は、平面形が方形を呈し、一辺が内側で二尺三寸（約八〇センチ）、外側で四尺（約一二二センチ）、高さ三尺（約九〇センチ）を測る。井筒の厚さは、一尺七寸になる。これは、二つの石材を用い、「凵」形に刳り抜いたものと板状のものとを組あわせ、上縁と側面の各一カ所を「⧗」状の鉄製楔で止めている。各辺は、入念な面取りが施されている。この井筒の直下、堀井戸に入る上端部を直径三尺程に円形に加工した花崗石による被覆石が続く。この石は、現状で井筒を囲う二点の花崗石の内側にあたるものと考えられる。この井筒まわりの花崗石は、東西が約一丈を測る。堀井戸内部は、円形に掘られ、周壁に板状の貼石が巡らされている。十七世紀、江戸では桶組井戸が主流となる。秋田裕毅氏の『井戸』による

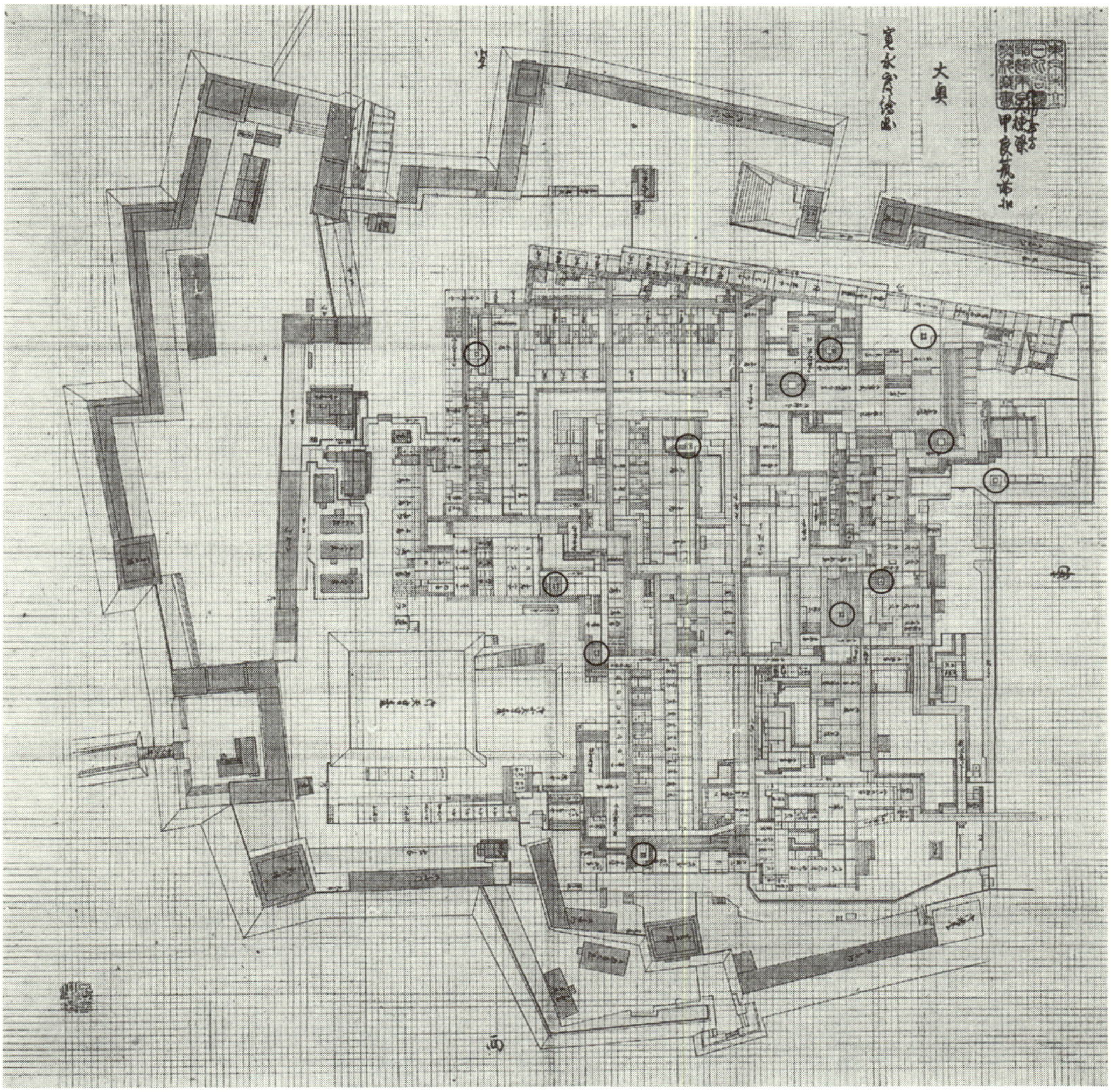

と、石組井戸は十四～十七世紀西日本で盛行するという。前田綱紀が威厳を誇示するかのように花崗岩で井筒を築き、堀込部にもこだわったとしても不思議ではない。

井筒縁から底をのぞくと、水面が映る。西ヶ谷恭弘氏の『江戸城—その全容と歴史—』には、昭和四十二年当時の小天守台井戸の写真が掲載されている。軽構造の上屋、井戸水を汲み上げるポンプ。昭和では、使用されていたのである。

2　西丸御殿の堀井戸

家康が江戸に入り、西丸に御殿を築いたのは文禄二（一五九三）年三月のことであるが、本格的な江戸城西丸御殿の造営は、征夷大将軍に宣旨された慶長年間以降となる。

江戸時代を通じて西丸御殿は六回新造される。寛永十三年の新造は、本丸御殿や外濠と外郭諸門の工事が重なったことから仮御殿的な色彩が強く、そのため、慶安元（一六四八）年から、三カ年を費して大改修が行われる。表6-3には、新造に相当することから含めてある。本丸御殿同様、御殿内の堀井戸についてみることにする。表6-3の第Ⅰ・Ⅱ段階の指図は存在しないことか

図6-8　小天守台の井戸跡

図6-9　遠景・井戸内部

ら第Ⅲ段階以降を対象とする。ここでは全て都立中央図書館特別文庫室所蔵「江戸城造営関係資料（甲良家伝来）」とし、表6-4には、新造に加えて時間軸を特定しやすい宝永度・延享度・寛政度の事例を加えてある。

慶安度は、『御表方西之御丸惣差図』（六一七一-四三）。元禄・宝永度は、『江戸城西丸御表御中奥御殿向総絵図』（六一七一-二五）と『西丸大奥総本家絵図』（六一八二-〇五）。延享度は、『西丸御屋敷絵図』（六一七一-四二）。寛政度は、『寛政度西丸御殿向絵図』（六一七一-二四）。嘉永度は、『西丸御殿向表中奥惣絵図』（六一七一-三〇）と『西丸大奥惣地絵図』（六一八二-〇二）。元治度は、『西丸仮御殿絵図』（六一七一-六五）と『西丸大奥向絵図』（六一八二-〇四）と『江戸城西丸仮御殿総地絵図』（六一七一-二一）。天保度についてはないので省いてある。

以下、指図から西丸御殿における堀井戸の概要について述べることにする。

指図にみる井戸の位置と数量　本丸御殿同様、再検討を行い表6-4に修正を加えてあることをあらかじめ断っておく。

表６－３　西丸御殿の新造・再建一覧

段階	御殿の建造・再建日時	再建の契機
Ⅰ	慶長16年（1611）７月10日	
Ⅱ	寛永13年（1636）11月26日	寛永11年（1634）閏７月23日焼失
Ⅲ	※慶安３年（1650）９月20日（８月18日竣工）	大改修
Ⅳ	天保10年（1839）11月27日	天保９年（1838）３月10日焼失
Ⅴ	嘉永５年（1852）12月21日	嘉永５年（1852）５月22日焼失
Ⅵ	元治元年（1864）７月１日	文久３年（1863）６月３日焼失

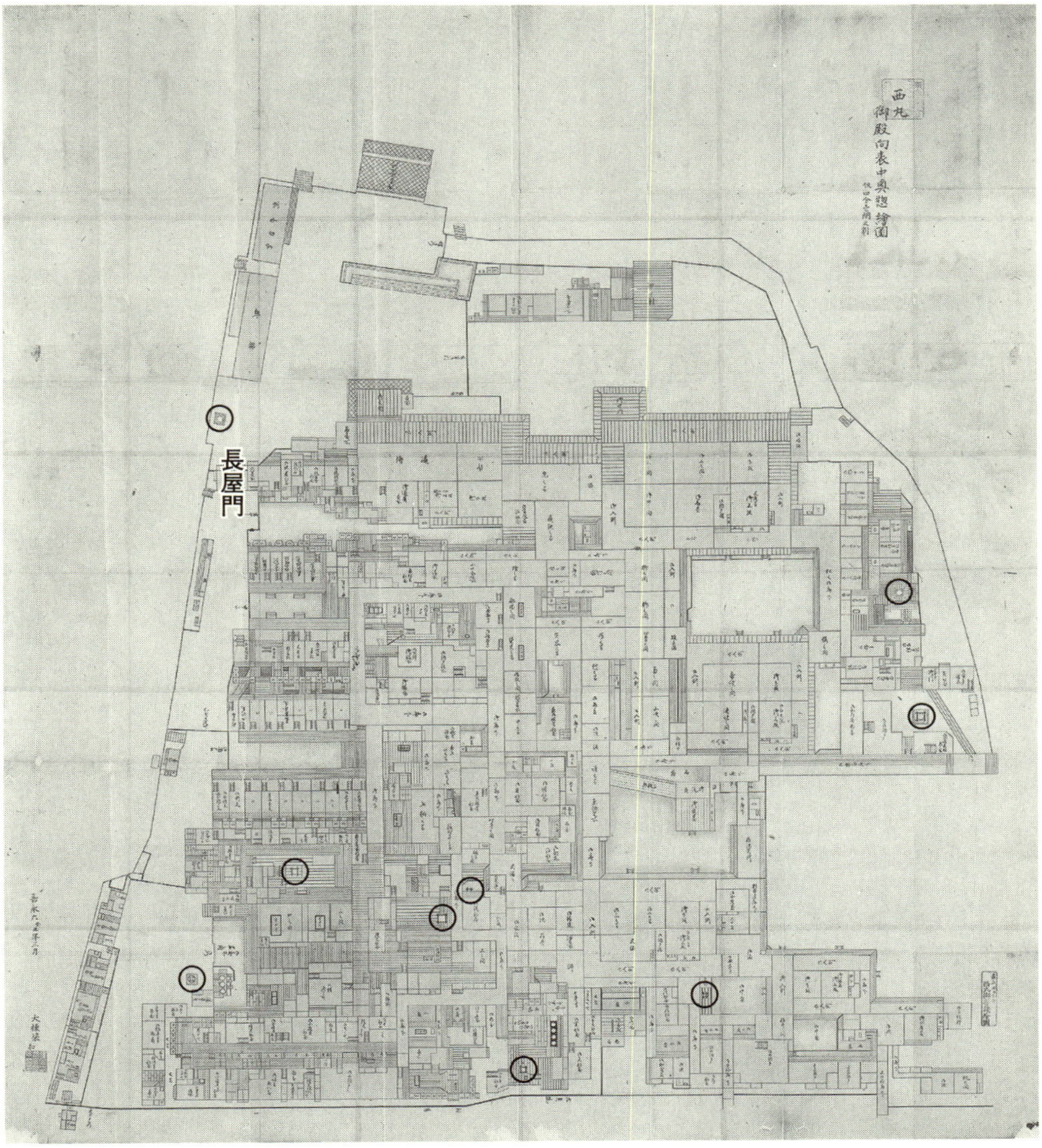

図６－10『西丸御殿向表中奥惣絵図』（図６－10～15：都立中央図書館特別文庫室所蔵）
○印は堀井戸、本図は嘉永度

表6-4　指図に描かれた西丸の堀井戸

時間軸		表・中奥					大　奥				
段階	新造・改造	濡縁内	井	[井]	その他の記号	小計	濡縁内	井	[井]	その他の記号	小計
Ⅲ	慶安度	2		1	1（松之廊下西）	4					
—	※元禄・宝永度	3	1		3（松之廊下西、石之間東遠侍東裏）	7	7	5	1		13
—	延享度	3		2	1（石之間東）	6					
—	寛政度	3	2	1	2（石之間東、長屋門南）	8					
Ⅴ	嘉永度	4	1		4（松之廊下東、白書院西端石之間東、長屋門南）	9	6	8	2	1（下御鈴廊下北東中庭）	17
Ⅵ	元治度	2	1	1	2（松之廊下東、遠侍北東）	6	※6	4	2	1（下御鈴廊下北東南庭）	13
							9		9		18

※元禄元年（1688）12月4日、改造が行われたことが記録されている
　元治度大奥は、上位を6182-04、下位を6171-21から作成

慶安度（第三章図3-20参照）は、表中奥の指図しか現存していない。元禄・宝永度以降と比較すると、遠侍・大広間・白書院・御座之間など主要な部屋の配置は同じであるが、北東端の一角、石之間に隣接して大番所を設けていることが大きな特徴である。本丸もしかりであるが、以後の指図では、御台所となる。この指図内では、堀井戸が四カ所描かれている。元治度に建物・部屋の配置が大きく変化するが、この位置の堀井戸はほぼ固定されている（元治度、濡縁内の堀井戸が一カ所消えてなくなるのを除き同じ）。その位置をみると、御台所に隣接する南側濡縁（元禄・宝永以降は上台所）、御側爪部屋南側の濡縁、大奥との中程御門の南側、松之廊下に続く西端となる。松之廊下西側の堀井戸は、本丸御殿にはみられず、西丸御殿特有のものといえる。

西丸御殿は、慶安度以後、元禄元（一六八八）年十二月四日に改造されたことが記録されている。表6-4の二つの図には、いずれも「地震之間」が描かれており、本丸同様、宝永年間に加筆されたものである。次章の図7-13にあたる。本図の特徴として表向の北東端に新たな台所が築かれるがそれに続く濡縁内にみられること（嘉永度まで継続）、石之間東側（元治度まで続く）屋外の二カ所が加わることを指摘することができる。遠侍の裏手、役部屋との間にあるのも軽視することができない。位置を変えるが、寛政度・嘉永度・元治度の指図にも描かれている。一方、大奥は、前述したように図6-1が井戸の脇に付箋を貼り堀井戸であることが最大の特徴であるが、井戸の配置でみると、三点あげることができる。一点は、御殿向では御膳所前の濡縁一カ所であること（嘉永度・元治度も同じ）。一点は、長局向では濡縁内を中心として片寄

ることなく満遍なく配置されていること。一点は、中庭に点在すること。なかでも中奥との境界にある堀井戸が注目される。

図6-5は、延享度とした図である。さきに御台所前濡縁に「井」とともに、「水箱」の存在を紹介したが、時間軸を特定する表記がないために、まずは簡単に述べる。本図は、①画面全体を篦で碁盤目上に引いた上に描き、大広間や御座之間など部屋名を楷書で方向を替えて記していること、②下御鈴廊下と石之間東側の井戸が描かれていること、③画面右斜上、貼紙があり、山・池とともに改修された「御小座鋪」をはじめとする改造された部屋が淡赤色で描かれていることが目に付く。①は、小松和博氏が『江戸城―その歴史と構造―』のなかで指摘されているが、将軍が実見した可能性が高いものである。②の下御鈴廊下の明記は第三章図3-20の進行したものである。③の貼紙の小池は事実ならば、吹上掛が西丸に引かれるのが元文五（一七四〇）年以降であること。これらに寛政度指図を比較することで、記録に辿り着くのが延享二（一七四五）年九月朔日、将軍を退いた吉宗が西丸御殿に渡るのである。御殿の改修記録はないが、筆者は当時のものと考える。遠侍裏手の井戸がないことを除くと元禄・宝永度と同じである。

天保度の指図がないのは残念であるが、嘉永度をみることにする。表中奥では、新たに三カ所みられる。御座之間北の中庭、白書院西側の下御納戸隣の中庭、長屋門南側である。天保九（一八三八）年・嘉永五（一八五二）年の西丸御殿の相次ぐ炎上、これに本丸の焼失を契機として中庭に堀井戸を増やした可能性が高い。それは、明記こそされていないが延享度に比べて水箱の設置が増加している。防火用水であることを

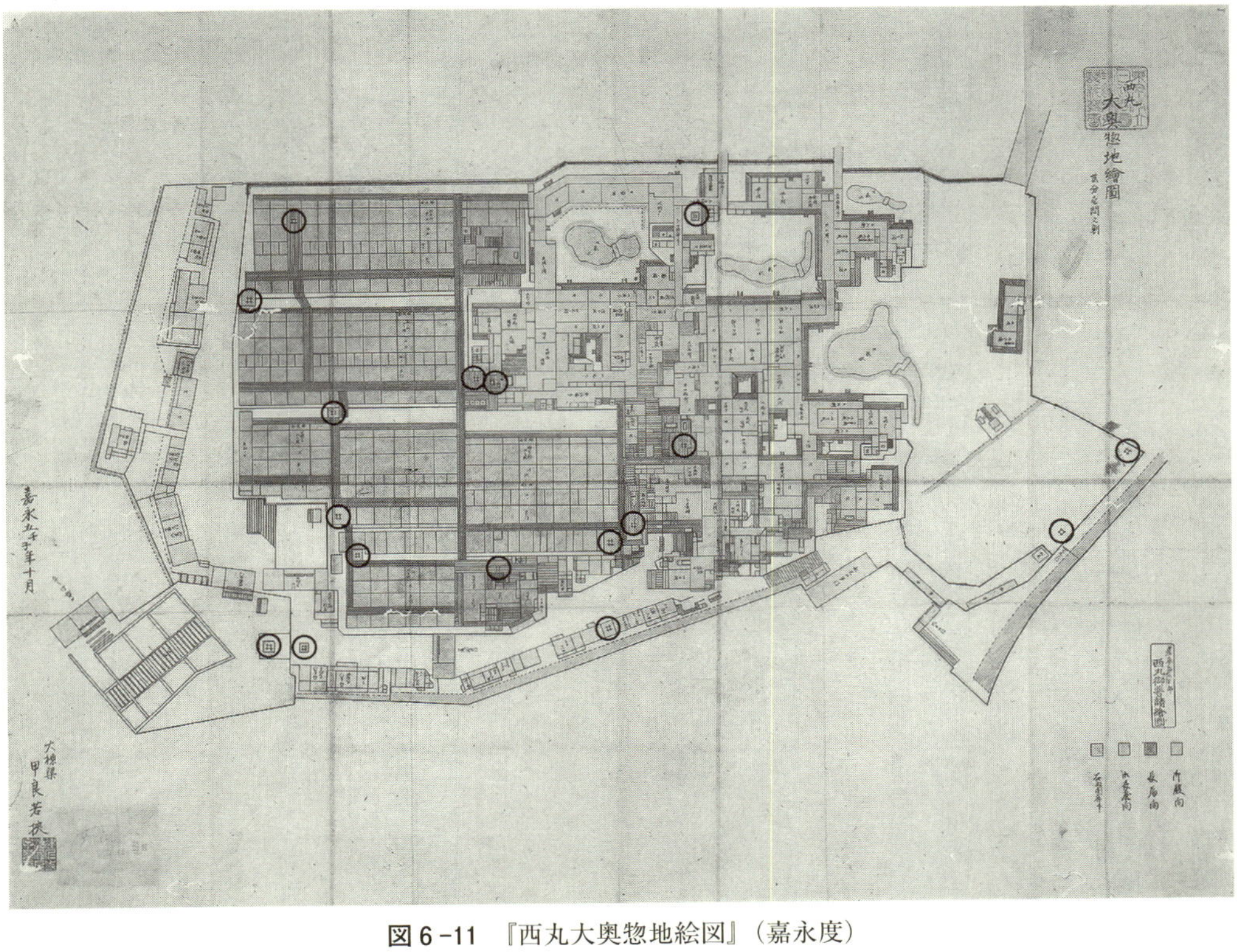

図6-11　『西丸大奥惣地絵図』（嘉永度）

○印は堀井戸

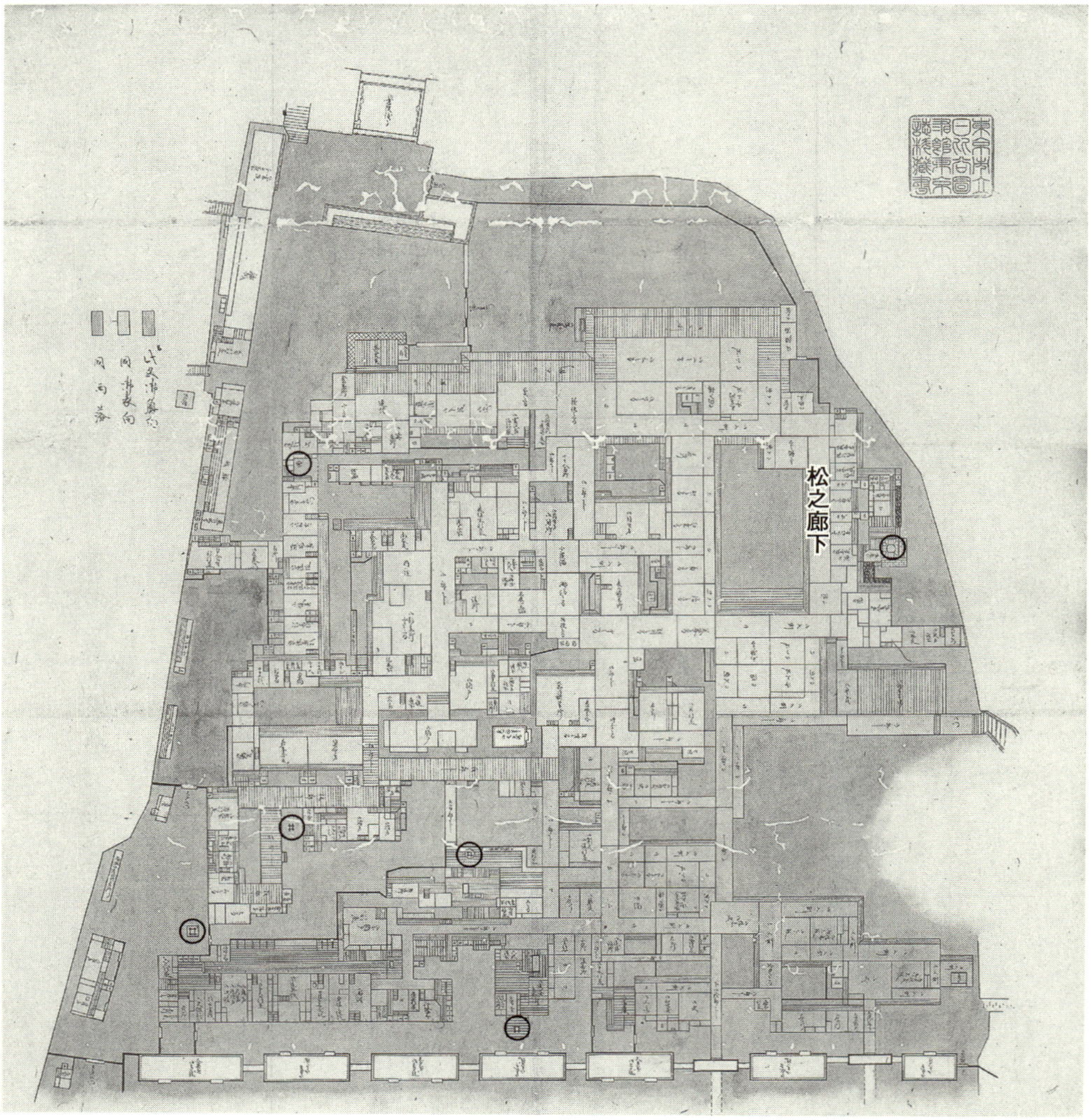

図6-12　『西丸仮御殿絵図』（元治度）

○印は堀井戸

示唆しているのである。図6-11は、『西丸大奥惣地絵図』（六一八二-二）である。図6-1と比較すると長屋向が入るため広範となり、三カ所の堀井戸が加わる要因となる。本図の特徴は、黄色に彩色が施された御殿向の中庭に、四カ所の池が描かれていることにある。堀井戸についてみることにする。御殿向については、詳細な『西丸御殿向表中奥総絵図』（六一八二-〇一）があるので参照する。御殿向での堀井戸は、五カ所描かれている。四カ所は濡縁内で、残りが対面所と東御殿の中庭に挟まれた下御鈴廊下裏手の小庭内にある。濡縁内堀井戸は、二つに大別することができる。一つは、画面中程、北側から御表御膳所、御末御膳所。一つは、中程下位の御膳所東側の二カ所。長局向は、部屋数を増しているが、北端の濡縁をはじめとして各棟の端もしくは各棟を繋ぐ廊下の端部にあることを特徴としている。長屋向では、画面右下、裏門の内外に描かれているのも元治度と共通している。

　元治度仮御殿は、図6-12のように嘉永

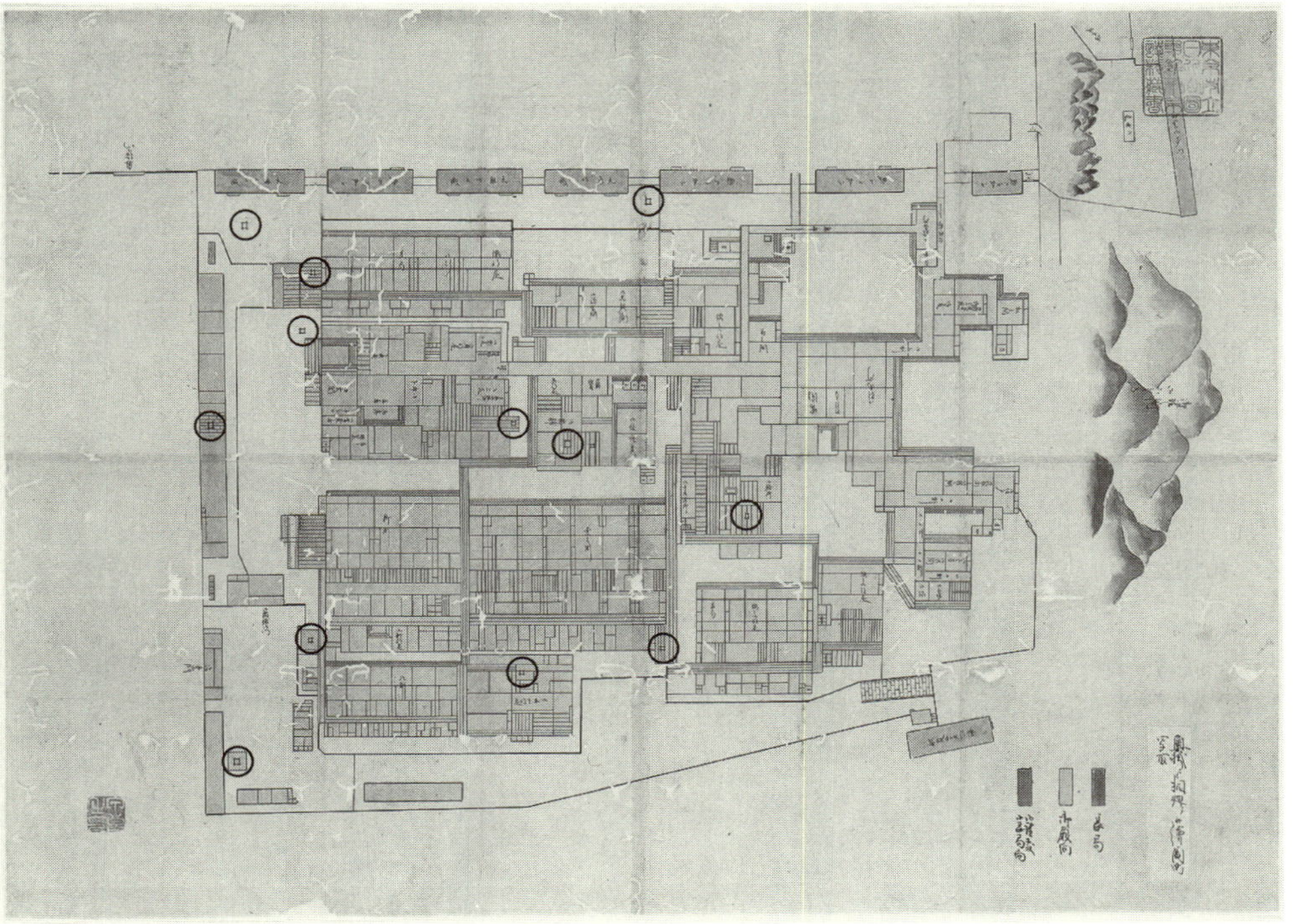

図6-13　『西丸大奥向絵図』（元治度）

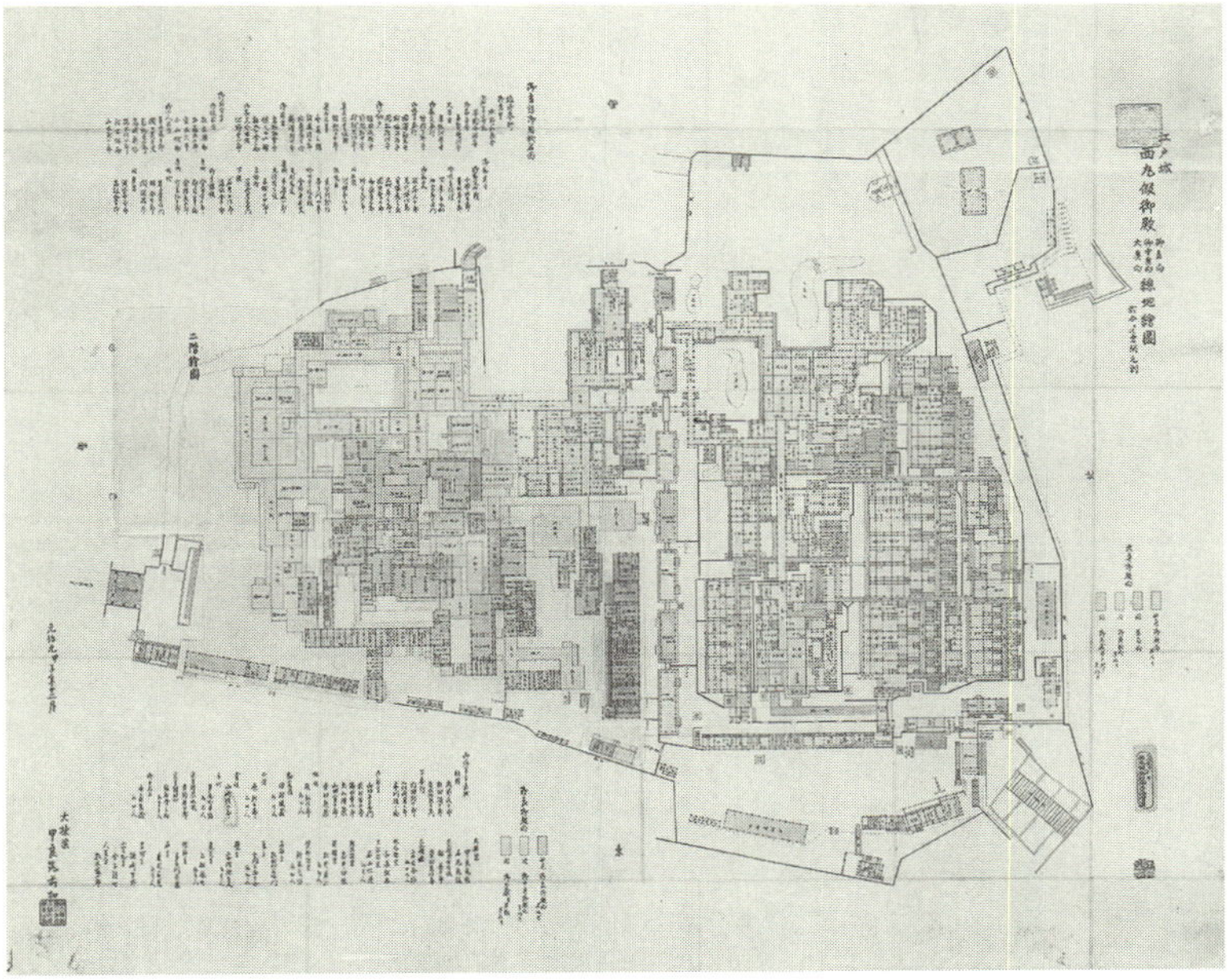

図6-14　『江戸城西丸仮御殿総地絵図』（元治度）

度までの建物・部屋の配置が大きく変化する。表中奥では、建物間の小庭が急増し、松之廊下に面する中庭が方向を替え、御座之間前の能舞台も撤去。そして何よりも大奥との境が銅塀から七棟の土蔵を連ねたものになる。財政の窮乏もさることながら、防火対策でもある。図6-12を図6-10と比較すると、表中奥の堀井戸は、嘉永度よりも数は減るが主要な位置は同じである。それは、大奥についてもいえることである。表6-4で堀井戸の記号と数量の相違を示したが、それは、各図で堀井戸の表現が異なること、図6-13では記入漏れがあること（長局向の東端建物間、御殿向東南隅）、図6-11の方が裏門をはじめとして画面が広いことによるものである。正確さでは図6-14が優れている。

冒頭に概要と断わったのは、元治度以外の指図にも同様のことがおこりうるからである。総体的に西丸御殿の堀井戸をみると、表中奥では六～七カ所、大奥では一三～一六カ所（西端二カ所を除く）と大奥の方が多い。この傾向は、本丸と同様である。その上で、主要な位置は変化していないということである。

水の重要性を改めて感じるところである。

二　御殿内の堀井戸と上水道

元治度、表中奥の樋筋と泉水　江戸城と神田・玉川上水道との関係については後述するが、御殿内で堀井戸と上水道の両者を知る資料として、西丸元治度の表中奥を表した『御殿向絵図』（六一七一-七七）がある。彩色が施されており、表向を黄色、中奥を赤色で区別している。図中右斜下には、御座之間西側に泉水が描かれている。堀井戸については、図6-12なので省略する。本図の最大の特徴は、木樋筋、溜桝、石下水が描かれていることにある。

具体的にみることにする。大小の溜桝の位置、泉水、樋筋の三点が重要となる。溜桝は、玄関前門の裏手、塀重御門南側を最大とし、図内に三〇カ所描かれている。いずれも地上である。このうち、中型サイズは四カ所あり、画面右上の帝鑑之間の西側、画面下中央の大奥と境界の土蔵近く、旧御台所の位置、長屋門の南側に描かれている。樋筋のルートをみることにする。山里方面からの吹上掛（半蔵門に入った後、分岐し西丸掛とも呼称）は、塀重御門南側の大型溜桝を起点とし、北側に直進し、遠侍裏手の溜桝（以下、桝と呼称）に入る。中庭の桝を経由して、

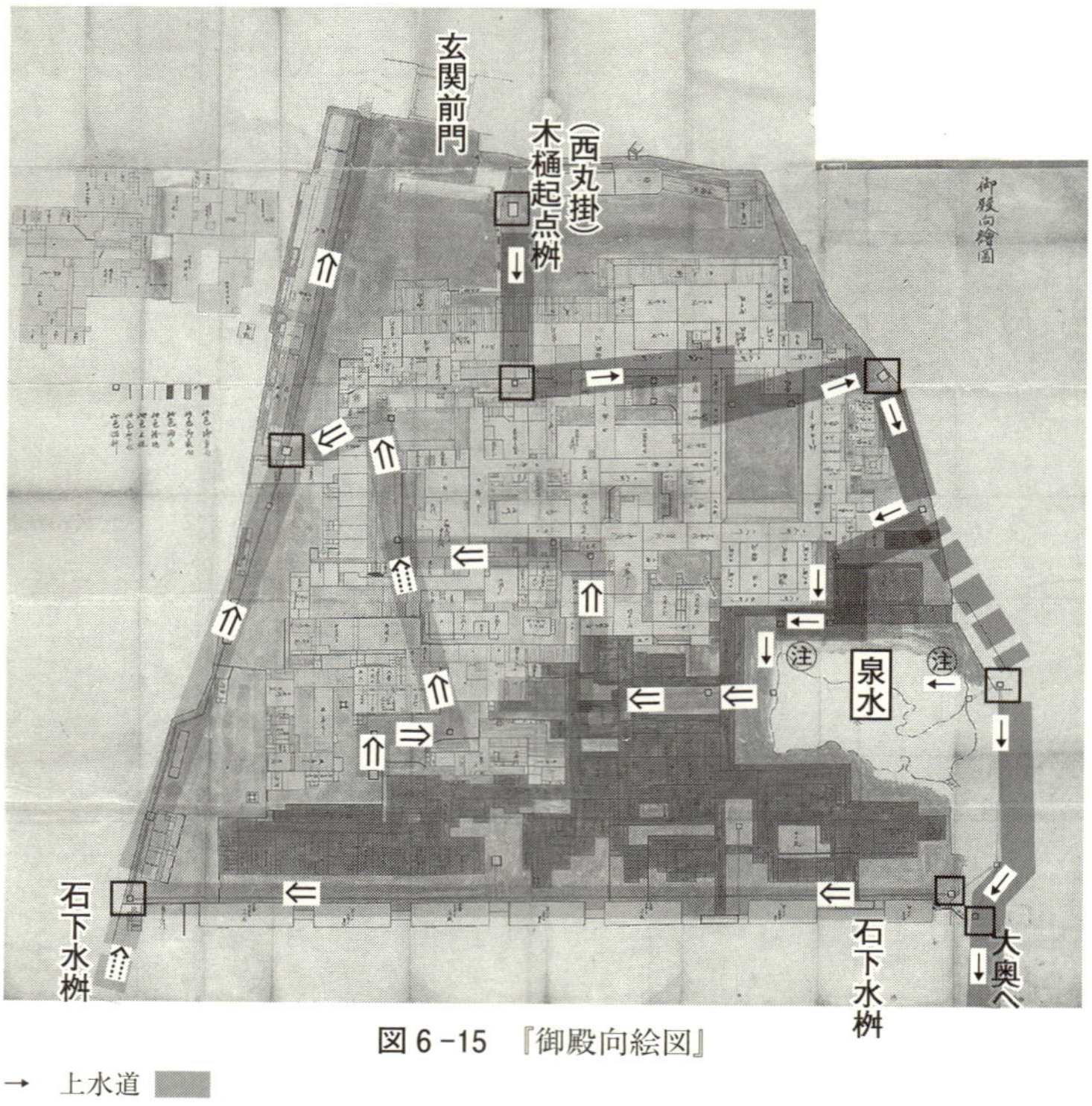

図6-15『御殿向絵図』

前述の帝鑑之間西側の桝に続く、その後、御殿の周りを北上し、泉水北側の桝に入る。ここで分岐し、③一筋は泉水に注水する。④もう一筋は北上し、大奥との境界の土蔵西端の桝に入る。再び分岐し、⑤一筋は大奥へ、⑥もう一筋は土蔵西端の桝に入り、ここで木樋から石下水に転じて大奥との境界沿に東進し、御殿東端で右折し、前述の長屋門の桝。さらに南に進み図には描かれていないが玄関前門下を通過し、二重橋濠へ吐水する。③の泉水への注水は、もう一つある。前述の泉水北側桝の一つ南側の桝からも白書院西側を回り、桝を経て入る。泉水は、常に木樋から新鮮な水を給水することで水質が保たれ、水量も豊富となる。吐水を必要とするが、⑦泉水から御座之間前中庭、御側爪部屋前の小庭で分岐し、⑧一筋は前述の旧御台所の中桝へ。一筋は、南に戻り、奥祐筆西側の桝、東進し御勘定所中之間東の桝、遠侍裏手の桝から長屋門南の溜桝に入る。すなわち、西丸掛の樋筋は、塀重御門南の大桝から、泉水に入り、表中奥御殿内を巡り、大奥との境界の桝と長屋門南側の桝を経由して二重橋濠に吐水しているのである。

図6-15と図6-12から、元治度の表中奥御殿内の水事情を考えると、以下のことがいえる。一点は、上水は旧来の堀井戸を使用していること。一点は、西丸掛の主要目的は、大奥を含め泉水への給水であること。一点は、元治度では嘉永度によくみられた水箱が急減すること。防火対策としての水箱の役割は、中庭や小庭内の溜桝へと転じていることを示唆しているのである。

なお、元治度の御殿内の樋筋は、再建時に中小庭を多数配置したことと、御殿内に新たな木樋を敷設することができたことによるもので、嘉永度以前にさかのぼることはない。旧来の西丸掛の目的は、泉水への給水であるといっても大過なかろう。

西丸御殿の樋筋敷設時期　上水道については次に述べるので、ここでは西丸御殿への樋筋敷設時期に限定して考える。西丸掛の目的が泉水への給水である以上、絵図のなかに樋筋を求めることができる。ちなみに泉水は、中奥では御座之間や御休息之間前の中庭、大奥では御座之間前や御対面所前・御小座敷前等々の中庭に築かれる。指図をみると、元禄・宝永度では、中奥・大奥ともその位置には緊急避難先としての「地震之間」が描かれている。その建物が軽構造とはいえ耐震が配慮されており、池を埋めての建築は、考えることができない。

絵図の上では、図6-5の延享度が最も古くなるが、貼紙上に背景として描かれていることから誇張されている感がしないでもない。

記録からみると、『柳営日次記』に

元文五年庚申八月六日甲辰、小普請奉行曲淵英元命ヲ受ケテ西丸園亭ヲ築営シ、是日時服ヲ賜フ。是役西丸懸上水普請ニ任ジタル吹上奉行石丸定右衛門以下ハ、十七日乙卯授賞ス。

とある。元文五（一七四〇）年、西丸園亭の築造に際し、吹上掛ではなく西丸懸＝西丸掛の名称が登場し、しかも上水普請とあることから、この時点で樋筋が西丸に引かれた可能性が高い。この記録には、続きがある。園亭築営後、五年余の歳月を費して苑亭・御休息所・御茶屋を修復し、その中心的人物である小普請方大棟梁の村松石見は、延享元（一七四四）年三月十七日に褒美を受けている。吹上奉行も労がねぎらわれ、

西丸江懸候上水、大道通り御普請世話仕候

（傍点は筆者、以下略）

と記されている。大道通りとは、吹上門から的場曲輪と山里門を結ぶ土橋のことを指し、「露地大道」とも呼称されている。これら記録を参照すると、元文五年もしくは延享元年には西丸御殿に樋筋が引かれたことは疑う余地のないところである。

三　江戸城と上水道

江府内に上水道が引かれたのは、天正十八（一五九〇）年、入府に先立って、大久保藤五郎忠行に水道の見立てを命じ、それが「小石川上水」といわれている。

江府内の上水道は、井の頭池・善福寺池・妙正寺池に水源をもつ神田上水と、多摩川の上流羽村に堰を設け、そこから引いた玉川上水がある。神田上水は、寛永年間開設といわれるが、正確な記録はない。玉川上水は、承応元（一六五二）年、玉川庄右衛門・清右衛門の進言書を検討した結果、翌年四月四日に着工し、同年十一月十五日までに羽村―四谷大木戸間を開削し、白堀《しらぼり》（開渠）が完成する。承応三年六月には四谷大木戸から虎ノ門までの暗渠が敷設され、以後、府内南西部一帯に配水樋を巡らし、給水することとなる。江戸城には、玉川上水の水が引かれ、『厳有院殿御實紀』には、

　後西院天皇明暦元年乙未七月二日甲申玉川上水ヲ二丸庭苑ニ引ク

と記されている。明暦元（一六五五）年七月二日、二の丸泉水への給水が開始される。

神田上水・玉川上水の配管図　江府内の二つの上水道の樋筋図としては、二つに大別することができる。一つは、国立国会図書館所蔵の貞享年間（一六八〇年代後半）に作成された『玉川上水大絵図』と『神田上水大絵図』。一つは、寛政三（一七九一）年、普請奉行上水方道方の石野廣道によって編纂された『上水記』。前者は、二つの絵図を合成したものが『東京市史稿』上水篇附図に収められている。後者は、一〇巻からなり、完本として揃うのは東京都水道歴史館所蔵のもので、同館からは、昭和四十（一九六五）年と平成十八（二〇〇六）年の二回、『上水記』の書名で全文が紹介されている。とりわけ後者は、マイクロ撮影カラー影印版と翻刻が加えられ、研究する上での便が計られている。同館に全巻が揃うのは、石野廣通が今日の水道局長兼建設局長に相当する人物で、明治以降、東京府、東京都と受け継がれたことによるものである。

『上水記』の第一巻本編前の冒頭部分には総目録があるのでその部分を抜粋すると、

　上水記総目録

第一巻

　玉川神田両上水網領

第二巻

　玉川上水水元絵図并諸枠図

第三巻

玉川上水水元諸枠大サ水門大サ投渡木蛇籠大サ水番人預り道具筏通之村名堀通り村々持場間数橋数分水口寸尺引取始之年月分水口

絵図

第四巻

玉川上水羽村より四谷大木戸水番屋まで絵図

第五巻

玉川上水四谷大木戸水番屋より江戸内水懸り絵図

第六巻

神田上水水元井之頭より目白下附洲まで絵図

第七巻

神田上水目白下附洲より江戸内水掛り絵図

第八巻

玉川庄右衛門清右衛門書付神田元水役茂十郎書付青山上水三田上水千川上水亀有上水伝説大略

第九巻

玉川神田上水高札之写并末流水車改書付

第十巻

上水掛り代々記并両上水御普請箇所同出銀石高取集方并水銀取集之儀白堀浚賃銭取集附白堀通渡下水橋之儀且水番人給金等水番人廻り方同心白堀り見廻り之儀水料米之事水掛り之分量見廻り掛引之事

外

茅年貢御代官取立納に相成候事

筏通場運上御代官取立納ニ相成候事都合十巻

とある。上水道絵図としては、玉川上水が取水口を含めると第二・四・五巻の三冊、神田上水が第六・七巻の二冊となる。江府内に限ると第五巻と第七巻の二冊に限られる。

本丸・二の丸と貞享図樋筋　本丸の万治・宝永度指図（図6-6）で中奥・表向の西側に描かれている泉水への給水について問題視したので、貞享図で検討する。

図6-16は、『東京市史稿』上水篇附図から引用した本丸周辺の樋筋部分図である。江府内の玉川上水道は、四谷大木戸から四ツ谷門手前の伝馬町五丁目で分岐する。一筋は、溜池沿に虎ノ門。一筋は、左折後、さらに二手に分かれ御本丸掛と吹上掛に分かれ合流することなく、吹上・本丸へと進む。図6-17は、半蔵門から御本丸掛の最終地点となる帯曲輪（二の丸庭苑に給水）・平河門（大手濠に吐水）の樋筋。下半には、虎ノ門から外桜田門外で分岐する西丸下の樋筋と大名小路の樋筋。右端には神田上水道の日本橋での樋筋も描かれている。

本丸中奥表向の泉水への給水は、北桔橋門が鍵となるので、その辺を重点的にみることにする。御本丸掛は、半蔵門内を左折後、代官町の土手沿、後述する二之桝（本図には描かれていない）の一つ手前の埋桝を経由して北桔橋門外から竹橋門へと続く。吹上からは、後の裏門の辺りから一筋が延びるが、この樋筋も北桔橋門内に入ることはない。すなわち、貞享図では、御本丸掛の水道を本丸御殿には給水していないことになる。このほか、貞享図を作成した時点では、北の丸内の小笠原遠江守と南條小十郎の屋敷まで樋筋が延びている。図には描かれていないが清水門内を経由して清水濠に吐水している。時間軸は少し下るが、都立中央図書館特別文庫室所蔵『田安清水御門上水樋絵図』（七六〇-二五）に

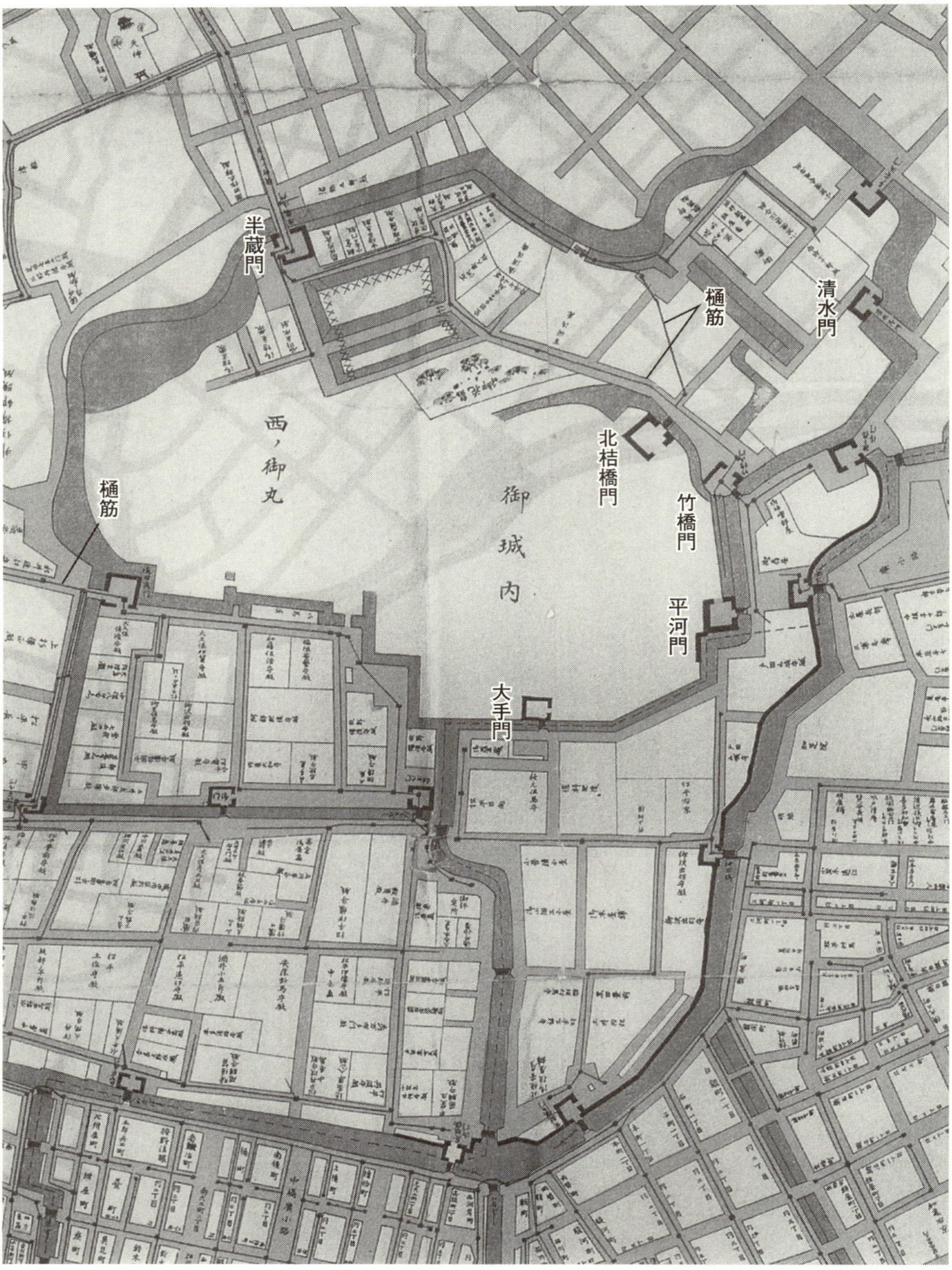

図6-16　貞享度、本丸周辺の樋筋図

は、屋敷が田安邸に代わるが、同屋敷から清水門内枡形内へと延びる下水路が描かれている。図内には、下水路の距離を「百四拾三間」、清水門内で合流する下水路には「有来下水」の書き込みがある。

上水道とは別に、本丸御殿での泉石庭は気にかかるので補足する。『東京市史稿』皇城篇に、慶安五（一六五二）年三月十二日、将軍御座所の前庭に、泉石を設くとある。中奥の休息之間の南側にあたる。そのために、築造用材として紀州徳川頼宣が那智の石五〇〇俵、大砂八〇俵、ツツジを、尾張徳川光友が小石を献上したことが記されている。池への水の供給がなく、泉水とはないことから枯山水の庭であろうか。

吹上曲輪内の樋筋と泉水　吹上曲輪内に上水道が到達した時点では、尾張・紀井・水戸の御三家の屋敷が存在した。吹上掛が屋敷への給水を目的としていることは間違いない。しかし、明暦大火（一六五七年）を契機として吹上曲輪が火除地となると、景観が一変する。御三家の屋敷が移転し、代わりに中央には大池が築かれるようになる。

前述の『上水記』第五巻の樋筋図は、貞享図とは異なり、江府内全図の上に桝や樋筋を描いたものではない。樋筋の詳細な情報を得るには最適であるが、景観との関わりをみるには不都合である。

吹上全体の景観に樋筋が描かれているのが図6-17の『江戸城吹上総絵図』（六一五三-〇一）である。裏打・彩色が施され、吹上と北の丸が描かれた絵図で、法量は、縦九一・五センチ、横一七一・六センチを測る。外題に「本図者吹上奉行ヨリ借用シ写／江戸城御吹上総絵図」、内題に「江戸城／御吹上総絵図」とある。本紙左下には「文化二乙丑年二月　御作事方／大棟梁／甲良筑前棟村扣」とあり甲良の黒印が押されている。本図が文化二（一八〇五）年に作成されたものであることがわかる。前述の『上水記』（一七九一年）からさほど時間が経過してはいない。画面の特徴として、吹上の中央には大池、それを挟んで上位と下位にも細長い池が描かれている。大名・旗本屋敷等々が全くみられず、吹上が火除地として機能していることを理解することができる。

樋筋をみることにする。図6-16の貞享図とは、少し変化がある。

御本丸掛は、半蔵門を左折後、代官町の土手に進み、北の丸南西部在来の竹橋方面に延びる埋桝。ここまでは同じであるが、この先に新たな桝が設けられ、その桝から北桔橋門内に二筋が延びている。同図では一つの桝のように描かれているが実際には図6-17のように二桝あり、手前に弐之桝、奥に矢来桝がある。つまり、図6-17では、確実に弐之桝と矢来桝から各々一筋が本丸に給水しているのである。図6-16では、吹上内の裏門あたりから前述の御本丸掛とは異なる一筋が北桔橋門外に延びていたが、この筋は消失する。些細なことであるが、土手上の桝から段濠に二筋延びており、水量を調節していることがうかがえる。

吹上掛は、半蔵門を左折後段濠（明堀とも呼称）をまず超える。桝で二筋に分かれるが、図内ではすぐ止まる。この筋については後述する。一筋は、段濠の内側沿に西進し、裏門手前の桝で二筋に分岐する。一筋は段濠沿に進み、上覧所手前で右折東進し、吐水する。もう一筋は、図内の大池とその上位に描かれている細長い池への給水を目的としている。この箇所を理解するには、『吹上御苑之図』（六一七六-〇四）を必要とする。図6-18を加えて述べる。西門手前から東進する樋筋は、図中程の「桝元（図6-19に名称）」で四方に分岐する。一路は大池。一路

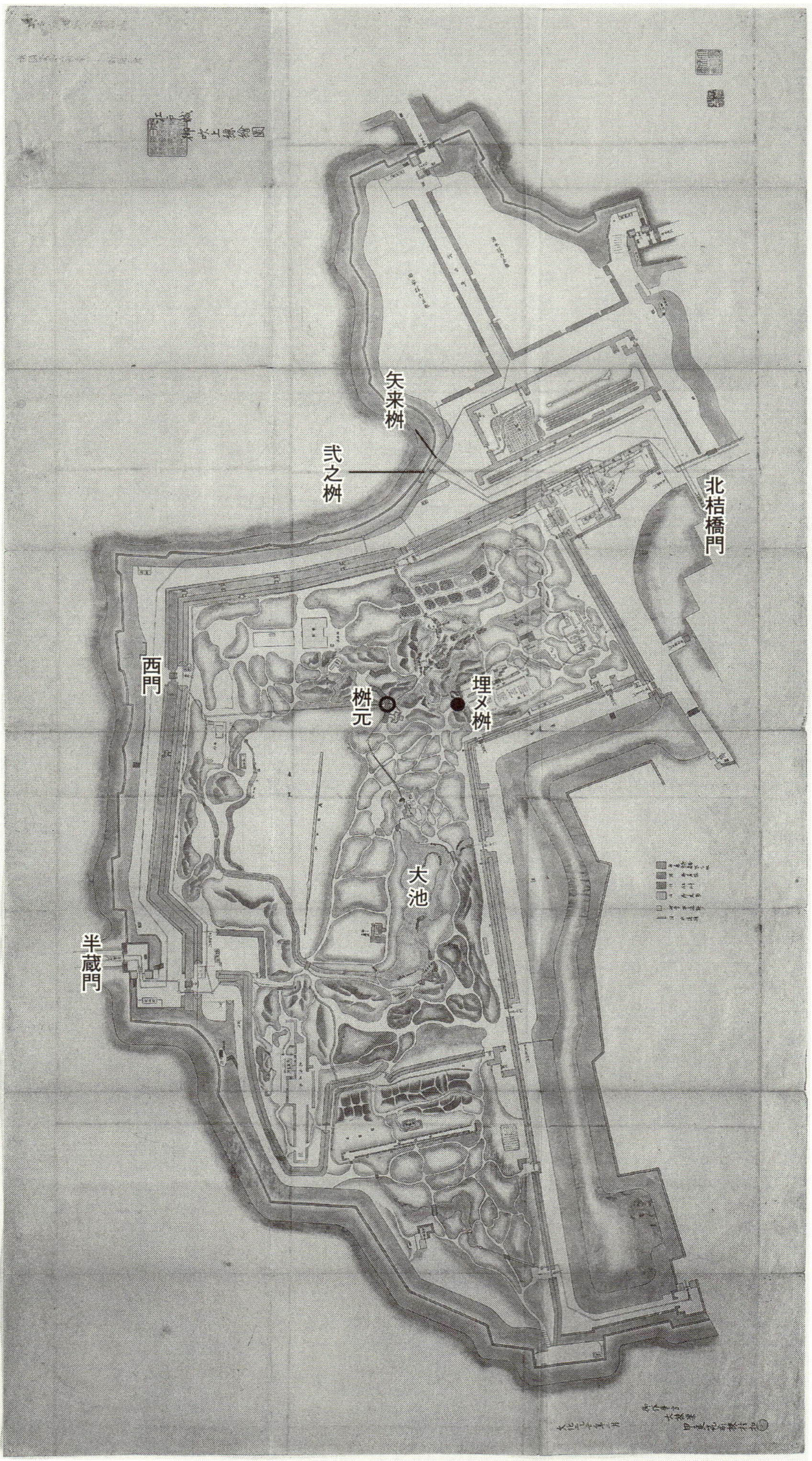

図 6 -17 『江戸城吹上総絵図』（図 6 -17・18：都立中央図書館特別文庫室所蔵）

は細長い池。一路は図6-18では途切れるが、図6-18でさらに東の「埋メ桝」に矢印のついた付箋で結ばれており、暗渠で連結することを示唆する。一路は「タキ桝」の吐桝に繋がる。桝元から分岐し北東の池に給水する樋筋と東進する樋筋とは、御成御門北側の日陰馬場のあたりで合流し図内では途絶える。おそらく道灌濠へ吐水しているものと考えられる。大池への給水は、桝元からであることは間違いないが、大池の西端から水路が西、北上し裏門近くの桝に通じていることから循環しているようにみえる。しかし、それは誤りである。第八章図8-1を参照して関連する地点の標高をみると、「桝元」辺りが三〇・〇メートル、大池の西端辺りが二三・六メートル、西門東の桝辺りが二四・三メートルとなる。大池西端から桝を利用して水位調節を行えば可能であるが、水路では無理である。すなわち、西門近くの桝から東進する樋を本筋とし、そこから分水する桝を支筋とする東・西の双方から大池へ給水しているのである。図6-17には、大池からの吐水口が明記さ

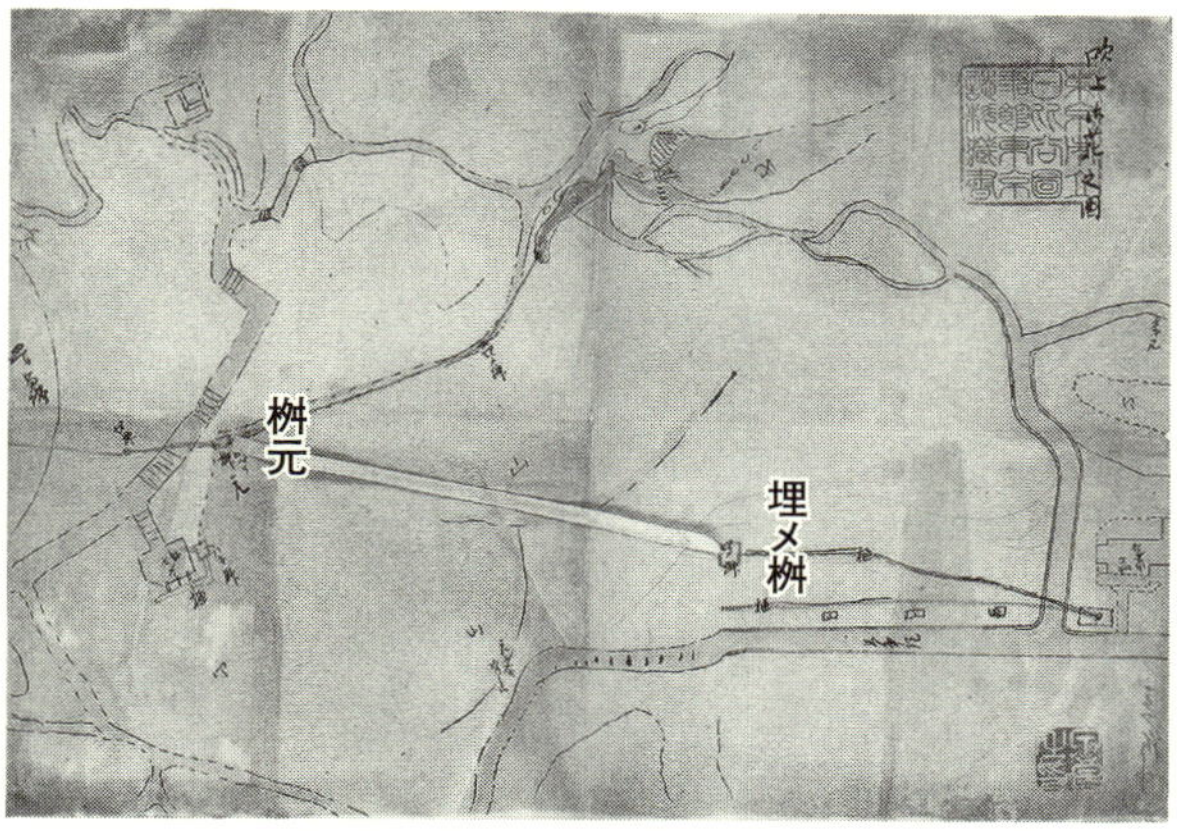

図6-18 『吹上御苑之図』

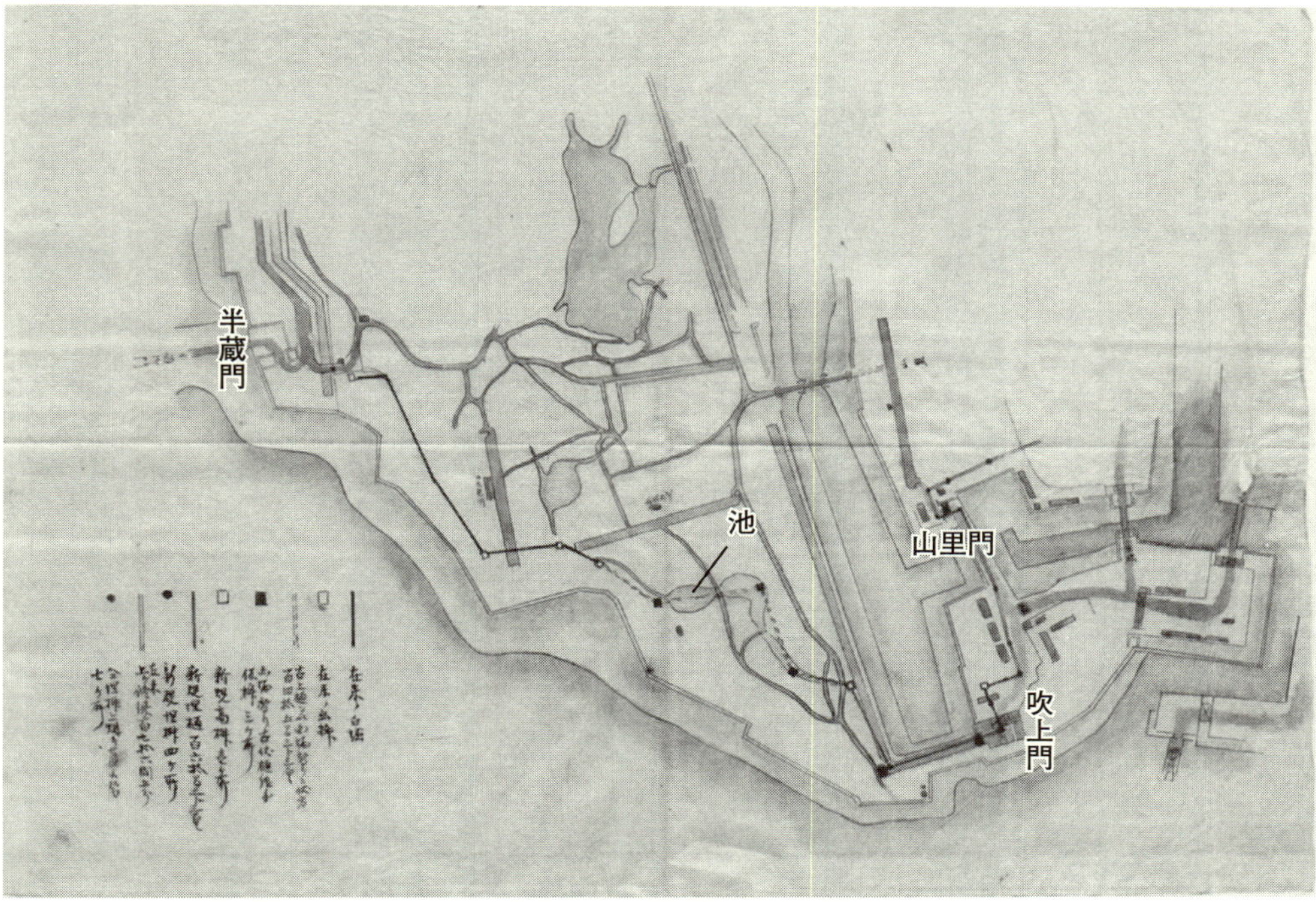

図6-19 吹上内南側より山里への樋筋（宮内庁宮内公文書館所蔵）

れていないが、大池内の北西部に木橋があり、その下に、東側へ細長く延びている箇所がある。この辺りから道灌濠へ吐水しているものと考えられる。

図6-18下位の細長い池から吹上門内にも樋筋が描かれている。しかし、この池への給水は不明である。段濠を渡り桝で分岐し、東進してすぐに途絶える樋筋に二点の資料で補足する。一点は、前述した『神田玉川両上水御門々々共外持場絵図』である。清水英三郎の著名と「安政二卯年二月写之」が記されている。安政二（一八五五）年の年号のほかに、図内に、

半蔵御門内段堀掛弘化四未年十一月御修復
樋大サ内法　壱尺貳寸ニ
壱尺四寸　厚三寸五分桧

とあるから、原図は、弘化四（一八四七）年以降に作成されたものである。図は、段濠を掛んで二つの石出桝が描かれ、各々分岐点となっている。半蔵門側の西側の石出桝からは大番所掛。東側の石出桝からは二筋に分かれ、一筋は埋桝を経由して「西丸掛　白堀」、もう一筋は出桝を経由して「吹上掛」。図内には桝の大きさが記されているが、二筋の名称で途切れる。西丸掛が白堀ということは開渠であることを意味する。

一点は、宮内庁宮内公文書館所蔵『皇居造営録（上水）一　明治一五～二二年』（識別番号四四一二一一）の明治十五（一八八二）年十一月十四日に提出された第二號の「新御門の上水樋桝状換之義ニ付伺」に添えられている図6-19である。段濠を超えた出桝（前述の石出桝）から細長い池に向かって「在来ノ白堀」が延びている。池の東端からは吹上門を超え「御文庫」南端まで敷設替えに伴う新規樋を一六〇間少々、その先の露地大通、山里門内、西丸へと続くのは在来の古樋一七六間五分と記されている。すなわち、本件の図6-19が、吹上掛の一筋として東の池への給水、さらには吹上→山里→西丸へと樋筋が延びていることは疑いの余地がないのである。また、この筋が一部とはいえ江戸時代から白堀であったことが、西丸御殿内での泉水の給水にあることで納得できるのである。

矢来桝・弐之桝から本丸への給水　国立国会図書館所蔵で幕府から上水普請に関する引継書として、『神田上水留』と『玉川上水留』がある。

『玉川上水留』は、一一九冊からなり、主に玉川上水の普請・修理に関する詳細な記録が収録されている。このほか、水銀や出銀、助水見廻、分水口の由来などのものが六件一〇冊含まれている。このうち、普請・修理記録は、天保四（一八三三）年から明治三（一八七〇）年までの四八件一〇九冊からなる。この史料の目録作りと解析については、榮森康治郎・神吉和夫・肥留間博の三氏が『江戸上水の技術と経理』で著している。

矢来桝・弐之桝から北桔橋門外までの普請記録を嘉永元（一八四八）年の事例でみることにする。史料名は、『嘉永元年申年正月ヨリ十一月迄　玉川上水御本丸掛代官町土手上より北桔橋外迄矢来弐之桝御普請一件　御普請方』（三三～三六冊、資料番号一五）である。その内容は、入札、天保十（一八三九）年の応札状況、仕様注文書、工事中の見廻、入札と落札、普請日積、寛政九（一七九七）年の普請後の文化元（一八〇四）年から天保二（一八三一）年に至るまでの六回の普請経過と落札

額、持場境、調帳、竣工・決算報告等々が記されている。図6-20・21が史料に添付された図面である。両図とも右側が矢来桝・弐之桝、左上が北桔橋門外の桝となる。図6-20に四本の樋筋が描かれているが、内側の二筋が旧来、外側が普請による新設の樋筋となる。したがって、図6-21は竣工図になる。仕様書をみると少々複雑である。

矢来桝・弐之桝から北桔橋外迄の距離と樋の内法の寸法、さらに彫樋であることに続いて二筋の桝に関する記述がある。

矢来桝樋筋籠樋請
一　埋桝　大サ内法三尺ニ　四尺　深五尺　壱ケ所
同続北桔橋外迄
一　埋桝　大サ内法三尺四方　深同断　拾壱ケ所
右仕様木品松厚四寸貝折釘六寸間ニ打桝内粕へな土詰弐重蓋請機
関貫共仕付有来石蓋掛ケ埋立
矢来桝筋矢来
御門外石橋際
一　吐樋　大サ内法弐尺五寸ニ　四尺　深四尺　壱ケ所
右仕様木品其外前同断粕へな土詰不申吐口六寸四方ニ彫明ケ弐重
蓋機関貫共仕付上蓋桧厚五寸横並渋墨塗致し鉄鈨弐ツ打有来縁石
居付目漆喰致し
弐之桝樋筋龍樋請
一　埋石桝　大サ内法三尺ニ　四尺　深五尺　壱ケ所
右同断樋筋之内
一　同　大サ内法三尺四方　深四尺　拾ケ所
右仕様組立石桝ニ付不陸組直し粕へな土詰有来石蓋掛ヶ埋立
右同断矢来御門内外石橋際
一　吐石桝　大サ内法弐尺五寸ニ　四尺　深四尺　壱ケ所
右仕様木品桧弐重蓋関貫共仕付上蓋厚五寸横並渋墨塗致鉄鈨弐ツ
打有縁石居付目漆喰致し

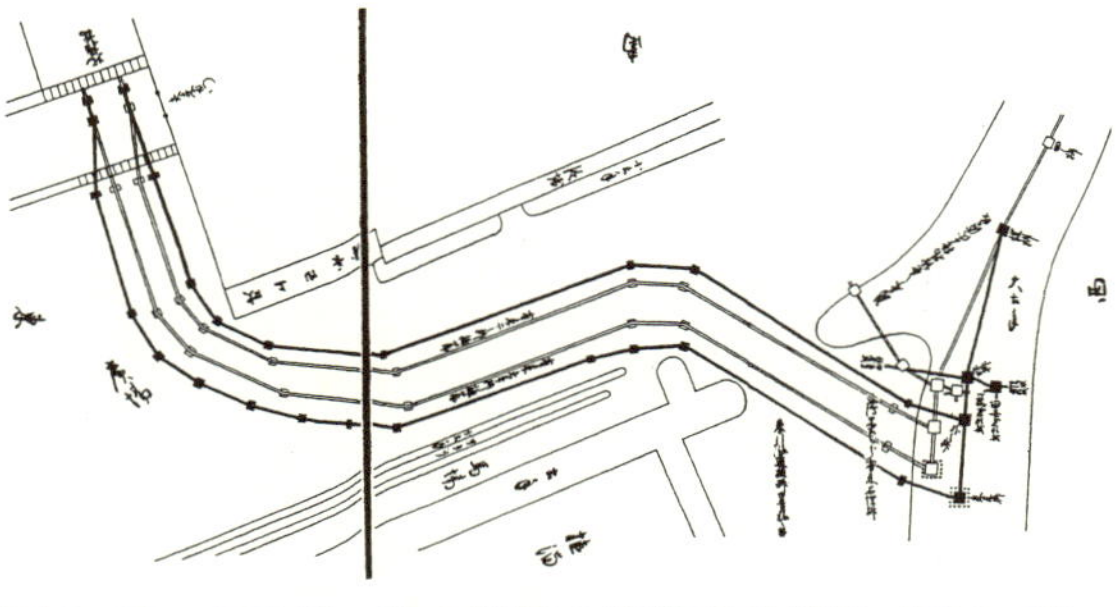

図6-20　矢来桝・弐之桝筋の御普請仕様図（図6-20・21：国立国会図書館所蔵）

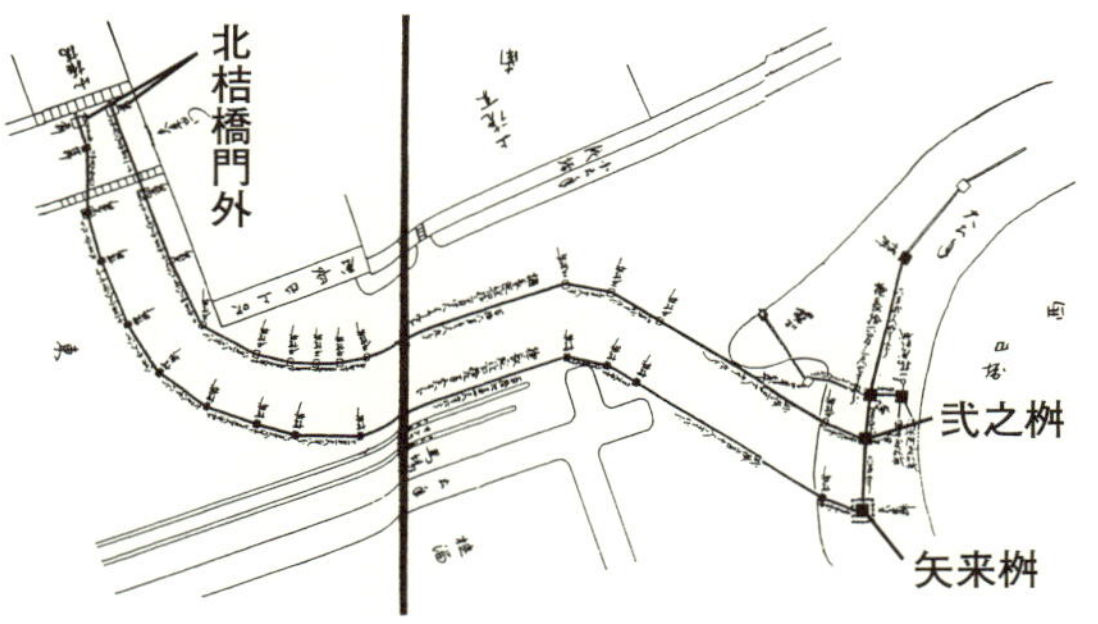

図6-21　矢来桝・弐之桝筋の御普請竣工図

同所駒寄矢来際
矢来桝樋筋
一　埋石桝　大サ内法三尺四方　深五尺　壱ケ所
同所弐之桝樋筋
一　同大サ内法同断　深同断　壱ケ所
右仕様木品同断弐重蓋関貫共仕付粕へな土詰有来石蓋掛埋立
以下略

とある。これを模式化したのが図6-22である。矢来桝・弐之桝（龍樋請）から北桔橋外駒寄石桝までの距離は、矢来桝筋の方がおよそ六間長い分、その間の桝が一つ増える。吐桝を加えると、矢来桝筋が十二カ所、弐之桝筋が十一カ所となる。二筋の相違は、桝の構造と容量にある。構造は、矢来桝筋が北桔橋外桝を除き全て松材の木桝であるのに対して、弐之桝筋は全て組立石桝である。また、容量は中間に位置する埋桝・埋石桝でみると、矢来桝の方が一尺深い。矢来桝・弐之桝の二筋は、本丸での中奥・大奥資用を意図としたものであろうが、古写真（図6-27）をみる限り、北桔橋門内では一つの貯水漕に給水しているようにもみえる。主たる目的が泉水への給水である以上、区別は不要なのであろうが。

本書では、本丸・西丸御殿への上水道の樋筋と敷設時期の特定を目的としているが、この史料を用いて敷設替えについて考えることにする。上水道の樋には、石樋・木樋・竹樋の三種類が知られている。また、十九世紀になると限定的ではあるが鋼管も加わる。とはいえ、本筋の石樋（玉川上水であれば四谷大木戸から虎ノ門間）を除くと、木樋が主体となる。木樋の場合、腐朽による劣化、洩水が問題となり、樋の交換を余儀なくされる。樋の交換にあたっては、生活の便を計り、断水の日数・時間を極力短かくするために、図6-20のように旧来の樋とは別に、新たな樋を敷設し、切替える形態をとる。表6-5に、御本丸掛矢来桝筋・弐之桝筋の普請記録一覧を載せた。御本丸掛矢来桝筋弐之桝筋における普請記録は、寛政九年から嘉永元年のおよそ五〇年間で九回行われている。二筋が同時に行われたのが五回あり、単独の筋の場合でも二者の普請が近い関係にある。両筋とも平均すると七～八年で樋を交換して

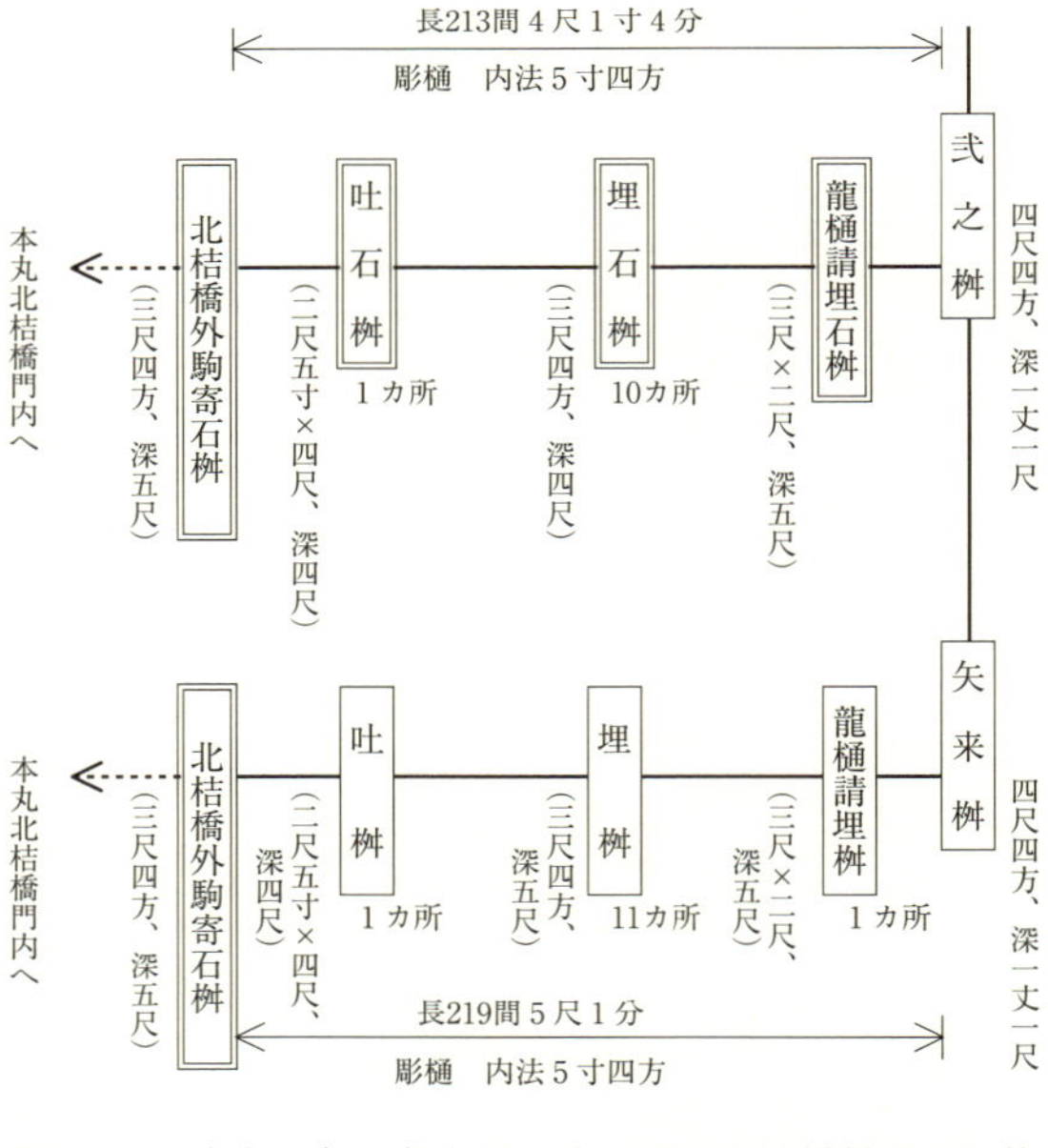

図6-22　嘉永元年、矢来桝・弐之桝と北桔橋外間の樋筋普請模式図

いる。この経過年数は、『玉川上水留』で他の樋筋と比較すると最も速い一筋といえる。木樋には、内径の大きさや板材の厚さに相違がある。単純に比較することは危険であるが、本丸御殿を視野に入れ、早めに普請を行ったとしても不思議ではない。

表6-5で工事費用に疑念をもたれるかもしれないが、『江戸の水道』（同成社）を参照していただければ幸いである。

本丸御殿は文久三（一八六三）年十一月十五日に焼失、二の丸御殿は慶応三（一八六七）年十二月二十三日に焼失するが、共にその後の再建はない。蜷川式胤著・横山松三郎撮影の『観古図録　城郭之部一』をみると、明治四（一八七一）年の時点で本丸・二の丸の荒廃している姿がうかがえる。その後の上水道が気になるところである。

『皇居造営録（上水）二　明治一五〜二一年』（識別番号四四一二一-一）の第一二號「旧三ノ丸御厩掛水道新設線路井戸位置等ノ儀ニ付東京府往復」の案件（明治十八年六月二十三日提出）に付く図をみると、弐之桝・矢来桝はなく、図6-20の四之桝辺から北桔橋門へ直進し、同門枡形内を左折→上梅林門→下梅林門→三の丸に至る配管が描かれている。貞享図の帯曲郭上の配管はなく、大きく変貌しているのである。図には、東京府の印が押されている。

古写真に撮れた上水道施設　蜷川式胤著『観古図説　城郭之部一』には、七三点の旧江戸城古写真が収録されている。撮影者は、横山松三郎で、第一紙の肩書きに蜷川氏による「明治四年二月二十三日左之通書ヲ太政官へ差出シ候処、同廿七日許可に相成ルニ付、写真ヲ取ル事下ノ如シ」とあることから明治四（一八七一）年の景観といわれている。こ

表6-5　御本丸掛、矢来桝筋・弐之桝筋の普請記録（資料15より）

樋筋別 / 普請年	矢来桝筋のみ		弐之桝筋のみ		矢来桝・弐之桝の二筋	
	金額	経過年数	金額	経過年数	金額	経過年数
寛政9（1797）	○	不明	○	不明	不　明	不明
文化元（1804）	473両2分銀13匁	7	654両3分	7	1127両5分銀13匁	7
8（1811）	—	—	517両1分	7	—	—
12（1815）	501両1分	11	—	—	—	—
文政7（1824）	○	9	○	13	1345両3分 銀2匁9厘9毛	(20)
13（1830）	—	—	1311両2分	6	—	—
天保2（1831）	1652両	7	—	—	—	
9（1838）	○	7	○	8	1485両	(14)
嘉永元（1848）	○	10	○	10	1430両	(10)

のなかに、玉川上水道の施設に関する三点の写真が含まれている。それらを取り上げ、『玉川上水留』の図面や発掘成果等々を交えて紹介する。

図６-23は、四ツ谷門の高麗門を正面に見据えた状態で撮影されたものである。給水施設は、高麗門の左右、矢来の後ろ切妻の屋根を配した建物が高桝である。左手が吹上掛、右手が御本丸掛となる。吹上高桝の手前には、矢来が直線に一列並ぶ。隣りは蓋石が被せられ、その下は吹上掛の木樋となる。写真では特定できないが、木樋は、外濠上を掛樋として渡る。写真左手中程に石垣がみえるが、これが外濠に面することになる。図６-24は、『玉川上水留』の「天保六未年五月ゟ同七申年至八月御本丸掛吹上掛玉川上水四谷御門外掛樋高桝其外共御普請一件　御普請方」（資料三）に治められているものである。画面中央を上下に外濠、左手に四ツ谷門と御本丸掛（奥）と吹上掛の高桝、それに続く掛樋。画面右端麹町十一丁目の三叉路の埋桝で御本丸掛と吹上掛の樋筋が交差し、方向を変えている。本来は、御本丸掛の南側（図では上位）に「麹町大通り」の組合樋筋が敷設されている。しかし、組合筋は普請の対象になっていないことから、図中では意図的に省かれている。また、四ツ谷門外の発掘調査では、御本丸掛、吹上掛、組合掛の三筋に加えて新たな一筋が明らかとなった。その木樋は、他の三筋よりも内法が大きく、かつ敷設位置が木樋底でみると御本丸掛・吹上掛筋よりも標高にして約二・四メートル低いことから、玉川上水道以前の樋筋の存在が報告された。この木樋に関連する大型木桝（約三・八×二・七メートル）もある。波多野純氏は、『正保録』や『大猷院殿御實記』をあげ、寛永十三（一六三六）年の可能性を指摘する。しかし、史料には限界があり、これら新たな発見は、水源と樋筋、時間軸の特定という課題を抱えることとなっている。

図６-23　四ツ谷門外の高桝と懸樋（江戸東京博物館所蔵）

図６-25は、半蔵門前の高麗門を正面にとる写真である。半蔵門渡櫓の壁が剥され、木組がむき出しとなっていることから解体中であることがわかる。半蔵門の取壊し・撤去は、明治四年三月から六月と記録され

ているので、その間に撮影されたものである。上水施設は、牛車引きの人物の先、刀を差した武家風の人物の背面、半蔵門に通ずる道脇に二つの石出桝が該当する。二つの石出桝には木蓋が被せてあり、左手の方がやや低い。左手が吹上掛、右手が御本丸掛となる。『玉川上水留』の「慶応元丑年四月ゟ九月至　御本丸掛吹上掛玉川上水半蔵門内外樋桝御修復壱件帳　御普請方」（資料四三）に付く石出桝の図でみることにする。図6-26は、上位右側に二つの石出桝の水盛（水準でみた上下の位置関係）、下位右側に二つの桝と入水樋・出水樋との関係、その上で立面図を交えて上左に御本丸掛、下左に吹上掛の桝と樋の詳細な情報が記されている。水盛をみる。横に線が入っており、これが地盤となる。右手御本丸掛には「地形出三尺一寸」、他方の吹上掛には「地形出貳尺五寸八分」とある。図でも右手の方が高位置にあるが、五寸二分（約一六センチ）御本丸掛の方が地上に出ていることになる。二つの桝は共に内法が三尺八寸四方、深七尺、石厚六寸と規模が同じであることから、吹上掛石桝の方が地中深く埋まっていることになる。二つの石桝の距離は、内側で三尺八寸（約一一五センチ）を測る。石出桝には、地上の位置だけではなく、木樋の大きさと石桝内での入水・出水孔にも工夫がみられる。図中では、入水口を水上、出水口を水下と記している。桝の目的は、方向を変えることと水位調節にある。後

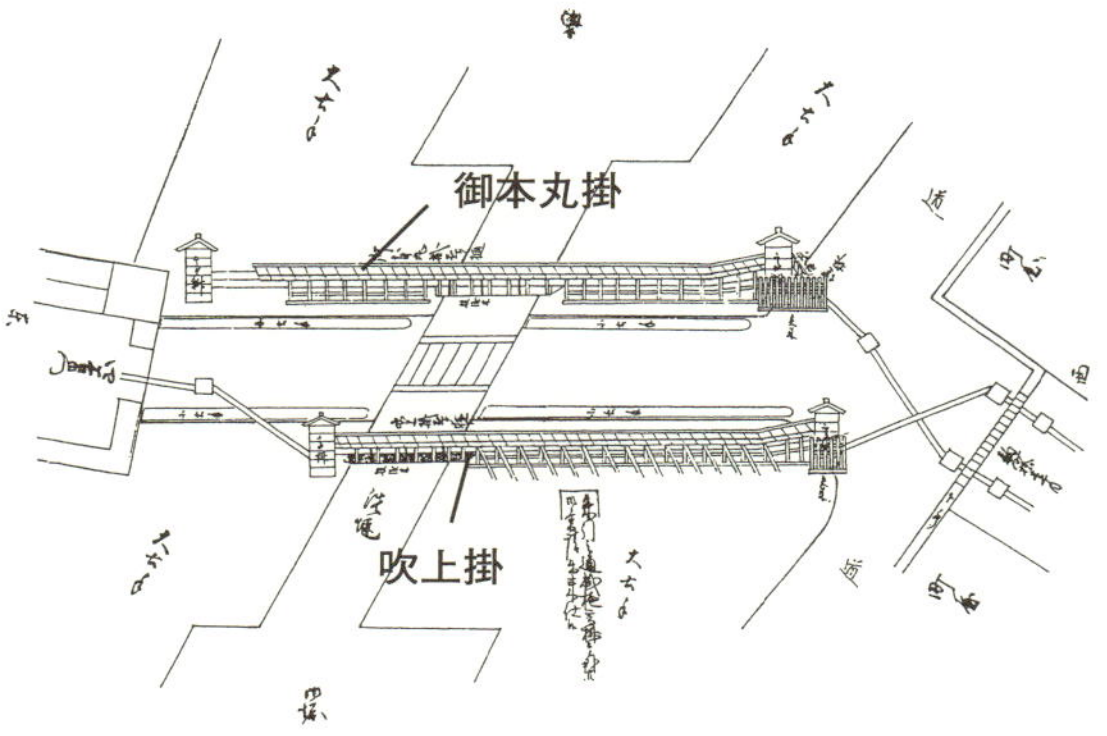

図6-24　四ツ谷門外の二つの懸樋『玉川上水留』・部分（国立国会図書館所蔵）

図6-25　半蔵門外の二つの出桝（江戸東京博物館所蔵）

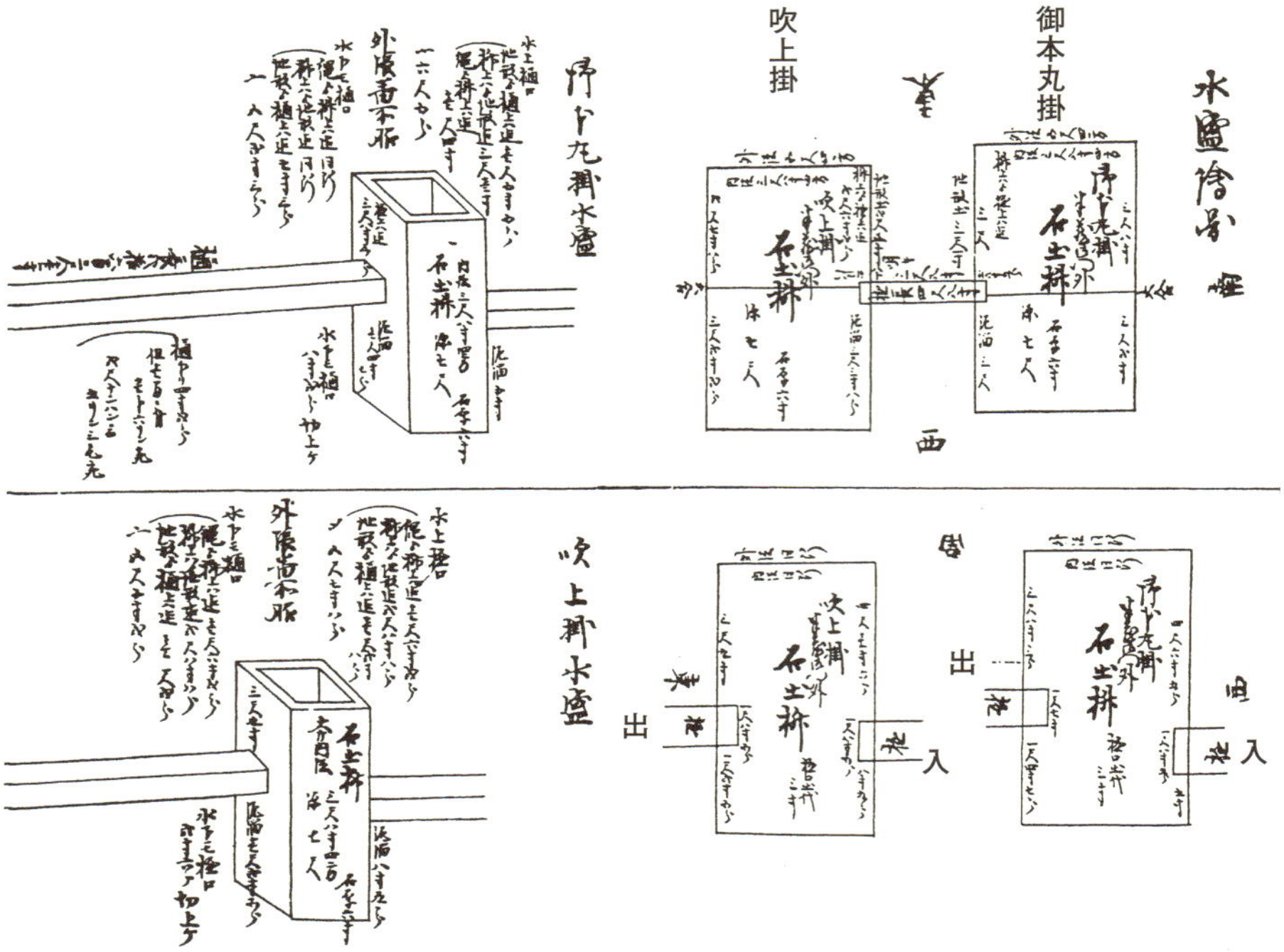

図 6 -26　半蔵門外の絵図に載る右出桝『玉川上水留』・部分（国立国会図書館所蔵）

図 6 -27　北桔橋門内の貯水槽と木樋（江戸東京博物館所蔵）

者では、低い位置で桝に入水し、高い位置で桝から出水することで、平地やごく緩やかな傾斜地でも送水することが可能となる。図の左上・下であれば木樋の低い方が水上（入水口）、右下の図であれば西が水口となる。そのことを断った上で図をみることにする。木樋の大きさは、入水口（水上）では一尺八寸と同じである。一方、出水口（水上）では御本丸掛が一尺七寸であるのに対して吹上桝が一尺八寸五分と吹上桝の方が一寸五分大きい。この相違には、桝の深さと入水・出水孔の比高差が関係している。吹上掛石桝は、御本丸掛よりも五寸二分低く埋めてある。図中では、石桝底から木樋底の高さを「泥溜」と表現しているが、御本丸掛では入水口が五寸に対して出水口が一尺四寸七分とこの時点で九寸七分の差がある。次の桝に上水を送るには水位が出水口上端以上であることが望まれる。他方、吹上掛では入水口が八寸九分と御本丸掛よりも三寸九分高く、反対に出水口は一尺二寸五分と二寸二分高い。つまり、吹上掛石桝の水位調節は、御本丸掛に比べて少なくてすむということになる。見事に水利技術を駆使しているのである。

図6‐27は、北桔橋門枡形内の二条の木樋と貯水漕の写真である。左手建物が渡櫓門、それに続く建物が岩岐多門となる。ちなみに多門の裏手前方には天守台が位置する。貯水漕は、岩岐多聞に面して石垣を積み平坦面を確保した後、木製で大箱状を呈している。石垣上は幾分傾斜があり、貯水漕の下には柱がみえることから、貯水漕が高床構造であることがわかる。貯水漕がある石垣上には、柱の上に座る二人を含め四人の人物が撮られているが、最も左手の武家風の人物の背面には、木製の加工物がみえる。貯水漕との関係はこの写真からでは判然としないが、石垣上を木製の柵が囲われているところをみると、大奥・中奥に向かう樋もしくは木製出桝と考えられる。貯水漕には、地中から二条の木製樋が延びている。この樋は、図6‐20・21の矢来桝・弐之桝から延びる樋筋で、北桔橋下をサイフォンの原理で通過し、枡形内の地上へと延びるもので、右手が弐之桝筋、左手が本丸筋となる。本丸内での上水道事情を知ることができる唯一の貴重な写真である。

四　江戸城と下水道

上水道と同様、御殿内の下水事情は、指図中に御不浄の記号を除くと皆無に等しいといっても過言ではない。元治度『御殿内向絵図』を除くと、本丸では唯一、弘化度の指図に求めることができる。

1　弘化度本城下水絵図と中之門裏手の下水路

『江戸城御本丸／御城内并御殿向下水絵図』　天保十五年五月十日、本丸が全焼するが、その再建時に作成された絵図のうちの一点である。彩色・裏打ちが施され、内・外題とも裏打紙上に「江戸城御本丸／御城内并向下絵図」と記されている。本紙左下には、「天保十五甲辰年／御本丸御普請絵図」の黒印、「大棟梁／甲良若狭扣」の署名に「官大棟梁／建仁寺流／正統甲良／棟全之印」の朱角印が押されている。外題下にも甲良の小黒印がある。裏打前の外題下には「辻内扣」とあることから、御作事方大棟梁の甲良《こうら》・平内《へいのうち》・辻内《つじのうち》・石丸のうちの一家で、弘化度の普請を担当した辻内家が本来、所有していたものである。法量は、縦一〇四・〇センチ、横九一・〇センチを測る。本図は、本城の南側—本丸の表向、二の丸の大手三之門・銅門から蓮池門、三の丸の下勘定所・大手門から内桜田門—の下水溜桝と下水路を朱引線で描いていることを最大の特徴とする。本丸から順次みることにする。

本丸御殿空間内で最も理解しやすいのは、御殿の西・南側の雨落沿いに延びる一筋である。遠侍西側の泥溜桝から中雀門へと向かう。この筋で、御殿西側については、注意を要する。前述したように、中奥西側の庭には泉水が存在していたはずである。給水は、北桔橋門枡形内の貯水漕からで異論はなかろうが、問題は中奥泉水からの出水路である。蓮池濠に面する高石垣に吐水口はない。御殿西側を走るのが効果的のように考えられるが、本図では、中奥が描かれていないこともあって判然とはしない。雨落沿の一筋のほかに、大広間南西隅から能舞台西側に延びる一筋が描かれているが、これが糸口となるかも知れない。

御殿内は、前述した堀井戸、湯呑所、中庭巡り、御殿東側の三筋に集まりそこから多聞沿に南下しながら一筋となる。三筋とは、長屋門北側、中之口南側、遠侍南東隅の当番所辺を指し、いずれも多聞に向かって東進する。三筋について詳述する。長屋門北側の一筋は、四路が集まる。一路は、中奥仕切門西側から南進。一路は、中奥から御膳所濡縁を経由して東進。一路は、黒書院南西山吹之間から桔梗之間、御膳所の堀井戸、台所前、奥台所、石之間に進むものと、桜之間（松之廊下北側）南の小庭、竹之廊下東の中庭、菊之間東の堀井戸、躑躅之間、中之口廊下、新納戸口、納戸口を南下。一路は、大広間の小庭から蘇鉄之間西、湯呑所、虎之間北の堀井戸を東進して中之口。御殿内下水路としては、長屋門北側に集まる一筋が中心となる。

御殿以下の下水路をみることにする。大広間南西隅の一筋は、南下し、楽屋部屋裏を左折後、書院二重櫓裏手の堀井戸からのものとそのまま合流し、二路に分かれ、新御門南の泥溜桝を北進し、中之門に向かうもの。一路は、上埋《うずみ》門、下埋門、さらには富士見櫓下の大泥溜桝へと続く。御殿内の下水路が集合した一筋は、中雀門東側櫓台脇の泥溜桝から櫓台下を潜り、枡形内から石垣沿に北上し、大番所前から中之門へと進む。この二筋とは別に、図中左上の宝蔵曲輪には、単独で下水路が描かれており、雨水が蓮池濠に注ぐ形状にある。

二の丸をみる。画面中程、喰違門を境として下水路は二筋に大別することができる。一筋は、大手三之門高麗門から蛤濠へ吐水するもの。一筋は、蓮池門から蓮池濠へ吐水するもの。詳細にみることにする。前者は、路が合流し、大手三之門で一路に集約される。一路は喰違門東側から屏風多聞沿に北進し、中之門で本丸からの下水路と合流し、大手三之門に向かう。途中、腰掛南側から西向する一路と合流する。一路は、百人番所前に沿って北進するもの。一路は、二の丸御殿内より銅《あかがね》渡櫓門・高麗門を経て中之門からの下水路に合流するもの。一路に集約された大手三之門枡形内では、南西の泥溜桝から高麗門を経由して吐水する。この泥溜桝は現存する。安山岩製の切石を方形に囲み、蓋ができる構造となっている。一見すると、堀井戸と見間違える。後者は、三路が合流するもので、御金蔵・厩屋から北進し、喰違門を南下する一路と合流し蓮池濠へ向かうもの。本丸から下埋門を経て富士見櫓下の大泥溜桝を経て前述の一路と合流し、蓮池門へ向かう。蓮池門でも雨落に沿って巡り、蓮池濠へ吐水する。

三の丸内は、大手門枡形内を含めると三路が描かれている。一路は、桜田二重櫓北側から桔梗濠に面する土塁沿に北上し大泥溜桝に入るもの。一路は、下勘定所周辺から大手門西側を南下し大泥溜桝に入るもの。大泥溜桝（三間、壱間半と記入）内で二路が合流するが、ここから桔梗濠へ吐水する。大手門枡形内では、南東隅の泥溜桝から高麗門に進み吐水する。

本図では、雨水・生活排水（トイレを除く）の全てが濠に吐水している。これは、江府内でも同様である。今日の生活排水では、洗済の使用や油などで大いに水が汚れる。しかし、江戸時代では、化学洗済を使うことはなく、油も限られている。そのため、生活排水そのもの汚れが押えられているのである。

発掘された中之門の下水遺構

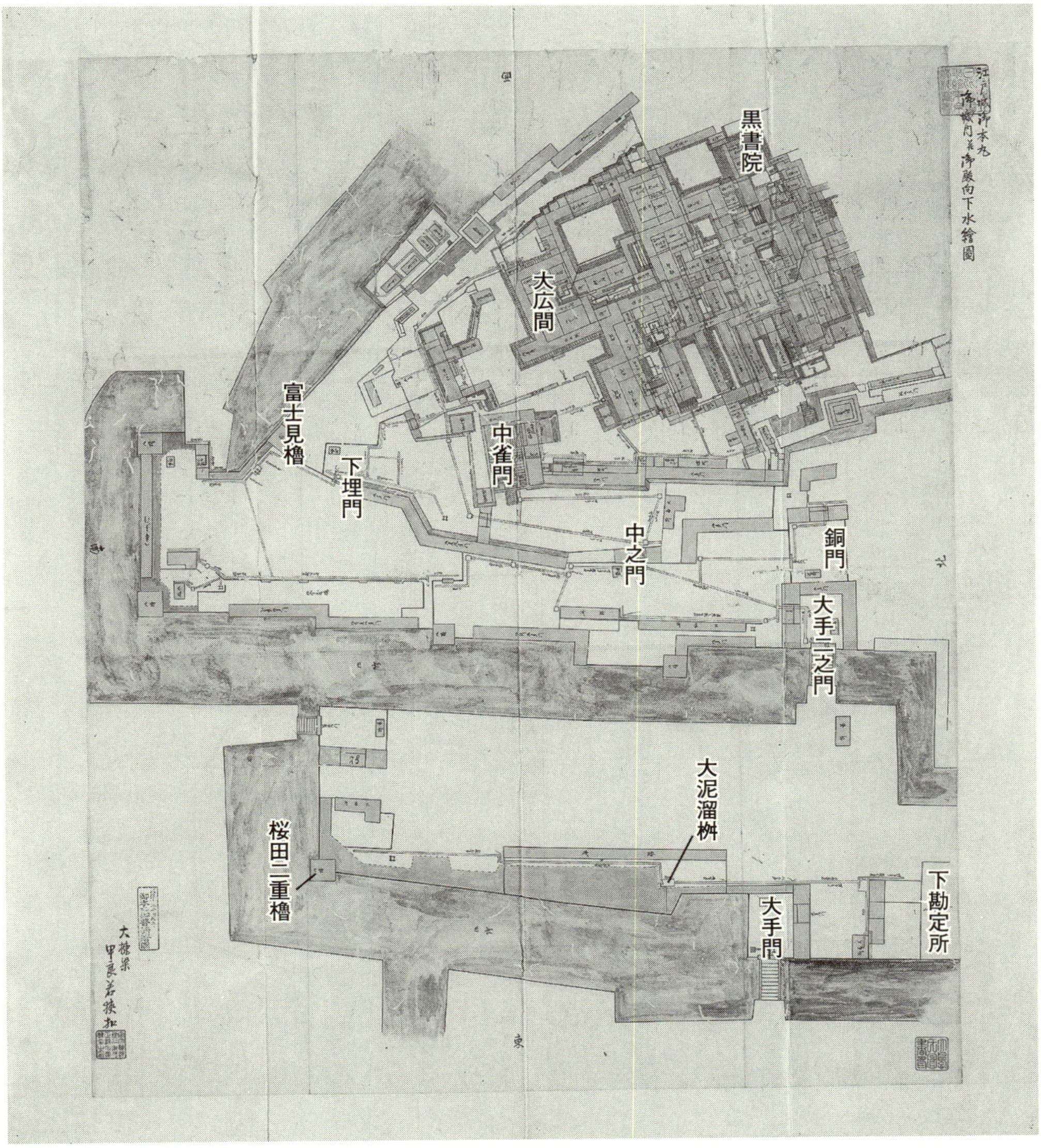

図 6 -28 『江戸城御本丸／御城内并御殿向下水絵図』（都立中央図書館特別文庫室所蔵）

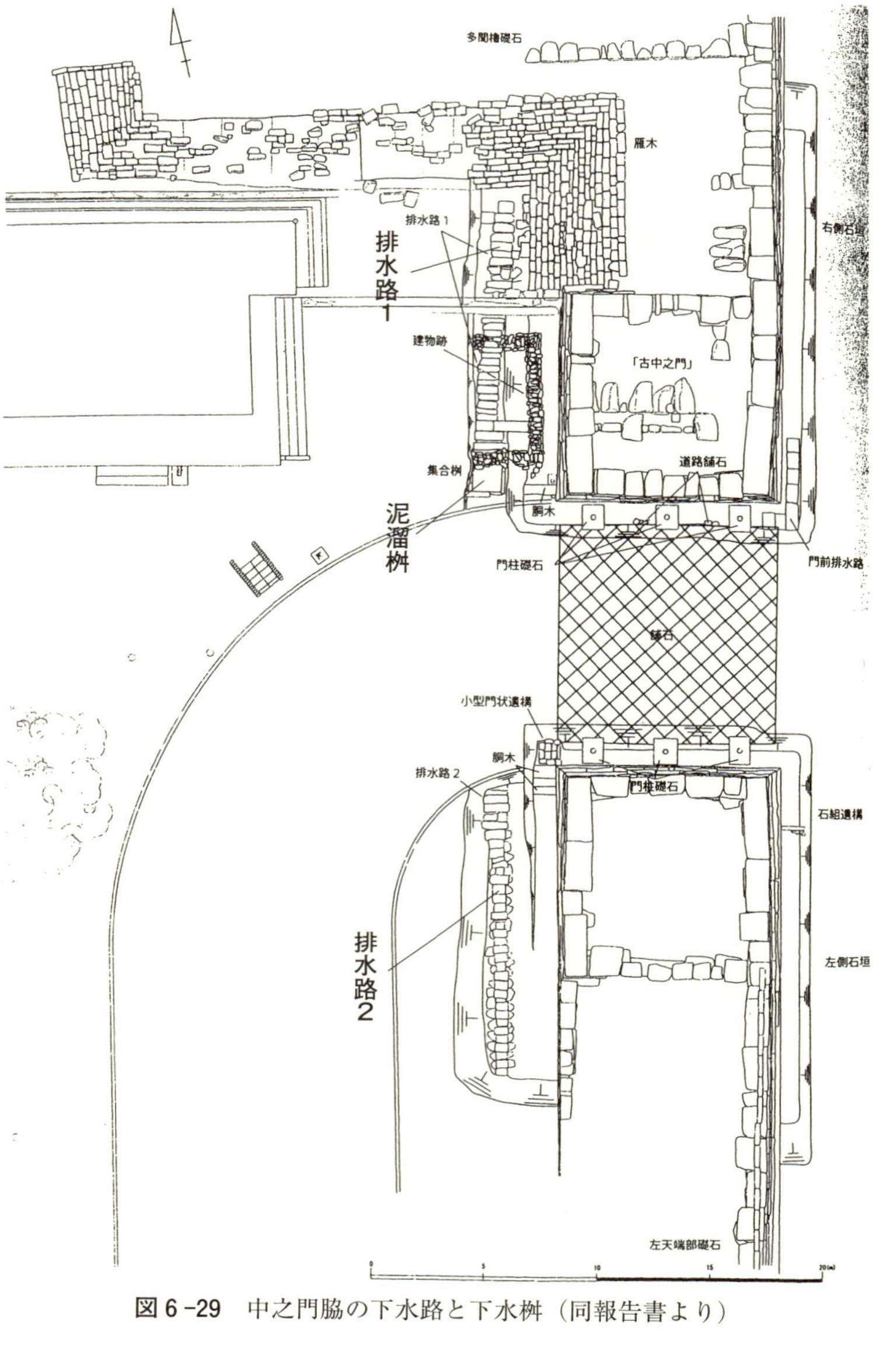

図６−29　中之門脇の下水路と下水桝（同報告書より）

図6-28を裏付ける考古資料がある。宮内庁管理部では、中之門石垣がはらんで皇居東御苑を訪れる来苑者に危険性があることから、平成十七年から二年間を費して石垣解体修理工事を兼ねた発掘調査を実施している。その成果として、『特別史跡　江戸城跡　皇居東御苑内本丸中之門石垣修理工事報告書』が刊行されている。中之門は、本丸への正門であり、石垣には明暦大火以前の根石、明暦大火で修繕を担当した細川越中守綱利が築いた石垣、元禄大地震で復旧を命じられた松平《(池田)》右衛門督吉泰が築いた石垣と三代にわたる痕跡をとどめ明治を迎える。『観古図説　城郭之部一』には、石垣とともに白壁の一部が剥がれ落ちてはいるものの渡櫓門の威風堂々とした姿が収められている。下水遺構のみに限定して述べることにする。中之門正面右手渡櫓台沿に一筋。写真に載る排水施設は、正面石垣左右に大屋根軒先で受けた雨水を樋で地上に垂下するものである。図6-29は、中之門正面の階段石下約五〇センチで確認され、底石と側石を溶結凝灰岩の切石で形成する。幅三五センチ、深さ二〇センチを測る。この排水溝は、途中で近代の排水溝に破壊されている。図6-28には描かれていない。

中之門裏手の櫓台沿に二条の排水路と泥溜桝一カ所が発掘されている。南側の排水路2は、新御門側から渡櫓台沿に並走するもので、発掘調査で確認された長さは一六メートル。渡櫓台石垣とは約三メートル、その掘り込みとは約一・五メートル離れる。現状保存としたことから、詳細はわからないが、切石による蓋石を用いていること、蓋石の隙間から側石は間知石で築かれているという。排水路1は、北側の岩岐下から岩岐・渡櫓台沿に南下し、泥溜桝に入る。長さ一一メートルを測り、渡櫓台とは二メートル離れる。泥溜桝内の断面観察から、幅五五センチ、深さ六〇センチを測る。底石の有無に関する記録はないが、側壁は溶結凝灰岩製の切石を五～六段積み、傾斜のある部分では同石を市松状に積み、凝灰岩（沢田石）の切石で蓋をしているという。二つの排水路は、側石の構造において相違が認められる。泥溜桝は、渡櫓台右手南端の裏側に位置する。図6-28では、この桝が中之門中程ではなく北側に偏在するが、それと同位置の関係にある。長方体の形状をとり、長辺が一・七メートル、短辺が一・四メートル、深さ一・六メートルを測る。報文と写真からでは、底の様子をうかがうことができない。おそらく、敷石があるものと考えることができる。側石は、写真では、切石を少なくとも正層（布）積で七段はみることができる。西側と南側に排水の入出孔があけられている。排水路1があるので、泥溜桝は、東側面を除き三方に孔をもつことになる。図6-28では、中之門正面裏手に桝はない。地形を考慮すると三方向の下水がこの桝に入り、中之門の外へ出ていくことになる。

　排水路1・2と泥溜桝を図6-28と照会すると見事、一致する。図6-28の正確さを証左するものでもある。

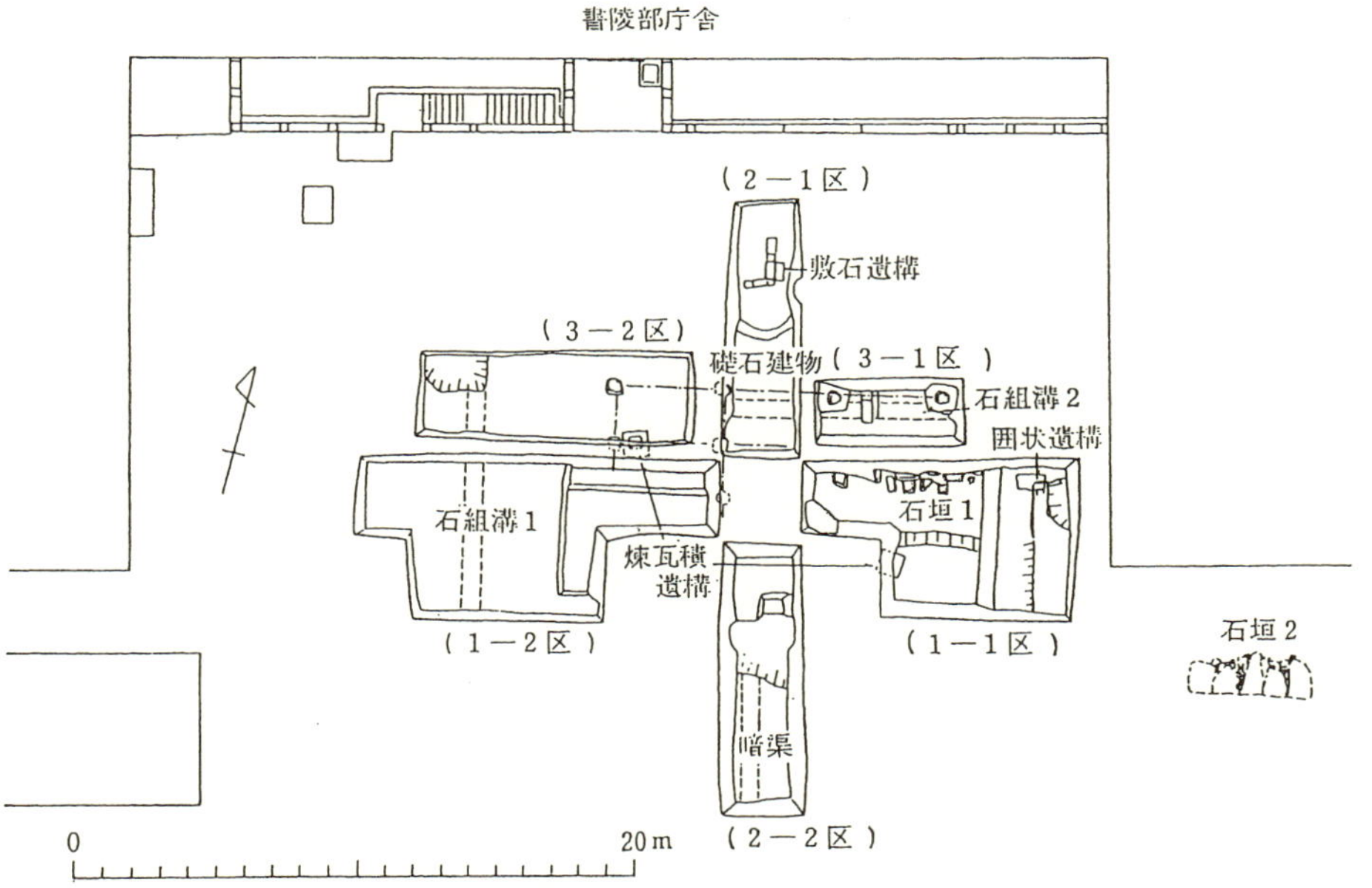

図6-30　宮内庁書陵部貴重図書庫の発掘で検出された石下水（同報告書より）

2　発掘された下水路

ここでは、大奥北東隅の位置にあたる宮内庁書陵部貴重図書庫の発掘調査、坂下門枡形内、山里門から露地大道、清水門枡形内の四例を紹介する。

宮内庁書陵部貴重図書庫の発掘調査　本丸大奥の北東端、上梅林門に近接して書陵部貴重図書庫が建つが、発掘調査は、その事前調査にあたる。下水遺構は、二条の石組遺構と一条の暗渠がある。石組遺構と暗渠の相違は、発掘時点における蓋石の有無ということになる。石組溝1と暗渠は、約九・五メートルの間隔を保ちながら南北方向に延びている。一方、石組溝2は、側石や裏込石が抜かれている箇所が多く、遺存状態が良好ではないが東西方向に延びている。石組溝1・2は、底石の標高がおよそ同じであるが、図6-31のように流路を一つにとるものではない。二つの溝の底について補足すると、各々の勾配は、石組溝1が北から南、石組溝2が西から東へと向く。ちなみに、暗渠は、二条の下水路よりも約八〇センチ下位で確認されており、層位学的に古いものである。

構造をみることにする。石組溝1・2は、底に平滑に加工した長さ六〇センチの石を二つ並べ、側石を二段約五〇センチほど積んでいる。側石は、間知石や切石ではなく雑然としているが、大量の裏込石が用いられている。報文をみると、底石は軟質の凝灰岩であるのに対して、側石は花崗岩をはじめとする硬質石材の転用石材の使用とある。底幅は、石組溝1が六〇センチ、石組溝2が七〇センチを測る。暗渠は、撹乱を利用しての断面観察によると、側石は奥行六〇〜八〇センチの石材を二段四〇センチまで確認することができ、底石はボーリング探査では確認できずとある。底が淡灰色粘土層の可能性も指摘されている。側石の形状から間知石の使用であろうか。

次に、三条の下水路の構築時期が問題となる。報文では、遺構を三期に分け、I期を図6-31の1-1区内の石垣1・2と暗渠、II期を石組溝1・2、III期を煉瓦積遺構と礎石群とし、II期を十八世紀後半以降、III期を明治十五年築造の中央気象台関連施設の基礎とした。I期は年代不詳としたが、後日、発掘担当者の一人である土生田純之氏は、「集大成としての江戸城」のなかで、石垣1・2を『江戸図屏風』に描かれた天守台脇から東に延びる塁線であるとし、寛永期であることを発表している。

坂下門内の石下水　坂下門は、橋詰に高麗門がある左折形式をとる枡形であったが、高麗門が撤去され、現在の位置に渡櫓門が新造されるのが明治二十（一八八七）年のことである。

旧枡形内から、下水遺構として一号遺構と石組桝が発掘されている。一号遺構は、西側から泥溜桝である石組桝に入り、流路を北東に変え、蛤濠に吐水している。西側に向かう下水路は、第八章で述べているが、旧渡櫓門下の万年石樋に繋がるものである。明治二十一年に宮殿が竣工するが、この下水路はひき続き使用されることになる。

一号遺構と石組桝は、本来、一連のものであるが、石組桝の一部が破壊され、石組桝を境として入水路と出水路の石組構造が相違することから、改修後の様相といえる。説明する上で、入水路を1A、出水路を1Bと呼称する。1Aは、現状保存としたことから、内部の様子を知るこ

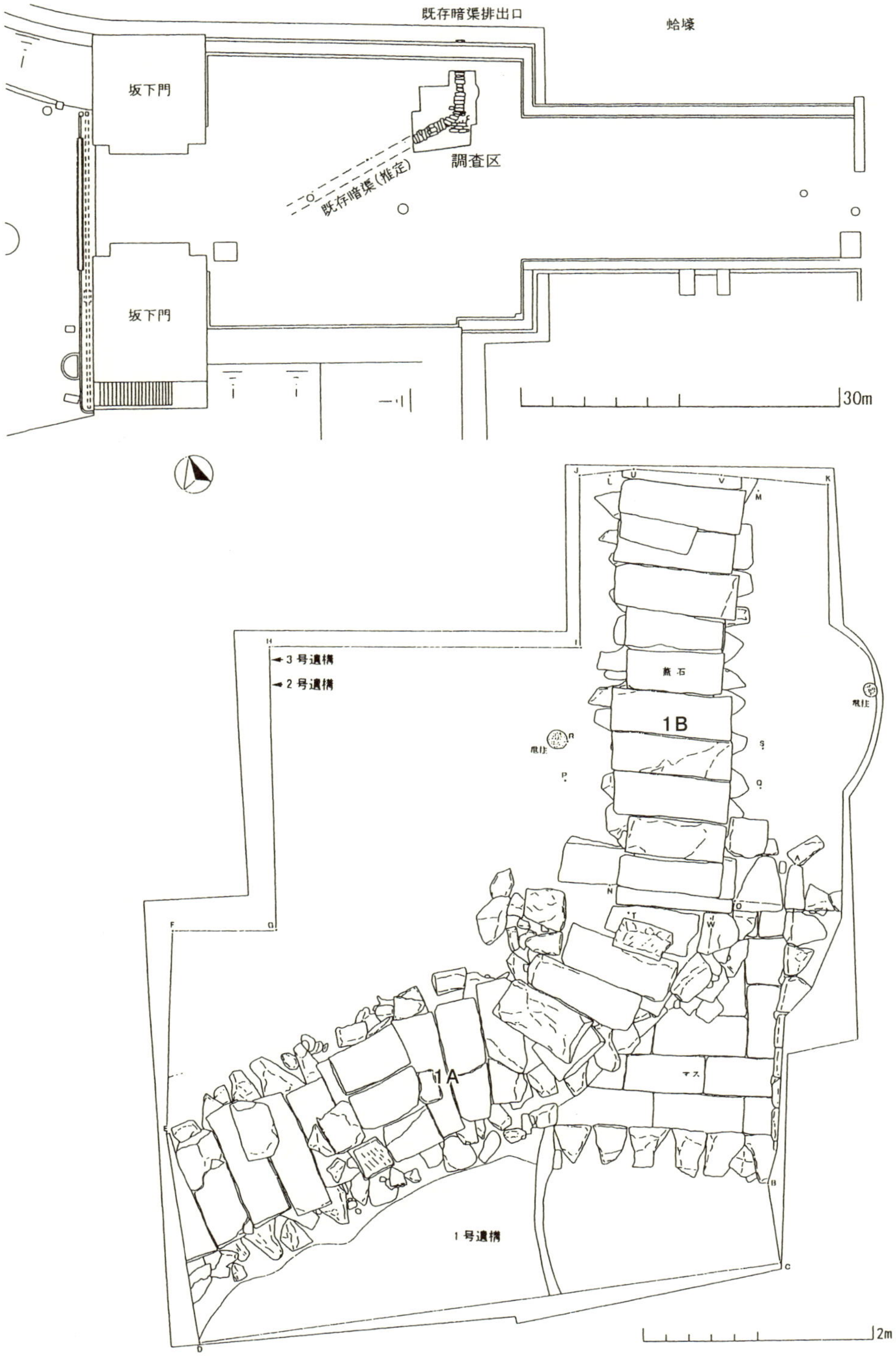

図6-31　坂下門の石下水と下水桝（『江戸城の考古学Ⅱ』より）

とはできない。しかし、明治二十年以降、下水路として機能していた時点では、泥溜桝を必要としておらず、直接1Bに繋がるものであったことは確実である。確認面での特徴をあげると、間知石を基本としながら扁平な切石も多用し、布積みが雑であるという。また、限られた条件のもとで側石を観察すると、規格化された築石は少ないという。改修が雑然としたものであることがうかがえる。ちなみに、明治二十年の1Aに繋がる万年石樋の改修は、第八章図8-21に示したように整然としていることから、そこで改修されたものではない。1Bは、底に切石を二列に配し、側壁は間知石を三段布積し、その上を扁平な切石で蓋をしている。底幅約六〇センチ、深さ約七〇センチを測る。また、泥溜桝と接する部分の蓋石は、扁片な切石を直立させあたかも門のような形状にあったという。

泥溜桝は、平面形が長方形を呈し、長辺が一九五センチ、短辺が一八五センチ、深さ九〇センチを測る。底には規格化された切石を東西方向に並べ（側壁側の一部は南北方向）側壁は、間知石を布積みし、良好な部分で三段残る。発掘された部分で泥溜桝と1B下水路の底面標高をみると、泥溜桝の方が約二〇センチ程深く掘られている。砂泥の沈殿が計られているのである。構造的にみると、泥溜桝と1B下水路とは一連のものとみることができる。

構築時期については難解である。調査担当者は、改修された1A下水路について、蓋石周辺の伴出遺物が一八四〇年代から一八五〇年代のものが多いことを指摘する。該当するのは、安政江戸地震（一八五五）であるが、坂下門前後で石垣が崩れたという記事はあるが、坂下門の修繕記録はない。しかし、西丸下の松平下総守や松平肥後守屋敷で多くの犠牲者がでたことを考慮すると、応急処置的な簡易修繕があったとしても不思議ではない。1B下水路と泥溜桝は、寛永あるいは慶長期までさかのぼる可能性がある。その間、坂下門は、元禄大地震で本丸・西丸諸門や和田倉門、馬場先門などと共に大きな被害を受けている。その時点で改修が行われた可能性もある。

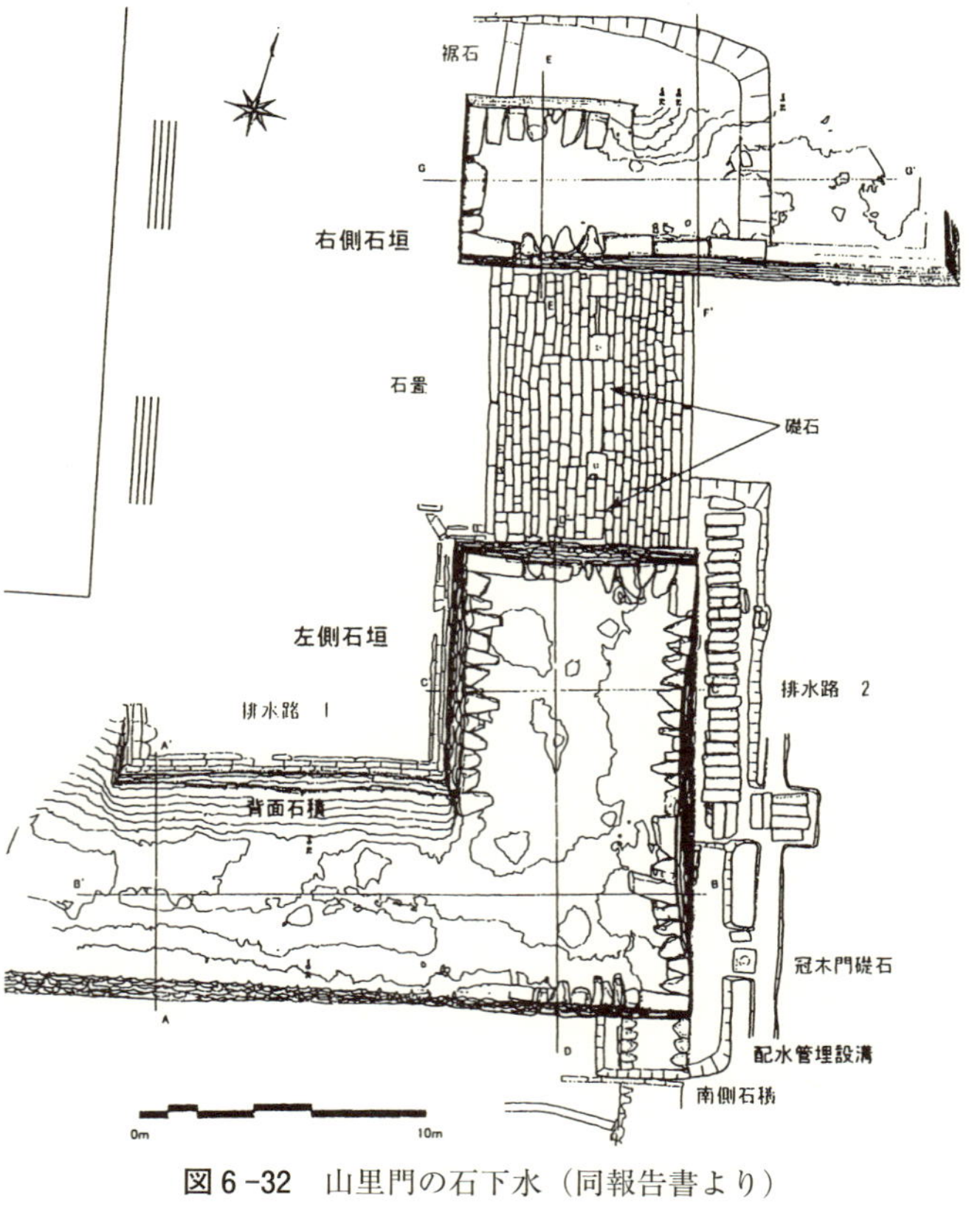

図6-32　山里門の石下水（同報告書より）

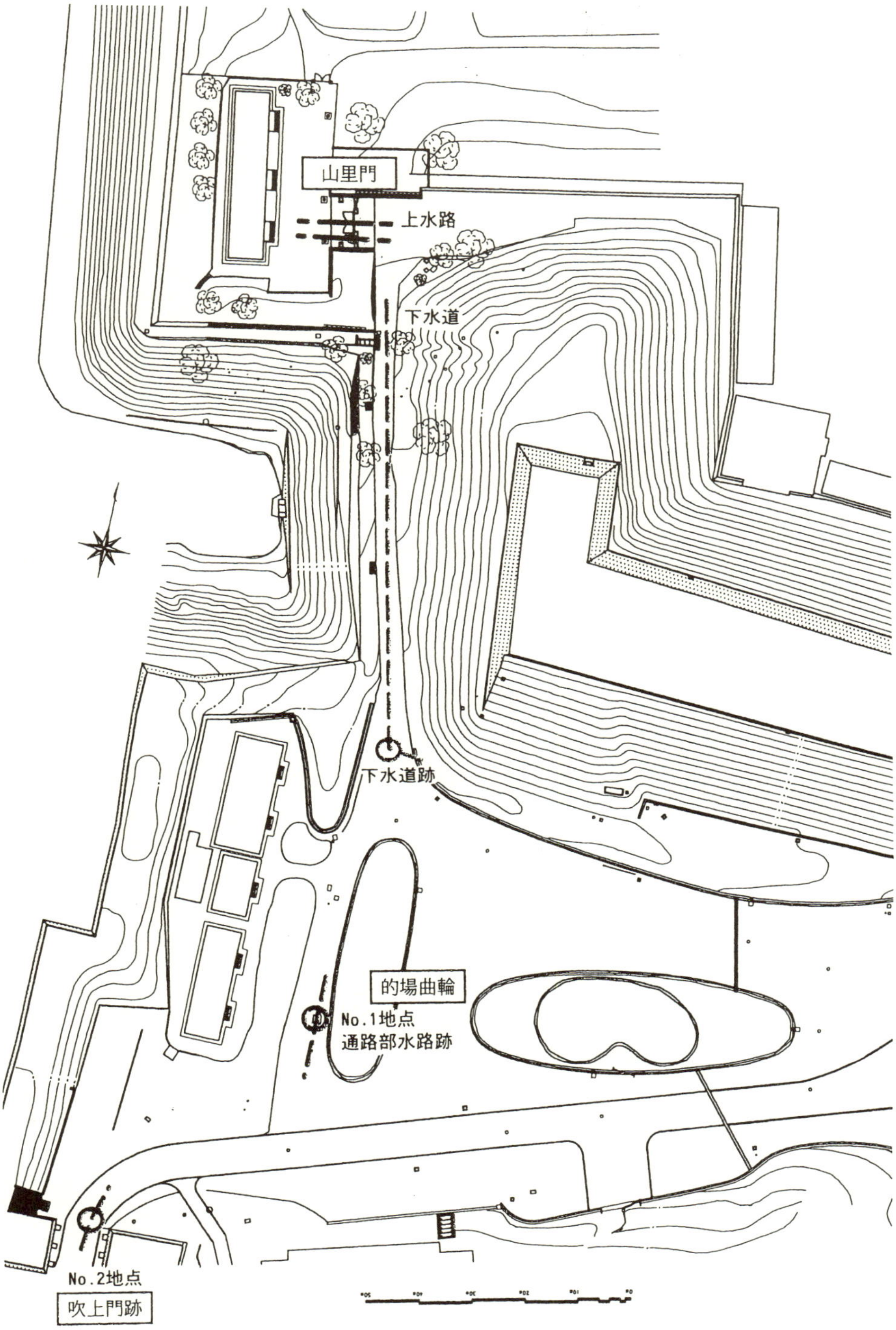

図 6 -33　山里門石下水と的場曲輪（同報告書より）

山里門の石下水　山里門は、西丸御殿の南西部、吹上門・的場曲輪から露地大道を経て高麗門が左折する枡形形式をとる。寛永六（一六二九）年、松平《（池田）》宮内少輔忠雄が命じられ築いたと記録されている。

発掘調査は、石畳が残る渡櫓門下をはじめ、枡形内、露地大道沿を対象としている。発掘された遺構は、冠木門礎石、渡櫓門下石畳と礎石、下水路二条、上水路五条等々がある。

下水路についてみる（混乱をきたさないため報文の名称を使用する）。排水路1は、枡形内の石垣沿いに巡らされており、雨水処理を目的としたものである。底石を配し、幅二五センチ、深さ一八センチを測る。排水路2は、石畳下の渡櫓門右側石垣沿を右折し、左側石垣沿から冠下門礎石手前で左折するもので、旧冠木門（高麗門）から露地大道方面へ延び吐水する。その構造は、底石を敷き、小面約三〇センチ程の間知石を三段積み、その上に切石による蓋を被せたものである。内法寸法で幅が四五〜五〇センチ、深さ五〇センチを測る。この下水路は、昭和まで使用されており、当時の面影を残すヒューム管の一部が検出されている。

本章では、上水道についても扱っているので少し加筆する。遺構は、石畳下で五条発掘されている。流路は前述したが、吹上門→露地大道→山里門→西丸へと向かう。吹上門の標高が二四・〇メートル、山里門で二六・〇メートルと約二メートルの比較差があるため、その間には埋桝を配置する。半蔵門外の石出桝で説明したが、埋桝内の入水孔を低位、出水孔を高位に穿孔し調節することで流路を確保するものである。また、敷設替えがあるので二路は考えておく必要がある。報告では、上水路1と上水路3がほぼ同一面で確認され、底面の標高をみると、上水路1が約二一・五メートル、上水路3が約二〇・九メートルになる。吹上門との関係でみると、二つの樋底は、地上ほど比高差がないのである。上水路は、木樋は残存していないが、そこで使用された船釘が出土している。上水路の規模は、上水路1でみると地表三・六メートルの位置で確認され、幅四〇センチ、深さ二五センチを測る。五条の上水路は、層位学的方法から新旧関係はわかるが、時間を特定することはできない。

清水門の石下水　清水門は、北の丸の北東部に位置する。元和六（一六二〇）年に修築され、寛永元（一六二四）年浅野但馬守長晟が改修を担当し、明暦大火で消失する。次章で述べるが復旧の銘が肘壺に彫まれている。明治維新後、近衛師団の営門として使用されていた。昭和三十六（一九六一）年、建造物を重要文化財に指定するに伴い門の破損が進み、枡形内の変貌が著しいことから、旧状に復元する工事が行われた。詳細は、文化財保護委員会から『重要文化財旧江戸城田安門、同清水門修理工事報告書』が刊行されている。内枡形内では発掘調査が行われ、大番所跡礎石、井戸跡、下水路跡が検出された。報告書には、遺構名がないことから、報告書内の断面図を使い図6-34に便宜上、名称を付けた。内枡形内の南西石垣沿を下水路D、井戸跡の北西石垣沿から大番所跡をめぐるものを下水路B、下水路Bを右折し、内枡形内中央を北東に延びるものを下水路D、大番所の南側から渡櫓門に延びるものを下水路F、渡櫓門の北側の雨落沿を下水路Hと呼称する。A・Cなどアルファベットが欠けるのは、同一流路内に複数の断面図があることによるもので大意はない。

下水路Bは、現在は排水路として使用しておらず、大番所跡西側で右

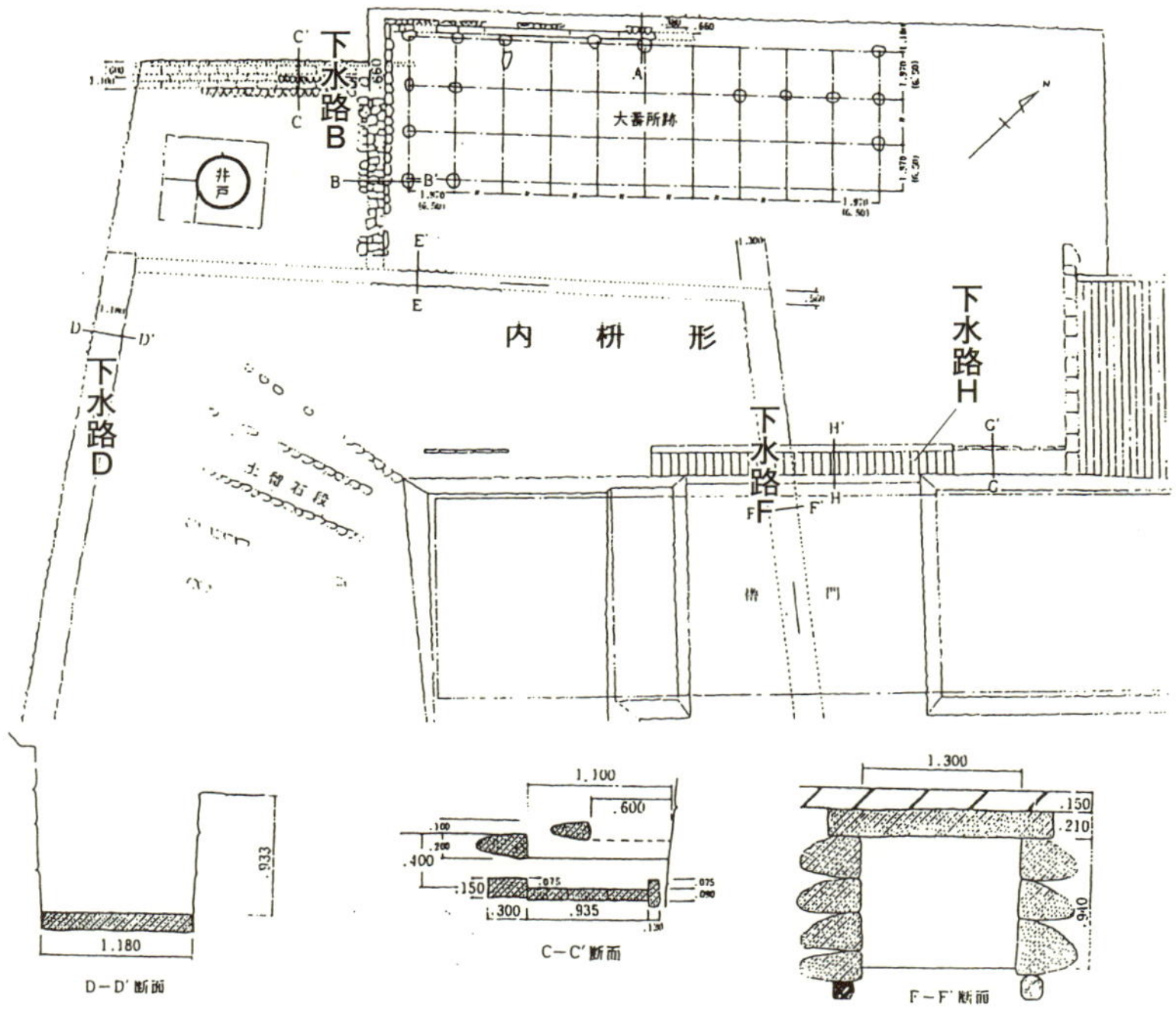

図6－34　清水門内の石下水（同報告書を改変）

折する。石垣下では底が割石を乱敷きにし、大番所隣りでは底石をもち幅約六五～七〇センチ、深さ約二〇センチを測る。また、石垣の底縁石下約二〇センチの位置から新たに安房石（幅約三〇センチ、長さ六〇～八〇センチ）三列を整然と並べた旧底がおよそ九メートルの範囲で確認されている。旧底は、枡形構築当初のものと考えられており、現状は新底に復元されている。下水路Dは、北の丸から清水門に下る石垣沿いに築かれているもので、現在も排水溝として使用されている。底石をもち、側石の一方を石垣、他方を間知石に切石をまぜて積んでいる。幅約一二〇センチ、深さ約九〇センチを測る。下水路Fは、下水路D（新）が右折するもので、暗渠で検出された。側石を間知石が並びその下には枕胴木が敷設されている。底はコンクリートに改修されており、幅・深さとも約五〇センチを測る。下水路Fは、内枡形内の下水がこの流路から外枡形を経て清水濠へ吐水するものである。枕胴木を敷設し、間知石を三～四段積み、蓋石を被せている。底は、コンクリートに改修されている。幅約一三〇センチ、深さ約九〇センチを測る。下水路Dは、渡櫓門背面の雨水処理を目的としたもので、門内を通過するので、その部分には蓋石が被せてある。下水路Bの改修時期が問題となるが、大番所跡に沿って構築されていることから、そのあたりが手がかりとなる。都立中央図書館特別文庫室所蔵『江戸城御外郭御門絵図』（六一九四-〇二）の清水門の絵図には、大番所が礎石と同位置に描かれてある。同絵図の奥書には、「享保二丁酉年十月　御作事方／大棟梁／甲良豊前とあることから、享保二（一七一七）年以前ということであろうか。ちなみに、同図には井戸や下水路は描かれていない。

3　史料に載る下水路

第八章で正門鉄橋の架設に伴う石垣改修で、二重橋正門下の下水路の敷設替えについて述べているが、『皇居造営録（下水）一～九　明治一六～二二年』（識別番号四四一三一-一～九）の九件の史料のなかに、旧江戸城の下水路を探るヒントがあるので、二件を紹介する。

西丸大手門の下水路　皇城造営に伴う石垣修繕は、第八章で詳述しているので省略するが、下水路の改修記録をみることにする。史料は、四四一三一二の第五號「大手石橋南部橋臺築造ニ付水吐萬年下水并石枡取設方受負申付之件伺」の案件と四四一三一四の第七號「大手御門下水取土樋伏設并泥溜桝共取設方仕様職ニ定雇使役概算之件伺」の案件の二つが該当する。史料の体裁は、案件につき概算金と入札があれば落札額と主要項目の内訳、設計掛あるいは工業部による仕様書と概算積書、関連図面、応札があれば応札状況と約定書、工事の着手・落成日等々からなる。ちなみに、第五號案件は、明治二十年三月二十六日に提出されたもので、西丸大手門をはじめとする下水を泥溜桝に集め、二重橋濠に吐水するための桝の改修と石樋の修繕。第七號案件は、明治二十年九月十日に提出されたもので、渡櫓門の雨水と西丸大手門と吹上門・御文庫間の雨水を大手門裏手の泥溜桝に集めるが、その桝の改修および、樋と土管への交換を目的としたものである。具体的にみることにする。

　第五號案件の仕様書には、樋と桝の規模が記されている。その部分を抜粋すると、

一　長延貮拾四尺　萬年水吐下水蛇口付　側石検知《ママ》石積底石玄蕃敷
　内法壱尺三寸四方　蓋岩岐石置渡シ

中　略

一　内法貮尺五寸四方　石蓋付埋石枡壱ケ所
　深サ五尺

以下略

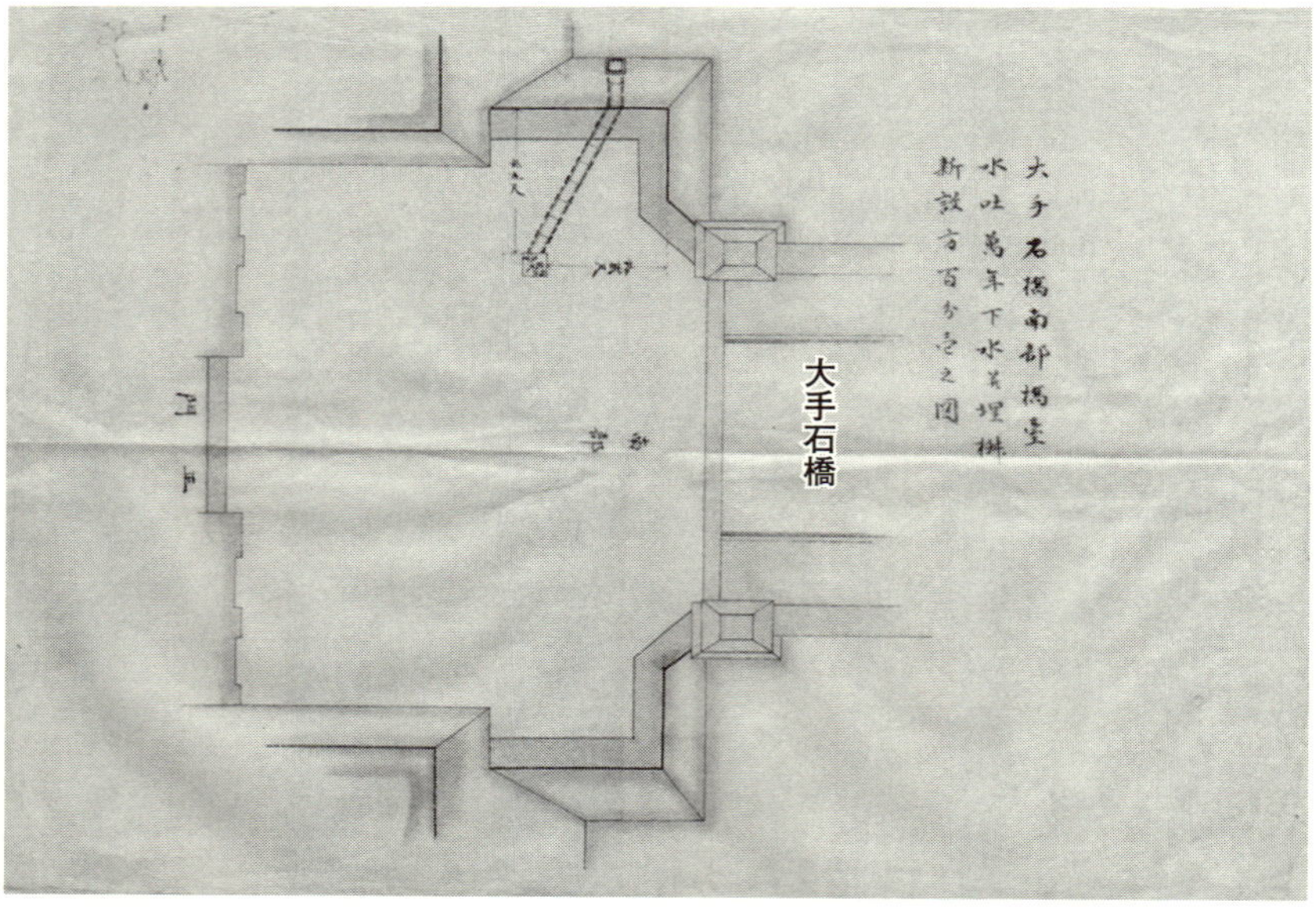

図6-35　大手門内の石下水（図6-35〜39：宮内庁宮内公文書館所蔵）

とある。これには二つの図面が付き、図6-35が平面図、図6-36が断面図である。泥溜桝は、正門手前の大手石橋西側親柱の延長線上、石垣端から一五尺（約四・五メートル）のところに蓋石が地盤下三尺の位置に敷設されている。根伐、割栗石地形を施した後、内法が二尺五寸四方、

深さ五尺の桝を切石で築いている。万年石樋は、間知石や底石の繋ぎにモルタルを使用するが基本的な構造は江戸時代のものを踏襲し、蛇口は濠の水面近く、内法が三尺四方となるよう切石四枚で築いている。概算金五九円五二銭一厘に対しておよそ半額となる三〇円四八銭で落札され、工事着手が同年三月二十九日、落成が六月三日と記録されている。

第七號案件の仕様書をみると、樋を土管に敷設替えを行うための根伐と八ヶ所の泥溜桝の改修（新造も？）からなる。図面は、図6-37の平面図一枚と埋桝三枚が付く。まずは仕様書の数字を抜粋し、その上で図面と照会する。

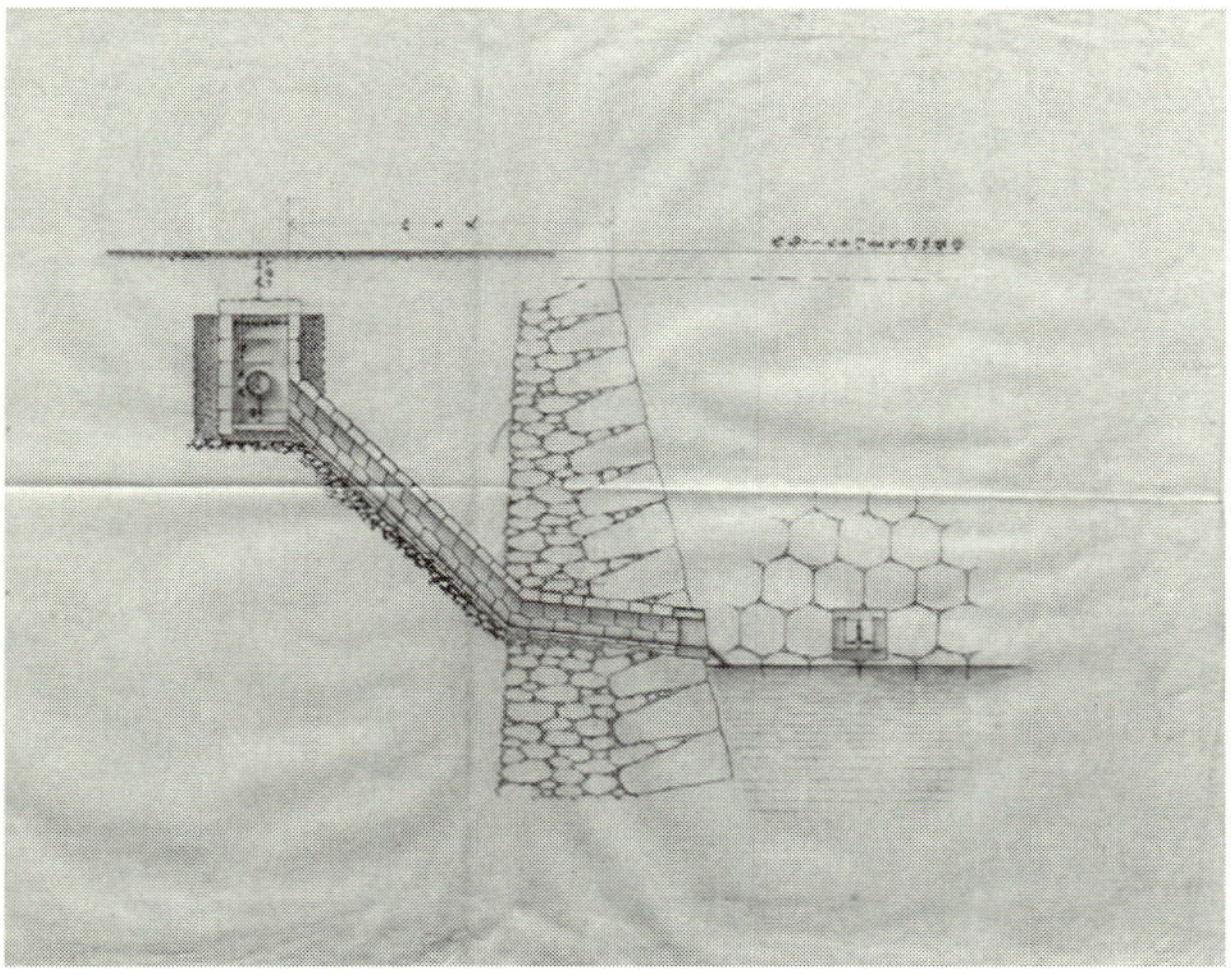

図6-36　大手門内の石下水・断面図

一長延五拾間六分　土樋埋下水根切
　内
長拾四間　巾四尺 深サ平均五尺貮寸　内径壱尺五寸土管根切
長拾壱間六分　同三尺 四尺四寸　同壱尺土管　同
長拾四間　同貮尺 三尺五寸　同五寸土管　同
長拾壱間　同貮尺 三尺　同四寸土管　同
大サ三尺八寸方 深サ七尺五寸　貮ケ所　石縁鉄鋼付叩仕立 泥溜桝根伐
大サ四尺五寸方 深サ三尺三寸　四ケ所　同
大サ四尺五寸方 深サ七尺八寸　壱ケ所　石蓋付叩仕立 埋枡根伐
大サ四尺五寸方 深サ八尺五寸　壱ケ所　同
〆
石工方仕様
外法三尺貮寸方 内法壱尺貮寸方　貮ケ所　泥溜桝石縁
　但シ蓋掛リ四方共〆り　掛リ壱寸 深サ壱寸貮分
外法壱尺八寸方 内法八寸方　四ケ所　同　断
　但シ蓋掛リ四方共〆り　掛リ壱寸 深サ壱寸
外法リ三尺六寸方　貮ケ所　埋桝石蓋
壱尺貮寸五分 大サ壱尺五分 厚六寸　四ケ所　渡櫓竪樋諸石
〆

とある。図6-37の平面図と照会する。泥溜桝の主要なものは、四ケ所あり、門柱の中央下を南と北に敷設し、北側は前述の図6-35の泥溜桝と土管で連結する。さらに、南側は、東西に渡櫓の雨水と大手門から吹

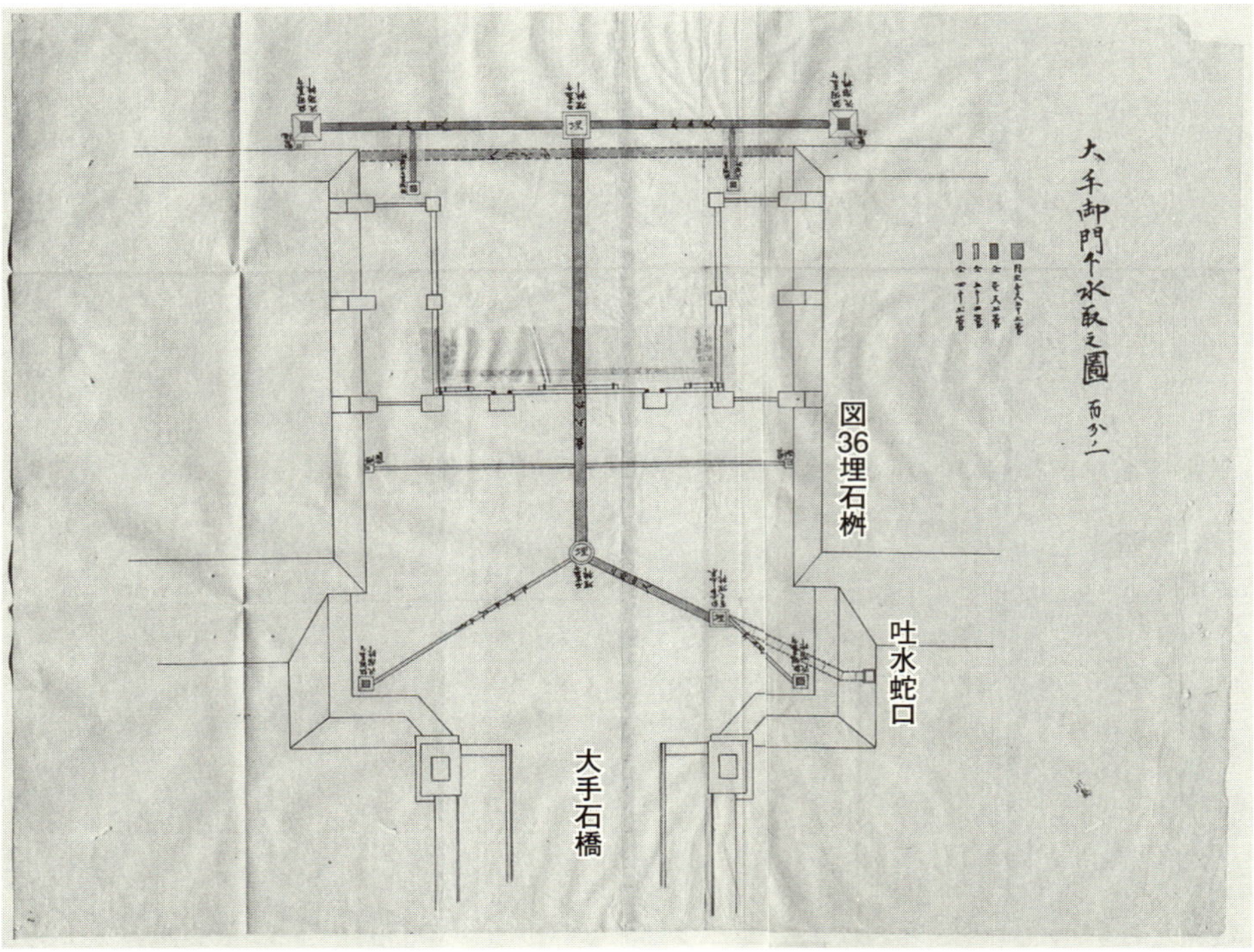

図６－37　大手門内外の石下水

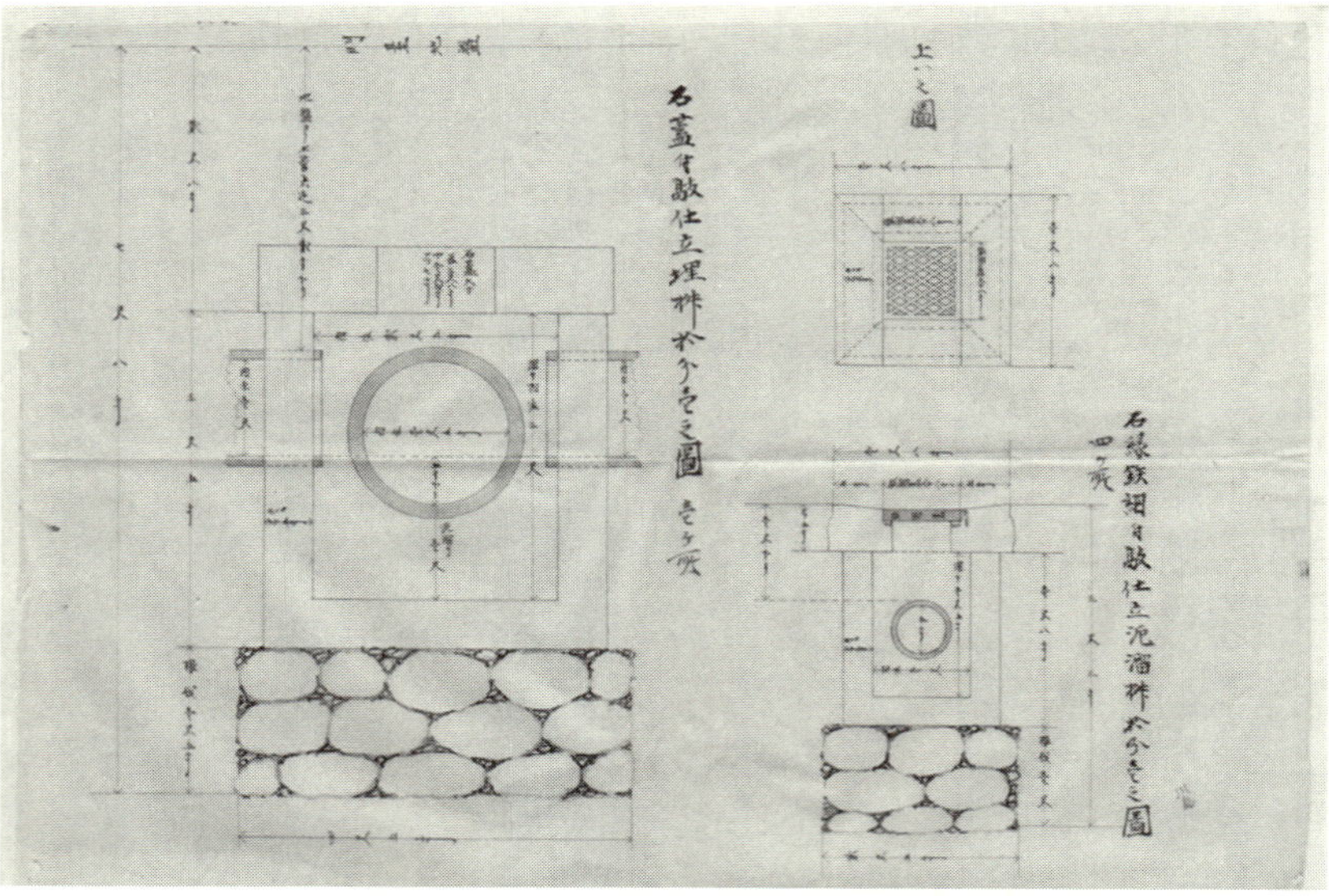

図６－38　大手門内外の石下水断面図

上門側の儀仗兵屯舎までと鉄橋までの土手際に敷設した薬研形下水路で集めた雨水を二つの桝で受け、中央の泥溜桝へ送っている。このほか、門柱の南側と石橋を渡り左右隅に小型の泥溜桝を敷設している。この四カ所の泥溜桝は、江戸時代には山里門の事例のように桝の代わりに枡形内の石垣沿に排水路を敷設していた可能性がある。竪樋は、渡櫓軒先の雨水を樋が垂下しその請石となるものである。渡櫓の下面と背面に各二カ所敷設している。古写真の竪樋がこれにあたる。図6-38は、中心的な埋桝の断面図である。土管がかつて石樋であり、石桝も間知石や切石で築かれていた。中之門や坂下門の発掘された泥溜桝を好例としている。主要な泥溜桝は、構造こそ異なるがほぼ同じ位置に敷設していたことが考えられ、当時の下水路を考える上で貴重な史料であるといえる。

参考までに『皇居造営録』のなかで西丸渡櫓門南側の泥溜桝に通ずる下水路・吸込桝・出桝に関する史料は、四四一三-七の第四號「大手御門内ヨリ吹上御門内迠地盤水取埋込土管下水伏設方仕様并ニ経費概算伺」の案件、第一三號「大手御門ヨリ儀仗兵屯所迠土手添及吹上御門内御文庫前円庭水取石下水取設方経費并申付義伺」の案件、四四一三-八の第七號「大手御門内ヨリ鐵橋南部ヘ薬研形石下水取設方仕様及経費概算之義伺」の案件に収録されている。なお、西丸大手門と大手石橋の改修前の下水吐口に関する古写真が存在する。宮内公文書館所蔵「市川之雄寄贈　吹上御苑之部写真他」（識別番号三二四〇六）には、撤去される高麗門と木製下乗橋の直下から、排水が流れている様子が写し出されている。すなわち、大手門正面の真下に吐水蛇口があるのである。西丸大手門が正門となることで図6-35・36へ変更している。

西丸元治度仮御殿の石下水　本章図6-16を用いて元治度の表中奥の上水道、泉水、下水道の関係について述べたが、大奥については全く不明であった。その手がかりとして、『皇居造営録（下水）一　明治十六～二十二年』の第四號「モルタル製煉所前在来下水掘起シ并ニ跡埋方共受負申付之儀伺」の案件がある。明治十八年五月十三日に提出された史料で、周知のように明治宮殿は元治度仮御殿を使用していた。しかし、明治六（一八七三）年五月五日、女官部屋から出火し、全焼する。以後、宮城造営に至るまでは、そのままの状態であった。図6-39は、「旧西丸内モルタル製錬所脇在来検《ママ》知石下水掘起シ所之図」の内題をもつ平面図である。左上が大きく湾曲するが坂下門に至る。中央上位、階段の上に旧太皷櫓が描かれている。中央に二条「掘起之分」、小さく「石下水」の文字があるが、ここが案件の対象となる部分である。本図は略図であるが、図6-14の元治度仮御殿全図と対比すると、右手長い石下水が図6-14の中奥の土蔵沿に西から東へ延びる石下水となる。したがって左手は大奥の石下水となる。仕様書をみることにする。

一長延貮百三拾六尺 高三尺　石下水　壱ケ所
　此面坪拾九坪六合六夕七才
一長延百五拾尺 高平均壱尺五寸　同　壱ケ所
　此面坪六坪貮合五夕
一長延百九拾三尺　平均巾六尺 深貮尺五寸　堀崩跡埋立方
　此土坪拾三坪四合〇三才

以下略

とある。二三六尺（約七一・五メートル）の石下水が図6-39の右側下水路、一五〇尺（約四五・五メートル）が左側下水路となる。左側の旧大奥石下水は、中奥よりも二五メートル以上短かく、しかも浅い。問題は、この位置である。『西丸大奥総絵図（嘉永度）』（六一八二-二）では、大奥の中庭に三カ所の泉水が描かれている。表中奥では、西丸掛の

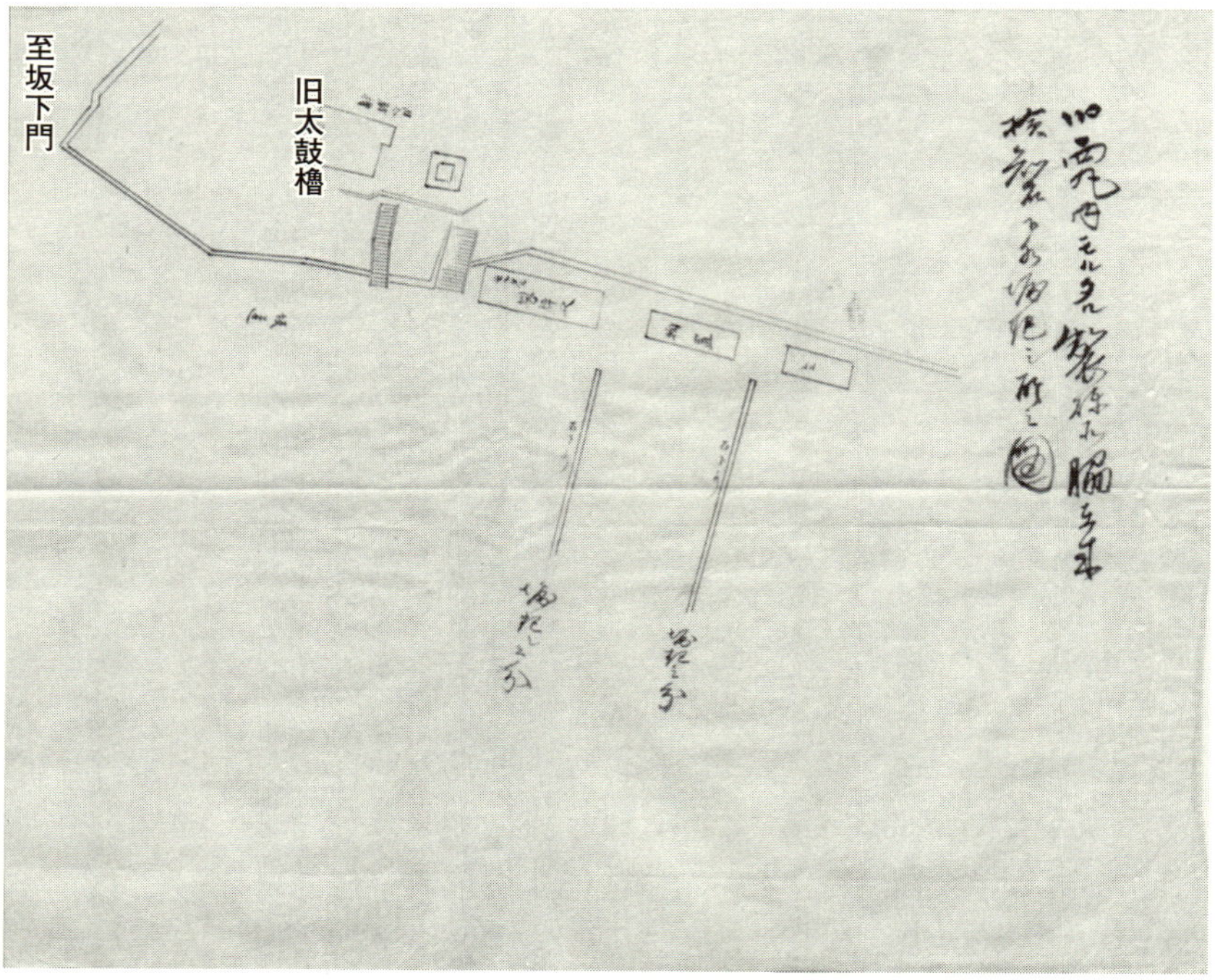

図6-39　旧西丸大奥の下水路

泉水に給水した後、一筋が石下水に入ることを指摘した。これを参考にすると、大奥の対面所（泉水が有）の東側中庭から延びるものといえる。図6-39は略図のため、間隔は不明であるが、二つの石下水間には中奥と大奥とを区切る土蔵列が存在したということであろうか。

第七章　災害と江戸城

日本列島は、四枚のプレートが被い、世界でも有数の地震大国であることは、周知の通りである。なかでも関東地方は、それらプレートが重なりあい、そのため大地震が発生しやすい地域の一つでもある。江戸時代に限っても、元禄大地震や安政江戸地震などが起こり、多くの犠牲者と被害をもたらした。

また、東京低地は、低く凹凸の少ない地形であり、そこに流れ込む隅田川、荒川、中川、江戸川は、通常、比較的流量の多い河川であるが、一度、大雨が降ると各河川が氾濫し、大洪水となることも少なくなかった。それは、江戸時代に限ったことではなく、明治四十三（一九一〇）年の大洪水、大正六（一九一七）年の東京湾台風、昭和二十二（一九四七）年のカスリーン台風など、当地が大洪水の発生しやすい地形であることを示唆している。

江戸は、火事が多いことでも有名である。吉原健一郎氏によると、江戸では一七九八件の火災が発生し、五〇年ごとに区切ると十八世紀以降急増するという。人口が一〇〇万人を超える世界有数の都市でもある。今日のような防火設備が完備していない当時、火災にも大小あるが、明暦三（一六五七）年一月十八・十九日の振袖火事や明和九（一七七二）年二月二十九日の行人坂火事のような大火もある。

火事は人災であるが、地震・風水害は自然災害である。本章は、明暦大火、元禄大地震、享保二年の風水害を取り上げ、江戸城の被害と復旧、幕府の対応について論ずるものである。

一　明暦大火と江戸城

明暦三年一月十八日、本郷丸山本妙寺から出火した火事は、またたく間に湯島、駿河台、日本橋、霊岸島、鉄砲洲、佃島を焼き払う。それは、深川、木挽町にも及ぶ。一度は鎮火したかのように思われたが翌十九日、巳刻（午前十時頃）、小石川伝通院の下、新鷹匠町大番衆与力宿所から出火、折からの強い北西風に煽られて、またたく間に延焼していく。火は、北神田から牛込、田安、神田橋、常盤橋、呉服橋、八重州河岸、大名小路、大手前、さらに江戸城も本丸天守から火が入り、本丸・二の丸・三の丸は全て全焼する。同夜、麹町五丁目の町家から再び出火。外桜田、西丸下、愛宕下から芝口まで延焼し、翌二十日朝になりようやく鎮火する。俗にいう振袖の火事である。

一連の火事で、江戸市中のおよそ六割が罹災し、焼失した大名・旗本屋敷は九三〇余、寺社三五〇余、橋梁六一、死者は一〇万二〇〇〇人程といわれている。史料から、その様子をみることにする。

史料に記された明暦大火　『むさしあぶみ』『後見草』『天享吾妻鑑』『千登勢の満津』など、明暦大火の様子を綴った書物は数多くある。ここでは、江戸城に焦点をあて紹介する。

亀岡岩見が著した『後見草』には、

……未昼八時の頃より、高挑灯にて皆々行通ひ申候也。然る處所々の鉄砲玉薬に火移り申候哉、天地響、御屋倉の焼落る音すさまじく言葉にも難及、烟の内火先むら〳〵と相見へ、八半時頃かと覚候節、上様、蓮池御門の方へ被為成候と相見へ、足音夥敷女中も皆〳〵御跡先へ西の丸の方へ参らるゝ體なり。御本丸二の丸に相詰候上下皆〳〵行先は成次第にいづれも西の御丸の方へ罷越、自分も人数を連れ、先西の御丸御臺所御門下迄罷越申候。御本丸南方御多門富士見御矢倉に火移り、大廣迄焼申候節は、中々たへがたきあつさに而、得たまり不申、坂下御門外に先出見申候。人馬夥しく漸諏訪部殿御預り御厩前堀に附、夜を明しこの時腹中すき申候而、思ひ出し母の給り候餅の堅く成候を爰にて給申候。西の丸下馬先、外櫻田御門までの内に少々西の片輪焼残り、唯今阿部様間部様などのやしきの所、筋違に馬場先御門の内は皆やけて、西の丸下馬邊下櫻田まで詰め申候。人数十萬人も上下にて可有之處、天道の御憐み、第一東照宮の御防き、にしの御丸へ不思議に火移り不申、上下数萬人、此所にて命助り申候。上様は、井伊掃部頭赤阪のやしきへ御成可被遊御沙汰も申由相聞たるより見て驚申事計也。今日御本丸に火移り申候事、此火事迄ハ、田安御門の内、竹橋の内、半蔵御門へ吹上御門外迄、御譜代大名又は諸役人数軒・侍やしき立並ひ、北刎橋西挽橋紅葉山下御門迄、侍やしき立込、御本丸の間は、御堀幷六七間の道幅計なり、殊に屋敷の方には時の地形高く、御本丸へ吹来る火粉雨のことし、御天守二重目の銅窓の戸内より開き、是より火先吹込、移り申候よし。兎角到来の大火事と人々申しけり。吹上御門の外に、御三家様御上やしき有之、不思議に焼残り候茂、其節迄御鹽消蔵あり、是ニ火入不申、御天命に御叶ひ申す。此御三家御上屋敷を御借り、左馬頭様右馬頭様火事後被為入候。代官町西の土手際に、久世大和守との屋敷、風吹廻し能く、土手際故一軒残り候由風聞なり。御厩前にて立すくみ、こゝへ苦敷漸〳〵に夜明に、外さくらた御門外に出、御堀端日比谷御門に懸り、今櫻田御殿・松平陸奥守との上やしき、是等は疾やけ、火の内に飛越〳〵数寄屋御門に掛る。御門株木扉焼落たをれ、此所は通る事不相成、鍛冶橋は焼落、鍋島喰違御門へ廻り、土手へ上り芝の方を見候に、増上寺御本堂計り相見候。その外札の辻邊まで焼續き候様に相見へ申候。（以下略）

とある。長文になったが、江戸城は、西丸と吹上を除き北の丸、本城の本丸・二の丸・三の丸は全焼し、周囲も一面焼野原となったことがわかる。史料にも記されているが、西丸御殿と紅葉山が火災から免れたことは、正に奇跡である。

江戸中が焼土化するなかで、この大災難を吉事ととらえ、復興に全力を尽くすことを進言した記録も残る。『元延實録』には、

昨廿二日ゟ今日迄、在江戸の大名並諸旗本諸番頭迄悉参城、伺御機嫌老中皆出て有會釋。此時大久保玄蕃頭進出て申て云。今度之火災

は、将軍家の御為には御代長久の御吉事と乍恐目出度奉存候、其故如何となれは往昔を案するに、東照宮は御幼少之時ゟ自ラ刄を取給ひ、一日片時も御身不安、度々の苦戦に而大敵あまた討滅し終に天下を安掌握し給ひて秀忠公家光公當将軍家迄四世、天下安穏なるは偏に東照宮の御威光の輝所ニ、尚将軍家は御生なからにして天下の主に成せ給へは、世の盛衰民の愁を不被知召、然所不慮に此火災起り、實不實をも有上覧上は、自今以後御政道の助とも可罷成御事と存候へは、是御吉事也、其上天道は盈を闕、四代の御富貴御栄耀既にみちたり、今度闕たり、自是天下安全、御代長久疑なし庶民の家屋は、一両月を不経して昔のことく作り出さん、更に無不足と申、老中大に感心す。

と記されている。昨廿二日とは、本丸が焼失した三日後の一月二十二日にあたる。諸大名達は、御機嫌うかがいで西丸御殿に登城している。変わり果てた周囲の景観を余所に、大久保忠成の力強い進言である。被害状況の把握と復興に向けての計画が急がれることになる。

1　復旧と大名の手伝普請

復興に向けての経過　未曽有の大災害からの復興は、前途多難である。記録から、江戸城復興の経過をみることにする。

・明暦三年一月二十六日、幕閣が宝蔵の焼跡を巡視。腰物・脇差のうち、豊後藤四郎や三吉正宗など多数焼失。三〇腰入の二〇箱のうち、持出は五箱とある。

・一月二十七日、北條安房守氏長と渡邊半衛門の両名に城中并府内惣絵図の作成を命ず（絵図は現存せず）。西丸下の馬場先門へ八重洲河岸より仮橋を架す。翌日、虎ノ門その他の焼失した仮橋・木戸の普請を命ず。木戸・仮橋は、三月二十八日までに竣工。

・正月二十八日、予備工事として牧野飛騨守忠成と岡部美濃守宣勝に白鳥濠の一部埋立と高石垣、西・北桔橋の石垣修築を命ず。十一月中に竣工。

・二月六日、大老以下、幕閣が本丸火災後の状況を視察。

・二月七日、越谷御殿を二の丸に移設することを阿部備中守定高に命ず。四月二十一日仮殿上棟、大奥造営が六月八日着工、八月十二日竣工。二月七日は、稲葉美濃守正則と松平若狭守康信に塩硝蔵跡、戸田采女正氏信に棒・持籠・鍬の持出を命ず。同日、絵図に関する幕閣の会議。

・二月十日、本丸御殿の造営を延期し、同年中は予備工事、本格的には翌年とする。これは、諸大名・旗本の罹災が多く、その復旧のためでもある。二月十二日、将軍家綱の本丸巡覧。

・三月四日、松平伊豆守信綱・阿部豊後守忠秋本丸を巡視。

・三月五日、本丸造営の惣奉行に久世大和守廣之、作事奉行に牧野織部正成常らを命ずる。

・七月二十七日、家綱二の丸巡覧。

・九月朔日、小十人組衆の武田藤右衛門政盛以下一四名を常陸・相模・伊豆・駿河・遠江・信濃・三河・武蔵の用材伐採の目付を命じ、良材の確保にあたる。これに先行して、二月、山内対馬守忠豊の御代徳昌院より材木六千本の献上申出。

・九月二十七日、諸大名に助役を命ずる。
・明暦四年二月より、本格的な手伝普請の開始。（以下略）

となる。本丸御殿の改修は、明暦大火の前年、明暦二年八月二十七日の風水害を受けて、同年九月九日、久世大和守廣之・船越伊予守永景・牧野織部正成常らに命じ、西丸と共に着手する予定であった。明暦三年正月十一日に釿始《ちょうなはじめ》を行い、同時に、西丸御殿の修理に着手しはじめた時に被災することとなったのである。平時であれば、そのまま進行するところであったが、非常事態に計画の見直しを余儀なくされた。その結果、本丸御殿の造営を翌年に、二の丸御殿を緊急に越谷御殿から移築することで、乗り切ることにしたのである。

諸大名の手伝普請　江戸城復旧では、初年は準備期間、翌明暦四年に城廻りの石垣修築と本城・北の丸の城門整備、万治二年に本丸御殿造営という経過を辿る。それをまとめたのが表7-1である。

明暦四年に着手する石垣普請のうち、天守台の修築を担当した前田綱紀の手伝普請については、第三章で述べたので、そちらを参照していただきたい。一つ補足すると、現存する天守台使用の花崗岩大石を天神濠から梅林坂を上げた時の逸話が『松雲公夜話』に記されている。

七月二十九日ばいりん坂の邊、石垣を崩し申所へ大石を引懸候處、石少々ひづみ鳶の者役小者・坂よりなだれ候て、多くあやまちいたし、死人も御座候。此所にも小屋懸り申候。後には神田橋邊の小屋はこぼち申候由、右同時に拝聴仕候。

とある。前田家が北東の角石を据えはじめたのが七月一日。角石十二～十三個引上げ据えたのが八月十八日。つまり、三〇トン以上あろうかと思われる大石を巻車で上げている時の不慮の事故ということになる。

石垣普請で二点加える。一点は、丹羽光重の担当箇所は、史料から『丹羽家譜』では「第三門（鍮赤《中雀》門）ノ石壁及ヒ両櫓を課営ス」とあり、

表7-1　明暦大火後の江戸城復旧、大名手伝普請一覧

手伝	大名	城・石高	普請場所	着手	竣工
石垣普請	小笠原信濃守長次	豊前中津・八万石	本丸石垣	万治元・二・四	万治元・十・十二
	中川山城守久清	豊後岡・七万石	本丸石垣		万治元・八・五
	本多内記政勝	大和郡山・十五万石	梅林坂・坂下門台・他	万治元・二・十五	万治元・九・一
	細川越中守綱利	肥後熊本・五十四万石	蓮池喰違・中の門・他	明暦四・三・十二	明暦四・七・十八
	前田加賀守綱紀	加賀金沢・百二万石	天守台	明暦四・五・四	万治元・十・九
	丹羽左京大夫光重	陸奥二本松・十万石	玄関前・中雀門・他		万治元・九・四
	森内記長継	美濃津山・十八万石	(二の丸石垣)		万治二・四・十一
石材輸送の通路	戸田采女正氏信	美濃大垣・十万石		明暦四・四・十五	
	奥平美作守忠昌	下野宇都宮・十一万石		右同	
	松平備前守隆綱	相模玉縄・二・二万石		右同	
	三浦因幡守正春	上総大多喜・一・六万石		右同	
作事手伝	松平大和守直矩	越後村上・十五万石	広間手伝	万治二・二・十一	万治二・九・二
	伊達大膳大夫宗利	伊予宇和島・七万石	対面所手伝	右同	万治二・九・十一
	脇坂中務少輔安政	信濃飯田・六・三万石	黒書院手伝	右同	万治二・九・十一
	池田備後守恒元	播磨山崎・三万石	遠侍手伝		
	松平山城守忠國	播磨明石・六・五万石	三重櫓・御主殿手伝	万治二・二・十一	
	松平伊賀守忠晴	丹波亀山・三・八万石	御座之間・三重櫓手伝	右同	
	植村右衛門佐家貞	大和高取・二・二万石	化粧間手伝	万治二・二・十一	万治二・九・十一
	亀井能登守茲政	因幡鹿野・四・三万石	台所手伝	万治二・二・二十二	
	九鬼孫次郎隆昌	摂津三田・三・六万石	御方様（大奥）手伝	万治二・二・十一	
	眞田右衛門幸道	信濃松代・十万石	客間手伝	明暦四・七・十四	
作事(門・櫓)	相馬長門守忠胤	陸奥中村・六万石	大手門・二之丸門・他		万治元・十一・六
	内藤豊前守信照	陸奥棚倉・五万石	梅林坂門		万治元・十二・一
	水谷伊勢守勝隆	備中松山・五万石	本城三重櫓		右同

『慶延略記』には、「御玄関前石垣。中着（雀）御門土臺。御門石垣」とある。どちらも同じ位置を示したものである。それらに加えて後述する『鈴木修理日記』宝永元年三月廿六日の条に、

一大手之石垣之石ニ左之通書付有之。

明暦戊戌七月十二日

丹羽左京大夫光重築之

と記されている。元禄大地震で大手門の復旧を担当した松平右衛門督丁場で発見されたものであるが、丹羽光重は、大手門石垣も担当していたことになる。ちなみに、同所の作事も担当したものと思われる。

一点は、細川綱利が命ぜられた丁場として、蓮池喰違門台・中之門台・二の丸門台・内大手（大手三之門）門台・下乗橋台が知られている。そのうちの中之門台に関して、近年、発掘調査によって新知見がもたらされている。同所は、石垣のはらみが顕著なことから、来苑者の安全を考慮し、宮内庁管理部によって修復工事が実施された。その成果は、『特別史跡　江戸城跡　皇居東御苑内　本丸中之門石垣修復工事報告書』として刊行されている。この修復工事では、発掘調査も併行して実施され、櫓台の構造をはじめ学術的な多くの情報が寄せられている。報告書をみると渡櫓台は、三期の築石面をもつことが記されている。三期とは、①明暦大火以前、②明暦四年の細川綱利による修築、③宝永元年の松平右衛門督による修築となる。①の上面からは焼土層を整地した面が検出され、そのなかから古「寛永通寳」九枚が出土している。②と③の石垣を修築した時点での境界は、報告書に示されているが特定することは困難と言わざるをえない。報告書では、②時点の刻印として「〇」印をあげ、それを藩士の菩提寺である禅定寺の墓石に刻まれた符号から、三宅角左衛門・南条元宅・並河志摩守等々の整合性を指摘されている。しかし、本書第二章で述べたように、「刻印」本来の目的は寛永度までであり、それ以降は、特定の刻銘石を除いて施す必要性が薄れると考える。したがって、細川家の家臣が旧来の目的で刻印を施したと考えるには検討を要するものと思われる。②・③期の石垣の区別は難しいが、石垣を積み上げる上で敷金が用いられることは周知の通りである。報告書をみると、②では銅製敷金、③では鉄製敷金（十字型）と時間軸による材質の相違が指摘されている。③は、次節で述べるが修築を担当した松平右衛門督刻銘石が鬼門と裏鬼門の位置から発見されたことで、元禄大地震の復旧によるものであることは間違いない。その際、中之門では、五七個の隅石を足石としている。ここでの足石とは、新石への交替を意味する。元禄大地震の復旧の際の石垣図面がないことから特定することができないが、『石垣築直シ銘々場所帳』を読むと新石の大きさについて「面貮尺五寸ゟ三尺余迄／長五尺ゟ六尺余迄／扣三尺五寸ゟ四尺余迄」との記述がある。石材についての記述はないが、大きさを頼りに、元禄大地震の復旧で積み直した部分を再度、検証してみると報告書とは異なった見解が得られるかも知れない。

表7-1の諸大名の助役をみると、石垣普請と作事手伝では、石垣普請の方が負担が大きい。それは、細川綱利・丹羽光重の場合、渡櫓台の石垣修築だけではなく、その上に建つ作事も担当したことによる。前田綱紀も天守台修築だけではなく、当初、天守造営も予定されていた。

本丸御殿の造営は、万治二年正月十一日鋸初、大名の作事手伝は二月

十一日にはじまり、五月十五日柱立、八月三日竣工。八月二十九日に日光後門跡と毘沙門堂門跡による安鎮祈祷の順で進行する。将軍家綱が本丸御殿に入るのは、九月五日のことになる。

松平大和守直矩をはじめとする一〇名の大名による作事手伝は、一万石に付五〇人の夫役であった。一〇家の知行が六七万石であることから、夫役は一日あたり三三五〇人を課したことになる。慶長・元和・寛永の公儀普請では、諸大名が幕府の命令よりも大幅に夫役の増員を行ったが、この時も同様と考えられる。

本書では、御殿の造営・修築において作事方の実質的な中心人物は、大工頭や大棟梁など触れているので、同じ視点でみることにする。組織の代表的な人物には、御大工に木原内匠と鈴木修理、御被官頭に片山七三郎と大石忠左衛門、御被官に清水弥右門以下一六名、棟梁頭に平内大隅《（甲良）》・瓦豊前・鶴飛驒が任じられたと『柳営日次記』は伝えている。

相馬家の手伝普請　相馬家は、明暦大火の復旧では、内大手門（大手三之門）・二之丸門・汐見坂門・富士見下門（埋門）・蓮池喰違門の五箇所の作事を担当する。『相馬家記録―御本丸内追手二之御丸鹽見坂富士見下蓮池喰違御門作事入用帳―』に詳述され、『東京市史稿』皇城篇第貳に紹介されている。そこには、

一、桁行六間半。梁間五間半。　内追手御門

此坪数三十三坪貳合。六尺五寸四方坪之。

此大工三千貳百七拾人。壹坪ニ付九十八人半宛。

右之仕様、表冠木同大柱脇柱寄懸、同くゝりの上落懸共ニ槻、四方筋金打。同くゝりの上寄懸柱の間ともニ槻あせりはめ、同隔大扉かまち槻、中の子檜、貫四通、裏板槻、筋金打、肘坪三ツ、釣関貫海老鎖有り、同両くゝりの扉かまち槻、中子檜、同裏板槻、筋金打、肘坪二ツ釣。海老鎖有り、裏冠木持柱。中冠木持柱。同所よせかけ柱共ニ槻。大貫三通宛、御門之内、西東大貫の間、戸四本宛、金庫かけ、敷居の溝に敷金打、鴨居の上ゟころはしの下迄、檜厚板はめ、金釘を立違はき、同石垣の方、檜厚板大はめ、合釘を立違はき、たうふちあり、かけ冠木、冠木持柱とよせかけ柱の間、両方共ニ居石ゟころはしの下迄檜厚板はめ、合釘を立違はき、同両方共ニ、下の大貫の上はに、槻大板敷有、下の蹴込はめ、地福共ニ槻、同ころはし、同上の根太敷、檜、何もかんなけつり、同表冠木中冠木持柱寄懸柱共ニ銅の敷金、同上下に逆輪金物有之、扉の下蹴放し、裏表雨落の葛石、并に御門のけ込石共ニ見影長石ニて切合敷、同け放し石ゟ表葛石の同、見影大石ニて切合、一段鷹木に上け、切合敷。同御門之内ねり土。

一、拾四間。三尺二寸五分。　同所裏表間庇木地土瓦葺。

此大工九十八人。但壹間付七人宛。

右之仕様、ころはしの木口へ軒桁を仕合、ころはしのはなを桁へ打通し、ころはしのはな逆輪金物ニて包、同ほその木口桁共ニ銅金物有、間庇垂木渡り櫓の柱へ、平物ニてたる木かけを仕たる木の尾を打通し、樫木のせんを打かため、かやおい裏輪化粧裏板両破風垂木共ニ檜鉋削、同瓦座瓦にくり合、二重屋根、化粧裏板の上に野たる木野裏板打、同金物ニて柱へ釣申候。

一、桁行貳拾四間。梁間五間七寸。同所渡り矢倉屋根土瓦葺。

此坪数百貳十貳坪半。但六尺五寸四方坪也。

此大工七千九百六十二人半。但臺坪ニ付六十五人宛。

右之仕様、四方出し、桁出し肘木作り土臺有、外長押貳通り、貫五通り、外大壁、内間壁白土塗、下ハ大引を土臺へ仕合、根太打惣板敷、裏表拾四間、大隔子かまち指廻し、立木槻にて、壹間ニ六本宛外方銅包其上をしつくい塗、外ニ銅の懸戸、つき上ケの棒、鴨のはし有、内槻あせり戸、金車かけ、外しつくい塗、北東の窓の立子、槻ニて三本宛、外銅包其上をしつくいぬり、同戸脇槻あせりはめ、何も敷居槻にて、溝の敷金同水抜の金物有、南西折廻し、高さ壹間宛の杉板はめ、付鴨居地敷居有、同大戸壹口、同中仕切三間ニ本戸、同内の仕様、中引物にて、持放し、中程の柱に、上下共敷金まき金有、大貫梁間中柱へ通し、かわの柱へ打抜、樫木の大せんにてかため、敷桁にはりをくみ合、梁はさみ三通り入、小屋筋違打、垂木つきくたし、かやおい裏輪、同瓦座に水抜、金物壹間に壹つ宛有、軒なます尾いたし、うら板土居葺まき竹有、同鴟吻堅め、平物を指、棟に仕、下に指梁を入、樫木の真木上下へ打通シ、こみせんをかい、同しふんの頭に、木をしかせ、銅ニて包、両妻破風懸魚ひれ壁板共にしつくい塗、其上を銅の黒板ニて惣包、釘隠銅の打物。

（中略）

小以大工壹萬貳千百六十七人半。木挽三千九百拾壹人。

とある。詳細な仕様とともに、復旧箇所の面積と大工の人数が記されている。小計にあたる部分に大工人数と木挽人数が記されている。木挽は、別所で作業をすることから新たに加わることが理解できる。しかし、大工数は三項目の合計が一万一三三〇人半であるのに対して、小以……では一万二一六七人半と八三七人の差がある。この数字の差は、別所で下拵を意味するものであろうか。ちなみに、渡櫓での大工手間本途は、一坪（京間）あたり六五人とある。第五章で大工手間本途について述べたが、「大御門」の項目で比較すると、享保二年の『工手間附』（同所七〇人）よりも幾分低い格となっている。もっとも、木挽や数人の不明な大工数を加えると反対に増加するのであるが。以下、仕様を除き、大きな項目のみをあげると、次のように記されている。

一、桁行三拾三間 梁間三間。　内追手多門屋根土瓦葺。

此坪数九十九坪。但六尺五寸四方坪之。

此大工四千四百五十五人。但壹坪ニ付四十五人宛。

小以大工四千八百九十四人。木引千五百七拾壹人。

一、桁行三間三尺壹寸 袖之間貳間壹尺。　内追手冠木御門屋根土瓦葺。

此大工八百七十六人。

小以大工千百九人。木引三百七拾人。

一、桁行貳拾間 梁間四間。　内追手御番所屋根土瓦葺。

此坪数八十坪。但、六尺五寸四方坪之。

此大工三千六百人。但、壹坪ニ付四十五人宛。

一、桁行五間 梁間貳間。　内追手張番所屋根土瓦葺。

此坪数拾坪。但、六尺五寸四方坪之。

此大工三百七十人。但、壹坪ニ付三十七人宛。

一、長拾壹間半 横四間。　内大手橋

此坪数四十六坪。　但、六尺五寸四方坪之。

此大工貳千貳百八人。但、壹坪ニ付四十八人宛。

小以大工八千三百貳拾六人半。小以木挽三千五拾六人半。内貳百六十五人ハ焼木さめ候分。

とある。その上で内大手門全体として、

大工合貳萬六千四百九拾七人。木挽合八千四百九拾七人。と記されている。これに続いて各種手間賃と資材の代金が続く。その部分を抜枠すると（各項目ごとの棟梁の名を除く）、

右之入目

一、銀三拾九貫七百四拾五匁五分　大工作料。

此大工敷貳萬六千四百九拾七人。但壹人ニ付銀壹匁五分宛。

日帳證文相改吟味仕、如此御座候。

一、銀八貫拾七匁六分五厘　木引作料。

此木引数八千九百八人半。但壹人ニ付銀九分宛。

日帳證文相改吟味仕、如此ニ御座候。

一、米五百三拾壹石八升貳合五夕　大工木挽飯米。

此人数三萬五千四百五人半。但壹人ニ付米壹升五合宛。

一、銀壹貫八百五拾四匁五分七厘四毛　大工木引小屋夫之代。

直段之儀ハ、古物御奉行衆美濃部三郎左衛門・多賀又左衛門・荻原十郎吟味之上、相極被申候。

此人数三千五百四十人五分半。但、金壹両ニ付百貳拾六人宛。銀ハ金壹両ニ六拾六匁替之積リ、銀ニテ渡ル。

是ハ大工木引拾人ニ付、小屋夫壹人宛。

一、銀百拾九貫貳百三拾目壹厘買木之代。

此木数四千六百四十六本。板数千百貳拾五間。

直段之儀ハ、御材木奉行衆永井清太夫・武藤庄五郎・美濃郎與藤次吟味之上、相極被申候。

一、銀三貫四百七拾九匁六分四厘八毛　釘鐵金物之代

直段之儀ハ、御釘奉行衆木部藤左衛門・竹田六郎右衛門・松野三五右衛門・小西九左衛門吟味之上、相究《ママ》被申候。

（以下、直段を担当奉行との吟味上相極の項は略）

一、銀百拾三匁壹分　鎖函懸金之代。

一、銀百四拾六匁三分六厘　釘隠者引手之代。

一、銀三貫百八拾八匁三分四厘五毛　釘鉸代之。

一、銀貳百六拾九匁九分九厘壹毛　萬鐵金物之代。

一、銀四百八拾三匁六分六厘四毛　瓦釘之代

一、銀七貫百九拾六匁貳分貳厘壹毛　銅金物吹延手間代

一、銀五百五匁五分貳厘四毛　銅谷板吹延手間代

一、銀壹貫九百三拾貳匁　銅之窓懸戸吹延手間代

一、銀貳百三拾壹匁九分　唐金鵄吻丸鑄手間代

一、銀壹貫五百四拾貳匁三分五厘壹毛　銅黒板懸魚釘隠代

一、銀貳百三拾八匁壹分　買石之代

一、銀四貫三百拾七匁四分貳毛　石切居手間之代

一、銀壹貫貳拾目九分貳厘壹毛　屋根葺手間之代

一、銀貳拾七貫百八拾貳匁貳分六毛　土瓦之代

一、銀九拾七匁六分九厘五毛　御塀土瓦之代

一、銀貳百七拾四匁五分九厘壹毛　黒板ちゃん塗之代

一、銀壹貫七百九拾九匁六分三厘七毛　壁塗手間之代

一、銀五百八拾八匁七分壹厘五毛　白土之代
一、銀四百六拾目四分六厘　井戸堀手間之代
一、銀百五拾八匁四分　桶結手間飯米共之代
一、銀八貫百四拾四匁五分五厘八毛　竹縄藁之代
一、銀六百三拾九匁八分八厘　萬小買物之代
　小以銀貳百三拾貳貫八百五拾九匁四分三毛。
　小以米五百三拾壹石八升貳合五夕。

とある。各工程の手間代と買入した資材代金が、実に詳細に記されている。この「右之入目」のうち、三点注目したい。

一点は、大工・木挽の作料（手間賃）である。本史料にある「大工一人銀一匁五分、木挽一人銀九分に、飯米各一升五合」は、御作事方のいわば取り決め賃金である。しかし、未曾有の災害で全てが高騰する。『鈴木修理日記』元禄十六年十二月五日の条に、

一明暦三丙年江戸大火ニ付、大工・木挽作料増之儀、御詮議之上、
大工ハ弐匁五分、木挽ハ二匁宛ニ可相勤之旨、同年七月廿四日、
久世大和守殿被仰渡之。

と記されている。元禄大地震の復旧で、大工頭の鈴木修理が過去の記録を調べ、幕閣に報告したものである。明暦大火復興の惣奉行である久世大和守の判断で、明暦三年七月二十四日の時点で、「大工が銀一匁五分→二匁五分」、「木挽が銀九分→二匁」に増加したことを示唆している。

一点は、各種手間代や資材の代金が担当の奉行の指導のもとに決められていることである。ちなみに、本項目に関連する主な奉行を列挙すると、

御伐木奉行
美濃部與藤次・武藤庄五郎
古物方
萩原十助・多賀又左衛門・美濃部三郎左衛門
釘鎖銅鐵共
木部三郎左衛門・竹田六郎左衛門・小西九左衛門・松野佐五衛門
御石奉行
横山甚兵衛・中島孫兵衛・朝比奈彦兵衛
小買物方
小宮山市郎兵衛・長谷川藤右衛門
土瓦方
山本忠兵衛・岡山茂右衛門・岩淵三郎左衛門
塗物方
森勘右衛門・土屋権十郎・多賀外記・鈴木彌次右衛門
御役船方
勝屋庄左衛門
御畳奉行
柴田左源太

となる。これは、史料に後続する「右之外御蔵物諸色請取遣申拂」の奉行名とも関連する。

一点は、唐金鴟吻の請負制作者である。内大手門の入目では、ここの項目のみ名が欠落しているが、二之丸門・汐見坂門など内大手門を含む相馬家担当の入目が一つにまとめられ、そのなかに、

一、銀四百六十三匁八分　唐金鵄的鋳《ママ》手間代　鋳物師銅意

と記されている。史料の「銅意」は、後述する大手渡櫓門の棟先に上がった鵄吻の制作者と同一人物であり、大手門の鵄吻には「銅意入道正俊」と彫られている。すなわち、銅意は、鋳物師の頂点にあり、同工房で一連の鵄吻を制作していることをうかがうことができる。ちなみに、表7‐2にあるように、鵄吻は、内追手門・二丸門・汐見坂門の三門の渡櫓門の棟先に上ることになる。

さて、史料では、資材は買入ばかりではなく、幕府より受け取るものもある。それが続く。

右之外御蔵物諸色請取遣申拂

一、貳拾壹本　紀伊殿ゟ御進上木。檜長三間木。壹尺角。　長井清太夫 武藤庄五郎 美濃部與藤次　ゟ請取。

一、三拾六本　尾張殿ゟ御進上木。同長三間木。八寸角。　右同人ゟ請取。

一、千貳百七拾三本　松平対馬守上り木。　右同人ゟ請取。

一、百五拾四本　吉野山ゟ参候御材木。　長井清太夫 武藤庄五郎 美濃部與藤次　ゟ請取。

一、四拾四本　右馬頭殿ゟ御進上木。　長井清清太夫 武藤庄五郎 美濃部與藤次　ゟ請取。

一、貳本　松平大隅守御進木。　右同人ゟ請取。

一、八拾壹本　相州中原ゟ参候御材木。　右同人ゟ請取。

一、六拾貳本　焼残木。　永井清太夫 武藤庄五郎 美濃部與藤次　ゟ請取。

一、七千九百四拾八丁　欠塚榑木。　右同人ゟ請取。

表7－2　相馬家が担当した普請箇所一覧（単位は人）

普請場所		普請箇所の規模	史料に記された坪数と大工人数		準備を含む大工・木挽の人数	小　計
			坪　数	人数		
内追手門	内追手御門	桁行６間半、梁間５間半	33坪２合	3,270.	大工12,167.5、木挽3,911	大工26,497、木挽 8,497
	同所裏表間庇木	14間、３尺２寸５分	－	98		
	渡　櫓	桁行24間、梁間５間７寸	122坪半	7,962.5		
	内追手多門	桁行33間、梁間３間	99坪	4,455	大工4,894、木挽1,571	
	冠　木　門	桁行３間３尺付、袖２間１尺	－	876	大工1,109、木挽370	
	大　番　所	桁行20間、梁間４間	80坪	3,600	大工8,326.5、木挽3,056.5	
	張　番　所	桁行５間、梁間２間	数十坪？	370		
	内大手橋(下乗橋)	長11間半、横４間	46坪	2,208		
二丸門	二丸御門	桁行４間１尺５寸、梁間３間半	14坪８合	1,420	大工6,884、木挽2,198	大工12,370、木挽3,879.5
	同所裏表間庇木	10間、３尺２寸５分	－	60		
	渡　櫓	桁行22間、梁間３間半	77坪	4,812.5		
	冠　木　門	桁行３間１尺５寸、袖２間	－	796	大工1,220、木挽406.5	
	大番所・他	桁行13間半、梁間２間半	57坪７合５勺	2,367.5	大工4,266、木挽1,275	
	張　番　所	桁行３間、梁間１間	３坪	90		
汐見坂門	汐見坂門	桁行３間、梁間３間５寸	９坪２合３夕	867.5		大工3,073、木挽　925
	同所表裏間庇木	８間、３尺２寸５分	－	48	大工3,073、木挽　925	
	渡　櫓	桁行８間、梁間３間５寸	24坪６合	1,488		
	張　番　所	桁行２間、梁間１間半	３坪	90		
蓮池喰違門		桁行３間、梁間８尺７寸	－	1,390	大工1,475.5、木挽476	大工10,679、木挽 3,409
富士見下冠木門		桁行２間１尺７寸、袖１丈	－	670	大工1,735、木挽573	
屛風多門	中之門北ノ多門	桁行24間、梁間３間	72坪	3,240	大工3,555.5、木挽1,135.5	
	中之門南ノ多門	桁行26間、梁間３間	78坪	3,510	大工3,917、木挽1,224	
合　計						大工52,619、木挽16,631

一、貳百五本　古御材木。美濃部三郎左ヱ門　多賀又左ヱ門　荻原十郎　ゟ請取。

一、百貳本　津久井木之由。松長二間ゟ三間迄。　右同人ゟ請取。

一、九本　尾張殿ゟ御進上之由。見影角石。　横山甚兵衛　中島孫兵衛　ゟ請取。

一、壹本　御天守臺築残石之由。見影角石　面三尺六寸四方。跡面　長九尺。　右同人ゟ請取。

一、五百本　青石　長三尺。幅壹尺貳寸。厚サ六尺。　右同人ゟ請取

一、荒銅千七百三拾三貫五百四拾四匁　小宮山市郎兵衛　田邊清右衛門　ゟ請取。

一、三拾八貫八百七拾目　布苔。　小宮山一郎兵衛　田邊清右衛門　ゟ請取。

一、貳拾俵　白土ふるい糟。　美濃部三郎左衛門　荻原十郎　多賀又左衛門　ゟ請取。

一、壺筋　苧縄　表二十七間。八寸廻り。　右同人ゟ請取

一、貳千八百拾九貫貳百拾匁　荒銅。　小宮山一郎兵衛　田邊清右衛門　ゟ請取。

一、三百三拾壹貫九百九拾五匁七分　屑銅。　美濃部三郎左衛門　荻原十郎　多賀又左衛門　ゟ請取。

一、貳百拾貫八百拾八匁　焼銅。　右同人ゟ請取。

一、百貳拾六貫五百貳拾目　焼鴟吻　四ツノ分。　右同人ゟ請取。

一、拾九坪五合九夕六才　古堅石見影石共ニ。御場中ニ有之候を遣。

一、貳拾壹坪七合七夕壹才　古青石。　右同断。

一、九坪七合八才　古小田原石。　右同断

一、千三百拾五枚。古瓦。　右同断。

表 7－3　相馬家が普請で要した入目一覧

項　目	全　体	内大手門	項　目	全　体	内大手門
大工作料	(52,619人)銀78貫928匁5分	(26,497人)銀39貫745匁5分	石切居手間代	銀9貫11匁7分3厘8毛	銀4貫317匁4分2厘
木挽作料	(16,631人)銀15貫409匁8分	(8,908人)銀8貫17匁6分5厘	屋根葺手間代	銀2貫141匁9分6厘7毛	銀1貫20匁9分2厘1毛
大工・木挽飯米	(69,250人)米1,046石1斗1升5合	(35,405.5人)米531石8升2合5夕	大坂土瓦・塀磨土瓦代	銀58貫365匁3分3厘4毛	銀27貫182匁2分6毛
大工木挽御被官小屋夫代	銀　3貫708匁5厘2毛	銀　1貫854匁5分7厘4毛	塀土瓦代	銀　234匁	銀　97匁6分9厘5毛
材木代	銀237貫457匁6分7厘	銀119貫230匁1厘	ちゃん塗之代	銀　686匁9分3厘6毛	銀　274匁5分9厘1毛
釘鉄金物代	銀　6貫548匁9厘9毛	銀　3貫479匁6分4厘8毛	壁塗手間代	銀4貫658匁2分9厘	銀1貫799匁6分3厘7毛
錠懸金之代	銀　297匁9分	銀　113匁1分	白土駄賃之代	銀1貫399匁1分8厘	銀　588匁7分1厘5毛
釘隠引手之代	銀　249匁4分	銀　146匁3分6厘	井戸堀手間代	銀　460目4分6厘	銀　460目4分6厘
釘鋏之代	銀　6貫974匁2分9毛	銀　3貫188匁3分4厘5毛	桶結手間代	銀　167匁4分	銀　158匁4分
鉄金物之代	銀　621匁4分7厘2毛	銀　269匁9分9厘1毛	竹杭木藁縄代	銀20貫92匁3分2厘3毛	銀8貫144匁5分5厘8毛
瓦釘之代	銀　1貫197匁3分2厘8毛	銀　483匁6分6厘4毛	萬小買物代	銀1貫377匁7分	銀　639匁8分8厘
銅金物吹延手間代	銀　14貫338匁7分2厘	銀　7貫196匁2分2厘1毛	大工木挽小屋損料	銀4貫81匁1分	—
※銅金物吹延手間代	銀　2貫136匁4分9厘7毛	—	御被官　米	米1石8斗6升	—
銅谷瓦吹延手間代	銀　764匁2分8厘7毛	銀　505匁5分2厘4毛	御被官大鋸　米	米　9斗9升5合	—
銅之窓懸戸吹延手間代	銀　3貫588匁	銀　1貫932匁	役人足御扶持　米	米354石	—
銅黒板懸魚包釘隠代	銀　3貫92匁7分9厘3毛	銀　1貫542匁3分5厘1毛	合　計	銀479貫680匁4分1厘5毛	銀232貫859匁4分3毛
唐金鴟吻鋳手間代	銀　463匁8分	銀　231匁9分		米1,402石7斗7升	米531石8升2合5夕
切居石・青石・小栗石代	銀　1貫117匁8分2厘	銀　238匁1分			

と記されている。復旧のために献上された資材や、幕府の御蔵や資材置場からの様子について詳述されている。内追手門（大手三之門）は、江戸城大門六門のうちの一門である。木材の使用が極立っている。献上・御蔵では不足するために、さらに木材を買上げているのである。『相馬家記録』に、このような詳細な記録が残されていることによって、作業工程表がないものの、一連の作業を復原することも可能なのである。

次に、史料から同家が担当した普請箇所一覧と入目一覧をみることにする。表7-2の普請一覧をみると、やはり内追手門が際立っている。大工・木挽作料のおよそ半数を同所で占めている。内大手門枡形内は、通常の冠木門（高麗門）と渡櫓門のほかに多門櫓が巡らされていることが知られている。その景観は、『観古図説』をはじめとする古写真で知られている。その規模をみると、「梁間三間」とある。通常の多聞櫓より一間長く、犬走りが付いている。やはり、防備のための多聞櫓なのである。それは、史料最後の「中御門北・南ノ多門」にもいえることである。これは、中之門に続く屏風多門を指しているものと考えられる。何気ない数字であるが、注目されるところである。

表7-3は、入目一覧である。御蔵物寄もあるが、いわば支払った経費一覧ということになる。相馬家が担当した全体とそのうちの内追手門のみを比較したものであるが、これまで述べてきたことを改めて看取することができる。

外郭諸門の修築　幕府では、本丸御殿造営のための下準備が整った万治元年九月から外郭諸門の修築に取り掛かる。まずは、万治元年九月二日、書院番大島平八郎義當と花畝番榊原一郎右衛門忠義に竹橋門、書院番河野権右衛門通定と花畝番楫斐與右衛門政近に田安門と清水門を命ずる。清水門の肘壺には、「萬治元年」銘が刻まれている。

少し間隔をあけ、万治二年九月朔日、小姓日根野半助高眞に虎ノ門と御成橋内を、さらに十一月十一日、書院番長谷川久三郎以下八名に櫻田口・御成橋門・和田倉門・常磐橋門・呉服橋門・雉子橋門・神田橋門・数寄屋橋門・馬場先門・鍛治橋門の普請を命ずる。これら諸門は、万治三年九月十日までには竣工する。

徐々に復旧が進んでいるのである。

2　復旧が刻まれた金石文資料

大手門の鴟吻　明暦大火の復旧で制作された鴟吻《しふん》のうち、現存するものとして、大手門枡形内に移設されたものと東京国立博物館所蔵の二点が知られている。共に背の部分に銘文があり、大手門内の鴟吻には、

明暦三丁丙初冬
銅意入道
正俊作

と三行にわたり彫られている。大手門は、昭和二十年の空襲で焼失している。現在、置かれている鴟吻は、その時、難を逃れたものか、あるいは関東大地震によって櫓台の石垣から積み直しされているので、その際、棟から下されたものであるのかも知れない。鰭《ひれ》の一部を欠損するが、遺存状態は良好である。

一方、東京国立博物館所蔵品には、

萬治二巳亥年五月

銅意法橋作
同子
渡邊近江大掾
源正次

と五行にわたり彫られている。『相馬家記録』を引用すると、鋳物師の渡邊銅意は、当代一の技術者であり、銅意に続く入道と法橋の表記の違いがあるが同一人物と考えられる。二つの資料の銘文の違いは、①年号、②製作に関わった人数ということになる。①については、後者は「萬治二年五月」と明瞭であるのに対して、前者は「明暦三初冬」と曖昧である。しかし、丹羽光重が大手門櫓台を修築したのが明暦四年七月十二日であることを考慮すると、鵄吻の制作は、明暦三年ではないがその前後と考えられる。つまり、大手門の鵄吻の方が古いということになる。

ところで、後者の鵄吻がどこに上がっていたかというのは、残念ながら不明である。鵄吻が上るのは、天守を除くと、三重櫓・二重櫓・渡櫓門の三カ所に限られている。表7-1を参照すると、本丸御殿を除き、大名による手伝普請は、万治元年中には終了している。そうなると、外郭諸門のうちの一つということになる。

江戸城の現存する鵄吻は二点であるが、大手門・田安門・清水門など昭和になって復原された諸門や江戸東京博物館所蔵の複製資料の原型は、東京国立博物館所蔵の鵄吻である。それは、遺存状態が良好であるためである。図7-1は、宮内庁宮内公文書館が所蔵する写真で、大手門の棟に上る鵄吻の原型である。光を沿びて重厚感に加えて眼光の鋭

図7－1　鵄吻の原型、側面と背面（宮内庁宮内公文書館所蔵）

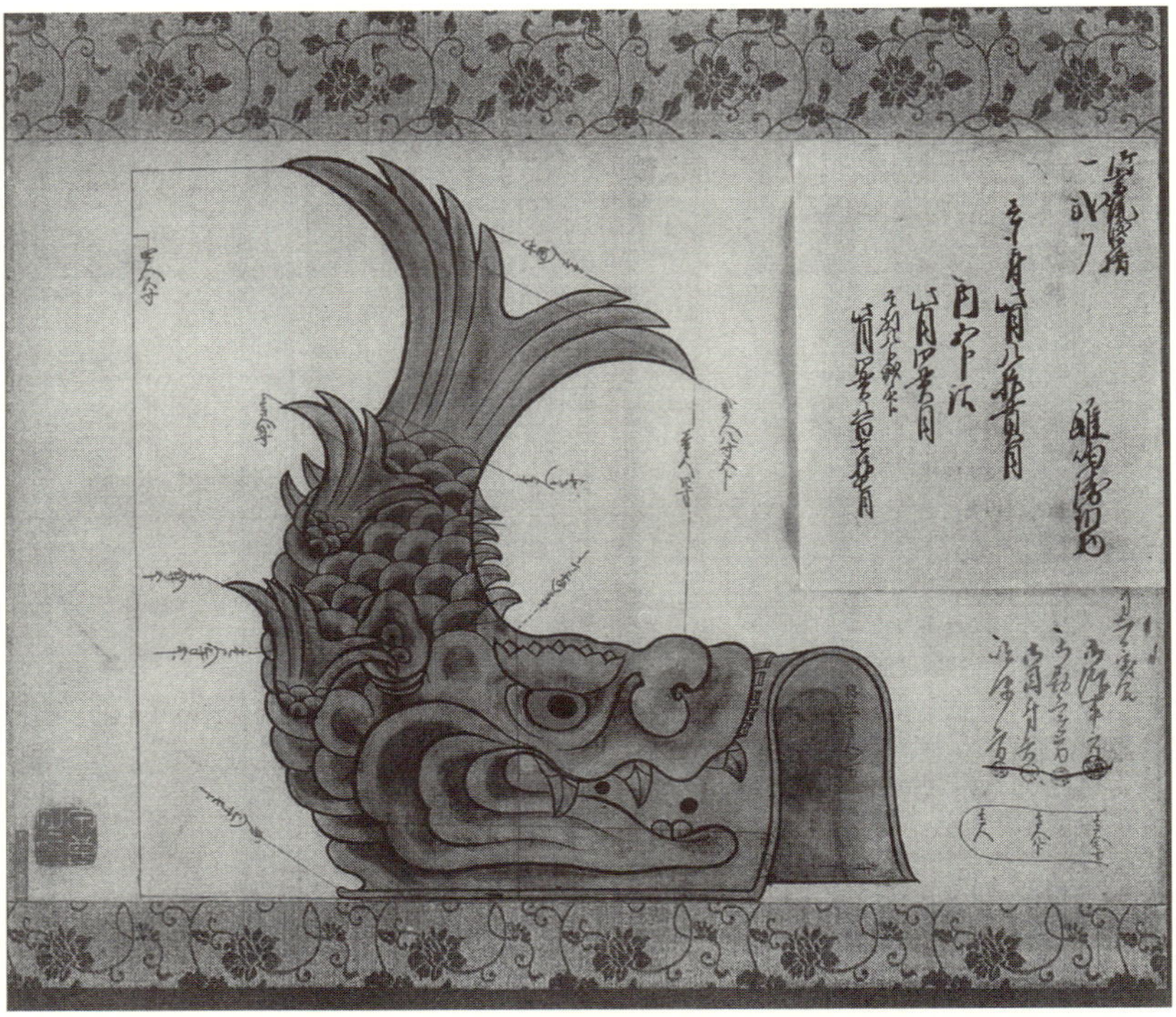

図7－2　『御本丸御書院渡御櫓唐物鋳物鴟吻』（図7－2・3：都立中央図書館特別文庫室所蔵）

さ、少し開いた口には上歯六本、下歯四本に前歯六本が付けられ、一四枚の蛇腹と尾鰭の端部に至るまで美しい。

現存する二点の鴟吻を紹介したが、「江戸城造営関係資料（甲良家伝来）」のなかに、鴟吻の原図と棟での据方図が存在する。

図7-2は、彩色が施された『御本丸御書院渡御櫓唐物鋳物鴟吻』（六一九二-D〇三）である。右上に資料名となる内題、その上に貼紙がある。貼紙には、

御書院渡御櫓
一、貳ツ　　鴟吻鋳銅物
壱つニ付此目八拾貫目
内五歩銀
此目四貫目
壱割八歩減被下
此目四貫八百七拾七目

とある。貼紙は、銀の含有量を示したものである。本図には、朱書きで寸法が記されており、全長四尺五寸（約一三六センチ）、鼻先から尾鰭まで壱尺四寸（約四二センチ）、口元から目上の背まで壱尺四寸三分（約四三センチ）、開いた口の幅が壱尺～壱尺壱寸などと記されている。製作年代は記されていないが、本紙右下には、朱書で御作事方・御勘定方・御目付方・吟味方の四手方と同黒印が押されている。他の資料との比較から、これが万延度の図であることがわかる（第三章図7-12・13などを参照）。法量は、縦二七・〇センチ、横四〇・〇センチを測る。

ちなみに、西丸御書院渡櫓図（六一九二-一〇）でも鴟吻の高さが四尺五寸とあり、大手門枡形内の鴟吻の高さも正確に測ることができないがほぼ同じ数値である。ここで紹介した資料は、形状も類似していることから、一つの原図を基本としていることを看取することができる。

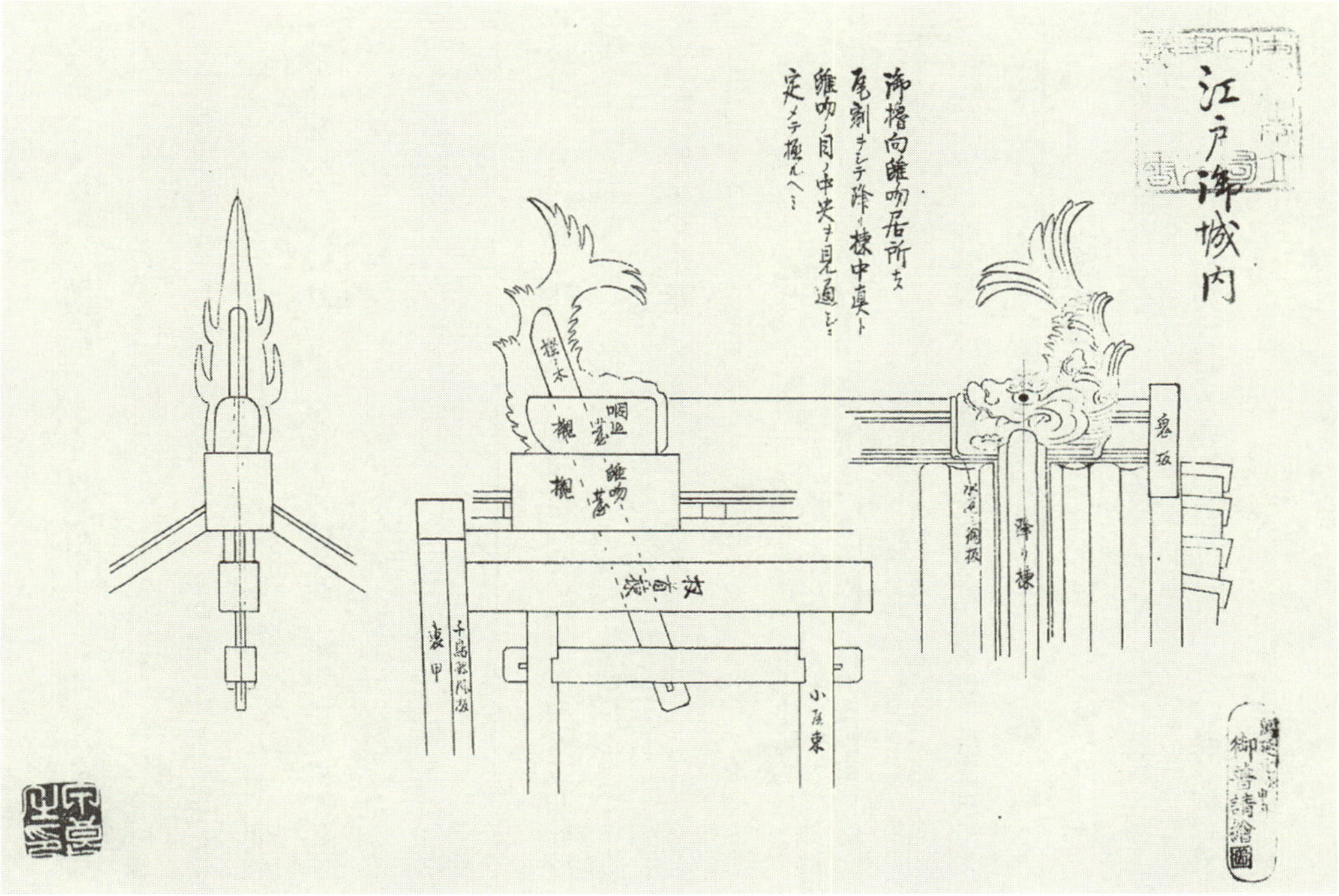

図7－3　『江戸御城内鯱吻』

図7‐3は、『江戸御城内（鯱吻図）』（六一九二‐一〇）である。法量は、縦二八・〇センチ、横四〇・〇センチを測る。本図は、鯱吻を棟に据付ける仕様が明瞭に示されていることを特徴とする。図中央には、空洞の鯱吻に樫ノ木の心棒を差し込み、それを固定するため棟には槻製の咽込台、鯱吻台、さらには杈首《さす》棟の順に角度をもって通している。図右手には、鯱吻と鬼板・降り棟との関係を示し、鯱吻の口先には「水返シ銅板」があることを記している。その上で、

御櫓向鯱吻居所者
瓦割ヲシテ降り棟中眞ト
鯱吻ノ目ノ中央ヲ見通シニ
定メテ極ルヘシ

と極意を伝えている。

明暦大火後に再建することはなかったが、天守鯱吻について少し触れることにする。寛永度天守については、第三章で述べたように情報が限られている。そのなかで、天守鯱吻をみると、『江戸城御本丸御天守百分之一建地割』にヒントがある。同図には、造営の経過が記されており、そのなかで鯱吻について、

同（寛永十五年）十月二十六日鯱吻ヲ上ル同十一月五日金子ニテ包ム

という文字がある。これによって黄金鯱であることがわかる。また、「金子ニテ包ム」ということから黄金鯱が純金製ではなく、金の板を張り付けたものと考えられる。金鯱は、名古屋城が有名である。文政年間より名古屋城の記録を蒐集し、『金城温古録』を著した奥村得義による

と、名古屋城の金鯱は、慶長・享保・文政と三度の修復があり、そのうち文政年間の修復では檜材による寄木造を木芯として、その上に金板を包んでいるという。寄木の木心のパーツも詳細に記しており、組み立てた棟の南・北の鯱の図を載せている。二つの鯱は、形状と規模が異なり、総高で比較すると、南鯱が八尺三寸であるのに対して、北鯱が八尺五寸と北鯱の方が幾分大きく製作されている。蛇腹の枚数や口髭の数など木芯の段階から微妙に異なるものが製作されていたことになる。寛永度の江戸城鴟吻も名古屋城と同じ構造であると考えて間違いあるまい。西ケ谷恭弘氏は、『江戸城―その全容と歴史―』のなかで慶長度名古屋城天守と寛永度江戸城天守の規模の相違から、江戸城の金鯱高を一〇尺と推察されている。名古屋城北鯱よりも一尺五寸高いことになる。

余談であるが、『金城温古録』には金鯱について、

> 金は地を鎮むるの徳ありといふ、是土金相生の霊か。されば一城の鎮は天守なり、其天守の頂上に金を置て、猶、其地鎮の威霊を加ふるもの也。今、御天守金の鯱は、唯装ひのみの義にあらず、其元、其地鎮の徳をほどこす為の謂なれば、金の厚さ程、其霊徳も又厚かるべき事なるべし。故に往初、鯱の鱗には黄金一板を以てこれを張置れといふも、全く驕奢の義にはあらず。（以下略）

と記している。創建時（慶長十七年）の名古屋城金鯱一対には、慶長大判一九四〇枚が使われていたと伝わる。純金に換算すると、二一五・三キロにあたる。三回の改鋳で金の含有量は下がり、第二次世界大戦後は、金八八キロで復元されている。寛永度江戸城天守の鴟吻には、かなりの量の金が用いられていたことが推察される。

清水門の肘壺　江戸城には、中雀門（玄関前門）・中之門・大手三之門・大手門・内桜田門（桔梗門）・西丸大手門の大門六門を含め本城・西城に六六門、外郭に二六門（芝口門を含む）の九二門、数え方によっては一二〇門余りの城門が築かれていた。城門の機能や構築時期は一様ではないが、各門には内開きの板扉に筋状の鉄金具を打ち込んだ堅牢な城門が大半であった。高麗門（冠木門）や渡櫓門には、重く頑丈な板扉を支えるために大型の蝶番、肘壺が付けられ、その軸となっている。肘金は、鏡柱となる門柱の裏側より打ち込まれ、目釘で固定し、周囲は青銅板と止金具で被われている。壺金は、扉の縦框《わく》に側面から打込み、その上に八双を取り付け、両者を目釘で固定する。大型で大砲の筒の形状をとることから、江戸初期には、大砲の鍛冶職人が鍛造したといわれている。肘壺には、銘が刻まれていることが少なくない。江戸城では、田安門高麗門、清水門、内桜田門渡櫓門の三カ所で確認することができる。そのうち、銘文に年号が刻まれ製作年代を特定できるのは、田安門と清水門の二カ所である。

現存する江戸城肘壺で最古となる田安門高麗門では下から二段目、左右の肘金に、

寛永十三丙子暦
九月吉日
九州豊後住人
御石火矢大工
渡邊石見守康直
作

と六行にわたり彫られている。

本章で問題となるのが清水門である。以前、野中和夫編『石垣が語る江戸城』を上梓する上で、半蔵門を除く現存する江戸城の肘壺を調査したことがある。そのなかで、明暦大火の復旧に関する銘をもつ肘壺は、清水門のみであった。本書では、清水門肘壺の金石文の内容について詳述することにする。

清水門では、高麗門・渡櫓門の鏡柱に取り付けた肘金の全てに「万治元年」の年号が認められる。しかし、製作者や記述内容、その順位に相違が認められる。肘金には、このほか間隔をあけて和算数字が彫られているものもある。壺金は、軸となる中心部分に年号や製作者などはなく、唯一、和算数字のみが彫られているものもある。また、肘金にはみられないものとして、壺金の軸から板扉に連結する下面に符合が認められることを特徴としてあげることができる。これらを集成したのが表7－4である。特徴を指摘する。

肘金に記された金石文をみると、文字に特徴がある。「御」を「御」と「ふしづくり」が「おおざと」に、「張」を「張」と、「ゆみへん」が合成文字に、「歳」が「歳」と「とめへん」が「やまへん」に、「吉」が「吉」と「さむらい」が「つちへん」に代わる。誤字ではあるが、特徴でもある。また、名字にも「邊」と「辺」の二文字が用いられている。内容を除く文字の表記でみると、年号の「万治元年」を「年」と「歳」の両者（半々）、職種を示す「御石火矢大工」を「大工」と「張」の二者がある。職種をみると、肘金の製作者名との関係が強く、渡邊主膳（主膳正……）は全て「御石火矢張」が用いられている。他方、渡辺善

表7－4　清水門高麗門・渡櫓門の肘壺金石文一覧表（潜戸を除く）

			正面右1段目	右2段目	右3段目	正面左1段目	左2段目	左3段目
高麗門	壺金	軸	無	七	六	五	四	六
		符号	「︽」	「夫」	無	無	無	無
	肘金	銘文	御石火矢大工 渡辺善右衛門尉 康□作 万治元年 戊八月吉日	御石火矢大工 渡辺善右衛門尉康□作 万治元年戊八月吉日	万治元年戊八月吉日	万治元歳 戊八月吉日 御石火矢張 渡邊主膳正藤原康 則	万治元歳 戊八月吉日 御石火矢張 渡邊主膳正藤原康 則	万治元歳 戊八月吉日
		符号	|||	七	無	五	四	無
渡櫓門	壺金	軸	||	無	無	無	無	無
		符号	「[illegible]」	「穴」	「←」	無	無	「←」
	肘金	銘文	御石火矢大工 渡辺善右衛門尉康□作 万治元年戊八月吉日	御石火矢大工 渡辺善右衛門尉康□ 万治元年戊八月吉日	万治元歳 戊八月吉日 御石火矢張 渡邊主膳	万治元歳 戊八月吉日 御石火矢張 渡邊主膳	御石火矢大工 渡辺善右衛門康□ 万治元年戊八月吉日	万治元歳 戊八月吉日 渡邊主膳正藤 原康則
		軸・符号	||	無	無	無	四	無

右衛門は「御石火矢大工」と表記されている。銘文の内容は、①年号、②職種、③製作者の三項目からなる。年号しか刻まれていない高麗門三段目左右の肘金を除く一〇例をみると、①→②→③の順が五例、②→③→①の順が五例と各々半数を占める。この順位は、製作者の名と関連し、①→②→③は渡邊主膳、他方が渡辺善右衛門となる。つまり、肘金の表記には、法則性が認められるのである。

次に、製作者名の表記をみることにする。清水門の製作には、前述したように二種類の受領名がみられることから、少なくとも二人の人物が関係していると考えられる。渡邊主膳の場合、ⓐ主膳正藤原康則、ⓑ主膳の二者があり、ⓑはⓐの短縮したものと考えられる。ⓐは三例ある。そのうち高麗門の二例は、肘金と壺金の軸部符号が共に和算数字の「五」と「四」が一致する特徴をもつ。他方、渡辺善右衛門の場合、最後に㋑「作」が入るもの、㋺「作」のないものとに細分することができるが、共通点として名前の一文字が判読できないことにある。「康口」の一文字は、故意に消したとも考えられる（傍点は筆者）。

壺金をみることにする。軸部では、和算数字しかなく、六カ所で認められる。このうち肘金の符号と一致するものが「二（縦方向）」・「四」・「五」・「七」の四例あり、この符号が肘壺をあわせることを目的として施されたものである可能性が高い。問題は、軸部から八双側に延びる六例である。このうち、渡櫓門三段目左右の矢印は、壺金を板扉に取り付ける際に目印としてあとから施された可能性があり、目的が異なるものと考えられる。残りの四例は、木葉文、二重山形文、「天」・「大」の文字で一貫性がなく、その目的は不明といわざるをえない。強いて共通点をあげると、連結する肘金が「渡辺善右衛門」ということになる。ちなみに、配置をみると、渡櫓門三段目壺金の矢印が左右で一致することを除くと、共通性は認められない。肘壺の製作者と門扉への取り付けとは別であることを示唆している。それは、年号に続く「八月吉日」にも表われている。先に、田安門と清水門の普請を二人の奉行が命じられたのが万治元年九月二日と記した。すなわち、清水門の普請がはじまる前に、肘壺は出来上がっていたのである。

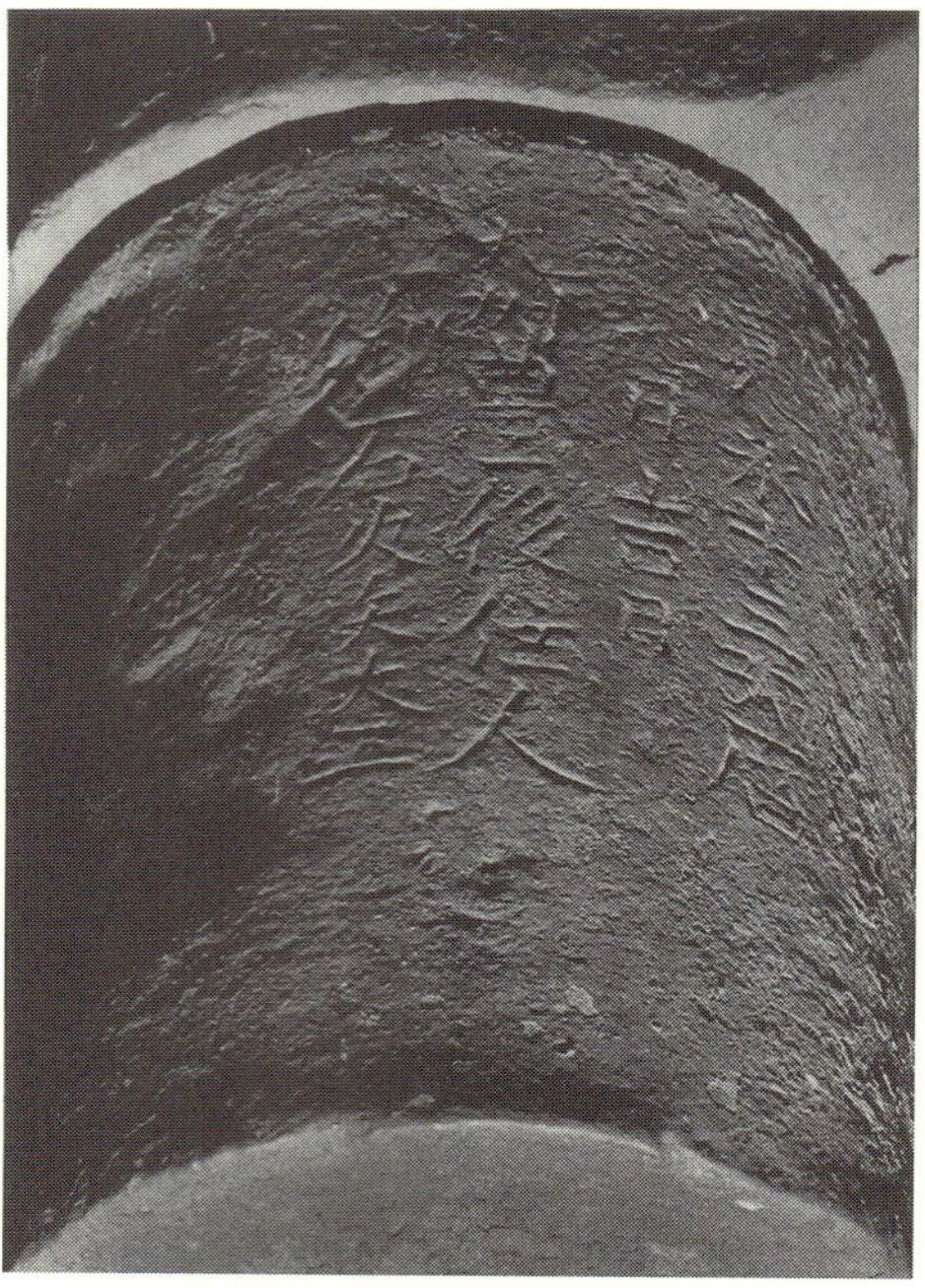

図7－4　田安門高麗門の肘金金石文

補足すると、高麗門潜戸にも金石文が施されている。上段の壺金には、「万治元歳／戊／御石火矢／渡邊」と、肘金には、「八月吉日／張／主膳正藤原康則」と刻まれている。壺金と肘金の文字はズレているが、正位置に戻すと前述したとおりとなる。ちなみに、ここでは「御」の字となる。

先に、田安門の肘壺金石文を紹介したので両者の関連性を検討することにする。図7-4は、田安門肘金の金石文である。清水門肘金の場合、文字の向きが異なるので、残念ながらこのように撮影することはできない。田安門の肘金の内容をみると、①年月、②出身地、③職種、④製作者の順で刻まれている。清水門の金石文よりも②が多いことになる。②を除く順位は、清水門の渡邊主膳正……と同じである。しかし、③で「御石火矢大工」とあることから、そのまま継承されているとはいい難い。

城門の肘壺は、円筒形を呈する軸部の径が大きいことを特徴とする。先にその製作は、当初、砲術師と述べたが、その技術の習得は、天正十（一五八二）年の西欧使節団からであるといわれている。一行のなかに、大友氏の家人の渡邊三郎大郎宗覚が含まれていた。大友氏滅亡後、家康に召し抱えられた可能性が高い。『東照宮御實紀』巻八の慶長九年五月の条には、

……仏郎機工渡邊三郎太郎に豊後国葛城村にて采邑百石たまはり。御名の一字御みづから給ふ。この後御用器機にもみな康の字を銘とするといふ。（傍点は筆者）

とある。さらに、同・巻二三には、

……渡邊三郎太郎といふは、元豊後の大友が家人なるが、大友の命にて入唐し、石火箭の製作をよび放し様をならひ心得て帰国しけるが、大友亡て後は三郎太郎も流落し宗覚と改名し、同国府内の城主小早川主馬方に寓居してありしを、主馬よりかの石火箭を御覧に入しかば、こは軍用にかくべからざるものなりとて、宗覚父子を召出され、度々御用を仰付られ、殊に大坂冬の役には、駿府へめし石火箭調じて奉り、夏の役にも供奉し、落成の後城中にて焼し銅鉄の類を、ひとつに吹まとめて奉り、後年に至り領邑を賜わり、世々この御用奉る事となりぬ。（傍点は筆者）

と記されている。ふり返って、田安門の金石文をみると、豊後出身であること、名前に「康」の文字が入ることから、渡邊三郎四郎の父子の何れかを指すものと考えられる。清水門の肘金も、渡邊の姓と名前に「康」の一文字が入ることから、同様に渡邊三郎四郎の血縁者である可能性が高い。

内桜田門では、渡櫓門正面左手の一・二段目の肘金に金石文がある。

御石火矢張
石見守作

二行にわたるものであるが、年号はなく、名前は、受領名のみである。内桜田門は、度々地震・火災に襲われ、その度に再建を余儀なくされている。『石垣が語る江戸城』で述べたが、金石文をもつ三カ所の城門を比較した場合、内桜田門の肘壺は際立って小型である。肘金の軸の大きさで比較すると、田安・清水の両門が外径一六・〇～一六・五センチ、軸長二一・〇～二四・五センチであるのに対して、内桜田門では外径が一四・五センチ、軸長一七・〇センチを測る。型式学的にみても新しい様相を呈しているのである。

明暦大火に戻り、肘壺金石文からみた課題を二点あげる。一点は、明暦大火では、田安門・清水門を含む北の丸一帯は全焼し、灰燼に帰した

と考えがちであるが、高麗門肘壺の存在からそれは誤りであること。発掘成果も交えて検証しなおす必要性を感じる。一点は、清水門の鏡柱に取り付けた肘金には、全てに金石文が認められる。資料的には、大変、有難い。しかし、一方では、多すぎることも事実である。時間軸が異なるが、田安門高麗門や内桜田門渡櫓門と比較すると歴然としている。明治に入り、江戸城の城門は相次いで撤去される。金石文のある肘壺を清水門に移設したとは考え難いが、史料を精査する必要があると考える。

擬宝珠　明暦大火では、橋梁六一が焼失したといわれている。木橋には欄干があり、その先端には擬宝珠が取り付けられている。『東京市史稿』皇城編第貳に、明暦四年から万治三年にかけて復旧した木橋の擬宝珠の金石文に関する記載がある。それが表7-5である。いささか少ない気がするかもしれないが、江戸は火事が多い町である。復旧後、再び災害に遭遇しているのである。表7-5に示した擬宝珠は、残念ながら現存していない。『観古図説』をみると、明治初年の城門に架かる木橋の擬宝珠は、後述する寛永型であることから、それに刻まれていたものと考えられる。

　現存しているものとしては、旧日本橋擬宝珠が唯一である。かつて、江戸東京博物館主催の「大江戸八百八町」展で紹介された。株式会社黒江屋が所蔵するもので、寛永型と比較すると欄干に被せる部分が浅く、そのため総高が五五・五センチとやや低い。この擬宝珠には、五行にわたり、

　万治元戊戌年
　九月吉日
　日本橋
　御大工
　椎名兵庫

と刻まれている。表7-5と照会すると、竹橋の製作者と同じである。擬宝珠の製作者について触れることにする。表7-5の竹橋を除く四カ所は、渡邊銅意親子であり、前述した鴟吻の制作者でもある。

　椎名兵庫は、慶長期から続く幕府の鋳物師で、平河橋に架る大手石橋と二重橋から移設された擬宝珠金石文にその名をみることができる。二重橋から移設された慶長型擬宝珠には、

　慶長拾九年
　甲寅八月吉日
　御大工
　椎名伊予

表7-5　『東京市史稿』に記載された明暦大火復旧の擬宝珠金石文一覧

橋の位置	紀年銘	
	年号	製作者
大手	萬治二己亥年八月吉日	法橋渡邊銅意 同近江大椽源正次
下乗橋	萬治元戊戌年十二月吉日	渡邊銅意法橋 同近江大椽源正次
竹橋	明暦戊戌年三月吉日	鋳物師 椎名兵庫頭吉綱
和田倉	萬治三庚子年三月	銅意法橋 渡邊近江大椽源正次
一橋	萬治三庚子年二月吉日	渡邊銅法橋 同近江大椽源正次

とあり、大手木橋から移設された寛永型擬宝珠には、

寛永元甲子年

八月吉日

~~大工~~

椎名源左衛門尉

~~者勝~~作

と刻まれている。前述した肘壺と同様、技術が伝えられているのである。ちなみに、日本橋は、江戸の玄関口となるため、江戸城の主要箇所と同様、いちはやく復旧が行われている。また、擬宝珠は、橋の格の高さを表わすもので、町方では、日本橋・京橋・新橋に限られていたという。

3　復旧の経費

第三章で、弘化度の本丸御殿再建に関わった経費について述べた。それに先行して、天保九（一八三八）年三月十日、西丸御殿が全焼する。幕府では、復旧を前に、明暦大火での復旧経費を調べさせる。『向山誠齋雑記』には、同年三月十四日、水野越前守忠邦に以下の報告があったことが記されている。

明暦度御本丸炎上跡御普請御入用

表之方

金六拾三萬八千九百三十八両三分餘。

米五萬貳千百六十五石八斗壹升三合五勺。

奥之方

金貳拾九萬五千四百八両貳分余。

米一萬五千七百二十七石貳斗四升三合。

惣〆金九拾三萬四千三百四十七両壹分余。

米六萬七千八百九十三石五升六合五勺。

但、

一、御本丸御天守壹同惣曲輪塀壹部屋跡鹽見坂之御番所

一、御本丸中御門屋根足溜り、同所御番所塀。

一、外追手内追手御仮橋之跡築足御石垣。

右之分破帳ニ而、御入用相知不申候付、惣御入用之内相減居候。

右之通御座候。以上。

とある。どこまで経費に含まれているのか判然としないが、目安として金約九三・五万両、米約六・八万石ということになる。弘化度以降の御殿再建では、諸大名・旗本に復旧のための献金を課しているが、万治度の再建ではそのようなことはない。幕府の財政が安定していたのである。しかし、天守の再建を断念したように潤沢というわけではなかった。やはり、江戸市域の復興には、莫大な資金と労力が投入されているのである。

4　火災への幕府の対策

明暦大火を教訓として、幕府では、①無縁の死者を葬うために両国回《え》向《こう》院の建立、②罹災した大名、旗本・御家人への救済として恩貸金・拝領金制度、③延焼防止用の火除地の設置、④定火消の設置等々を行う。③の火除地としては、吹上にあった尾張・紀州・水戸の御三家の屋敷を

移転することで吹上全体を火除地とすることはもとより、大手前の辰ノ口、竹橋、雉子橋、北丸、常盤橋など多くの大名屋敷に移転を命じた。これによって、東側の役屋敷がある西丸下を除き、江戸城中枢部の周囲には火除地が巡ることになったのである。火除地は、江戸城中枢部の周囲だけではなく、上野広小路をはじめとする広小路や堤の設置、植樹などによって対応している。市街地整備も重要となる。ⓐ神田・日本橋の社寺を浅草・芝・目黒などへの移転、ⓑ木挽町東側の中洲を埋め立て、溜池周辺も埋め立てるなど積極的に行っている。

④の定火消は、万治元年、幕府によってはじめて創設された。黒木喬氏の『江戸の火事』を参照すると、当初、旗本四名をもって四組編成されたという。後に拡大されるが、財政難から縮小も余儀なくされた。火消屋敷が、八重洲河岸・赤坂溜池・半蔵門外・御茶ノ水・駿河台・赤坂門外・飯田町・小川町・四谷門外・市谷左内坂に江戸地を取り巻くように設置され、いちはやい消火に努めることとなった。

二　元禄大地震と江戸城

日本は地震大国であるが、四つのプレートが重なる関東地方は、そのなかでも被害地震の多い地域である。マグニチュード七・九の関東大地震では、東京・神奈川・千葉の一府二県を中心として一四万人を超える死者・行方不明者がでている。江戸城跡の被害も例外ではない。拙著『江戸・東京の大地震』のなかで、被害の概況を著した。

江戸時代、江戸府内で記録されているなかで、江戸城の石垣が崩落した被害地震は、八回記録されている。これに江戸周辺での被害を加えると一五回になる。宇佐美龍夫氏の『最新版日本地震総覧』をもとに作成したのが表7-6である。このほか、慶長九年十二月十六日（M七・九）、宝永四年十月四日（M八・四）、嘉永七年十一月四日（M八・四）など震源が江戸からは離れるが強震の記録が残る。

元禄大地震の発生　元禄大地震は、元禄十六（一七〇三）年十一月二十三日深夜丑刻（新暦で十二月三十一日午前二時頃）、房総半島南端の白浜沖約三〇キロで発生した。地震の推定規模は、マグニチュード八・二。相模トラフの北米プレートにフィリピン海プレートが潜りこむ所謂、プレート境界型の巨大地震である。地震のメカニズムとしては、関東大地震や東日本大震災と同じである。地震の発生が深夜であることから、被害の大きい安房・上総では、地震発生を十一月二十二日と記録しているところも少なくない。

この地震では、南関東一円で激しい揺れを感じるとともに、安房、九十九里、小田原から東伊豆の沿岸には五～一〇メートルを超える津波が押し寄せ、多くの犠牲者がでている。柳沢吉保は、諸国に命じて被害状況を報告させ、『楽只堂年録』の百三十三・百三十四に実録として載せている。相模・伊豆・安房・上総・下総・武蔵・甲斐で犠牲者の数は八四八三人にのぼる（『天享吾妻鑑』には、潰家二万一六二軒、死人五二三三人、死牛馬五〇七匹と記されている。）。これには、江戸が含まれておらず、元禄十六年十二月三十一日時点の集成であることを考慮すると、その数は一万人を超えると思われる。全壊・流失した家屋は二万棟を優に数え、破損した家屋は数倍、あるいはそれ以上にのぼる。

被害の大きい地域は、安房・九十九里・小田原・伊豆東沿岸部である。被害の事例は、前掲の『江戸・東京の大地震』に記してあるので、ここでは江戸、とりわけ江戸城に焦点をあて、被害と復旧、対策について述べることにする。

1　地震当夜から翌朝の江戸

大地震が深夜に発生したこともあるが、大混乱の様子を記録から追うことにする。

新井白石の『折たく柴の記』から　地震発生直後、さらには家来を引連れての江戸の翌朝までの様子が克明に記されているので断片的に取り上げることにする。

……十一月廿二日の夜半過る程に、地おびたゝしく震ひ、始て目さめぬれば、腰の物どもとりて起出るに、こゝかしこの戸障子皆倒れぬ。妻子ともの臥したる所に行てみるに、皆々起出たり。屋の後の方は高き岸の下に近ければ、皆々引ぐして、東の大庭に出づ。地裂る事もこそあれとて、倒れし戸ども出し並べて、其上に居らしめ、やがて新しき衣にあらため、裏打たる上下の上に道服きて、我は殿に参るなり、召供の者二三人ばかり来れ、其餘は家に留れと云て馳出づ。道にて息きるゝ事もあらめと思ひしかば、家は小船の大きなる浪に動くが如くなるうちに入て、薬器たづね出して傍に置つゝ、衣改め著し程に、彼薬の事をばうち忘れて馳出しこそ恥しき事に覚ゆれ。かくて馳する程に、神田の明神の東門の下に及びし比に、地亦おびたゞしく震ふ。（中略）……橋を渡りて南に行て、西に折れて又南せんとする所に、馬を立てあるものを月の光りみれば、藤枝若狭守也。これは地の裂て水の湧出れば、其深さ廣さのはかりがたさに、かくてありしなるべし。つゞけやものどもといひて、一丈餘りになりて流るゝ水の上をはね越えしに、供なるものども、同じく越えぬ。その水越えし時、足をうるほしければ、草履の重くなりて行難かりしかば、あらためはきて馳る程に、神田橋のこなたに至りぬれば、地又おびたゞしく震ふ。多くの箸を折るごとく、又蚊の集りなくごとく、鳴る音のきこゆるは、家のたふれて人の叫ぶ聲なるべし。石垣の犬走り土崩れ、塵起りて空をおほふ。かくては橋も落ちぬと思ひしに、橋と臺との間三四尺ばかり崩れしかば跳りこえて門を入りしに、家々の腰板の離れて、大路に横たわれる長き帛《きぬ》の風に翻りしがごとく……（中略）

とある。新井白石は、地震当時、湯島に住んでいた。強震で目が覚め、地割れを予感する揺れに、倒れた戸を敷き並べその上にいるという咄嗟の判断が目に浮かぶ。湯島辺りで地割れがおきたかは定かではないが、桜田・本所・芝堀端などの地盤が軟弱な場所では、大きな地割れが生じている。『折たく柴の記』には記されていないが、発光現象が各書にみられる。『甘露叢』には、

……宵ヨリ電光強ク、地震ノ後、丑ノ半刻ヨリ星落飛デ暁ニ至ル。辰巳ノ方電光ノ如ク折々光アリ。地震ノ前ニ地鳴ル雷ノ如シ……

（以下略）

とある。また、『元禄変異記』には、

元禄十六年冬十一月廿二日酉下刻天するとふして黒雲東北に現し、

月光の光り殊に冷しく其色赤く東南に稲光りし、風西北烈し、夜五ツ半比俄電動して大地震ゆり出し、山川をたふし、磐石をふるいくだく其音雷のことし……（以下略）

となる。この記録では、前夜酉下刻（午後七時）頃には発光現象が確認されたことになる。発光現象は、地震当夜にとどまらず、『甘露叢』には地震発生後の十一月廿三日から同月廿九日までの連夜（廿四日は夜雨が強くなり、申下刻ヨリ辰ノ方雷ノ如クとあり）と十二月廿一日に確認されたことが記されている。

新井白石が深夜、馳せ参じる殿とは、日比谷門の西隣に屋敷を構える甲府中納言綱豊（後の徳川家宣）を指し、家来数人を連れて徒歩で向かう。二つの橋が登場するが、前が昌平橋、後が神田橋となる。白石は、綱豊邸に向かう途中、神田明神下と神田橋の辺りで二回、激しい揺れに遭遇する。安房・上総沿岸部の史料には、地震発生直後から明け方まで三回の津波の襲来を伝えている。白石が記した地震が、おそらく津波に連動するものであろう。史料にみる慌てぶりから、白石が着替えて自宅を出るのが早くても地震発生後三〇分は経過しているものと考えられる。湯島から神田明神下、神田橋へ向かうには深夜のこと、さらには倒壊による障害物を考慮してもその時刻が気になるところである。ちなみに、直線距離でみると、神田明神下から昌平橋先が約〇・五キロ、同所から神田橋が約一キロの距離にある。

白石が昌平橋を渡り、しばらく進むと馬上の藤枝若狭守と会う。そこで、神田上水の万年石樋が破裂して水が湧れていることが記されている。一丈（約三メートル）というのは誇張した表現であるが、幕府の公式記録に上水道の被害に関する記録が皆無に等しいことから注目される。

神田橋は、将軍が寛永寺参拝のための御成門である神田橋門に架かる橋で、最も重要な一つであった。白石が橋が落ちるかもと思うほど橋脚と橋桁の破損が著しかった。幕府は、戸澤上総守正誠に年内仮橋竣工を命じる。『鈴木修理日記』には、十二月十一日の条に、

一神田橋仮橋之所、今日ゟ戸澤殿御手伝初ル、見廻リ、申刻帰ル。

とある。廿三日には「……夫ゟ神田橋へ参、戸澤上総介殿江懸御目、橋台・石垣見、……」、翌年一月十二日に「……夫ゟ神田橋仮橋・常盤橋・呉服橋・数寄屋橋・山下御門・幸橋、右之見分致シ、……」の記述があり、以後、神田橋仮橋に関する史料はみあたらない。この頃、竣工ということであろうか。白石の記録には載っていないが、昌平橋も破損する。『鈴木修理日記』をみると、元禄十七年二月末脚台の着工、同三月十日完成、その後、橋の着手となり宝永元（一七〇四）年四月十五日新橋竣工と記されている。

再び『折たく柴の記』に戻る。白石が龍ノ口（現在のパレスホテル東側）に到着した頃、目的地の藩邸から火の手があがる。

……やがて日比谷の門に至るに、番屋倒れ、厭れて死する者の苦しげなる聲すなり。かしこに又馬よりおり立て居しものを見るに、藤枝也。これは櫻門《ママ》の瓦の南北の檐《ひさし》より地に落かさなりて、山の如くに成たれば、こえ難きによれるなり。いざたゝせ給へと云ひて伴ひて其上を越え過て小門を出てみれば、藩邸の北にある長屋の倒れて火出しにて、殿屋には遙に隔りたれば、胸開けし心地す。藩邸の

西の大門開けて、遠侍の倒れし見ゆ。藤枝こゝより入らんとす。某は常に西の脇門より参りぬれば、かしこより入候はんといひて別れぬ。かくて脇門より入て見るに、家々皆倒れ傾きたれば、出たちてある人に路塞がりてゆくべからず。そこを過て、常に参るところに至りたれば、其所も倒れて入べからず。（中略）こゝかしこの天井落ゝりし所々を過て、我は祇候する所に参りしに、今の越前守詮房朝臣のこなたの方に来るに行あひて、御恙もわたらせ給はぬ事を聞き、かゝる時に候えば推参し候といひすてゝ、常の御座所に参るに、其庇の内に東の屋の倒れかゝりしあり、近習の人々は南の庭上に立居たり、上には、あなたの庭におはしますなりといふ。（以下略）

とある。神田橋を渡って日比谷門間の被害状況は記されていない。龍ノ口で主の屋敷から火の手が上がるのをみれば心配で、周囲どころではないのである。その上で、日比谷門の被災記事は注目される。ちなみに、神田橋から日比谷門までは真線距離で約一・五キロある。『甘露叢』には、

△日比谷御門　大番所潰れ、并塀不残倒れ、当番土方市正家来徒目付一人、小人二人、家中又もの一人怪我いたし大切之由、其外足軽四人怪我之由

とあり、大番所の潰れは、深夜といえども共通する。しかし、本瓦葺の渡櫓門の瓦が悉く落下し、行手を遮る様子はこの記録からは伝らない。それは、甲府中納言屋敷も同様である。『甘露叢』には、

△甲府中納言綱豊卿屋敷外桜田東御長屋出火、弐拾間余焼失、圧死・焚死人余程之由

とあり、白石の記述と比べると被害が小さいように感じる。『甘露叢』には、

右は最初記し御門近辺道筋之分大略記之、此外江府中諸侯の御屋敷或は御別墅又ハ小屋壁落倒ハ家並也……（以下略）

と道筋の外観によるもので、若干の取材はあるものの被害の実状とは離れている。このような視点で『折たく柴の記』を読むと、江府内での被害の見方が変化する。

米沢藩『雞肋編　上』より　甲府中納言屋敷の西、松平大膳大夫屋敷を挟んで上杉民部大輔の屋敷がある。外桜田門の前にあたる。留守役の片桐甚左衛門扣の「元禄十六癸未霜月廿二日夜丑下刻大地震覚書　同月廿九日右ニ付潰家より出火之事」と題する史料がある。甲府中納言長屋からの出火から消火に至る経過が詳述してあるので、その部分を抜粋する。

一右御帰間もなく御城より御奉書到来甲府様御やしき地震にて潰し其下より出火有之増シ御火消被仰蒙間もなく御屋敷より騎馬御人数右甲府様御やしきへ駈着殿様本より御馬御出し右百軒計有之候御長屋つふれ其下ニて焼失仕候ニ付段々と水をかけ又ハ潰レ候下ニ人多ク居候ニ付御家中衆被申候は此長屋の内二人多出兼居申候殊ニ段々類焼仕候何卒御人数の御働ニ而御助ケ可被下候未タ生残り候もの共有之候ても段々焼失仕候間偏御働御助奉願由被申候ニ付御人数御長屋潰レ候上へ取懸りかわらを去裏板をはなし次ニ材木等取除引除あまたの死人掘出し其内ニも或ハまた死ぬも有半死

ノ者もあり引立掘立引出シ其人夥敷命助カリ候者其数太多也梁棟等ニ押ひかれ居るものは無拠其儘ニ致置候都合五百人余も有之よしひしと御隠し被遊候へ共はや桶入候数を以て知ル処左の通り御長屋住居の女中老人小児等出兼潰レ下ニ而死申候焼る所ニ居候ものハ生きながら焼死仕候定御火消戸田十郎右衛門様関伊織様酒井隼人様斎藤帯刀様右衆中御懸御消し被成候得共下ヨリ焼ル所上より水ヲ懸候故中々火きへ兼候此方ノ御人数やね瓦除去リ材木等取除ケ其下より死人取出シ此働を見て甲府様御用人衆御見届此段甲府様江被仰上候と相見申候御使者三度迄殿様江御願のよし申参候最早御消留御引取被遊候所三度目ノ御使者御跡より追かけ御成御門の角ニ而御口上申上候又御頼之御口上ニ而有之御先乗松平舎人殿ニ三ノ手の御人数被仰付舎人殿大将ニ而右御跡勢召連御長屋ニ取かゝり鳶ノ者共ニ被御申付潰候御長屋の内よこ巾五六間程材木柱を取除類焼所ヲ取払其外の御人数ニ御堀より水ヲ汲セ本より御長屋の木の下水道ヲ汲かけ不残火をきやし留御帰右之御働甲府様御家中ニて此方騎馬侍分下々ハ不及申候御人数不残水かつき水汲階子かつき屋根ニ上り瓦を崩シ材木板等取ひし□揆除候此体ヲ見て鬼神と計申候よし

一右甲府様御長屋殿様御人数ニ而火を消シ鎮メ殿様則時ニ常ノ御供廻りニて御老中御月番小笠原佐渡守様へ御出被遊御届相すミ其刻朝五半時ニ而有之候明七半より夫迄御かゝり被遊候事

（以下略）

原文の長文引用となったが、白石とは異なった視点で消火・救助の様子が詳細に記されている。この記録では、地震の発生を夜八つ半時（午前三時）、朝五つ時（午前八時）迄五〇回程の地震が続いたことが記されている。消火は、七つ半（午前五時）にはじまり五つ半（午前九時）頃には鎮火したことがわかる。倒壊した長屋の下敷や救援むなしく焼死した人は、江府内の大名屋敷では最大の犠牲者数である。その数は、本史料では五〇〇人余、『鸚鵡籠日記』では一七三人とあるが実数は不明である。定火消の出動や屋敷隣との関係など多くのことを知ることができる。ちなみに、上杉民部大輔と松平大膳大夫の屋敷の被害記録はみあたらない。皆無とは信じ難いが、これも大名の体面を重視するところである。なお、史料には、甲府中納言から上杉家に御礼の使者が再度来たことが記されている。

2　『楽只堂年録』・『甘露叢』にみる江戸の被害

『楽只堂年録』が柳沢吉保の実録であることは前述したが、『甘露叢』は、内閣文庫所蔵史籍叢刊で五代将軍綱吉の延宝九（一六八一）年から元禄十六（一七〇三）年に至る動静や幕府の諸行事、幕政、災害等々を記した「改正甘露叢」。宝永元（一七〇四）年から正徳五（一七一五）年に至る綱吉・家宣・家継の三代の治世の史料を収めた「文露叢」。これに「玉露叢」を加えた三露叢として知られている。一二巻からなり、いわば幕府の公式記録に準じたものということができる。

この二つの史料をもとに、江戸城、大名・旗本屋敷、神社・仏閣、庶民の被害状況について概述する。

『甘露叢』に記された城門の被害　江戸城城門の復旧については後

表7-6　江戸における被害地震一覧

	地震発生日	地震の規模（マグニチュード）	推定震央（度）		江戸城石垣崩落の有無	備　考
			東経	北緯		
1	慶長20年（1615）6月1日	6.4	139.7	35.7	無	家屋破壊、死者多、地割
	寛永5年（1628）7月11日	6.1	不明	不明	有	復旧を兼ね寛永6年の天下普請
	寛永7年（1630）6月24日	6.7	不明	不明	有	
	寛永12年（1635）1月23日	6.1	不明	不明		増上寺石燈籠倒、大名屋敷塀崩
	寛永20年（1643）10月23日	6.2	不明	不明		
	正保4年（1647）5月14日	6.4	不明	不明	有	寛永寺大仏ノ頭落、増上寺石燈籠倒、人馬死多
2	慶安2年（1649）6月21日	7.1	139.7	36.1	有	寛永寺大仏再度頭落、大名屋敷破損、死者多
3	慶安2年（1649）7月25日	6.4	139.6	35.5		平川口腰掛と舂屋破壊、雑司谷薬園の茶亭破損
4	元禄10年（1697）10月12日	6.9	139.6	35.5	有	平川口梅林坂多聞・石垣崩
5	元禄16年（1703）11月23日	8.2	139.8	34.7	有	
6	宝永3年（1706）9月15日	6.6	139.8	35.6	有	
7	天明4年（1784）7月14日	6.1	139.8	35.6		
8	文化9年（1812）11月4日	6.6	139.6	35.4		江戸城土塀小破
9	安政2年（1855）10月2日	6.9	139.8	35.65	有	
10	安政3年（1856）10月7日	6.6	不明	不明		

述するが、市民の目線でみた被害一覧が表7-7である。史料では、三〇カ所が取り上げられており、このほか、城内の櫓・多聞の所々で瓦・壁が落ちたり、石垣の崩れやはらみ、西丸が大破したことが記されている。被害の大きさを知る手懸りとして、大番所と箱番所（枡形内にあり張番所ともいう）の倒壊が手懸りとなる。本来は、石垣の崩れやはらみも地震の揺れと連動するので大いに参考となるが、記述が曖昧で状況が把握しずらい。「大番所潰」とあるのは、五カ所ある。雉子橋門・和田倉門・馬場先門・内桜田門・日比谷門など旧日比谷入江の埋立地や東京低地の地盤が軟弱なところに建てられた門である。本瓦葺の建物であることから、瓦の重さと振動の大きさがあわず、まさに潰れたものであろう。同所では、死者や怪我人に関する情報が添えられている。大番所潰の記述はないが、平川門と大手門の被害が注目される。平川門では続きの瓦塀が全て潰れとある。一方、大手門は、壁と瓦が落ちた程度とあるが、『鸚鵡籠日記』には、同門の当番である大久保隠岐守家来四人死亡とある。被害が小さくないのである。

表7-7には、『柳営日次記』に記されている諸門（橋を含む）の修理に伴う門の通行止の日付と解除された日付を添えた。後述する助役大名の手伝普請とも関係するので、一概に取り掛かりの早い遅いが問題となるわけではない。このなかで三点注目される。一点は、神田橋門と日比谷門である。ともに『折たく柴の記』に暗闇下での様子が伝えられているが、被害の大きな箇所でもある。神田仮橋は、地震後の応急処置として元禄十七年一月には出来上がる。神田橋門の手伝普請を戸澤上総介正誠が担当するが宝永元年五月十五日には竣工する。しかし、神田橋の新

表7－7　『甘露叢』に記された門の被害状況と修復に伴う通行止と解除一覧

門の名称	建物・石垣等々の被害状況	死傷者	『柳営日次記』に記された門の通行止と解除
雉子橋門	大番所・箱番所潰	足軽二人・中間一人死亡 怪我人少々	宝永元年三月二十五日人留・五月四日人留 同年五月二十九日通り可
小石川門	塀ひつミ、壁落		宝永元年六月二十一日人留 同年九月七日通り可
牛込門	塀崩、壁落		宝永元年六月二十一日人留 同年十月十二日通り可
市谷門	塀崩、石垣少崩		
筋違橋門	大番所後の塀少々崩、石垣崩		宝永元年六月二十一日人留 同年九月十四日通り可
浅草橋門	大番所後塀損、尤石垣等くつろぐ		宝永元年六月二十一日人留
常盤橋門	門少々損、大番所潰れかかる、塀・石垣崩		元禄十七年一月十三日人留 宝永元年五月五日通り可
呉服橋門	門少し損、土居・石垣・塀崩		宝永元年五月六日人留 同年五月十九日通り可
竹橋門	門外張番ひづミ、内番所潰、多門ひづミ		宝永元年五月十一日人留 同年九月十三日通り可
吹上門	門北方石垣崩、塀損、壁所々落	（青木右衛門当番死者四）	宝永元年五月十二日通り可
内竹橋口	番所別条なし		
北之丸口	右同断、塀・石垣崩		
清水門	石垣崩、所々破損		宝永元年五月十九日人留 同年九月二十三日通り可
一ツ橋門	箱番所潰、所々壁落、塀崩		元禄十七年一月十一日人留 宝永元年五月四日通り可
神田橋門	箱番所潰		宝永元年六月七日人留 同年九月二十七日通り可
平川門	門外通り塀残らす潰		
和田倉門	大番所・箱番所潰	中間七人死亡、怪我人一四人 （松平采女正番所で死者八）	宝永元年九月四日人留
馬場先門	大番所・箱番所潰、堀南方五～六間崩	中間一人死亡、怪我人一人	元禄十七年一月十三日人留・宝永元年七月二十一日人留 同年三月二日通り可　同年九月三日通り可
鍛冶橋門	所々壁落		宝永元年八月二十六日人留 同年十月九日通り可
数寄屋橋門	塀四～五間崩		元禄十七年一月十四日人留　※火事は通
山下門	箱番所潰		元禄十七年一月十九日人留
半蔵門	塀崩、壁落、石垣損、大番所少々破損		元禄十七年二月七日人留・宝永元年五月二十三日人留 ※同年二月二十五日より可　同年八月六日通り可
赤坂門	塀崩、壁落、石垣損		宝永元年六月二十一日人留 同年九月二十二日通り可
田安門	渡櫓壁落掛る、石垣崩、惣塀・壁落		元禄十七年二月二十五日人留 宝永元年五月十九日通り可・五月二十九日通り可
外桜田門	番所東方の土塀四～五間崩、壁・瓦少々損		宝永元年五月十六日人留・七月十三日人留
虎之門	壁・瓦所々損		宝永元年六月二十一日人留 同年九月九日通り可
幸橋門	壁・瓦所々損		宝永元年四月十日往来 元禄十七年一月十八日より可
日比谷門	大番所潰、塀残らず倒	当番土方市正家来・小人・家中・足軽八人怪我	宝永元年七月十六日人留 同年九月七日通り可
内桜田門	大番所潰、所々壁落	当番牧野駿河守家人死亡、怪我人多数	宝永元年五月十一日通り可
追手門（大手門）	所々壁・瓦落	（大久保隠岐守当番番所で死四）	宝永元年五月十一日通り可

※死傷者のうち（　）内は『鸚鵡籠中記』の記述による

造には手間取ったとみえ、六月七日に人留めとなっている。仮橋があるので通行には支障がないが、神田橋門周辺の被害も大きかったのである。一点は、人留めが再度行われている門があることである。雉子橋門・馬場先門・半蔵門が該当する。このうち、半蔵門は、大番所の潰れこそないが、かなりの被害であったことが推察される。それは、西丸での状況や吹上門での死者を考慮すると肯けるところでもある。一点は、被害の大きな門では、復旧後の門の通行が遅れる傾向にあることである。神田橋門、和田倉門、日比谷門を好例とする。

なお、『甘露叢』には記されていないが、四ツ谷門と坂下門の人留め・解除の記録もある。

大名・旗本屋敷の被害　『甘露叢』に記されている内容には限界があるが、被害状況をまとめたのが表7-8である。七一家の被害が記されているが、このなかで二次災害である火災の発生は、唯一、甲府中納言の屋敷である。鎮火までには多くの人の助力を要したようであるが、犠牲者は多いものの延焼することはなかった。元禄大地震を安政江戸地震や関東大地震と比較した場合、最大の相違は、火災の発生と延焼面積にある。他の二つの大地震では、延焼が被害を一層大きくし、犠牲者の数は比較のしようがない。つまり、前述した城門と大名・旗本屋敷の被害は、震動による一次災害ということになる。それを踏まえてみることにする。

江戸城諸門では、日比谷入江の埋立地や東京低地上に位置する箇所での被害が大きいことを指摘したが、大名・旗本屋敷でも同様である。大名屋敷が集中する表7-8の後半でみることにする。立地を考慮し、五

表7-8　大名・旗本屋敷の被害一覧（『甘露叢』より作成）

大名・旗本名	被害状況
小川杢左衛門	役屋敷塀・長屋表向潰
吉田　意安	外長屋潰
小笠原平兵衛	外向塀少損
佐野信濃守	門・長屋潰
永井庄左衛門	塀損
大久保弥左衛門	塀損
中根二郎左衛門	居間潰
朝倉藤十郎	居宅潰
舟橋　宗迪	外長屋潰・本宅半潰
鵜殿十郎左衛門	外長屋潰
蜂屋　主斗	塀損・本宅半潰
大沢　主膳	門・塀潰
中山　主馬	練塀崩
三枝日向守	長屋・居宅共損
三好勘之烝	長屋少塀トモニ損大
溝口摂津守	長屋損
加藤伝八郎	長屋損
大久保甚兵衛	外塀本宅トモニ損
星合伊左衛門	長屋損
前場久三郎	長屋・居宅共損
高木　九助	長屋少損
石原勘左衛門	塀損・本宅共
日下部三十郎	長屋少潰
酒井作左衛門	長屋少潰
大森三二郎	長屋潰
久貝因幡守	長屋少潰
屋代越中守	長屋壁少落
宝賀源太郎	長屋塀損
榊原式部大輔	塀損・長屋少々潰
平岡吉左衛門	堀・長屋損
山中吉兵衛	外向土蔵潰塀少々損
長谷川甚兵衛	外向石垣損
森川紀伊守	外向塀少々損
河村善七郎	外向土蔵少損
東条信濃守	塀少損
篠山甚左衛門	外向土蔵少損
中島　民部	門并長屋潰
曲淵市兵衛	土蔵崩
渡辺新左衛門	塀損
丸毛勘左衛門	外石垣少損
藤川庄右衛門	外石垣少崩
柳瀬甚八郎	塀崩
木下平三郎	長屋并土蔵少崩
△御春屋	長屋半分余崩
松平伊豆守	土塀崩
大沢右衛門尉	土蔵塀損
黒川与兵衛	塀少
伊奈半左衛門	土塀崩
松平肥後守	長屋大破
稲葉丹後守〈西下〉	表長屋少長屋大破
秋元但馬守〈大前〉	表向少長屋居宅大破
阿部豊後守〈西下〉	表向少長屋居宅大破
青山伊賀守〈西下〉	長屋壁落
松平伊賀守	長屋壁落
斎藤帯刀役屋敷〈大路〉	長屋壁落、玄関式台潰
溝口信濃守〈大路〉	練塀倒
大久保隠岐守〈西下〉	表長屋壁腰板落、長屋大破
亀井隠岐守〈外前〉	表長屋壁腰板落
松平大膳大夫〈外前〉	表長屋壁・瓦・土塀損
伊東出雲守	表長屋壁・瓦・土塀損
炑《ママ》田信濃守	表長屋瓦塀腰板崩
青山播磨守	内証向之家、玄関長屋所々大破
柳生備前守〈西下〉	内座敷残らずゆがみ、長屋七十間余倒、土蔵潰
木下右衛門太夫	所々大破
松平筑後守	所々大破
松平薩摩守〈外前〉	表長屋并蔵壁瓦落、所々大破
本多中務大輔〈外前〉	北表長屋六十間余程倒
鍋嶋紀伊守	表長屋壁落
阿部対馬守〈外前〉	表長屋壁落
井上大和守〈大路〉	表長屋瓦落并壁損
池田帯刀〈外前〉	所々大破
水戸宰相	八重姫御守殿并中将部屋少々破損
甲府中納言〈外前〉	東長屋出火・二十間程焼失、圧死・焚死人余程

※大名屋敷〈　〉内の西下は西丸下役屋敷、大前は大手門前、大路は大名小路、外前は外桜田・日比谷・山下・幸橋・虎ノ門内を指す

つの地区に分ける。

①役屋敷が集中する西丸下。表には〈西下〉と記入。

②日比谷・山下・幸橋・虎ノ門の外郭諸門と濠に囲まれた範囲。外桜田門の手前に位置することから〈外前〉と記入。

③西丸下の東側、所謂、大名小路。〈大路〉と記入。

④大手門の東側、所謂、大手前。道三橋の北側にあたる。〈大前〉と記入。

⑤その他。無記入。

図7-5を参照しながらみることにする。①には、稲葉丹後守・阿部豊後守・青山伊賀守・大久保隠岐守・柳生備前守の五家の屋敷が該当する。西丸下では、南半に被害が集中する傾向にある。北東隅に位置する和田倉門辺まで埋め立てされており地盤が軟弱である。青山伊賀守屋敷を除くと被害が大きく、激しい揺れの地区であることを看取することができる。②は、亀井隠岐守・松平大膳大夫・松平薩摩守・本多中務大輔・阿部対馬守・池田帯刀・甲府中納言の七家の屋敷が該当する。いずれも日比谷門・山下門・幸橋門・虎ノ門の近くに屋敷がある。そのため濠に近い。日比谷入江の埋立地上にある。③は、斎藤帯刀と溝口信濃守の二家が該当する。大名屋敷が集中する割には被害が小さい。それは、此地が「前島」と呼称される砂洲にあたり、地盤が比較的安定していることによるものである。斎藤帯刀の屋敷は、馬場先門とは道

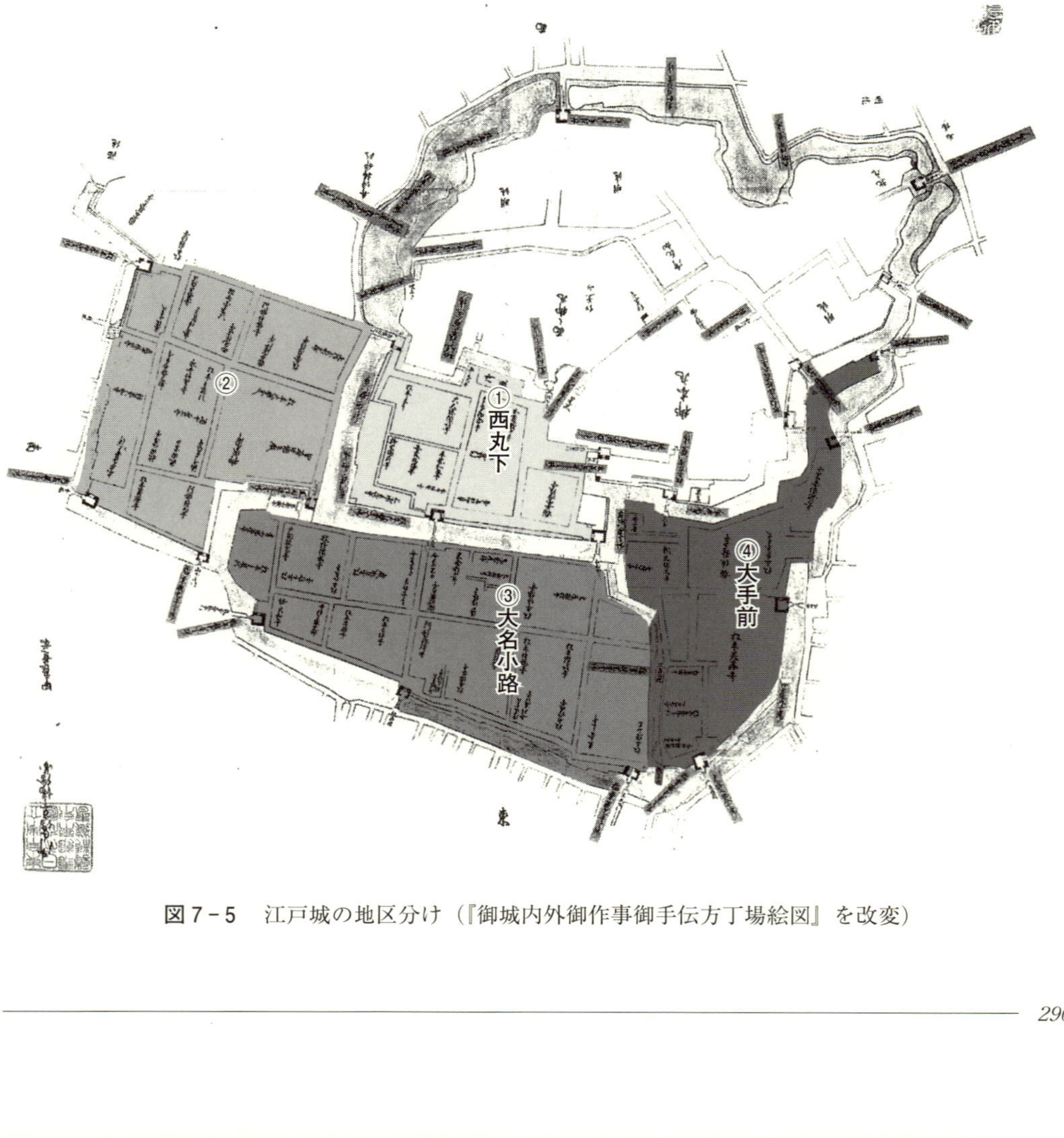

図7−5　江戸城の地区分け（『御城内外御作事御手伝方丁場絵図』を改変）

を挟んで対峙し、溝口信濃守屋敷はその北東に位置する。④は、秋元但馬守と井上大和守の二家が該当する。隣接しており、和田倉門と龍ノ口の北側にあたる。①〜④の被害を受けた屋敷は、いずれも軟弱な地盤上に建てられている。

ちなみに、犠牲者の数は、表7-1の城門と甲府中納言屋敷を除くと『鸚鵡籠日記』に酒井壱岐守二四人、大久保隠岐守一三人（大手番所の八人を除く）、松平伊賀守四人と記されている。『中村雑記』には水戸家の奥方番である関兵衛の死亡のほか、三浦壱岐守（西丸下）で一三人の記事があり数百人の死者とあるが、実状は不明である。幕府に報告する義務がないことから、大名・旗本ともひた隠ししている感は否めない。

町方の被害　庶民の被害も判然としない。江戸城城内や大名・旗本屋敷の倒壊や損傷、関東一円の地震被害に関心をもつことは理解できる。しかし、本所・深川・浅草・神田・谷中などおそらく震度6前後の激しい揺れであったはずであるが、記録がほとんど残らない。その理由としては、大地震発生の六日後、十一月二十九日、夜六つ半（七時頃）大きな余震、ほぼ同じ西下刻に水戸宰相屋敷から出火する。地震と出火の因果関係は不明であるが、折からの風で本郷・谷中・本所・深川一帯に延焼し、その対応に苦慮していたことが考えられる。少ない史料のなかで注目されるのが「立上帳書抜」である。表7-9では、犠牲者が載る史料のみを抜粋した。報告者は、店主あるいは店の関係者が大半で、死亡原因は土蔵や家屋の倒壊である。土蔵の場合、頑丈な造りという安心感から逃げ込ん

表7-9　「立上帳書抜」による地震の町方犠牲者一覧

日付	報告書	発生場所	犠牲者			死亡要因
			男	女	小計	
元禄16年11月23日	七郎兵衛（家主）	広尾町	1		1	壁の倒壊
同	三左衛門	堀江町四丁目	1		1	土蔵潰
同	甚兵衛（新右衛門店）	甚兵衛町		1	1	家倒壊
同	三右衛門（麹屋）	湯島天神下三組町	1		1	麹室崩
同	庄次郎（店主）	元赤坂町	1		1	土蔵潰
同	久右衛門	芝田町八町目		2	2	土蔵潰
同	六兵衛（店主）	西旅籠町		2	2	土蔵潰
同	三衛門（店主）	元大坂町	1		1	土蔵潰
同	伊左衛門（店主）	芝居町	1		1	家倒壊
同	仁右衛門（店主）	神谷町	1	1	2	家倒壊
同	吉右衛門（月行事）	兼倉町	3		3	家倒壊
11月24日	清右衛門（店主）	備前町	3	4	7	土蔵潰
同	作右衛門（店主）	本所相生町壱町目	1		1	家倒壊
同	久兵衛（店主）	本所相生町壱町目	3	1	4	家倒壊
同	仁兵衛（店主）	三河町壱町目	2		2	長屋崩
同	長次郎	北新堀町	1		1	土蔵潰
同	庄兵衛・他6名	本材木町5町目	1		1	土蔵潰
同	権右衛門（店主）	本所松井町壱町目	2	2	4	
11月25日	八左衛門（店主）	南小田原町壱町目	1		1	家倒壊
同	加右衛門八左衛門	赤坂新町壱町目	1		1	家倒壊
11月26日	伊奈半左衛門（代官）	深川（隅田川）	1？	2	3	茶船転覆
	市左右衛門	不明	2		2	京都の帰り地震に遭遇
	小計　21件		28	15	43	

だのであろうが、それが災いとなっている。元禄大地震では、『甘露叢』をはじめ多くの史料で江府内の土蔵が潰れたことが記録されている。土蔵は、壁が厚く、他の建物と比較して温湿度差が小さく、火災にも強いことから物の保管には最適である。しかし、構造的な欠点として、揺れへの対処が不十分である場合が多い。欠点が露呈した結果ともいえる。家の倒壊も店であれば瓦葺が多く、倒壊した際に圧死ということであろうか。

表7-9で僅少ではあるが看過できない事例が二つある。一つは、麹《こうじ》室《むろ》の崩落である。『折たく柴の記』で昌平橋を渡りしばらく行くと万年石樋の破裂が記されている。上水道の破裂記事はこのほかにもある。穴蔵について『正宝事録』一〇二一号には「……壱弐尺もゆり上ケ」とある。すなわち、これら史料から、地下でも大いに揺れ、地下構造物にも被害が及んでいるのである。一つは、茶船転覆である。元禄大地震で江戸湾に津波が押し寄せた品川や霊岸島での記録がある。茶船の転覆は、隅田川にも高い津波が襲来したことを示唆している。『鸚鵡籠日記』にも、

○永代橋津波打潮七度進退す。翌廿三日諸海潮十二度満。

の記述がある。

水戸宰相屋敷の出火と延焼　元禄十六年十一月二十九日夜酉下刻、小石川門外の屋敷から出火し、強風にのって江戸の東部に類焼する。鎮火したのは、翌日昼過ぎのことである。『文鳳堂雑纂』には、町方の被害について、概略として、

町数百九町・此家数三千四百五十三軒・間数一万八千六百四十八間

東叡山目代田村権右衛門支配所元黒門町・北大門町・南大門町・中町・茅町・神田小柳町・同平永町・谷中町・神田八軒町・同黒門町・右之分類焼

所々橋落候分

浅草橋、但、御門・櫓は無別条、両国橋半分、和泉橋・新三橋以上四ヶ所、公儀橋なり、

此外

大伝馬町ゟ神田紺屋町江渡る橋
小伝馬町壱丁目ゟ神田九軒町江渡る橋
小伝馬町上町ゟ岩井町江渡る橋
亀井町ゟ岩井町江渡る橋
同町ゟ橋本町江わたる橋
通油町ゟ通塩町江渡る橋
浜町ゟ橋本町江渡る橋
新大坂町ゟ橋町江渡る橋
富沢町ゟ村松町江渡る橋
難波町ゟ浜町江渡る橋
伊勢町ゟ下船町江渡る橋
堀江町ゟ新材木町江渡る橋
堀江町四丁目ゟ六軒町江渡る橋
小あみ町三丁目小橋

右合十八橋、此外ニも小橋焼落たる由略之、所々ニ而損

死之男女

両国橋西之橋詰男女死人百五十七人

内男女七十七人、町奉行支配所同七十三人・本所奉行支配内七人・山田五郎右衛門屋敷裏

大伝馬町二丁目男一人・神田佐久間町一丁目男一人・筋違橋川端本多能登守屋敷前男一人・上野仁王門前松原女一人・薙波町川通吉野一太夫屋敷前川端男一人

新大橋川流女一人

合百六十三人

私に曰、右之通也といへとも、世間に立前を以て見れハ、両国橋詰の弱（ママ）死・焼死之者、千人余もあらん　崖下に重り伏す事畳々たり、或ハ幼を懐き、あるひハ老たるを負て其儘ニ倒死たる形勢、目もあてられぬ次第也、此時両国橋の火消九鬼大和守殿被成しか病身にて家来斗り詰らる仕方悪敷に付て橋も焼け、人も損して死亡多しと世の人唱へ専ら沙汰す、其後家老を御評定所江召連て御詮儀あり申披の言訳や立候也、何の御咎めもなかりしと也

と記している。町方の犠牲者が一六三人という数は過少のようであるが、深夜、風下の隅田川沿いに逃げ、両国橋桔で折り重なって死亡するという姿は、他の大災害でも記録されている。ちなみに、『甘露叢』には、両国橋詰で男女八五人（そのほか水底に沈む者数知れず）、浅草見付迄でおよそ四〇〇人、日影同朋町で七人死亡とある。

社寺をみることにする。湯島聖堂・湯島天神・神田明神・西久保八幡をはじめとして、寺では小石川・湯島・谷中・本郷・池之端・駒込・本所・深川など九五寺の被害が報告されている。多くは全焼である。

大名・旗本屋敷も同様である。出火元の水戸宰相屋敷はもとより、松平加賀守をはじめ三三家の大名で上屋敷に延焼し、そのうち二六家で中・下屋敷等々への引越を余儀なくされている。藤堂大学頭は、中屋敷が全焼したことにより、幕府の手伝普請を免除されることとなる。

このように、十一月二十九日に発生した火災の被害がとりわけ町屋で甚大なことから、庶民の関心は、余震の恐怖とともに地震に加えて火災からの復旧にあったことが推察される。

3　幕府の被害把握と初期の対処

大災害が発生した場合、最も重要なことは、初期の対処である。それには、事実の把握と適切な判断が求められる。幕府の場合は、どうだったのであろうか。実質的に職人衆の陣頭指揮にあたった『鈴木修理日記』でみることにする。

『鈴木修理日記』にみる幕府の動向　江戸城の普請・修復にあたり、御作事方大工頭である鈴木修理の権力は絶大である。幕府の御作事方とは、小普請方とともに公儀の建築工事を担当し、享保三（一七一八）年の二局分掌までは、大きな建築工事は御作事方が請負っていた。

それは、寛永年間以降、御作事方では大工頭を頂点とする大工集団の形成と深く関係している。大工頭の下には大棟梁、その下には諸職棟梁（大工・木挽・錺方・鍛冶方・石方・壁方・屋根方・瓦方・建具方など）、さらには諸職肝煎、諸職平職人などが続く組織であり、系列社会が形成されていた。それを統制していたのが大工頭である。この大工頭

は、木原・鈴木の二家が世襲化し、後に片山家が加わる。元来は、宮大工として高度の技術を兼ね備えていたが、その部分は大棟梁が引き継ぎ、行政官化していく。元禄大地震の復旧工事は、惣奉行が指揮をとるが、職人への指示は全て大工頭の鈴木修理となる。実行部隊の頂点なのである。

『鈴木修理日記』は、長常が四八歳の寛文十（一六七〇）年九月から子の長頼没後一年の宝永三（一七〇六）年までのもので、全六〇巻からなる。伝本は、唯一、都立中央図書館特別文庫室が所蔵し、その刊本が鈴木棠三・保田晴男編『近世庶民生活史料　未刊日記集成第五巻　鈴木修理日記』としてある。

まずは、地震当日から数日間の記述をみることにする。

廿二日　甲子　晴天

一午后刻ゟ雀部新六江、祝儀振廻ニ参、四ツ過帰ル。

一丑后刻大地震、則刻登城、御城内外御石垣等破損、其外方々検ル、夜中、翌廿三日昼夜動。

廿三日　乙丑　霽、終日地震

廿四日　丙寅　曇、終日打続地震、今日ハ少々軽シ、凡今日迄ニ弐百度程、暮合ゟ明ケ七ツ過迄雨降

廿五日　丁卯　霽、終日地震

一御作事奉行衆ゟ御手紙并書付来ル。

以手紙申入候、別紙之通、今日被仰付候、御自分儀も明日四ツ時、登城有之様ニ可申渡旨、秋但馬守殿被仰渡候間、被得其意、右之刻限可有登城候、尤我等共も罷出候。

一此度御用可相勤御被官被致吟味、書付可被差越候、大棟梁も此方ゟも為勤候条、可被得其意候、御被官組頭両人共ニ、未病気ニ而引込、時分柄気之毒成儀ニ存候、委細明日可申述候、以上。

十一月廿五日　松平伝兵衛

大島伊勢守

鈴木修理様

別紙

中之間　惣奉行 阿部豊後守

井上大和守

間宮所左衛門

福王市左衛門

伊藤新右衛門

右ハ、御宮・御仏殿之御修復御用被仰付之。

同席　惣奉行 秋元但馬守

稲垣対馬守

松平伝兵衛

大島伊勢守

甲斐庄喜右衛門

水野権十郎

布施長門守

遠山善次郎

永田　半助

竹田藤右衛門
竹村権左衛門
鈴木修理

右ハ、御城廻り御修復御用被仰付之。

廿六日　戊辰　霽、終日折々地震、夜中共ニ

一小幡上総介殿ゟ御手紙。

昨日佐渡守殿被仰渡候は、作事方諸職人賃金、高値ニ不仕候様ニと、先頃被仰渡候得共、地震付而猶更諸方普請多、職人差問候間、滞無之、賃金高直ニ取不申様、此度は急度申付、相背候ば、可為曲事之旨申付候へとの事、依之今晩我等宅ニ而可申渡候間、別紙之通、其元ゟ御申触可有之候、小普請支配は、あなたゟ可被申渡候。

一大工・木挽作料其外、賃銀等、先年御定書付有之様ニ覚申候、於左(マヽ)は見申度候、今日御城江御出之由、殿中ニ而委細可申承候、以上。

十一月廿六日　　小幡上総介

鈴木修理様

猶以、火之元之儀、此節、別而念入候様ニと、昨日、御老中御列座ニ而被仰渡候、可被得其意候、以上。

御作事方大棟梁
木挽
鋳方
鍛冶方

右之壱人宛
安間源太夫
寺島　壱岐
亀岡久三郎

右、何も今晩七ツ時、我等宅江参候様可被相達候、御用ニ而差合候ば、明朝五時成共、可参候、以上。

十一月廿六日

奉畏候由、及則報。

一則、右之者共江相触遣ス、諸職人方、上総介殿江参候処ニ、左之通被仰渡。

覚

大工・木挽作料并作事方諸職人手間代、高直ニ不仕候様ニ、先頃火事以後被仰渡、相触候処、今度地震ニ付、諸方破損大分之儀、猶更手間不申、賃銀等高直ニ仕間敷之旨申渡、若懸隔高直ニ仕候ば、急度可為曲事之旨申付候様ニと、昨日、御老中被仰渡候、面々触下之者江急度可申渡之候、以上。

十一月廿六日

一巳刻登城、秋但馬守殿・稲対馬守殿御祐筆部屋縁側江御出、此度地震ニ付、御城内外及破損候間、御作事奉行・御普請奉行相加り、御用之儀相達可申旨被仰渡、夫ゟ御老中方々江御礼ニ廻り、直ニ松伝兵衛殿へ寄合ニ参、大島伊勢守殿・甲斐庄喜右衛門殿・水野権十郎殿御出合、諸事御相談有之、左之書付相認、明日、御城ニ而御伺之筈ニ相談相極ル。

一稲垣対馬守殿被仰聞候ハ、先年火事之砌、所々御門奉行付差上候様ニと被仰付、則左之書付相認、差上ル。
一寛永年中ゟ明暦酉年大火事之砌、所々石垣御手伝等被仰付候大名衆名、左之通書付、伝兵衛殿江進候処ニ、但馬守殿御尋ニ付、被差上候之由。

対馬守殿へ差上候書付

明暦三酉年火事以後、仮木戸・門矢倉・同橋御普請奉行

新庄与惣右衛門
山田清太夫
大久保　新八
菅沼藤十郎
役被官　谷田清三郎
大石忠左衛門
鈴木七十郎
依田喜右衛門

明暦三酉年火事以後、方々御門番所等御普請奉行

一　田安御門　河村善八郎
　　　　御被官　河野権右衛門
清水御門　清水弥左衛門
一　竹橋御門　大島平八郎
　　　　御被官　榊原市郎右衛門
同橋　鈴木権兵衛
一　和田倉御門　佐藤勘右衛門
　　　　御被官　江原与右衛門
伝奏屋敷　大石忠左衛門
鈴木七十郎
（以下略）

とあり、この後には万治二年の普請奉行、寛永十六（一六三九）年本丸焼失に伴う手伝大名、同十八年の二之丸石垣築直シ手伝大名、同十九年の二之丸・三之丸石垣普請手伝大名、正保二（一六四五）年の堀普請手伝大名、明暦三（一六五七）年の石垣等普請大名の名が続く。

ここまでの記述で特筆すべき点が四点ある。一点は、私的な日記ではあるが、幕府要人の手紙や書付を交え、幕府の震災復旧に向けての対処が克明に記されていること。半ば公用記録といっても過言ではない。一点は、幕府が二手編成で復旧に臨んでいること。一点は、復旧に人手不足と賃金高騰が予想されることから、職人集団の頂点である鈴木修理を通して二つの課題を解決しようとしていること。ちなみに、十二月三日付の日記には、明暦大火では詮儀の上、大工・木挽の賃金が大工は弐匁五分、木挽は弐匁に増加したとある。しかし、鈴木修理との談合によって今回は、従来通りの賃金となる。翌年三月七日の条にでてくるのでその部分を抜粋する。

七日　丙午　霽
一午刻、小屋江出ル、左之書付、御作事奉行御三人江壱通宛進ル。
一大工　一木挽
右、古来ゟ公儀御用ニ遣候者、一日壱人ニ作料壱匁五分、飯

米壱升五合被下、先規江戸大火之節は作料御増被下候、外ニ雇われ之義、前々ゟ御定無御座候、相対ニ而雇申候事。

一鋳方　一塗師方　一鍛冶方

右は貫目物・検地物ニ御座候ニ付、定直段無御座、時之入札ニ仕、直段従古来御定無御座候、仕手之者雇之儀は、面々相対ニ而仕来候。

一石工　一壁塗　一屋根方

右之分、古来ゟ御定直段無御座候、時之入札ニ右細工人之義、定之通御金払御座候付、過分之高直段無御座候、脇々江雇われ参候細工人は、大方は現金ニ而無御座、年府(ママ)を以漸々相済候ニ付、其了簡ニ致、当分高直段ニ仕候様ニ承候、其上諸色高直ニ付細工料も高直ニ取候訳と相聞江候、公儀御定之通、脇々江雇われ申様ニ御触御座候ハヾ、不宜職人も上手並ニ御定之通賃金取申にて可有之候、然ば障り申義も可有御座様ニ奉存候、直段之儀は先只今迄之通被差置、兼而被仰付候通、諸職人触頭急度わけ立候様ニ被仰付、過分利分取不申候様ニ、其筋々ゟ吟味仕候ハヾ、末々迄滞義も無御座、わけも立可申様ニ奉存候、以上。(傍点は筆者)

幕府が先手を打つことで、賃金の高騰を見事、押さえることに繋がっていく。一点は、幕府の過去の普請に関する御被官・手伝普請大名等々の記録を大工頭が保管していることである。したがって、鈴木修理から稲垣対馬守に過去の記録が渡る。書付が渡る前は、元禄大地震からの復興のための手伝普請の大名は、白紙の状態であったと推察される。

大地震が発生し、四日が経過しても公式な見分が行われた記録はない。十一月二十七日の日記にようやくみることができる。

廿七日　己巳　少々曇、折々地震

一巳刻、何も寄合、左之見分致ス。

見分場所

一御玄関前御門ゟ中之御門・百人組・大手御門内并桜田御門ゟ西之丸大手・同中仕切・山里御門、獅子口・吹上之内、同所御裏御門、紅葉山下・坂下御門之内、蓮池ゟ寺沢御門、台部屋口・埋御門、御楽屋、御数寄屋之方、御書院番矢倉之方へ罷出、御長屋御門、御切手・上下梅林・北引橋之内、平川口御門、二之丸喰違・銅御門江罷出可申候

内郭

一内桜田御門ゟ大手・平川口・竹橋・北はね橋・西はね橋・紅葉山下・吹上・外桜田内・坂下御門迄。

道法、三十五丁程

此場所十五万石恰(ママ)合之御手伝壱両人程

外郭

一常盤橋御門ゟ神田橋・壱ツ橋・雉子橋・清水口・田安・半蔵口・外桜田・同日比谷・馬場先・和田倉内川岸辺・御畳小屋迄。

道法五十四丁程

壱里廿壱丁

此場所十万石ゟ十五六万石恰口之御手伝四五人程

惣郭

一浅草橋御門ゟ筋違橋・小石川・牛込・市ケ谷・四ツ谷・赤坂・虎之御門、幸橋・山下御門、数寄屋橋・鍛冶橋・呉服橋御門迄、道法九十三丁程、弐里廿壱丁、御破損之所少、其上石垣之所も多ク無御座候間、此場所廿万石ゟ十五六万石恰合之御手伝両人程

右之通、御手伝被仰付可然奉存候、取掛り過不足之義は追々可申上候。

一御城内御殿廻り之儀は、未見分不仕候間、御手伝積り難仕御座候得共、急之御用之義ニ御座候間、先三十万石恰合御手伝両人程も可被仰付哉、猶更見分之上、可申上候、以上。

真冬の日が短かいなかで、巳刻（午前十時）からの目視による見分では、最大六時間余が限界である。やはり、御殿廻りは時間が足りないこととなった。翌日には、不足箇所の見分を行うこととなる。同時に、破損箇所の帳面と絵図を城に持参することから、担当者による詳細な見分は、二十七日以前に終了していたものと思われる。鈴木修理の見分は、いわば最終的な判断を仰ぐためのものと理解することができる。この見分で、神田橋・雉子橋・和田倉・馬場先・日比谷の外郭諸門の被害が大きいことは表7-7と一致するが、外郭に次いで御殿・御城廻りをあげていることは注目される。

二十八日には、松平大膳大夫以下七家の手伝普請が決定したことの記述があり、大名にも助役が命じられる。『楽只堂年録』には、十一月二十九日の時点で二二家の手伝大名と丁場を監督する御小性組と御書番から選ばれた一八名の普請奉行が名を連ねている。七家以外の大名にも内々で手伝普請の命が伝えられたはずである。『鈴木修理日記』には、御宮・御仏殿の被害記録がないので、『楽只堂年録　百三十四』で補うことにする。

紅葉山の御宮

一御唐門左右御玉垣塀御修復

一頬額御門内左右石矢来繕

同所

台徳院様御仏殿

一雲花門繕

一塀重御門同左右瓦塀共建直シ

同所

大猷院様御仏殿

一御仏殿御廊下取合漆繕

一塀重御門内左右瓦塀共建直シ

同所

厳有院様御仏殿

一御仏殿御廊下取合漆繕

一御唐門建直シ

一塀重御門内左右瓦塀共建直シ

上野

御宮

一御拝殿石之間之取付漆繕

一御唐門左右御玉垣塀共ニ繕
一頼額御門内左右御玉垣矢来御修復
一鷹之御門繕
　同所
大猷院様御仏殿
二天門之内左右瓦塀御修復
　同所
厳有院様御仏殿
一二天門内左右瓦塀御修復
一御仏殿取合之御廊下漆繕
一御廟江之御唐門御修復
一同所左右瓦塀外之方押出建直シ
一同所御拝殿前御唐門御修復
一同所東之方瓦塀切抜塀重御門新規
一同所外之方ニ明地取廻り布板塀新規
一御廟御宝塔からかね御笠九輪共御修復
一同所廻り石矢来建直シ
一同所左右瓦塀御修復
一御廟江之石鴈木繕同左右石垣上石矢来建直シ
　同所
宝樹院様　高厳院様御仏殿
一御廟宝塔石繕
一同所廻り瓦塀御修復

以上

とある。御宮・御仏殿の被害が小さいようにみえるが、第四章で記したように、元禄大地震が発生した時点においては紅葉山には東照宮と台徳院・大猷院・厳有院の三基の御霊屋、将軍の霊廟としては、寛永寺に厳有院、増上寺に台徳院があるにすぎず数が少ない。寛永寺には東照宮と大猷院御霊屋が祀られてはいるものの建造物は多くはない。そのなかで、台徳院を除き被害が生じているのである。とりわけ、瓦塀は、芯となる部分がないので揺れに弱く、被害が甚大である。

再び『鈴木修理日記』に戻る。この日記には、地震発生後から元禄十六年十二月二十九日までの四〇日間余、被害の把握から復旧する上での体制づくり、資材の数量と調達方法等々が詳細に記されている。これを表7-10にまとめた。そのなかで、城内の被害の把握と資材に関して注目する記事があるので取り上げることにする。

それらは、十二月五日の条の記述にある。建造物の被害について、

御本丸・二・三丸・西之丸廻之分
一弐重・参重御櫓弐拾壱ケ所　内三ケ所は建直シ　拾七ケ所は建修復
一渡り御櫓拾八ケ所　内拾五ケ所は建直シ　三ケ所は建修復
一御多門弐拾弐ケ所　内七ケ所は建直シ　十五ケ所は建修復
一大番所弐拾四ケ所　内三ケ所は建直シ　十五ケ所は建修復
一惣瓦塀弐千八百六拾間　内千八百弐間は御本丸百弐拾三間　は二之丸九百四拾三間は西之丸
外御郭回り之分
一渡り御櫓都合弐拾四ケ所　内壱ケ所建直シ　弐拾三ケ所建修復
一外桜田東隅弐重御櫓壱ケ所　建修復

表7-10　『鈴木修理日記』にみる被害の把握と幕府の復旧にむけての対処（元禄16年12月29日迄）

日付	地震の記述	被害の把握	幕府の復旧にむけての対処
11. 22	丑后刻（午前3時）大地震　　城内外石垣等破損		
23	終日地震		
24	終日打続地震		
25	終日地震		総奉行・用掛・奉行の任命
26	終日折々地震		作事・小普請方諸職人の賃金高騰を押さえるため大工頭ニ伝、覚の作成 城廻り総奉行、御作事奉行、御小普請奉行で復旧にむけての相談 御被官・手伝大名を決めるため過去の造営・復旧担当者史料の蒐集
27	折々地震	内郭・外郭・惣郭の被害を見分	
28	昼夜共に度々	御城・御殿廻りの被害の見分 見分の帳面と絵図を城に持参・寄合	会所小屋を一ツ橋外に決定 川越仏波へ見分派遣 手伝大名に松平大膳大夫以下7名を任命
29	未刻迄5度	酉刻小石川伝通院前より出火・延焼、自宅焼失	
12. 朔日	地震度々	（類火に付、休）	
2	地震折々	御被官外郭の再見分	藤堂大学頭を類火で御免、松平右衛門督に代る
3	地震度々		明暦大火復旧の増賃金に関する史料の提出
4	折々地震	明神下屋敷の見廻り、外郭検地	作事・小普請方の諸職賃金、諸人の手配に関する覚
5	地震2～3度	本城・西丸・外郭諸門の建物被害	石奉行より貯蓄石の報告（12.4付）、不足石の覚書（平築石2～3000本、割栗石1,000坪、本目栗石300坪程） 小普請方奉行衆より手紙―小普請方御用に付3,000両と飯米の借上、翌日渡
12. 6	地震度々		総奉行から手伝割の渡
7	地震3・4度	蓮池・坂下・馬場先・日比谷・和田倉・神田橋・壱ッ橋・竹橋・田安門辺・年付取付場所の見分	
8	地震折々		田安門・竹橋門取払様子申渡（松平大膳大夫家来） 蓮池・馬場先・日比谷門も同様（立花飛騨守家来）
9	3・4度地震		木挽の件、明日御被官　本庄小屋場へ使
10			平川口で取払様子申渡（丹羽左京大夫奉行） 明日より杣100人、木挽200人、大切15～16人差出、御作事奉行書付、鈴木修理の返答 総奉行の書付
11	地震折々	大手・喰違橋際岩岐築直シ	神田橋仮橋手伝開始 加藤遠江守普請場所開始 町奉行衆より町年寄へ書付―木挽・杣の不足
12	地震折々		材目見立―材木奉行衆へ手紙、明日材木受取 稲葉能登守へ普請場所渡 坂下・梅林・紅葉山下修復申渡
13	地震折々	雉子橋門冠木門と西丸石出所の築直シ	田安門片付済、竹橋門多門取払と掃除指示、紅葉山門の取のけを指示（松平大膳大夫家来） 御成道筋白壁は小普請方担当、見積 玄関前より中之門切ぬき―奈良屋久蔵1,740両で請負
14	地震折々		喰違石垣20日切りの証文、角石・岩岐石証文を渡 下梅林門の修復、丹羽左京大夫家来へ渡、清水門廻りは加藤遠江守へ渡 平田船2艘を松平右衛門督丁場、茶船3艘を立花飛騨守丁場へ、川舟奉行に指示 大工・木挽4,500両之前借、石ばし・ふのりの見積 丁場割を甲良豊前に申渡
12. 15	地震折々	上梅林・北引橋、五十三間見分	総奉行より内桜田大番所の年内新規を申渡、大手・喰違門取払と当座の復旧を指示 下奉行を会所に集、会所小屋と大工小屋の当番制を指示 手伝割出来、御被官中へ申渡、内桜田大番所建立の書付

	16	地震時々	上野厳有院廟の見廻り	和田倉片付、昨日終 資材に関する書付—杭木216,100本分、から竹1,001,400本分、縄182,000本分 内桜田大番所用の材木町触れ
	17	地震時々		
	18	地震2・3度		18・19日、前に渡門入札引に関する書付
	19	地震時々	三の丸御成道の見分	大手門取払で怪我人、運人足を桜田から入 三の丸喰違門等の復旧を指示
	20	地震時々		紅葉山門を丹羽左京大夫へ渡 壁改・瓦改を兼務するよう申渡
	21	地震時々		
	22	地震3・4度		材木手形に判、石見分に御朱印 川越仙波修復の御朱印、棟梁甲良甚兵衛
	23	地震時々		内桜田大番所建立、日比谷門仮番所・蓮池木戸門建立 鍛冶方・屋根方・壁方26日に借用の手形、奥判。小買物の入札
12.	24	地震時々		
	25	地震時々	（地震後、三の丸へ初御成）	
	26	戌刻地震強		
	27	寅刻地震再度、余程強		
	28	地震2・3度		
	29			

一大番所都合弐拾壱ケ所　　内四ケ所新規 建修復弐拾ケ所

一清水御門東多門壱ケ所　　桁行十三間 梁間弐間半建修復

一塀都合千九百六拾六間　　内三百九拾間は新規 千五百七拾六間は修復

一築直シ石垣坪数六千三百六拾六坪

　　但、切合・野面石垣とも

とある。本丸・西丸をはじめとする御殿の被害状況は記されていないが、御城廻りは、ほぼ全てで修復が必要となる。建直シの建造物が二十八カ所と際立って多い。外郭は、揺れの大きい桜田では建直シが目立つが、御城廻りと比較すると、被害が小さい傾向にあるといえる。それでも塀の新規が四〇〇間余、築直シ石垣が六〇〇〇坪を超えており、甚大であることに変わりがない。

同日の石の貯蓄と不足に関する記事も注目される。前日、石奉行からの報告として、

一石奉行衆ゟ来候書付

　一三百五十本程　　隅石　　長六尺五寸ゟ弐尺八寸迄　面三尺五寸ゟ壱尺八寸迄

　一四百本程　　隅脇石　　長五尺弐寸ゟ四尺迄　面三尺ゟ弐尺四寸迄 跡面壱尺九寸ゟ壱尺五寸迄

　一八千百本程　　平築石　　長四尺弐寸ゟ壱尺五寸迄　面弐尺五寸ゟ壱尺三寸迄 跡先壱尺弐寸ゟ

　一弐百本程　　岩岐石　　長七尺八寸ゟ壱尺五寸迄　幅壱尺六寸ゟ壱尺壱寸迄 厚壱尺壱寸ゟ七寸迄

　一千三百本程　　切居石　　面弐尺八寸ゟ壱尺四寸迄　根入弐尺六寸ゟ壱尺三寸迄

　一千四百枚程　　四半鱗石　　面壱尺九寸ゟ壱尺七寸迄　小口三寸 厚八寸ゟ七寸迄

　一八拾本程　　田子岩岐石　　長七尺五寸ゟ三尺五寸迄　幅壱尺五寸ゟ壱尺弐寸迄 厚五寸ゟ三寸迄

　一四百本程　　玄蕃石　　長三尺七寸ゟ三尺迄　幅壱尺四寸ゟ壱尺弐寸迄 厚五寸ゟ三寸迄

　一七百本程　　青石　　長三尺六寸ゟ三尺迄　幅壱尺三寸ゟ壱尺迄 厚四寸ゟ三寸迄

一五百八拾本程　小田原石　長三尺ゟ弐尺七寸迄　幅壱尺壱寸ゟ壱尺迄 厚五寸ゟ四寸迄

一千五百本程　丸居石　面弐尺三寸ゟ七寸迄

一六拾坪程　割栗石

一三拾五坪程　本目栗石

以上

右ハ当所御石場ニ揚置申候請負石、大数如此候、此外、急御用ニ切出シ申候事候ハヾ、石積り早々御見セ可被成候、以上

未十二月四日

とある。幕府の石置場に隅石や平築石など一一種類一万三六一〇本程と栗石九五坪程があることを伝えている。十一月二十七・二十八日の両日の見分を終え、破損を記した帳面には、おそらく復旧で必要となる足石《たしいし》の概数なども記されていたに違いない。五日の日記には、

覚

一平築石弐三千、面弐尺四五寸、控四尺四五寸ゟ五尺迄

但、御三家御用石、伊豆ニ切出シ御座候由承及候間、先当分御借り、早々着船候様ニ、請負之者ニ可被仰付哉之事。

一割栗石千坪

一本目栗石三百坪程

此分、早々請負之者ニ被仰付、廻船仕候様ニ可被仰付候事。

十二月五日

とある。後述する二二家の丁場割と足石数を記した都立中央図書館特別文庫室所蔵『石垣築直シ銘々場所帳』（六一五八―〇八）と対比したのが表7-11である。貯蓄してあるもので十分間にあうものもあるが、とりわけ平築石と栗石類が大量に不足する。そこで、第二章で述べた（尾張家の相模・伊豆・駿河の石丁場）御三家の採石丁場から二～三〇〇〇本を御用石として借り受け運搬しようとしたのである。割栗石・本目栗石については、請負業者を決め、早急に手配をしようとしている。

ちなみに、復旧に要した足石《たしいし》は、表7-11にとどまらず、和田倉門や御宮・御仏殿、さらには蓮池濠に面する高石垣、二の丸石垣等々でも必要とする。不足する石の数量は、さらに増加するのである。

この不足する石材について、伊豆・相模の採石丁場に見分のための要員を派遣したことが二十二日の条に記してある。

一亀岡久三郎手代吉右衛門、山本之有石見分ニ罷越候ニ付、御朱印頂戴、同月十九日晩罷帰、同廿日ニ小幡上総介殿御朱印御上げ之由。

馬壱疋、従江戸相模・伊豆石場迄、上下幾度も可有之、是は彼地江御用付而、石屋壱人参候ニ付而、相渡者也。

元禄十六年十二月十日　右宿中

石工棟梁・亀岡久三郎の手代を見分役として相模・伊豆に派遣したが、思うようには進まず、手配済の記述はない。拙著『江戸・東京の大地震』で述べたが、小田原城下は壊滅的被害を受け、東海道は寸断、港には大津波とで、採石・搬送ができる状況下ではなかったのである。徳川林政史研究所所蔵『相州豆州駿州　三ケ所御石場預り主差出候證文帳』にも尾張藩の石場から、元禄大地震復旧のために差し出した石の記録はない。一例として同家の相模岩村における九ケ所の採石丁場の記録

表7-11　幕府が揚置した石材の数量と22家の大名が丁場で要した足石数量（単位は本）

史料・数量＼石材	角石	角脇石	平築石	岩岐石	玄蕃石	青石	小田原石	切居石	丸居石	四半石	割栗石	本目栗石	合計	
													各種石材	栗石
『鈴木修理日記』十二月四日、石奉行より報告の貯石	350程	400程	8,100程	280程	400程	700程	580程	1,300程	1,500程	1,400程（枚）	60（坪）	35（坪）	15,010	95
『石垣築直シ銘々場所帳』に記してある二二家の足石数	399	81	15,931	951	310	250	959	5	14	155	647,66	181.5	19,055	829,16
差引	−49	319	−7,831	−671	90	450	−379	1,295	1,486	1,245	−587,66	−146.5	−4,045	−734,16

をみると、延宝八（一六八〇）年の丁場改時に八七八本の石があり、その後、元禄十（一六九七）年に御用として小松原丁場から四六二本を切り出したとある。元禄大地震を経て再度、享保十（一七二五）年の丁場改時の数をみると、元禄十年に切り出した以降、変化がないのである。岩村は、最上級の本小松石を産出し、石垣築造では欠くことのできない石場であるにもかかわらずである。

年内の日記で軽視できないことに、十二月十二日の条に材木見立ての記事がある。

一今日ゟ御材木見立ニ棟梁共遣候ニ付、左之通御材木奉行衆江手紙遣ス。

今日ゟ御材木見立ニ差越申候間、御見セ可被成候、棟梁共又は御手伝人足、奉行共ニ罷越候、御材木見立候ば、明日判鏡ヲ以請取ニ可進候、以上。

十二月十二日　　鈴木修理

御材目奉行衆中様

とある。石材の場合と異なり、材木の見立て・受け取りと迅速である。記録にはないが、大棟梁や棟梁を通して常に材木の種類と本数を掌握しているということであろうか。

なお、内桜田門大番所の復旧の速さにも驚かされる。十二日十五日に総奉行から同所の年内新規を申し渡され、翌日には材木買い上げの町触、二十三日には竣工となる。内桜田門は、大名の登城門である。震災復旧では、大手門で怪我人がでたことから、人足の出入も内桜田門からの出入りとなる。内桜田門の被害も甚大なことから、『御城内外御作事御手伝丁場絵図』（六一五八-〇七）には、同門の東に仮橋を架け対応したことがうかがえる。監視するためにも大番所の早期建築が必要であったのである。

年明けの日記から、被害の大きさと復旧の過程を知ることができる記述があるので紹介する。それは、五月十二日の条にある。

一遠山善次江、左之通手紙遣ス。

一昨日は被入御情、何事も相調、大慶仕候、然ば瓦積り、則別紙之通掛御目申候、已後之義ハ増減不慥存候得共、先大積り如此御座候。

一此間長門守殿、伊左衛門殿江、奉行衆被仰談候由、壱ツ橋向腰かけ脇、加藤遠江守丁場、小土手築候時、其許ゟ御取置候諸材木、障ニ罷成候間、御取のけ被成候様早々可被仰付候、御手伝方待申候、以上。

五月十二日　　鈴木修理

遠山善次郎様

大坂瓦御入用員数之覚

一瓦高五拾三万七千百三拾五枚
但、丸平巴唐草共ニ
右は只今迄之請取之分

一瓦高三拾五万枚程
但、丸平巴からくさ共ニ
右は此已後御入用之分、尤増減可有之候、以上。

右弐口合八拾八万七千百三拾五枚

五月十日

震災復旧のための大坂瓦の発注と納入状況が記されている。ここでは、二つの数字が注目される。一つは、発注した瓦の総枚数。一つは、手紙に記された五月十日時点での納入状況である。

前者の約八九万枚余の瓦は、丸瓦・平瓦・巴瓦（軒丸瓦）・唐草瓦（軒平丸）とあるように本瓦葺のための材料である。筆者は、拙稿「江戸城外郭諸門の屋根瓦に関する一考察—筋違橋門・浅草橋門を中心として—」で、享保二（一七一七）年時点で、芝口門を含む外郭二六門の高麗門と渡櫓門で用いている総瓦数を推算したことがある。詳細なことは、次節で述べることにし、約七六万枚という数字に至った。この推算には、古記録『櫓瓦』をもとにしている。史料では、運搬途中の破損を考慮して、発注にあたっては、割瓦・残瓦分として一割増の数字が登場する。すなわち、外郭諸門約七六万枚に一割の七・六万枚を加えると約八四・六万枚となる。まだ四～五万枚余ることになる。これは、八九万枚という瓦の枚数が、外郭二六門の総瓦数以上にあたる莫大な量となることを意味している。

後者、松平大膳大夫以下、七家の手伝大名のうち、松平右衛門督と丹羽左京大夫の二家の丁場を除き、五月十日時点ではほぼ竣工している。なかでも、松平大膳大夫が担当した西丸周辺の被害は甚大で、『毛利家記録』にみる同家の丁場で要した大坂土瓦の枚数が、二二万三五二六枚と記録されている。毛利家の手伝普請は、四月二十九日には終了している。つまり、五月十日時点で受け取った瓦のうちの四割方を毛利家が担当した西丸で使用したことになる。改めて、西丸の被害の大きさを感じ

表７－12　幕府が発注した瓦の枚数と毛利家が丁場で要した瓦の枚数

項目＼幕府・毛利家	幕府が発注（納入）した瓦の枚数	毛利家が丁場で要した瓦の枚数
宝永元年5．10時点で幕府が受取った瓦の数量	537,135枚	222,526枚 （この時点の41.61％）
以後に発注してある瓦の数量	350,000枚程	——
合　計	887,135枚	222,526枚 （25.20％）

るものである。

江戸城の復旧は、本丸・西丸を中心として次第に外郭、惣郭へと進んでいく。惣郭のうち、浅草橋門から赤坂門にかけては、台地上に立地しているので地盤が良く、相対的に被害が小さい。後半の約三五万の瓦は少し多かったようである。復旧工事が大詰めを迎えようとしている八月廿三日の条に、次の記述がある。

一榊原七右・安藤勘兵江左之通手紙、并和田与右衛門判鏡遣ス。

以手紙令啓上候、弥御無事御勤仕珍重奉存候、然ば御用蔵御修復御入用金、其外諸色請取申候時分、棟梁与惣兵衛判形ニ、拙者組和田与右衛門と申者奥判ニ而為請取可申候間、左様御心得可被下候、与右衛門判鏡差越申候、以上。

八月廿三日　鈴木修理

榊原七右衛門様
安藤勘兵衛様

追而、大坂瓦大分残り御座候間、小普請奉行衆へ被仰達候而、御用蔵分御請取、御渡シ被下間敷候哉、左候得ば御入用金之内減シ可申候、瓦積り致させ候間、懸御目候、此分入申候御断さへ御座候ハゞ、御作事方ゟ相渡させ可申候、以上。

御切紙致拝見候、弥御堅固被成御座候旨珍重奉存候、然ば御用蔵御修復御入用金、其外諸色為御請取被成候節、棟梁与三兵衛判形ニ、御組和田与右衛門殿と申仁之奥判ニ而為御請取可被成由、相心得申候、就夫判鏡被遣、請取置申候、以上

八月廿三日　右両人衆

鈴木修理様

追而、大坂瓦、小普請奉行衆へ申達、為御請取被成度由ニ而、瓦積り書被遣、請取申候、乍然巴・唐草瓦ハ無御座候由承申候、丸・平瓦之義ハ申達、重而此方ゟ御左右可申進候間、左様ニ御心得可被成候、以上。

とある。日記には、残念ながら小普請奉行衆の平瓦・丸瓦の需給関係に関する報告の記述はない。五月十日時点の見積り判断が、修正を余儀なくされたことがうかがえる。

本章では、主に震災復旧の資材調達に関する記事を取り上げ、考察を加えた。『鈴木修理日記』を精査すると、復旧の経過はもとより、幕府の動向をうかがうことができ、改めて史料の重要性を感じるところである。

4　二二家の手伝普請と『石垣築直シ銘々場所帳』

幕府では、被害箇所の見分と復旧に向けての見立てと、過去の手伝普請記録をもとに、二二家の大名に助役を命ずる。その一覧が表7-13・14である。寛永十三年以降の手伝普請の助役と重複しないことを前提としている。とはいえ、丹羽左京大夫と内藤能登守の二家は、明暦大火後の復旧に続いての助役を命じられている。その間の経緯は不明である。

二二家の手伝大名と復旧の順位　助役を命じられた大名は、知行と地域を十分に考慮して選出されている。知行では、一〇万石以上の大大名（国持大名）が七家、五万石前後の中大名が八家、三万石前後の小大名が七家と均衡がとれている。また、鈴木修理の見分・見立てに基づき、御城廻りの復旧に、三〇万石前後の大名を一家増員し、松平右衛門督・松平大膳大夫・松平兵部大輔の三家体制としていることも注目される。また、地域でみると、奥羽五家、北陸三家、中国三家、九州七家、畿内と四国が各二家と九州がやや多いが万遍ない指名といえる。

普請丁場は、被害の大きな箇所を大・中大名、比較的小さな箇所を小大名とし、一斉に行うのではなく、段階を経て実施する。それは、瓦礫の処理、資材の搬入と置場、進行状況の綿密な打合せ、人足の確保等々の理由によるものである。表7-13をみると、幕府が四段階をもって命じていることがわかる。Ⅰ段階は、大地震直後。表7-13では、手伝普請を命じられた大名は、職人・人足等を国元や江戸および近郊で集め、十二月九日から内郭・外郭の被害箇所の片付けにはじまり、中旬過ぎからは担当丁場の本格的な復旧となる。本丸・西丸の城廻り、船からの物質の搬入から道三橋筋と外郭の外濠に面する常盤橋門から雉子橋門、惣

表7-13　22家大名の手伝普請を拝命した日と丁場の竣工日・褒償日一覧

手伝大名	段　階	手伝普請拝命日	竣工日もしくは褒償日
松平右衛門督吉泰	Ⅰ	元禄16年（1703）12月2日	宝永元年（1704）7月1日
松平大膳大夫吉廣		同　年　11月28日	同　年　4月29日
丹羽左京大夫秀延		同　年　11月29日	同　年　7月1日
戸澤上総守正誠		同　上	同　年　5月15日
稲葉能登守知通		同　上	同　上
加藤遠江守泰恒		同　上	同　上
立花飛騨守宗尚		同　上	同　年　4月29日
上杉民部大輔吉憲	Ⅱ	元禄17年（1704）1月25日	宝永元年（1704）9月1日
松平兵部大輔昌親	Ⅲ	元禄17年（1704）3月23日	宝永元年（1704）11月1日
鍋嶋摂津守直之		同　上	同　年　9月1日
伊東大和守祐實		同　上	同　上
黒田伊勢守長清		同　上	同　上
秋月長門守種政		同　上	同　上
毛利周防守高慶		同　上	同　上
六郷伊賀守政晴		同　上	同　上
松平周防守康官	Ⅳ	宝永元年（1704）5月29日	宝永元年（1704）9月28日
永井日向守直達		同　上	同　上
有馬大吉眞純		同　上	同　上
松平采女正定基		同　上	同　上
小出伊勢守英利		同　上	同　上
酒井靭負佐忠囿		同　上	同　年　11月1日
内藤能登守義孝		同　上	同　年　9月28日

表7－14　手伝普請を命じられた22家の大名一覧（普請場所と均数は『石垣築直シ銘々場所帳』より作成

段階	助役大名	国	・藩	石高(万石)	普請場所	坪数	絵図に丁場名有無 図	図
Ⅰ	（池田）松平右衛門督吉泰	因幡	鳥取	28	本丸（喰違・大手・内大手・中之門・玄関前門）	878坪6合	有	有
	（毛利）松平大膳大夫吉廣	長門	萩	32.4	西の丸（大手・玄関前・山里・吹上）半蔵門南堀端、馬場先南堀端	1,980坪	有	有
	吉川勝之助廣達	（毛利家家臣）		—	吹上門外辺、外桜田辺	504坪	無	有
	丹羽左京大夫秀延	陸奥	二本松	10	下梅林・平川口・帯郭・紅葉山下・西桔橋門方	1,337坪余	有	有
	戸澤上総介正誠	出羽	新庄	6.8	常盤橋・神田橋門方、壱ッ橋南堀端	991坪余	無	有
	稲葉能登守知通	豊後	臼杵	5	呉服橋・数寄屋橋・山下門方、銭亀橋、道三橋、龍之口辺	686坪5合	無	有
	加藤遠江守泰恒	伊予	大洲	5	壱ッ橋・雉子橋門方、同所御堀端辺	723坪4合	無	有
	立花飛騨守宗尚	筑後	柳河	10.9	蓮池・内桜田門方、馬場先・日比谷辺	530坪	有	有
Ⅱ	上杉民部大輔吉憲	出羽	米沢	15	田安・清水門方	2,328坪1合余（2,009坪2合余築直シ）	無	有
Ⅲ	松平兵部大輔昌親	越前	福井	45	二の丸銅門・上梅林門方、汐見坂辺	635坪	無	有
	鍋嶋摂津守直之	肥前	蓮池	5.2	竹橋・神田橋門方	670坪余	無	有
	伊東大和守祐實	日向	飫肥	5.1	北桔橋門方、二十三間多門、七十五間多門	335坪3合余	無	有
	黒田伊勢守長清	筑前	直方	5	外桜田・坂下・日比谷門方	465坪5合	無	有
	秋月長門方種政	日向	高鍋	2.7	半蔵門方	359坪余	無	有
	毛利周防守高慶	豊後	佐伯	2	半蔵門北御堀端	493坪余	無	有
	六郷伊賀守政晴	出羽	本庄	2	田安門南御堀端	641坪9合余（452坪築直シ）	無	有
Ⅳ	（松井）松平周防守康官	石見	浜田	4.8	筋違橋門方	286坪6合	無	無
	永井日向守直達	摂津	高槻	3.6	小石川御門方	282坪余	無	無
	有馬大吉眞純	越前	丸岡	5	赤坂門方	175坪余	無	無
	松平采女正定基	伊予	今治	3.5	虎ノ門方	168坪9合余	無	有
	小出伊勢守英利	丹波	園部	2.8	浅草橋門方	568坪3合余（276坪8合余築直シ）	無	無
	酒井靭負佐忠囿	若狭	小浜	10.3	牛込・市ヶ谷・四ッ谷門方	900坪余	無	無
	内藤能登守義孝	陸奥	平	4	幸橋門方、溜池落口	238坪7合余（162坪1合余築直シ）	無	有
—	—	合計		214.1万合	——	16,177坪8合余（15,300坪9合余築直シ）	—	

※　坪数の（　）内は史料に掲載の実数、両数字の記入有

郭南半の呉服橋門から山下門までを対象とした。Ⅱ段階は、元禄十七年一月下旬。上杉民部大輔のみが命じられ、北の丸の田安門・清水門。Ⅲ段階は、元禄十七年三月下旬からで被害の大きな二の丸、神田橋門、日比谷門などがはじまる。内郭から外郭へと拡がる。Ⅳ段階は宝永元年五月末からで、惣郭のうち、赤坂門から浅草橋門に至る外濠北半。それに、虎ノ門と幸橋門。相対的に被害の小さな箇所。

すなわち、幕府にとって被害の大小はあるが、城廻りの中核的な箇所の復旧を早急とし、序々に同心円状に拡大していることを看取することができる。ちなみに、大地震発生から一年足らずで復旧が完了する。驚くべき速さである。手助普請を命じられた諸大名が、藩の威信をかけて臨んだことが推察される。

『石垣築直シ銘々場所帳』と二点の丁場絵図　江戸城の被害とその復旧について、最も詳細に知ることができる史料として、都立中央図書館特別文庫室所蔵

「江戸城造営関係資料（甲良家伝来）」の『石垣築直シ銘々場所帳』（六一五八‐〇八）がある。この史料は、一三〇紙からなり、法量が縦一四・〇センチ、横二一・〇センチを測る。内容は、はじめに普請箇所と助役大名の名、次に各大名の丁場ごとに石垣の復旧箇所の範囲と足石《たしいし》数等々が克明に記されている。二二家の大名に加えて毛利吉廣の家臣である吉川勝之助丁場が加わる。筆跡が異なることから、複数の人物によって写されたものである。

また、この史料に照合する絵図として、『御城内向絵図』（六一五八‐〇六）と『御城内外御作事御手伝方丁場絵図』（六一五八‐〇七）がある。

史料をみることにする。図7‐6が冒頭の部分である。

石垣築直シ所々間附并坪歩 附 足石付ケ 銘々場所帳

一御本丸方　松平右衛門督

一西ノ御丸並半蔵御門南御堀端
馬場先御門南御堀端辺　松平大膳大夫
附テ吹上御門外辺
外櫻田東御堀端辺　吉川勝之助

一下梅林平川口并帯郭辺
紅葉山下西桔橋両御門方　丹羽左京大夫

一呉服橋数寄屋橋山下
三ケ所御門方道三橋辺　稲葉能登守

一壱ツ橋雉子橋両御門方
同所間御堀端辺　加藤遠江守

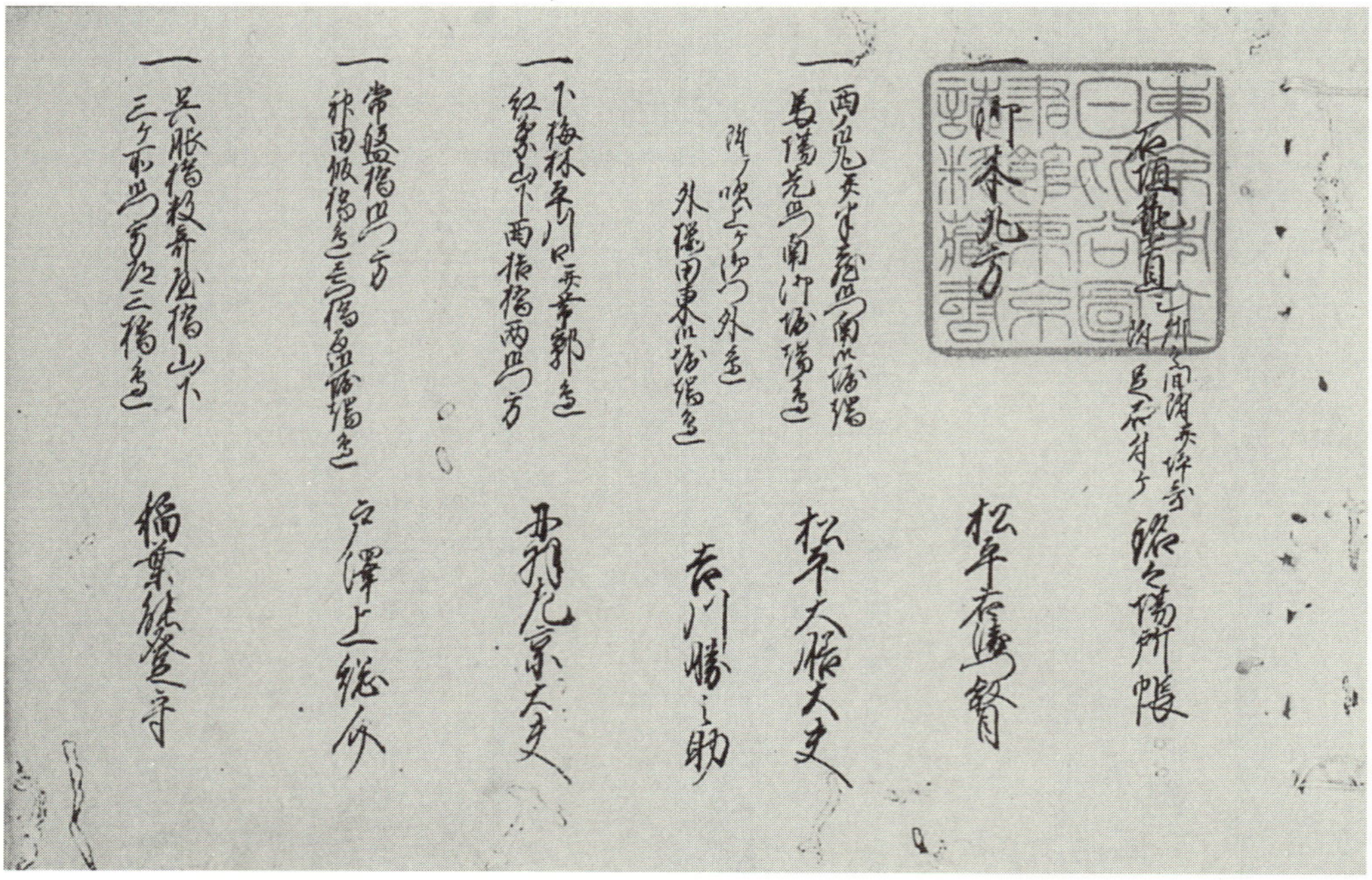

図7‐6　『石垣築直シ銘々場所帳』・部分（図7‐6～9：都立中央図書館特別文庫室所蔵）

一 蓮池　立花飛驒守
内櫻田　両御門方
一 清水田安両御門方　上杉民部大輔
同所御堀端田安南御堀端辺
一 二之御丸銅御門方　松平兵部大輔
潮見坂辺上梅林方
一 竹橋　両御門方　鍋嶋摂津守
神田橋
一 北引橋御門方辺　伊東大和守
一 同所續上梅林迄ノ御多門辺
（以下略）

とある。これに続いて、松平右衛門督以下、二三家の個々丁場の築直シ箇所と足石数が記されている。はじめの松平右衛門督丁場では、

石垣築直場所帳

松平右衛門督丁場之分

喰違御門

一 長横折廻シ三拾壱間四尺　御門臺北ノ方御石垣築直シ
高貮間七寸
此坪数六拾六坪四分余
一 長横折廻シ延テ拾七間五尺　同所御門臺南ノ方御石垣築直し
高貮間七寸
此坪数三拾七坪三分
一 横五間六尺宛　同所御門臺北ノ方岩岐
上り拾三段
此間数七拾九間
一 横貮間半宛　同所御門臺南ノ方岩岐
上り拾壱段
此間数貮拾七間半
長貮拾九間五尺　同所御勘定所御石垣築直シ
一 高貮間七寸
此坪数六拾貮坪半
長横折廻シ七間　同所御勘定所土手構臺御石垣築直し
一 高壱間貮尺七寸
此坪数九坪八分
合坪数百七拾六坪余
此足石
築石三百七拾六本　面貮尺ゟ三尺迄
扣三尺ゟ三尺五寸迄
長三尺余
岩岐石九拾六本　巾壱尺余
厚壱尺余
面三尺
隅石四本　長五尺余
扣三尺余
（中略）

とあり、これに大手、内大手（大手三之門）、中之門、玄関前等々が続く。図7-7右が松平右衛門督丁場の最後の部分である。玄関前構の井戸枠縁石足石の数量のあとに、

惣坪数都合八百七拾八坪六合
右足石
百四拾六本　隅石
七拾弐本　平築石
五本　切居石
百三拾五本　岩岐石
三拾六本　玄蕃石
五拾六本　青石
弐百六拾壱本　小田原石
百五本　四半石
外ニ御城内ニ而請取分

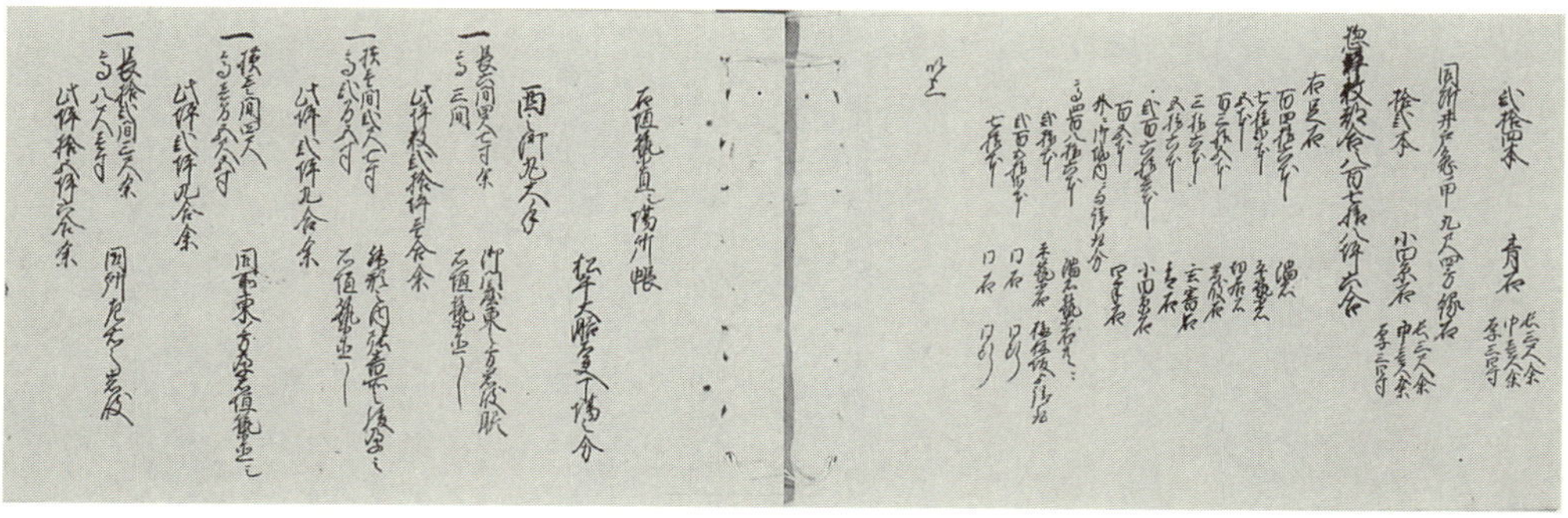

図7-7　右同・部分

表7-15　松平右衛門督丁場における足石の種類と数量

普請箇所＼足石の種類	隅石	平築石	切居石	岩岐石	玄蕃石	青石	小田原石	四半石	その他	小計
喰違門	4	376		96						476
（大手）		70							込石ばい尻40	110
内大手	44	121								165
中之門	57									57
玄関前門	24									24
その他	1	242	5	30	36	39	268		田子石10	631
合計	130	809	5	126	36	39	268	—	50	1,463
※史料での惣足石数	146	※974	5	135	36	56	261	105	—	1,718

※は、最後の惣足石数で城内より請取る「隅石築石共486本」を含む。

高四百八拾六本
隅石築石共ニ
弐拾本
平築石　梅林坂ゟ請取
弐百五拾弐本
同石　同所
七拾本
同石　同所
以上

が続く。これを一覧にしたのが表7-15である。合計欄に二つをあげたのは、一方は、史料にある各普請箇所の数量をそのまま加えたもの。他方は、惣坪数に続いて記してある足石数である。本来は、一致すべきものであるが、数字が異なる。本史料では、松平右衛門督丁場に限らず、他の大名丁場でもこのような誤りを散見する。原因は不明であるが、単純な写し間違い

ではなさそうである。

松平右衛門督丁場で注目すべき点が三点ある。一点は、内大手・中之門・玄関前門といずれも隅石を二〇個以上、足石としている。三門は、いずれも大門で巨石を用いている。根石と礎石の変更はないようであるが、隅石を交換せざるをえないほどの大きな揺れであったことを示唆している。『鈴木修理日記』で、十二月十九日の条に大手門取り払いの際に怪我人が出て、人足の通行が内桜田門に変更した記事がある。史料を読むと、東西の渡櫓台、冠木門（高麗門）に続く石垣が崩れたことも大きかったことが推察される。一点は、石垣修復工事において、大手門・大手三之門・中之門で松平右衛門督が丁場を担当したことを示す刻銘石が発見されたことである。中之門の復旧工事では、発掘調査も併行して実施され、詳細な報告書が刊行されている。明暦大火の復旧では、細川越中守綱利が助役を命じられている。報告書をみると、同渡櫓台の変遷として、明暦大火以前、明暦大火後の万治度の復旧、元禄大地震後の三期区分が可能としている。発掘成果を交えて本史料との照会が求められる。一点は、石垣の復旧にあたって、幕府の石置場（本所を中心）で足石を受け取り、指定された仮置場→普請箇所を基本としている。本格的に復旧作業がはじまると、余剰の築石は、残石として他の大名丁場で使われることも頻繁に行われる。そのなかで「梅林坂ゟ請取」の平築石を六三四本受け取っていることがある。他の丁場では、「上梅林」とも記されているが同義語である。梅林坂は、二の丸の北西端に位置し、上梅林門と下梅林門間の狭小な面を指す。天神濠の最深部に位置し、後述する図7-8の同所には「舟だし」の付箋が貼られていることから、非常時の舟着場となることは理解できる。しかし、同所に六〇〇本を越える平築石を仮置く空間はない。絵図以外にも記録がある。『楽只堂年録 百三十五』の十一月廿八日の条に「下梅林新口明ケ塞御多門共ニ小普請方」とある。被害もさることながら復旧を見越しての処置と思われる。また、史料を読むと、少なくとも三回にわたる受け渡しと理解することができる。松平右衛門督の石揚場（仮置場）は、松平大膳大夫と立花飛驒守の二家と共に龍ノ口と数寄屋河岸の二箇所が指定されている。つまり、松平右衛門督丁場のために、幕府が石置場から梅林坂に運搬する必要がないのである。拙著『江戸・東京の大地震』で述べたが、蓮池濠に面する高石垣のうち、西桔橋門寄りの北側において白黒とはいかないまでも石材の異なる築石で碁盤上をあたかも埋めたような築造は、元禄大地震の復旧によるものという結論に至った。そのための石揚場が梅林坂であり、石置場から頻繁に輸送し、工事の進行に応じて大名丁場に渡したのである。ちなみに、平河濠に面する高石垣も同様と考える。

元禄大地震の復旧で、最大の手伝普請を命じられたのが松平大膳大夫である。『毛利家記録』でその過程を辿るので、史料から丁場について若干、述べることにする。図7-7左は、冒頭の部分である。

石垣築直シ場所帳
　　松平大膳大夫丁場之分
　西之御丸大手
　　御門臺東之方岩岐脇石垣築直し
一　長六間四尺七寸余
　　高三間
　　此坪数貳拾坪壱合余

一　横壱間弐尺七寸
高弐間五尺　　　舛形之門張番所之後はらみ石垣築直シ
此坪弐坪九合余
一　横壱間四尺
高壱間五尺五寸　　同所東ノ方孕石垣築直シ
此坪弐坪九合余
一　長拾弐間三尺余
高八尺壱寸　　同所左右之岩岐
此坪拾五坪六合余
（以下略）

毛利家丁場は、西丸大手・玄関前・二重櫓（伏見櫓）と、続きの多門・山里・吹上・的場郭など西丸御殿を除く城廻りと、半蔵門から外桜田門にかけての御堀端（一～四丁場）、馬場先門南御堀端を担当する。石垣の面坪では、上杉民部大輔に次ぐが、その上の建造物の建て直しや修復を考慮すると、手伝普請の諸大名としては最大の負担を強いられている。

毛利家丁場の足石一覧をまとめたのが表7-16である。前述の松平右衛門督丁場と比較すると、二つの相違点がうかがえる。一点は、足石に隅石がほとんどないこと。一点は、割栗石・本目栗石の数量が多いこと。後者は、石垣が大規模に崩壊し、背面の栗石が流失したことを示唆している。表7-22を参考に、後ほど毛利家の手伝普請について考えることにする。

『石垣築直シ銘々場所帳』に記されている二二家の大名丁場の足石一

表7-16　松平大膳大夫丁場における足石の種類と数量

普請箇所	普請坪数（坪）	隅石	平築石	岩岐石	玄蕃石	青石	小田原石	築石小計（本）	割栗石（坪）	本目栗石（坪）	栗石小計（坪）
西之丸大手	84余		45	1		21	10	77	2.5	0.5	3
玄関前方	297余		201	20	10	15		246	14	2	16
二重櫓并多門	135余		170	5				175	11.5	1.5	13
山里方	209余		160	1		10	65	236	8	1.5	9.5
吹上門方	517余		530	77			55	662	16.4	10	26.4
的場郭後之方	10余		10					10	1	1	2
一ノ丁場（半蔵門外郭ノ方）	87余	1	108					109	5.5	1	6.5
弐ノ丁場	283余		349					349	15.5	5.5	21
三ノ丁場	151余	4	187					191	7.5	2	9.5
四ノ丁場	77.7余		95					95	4	1.2	5.2
馬場先	127余	1						1	8	5.5	13.5
合計	1977.7余	6	1,855	104	10	46	130	2,151	93.9	31.7	125.6
※史料での惣数	1,980余	—	※2,083	104	10	46	127	2,370	93.9	32	125.9

※の平築石には隅石を含

表7-17 『石垣築直シ銘々場所帳』に記された大名丁場の足石と復旧での石の動き

段階	助役大名	丁場坪数（坪）	築石（本） 隅石	隅脇石	平築石	岩岐石・他（本） 岩岐石	小田原石	玄蕃石	青石	その他	総本数	栗石（坪） 割栗石	本目栗石	（栗石坪合計）	備考
Ⅰ	松平右衛門督吉泰	878.6	146		870	135	261	36	56	切居石5 四半石105	1,614				梅林坂より平築石312本請取る 城内より平築石486本請取る
	松平大膳大夫吉廣	1980			※2,083	104	127	10	46		2,370	93.9	32	125.9	
	丹羽左京大夫秀延	1337余	54		2,172	155		33	28	岩岐平910	3,352	155	20	175	上梅林より隅石10本、築石230本請取る
	戸澤上総守正誠	991余			※1,756	65		70			1,891	70.26	13	83.26	上梅林より隅石2本、隅脇石4本、平築石325本請取る
	稲葉能登守知通	686.5	3		885	54					942	26	17.5	43.5	上梅林より平築石72本請取る
	加藤遠江守泰恒	723.4	94		1,260	16	200	52		四半石30	1,652	55	26	81	戸澤上総守丁場残石（平築石8本） 稲葉能登守残石（平築石6本） 北桔橋残石（割栗石18坪）
	立花飛騨守宗尚	530			※368	57	24				449	13.5		13.5	
Ⅱ	上杉民部大輔吉憲	2,009.2			※1,432						1,432	84.5		84.5	
Ⅲ	松平兵部大輔昌親	635	40	14	1,156	41	70	43	114		1,478				献上石35本、隅石18本は新石 隅脇石・平築石116本は古石との記述
	鍋嶋摂津守直之	670余	7		※683		27		6		723		60.5	60.5	石場より隅脇石・平築石・岩岐石86本、割栗石43.5坪請取る。神田橋より平築石37本向多門より岩岐残石の記述
	伊東大和守祐實	335.3余	16		339	76		12			443	2		2	毛利周防守丁場残石（隅石1本・平築石4本） 六郷伊賀守丁場残石（平築石20本） 内藤能登守丁場残石（平築石15本） 上梅林より割栗石を請取る 請負349本の記述あり
	黒田伊勢守長清	465.5	9		265	82		39		四半石20 丸居石14	429	12		12	六郷伊賀守丁場残石（平築石60本） 内藤能登守丁場残石（隅石2本、平築石60本） 馬場先門残石10本、赤坂馬場残石20本 松平右衛門督残石（割栗石10坪）
	秋月長門守種政	359			※343		250				593	30		30	六郷伊賀守丁場残石（平築石20本） 毛利周防守丁場残石（平築石35本）
	毛利周防守高慶	493余			28						28	20		20	
	六郷伊賀守政晴	641.9余			527						527	15	10	25	丁場内114間1尺5寸取崩　662本の出石 秋月丁場へ（築石20本）、松平兵部大輔丁場へ（隅石21本）、黒田丁場へ（築石30本、野面石30本）、伊東丁場へ（築石20本） 都合121本を他の丁場へ、出石余石は上水・他に
Ⅳ	松平周防守康官	286.6	12	37	100	20				野面石100	269				小出伊勢守丁場残石（隅脇石6本） 櫓台よりの出石（隅石12本、隅脇石31本、平築石・野面石・岩岐220本）
	永井日向守直達	282余		15	200	45					260	10		10	内藤能登守丁場残石（隅脇石15本、平築石90本、岩岐石25本）、他は本所石場にて請取る
	有馬大吉眞純	175余			※327						327	7.5		7.5	内藤能登守丁場残石89本 赤坂田町より155本、材木座より43本 赤坂門武者登り出石40本
	松平采女正定基	168.9余	10	9	84	56					159	6		6	
	小出伊勢守英利	568.3	2	6	122	20				底石平86	236	6	2.5	8.5	隅石6本、隅脇石5本、平築石114本、底石平築86本、割栗石6坪、本目栗石2.5坪は櫓台よりの出石
	酒井靭負佐忠囿	900余			801	16		15			832	34		34	内藤能登守丁場残石（平築石326本、割栗34坪） 松平周防守丁場残石（隅石・平築石71本） 有馬大吉丁場残石（岩岐石11本） 赤坂田町より82本
	内藤能登守義孝	162.1余	6		130	9					145	7		7	溜池落口際より隅・隅脇・平築石・岩岐60本 松平兵部大輔丁場残石（平築石44本） 丁場内での残石（平築石6本）
—	惣足石数 ●	15,300坪9合余	399 373	81 105	15,931 16,852	951 1,019	959 959	310 310	250 242	1,270 471	20,151 20,307	647.66 521.15	181.5 162.55	829.16 683.7	—

・●印は各大名丁場の場所毎の足石数合計、史料最後の惣足石数とは数字が異なる。
・吉川勝之助丁場は、足石の記載がないことから省いた。
・平築石の※印は、平築石に隅石・隅脇石を含めた数量である。

覧を示したのが表7-17である。先に、幕府にとって重要な箇所・被害の大きな箇所の復旧を優先することを述べたが、相対的にⅠ・Ⅱ段階の丁場、あるいは一〇万石を超える大大名において足石数が多いといえる。丁場によっては、上屋の建造物の建て直しや修復が加わるので、足石数のみで判断することは間違いが生ずるが、一つの傾向として指摘しておく。

『鈴木修理日記』の十二月五日の条で、幕府石場（石置場）の貯蓄石では不足が予想されることが記されていた。石の調達、復旧工事の進行についてみることにする。大名丁場での石の調達をみると、

①幕府石場から運搬したもの。
②担当丁場の残石を移動したもの。
③既存の石垣を崩し、そこからの出石を当座の築石としたもの。
④大名の献上石や、大名自らが請負い調達するもの。

の四者に大別することができる。このうち、①が主体となる。さきに、松平右衛門督丁場で「梅林坂〆請取」足石の理解について述べた。ここでの①は、本来の石場を指し、史料では、「本所」・「赤坂田町」が該当する。「赤坂馬場」も含まれるかもしれない。②については、

A：幕府が石場から運搬した仮置場の足石で、普請方の復旧工事を進める上で一時的に急務ではないと判断し、大名丁場に渡したもの。「梅林坂」・「上梅林」・「北桔橋残石」が該当する。

B：手伝大名の丁場内で不要となった残石。

C：受け取る側からみたもので、③の大名丁場からの出石。表では、六郷伊賀守丁場残石と内藤能登守丁場残石としたものが該当する。

表7-18　梅林坂・上梅林で受け取った足石の種類と数量

大名丁場名	段階	足石の種類（本）			
		隅　石	隅脇石	平築石	割栗石（坪）
松平右衛門督	Ⅰ			342	
丹羽左京大夫	Ⅰ	17		289	
戸澤上総介	Ⅰ	(2)	4	(325)	
稲葉能登守	Ⅰ			72	
伊東大和守	Ⅲ				2
合　計		17 (19)	4	703 (1,028)	2坪

このなかで、②Aと③について検討する。

②Aは、Ⅲ段階の伊東大和守丁場で上梅林より割栗石を受け取るが、それ以外は全てⅠ段階である。戸澤上総守丁場で括弧を付けたのは、「常盤橋御臺并舛形頬当左右築直し」の項で、表の足石の種類・本数・石の大きさがあり、改行して「但是ハ梅林〆請取」と記してあるためである。但書は、三種類の足石にかかるものと思われるが明確ではない。それを除いても梅林坂・上梅林で受け取った石の数量は莫大である。見落としがちであるが、Ⅰ段階の加藤遠江守丁場で北桔橋の残石として割栗石一八坪を受け取っていることは重要である。北桔橋門とそれに続く多門櫓の復旧は、Ⅲ段階で伊東大和守が命じられる。加藤遠江守とは、復旧期間が一カ月半重なるが、伊東大和守丁場の残石とは到底考えることができない。紅葉山の御宮・御霊屋、蓮池濠・平河濠の高石垣等々の復旧を幕府自らが行い、その残石と考えるのが穏当のようである。

③は、不足する築石を補うための幕府の苦肉の策である。六郷伊賀守・小出伊勢守・内藤能登守三家の丁場が該当するが、各々様相が異な

る。六郷伊賀守と小出伊勢守は、担当する丁場内の石垣を崩して出石とし、それを足石にする点は共通する。しかし、六郷伊賀守が大量の出石を他の丁場に供給しているのに対して、小出伊勢守は自らの丁場内での対処となっている。一方、内藤能登守は、屋敷が溜池落口に面しており、いわば屋敷前の石垣を崩し、出石としている。内藤能登守の助役を命じられたのは幸橋門方であり、屋敷と丁場とは少し離れる。出石を自らの丁場で一部使用すると共に、他家の丁場にも供給している点で相違する。

出石の数量と目的が六郷伊賀守丁場に詳細に記してあるので、その部分を抜粋する。

前　略

惣行間数三百三間五寸　六尺五寸棹
此坪数六百四拾三坪九合余
内
四百五拾弐坪余　築直し之所
百八拾九坪　築直シ不申候
此足石
五百弐拾七本　築石
拾五坪　割栗石
拾坪　本目栗石
右不足仕候得共御丁場百拾四間壱尺五寸之所上石壱ツ並取候分
同所御船入水門臺取崩シ之所ゟ出申候ニ付外ニ願石果仕候
一六百六拾弐本　出御石
右者御丁場百拾四間壱尺五寸ノ所上石壱ツ並取候分御堀御船入
水門臺取崩シ之所下水落両脇ゟ出候分
右出御石之分
一五百弐拾七本　野面御石　面壱尺八寸ゟ三尺壱寸迄　扣弐尺ゟ四尺五寸まで
右者御丁場新御石垣拾壱間半之所築立申候残り石壱番ゟ五番御
丁場迄ノ足石ニ仕作
右出御石ノ分
一弐拾本　摺合築石　面壱尺七寸ゟ三尺壱寸迄　扣三尺ゟ三尺六寸迄
右者半蔵御門臺足石御願相叶
秋月長門守役人
磯野源次郎
三船吉太夫　渡ス證文有
右出御石ノ内
一弐拾壱本　隅御石　面壱尺七寸ゟ三尺壱寸迄　扣三尺五寸ゟ六尺迄
右者二ノ御丸銅御門臺足石御願相叶
松平兵部大輔役人
中村安右衛門渡ス證文有
同
一三拾本　摺合平築石　面弐尺壱寸ゟ弐尺八寸迄　長サ三尺まで
右拾五本ハ外櫻田御門臺足石拾五本者坂下御門臺足石御願相叶
黒田伊勢守御役人
斯波惣八
石松又四郎　渡ス證文有
右為替リと野面石五拾本請取申前ニ御座候得共御丁場入用無之
ニ付請取不申候

以下略

とある。大名丁場用としては、これに伊東大和守、再度、黒田伊勢守（野面石の分）が続く。これをまとめたのが表7-19である。内藤能登守屋敷前の溜池落口の石垣からの出石を表7-20とした。両者を比較することで、出石について考えることにする。両者とも七〇〇本前後の出石

表7-19　六郷伊賀守丁場の出石の供給先

大名丁場	段階	隅石	平築石	野面石	小計
六郷伊賀守丁場（自身）	Ⅲ			527	527
上水用・残石	—	2		10	12
秋月長門守丁場	Ⅲ		20		20
松平兵部大輔丁場	Ⅲ	21			21
黒田伊勢守丁場	Ⅲ		30	30	60
伊東大和守丁場	Ⅲ		20		20
合　計	—	23	70	567	660

表7-20　溜池落口の出石の供給先

大名丁場	段階	隅・隅脇石	平築石	岩岐石	築石小計	割栗石（坪）
内藤能登守丁場	Ⅳ	6	80	9	95	
伊東大和守丁場	Ⅲ		50		50	
黒田伊勢守丁場	Ⅲ		60		60	
永井日向守丁場	Ⅳ	15	90	25	130	
有馬大吉丁場	Ⅳ		89		89	
酒井靭負佐丁場	Ⅳ		326		326	34
合　計	—	21	695	34	750本	34坪

がある。出石の入手方法は、六郷伊賀守丁場では石垣の崩し方が史料に記されているが、溜池落口の場合、石垣の崩す範囲や出石の数量等々が明記されているわけではない。しかし、割栗石を三四坪供給していることから、石垣のかなり低い箇所まで崩していることは確実である。出石の使用では、二点で異なる。一点は、六郷伊賀守丁場では出石の八割方を自身の丁場で使用しているのに対して、内藤能登守丁場では一割強に留まり大半を他の丁場に供給していること。一点は、他の丁場への供給先をみると、六郷伊賀守丁場からは同時期（Ⅲ段階）に拝命を受けた大名に限られているのに対して、内藤能登守丁場からは同時期（Ⅳ段階）

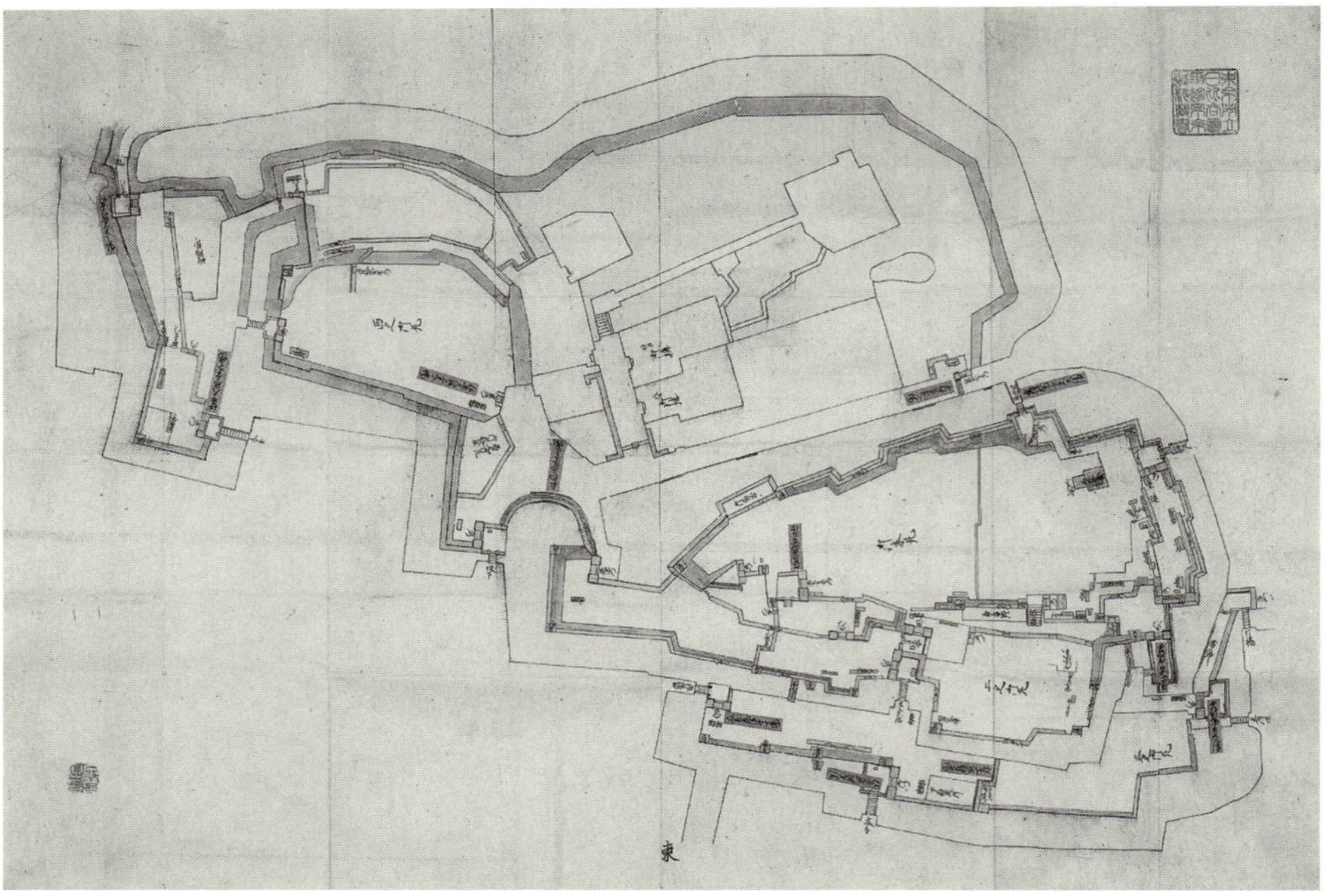

図7－8　『御城内向絵図』

はもとより先行する伊東・黒田両家にも及んでいることが特徴的である。

なお、余談であるが、六郷伊賀守丁場の出石のうち平築石七〇本と野面石五六七本、内藤能登守丁場の平築石六九五本、小出伊勢守丁場の平築石一一四本を加えると一四四六本となる。『鈴木修理日記』の十二月五日時点の見立として、平築石二～三〇〇〇本をあげていた。その数字には及ばないが、石場で不足する築石を出石で補っていることは間違いない。

次に、二点の絵図についてみる。

図7-8は、彩色・裏打ちが施された本城・西之丸・紅葉山が描かれた絵図で、元禄大地震によって石垣が崩れたり歪んだりした場所を朱引線で示していることを最大の特徴とする。ちなみに、朱引線の位置は、『石垣築直シ銘々場所帳』の大名丁場の復旧箇所とほぼ一致する。また、本図には、付箋が貼られている。付箋には、大名丁場名と、復旧に関する事項とが記入されている。前者には、松平右衛門督・松平大膳大夫・丹羽左京大夫・立花飛騨守の四家の丁場名が記入されている。いずれもⅠ段階の助役大名である。本丸・二の丸の復旧には、松平兵部大輔と伊東大和守の二家も助役を命じられている。図内には、二家の復旧箇所を示す朱引線はあるものの付箋はない。すなわ

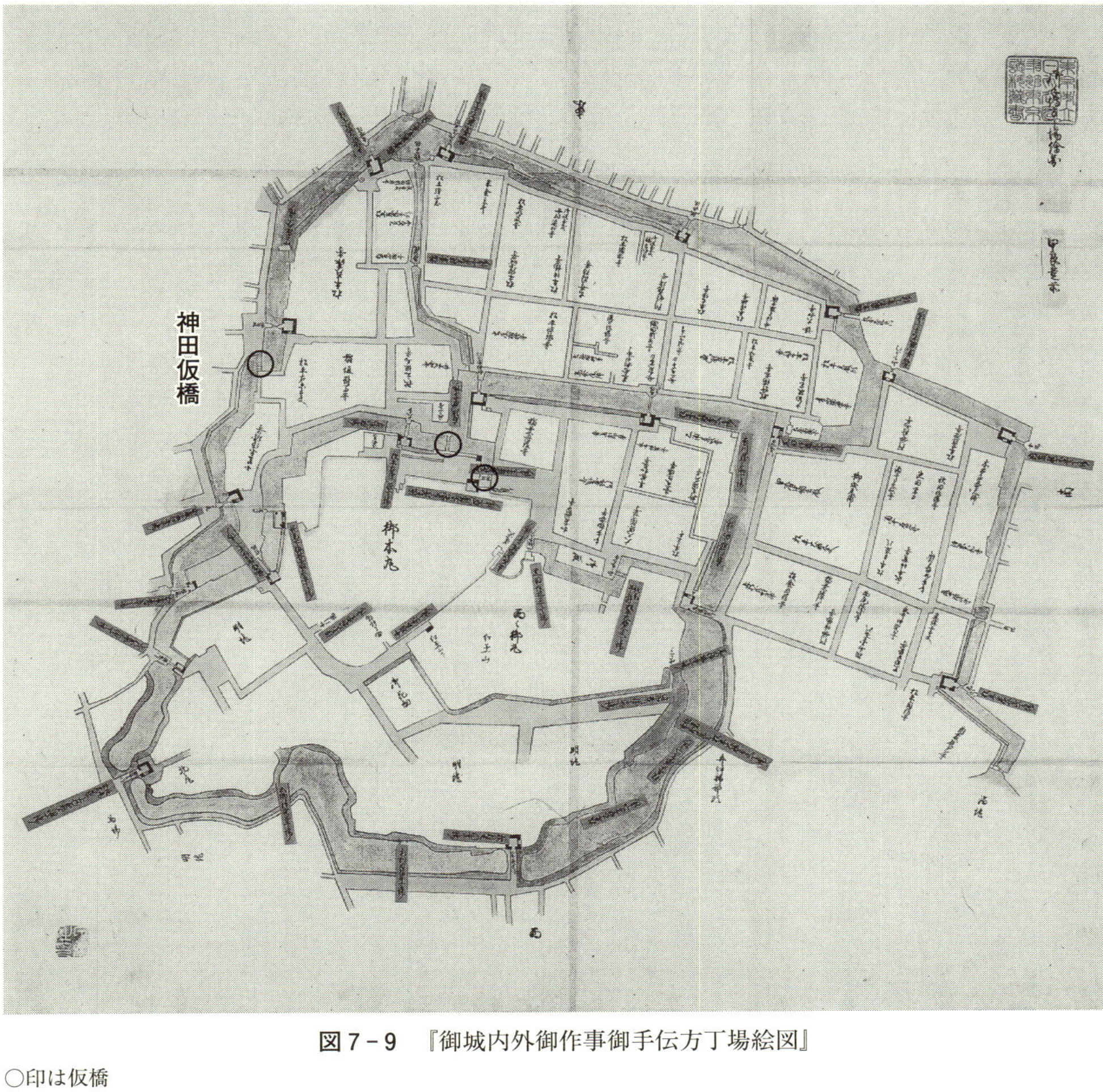

図7－9 『御城内外御作事御手伝方丁場絵図』

○印は仮橋

ち、本図がⅠ段階の大名丁場を明示することを目的に作成されたものであることを示唆している。後者は、「舟だし」「新口」「馬だし」と記されたものである。「舟だし」は前述したが、天神濠の最深部、下梅林門近くに貼られている。本城門における瓦礫の搬出、幕府の資材搬入の拠点となるところである。「新口」は、四カ所に貼られている。「舟だし」の右隣、上梅林門左側、二の丸百人櫓の左手、大手門の左・櫓台の辺にある。上梅林門左側を除く三カ所は、下梅林門・大手三之門・大手門の被害を考慮した臨時的なものである。上梅林門左手は、万治度の天守台造営においても同所から築石を運搬したことが記されているが、同様に、本丸への資材の搬入口と考えることができる。「馬だし」は、百人櫓左の「新口」の左隣に貼られている。蓮池門・坂下門の被害が大きいこともあり、厩の位置を考慮してのものである。本城（本丸・二の丸・三の丸）と西丸の御殿廻りと紅葉山での被害位置が示されていないが、江戸城中枢部での被害と復旧の過程を知る絵図として貴重である。

図7-9は、彩色・裏打ちが施された絵図で、内題に「御手伝直丁場絵図」、外題に資料名となる「宝永元申年／御城内外御作事御手伝方丁場絵図／甲良豊前」が記されている。本図は、江戸城内のうち、溜池から赤坂門、浅草橋門に至る惣郭の北半が描かれていないが、図内に手伝大名の丁場位置を付箋で示していることを特徴とする。付箋には、主な普請場と担当大名が記され、吉川勝之助の名もある。また、復旧の際の仮橋三カ所が描かれているのも特徴である。神田仮橋は記録にあるが、大手仮橋と内桜田仮橋は、初出となるものである。

図7-8では、御殿廻りの復旧を知ることができないが、二の丸御殿

表7-21　元禄大地震の石垣復旧を示す金石文一覧

発見された場所	金石文	助役大名	備考
大手三之門渡櫓台	寳永元年甲申四月日 因幡伯耆両國主 松平右衛門督吉明築之	松平右衛門督吉泰	・昭和三十九年石垣修復工事中に発見 ・昭和四十年一月二十九日付朝日新聞掲載 ・図7-10
中之門渡櫓台	寳永元年甲申四月日 因幡伯耆両國主 松平右衛門督吉明築之	松平右衛門督吉泰	・平成十七年石垣修復工事中に二個発見 ・同報告書に掲載
蓮池門渡櫓台	立花飛驒守源宗尚 蓮池左右御門臺 築之 元禄甲申三月吉辰	立花飛驒守宗尚	・明治四十三年に櫓台を撤去 ・現地保存
内桜田門渡櫓台	※内櫻田左右石臺 寳永元甲申年四月吉辰 立花飛驒守源宗尚築之	立花飛驒守宗尚	・明治期、石垣修復工事中に発見 ・『東京市史稿』皇城篇2に掲載
汐見坂・梅林坂間の高石垣	□永甲申年 □月十九日 □濃屋 庄次郎 築之	（松平兵部大輔昌親）	・平成十四年石垣修復工事中に発見 ・『宮内報』三二号に掲載 ・図7-11

※は、史料からのもので写真掲載はない。

とそのまわりの石垣に関する記録がある。『柳営日次記』『鈴木修理日記』には、宝永元年五月十四日水野監物忠之を御殿普請、同十九日内藤駿河守清枝を二の丸石垣普請を命じたとある。この普請は、同年十一月二十一日に竣工し、二家の大名は二十八日褒美を受けている。

石垣復旧を刻んだ金石文資料　近代以降の石垣解体修復工事によって、元禄大地震に関する金石文を集成したのが表7-21である。このほか関東大地震の復旧で、大手門渡櫓台から松平右衛門吉明銘の金石文が

確認されている。詳細な情報がないために、表には載せていない。おそらく、同家が担当した大手三之門や中之門での金石文と同様のものと推察することができる。表7-21からは、以下のことがわかる。一つは、大名の銘文が入ったものは全て渡櫓台の築石に刻まれている。ちなみに、表7-14の普請位置とも一致する。反対に、汐見坂の天端石南側から二列目で発見された「関濃屋庄次郎」では、通常の石垣に彫られている。後者の場合、表には括弧で大名を入れたが、『鈴木修理日記』の元禄十六年十二月十三日の条に、

一御玄関前ゟ中之御門切ぬき千七百四拾両ニ而、奈良屋久蔵請負之由。

を参考にすると、そのまま請負丁場のものであった可能性もある。ちなみに、奈良屋久蔵は、町年寄である。一つは、大名丁場の場合、立花飛騨守では一門一カ所であるのに対して、松平右衛門守は一門二カ所であること。大手三之門では、渡櫓台の天端左右の角石、中之門では一方が北東隅（鬼門）、他方が南西隅（裏鬼門）と配置にも意図がうかがえる。

次に、文字や遺存状態についてみる。銘文に、大名の名が刻まれているものは、全て楷書で丁寧に彫られており、かつその面を平滑にしている。図7-10は、金石文が彫られている面を周囲から一段削り込み、簡単な磨きをかけている。それに対して、「□濃屋」の文字は、丁寧に彫られているが行書であり、かつ文字の一部が割られている。割る行為は、この石が原位置ではなく、二次的に移動したことを示唆する。すなわち、字体・遺存状態とも大名とは格の違いが歴然としている。

図7-10　大手三之門の「松平右衛門督吉泰」銘の角石（宮内庁宮内公文書館所蔵）

図7-11　汐見坂の「□濃屋庄次郎」銘の天端石（宮内庁管理部所蔵）

毛利家の手伝普請　毛利家が二二家の大名のなかできわだって重責を担うことは前述した。Ⅰ段階の七家のなかで、他の大名よりも一日早く助役を命じられており、幕府の期待もうかがえる。『東京市史稿』皇城篇第弐に「毛利家記録」を用いて詳細に記されている。

毛利家の普請小屋は、上屋敷のすぐ近く、外桜田門外の堀端に建てら

表7-22　毛利家が担当した普請箇所と復旧の状況

	普請箇所	状況	普請箇所	状況
西の丸	大手渡櫓	修得	吹上渡櫓	建直
	大手冠木門	同	吹上冠木門	修復
	大手大番所	同	吹上大番所	同
	中仕切東多門	同	玄関前渡櫓	建直
	中仕切門	同	玄関前大番所	修復
	中仕切西多門	同	二重櫓	建直
	獅子口門	同	二重櫓車多門	同
	山里門	同	同裏門	同
	山里冠木門	同	同裏門大番所	修復
	山里大番所	同	西の丸内所々石垣	築直
西の丸以外	井伊掃部頭屋敷下大下水			修復
	田安門仮屋根			仕直
	半蔵門ヨリ続南之方外郭石垣			築直
	馬場先門南之方御堀端石垣			同
	所々仮番所			当分建

れる。普請小屋の四隅には、「松平大膳大夫小屋場」の名杭を立てたとある。この普請小屋は、上杉民部大輔屋敷の前にあり、長さ四尺八寸（約一四五センチ）の白木綿に「御用　∴（一に三ツ星）」と紺染の旗を立てたとある。大名の体面である。大工小屋と木挽小屋は、数寄屋河岸広小路とこんや河岸に各二カ所宛。石揚場小屋は、龍ノ口と数寄屋河岸の二カ所。石揚場は、松平右衛門督と立花飛騨守と共用で間口四間を四つ。解体・撤去で生じた古材木・古物置場は、本所に三〇〇〇坪の用地。

体制を整え、十二月十日に田安門・竹橋門を取り払うための取り付け作業。以下、進行するが、毛利家が担当した普請場所一覧が表7-22である。復旧の中心となる西丸をみると、普請箇所のうち「建直」とあるのが被害の大きいところである。吹上渡櫓・玄関前渡櫓・二重櫓（伏見櫓）および続きの多門櫓・裏門等々が「建直」とある。これは、土台である石垣にもいえることで、表7-16の足石数とも一致する。平築石の多さもさることながら、割栗石・本目石が多いことで石垣や石垣台そのものが崩落していることを看取することができる。

毛利家が復旧に要した資材一覧が表7-23である。木材・石材・瓦のほか、壁材となる石材・布苫・唐竹・摺縄・土なども含まれている。役船は、瓦礫や古材の搬入や資材を搬入するための運搬船で二八七七艘とある。毛利家の手伝普請は、十二月十日に田安・竹橋門の取り払いがはじまるが、西丸は年明けとなる。一月七日に鍬初・手斧初があり、四月二十八日には竣工する。この間、約一一〇日ある。作業中止日もあるが、単純に計算すると、役船は一日あたりおよそ二六艘となる。非常に多い数字である。先に、『石垣築直シ銘々場所帳』で、毛利家丁場で使用した石材の数量を示した。この数字を表7-16と照会すると、割栗石と本目石は完全に一致する。隅石・平築石などの築石をみると、表7-23の方が五本多く記されている。ほぼ一致とみることができる。

毛利家では、元禄大地震の助役としての報告を宝永二（一七〇五）年十一月、鮎川作右衛門（普請時は本〆）以下六名の連著で勘定所に提出している。石垣坪数、表7-22の普請場所、表7-23の資材一覧のほかに、人足数・費用等々が記されている。その部分を抜粋すると、

人足惣高之事

一、二拾八萬八千五百六十六人

右諸人足受負所人数共ニ桑山源七郎殿大久保神右衛門殿江日々

書出候員数之辻。

一、拾九萬五千五百六十六人

右諸人足現雇之分。受負所之人足除之。

（中略）

右御入用

金三千四百貳両壹歩銀貳匁七分貳厘

内百六拾八両三歩銀拾四匁八分七厘貳毛、古諸色拂代引。

残、金三千貳百七拾三両壹歩銀貳匁八分四厘。

米千貳百貳十四石五升壹合ハ夕壹才

（以下略）

表7-23　毛利家が復旧で要した資材一覧

項目	数　量
材　木	860本（槻丸太・松丸太・檜・栂角）
同	3,528本（3,000本拝借・足代）
掛塚榑木	28,295挺
唐　竹	64,650本（28,974本拝借・足代）
石	2,375本（隅石・平築石・岩岐石・青石・小田原石・玄蕃石）
割栗石	93坪9合
本目石	32坪
付　芝	406坪
大坂土瓦	223,526枚
摺　縄	696束
石　灰	364石
布　苔	262貫760目
同	15貫300目（松平右衛門督丁場より受取）
おり油	9斗
畳	古床100畳
空　俵	6,685俵
谷　土	177坪
砂	21坪
役　船	2,877艘

とある。動員した人足は、幕府からの受負約二十九万人に加えて、藩独自で雇い入れた約一九万五〇〇〇人で合計四八万四一三二人となる。十二月の取り払い分約一〇日間を加えて、一日あたりの人足数を求めると、幕府からの受負数で二四〇四・七人、実数で四〇三四・四人となる。作業の進行状況もあるが、毛利家丁場だけで多い時には五〇〇〇人以上が復旧作業に従事していたことになる。

5　幕府の地震対策

元禄大地震の余震は、しばらく続く。元禄十六年十二月晦日まではほぼ連日。時折、激しい揺れが襲う。年が明け、序々に回数は減るが、半年程は余震の記録が残る。

江戸での被害については、城内の石垣被害と甲府中納言屋敷内の長屋倒壊と焼失を中心として論じてきたが、実態はかなり大きかったものと推察される。幕府は、はじめて地震についての対応策をとる。

「地震之間」の設営と撤去　江戸時代を通じて唯一、大地震発生の際、将軍の緊急避難施設として設置されたのが「地震之間」である。本

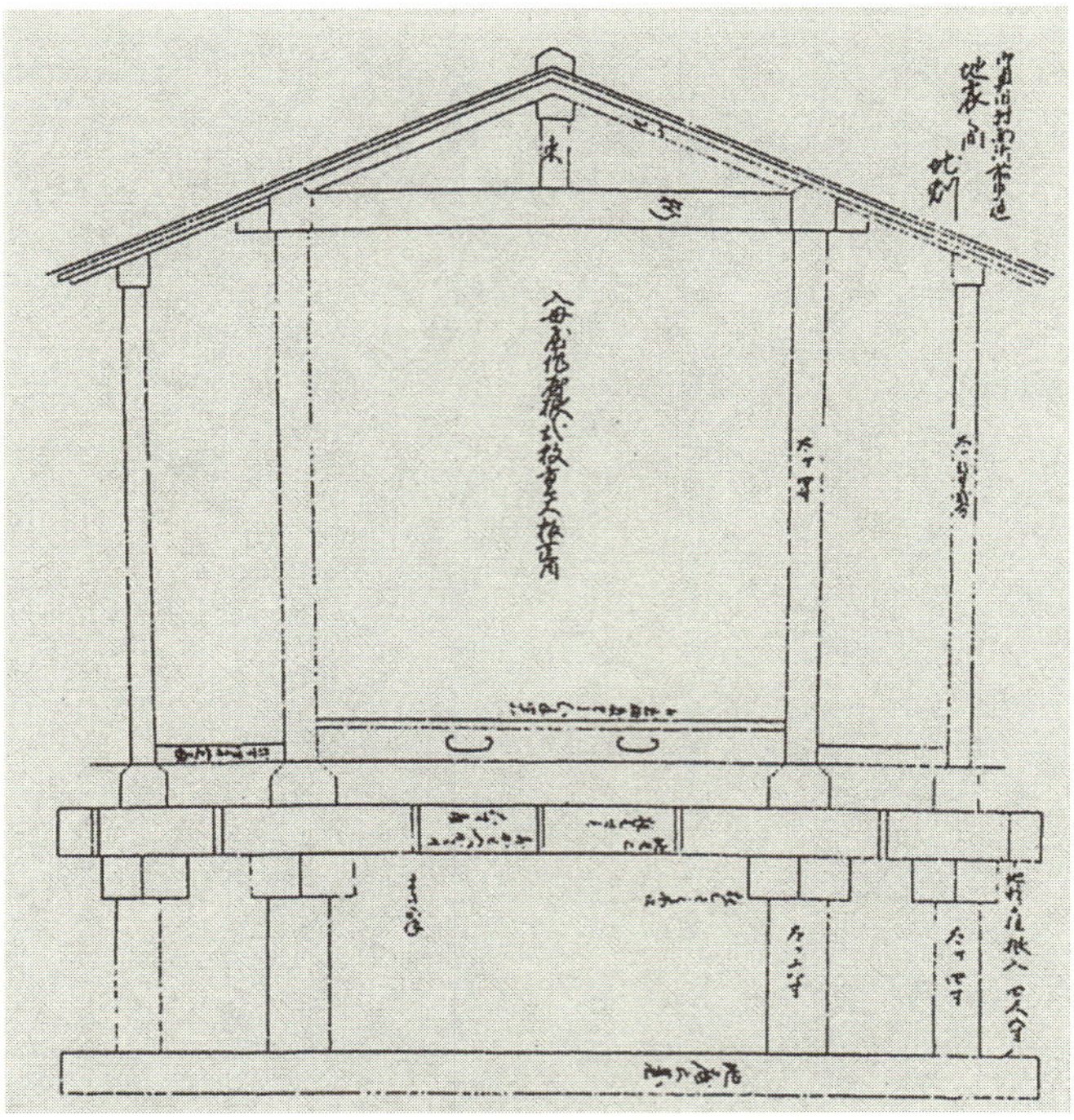

図7-12 『御奥御対面所前御庭地震之間地割』（大熊「耐震構造」『明治前日本建築史』）

丸・西丸御殿の中奥・大奥の中庭に設けられる。

大熊喜邦氏は、『明治前建築技術史』のなかで「耐震構造」と題して大奥対面所中庭の地震之間地割絵図を交えて以下のように述べている。

一、大体の形態。四方入側付にて掘建、柿葺入母屋造、床は取置き板敷で入側は土間である。

一、柱。本柱は地中六寸角、地上に於て四寸角に細めたる角柱、入側柱は地中四寸角地上二寸七分とせる角材で、何れも根入りは地底土台上地盤迄四尺五寸である。

一、屋根。入母屋造にて二枚重ね大板葺とあり、図面に屋根裏ワリ板とあれば、大板を二枚重に張りたる化粧屋根裏で被覆材は柿である。

一、床。地盤に接したる板敷で、図中取置板敷ワラビ手四所とあれば、四方に鈌を取付たる取外し自在の板敷の置床である。入側の部は土間で、其外側は小角材の芝留を設けたるものと見做す事が出来る。休息所前の地震の間には図に見ゆる通り母屋と土椽が設けられてゐる。

一、地中の構造。地盤面より根入四尺五寸の柱の下に地底土台と称する土台を据へ、其の上に柱を建て、地盤より少しく下りたる地中に於て「地そこ柱はさみ」を以て通し、根械の如く一列毎に縦横に両面より柱を挟みたるもので、地そこ柱挟の大さは外側入側共に六寸角とあり、柱挟は又中央の間《マ》にて三個所、入側の部分に於て一個所、柱外にて一個所宛巻鉄を以て縛し、地中に於て柱を縦横に結束してゐる。

一、建具。休息所前の地震の間には其平面図に四周何れの間もあみせうじと記入しあれば、建具として網張障子を用ひたるものとされる。

江戸城の「地震之間」の資料が少ないなかで、地下構造がわかる図7-12は貴重である。内題に「御奥御対面所前御庭地震之間」とある。間取りから、第六章図6-7の大奥中庭のものと考えられる。同図には、「地震之間」のみで建具に関する記述がないことから、大熊氏は本図のほかに平面図を所蔵されているものと思われる。

西丸御殿の図7‑13に、「地震之間」の建具に関する情報が記されている。それを拡大したのが図7‑14である。淡赤黒色に彩色が施されており、左下の凡例と照会すると、「此家柿葺御家」が該当し、屋根が柿葺《こけらぶき》であることがわかる。詳細にみることにする。実寸では、縦四・八センチ、横四・〇センチを測るが、四間×三間の掘建柱建物である。中央に「地震之間」の文字、二間四方の内側に「あみせうし」が巡る。「九尺」、「六尺、同」とあることから主要部が九尺×十二尺であることがわかる。緊急避難場所であることから手狭である。このほか「二尺五寸」「四尺」の数字がみられる。また、「屋根裏王《わ》り板」とも記されている。すなわち、図7‑14の文字情報は、大熊氏が指摘されたことと一致するのである。そして、どちらも軽構造であり、恒久的な建物ではない。「地震之間」が描かれている指図をみると、図7‑13の西丸大奥での二間や第6章図6‑7の本丸中奥御休息所前のやや規模の大きなものもあるが、機能を考えると建物そのものが軽構造であることに変わりはない。

次に、「地震之間」の設営および撤去の時期について検討する。江戸城には、万治年間以前から「地震之間」があり、継続するという見方もあるが、それは間違いである。明暦大火後に造営された本丸指図とし

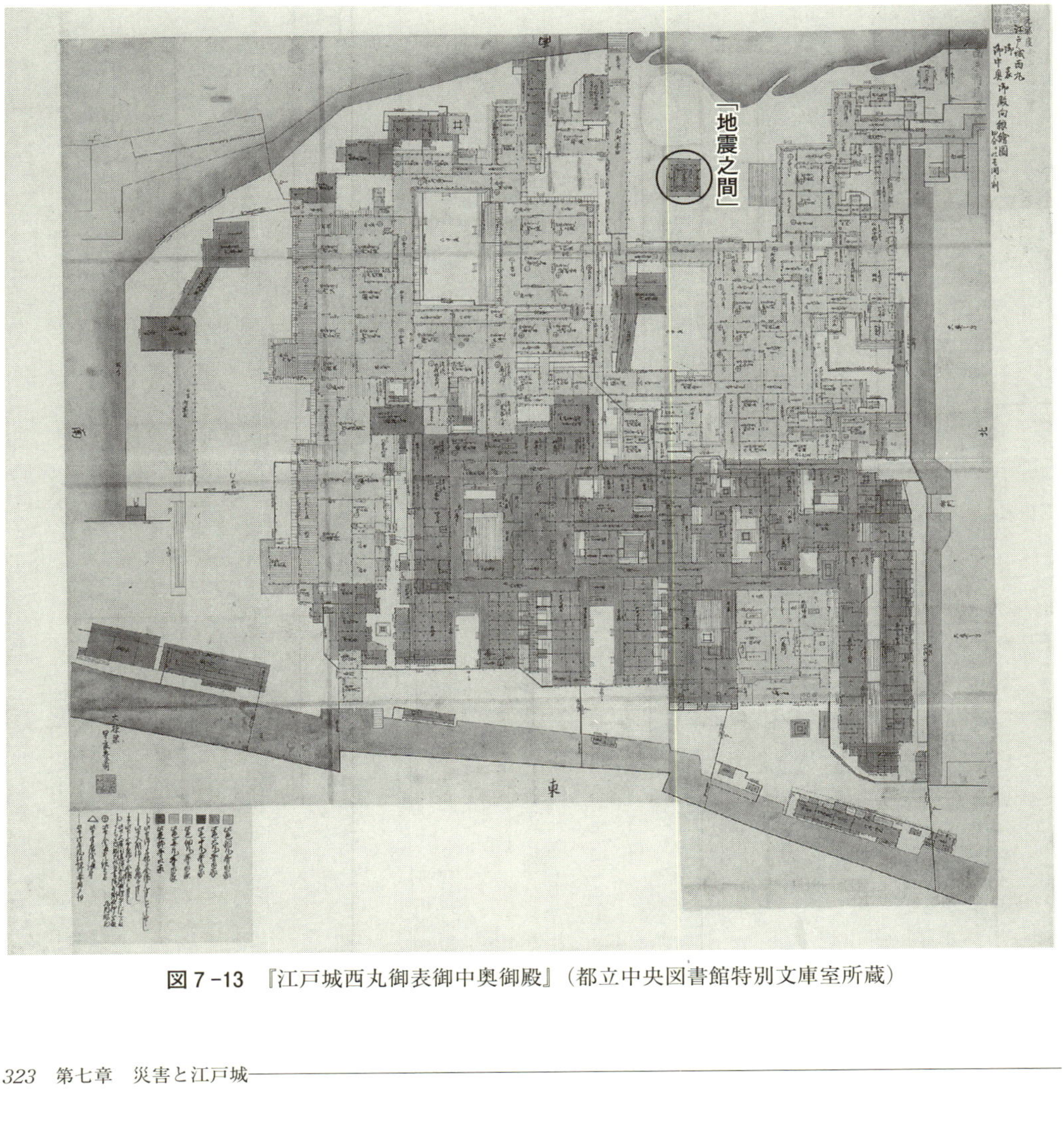

図7‑13　『江戸城西丸御表御中奥御殿』（都立中央図書館特別文庫室所蔵）

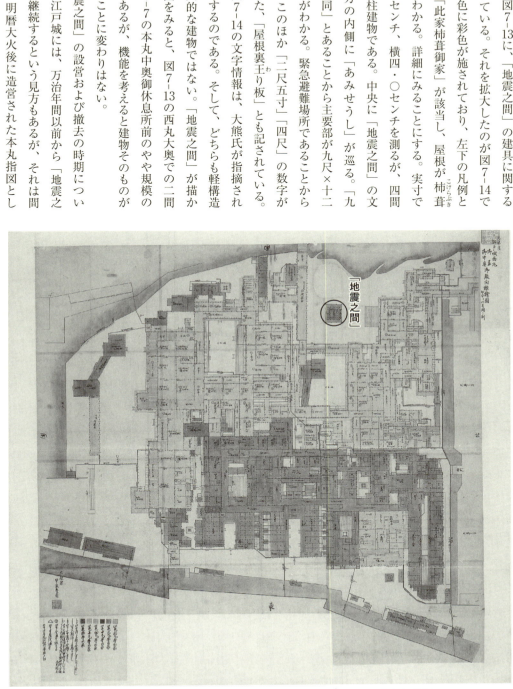

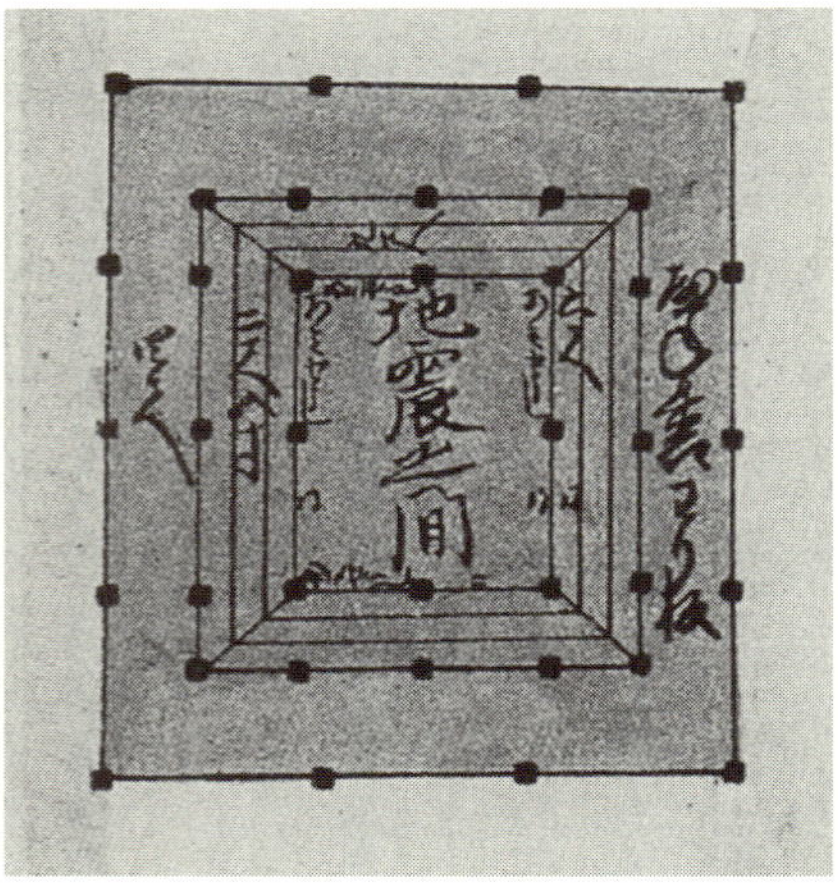

図7-14　右「地震之間」拡大

て、『江戸城御本丸御表御中奥御大奥総絵図』が知られている。外題に「萬治年」とあることからなおさらである。先に述べたように、明暦大火以前で江戸城石垣が崩れるほどの地震は、近いところでは正保四（一六四七）年、慶安二（一六四九）年に発生している。後者は二回起きており、一回は推定マグニチュード七・一とかなり大きい。しかし、「地震之間」造営の根拠には乏しい。これら地震後から万治度の本丸再建までには目立った地震の記録はない。また、造営された場所が、中奥・大奥の中庭で、その構造が軽構造であることから、不断、将軍が利用したとは到底考えることはできない。格式や美観を重視する社会では、なおさらのことである。同図は、前章で述べたように、万治度の再建図をもとに、宝永二年から三年の間に加筆されている。それは、老中下部屋に土屋相模守以下一六名の老中・若年寄・側用人の名が連ねられていることから明らかである。つまり、元禄大地震後に、「地震之間」が老中下部屋の役職者と共に加筆されたと解釈するのが穏当と考える。他方、撤去の時期も問題である。史料にはないが、二点の絵図がヒントとなる。幕府は、将軍が代わると御殿の中奥―とりわけ御休息所―を改造する慣習がある。八代将軍の場合も同様である。史料には、享保元（一七一六）年夏に御休息所と四脚門を毀却し、御休息所は享保十二（一七二七）年三月十三日柱立、五月二十六日竣工とある。二点の絵図は、計画図と竣工図となる。共に、本丸御殿の表中奥の指図で、裏打ちが施され、本紙には箆で碁盤目状の罫線が引かれ、将軍の間は方向を換え楷書で丁寧に記されている。小松博氏は、『江戸城―その歴史と構造―』で、江戸城指図として甲良家一二代大島盈株《みつもと》氏の話として、箆書と楷書・向きを一般的に将軍が実見した指図であると紹介している。二点の図は、まさにそれに該当する。その図とは、『御本丸御表方惣絵図』（六一六-三七）と『御本丸表向絵図』（六一六-三八）である。前者には外袋があり、表書に「御本丸御表方惣絵図壱通／三分斗／甲良若狭扣」、裏書に「天保三壬辰年／六月調之」と記されている。裏書の天保三（一八三二）年は、本図が作成されたことを示すものではない。裏打が施されており、付箋に「御本丸御表方惣絵図／甲良若狭扣」の文字が、旧題には「享保五子歳　元〆」とあり、さらに四名が連ねている。また、作図時期の手懸りとして老中下部屋をみると、老中の井上河内守・戸田山城守・水野和泉守若年寄の大久保長門守・大久保佐渡守・石川近江守、側用人の松平右京大夫の七名が記されている。共通する在職期間は、享保二年九月二十日から同七年五月十七日となる。旧題の享保五年とは、一致するのである。本図には、中奥全体にめくりがあり、図7-15は、修正後のものである。「地震之間」をみると、形状と位置が多少異なるが、共に御休息所の前方に描かれている。この時点では、「地震之間」が念頭に置かれている。

一方、後者の図7-16には、内外題ともなく、製作年代は明記されていない。しかし、図7-15と同様、老中下部屋に名が連ねてある。老中に戸田山城守ほか四名、若年寄に石川近江守ほか四名、側用人に松平左京大夫の十一名。共通する在職する期間が享保十三年十月七日より翌年十月二十九日となる。この時点では、御休息所の改造が終わり、竣工後に図内に入れられたことになる。肝心の「地震之間」は、本図には描かれていない。以後の本丸・西丸指図にみることはない。

すなわち、「地震之間」は、元禄大地震後に造営され、遅くとも享保十二年にはなくなる限定期間のものであったのである。

城中で遭遇した場合の「地震節之覚」 地震対策は、大名にも及ぶ。登城した際に大地震に遭遇した場合の対処方法で、『御触書寛保集成』の第一六二号 元禄十七申年正月に、

地震節之覚

一大広間 出御之時、御白書院之御庭江出仕之面々出し申間敷候、
大広間之御庭江可罷出候

一御白書院 出御之節は、御黒書院之御庭江出仕之面々出し申間敷
候、御白書院大広間之御庭江可罷出候

一御黒書院 出御之時は、御黒書院、御白書院大広間之大庭江向寄
次第可罷出候

右之通、兼而可被相心得候、出御以前 入御以後ハ、向寄之御庭江

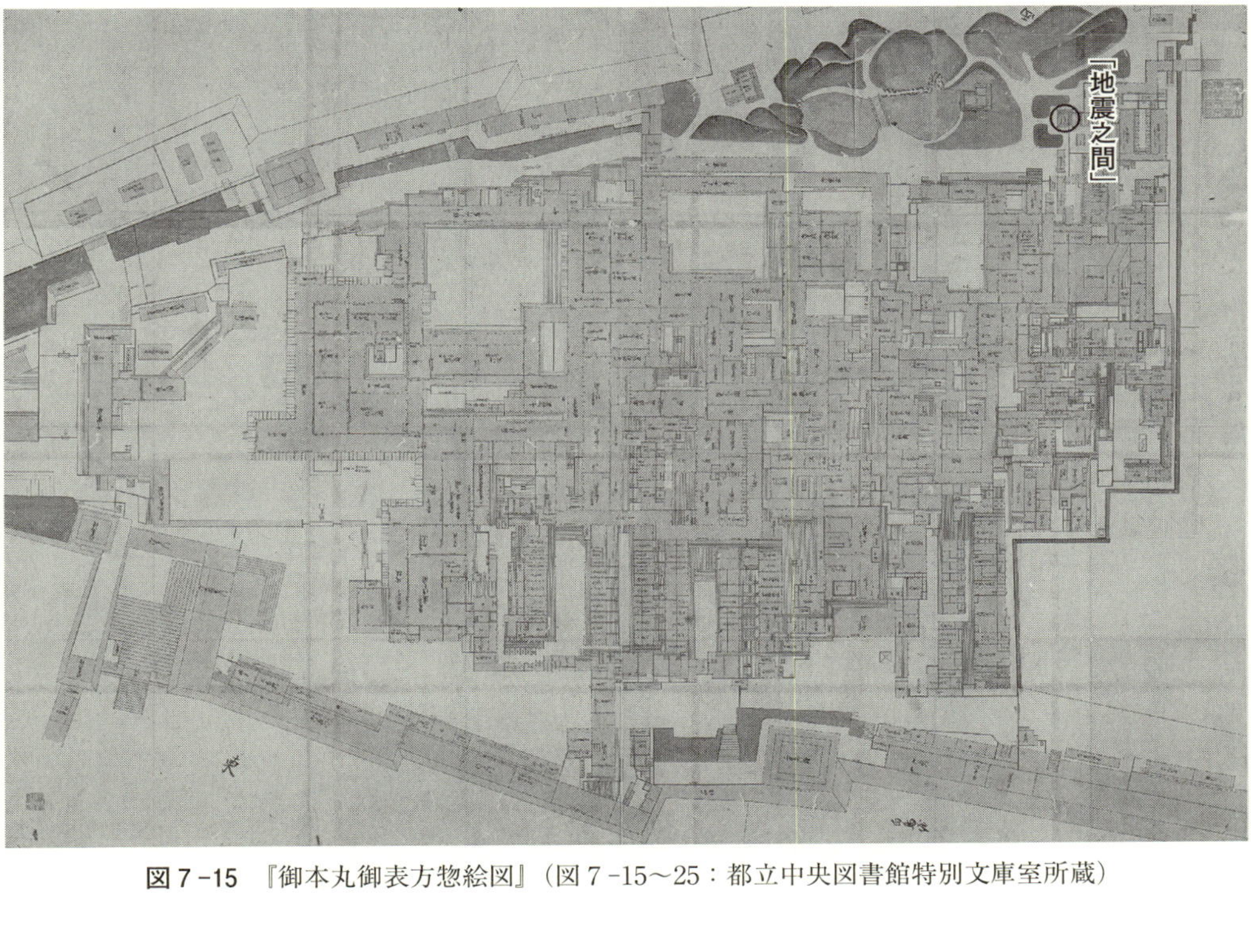

図7-15 『御本丸御表方惣絵図』(図7-15～25：都立中央図書館特別文庫室所蔵)

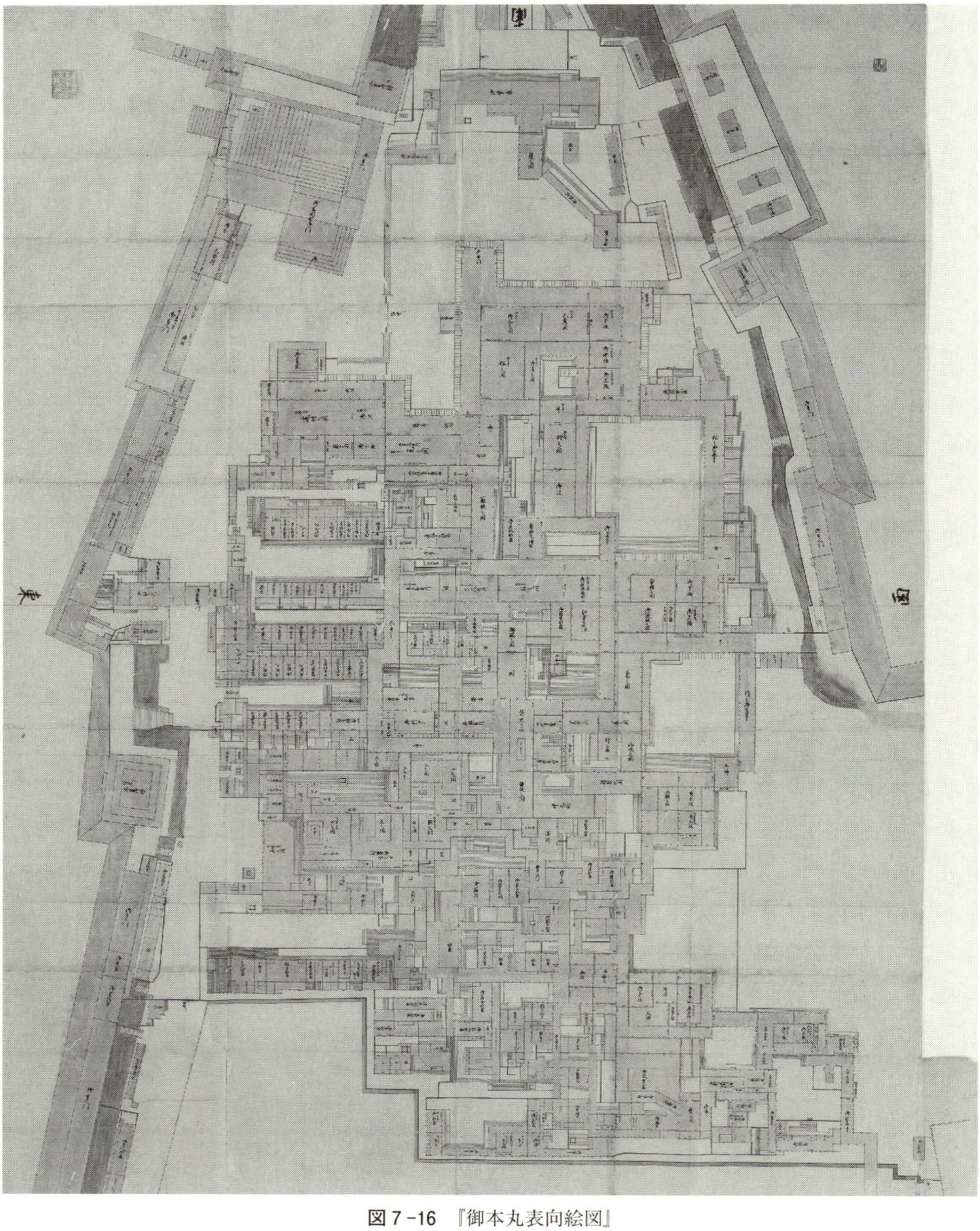

図7-16 『御本丸表向絵図』

勝手次第罷出候様可被致候

とある。緊急避難先として、大広間・白書院・黒書院の中庭を指定したものである。この御触が以後の余震や地震で実際に適用されたかは別として、この地震で御殿内も大いに揺れたことは間違いない。御殿内での被害についての史料は皆無に等しいが、『山形県史』資料篇五に所収されている『雞肋編　上』巻第六十九に次の記述がある。

一御城内奥方長つほねニ而女中余多地しんニ而相果候よし同十二月中御城内より長持ニ入右之死人出候事

とある。十一月二十三日の本震か、あるいはその後の余震によるものかは定かではないが、大奥で犠牲者がでたことを伝えている。

三　享保二年の風水害と江戸城

江戸の東部は、なだらかな平坦面が続く。これを東京低地と呼ぶ。西を武蔵野台地、北を大宮台地、東を下総台地に囲まれ、その間を隅田川・荒川・中川・江戸川が流れ、流域沿では、幾度となく大洪水が襲っている。江戸時代を通してみると、寛保二（一七四二）年七月二十九日から八月九日までの前後二回の大風雨によって利根川・荒川・中川・江戸川等々の河川が相次いで決壊し、その下流域である本所・深川の周辺域で三九〇〇人程の犠牲者がでた大洪水は、周知の通りである。

本章では、幕府作事方の二局分掌の契機となった享保二（一七一七）年の風水害を取り上げ、被害状況の把握と復旧にむけての対策について検討するものである。

記録にみる享保二年の風水害　江戸の災害史上、この風水害が取り上げられることはまずない。それは、被害状況が判然としないことに起因する。

『柳営日次記』によると、享保二年八月十六日の裂風豪雨で、屋根を飛ばされた家々が多く、十八日には隅田川の水かさが増し、新大橋の往来が停止する。明瞭な被害記録はないが、幕府は、同年八月二十日、老中の久世大和守重行に本丸修理を、八月二十二日に作事奉行の柳澤備後守信尹・駒木根肥後守政方・久松豊前守定持の三名に対して城内の風損による修繕を命じている。さらに八月二十日には若年寄森川出羽守俊胤に大奥修理を命じた記録があることから、久世大和守が復旧の総奉行であることがわかる。

また、この風損を契機として、八月二十五日、城内の普請・修復についてはじめて御作事方と小普請方の二局分掌に関する令が下される。

上野、御宮・惣仏殿・御門跡其外山中不残。馬場先御門、常盤橋。呉服橋。数寄屋橋。日比谷。山下。幸橋。虎之御門。芝口。赤坂。筋違并昌平橋木戸内共。浅草。桜田御用屋敷。千駄屋御蔵屋敷。三浦壱岐守御預り御櫓。三御厩。

右、風損十九ケ所、御作事奉行方ニ而御修御可仕候。

増上寺、惣仏殿・方丈・其外山中不残。但、自坊ハ見合速ニ可致修復事。

桜田御門。和田倉。一橋。竹橋。雉子橋。清水。田安。半蔵馬場曲輪御番所共。四ツ谷。市ケ谷。牛込。小石川。西丸下御用屋敷。高倉屋敷。御春屋。津藤右衛門御厩。

右、風破十八ヶ所、小普請方ニ而御修復可仕候。
右書付、大和守・森川出羽守渡之。

とある。御殿、城廻り、内・外・惣郭に至る江戸一円に風損被害が及んでいることがわかる。史料にはないが、大名・旗本屋敷や町屋も含まれることは言うまでもない。幕府としては、見分することで被害状況の把握、さらには瓦礫の片付け、その上で復旧という工程を念頭に入れた体制といえる。元禄大地震の復旧を経て、大災害の対応には御作事方だけでは間にあわないというのである。はじめての二局体制である。風損被害の把握は、この体制で行われたものと思われるが、復旧については判然としない。『東京市史稿』皇城篇第貳では、翌年五月に再度、二局分掌が行われたことが記されている。短期間での担当箇所の変更が意味するものはわかりかねるが、後述する『櫓瓦』の史料や浅草寺観音堂鬼瓦の金石文を参照すると、復旧途上の可能性もある。

享保三年の二局分掌　前年の分掌では、本丸・西丸・二の丸・三の丸の御殿や紅葉山に関する分担がなかったが、明記される。また、外郭諸門は一括して御作事奉行方となる。大幅な変更である。その部分を抜粋すると、

御作事奉行方
一、御本丸外廻り御座之間邊ヨリ、表向御座敷廻り。但御座敷門ハ、別紙繪圖ニ仕候。
一、御臺所前三重御櫓ヨリ南之方、御細工所、御鐵砲部屋、御長屋御門、中之口前御多門ヨリ、御玄関前御門迄。
一、御風呂屋口多門ヨリ、北之方御廣屋敷前二重御櫓塀迄。
一、御玄関前ヨリ御書院番頭部屋、同所二重御櫓御多門臺部屋、御多門下埋御門迄。
一、富士見御櫓ヨリ續塀、上埋御門、御舞臺、御楽屋、富士見御番所御寳蔵、御数寄屋前御門、御櫓ヨリ續御多門塀大奥境迄。
一、中之御門ヨリ銅御門、同所大番所、大手三之御門、并升形之内御多門、下乗橋張番所、腰掛迄。
一、百人組御番所ヨリ後通り、御多門、御櫓、蓮池喰違御門、御金蔵、御厩、同所御櫓、御多門、蓮池御門、并御門續塀坂下御門迄。
一、内櫻田御門ヨリ、内腰掛、大手御門續塀、三丸喰違御門下、御勘定所、并後塀迄。
一、西丸表向。
但、御座敷之内、并西丸ヨリ山里邊マテ、御作事方小普請方双方割合、別紙繪圖仕候。
一、奥表境土戸ヨリ、南之方土手上塀、御長屋御門、御玄関前御門、并續御多門、御櫓、山里塀、紅葉山境迄。
一、山里御門ヨリ、并塀、的場曲輪、吹上御門、獅子口、中仕切御門、大手御門迄。

小普請奉行方
一、御本丸大奥銅塀限り、但大奥向ハ一繪圖ニ記。
一、二丸三丸ハ、内外御座敷廻り迄不残。
一、二丸御殿、并塀重御門之内、御多門、御櫓、不残、喰違御門迄。

一、下梅林御門、上梅林御門、并續御多門、御櫓、北跳橋内二重御櫓、北跳橋御門、御天守御門、乾御櫓續御多門、西桔橋續大奥境迄。
一、西丸大奥向不残。
一、西丸御裏御門ヨリ、同所御春屋、太皷櫓、并塀奥表仕切引戸迄。
一、紅葉山御宮、御佛殿、御供所、御寳蔵、并惣御圍、紅葉山下御門ヨリ後宮後通り、御溝塀、山里境迄。

御作事奉行方

上野御宮惣御佛殿、并御別當本坊學頭、此外山中御修復所々社常等。

神田橋御門。　常盤橋御門。
呉服橋御門。　鍛冶橋御門。
和田倉御門。　馬場先御門。
日比谷御門。　一ツ橋御門。
外櫻田御門。　数寄屋橋御門。
竹橋御門。　雉子橋御門。
清水御門。　田安御門。
半蔵御門。　馬場曲輪御番所。
筋違橋御門。　浅草御門。
小石川御門。　牛込御門。
市ケ谷御門。　四ツ谷御門。
赤坂御門。　虎之御門。
幸橋御門。　山下御門。
芝口御門。　昌平橋、木戸門共。
水道橋。　赤坂喰違木戸門共。
新シ橋、木戸門共ニ。
三浦壱岐守御預り御櫓。
町奉行御役屋敷三ケ所。
火消御役屋敷拾ケ所

附札。「是ハ前々御金御材木被下、手前ニテ仕候儀モ有之候由。」

本所御材木蔵。
同本所奉行會所。

附札。「是ハ前々御金御材木被下、手前ニテ仕候儀モ有之候由。」

小細工小屋。　御畳小屋。
山王御宮廻り、此外御修復所之分計。
聖堂。

五拾二ケ所。

小普請奉行方

増上寺、安國殿、惣御佛殿、并御別當、本堂、此外山中御修復所々堂舎等。
濱御殿。　吹上御花畑。
月光院様御屋敷。　竹姫君様御屋形。
御春屋。　高倉屋敷。

蓮浄院殿屋形。　清心院殿屋敷。

壽光院殿宅。　法心院殿屋敷。

傳奏屋敷。　評定所。

櫻田御用屋敷。　田安御用屋敷。

神田橋外御用屋敷。　二丸御用屋敷。

小川町・小石川二ケ所。　西丸御用屋敷。

御厩御屋敷五ケ所。

御花畑奉行預御用屋敷。

　附札。「是ハ前々御金御材木被下、御手前ニテ仕儀モ有之候由。」

紅葉坊主御屋敷拾二ケ所。

　附札。「是ハ前々御金御材木被下、手前ニテ仕儀モ有之候由。」

駒込御鷹部屋。

芥川・小野寺。

千駄谷御蔵屋敷。

駒場野塩硝蔵。

竹橋御蔵。

小普請方定小屋。

深川御船蔵、番人居宅共。

　附札。「是ハ前々御金御材木被下、手前ニテ仕候儀モ有之候由。」

　　五拾三ケ所。

御修復願出候節、吟味之上可申付場所。

　　御作事方
浅草寺。　東海寺。

西ノ久保八幡別當普門院。

　　小普請奉行方
傳通院所々御佛殿。　金地院。

神田明神。　幸龍寺御佛殿。

御修復願出候節ハ、右之通可申付哉。此外神社寺院并所々橋下水溜等ニモ、前々小普請方ニテ仕候所モ御座候。此等之儀ハ、至其節吟味仕、伺之上御作事奉行小普請奉行へ割合可申付候。

右之趣、享保三年戌五月廿五日、向々へ被仰渡候之由。但、井上河内守殿御作事奉行へ被仰渡候。


とある。この享保三年の二局分掌後、二カ所の修理記録が残る。一つは、山下門橋の修理で享保三年九月十六日より通行止。一つは、芝口門橋の修理で同年十月十八日より通行止。同門の修復が出来、閏十月十一日通行可とある。芝口門は、朝鮮通信使の来聘のため宝永七（一七一〇）年九月に造営した東海道の玄関口となる門でもある。図7-17をみると、枡形内ならびにそれに続く瓦塀には長く朱引線が引かれている。風損被害箇所であることを示唆している。修復が出来たとあるが、門全体の修復と理解した方が良さそうである。芝口門は、享保九（一七二四）年正月に焼失し、再建されることはなかった。図7-17の左上の付箋にその間の経緯が記されている。

　六代将軍家宣公御時代
寶永七庚寅年御造営

御用掛大棟梁甲良左衛門
享保九甲辰年正月晦日御火ケ上
　基御御再建無之

後述する資史料を検討すると、享保三年の二局分掌は、風災からの復旧後に発令されたものではなく、まさに復旧の最中ないしは本格的な開

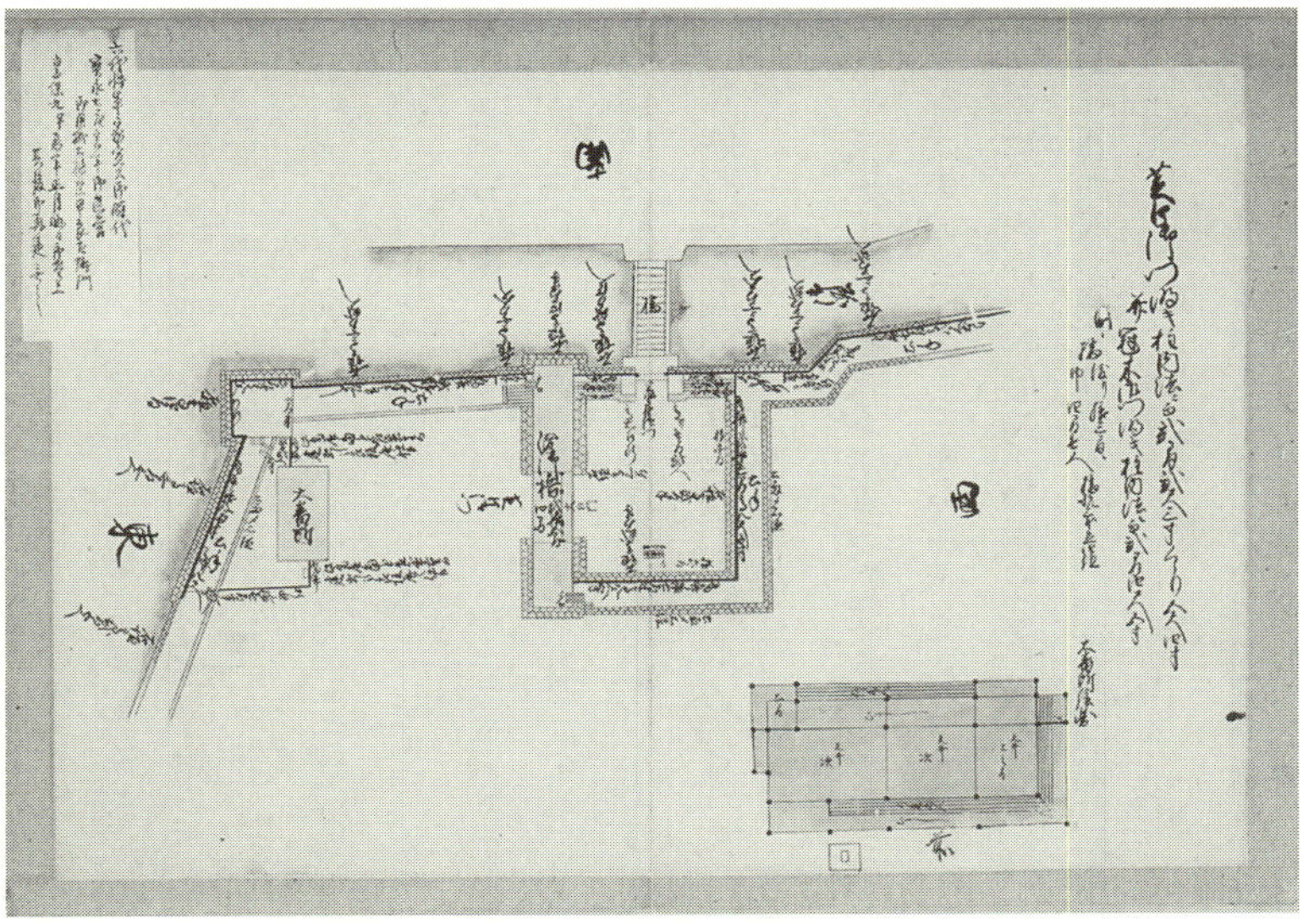

図７-17　芝口御門『江戸城御外郭御門絵図』・部分

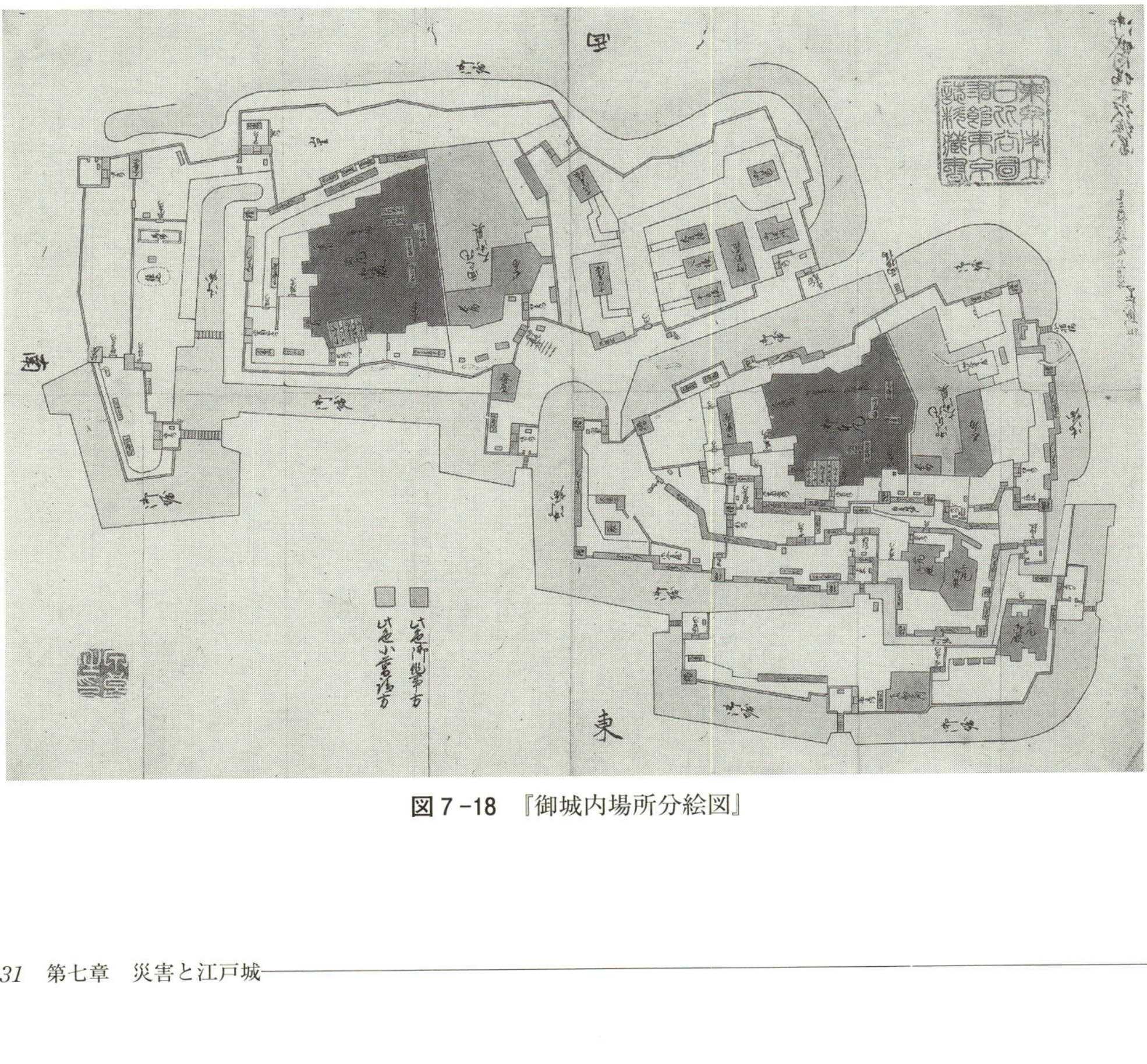

図７-18　『御城内場所分絵図』

始時点と考えた方がよさそうである。

図7-18は、江戸城の中心部の二局分掌を正確に示した『御城内場所分絵図』（六一五一-七-〇七）である。彩色・裏打が施されており、外題に「御城内場所訳絵図」とある。裏打前の旧題には「是ハ古部隠岐守殿上候御写／甲良左衛門扣」の文字がみえる。法量は、縦四五・〇センチ、横六〇・一センチを測る。本図の特徴は、享保三年の二局分掌を正確に色分けしており（黄色を御作事方、濃桃色を小普請方）、その上で本丸と西丸御殿の表中奥を橙色、大奥を淡桃色に表現している。そのため、御殿内の表中奥では御作事方の担当箇所が島状を呈している。それは、大奥についてもいえる。

1　風損被害を伝える二点の絵図

都立中央図書館特別文庫室所蔵「江戸城造営関係資料（甲良家伝来）」のなかに、享保二年の風損被害を示した二点の絵図が存在する。『江戸城御外郭御門絵図』（六一九四-〇二）と『御本丸西丸風損御修復仕所絵図』（六一五八-〇五）である。前者は、一見すると外郭諸門の詳細な平面図、後者は、外題があるものの時間軸を特定しずらいことから、享保二年の風損被害とは結びつかないと思われがちである。

『江戸城御外郭御門絵図』　先に、図7-17の芝口門を紹介したが、本資料は、二七紙からなる折本装の彩色が施された絵図で、江戸城外郭二六門の平面図が収められている。外題は、「江戸城御外郭御門絵図　全」と付箋に記され、奥書に「享保二丁酉年十月　御作事方／大棟梁／甲良豊前扣」とあり、「建仁寺流宮匠甲良印」の朱角印が押されている。法量は、縦二八・一センチ、横三九・〇センチを測る。

浅草橋門を例にあげ、特徴をあげる。御堀を上位に、橋を渡り門の枡形とそれに続く石垣、大番所・張番所が描かれている。大番所は別に拡大し、詳細な間取りをみることができる。右手には、門・橋の規模が、

浅草橋御門明キ柱内法ニ而壱丈五寸弐分
并冠木御門明キ柱内法ニ而弐間四尺三寸
同橋渡り巾　弐拾間四間　橋杭三本立六組

と記されている。大番所・張番所を除き、各々の規模を、瓦塀にはその旨が記されている。彩色は、御堀を水色、渡櫓門と大番所・張番所を黄色に塗っている。本図の最大の特徴は、瓦塀の一部に朱引線と墨線が引かれていることである。朱引線は、大番所の裏手と枡形内にみられる。墨線は、大番所左右の場合、瓦塀の建て直しを板塀に変更することが記されている。資料全体として、朱引線の凡例は示されていないが、瓦塀の風損被害箇所を示しているものと考えられる。後述する『櫓瓦』と照会すると、渡櫓門・冠木門（高麗門）と大番所の建造物に関する屋根瓦の被害は除かれている。ちなみに、同史料に載る筋違橋門も同様である。

二六門のうち、瓦塀に朱引線がないのは、竹橋門のみである。山下門も朱引線はないが、枡形内とそれに続く石垣上が瓦塀ではないことによる例外的なものである。

本資料では、ほぼ全ての外郭諸門で風損被害を受けていることを看取することができる。

『御本丸西丸風損御修復仕所絵図』　本図は、彩色・裏打ちが施され

た江戸城の本丸・西丸御殿を除く城廻りの風損被害と復旧を示した絵図である。外題は、資料名と同じ文字が記されているが、作成時期を特定できるものはない。法量は、縦五二・二センチ、横一二〇・〇センチを測る。

　図の特徴をみることにする。本紙右下に凡例がある。淡赤色に「此色

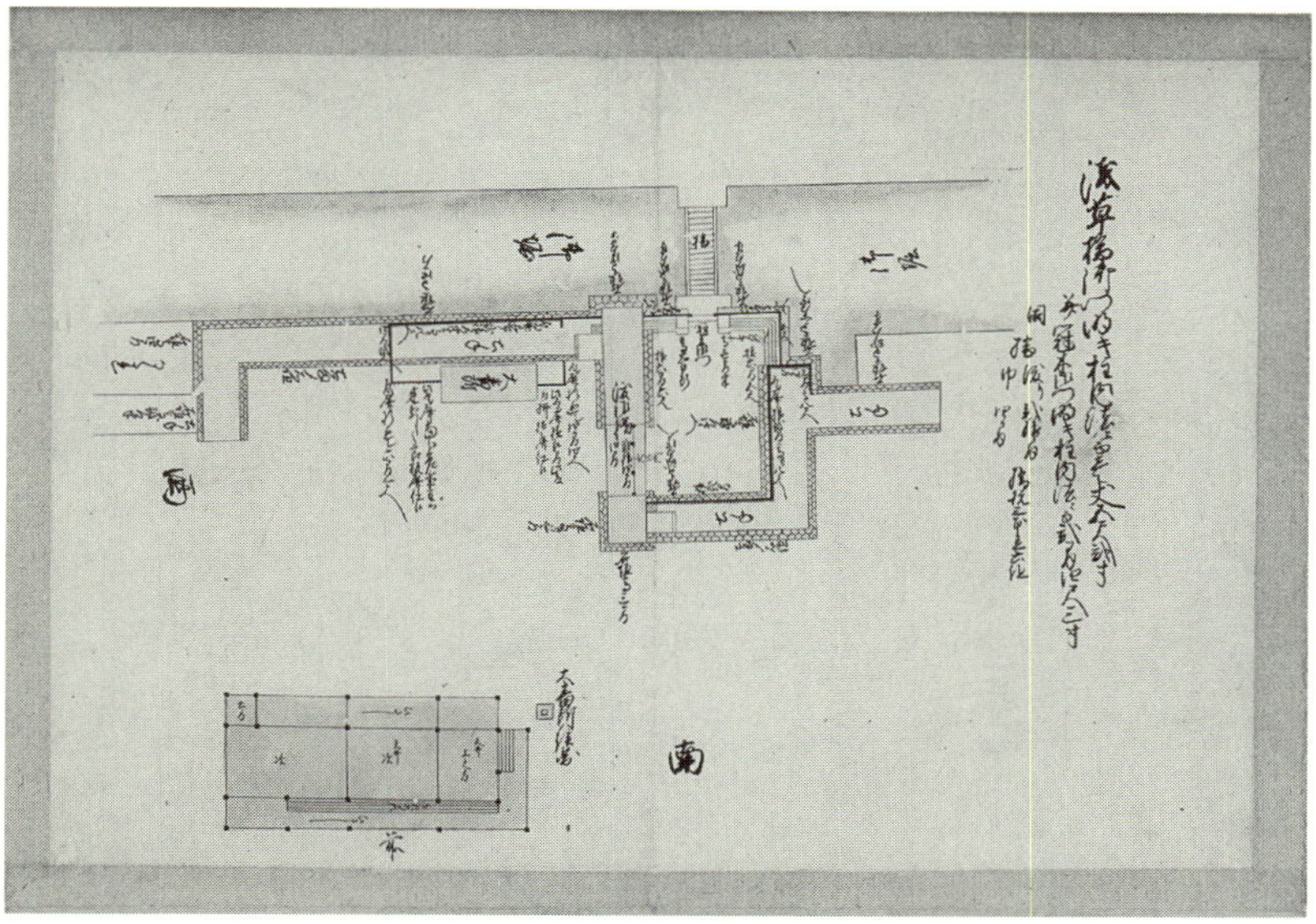

図７-19　浅草橋御門『江戸城御外郭御門絵図』・部分

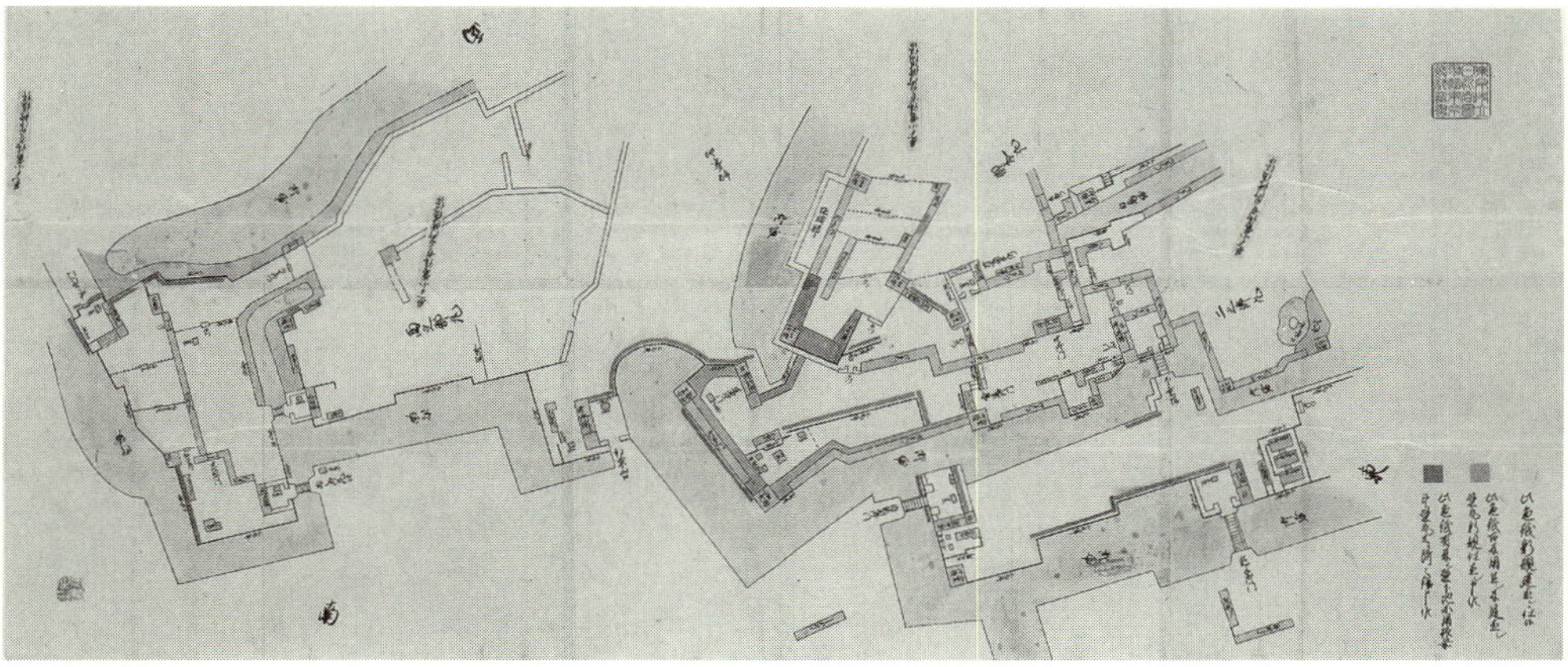

図７-20　『御本丸西丸風損御修復仕所絵図』

紙右本用足シ本建直シ壁瓦新規仕直シ申候」、青色に「此色紙有来ル壁下池等用損候所斗壁瓦共ニ所々繕申候」と記されているが、淡赤色の色紙は剥がれてしまったのかみあたらない。青色紙は、三の丸では、内桜田門高麗門左右と枡形内正面の瓦塀、桜田二重櫓の北側から大手門枡形内正面の瓦塀、下乗橋南側の三カ所。二の丸では、簞笥多聞、御金蔵西側から北側に廻る土塀、喰違門の南面する瓦塀、大手三之門高麗門左手の瓦塀、坂下門枡形内西壁から蛤濠に面する瓦塀の五カ所。本丸では下埋門を上がった瓦塀と書院出櫓と書院櫓間の二カ所。西丸では、吹上門枡形内南壁から高麗門左右とそれに続く北側の瓦塀と獅子口門南側に続く瓦塀の二カ所。図中では、風損被害を示す青紙が本城から西丸的場曲輪の南東から南西に面する広範な瓦塀に及んでいる。もう一点、四カ所に「是ヨリ小普請方ニ而御修復仕候」と書かれた付箋が貼られていることを特徴とする。二局分掌は、文久三（一八六二）年六月に小普請方が廃止されるまでおよそ一四〇年間続く。体制が慣れ久しんだ時点では、この付箋を貼る意味はない。享保二年の分掌後、一年足らずでその担当箇所は前述のように大きく変更される。本図の修繕箇所は、いずれも御作事方が担当するところである。付箋を貼ることで分掌を明示し、それは、享保三年の新体制からくるものと考えられる。また、彩色は異なるが、前述の外郭諸門の瓦塀の風損被害箇所と同類の表記がされている。以上のことから、本図が享保二年八月の風損被害を示した絵図と考えるのである。

2 『櫓瓦』に記された筋違橋門と浅草橋門の被害

享保二年の風損被害の二点の絵図と後述する古記録『櫓瓦』とほぼ前後して作成された外郭諸門（赤坂喰違門と昌平橋門の二門が加わる）と主要な橋、本城からみた方角を示した『御城方角絵図』（六一五―一五）を紹介しておく。

『御城方角絵図』　本図は、芝口門を含む外郭二六門に、昌平橋門と赤坂喰違門、江戸城中枢部の追手門（大手門）・内桜田門・坂下門の三一門と道三橋をはじめとする主要な橋を描き、その上で本城からみた方角を示した絵図である。彩色が施されており、方角と門の位置を朱、道灌濠を黄色で塗っている。外題に「御城方角絵図」とあり、「甲良左衛門扣」の文字も添えてある。甲良左衛門は、甲良家六代当主で、御作事方在職期間が延宝五（一六七七）年から享保十一（一七二六）年である。前述の芝口門とは時間軸が重なる。作成の意図は不明であるが、享保年間に再度、御城からの方角を記していることは注目される。法量は、縦三九・〇センチ、横五〇・〇センチを測る。

古記録『櫓瓦』の作成時期　本史料には、外題はもとより、作成時期を特定する奥書はない。史料名は、甲良家資料の整理の段階で、史料の冒頭部分が名称となった古記録である。一紙からなる冊子で、その内容は、筋違橋門と浅草橋門の渡櫓門と冠木門（高麗門）のほぼ全ての屋根瓦の交換を要する史料である（六一九二―二五）。時間軸を限定するために、両門が同時に修理した記録を『東京市史稿』皇城篇から捜すと、次の五回ある。

①天和四（一六八四）年二月十二日着工、同年七月二日竣工。

②元禄七（一六九四）年正月二十六日着工、同年六月二十一日竣工。

③宝永元（一七〇四）年五月二十九日着工、同年九月二十八日竣工。元禄大地震。

④享保二（一七一七）年八月十六日から十八日の風災。復旧記録存在せず。

⑤安政二（一八五五）年十月二日の安政江戸地震、詳細な復旧記録はなし。

このうち、①には石垣奉行として書院番と小姓組から各一名任命されているが、屋根瓦の普請ではない。②では多門修理である。③では『石垣築直シ銘々場所帳』があり、屋根瓦全ての交換はない。⑤でも屋根瓦全ての交換に至るものではない。消去法で④となる。これを裏付けるのが、前述の『江戸城外郭御門絵図』となる。両門とも本史料にある瓦塀の破損が記されている。さらに、近い位置関係にある浅草寺観音堂鬼瓦の新造とも重なるのである。

史料を読むと、筋違橋門と浅草橋門の二門の屋根瓦に限定され、しかも貼紙による訂正が多い。後者は、復旧のための正規史料の写しではないことを示唆している。風災直後に二局分掌が発令されるが、この時点で御作事方は、両門の修復担当下にあり、そのため被害見分をもとに、屋根方・瓦方の報告をまとめたものと考えられる。したがって享保二年、遅くとも享保三年の早い時点といえよう。

史料の体裁と内容　史料は、櫓瓦（渡櫓門・冠木門）、長屋瓦

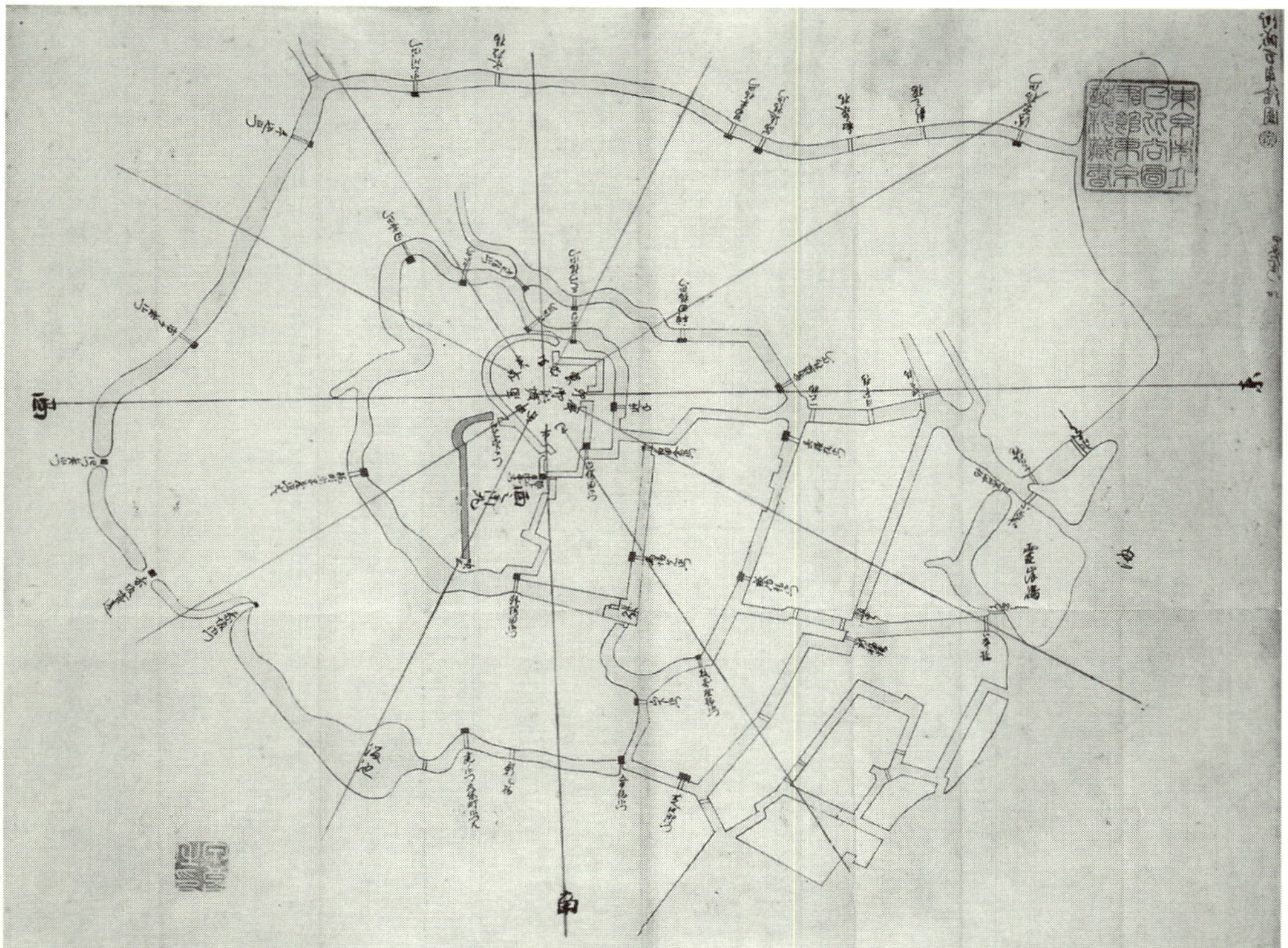

図7-21　『御城方角絵図』

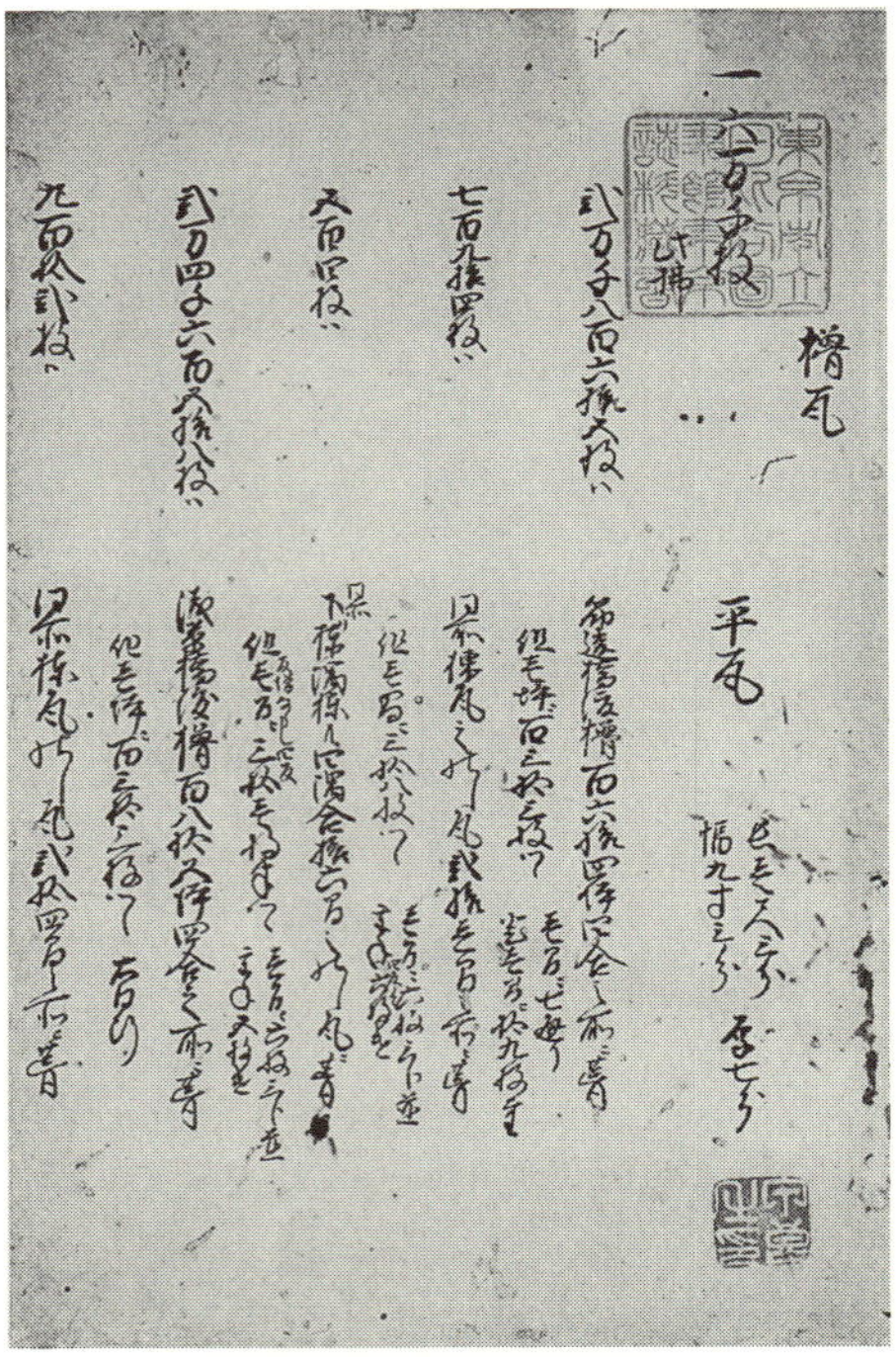

図7-22 『櫓瓦』・部分

（大番所）、塀瓦の建造物の違いで分けてある。それは、平瓦一つを例にあげると使用する場所で大きさが異なることに起因する。渡櫓・冠木門の平瓦は、長さ壱尺三分（約三一センチ）、幅九寸三分（約二八センチ）に対して、大番所では九寸三分に八寸三分、瓦塀では七寸に八寸と大きさが異なり、単純に平瓦の枚数を求めてもあわないのである。

「櫓瓦」では、平瓦・飛連唐草瓦・丸瓦・加ま巴瓦・隅唐草瓦・隅巴瓦・輪違瓦・めんと瓦筋違めんと瓦・棟長丸瓦・鬼板鰭付・鬼板ひ連なし・雀瓦の一二種類に分け、枚数、瓦の葺き方について詳細に記している。鴟吻（鋳銅製）を除く全ての種類の瓦が網羅されていることになる。史料を読むことにする。

櫓瓦

一　六万千枚　　平瓦　長壱尺三分厚七分
　　　　　　　　　　　幅九寸三分

此拂

弐万千八百六拾五枚ハ　筋違橋渡櫓百六拾四坪四合之所ニ葺
　但壱坪ニ百三拾三枚ツ、　壱間ニ七通り
　　　　　　　　　　　　　登壱間ニ拾九段重

七百九拾四枚ハ　同所棟瓦之能し瓦弐拾壱間之所ニ葺
　但壱間ニ三拾八枚ツ、　壱間ニ六枚三分並
　　　　　　　　　　　　重手六枚遣

五百四枚ハ　同所下棟隅棟共四隅合拾六間之能し瓦ニ葺
　但壱間ニ三拾壱枚半ツ、　壱間ニ六枚三分並
　　　　　　　　　　　　　重手五枚遣

弐万四千六百五拾八枚ハ　浅草橋渡櫓百八拾五坪四合之所ニ葺
　但壱坪ニ百三拾三枚ツ、　右同断

九百拾弐枚ハ　同所棟瓦能し瓦弐拾四間之所ニ葺
　但壱間ニ三拾八枚ツ、　壱間ニ六枚三分並
　　　　　　　　　　　　重手六段遣

五百四枚ハ　同所下り棟隅棟共四隅合拾六間之能し瓦ニ葺
　但反増概四反壱間ニ卅壱枚半宛　壱間ニ六枚三分並
　　　　　　　　　　　　　　　　重手五枚遣

弐千六百四拾六枚ハ　同所冠木門扣共ニ拾九坪九合之所ニ葺
　但壱坪ニ百卅三枚ツ、　壱間ニ七通り
　　　　　　　　　　　　登り壱間ニ拾九枚重

弐千六百四拾六枚ハ　筋違橋冠木門扣共ニ拾九坪九合之所ニ葺
　但右同断

百七拾八枚ハ　右同所棟之能し瓦四間四尺五寸之所ニ葺
　但壱間ニ三十八枚ツ、　壱間ニ六枚三分並
　　　　　　　　　　　　重手四反之六枚遣

九拾五枚ハ　右同所扣之棟ノ能し瓦両方之三間余之所ニ葺
　但壱間ニ三拾壱枚半ツ、　壱間ニ六枚三分並
　　　　　　　　　　　　　重手五枚遣

にはじまる。筋違橋門と浅草橋門の渡櫓の平瓦は全てということになる。両門の瓦の枚数の違いは、建物の規模からくる。梁間は四間で同じ

であるが、桁行は、筋違橋門が二一間であるのに対して、浅草橋門が二四間と三間長い。その差といえる。冠木門は、両門とも同じであるが、最後の二項目が異なる。筋違橋門では、棟熨斗瓦一七八枚と左右の控柱九五枚が記されているが、浅草橋にはない。被害がないともいえるが、屋根平瓦全てであることを考慮すると、写し漏らした可能性が高い。両門の平瓦を合計すると、五万四八〇二枚となる。冒頭の六万一〇〇〇枚とは、およそ六〇〇〇枚の差がある。これは、丸瓦をはじめとする他の種類の瓦をみると、最後に割瓦・残瓦として全体の一割程を見積りにいれている。その部分が欠落したことによるものである。

本史料では、訂正用の貼紙が六箇所ある。その貼紙を誤所に貼った事例を「櫓瓦」の丸瓦と加ま巴瓦でみることにする（図7-23）。加ま巴瓦とは、軒丸瓦を指している。図7-23の右頁を読むと、

一壱万九千五百枚　丸瓦　長壱尺三分　幅五寸五分
　此拂
六千七百六拾枚ハ　筋違橋渡櫓百六拾四坪四合之所ニ葺
軒ノ巴瓦此不遣　但壱坪ニ四拾四枚ツ、　壱間ニ七通り　登り壱間ニ六枚三分ツ、
八百七拾六枚ハ　同所冠木門扣共ニ拾九坪九合之所ニ葺
軒ノ巴瓦此不遣　但坪当り右同断
七千六百四拾弐枚ハ　浅草橋櫓百八拾五坪四合之所ニ葺
軒ノ巴瓦此不遣　但坪当り右同断
七百七枚　同所冠木門扣共拾九坪九合之所ニ葺
軒ノ巴瓦此不遣　但坪当り右同断

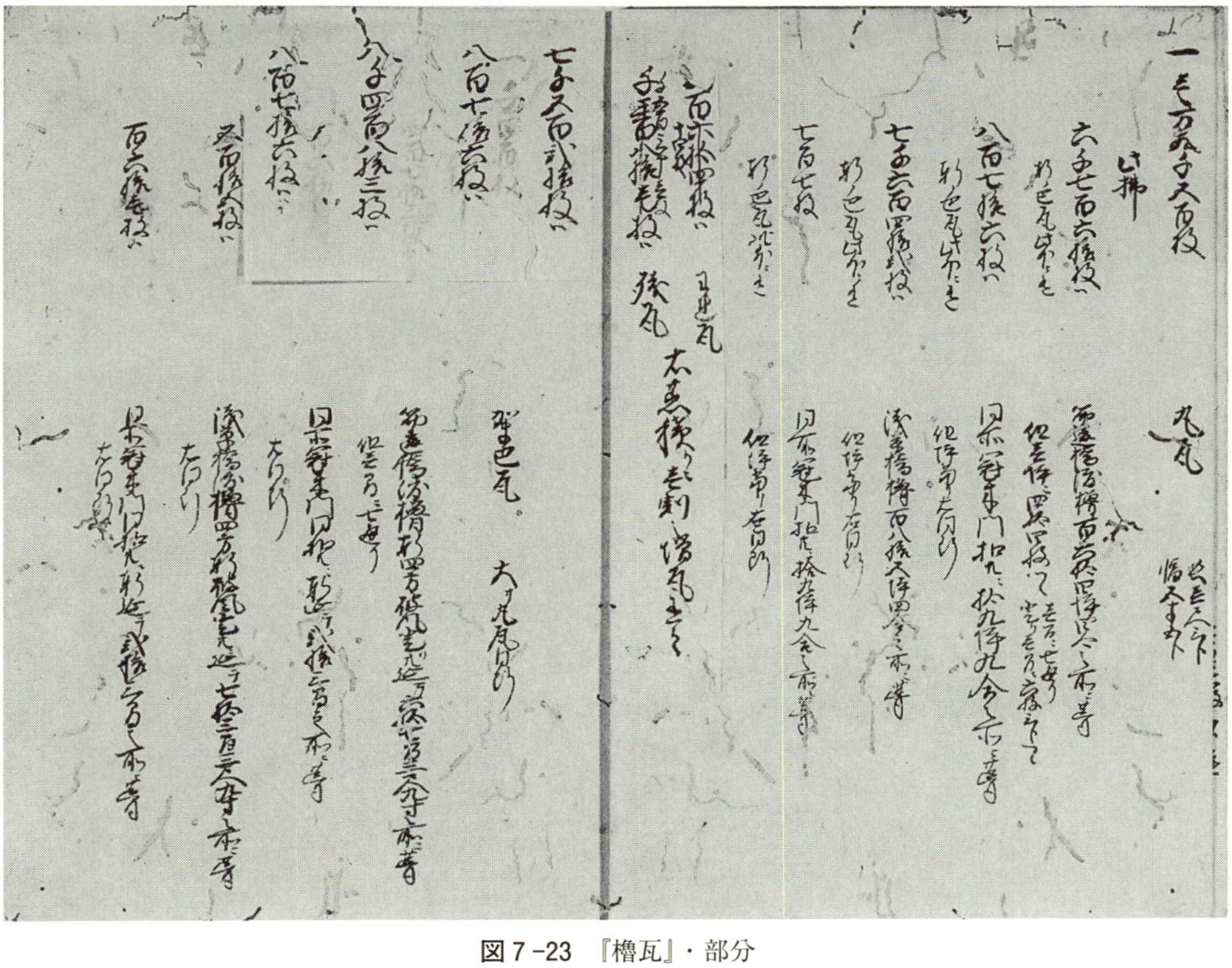

図7-23　『櫓瓦』・部分

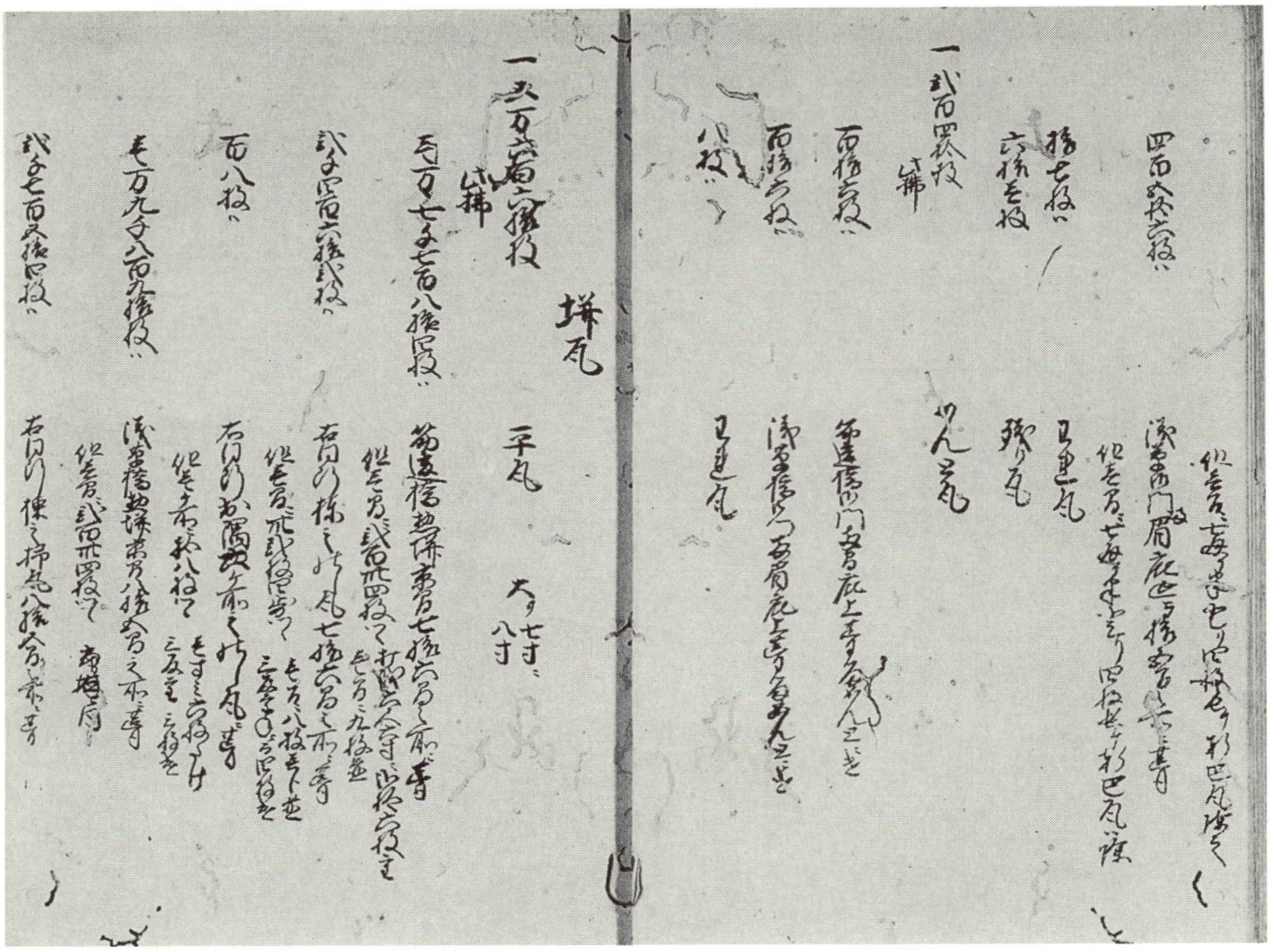

図７-24　『櫓瓦』・部分

弐百八拾四枚ハ　十四枚　王《ママ》連瓦
千五百三十壱　右美《ママ》積リニ壱割之増瓦有之
千三百八拾壱枚ハ　残瓦

とある。最後の割瓦・残瓦は、貼紙に記されており、訂正されたものである。このうち、破線の数字は訂正を必要とし、左頁の加ま巴瓦に誤まって貼られている。訂正されるはずの貼紙には、

七千五百弐拾枚ハ
八百七拾六枚ハ
八千四百八拾三枚ハ
八百七拾六枚ハ

とあり、これがそのまま丸瓦の数字となる。つまり、筋違橋渡櫓が六七六〇枚→七五二〇枚、浅草橋渡櫓が七六四二枚→八四八三枚、両門の冠木門が控共で八七六・七〇七枚→各々八七六枚に訂正されるのである。冒頭の丸瓦の数字が「壱万五千五百枚」にもみえるが、五→九に訂正しているのである。

左頁の加ま巴瓦も正す必要がある。貼紙の下の数字をもとに読むと、

一千四百枚　加ま巴形　大サ丸瓦同断
四百七拾三枚ハ　筋違橋渡櫓軒四方破風登リ共延テ六拾七間三尺九寸之所ニ葺
但壱間ニ七通り
百六拾壱枚ハ　同所冠木門同扣共軒延テ弐拾三間之所ニ葺

右同断

五百拾五枚ハ　浅草橋渡櫓四方軒破風登共延テ七拾三間三尺九寸之所ニ葺

右同断

百六拾壱枚ハ　同所冠木門同扣共軒延テ弐拾三間之所ニ葺

右同断

となる。四項の合計は一三一〇枚であるが、記入漏の割瓦・残瓦分の一割を加えると、およそ一四〇〇枚となる。

このように、訂正用の貼紙を正位置に戻し、割瓦・残瓦の記入漏を加えた史料の一覧が表7-24である。これをみると、浅草橋渡櫓門の「棟長丸瓦」の項の四隅下棟の瓦の枚数が写し間違いであるならば、全ての屋根瓦の交換ということになる。風損被害では、最大級のものと推察される。後述する浅草寺観音堂の鬼瓦を、安政江戸地震や関東大地震など幾多の災害を経験するなかで、享保六年棟に据え付け、昭和四（一九二九）年の大改修まで下りることがなかったことを考慮すると肯けるところでもある。「櫓瓦」に訂正用の貼紙が三カ所あるが、丸瓦の最後、王連瓦残瓦を除く二カ所は、史料の内容とは全くかけ離れている。貼り付けた人物は、この史料を理解してはいない。

史料そのものは重要で、次の三点が注目される。一点は、筋違橋門と浅草橋門の渡櫓・冠木門に使用する全ての瓦が網羅されており、筋違橋門で三万九一六八枚、浅草橋門で四万三五四八枚を要していることである。両門の四三八〇枚の差は、先述したように、渡櫓門の桁行三間分の相違によるものである。渡櫓門の場合、梁間が四間と同じであることから、桁行が一間延びると一四六〇枚増す計算になる。一点は、冠木門

表7-24　『櫓瓦』に載る筋違橋門・浅草橋門の足瓦一覧

瓦の種類	惣瓦数（枚）	筋違橋門		浅草橋門		割瓦・残瓦	備　考
		渡櫓門	冠木門	渡櫓門	冠木門		
平　瓦	61,000	21,865 棟熨斗　784 下棟四隅 504 ㊆23,153	2,646 棟熨斗　178 控棟熨斗　95 ㊆2,919	24,658 左同　912 左同　504 ㊆26,074	2,646 （左同 178） （左同　95） （合2,919）	（5,935）	・浅草橋門冠木門の棟熨斗瓦・控棟左右熨斗瓦は記入漏か ・飛連唐草瓦の項に冠木門（　）の貼紙有
飛連唐草瓦	1,400	~~565~~ 473	169	515	169	（74）	・筋違橋門渡櫓四方棟登と冠木木の項に訂正用別の貼紙有
丸　瓦	19,500	~~6,760~~ 7,520	~~876~~ 876	~~7,642~~ 8,483	~~707~~ 876	王連瓦　14 ~~264~~ 残瓦　1,531 ~~381~~	・此拂を15,500→19,500に訂正 ・王連瓦・残瓦に訂正用貼紙 ・数字訂正の貼紙が加ま巴瓦の項に有
加ま巴瓦	1,400	473	161	515	161	（90）	・筋違橋渡櫓・冠木門の上位に誤って丸瓦の数量の貼紙有
隅唐草瓦	28	4	8	4	8	王連瓦2、残瓦2	・筋違橋門渡櫓・冠木門上に誤貼紙
隅巴瓦	28	4	8	4	8	残瓦　4	
輪違瓦	6,100	2,400	284	2,760	284	王連瓦　372	
めんと瓦筋違めんと瓦	1,800	294 隅棟下　84 両妻　56 ㊆　434	112	336 隅軒下　84 両妻　56 ㊆　476	112	王連瓦93、残瓦573	
棟長丸瓦	350	67 四隅下棟56 ㊆　123	25	77 四隅下棟~~19~~ 56 ㊆　~~96~~ 133	25	王連瓦21、残瓦25 ※△2	※浅草橋門渡櫓門の四隅下棟は「19→56」の写し間違いか ・割瓦・残瓦を2枚減か
鬼板鰭付 鬼板ひ連なし 雀　瓦	4 26 18	2 8 8	4	2 8 8	4	残瓦　2 残瓦　2	
合　計	91,654	34,602	4,566	38,982	4,566	2,841、（未記入6,099）	割瓦・残瓦の2増は、棟長丸瓦
		筋違門㊆　39,168		浅草橋門㊆　43,548		8,940（△2）	
		2門㊆82,716					

※割瓦・残瓦の（　）内は未記入のため算出したもの

（左右の控柱を含む）では両門とも変化がなく、構造が同じであることである。一点は、史料の惣瓦数が九万一六五四枚とあり、実際に必要な八万二七一六枚のおよそ一割増であることである。鬼板鰭付瓦（棟の鬼瓦）を除き、全ての種類の瓦に割瓦・残瓦分として計上してある。両門の種類別瓦の枚数のみの情報が必要ならば、一割増は不要である。増瓦の記述が風損被害の復旧であることを示唆している。

次に、「長屋瓦」をみることにする。平瓦・巴瓦・唐草瓦・丸瓦・めんと瓦の五項目からなる。冒頭部分を読むと、

　　長屋瓦
一　四千三百枚　　平瓦　長九寸三分　幅八寸三分　厚六分半
　此拂
　千六百八拾八枚ハ　筋違橋御門両眉庇延テ拾五間ニ登リ四尺八寸之所ニ葺
　　但壱間ニ七通リ半登リ~~拾五枚重手~~段
　貳百拾枚ハ　右同所上ノ葺留能レ瓦貳枚重手ニ一所ニ葺
　　但壱間ニ七枚並貳枚重手
　千六百八拾八枚ハ　浅草橋御門両眉庇延テ拾五間登リ四尺八寸之所ニ葺
　　但壱間ニ七通リ半登リ拾五段
　貳百拾枚ハ　右同所上ノ葺留能レ瓦延テ拾五間之所ニ葺
　　但壱間ニ七枚並貳枚重手
　百拾四枚ハ　王《ママ》連瓦
　貳百三拾枚ハ　浅草大番所脇後葺替之足瓦ニ遣
　百~~六拾枚~~ハ　八十三枚　残り瓦　右美《ママ》積りニ壱割余増瓦有之

（傍点筆者、以下略）

表7-25　長屋瓦（張番所）使用の二門の瓦の数量一覧

瓦の種類	惣瓦数(枚)	筋違橋門	浅草橋門	割瓦・残瓦	備　考
平　瓦	4,300	1,688 葺留熨斗　210 ㊎1,898	1,688 葺留熨斗　210 ※㊎1,898	割瓦　114、残瓦　183	・浅草橋門大番所脇で230枚 ・残瓦「160→183」に訂正　△23
巴　瓦	300	114	114	割瓦　17、残瓦　55	
唐草瓦	300	116	116	割瓦　40、残瓦　28	
丸　瓦	990	456	456	割瓦　17、残瓦　61	
めんと瓦	240	116	116	割瓦　8	
合　計	6,130	2,700	2,700	523	230　全△23

とある。拙稿「江戸城外郭諸門の屋根瓦に関する一考察―筋違橋門・浅草橋門を中心として―」のなかで、「長屋瓦」を大番所使用と考えた。図7-19の平面図における渡櫓門や瓦塀との相対的な規模から割り出したものである。両門とも「両眉庇延テ拾五間」「登り四尺八寸（約一四五センチ）」と記されている。建物が延テ拾五間とあるが、梁間一間、桁行四間であることをみると穏当である。土間・濡縁ひさしが半間宛付くが、軒先から棟までが四尺八寸とは、いささか短かく感じる。鬼瓦が含まれていないのは意外であるが、補修の必要はないということであろうか。その一覧が表7-25である。筋違橋門・浅草橋門とも張番所の規模が同じであることから、瓦の使用枚数は各二七〇〇枚である。増瓦として一割弱を計上してあるが、割瓦と残瓦の比率が瓦の種類によって異なることから、復旧後に作成したものであることを示唆している。「櫓瓦」と「塀瓦」が使用する瓦の枚数の多さから、割瓦・残瓦の対応

がいずれも貼紙で対応しているのに対して、「長屋瓦」では史料にそのまま記されていることは注目される。

次に、「塀瓦」についてみる。平瓦・唐草瓦・丸瓦・巴瓦・めんと瓦の五項目からなる。両門とも「惣塀」とあることから、瓦塀の全てで風損被害を受けたものと思われる。割瓦・残瓦に関する貼紙が三枚ある。「丸瓦」の項に二枚、「巴瓦」の項に一枚あるが、いずれも検討を要する。冒頭部分を読むと、

塀瓦
一　五万六百六拾枚　　平瓦　大サ　七寸ニ八寸
　此拂
壱万七千七百八拾四枚ハ　筋違橋惣塀京間七拾六間之所ニ葺
　但壱間ニ貳百卅四枚ツ、　打□六尺六寸ニ貳拾六枚重・壱間ニ九段並
貳千四百六拾貳枚ハ　右同所棟之能し瓦七拾六間之所ニ葺
　但壱間ニ卅貳枚四歩ツ、壱間ニ八枚壱分並三反重手而四枚遣
百八枚ハ　右同所出隅六ケ所之能し瓦ニ葺
　但壱ケ所ニ拾八枚ツ、　壱すミ六枚つけ三反重三枚遣
壱万九千八百九拾枚ハ　浅草橋惣塀京間八拾五間之所ニ葺
　但壱間ニ貳百卅四枚ツ、　当リ右ニ同
貳千七百五拾四枚ハ　右同所棟之抑瓦八拾五間之所ニ葺
　但壱間ニ卅貳枚四歩ツ、当り右ニ同
百八枚　右同所出隅六ケ所之抑瓦ニ葺
　但壱ケ所ニ拾八枚ツ、　当リ右ニ同

とある。筋違橋門の平瓦が三項で二万三五四枚、浅草橋門の平瓦が同様に二万二七六〇枚で合計四万三一一四枚となる。「櫓瓦」「長屋瓦」では惣枚数の一割程度が割瓦であることからすると、この場合、七五四六枚が増瓦となる。

これに該当するのが、「丸瓦」の項の貼紙の一枚である。そこには、

> 九百三拾四枚ハ　王《ママ》連瓦　右美《ママ》積リ壱割半余之増瓦有之
> 貳百拾枚ハ　　両所右塀張番所修復ニ是瓦ニ遣
> 六千四百拾枚ハ　残り瓦

と記されている。貼枚の合計は、七五五四枚となる。八枚の誤差があるが、ほぼ一致する。

ところで、「塀瓦」の記述をみると、「櫓瓦」「長屋瓦」と異なり、各種類の記述と次項の瓦との間に、一定の余白がある。その余白は、あたかも割瓦・残瓦を後から挿入しようとしているかのようである。具体的には、平瓦と唐草瓦、唐草瓦と丸瓦間の余白を指す。

史料を読むと、貼紙（ここでは補足が適当か）の位置は、明らかに不適切である。「丸瓦」の項に貼られたもう一枚には、

> 九十七枚ハ　王《ママ》連瓦　右美《ママ》積り五分余之増瓦遣
> 百五枚ハ　　残り瓦

とある。丸瓦は、一万三七三〇枚とあり、此拂の合計が六項で一万五八枚となる。表7-26では、割瓦・残瓦は三六七二枚となりこの二項で三

表7-26　塀瓦使用の二門の瓦の数量一覧

瓦の種類	惣瓦数(枚)	筋違橋門	浅草橋門	割瓦・残瓦	備　考
平　瓦	50,650	17,780 軒熨斗2,462 出隅六カ所108 ㊎ 20,350	19,890 軒熨斗2,754 出隅六カ所108 ㊎ 22,752	(王連瓦934、残り瓦6,410)	・補足貼紙は「丸瓦」の項に ・両門表番所修復用に210枚　△6
唐草瓦	3,100	1,368	1,530	(王連瓦97、残り瓦105)	・補足貼紙は「丸瓦」の項に
丸　瓦	13,730	4,104 棟瓦616 出隅六カ所30 ㊎ 4,750	4,590 棟瓦688 出隅六カ所30 5,308	(㊎ 3,672)	・誤位置に貼紙2枚 ・割瓦・残瓦の記述ナシ
巴　瓦	3,000	1,374	1,536	割瓦45、残瓦45	・割瓦・残瓦は貼紙
めんと瓦	2,950	1,368	1,530	(㊎ 52)	・割瓦・残瓦の記述ナシ
合　計	73,430	29,210	32,656	(11,360)	210　△6
		2門塀瓦㊎ 61,866			

・史料中の貼紙は正位置で数量を示している。
・丸瓦、めんと瓦の割瓦・残瓦の記述は見当らないことから、惣瓦数から此拂を引いた数量で示してある。

割以上を占めることになる。右貼紙の数字とは大きく隔たる。ちなみに、右貼紙の正位置は、唐草瓦となるのである。

以上のことから、「塀瓦」に限っては、各種瓦の項に記された数字を優先し、その上で貼紙を正位置に戻し、不足しているものを加えた一覧が表7-26である。瓦塀の長さが筋違橋門で七六間（約一五〇メートル）、浅草橋門で八五間（約一六七メートル）に及ぶことから、筋違橋門で二万九二一四枚、浅草橋門で三万二六六四枚を必要としている。この数量は、両門の渡櫓での惣瓦数に近い莫大なものである。ちなみに、増瓦は、需要の多い平瓦で一割半増であることから、全体としてもおよそ一五%と「櫓瓦」「長屋瓦」よりも相対的に多い。なお、些細なことであるが、瓦塀の長さを京間で計測しており、一間＝六尺五寸（約一九三）であることも軽視することができない。

両門で要した瓦の数量　『櫓瓦』の史料が享保二年の風損被害で、筋違橋門と浅草橋門の二門で復旧に要した瓦の枚数が気になるところである。史料の末尾には、

瓦都合拾七万四千七百六拾四枚

と記されている。「櫓瓦」「長屋瓦」「塀瓦」の記録を集成したのが表7-27である。張番所や大番所脇で使用する四四〇枚を加えると二門では、一五万四二二枚を必要としている。そのためには、運搬上のリスクを考慮し約一三・八%にあたる二万八二三枚を割瓦・残瓦の増瓦としている。合計は、一七万一二一四枚とおよそ一七万枚に及んでいる。表7-27の数字を、前節で述べた元禄大地震の復旧で幕府が発注した大坂瓦の数量と比較すると以下のようになる。元禄大地震では、八八万七一三五

表7-27　『櫓瓦』に記された二門での瓦使用枚数一覧

二門での使用位置		惣瓦数	筋違橋門	浅草橋門	割瓦・残瓦	その他	合　計
櫓瓦	渡櫓門		34,602	38,982			
	冠木門		4,566	4,566			
	小　計	91,654	39,168	43,548	8,940	—	91,656　△2
長屋瓦		6,130	2,700	2,700	523	230	6,153　△23
塀　瓦		73,430	29,210	32,656	11,360	210	73,436　△6
合　計		171,214	71,078	78,904	20,823	440	171,245　△31

※惣枚数は、史料に載る合計数である。

枚（増瓦分を加えたかは不明）であるのに対して、『櫓瓦』の史料では二門だけで実数約一五万枚にのぼる。増瓦約二万枚を加えた一七万枚は、元禄大地震で発注した総量の約一九・三％に相当する。享保二年の風損被害は、二門にとどまらず外郭諸門はもとより、本城や西丸にも及んでいる。その点を考慮すると、具体的な数字を示すことはできないが、幕府は、莫大な数量の瓦を必要としたことは間違いない。

瓦の大きさ　『櫓瓦』に所収されている建造物が本瓦葺である以上、同じ種類―例えば多用する平瓦や丸瓦―であれば、使用する場所に関係なく同じサイズと考えがちであるが、それは誤りである。史料に載る瓦の大きさの一覧を示したものが表7-28である。平瓦と丸瓦とはセットで機能するために、長さは同じである。三カ所で比較すると、渡櫓・冠木門で使用するものが最も大きく、大番所、塀の順で小型化していく。長さでみると、一寸（約三センチ）宛の差となっている。すなわち、発注する側も生産する側も単純に枚数を揃えるのではなく、使用場所に応じた数量が求められたのである。ちなみに、瓦の大きさは、御殿についてもいえる。前節、元禄大地震の復旧・対策図である「地震之間」が描かれた図7-13の西丸御殿指図には、屋根が色分

表7-28　『櫓瓦』に記された平瓦・丸瓦の大さ

種類・法量＼位置		櫓瓦（渡櫓・冠木門）	長屋瓦（大番所）	塀瓦（張番所を含）
平瓦	長	1尺　3分 (31.21cm)	9寸3分 (28.18cm)	8寸 (24.24cm)
	幅	9寸3分 (28.18cm)	8寸3分 (25.15cm)	7寸 (21.21cm)
	厚	7分 (2.12cm)	6分半 (1.97cm)	未記入
丸瓦	長	1尺　3分 (31.21cm)	9寸3分 (28.18cm)	8寸 (24.24cm)
	幅	5寸5分 (16.67cm)	5寸2分 (15.76cm)	4寸 (12.12cm)
	厚	未記入	右同断	右同断

※1尺＝30.3cmで計算。

けで区別されている。そのうち、瓦屋根をみると、大瓦葺・中瓦葺・細瓦葺と三種に分かれている。大瓦葺は、遠侍と石之間および御臺所周辺。中瓦葺は、幕閣・諸役人の下部屋、遠侍裏手の檜之間から土臺之間、御膳臺所から東側。細瓦葺は、御楽屋、柳之間・芙蓉之間・菊之間、御用部屋など。瓦の大きさは記されていないが、格式に応じて区別されている。万延度、本丸御殿が再建されるが、『御本丸御玄関遠侍建地割』（六一六七-〇一）には、図中に遠侍の屋根瓦の大きさが記されている。そこには、平瓦が長一尺四寸（四二・四二センチ）、巾一尺二寸（三六・三六センチ）、丸瓦が長一尺九寸（五七・五七センチ）、巾七寸（二一・二一センチ）と記されている。史料の『櫓瓦』と比較すると格段に大きいのである。

3　外郭諸門での瓦の総量

享保二年の風損被害に結びつくものではないが、前述の『江戸城外郭御門絵図』で竹橋門を除く外郭二五門の塀瓦に被害が生じていることから、外郭諸門の総瓦数について考えてみたい。

渡櫓門　『櫓瓦』で筋違橋門と浅草橋門の二門で使用する瓦について、各種類別に詳細な葺方が記されていた。両門の規模の相違は、梁間が四間と同じであり、桁行の長さによるものからきている。史料には、一二種類の瓦が登場する。そのうち、規模の相違に関係なく定量なのは、隅唐草瓦・隅巴瓦・鬼板鰭付・鬼板鰭なし・雀瓦の五種類である。ちなみに、これらの合計は、二六枚である。また、平瓦は総数が異なるが鬼板鰭なしに続く下り棟の四隅棟平瓦に限っては、五〇四枚と同じものもある。

筆者は、本文中、二門の規模・瓦の数量の差を桁行の長さとし、それは一間あたり一四四六枚の増減に相当すると述べた。具体的には、輪違瓦・めんと瓦・筋違めんと瓦・棟長丸瓦では、一間あたり各々一二〇枚、一四枚、三・二枚宛となる。平瓦と丸瓦は、一坪（一間四方）あたり各々一三三枚、四四枚となる。両門は坪数で記されており、筋違門が一六四坪四合、浅草橋門が一八五坪四合とある。すなわち、二一坪が桁行三間分に相当し、この分の瓦の枚数が四三八〇枚となるのである。つまり、桁行が一間変わると一四六〇枚宛増減するのである。

外郭諸門のうち、梁間が四間の門は二二門ある。このうち、市ケ谷門は、「大御門七間／四間」とあり、図では高さ三間の石垣が一七間の長さで延びている。桁行が七間と短かいことから、この算式は該当しないかもしれない。概算として示したのが表7-29である。梁間四間の形態をとる二二門の推算枚数は六八万九四四枚となる。

残りの四門の推算は、多難である。山下門の場合は、特異である。渡櫓門の形式ではなく、屋根が片流れの切妻構造をとるもので、いわば冠木門の喰違形式をとるものである。古写真をみると、枡形内が庇を含む二重屋根となっており、下棟隅棟もみられないことから、仮に梁間二間、桁行四間でこれに棟瓦を加えるとおよそ四～五〇〇〇枚程か。他の三門は、梁間がいずれも四間を超えるものである。桁行、下棟隅棟、入母屋の妻側部分の瓦の梁間四間のものに増加が必要となる。坪数の増加が判然としないことから、五間のものは、桁行間×二に妻側二間分を、四間半のものは桁行間に一間分を加えることにした。これら四門で約一

表7-29　江戸城外郭26門の渡櫓門・冠木門で要した瓦の推算枚数

門の名称	渡櫓門			冠木門		小計
	梁間×桁行	明キ（内法）	推算枚数	明キ（内法）	推算枚数	
和田倉	4間×20間	2間5尺くくり5尺7寸	33,142	2間1尺5寸	4,500	37,642
馬場先	4間×13間	2間4尺6寸くくり5尺	22,922	2間1尺5寸	4,500	27,422
外桜田	4間×19間	2間半くくり5尺6寸	31,682	2間4尺	4,500	36,182
田安	4間×19間	2間1尺5寸くくり5尺6寸	31,682	2間4尺	4,500	36,182
清水	4間×20間	2間くくり4尺8寸	33,142	2間	4,500	37,642
竹橋	4間×19間	2間1尺9寸くくり5尺6寸	31,682	2間1尺	4,500	36,182
雉子橋	4間×18間	2間3尺くくり5尺6寸	30,222	2間4尺5寸	4,500	34,722
常盤橋	4間×19間	2間2尺3寸くくり5尺6寸	31,682	2間4尺	4,500	36,182
呉服橋	4間×15間	2間2尺5寸くくり5尺6寸	25,842	2間4尺	4,500	30,342
鍛冶橋	4間×16間	2間1尺くくり5尺5寸	27,302	2間3尺	4,500	31,802
数寄谷橋	4間×17間	2間2尺5寸くくり5尺5寸	28,762	2間4尺	4,500	33,262
日比谷	4間×15間	2間1尺5寸くくり6尺	25,842	2間4尺2寸	4,500	30,342
芝口	4間×25間	2間2尺3寸くくり5尺4寸	40,442	2間4尺5寸	4,500	44,942
幸橋	4間×18間	2間1尺2寸くくり5尺9寸	30,222	2間4尺	4,500	34,722
虎門	4間×17間	2間1尺4寸くくり5尺9寸	28,762	2間4尺6寸	4,500	33,262
赤坂	4間×23間	2間2尺3寸くくり5尺7寸	37,522	2間5尺7寸	4,500	42,022
四ツ谷	4間×17間	2間2尺4寸	28,762	2間4尺5寸	4,500	33,262
市ケ谷	4間×7間	2間2尺5寸	(14,162)	2間1尺9寸	4,500	18,662
牛込	4間×21間	2間2尺3寸	34,602	2間4尺	4,500	39,102
小石川	4間×24間	2間2尺5寸	38,982	2間4尺5寸	4,500	43,482
筋違橋	4間×21間	2間2尺3寸	34,602	2間4尺	4,566	39,168
浅草橋	4間×24間	1丈5尺2寸	38,982	2間4尺3寸	4,566	43,548
梁間4間の渡櫓門22門の小計			680,944	冠木門22門の小計	99,132	780,076
半蔵	5間×16間	2間1尺5寸くくり5尺6寸	(33,320)	2間4尺	4,500	37,820
壱ツ橋	4間半×15間	2間1尺5寸くくり5尺6寸	(28,674)	2間1尺5寸	4,500	33,174
神田橋	5間×19間	2間1尺	(38,762)	2間3尺3寸	4,500	43,262
山下	2間×4間	1間4尺5寸くくり5尺	(5,000)	2間2尺	4,500	9,500
梁間が4間ではない4門の小計			(105,756)	冠木門4門の小計	18,000	123,756
合計			(786,700)		117,132	903,832

〇・五万枚渡櫓門全体として約七八万枚と推算した。この数字は、あくまでも目安である。

冠木門　一般的に「高麗門」と呼称されるが、ここでは史料にのっとり「冠木門」と呼称することにする。江戸城の冠木門は、田安門や清水門を好例として、その構造は、本柱に冠木を貫状に差し込み切妻屋根を架け、本柱の後方左右に控柱を据え、開門した時には冠木門の扉が控柱の屋根下に納まる形態をとる。図7-25は、『諸絵図全』（七八五-〇七）に集録されている冠木門を裏側からみた図である。控柱は、左右で高さが異なっているが、前述の北の丸の二門では同じである。『櫓瓦』では、筋違橋門と浅草橋門の二門の冠木門が「明キ」は若干異なるが屋根の広さが共に「拾九坪九合」と同じであることから、各々四五六六枚の瓦を要するというものであった。

筆者は、外郭諸門の冠木門に関する史料については、『神田橋冠木御門妻地割』（六一九四-四）と『神田橋冠木御門平地割』（六一九四-五）を実見する機会があったが、他の諸門については古写真をみる程度のものである。

昭和三十六（一九六一）年、田安門と清水門が重要文化財に指定されたのに伴い、文化財保護委

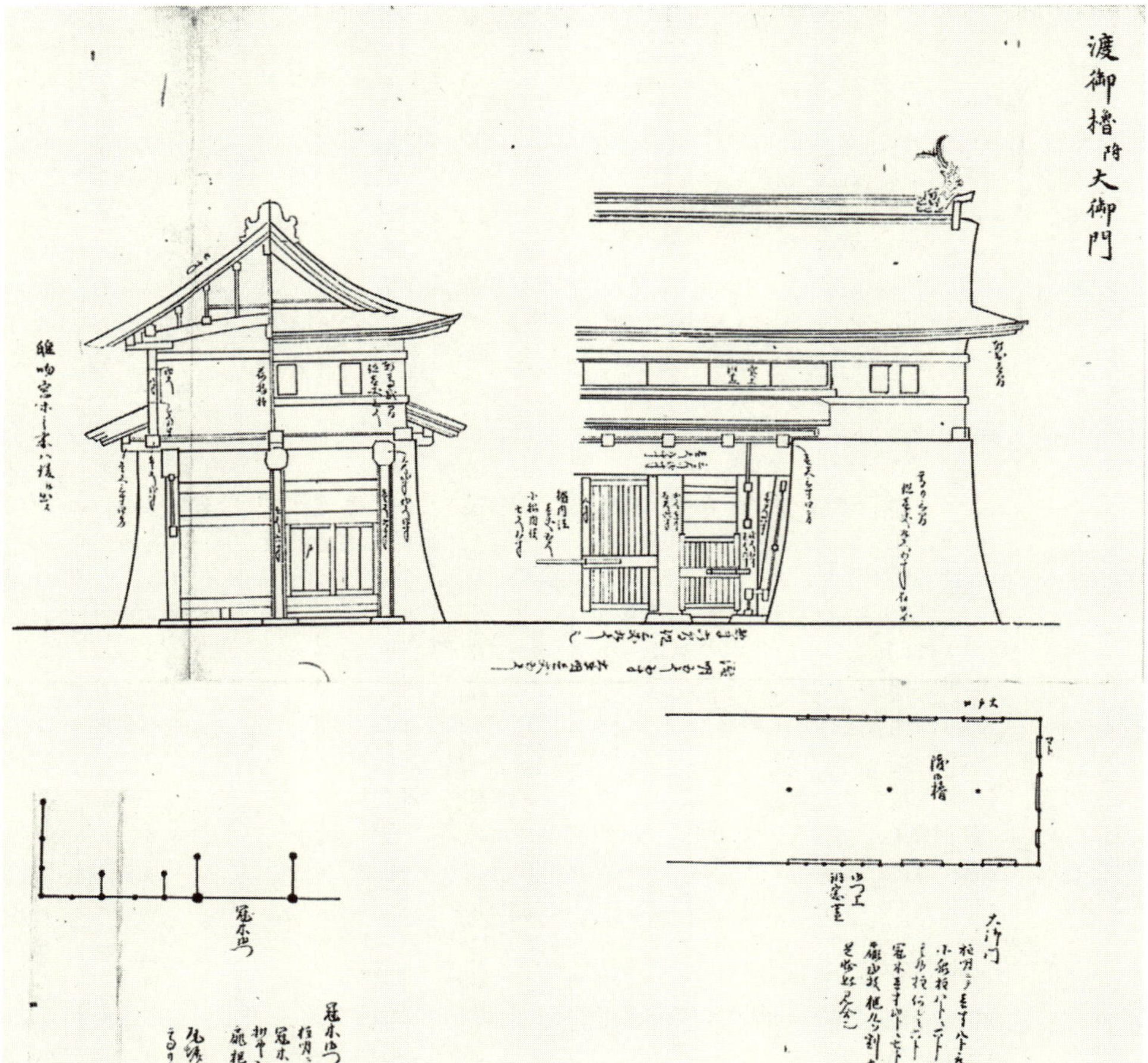

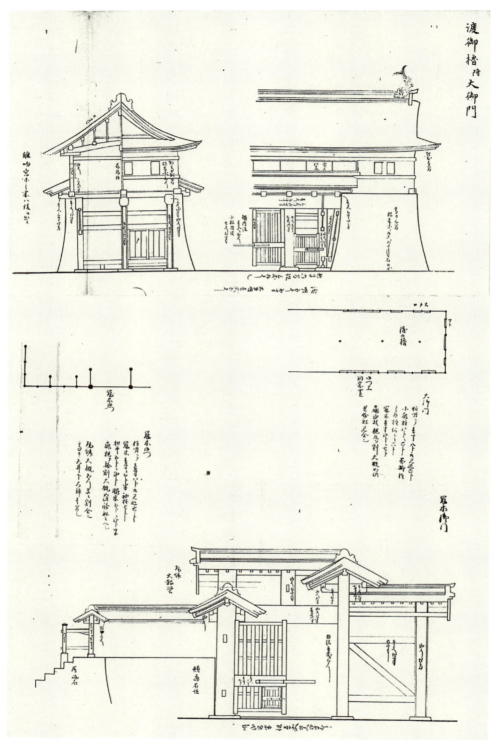

図７-25　『諸絵図』・部分

員会によって修理工事が実施される。その成果が同機関より『重要文化財旧江戸城田安門、同清水門修理工事報告書』として刊行されている。両門の冠木門に関する規模を網羅したのが表7‐30である。田安門の本柱間が六・七二七メートルとあるのは、四・七二七メートルの誤りと思われるが、この報告書から冠木門でも規模の相違があることがわかる。建坪は、控柱を除く本体の部分と考えられるが、ここだけで〇・五七坪の差がある。屋根の勾配を考慮すると一坪分程度瓦の枚数が相違する。

冠木門の規模に若干の差があることから、そこに葺かれる瓦の枚数に変化があることは間違いない。しかし、筆者は、その史料をもちあわせていないことから、『櫓瓦』を参考として、一律に四五〇〇枚とした。これをもとに推算すると、二六門では約一一・七万枚を要したことになる。

ふり返って、表7‐29で外郭二六門の渡櫓門・冠木門で使用された瓦の枚数を推算すると、およそ九〇万枚となる。筆者は、前述の拙稿で渡櫓門を約七五・九万枚、冠木門は同じく約一一・七万枚の合計八七・六万枚と推算したことがある。今回との相違は、渡櫓門の梁間四間のもので桁行の規模の増減の解釈によるものであるが、いずれの数値でも一割弱程度の誤差は覚悟しなければなるまい。

大番所　『観古図説』の呉服橋門と日比谷門下梅林門の大番所をみると、いずれも入母屋造の本瓦葺で、棟の両端や下り棟四隅には鬼瓦が据えられている。しかし、『櫓瓦』にはその記述がない。風損被害の復旧であるから、破損した瓦の交換で済む。渡櫓門や冠木門、さらには瓦塀と比較すると、被害が少ないことになる。そのため、ここでは大番所で使用した瓦の数量を推算することはできない。

代わりに『江戸城御外郭御門絵図』に描かれている大番所の間取拡大図から、その特徴を指摘することにする。

間取平面図をみると、「上之間」「次間」「勝手」「土間」を基本とする。さらに、桁側には「ひさし」や「濡縁」を設けることも少なくない。この場合、部屋は直線的に並ぶ。また、「次間」を複数有するものや、妻側に二部屋続きとなるものがある。これらを形態分類すると以下のようになる。

〈部屋の間取り〉

Ⅰ類　上之間・次間・勝手が直線的に並ぶもの。勝手と土間が一部屋を区画するものや、勝手の代わりに次間がくるものもある。

A型　上之間・次之間・勝手の三部屋で構成されるもの。

B型　A型に次之間がもう一部屋加わり、四部屋で構成されるもの。

C型　A型に次之間が二部屋加わり五部屋で構成されるもの。

表7‐30　田安門・清水門の冠木門の規模

項目＼門	田安門	清水門
桁行　柱真々	6.727m	4.650m
梁間　柱真々	3.787m	3.060m
軒出　側柱真より茅負下角まで	1.667m	1.430m
傍軒出	1.576m	1.350m
軒高　茅負下角まで	門　5.914m 控　4.816m	門　5.570m 控　4.205m
棟高　棟瓦天端まで	門　7.630m 控　6.150m	門　7.222m 控　5.651m
建坪　門	25.456㎡	23.570㎡
『江戸城御外郭諸門絵図』	明キ　2間4尺	明キ　2間

表 7 -31　大番所の間取りからみた形態分類

部屋の形態＼門		門の名称	計
Ⅰ類	A型	半蔵・田安・清水・竹橋・壱ツ橋・数寄屋橋・日比谷・赤坂・四ツ谷・市ケ谷・牛込・小石川	22
	B型	和田倉・馬場先・神田橋	
	C型	外桜田	
	D型	山下・芝口・幸橋・虎門・筋違橋・浅草橋	
Ⅱ類	B型	常盤橋	3
	C型	鍛冶橋	
	E型	呉服橋	

D型　三部屋で構成は同じであるが、勝手の代わりに次之間となり、次之間が二間となるもの。

Ⅱ類　妻側にもう一部屋をもつ二間続きのもの。

B・C型は同じ。

E型　C型に加え、勝手がもう一部屋加わるもの。したがって、勝手は二部屋となる。

この分類をもとに外郭諸門にあてはめたものが表7‑31である。大番所の間取りは、直線的に並ぶものが二三例と圧倒的に多い。なかでもⅠA型が一二例、ⅠD類が六例と多い。両者は、三部屋という点では同じであるが、そのうちの一部屋が畳と板間の相違である。外郭諸門の大番所が三部屋構造のⅠA・ⅠD型を基本としていることがわかる。ⅠB型とⅠC型は、規模の大きな大番所といえる。四門のうち三門が西丸下、もう一門が御成門の神田橋門である。いずれも重要な門の大番所である。ちなみに、Ⅰ類では、外桜田門の大番所が最大規模となる。

Ⅱ類は、三門と謹少で、特異な形態である。三門のうち、常盤橋門と呉服橋門は、道三橋の一つ銭瓶橋の隣りに位置し、水上交通の要所でもある。鍛冶橋門は、それに続く門ということであろうか。庇（ひさし）や濡縁は、全てにみられるが、若干の相違がある。

表 7 -32　庇からみた外郭諸門一覧

	門	小計
a	外桜田・雉子橋・壱ツ橋・神田橋・日比谷・山下・芝口・幸橋・筋違橋・浅草橋	10
b	和田倉・馬場先・数寄屋橋	3
c	半蔵・虎門・田安・清水・竹橋	5
d	常盤橋・呉服橋・鍛冶橋・赤坂・四ツ谷・市ケ谷・牛込・小石川	8

〈ひさし〉

屋根瓦を考える上で、庇がどこまで延びているかということは重要である。平面図から四型に分類した。

a種　妻片の片側を除く三方に巡るもの。

b種　部屋の周囲全てに巡るもの。

c種　妻側の両方に庇がないもの。

d種　桁側の部分に庇が架からない箇所があるもの。

この分類をもとに一覧にしたのが表7‑32である。庇からみた大番所屋根は、一様ではない。しいてあげるならば、c種の六門は、入母屋造でも妻側の軒先が短かいものであるといえる。庇の長短は、濡縁の有無とも関係する。『江戸城御外郭御門絵図』の大番所間取図には、柱の位置が記されていることから、ある程度の規模を推定することができる。しかし、個々の大番所の瓦の枚数を推算することは、残念ながらこれら史料だけでは不可能と言わざるをえない。

なお、瓦塀についても絵図に寸法の有無があるために、全体としての把握は困難である。風損被害の程度は別として、瓦塀の位置の朱引線が多く引かれた門をあげると、和田倉・馬場先・半蔵門・田安・清水・雉子橋・壱ツ橋・神田橋・常盤橋・数寄屋橋・日比谷・芝口・虎門・赤坂・四ツ谷・市ケ谷・牛込・小石川・筋違橋・浅草橋の二〇門をあげることができる。

4　浅草寺観音堂の鬼瓦

享保二年の風損被害の大きさを知ることができる資料がある。浅草寺観音堂の鬼瓦である。この資料は、現在、江戸東京博物館の敷地内、「江戸東京広場」北側にパネルと共に壁面展示されている。解説文を読むと、昭和四（一九二九）年の大改修時に観音堂大棟から下されたものであるという。重厚感があり、遠方を凝視する姿は、正に古刹の観音堂を守るにはふさわしい鬼瓦である。

この鬼瓦の製作を知る情報が、鬼瓦の背面、正面右手の肩部に六行にわたり銘が彫られている。パネル写真を参照すると、

浅草諏訪町
　瓦師棟梁
同瓦町　岸本久衛門
　同　服部五良衛門
享保六年辛丑七月十八日
　作者平井助左衛門

と彫られている。浅草寺裏手、浅草諏訪町の二人の瓦師棟梁のもとで、平井助左衛門が製作したことがわかる。「瓦町」の地名がみえるが、当時、隅田川下流の右岸一帯には、官営窯として瓦の生産を行っていた。本所瓦町・小梅瓦町・中之郷瓦町など瓦生産に纏わる地名が残されている。この鬼瓦もそれらのうちの一つの窯で焼かれたものと考えられる。

問題となるのが、「享保六年」の年号である。享保二年の風損被害から四年が経過しているので、一見すると関係ないようにも思われる。しかし、前述した二点の絵図や『櫓瓦』の史料は、享保二年の風損被害が大災害であることを示唆している。何より享保二年の二局分掌が半年程で見直しを余儀なくされているのである。復旧にあたっては、地元官営窯で生産されたものはもとより、大坂瓦がかなりの量で供給されたものと考えることができる。それでも需要に追いつかなかったのである。

浅草寺と浅草橋門・筋違橋門とはおよそ一・二キロの位置関係にある。二門がほぼ全ての瓦を新調していることを考慮すると、浅草寺でもかなりの風損被害を受けたことが推察される。享保三年の分掌にのっとり、幕府に修復を願い出ても時間がかかるのである。

この在銘鬼瓦は、大棟に据えられた後は、安政江戸地震や関東大地震、幾多の風災を受けながらも、昭和四年の大改修を迎えるまで決して棟を下ることはなかったのである。

5　江戸での瓦の生産

浅草寺観音堂在銘鬼瓦から、隅田川下流域で瓦が生産されていたことは、疑いのない事実である。この地域は、「今戸焼」の名称で低火度焼成の土製品や瓦、陶器などを生産していたことで知られている。その初現は、天正年間頃といわれている。本格的な生産は、江戸時代になってからのことで、人口の増加、瓦葺建造物など需要の高まりに伴って発展

していく。

史料に登場する今戸窯　今戸焼に関する史料は、地元では皆無に等しい。それは、安政江戸地震や関東大地震などの大地震、寛保二（一七四二）年や文政六（一八二三）年、明治四十三（一九一〇）年等々の大水害、東京大空襲など幾多の災害・戦災に遭遇してきたことに外ならない。

史料にはじめて登場するのは、『徳川実紀』で、寛永十七（一六四〇）年三月、浅草瓦焼屋敷焼失にみる。ここでは、瓦の生産に直接繋がるものではないが、瓦窯や瓦師の職人集団の存在を垣間みることができる。寛永十七年は、前年に外濠や赤坂門から筋違橋門の外郭諸門の渡櫓や高麗門が完成し、本丸御殿の再建工事がはじまる。江戸城造営にあたり、瓦を供給したであろうことが推察される。ことによると、江戸時代初期から官営窯としての性格を帯びていたのかもしれない。

今戸周辺での瓦の生産を知る史料は、十九世紀に刊行された「文政町方書上」となる。関連部分を抜粋すると、

一　小梅瓦町竈員数之儀者相分不申候得共両三軒有之候儀ニ而、当時竈弐ケ所御座候。願済年代相分不申候。年中焼立候瓦数、竈弐ケ所ニ付凡弐拾万枚ヨリ弐拾四五万枚位焼立申候。瓦土之儀ハ、木下川村辺或ハ隅田川辺ヨリ願済之由ニ而相対ニ而舟土買受候ニ御座候。

とある。小梅瓦町では、文政年間、両三軒で二カ所の瓦窯をもち、年間二〇〜二五万枚を生産。瓦土は、木戸川村や隅田川に面する川辺から供給されたとある。一方、同史料には、中之郷瓦町での瓦生産に関する記

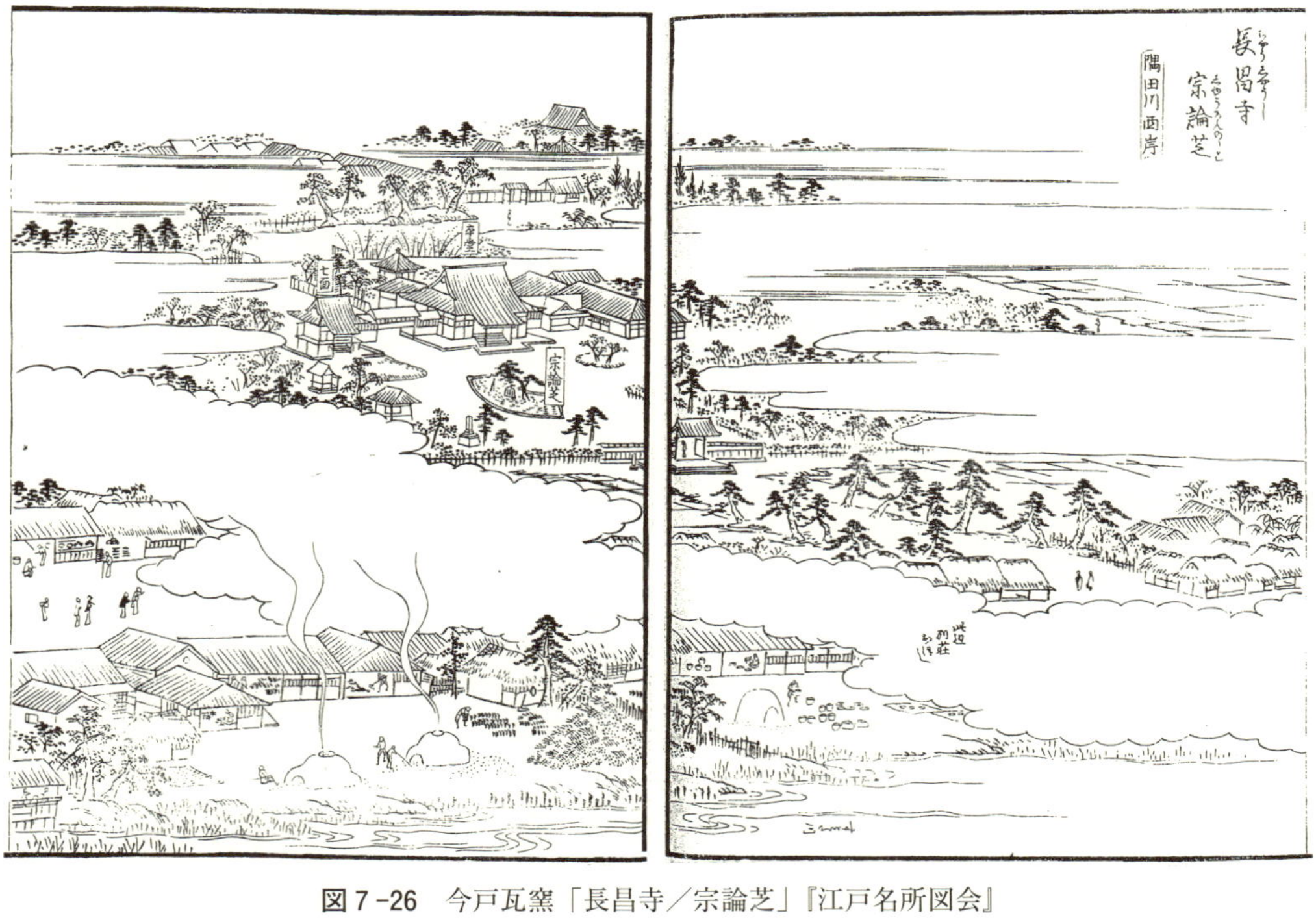

図7-26　今戸瓦窯「長昌寺／宗論芝」『江戸名所図会』

事もある。そこでは、瓦生産に従事する家が一四軒、竈が二〇八基と記されている。

天保年間に刊行された『江戸名所図会』にも今戸瓦窯や今戸焼に関する絵図が三点所収されている。隅田川両岸の景観として「長昌寺／宗論芝」「今戸焼」「真土山／聖天宮」の内題をもつ三点である。図7-26は、そのうちの一つ「長昌寺／宗論芝」である。画面右頁の下端に「す美多《ママ》川」とあり、隅田川の川辺に二軒の生産窯が描かれている。川に平行して奥に作業小屋、手前の中庭に窯をもつ。右頁では土器、左頁では瓦を生産している。右頁の中庭には、窯と土器を手にもつ人物。地面に土器が並んでいる。窯に煙がみえないことから、焼成前ないしは焼成後の窯からの取り出しであろうか。屋内では、土器の形作りが行われている。左頁の家では、庭に二基の達磨窯を設け、共に窯から煙が立ちこめている。画中の人物が各々窯の炎の調節や管理をしている。庭先には人物がもう一人描かれ、瓦を手に取り乾き具合を観察している。屋内では、土をこねている人物もみえる。左頁の生産では、少なくとも五名の人物が従事している。

史料や絵図からの限られた情報ではあるが、今戸窯が盛行していた一端をうかがうことができる。

民俗資料にみる今戸瓦窯　『江戸名所図会』の瓦生産について、資料ならびに聞き書きを加えた調査報告書『今戸焼』が江戸東京博物館から刊行されている。同館では、急速に失なわれていく「今戸焼」に危機感を抱き、館所蔵品をもとに民俗調査を行い、記録として保存しようとしたものである。内容は、今戸焼の概要・問題の所在を明確にした上で、瓦・土器類・人形について、各々聞き書きによる調査と実測図、写真を掲載している。

本書では、瓦の生産に焦点をあてていることから、報文の資料提供者である染谷峰夫氏の聞き書きを抜粋し、紹介する。染谷氏は、大正九年生まれで、聞き書き調査の平成二（一九九〇）年時に葛飾区に在住していた。先代が本所業平で瓦屋修業後、青戸で開業し、本人も跡を継ぎ、昭和四十五年頃、瓦の生産を止めたと記されている。報告書では、瓦の製作、瓦の焼成と二項に大別し、それに瓦作りの工場と達磨窯の略図を添えている。

瓦の製作工程では、粘土をこねる（粘土にアラキダを混ぜたもの）→タタラ盛り（瓦一枚分の素地を作る）→荒地作り（瓦一枚分の板状の素地作り）→荒地成形（桟瓦・平瓦・丸瓦の種類に応じ荒型の板の上にのせ揃板で調整）→キリカタ（荒地をグルで四～五日干し、半乾きの荒地の側面を切り取り成形）→仕上げ（仕上型・箆を使用）の順で行う。ちなみに、粘土は、埼玉県吉川の畑土を用いたとのこと。

図7-27　達磨窯で桟瓦焼成（『今戸焼』より）

瓦焼成は、達磨窯作りと瓦焼作業を説明。

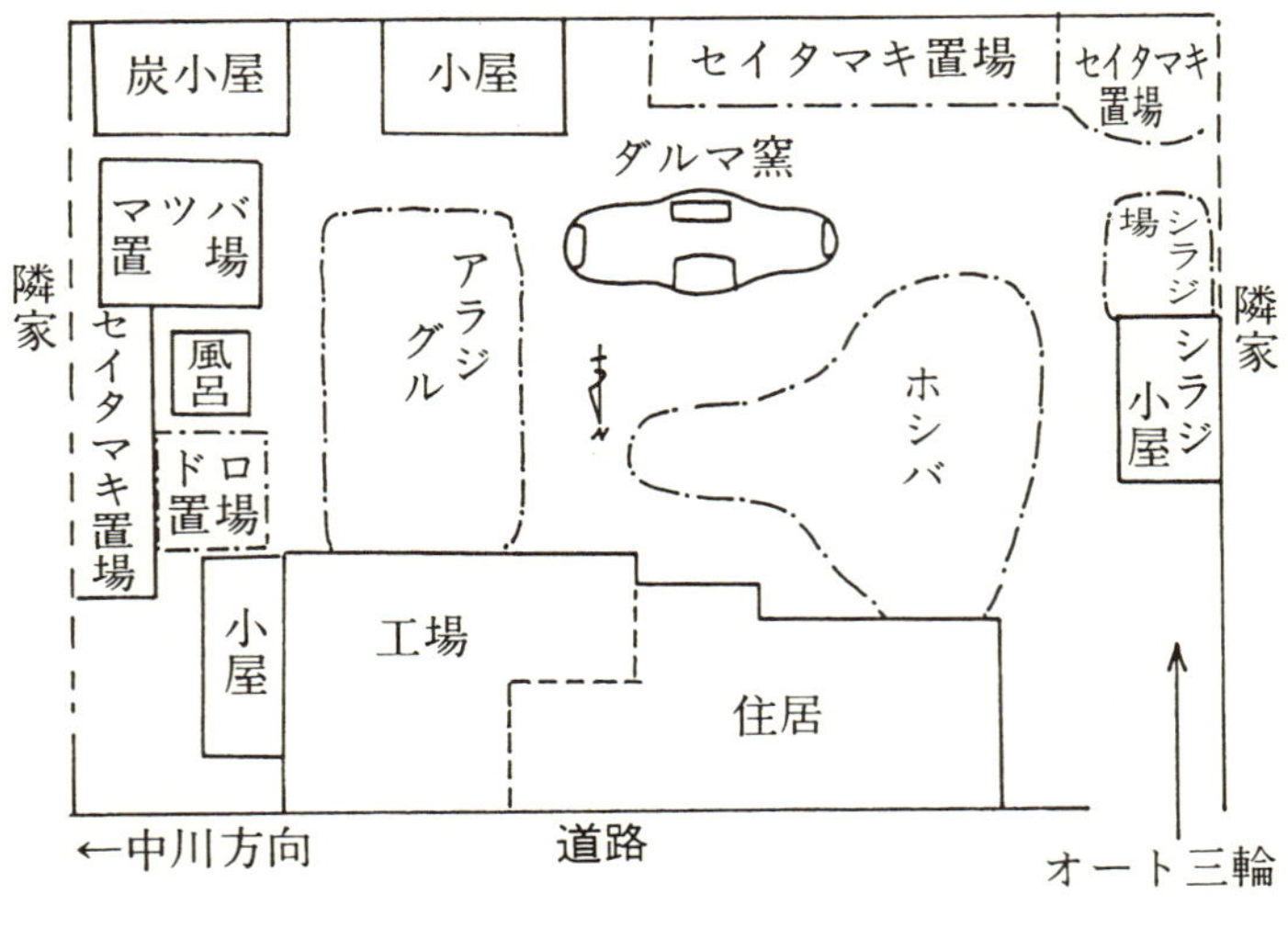

染谷峰夫　瓦作り工場《こうば》概略配置図（聞き取りから作図）

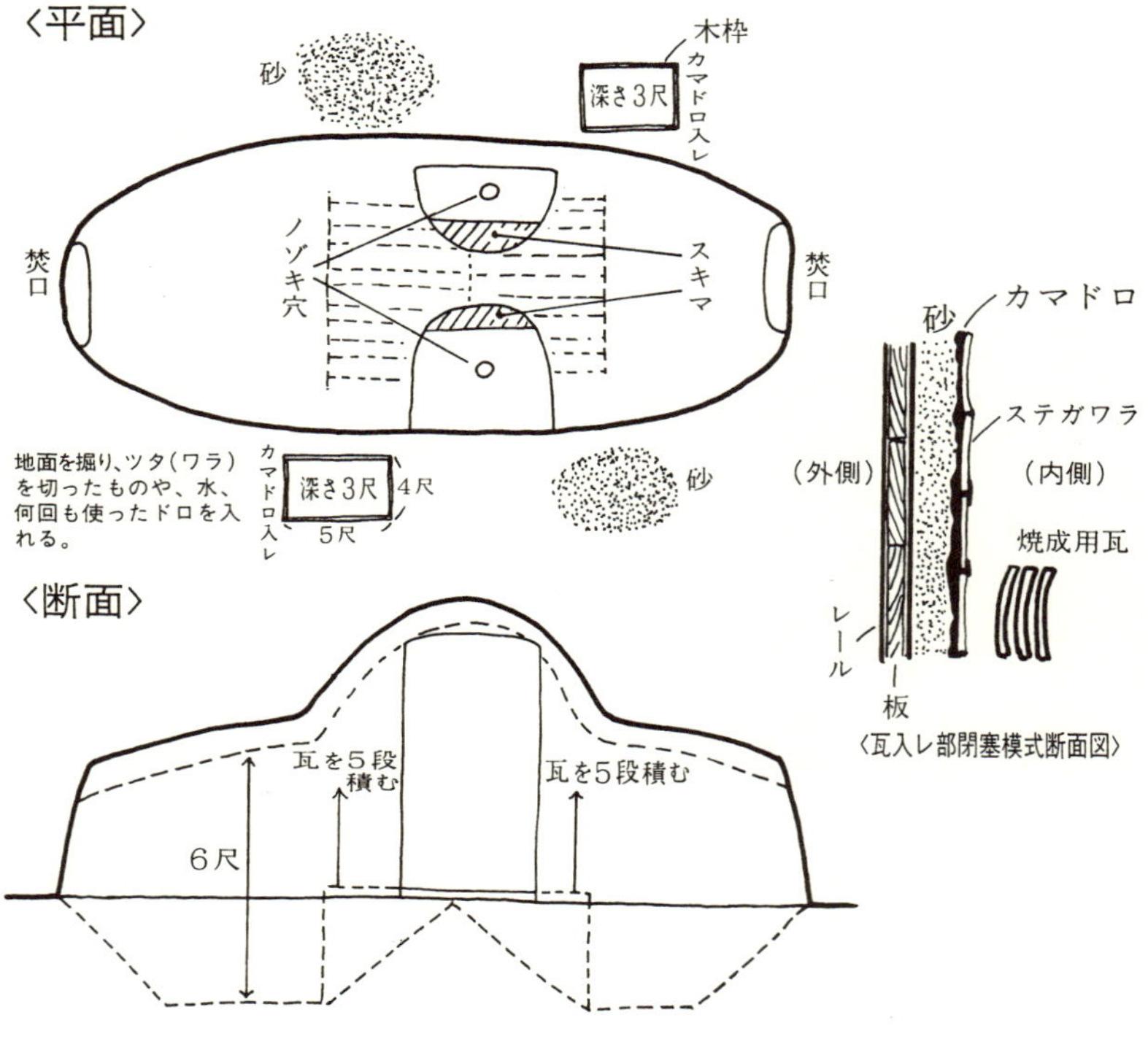

染谷峰夫　ダルマ窯概略図（聞き取りから作図）

図7-28　瓦作り工場概略図と達磨窯概略図（『今戸焼』より）

今戸焼では、瓦用と土器・ほうろく用とでは窯の構造が異なる。瓦用は「達磨窯」と呼称され焚口が両端の二カ所であるのに対して、土器・ほうろく用窯は焚口が一カ所しかない。決定的な相違である。図7-26の絵図をみると、煙が立ちのぼる左頁の窯は焚口が二カ所ある達磨窯であるのに対して、右頁の窯は焚口が一カ所のようにもみえる。

「達磨窯」は、図7-27・28のように特異な形状をとるが、本体を焼成の受けた土と新土を七対三の比率にし、藁を切ったツタを混ぜ込む。窯壁は、約六〇センチと厚い。左右両端に焚口、中央に縦長の開口部を二カ所有する。開口部は、表裏があり、表は地面から開口しているのに対して、裏は地面から約三尺までは窯壁部があり、開口はその上からとなる。五～六年で剥窯を行い補修をするという。

瓦焼作業は、月に一〇日程実施。窯には瓦を五段積み、一回あたり八〇〇枚程。瓦の焼成時に接合しないように瓦片やトチンを挟む。本焚きは朝三時から八時頃までの五時間。ノゾキ穴から火加減を調整し、本焚後はアブル。窯を止める前、窯温が九〇〇度位の時点で松葉を両方の焚口に五把宛でくべ、いぶす。これによって、瓦が銀色に変色する。その後、焚口を鉄板で塞ぎ窯止めする。開口部のノゾキ穴も一時間程で塞ぎ、最後に水をかける。

口開けは、まず焚口に水を入れ、炭を完全に消してから取り出し。水を入れることで瓦の白化を防ぐ役目も果たす。取り出しは、上三段を開口部から、残りは人が窯体に入り取り出す。

瓦作り工場の概略図も興味深い。染谷氏の住居兼工場は、中川の堤防からおよそ二〇メートルの位置にある。薪や松葉の搬入や瓦の出荷に中川の水運を利用しているためである。中庭を囲んで住居、工場、資材小屋が建ち並ぶ。中庭には、大型の達磨窯と荒地を干すグル、図7-26の瓦の干場もある。焼き上がった瓦は、図中右手のシラジ場やシラジ小屋で保管する。すなわち、図7-28と『江戸名所図会』に描かれた図7-26とが重なるのである。

染谷氏への聞き書きによると、大型の達磨窯では一回に付八〇〇枚程なので月産八〇〇〇枚、年間一〇万枚程の生産が可能となる。これは、粘土・薪・松葉などの資材が十分に調達でき、その上で天候に恵まれるという条件付きではあるが。「文政町方書上」で小梅瓦町での瓦の生産が二カ所で二〇～二五万枚とある。染谷氏所有の達磨瓦と同程度の大きさとするならば、二～三基ですむが、それには資材が十分に揃い、供給体制も整っている場合に限る。浅草寺の裏手には、「真土山《まつちやま》」と呼ばれる今戸焼の粘土採掘場があった。当初は、小高い丘であったが、今日では平地となり、名称のみが残るのである。

6　江戸以外での瓦の生産と供給

江戸への瓦の大量供給先は、第一・二節で述べたように大坂であるといっても過言ではない。大坂は、江戸時代には天領であり、かつ伝統的に陶器の焼成技術をもつ職人の多い地である。

近年、考古学の成果が著しい。一例として小田原城跡御用米曲輪から「三ツ葉葵紋瓦」が出土している。瓦には、鬼板（鬼瓦）と軒丸瓦の二種類があり、そのうち数点は、大坂系と考えられるものであるという。金子智氏は、明治大学所蔵、小田原城跡出土の前場コレクションのなかに「三ツ葉葵紋」軒丸瓦があり、その一つに「御領分摂州住吉／瓦師庄兵衛」と彫られた四角印が押されていると報告している。小田原城は、江戸の御膝元。関東の入口部でもある。本丸には御成御殿、御用米曲輪は幕府直轄の米倉が置かれたところでもある。普請は、本丸御殿・天守・御用米蔵等々を幕府が直接行っているので、「三ツ葉葵紋」瓦が出土しても何ら不思議はない。在銘瓦に摂州産とあることで、大坂瓦が江戸城はもとより、小田原城でも使用されているのである。今後、瓦の胎土に関する研究が進展すれば、江戸城、小田原城はもとより、幕府直轄の城において、大半を占める平瓦や丸瓦について大坂瓦の占有する割合なども明らかにされるであろう。

尾張藩市谷邸（上屋敷）出土の在銘鬼瓦　尾張藩では、明暦三年の大火によって吹上内の鼠穴《ねずみあな》邸が幕府に召し上げられると、上屋敷を市ケ谷邸とする。その跡地は、防衛庁を中心として財務省や警視庁など公共用地として利用されている。発掘調査は、平成二年以降、新宿区教育委員会や東京都埋蔵文化財センターによって実施されている。そのうち、旧玄関・表向が存在した第一二地点から在銘鬼瓦が出土している。報告書を読むと、この地点からは九点の在銘鬼瓦が出土している。図7−29に四点を載せた。銘は、いずれも焼成前に箆状工具で彫られ、側面肩部にみることができる。1は両肩に銘があり、正面左手に「享保十乙巳歳／九月」、同右手に「伊勢山田岩渕町／かわらや／中津氏近房」。2〜4は片肩に銘がある。2は、正面右肩部を欠損するもので「享保十乙巳歳／九月吉日」。右肩には生産地や製作者の銘が存在した可能性がある。3は、右肩に「松坂／　清兵衛」。4は、左肩に「熱州松坂／瓦

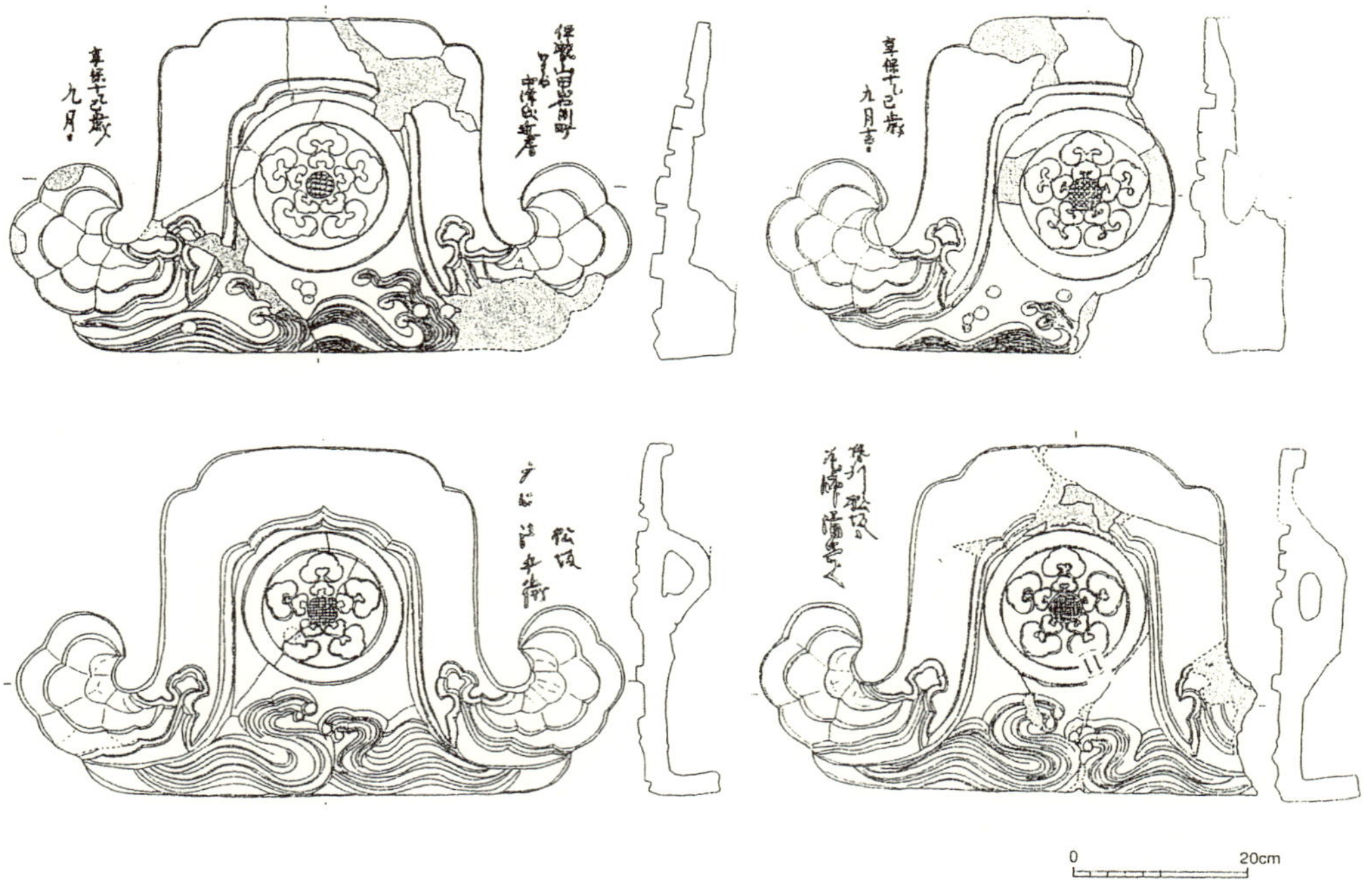

図7−29　尾張藩上屋敷出土の在銘瓦（『尾張藩上屋敷遺跡発掘調査報告書Ⅶ』を改変）

師清兵衛」とある。このほか「享保拾一年／三月／御　／五藤小市」、「伊勢岩渕町／中津三右衛門」。両肩にある「伊勢廉原村」と「瓦師林右エ門」等々が報告されている。

この地点で出土した在銘鬼瓦は、年号では享保十（一七二五）年・十一年、生産地は表記が異なるが伊勢岩渕町・伊勢廉原村・松坂、これに製作者の瓦師名が彫られている。生産地は、国許であることがわかる。年号は、同年二月十四日、青山久保町から出火し、四ツ谷・市ケ谷・牛込・小日向・本郷に至る広範囲に延焼している。尾張藩では、市ケ谷邸と共に中屋敷がある麹町邸に類焼が及んでいる。

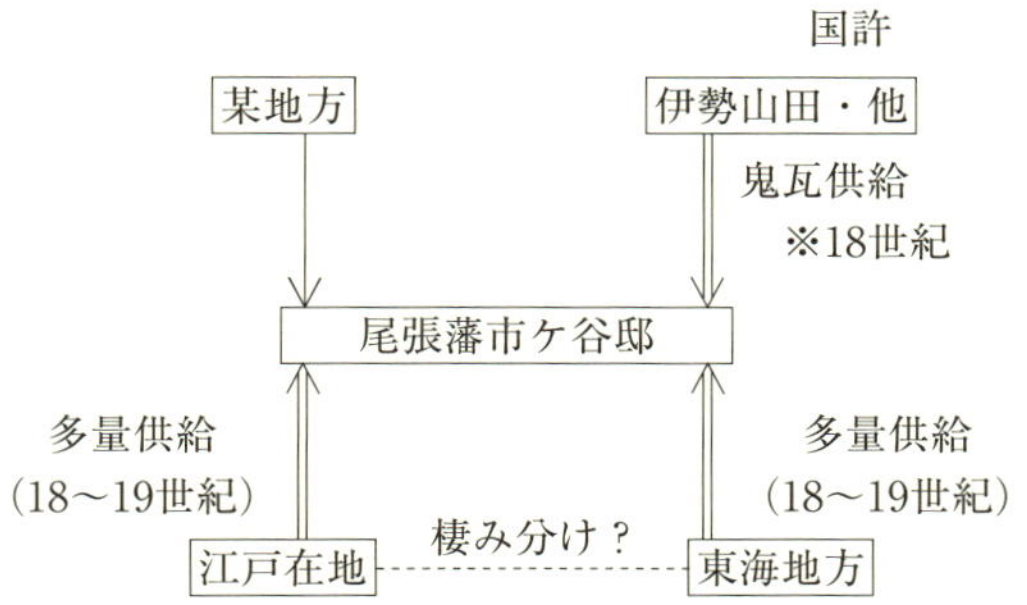

図7-30　尾張藩市ケ谷邸にみる瓦の供給関係（内野　図録『尾張家への誘い』より）

ちなみに、麹町邸の発掘調査を実施した紀尾井町六－一八遺跡調査会によると、一一〇号土坑内から欠損した在銘鬼瓦の出土が報告されている。そこには、「　九月／御瓦師／五藤小市」と彫られている。

すなわち、尾張藩の火災からの復旧にあたり、両屋敷とも鬼瓦は国許で生産されたものを運搬し、使用しているのである。鬼瓦以外はどうかということがやはり気になる。市ケ谷邸の発掘調査の成果として、調査を担当した内野正氏は、図7-30のような見解が示されている。鬼瓦が国許であるものを除くと、他の種類の瓦は、江戸在地や東海など江戸を含む周辺で調達しているというのである。史料があれば、調達先・数量・金額等々を明らかにすることが可能となる。史料の発掘が待たれるところでもある。

尾張藩で市ケ谷邸の復旧が完了するのは、享保十四年と記録されている。

第八章　宮城造営に伴う石垣修繕と橋の新造

一　宮城造営に至る経過

慶応三（一八六七）年十月十四日、徳川慶喜が大政奉還を朝廷に願い出、翌日に裁可されたことで二六〇有余年続いた徳川幕府は滅びる。同年十二月九日、朝廷から王政復古の大号令が発せられ、翌年四月十一日には徳川氏が江戸城を朝廷に引き渡すこととなる。

慶応四年七月十七日、天皇東幸の詔書が発せられる。この詔は、

朕今萬機ヲ親裁シ億兆ヲ綏ス、江戸ハ東国第一ノ大鎮四方輻湊ノ地、宜シク新臨以テ其政ヲ視ルベシ、因ッテ今江戸ヲ称シテ東京トセン、是　朕ノ海内一家東西同視スル所以ナリ、衆庶此意ヲ体セヨ

とあり、江戸が東京と改称されることとなる。さらに、同年九月八日には、明治と改元する。

天皇は、明治元（一八六八）年十月十三日に西丸に入城するが、これをもって江戸城は東京《とうけい》城と改められる。同年十二月一日、明治天皇は京都に還幸するが、翌年三月二十八日、東京に行幸し、以後、西丸を皇居と定める。山里には賢所を設置することになる。御殿は、元治元（一八六四）年七月一日に徳川氏によって新造された西丸仮御殿を当座、使用することとし、明治五年三月には、皇居の区域を本丸、二三ノ丸跡、吹上等一円と定めることになる。

明治六（一八七三）年五月五日、女官部屋から出火。元治度の仮御殿は全焼する。翌年十月、太政官布達に基づき、同九年には工事費一〇〇万円で五カ年計画による皇居造営の立案が提出される。しかし、西南戦争で造営は延期されることとなる。

明治十二（一八七九）年、再度、皇居造営令が出され、当初の計画には修正が加えられることとなる。正式決定は、『皇居御造営誌』をみると、明治十六年七月十七日の条になる。そこでは、吹上に賢所、西丸山里に皇居、楓山下文庫跡に宮内省と女官局、二・三ノ丸に主馬《しゅめ》寮と厩舎を建設することが決まる。ちなみに、五カ年で落成し、見込相立費が二五〇万円とも記されている。翌年四月、本格的に着工し、四カ年の歳月を経て明治二十一（一八八八）年十月に宮殿が竣工する。これをもって「宮城」として経営されることとなる。また、西丸大手門が正門、坂下門と乾門が通用門として機能することになる。総工費は立案当初の五倍、正式決定後では二倍にあたる約四九〇万円に膨らんでいる。

この宮城は、昭和二十（一九四五）年四月十三・十四日の空襲で大手門ほかの建物を、五月二十五日の空襲では明治宮殿が焼失することにな

る。

二　宮内庁宮内公文書館所蔵の『皇居造営録』

宮内庁宮内公文書館には、平成二十七年二月現在、八万七〇六三件の特定歴史公文書等が登録されている。このうち、皇居造営に関する史料としては、一、五三六件ある。これには、明治宮殿をはじめとする明治期の宮城造営に関する史料と、太平洋戦争後の昭和二十八（一九五三）年にはじまる新皇居造営から昭和四十四年の皇居東御苑整備に至るまでの史料との二者がある。前者には七二九件、後者には八〇七件属する。ここでは、前者の史料群が対象となる。

史料は、全て内匠寮で作成、取得したもので、目録をみると、「(庁通達) 一　明治一五～二二年」(識別番号四三三八-一) にはじまり、「(日誌) 明治二一～二二年」(識別番号四四七四) で終わる。内容は、各種建造物はもとより、石材・木材・磚瓦等々の資材、絵画、用度品、金物、日誌等々、多岐に及んでいる。本章では、石垣修繕と橋の新造というテーマであることから、「(石垣) 一～一四　明治一七～二一年」(識別番号四四〇六-一～一四) の一四件、「(大手石橋) 一・二　明治一五～二一年」(識別番号四四〇五-一・二) の二件、「(正門鉄橋) 一～四　明治一九～二一年」(識別番号四四〇四-一～四) の四件の二〇件をまずは対象とする。このほか、修繕・新造用の新石材として、「(石材) 一・二　明治一五～二二年」(識別番号四四三一-一・二) の二件、「(犬島石材) 一～四　明治一五～二〇年」(識別番号四四三二-一～四) の四件、「(相模斫《きり》出石) 一～三　明治一五～二一年」(識別番号四四三三-一～三) の三件、「(上総伊豆駿河斫出石) 明治一五～二〇年」(識別番号四四三四)、「(讃岐斫出石) 明治一七～一九年」(識別番号四四三五)、「(砂利砂) 一～四　明治一五～二二年」(識別番号四四三六-一～四) の四件の一五件も関連してくる。石材のうち、讃岐＝小豆島・花崗岩を賢所や謁見所に使用、上総＝金堀村・凝灰岩を下水に使用、伊豆＝河津青石・凝灰岩を建築に使用で採石したものは、石垣や橋台には用いられてはいないことから直接的にはかかわりがない。

ところで、前者の史料には、いずれも「大正十年四月／圖書寮編纂」の印が押されている（月の異なるものも有）。これは、宮内省図書寮が、大正十（一九二一）年の職務改訂を契機として膨大な史料整理を行うことになり、印は、その時に押されたものである。編纂時には目次が付けられ、主要史料の左肩には號数が入った付箋が貼られている。目次と付箋とは照会できるが、必ずしも時間軸に合ったものではない。そのため、史料を理解するには、件数をまたぐことを含め同一項目に限っては全てを閲覧することが最低条件となる。

以下、史料から石垣修繕と橋の新造について述べることにする。

三　二重橋正門と西丸大手門の石垣修繕

『皇居造営録』石垣の一四件の史料は、旧江戸城の西丸と紅葉山跡（楓山）の石垣修繕と新造が主体を占めている。具体的には、山里およびその境、楓山門跡埋立や道灌濠尻埋立と石垣新造（土橋下の巻石水道

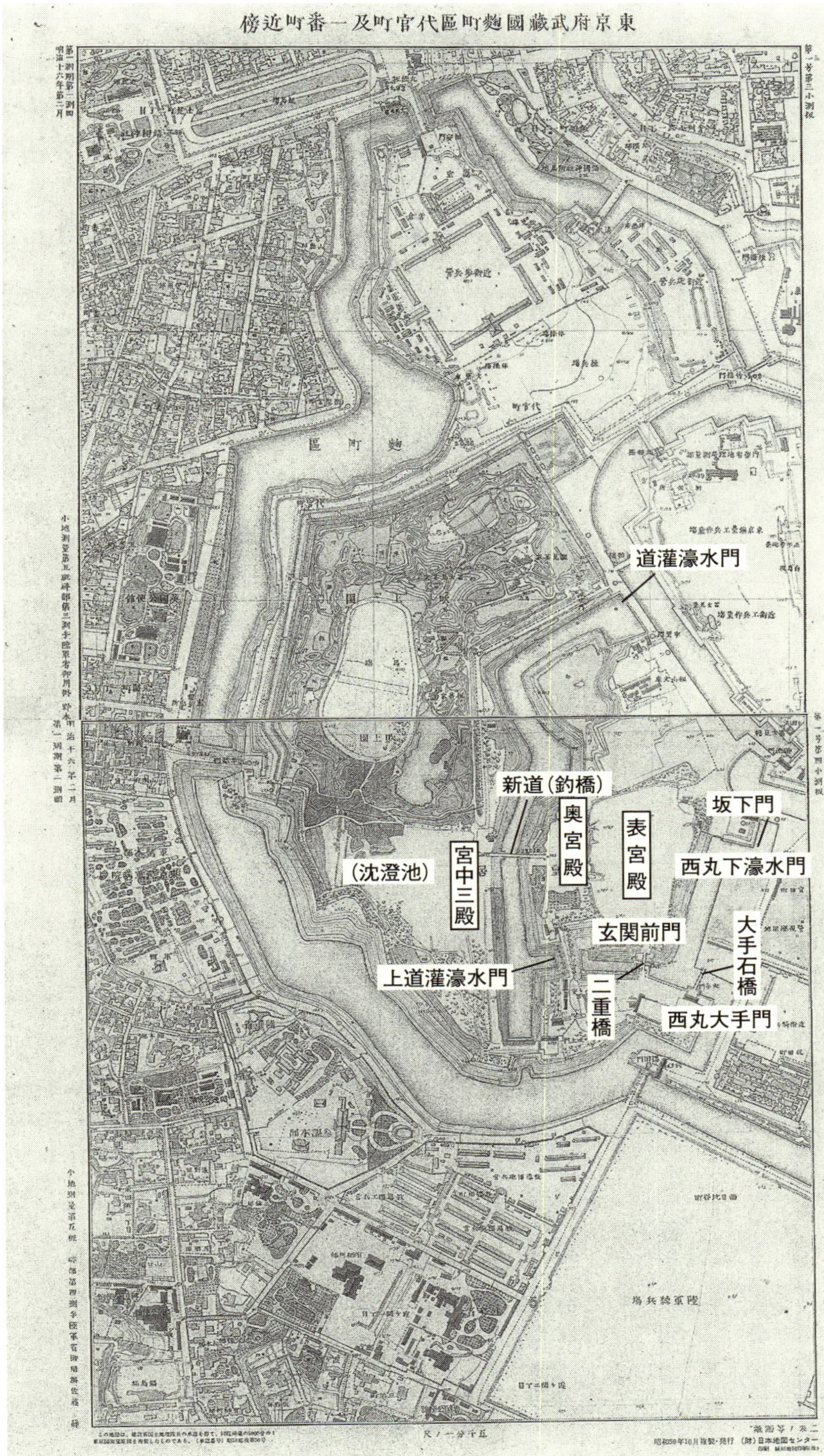

図8－1　造営・修繕箇所の図（明治17年参謀本部陸軍部測量局「五千分一東京図」に加筆）

の改修を含）、女官部屋構・典侍部屋構および楓山下、宮内省周辺、西丸大手門およびその周辺、坂下門およびその周辺、二重橋正門およびその周辺、山里から吹上にかけての道灌濠沿いの石垣と吹上門等々の石垣修繕と新造に関する史料が収められている。このほか旧江戸城本丸内では、二の丸の白鳥濠石垣修繕、銅門内枡形石垣修繕、蓮池内外道路拡幅に伴う改修、三の丸喰違門続の石垣取解等々が含まれている。

そのなかで、今日、皇居を訪れて、江戸城跡の石垣のなごりをよく留めているといわれている二重橋正門、西丸大手門、坂下門の三箇所を取り上げることにする。

1　二重橋正門渡櫓台

二重橋正門と西丸大手門は、新宮殿に入る玄関口として、木橋の改修と共に堅牢優美なものへと修繕する。二つの木橋は、大手門前は石橋、二重橋は鉄橋へと代わる。新橋は、構造の違いはあるものの各々威厳と風格があり、粋を尽くした豪華な造りとなっている。

二カ所の石垣修繕と石橋・鉄橋の新造は、おおむね併行して実施されている。資材の搬入や円滑な工事の進行には、綿密な工程表の作成が求められるが、四カ所の進行状況の概要を示したのが図8-2である。最も早く着手するのは、二重橋正門渡櫓台の石垣修繕である。これは、後述するが、渡櫓台の築石のうち、交換する必要の石は割り出し、二重橋外（的場曲輪方面）へ搬出することによるものである。つまり、この時点では、二重橋木橋を使用しているのである。正門石垣の修繕を終えた直後に二重橋木橋の取解、橋台の改修、鉄橋の新造という工程を経ている。正門鉄橋の資材の搬入は、二重橋正門側から行われていることが看取できるのである。ちなみに、石橋と鉄橋の進行は、宮殿の竣工の時期にあわせているが、西丸大手門渡櫓台の石垣修繕がそれらよりも一年以

本格工事（着手と落成）

櫓合東側石垣修繕〔明治18年12月14日〕　櫓台西側石垣修繕〔明治18年12月18日〕
着手　明治19年1月11日　　着手　明治19年5月15日
落成　同年6月22日　　落成　同年10月1日

南部橋台左右石垣築造〔明治20年2月9日〕　鉄橋橋面車道・人道木製張〔明治21年6月15日〕
着手　同年　2月19日　　同年10月までに落成
落成　同年　3月31日
※鉄橋材料は、明治19年10月、イリス商社を通じドイツのハルフルト社に発注

櫓合取解築直〔明治19年8月8日〕
着手　同年　9月1日
落成　明治20年　5月2日

中央橋台地形根伐杭打〔明治19年2月22日〕　石橋車道及橋合面共コンクリート打〔明治21年7月21日〕
着手　同年　3月5日
落成　同年　3月20日

門鉄橋・大手石橋新造の史料にみる事業経過概要

史料の初出

二重橋正門石垣	足代の架設〔明治18年12月13日〕
『皇居造営録』4406-12	着手　　同年　12月24日
	落成　　翌年　１月15日
正門鉄橋	二重橋木橋取解〔明治19年９月29日〕
『皇居造営録』4404-1～4	着手　　同年　10月14日
	落成　　同年　12月６日
西丸大手門石垣	門前南北石垣取解〔明治19年３月23日〕
『皇居造営録』4406-10	着手　　同年　４月８日
	落成　　同年　10月20日
大手石橋	地形用杉丸太237本取纏〔明治19年１月24日〕
『皇居造営録』4404-1・2	着手　　同年　１月27日
	落成　　同年　２月６日

※・左端の『皇居造営録』の数字は、史料の識別番号
・〔　〕は案件の提出された日。着手・落成の日付も同様。

図８－２　二重橋正門と西丸大手門の石垣修繕と正

上早く落成するのは、上屋を築くことによるものである。

二重橋正門渡櫓台の修繕は、『皇居造営録（石垣）一二　明治一七～二一年』（識別番号四四〇六-一二）に所収されている。まずは目次をみると、

第一號　二重橋渡櫓臺石垣取解足代取設ノ件
第二號　同上石垣築造ニ付地形仕直方仕増ノ件
第三號　二重橋下ヨリ太鼓櫓下迄土手堀端石垣築直シ方ノ件
第四號　二重橋東南角外構土手崩所所隠石垣取設ノ件
第五號　二重橋正門櫓臺石改造ノ件
第六號　同上改造方第貳著工事西ノ方石垣築直シノ件
第七號　同上東向内隅折廻地形仕増ノ件
第八號　同上東西石垣改造方ノ件
第九號　正門続東ノ方土手裾石垣竝土手築造ノ件
第一〇號　鐵橋南部橋臺ヨリ東方投築石垣大手櫓臺迄上端築足修繕等ノ件
第一一號　鐵橋臺ヨリ東方鐵柵平均石下投築石垣築立直方ノ件

とある。本件には、二重橋正門渡櫓台の取解・改造を含む積み直しを中心として、その周辺の石垣修繕に関する史料が所収されていることになる。ここでは、第一・五・六號案件について述べることにする。

なお、各案件の一般的な体裁は、工事内容に伴う概算金額とその内訳、仕様書、概算書、関連図面が付く。これに、入札状況、落札者の約定書、工事の着手ならびに落成報告が添えられている。

足代の組方と足代床の置石　土木解体工事で足代は見慣れた光景であるが、一昔前の木製の足代については、意外と知られていない。一四件の石垣修繕・新造の史料のなかでは、唯一、足代の組方図を交えた仕様がわかるものである。

図8-3は、第一號の付箋が貼られた明治十八年十二月十三日に提出

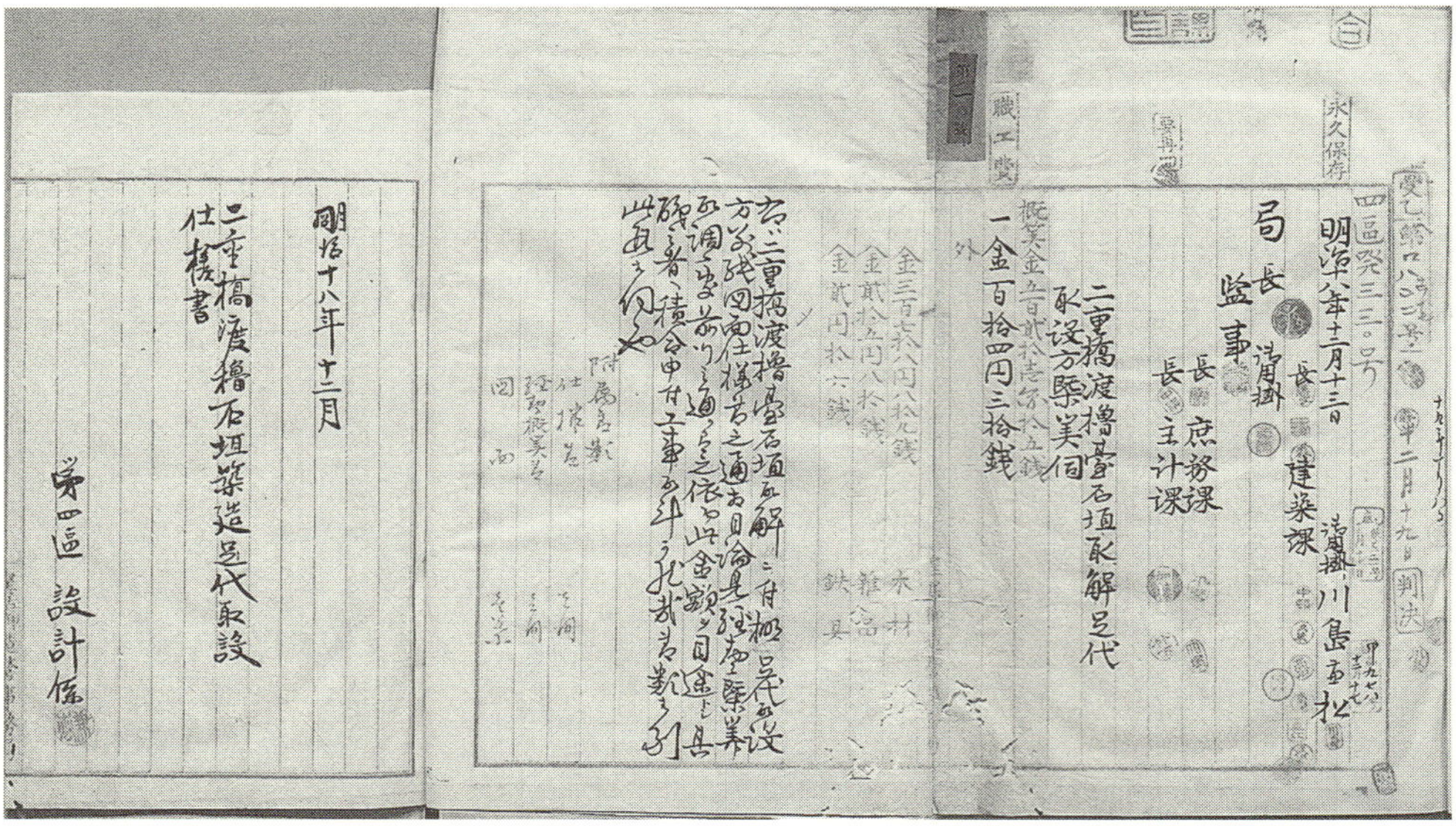

図8－3　二重橋渡櫓台取解足代の案件（図8－3～7：宮内庁宮内公文書館所蔵）

された「二重橋渡櫓臺石垣取解足代取設方概算伺」の冒頭部分である。これには、

一　長延三拾三間半
　巾四間　　東西足代二ヶ所分
　　此坪百三拾四坪

にはじまる仕様書が続く。仕様書にみる足代組方では、足代が二重橋濠に面する急傾斜地に築くことから水盛（水準器）の使用、堀立柱の間隔と杉丸太の大きさ・根入の寸法、足代床の丸太の大きさと組方等々が詳細に記されている。図8-4は、「二重橋渡櫓石垣築造之圖」の内題をもち、右側に平面図、左側に立面図が描かれている。足代は、東西櫓台のうち東側では南側面の修繕が加わることから西側よりも長い二一間に及んでいる。足代床の幅が四間（約七・二メートル）と長いのには驚かされる。これは、第五・六號の案件の仕様書に記されているが、取解に築石の置場をみると天端石は土手上、それ以外は一旦足代床におろし、割り出して二重橋外に持ち出す以外はそのまま残置し、取り直し積み上げることによるものである。つまり、大半の築石が足代床に置かれているのである。足代が取設されている地形を考慮すると、まさかと言わざるをえない。

筆者は、野中和夫編『江戸の自然災害』のなかで、元禄大地震後、本丸の石垣復旧を命じられた松平右衛門督丁場において、足代が崩れ一〇〇人余が落ち、そのうち四五人が犠牲になったことを報告したことがある。当時は、足代の構造など全く考えず、大きな余震の記録などもなく（落下の記事は、元禄十六年十二月十九日）、復旧箇所がさほど高所でな

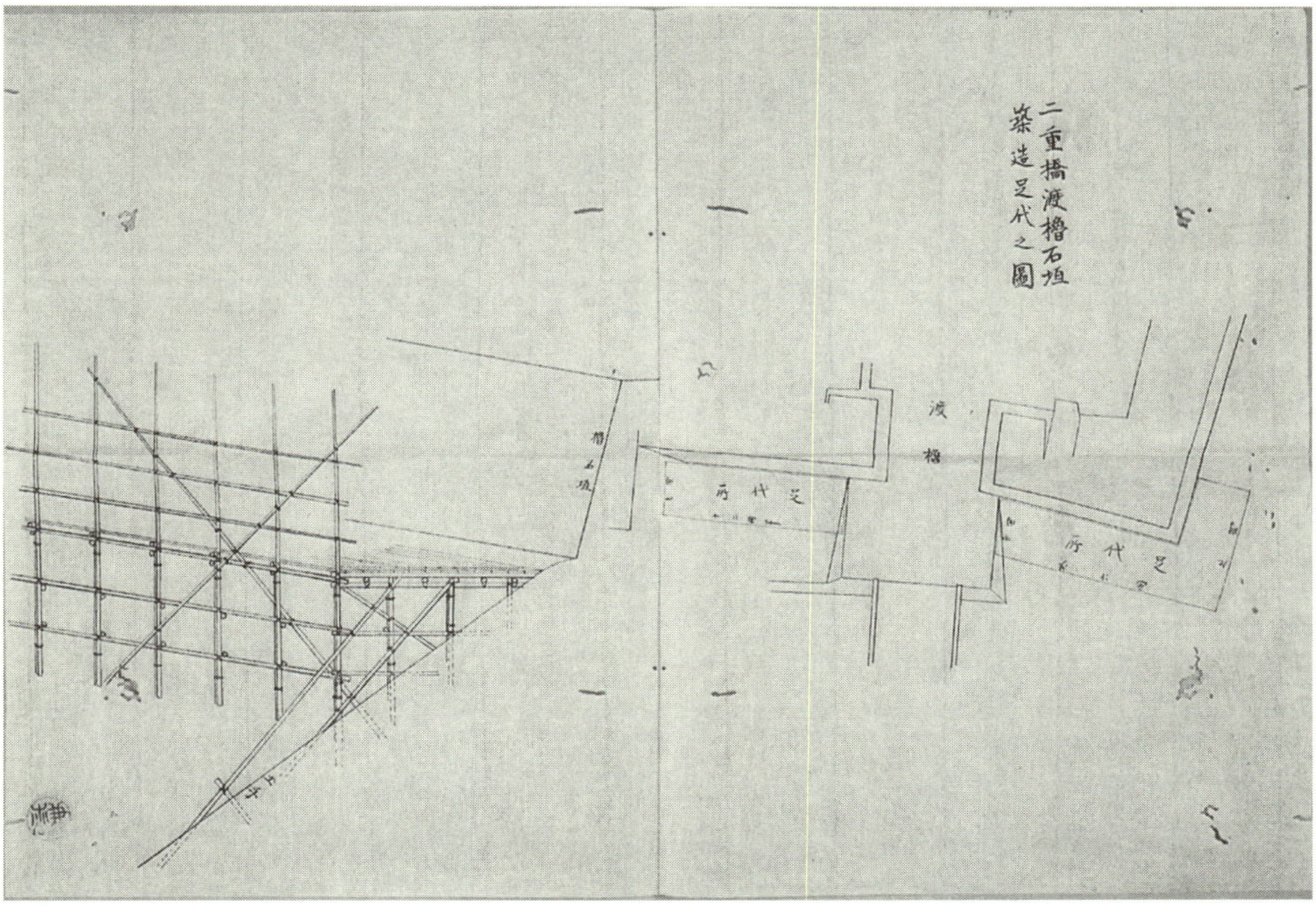

図8－4　石垣取解足代之図

いことからこの記録を不思議に思ったが、今回の史料によって足代床に取り解いた築石ともども落下し、圧死したものであることをようやく理解することができた。宮城造営の石垣修繕でも頑丈な足代が必要であったのである。

第一號の足代取設の案件では、概算金として五二一円一五銭を計上する。その内訳として、足代組費一一四円三〇銭、木材費三七八円八九銭、雑品費二五円八〇銭、鉄具費二円一六銭とある。このうち足代組費は当初予定額のおよそ五分ノ一にあたる二三円で落札された。史料では、足代取設が明治十八年十二月二十四日に着手、翌十九年一月十五日に落成したことを伝えている。

櫓台取解・積み直しの仕様と経費　渡櫓台の取り解き・積み直しは、東・西一緒ではなく、まずは東側、終了後に西側の順で二回に分けて実施する。これは、石垣の取り解き・積み直し時点で二重橋を資材の搬出をはじめとして利用していたことから、混乱を避けるための処置と考えられる。図8-5は、第五號の「二重橋正門櫓臺石改造方仕様及概算之義伺」の案件の冒頭部分である。概算金と内訳に続いて仕様書があるが、取り解きでは、櫓台全てではなく石垣の周囲にあたる築石部分を対象とし、かつ根石はそのまま据え付けていることと東裏側の階段を撤去することが特徴である。取り解く石の範囲とその置場についても細かく差図している。以下、紹介する。取り解き仕様として、まず上端石(天端石)を土手上の差し障りない場所に置いた上で、他の築石は足代床に巻きおろし、そのうち野取り直し切りあわせの分を残置し、割り出す石は二重橋外に持ち出すことをあげている。その上で、

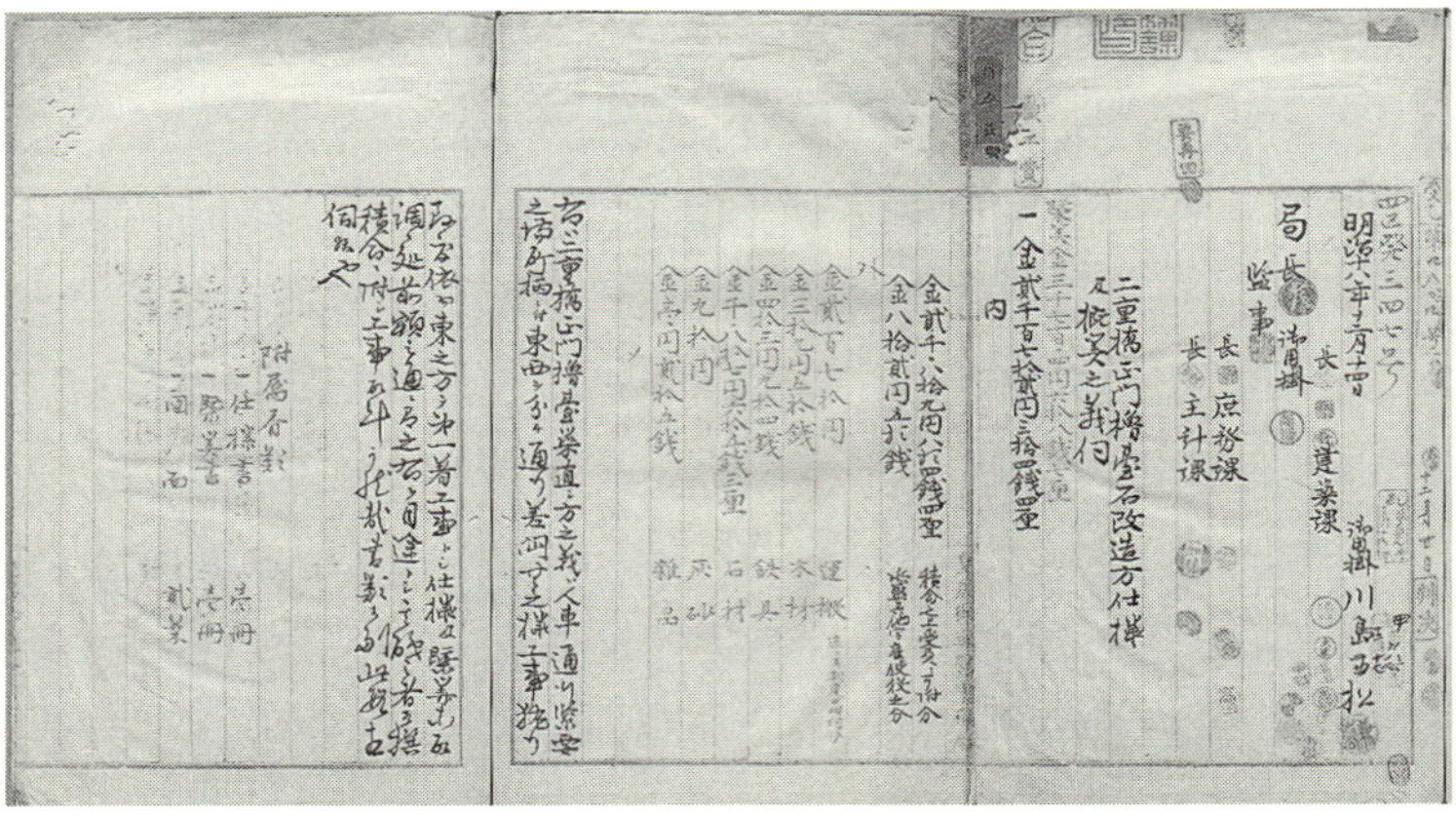

図8－5　二重橋正門櫓台改造の案件

一隅石ノ分ハ都テ切直シ相用候ニ付便宜ヲ斗リ不損様巻御シ方可致事
一都テ取解ノ石材伐直シニ不相成分ハ壱丁（約一〇九メートル）以外差図ノ場所マテ持退ケ可申事
　但シ取解石階段石共同断之事
一裏込割栗石玉砂利等ハスグリ取最寄便宜ノ方へ撰立置可申事
一石垣裏鋤取ハ根石表面ヨリ壱丈通リ（約三メートル）土石トモ取退ケ可申事

とある。櫓台の内側は、無数の裏込石・割栗石や玉砂利等々が充填されている。表面の築石を取り除けば、それは溢れ出す。修繕の範囲を定めながら裏側についても指定しているのである。

これは、西側櫓台の取り解きについても同様である。

築造仕様にみる特徴

櫓台の取り解き、築造においては、仕様書とともに二点の図が存在する。図8-6は、「二重橋正門櫓台東側石垣築立直シ之図」の内題をもつ平面図、図8-7は、「二重橋正門櫓下石垣取解及築直共面坪調之圖」の内題をもつ正面図である。図8-6では、東側櫓台の築直シ部分を仕様書のイ～ニの位置を朱で描き、図8-7では各面の築直シ部分の詳細な情報を加えている。「石垣築造之仕様」では、取り解きの仕様に続いて、

　右築造之仕様
右仕様現場石垣取解ノ上ハ水盛相改メ新規築ノ石垣高及ヒ法リ形根張リ反リ形トモ遺形并ニ根石等ヲ以テ相示シ候ニ付右ハ違背無之様築造方可致ハ勿論ナレ共若シ形板損シ狂又ハ誤テ打損シ候節ハ何ケ度ニテモ掛リ員エ申出シ改ヲ受ケ工事執行可致事
一都テ今般築造方ハ在来根石上端土冠六寸下ケニテ据付之儘上端切揃新築ノ道方ニ準シ根石ノ通リ相定メ可申事
イロ取合ノ隅組
一高拾八尺五寸隅石組立　東南表角隅石組右ハ在来ノ隅石小面重子合口共形板ニ準シ打直シ損ノ石ハ取替見エ掛リハ小面真ニテ六分宛テムクリヲ見テ八分目弐分半平焼ノ鑿ヲ以飛切ニ致シ敲合竪横共弐分突壱寸曳込外切合セ正弐寸角亜鉛滅金ヲ鉄太柄壱本宛鉛ニテ鋳込ミ隅脇石ハ大検《ママ》知石仕様前同断ニシテ正五寸胴摺リ合セ上端鉄チキリヲ入鉛ニテ鋳込順次積立可申事

　中略

イ印
一東ヨリ西ヘ上口七拾八尺五寸同根石ハ拾五尺　高東南拾八尺五寸西ノ角弐拾壱尺七寸　東櫓臺續南面外ニ根

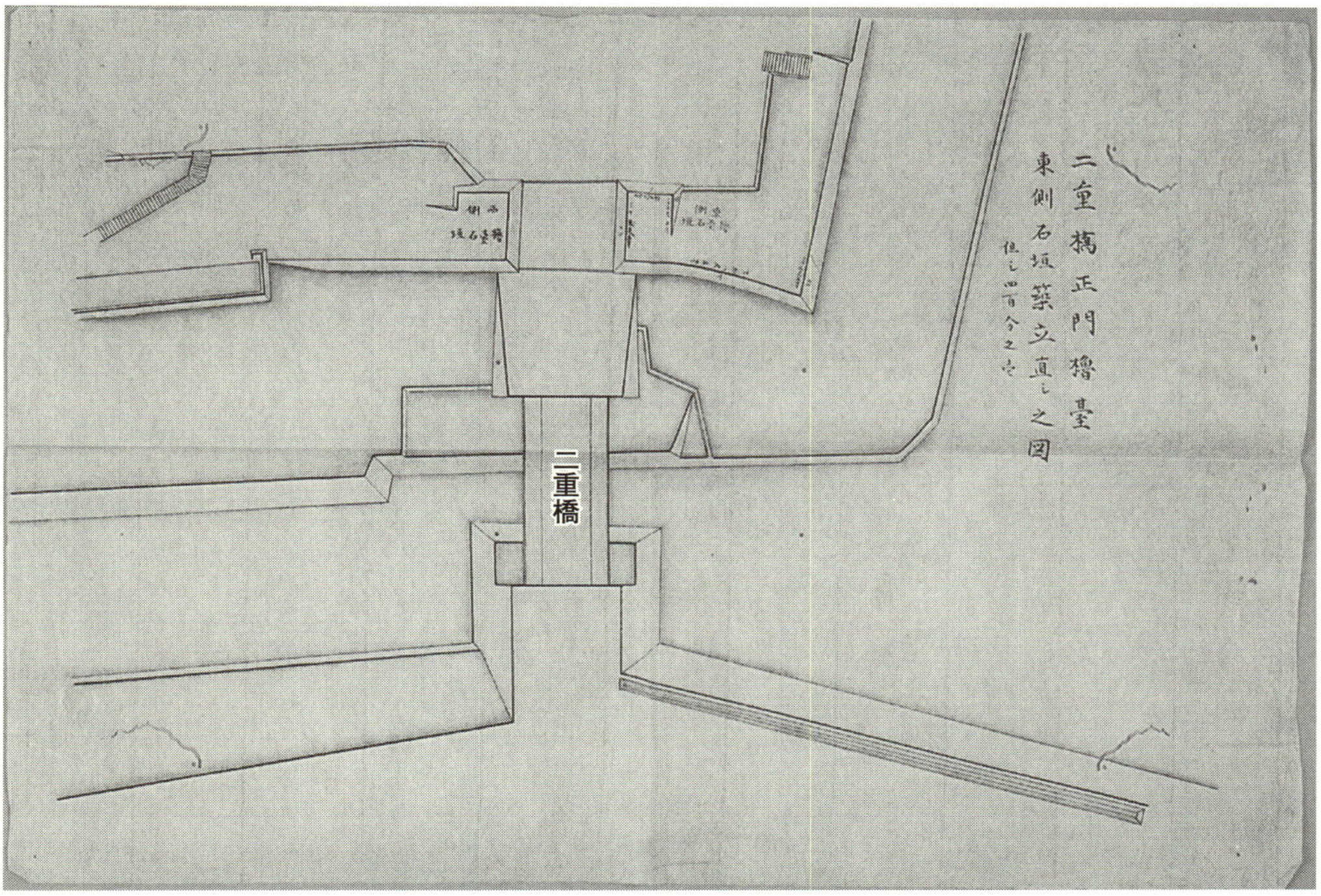

図 8－6　二重橋正門櫓台東側石垣築立直図

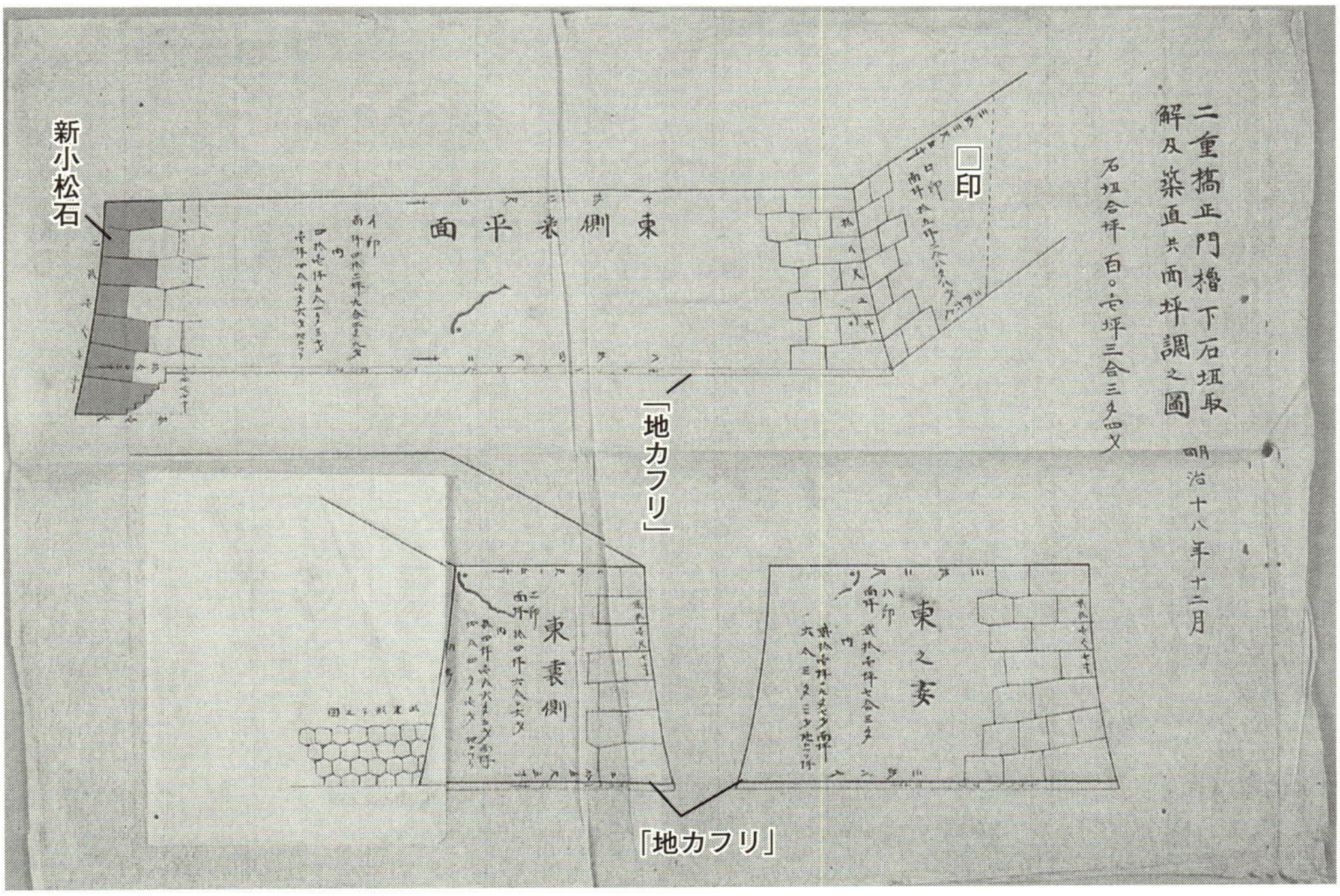

図 8－7　二重橋正門櫓下石垣取解及築直共面坪調之図

石土冠り六寸通ﾘ切下ヶノ事

ハ印

一 上口三拾弐尺 根石通三拾八尺　高弐拾壱尺七寸　櫓門東妻石垣外ニ土冠り切下ヶ前

同断　内拾弐坪野面築

ニ印

一 上口弐拾尺五寸 根通り弐拾六尺五寸　高前同断　東櫓臺裏側石垣外ニ前同断

一上口弐拾弐尺五寸　高弐拾壱尺七寸　東櫓臺裏東側菱形石垣

右ハ仕様前同断通ﾘ根石上端切揃今般ノ水盛形板ニ準シ石垣築造方表
角隅石ハ新石新小松石ヲ七重ニ割合勾配ノ曲ヤ形板ニ準シ取合セ仕様ハ
東南石拵ト同断ニシテ壱重ネ毎ニ鉄太柄弐本ツ、植込ミ可申事

（傍点は筆者、以下略）

と記されている。前述のように、根石は新石に取り替える南西角を除いて動かすことはなく、そのままであることがわかる。また、損じた築石は、仕様書の後半にあるが新石を用いることはなく、坂下門外や旧本丸にある古石を足石としている。鉄太柄や鉄チキリを石垣間に挟み石を固定することは従来からの技法で、今日でも江戸城跡の石垣を観察すると、各所で目にすることができる。石垣勾配も過去のものに準じている。つまり、築造においては従来の在り方を踏襲していることになる。その上で、「土冠り（図内では地カフリ）」と正面角の隅石七個を全て新石に取り替えていることが注目される。

「土冠り（地カフリ）」の理解

これまで城郭史の普請に関する用語で、「土冠り」を見聞することはまずない。江戸城跡では、国指定重要文化財の修復である田安門や清水門、宮内庁管理部による解体修理工事の山里門や中之門の報告書には、この記述はない。同様に、関東大地震の復旧となる大手門・内桜田門・外桜田門・坂下門・平河門・吹上門・半蔵門等々の公文書でもみることはない。

今回、一四件の史料で、二重橋正門東西櫓台を除くと、唯一、坂下門の新造櫓台に垣間みることができる。それは、櫓台正面のい～ろ印（図8-19参照）の仕様にあり、その部分を抜粋すると、

ろ印

面坪　四拾八坪四合九夕九才　石垣面鶴ムシリ合口切合
面坪　弐拾四坪弐合弐夕四才　同野面築合口玄能摺合
面坪　弐拾三坪九合六夕三才　同地中并見江隠シ投築

此訳

高サ切下ケ土冠共平均拾九尺七寸 巾上口敷共平均四拾弐尺弐寸
此面坪弐拾三坪〇九夕弐才　表正面ヨリ門柱真迠折廻シ 石垣面鶴ムシリ合口切合セ

内 高サ土冠り迠平均拾六尺 巾上口敷共平均拾尺八寸
此面坪四坪八合　塀下取合石垣見江隠シ 石垣野面合口玄能摺合セ

高サ土冠り共拾九尺七寸 巾弐拾壱尺七寸
此面坪拾壱坪八合七夕四才　渡り櫓下前後寄セ掛柱内 石垣野面合口玄能摺合

高サ切下ケ共拾九尺七寸 巾上口敷トモ平均三拾六尺九寸
此面坪弐拾坪壱合九夕弐才　門柱真ヨリ後側迠折廻シ 石垣面鶴ムシリ合口切合

高サ土冠り共平均拾九尺七寸 巾上口敷トモ平均三拾弐尺壱寸
此面坪拾七坪五合六夕五才　同処續南ノ方階段付 石垣面鶴ムシリ合口切合

内寄テ七坪五合五夕　階段下見江隠シ 石垣野面合口玄能摺合セ

（傍点は筆者、以下略）

とある。坂下門の仕様では、図面には「土冠り」が明記されていないが、これをみる限りこれが築石間の一種の版築層といえるものではない。

ふり返って、二重橋正門の場合で考えると、図8-7の東側櫓台でみると、表・妻・東側の三面の最下位に水平のラインがあり、そのなかに朱書きで「地下フリ（各辺の長さ）アツ六寸」とあることから、一見すると、版築層と見間違う。しかし、石垣の築石間に版築層を入れることは、土木工学的にみてもその部分の強度が低下し、熟練の職人が行うこととはまず考えられない。図8-7を詳細にみると、「地カフリ」が描かれていない面が一箇所ある。口印とある側面である。ちなみにこの箇所は、濠を挟んで外苑（江戸時代は西丸下）にあたり、双眼鏡でも用意しない限り石垣の細かな情報はわからない。仕様書にもここでの「土冠り」の表記はない。西側櫓台の図には、三面とも描かれている。しかし、表正面（甲印）の長九拾九尺五寸では、水平ではなく明らかに傾斜している。

つまり、仕様書にある「土冠り（地カフリ）」とは、根石上の周囲を覆う土壌を、正面をはじめとして近くで目に留まる面にあって一律六寸下げることなのである。これによって石垣をより高く、立派にみせようと試みられているのである。

櫓台正面角の各七個の新隅石　江戸時代から本丸玄関口の中雀門と西丸玄関門の隅石・隅脇石・妻側の石垣面の調整は、諸門と比較すると明らかに異なる。個々の石は、接合面となる周囲を鑿で一条の沈線で巡らせ、中央をやや盛り上げることで立体感を出している。そのため、丁寧な調整痕が引き立ち、豪華で一際美しい（図8-8）。西ヶ谷恭弘氏は、『江戸城—その全容と歴史—』のなかで、この見事な石垣について、石垣角の勾配線を強調するための「江戸切」技法や石垣の妻側が内反りにカーブを描く「平ノスキ」の石積手法を用いていることを指摘する。玄関口となる石垣は、格別なのである。石垣面の調整や積み方は仕様で述べてあるが、特記に値するのは、櫓台正面角の左右の隅石各七個を全て新石の新小松石に替えていることである。安山岩のなかには、本小松石と新小松石とがよく知られている。両者には値段の格段の差があり、本小松石は、最高級の品で、緻密で青味を帯びたものを指している。『土木鉱産誌Ⅶ土木建築材料』を参照すると、新小松石をはじめとする他の安山岩（産地別）は、いずれも特級以下と記されている。すなわち、二重橋正門の石垣修繕では、全ての築石を新石とするならば、本小松石としたであろう。しかし、正面隅の角石のみを新石としたことから、周囲とのバランスを考慮し新小松石としている。勿論、そのなかでは最上のものを指定している。

石垣修繕の費用　修繕の費用は気になるところである。図8-5は、東側の櫓台の概算金で、二重橋正門としては、これに西側の櫓台の費用が加わる。両者を加えたのが表8-1である。図8-5の案件に伴う概算金の算出では、墨書と朱書の箇所があり、明示していないが墨書の職工費のように「積合之上受負ニ可附分」と入札によって変更となる箇所もある。朱書の「外」とある項目は、すでに手配済で金額が確定しているものが大半であるが、後述する石材費のように入札で下がることもある。東西櫓台は、東側の方が修繕面坪が広いために費用が嵩むが、両者

図8－8　二重橋正門櫓台石垣の調整痕

表８－１　二重橋正門櫓台修繕に伴う計上経費と取解・築直シ面坪一覧表

			東側櫓台	西側櫓台	合　計
計上経費	概算金		3,704円68銭７厘	3,197円31銭３厘	6,902円
	［積合予定金額］		［2,172円34銭４厘］	［1,745円41銭］	［3,917円75銭４厘］
	積合受負分		~~2,089円84銭４厘~~	~~1,686円91銭~~	~~3,776円75銭４厘~~
	約定金額		1,995円80銭	1,685円	3,680円80銭
	水盛其他		82円50銭	58円50銭	141円
	「外」：運　搬		270円	228円	498円
	木　材		39円50銭	30円50銭	70円
	鉄　具		43円94銭	32円56銭	76円50銭
	石　材		1,087円65銭３厘	1,087円65銭３厘	2,175円30銭６厘
	灰　砂		90円	80円	170円
	雑　品		１円25銭	１円25銭	２円50銭
取解・築直シ面坪	合面坪		101坪３合３夕４才	93坪	194坪３合３夕４才
	イ：表平	甲：表平	42坪９合２夕９才	38坪３合	81坪２合２夕９才
	ロ：横続		15坪２合８夕８才		15坪２合８夕８才
	ハ：　妻	乙：　妻	21坪７合３夕	21坪３合	43坪　　３夕
	ニ：裏平	丙：裏北	14坪６合　　６才	17坪４合	32坪　　　６才
	ホ：裏菱	丁：裏続	６坪７合８夕１才	16坪	22坪７合８夕１才

・積合受負分の棒線は予定金額、その下のゴチックは落札金額
・取解・築直シ面坪のイ～ホは東側櫓台、甲～丁は西側櫓台

をあわせると概算金額が六九〇二円となる。職工費が積みあわせによっておよそ一〇六円減となるがかなりの数字である。今日の金額に換算するには、明治十九年当時、職工費が一日あたり石工で六八銭、石工手伝で三四銭、大工で四五銭、上鳶で三〇銭、土方で二七銭で見積もられており、これが参考となるであろう。ちなみに、当時の一円が少なくとも今日の三～五万円位が相当するであろう。この概算金のなかで注目されるのは、石材費と灰砂費である。

石材費は、前述したように東西櫓台の正面角隅石を各七個ずつ新石に交換するためのもので合計二一七五円三〇銭六厘が計上されている。二重橋正門の修繕費のおよそ三分ノ一を占めており、新小松石であるが高価であることがよく理解することができる。この二重橋正門櫓台使用の石材に関する史料は、『皇居造営録（相模硎出石）二　明治一五～二一年』（識別番号四四三三二－二）に所収されている。初出は、明治十八年七月十日に提出された「石材受取方之件」の案件で、

一　新小松上石《色揃》　長七尺 大サ三尺五寸方　拾四個
　　是ハ二重橋櫓臺石垣隅石用
一　同石《中石》　長貳尺五寸以上　巾壱尺貳寸 ア七寸　千八百本 四百間
　　是ハ外構練化塀下布石及諸所階段
　　内 三百本 千五百本　来ル九月中迄ニ受取申度候事 同十九年三月迄同断

（傍点は筆者、以下略）

とある。ここでは、二重橋櫓台使用のほかに皇居周辺となる煉化塀下布石や階段使用のものが含まれている。ちなみに、後述する石橋男柱用の第一回受け取りの案件よりも一カ月程遅れて提出されている。石材の費

用については、二件でみられる。一件は、明治十八年八月二十七日提出された「本新小松原石購買ニ付伺」の案件で、

概算高金二千六百貳拾三円八拾八銭六厘
一金二千五百九拾貳円六拾六銭貳厘　半田治兵衛 鈴木房五郎
但大手門石橋資用本小松原石三百六拾六本切数四千三百六拾切貳厘ノ代償
概算高金貳千百貳拾四円八拾八銭五厘
一金貳千四拾円八拾五銭
内
金千貳拾円四拾貳銭五厘　露木浦右衛門
金千貳拾円四拾貳銭五厘　浅田清右衛門
但貳重橋櫓臺隅石青色揃新小松原石拾四本切数千貳百切五歩ノ代償
（以下略）

とある。前述の第五・六號案件の石材費用と比較すると、概算金で五一円余、入札によってそこからさらに八四円程下がり、二〇四〇円八五銭で二人の業者に落札されている。史料には、石橋使用の同石材の費用も記されているが、切分と代償を比べると二重橋正門の角石がいかに特別なものであるかをよく物語っている。一件は、明治十九年二月十六日に提出された「石材代價減方之義伺」の案件である。これは、浅田清右衛門が請負った七本の角石のうち一本が規定の大きさに達していないことから不足分の返金を求められた史料である。角石の控の長さ七尺に対して同四尺五寸、面が四尺五寸に対して幅一寸二分五厘、厚さ二寸の範囲で不足することが図入りで指摘されており、一切ニ付一円七〇銭の割合で返金することになる。高価ゆえのことによるものである。

灰砂費とは、セメントに山砂利を加えたものの費用である。関東大地震の復旧では、櫓台の内側の裏込石や割栗石の間に強度を増すために練積（コンクリート）が用いられているが、前述の仕様書にはその記述はみられない。東西櫓台の費用は同額でないが、四半石の敷石の代わりをなすものであろうか。

2　西丸大手門

西丸大手門の石垣修繕は、『皇居造営録（石垣）一〇　明治一七〜二一年』（識別番号四四〇六―一〇）に所収されている。編纂時の目次をみると、

第一號　大手御門在来石垣及旧中仕切門跡敷石共取解ノ件
第二號　同所前南北石垣及割栗石土共取解方ノ件
第三號　同所櫓臺石垣築造ニ付足石検《ママ》知石割野取方ノ件
第四號　同上石垣取解築直シ方ノ件
第五號　同上石垣続東之方在来石階段修繕ノ件
第六號　同所石橋北部橋臺取合堀縁石垣築造ノ件
第七號　同所渡櫓臺ヨリ旧獅口櫓臺石垣迄桝形石垣上ヘ平坪石据付ノ件
第八號　同所石橋臺続キ東北石垣築造ノ件
第九號　同所渡櫓東北隅投築石垣築直シ受負申付伺

とある。西丸大手門は、狭小な横長を呈する枡形虎口で、明治四（一八

七一）年、横山松三郎撮影、蜷川式胤《のりたね》著『観古図説　城郭之部一』をみると、同書第四十二・四十三圖が示すように、渡櫓門の前方、下乗橋を渡ると高麗門が写し出されている。今日、高麗門は存在しないが、下乗橋の正門石橋への架け替えに伴い残存した高麗門の石垣と橋台は撤去される。その案件が第二號である。また、元禄・安政江戸地震と大地震の毎に櫓台が損傷を受け、とりわけ二重橋濠に面する地盤の軟弱な櫓台北側の強化は課題であった。その修繕となるのが第四號である。ここでは、この二件を取り上げることにする。

渡櫓門前方石垣と橋台石垣の取り解き　城郭研究をする上で西丸大手渡櫓門のことはよく知られているが、高麗門については、古写真を除くと皆無といっても過言ではない。その点で第二號案件は注目される。これは、明治十九年三月二十三日に提出された「大手御門前南北石垣及裏割栗石土共取解方仕様及経費概算之件伺」で、概算高一八一円三四銭三厘を計上したものである。これには図面一点が付く。図8-9をみると、大手門前南石垣とは、橋台を兼務した旧高麗門石垣、同北石垣とは、下乗橋北側に隣接する左右石垣を指している。高麗門下の石垣に注目する。図内の石垣の規模は、高麗門の正門となる東西が上口で一一間一分八厘（約二〇メートル）内側天端で九間二歩二厘（約一六・四メートル）、同根石通りで一三間一分七厘（約二〇・九メートル）、左右瓦塀下で西側が上口三間半、根石通りで三間一分七厘、東側が上口で三間一分五厘、根石通りで二間二分七厘とある。周囲の石垣からみると、この部分は突出するが、平面形は長方形ではなく、側面は西側の方が長い形状となる。

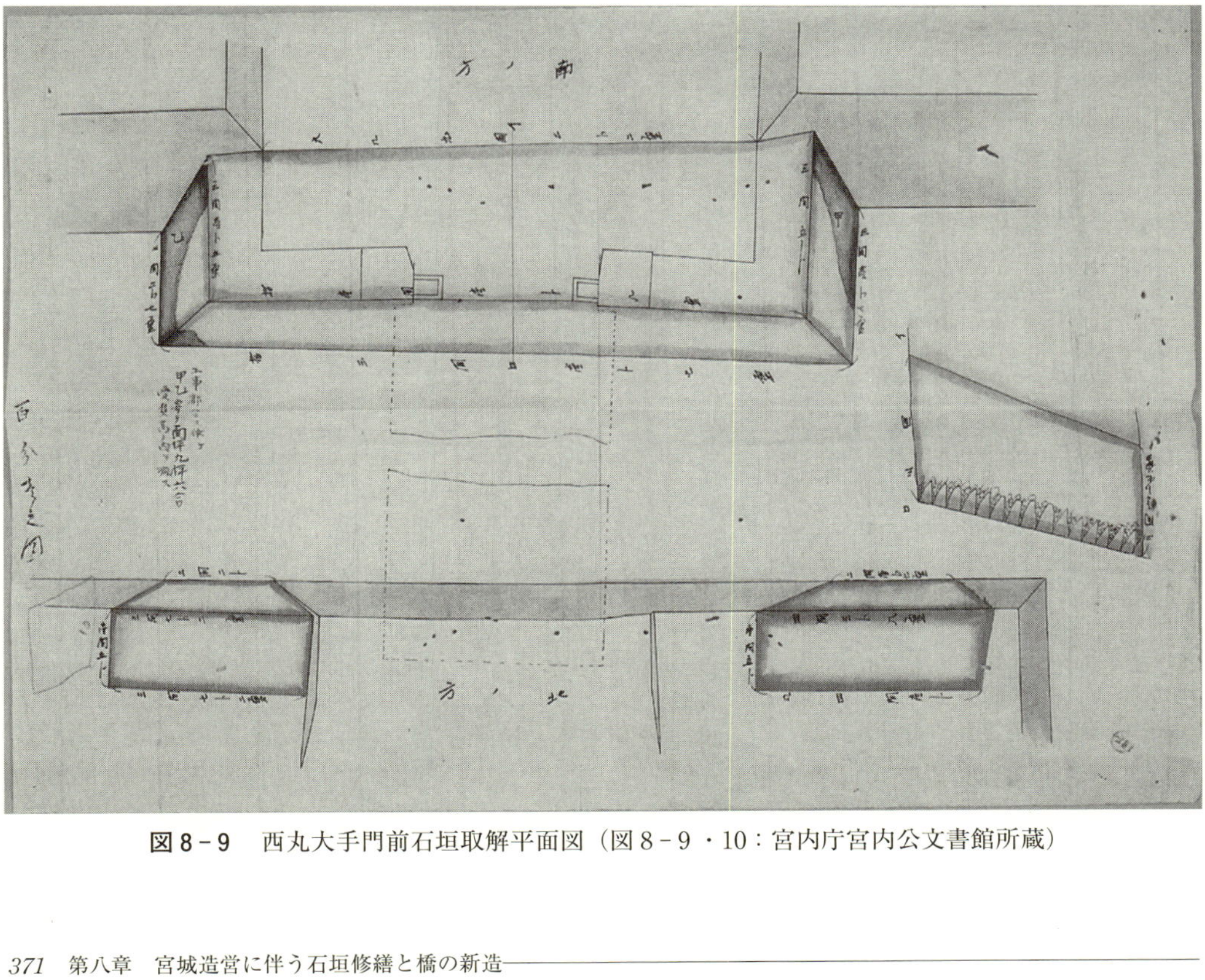

図8－9　西丸大手門前石垣取解平面図（図8－9・10：宮内庁宮内公文書館所蔵）

この取解で対象となる石垣面積は、八一坪九合九夕（長延上下平均一八間二分二厘、高さ平均四間五分）、割栗石立積が二六坪一合三夕、土立積が六三坪二合五夕とある。取解仕様をみると、全ての取解石は大手門の一丁以内の指定された場所に置くこと、石橋に隣接する石垣築造を考慮し、築石に番号を付け目につきやすく置くことを指示している。なお、図中には示されていないが、この下には埋下水石が敷設されていた。取解によって漏水の可能性が生じたので、適宜、濠内へ排水を指示していることは看過することができない。余談であるが、渡櫓門内の万年下水は、枡形内に石枡を取設し、そこから西側の石垣下に吐水口を設け排水している。これは、『皇居造営録（下水）四　明治一六〜二一年』（識別番号四四一三-四）の第五・七號に記されている。

濠を挟んで北側の石垣については述べなかったが、本案件は、単なる石垣修繕ではなく、石橋新造を睨んだ改修工事であることがわかる。

渡櫓台の修繕　第四號の「大手御門渡櫓在来之石垣取解築直方仕様及経費概算之件伺」の案件が該当する。図8-10は、案件の冒頭部分である。図8-5の二重橋正門櫓台の案件と比較すると、新築する西側階段に用いる岩岐石の購入代七三円八〇銭が計上されてはいるものの、櫓台取解で生じる築石の交換には貯蓄されている古石で対応し、新石は一切用いられていないことが際立つ。それは、図8-11が示すように、隅石をはじめ築石の表面は、二重橋正門のような丁寧な調整痕はなく、大手門・大手三之門・中之門などと同様、平滑に特別仕立てでないこととも関連する。

仕様書をみるとさらに特徴がある。石垣修繕は、櫓台周囲の石垣全て

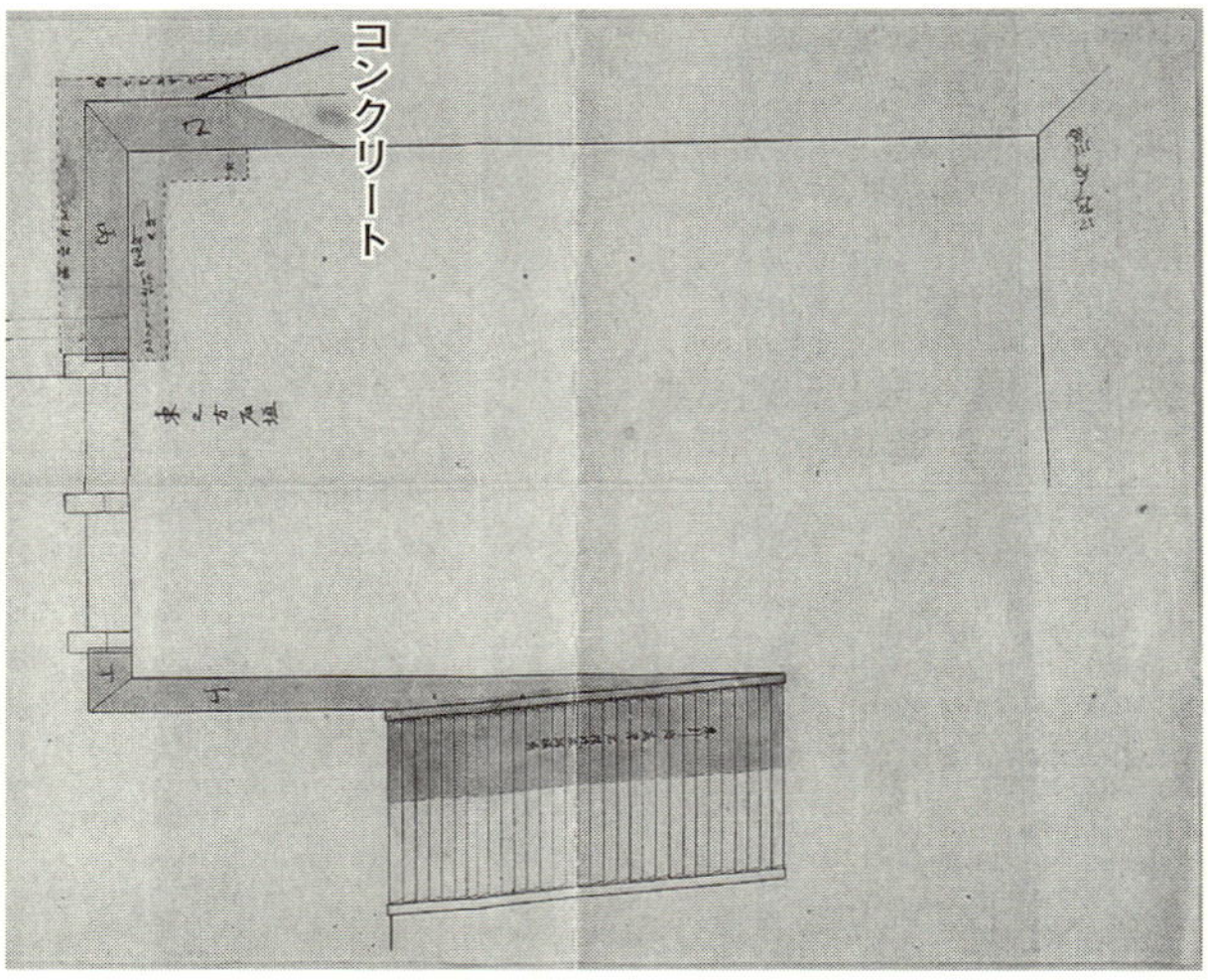

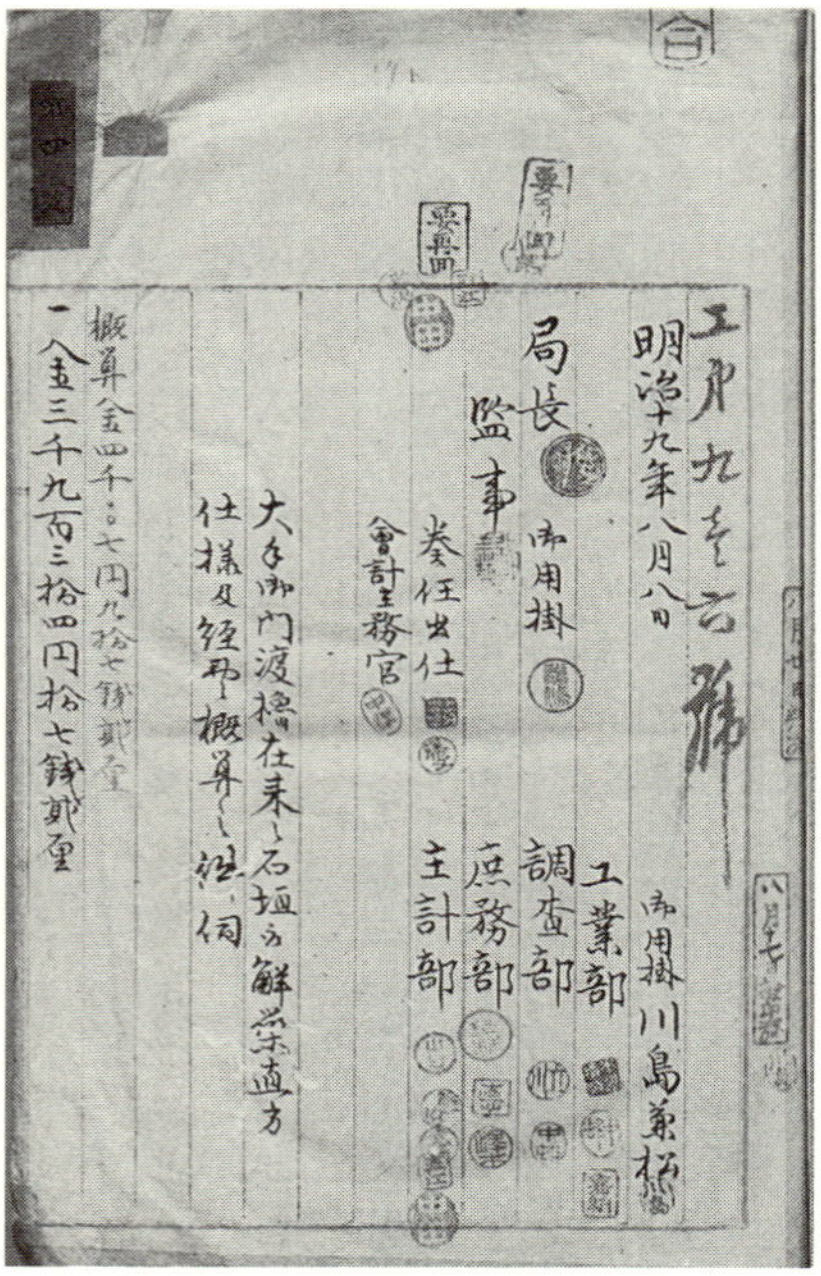
局長
監事
工業部
調査部
庶務部
主計部

図8-10　西丸大手門渡櫓台取解と築直の案件

図 8 -11　西丸大手門の石垣

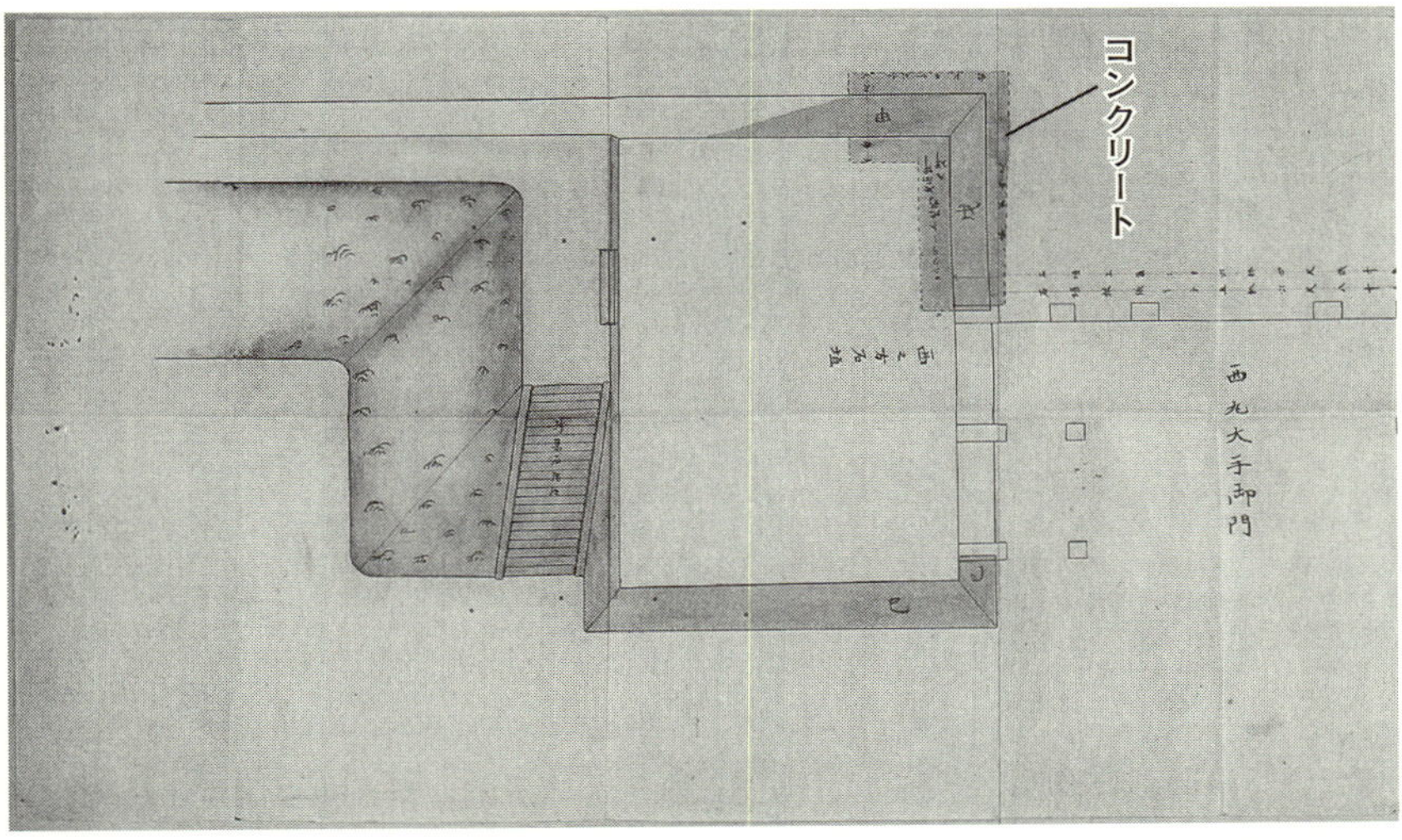

図 8 -12　西丸大手門渡櫓台改造平面図（図 8 -12～38：宮内庁宮内公文書館所蔵）

を対象としているのではなく、正面内側隅と裏側隅とそれに続く辺を中心としており、妻側の内柱間の石垣はそのままで除外されているのである。つまり、部分的な石垣修繕といえることができる。

また、表隅と裏側隅とでは取解範囲が異なる。表隅では、根石下にコ

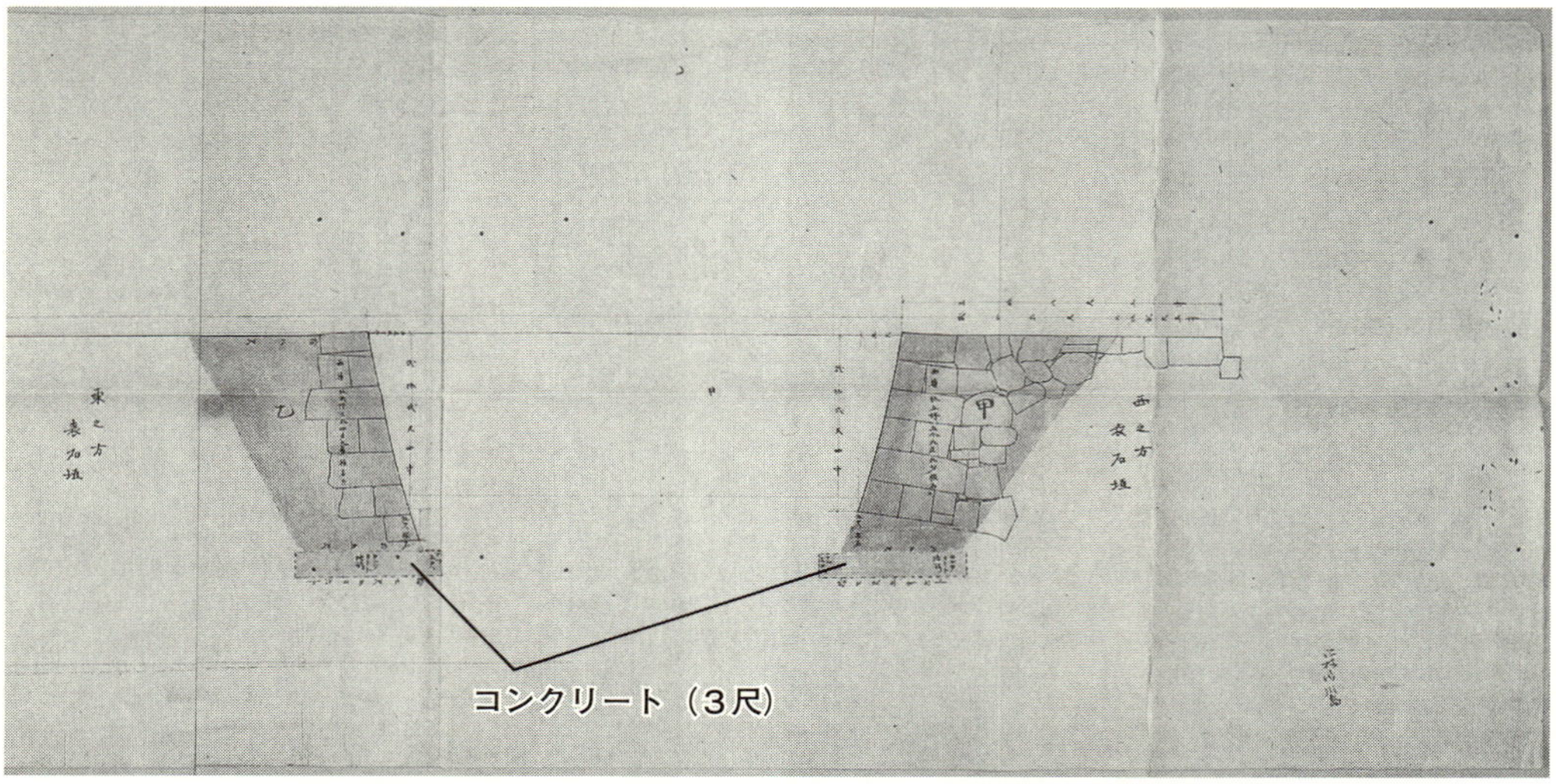

図8-13　西丸大手門渡櫓台改造断面図

ンクリートを打ち込むことからさらに下位まで行うのに対して、もう一方では、根石の上端までが修繕の対象となっている。すなわち、裏側角およびそれに続く辺では、根石を動かさないことはもとより、その下も旧来のままということになる。

取解・築造の仕様書では、櫓台西側の新築階段、東側の階段が隣接する石垣修繕に伴ない北側半分のみの修繕であるのがもう一つの特徴でもある。築造に、石垣の合口に鉄太柄や鉄チキリを入れることは、二重橋正門櫓台と同様である。裏込石について、産地が指定されていることも看過することができない。その部分を抜粋すると、

裏堅メ胴飼迫リ飼共根府川石ヲ以テ飼堅メ玉川小砂リヲ以テ目潰シ突詰メ致シ……

（傍点は筆者、以下略）

とある。根府川石とは、小田原市根府川駅西方の両輝石安山岩で、灰黒色を呈し、緻密であるが薄板状に剥離することから割栗石とし多用されている岩石である。根府川石・玉川砂利とも江戸時代から広く使用され、宮城造営でも使用書に産地名はでてこないが、二重橋正門や坂下門の櫓台でも同様である。

根石下のコンクリート層　西丸大手門櫓台修繕の最大の特徴である。元来、地盤が軟弱である櫓台のうち北側、両内側隅石の根石直下にコンクリートを打ち込むことでそれを補強しようとしたものである。宮城造営に伴う櫓台や石垣の修繕では、唯一の事例である。まずは、その部分の仕様を紹介する。

一隅石下ヨリ御門柱迫ノ処根石取揚ケ跡地形欠キ顕ハシ根石外三尺通

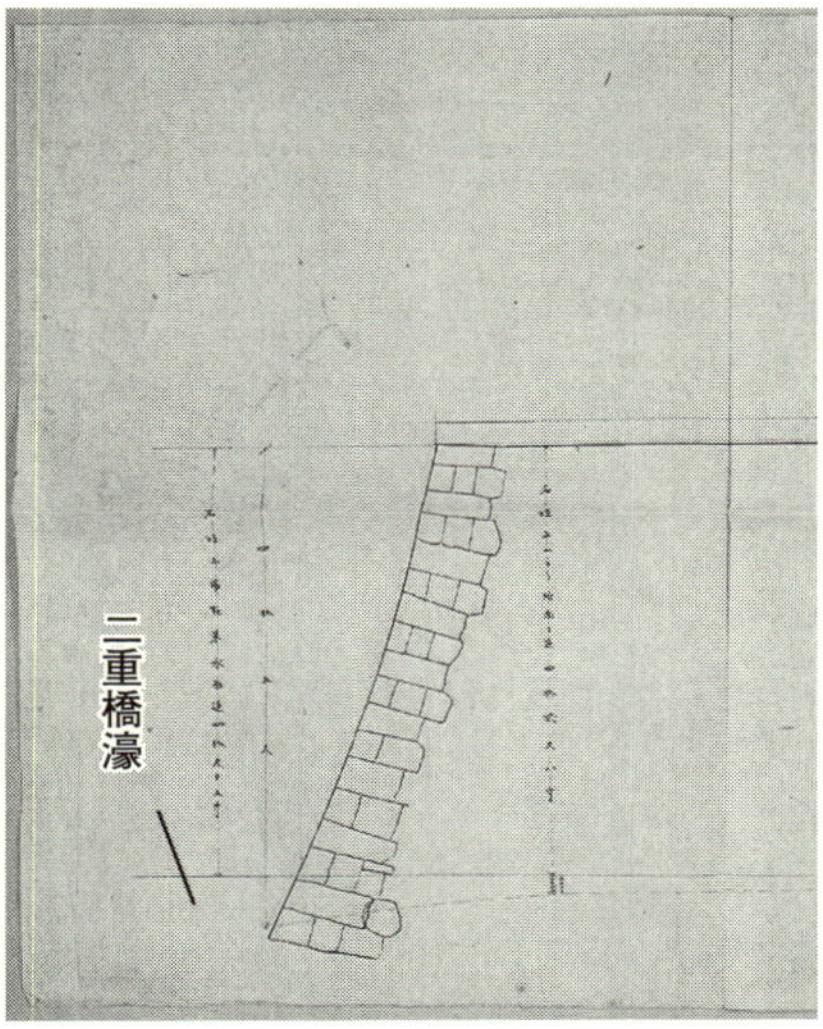

リ内ノ方面ヨリ七尺通リ根伐土浚上ケ大玉砂利ヘ真土目打チ致シ中真棒ニテ数遍突堅メ付其上長サ現場ニ依リ巾壱丈厚三尺水気無之地ニ用ユルコンクリート（セメン二石灰一砂三砂利十五）ノ割合ヲ以手練ニ致シ足代取設ケ厚サ六寸宛五度ニ打チ上リ可申事

（以下略）

この仕様には、関連する二点の図がある。図8-12は、石垣修繕の平面図、図8-13は、同・断面図である。両図には彩色が施されており、石垣修繕範囲は淡青色（西側階段は「新築石階段」と表記）、コンクリート打の範囲は灰色に区別されている。淡青色内の朱塗文字は、仕様書にある石垣取解面坪で、そこには、

一合面坪六拾貳坪三合貳夕壱才　先着工事 大手御門正面方左右石垣
内
貳拾壱坪八合壱夕三才　甲乙印 櫓御門外両隅見出之分
拾五坪七合四夕壱才　丙戌印 平面築御門柱迠切合石垣左右ノ分
拾貳坪四合四夕三才　正面隅石
拾貳坪三合貳夕四才　右根石築込ミ石垣
〆
但題書之坪数ハ概略見込ニ付現場取解之都合ニ依リ増減有モノトス

と記されている。ふり返って、仕様と図を照会すると、コンクリートは、根石の内側三尺から幅一丈の範囲とする。そこでは、根石取り上げ後、根伐として七尺掘り、玉砂利や真土を入れて突き堅め、その上でコンクリートを六寸の厚さで五回に分けて入念に打ち込むと解釈することができる。つまり、三尺の厚さのコンクリート地形が施されているのである。なお、足代を組むのは、幅が三メートルに及ぶことによるものである。

ちなみに、コンクリート打ちの基礎地形は、後に関東大地震に遭遇した際に、櫓台の損傷を免れている。拙著『江戸・東京の大地震』のなかで、関東大震災における江戸城跡の被害・復旧を紹介した折、二重橋正門と西丸大手門の櫓台の被害が含まれていなかったことを不思議に思ったが、この時の石垣修繕が活かされていたのである。

石垣修繕の費用　二重橋正門では、東西櫓台が各々の二回に分けての予算計上であったが、当所では第四號の一回のみとなっている。両所では、前述のように仕様が異なることから、比較することで特徴をみることにする。

表8-2は、関連する各案件の概算金から示したものである。概算金の積算は、史料に工業部とあり、宮内省の同一機関によるもので、基準

表8-2　二重橋正門・西丸大手門櫓台の取解・築直の概算金と面坪

		二重橋正門櫓台	西丸大手門櫓台
計上経費	概算金総額	6,902円	4,007円97銭2厘
	「内」：積合受負	3,776円75銭4厘	3,208円89銭2厘
	水盛・定雇使役	141円	72円
	「外」：運搬	498円	143円
	木材	70円	
	鉄具	76円56銭	
	石材	2,175円30銭6厘	73円80銭（貯蓄岩岐石代価）
	灰砂	170円	
	雑品	2円50銭	510円10銭（材料諸品）
取解・築直面坪		194坪3合3夕4才	※149坪1合1夕1才

が同じであることをあらかじめ断っておく。二カ所の経費は、概算金で二九〇〇円余と途方もなく開きがあるように思われがちであるが、石材費を除くと、八〇〇円余に縮まる。それは、職工費の「積合可附分」を比較すると、五五〇円余の相違である。この差は、取解・築直の面坪からきたものである。西丸大手門正面側の石垣築石の取解面坪は、先に六二坪余の数字を示したが、裏側の八六坪七合九夕一才（二カ所の階段一七坪を含）を加えたのが表8-2である。裏側では、新築階段下の土の鋤取およそ四〇坪が加わるが、それを除くと西丸大手門は、二重橋正門のおよそ四分ノ三の面坪となる。職工費となる積みあわせ請負でみると、西丸大手門の方が割高である。これは、土の鋤き取りもあるが、西丸大手門の場合、仕様にあるが、取解した石を手狭なために近傍に置くことができず、門内に曳き入むという労力が嵩むことからくるものであろう。表8-2では、概算金総額を除くと、くり返し述べているが、石材購入費の相違が際立っている。西丸大手門の岩岐石は、新築階段二二段分の使用となるものである。

四　坂下門渡櫓台の取解と新造

坂下門は、江戸時代には橋詰に高麗門がある枡形虎口を左折する形式であった。明治に入り、高麗門は逸早く撤去される。東西方向に延びる渡櫓門は、宮城造営では通用門としての機能を帯びたことから、車の通行が可能な南北方向を向いたものへと代わる。旧来のものとの関係でみると、九〇度北を向く形状となる。坂下門櫓台の取解・新造は、『皇居造営録（石垣）一一　明治一七～二一年』（識別番号四四〇六～一一）に所収されている。まずは、目次をみると、

第一號　坂下門櫓臺東ノ方在来石垣取解方ノ件
第二號　同所道路築廣ヶ石垣下杭打地形方ノ件
第三號　同所御門外南ノ方堀内埋出ニ付石垣築造竝有尻埋立ノ件
第四號　同所御門南ノ方旧工作場地瓦塀取解跡石垣築増ノ件
第五號　同所櫓臺石垣新築方ノ件
第六號　同所櫓臺續塀下石垣裏側土留石垣共新築ノ件
第七號　同所御門外濠縁南ノ方水堰石畳下地杭打方之件
第八號　同所警察署近衛局便所建増ニ付外構裏土手切落石垣築造下

水取直シノ件
第九號　同所御門外濠石垣修繕及築出竝水口堰巻下水取設ノ件

とある。櫓台の取解は第一號、同・新造は第五號ということになる。図8-14は、第五號の案件の付属図面のうちの一点であるが、付箋に旧櫓台の位置を朱書、本紙に新造する櫓台を描き、両者を重ねることで改造を示したものである。

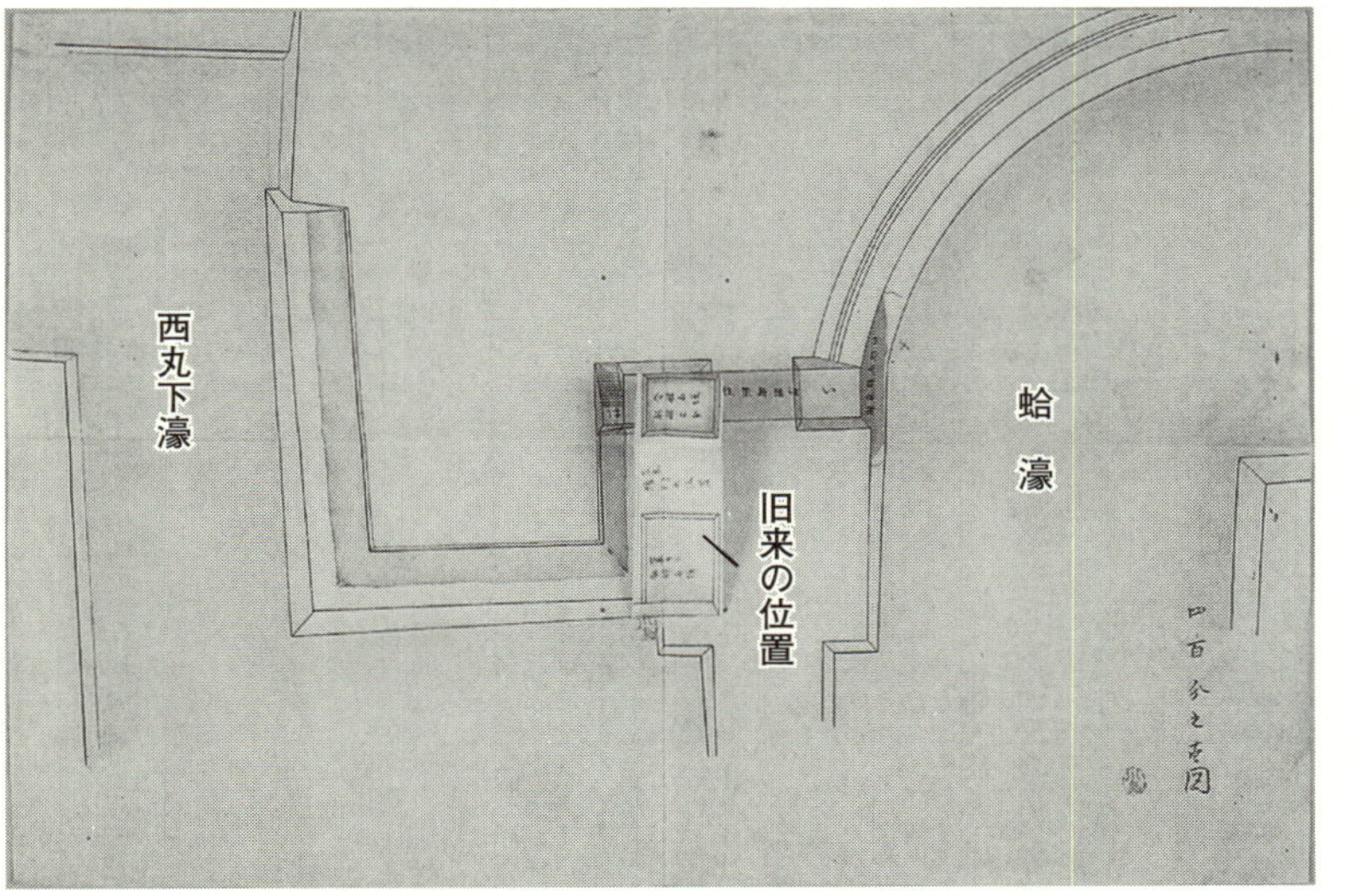

図 8-14　坂下門渡櫓台の新旧位置

櫓台の取解　明治十九年三月二十三日に「坂下渡櫓臺東之方在来石垣取解方仕様及経費概算之件伺」の案件として提出されている。概算高は、一六四円六二銭五厘とある。この取解は、少々、変わっている。櫓台を一度に全て撤去するのではなく、まずは門内と東側櫓台半分を、残りの東側半分と西側櫓台、南側の階段は期間を置いて撤去している。史料には、その経緯が記されていないが、東側櫓台に隣接する西丸下続濠尻の埋立（第二・三號）などの関連によるものと推察される。この案件には、二点の図面が添えられている。図8-15は、「阪《ママ》下渡櫓在来地ノ間図」とある平面図、図8-16は、「阪《ママ》下渡櫓臺在来東之方ノ分取解百分ノ壱図」とある石垣の正面図である。両図は、先行して取解範囲に限り灰色に塗り、仕様書にあわせてイ～ニ印と甲・乙印を朱書で明記している。関連する寸法ならびに後日に回す取解箇所には、「追テ取解／此儘」「此分／在来ノ儘」などの文字が朱書で添えられている。仕様書を部分的に紹介すると、

一六尺方面坪四拾五坪九合四夕八才石垣取解
　内
イ印
　高拾九尺貳寸
　長平均三拾三尺○五分　櫓台石垣ノ分
　厚平均六尺
　　此面坪拾七坪六合三夕
ロ印

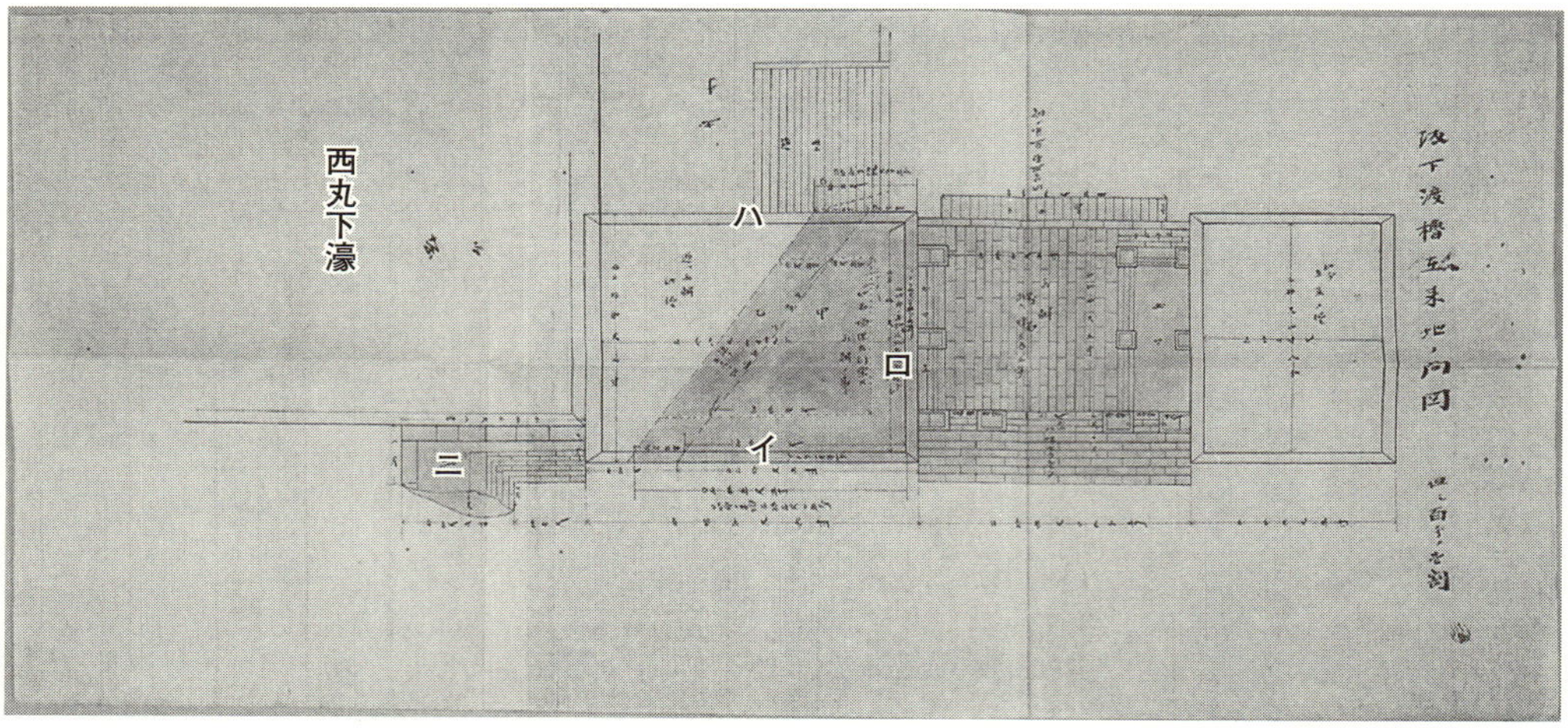

図 8 -15　坂下門旧渡櫓台平面図

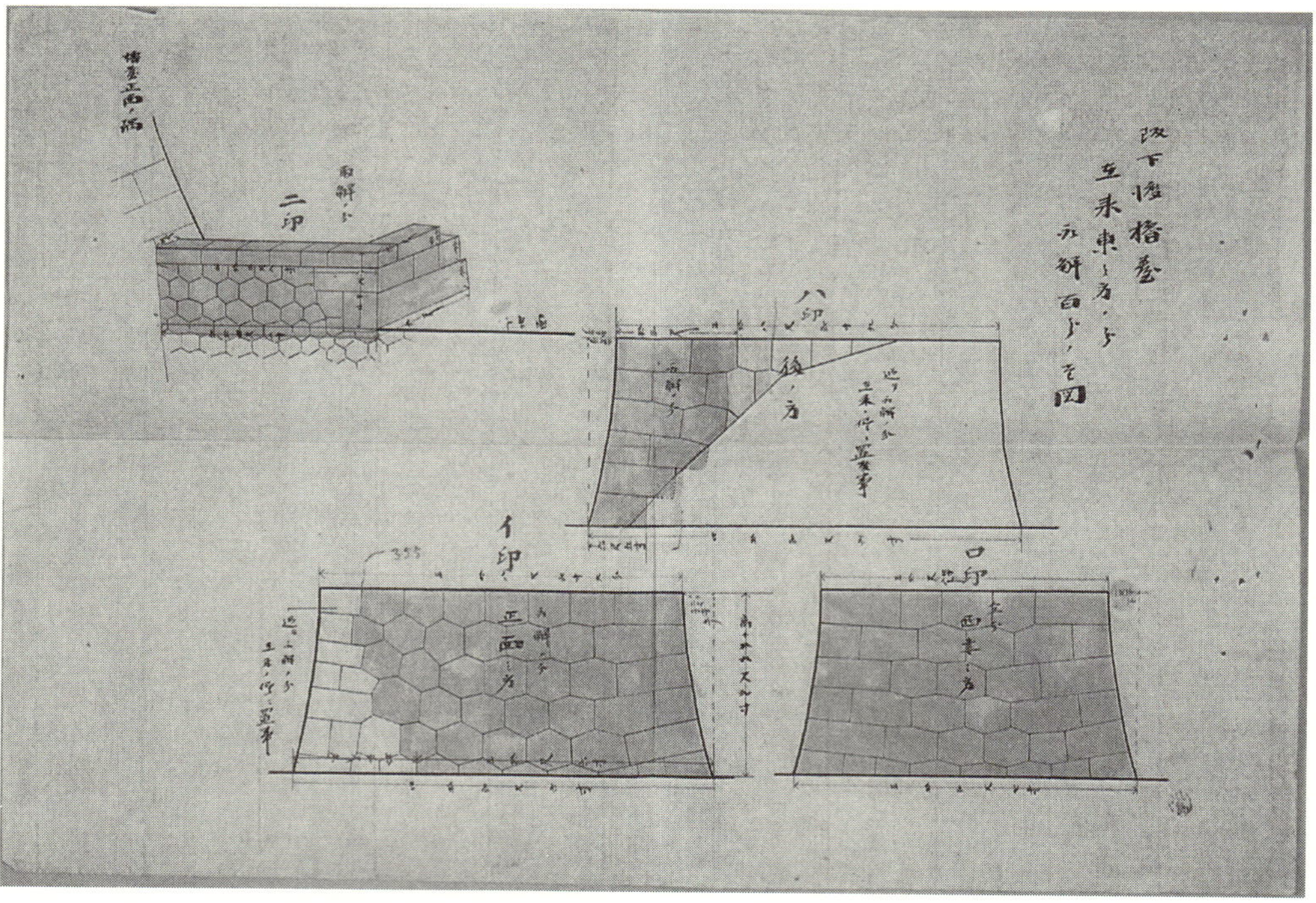

図 8 -16　坂下門旧渡櫓台正面図及び取解範囲指示図

高拾九尺弐寸
長平均三拾壱尺五寸九分　同断
厚平均六尺
　此面坪拾六坪八合~~五夕~~四夕八才

ハ印
高拾九尺弐寸
長平均九尺七寸五分　同断
厚同　六尺
　此面坪五坪弐合

ニ印
高平均七尺壱寸　堀端南角取残ノ分
長延三拾壱尺八寸　石　塁
厚平均四尺
　此面坪六坪弐合七夕

深平均三尺　櫓台
一長三拾弐尺七寸　地盤下根石及地形
巾平均拾八尺五寸五分　割栗堀起シ分
　此六尺方立坪八坪四合弐夕

（以下略）

とあり、さらに続く。取解での注意点として、取解石の全てに合印番号を記し、損傷することなく上石より順次下ろすこと。根石は地盤面より二タ側通り掘り上げ、割栗石・砂利は仕分けし、指図した場所に置き、裏込土は根伐後の埋土とすること。櫓台間の敷石・柱靴石は掘り起こし、所定の場所に運び、跡地は地盤まで埋め土し突き固めること。掘端南角の石塁も同様に取解くこと等々が記されている。ちなみに工事期間は着手日より十五日間とある。記録の上では、四月六日着手、五月一日落成とあり、予定期間を少し超過している。図8-16の正面図をあげるまでもなく、段階を追っての取解は、やはり不合理なものといえる。

櫓台の新造　図8-17は、「坂下御門渡リ櫓臺石垣新築方仕様及入費概算之件伺」の案件で明治十九年九月七日に提出された冒頭の部分である。編纂時に第五號の番号が付けられており、櫓台新造の経費として、概算金で四七四二円七五銭八厘が計上されている。本史料の特徴として、前述の二重橋正門（図8-5）や西丸大手門（図8-10）と比較すると、罫紙の枠外を朱で注意書が埋め尽くされていることが際立つ。その内容は、五点が隅石・割栗石の運搬に関すること、一点が鉄物など金物の納入に関することとなっている。図8-17の概算金内訳のなかで用材運搬金として、

金四百弐拾弐円八拾四銭五厘　運　搬
　内
　金三百七拾壱円五拾銭　石材割栗石運送
　金五拾壱円三拾四銭五厘　主計部取扱之分 追テ積合可附分

とあるが、その項目の詳細な指示といえる。櫓台新造についてみることにする。仕様書では、

一周圍上口地盤面ニニテ 長サ平均百拾八尺四寸 高サ地面ヨリ平均拾九尺弐寸　在来櫓臺石垣取解面坪
　此面坪六拾三坪壱合四夕六才
外ニ 周圍法リ先ニテ長延 凡百弐拾三尺 深サ凡六尺程　右地中石垣四方折廻シ取解坪

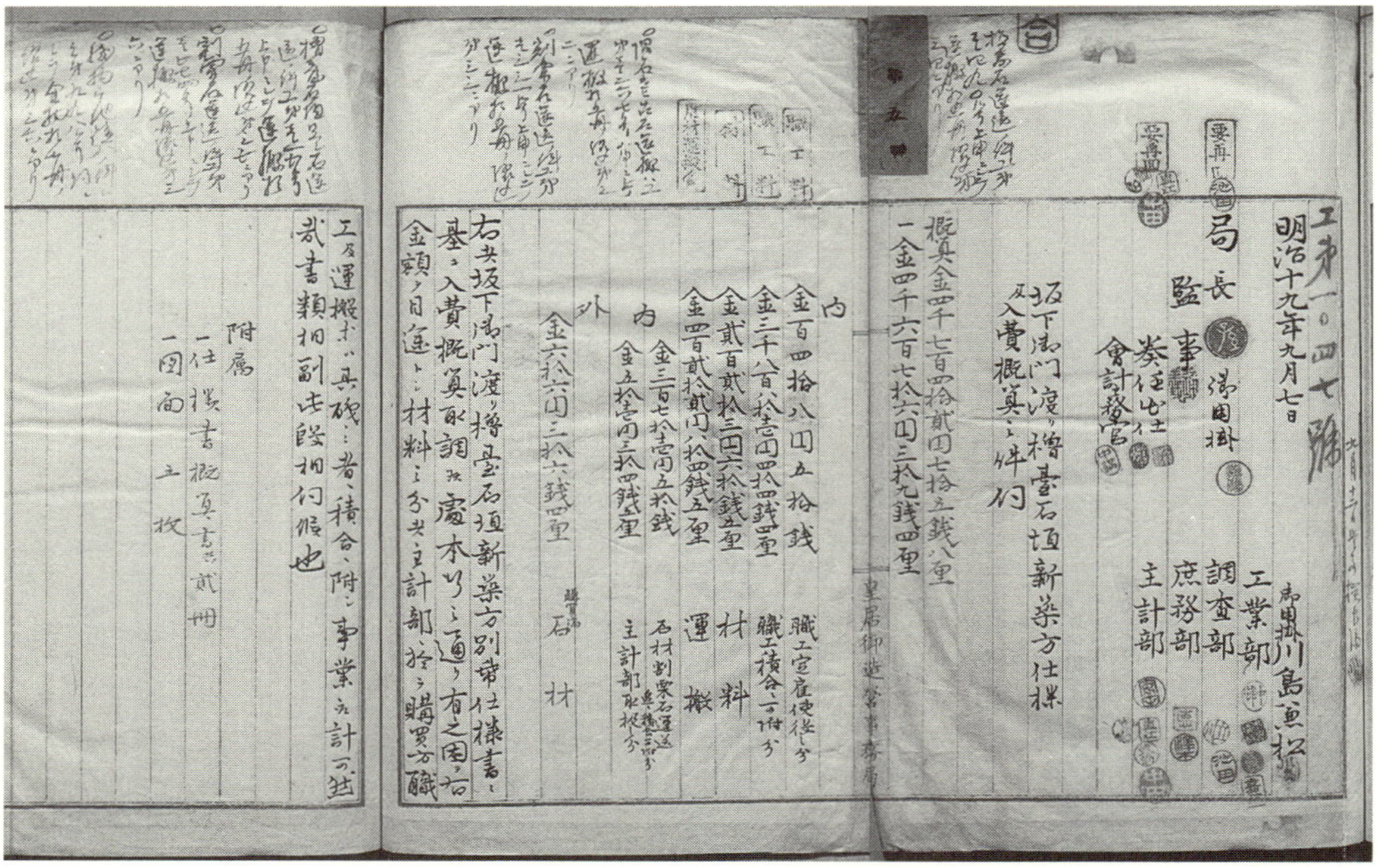

図8-17　坂下門渡櫓台新造の案件

此概面坪貳拾坪○五合

にはじまる。これは、第一號案件の旧櫓台取解で残されていた西側櫓台を指し、このほか新櫓台が蛤濠に面する石垣にかかることから、

一寄テ四拾七坪六合九夕六才　蛤岩岐在来石垣取解方

とこの箇所の取解も加わる。

その上で、新造の櫓台は、図8-18のような立面図の形状をとる。図中左端の櫓台は、新階段を中心としているために、新櫓台南側を裏側からみたものである。新櫓台は、い〜は印の全てを加えた面坪が二三七坪六合七夕二才となる。石垣修繕が全てを対象としていることから、表8-3と比較すると明らかなように、二重橋正門や西丸大手門の櫓台修繕よりも広いものとなっている。

新櫓台の地盤下の根入・地形に関する仕様と図がある。仕様には、

い印
一蛤岩岐側石垣友先ヨリ長サ貳拾五尺五寸巾前側三尺通　表正面石垣下在来地形ヲ用イ突増之分
　此根伐土坪壱合八夕七才地形突シメ面坪壱合貳夕五才
い印
一長延テ五拾六尺六寸巾壱丈　深サ九尺後門下ヨリ後側折廻シ石垣下地形
　此根伐土坪貳拾三坪五合八夕三才地形突シメ面坪拾五坪七夕貳才
ろ印
一長延テ四拾八尺貳寸巾前側三尺通リ　深サ九尺表正面石垣下并後門下折廻シ共在来地形ヲ用イ突増之分
　此根伐土坪六坪○貳夕五才地形突シメ面坪四坪○壱夕六才
ろ印
一長延テ七拾四尺五寸巾壱丈　深サ九尺前在来地形續後側并階段付之方三方折廻シ石垣下地形

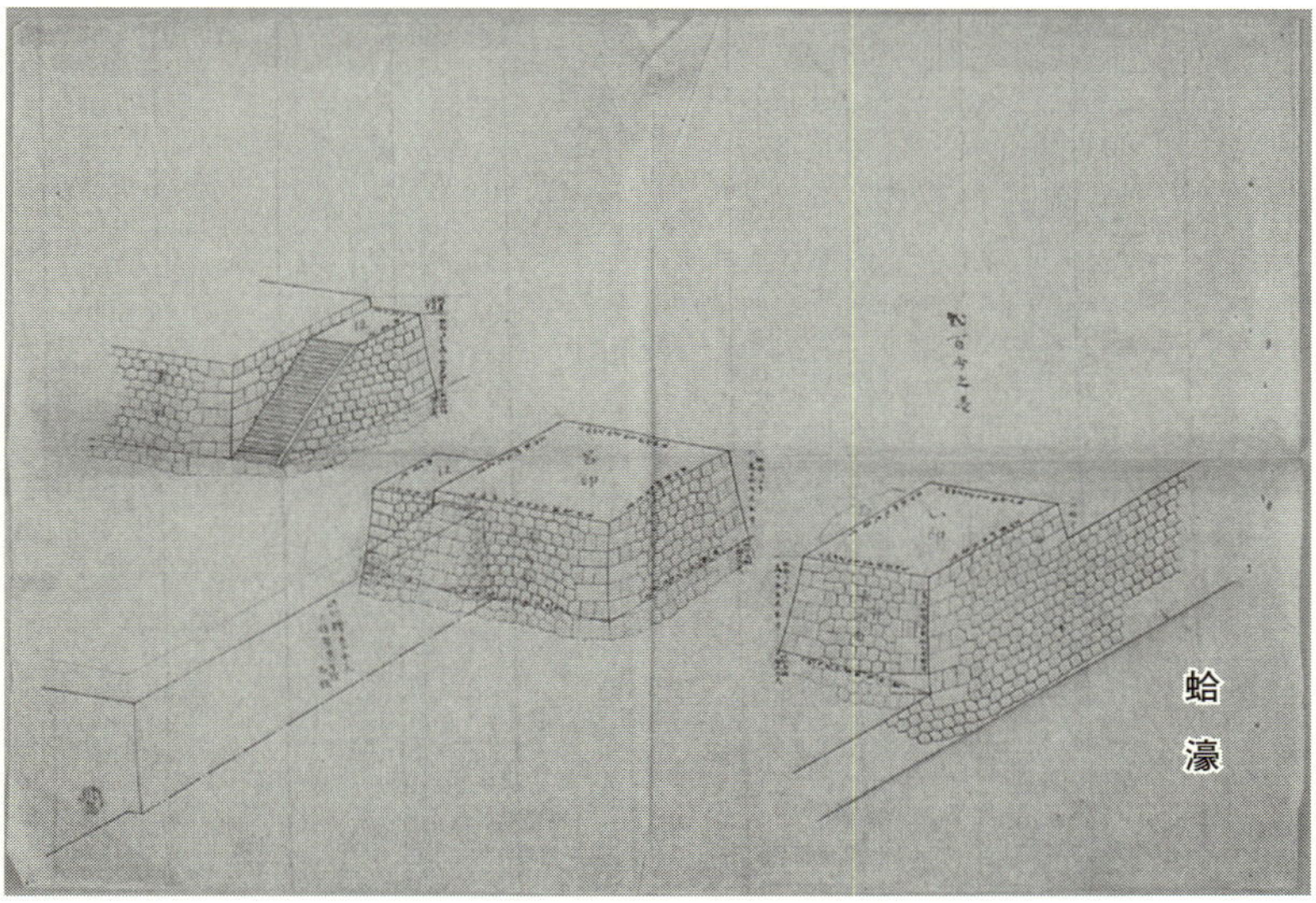

図 8 -18　坂下門新造渡櫓台立面図

表 8 - 3　新旧櫓台の規模

		上　　口	地　盤　面	高　　さ
旧櫓台	正面右手	23尺×30尺 4 寸 8 分 (6.97m×9.24m)	26尺 5 寸×32尺 7 寸 (8.03m×9.91m)	19尺 2 寸 (5.82m)
旧櫓台	正面左手	38尺 2 寸 9 分×30尺 4 寸 8 分 (11.60m×9.24m)	42尺 6 寸×32尺 7 寸 (12.91m×9.91m)	19尺 2 寸 (5.82m)
旧櫓台	左右櫓台間	36尺 9	36尺 9 分 5 厘 (11.85m)	—
新櫓台	正面右手	24尺 7 寸 7 分 2 厘 5 毛×29尺 1 寸 (7.51m×8.82m)	29尺 5 寸 2 分 5 厘×35尺 1 寸 (8.95m×10.64m)	19尺 2 寸 (5.82m)
新櫓台	正面左手	34尺 5 寸 7 分 2 厘 5 毛×29尺 1 寸 (10.48m×8.82m)	39尺 3 寸 2 分 5 厘×35尺 1 寸 (11.92m×10.91m)	19尺 2 寸 (5.82m)
新櫓台	左右櫓台間			—

※ 1 尺＝0.303mとして計算

は印
此根伐土坪三拾壱坪○四夕四才
　地形突シメ面坪貳拾坪六合九夕四才
一長延テ三拾九尺　深サ六尺階段付石垣下地形
　巾壱丈　　　　　　　　　折廻シ
　此根伐土坪拾坪八合三夕三才
　　地形突シメ面坪拾坪八合三夕三才
　寄テ根伐土坪立七拾四坪六合七夕
　　地形突シメ面坪五拾三坪三分八夕八才

とある。図8-19は、その断面図である。元は、二枚の図面であったものを一枚に貼りあわせ、右側には「い」印がある櫓台北側正面、左側に「は」印がある南側櫓台に続く階段と櫓台を南側側面からみた図が配置されている。図を仕様書と重ねると、櫓台では地盤面からの根入が六尺（根石下端の深さ）、さらにそこから三尺の深さで割栗石を用いた地形が施されている。仕様書にある「深サ九尺」とは両者をあわせたものである。ところで、この根伐地形は、旧来のものを踏襲している。それは、新櫓台のうち南側にあたる「ろ」の部分において取解後、九〇度変更していることを前述したが、旧来の櫓台跡で使用しない箇所は埋め立て、新規の基礎にあたる箇所のみの仕様となっていることからうかがうことができる。つまり、新旧櫓台の重複箇所では、根伐地形をそのまま利用していることになる。ちなみに、階段下は三尺短かい根伐地形となっている。

新櫓台の築造の仕様は、前述した二カ所の櫓台に順じるが、注目されることを一点あげておく。それは、正面と裏側とでは隅石の積み上げが異なることである。正面は、地上から七段であるのに対して裏側は八段と一段低い。さらに、表側隅石は高級の青色安山岩であるのに対して、

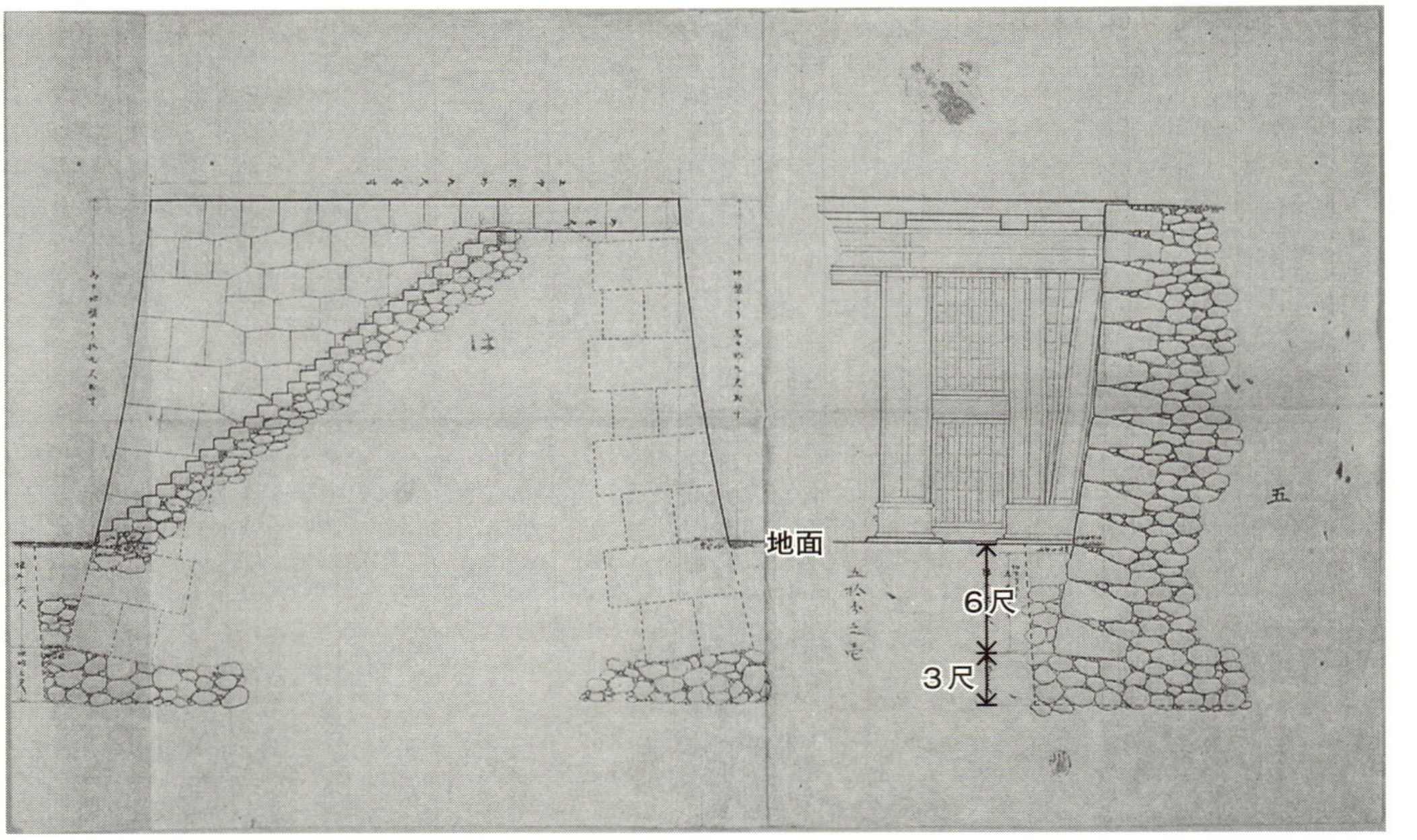

図8-19　坂下門新造渡櫓台断面図

裏側では御影石（花崗岩）を取りかえることを指示している。すなわち、通用門として正面の見映えを多分に意識しているのである。この新櫓台は、明治十九年九月二十一日に着手し、翌年三月十三日に落成している。

新旧櫓台の規模　新旧二つの櫓台は、九〇度位置を変更しただけではなく、新櫓台は幾分、規模を縮小し、かつ石垣勾配が緩やかになっている。それは、正面側からみると、三尺程短くし、反対に奥行はその分長くしていることも特徴の一つといえる。ちなみに、櫓台の位置関係でみると、旧櫓台右手の位置に、新櫓台左手がくることになる。

櫓台続石垣と万年石下水　坂下門の新造は、通用門としての整備にほかならないが、取解いた旧櫓台跡は単に平地としていたわけではない。櫓台跡東端を拡張し、西丸下濠尻に石垣を築くための杭打地形（第二號）を、さらには、旧櫓台の位置には、東西に延びる煉化塀がのる石垣を築くことになる。

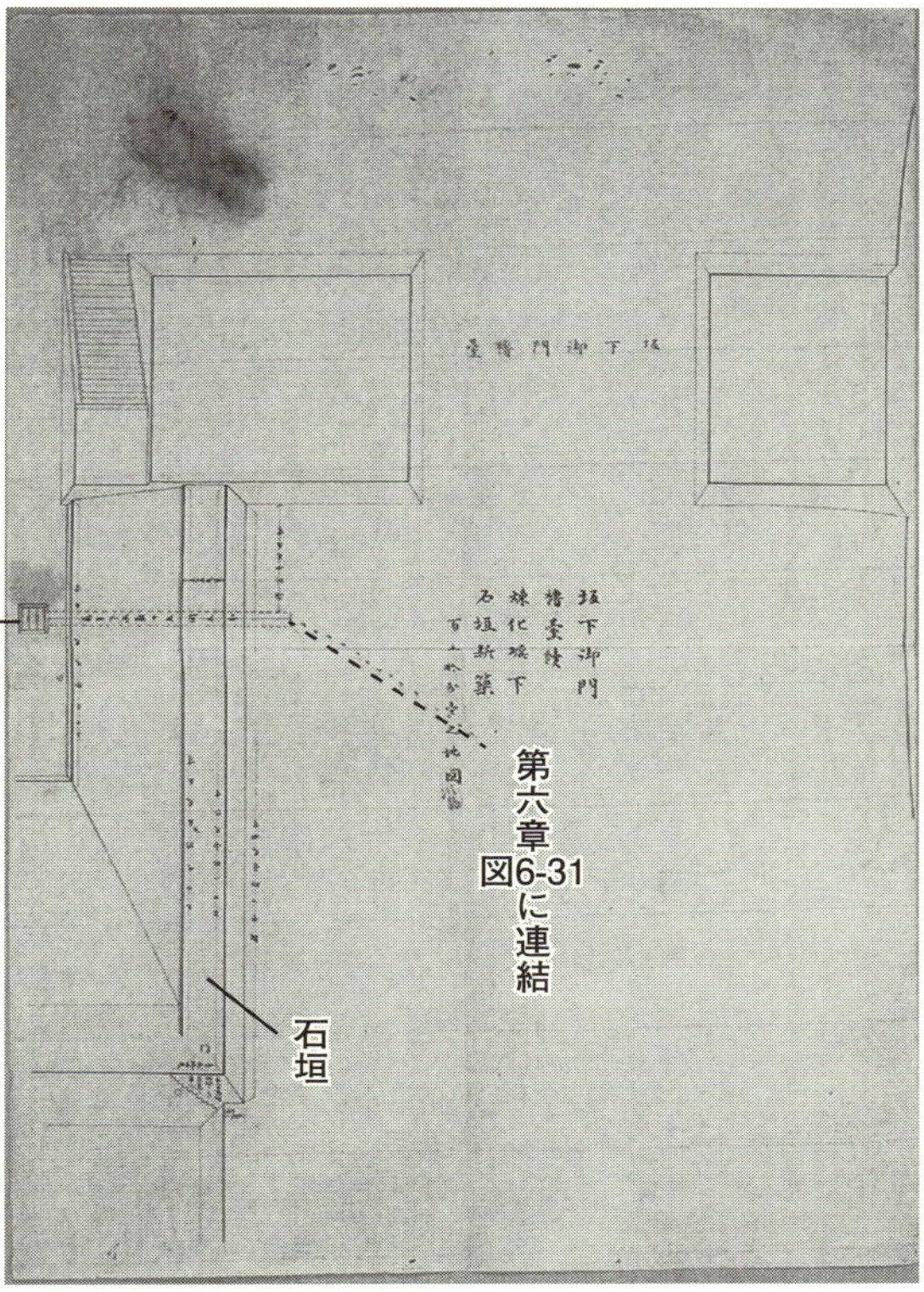

図８−20　坂下門渡櫓台続の煉化塀下石垣平面図

　これは、第六號の「坂下御門櫓臺續塀下石垣並裏側土留石垣共新築仕様及入費概算之件伺」として明治十九年十二月二十五日に提出されている。概算金二一〇五円一九銭四厘が計上されているので、新造櫓台と比較してもかなりの工事であることがわかる。新造櫓台と同様、通用口としての見映えとともに、警備を兼務した形態をとっているのである。図8-20は、「坂下御門櫓臺續煉化塀下石垣新築」の内題をもつ平面図、図8-21は、同様の内題をもつ正面図と断面図である。二つの図を仕様書と照会することにする。

　図8-20では、上位に朱で新櫓台、正面左手の櫓台から旧櫓台に沿って下位に石垣が延びている。その長さは、通用側で上口八一尺六寸、敷巾八一尺四寸とある。それは、図8-16の櫓台間の門にイ印と二印の距離を加えたものに相当する。この櫓台続の新石垣は高く、櫓台と接する西側で新造櫓台より一尺四寸低い一七尺四寸、地形が傾斜する東端では二二尺とある。根入地形は、櫓台と比べると石垣上位が煉化塀と軽量になることから入念さは減じる。根入が五尺（地盤を五寸下げてあるので実際には四尺五寸）、地形が二尺と櫓台よりも三尺浅くなっている。したがって、旧櫓台の根石が三個の場合、取解では二個外しているために一個が荒石として残る。そのため、旧櫓台の上では、最初に据えるのは二個目ということにな

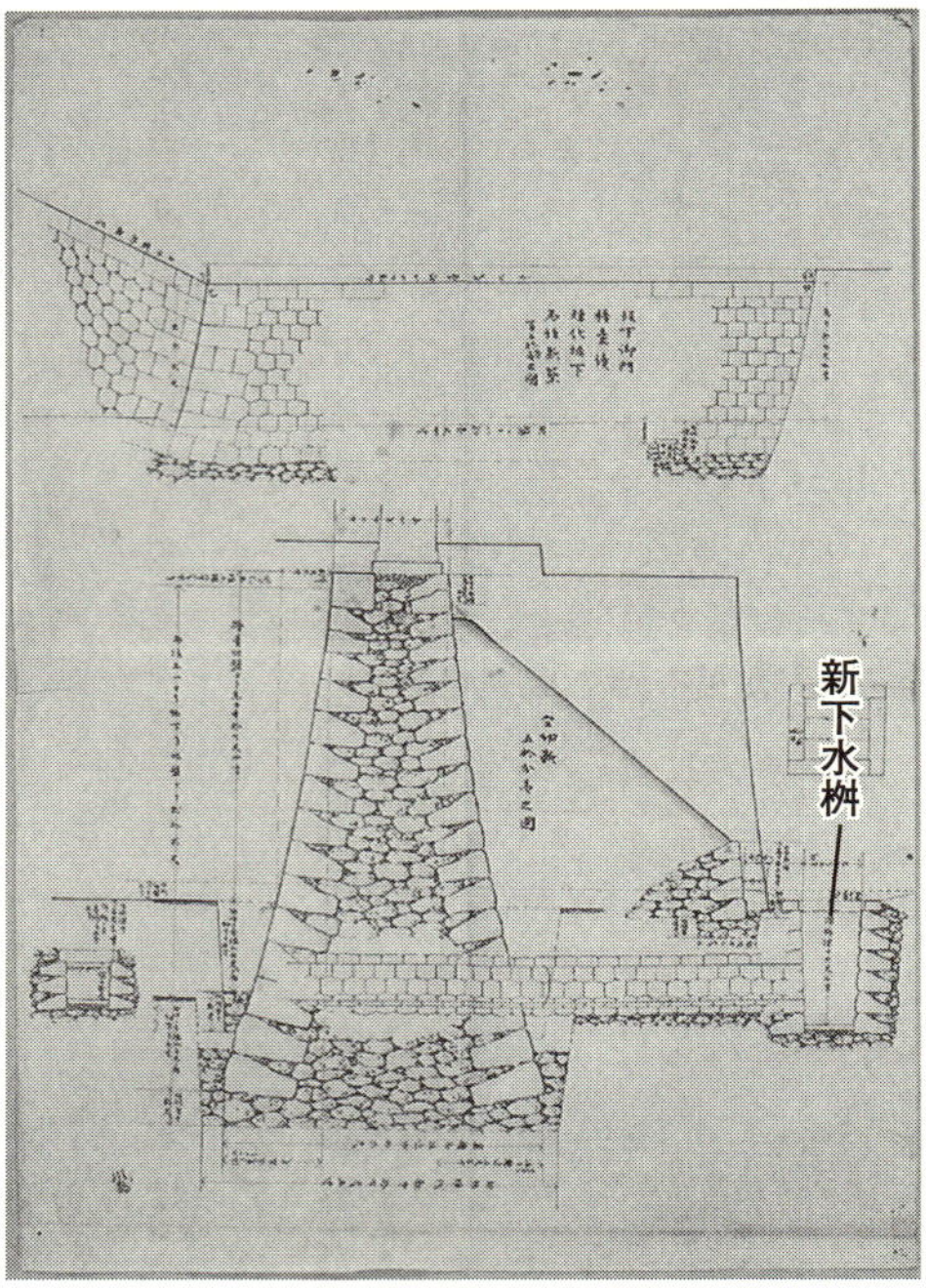

図8-21　坂下門続煉化塀・石垣・下水路等断面図

る。ちなみに、旧櫓台のうち、取解が半分残る東側櫓台は、ここで行われている。少々、複雑な工程の取解となっているのである。この櫓台続石垣を強固にするため、図8-18のように裏手となる南側には埋土と土留用の低い石垣を築いている。

この案件で、もう一つ軽視できないのが万年下水である。千代田区教育委員会刊行の『江戸城の考古学Ⅱ』には、坂下門内の新規雨水管敷設工事に伴う発掘調査で、石組桝と石組下水路が発掘されたことが報告されている。石組桝は、底に切石を整然と並べ、壁は間知石が三段まで検出されている。この桝に出入する石組排水路は、入水する西側のものは蓋石があるものの改修され、石の積み方も雑となっている。これに対して蛤濠に注ぐ出水の石組排水路は、底・側壁・蓋石とも切石を整然と配

表8-4　坂下門の二つの下水溜桝

		新・下水溜桝	発掘された石組桝
規模	内法 深さ	91×91cm（3尺四方） 197cm（6尺5寸）	185×195cm 90cm＋α
構造	底石 側石 蓋石	有・古玄蕃石 間知石 有・岩岐石	有・玄蕃石 間知石を3段以上 上位撹乱
備　考		・地形は1尺の厚さ ・漏水対策としてモルタルを使用	・底は、出下水路より20cm低 ・改修下水路と連結部分は未調査のまま保存

している。入水する下水路は、図8-20の萬年下水に連結するのである。案件に記されている下水路と下水溜桝について紹介する。仕様では、

一長サ五間五分　内法巾弐尺三寸深サ弐尺
　石垣下突込ミ萬年下水石
　仕様水盛遣形水準ニ倣ヒ検《ママ》知
　石面大サ壱尺弐三寸扣長弐尺
　位ヲ以テ野面合口三寸宛付ケ
　据込ミ底石古玄蕃石合口小叩
　キ致シ検《ママ》知石ヘ切込ミモルタ
　ル据エ致シ洩水無之様水流シ
　能ク敷込ミ蓋石古岩岐石ニテ
　伏渡シ出来可申事
　　但シ水下ハ在来之下水ヘ
　　取合セ水上之石桝ニ取付
　　可申事
（傍点は筆者、中略）

とある。図8-20の万年下水の位置をみると、南側の新下水桝から北側へ直進し、やがて旧桝形内で右接し、発掘された改修石組排水路に連結する。この万年下水は、旧渡櫓台との関係では櫓台に挟まれた門扉下を通過することになる。同様の事例は、中之門・大手三之門・清水門等々

の発掘や絵図で知られている。江戸城跡では一般的であり、前述の西丸大手門高麗門下の埋下水石の存在は、図面はないものの渡櫓門下を通過していることは容易に推察することができる。すなわち、坂下門内の万年下水は、櫓台の改造があるものの、流路の変更をしないために、櫓台続石垣下に敷設したのである。ところで、この万年下水は、モルタル（セメントに砂を混ぜたもの）の使用など新技術がみられるが、底・側・蓋石という構造は旧来のものと同じである。

新下水桝についても少し述べる。仕様では、

一 大サ内法三尺方 深サ六尺五寸　下水溜桝石蓋付　壱ケ所

にはじまる。上口で七尺四方、深さ八尺の掘込みをもつ。一尺の厚さで割栗石と玉川砂利とで地形を施し、玄蕃石（安山岩質で根府川石とも呼称。板状石材）の古石を底に敷き、間知石を積んでいる。ここでも隙間を埋めるために、モルタルを使用している。発掘された石組桝と規模・構造を比較したのが表8-4である。構造は、モルタル使用以外は同じである。桝内の底面が出口排水路より低いのは、泥さらいのためのものである。なお、容量が石組桝の方が大きいのは、蛤濠に注ぐ最終桝を意識してのものと考えられる。

五　大手石橋の新造

大手石橋は、宮殿や宮中三殿を除くと、正門鉄橋とともに大改修が一目瞭然であり、重厚かつ優美な姿は時代の変化を象徴しているといっても過言ではない。

小型の石橋は、江戸時代にも存在する。しかし、本格的な石橋の建造は、明治に入り西欧から新技術が伝来し、高価なセメントも明治四（一八七一）年、殖産興業として深川工作分局で製造されるようになることで可能となった。東京では、木橋から石橋への改修が進み、日本橋・江戸橋・京橋・新橋など枚挙にいとまはない。そのなかでも粋を尽くしたものが正門石橋である。

この石橋で最も有名なものは、男柱の笠石上に取り付けられた六個の電飾灯とその台座に彫刻された獅子である。電飾灯は、当時のものは外され、現在では皇居東御苑（二の丸）や電気の史料館で移設したものをみることができる。獅子は、台座一つにつき四頭あり、顔とともに足も彫られているもので、四方に睨みを利かせているかのようにみえる。台座は六個あることから、二四頭の獅子が皇居を見守っていることになる。

ここでは、電飾灯および獅子を除き、石橋竣工までの作業経過、土木工法上からみた特徴、見失いがちな花崗石と本小松石の配置と石材の調達・運搬等々について述べることにする。史料は、『皇居造営録（大手石橋）一・二　明治一五～二一年』（識別番号四四〇五-一・二）、『皇居造営録（犬島石材）一～四　明治一五～二〇年』（識別番号四四三一-一～四）、『皇居造営録（相模斫出石）一～三　明治一五～二一年』（識別番号四四三三-一～三）、『皇居造営録（讃岐斫出石）　明治一七～一九年』（識別番号四四三五）の一〇件を中心とする。

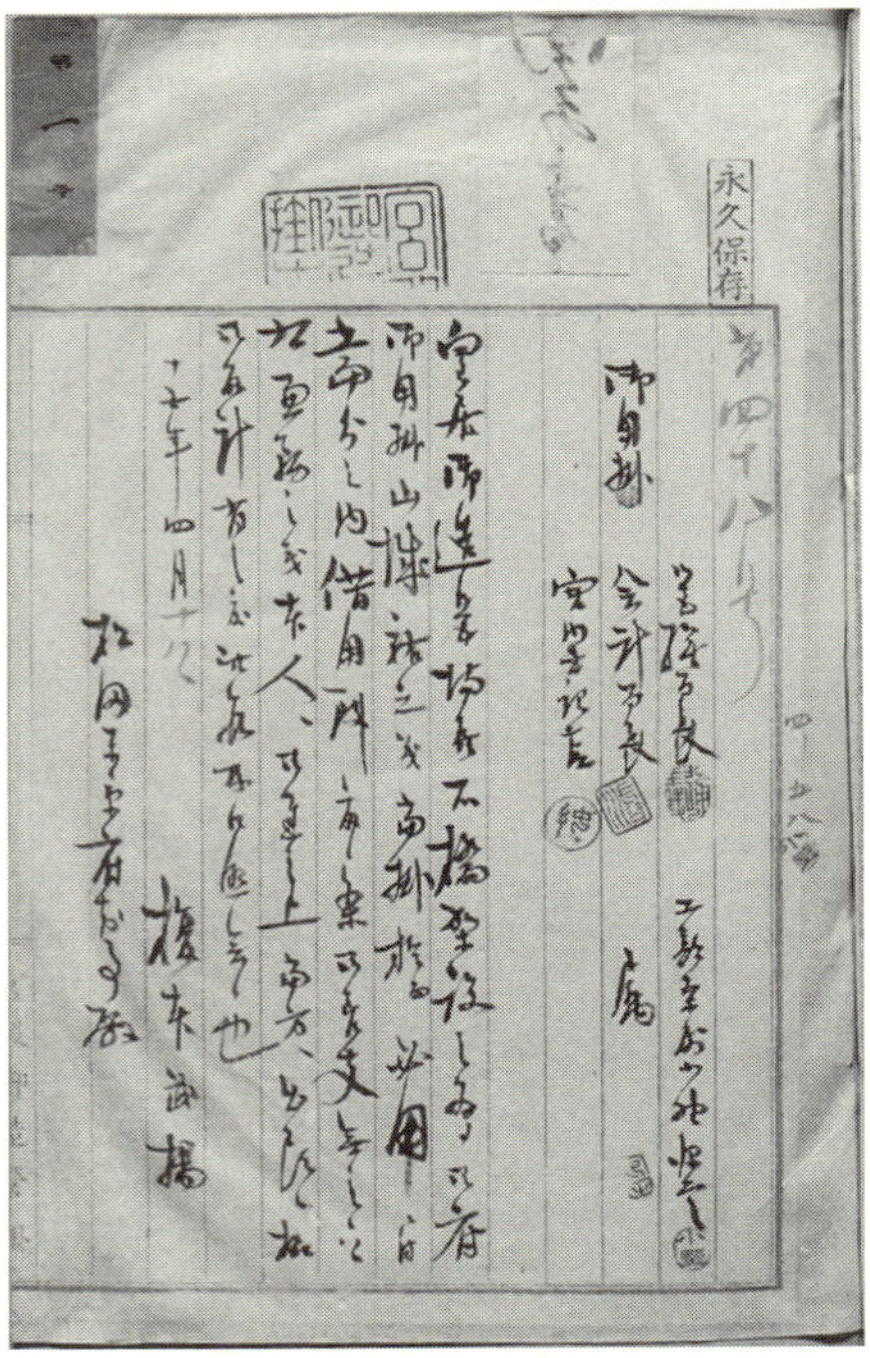

図8-22　榎本武揚の東京府へ照会

1　作業経過

大手石橋に関する史料は、図8-22にはじまる。これは、榎本武揚が逓信大臣に赴任する前年の明治十七年四月（朱で十日の加筆）、皇居事務局副総裁として石橋架設の件で東京府に照会したもので、編纂時の目次には、「東京府御用掛山城祐之借用方該府へ照会」と整理されている。

表8-5は、史料の案件提出日からみた作業経過一覧である。後述する正門鉄橋では、木橋取解にはじまるが、正門石橋ではこの件に関する史料は残されていない。二重橋取解を参考にすると、遅くとも明治十九年一月には開始されていたはずである。

濠水落留のため東京府へ照会　木橋の取解後には、橋台の取設と橋を受ける石垣改造が必要となる。その工程は、表8-5に示してあるが、

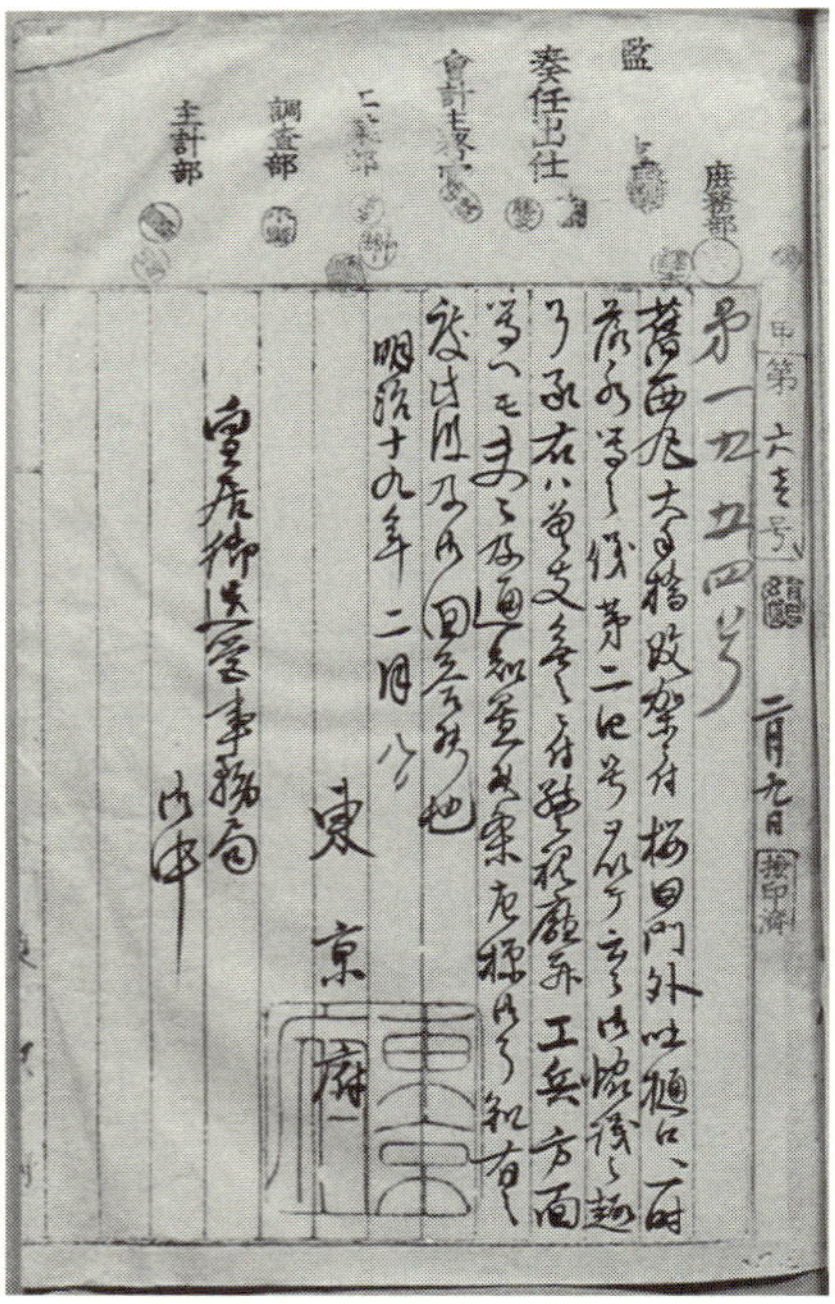

図8-23　東京府から水堰許可の史料

橋台の根伐地形にあたっては、濠の水を抜く必要がある。これには、堰を取設することで対応するが、なにぶんにも濠の水位を下げなければならない。その調節は、桜田門外の吐樋口となる。皇居造営が国策であることから、それは自由にできそうであるが、管轄は東京府にある。そのため、事前に照会し許可を得なければならない。皇居造営事務局からは明治十九年に入り二回提出されているが、図8-23は、二回目の照会に対する東京府の許可に関する回答である。この史料から、一連の作業が独断で行われていないことを看取することができる。

作業経過の概観　大手石橋の本格的な工事は、橋台基礎を築くための堰の取設、根伐地形、杭打にはじまるが、明治十九年三月のことである。それは、二重橋東側櫓台の石垣修繕が順調に進行している時でもある。

大手石橋は、正門鉄橋と共に関東大地震を経験する。二つの橋は、震

表8－5　『皇居造営録（石橋）１・２』に載る主要な作業経過一覧

史料の識別番号	目次の號数	案件名もしくは工事の内容	案件提出日	工事着手日	工事落成日	備　　考	図の有無
4405-1	3號	地形用杭丸太取纏栈取	明治19年１月24日	明治19年１月27日	明治19年２月６日	杉丸太337本、３円37銭	無
	2號	雛形拵方経費	同　年１月28日	同　年１月31日		22円50銭	無
4405-2	2號	巻石下拵及び巻石築造	同　年２月１日	同　年５月２日	明治20年６月12日	15種類990本の仕様有 概7,681円53銭	有
4405-1	17號	橋台地形杭打	同　年２月13日	同　年３月20日	明治19年７月31日	杭491本（北176本、中161本、南154本） 概981円１銭８厘（受375円）増費有	有
	6號	中央橋台地形根伐と堰の取設	同　年２月22日	同　年３月５日	同年３月20日	受27円50銭	有
4406-10	2號	南部橋台石垣取解・他	同　年３月23日	同　年４月６日	同年10月20日	『皇居造営録（石垣）10』２號に所収 北側を含概281円34銭３厘	有
4405-1	19號	北部橋台石垣取解	同　年４月16日		同年10月９日	受60円72銭５厘	有
	9號	北部橋台根伐地形、締切堰	同　年４月23日	同　年５月１日	同年５月15日	受36円	有
	11號	南部橋台根伐	同　年５月21日	同　年６月３日	同年６月３日	受11円83銭９厘	有
	12·15號	濠中締切堰取設	同　年５月23日		同年５月29日	受114円	有
		同　杭列追加	同　年６月23日	同　年６月28日	同年７月６日	受84円（15號）	有
	18號	橋台３カ所の杭切揃、コンクリート打・他	同　年６月５日	同　年７月３日	同年９月４日	概3,198円６銭８厘	有
	20號	迫持巻台石３カ所下拵	同　年７月７日	同　年７月26日	同年11月６日	概6,697円67銭１厘（付箋に1,600余円不足とあり）	有
	22號	巻枠組立	同　年10月１日	同　年10月14日	同年12月20日	概3,117円９銭４厘	有
4405-2	6號	男柱・鏡石裏煉化石積	同　年10月７日	同　年11月８日	明治20年９月６日	概5,956円36銭２厘	有
4405-1	21號	巻石台南北裏固メ地形	明治19年11月１日			概473円93銭	有
	24號	男柱瘤出切揃	明治20年１月21日	明治20年１月23日	明治20年２月26日	受125円83銭１厘	無
	23號	南北橋台石垣築造に伴う根伐	同　年２月３日	同　年２月６日	同年２月13日	受23円	有
	25號	北部橋台下杭打地形＋露盤据付	同　年２月15日	同　年２月23日	同年３月17日	受70円48銭	有
4405-2	3號	南北橋台石垣築造	同　年３月18日	同　年３月28日	同年７月１日	概1,593円21銭６厘	有
	1號	巻石前後中央共巻石押栈取石積	同　年３月20日	同　年４月７日	同年５月29日	概1,099円65銭４厘	有
4405-1	26號	南北橋台前後埋立方及コンクリート打	同　年５月10日	同　年５月15日		概359円２銭７厘	有
4405-2	5號	巻石裏栈取石上端中埋小割栗練砂利固メ	同　年５月18日	同　年５月27日	同年７月23日	概2,093円70銭４厘	有
	4號	蛇腹高欄形板用使役	同　年７月２日	同　年７月８日		受21円70銭	無
	10號	蛇腹石、手摺、高欄等の彫刻・据付	同　年７月８日	同　年７月13日	同年10月26日	概7,868円30銭７厘	無
	11號	人道敷石、土管・石桝伏設	同　年９月８日	同　年９月14日	同年12月14日	概1,114円39銭１厘	有
	8號	人道敷石下コンクリート地形	同　年９月15日	同　年10月23日		概243円99銭２厘	有
	7號	足代及遣形等の取解	同　年10月３日	同　年10月８日		概37円50銭、足代取設案件無	無
	9號	男柱笠石上端へ電燈用ボート鉄物取付	同　年10月15日	同　年11月８日	同年11月８日	受21円42銭	無
	12號	車道、門下共セメント叩き道路用砕石拵	同　年10月31日	同　年11月８日	同年12月18日	受219円、花崗岩砕石3,000坪	無
	13號	石橋北部及大手門土留石取設	明治21年７月13日			受25円43銭	有
	14號	車道及橋台の練砂利コンクリート打	同　年７月21日			概555円89銭８厘	有
	15號	電燈柱取付足代取設	同　年11月17日			受29円70銭	無

※備考に記した金額のうち、概は概算金、受は受請金（定雇使役を含）を指す。これには、石材代は含まれていない。

度6の烈震にも耐えるが、それは入念な基礎工事が施されたことに起因する。根伐・地形・杭打に三カ月以上を要している。さらに強固に築くために、コンクリートを多用していることも軽視することができない。史料の案件には、「コンクリート打」とそのものの用語が用いられているものもあるが、大半は、仕様書のなかに登場する。案件の概算金に内訳が記されているが、「灰砂」の費目がそれに該当する。ちなみに灰砂とは、セメントと砂のことをいう。コンクリート打は、まさに近代西欧から導入した新技術であり、外観には現れていないが、要所には多量に用いられている。

史料をみると、四四〇五-二の第一二號「大手石橋車道并ニ同御門下共セメント叩キ道路用花崗石砕石拵方経費之義伺」の案件があり、これが落成するのが明治二十年十二月中である。この時点で石橋は、あらかた完成する。次の案件の提出まで七カ月以上を経過するが、これは、宮殿の竣工と橋の渡り初めをあわせているとと考えて間違いはあるまい。

石橋の建造費は、気になるところである。表8-5の備考欄に経費を載せた。概算金には、職工費や運搬費など「積合之上受負ニ可附分」としている費目があるので、実際には経費をもう少し押えることができる。それは、史料を丹念に調べれば、実状に近い数字を出すことも可能である。筆者の怠慢から、備考欄の数字で示すことにする。史料の概算金合計は、四万三三五二円七〇銭五厘、受負金合計の八九六円四九銭五厘を加えると、四万四二四九円二〇銭となる。表8-5には、材料の主体となる石材費が除かれているので後述する犬島産花崗石と相模産本小松石の石材費二万一三四五円六〇銭四厘を加えると、総額は、六万五五九四円八〇銭四厘となる。莫大な経費を要しているのである。

2 主要工程の記録

堅牢かつ優美なアーチ橋を理解するためには、土木工学的な知識が求められる。筆者は、残念ながらその方面では門外漢である。しかしながら、案件の仕様書には各工程の詳細な情報が記されているので、関心のある項目について紹介することにする。

濠締切堰の取設　橋台の根伐地形、さらには巻石台の築造や石垣の改造を進めていくためには、濠の水が障害となる。後述する正門鉄橋についても同様である。先に、濠の管轄が東京府にあることから照会について述べたが、締切堰取設の案件が四四〇五-一の第一二・一五號案件である。当初、杭列は、二重橋濠を横断する形状で四列（長延二二間六分）、そこから大手門側へ折れ曲る二列（折廻七間）と西丸側に斜走する二列（七間）を取設する。これには二点の図が付いており、横断する杭列のうち、中心となる東側の二列は、杭の長さが一五尺（うち根入五尺五寸）、梁材から現水面までが八尺五寸、間隔が七尺とある。この二列を補佐する三列目の杭は幾分短く長さが一一尺五寸、二列目との間隔が五尺とある。これら三列を支える一列が九尺西側に築かれている。三列目までは矢板が貼られ、これによって建造する石橋側への浸水を防ごうとしている。図内には、増水面と現有水面の表記があり、外桜田門外の調節があり、この時点で水位が七尺五寸下がっている。

しかし、この堰では不十分であったようで、濠を横断する四列目の杭列を変更し、その上で、さらに西側に一列を加え、五列としている。ちなみに、四列目にも矢板を貼ることで、一層、堅固にしている。図8-24は平面図、図8-25は断面図である。両図とも、旧来の杭を黒、変更した杭を朱で描いている。四列目の杭を長くし、一・二列目の梁材を四列目まで延ばすことで強度を増している。

橋台の地形根伐と堰の取設　橋台は、中央・北・南の三カ所に築かれるが、その規模は一様ではない。最初の中央橋台で、地形根伐とそのための堰の取設をみると、仕様書では、

　　根伐周圍堰取方
一長延テ貳拾八間半 巾四尺
　　但シ深サ者根伐ニ順シ

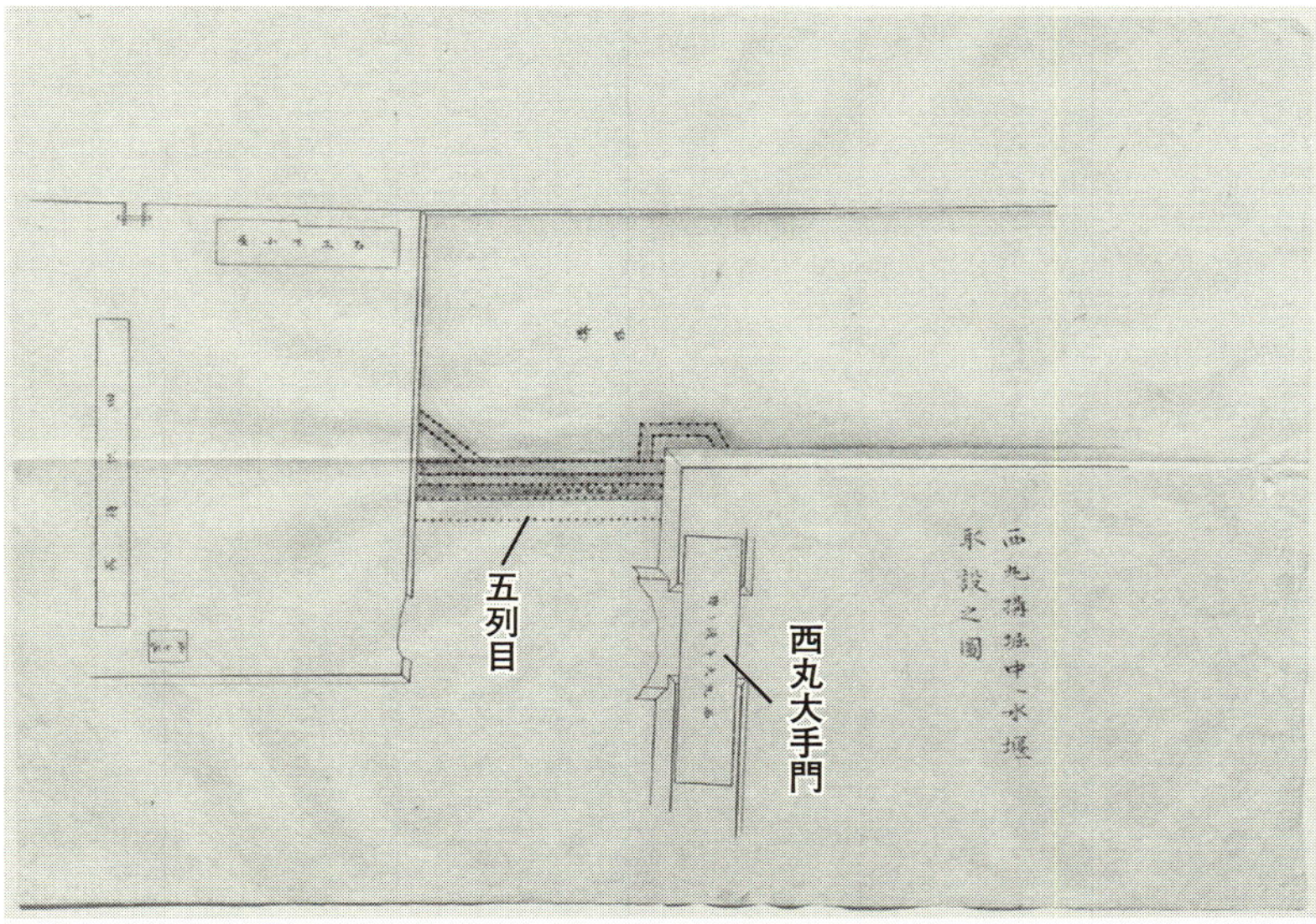

図8-24　締切堰平面図

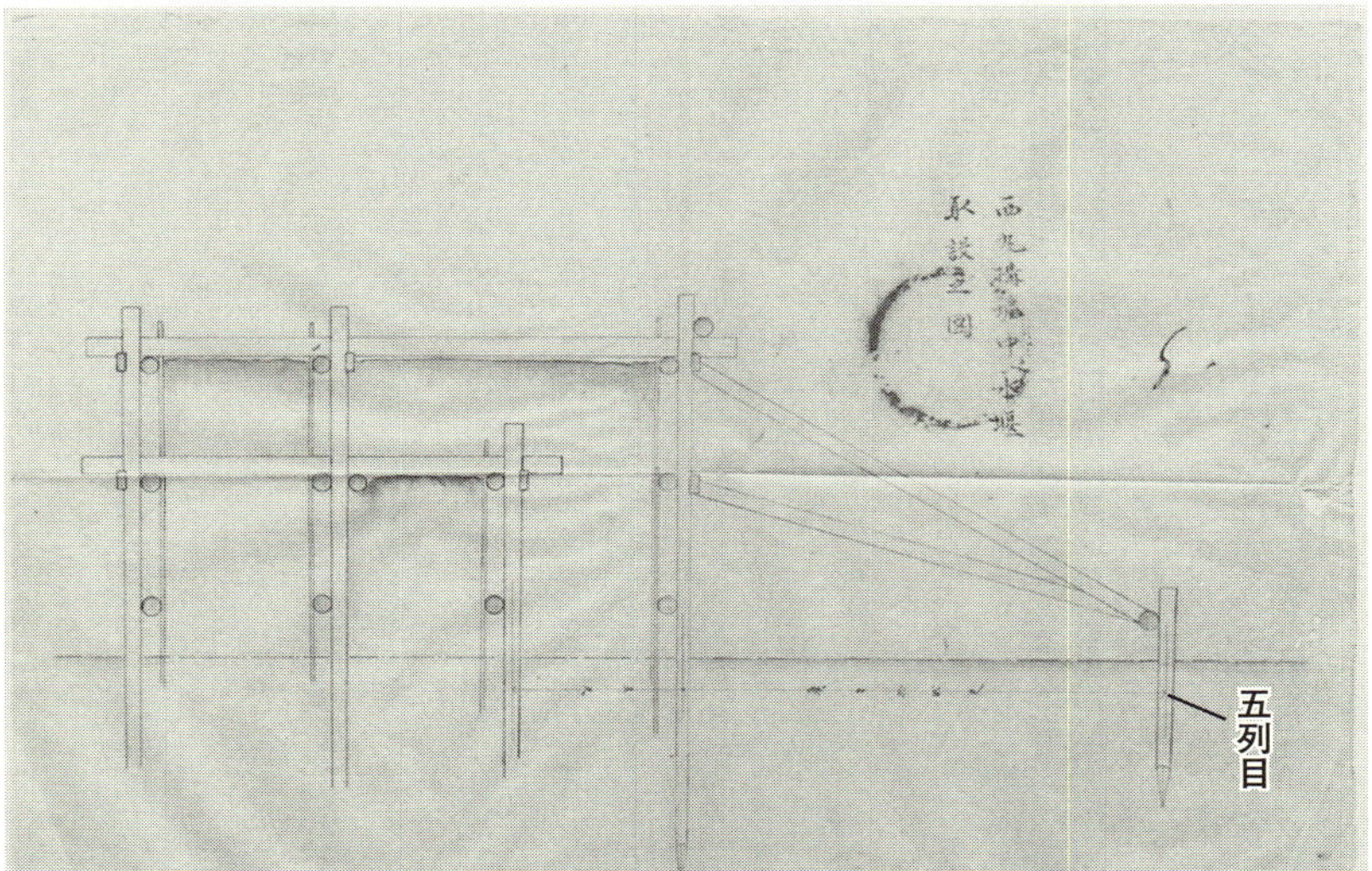

図8-25　締切堰断面図

一 根伏底長五拾六尺
同底巾貳拾壱尺
深サ平均八尺　掘揚土坪
立四拾三坪五合六夕　中央橋臺
地形　根伏

にはじまる。根伏が、底で約一六・八×六・三メートル、濠底からの深さが約二・四メートルに及ぶことから、杭より約一・二メートルの間隔をとって堰を設けるというものである。根伏によって生じる湧水や溜水は、水車や釣瓶で落ちた土ともども汲い取るともある。

根伏と併行して第一七・一八號案件には、地形杭打の件が記されているが、第一八號の「大手石橋地形杭切揃コンクリート打方及十露盤土臺据付方仕様及経費概算之件伺」の案件に、杭列に関する詳細な情報が記されている。仕様書には、

甲　北部
一捨木　大サ　長四拾九尺五寸
巾拾六尺　壱ヶ所
杭数貳拾貳本ツ、八側百七六本
拾上端ヨリ臺石引通水マテ高九尺六寸

乙　中央
一同　大サ　長五拾尺五寸
巾拾三尺　壱ヶ所
杭数貳拾三本ツ、七側ニテ百六一本

丙　南部
一同　大サ　長四拾九尺五寸
巾拾三尺　壱ヶ所
杭数貳拾貳本ツ、七側ニテ百五四本
捨木上端ヨリ臺石上端引通シ迠高四尺九寸五分
但杭ノ惣四九一本
筏捨ノ面坪五八坪一合

とある。中央の橋台では、二三本宛七列の一六一本が打ち込まれていることになる。杭の直径が一尺二寸であることから、杭打が入念であることがわかる。そして、周囲にはコンクリートが打ち込まれているのである。この案件では、概算金三一九八円八銭六厘のうち、材料費の一五九円七二銭五厘は、セメントと砂利の代金である（砂利の運送費は別に五五円六七銭五厘）。木材費は朱書で八〇五円二三銭一厘、（運送費二三円九五銭五厘は別）とあり、資材で全体の四分ノ三を占めている。

巻石台の裏堅　橋台の中央部での基礎工事の入念さは述べたが、北・南橋台では、裏側においても堅固な地形が施されている。それは、第二一號の「大手石橋巻臺石裏堅メ地形仕様及経概算之義ニ付伺」の案件で知ることができる。南・北の二者について記されているが、北側の巻石台裏堅の仕様でみると、

一巻石臺裏面幅三拾九尺五寸　北之方巻石臺裏堅メ
巻石裏ヨリ地山迠ノ長貳拾七尺五寸　地形
深サ水気無之処七尺三寸
此立坪三拾六坪七合壱夕
附テ
長サ三拾九尺五寸　同所水中埋立之分
深　平均五尺
幅　平均八尺貳寸五分
内
立四拾七坪八合九夕　水中無之所埋立
立八坪八合六夕　水中之埋立

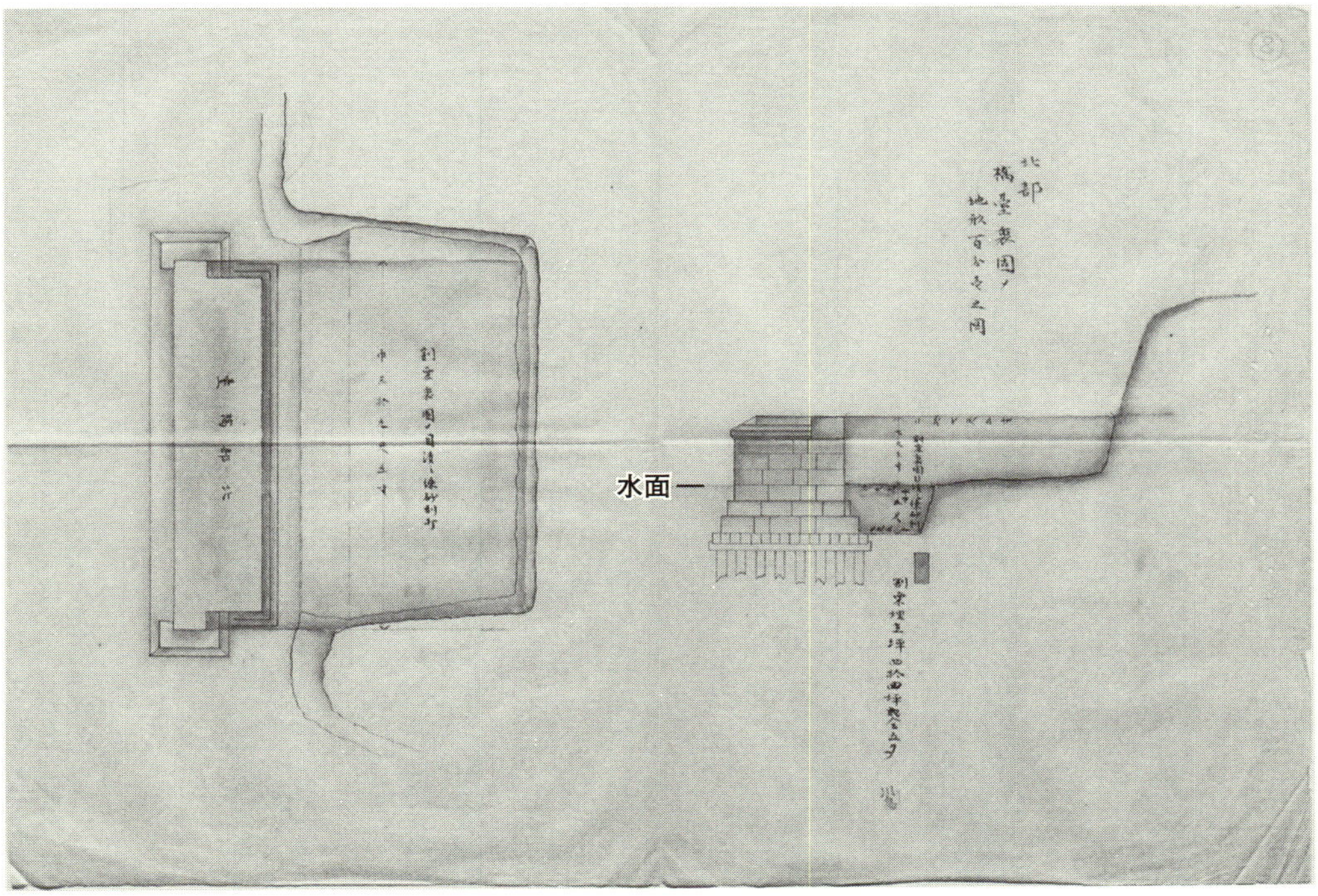

図 8-26　巻石台裏堅メ平面及び断面図

とある。これには、図8-26が付く。北部橋台の裏堅メでは、濠の水面が続く深さ五尺までは割栗石を突き堅めることで目を潰し、その上位七尺三寸の厚さでコンクリートを打ち込んでいる。南部は、巻石台上端から裏堅メの底までが七尺四寸五分（水中埋立分一尺六寸五分）と北部より大分浅く、しかも地山までの長さが一〇尺四寸五分と短かいことから、埋立坪は、北側のおよそ四分ノ一となっている。裏堅メに関しては、北部の方が手厚く行われている。

石垣の改造　濠の水面よりわずかに姿を覗かせる巻石台上端。その上位には男柱が続くが、隣接する石垣の改造も必要となる。先に、西丸渡櫓台の修繕で、大手石橋が連結する旧高麗門周囲の取解については述べた。ここでは、四四〇五-一の第二二・二五號と四四〇五-二の第三號案件でみることにする。第二二號では、南・北橋台の男柱に隣接する石垣下の根伐。第二五號では、北部石垣下の杭打地形。第三號では、南・北橋台に隣接する石垣築造の順で進む。いずれの案件にも仕様書と図面が付く。

根伐では、図8-27のように北側では男柱の周囲に締切埋立箇所があるので、根伐はここを除く。南側は、二カ所で長さ延一一間一分六厘、幅五尺、深さ平均一間の範囲。北側は、長さ四間七分五厘、幅二間半、深さ平均一間三分の範囲を二カ所。根伐の深さは、地山到達面を指し、精査後、根石を据えることになる。

北部石垣下の杭打地形は、図8-27・28を比較すると一目瞭然であるが、石橋橋台の築造によって、北側では石垣の位置が変化する。男柱の付け根から折曲して石垣の築造となるために、新たに根石を受ける十露

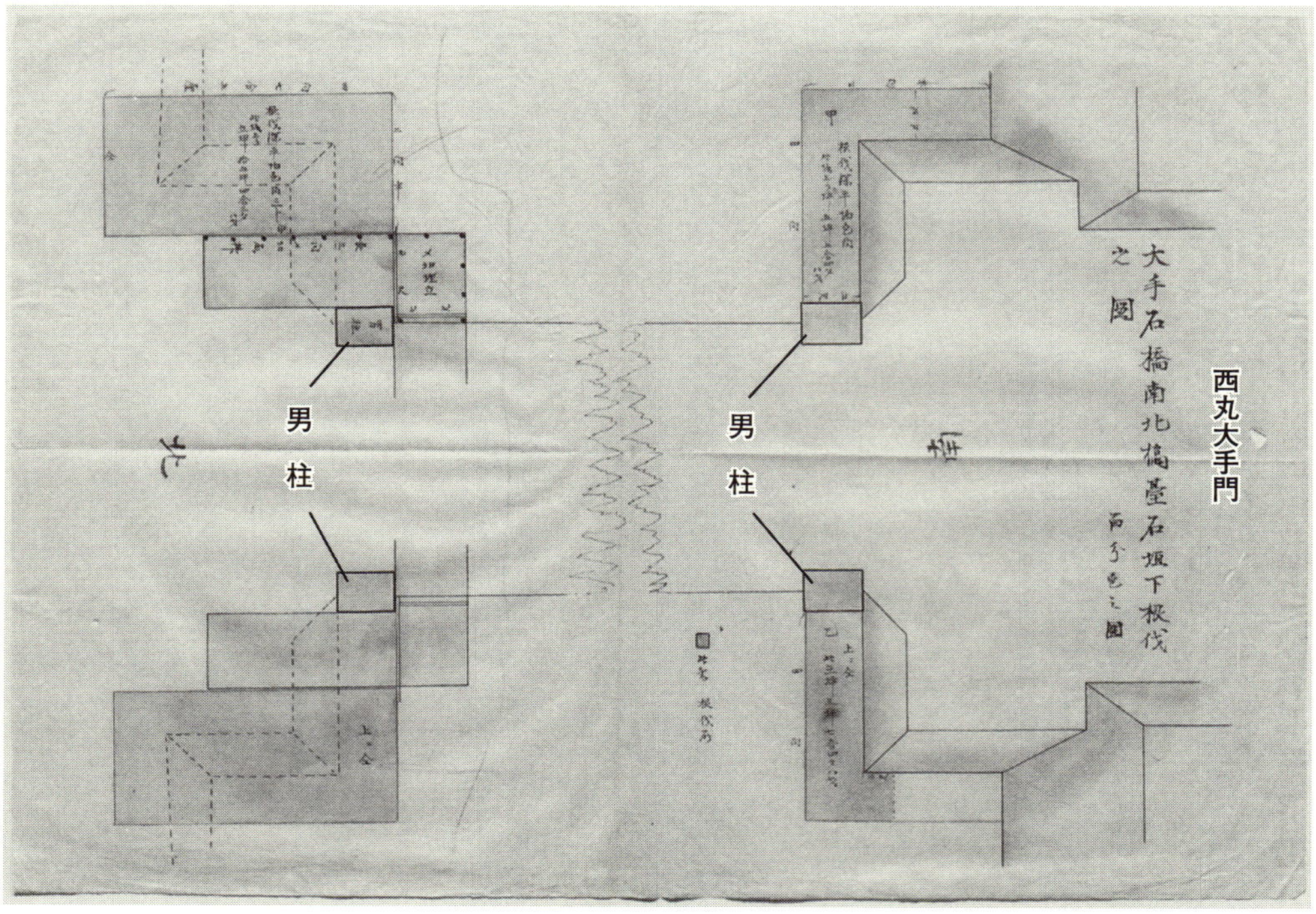

図 8-27　大手石橋南北橋台石垣下根伐平面図

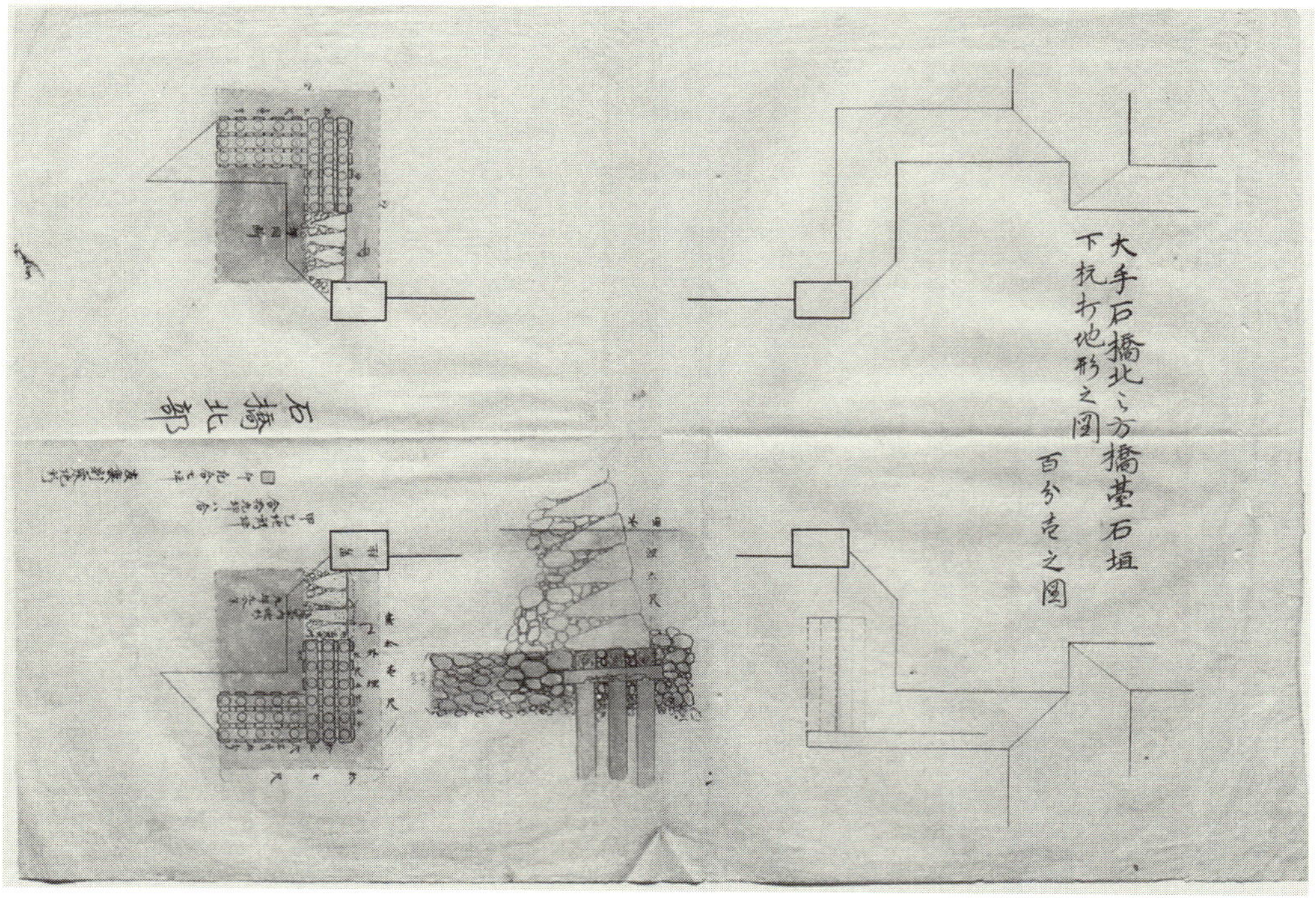

図 8-28　大手石橋北方橋台石垣下杭打地形平面図

盤の据え付けと割栗石による地形からくるものである。

第三號の「大手石橋橋臺石垣築造方仕様及経費概算之件伺」の案件では、男柱に隣接する石垣築造を指示したものである。仕様書では、

男柱脇飛打
角石積石垣四ヶ所
見エ掛リ上々小ムシリ仕立

此面積壱坪八合九夕六才宛

但シ壱ヶ所ニ付 巾上下平均三尺七寸五分 高サ拾八尺弐寸

寄テ一面坪七坪五合八夕四才

〆

にはじまる。これは、後述する男柱の石積に倣い本小松石を一尺四寸一分六厘の大きさに割り、図8-29では、左手、南側正面のように整然と積み上げた石垣を指す。図8-30の彩色が施された立面図では、中央の余白が石橋の位置となり、その隣りの三角形状の茶色く塗られた部分が該当する。これに続く袖石垣について、仕様書では、

南北櫓臺袖石垣
角ト隅石折廻シ七尺通リトモ
石垣面ニ玄能鹿之子打

一面坪五拾五坪八合六夕四才

内

甲 巾隅折廻シ七尺通リトモ上口敷平均弐拾尺六寸八分弐厘 高サ弐拾四尺弐寸 此面坪拾三坪九合〇三才

乙 巾前同断弐拾尺六寸八分弐厘 高サ弐拾四尺弐寸 同 拾三坪九合〇三才

丙 巾前同断弐拾弐尺五寸 高サ弐拾弐尺弐寸 同 拾三坪八合七夕五才

丁 巾前同断弐拾三尺 高サ弐拾弐尺弐寸 同 拾四坪壱合八夕三才

〆

とある。甲・乙は北側、丙・丁は南側を指す。四カ所の袖石垣は、同じ

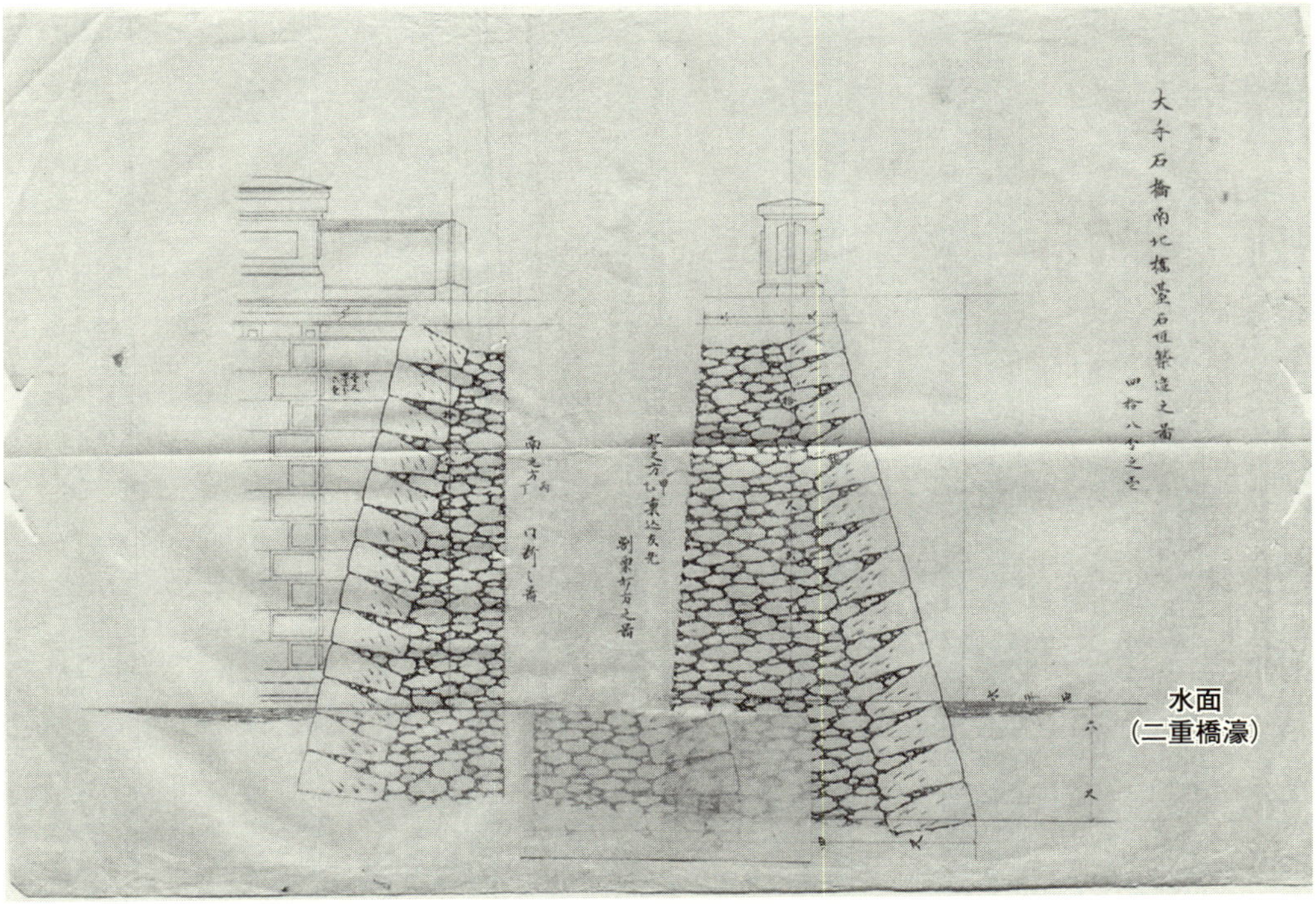

図8-29 大手石橋南北橋台築造之図

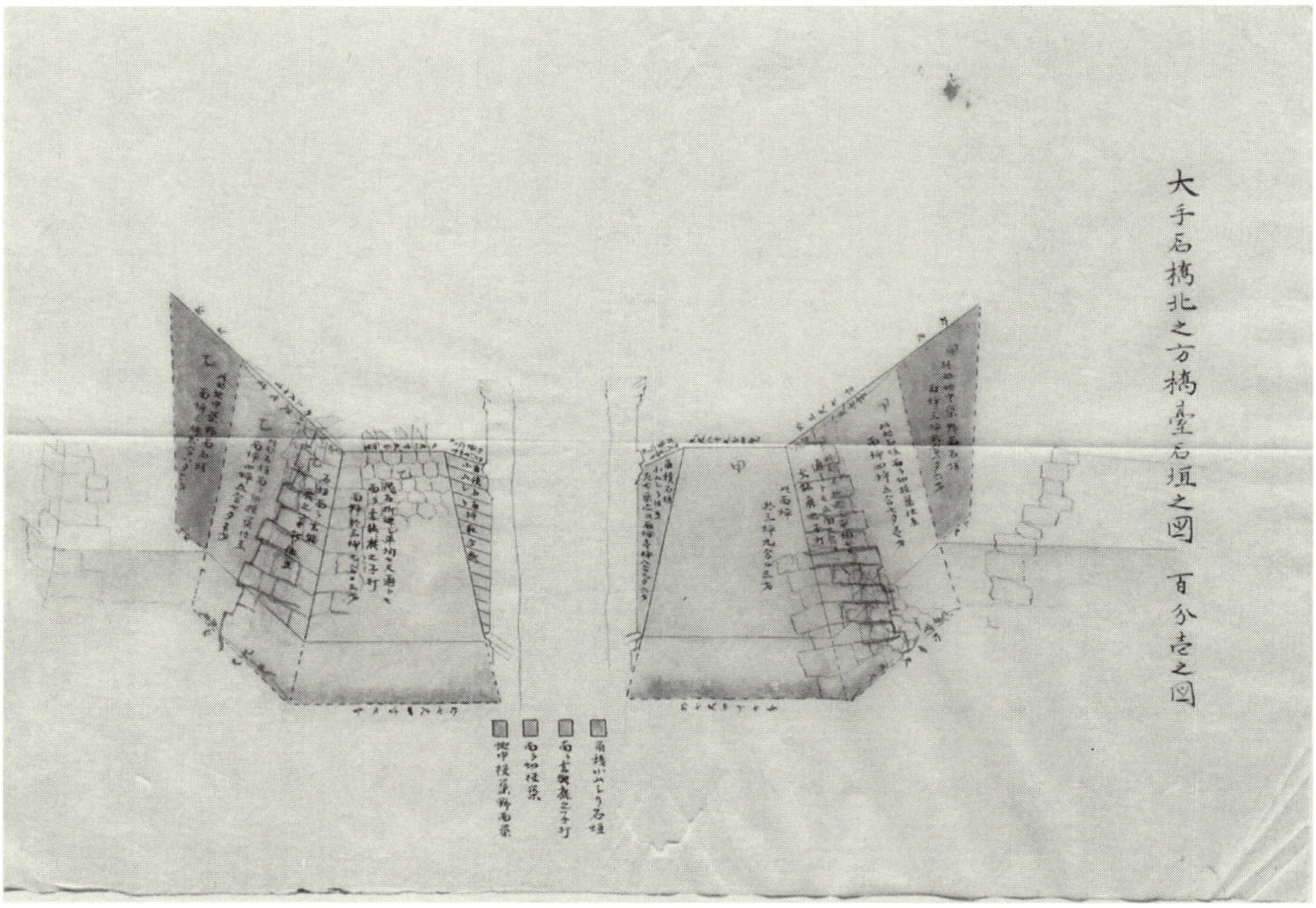

図8-30　大手石橋北之方橋台石垣之図

規模に思いがちであるが、北側では高さが二尺、南側では幅がおよそ二尺各々、高く広くなっており、これでバランスを取ることとなる。ちなみに、この仕様では、図8-28の立面図の正面にあたる。築造にあたり、北側では前述の第二五號案件の十露盤の上に積むことから、法《の》り勾配を二割三分にすること、南側では根石と二段目の石はそのままとし、三段目以上を取解築直しすることが指示されている。図内に「石垣面ニ玄能鹿之子打」とあるが、石垣表面を調整することで細部まで配慮しているのである。案件には、新石購入の記述がないことから、北側の袖石垣の築造にあたっては、在来の石を用いていることになる。

これに続く側面石垣（図8-30では側面の石垣が上端まで描かれている箇所）の仕様が、

一面坪拾六坪八合九夕貳才　南北橋臺隅石際ヨリ堀端石垣取合マテ石垣面ヲ切投築胴迫合セ

内

甲石垣 巾上口敷平均六尺八寸 高サ貳拾四尺貳寸　此面坪四坪五合七夕壹才

乙　同 巾前同断六尺八寸 高サ貳拾四尺貳寸　同　四坪五合七夕壹才

丙石垣面坪四坪　南部橋臺在来取解跡築直シ方

丁　同面坪三坪七合五夕　同断

〆

とある。図内には、「此処面ヲ切投築仕立」の文字と坪数が入る。取解石をそのまま用い、表面の調整を行うことはなく、築上げている。北側では、石垣の改造によってもう一つ仕様が付く。図8-27の平面図では、男柱から最も遠い位置にある石垣となる。

一面坪六坪五合七夕貳才　北部橋臺地中築込ミ石垣野面投棄胴迫仕立

内

甲石垣巾上口敷平均六尺五寸高サ拾八尺弐寸　此面坪三坪弐合八夕六才

乙石垣巾高サ同断　同　三坪弐合八夕六才

〆

とある。続きの仕様からは、高さが六尺低くなる。これは、図8-30にあるように、水面下の石垣築造が加わらないことによるものである。荒石のまま用いるとあることから、男柱に面する正面と側面では、築直シに差が生じていることになる。

なお、図8-29には、石垣裏面について、築石間に充塡する胴飼石・迫飼石、さらに裏込となる割栗石が描かれているが、他所の石垣修繕と同様、ここでもセメントは用いられていない。根切りの深さを前述したが、同図には二重橋濠の深さが記されている。水面から根石下端までの深さが南側で四尺、北側で六尺とある。ことのほか濠が浅いのである。

巻石下拵　アーチ橋の末端に据えられた巻石。その美しさは見事であるが、図8-31・32のように、鏡石の外面を被うだけでなく、石橋全体に敷かれることとなる。そのために、後述する巻枠の組み立ても必要となる。石材は、広島県犬島産花崗岩を用い、十一種類九九〇本が下拵として築かれる。図8-33のように、綿密な細工が求められ、種類と数量の大さから時間を要する。そのため、第二號の「旧西丸大手に架設之石橋巻石下拵及築造方共経費概算之件伺」の案件は、明治十九年二月一日に提出され、同年五月二日着手、落成が翌年六月十二日となる。図8-31の迫持平面図は、アーチ状に組まれた二組の巻組のうち片方に敷設された平面であることから、両脇の幅が小さく描かれている。一個あたりの巻石の大きさは、使用される部位で若干の差があるが、長さ三尺六寸、幅一尺三寸一歩、高さが二尺二寸五歩から二尺九寸三歩六厘とかなり大きい。この大きさで、三角形の鋭利面や、矩形に突出する面を作出しているわけである。ちなみに、巻石は、外観上からは口絵5や図8-32のように鏡石の下位に配置された石橋の両端しかみていないことにな

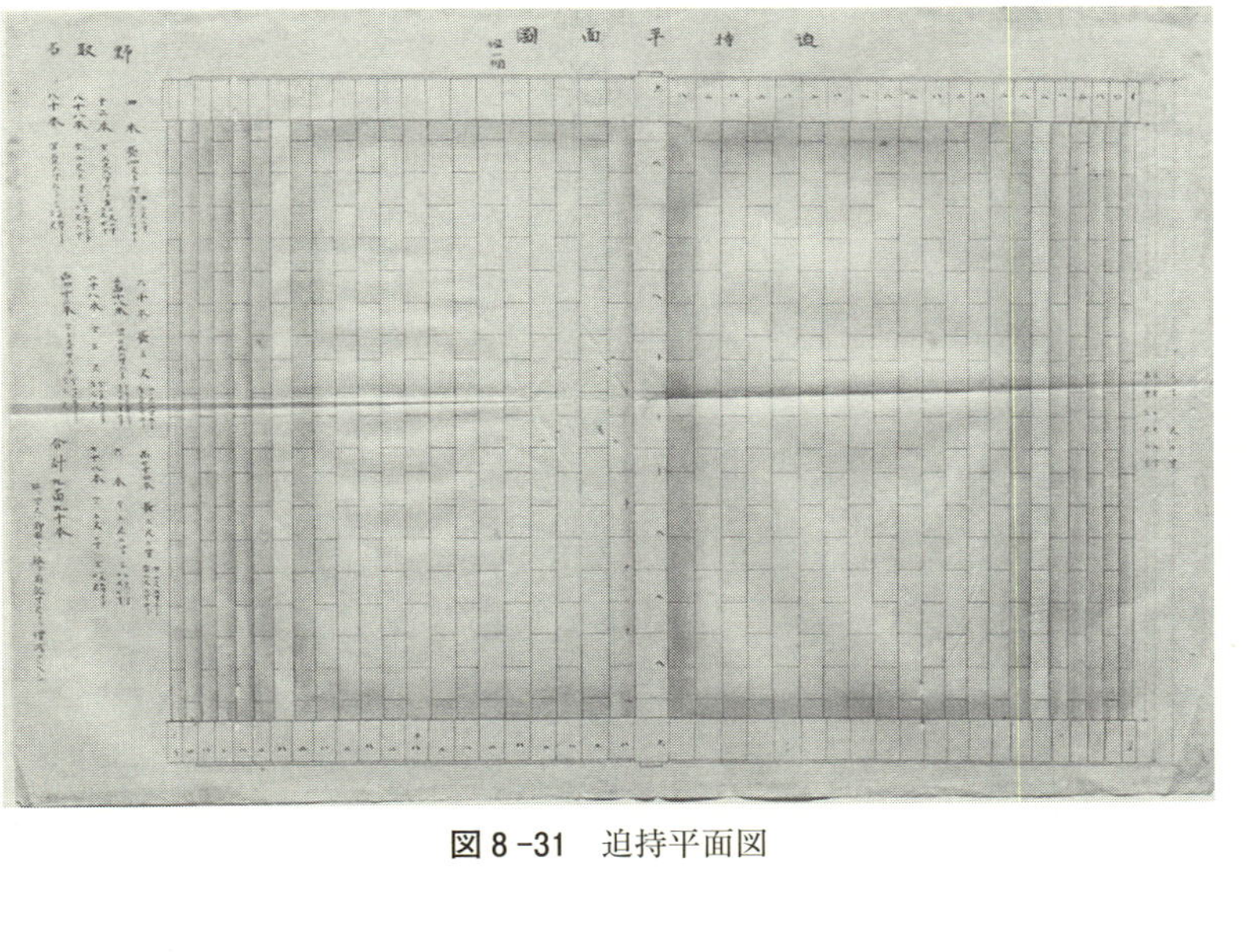

図8-31　迫持平面図

る。隠れたところに丁寧な技が施されているのである。この案件では、巻石を据付までのために足代の組み立て一式が含まれるが、七六八一円五三銭の経費となっている。

巻枠の組立　巻石の下拵と併行して、巻枠の組み立て。第二二號の「大手石橋巻枠組立方仕様及経費概算之義伺」の案件である。仕様書で

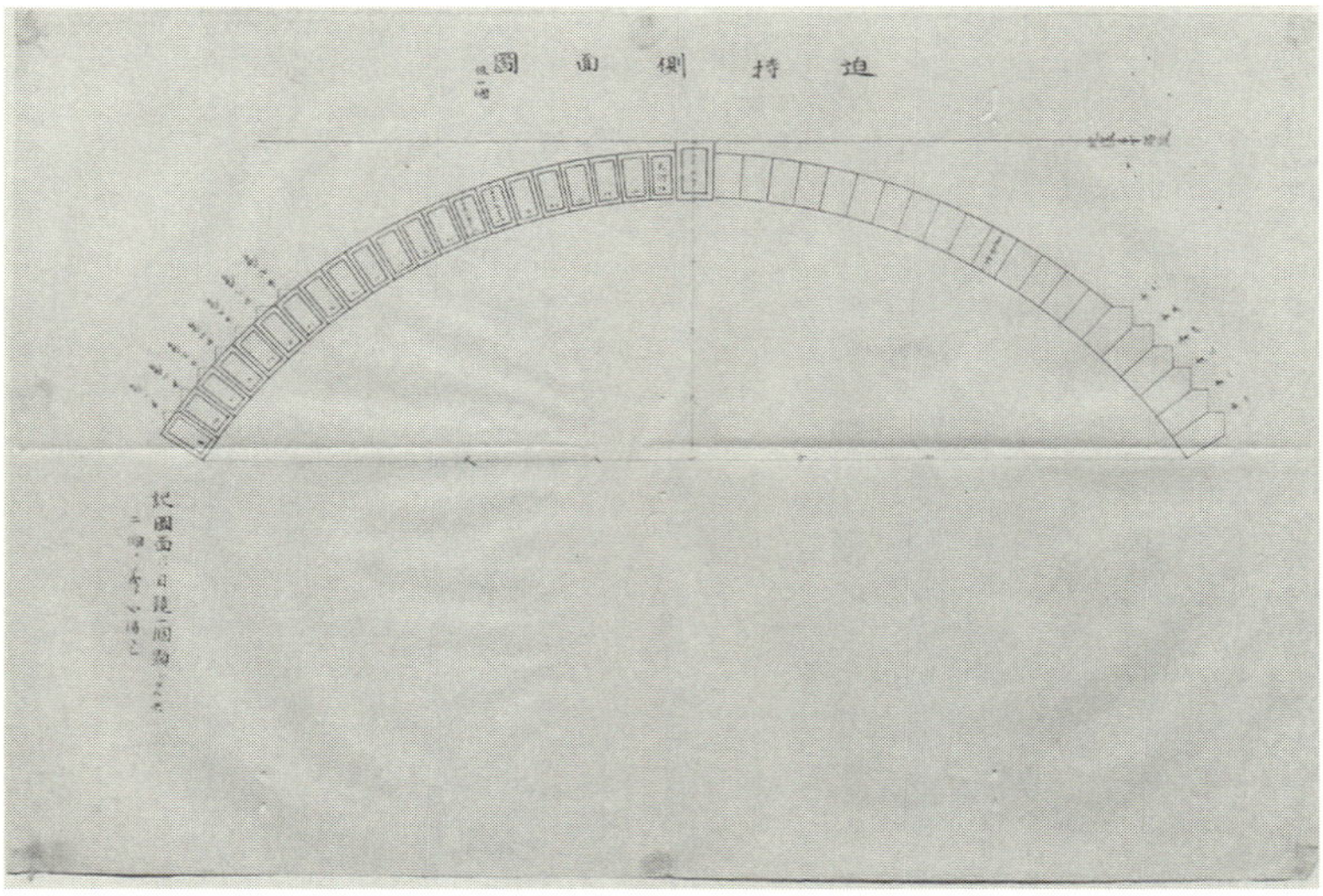

図 8-32　迫持側面図

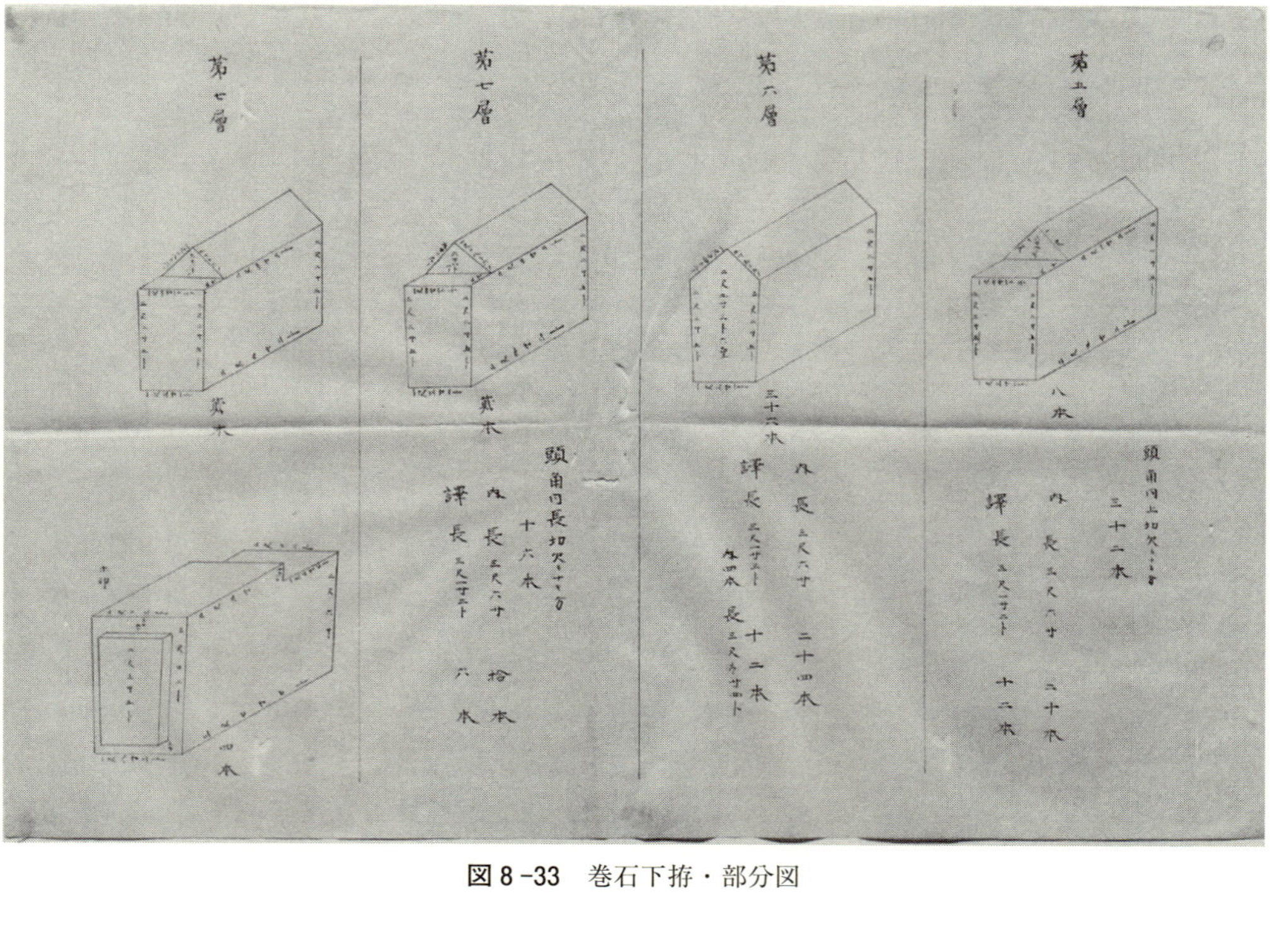

図 8-33　巻石下拵・部分図

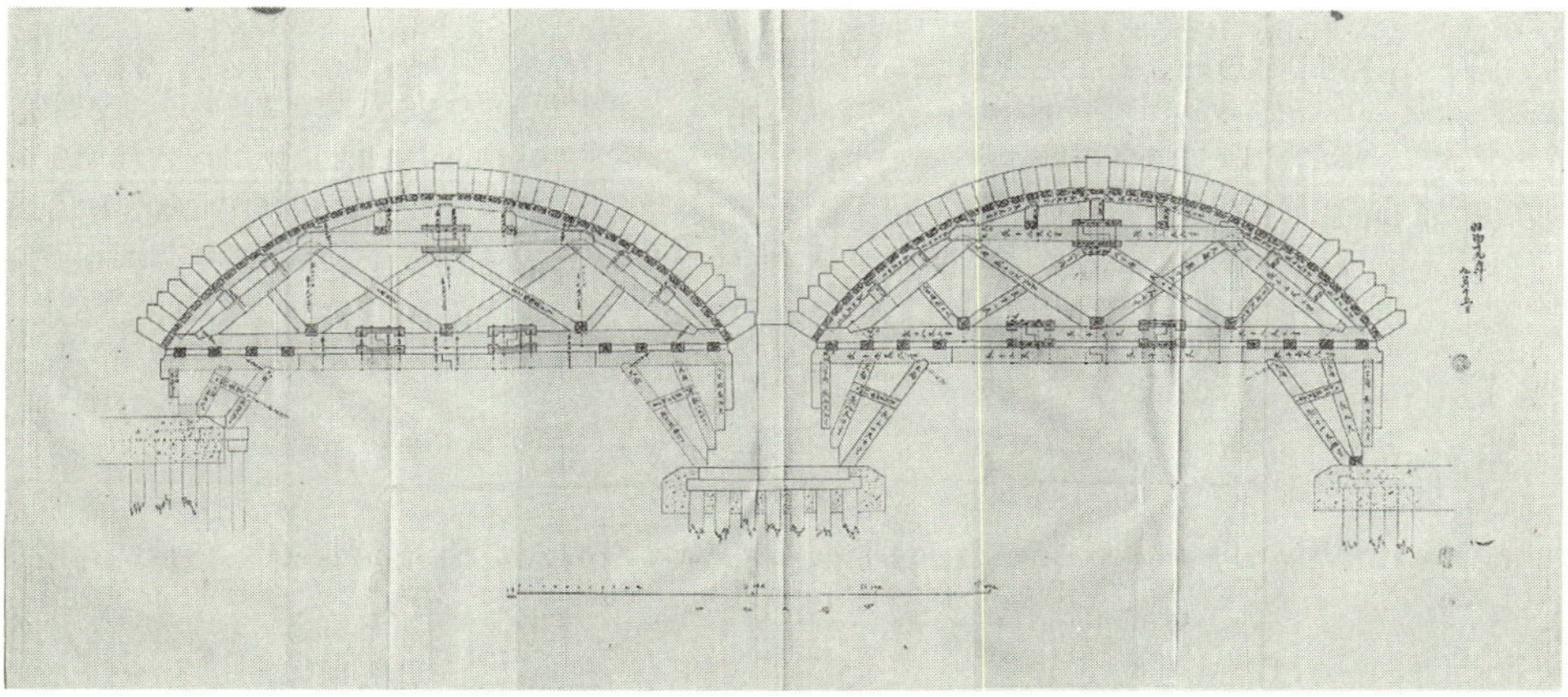

図 8 -34　巻枠組立側面図

は、

一巻石円形半径弐拾八尺六寸五歩同踏止石巻出シノ弦　四拾八尺
弐組
但シ壱組九鎖リ立ツ、
同弦線ヨリノ矢立上リ　拾三尺
但シ止石ハ巻石下端ヨリ壱寸下リ
右仕様木品松材都テ荒木造リ両岸地形上端勾張リ束踏上メ木長弐間壱尺角継合セコンクリート上端及根石上端へ据込勾束根上メ欠合据付之事
（以下略）

とあり、下梁松、上梁松、梁挟み、袴腰、輪桁、石受などの項目が続く。巻石の下拵につ

明治十九年九月
大手石橋巻枠組立方仕様書

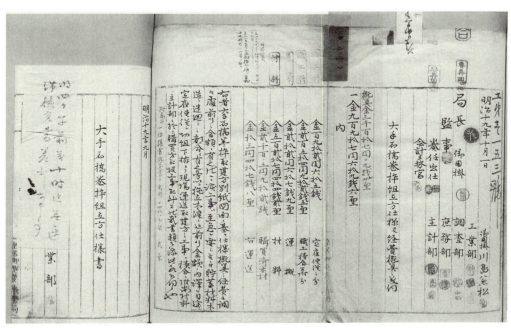

図 8 -35　大手石橋巻枠組立の案件

表8-6　大手石橋使用の犬島花崗石　斫出・回漕等一覧表

斫出順位	石の記号	寸銘小計		経費（円. 銭. 厘）	書類上の日付	備　考
		本　数	切　数			
1	1ノ1～1～8、 2ノ1～2ノ48	1,152	15,881切5分5厘	原石　31.円 87.銭 3厘 斫出 1,917. 66. 5 回漕 5,615. 4. 4 他　4. 29. 8	明治18年5月13日 (4432-3の第21號)	南部橋台に2ノ7～4ノ24内の468本を使用（4405-1の第20號） 経費の他は回漕費に含 [概算金7,568円88銭]
2	3ノ1、 4ノ1～4ノ25	1,946	11,361切4分1厘	原石　24. 34. 5 斫出　985. 98. 回漕 3,126. 56. 7	明治18年8月17日 (4432-3の第28號)	中央桟取石に2ノ32、4ノ11～4ノ25内の55本、中央男柱に4ノ6～4ノ24内の83本、柱石に3ノ1内の132本を使用（4405-2の第6號） [概算金4,136円89銭3厘]
3	5ノ1～5ノ3	258	3,256切3分9厘	原石　6. 51. 2 斫出　361. 2. 6 回漕 1,107. 89. 4	明治18年10月21日 (4432-4の第1號)	[概算金1,475円43銭2厘]
4	6ノ1～6ノ17	77	1,232切4分9厘	※経費は5回目に含	明治18年11月16日 (4432-4の第4號)	追加石材
5	7ノ1～7ノ8	517	2,072切　4厘	原石　6. 60. 9 斫出　341. 13. 2 回漕 1,030. 87.	明治18年12月21日 (4432-4の第6號)	敷石及び縁石に使用 経費は、4回目77本分を加えた合計のもの [概算金1,378円61銭1厘]
—	—	—	—	陸送　468. 48. 1	明治19年1月19日 (4432-4の第7號)	5回目内で木挽町からの陸送代、石数1,055本、切数14,502切6分1厘
6	8ノ1～8ノ23	372	5,051切3分9厘	原石　10. 10. 2 斫出　858. 46. 2 回漕 2,408. 94. 6 陸送　247. 91. 5	明治19年2月28日 (4432-4の第16號)	蛇腹・化粧柱・地覆手摺等々へ使用（4432-4の第11號） [概算金3,525円42銭6厘]
合計	—	4,322本	38,855切2分7厘	18,272円89銭7厘	—	—

いては前述したが、美しいアーチ橋を築造するには、この巻枠の組み立ては不可欠なのである。

この案件には、測面図と平面図・横断面図の二点の図が付く。図8-34は、そのうちの測面図である。巻石台への取り付けから、上端の巻石に至るまで、巻石の敷石を支える部材の継手、堅固にするための筋違など寸法を交えて詳細に描かれている。右端に「明治十九年九月十五日」とある。案件の提出が同年十月一日であることから、それにあわせて作成されたものであることがわかる。

次に、この案件の経費についてみることにする。図8-35は、案件の冒頭部分である。概算金三一〇〇円余のうち、購買済木材費が二一〇〇円余、これに新たに購買する木材などの材料費が五三〇円余、運送費を加えると、二六六九円五一銭九厘となり、全体の約八六%を占める。巻枠の組み立てとはいえ、実に多くの木材を用いていることに驚かされる。職工費は、定雇使役と積合分の二者があるが、後者の場合、入札で三円一四銭六厘減となる。ちなみに、巻枠の組み立てには、大工三一〇・五人、鳶三八四人を要する。一日あたり大工が四五銭、鳶が三〇銭であるから、単純に掛けると二五四円七二銭五厘となる。表8-6に示してあるが、この案件には、およそ二カ月の期間を要している。

男柱・鏡石と裏側煉化石積　男柱と鏡石は、石橋本体では、最も華美となる箇所である。第六號の「大手御門石橋男柱及鏡石同裏煉化石積方共築造方仕様及入費概算之義伺」の案件の仕様書冒頭部分には、

一高拾五尺五寸八分 巾六尺　男柱　六ヶ所
　此面坪寄テ
　尺ま　隅組石之分
四百五拾五坪　見附山取面積
　但山取野面之儘用附職工料不附セ分
貳百拾三坪　同廻リ縁面積
八百六拾坪　重面積
六百八拾九坪　合口面積
〆
　但隅組者花崗石野面之儘廻リ縁取仕様巻石ト同断
　尺ま　中積石之分
三百六拾六坪　見附面積
千貳百坪　重子面積
八百八拾貳坪　合口面積
七百貳拾貳坪　裏面積
〆
　但中積石者本小松石中ムクリニ仕上ケ面拵合口共見本之通
六百八拾六坪　重合口面積
五百九拾五坪　迫合口面積
〆
　但中央柱裏積及桟取石花崗石遣
立八坪　煉化積
　但中央柱裏築込及南北柱裏積共
一一且貳拾三尺八寸三分 高拾貳尺三寸貳分五厘　鏡石　八ヶ所
　此面坪
　尺ま
千貳百貳拾五坪壱合　見附 見込
四百四拾八坪　同ムクリ面積
貳千五百四拾貳坪　合口面積
〆
一六坪五合　鏡石裏積迠煉化石
　但裏込巾平均貳尺五寸

とある。これには、図面三点が付く。図8-36は、男柱・鏡石の側面図と平面図、図8-37が同所と中央桟取石の断面図である。皇居を訪れて、大手石橋の優美さに感動する人が少なくないが、この石橋に色調の異なる二つの石材を用いてコントラストを強調した演出が施されていることを気が付く人は少ない。図8-37・38には、石材に関する情報が記されている。一例として図8-36下をあげると、鏡石には、「本小松鏡石百六拾八本／内譯／ろノ一　二十四本~ろノ十六　四本」、男柱には、「本小松柱石百九十八本／内譯／いノ一　三十六本~いノ四　六十本」、「花崗石柱石三ノ一　百三十二本」とある。男柱の図では、隅組の赤彩した箇

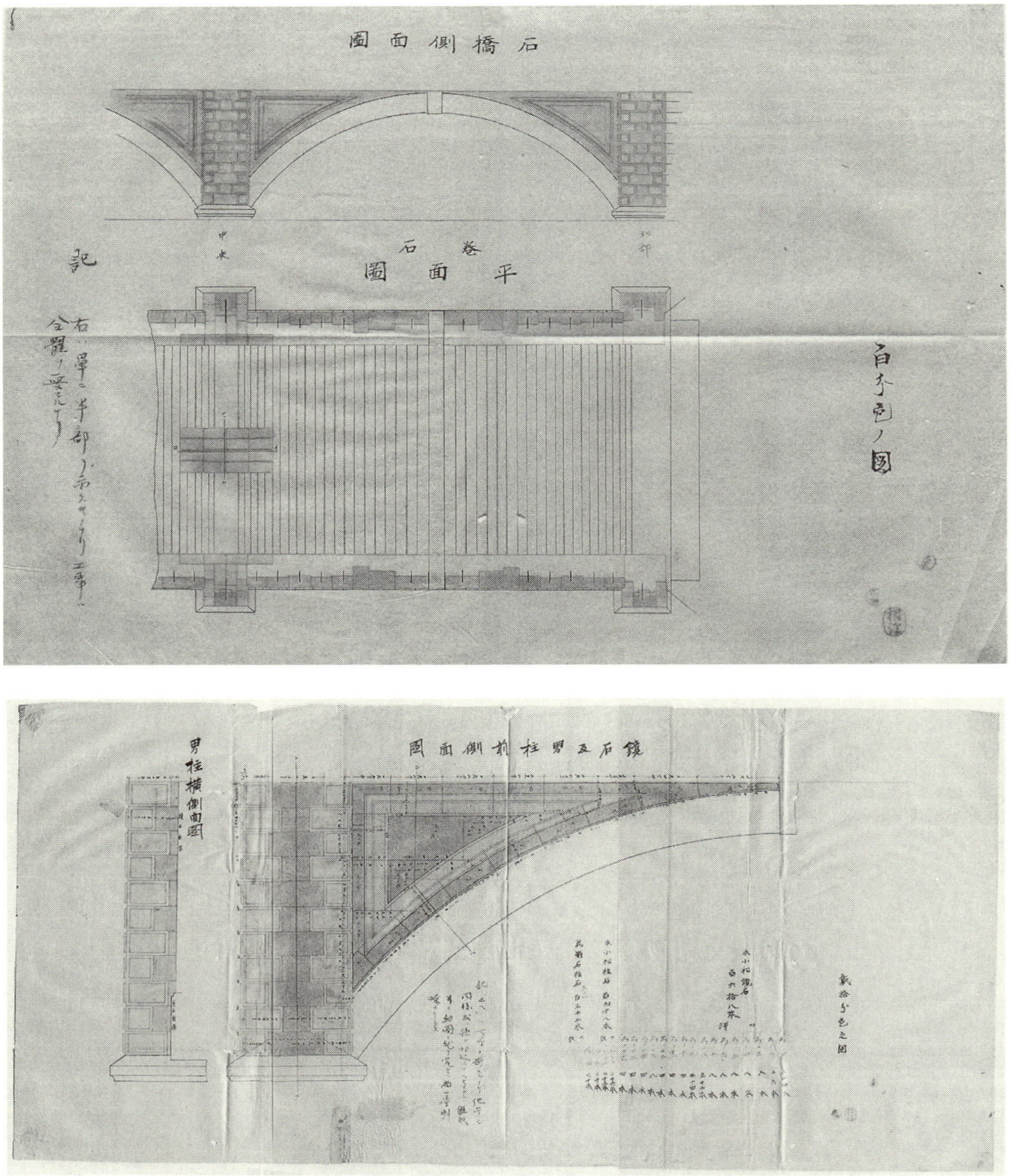

図８−36　男柱・鏡石・巻石側面図及び平面図

所が花崗石、隅組間の淡青色の箇所が本小松石となる。鏡石は、本小松石で築かれるが、玉縁造りにすることで立体感を作出している。ちなみに、鏡石に続く男柱の隅組、巻石、縁石には全て花崗石が使われている。石材に関することは後述するが、見事な造りである。

仕様書をみると、三カ所の男柱と鏡石の裏側は、いずれも煉化石積となっており、モルタルで目地を焼通している。隅組では、石垣の隅石と同様、合口に減金を施した鉄太柄を挟み込み、さらに、セメントを用いている。

橋台巻石押えの桟取石

作業工程では、男柱・鏡石の築造に先行するものである。巻石を巻枠上に敷き詰めることを前述したが、これは、橋

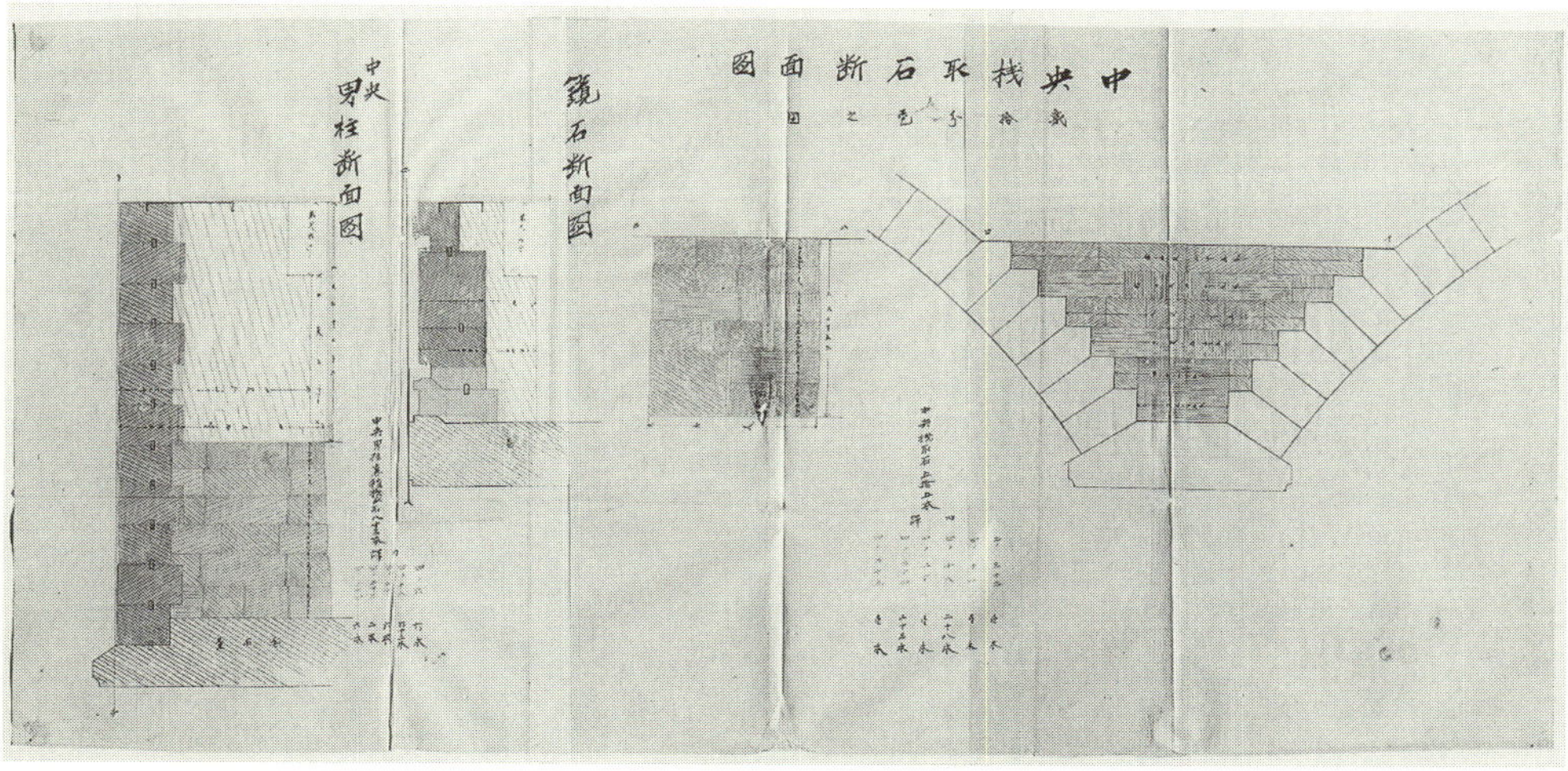

図 8 -37　中央桟取石・鏡石・男柱断面図

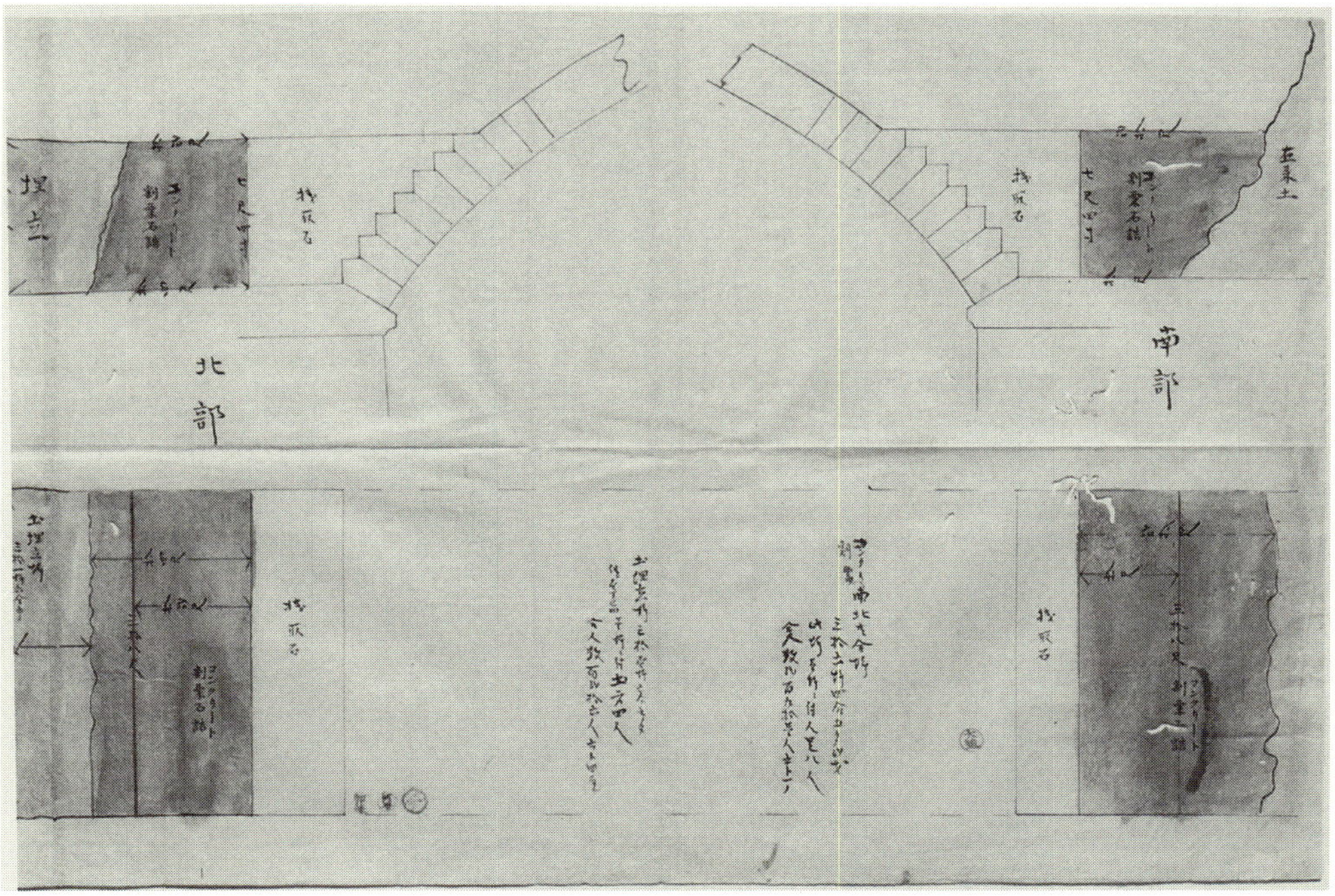

図 8 -38　南北橋台桟取石裏側のコンクリート地形断面図

図８－39　大手石橋遠景

台上でそれを固定するためのものである。明治二十年三月二十日に提出した「大手石橋巻石前後中央トモ巻出シ押エ有合古石材ヲ以栈取石積裏堅メ仕様及入費概算之件伺」がある。仕様書をみると、

一寄テ立貳拾六坪貳合　前後中央巻出シ押栈取石積

長貳拾九尺五寸　高七尺貳寸九分　巾上口敷トモ平均ニシテ九尺貳寸九分六厘　南部巻出シ押栈取石積

此立坪九坪貳合五夕五才

長貳拾九尺五寸　高七尺貳寸九分　巾上口敷トモ平均ニシテ拾壱尺六寸九分六厘　北部同断

此立坪拾壱坪六合四夕五才

長拾壱尺五寸　高六尺三寸八分　巾上口敷トモ平均ニシテ七尺七寸九分九厘ヲ　中央同断西側

此立坪貳坪六合五夕

長拾壱尺五寸　高六尺三寸八分　巾上口敷トモ平均ニシテ七尺七寸九分九厘ヲ　中央同断東側

此立坪貳坪六合五夕

〆

にはじまる。橋台中央部が東西に分かれているのは、平面図に「此処前工事ニ付除ク」とあることによるものである。注目される二点を指摘する。一点は、栈取石は、寶田町石置場（西丸下、現在の皇居前広場中程）の古堅石を用いること。その石は、大きさが長さ一尺八寸～二尺六寸、幅九寸～一尺二寸、厚さ五寸五分～八寸程のもので、巻石の釼先《けん》に切りあわせ、かつ一段目の厚さに切り揃えて縦横栈取に積み重ねること。また、巻石迫受は、継合口を切りあわせそのなかにモルタルを流し込むこと。一点は、モルタルは蓮池内製練所にて受け取ること。傍点は筆者によるものであるが、大手石橋の作業経過で述べてきているよう

に、宮城造営にあたっては、モルタル（セメントに砂を交ぜ水で練ったもの）、やコンクリート（セメントに砂・砂利・水を交ぜ固めたもの）を多用する。近代土木の特徴でもあるが、城内に製練所を建てることになる。少し加筆すると、モルタル製練所は、皇居内に数ヵ所に建てられたようで、『皇居造営録（上水）二　明治一六～二二年』（識別番号四四一二‐二）の第一九號の図面には、山里下に蓮池濠と蛤濠間の二カ所が（灰泥製練所もしくはモルタル製練所とあり）、『皇居造営録（下水）一　明治一六～二二年』（識別番号四四一三‐一）の第四號の図面には、旧西丸の太鼓櫓近くに同様の建物が記されている。この二点は、作業工程上の大きな特徴と言えるものではないが、資材の調達ということで貴重な情報といえる。

南北橋台桟取石裏側のコンクリート地形　男柱によって、この地形を目にすることはない。第二六號の「大手石橋南北橋臺前後埋立方ニ付コンクリート打方及土埋等使役概算之件伺」の案件で、図8‐38が該当する。図内の南部・北部の位置が巻石台にあたる。巻石に接する桟取石は、前案件で紹介した城内の古石を用いて巻石にあわせて加工・積み上げたものである。案件は、その裏手、図内では淡青色に塗られた箇所が割栗石を詰めてコンクリート地形が施された箇所が該当する。この地形は、南・北とも七尺四寸の高さで、幅が一〇～二〇尺の範囲に施されている。北部では、これに埋土が加わる。図内の文字には、

コンクリ割栗南北共合坪
三拾六坪四合五夕貳才
此坪壱坪ニ付人足八人
合人数貳百九拾壱人六分一厘
土埋立坪三拾壱坪六合七夕
人足壱丁已内壱坪ニ付土方四人
合人数百貳拾六人六分四厘

とある。地形の坪数とそれにかかる人員であるが、細部に至るまで入念であることがわかる。

巻石裏コンクリート打と桟取石上端の小割栗石詰と練砂利堅　作業が進行し、歩道と車道の下にあたる小割栗石も詰めたコンクリート打である。第五號の「大手石橋巻石裏桟取石上端中埋小割栗練砂利堅メ仕様及概算之件伺」の案件である。これには、二点の図面が付くが、仕様書もまた二件からなる。仕様書が二件となるのは、小割栗石の取り集め運搬に関するものが加わることによるものである。案件の概算金として、

概算金貳千〇九拾三円七拾銭四厘（朱書）
一金千百三拾壱円四厘
内
金五百〇貳円四拾五銭四厘　職工定雇使役分
金貳百六拾五円　運搬積合ニ可附分
金三百六拾三円五拾五銭　灰砂
金九百五拾八円九拾五砂　灰砂（朱書）
金三円七拾五銭　磚瓦（朱書）

とあるが、「灰砂」すなわち、セメントと砂利の費用が一二〇〇円を超え突出している。これに伴い小割栗も多用することからきたものである。しかし、小割栗石の調達・運搬にあたっては、大きさが三～四寸の

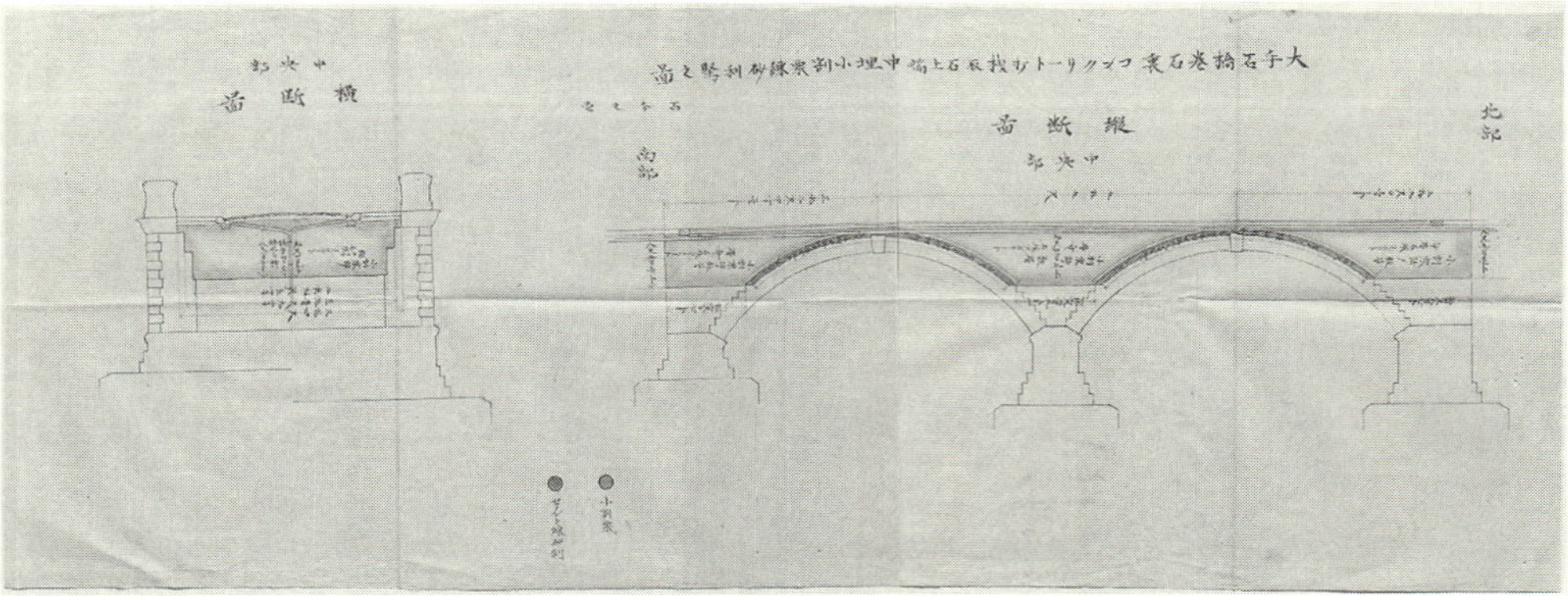

図８-40　巻石裏コンクリート地形断面図（図８-40～45：宮内庁宮内公文書館所蔵）

ものを橋台の南側に四〇坪。北側に六六坪の合計一〇六坪を要するが、取り集めにあっては、石橋北部石工下拵所や二重橋内外にある木端石や割栗石のなかでとがったものを選ぶというものである。不足する場合は、旧本丸内から取集・運搬とあるが、小割栗石の取り集めでは石割も発生していたのかもしれない。

もう一件の仕様書は、練砂利堅メ、すなわち、コンクリート打によるものである。具体的には、

一立坪拾貳坪五合九夕　巻石裏セメント入練砂利堅メ
四才　但シ　且イ四拾三尺壱寸五分巾三拾壱尺五寸
原サ壱尺通リ　貳ヶ所
壱ヶ所ニ付練砂
利立坪六坪貳合九夕七才
〆

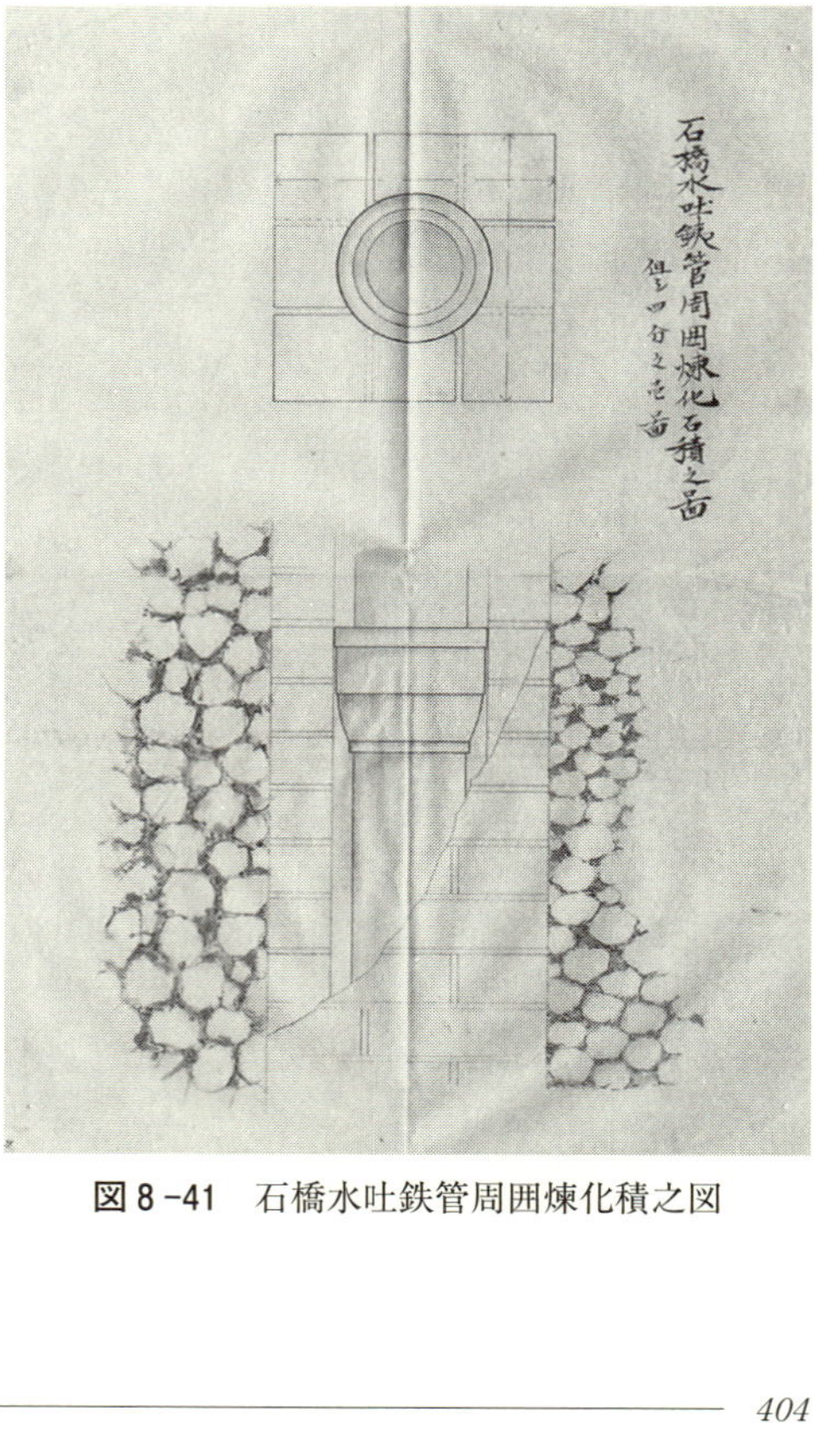

図８-41　石橋水吐鉄管周囲煉化積之図

と、巻石裏セメントに関するもの。本案件には、二点の図面が付くが、図８-40の巻石上位に赤彩された部分が該当する。練砂利の調合も指定されており、セメント：川砂：砂利が三：三：五ときめが細かい。厚さが一尺とあり、巻石を固定するためのものである。

一長延テ貳拾五尺　煉化石半枚順逆追廻シ積
是者中央水抜鉄管周圍煉化積
〆

とある。図８-40左の橋台中央部の横断面に排水管が描かれているが、この石橋の特徴として、排水施設が完備している。仕様の煉化積とは、土管の周囲を覆うもので図８-41に詳細な部分図が示されている。桝および配管については、第一一號の「大手石橋人道敷石及土管伏設石桝共

築造方仕様及概算之件伺」の案件にもみることができる。

桟取石上端の裏積については、

一立坪百〇五坪七合七夕　石橋巻立裏中埋 小割栗石詰練砂利竪メ

内

立貳拾七坪八合六夕三才　南部巻石練砂利裏中埋

但シ　且リ上下平均貳拾貳尺貳寸四分 巾平均三拾壱尺八寸　高サ八尺五寸壱分

立四拾六坪七合八夕七才　中央同断　中埋

但シ　且リ上下平均三拾三尺六寸三分 巾平均三拾壱尺八寸　高サ九尺四寸五分

立三拾壱坪壱合貳夕　北部同断　中埋

但シ　且リ上下平均貳拾四尺八寸四分 巾平均三拾壱尺八寸　高サ八尺五寸壱分

〆

とある。図8-40右の桟取石上位の灰色の部分が該当する。小割栗石を詰めているとはいえ、桟取石の上位では、約二六〇～二八〇センチの厚さに及ぶということは驚きである。外観だけではなく、内部でも重厚なのである。ちなみに、仕様では、最後に桟取石の上端で三寸の厚さで全面にきめ細かなコンクリートを打つことが指示されてる。そこでの調合は、山砂利立壱坪に付、生石灰貳百貫、山砂立貳合の割合ともある。

人道敷石下コンクリート地形　今日、石橋橋面は、アスファルト舗装が施され、人道には、さらに花崗石が敷かれている。これは、新造当初から、区別されるものであった。前述の土管とそれを受ける石桝の敷設後、人道となる部位には、敷石下のコンクリート打が行われる。明治二十年九月十五日に提出された第八號の「大手石橋人道敷石下コンクリート地形打方仕様及概算之義伺」の案件である。人道は、両端二カ所に設られ、仕様書では、

一 長百貳拾尺 巾七尺 厚平均七寸　人道左右貳夕側共コンクリート打方

此立坪寄而五坪四合四夕余

とあり、図面が付く。後述する車道のコンクリート打が二寸通であることから、人道はそれより五寸高いことになる。人道は、花崗石を敷設することで完成する。

車道と橋台端のコンクリート打　人道敷石下コンクリート打が終わり、七カ月を過ぎた明治二十一年七月二十一日に「大手石橋々面及橋臺共練砂利コンクリート打方経費概算之義伺」の案件が提出される。車道となる長さ一一六尺二寸、幅二〇尺の範囲と南側橋台端が対象となる。車道は、巻石裏・桟取石上端のコンクリート打の件は前述したが、ここでは、その上にさらに平均して二寸の厚さで練砂利を足すことになる。南側橋台の上位では、砕石コンクリート（砕石一坪に付、セメント：砂：砕石の比が三：三：一〇）を打っている。

この車道部分のコンクリート打で大手石橋の主要な箇所の工事は、終了する。表8-6にあるように、この後は、電飾灯の取付が行われるのである。

3　石橋使用の石材

大手石橋の使用石材は、男柱と鏡石、桟取石の項で少し触れたが、犬島産花崗石と相模産本小松石の二種類が用いられている。いずれも堅石の高級石材で、新たに採石したものを資材としている。

史料は、犬島産花崗石に関する情報が、実に詳細に残されている。こ

れは、同所が岡山県が管理する公有林（史料では「官林」）であることから、石材費がただ同然の低価で入手でき、かつ豊富なためである。宮城造営で使用する花崗石は、犬島産のほかに香川県小豆島産（採石当時は愛媛県）の二者がある。両者の位置関係をみると、犬島は、小豆島の北西部にあり、近接する。小豆島産花崗石は、大坂城築石の産地として著名であるが、宮城造営では謁見所・饗宴所・御車寄・御学問所等々で用いる予定であった。しかし、小豆島の場合、民有林でかつ所有者も多いことなどから、当初の予定量を確保するには至らなかった。この件については、後述する。

犬島産花崗石　瀬戸内海の無数の小島の一つ犬島は、採石当時、岡山県邑久郡久々井村犬島に所在する。公有林は、島全体の半数以上を占め、宮城造営使用の採石丁場は、島の東部、口縄《くちな》島地区（第壱・貳号丁場）と地陂《じつつみ》地区（第三〜五号丁場）の二カ所からなる。別図には、五カ所の採石丁場について、「皇居御造営用石材斫出ケ所」の文字が記されている。ちなみに、賢所・神殿・皇霊殿の宮中三殿使用は口縄島地区の第壱・貳号丁場のものであり、そのほかの大手石橋をはじめとする使用は島の南東部地陂地区の丁場で採石されたものである。

　ところで、宮内公文書館が所蔵する犬島石材に関する史料は、識別番号四四三二一―一〜四の四件あるが、それは、明治十五年十二月十六日付の「岡山縣犬島花崗石斫取調」にはじまる。具体的な採石数量が示されたのは、その五日後、「岡山山林事務所江照會之儀ニ付伺」（四四三二一―一の第三號）の案件で、皇居造営使用として三万三七〇〇切《さい》程の伐採をしたい旨の照会となる。これは、賢所使用のもので、明治十六年五月七日から同年十一月三十日迄に石数一万一五六七本、切数二万八七四〇切三分八厘を採出する（第二二號）。これらが東京に全て着くのは翌年で、明治十七年五月二十三日付の「石材回漕并艀下方皆済上申」の案件（第四四號）で知ることができる。

　石橋使用は、識別番号四四三二一―三・四に所収されている。その内容は、犬島での採石経過報告、岡山県との照会、六回の採石による四三二二本・切分三万八八五五切二分七厘に及ぶ原石費・斫出費・回漕費（陸送費は別途）等の費用、陸揚場所、石船の転覆及び石の落下等々であ

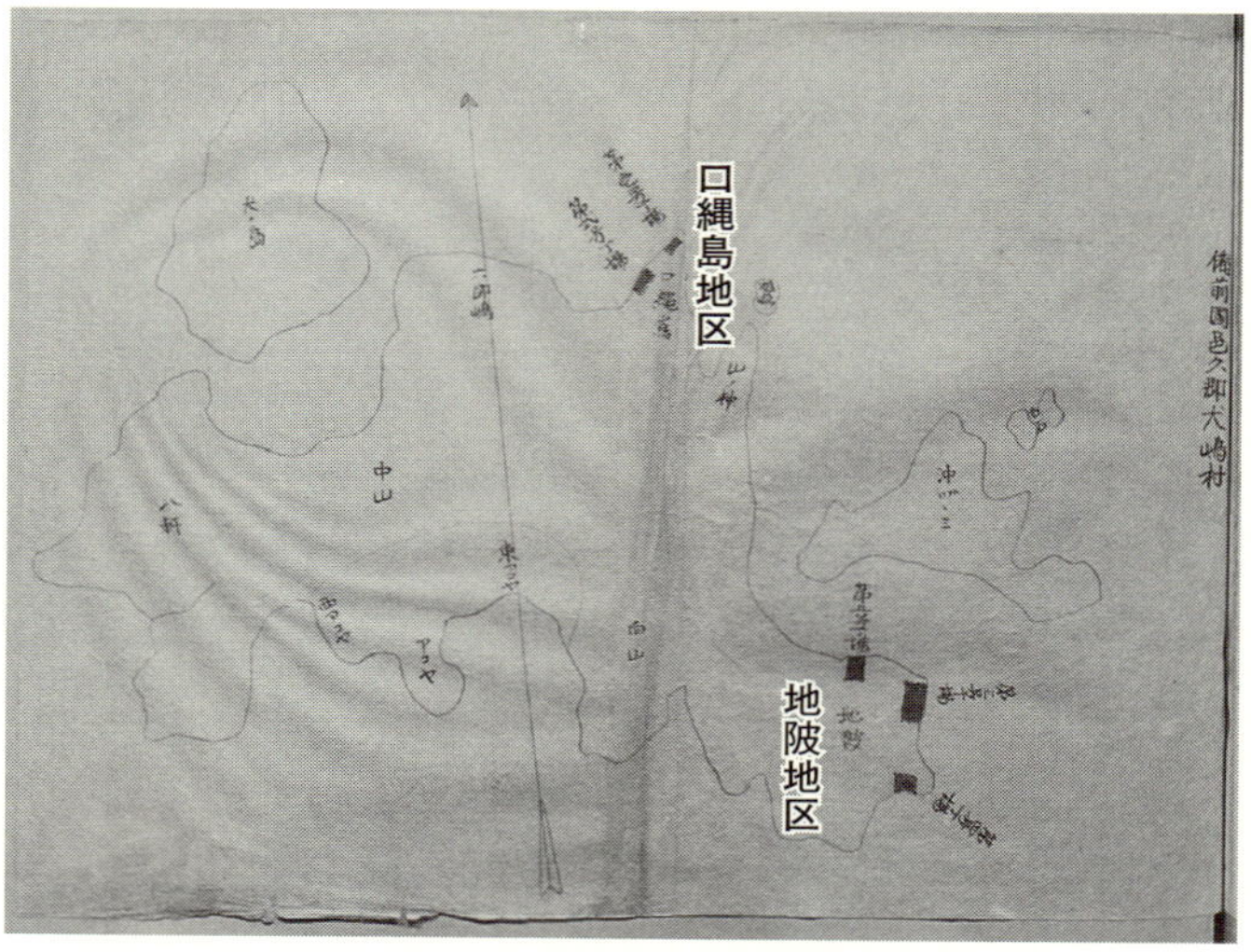

図8-42　岡山県犬島の宮城資用採石丁場

り、詳細に記されている。

案件は、明治十八年四月十五日付の「石橋資用犬嶋花崗石斫出ニ付出張官羽原十等属へ照會」（第二〇號）にはじまる。これは、同年六月三十日を期して石橋使用として一万五〇〇〇切を斫出し、七月三十一日迄に東京へ回漕するようにとの内容で、出張官に宛てた電文とともに所収されている。図8-43はそれに先行する担当者の出張史料である。

ちなみに、出張官からの返事は、四月二十四日付の電報として

後　石　回　漕　一　月　猶　予

アトイシカイソウヒトツキユウヨシテヨシ

がある。岡山県へは、五月十三日付で「石橋資用犬島花崗石斫出方并岡山縣へ照會按等伺之件」の案件がある。犬島の官林の管理は岡山県にあり、皇居造営事務局が原石代を支払うことになる。とはいえ、国営事業であり、複雑な審査はなかったものとみえる。前述の岡山山林事務所長宛の按文をみると、「……花崗石凡ソ三万三千七百切程伐採致度候ニ就テ者差問無之様御取扱相成リ候御依頼旁及御照會ニ候也……（傍点筆者）」とやわらかな表現であるが、事情をうかがうことができる。

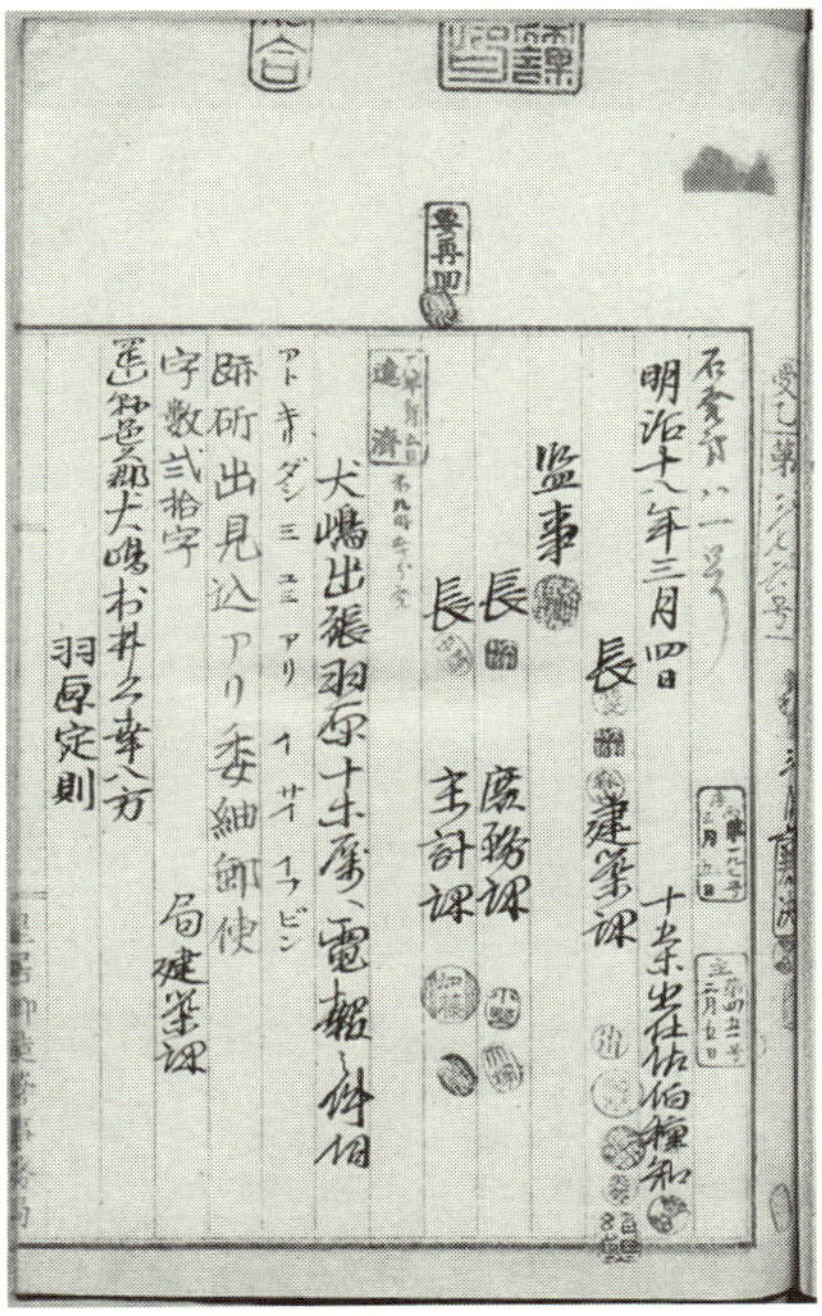

図8-43　石橋資用犬島花崗石斫出の件で担当官と照会史料

六回の採石・運搬と史料の体裁　ここでの史料は、案件名に概算金と内訳、寸銘帳、斫出賃金明細書、回漕賃金明細書、約定書等々からなる。

第一回目の明治十八年三月十二日に提出された「石橋資用犬島花崗石斫出并岡山縣ヘ照會按等伺之件」でみると、

一金七千五百六拾八円八拾八銭

但犬島花崗石千百五拾貳本切分壱万五千八百八拾壱切五分五厘

斫出之積

内

金三拾壱円八拾七銭三厘　原石代

金千九百拾七円六拾六銭五厘　斫出費

金五千六百拾九円三拾四銭貳厘　回漕費

とある。寸銘帳は、記号で二つに大別され、第壱号として一ノ一～一ノ八の七三二本、第貳号として二ノ一～二ノ四十八の四二本からなる。第壱号でみると、

記号	石数	寸銘	壱本切分	小計切
一ノ一	四本	四尺壱寸　三尺貳寸五分　貳尺貳寸	貳拾九切三分壱厘五毛	百拾七切貳分六厘
一ノ二	拾貳本	三尺六寸八分　貳尺七寸　貳尺壱寸	貳拾切七分五厘貳毛	貳百四拾九切壱分
中略				
一ノ七	貳拾六本	三尺四方　壱尺五寸三分	拾三切七分七厘	三百八拾五切五分六厘

一ノ八　百四拾貳本　三尺六寸六分 三尺 壱尺五寸三分　拾六切七分九厘九毛　貳千三百八拾五切四分一厘

計　七百三拾貳本　壱万貳百拾八分四厘

とあり、切分を五切を一単位として、

内切分段等別

六切ヨリ拾壱切未満	百四拾八本	切分千五百五拾三切六厘
拾壱切ヨリ拾六切未満	三百四拾六本	切分四千五百七拾切壱分貳厘
拾六切ヨリ貳拾壱切未満	貳百三拾四本	切分三千九百七拾八切四分
貳拾六切ヨリ三拾壱切未満	四本	切分百拾七切貳分六厘

とある。同様に第貳号の二ノ一～二ノ四十八の四二〇本が続く。この寸銘帳の「切《さい》」とは石の大きさを表し、一切とは一立方尺（三〇センチ立方）のことをいう。石切は、古くは鎌倉時代の十三世紀中頃の「矢穴技法」にはじまる。矢穴技法とは、石の大きさ、石目を読んだ上で採石ラインに沿って一定の間隔で矢穴を穿ち、楔を入れ玄能で均等に打撃を加えることで石を割る手法のことをいう。そのため、「切」が多い大きな石になるほど矢穴技法では楔を多く入れる必要が生じる。ただし、切＝矢穴数ではない。第貳号では、最も小さな六切未満があり、反対に石橋使用で最大は化粒柱の七拾壱切ヨリ七拾六切未満（七拾壱切四分貳厘四毛が四本）のものがある。この切分段等は、原石代を除く斫出費と回漕費（陸送費も同様）にも適用され、切分が大きくなるほど値段が高くなる。石の正当な評価には、切数が重要となるのである。

図8-44は、斫出記号一ノ一～二ノ四十八の斫出費明細帳の部分である。前述の明細帳に加えて、下段に原石代、斫出賃壱切金、回漕賃、壱本金、小計金等々の項目がある。全ての石に共通するのは原石代で、一

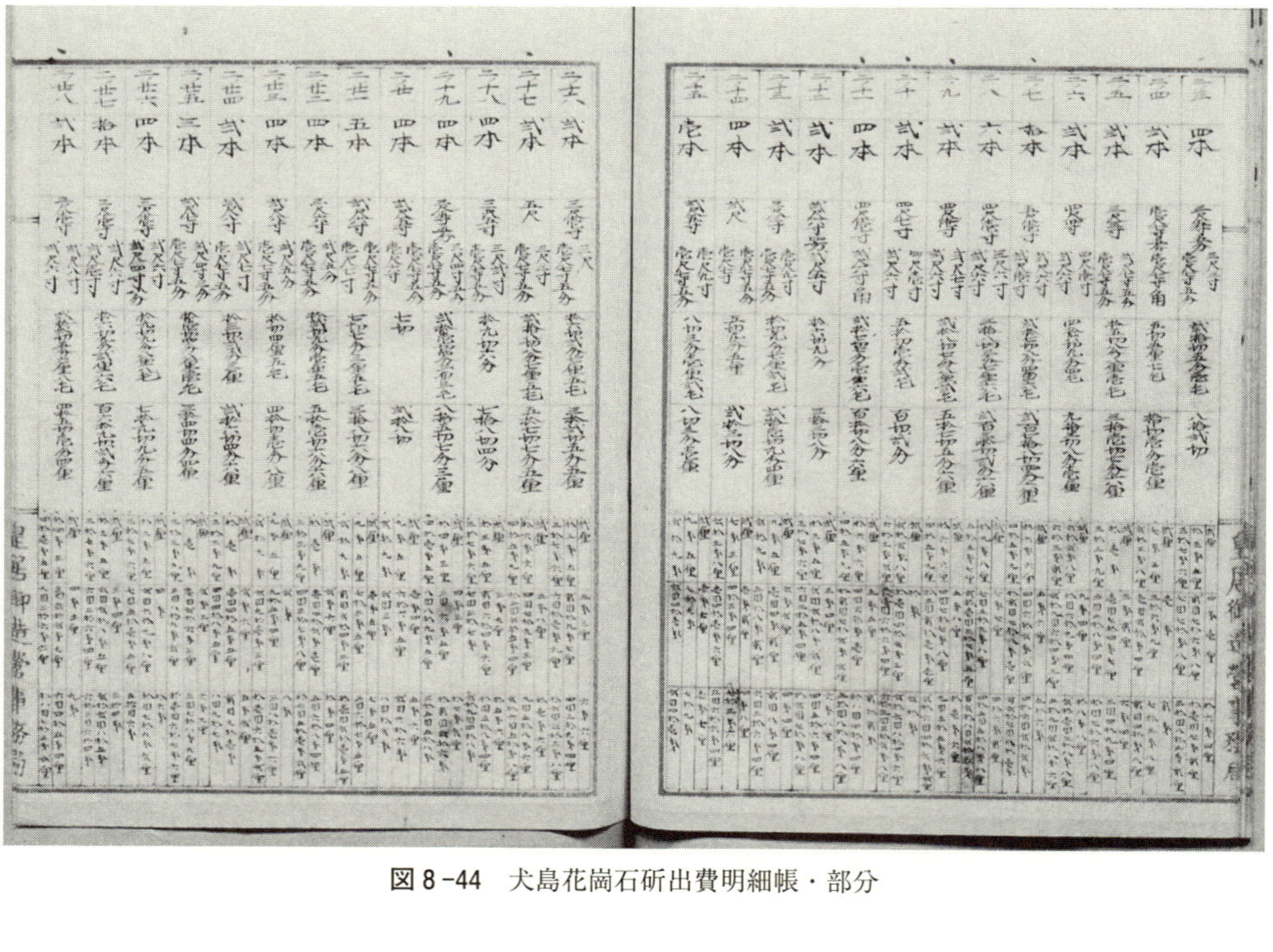

図8-44　犬島花崗石斫出費明細帳・部分

切につき二厘である。斫出費と回漕費は、前述の切分に応じた基本単価があり、これに壱本切分を掛けた金額となる。一例を記号一～六と一ノ七であげると、壱本切分は、一ノ六が拾三切壱分五厘九毛であるのに対して、一ノ七が拾三切七分七厘と一ノ七の方が六分一厘一毛程大きい。この斫出費と回漕費は、両者とも「拾壱切ヨリ拾六切未満」の同じ切分段等に属することから、一切あたりの基本単価が斫出費で拾壱銭、回漕賃で三拾三銭九厘となり、これに実数の切分を掛けた数値が金額となる。一本あたりの斫出賃でみると、一ノ六が壱円四拾四銭七厘、一ノ七が壱円五拾壱銭五厘と表されている。実に明快である。

ここで注目されることは、原石代が一切につききわめて安価であることである。宮城造営では、花崗石として犬島産と小豆島産の二者を使用しているが、原石代の価格差は顕著である。これについては、後述する。

次に、石橋使用として、六回の斫出・運搬についてまとめたものが表8-6（三九八頁）である。作業の進捗に応じており、備考欄の使用箇所については、『(犬島石材）三・四』の二件の史料に載るものもあれば、『(大手石橋）二』の男柱・鏡石・桟取石の図面内に記入されているものもある。詳細にみることにする。

一回目の一一五二本の斫出・運搬に関する経費の項目に「他」とした。犬島花崗石の斫出は松井久兵衛、回漕は前田治右衛門が請け負うことになる。斫出は、明治十八年八月三十一日には終り、船積みは九月五日迄に行われ、東京には九月三十日には全てが到着する。先に、この件の概算を紹介したが、明治十八年七月十三日に提出した「石橋資用犬嶋花崗石斫出回漕等約定書徴収之件上申」の案件（第二四號）で、その後の経費見直しで、回漕費の値引きとなる。それは、当初の五六一九円三四銭二厘から四円二九銭八厘を割引いたもので、この金額を「他」としてある。二回目以降は、割引率に応じた積算となるので、回漕費の変更はない。したがって、合計金額は、この分を引いたものが実際の金額となる。表8-6にはでてこないが、各回漕に関する約定書には、総額の他に必ず、犬島より東京龍ノ口迄の回漕艀下陸揚賃及び保険料の付帯条件が加えられている。後述する正門鉄橋では、部材をドイツから横浜に運搬する際の保険料が具体的な数字として示されている。石材の回漕では、残念ながら数値はでてこない。しかし、保険制度が確立していたことを知る間接的な史料となるもので、注目される。

採石・運搬から少し離れるが、男柱・鏡石・桟取石の項で図8-37・38を用いながら二種類の高級石材を用いて石橋の外観を考慮し、巧みに配置していることを指摘した。残念ながら手摺については史料のみで、配置場所を特定することはできないが、二つの石材の関係を示したのが表8-7である。要所で配色を意識し、装飾を高めていることがうかがえる。

表8-6では注目されることがある。第6回目に斫出・回漕された三七二本の石材である。他の史料と同様、第一六號に寸銘帳・明細帳が付く。そのほか、第一一號として「大手石橋蛇腹、化粧柱及地覆手摺石材調」が加わり、全ての配置本数と寸銘が明記されている。図8-45に示したが、罫線の上に使用箇所が朱で橋上蛇腹、高欄地覆、手摺、化粧柱、控柱と加筆されているのである。表8-8には、図8-45の内訳を示

表8－7　図面・石材調に明記されている二種類の石材一覧

石材・本数・他 / 使用箇所	犬島産花崗石		相模産本小松石		関連する史料番号
	石の記号	本数	石の記号	本数	
男　柱	3ノ1	132	いノ1～いノ4	198	4405-2、4432-3、4433-2
男柱裏桟取石	4ノ6・18・20・22・24	83	—		4405-2
鏡　石	—		ろノ1～ろノ16	168	4405-2、4433-2
中央桟取石	2ノ32、4ノ11・18・20・24・25	55	—		4405-2、4432-4
手　摺	（8ノ1～8ノ23内）	46		※150	4432-4、4433-3
小　計	—	316	—	516	—

石の記号は、寸銘帳・明細帳のもの　※　4433-3の第7號に所収

した。

なお、補足として、第五回目の敷石・縁石使用の五一七本は、橋の両端に人道を敷設することを前述したが、そこで使用するものである。人道の片側幅六尺四寸（縁石を含めると七尺）、長さ一二〇尺の範囲に石幅一尺四寸五分の切石を横一列に二〜三本宛七九列、それに縁石を加えた数字である。

犬島産花崗石の賢所と石橋にみる特徴　犬島産花崗石を多用していることを述べたが、表8-10を用いて述べることにする。表8-9は、花崗石として小豆島産を加えてある。この表を参考と記したが、その経緯を記しておく。小豆島での採石は、当初、三地区での使用を目的として進められた。それは、

①第三区用。一五一一本、七二九一切二分五厘。明治十七年二月二十三日皆済。

②第二区用。一万一八七二本、三万四〇〇三切五分五厘。解約。代石を犬島とあり、明治十七年十月二十三日付の「岡山愛媛両縣下出張

表8－8　橋上の花崗石本数

使用箇所		本数
高欄地覆用	上　部	92
	持　送	86
	同上左右	96
高欄地覆		16
手　摺		16
化粧柱		24
北方手摺		12
南北手摺		18
南北控柱		12
合　計		372

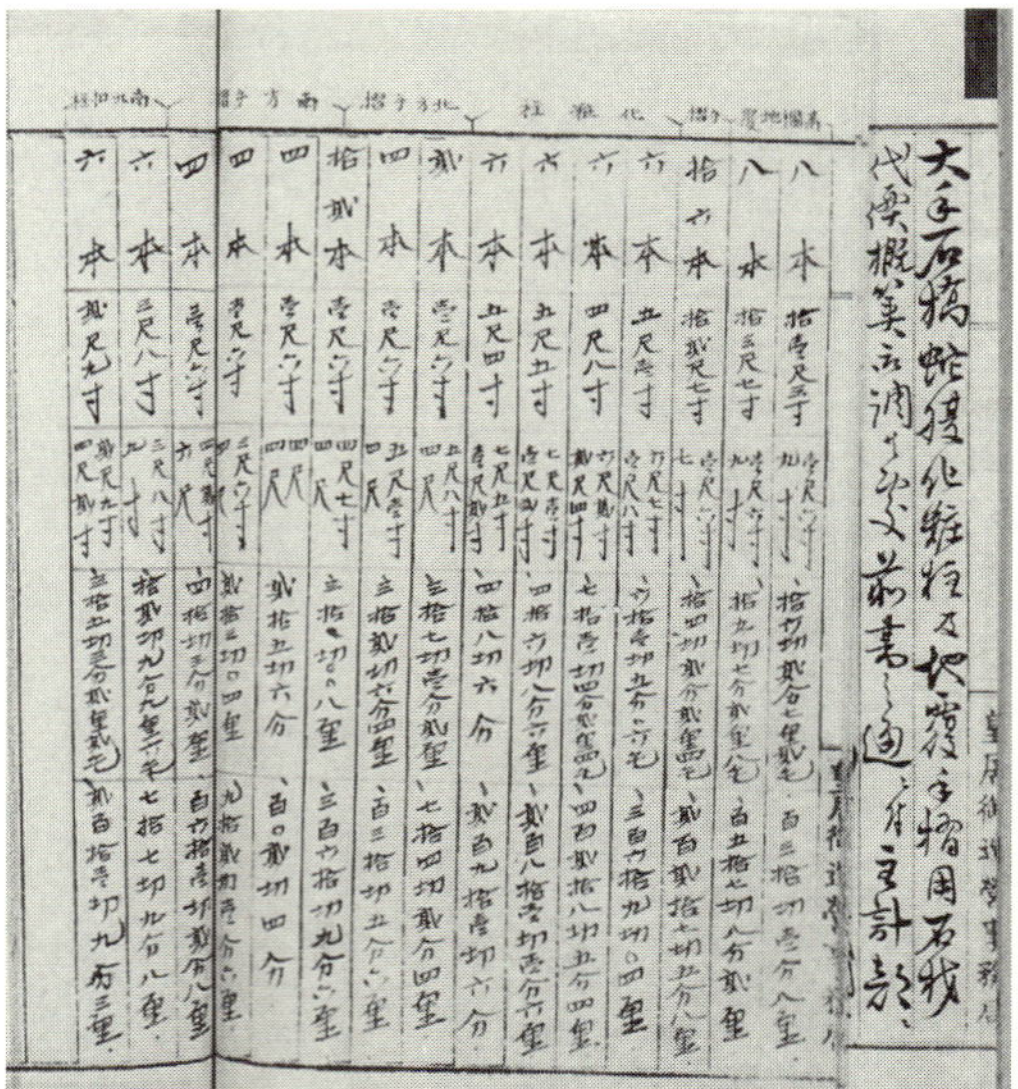

図8－45　大手石橋蛇腹、化粧柱及地覆手摺石材調の史料

復命書」（第一五號）に岡山県山林事務所と視察の結果、官林はこれまでの伐採で荒廃し、民有地からになるが、これまでと同様、一切に付金二厘にて下げ渡される筈とした上で、

第二区用、

一石数壱万千九百七十二本

此切数三万五千百十切壱分五厘

伐出シ本船積込迄受負

金貳千八百七拾八円七銭七厘　岡山縣備前国上道郡金岡村　松井久兵衛

犬島ヨリ東京辰ノ口迄回漕
艀下陸揚ケ保険料共受負

金九千百四拾八円九拾九銭七厘　兵庫縣播磨国神戸区兵庫宮前町　前田治右衛門

とある。

③第三区用。三六二五本、九九〇三切七分四厘。解約後の契約で、明治十七年十一月廿五日迄に皆納。

とある。これに、明治十八年三月十五日までに皆納した石数五七三三本、切数一万七八六二切七分二厘を加えたものを表8-9に示した。この表から、石橋が他の箇所よりも大型の石を多く使用していることを看取することができる。

犬島産花崗石の値段については前述したが、小豆島産②の解約に伴い、担当係官による興味深い比較表がある。罫線が引かれていないが、そこには、

犬島
小豆島 花崗石伐出回漕保険共一式請負代價比較表

切歩段等	石材切数	安井政蔵請負小豆島石へ二割増代價	同人請負小豆島石代價	松井前田請負犬島石代價	犬島石ト小豆島石二割増比較	大島石ト小豆島石ト比較
六切未満	弐万四千三百七十六切弐分六厘	九千三百三拾壱円弐拾三銭二厘	七千七百七拾六円弐銭七厘	七千六百弐拾九円七拾六銭九厘	千七百壱円四拾六銭三厘	百四拾六円弐拾五銭八厘
拾壱切未満	八千百切壱分壱厘	四千七拾弐円七拾三銭五厘	三千三百九拾三円九拾四銭六厘	三千百三拾四円七拾四銭五厘	九百三拾七円九拾九銭弐厘	弐百五拾九円弐拾銭三厘
拾六切未満	弐千百五拾七切五合七厘	千弐百五拾三円拾壱銭七厘	千四拾四円弐拾六銭四厘	九百七拾三円六銭四厘	弐百八拾円五銭三厘	七拾壱円弐拾銭
弐拾壱切未満	弐百壱切八分五厘	百三拾五円四拾銭壱厘	百拾弐円八拾三銭四厘	百三円五拾四銭九厘	三拾壱円八拾五銭弐厘	九円弐拾八銭五厘
弐拾壱切ヨリ四拾壱切未満	弐百八十三切三分六厘	三百八円六拾壱銭四厘	弐百五拾七円拾七銭八厘	弐百五拾七円拾七銭八厘	五拾壱円四拾三銭六厘	

表8-9　宮造造営に伴う花崗石の使用（参考）

本数·切分、他／産地、使用箇所		本数・切数		金　　額
		本　数	切　数	
犬島産	賢所使用（明治17年5月23日付皆済）	11,567本	28,740切3分8厘	18,998円76銭9厘
	石橋使用	4,322本	38,855切2分7厘	18,272円89銭7厘
	※第二区用	11,972本	35,119切2分5厘	12,051円1銭7厘
小豆島産、第3区用		10,869本	35,057切7分3厘	12,032円58銭9厘
小　計		38,730本	137,772切6分3厘	61,355円27銭2厘

※は小豆島産34,003切5分5厘の解約による代石分、4435の第15號にあるが未確認

合計	三万五千百十九切一卜五リ	壱万五千百壱円九銭九厘	壱万二千五百八拾四円二十四銭九厘	壱万二千九十八円三十銭三厘	三千弐円七十九銭六厘	四百八十五円九十四銭六厘

とある。この表の見方について少し説明する。この表は、大野七等官が、明治十七年九月六日から十月十一日迄、小豆島、犬島をはじめ、岡山県畳表・二日市町製瓦・近似村釘製造・鞆町畳表、愛媛県菊間瓦、兵庫県西京屋根瓦・西陣織物等々の視察を終え、皇居造営に伴う資材の進捗状況を東京に戻り、報告したなかの部分である。

切数三万五〇〇〇切余の数字は、当初、小豆島産花崗石の請負人である安井政蔵氏が第二区用（宮殿の負檐廊下下行道資用など）の三万四〇〇三切五分五厘の解約に伴い大野担当官が算出したものである。右表及び表8-9では、切数合計で一〇〇〇切程、増加しているが、同一の案件である。また、安井政蔵氏の二割増とあるのは、解約時の検討で、再度、小豆島産とするならば、斫出・回漕費が二割増の必要があるという判断に基づくものである。安井氏は、小豆島産を一括した請負人でもある。ちなみに、小豆島産の回漕請負は、犬島産と同様、前田治右衛門氏であり、東京までの距離がほぼ同じであることから、回漕費に変わりはないものと考えられる。要は、原石代が安価すぎるというのである。

小豆島産と犬島産の請負料から算出した六切未満の小型石材で価格の違いをみると、従来の単価でも一五〇円弱の開きがあり、犬島産の方が断然安価なのである。これに二割増が加わると一七〇〇円程の開きとなり格段の差となる。ちなみに、表8-6の大手石橋使用四三二二本の原石代合計は、七九円四四銭一厘であり、右金額には遠く及ばない。価格面からみると全て犬島産とすることは、誰にも一目瞭然である。しかし、前述したように犬島での官林からの斫出による供給量には限界があり、そのため、二者からの供給を選択したのである。

表8-10　石橋使用の相模本小松石一覧

識別番号	號　数	案件の提出日	本数・切数		石材の価格	使用箇所	石質区分
			本数	切　　数			
4433-2	第4・5號	明治18年6月12日	198本	1,148切9分3厘	466円99銭8厘	男柱	本小松極上色揃
	同上	同　年6月14日	168本	3,211切　9厘	2,125円66銭4厘	鏡石	本小松極上色揃
	第10號	明治19年4月25日	47本	506切2分4厘	207円79銭5厘	側石内、石垣隅	中石か
4433-3	第7號	明治20年3月16日	150本	495切	272円25銭	手摺	本小松石
合　計	—	—	563本	5,361切2分6厘	3,072円70銭7厘	—	—

※石材の価格には、石工支払・出方引出・回漕・艀下等全てを含

台場周辺での艀下と二カ所の陸揚場　『皇居造営録』の石材に関する史料で、明細帳に記された克明な値段もさることながら、各地で積み込んだ石材を、東京湾に入ると台場周辺の浅瀬で石船から艀船に下ろされ、目的地で陸揚されることには驚かされる。

周知のように、江戸城の公儀普請にあっては、築城石の大半を相模・伊豆の石丁場で採石し、それらを石船に積み込んで江戸へ運び、そのまま陸揚されたと理解されてきた。艀船の利用は、第二章の『石曳図屏風』、時間的に後出するが『石切図屏風』を好例として、採石地の港湾の地形が岩礁や遠浅の砂浜であるが故のことであると考えられてきた。勿論、台場

は、幕末に築造されたもので、江戸初期には存在しなかった。史資料が皆無であることから、江戸での艀下は不明といわざるを得ないが、多くの物資が集合すること、濠の深さが意外と浅いこと、円滑な積み下ろし作業等々を考慮すると、この点は、今後の検討課題といえる。

　花崗石の回漕は、犬島・小豆島の両産地とも一括して前田治右衛門氏が請負っていることを述べた。それは、各案件の内訳や明細帳にも回漕費の項目で処理されている。しかし、実際には艀下は別業者が下請している。識別番号四四三二-二の明治十七年五月二十三日に提出された「犬嶋花崗石回漕并艀下方皆済之件上申」（第四四號、表9参照）の案件内に垣間みることができる。そこでは、

　犬嶋花崗石岡山縣下犬嶋ヨリ東京品川沾回漕
一石数壱万千五百六拾七本　受負人　前田治右衛門
　　切分貳万八千七百四拾切三分八厘
犬嶋花崗石品川沖ヨリ辰ノ口河岸沾艀下方
一石数壱万千五百六拾貳本　受負人　大倉組 瀧原徳右衛門
　　切分貳万八千七百四拾切三分八厘
（傍点は筆者、以下略）

とある。石数の本数に写し間違い（七が正）があるが、台場からの艀下の下請業者名が記されている。また、識別番号四四三二-一の「賢所資用花崗石代概算取調」として、各費目毎の値段が記されている。

　右合計壱万千五百六拾七本代
代金壱万八千九百九拾八円七拾六銭九厘
　内
金五拾六円六拾八銭三厘　山代
金四千三百五拾三円六拾四銭九厘　伐出賃
金壱万四百拾九円八拾銭七厘　回漕賃
金千百八拾五円拾壱銭二厘　艀下賃
金千五百五拾円二銭五厘　陸運送賃
金千四百三拾三円四拾八銭四厘　諸雑費

とある。艀下賃は、回漕賃全体のおよそ一割位を占めている。後述する本小松石の代価では、一切当りの艀下賃が記されている。

　史料を読むと、艀下された石材の陸揚場は、辰ノ口（龍ノ口）と木挽町の二者がある。前者は、江戸時代の緊急時―明暦大火や元禄大地震など―の陸揚場や短期間の資材置場として史料に記されている。木挽町は意外であるが、両者には決定的な差がある。木挽町で陸揚された場合のみに陸送代が加わるのである。

　その史料は、識別番号四四三二-四の第七號「石材運送賃概算金伺之件」（明治十九年一月十九日提出）の案件がある。表8-6では、五回目までの陸送賃合計にあたる。

概算高
一金四百六拾八円四拾八銭壱厘
　花崗石壱万四千五百貳切六分壱厘運送賃
石橋資用木挽町物揚場ヨリ大手門内外へ運搬賃料
　運送賃調

主計部建築課の石材運搬注文帳	壱切賃金	賃金	切数	
六本	貳銭貳厘	金七拾四銭六厘	三拾三切九分壱厘	六切未満

六切ヨリ拾壱切未満	三千八百五拾四切九分八厘	金九拾六円三拾七銭五厘	貳銭五厘	三百八拾六本
拾壱切ヨリ拾六切未満	四千八百貳拾切壱分四厘	金百四拾四円七拾八銭四厘	三銭	三百六拾四本
拾六切ヨリ貳拾壱切未満	四千貳百九拾切貳厘	金百五拾円拾五銭壱厘	三銭五厘	貳百五拾本
貳拾壱切ヨリ貳拾六切未満	三百四切壱分四厘	金拾貳円拾六銭六厘	四銭	拾三本
貳拾六切ヨリ三拾壱切未満	五百六拾切五分六厘	金貳拾五円貳拾貳銭五厘	四銭五厘	貳拾本
三拾壱切ヨリ三拾六切未満	百貳拾四切七分七厘	金六円貳拾三銭九厘	五銭	四本
三拾六切ヨリ四拾壱切未満	三百拾四切八厘	金拾七円貳拾七銭四厘	五銭五厘	八本
四拾六切ヨリ五拾壱切未満	百九拾四切壱銭	金拾五円五拾貳銭壱厘	八銭	四本
計	壱萬四千五百貳切六分壱厘	金四百六拾八円四拾銭壱厘		千五拾五本

この陸送代をみると、石の切数が大きくなるほど高くなるが、一一切未満から段等が増えると一切当り五厘ずつ上昇していることがわかる。例外的に、最大級のものはさらに高額となっている。ちなみに、陸送は、牛車引となるのである。

豊導丸・重宝丸の沈没　東京台場での艀下を考える場合、石の運搬船の規模は気になるところである。ここでは、豊導丸と重宝丸の二隻の沈没史料からみることにする。

豊導丸は、渡辺源四郎所有の三四五石積一七反帆の日本船で、難破当時、賢所使用の一九一本、切数七四〇切九分一厘を積み込んでいた。明治十六年十月二十日、暴風雨のなか、愛知県渥美郡堀切村沖で沈没とある。積荷をもう少し詳しくみると、五切余以下が一三九本、六切ヨリ十切迄が三九本、残りの一三本が二十切余以下で、小型の採石であることがわかる。斫出賃をはじめとして官損として処理されている。

重宝丸は、七五〇石積二五反帆の日本型商船である。明治十九年四月十五日、大手石橋使用石材など五本（四ノ一三・一七・一九、をノ四・六）、切数二二切二分六厘を積み込み、静岡県賀茂郡田子浦湾で沈没している。この情報は逸速く伝えられ、四月二十日付で伐りの石七本の斫出と回漕が手配されている。なお、新たな石材七本、切数二七切六分七厘の原石代と斫出費の二円七銭四厘は、弁償となる。

このほか、船の大きさを知る史料として、明治十六年七月六日（同月四日より積み込み）犬島で艀下船から金毘羅丸（一〇〇〇石積）に積み込む際に誤って海に落下し、弁償した記録などがある。

回漕船そのものに関する記述は、このほか鴻漸丸・開運丸・栄宝丸など損傷や落下に関することで登場するが、散見するに過ぎない。右三例をもって一般的な傾向とするには危険であり、やはり史料が少なすぎる。犬島・小豆島の花崗石を除く相模・上総・伊豆・駿河では、採石する数量が相対的に少なくかつ東京に近いことなどから、回漕船に関する情報は皆無である。

江戸城公儀普請では、幕府の資金拠出があるが、まずは三〇〇〇艘の建造が命じられる。慶長九（一六〇四）年福島正則は九反帆（一〇〇石）五〇艘、一〇反帆（一五〇石）五〇艘の建造記録、慶長十八年、土佐藩の一〇〇石以上の石船三四艘の出国記録（同藩では寛永五年にも幕府より命じられている）、細川忠利の寛永十一年の一〇〇石積以上三一艘（北原糸子氏は『江戸城外堀物語』のなかで一〇～一三反帆と紹介）などがよく知られている。一三反帆は二〇〇石積に相当するが、史料からはこの三例あたりが主流であったのであろうか。田畑賓作氏の、『駿府城刻印の謎』のなかで一六反帆や一四反帆が主流ではという意見もあるが。

宮城造営では、五〇〇石積以上の大型船が中心であるが、積載した石材の数量が気になるところである。北原氏は、前掲の書のなかで寛永十一年の細川家の助役について、史料の精査から石船一回当りの積載量を一〇反帆で二三個、一三反帆で五五個と推算している。この石数を、単純に豊導丸や重宝丸の石数と比較することは危険である。しかし、細川家が運搬した石船は、石垣使用である。当時の築石（間知石）の控の長さは三～四尺はあり、江戸時代後期以降のものと比べると優に二倍はある。つまり、表記にはないが、一個当りの切数がかなり大きいことが推察される。ちなみに、『利根川荒川事典』の石船の項には、『船鑑』からの引用として、「修羅船、石積＝船俗ニヒラタ石舟ト云、長四丈二三尺～四丈七尺横一丈二尺位、但板子無之ヲ修羅造＝舟と云」とあり、図と共に上部ほぼ全面に板の張られた水押、二階造りであると紹介している。『船鑑』の成立年代は、奥書から享和二（一八〇二）年である。この石船が何石積に相当するかは筆者には判断できない。

ここでは、沈没船の記録から回漕船の大きさについて考えてみた。また、江戸時代の石船との比較検討を通して、当時、江戸湾内での石船から艀下の可能性を余儀なくするものであった。

相模産本小松石　表8-7で男柱・鏡石・桟取石使用の花崗石と本小松石との対比をした。また、二重橋正門の隅石に新石の新小松石が使用されていることを述べた。ここでは、石橋使用の本小松石のみを取り上げることにする。表8-10は、史料の情報をもう少し加えたものである。男柱・鏡石の使用石材は、案件からみると、二重橋正門隅石より更に高品質の「本小松極上色揃石」と表現されている。表8-12の新小松中石と比較すると、切数が異なるが、同じ比率にしても二倍以上の値段の開きがあり、高価であることは歴然としている。

この石材の内訳明細書は、犬島産花崗石とは、若干、異なる記述がみられる。表8-10の一九八本の例でみることにする。請負人は、岩村（現、真鶴町）の半田治兵衛と鈴木房五郎の両氏があたり、

本小松原石極最上等質者《ママ》色揃
石橋男柱用
石数百九拾八本
切歩千百四拾八切九分三厘
代價金四百六拾六円九拾九銭八厘
内譯
い一　三拾六本　長三尺貳寸　巾貳尺　ア壱尺六寸
切歩三百六拾八切六分四厘　壱本拾切貳分四厘
御金百六拾円三拾四銭四厘　壱本御金四円四拾五銭四厘
壱切御金四拾三銭五厘
壱切代價内譯
一金~~貳拾六銭五厘~~貳拾六銭八厘　石工仕拂（六一・六％）
一金拾銭五厘　回漕賃（二四・一％）
一金三銭五厘　出方引出賃（八・一％）
一金貳銭七厘　東京艀下賃（六・二％）
（以下略、括弧内は筆者）

とある。ほぼ同じ切分の、犬島産花崗石（図8-44）と対比することに

表8-11　相模本小松石と犬島花崗石の一本当りの代価

相模本小松石			犬島花崗石		
記号	一本当りの切数	一本当りの代価	記号	一本当りの切数	一本当りの代価
いノ一	一〇切二分四厘	石拂・引出 三円一〇銭二厘（六九・七%） 回漕・艀下 一円三五銭二厘（三〇・三%） 〔四円四五銭四厘〕	一ノ三	一〇切三分四厘二毛	原石・斫出 一円　三厘（二五・一%） 回漕費 二円九九銭九厘（七四・九%） 〔四円　二厘〕
ろノ一	一三切二分	石拂・引出 四円六六銭（七二・六%） 回漕・艀下 一円七六銭二厘（二七・四%） 〔六円四二銭二厘〕	二ノ二十四	一三切二分三厘	原石・斫出 一円四八銭二厘（二五・〇%） 回漕 四円四八銭五厘（七五・〇%） 〔五円九一銭六厘〕

する。犬島花崗石の原石代・斫出賃が本小松石明細帳では石工仕佛・出方引出賃にあたる。他方、犬島産花崗石では、回漕賃が一本に集約されているのに対して、ここでは東京艀下賃を入れ細別している。出方引出賃とは、山間での採石となることから、海岸までの運搬賃を指す。参考までに、いノ一、ろノ一と同一切数は犬島産花崗石には見当らないので、近似する一ノ三、二ノ二十四で比較することにする。

　同じ切数での一本当りの代価は、相模本小松石と犬島花崗石とを比べると本小松石の方が高いが、かなり近似値のようにもみえる。先に、犬島産と小豆島産の二つの花崗石の本数、値段等々について述べたが、相模産本小松石は、その比ではなく、はるかに高価であるといえる。表8-11であげた本小松石は、最上級であることにもよるが、一本当りの内訳でみると、原石代（本小松石では不明）・斫出・海岸までのいわば現地でかかる費用と、艀下賃を含む回漕費を犬島産花崗石と比較すると、両者の比率が正反対であることを看取することができる。斫出費に若干の差があるかも知れないが、極端に異なるとはまず考えられない。すなわち、原石代が高価ということになる。

表8-12　第3・4区使用の相模本新小松石一覧

石の等級、形状	本数・切数		石の代価		減　額	備　考
	本　数	切　数	代　価	概算代価		
本小松石	366本	4,360切　　2厘	2,592円66銭2厘	2,623円88銭6厘	31円22銭4厘	男柱・鏡石使用
※新小松原石	14本	1,200切5分	2,040円85銭	2,124円88銭5厘	84円3銭5厘	二重橋正門隅石
同・中石	468本	1,430切8分5厘	400円76銭	429円25銭5厘	28円49銭5厘	手摺を含
同・岩岐	400間	2,016切	564円48銭	604円80銭	40円32銭	
同・間知	11,220本	22,682切5分5厘	5,867円29銭	5,988円53銭	121円22銭	
合　計	12,068本 400間	31,690切9分2厘	11,466円4銭2厘	11,771円33銭6厘	305円29銭4厘	——

※史料では、本小松・新小松石の区別が必ずしも明確ではない。

　以上、石橋の使用石材について述べたが、花崗石と本小松石の見事なコントラスト、しかも最上級の本小松石を厳選するなど、まさに宮殿に繋がる玄関口としての役割を外観・機能の両面で十分に果しているといっても過言ではない。

　明治四十四（一九一一）年、正門石橋と並んで著名な日本橋

表 8-13　正門鉄橋の時間軸からみた案件の提出と工事経過

史料番号	號数	分類	案件と工事の内容	案件提出日	工事着手	工事落成	備　考
4404-3	第11號	鉄橋	二重橋架設用鉄材取調之件ニ付イリス商社へ	明治19年3月14日	——	——	
4404-1	第1號		皇居正門前鉄橋臺石垣改造目論見之義ニ付伺	同年　9月29日	——	——	概算金42,570円
4404-3	第12號	鉄橋	西丸ニ架設之鉄橋材品購入之儀伺	同年　10月2日	——	——	銀貨18,179円（51,940マルク）
		鉄橋	同　約定書徴収ノ義ニ付上申	同年　10月3日	——	——	発注、伊理斯商社
4404-1	第2號	旧橋	正門二重橋改造ニ付木橋并駒除取解方受負申付之義ニ付上申	同年　10月15日	明治19年10月24日	明治19年12月6日	29円40銭（75円48銭6厘）
	第14號	石垣	正門前鉄橋臺改造ニ付在来石垣取解方仕様及概算之義伺	同年　10月22日	同年　10月31日	明治20年7月31日	1,683円78銭3厘
4404-3	第13號	鉄橋	鉄橋材へ製造人氏名鋳付方「イリス」商社ヨリ出願ニ付處分方伺	同年　12月2日	——	——	
4404-1	第8號		正門前鉄橋臺改造石垣地形杭木及十呂盤捨据付方仕様及入費概算之件伺	同年　12月10日	明治19年12月21日		1,757円50銭8厘（5,254円46銭3厘）※明治20年4月15日解約（堅盤のため）
	第3號		正門前鉄橋臺築造ニ付試験堀及根伐共南部橋臺根石据付方定雇使役概算之義伺	明治20年2月3日	明治20年2月5日		206円32銭
	第4·5號		同・北部	同年　2月21日	同年　2月23日		91円50銭
	第6號		正門前鉄橋南部橋臺并左右石垣共胴蛇腹下曳通迠築造方仕様及概算之件伺	同年　2月9日	同年　2月19日	明治20年3月31日	1,385円88銭4厘（1,867円38銭4厘）
	第9號		正門前鉄橋北部橋臺築造ニ付水堰及水路柵ニ取設水中根伐方仕様経費概算之件伺	同年　2月24日	同年　3月6日	同年　4月29日	294円19銭2厘（526円77銭2厘）
	第13號		正門前鉄橋北部橋臺下地形并石垣根石通リ築造方入費概算之件伺	同年　3月30日	同年　4月18日		859円20銭1厘（3,835円90銭）
4404-1	第10號	橋臺	鉄橋南部橋臺銭梁煉化石控積下地形根伐及コンクリート打方定雇使役概算之件伺	明治20年5月11日	明治20年5月17日		462円68銭4厘（1,555円68銭4厘）
	第11號	橋臺	同・北部	同年　5月19日	同年　5月24日		428円62銭5厘（1,349円2銭5厘）
4404-2	第5號	石垣	正門前鉄橋北部橋臺并左右取合石垣共胴蛇腹下曳通シ迠築造方受負申付及概算之儀伺	同年　6月1日	同年　6月6日	明治20年8月11日	1,289円33銭（1,753円70銭6厘）
4404-1	第12號	足代	鉄橋南部地形堀下ケ方石垣取解跡足代取設方定雇職工使役概算之件伺	同年　6月18日	同年　6月20日		167円99銭
4404-3	第2號	橋臺	鉄橋々臺南北桁受地形及前羽目共煉化積方定雇使役概算之件伺	同年　6月23日	同年　6月29日		1,675円30銭（5,377円30銭）
4404-2	第1號	(石垣)	鉄橋臺南北桁受石割野取方概算入費之義ニ付伺	同年　6月25日	同年　7月4日		201円96銭
4404-1	第7號	橋臺	鉄橋南部橋臺迫リ受地形根伐コンクリート打方共増方定雇使役概算之件伺	同年　7月20日	同年　8月28日		1,490円39銭（1,652円89銭）
4404-3	第14號	鉄橋	鉄橋架設材料来著ニ付無税通関之義内事課長御照會案伺	同年　8月3日			
4404-2	第2號	橋臺	鉄橋南北橋臺迫持地形砕石コンクリートニ相成候ニテ追増入費概算之件伺	同年　8月4日			1,030円（内材料1,000円）

	第3號	鉄橋	鉄橋用材着舩ニ付取扱方及大工其他定雇使役之義ニ付伺	同年　8月6日			39円60銭
	第4號	橋臺	鉄橋臺煉瓦控迫脊裏コンクリート打及割栗埋立方仕様及概算之件伺	同年　8月7日			569円4銭7厘
4402-3	第16號	鉄橋	鉄材横濱来著ニ付無税通商ノ儀内事課ヘ照會	同年　8月15日			
4402-2	第15號	石垣	北部鉄橋臺胴蛇腹上并左右石垣共築造方仕様概算之件伺	同年　8月18日	明治20年8月24日	明治20年12月9日	2,106円6銭6厘（2,459円24銭6厘）
4404-2	第6號	石垣	鉄橋臺胴腹用石材山野取方受負申付之件伺	明治20年8月20日	明治20年8月28日	明治20年8月28日	49円98銭、石材21本旧材を運搬
	第7號	石垣	鉄橋南部蛇腹上鏡石垣及取合共築造方右工事指名申付之儀之伺	同年　8月20日	同年　9月3日		1,505円54銭2厘
	第8號	石垣	鉄橋南部橋臺石垣取放之分胴蛇腹下石垣築造方入費概算之件伺	同年　8月22日	同年　9月6日	明治20年9月24日	157円11銭3厘
	第9號	鉄橋	鉄橋材料取調ニ付養生取外シ併立等之人夫定雇使役概算之件伺	同年　9月26日	同年　9月29日		55円50銭
4403-3	第1號	土工	鉄橋臺上部石垣内跡埋立植込突固方入費概算之義伺	同年　9月26日	同年　9月29日		334円80銭
	第10號	石垣	鉄橋臺南部鏡石割野取方受負申付ノ件伺	同年　9月27日	同年　10月13日	明治20年10月13日	33円80銭
	第11號	足代	鉄橋々臺足代掛換ニ付取解遣形盛変等入費概算之儀伺	同年　10月3日	同年　10月5日		113円25銭
	第13號	石垣	鉄橋臺南北石垣東側投築石垣出来之分面ニ切直シ荒コツキ方入費之義伺	同年　10月22日	同年　10月25日	明治20年12月8日	82円10銭8厘
	第17號	鉄橋	鉄橋架渡工事洋人（ストルヌプランク）受負申付方入費及約定案之儀伺	同年　11月12日	同年　12月12日		793円、「鉄橋組建費内譯現書」に5,800円の見積有
	第12號	足代	鉄橋架渡方組立足代取設仕様及経費概算之義伺	同年　11月24日	同年　11月28日		791円8銭6厘（991円64銭2厘）
	第14號	橋臺	鉄橋臺南北煉化石裏コンクリート打方仕様及経費概算之義伺	同年　12月6日			164円45銭7厘
	第16號	鉄橋	鉄橋架方ニ付水盛及鉄物取合石工等定雇使役之義伺	同年　12月9日	明治20年12月12日		130円10銭
4404-2	第19號	足代	鉄橋仮橋架渡方受負申付之義伺	明治20年12月15日	明治20年12月23日	明治20年12月23日	18円
4404-3	第17號	鉄橋	鉄橋材料無税通関ノ儀外事課ヘ照會	明治21年2月8日			
	第7號	装飾	鉄橋欄干其他受負申付之儀伺	同年　3月9日			290円40銭、ストリコブリンク 欄干装飾・燭燈柱等
	第3號	装飾	鉄橋燈臺々石彫刻方受負申付之義伺	同年　3月24日			57円
	第9號	試験	二重橋鉄橋杭力試験之義伺	同年　4月27日			車道人道共で29,690貫
		同	鉄橋架設蔵本ニ付重量試験物品取扱方人夫定雇使役ノ費概算伺	同年　5月3日			76円50銭、保證書では150ケ年 試験成績報告（5月17日付）
	第10號	鉄橋	鉄橋車道下固×コンクリート敲打方セメン塗等之工事定雇使役之義伺	同年　5月19日			33円24銭
	第18號	鉄橋	伊理斯商社過怠金免除ノ儀伺	同年　5月21日			

	第21號	鉄橋	鉄橋車道上輪錆の灰汁留メノ為アスファルト塗方経費変受負申付之義伺	同年　５月22日			75円、６月７日付で減費有
	第19號	塗装	鉄橋ペンキ塗受負申付之義伺	同年　５月23日			55円
4404-4	第９號	周辺	鉄橋南北橋臺及南部濠縁鉄柵及平均石取設方仕様並ニ経費概算之義伺	同年　５月23日			4,276円86銭（平均石運搬仕様替８月６日付）
4404-3	第20號	足代	鉄橋組立足代取解方受負申付之義伺	同年　６月１日			23円85銭
4404-4	第１號	鉄橋	鉄橋車道前後踏止メ布石取設方受負申付之義伺	同年　６月７日			45円
	第12號	鉄橋	鉄橋々面車道及人道共木製張方経費概算	同年　６月15日			2,334円を３銭６厘（10月16日付で追増有）
4404-4	第３號	塗装	鉄橋左右高欄唐草白ペンキ塗方受負申付伺	明治21年６月18日			６円15銭
	第４號	足代	鉄橋全部ペンキ塗方ニ付足代組立方経費概算伺	同年　６月21日			74円66銭
	第５號	塗装	鉄橋高欄其他共白ペンキ塗方受負申付之義伺	同年　７月４日			97円44銭
	第６號	周辺	鉄橋南部及正門臺共土留石取設方受負申付伺	同年　７月13日			16円63銭
	第７號	周辺	鉄橋南北部へ砕石コンクリート打方経費概算伺	同年　７月22日			178円93銭４厘（929円68銭４厘）
	第８號	塗装	鉄橋龍試験塗方定雇使役之費概算伺	同年　８月３日			25円80銭
	第10號	鉄橋	鉄橋人道車道木製綴鎖り方足代架方共定雇使役之費概算伺	同年　８月７日			25円５銭
	第11號	塗装	鉄橋全部ペンキ塗方受負申付之儀伺	同年　９月13日			66円15銭

※備考の（　）内金額は概算高で別途材料費を含

が完成する。高欄の中程で電飾灯を支える羽の付いた麒麟や、男柱の上の獅子の彫刻は、大手石橋の獅子に優るとも劣らない。花崗石でできたアーチ橋は、美しい。この橋を側面からみると、花崗石一色で、大手石橋にみる男柱での二種類の石材や鏡石での玉縁造りの豪華で装飾性に富んだ姿は見当らない。このあたりは、一方は宮殿、他方は東京の玄関口の差として理解できそうである。

六　正門鉄橋の新造

西丸殿舎と山里郭を結ぶ二重橋が、旧来の木橋の形態をとったのは、遅くとも慶長十九（一六一四）年と考えられる。大正十一（一九二二）年、市川之雄によって著された『皇城風致考』（識別番号三八六〇二）に、大手石橋と正門鉄橋に架替する前の木橋擬宝珠に金石文が彫られていたことが記されている。西丸下乗橋には「寛永元年甲子八月」、二重橋には「慶長十九年甲寅八月」の銘を伝え、現在、二種類の金石文を伴う擬宝珠は、平河橋に移設されている。筆者は、野中和夫編『石垣が語る江戸城』のなかでこれを紹介したが、擬宝珠には二つの年号の他に「元禄十三年／庚辰八月　橋掛直」の文字がみられる。慶長・寛永の銘をもつ両者にみられることから、元禄十三（一七〇〇）年に二つの橋は、架替が行われたことになる。その後、「柳営日次記」に文化六（一八〇九）年四月に橋の架替工事の記録がある。

二重橋木橋　旧木橋は、蜷川式胤著『観古図説　城郭之部』に下乗橋と共に古写真が紹介されていることは周知のことであるが（横山松三郎撮影、第四十三図）、都立中央図書館特別文庫室所蔵「江戸城造営関係資料（甲良家伝来）」のなかに、その絵図『西丸二重橋建地割』が存在する。図8-46をみると、橋はわずかに弓形に反り、二重橋濠をのぞむ地勢が急峻であることから、石垣を二段に積み上げ、一段目のテラス面に橋台を築く工夫をしている。とりわけ濠上のテラス面に設置した長さ七間七寸（約一三メートル）の橋渡となる台木は特徴的である。一段目のテラス面での濠幅が五間三尺六寸五分（約一〇・二メートル）であることから台木は片側で上面より約一・五メートルずつ延ばしていることになる。支柱は、橋桁となる台木上に三本、そのほか北側で二本、南側で一本の片側六本である。西ケ谷恭弘氏の『江戸城―その全容と歴史―』で紹介された明治初年の古写真を参照すると、支脚は、図の反対側にもう一列あり、その間を梁柱や筋違状の柱がみられる。筋違は図8-46にはみられないことから、安政江戸地震を経験して補強したものであろうか。ちなみに、台木中央の支脚となる柱の太さが二尺二寸五分（約六八センチ）、同・板真より投屋上場迄の高さが一丈八尺七寸五分（約五・七メートル）、石垣の高さが上段で北側が三間一尺二寸、南側で二間四尺、下段で水面まで三間二尺と記されている。後述する『皇居造営録（正門鉄橋）一』を参照すると、この木橋の規模は、長さが九六尺（約二九メートル）、幅二二尺（約七・三メートル）とある。

ところで、絵図の作成時期は気になるところである。先に、絵図と古

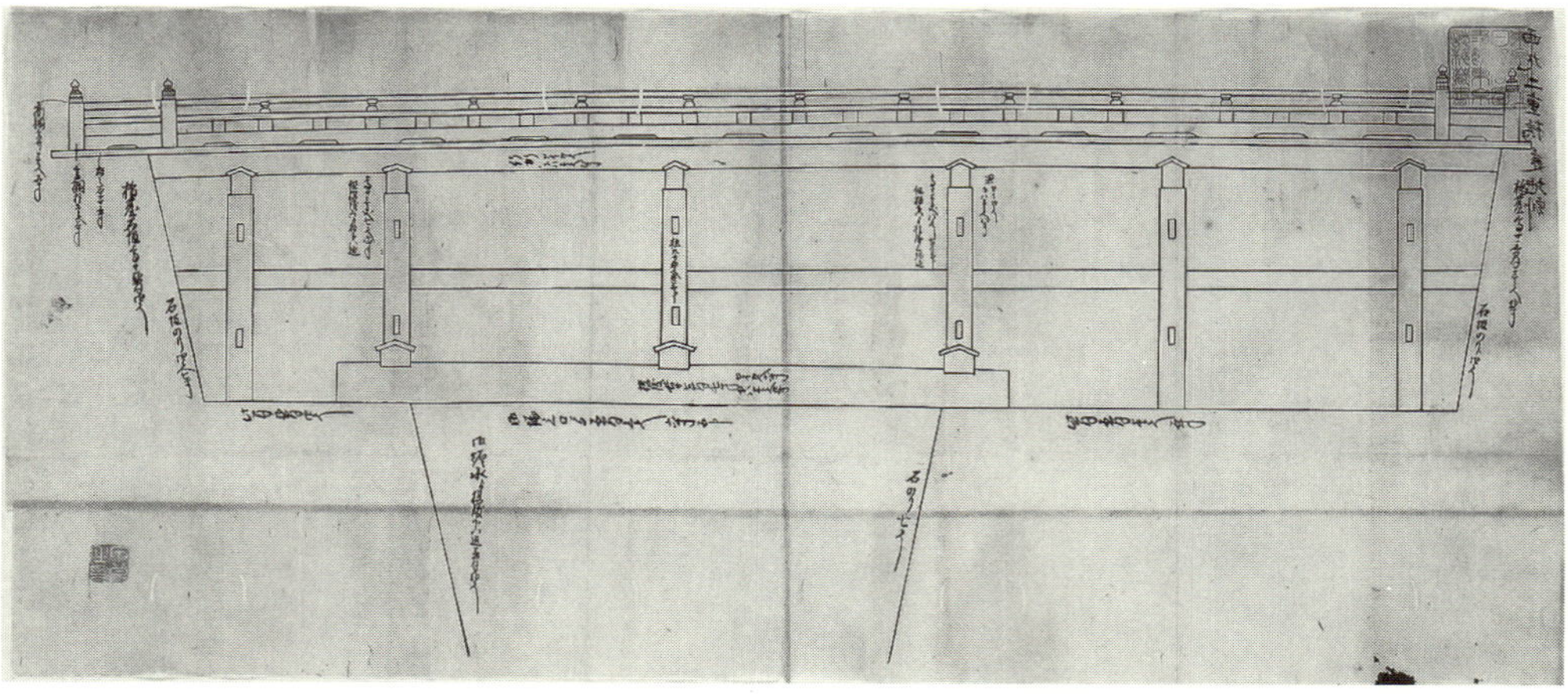

図8-46　西丸二重橋建地割（都立中央図書館特別文庫室所蔵）

写真との橋脚の相違を指摘したが、前述の「江戸城造営関係資料（甲良家伝来）」の資料目録には「元治度」と記されている。西丸殿舎が文久三（一八六三）年六月三日に全焼し、翌、元治元（一八六四）年七月一日に仮御殿が竣工するが、その時、一緒に作成したものというわけである。絵図には年号が記されていないが、作図されたのはおそらくその時のものであろう。しかし、古写真が語るように、絵図の支柱間に筋違が認められないことから、新たな木橋の絵図というわけではなく、以前のものの写しということになる。残念ながらそれを特定することはできない。

1　作業経過

前述の石橋新造と比較すると、鉄橋は、橋梁の主要素材が鉄であること、橋脚台となる石垣が鉄橋の長さに応じて大幅な改造を余儀なくされていることを最大の特徴とする。

表8-13に、史料に載る工事経過一覧を示した。正門渡櫓台の修繕後、旧木橋の取解が明治十九年十月後半にはじまり、鉄橋台となる石垣改造の第一歩となる堰止の工事が同年十二月、本格的な改造工事が翌年二月へと続く。

鉄橋の部材を伊理斯（片仮名でイリスの記入も有）商社を通じてドイツのハルクルト社製のものを購入することになるのは、明治十九年十月である。架設用鉄材の調査は、半年前の三月とあるが、橋台石垣の大改造を考慮すると、カタログ等をそれ以前に取り寄せ、検討していた可能性の方がむしろ高い。

史料では、鉄橋組立の足代取解に関する案件が、明治二十一年六月に提出されている。着工と落成の期日は示されていないが、案件提出後、間もなく足代の取解が行われたものと考えられる。この時点で、鉄橋取付の主要作業はほぼ完了したことになる。橋面の木材貼方やペンキ塗装などが残るが、その作業も同年九月末から十月には終わる。すなわち、鉄橋の新造は宮殿の竣工に合わせることとなるのである。

2　史料からの注目点

大手石橋で各作業工程を詳述したので、ここではそれを省き、筆者からみた正門鉄橋の新造に関する注目点を述べることにする。

なお、現存する正門鉄橋は、昭和三十八（一九六三）年から翌年にかけて架替工事で新造されたものである。その時の記録写真『皇居造営録昭和二八～四四年　臨時皇居造営部／写真の部（三六）～（四〇）』（識別番号二三七〇七-三六～四〇）があるので、そのなかから適宜、理解を深めるために用いることにする。

正門鉄橋に関する史料は、識別番号四四〇四-一～四の四件がある。工事経過は、表8-15にまとめてあるので、各巻の概要をはじめに列挙する。

四四〇四-一　鉄橋台石垣改造の全体的な仕様と予算の目論見、旧来の木橋と駒除の取解、南北橋台下根伐・杭打地形、橋台下半部の石垣改造、橋台地形、在来石垣の取解

四四〇四-二　南北橋台迫持地形と同所煉瓦扣、南北橋台蛇腹下及び左右石垣改造、南北蛇腹上の石垣改造、鉄橋組立足代、南北

表8-14　蛇腹石・蛇腹上石一覧

記号	長さ	幅・厚	使用箇所	受取箇所（石置場）
イ印	三寸八寸	幅貳尺、厚貳○	蛇腹	幸橋門ニ有之
ロ	六尺	同、同	同	同断
ハ	三尺五寸	壱尺七寸、同貳○	同	同断
ニ	三尺七寸	同、同	同	同断
ホ	三尺六寸	貳尺三寸、同 ○	同	同断
ト	三尺三寸	三尺、同 ○	同	坂下外ニ有之
チ	四尺	三尺三寸、貳 ○	同	旧本丸ニ有之
リ	三尺四寸	貳尺、同	同	同断
ヌ	五尺	貳尺三寸、同	同	同断
ル	五尺	壱尺九寸、同	同	同断
ヲ	四尺	壱尺八寸、同	同	同断
ツ	三尺五寸	貳尺、同	同	同断
よ	五尺	貳尺貳寸、同	同	同断
い	五尺	幅壱尺四寸五分、厚壱尺三寸五分	蛇腹上石	坂下御門外ニ有之
ろ	四尺五寸	同断、同断	同	同断
に	貳尺三寸	同断、同断	同	宝田町通りニ有之
ほ	貳尺三寸	同断、同断	同	同断
へ	四尺	同断、同断	同	同断
ち	四尺	同断、同断	同	山吹流シニ有之
り	貳尺七寸	同断、同断	同	同
蛤	五尺	同断、同断	同	蛤岩岐廻リニ有之

※蛇腹石の厚サの「貳　○」は史料のママ

橋台煉化石裏コンクリート地形、鉄橋架渡請負人と経費、仮橋架渡

四四〇四-三　南北橋台桁受及び煉化積地形、燈台石彫刻、鉄橋欄干並びに燭燈柱取付、鉄橋の杭力試験、車道下堅めコンクリート打、鉄橋資料購入費とドイツよりの輸送、鉄橋ペンキ塗

四四〇四-四　車道前後の踏止、仮橋取解、高欄・鉄橋のペンキ塗、鉄橋両端の上留石、周辺の鉄柵と平均石

などが所収されている。大手石橋と比較すると、①最初に鉄橋台の青写真を示していること、②橋台石垣を真中当りの蛇腹を境として下位と上位の二段階に改造していること、③鉄橋を受ける部分の地形《ぢぎょう》を殊の外入念に行っていること、④鉄橋本体に関することの四点を特徴としてあげることができる。おおむね、これに沿って述べることにする。

鉄橋台の青写真　明治期に架けられた鉄橋本体の図面を示すことはできないが、表8-13の案件の冒頭に鉄橋部材の取り調べに関する案件がある。おそらく、この時点で購入品が固まっていたものと推察される。それは、半年後の明治十九年九月二十九日に「皇居正門前鐵橋臺石垣改造方仕様及予算目論見之義ニ付伺」（第一號）の案件が提出される。その三日後、鉄橋部材購入の案件が提出されていることからうかがうことができる。

図8-47は、鉄橋台の青写真を示した第一號案件の冒頭部分である。鉄橋新造の総予算を四万二五七〇円とし、そのうち鉄橋台の改造に一万九九八七円四一銭を計上している。ちなみに表8-15の概算総額は、鉄橋部材の代金、銀貨一万八一七九円を除くと三万五五八〇円七〇銭九厘となる。積みあわせの部分が含まれるが、作業の進行とともに経費が膨らんでいるのである。この案件には四点の図が付く。新旧の橋台の違いがわかるので紹介する。図8-48は、木橋時の平面図、図8-49は、鉄橋計画時の同平面図である。図8-48は、第一號ではなく、第二號の木橋

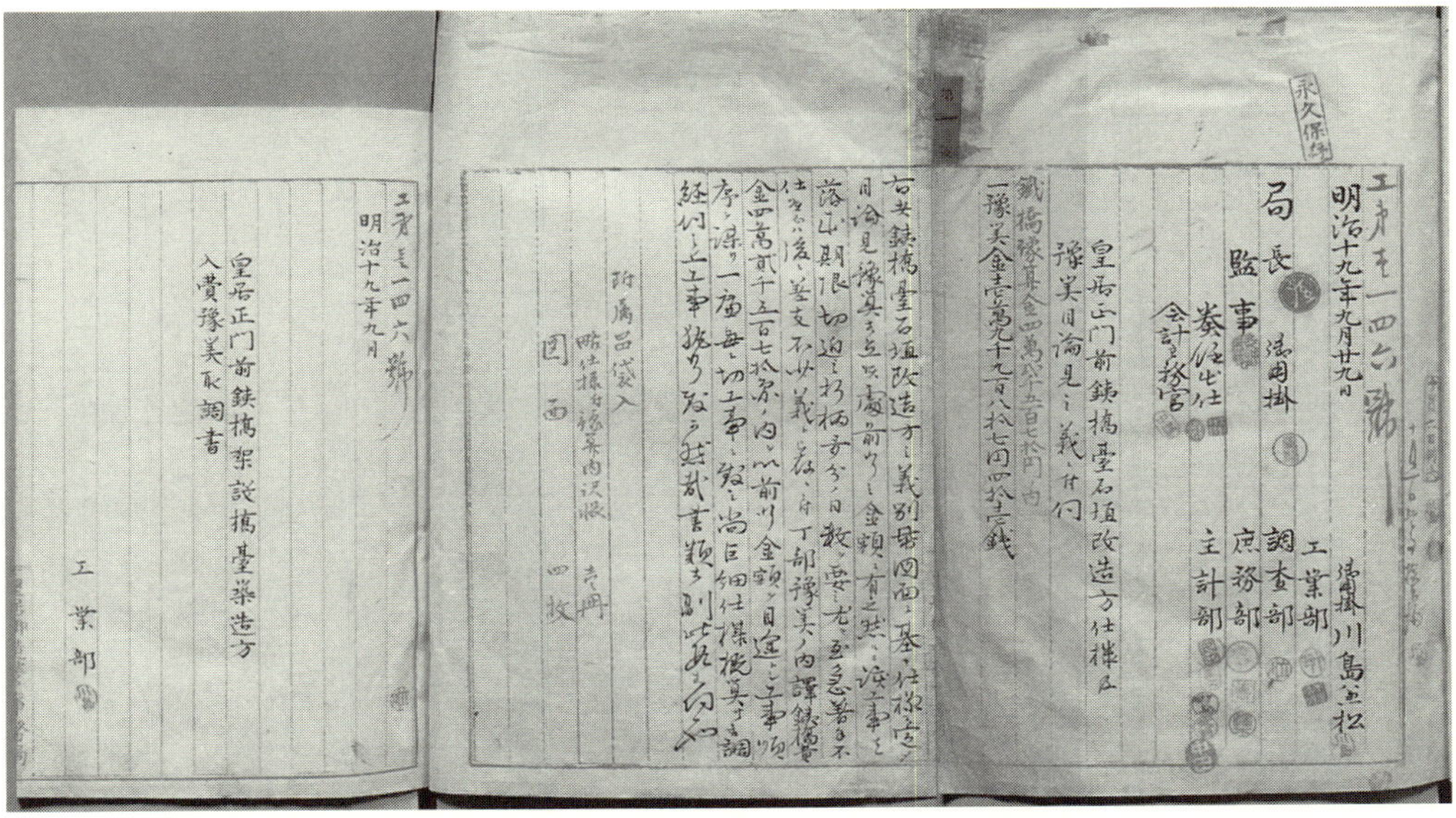

図 8 -47　正門鉄橋石垣改造目論見史料（図 8 -47～75：宮内庁宮内公文書館所蔵）

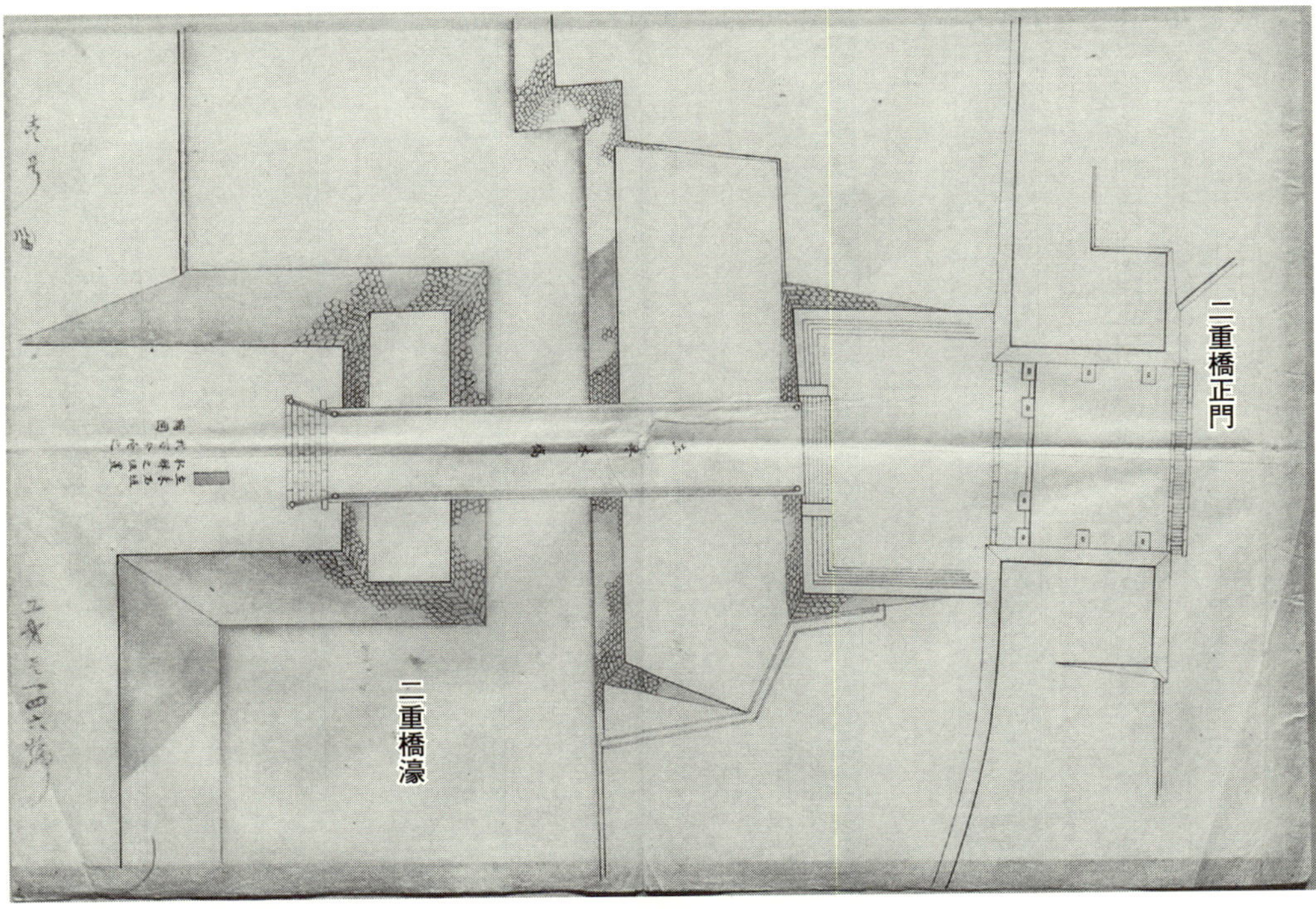

図 8 -48　二重橋橋台平面図・旧橋

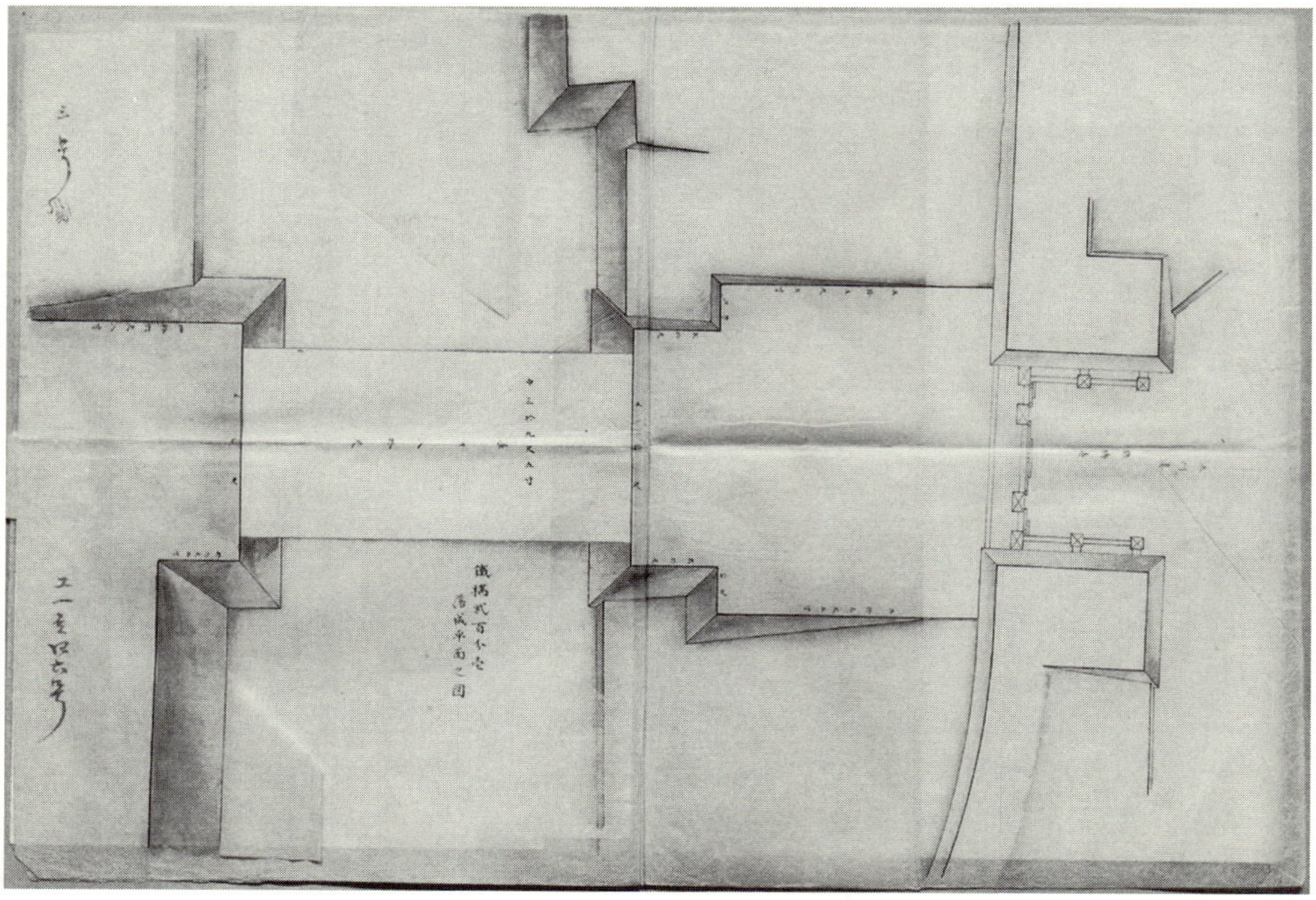

図 8 -49　正門鉄橋橋台平面図・新橋

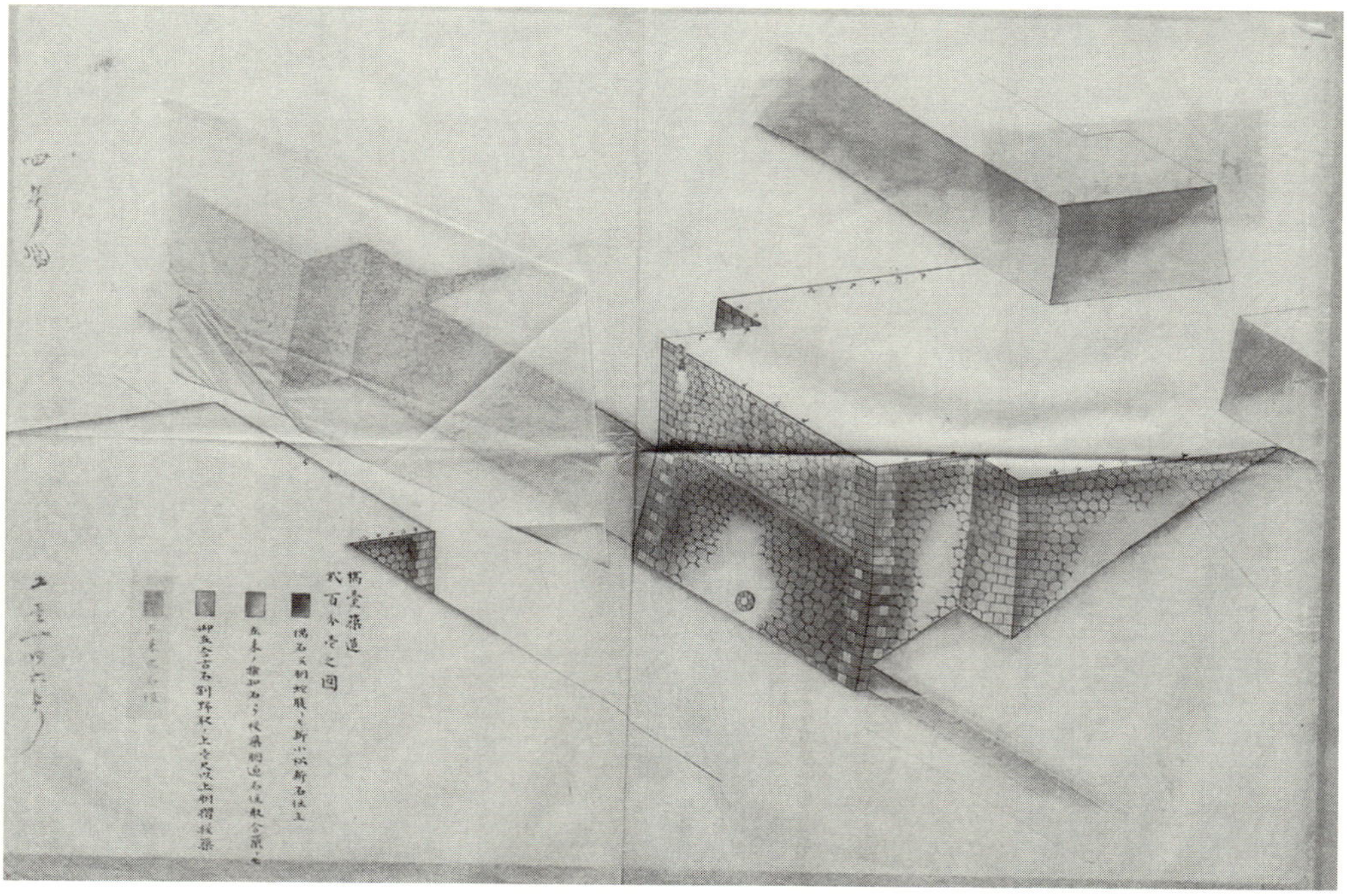

図 8 -50　正門鉄橋北側石垣立面図

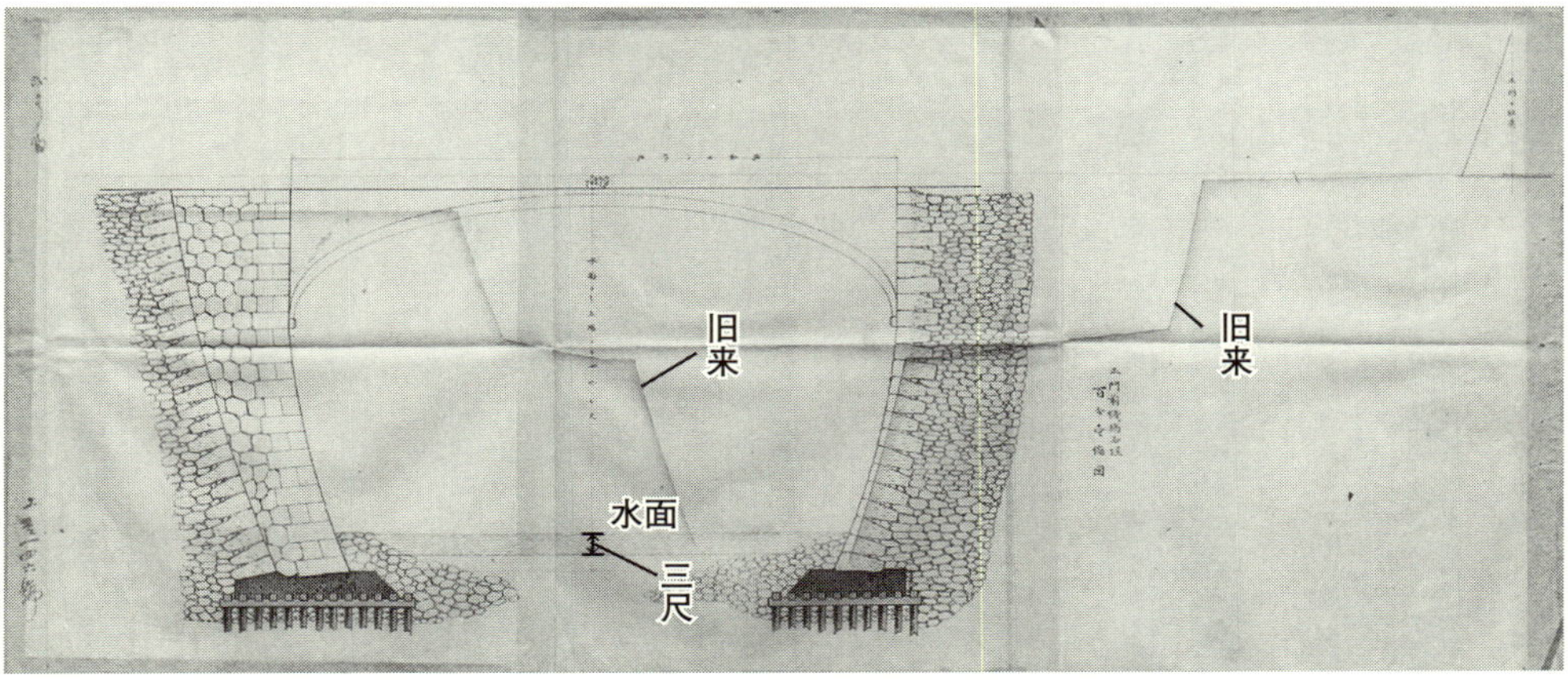

図8-51　正門鉄橋断面図

取解の案件に用いられているものをここではあげた。その理由は、縮尺が図8-49と同様、二〇〇分ノ一であることが明記され、かつ多くの情報が図内に記入されていることによる。ちなみに、図8-48は、図8-46の平面図でもある。振り返って二点の図では、右端が二重橋正門、中央やや左手が二重橋濠となる。橋台を見渡すと、旧橋の南部が二重橋濠が位置する北側に大きく突出していることが際立つ。他方、北部では、旧橋の場合、一段目のテラスを利用して橋脚を築いているため、その空間が広くとられている。地山を整形して石垣を二段に積んでいることも特徴の一つである。新橋台は、平面図でみても全体としてどっしり構えており、とくに北部では二段築城をやめ、一段でかつ東西方向の幅を広げている。図8-50の立面図にその特徴がよく現れている。

また、図8-51の鉄橋断面図には、よくみると、淡赤色で旧木橋のラインが描かれている。新旧二つの石垣断面を重ねると、①図中左手に位置する南部橋台の地表面が従来よりも高く築かれていること。②北部橋台では旧橋台石垣の四割増で築かれることの二点を看取することができる。ちなみに、同図には、水面までの高さが記されている。「正門沓石上ハヨリ壱尺八寸下リ」の文字が入った一条の基準線が引かれ、鉄橋中央でその線から水面までが四七尺とある。つまり橋面からは、四五尺二寸（約一三・七メートル）となる。また、水面から濠底までは三尺とあり、意外に浅い。

図8-51でもう一点、注目すべきことがある。南北石垣の土台である。伝統的な地盤に杭を打ち、十露盤を築いた上に石垣を積んでいるが、その上で十露盤と石垣間に三尺のコンクリートを打ち込んでいることである。コンクリートは、近代建築で多用される。三尺の厚さは、大手渡櫓の根石下にも施されている。コンクリートを打つことによって、基盤をより強固にしているわけである。図8-52は、杭打・捨十露盤・コンクリート打の範囲を示した平面図である。杭の位置には朱で丸印、コンクリート打の範囲には黄色の太線で囲い、そのなかに、コンクリートの範囲の文字が記されている。例えば、北側では、「コンクリート上口長七拾三尺五寸」「上口拾貳尺五寸」とある。その下には杭を縦四三列、横一〇列の四三〇本打ち込んでいるのである。入念さをうかがうことがで

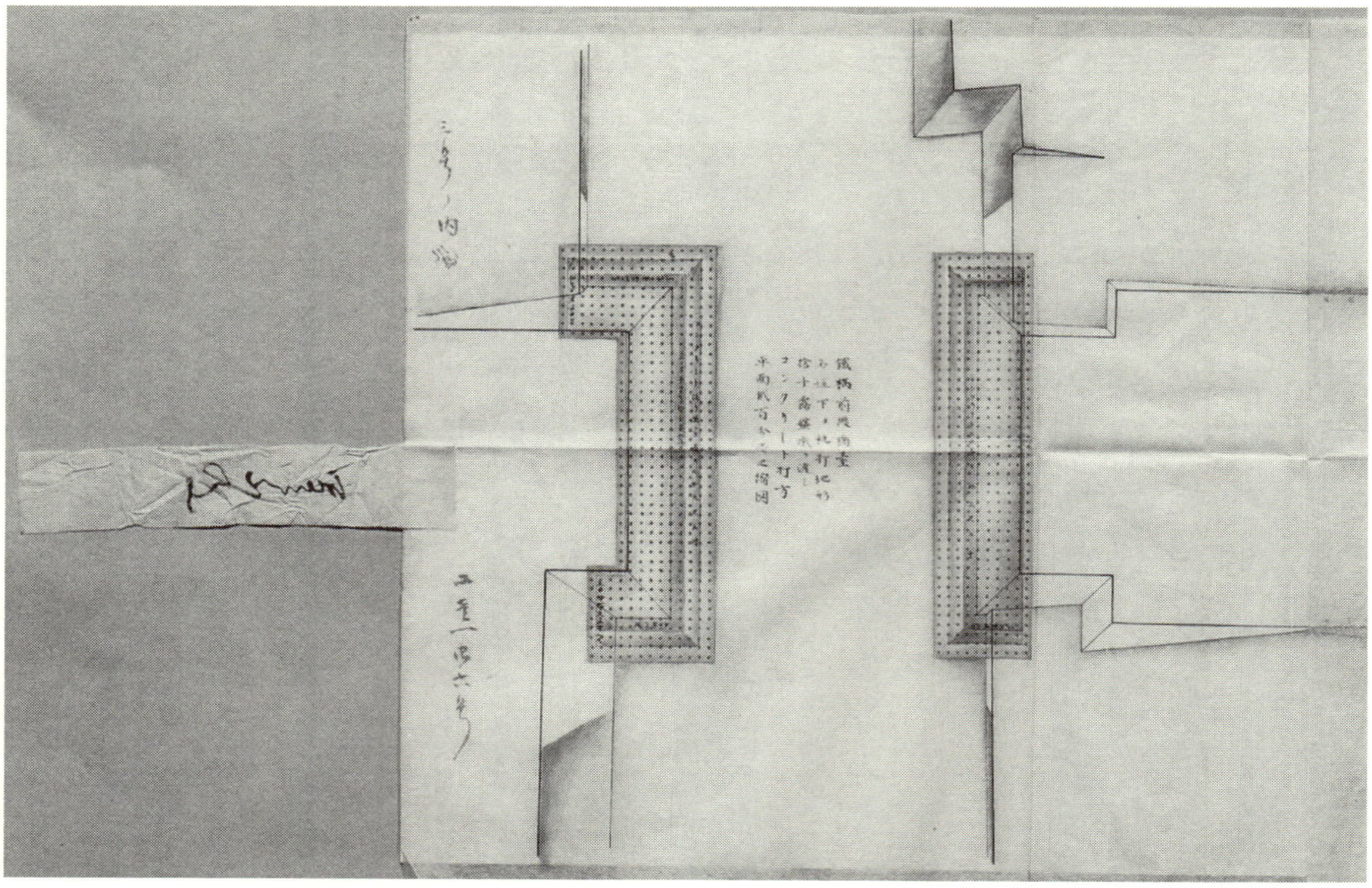

図8-52　正門鉄橋杭打・コンクリート打地形平面図

きる。

石垣の改造　南部・北部とも石垣の大幅な改造を余儀なくされている。胴蛇腹を境として、下位と上位の二手に分かれて行うことを述べたが、その境となるのが橋台桁受となる煉化積下端となる。南部からみることにする。

図8-53は、第六號の「正門前鐵橋南部橋臺并左右取合石垣共胴蛇腹下曳通迫築造方仕様及概算之件伺」に付く二点の図面のうちの立面図である。さきに図8-48で旧橋南部の橋台が北側に大きく突出することを述べたが、その部分は取り除かれ、南側に後退する形状をとる。そのため、石垣を築直すこととなる。図は、二方向からの立面図で、灰色に彩色が施された箇所が案件の工事対象区域である。記号が付けられ、仕様書で面坪を明示している。その部分を引用すると、

南部橋臺并取合石垣共
面ニ切投築胴迫仕立

一合面坪百貳拾坪七合

此訳

い面貳拾九坪七号壱夕　東ノ方堀端石垣取合築
ろ面拾三坪四合九夕　橋臺東側石垣
は面四拾七坪壱合三夕　橋臺前面石垣
に面坪七坪三合貳夕　同西側橋臺土手下築込共
ほ面八坪壱合貳夕　同所續土手上袖石垣
へ面四坪九合三夕　西之方土手裾堀端石垣

〆

とある。石垣の積方は、これまで述べてきたものに準ずるが、橋台前面の蛇腹上、錠形に内側に入る箇所が橋台桁受となる。この工事は、明治

二十年二月十九日に着手して、翌月三十一日には完了する。四〇日間で仕上げている。

蛇腹上位は、四四〇四-二の第二號「鐵橋南部蛇腹上鏡石垣及取合共築造方右工事指名申付之儀之伺」の案件となる。橋台桁受の裏側工事との兼ねあいで、蛇腹下築造後、五カ月を経過した八月二十日に提出される。図8-54は、図8-53の上位にくる立面図である。工事箇所を灰色に彩色し、記号・面坪等々が記してあるが、内題の下位にも橋台前面の角石積の面坪や蛇腹石の長さ等々の記入がある。それは、

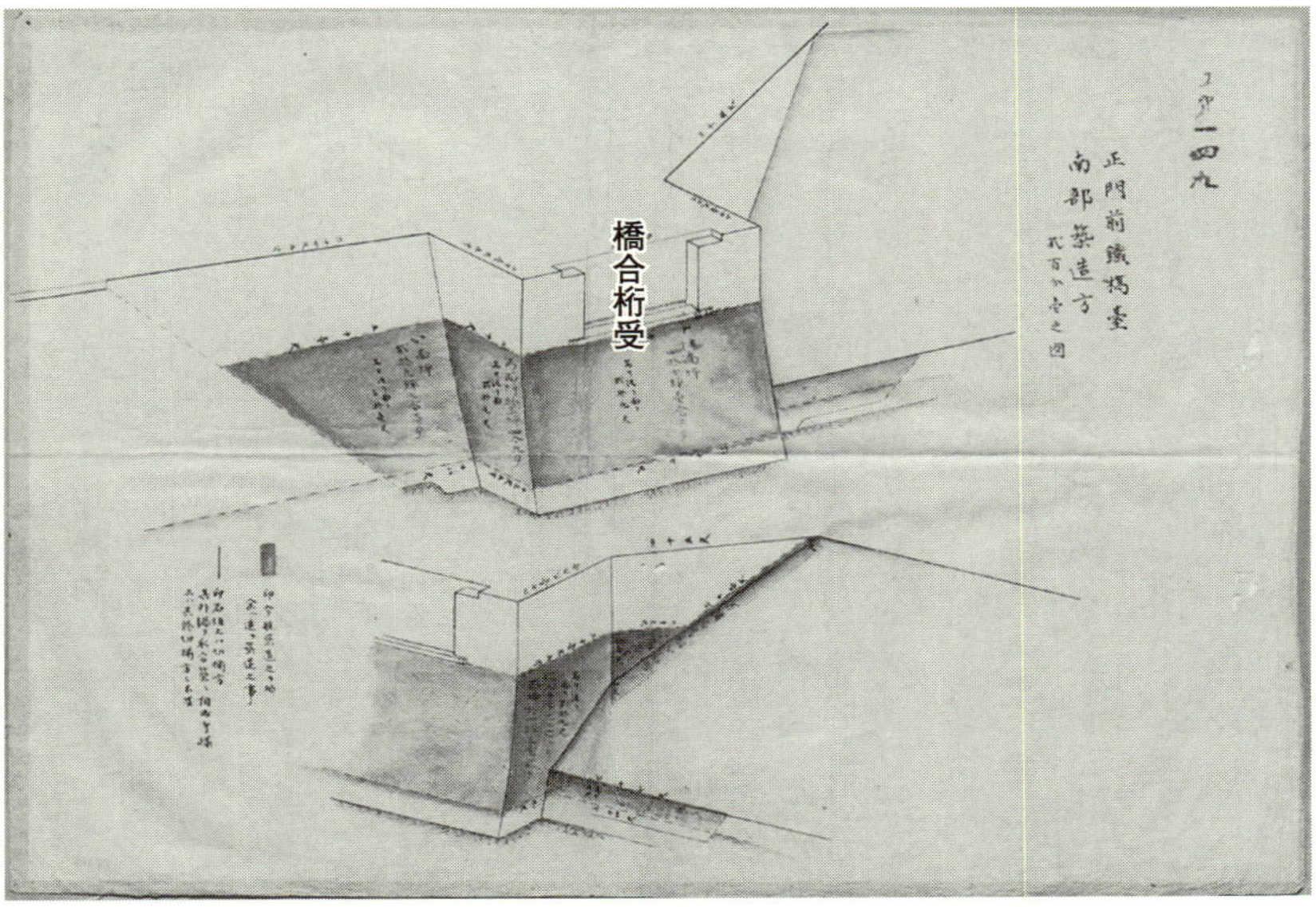

図8-53　正門鉄橋南部橋台蛇腹下改造立面図

前面角石積　　　拾四坪五合八夕
蛇腹石　　長　　四間九分三厘
煉化下平均　同　四間四分三厘
鐵梁受石　同　　四間七分六厘
投築石垣　合坪　六拾四坪四合七夕
地中投築　　　　貳坪五合
石垣廻平均　長延　貳拾六間五分

とあり、石垣と橋台桁受廻りとの関係を示すものでもある。本紙左下に「明治廿年七月廿七日製圖」とあることから、案件提出のおよそ二〇日前に作成されたものである。この石垣改造の費用は、積み合わせの結果、前者が一八一〇円七四銭、後者が一五〇五円五四銭二厘の合計三三一六円二八銭二厘を要している。後者は積み合わせの請負金額のみのため、実際には灰砂などの材料費が加わる。蛇腹下位では約四一五円が加わっている。

蛇腹石・銭桁受石の長さについて、図8-54を用いて述べたが、この石材調達に関する興味深い案件がある。明治二十年八月二十日に提出された第六號の「鉄橋臺胴腹石材山野取方受負申付之件伺」である。この案件では、蛇腹石と蛇腹上石二十一本の大きさと共に、それらを受け取る石置場に関する情報が記されている。表8-14にまとめた。

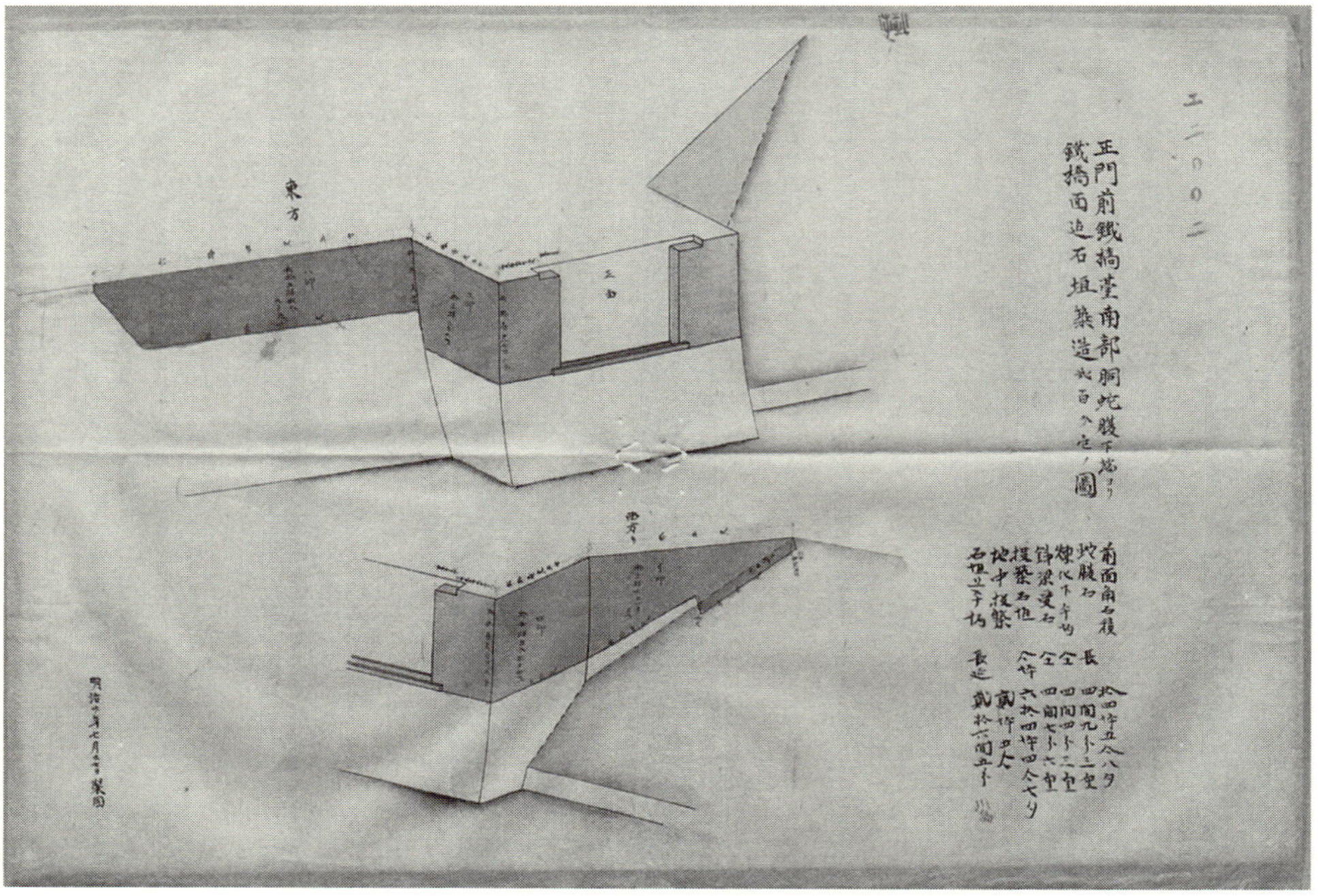

図 8-54　正門鉄橋南部橋台蛇腹上改造立面図

蛇腹石の厚サの記述の「貳○」の「○は同すなわち尺を示すもので、法量をみる限り蛇腹石・蛇腹上石とも厚さを揃えた直方体状の岩岐石や角脇石を調達していることがうかがえる。長さはまちまちであるが、図8-54内の蛇腹石長との対比でみると、イ〜よ印の一三本の長さの合計が五三尺八寸となる。橋台は二カ所にあるので、単純に割ると一カ所に付二六尺九寸（四間二尺九寸）となる。二尺八寸程切り落せばよいことになる。蛇腹上石は、い〜蛤印の長さ合計では二九尺四寸しかなく、これだけでは不足する。過半数程の石材は、すでに調達済であったと思われる。石置場として、六カ所が記されている。坂下門外と蛤濠尻の岩岐廻りとは近接している。宝田町は西丸下の現皇居前広場にあたる。史料の「山吹流シ」の場所は不明である。史料の石の記号からみると、石置場の主要な石に番号を付けた上で運搬したものと考えられる。

他方、橋台北側の石垣改造は、蛇腹下位が四四〇四-二の第五號「正門前鉄橋北部橋臺并左右取合石垣共胴蛇腹下曳通迠築造方受負申付及概算之儀伺」、同上位が第一五號の「北部鉄橋臺胴蛇腹上并左右石垣共築造方仕様概算之件伺」の案件となる。南部では、両者の工事が期間を置いているのに対して、北部では、おおむね連続して実施されている。工事期間は、蛇腹下位が明治二十年六月六日から八月十一日、蛇腹上位が同年八月二十四日から十二月九日までの五カ月間となる。経費は、前者が一七〇四円五〇銭七厘、後者が二四五六円九三銭二厘の合計四一六一円四三銭九厘を要している。前述の南部よりも総額が多くなっている。

蛇腹下の石垣改造についてみることにする。橋台の青写真を示した図8-49・50・51では、橋台の石垣が旧木橋の石垣に上位を積み足したと考えたら、それは間違いである。南部の二重橋濠に突出した石垣と共に、北部石垣も取解・取崩（石垣裏側）を行っている。それは、第一四號の「正門前鉄橋臺改造ニ付在来石垣取解方仕仕様概算之義伺」にみることができる。そこでの仕様書には、

一合面坪五百三拾三坪六合七夕　石垣取解前后橋臺并左右石垣取合共
内
面坪貳百貳拾三坪六合七夕　北部橋臺并取合石垣
面坪三百拾坪　南部同断
一長寄テ拾五間石塁高サ三尺八寸　階段附　北部橋臺石垣上左右共取解
一長延拾間五分　操石下水　北部石垣裾通土手上流シ下水取解
一差引概立土坪四百九拾七坪　左右橋臺并取合石垣裏埋土坪取崩シ方
附テ
合立坪五百四拾三坪之所
内
中ニ島取残シ分凡立四拾六坪程之見込

とある。二点の図面が付くが、大規模な石垣取解であることがわかる。最後の「中ニ島取残シ」が不可解と思われるので、図8-55を示した、新旧橋台の断面図に、石垣取解、裏込ミ取崩シ、中島取残シ分が彩色で区別されている。中島取残シは、図の中央、南部旧橋台の裏側にあたる。ちなみに、この案件には、一六五八円八銭五厘を費している。

旧橋台の取解の説明を補足したが、北部蛇腹下石垣改造に戻すことにする。図8-56は、立面図である。図内には赤字で平仮名印と黒字で片仮名印の二者がある。仕様書にもそのまま記され、赤字が南部と同様の切投築、黒字が地中投築となる部分である。南部橋台と比較すると、地中投築が加わる分、複雑となる。仕様書をみると、

一合面坪百拾三坪三合貳夕　橋臺及左右取合石垣
内
面坪八拾貳坪　見江掛面ヲ切投築仕立
面坪三拾壱坪三合貳夕　地中投築仕立
此訳
い印　貳坪四合四夕　見掛リ面ヲ切投築
イ印　四坪三合九夕　地中積投築
ろ印　貳坪六合四夕　見掛リ面ヲ切投築
ロ印　壱坪五合三夕　地中積投築
は印　九坪貳合貳夕　見江掛面ヲ切投築
ハ印　三坪七合四夕　地中積投築
に印　九合五夕　見江掛面ヲ切投築
ほ印　三拾八坪八合七夕　見江掛面ヲ切投築
へ印　壱坪貳合四夕　見江掛面ヲ切投築
ヘ印　拾坪五合六夕　地中積投築
と印　貳拾三坪八合六夕　見江掛面ヲ切投築
ち印　貳坪七合八夕　見江掛面ヲ切投築
リ印　四坪七合貳夕　地中積投築
ヌ印　六坪三合八夕　地中積投築
〆

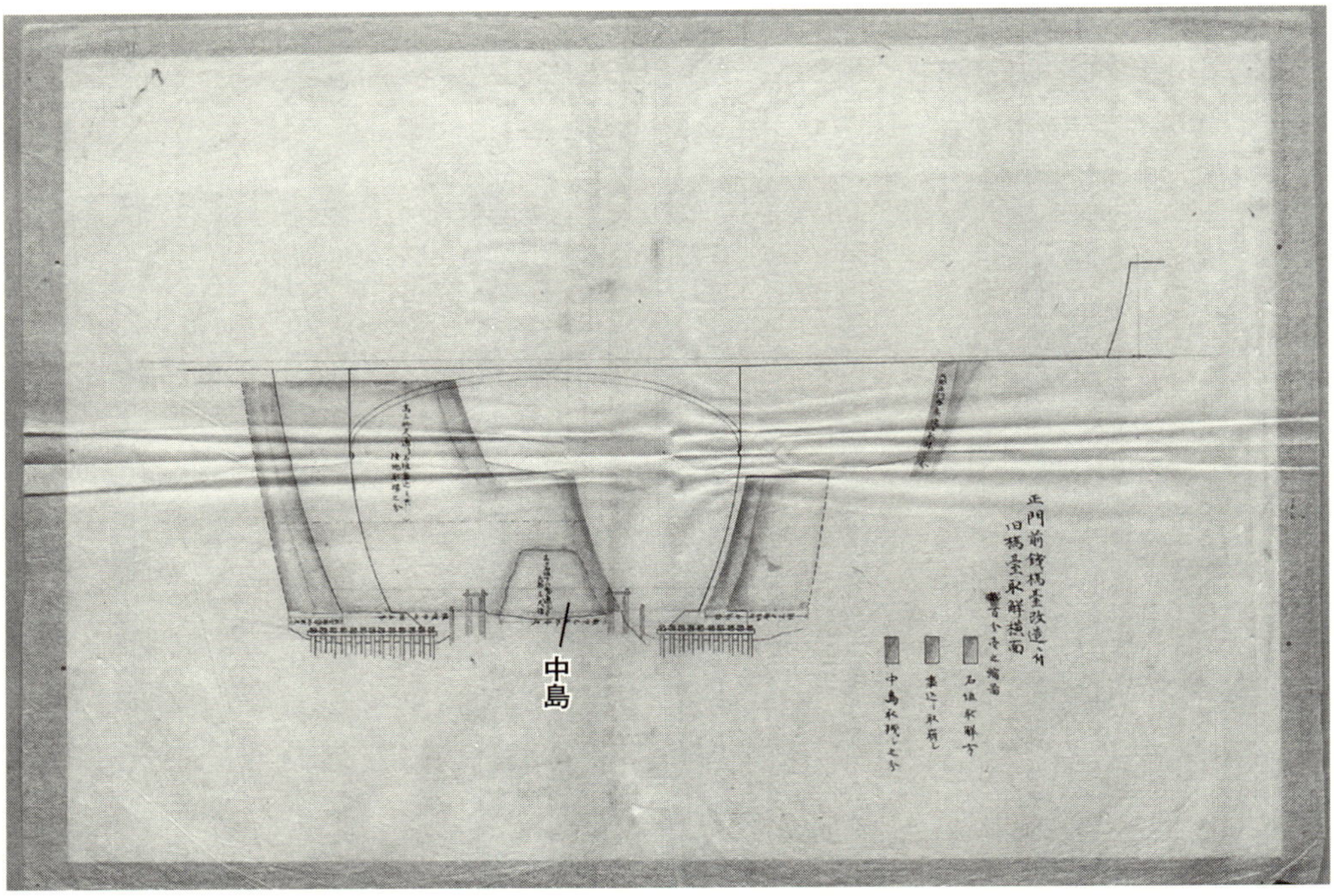

図 8 -55　旧橋台石垣取解断面図

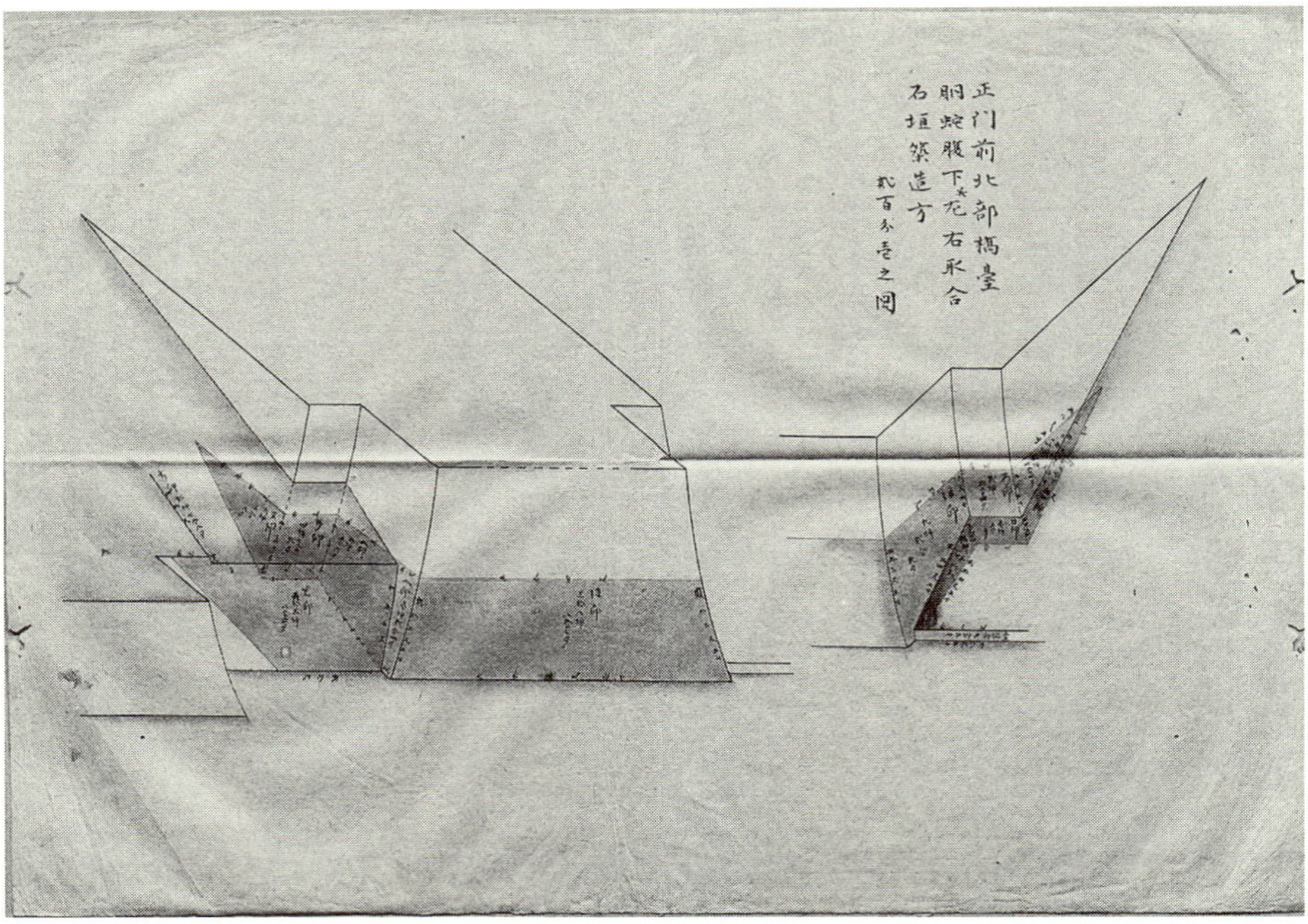

図 8 -56　正門鉄橋北部橋台蛇腹下改造立面図

とある。石垣築造にあたっては、根石、隅石の据方や積方、勾配、裏込等々、これまで述べたものに準じるが、橋台の袖となる地中積と見江掛投築石の両者に関する条項が含まれているので、その部分を抜粋する。

一橋臺左右袖石垣図面之通リ胴蛇腹下曳通シマテ地中及見江掛リ共石
垣築造ニ付在来橋臺石垣取解跡残検知《ママ》石之分差障　ケ処者悉皆取崩
シ石垣下地形法リ先ハ八寸通リヨリ友之方エ六尺小割栗石打込目潰シ
大玉砂利入レ小蛸ヲ以念入レ突シメ隅石大サ弐尺以上弐尺三四寸隅脇
大サ隅石ニ順シ重ネ合口切合セ其外外側積検知《ママ》石橋臺取解検知《ママ》石ニテ
面ニ大サ弐尺以上弐尺八九寸位迠根石可成大石ヲ用イ胴迫ニ築立至隅
石隅脇共見江掛リ并土手土冠リ七寸通ゟ石面ヲ村取リ検知《ママ》石之分者在
来之儘相用胴飼迫飼前同断裏込之義者検知《ママ》石上ハニテ友先九尺ニ致シ
根石友先ゟ拾弐尺通ヲ目途トシ割栗石飼堅メ目潰シ玉川砂利エ大玉砂
利ヲ切交セ鉄棒ニテ透間無之様突込裏埋者砂利交リ真土厚サ壱尺毎ニ
敷平均シ小蛸ニテ突シメ法リ先下タ埋同断ニシテ埋立其余土手形ニ倣ヒ
真土ヲ以壱尺毎小蛸突仕合指図ニ従イ土手形土羽打堅メ出来可申事

（以下略）

とある。石垣裏側について、間知石の友先から一二尺（約三・六メートル）まで割栗石で裏込し、砂利や土で突き固めることなど仕様が細部に渡っている。袖部の地中積がある分、南部橋台より手間がかかり、その分、経費の増大となっている。

蛇腹下位でもう一点、注目すべきことがある。図8-50の青写真には、北部橋台端の下位に排水口が描かれている。前述の旧橋台の取解・取崩でも、北部橋台に限って石下水の取解があることを述べた。筆者は、野中和夫編『江戸の水道』の「江戸城中枢部の上水・給水事情」において、元治度の西丸表中奥の指図から、吹上掛の水道が中奥（大奥も）の泉水に給水し、樋が御殿内を巡り、やがて濠に吐水していることを指摘した。排水路は、西丸南東部隅までは描かれているもののその先は途絶えていた。他方、『皇居造営録（下水）三　明治十六～二十二年』（識別番号四四一三-三）の第壱号「西門西ノ方石垣裾通リ埋下水并泥溜桝壱ケ所トモ堀起シ受負申付之件伺」（傍点は筆者）の案件には付図が付いており、その図には山里側から二重橋正門間迄、埋下水が描かれている。すなわち、二点の資料は、幕末はもとより、宮城造営時においても西丸の下水が正門の地下を通り二重橋濠に吐水していることを示唆しているのである。したがって、新橋台を築くにあたっても下水路は確保しなければならないのである。この下水路と泥溜桝の敷設が、図面を交え、仕様書に記されている。そこには、

一 長延弐間六分七厘 内法壱尺弐寸四方 〆 萬年水吐下水蛇口付 側石検知《ママ》石積底玄蕃石敷 岩岐石蓋置浚シ

中略

一 内法三尺四方 深サ拾弐尺 〆 石蓋付埋桝 壱ケ所

とあり、詳細な仕様が指示されている。橋台の平面図には右の正確な位置は示されていない。構造がわかるのが、図8-57の断面図である。埋桝の左手には、西丸側から直径一尺五寸の土管が下水を注ぎ、石組排水施設を通して方形の下水口から二重橋濠に吐水している。埋桝が橋台の石垣上場端から五尺、吐水口から水面までが三尺の距離にあることなど

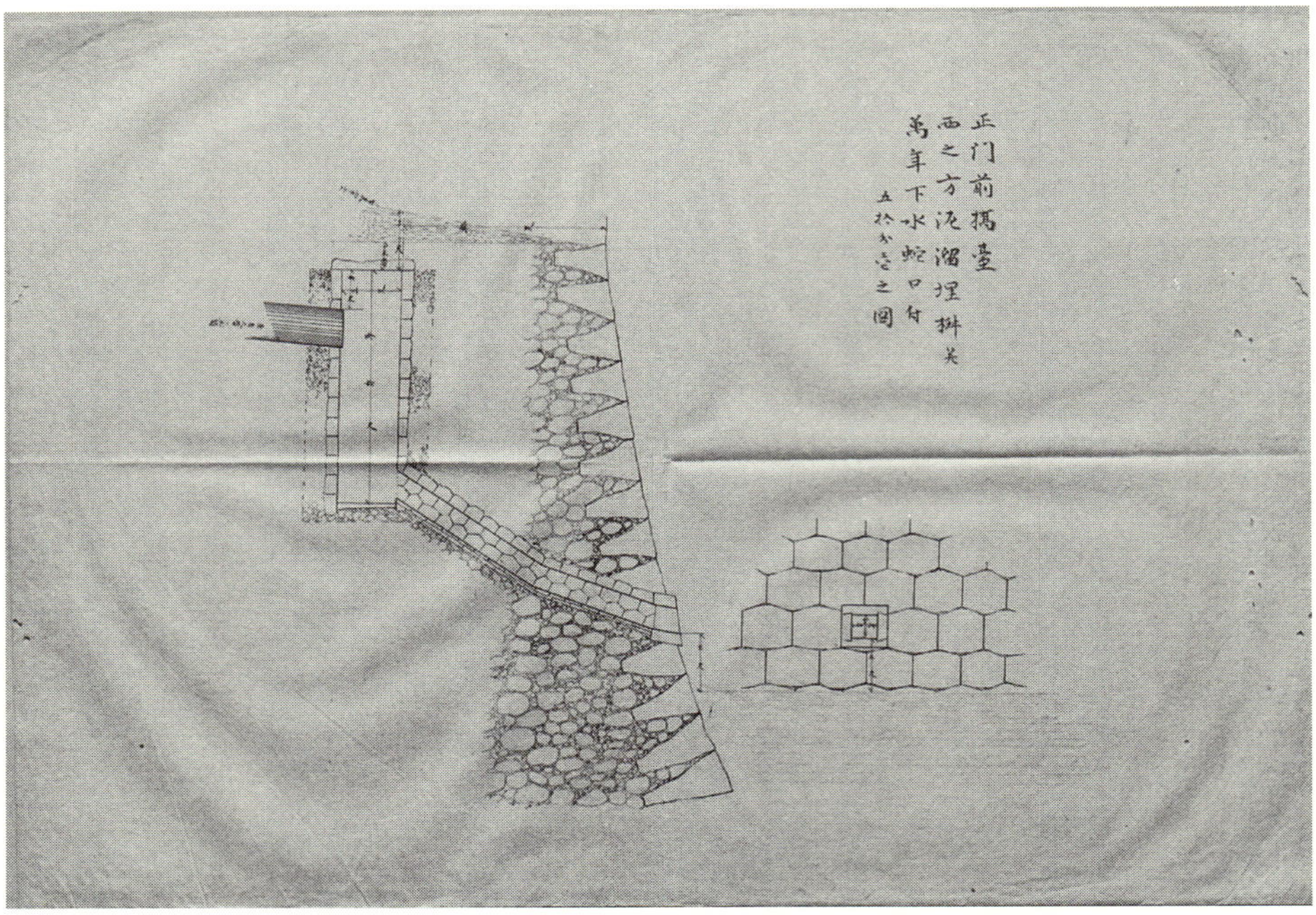

図 8 -57　正門前橋台西之方泥溜埋桝并万年下水断面図

が記されている。

蛇腹上位は、蛇腹下位と同様、見ェ掛リ石垣と地中見ェ隠シ石垣の二者があることは同じである。橋台正面については、後述する。橋台袖石垣について仕様書をみると、

一合坪百拾四坪五合壱夕　櫓台左右袖石垣并取合築

内

八拾八坪五合八夕　土手上見ェ掛　面ニ切投築 胴迫仕立

貳拾五坪九合三夕　地中見ェ隠シ　野面投築 胴迫仕立

〆

此訳

東側之部

イ印　拾三坪三合五夕　見ェ掛リ石垣　面ニ切投築 胴迫仕立

ロ印　七坪七合貳夕　同　同断

ハ印　三坪六合壱夕　地中見ェ隠石垣　野面投築 胴迫仕立

ハ印　六坪五合三夕　見ェ掛リ石垣　面ニ切投築 胴迫仕立

ニ印　貳坪三合五夕　地中見ヘ隠石垣　野面投築 胴迫仕立

ニ印　拾五坪六合七夕　見ェ掛リ石垣　面ニ切投築 胴迫仕立

〆

西側之部

ホ印　壱坪五合　地中見ヘ隠築　野面投築 胴迫仕立

ホ印　拾壱坪八合五夕　見ェ掛リ石垣　面ニ切投築 胴迫仕立

ヘ印　壱坪九合五夕　地中見ヘ隠築　野面投築 胴迫仕立

ヘ印　五坪七合七夕　見ェ掛リ石垣　面ニ切投築 胴迫仕立

ト印　四坪三合三夕　地中見ェ隠築　野面投築 胴迫仕立
ハ　七坪四合九夕　同　同断
ハ　四坪七合　同　同断
ト印　貳拾七坪六合九夕　見ェ掛石垣　面ニ切投築 胴迫仕立
〆

とある。西側の方が地中積石垣の面積が広いが、その立面図が図8-58である。蛇腹上位で特徴となるのが橋台正面である。図8-59は、鉄橋桁受を挟んで左右の石垣に朱で○印を橋受となる煉化石内の下位に△印を各々付けている。この部分の仕様書をみると、

○印

一左右寄テ拾四坪五合　北部鉄橋臺胴蛇腹上 角積石垣

右仕様胴蛇腹下迫石垣築造方出来有之ニ付隅石三側通リ水盛遣形ニ倣ヒ法リ勾配石割ニ基キ其余七側積直立ニ築立石材者図面書入之成イ準シ割野取致シ隅石共都テ石面ニ持テ取竪《ママ》横合口貳分突壹寸五分内之方ゟ叩キ合口モルタル据致シ隅石之分者壹ト側毎ニ鉄大サ貳寸角長三寸太柄植鉛ニテ鋳留メ築立鉄橋耳梁付煉化石積之方者石面ニ持テ取玄能《ママ》廉之子打立出来可申事

一長サ貳拾九尺五寸九分八厘 成イ壹尺九寸　蛇腹石　上ハ水達付下ハ面取仕立
一長サ貳拾六尺五寸九分八厘 成イ壹尺壹寸七分 工端壹尺　同蛇腹上煉化石下平均シ石
〆

右者蛇腹石成イ貳尺 長三尺 御在合相持堅石割野取致シ相渡スニ付見付石面ニ持テ取叩合口ニ致シ上端水達シ下ハ面共貳遍小叩キニ仕合セ検《ママ》知石重ネ

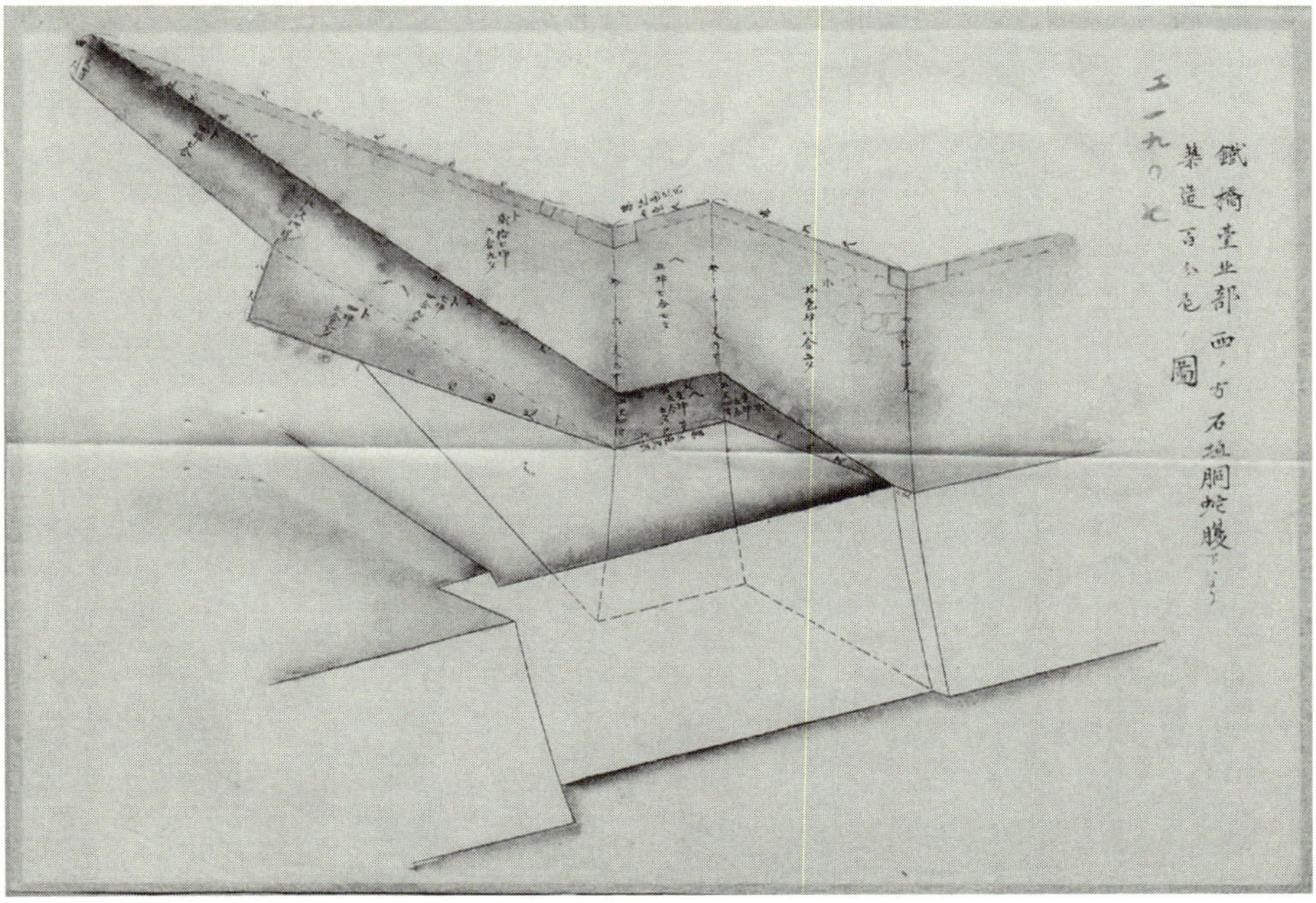

図8-58　鉄橋台北部西ノ方蛇腹上石垣改造立面図

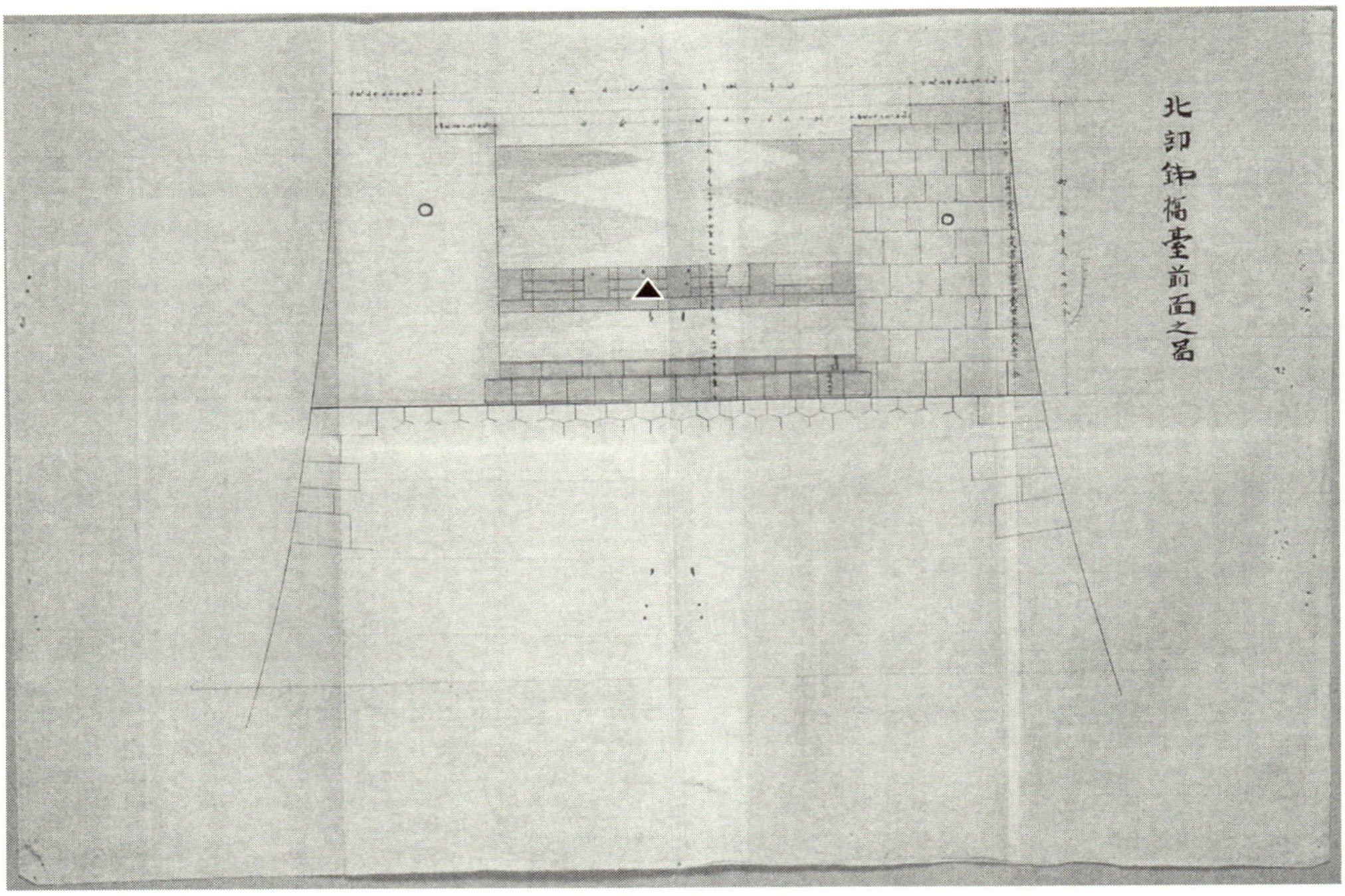

図８－59　北部鉄橋台前面之図

合口摺合セ持無之様据付煉化積下平均シ石大サ〔成イ壱尺壱寸七分 上ハ壱尺〕見付石面ニ持テ取水達上ハ貳遍小叩キニ仕立重ネ合口壱分突壱寸内之方ヨリ叩キ合口ニシテセメンモルタルヲ以不陸無之様据付ケ石上ハ面ニ持テ取リ平均壱遍小叩キニ仕合セ出来可申事

△印

一　長サ貳拾八尺五寸八分　鉄橋梁受背裏添石付

但シ大図面之通リ荒野取出来有之

右者石材古相　堅石菱形荒野取者背裏遣之分者花崗石交リニ出来有之合口摺合セ見付木形ニ準シ梁受造リ出シ段刻致シ石面ニ持テ取リ貳遍小叩キニ仕合セ背裏石共都テ煉化石積肌之処石面ニ持テ取リセメン入モルタルニテ煉化石積ニ取合セ準シ据付出来可申事

とある。少々、長くなったが、蛇腹石・蛇腹上石を挟んで左右には切石が一〇段積まれている。蛇腹石下端からは貳拾壱尺七寸八分（約六・六メートル）の高さがある。この石垣の各段は、下位のものほど高く（貳尺五寸）、上位にいくに従い減じている。最上位では、高さが一尺五寸とある。また、△印の梁受背裏石は、蛇腹石下端から六尺七寸五分（約二・〇五メートル）の位置に、高さ三尺貳寸五分で据付けている。梁受石は、六分ノ一の詳細な図があり、鉄橋桁材を受ける三カ所の四角い孔が穿たれている。後述する図８-62・63の旧鉄橋の写真で三つの孔がよくわかる。図８-65は、桁材を取り除いている景観であるが、蛇腹石・蛇腹上石に加え、桁材が据えた梁受石の一部が写し出されている。この写真では、蛇腹石下とその上位の石垣の積方の相違が顕著である。なお、図８-63では、鉄橋部材を取り外し、旧蛇腹上石間に足代が組まれ

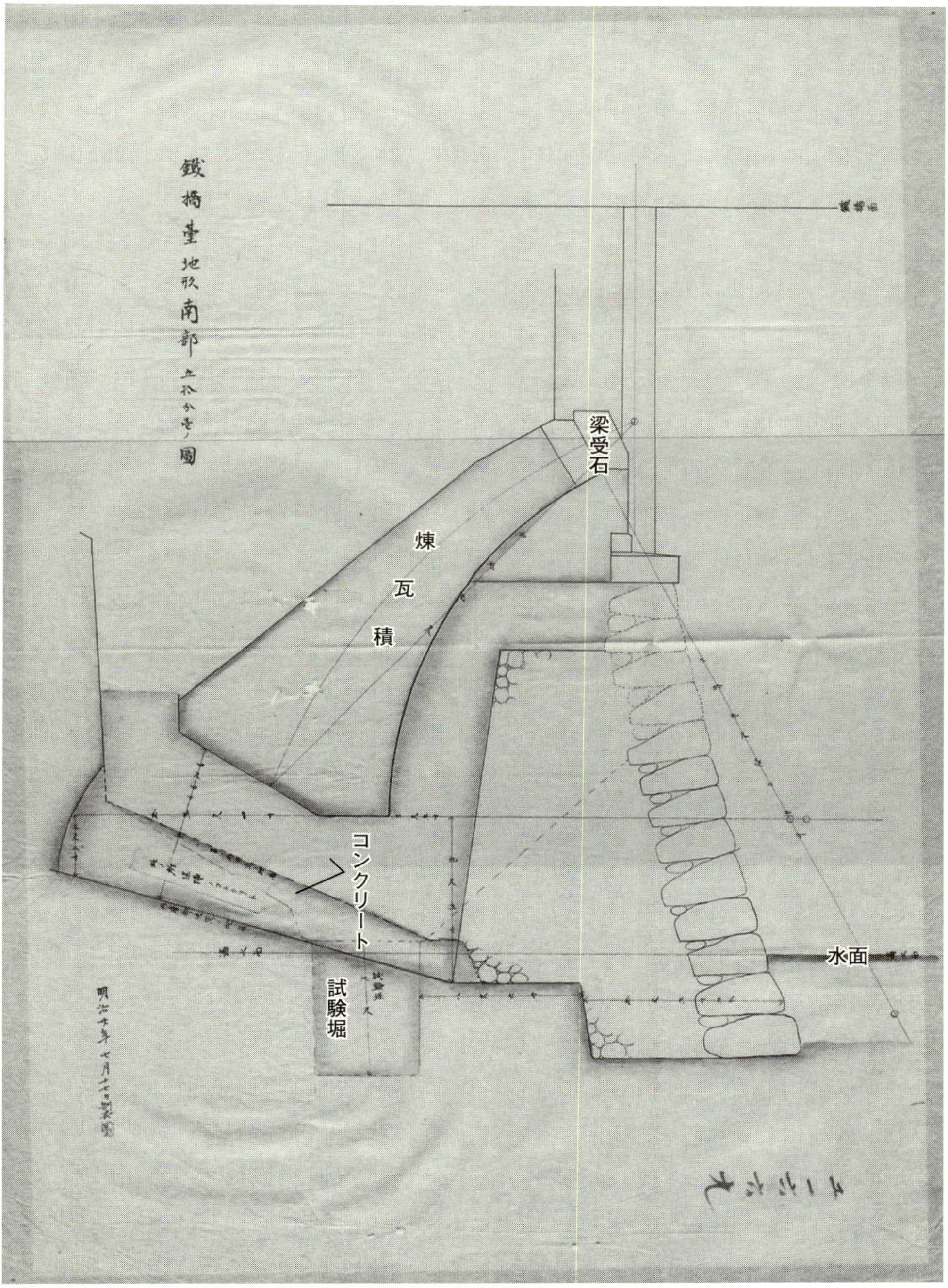

図 8 -60　鉄橋台地形南部断面図

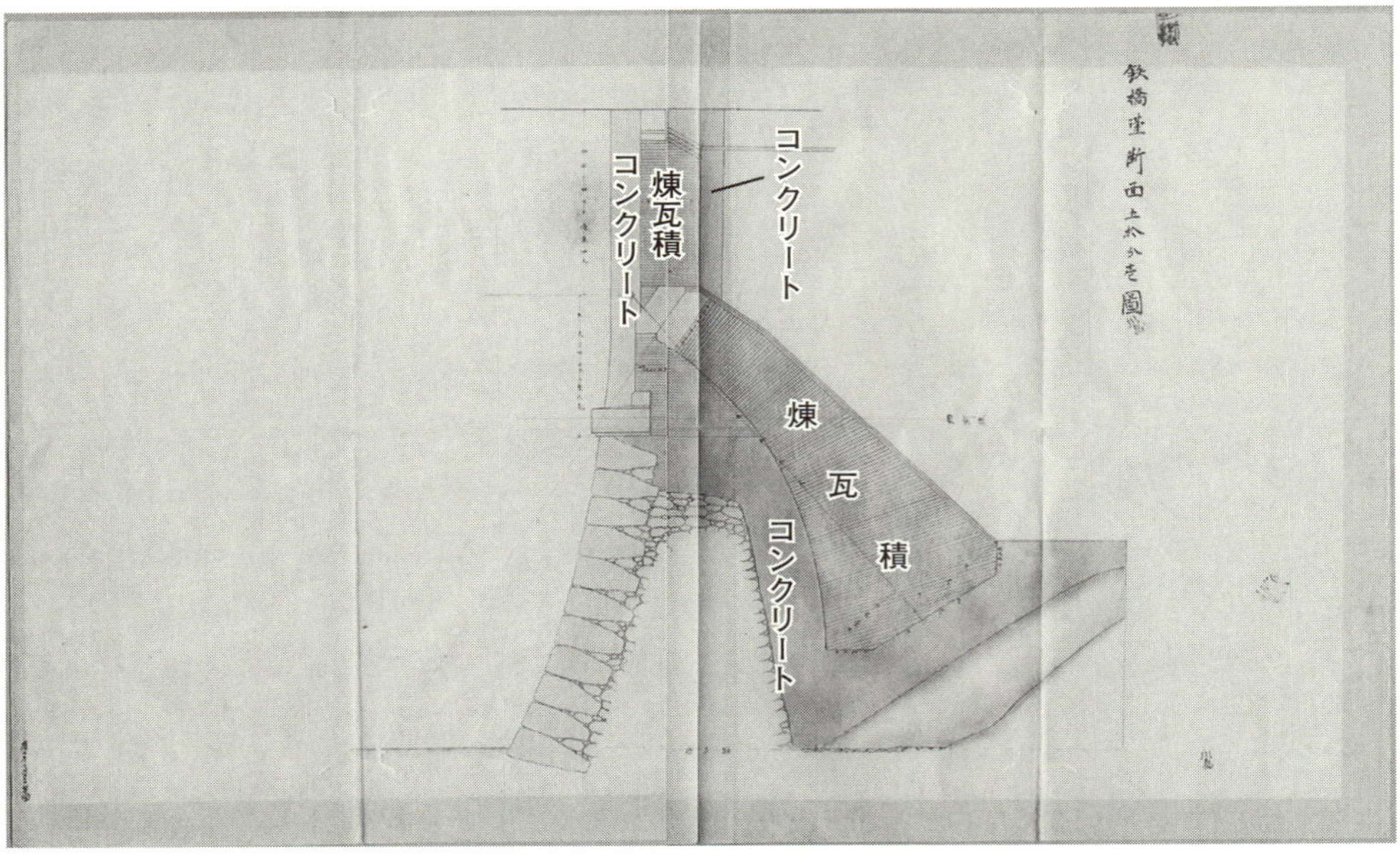

図 8 -61　鉄橋台桁受地形煉化積断面図

図 8 -62　鉄橋台桁受コンクリート地形・その一

ているために、蛇腹石はみえてはいない。

鉄橋桁受地形　鉄橋を架ける上で最重要となる工程である。表8-15の工事経過をみても、多くの案件が提出されている。鉄橋を受ける土台としては、大別すると二つの工程があり、蛇腹下の石垣裏の地形と蛇腹上の桁受地形とに分かれる。

前者は、南部橋台でみると、四四〇四-一の第七號「鉄橋南部橋臺迫リ受地形根伐コンクリート打方共増方定雇使役概算之件伺」や四四〇四-二の第四號「鉄橋臺煉瓦扣迫背裏コンクリート打及割栗埋立方仕様及概算之件伺」などの案件。後者は、四四〇四-三の第二號「鉄橋々臺南北桁受地形及前羽目共煉瓦積方定雇使役概算之件伺」の案件などから知ることができる。図を参照しながら概観する。

図8-60は、第七號に付く桁受を支える地形を示したものである。鉄橋桁材のアーチを梁受石で受け、煉化積で弧を描きながら二九尺の長さに及ぶ。端部にいくほど幅を広げ、最大で一三尺一寸を測る。この煉化石を支えるために、蛇腹下石垣の背面は、入念にコンクリートが打たれている。図内コンクリートのラインが二つに分かれているが、下位は案件にある増方にあたる。コンクリートの下端は、二重橋濠の水面よりも低い位置となる。仕様書をみると、

一合計貳拾四坪八合
　此譯
長四拾尺　深平均五尺貳寸　巾平均貳拾四尺五寸
　此ノ立坪　貳拾三坪五合
巾七尺方　深平均五尺(ア)九寸　試験堀《ママ》ノケ所
　此ノ立坪壱坪三合
〆

とある。試験堀《ママ》とは、図内の下位に突出する部分を指し、裏込石の背面、根石からは一九尺一寸五分（約五・八メートル）の位置に掘られている。ちなみに、この案件では一六五二円八九銭が計上され、このうち「灰砂費」が一二六六円五〇銭と約七七%を占める（砂利貯蓄分一六二円五〇銭を除く）。セメントに限ると、二七八樽一二五一円となる。経費は若干、異なるが、北部橋台でも同様にかかるのである。第四號案件は、前述の梁受石から弧状に延びる煉化石に沿って厚さ一尺のコンクリートを打つ。その上で梁受石上端から二三尺、高さ一七尺の範囲に土厚一尺につき割栗石を入れ突き固め、それを交互に繰り返す地形が指示されている。桁受の裏側も順次、強固となる工事が進められているのである。前者のコンクリート打が立坪七坪四合六夕、後者の埋方が一五坪三合五夕となる。

第二號の桁受裏側の地形についてみることにする。ここでは、入念な煉化積が知られている。図8-61が断面図である。まずは、構造をみることにする。蛇腹石と左右の石垣に囲まれた範囲は、桁材を受ける梁石孔を除き、コンクリートが打たれる。桁材を外した図8-62・63の写真がこれにあたる。煉化積は、その裏側となる。梁受石を除く上位と下位、下位は蛇腹石直下のコンクリート地形面にはじまり、桁材を受ける梁受石（高三尺二寸五分）を加えた煉化積の高さは二〇尺六寸（六・二四メートル）に及ぶ。梁受石の上位で厚さが三尺九寸六分（約一二〇センチ）とあり、煉化積の上端幅は、二六尺五寸九分八厘（約八・〇六

図８-63　鉄橋台桁受コンクリート地形・その二

メートル）とある。さらにその裏側にコンクリート地形が施されている。実に強固な地形なのである。図８-63の下半、図８-64は、昭和三十八年の旧南側橋台の煉化積を解体しているところである。煉化石をモルタルで貼りあわせ、頑丈に築かれていることがうかがえる。

この案件で、職人の動員と材料費について少し考えることにする。案件の積算書は、南北双方を含む桁受地形費で、ゴチックが朱書の箇所である。

概算金五千三百七拾七円三拾銭

図８-64　南部橋台桁受裏煉化積の解体

一金千六百七拾五円三拾銭

内

金八百三拾三円三拾銭　職工定雇使役之分

金三百五拾壱円五拾銭　煉化ふ足買上之費

金拾四円　雑品同断

金四百七拾六円五拾銭　灰砂同断

金千七百〇貳円　最前購買済煉瓦石

金貳千円　灰砂

〆

内訳

金八百三拾三円三拾銭

此訳

壱等煉化積職　百五拾人　壱人ニ付金五拾五銭　金八拾貳円五拾銭
貳等同断　百五拾人　同金五拾銭　金七拾五円
三等同断　貳百人　同金四拾五銭　金九拾円
同手傳　千貳百四拾人　同金貳拾七銭　金三百三拾四円八拾銭
モルタル煉人足　四百人　同金三拾五銭　金百四拾円
煉化積世話役　五拾人　同金六拾銭　金三拾円
大工　六拾人　同金四拾五銭　金貳拾七円
上鳶　百八拾人　同金三拾銭　金五拾四円
〆

一右者南北橋臺扣煉化積立方扣積貳ヶ所ニテ立七拾坪
○貳合鏡羽目間切扣石裏共南北ニテ拾壱坪九合三夕併テ立八拾貳坪壱合八夕扣突形板煉瓦割遣リ方及煉化積方手傳及モルタル子リ（ママ）共使用

金三百五拾壱円五拾銭　磚瓦
此訳
上等焼過煉化石　四萬七千五百本　壱万本ニ付金七拾四円　金三百五拾壱円五拾銭
是ハ前坪数ニ對シ煉化石貳拾七萬七千五百本最前見込ヲ以テ貳拾三萬本購買済之不足購入費

金四百七拾六円五拾銭　灰砂
此訳
深川セメント四百樽入　七拾五樽　壱樽ニ付金五円　金三百七拾五円
塩氣無川砂　貳拾九坪　壱坪ニ付金三円五拾銭　金百壱円五拾銭
是右煉化積方用モルタル製造用但（セメン貳斗五舛川砂七斗五舛）割合
但シ置場南北橋臺江別ヶ運送之事
〆

金拾四円
此訳
切縄五百把　壱把ニ付金貳銭八厘　金拾四円
右足代用

金千七百〇貳円　磚瓦
此訳
上等焼過煉化石　貳拾三万本　壱万本ニ付金七拾四円　金千七百〇貳円
是最前本文工事見込ヲ以テ毎度ニ購買済之分

金貳千円　灰砂
此訳
深川セメント　四百樽　壱樽ニ付金五円　金貳千円
是ハ最前本文工事見込購買済之分

とある。この積算書をみると、本案件に世話人・手伝を含め二四〇〇人を要していること。煉化職人が三等級に分かれていること、職業・等級に応じて日当が異なることが目につく。それ以上に、資材として、煉化をおよそ二七万五五〇〇本、セメントを四七五樽要していることは、予想外の数字であり、驚かされる。

鉄橋本体と写真にみる部材　鉄橋本体に関する史料は、四四〇四-三に所収されている。伊理斯商社を通してドイツのハルクルト株券会社製の鉄橋部材を買入することになる。史料を読むと、昭和三十八年に撤去された部材には、

図8-65　鉄橋桁材の解体

MAKERS.
HARCOURT ACTIEN GESSELSCHAFT
DUISBERG

の鋳方が押されていたはずである。第一二號の「西丸ニ架設之鐵橋材品購入之儀伺」には、

一銀貨壱万八千百七拾九円　伊理斯商社
二重橋材料　壱組
内鍛鉄凡八拾三瓲
鋳鉄凡三拾五瓲
此代價銀貨四萬五千五百四拾マルク
五千二百マルク　船積費（横濱迠）
千貳百マルク　海上保険料
〆五萬千九百四拾マルク

とある。総額の約一割が船賃であり、保険料も明記されている。イリス商社からは、架設材料の内訳の「材料訳文送状」が添えられている。図8-65の桁材、図8-66の床板、また、解体によって明らかとなった図8-67の鉄橋中央部の「ヒンヂ」等々である。

この鉄橋部材の架渡を請負ったのが、ストルヌブランクである。明治二十年十一月十二日に提出された「鉄橋架渡工事洋人ストルヌブランクへ受負申付方入費及約定案之義伺」である。そこには、

申可付高
一金七百九拾三円　受負人ストルネプランク
内
金六百九拾三円　鉄橋架渡費

図8-66　鉄橋床板の解体

内

金五百五拾八円　職工費

金百三拾五円　機械損料雑品費

〆右ハ約定出ヲ徴収受負ニ可附分

金百円　組建足代製図費

〆右ハ約定外前途可支拂分

（以下略）

ストルヌプランクは、入札で低価であったことから請負人となるが、

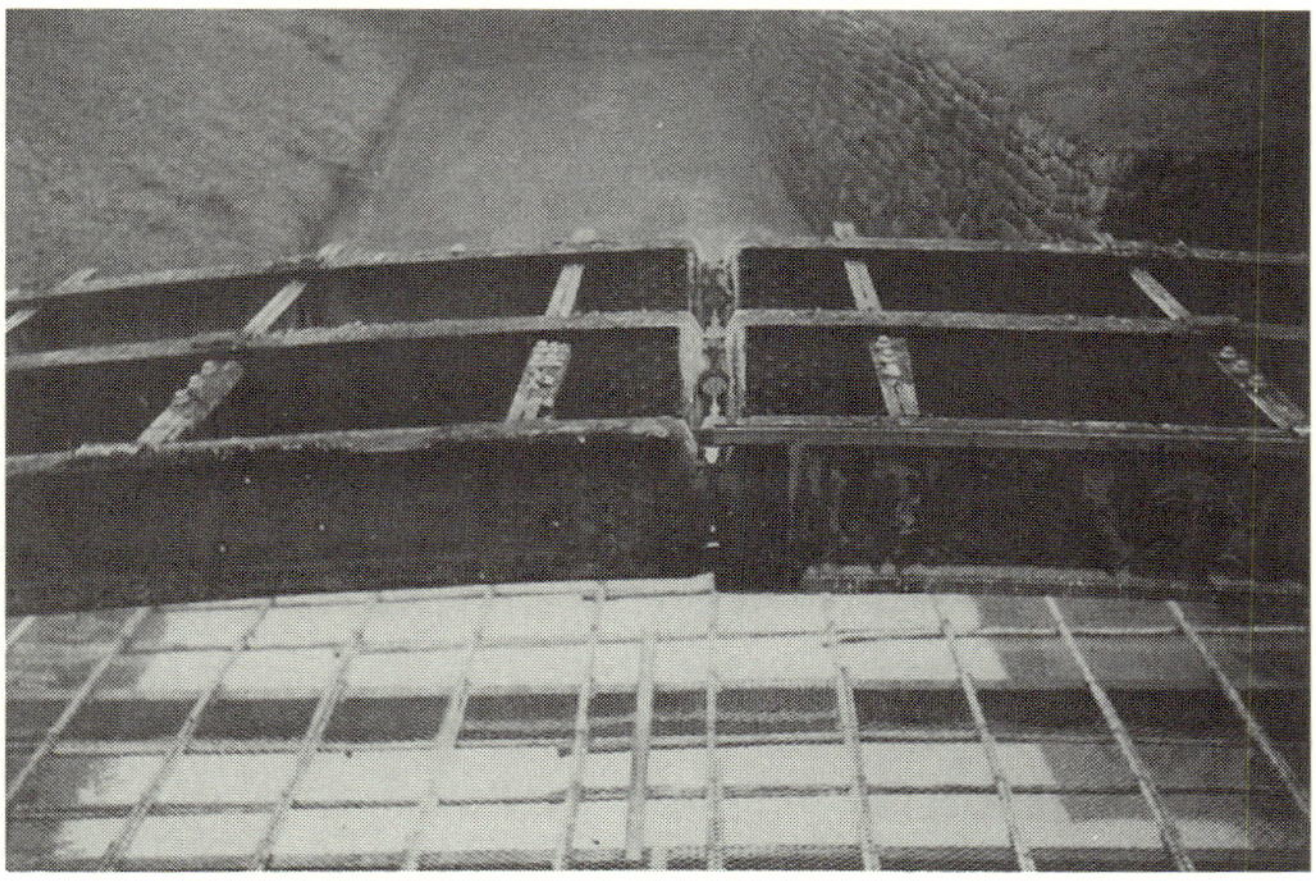

図8-67　鉄橋中央部の「ヒンヂ」

その内訳書の原史料が図8-68である。これには、明治二十年十月四日、横浜カールローデ商會から差し出された積み書き訳文が添えられている。紹介すると、

東京皇居二重橋鉄橋架設入費概算

但シ取付日限四拾五日間

機械師	壱人	壱日金五円	貳百貳拾五円
鋲釘打方	貳人	壱日金七拾五銭	六拾七円五拾銭
同	貳人	壱日金五拾銭	四拾五円
手傳	貳人	壱日金貳拾五銭	貳拾貳円五拾銭
装網師	貳人	壱日金六拾銭	五拾四円
人足	八人	壱日金四拾銭	百四拾四円
蒸気罐器具借用賃			五拾円
ブロック、網、捲轆轤、縲旋廻シ			六拾円
東京へ運送及返送			貳拾五円
総計			六百九拾三円

右者橋之悉皆落成迠之積書ニ御座候然レトモ大工石工及足代等者皇居造営事務局ヨリ供給可有之見込ニ御座候

とある。技術者を含め一日当たり一七名は、工事内容からみると少なく感じる。やはり、当時にあっても機械に依存しているということであろうか。

この案件で、鉄橋組建費のほかに、足代製図費が計上されている。足代に関する案件が前述の約定案の一二日後に提出される。「鉄橋架渡方組立足代取設仕様及経費概算之義伺」である。鉄橋の重量一一八トンを

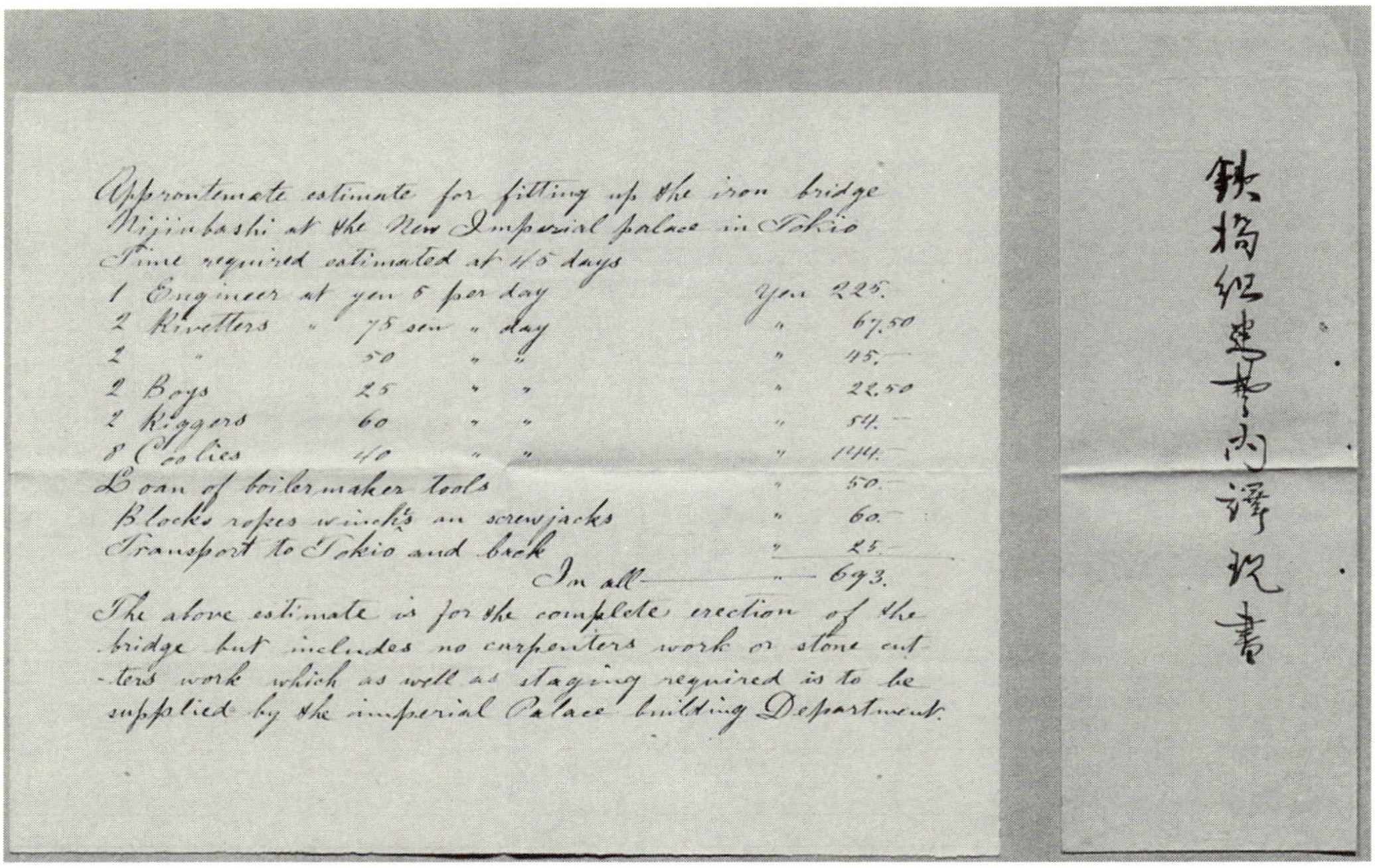

Approximate estimate for fitting up the iron bridge
Nijinbashi at the New Imperial palace in Tokio
Time required estimated at 45 days

1 Engineer	at yen 5 per day	Yen	225.
2 Rivetters	" 75 sen " day	"	67.50
2 "	50 " "	"	45.
2 Boys	25 " "	"	22.50
2 Riggers	60 " "	"	54.
8 Coolies	40 " "	"	144.
Loan of boilermaker tools		"	50.
Blocks ropes winch's an screwjacks		"	60.
Transport to Tokio and back		"	25.
In all			693.

The above estimate is for the complete erection of the bridge but includes no carpenters work or stone cutters work which as well as staging required is to be supplied by the imperial Palace building Department.

鉄橋組建費内譯現書

図 8-68　カールローデ商會の鉄橋組建費内譯原書

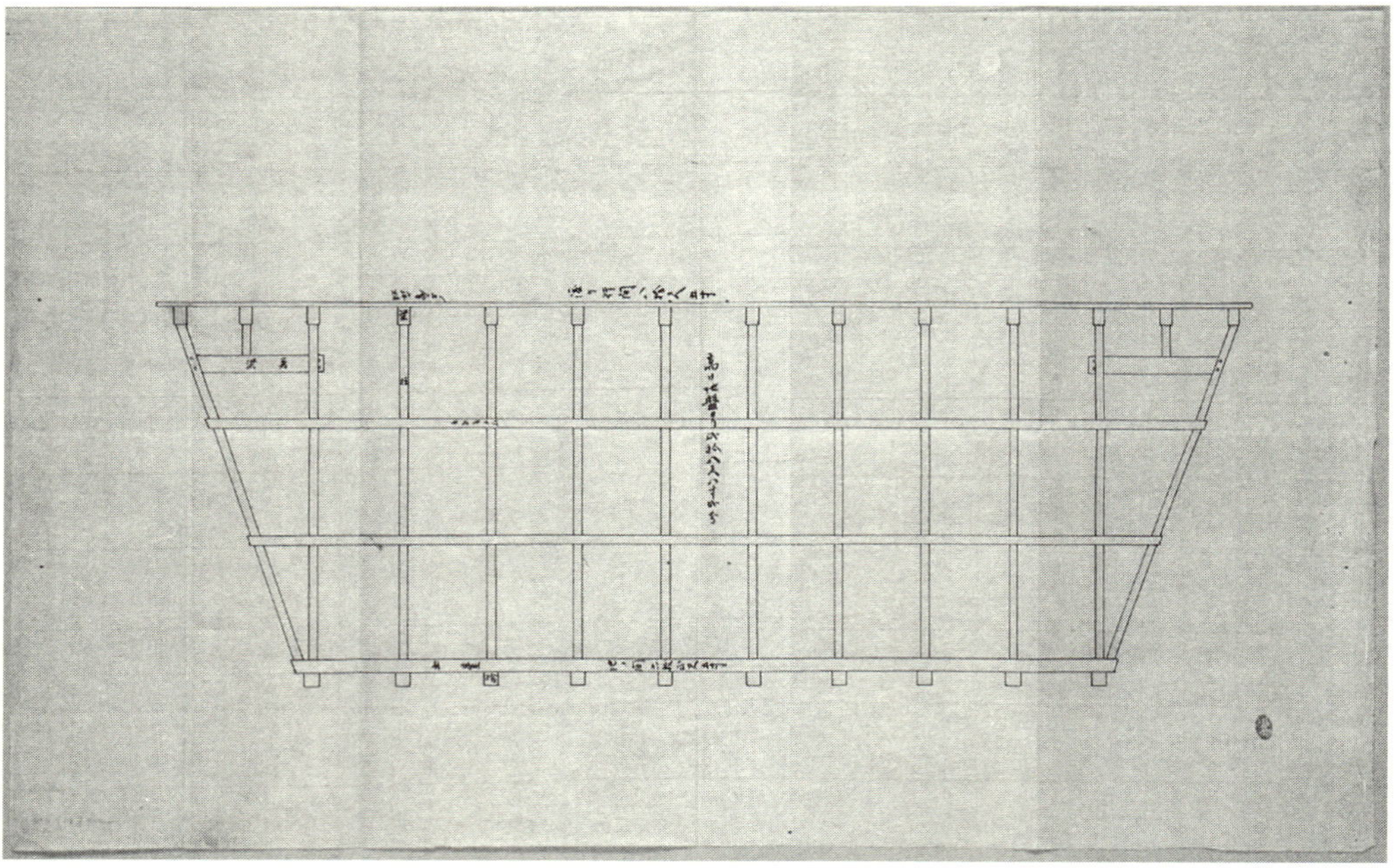

図 8-69　鉄橋組建足代図・桁行

支える足代は、堅固でしかも高さが要求される。概算金九九一円六四銭二厘のうち、木材費が五四八円四八銭とおよそ五五％を占める。ちなみに、足代の製図代一〇〇円を加えると経費は一〇〇〇円を超え、架設費よりかなり高くなる。仕様書と図面から特徴をみることにする。仕様書

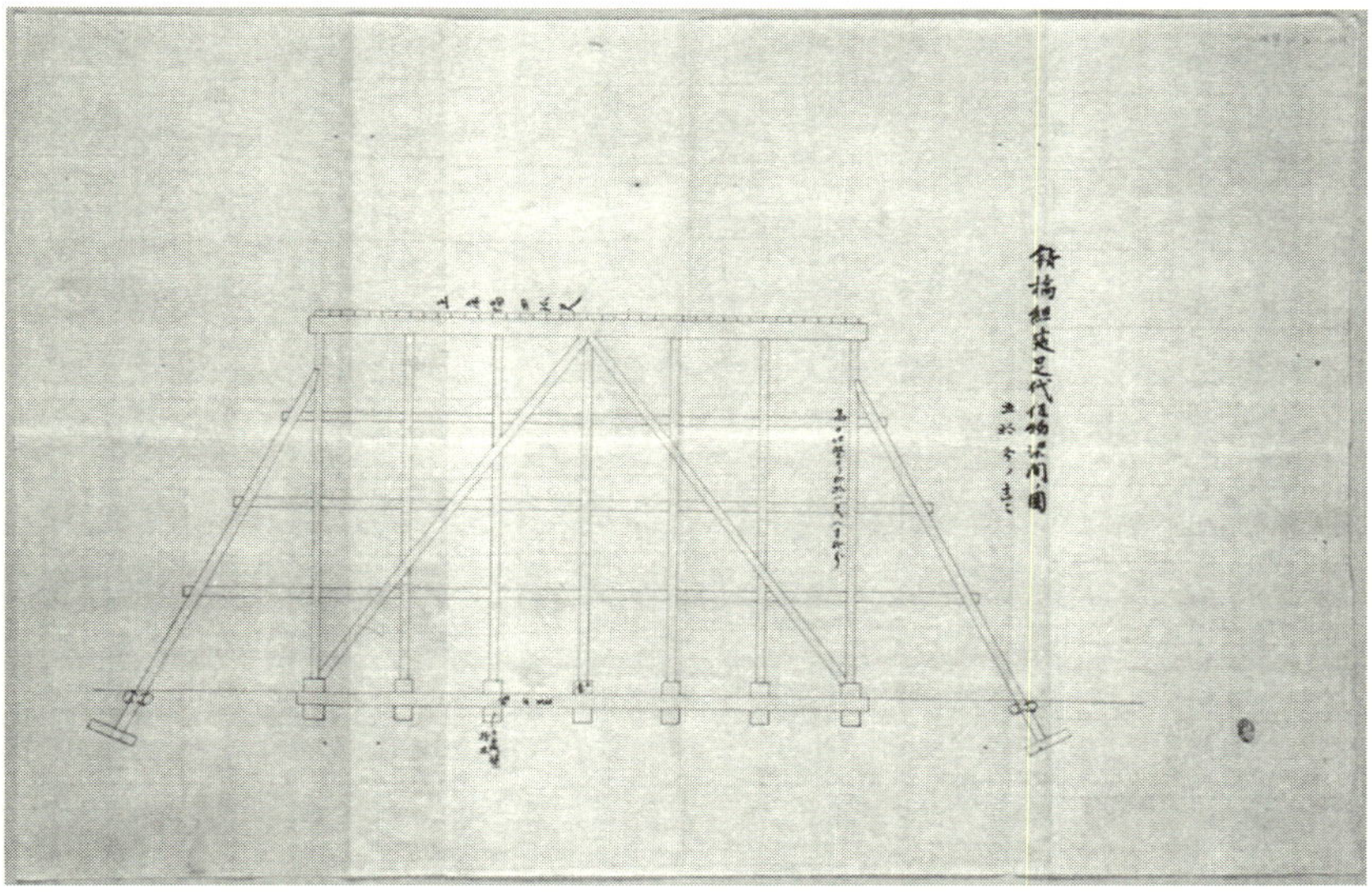

図８-70　鉄橋組建足代図・梁間

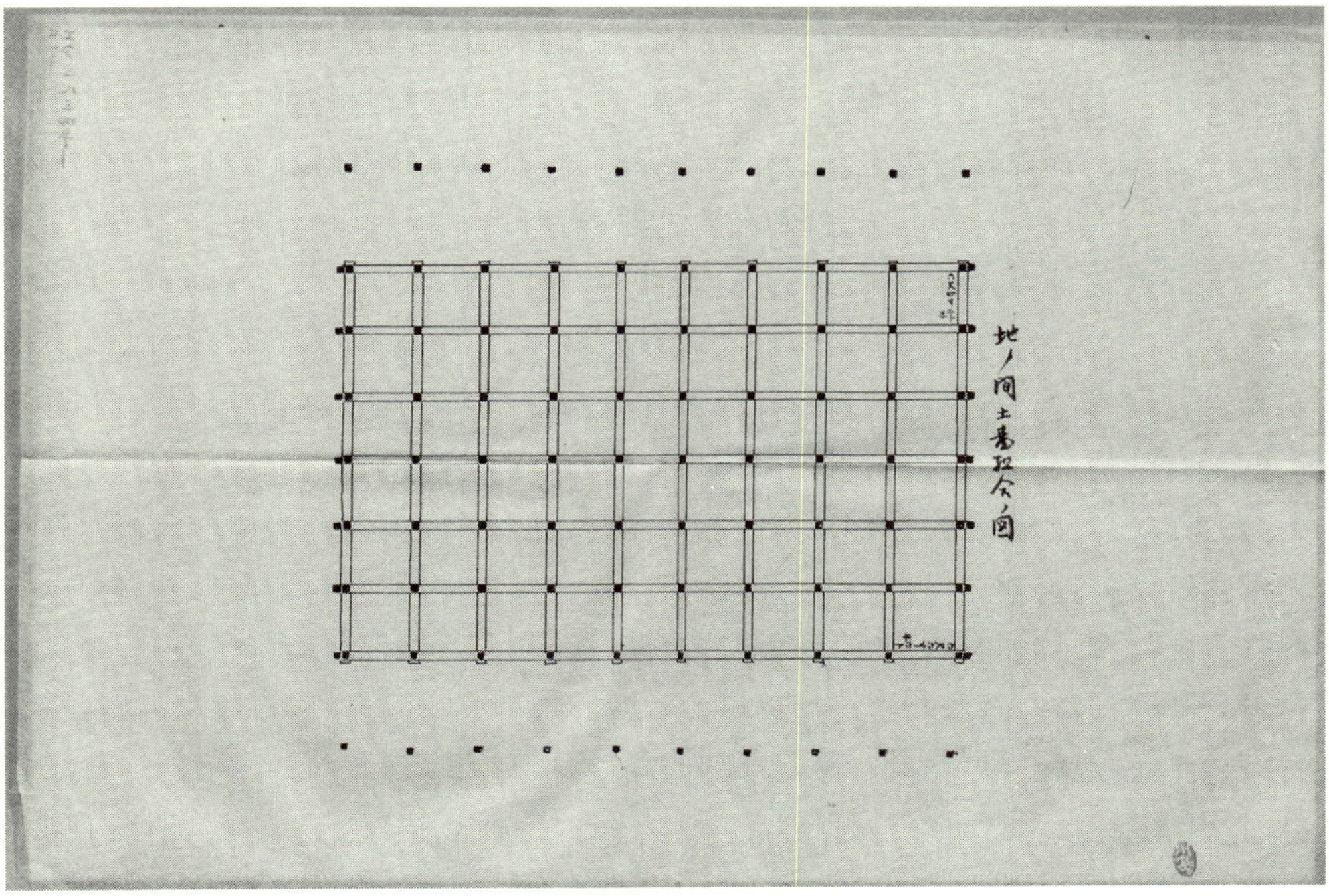

図８-71　鉄橋組建足代図・地ノ間

では、

一上層八拾尺五寸 巾四拾尺　此坪八拾六坪壱合　組立足代上層床張

一高サ在来地盤ヨリ　貳拾八尺八寸貳分　右同断高サ柱立

一地ノ間六拾貳尺五寸 四拾尺　右同断土臺据

附テ

貳拾ヶ所　妻受扣柱

にはじまる。図と照会する。図8-69は桁行、図8-70は梁間である。桁行九間、梁間六間の掘立柱に扣柱が付くもので、梁間には筋違が施され、堅固にしている。図8-71は、地ノ間土台図である。梁間の筋違に加えて梁材・桁材を連結することで土台の安定感を増している。図8-68は、上層の梁配図である。長さ四〇尺の梁に一四通りに並べ、この上に床板を張り詰めている。柱材には柄を彫り、継ぎあわせが丈夫になるよう細工が施され、本格的な構造となっている。

鉄橋の抗力試験　正門鉄橋は、近代を代表する建造物の一つである。大手石橋が橋面のうち人道部分を花崗石の切石で敷き詰めていることを述べた。正門鉄橋では、床板上にコンクリートを打ち、大手石橋と同様、段差を設けることで人道と車道とを区別し、その上で橋面を両道とも槻材で仕上げている。つまり正門石橋よりも、格調を重んじていることになる。

この鉄橋に、抗力試験が行われたことは意外と知られていない。四四〇四-三の明治二十一年四月二十七日提出の「二重橋鉄橋抗力試験之義伺」に垣間みることができる。ここでは、「二重橋鉄橋架設竣工ニ付抗力試験意見書」として、次のように述べている。①鉄橋の規模は、長さ

図8-72　旧鉄橋飾り板の龍・その一

が八〇尺（約二四メートル）、幅三五尺（約一〇・六メートル）で、中央の車道幅が二〇尺、両側に七尺六寸の人道がつくこと。面積は、二八〇〇平方尺。②重量は、車道が上位に槻材、下位にコンクリートで一万五二〇〇貫目（約五七トン）。両側の人道には四寸の槻材で二四〇〇貫目（約九トン）。両者の合計は、一万七六〇〇貫目となること。③一人三平方尺とすると橋上面には九三〇人、仮に一人一三貫目とすると体重合計は一万二〇九〇貫目（約四五・三トン）となること。④①と③の合計は二万九六九〇貫目（約一〇二・三トン）となること。⑤④の量を車道上の全面積に割り付けると、一尺方に受ける重量が一八貫五〇〇目、橋面の全面積にすると一尺方に付きおよそ一一貫目となること。

この試算とは別に、製造元のドイツでは、橋面一尺方の常量を九貫六〇〇目とし、この五倍の四八貫目を最大重量としていると述べている。

図 8 -73　旧鉄橋飾り板の龍・その二

図 8 -74　新鉄橋飾り板の龍・その三

ちなみに、試験方法としては、

要量ヲ車道ノ中央ヨリ西方ニ合シ配置シテ其全面積ニ及シ橋梁ニ現出スル屈伸ヲ始終見守シ三時計重力ヲ保持シ然ル后重量ヲ除去スル際漸々旧位置ニ復スル哉否ヲ検査スルニアリ愚考スルニ梁上ニ来ス処ノ屈伸ハ最モ微少ナルモノトス

試験ニ要スル錘リレハレールヲ適当トス

をあげている。適当な検査方法であるかはわかりかねるが、史料では、同年五月十七日付で「二重橋鉄橋抗力試験成績ノ報告」を伝えている。

抗力試験とは別に、伊理斯商社では、鉄橋の「保存期保證書」を発行している。そこには百五拾ケ年間と記されている。昭和三十八年に架替工事が行われていることから、実質的にはその三分ノ一の五五年間ということになる。

二代目鉄橋との相違　二重橋鉄橋の象徴は、飾り板の龍であるといっても過言ではない。伊東孝氏は、『東京再発見―土木遺産は語る―』のなかで、新旧の龍の顔つきや顔の向きが違うことを指摘する。とりわけ、顔つきは旧橋が外側を向いているのに対して、新橋では内側を向いているというのである。『皇居造営録三七・三八・四〇　昭和二十八〜四十四年　臨時皇居造営部　写真の部（三七）・（三八）・（四〇）』（識別番号二三七〇七-三七・三八・四〇）の写真で検討する。三冊のアルバムには、旧橋の解体から新橋の架設までが克明に記録されている。

図8-72・73が旧橋、図8-74・75が新橋の龍である。図8-72・73の解体された龍の飾り板は、正門鉄橋側に取り付けられていたものであるが、龍の顔の向きをみると、伊東氏が指摘するように橋端側を向いている。橋の反対側（西側）の高欄と飾り板の撤去の別写真もやはり同様である。顔の表状・形状等々の特徴として、①大きく開いた口のなかの舌が上顎に付いていること、②龍の首が胴に絡むことなく延びていること、③足先が延びた状態にあり、そのため飾り板内で収まっていること、④胴中程で一旦大きく絡み、その後も絡みながら尾先まで丁寧に表現されていることなどがわかる。一方、新橋の龍は、大手正門側から今

図8-75　新鉄橋飾り板の龍・その四

でもみることができるが、図8-74・75の顔の向きでは双方が橋の中央側を向いて対峙する位置にある。また、旧龍との対比では、①大きく開いた口から外に舌が延びていること、②顔の位置が中央を向くことから、首が胴部と交互していること、③足の指先が何かを握り締めていること、④胴中央で大きく絡むが、その後、尾先にかけては簡潔に表現されていることなどをあげることができる。なかでも、図8-75の片側足先は、飾り板をはみだすことで、あたかもその端部を握り締めているようで力強く表現されている。

宮内庁臨時皇居造営部による『皇居正門鉄橋架替工事記録』を参照すると、新鉄橋は、橋体の設計を平井敦氏、主桁飾高欄等の意匠を内藤春治氏が担当したとある。その上で、飾龍の原型は、富山県高岡市在住で金工家の米治一氏、鋳造を山岸辰美氏、著色を折井竹次郎氏が各々、行ったことが記録されている。実用と共に、芸術作品でもあるのである。報告書には、「勾欄下龍ノ間およびボーダー設計図」のタイトルで、二方向の実測図と多くの図版が掲載されている。

新旧二つの龍は、表現の違いはあるものの大変、魅力的である。写真からは、目の表情をうかがうことができないが、眼光鋭く表現されているに違いない。龍が王権を象徴する動物として諸外国で多用されていることは周知のことであるが、皇居を見守る動物として、龍は、橋のレリーフに最も相応しいといえるのである。

第九章　新道造成、土橋の改修、資材の調達先と供給量

宮城ならではの特色として、賢所の造営がある。賢所は、山里に計画されたが、明治十六年の新宮城では吹上に造られることとなる。西丸に新宮殿、山里に御常御殿、道灌濠を挟んで賢所が配置される。山里と吹上間には、後述するように我国最初の鉄製釣橋が架けられていた。この時点では、道灌濠は一続きであった。吹上に賢所を造るにあたり、鉄製釣橋の幅は狭く、通路としては相応しくないものであった。そのため、道灌濠の一部を埋め立て、その上に新道が建設される。道灌濠は、上・下の二つに分断され、両者の水位調節から、濠を渡る道路が土橋となり、その下には新たに隧道が築かれることになる。ちなみに、上道灌濠と二重橋濠間の露地大道下にも新たに二つの濠を連結する隧道工事が行われている。

宮城内では、旧来の土橋も改修される。それは、道灌濠と蓮池濠、西丸下濠と蛤濠を各々連結する箇所で、坂下門と乾門間が通用口となり道路の拡幅が要因となっている。史料では、西欧の新技術の導入とともに、関連する濠の深さを知ることができる。濠幅は、測量図や実見することで体感することができるが、その深さは意外と知られていない。

前章から述べているが、宮城造営にあたり実に多くの資材が搬入され用いられている。そのなかには、江戸城造営時の石材・木材などがある反面、セメント・磚瓦という新たなものもみられる。石材については、石橋使用や二重橋正門石垣の一四個の産地・運搬・費用等々については論じた。ここでは、それらを含む全体的な石材の動きについて言及する。また、各所でコンクリートを多用することを紹介したが、その原料となるセメントについて検討することにする。

本章で用いる史料は、前章の石材のほか、『皇居造営録（釣橋解取・同所埋立及墜道）一・二　明治一四～一九年』（識別番号四四二五-一・二）、『皇居造営録（石垣）三・一一　明治一七～二一年』（識別番号四四〇六-三・一一）、『皇居造営録（セメント）　明治一四～二一年』（識別番号四四三七）、『皇居造営録（モルタル機械）　明治一五～二一年』（識別番号四四一六）を中心としている。

一　釣橋の取解と新道・隧道の建設

前章図8-1に、旧釣橋・新道の位置を示したが、今日、皇居を訪れても目にすることは決してない。そのため、馴染のない場所である。釣橋は払い下げ、それを移設し、神田川に架けられたはずであるが、その位置を特定することは出来ない。また、人力で濠を埋め立て、新道を築

表 9－1　山里・吹上間の釣橋取解と同所埋立・隧道の工事経過（含、道灌濠と二重橋下濠間の新設隧道）

識別番号	號数	分類	案件及び工事経過	案件提出日	工事着手	工事落成	備　考
4425-1	第２號		釣橋濠中水切之義伺	明治15年９月15日			
	第４號	拡幅	山里釣橋際左右石垣取毀方并入札之義伺	同年９月18日			43円81銭(84円21銭)
	第８號	総括	吹上山里間釣橋跡埋立ニ水水堰石垣并下水石蓋取設其外道敷土来等之義ニ付概算伺之件	明治16年９月21日			概算金54,182円70銭(内、24,180円29銭職工員)
	第９號		山里釣橋下埋立事業取掛リニ付定雇職工使役方伺之件	同年10月23日	明治16年11月16日		
	第７號	許可	釣橋撤去ノ義御治定ノ旨宮内卿ヨリ通知	明治17年１月11日			前年12月、陸軍省と撤去ノ件で協義
	第11號	杭打	釣橋下埋立ニ付杭打伺之件	同年１月14日	明治17年４月２日	明治17年６月19日	493円（2,665円5銭）
	第12號	杭打	釣橋下萬年水抜杭打上申之件	同年６月５日		同年７月21日	287円15銭
	第15號		釣橋下埋立左右土留石垣并萬年樋新設入費伺之件	同年６月10日	明治17年６月16日	同年10月１日	1,855円5銭
	第13號	杭打	釣橋下埋立水抜キ地形杭打増入費伺之件	同年７月４日		同年８月７日	98円、第11・12號の請負人とは異
	第14號	仮枠	釣橋下羅持仮枠取設方入費伺之件	同年７月４日			
	第20･21號	図面	釣橋図面返却方、同・東京府へ貸渡ノ件	同年９月26日			釣橋図面の目録有、16葉
	第16號	石垣	釣橋下埋土左右土留石垣上均シ石拵并据付方費額之件伺	同年10月１日			43円7銭6厘（長延39間１尺）
	第18號	土木	釣橋以北濠底堀浚并釣橋下埋立方入費伺之件	同年10月26日	明治17年12月24日	明治18年６月６日	2,476円63銭（総坪2,098坪8合4勺）
4425-1	第19號	撤去	釣橋下羅持下枠取解片付共入費伺之件	明治17年10月29日			23円40銭
	第17號	土木	釣橋以南堀内寄堀浚方并釣橋下埋立方共入費伺之件	明治17年11月18日	明治17年12月２日	明治18年６月６日	591円39銭（土坪と447坪7合）
4425-2	第３號	申請	東京府下小原勝五郎釣橋拂下願	明治18年４月１日			
	第４・５號	許可	拂下代償取調、同・拂下許可之件	同年６月５日			拂下代600円（地形石類を除）
4425-1	第22號	土木	釣橋下埋立所崩土取揚方其他定雇使役方之義伺	同年７月６日			27円
	第23號	土木	釣橋下埋立土引均シ方受負申付之件伺	同年７月12日	明治18年７月17日	明治18年７月31日	49円（236坪5合）
4425-2	第１號	土木	釣橋下埋立所南側崩土取揚方受負申付之件伺	同年７月18日	同年７月21日	同年７月23日	22円41銭
	第２號	土木	釣橋下水抜迫持内埋方ニ付入費概算伺	同年７月27日	同年８月５日	同年８月18日	166円41銭（埋土76坪、割栗27坪）
	第７號	土木	釣橋下埋立ニ付左右土羽築足方入費伺	同年８月４日	同年８月25日	明治19年４月24日	720円(1,192円60銭) 134円20銭の増費有
	第６號	撤去	釣橋解取と同日限延期願之件	同年８月18日		明治18年11月５日	
	第８號		旧釣橋取解跡釣線堅メ地形吹上方石類堀上ケ及跡埋立方仕様及経費概算之件伺	明治19年２月25日	明治19年３月10日	明治19年４月25日	128円40銭(388円78銭) 増費29円18銭
	同･第８號		旧釣橋埋立所盛土地盤不陸直シ方仕様及経費概算之件伺	明治19年３月23日	同年４月15日	同年４月24日	180円（394円91銭）
4425-2	第10號	石材	水吐隧道工用石材荒研伺之件	明治18年４月30日	明治18年５月26日	明治18年６月20日	137円70銭
	第11號	土木	道灌濠ヨリ二重橋下濠中、通スル水吐隧道新設工事伺	同年４月30日	同年６月４日	同年６月22日	138円(2,985円56銭4厘)
	第12號		道灌濠ヨリ二重橋下堀中へ通スル水吐隧道迫持工事并経費概算伺	同年５月21日	同年７月２日		759円22銭(1,922円60銭)
4425-2	第15號		道灌堀ヨリ二重橋下濠中へ通スル隧道両口巻石迫持并石垣築造方工事受負ニ付　　ニ付上申	明治18年９月21日	明治18年９月28日	明治18年11月６日	（９月９日付で隧道両端工事仕様替）289円76銭（764円42銭6厘）
	第16號		山里御門外坂道両崩隧道石垣上土手芝植付方受負申付之義ニ付上申				19円17銭（139円38銭4厘）（芝植付　59坪2合9夕）

※太線以下は、下道灌濠から二重橋濠への新設隧道に関する案件である。

いているが、莫大な土量には驚かされる。

二件の史料を工事経過に沿ってまとめたものが表9-1である。これには含まれていないが、道路両脇の小土塁や、上下水道の敷設などが別件の史料に見出すことができる。

釣橋の取解と新道のための造成は併行して行われるが、史料に収められている内容は、四点に大別される。それは、①釣橋取解と払下げに関すること、②道灌濠を分断するが、両者の濠内の水位調節の必要から隧道建設に関すること、③新道を敷設するために、濠内の杭打ちにはじまり埋め土、石垣等々一連の造成に関すること、④上道灌濠と二重橋濠を結ぶ新たな隧道建設に関することからなる。

このうち、②・③に関する基本となる案件を明治十六年九月二十一日に提出された「吹上山里間釣橋跡埋立ニ付水堰石垣并下水石蓋取設基外道敷土来等之義ニ付概算伺之件」（第八號）にうかがうことができる。まず概算額として、

概算金五万四千百八拾貳円七拾四銭

内譯

一金貳萬四千百八拾円貳拾七銭　諸職工及人足

但釣橋取解之費ハ此概算ノ内ニ非ス

一金三万〇〇〇貳円四拾六銭

内

金六千五百〇四円六拾銭　木材

金貳千九百円　川砂利

金五拾壱円六拾四銭　釘鎹

金貳百四拾九円五拾銭　雑品

金貳万〇貳百九拾六円七拾貳銭　新石及割栗石

但シ概算内石類割栗石等ハ両九門古石ヲ以テ代用スル見込ニ候事

（中略）

とある。概算金の総額は、前章鉄橋の経費に近く、かなりの高額である。また、石垣修繕は別として、石橋・鉄橋の経費と比較すると、諸職工及人足の所謂、人件費の占める比率が高いのも特徴である。さらに、材料費のなかで道灌濠を埋め立て新道を敷設するために石材費が二万円を超えているのは気になる点でもある。

本案件には、建築課が作成した「旧西丸山里吹上間釣橋下構堀埋立并萬年下水共新設仕様書」と「古石及御有合品ヲ以テ仕様ノ積リ／旧西丸吹上山里釣橋跡埋立ニ付前後水堰石垣及水抜下石蓋取設并埋立方芝檀付馬踏石下水道ヘ敷出来共入費概算取調書」が付く。

仕様書は、

埋立道立水上九間水下貳間

一埋立地盤　馬踏渡リ四拾間 巾貳拾間

根鋪五拾間

但シ

當今水上端印杭ヨリ馬踏引通シノ高サ九間馬踏地盤幅中央ニテ高三尺ノ甲盛ニ仕立土手形高配高ノ壱倍五割ニ築立

一長延テ四拾間

前後水垣石垣

高サ拾貳尺
是者　在来石垣ノ上端引通シ積方ノ事
附テ
長五拾間
底幅三尺　水抜萬年石樋
巻出シ口巾三尺五寸
深羅持石下ハヨリ底石上ハ迠三尺八寸
是者　地中者半圓羅持巻石蓋
長延寄テ三拾九間　石垣上端ヨリ土手形踏止メ迠　犬走り
巾三間四分
（以下略）

とある。各工程の詳細な仕様が続き、これには八枚の図（一枚追加）が付く。図9-1は、完成予定の平面図、図9-2は、同断面図である。図9-1には、新道部分に「且り四拾間」「道路巾貳拾間」の数字が記入されている。この埋立出来方の裾部は、分断した道灌濠を横断する状況で石垣が描かれ、それらの中程に両者を連結する隧道をみることができる。図9-9は、新道すなわち明治期の土橋断面図となるものであるが、規模の大きさに圧倒される。埋土に隧道入口部の石垣を加えた根鋪の長さが五〇間（九〇・九メートル）、盛土の高さが九間（約一六・四メートル）とある。新道端から垂線を下し、盛土裾までが拾壱間七分と記されていることから、土羽の勾配は、およそ三二度となる。また、裾打地形や夥しい数の割栗石もみられる。図9-2は、隧道入口の立面図である。アーチ状の入口部の巻石、正面左右および内側石の一端をうかがうことができる。

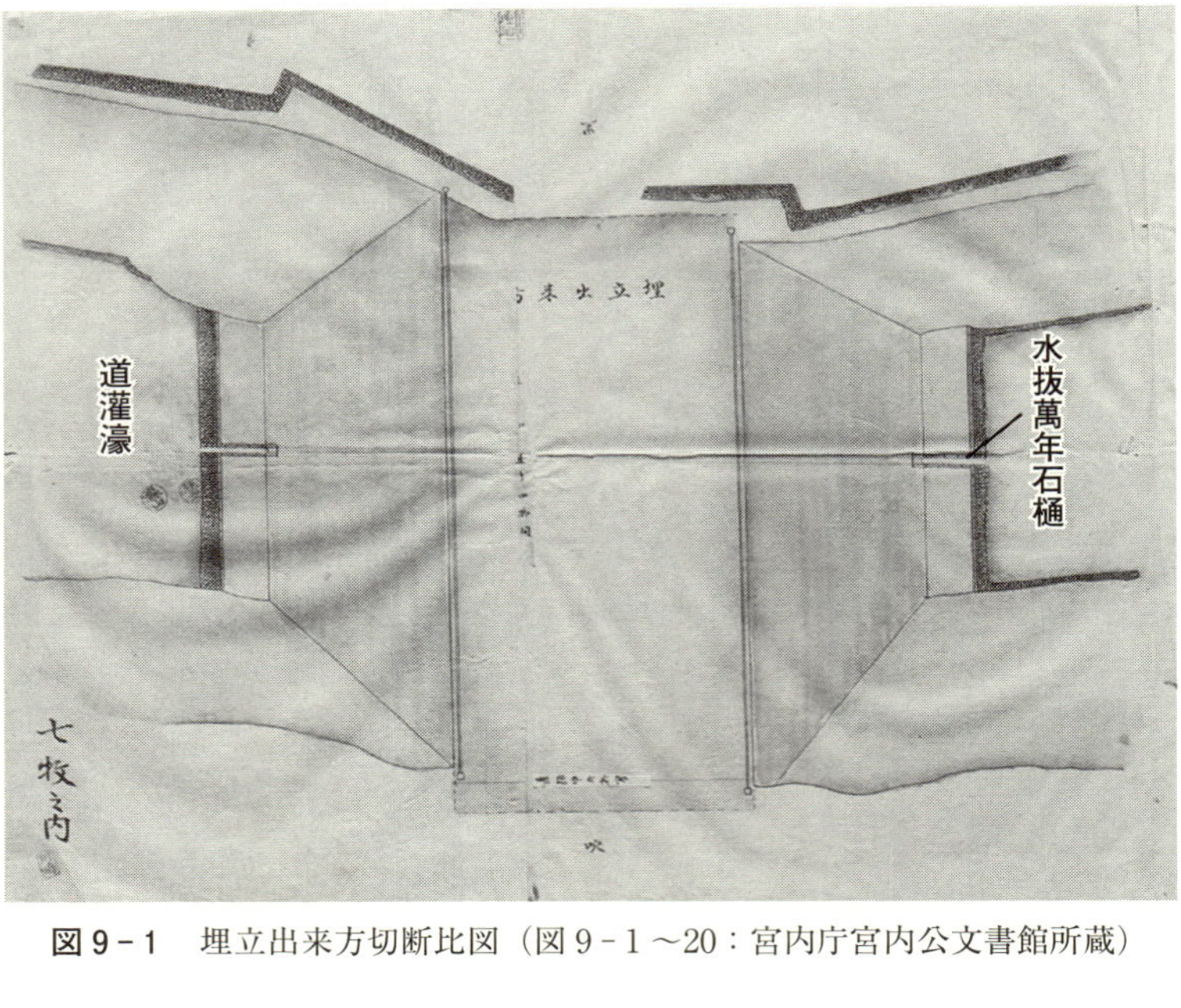

図9－1　埋立出来方切断比図（図9－1～20：宮内庁宮内公文書館所蔵）

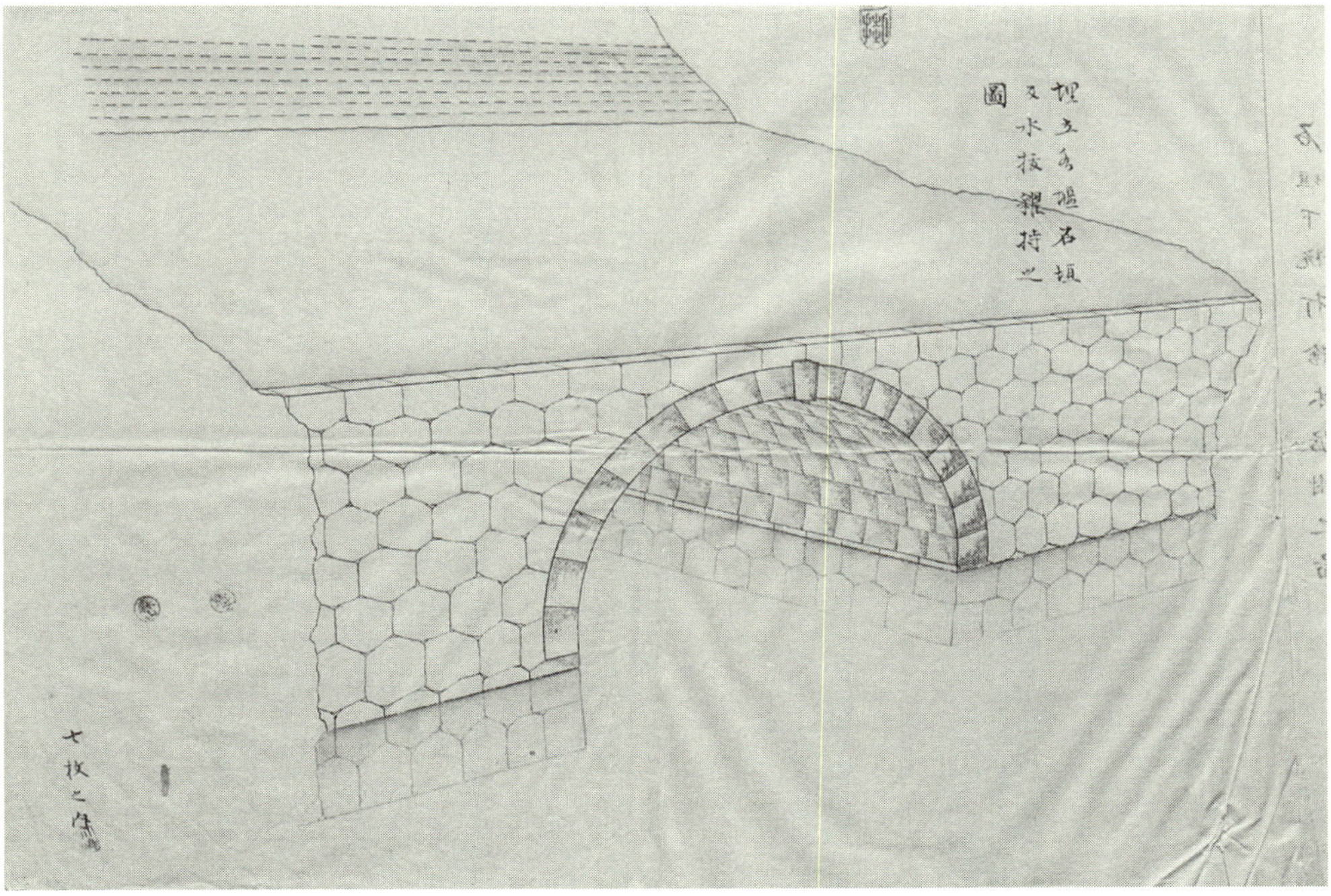

図９－２　埋立水堰石垣及水抜羅持之図

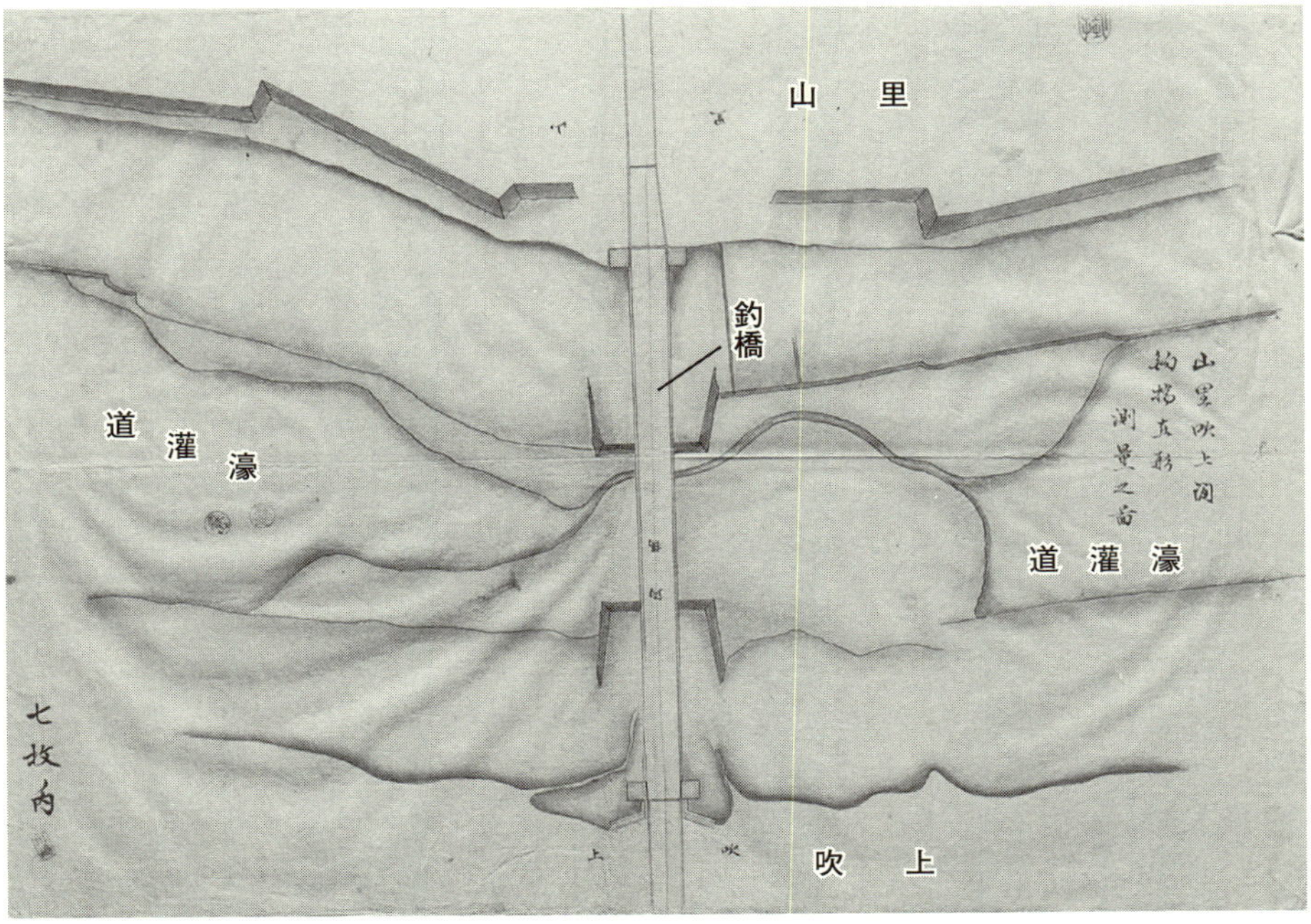

図９－３　山里・吹上間釣橋平面図

概算で石材費が気になったが、後者の概算取調書のなかに、「西丸吹上間釣橋下埋立用新石員数及代價見込書」がある。そこには、

一合計二万二百九拾六円七拾貳銭

内譯

大間知石　千貳百本　金貳千円
面大サ貳尺以上　扣長貳尺五寸以上　壱本ニ付金壱円七拾五銭

小間知石　千五百四拾本　金七百貳拾三円八拾銭
面壱尺貳寸以上　扣長壱尺五寸以上　壱本ニ付金四拾七銭

三五玄蕃石　七百本　金三百八拾五円
壱本ニ付金五拾五銭

二印岩岐石　四百本　金八百六拾円
壱間ニ付金貳円拾五銭

蓋巻石　六百六拾八本　金六百貳拾七円九拾貳銭
長貳尺以上　巾壱尺五寸角　壱本ニ付金九拾四銭

割栗石　千三百坪　金壱万五千六百円
壱坪ニ付金拾貳円

とある。石材費のなかの四分ノ三を占めるのが割栗石である。図9-6にも夥しい数の割栗石が描かれていた。その需要は理解できるところでもある。しかし、概算の但シ書にあるように、この工事では、新石だけではなく、古石を取り交ぜて行っているのである。

②・③の概要を記したので、以下、順を追ってみていくことにする。

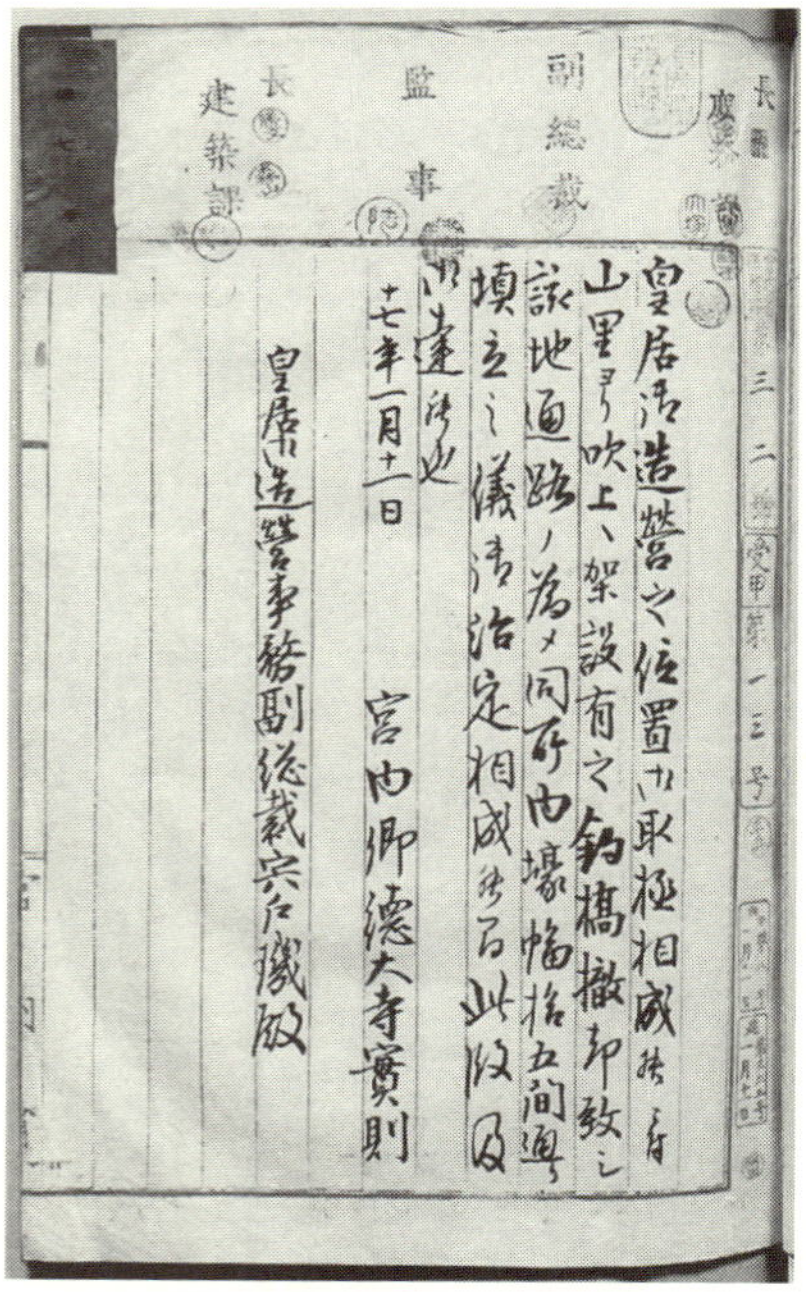

図9－4　宮内卿徳大寺より釣橋撤去許可に関する史料

1　釣橋取解と払下げ

釣橋取解・払い下げに関する史料は、四四二五-二の第三號から第六號にかけて所収されている。この鉄製釣橋の古写真は、西ヶ谷恭弘著『江戸地―その歴史と全容―』をはじめとしていくつかの書物で紹介されている。

鉄製釣橋　この釣橋が我国最初の鉄橋であることは前述した。それは、明治三（一八七〇）年、T・J・ウォートウルスによって架けられた。長さ二二六尺八寸（約六八・七メートル）、幅が手摺真で一丈五尺（約四・五メートル）を測る。図9-3をみると、濠上部分は短く、山里・吹上の陸地上に長く延びているようにみえる。道灌濠の水面は、この図でみると水位がかなり低く感じられ、釣橋下では繋がっているものの水路状に描かれている。前述の第八號の仕様書に、「……今般埋立ルノ場所水路山側工寄付ケ深サ現場ヨリ壹丈余ニ堀割リ水通シ致……」と

記されている。正に仕様書の通りの図といえ、工事に先駆けた第一歩をうかがうことができるのである。

釣橋払い下げから取解に至る経過　山里・吹上間に新道を敷設するための第一歩は、表9-1に示したように明治十五年九月にはじまる。本格的には、第八號案件が提出された翌年九月のことである。

釣橋の撤去をめぐり皇居造営事務局では、陸軍と東京府、さらには宮内省と協議する。第六號の「釣橋撤去差支有無陸軍省へ協義《ママ》ニ付宮内省往復」として明治十六年十二月十一日付の史料として提出された釣橋の平面図がある。図は、案件の提出が三カ月先行する第六號案件の平面図と全く同じものである。唯一、内題が異なり本案件では「従前架橋之図」とあり、もう一枚の「改正填正之図」と対比している。検討を重ねたという証しであろうか。

図9-4は、宮内省の宮内卿徳大寺實則氏から釣橋撤去と新設道路の許可を示したものである。明治十七年一月十一日の日付がみえる。

釣橋の払い下げの件については、内々には進行していたようで、第二〇號の「釣橋圖面返却方小原勝五郎へ達」（明治十七年九月二十六日付）に垣間みることができる。小原勝五郎氏は民間人で、後に払い下げを受けた人物でもある。本件には大変、興味深い史料が添えられている。それは、釣橋図面目録で、一六葉の存在を示すものである。この図面が現存するか否かは確認していないが、できることならば目を通したい資料である。

小原勝五郎氏が皇居造営事務局と東京府へ釣橋払下願を提出したのは、明治十八年三月二十四日のことである。第三號の史料に願書の下書と清書したものとの二通が収められている。払い下げ願の理由として、釣橋を神田川に架けることをあげている。釣橋の長さ二二六尺八寸に対して、神田川の川幅が二二二尺と四尺八寸短く、丁度適しているという訳である。

この払い下げ願に対して、適正価格を示した案件が第四號の「釣橋御拂下代價取調之件上申」である。ここでは、釣橋を資源として積算して

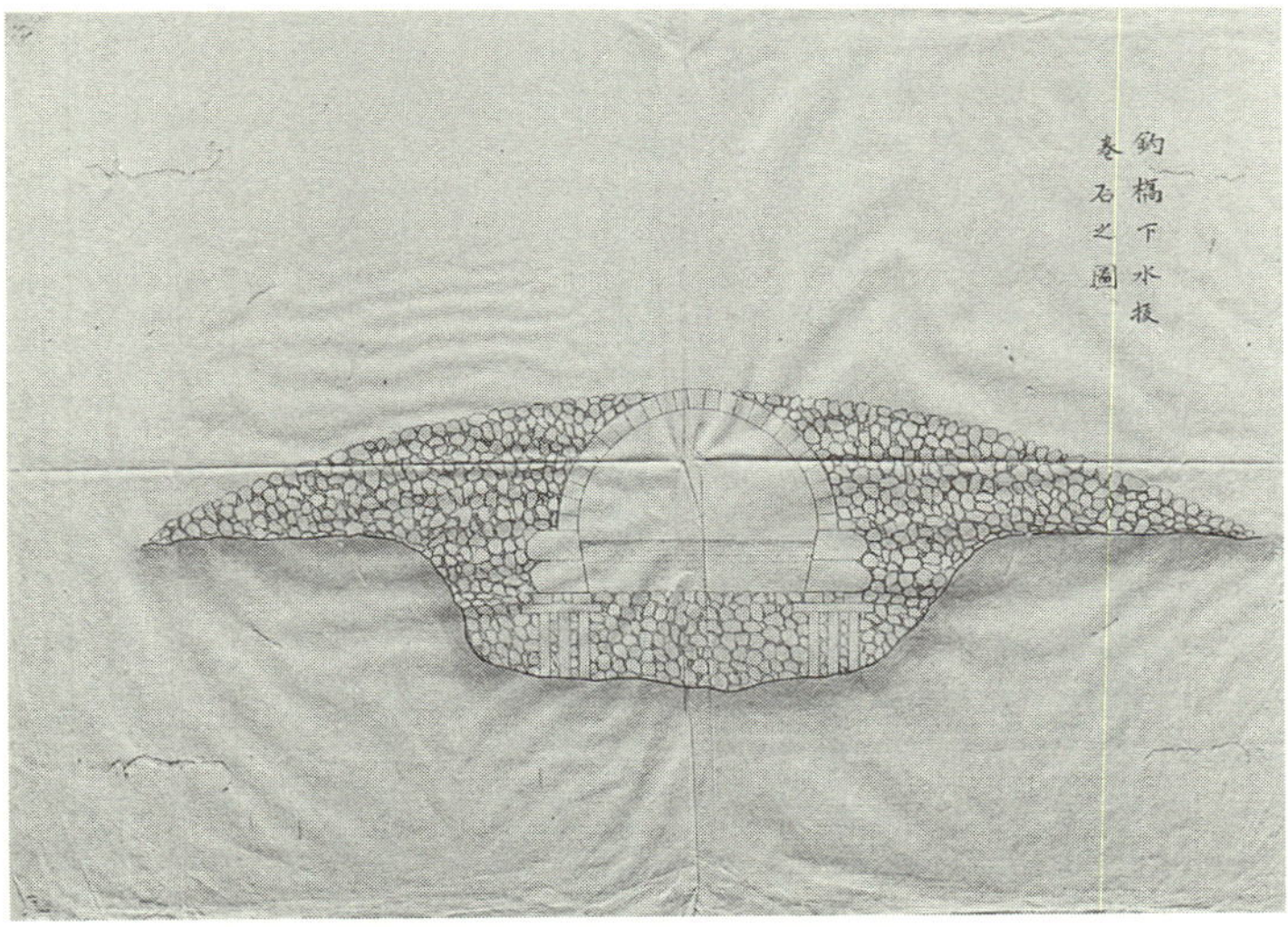

図9－5　釣橋下水抜巻石之図

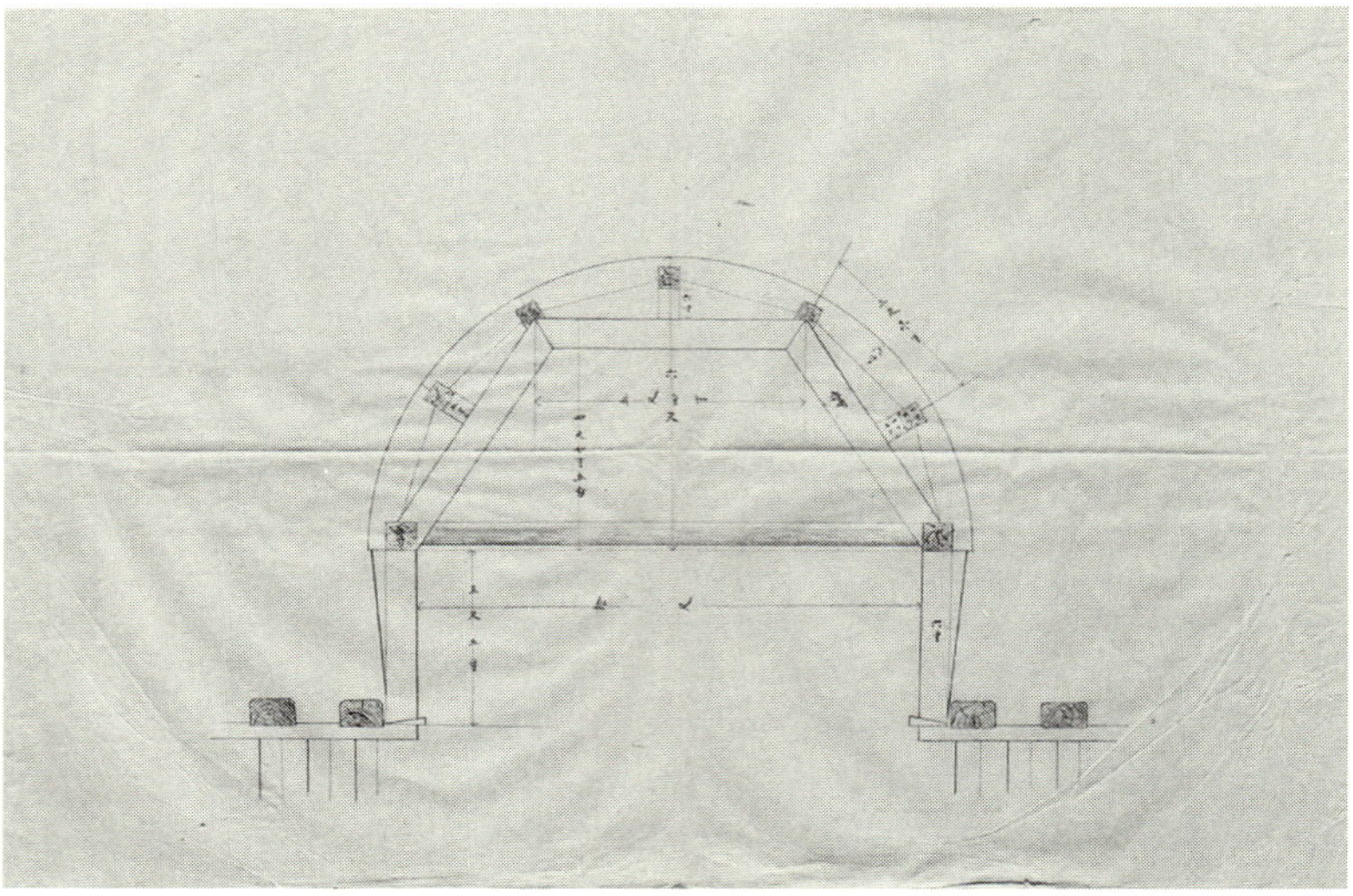

図9－6　隧道用の羅持仮枠断面図

いるので紹介する。

一金六百〇五円七拾壱銭五厘

釣橋御拂下代價

諸鉄物　凡五百貫目程

壱貫目ニ付
金弐拾四銭八厘

金百弐拾四円

トタン網　凡千百四拾弐貫弐百目程

壱貫目ニ付
金三拾弐銭五厘

金三百七拾壱円弐拾壱銭五厘

一釣橋　長三拾八間
巾手摺真ニ壱丈五尺

此面坪九拾五坪

壱坪ニ付
金七拾銭

金六拾六円五拾銭

一煉化臺　四ヶ所

壱ヶ所ニ付
金拾壱円

金四拾四円

合計六百〇五円七拾壱銭五厘

とある。諸鉄物とトタン網の値段はさておき、釣橋の付加価値が六六円とはいささか安い気がする。六名の業者による地価の見積りも示されているのだが。

その後、東京府から払い下許可に関する通知が皇居造営事務局に届く。明治十八年六月五日のことである。第五號の案件にまとめられた東京府の許可・釣橋払い下願書・釣橋払下代六〇〇円とする伺書が提出されている。当初の積算より五円程割引いている。

釣橋の取解は、同年八月十八日付の史料にみることができ、延期願を経て同年十一月五日「釣橋取崩落成御届」が提出されている。なお、取解費用は、払下業者が負担することとなる。

2　新道下の道灌濠を連結する隧道

隧道の工事は、後述する石垣築造や埋土作業と併行して行われるものである。手はじめとなる杭打地形、石垣の裏込や巻石裏の割栗石など③の仕様に含まれていることが少なくない。重なる部分はそこで述べることにし、ここでは、隧道そのものの構造や、建設上の特徴について扱うことにする。

前章の正門石橋で、アーチ状の巻石を作り出すには、巻枠の組み立てが不可欠であることを論じた。隧道の場合も同様で、羅《てき》持仮枠を必要とする。第一四號の「釣橋下羅持仮枠取設方入費伺」が該当する。図9-5が付くが、まずは仕様書を紹介する。

一羅持仮枠　長延四拾三間 巾武間　壹ヶ所
　附テ
　土臺貳通リ合長延八拾六間　杉五寸角ヲ用ル
　　是ハ野角之儘継手五寸ノ合撥キシテ大栓打下ハヘ枘穴彫之事
　同梱四尺間建
　　是ハ枘仕付下木口ヘ平栓共
　功梁四尺間　杉四寸五分角ヲ用ル
　　是ハ野角儘ニテ両木口ヘ蟻枘仕付候事
　潰シ梁六拾五組　松丸太太皮落ニシテ用ル
　　是ハ上端江梱木枘穴彫リ組手枘付組立之事
　円形輪桁百三拾壹通リ
　　是ハ松三寸板及松丸太ヲ以太皮落ニシテ継手平枘付組立鎹打
　　堅メ之事
　同請桁五通り　杉五寸角野角儘ヲ用
　　是ハ潰梁ノ真継ニシテ継手蟻ツキ梱穴彫上ハ輪桁組手之所ヘ
　　渡リ腮仕付之事
　桁請梱三通り

とある。図9-8と照会すると、石垣の杭打・十露盤の基礎となる地形

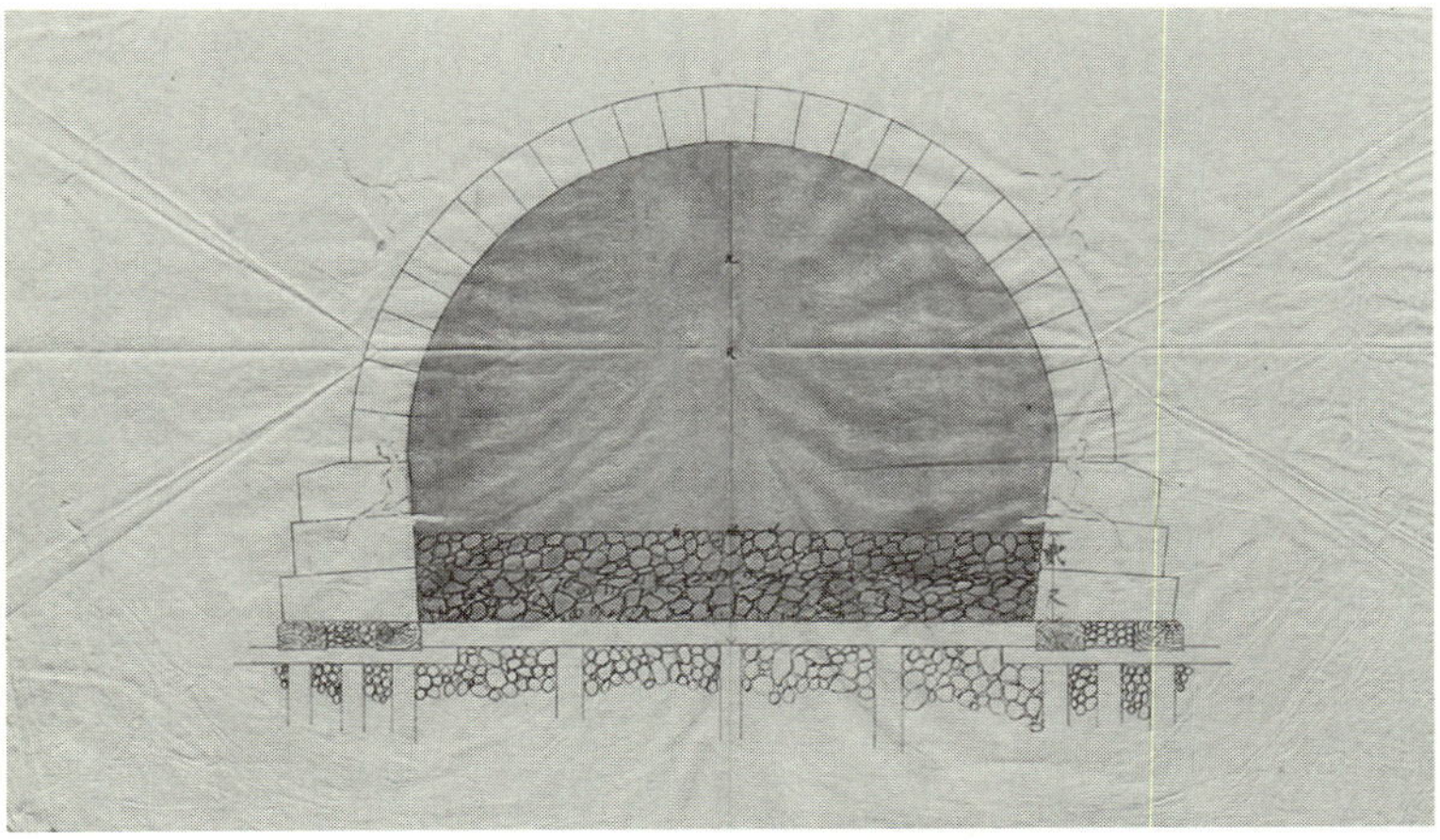
図9-7　隧道内部底の割栗石

が続き、その上に松角材の胴木を置き、仮杭は、側壁を積む部分に三尺五寸の高さに角材を立て、安定を増すために梁を通し、両端が接する部分から円形輪桁をかけている。これに板材を貼り仮枠の完成となる。

側石・円形巻石の石材と積み方、ならびに割栗石については、前述の第八號ならびに第一五號の「釣橋下埋立左右土留石垣并萬年樋新設入費伺之件」の仕様書にみることができる。その部分を抜粋すると、

一萬年下水口抜圓形下土臺地堅メ寄ハ左右土留石垣下タ同様出来置候ニ付入札ニ加エス此石垣左右合長延八拾六間平均二尺五寸此面坪凡三拾五坪八合余拾上ハ算盤石長サ三尺以上大サ尺弐ヨリ八九寸位ナル石柾立ニ据付上石叩柱口石ヲ以積立可申据付摺合及合口入念裏込割栗打方等ハ左右土留石垣同様飼堅メ可申事

一萬年下水大樋長延四拾三間巾外円二拾二尺五寸此内方面坪凡百三拾六坪余右石材新小松堅石長三尺以上ヨリ五尺位迠大サ壱尺角ヨリ巾尺壱厚九寸位迠之分ヲ撰ヒ石質宜敷分成ベク根通江据付堤防土留石垣面江羅持巻石現出之ヶ所ハ面積鑿切合口ハ小叩キ出来羅合せ左右土留石垣面ヨリ壱寸通リ抜出シ巻立方ハ圖面之通リ切立可申将圓中内ノ方見得隠シノヶ所ハ巻石形付之処平均鑿切積立羅持之ヶ所ハ摺合鑿切出来羅持圖形枠ニ習ヒ双方ヨリ巻上ケ可申巻立之際羅持裏面迠合口能切合巻立目違等無之様入念密接致様巻立且裏込押ヒ割栗等ヘ別紙切断圖之通リ打立可申事

（以下略）

とあり、図9-7の断面図となる。新小松石とは相模産安山岩（二級品）のことを指し、旧本丸の古石を運搬使用することが指示されている。

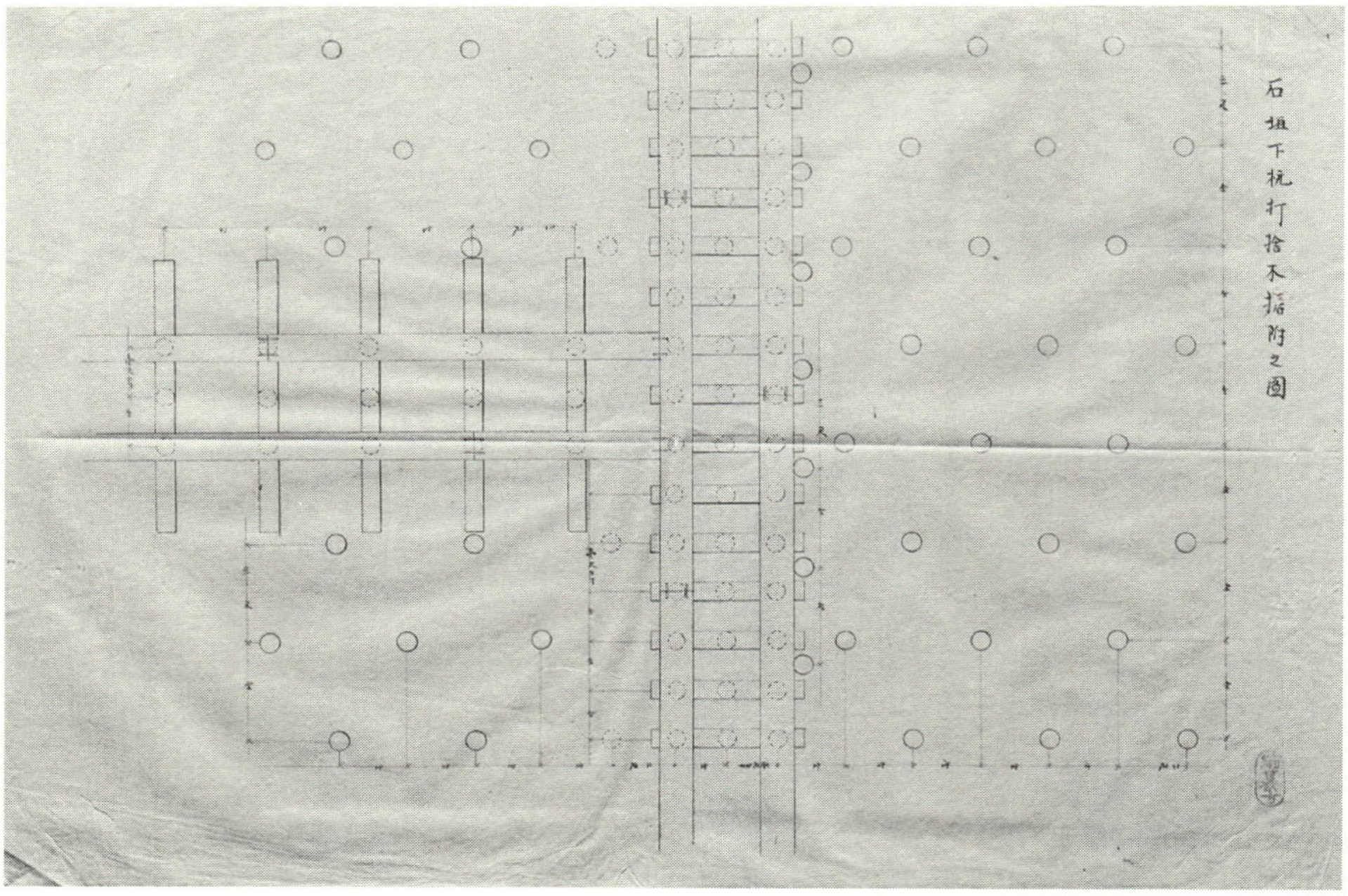

図9-8　新道土留用の杭打地形平面図

この隧道の完成となるのが四四二五-二の「釣橋下水抜迫持内埋立ニ付入費概算伺」の案件である。明治十八年七月二十七日に提出されている。図9-7をみると、隧道内の水面あたりまで割栗石が敷かれている。側石の根石下端からは、二尺程の厚さとなる。全体としては、二七坪となる。埋土は、割栗石上端より迫り持巻石下まで一尺五寸程土を敷き、平棒で突き固める。円形下端の強化をはかるためのもので、このための

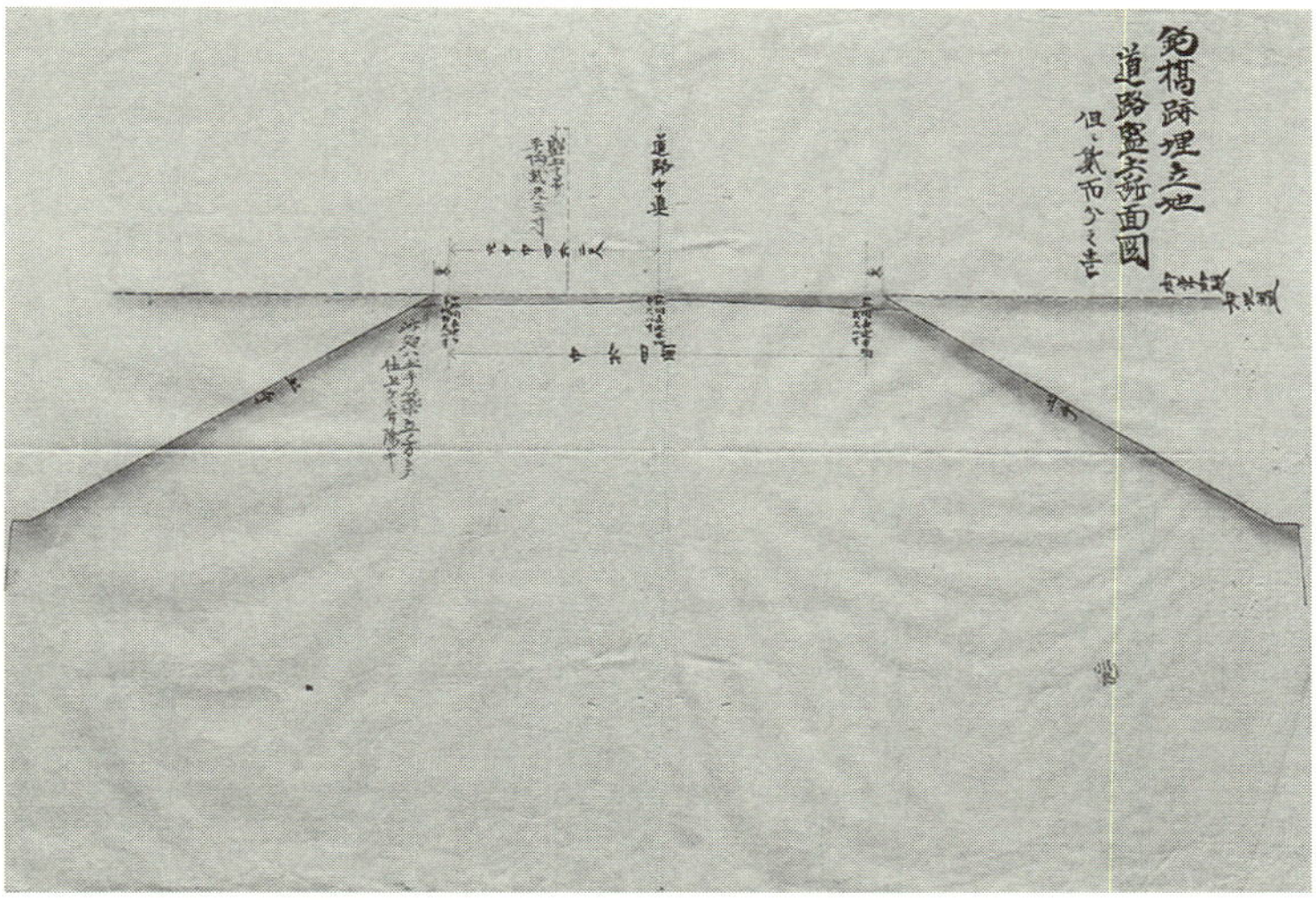

図9-9　土羽築足し平面図および断面図

土量は、坪立で七六坪を要している。後述する土橋下の石組排水施設では、底石（巻石を含）となる。規模の違いによるためであろうか。

ここで、隧道の規模を、図9-7で確認しておく。胴木下端から天井までが九尺、隧道内の割栗石の上端で幅が一二尺、両側石の高さが胴木を含め三尺五寸となる。通常の道灌濠の水位は、巻石に届くことはなく、図9-2の立面図のように側石の範囲に停まることで設計されている。この隧道は、上・下に分断された道灌濠の水位調節のためのものである。確認することはできないが、第八號の追加された図面に、隧道の南北正面図が添えられている。側石下端から水面までの高さでみると南側の上道灌濠側が二尺五寸であるのに対して北側の下道灌濠側では三尺五寸とある。すなわち、四三間の隧道内で一尺というわずかではあるが南側の方が高位置にあることになる。ちなみに、下道灌濠の水は、後述するが土橋下の排水路によって蓮池濠に注ぐことになっている。

3　新道の造成

山里と吹上間の往来を円滑にするため、新道は、釣橋からの変更となるものである。先に、事業全体の計画として第八號案件を示した。道灌濠を埋め立て、隧道を築き、その上の埋め立て地盤が馬踏渡り（下幅）で四〇間、新道となる上幅で二〇間、埋土の崩落を防止するために石垣を築くが犬走り（埋土下長）で三九間、新道の且り四〇間、これら盛土の高さが九間となる。莫大な土量となる。これら盛土は、主に山里中・下段の削平した土を運搬し、使用する。

埋土工事の前には、道灌濠の水面を下げた上で、新道下にあたる箇所

を山里寄りに水路を設けて道灌濠の水を流す（図9-3）。そして、石垣・隧道を築くための杭打ち、十露盤の設置、石積み、裏込めと続き、埋め土の基盤面が完成する。図9-6では、盛土下、隧道の左右周辺を割栗石と杭打が強調されて描かれているが、馬踏渡りの下の工事箇所となる。ここでは、埋め土基盤とそれ以下とを区別して進めることにする。

石垣下杭打ちと十露盤　道灌濠を横断する二面の石垣と、隧道側石のための杭打ちである。第一一号の「釣橋下埋立ニ付杭打伺之件」の案件である。仕様書をみると、

一川巾　弐拾間余宛　前後水堰石垣下地形
一長サ　四拾三間　水抜萬年下水下地形
　内三拾三間ハ都合ニ依リ今回ノ工事ハ除ク

にはじまる。杭は、上端を揃えて一丈三尺の深さにバイレンで打ち込み、その上に十露盤を据える。杭の本数も示されており、

千弐百八拾四本
　内
一六百七拾弐本　四間末口六寸丸太　杭木送
一四百拾弐本　三間末口六寸丸太　同　断
一九拾八本　弐間末口六寸丸太　十露盤切送太皮落シ
一四拾挺　松弐間壱尺五寸　水堰石垣下拾木送
一拾挺　同弐間九寸五寸　萬年水抜下水下拾木送リ
〆

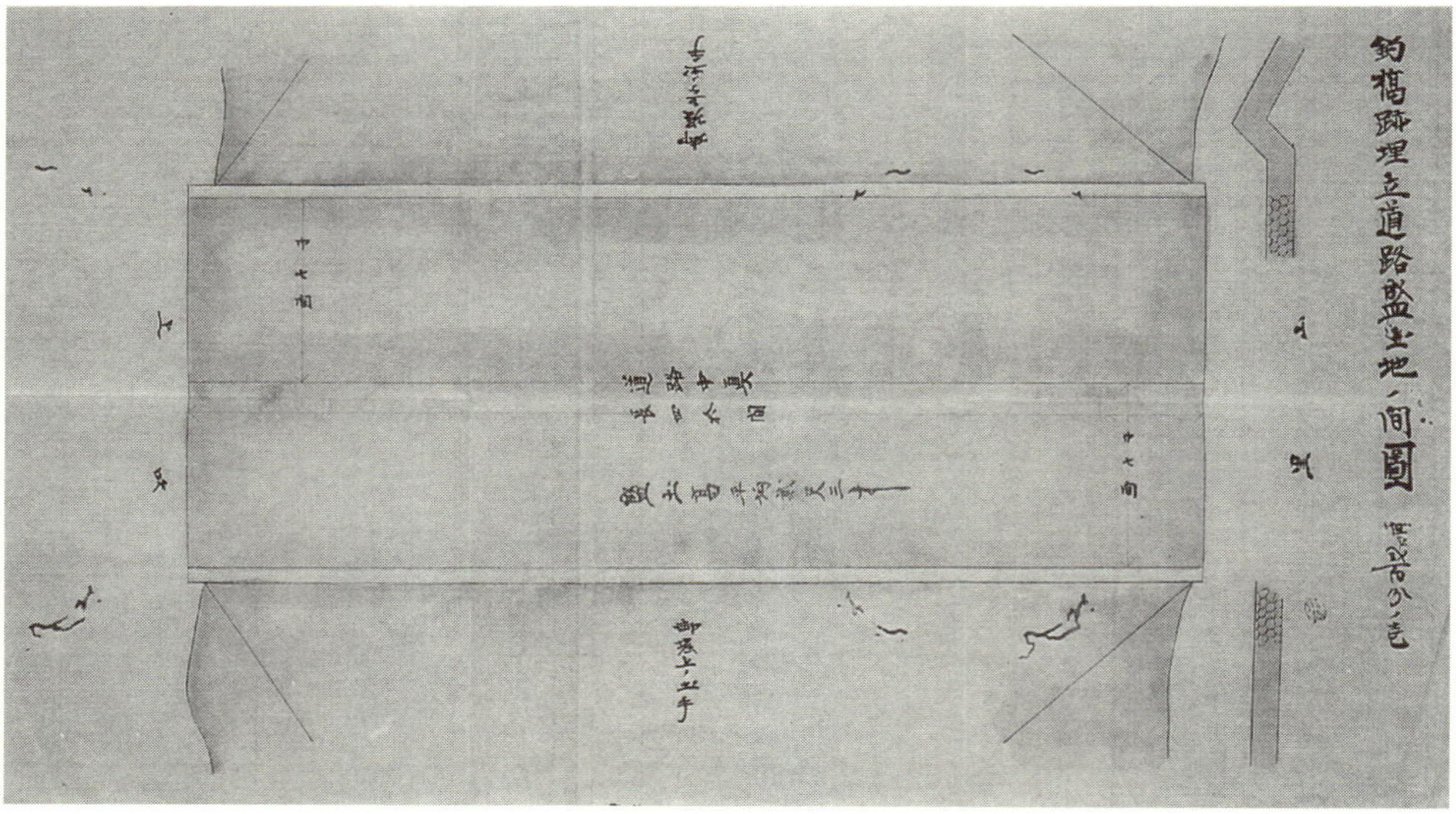

図9-10　釣橋跡埋立道路盛土地ノ間図

とある。仕様書にあるように、隧道のうち中程三三間分の杭打ち地形は含まれていない。第一二號の「釣橋下萬年水抜杭内之件」の案件に、別件とした三三間分の根伐と杭丸太材に関する記述がある。そこでは、松丸太四〇二本を用いている。すなわち、杭打ち地形で丸太は、一六八六本を要していることになる。

図9-8は、第一一號案件に付く杭打捨木据付之図である。図中央が、石垣の根石下にあたる。石垣下は、周囲よりも杭をきめ細かく一尺五寸置きに七〇通り打ち込む。杭の上に長さ五尺程の十露盤を渡し、そこに長さ二間の松丸太を二つに割り二枚を並べ鎹を掛け堅めている。据土台と十露盤上端とは渡腮《わたりあご》にすることでズレを防ぎ、強固にする工夫をしている。隧道下の杭打十露盤据付図は、第一二號の案件にみることができる。隧道入口部分は前述の杭打ち拾十字盤を据え付け、そこから隧道下は図の側石下の捨十露盤が描かれている。杭は、片側三列で、中央からの距離が六尺三寸の位置に打ち込まれている。三列の杭は、隧道奥側では三尺の間隔がとられている。

石垣は、この地形の上に積み上げられ、左右両面の石垣延長が四五間三分（約八二メートル）、高さが平均二間（約三・六メートル）に築かれている。

土羽の築立と新道面の築直し　石垣・隧道上の埋土で注目されるのは、斜面となる土羽の築方と、新道面の二者がある。

前者は、明治十八年八月十一日に提出された「釣橋下埋立方ニ付土羽築足方入費上申」の案件が参考となる。仕様書には、

一土羽面積八百三拾七坪
　但左右
此土坪立七百四拾坪〇八合七夕
　是ハ土羽足シ土用左右分
　　内
三百〇四坪
　是ハ山里中段御敷地根切土ヲ以運送埋立共
貮百九拾六坪
　是ハ山里下段御敷地根切土ヲ以前同断
百四拾坪八合七夕
　是ハ吹上山里釣橋縁高地之所物取運送築立之分
（傍点は筆者　以下略）

とある。これには、図9-10が付く。粗く埋土した範囲の上に、築足の部分を朱線で仕上の土羽のラインを描いている。付足部分は、小蛸でよく突き固め、表面に芝を植えることで終了する。この案件で注目することが二点ある。一点は、築足の土の入手先がどこであるか。一点は、七四〇立方坪余の土を運搬しているが、この案件の経費がどのくらいであるか。築土は、右史料に傍点を付けたが、新道の近くである山里中・下段および吹上地区の土壌を削平し、その土を用いている。手近なところで間にあわせているのである。経費は、職工運搬費として概算金を一〇五八円六八銭計上するが、積合の結果、七二〇円で落札されている。その内訳をみると、

金九拾四円四拾銭　職工費
金六百貳拾五円六拾銭　運搬費

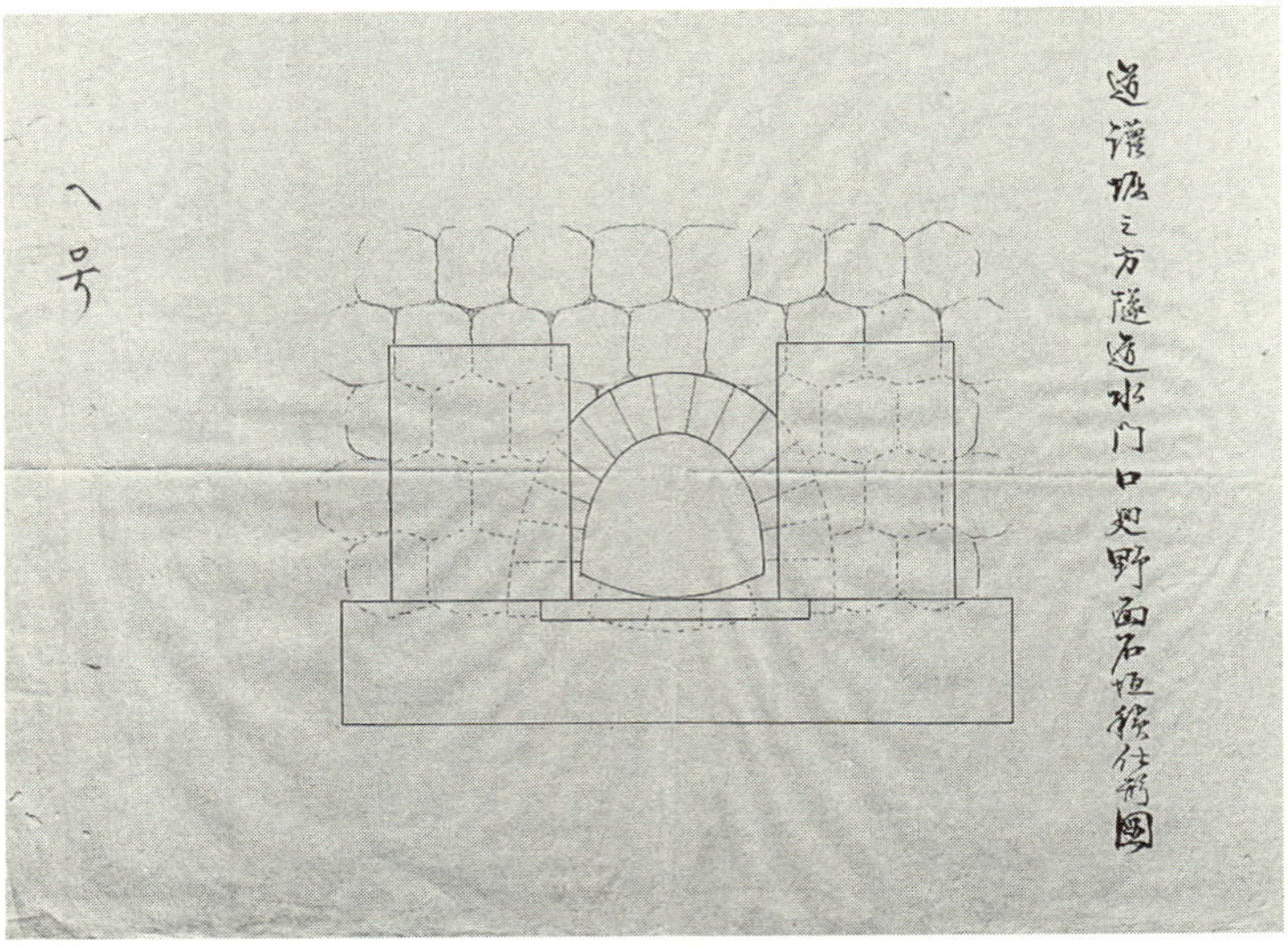
図 9-11　上道灌濠水門正面図

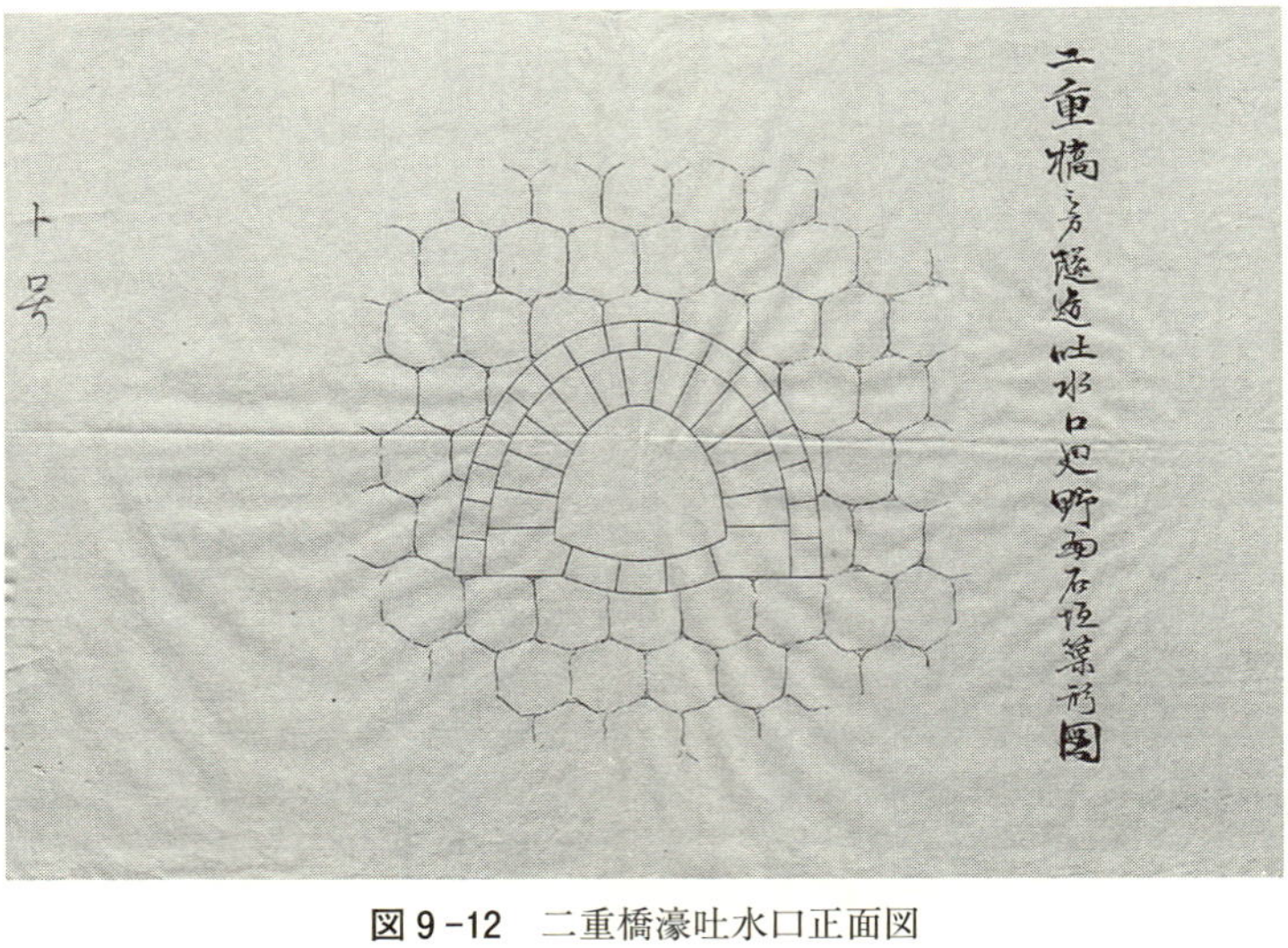
図 9-12　二重橋濠吐水口正面図

　差引金三百三拾八円六拾八銭　減

とある。予定価格の三割減には土木工事の積算の難かしさを感じるが、やはり土の運搬費が大半を占めているのには納得するところである。工事は、同年八月二十五日に着手し、途中四〇〇立方坪の追加があり、翌年四月二十四日に落成と記録されている。

　後者は、四四二五-二の第八號「旧釣橋埋立所盛土地盤不陸直シ方仕様及経費概算之件伺」の案件となる。前述の案件が途面の土羽の完成であるのに対して、本件は新道の完成となるものである。まずは仕様書をみると、

　一上八巾平均拾四間 長サ四拾間 突シメ 厚サ 平均貳尺三寸　盛土不陸直シ

　　此現場突シメ立坪貳百拾四坪六合五夕

　　但シ

几立百五拾坪　宮内省前堀端石垣上端ニ準シ鋤取方
其他足シ土者吹上賢所前ヨリ大道通り差図ノケ所ニテ鋤取方
使用了致事

とある。地面の築成は、七寸程を平蛸で入念に突き固め、それを三回繰り返すことが指示されている。図9-10は完成した新道の平面図である。片幅七間（約一二・七メートル）の道路はやはり立派である。

なお、新道上の両脇には、高さ二尺五寸の小土手と下水管及び下水桝、上水筋が敷設される。詳細なことは、『皇居造営録（下水）二　明治一六～二二年』（識別番号四四一三二-二）の第一四號「山里吹上間道路左右上ハ下水及埋下水同所小土手等新設方仕様及概算入費之義伺」の案件で知ることができる。

4　上道灌濠と二重橋濠を連結する隧道

道灌濠と二重橋間は、従来より、的場曲輪と山里を結ぶ土橋「露地大道」が存在している。この下に、新たな排水施設を築くことになる。それは、上道灌濠の水を二重橋濠に吐水するためのものである。四四二五一-一の第一一～一五號案件が該当する。第一二號の「道灌堀ヨリ二重橋下堀ハ通スル水吐隧道迫持工事并経費概算伺」の案件で、露地大道下の隧道の規模が全長二〇間（約三六・四メートル）、内法が幅三尺六寸、高さ三尺二寸であることがわかる。前述の新道下の隧道と比較すると内法などかなり小型である。

隧道両端工事の案件は、明治十八年八月五日提出されるが仕様替えとなる。それが第一號の「道灌濠ゟ二重橋下濠中ヘ通スル隧道両口巻石迫

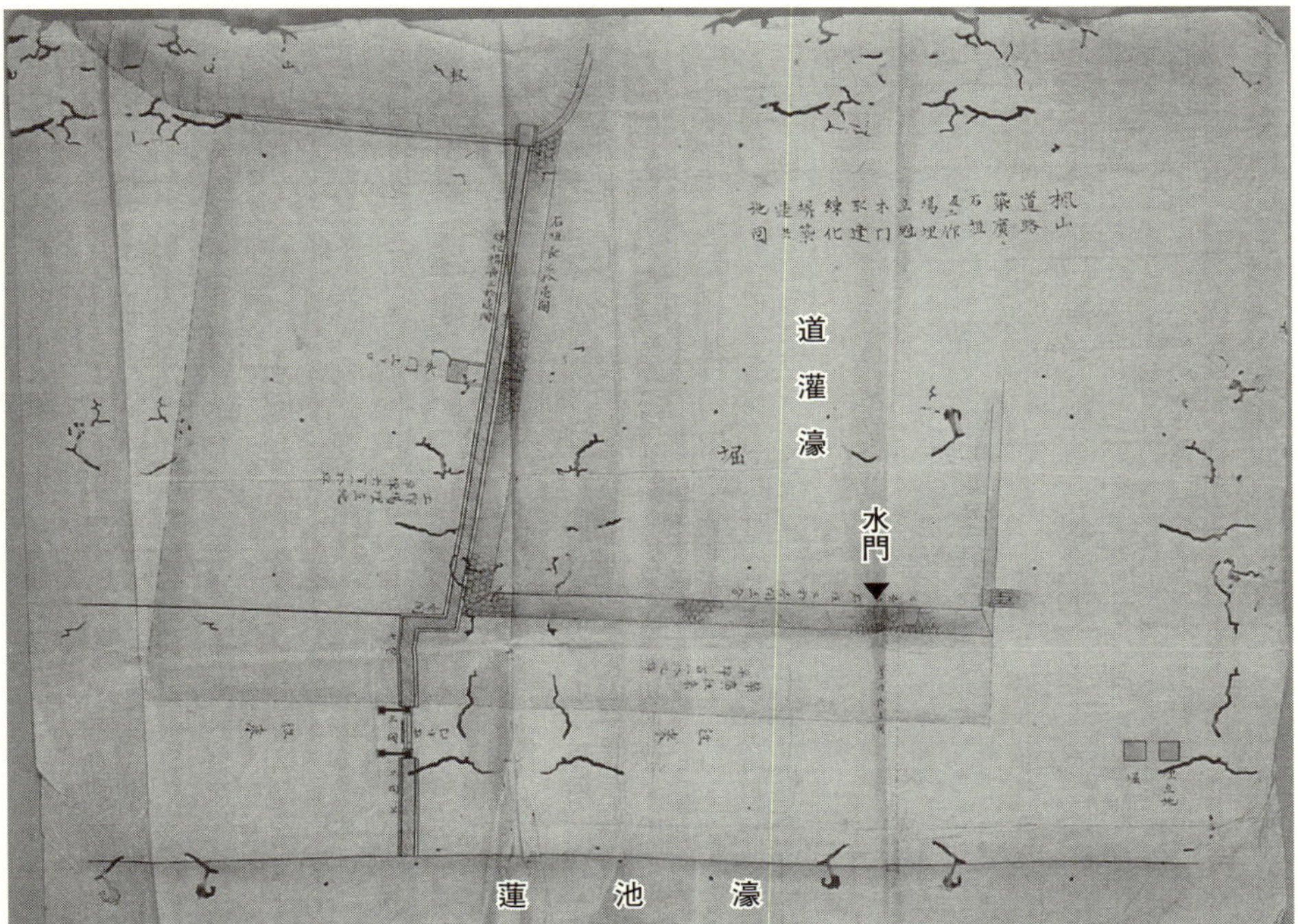

図9-13　道灌濠・蓮池濠間の改修石組排水施設の予定位置

図9-14　道灌濠水門正面図・計画

持并石垣築造方工事受負ト　可残ニ付上申」の案件である。仕様書は、道灌濠側の入口と二重橋濠の吐口の二者からなり、図9-11・12が付く。図9-11には水門、図9-12には巻石が二重に巡るなどの相違がある。仕様書をみると、巻石間を叩きと鏨で入念に仕上げていることはもとより、モルタルを多用していることが特徴である。図9-11・12の水門・吐口の内径は、隧道内と同様、幅が三尺六寸、高さが三尺二寸を測る。

前述の隧道と比較すると、規模のほかに三点の相違がある。一点は、底石を有すること。しかも上端が平坦ではなく内彎していること。一点は、底石と巻石の下端は、切石を鋭利に加工しているが、内径がほぼ同じであることから、断面形が丸味を帯びた「三角おむすび」の形状に似ていること。一点は、第一二號の仕様書にあるが、隧道内のアーチを煉化巻にしていることなどをあげることができる。

釣橋下隧道とこの隧道は、宮城造営に伴い新たに造られたものである。目的は、二つの濠を結ぶ水位調整にあるが、相違点も多く、近代の西欧の新技術を導入しながらも、場所に相応した表情があり、興味は尽きない。

なお、二つの隧道を新造するだけではなく、上・下道灌濠の土浚いをしていることが図面を交えて記録されており、軽視することができない。

二　土橋下の石組排水施設の改修

土橋によって二つの濠を分断する場合、その下に水位調節を目的とした排水施設を設けることは、周知のことである。江戸城では、清水門の前で、牛ヶ淵と清水濠を連結する切石による開渠の排水施設があることがよく知られている。また、竹橋の南、平河濠と清水濠とを結ぶ帯曲輪内に設けられた石組排水施設も目にすることができる。現存する帯曲輪内の同施設は、江戸のものではなく、明治以降、近代になって築かれたものである。

しかし、濠を連結する土橋下の排水施設について、存在は知られているものの、規模や構造など大半が明らかにされてはいない。先に触れたように、宮城造営にあたり、坂下門と乾門間が通用口となった。ここには、道灌濠と蓮池濠、西丸下濠と蛤濠を結ぶ二つの土橋がかかり、その下には排水施設が江戸時代から築かれてきた。道路拡幅に伴い改修を余儀なくするが、その実情を理解し、あわせて図面から濠の深さについても述べることにする。

1　道灌濠と蓮池濠を連結する石組排水施設

筆者は、このテーマについて『想古』第六号で「江戸城、道灌濠の石組排水施設―『皇居造営録』より―」と題する小論を発表したことがある。

さきに、道灌濠と二重橋濠間の隧道（これも石組排水施設と呼称するのが適当と考えるが、混乱を来すのでそのまま用いる）で仕様替を述べた。そこでは、吐口となる二重橋濠側で外側の巻石がなく、代わりに切石で巻石の周囲を四方積みに設計したものであった。つまり、内側の巻石の形状や規模は同じものであった。道灌濠と蓮池濠間の石組排水施設も仕様替があり、位置・形状・構造等々が大きく変化するものであった。それは、技術の革新を予感させるものである。史料は、『皇居造営録（石垣）三　明治一七～二一年』（識別番号四四〇六-三）の第壱號「舊楓山御門跡工作場埋立及往還取廣ヶ方并石垣築造堀尻水門其他中仕切引連直構煉瓦塀共新設方経費概算伺」と第八號「楓山下道灌堀尻埋立所巻石水道新設方入費概算伺」の二つの案件となる。

幻の改修案　明治十七年十二月十三日に提出した第壱號案件の仕様書に記されている。仕様書は、道灌濠尻の埋め立てに伴う新たな石垣・物揚場・工作場等々が含まれているので、ここでは、石組排水施設のみの箇所を抜粋する。それは、

一　八尺　七尺　杭木貮拾五本打　吐水口袖石垣　下杭打地形
貮ヶ所
一　長延拾五間　巾拾壱尺　杭木貮百三拾五本打　吐水口隧道石垣　下杭打地形
一　八尺　七尺　杭打拾五本打　吐水口流シ込口石敷　下杭地形
吐水口水除シ捨杭
一　貮間　壱間五分　杭木貮拾五本打
一　長延拾五間　巾高五尺　吐水口迫リ持隧道　御有合石用築立
吐水口袖石垣
貮ヶ所
一　横八尺　巾七尺　高拾三尺

（以下略）

とある。三点の図面が付くので、詳細な仕様と照会しながらみることに

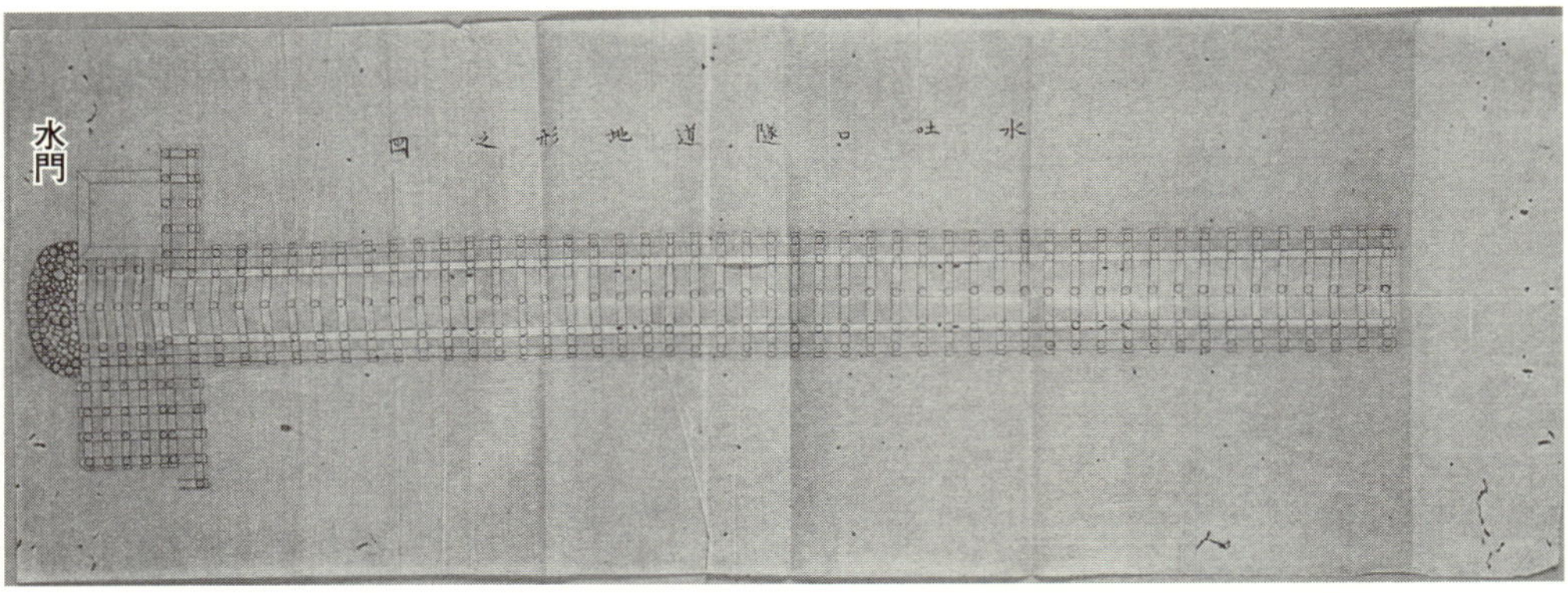

図9-15　水吐　隧道地形之図・計画

する。

図9-13は、「楓山道路築廣石垣及工作場埋立冠木門取建練化塀築造共地図」の内題をもつ平面図である。中央上位の「堀」とあるのが道灌濠、下端の左右に延びる堀が蓮池濠、その間が乾通りとなる。図は彩色が施されており、淡赤に塗られたところが埋立予定地である。石組排水施設は、道灌濠尻の右寄りに位置し、水門が描かれている。蓮池門側に水門がみられないのは、吐口となるためである。旧来の排水施設の位置は、仕様書に「在来之横切溝石割栗共堀《ママ》上ヶ根伐水準ニ依リ深ヲ定メ堀《ママ》下リ両側土留仮柵諸品相渡……（以下略）」とあることから、図9-13の盛土を除く同一箇

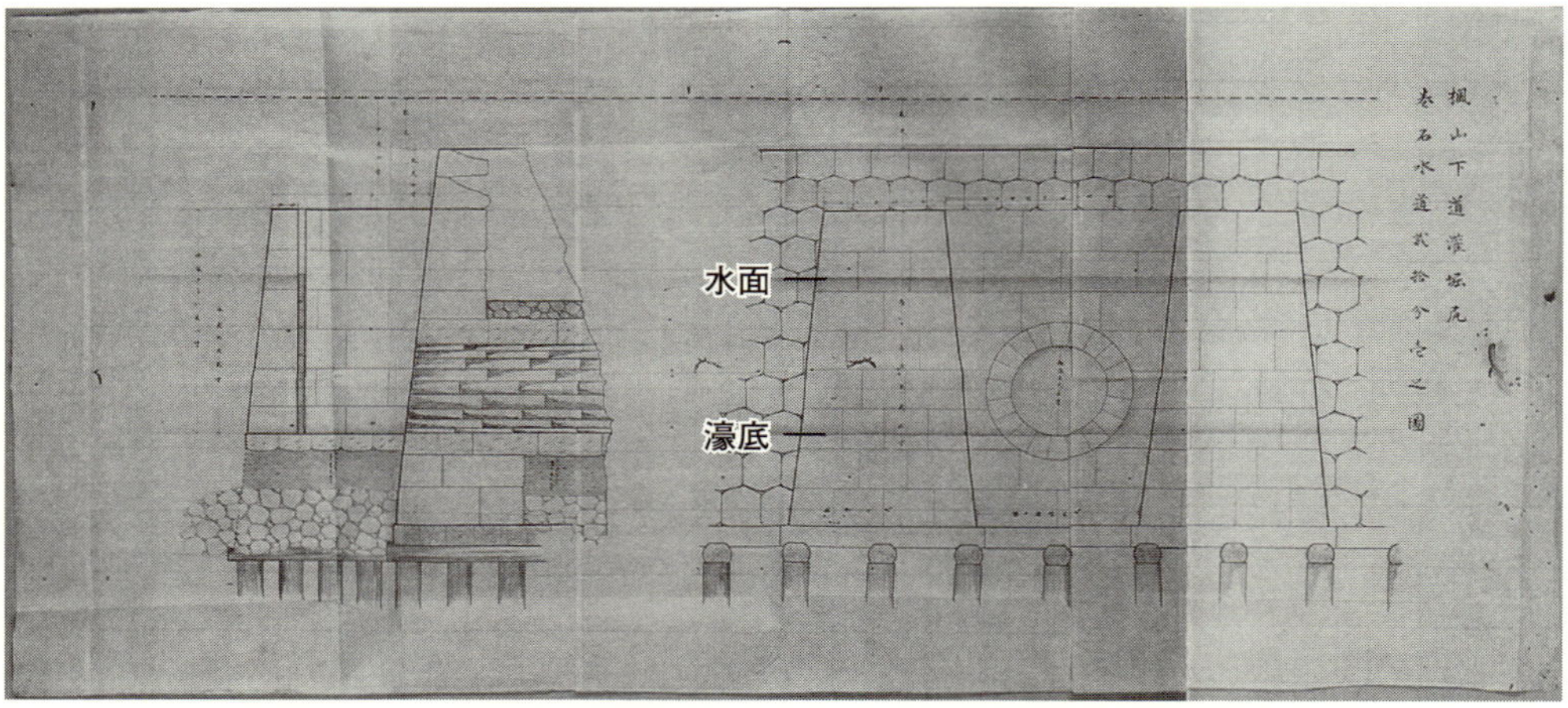

図9-16　道灌濠吐水口の正面図および断面図

所と考えることができる。
図9-14は、「吐水口関門之図」の内題をもつ正面図である。中央の隧道形を呈するのが吐水口、その左右に切石による水門が描かれている。吐水口は、杭打地形の上に底石を敷詰め、側石を置いた上にアーチ状の巻石が組まれている。内法で底幅・高さとも五尺とある。この図で注目されるのは、水面と濠底を淡彩色で表わしていることである。これをみると、道灌濠の水面は、巻石よりも高位置にある。仮にこの通り取設されたならば、吐水口は水没してみえないことになる。右手水門には、濠底から地表までの深さとして「高地上拾壱尺」の記入がある。

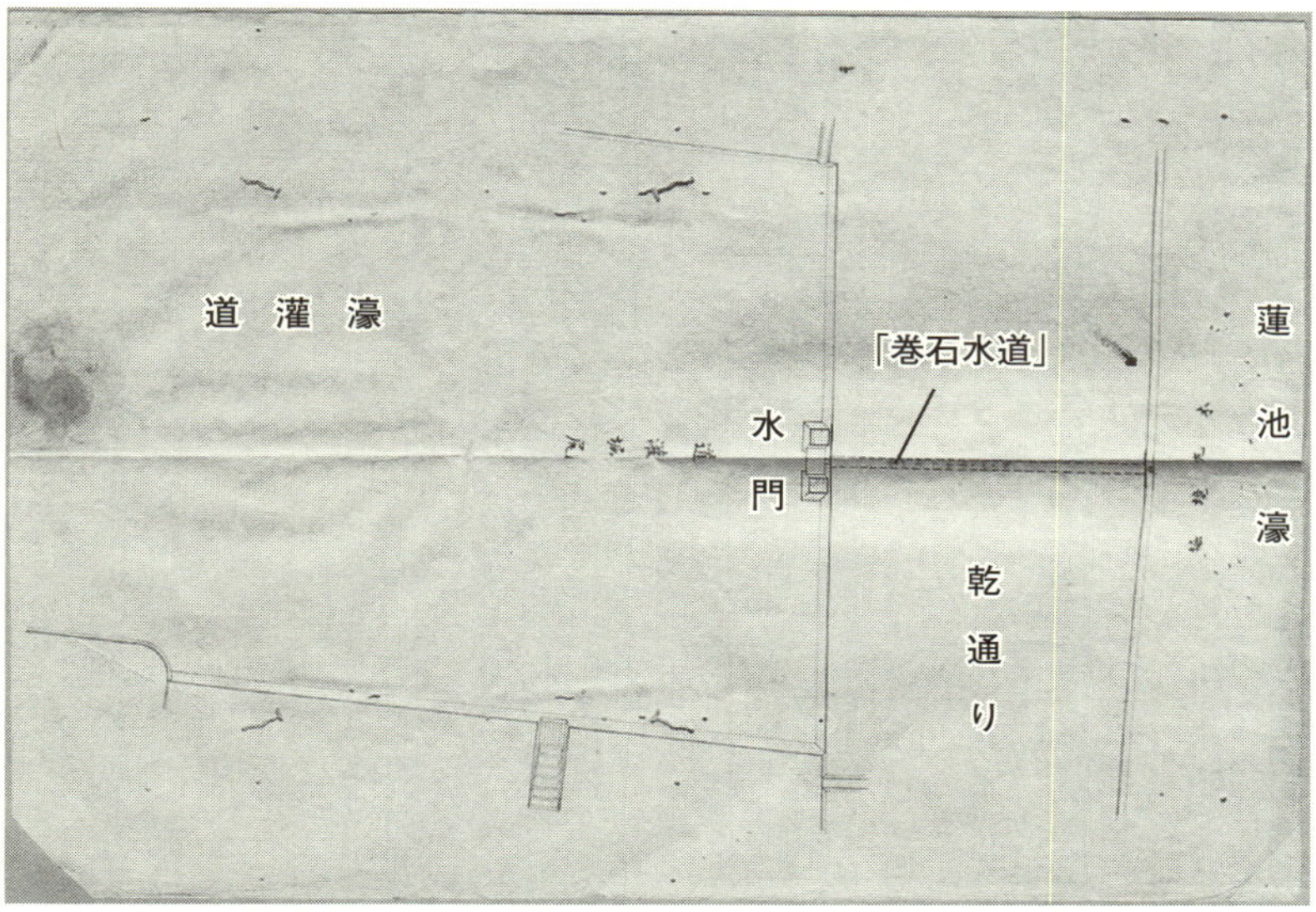

図9-17　道灌濠・蓮池濠間の石組排水施設平面図

図9-15は、「水吐口隧道地形之図」の内題をもつ杭打地形図である。左端のT字形に延びた部分が袖石下にあたり、左端が吐水口の敷石部分となる。
図9-13〜15は、旧来の形態を踏襲したものであると考えることができる。

改修された石組排水施設　第八號案件は、明治十八年八月二十四日に提出される。第壱號案件のおよそ八カ月後にあたる。仕様替が著しいので、まずはその部分を抜粋する。

一長延拾六間　内法至三尺五寸　　円形巻石水道
附テ
貳ヶ所　折廻シ長拾七尺七寸五分 高拾貳尺四寸　　角石積袖石垣
此折廻面積拾貳坪貳合貳夕八才
高拾貳尺四寸 巾七尺五寸　　同 水門口石垣
内六合六夕　　巻石水道坪引
此面坪壱坪九合貳夕三才
長貳拾尺 高貳尺四寸　　水門口石垣上投築石垣
此面坪壱坪三合三夕三才
平均 長拾八尺 高拾四尺　　東堀端在来石垣
内六合六夕　　巻石水道面坪同

此面坪六坪三合四夕
水関下敷石
六尺七尺　此面坪壱坪壱合六夕七才
跡埋立土三拾坪六合九夕四才　堀内根切跡并ニ迫持廻埋土
此訳
迫持廻埋土　拾坪壱合壱夕壱才　長六間五分 巾弐間五分 高七尺
是ハ巻石水道坪八坪八合四夕四才引如斯
〆
右仕様巻石之義ハ同所西拮橋前ニ有之迫リ持形ノ古堅石ヲ以図面之通リ内側在来ノ儘曲セ取リ合口摺合底迫リ石地形コンクリートヘ馴染能セメンモルタルニテ据付枠形取建テ左右ヨリ順次巻立止メ石込左右廻リコンクリート打堅メ廻リ割栗石目潰砂利共入レ厚壱尺五寸通リ打堅メ夫レヨリ道路盤マテ宮内省前ニ有之根伐土ヲ以テ厚壱尺位宛水埋小蛸ニテ突上リ地盤不陸無之様埋立出来之事

（以下略）

とある。これには、二点の図が付く。図9-16は、「楓山下道灌堀尻巻石水道貳拾分壱之圖」の内題をもつ正面図と断面図、図9-17は、石組排水施設（仕様書と図では巻石水道の名称が用いられている。前述の小論で、この施設の名称について述べたので、以下これを用いる。）の平面図である。図9-13・14と比較すると、以下の点で大きく相違する。一点は、吐水口の形状が隧道形から円形に変わること。一点は、吐水口の径が三尺五寸となり、当初よりも一尺五寸短く小型化していること。一点は、吐水口が円形となることで、従来の平底であった部分を含め全てが巻石仕立であること。一点は、乾通下の同施設において巻石の周囲を一尺五寸の厚さでコンクリートを打ち、さらに割栗石を用いた二重の被覆構造であること。一点は、吐水口下の杭打地形と十露盤の設置が水門袖石と同一面であること。一点は、吐水口の上位石垣を水門の袖石垣の高さまで切石を用いることで外観がすっきりしていること。一点は、図9-17をみると、新設の石組排水施設の位置が旧来ではなく東側によっていること等々をあげることができる。

つまり、吐水口を単に円形に変えるというのではなく、コンクリートを土橋下の石組排水施設ではじめて多用するなど西欧の新技術が導入され、構造的に変化しているのである。

この案件では、概算金として一三三二円一三銭二厘を予定している。積合分が八割程あるので、実際にはここまで費してはいない。工事は、同年十月八日着手、十一月十五日落成と記録されている。なお、石組排水施設の乾通下については本案件ではなく、『皇居造営録（下水）一明治一六～二二年』（識別番号四四一三-一）の第一三～一五號案件に所収されている。根伐・コンクリート地形・割栗石地形があり、それらは、第八號案件に先行して八月二十七日着手、十月五日落成とある。

道灌濠の深さ　前章の大手石橋と正門鉄橋の図面をみると、明記しなかったが二重橋濠の深さは浅いものであった。図9-16には、彩色で水面が描かれている。断面図の左横には、「水丈六尺貳寸」（約一八八センチ）と記されている。意外や二メートルにも達しないのである。濠底から石垣上場までは一一尺二寸、地面までは一三尺二寸ともある。

2　西丸下濠と蛤濠を連結する石組排水施設

坂下門外の石組排水施設に関する史料は、『皇居造営録（石垣）一一　明治一七～二二年』（識別番号四四〇六‐一一）に所収されている。明治二十年十一月十六日に提出された「阪《ママ》下御門外濠縁石垣修繕及築足シ并ニ水吐堰巻下水共取設方仕様及概算入費之義伺」（第九號）の案件である。

石組排水施設は、旧坂下門高麗門と西丸下間の土橋中程に敷設されている。これは、西丸下濠の水を蛤濠に注ぐ水位調節を目的としている。工事は、旧来のものを掘り上げ、同位置に新設する。そのための水切堰取設や隣接する石垣の取解、築直し等々も併行して実施される。ここでは、仕様書と図面を用いて西丸下濠側の吐水口と土橋下の排水施設に限定して述べることにする。

西丸下濠の吐水口と巻石下水　この施設の規模について、仕様書には、

一　長延九間六分　　壱ヶ所　　水抜楕円形巻石下水
　内径 立 三尺 横 貮尺
　附テ
　　高八尺九寸 敷巾六尺壱寸　　壱ヶ所　　水堰口　石壘
　　上口 巾五尺 入六尺五寸
　　長 壱間 巾 五尺壱寸　　洗堰

（中略）

一長九間六分　　巻石下水
　内径 立 三尺 巾 貮尺

とある。図と仕様とを照会する。図9‐20は、西丸下濠吐水口正面図である。水門関には楕円形を呈する吐水口が描かれている。全面巻石が巡

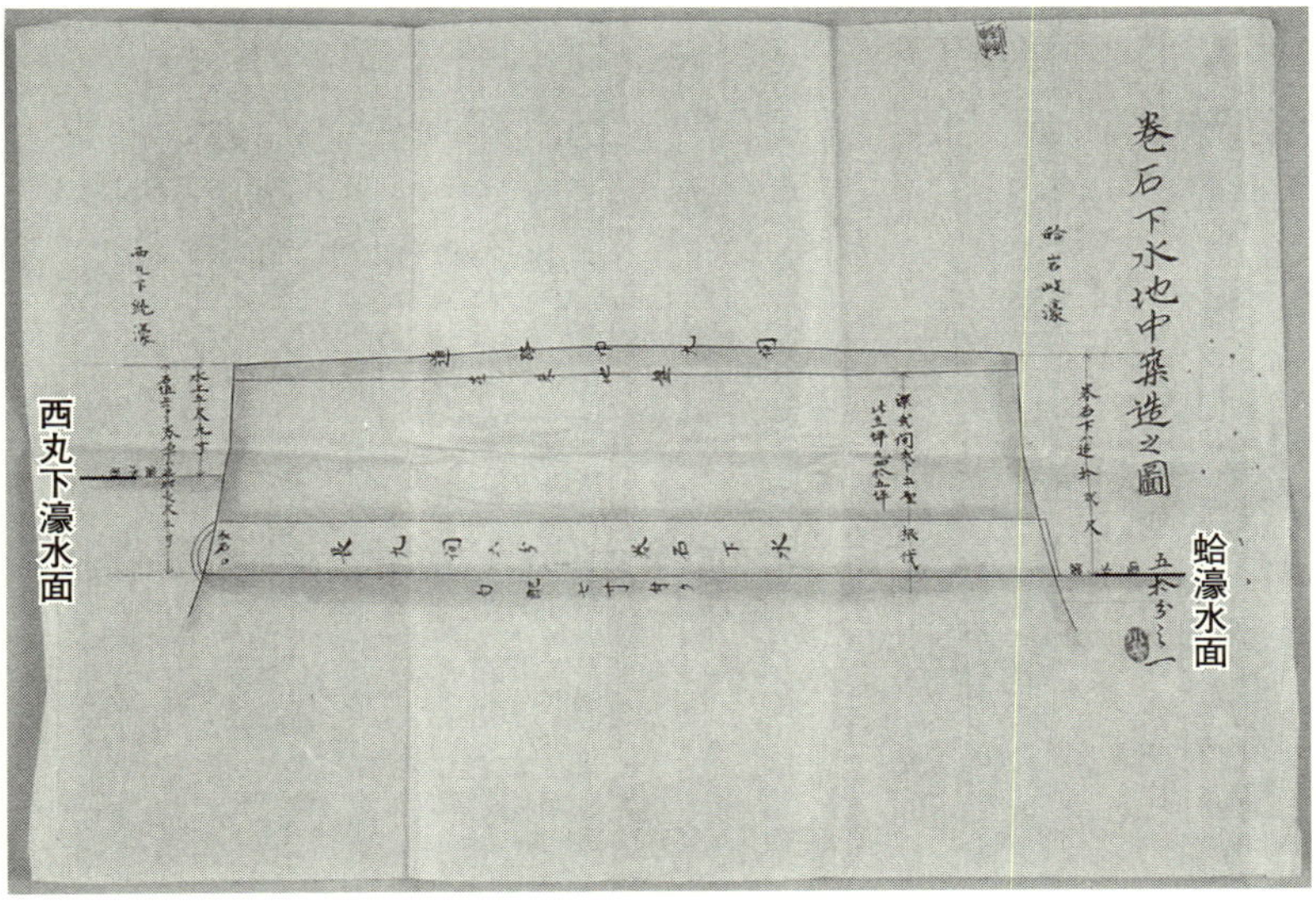

図9‐18　巻石下水地中築造之図

り、内径は、前述の道灌濠吐水口と比較するとかなり小型で長径三尺、短径二尺とある。水門の高さが「八尺九寸」とあるが、水面よりのもので、図9-19のようにこの下には根石、さらには十露盤・杭打地形が続く。水門上端から往来面までが貳尺七寸四分（約八三センチ）、往来面

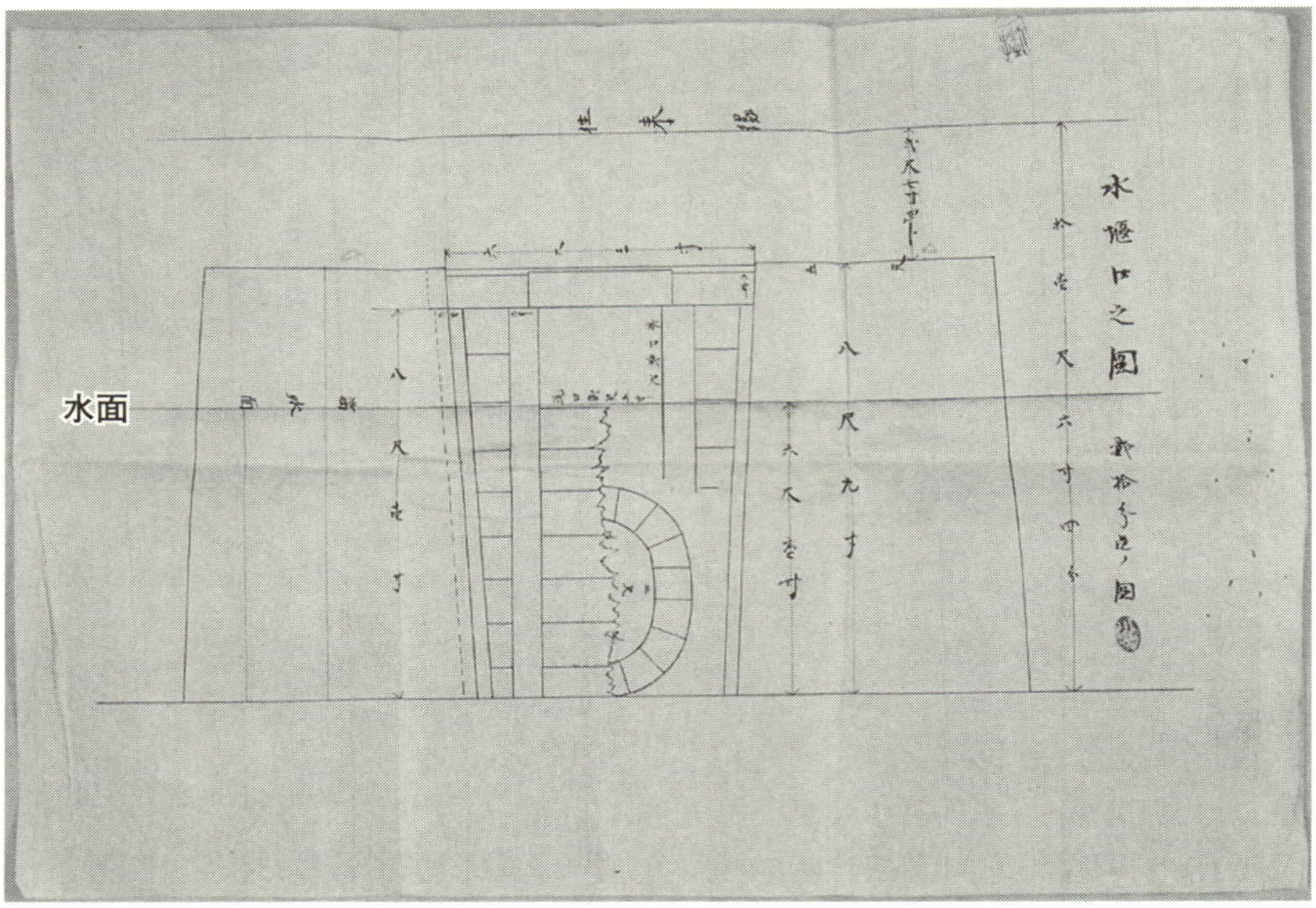

図9-19　西丸下濠水門正面図

から濠底までが拾壱尺六寸四分（約三五三センチ）とある。また、注目される西丸下濠の深さが「六尺壱寸」と記されている。前述の道灌濠の深さとほぼ同じである。

巻石裏の構造は、根伐後、一尺の割栗石を敷固め、さらに玉川砂利を突き固め、巻石の周りを一尺五寸の厚さでコンクリートを打ち込んでいる。前述の道灌濠水門の施行されたものと同様である。

すなわち、水門や巻石の構造をみると、道灌濠の仕様替の時点で、円形や楕円形の形状と巻石周囲をコンクリートで被覆する技術が確立したともいえそうである。

図面に描かれた水位調節　これまで、新旧四件の土橋下の水位調節となる石組排水施設を紹介してきた。水門の特徴や巻石裏の構造、水の流れる方向等々を指摘することはできたが、二つを結ぶ濠間の関係についてはもう一つ明らかにすることができなかった。

本案件には、それを知ることができる図が含まれている。図9-18は、「巻石下水地中築造之圖」の内題をもつ彩色が施された断面図である。画面左手が西丸下濠、右手が蛤濠となる。興味深い数字が数多く記されている。西丸下濠には、水面と濠底を示した上で、「水上五尺九寸（水面から地盤まで）」、「石垣上ハヨリ巻石下ハ迠拾壱尺三寸」とある。一方、蛤濠には「巻石下ハ迠拾貳尺」とあり、そこが蛤濠の水面となる。つまり、巻石下端でみると七寸蛤濠の方が低く築かれており、それが石組排水路の長さ九間六分（約一六・五メートル）内での勾配となっている。さらに、一方が濠底、他方が水面となることから、水は西丸下濠から蛤濠に流れる。水量を吐水口となる水門で調節しているのである。

三　石材の調達先と供給量

宮城造営にあたり、石材を多用していることを述べたので、調達先と供給量についてまとめることにする。なお、犬島産・小豆島花崗石と相模小松石については、前章で触れたので、ここでは数字のみとする。

史料は、『皇居造営録（上総伊豆駿河斫出石）明治一五～二〇年』（識別番号四四三四）を中心とし、砂・砂利は除外する。

1　史料に登場する府下での受渡

史料に登場する府下の石材受渡地一覧を表9-2にまとめた。辰ノ口と木挽町は、台場周辺で艀下した後の陸揚場となるので、石置場ではない。新たに築造するための府下での中継地といえるものである。

したがって、実質的な受渡地は、坂下門外より下の七カ所となる。そのうち、新石の供給口となるのは坂下門外の一カ所となる。それは、陸揚場の中心となる辰ノ口に近いこと、造営工事の中心が坂下門の南側一帯にあたること、造営局事務局がある宮内省に近いこと等々からの理由によるものである。ちなみに、坂下門外とは、旧西丸下の北東部、当時東側には陸軍大学校、南側には「賓田町御料地」（さらに西側には祝田町御料地が続く）に挟まれた空間を指すものと考えられる。新石材は、工事の進行にあわせて発注・採石・運搬されてくるので、坂下門外の石置場に長時間留まることはないものと考えられる。

蛤岩岐、旧本丸・二重橋外は、いずれも宮城造営に伴う取解修繕で出石が生じた箇所である。旧本丸の場合、取解箇所をあげたが、旧江戸城の残石も含まれる。表9-2の蛤岩岐以下は、全て古石の石置場である。

2　新石の採石地と供給量

宮城造営に新石と古石の二者があることを述べた。古石は、新たな石垣や旧石垣の修繕等々に使用されているが、史料から数量を把握することができない。

それに対して新石は、寸銘帳があることによって、産地はもとより、切り出された数量、値段、さらには、使用先もある程度理解することができる。表9-3に新石一覧を示した。このうち、犬島・小豆島産花崗石と相模本新小松石については前章で述べたのでここでは省略するが、数量的にみるとこの三カ所の産地で本数・切数とも全体の七割以上を占めている。やはり、中心的な産地であるといえる。

この三カ所を除くと、駿州江ノ浦、上総天羽郡金谷村、伊豆澤田山の三カ所の産地で切り出され、回漕している。

江ノ浦は、静岡県沼津市江浦、沼津駅の南方約一〇キロの採石丁場によるものである。国立国会図書館所蔵の稀覯本で明治二十九（一八九六）年、鈴木源左右衛門が著した『相豆駿石山獨案内』には、江ノ浦について

一、江ノ浦に江ノ浦石　目下沢山伐り出す。石質下等なれども、今は花崗石流行ゆえか、色合いも花崗石に移りよく、道具切れよく、従って値も割合高価なり。…（中略）…江ノ浦石は明治以来岩村大野伝ヱ門？倅直七の開発す。（以下略）

表9-2　史料に登場する府下の石置場

場所	備考
辰(龍)ノ口	陸揚場
木挽町	陸揚場、陸送を必要とする
坂下門外	陸揚後の一時置場
蛤岩岐	蛤濠に面する岩岐石
旧本丸	三ノ丸喰違門・二ノ丸喰違門等々の取解で出石、旧江戸城の残石
西拮橋	※関東大震災の復旧でも石置場となる
二重橋外	正門・西丸大手門・旧橋台等々で不要になった石材置場
賓田町	旧西丸下、資材の仮置場
幸橋	旧江戸城枡形の解体で不要になった石材か？

と記されている。ちなみに、鈴木氏は、伊豆半島の採石所に短評を加えて紹介している。小松石に精通した石材業者と考えられる。一方、『日本鉱産誌Ⅶ土木建築材料』には、新第三紀系の凝灰岩で、白色軟質一級で土木用ともある。二者からは、この石が凝灰岩で、岩色が花崗岩に似た白味を帯びていることになる。

江ノ浦石について紹介したのは、他の石材産地と比較して知名度が低く、岩質の特徴もわかりずらいことによるものである。史料では、六回の切り出しが寸銘帳に記されている。それに伴う案件には、「新小松堅石　江ノ浦石ニ更正」や「相州本小松堅石　江ノ浦石に更正」の文字が記されている。寸銘帳が明治十五年十月とあり、「駿州江ノ浦石皆納之件」の案件が提出されたのが明治十六年十月二十四日である。すなわち、早い時点で相州本新小松石の一部を江ノ浦石に換えたことになる。理由として考えられることは、やや大型の石の入手と安価という二点であろうか。表8-12と比較すると理解できる。

房州石と下水　富津市と安房郡鋸南町との境に聳える鋸《のこぎり》山は、古墳時代より石材を利用したことが知られている。この鋸山の山麓には、天神山・金谷・元名石の三ヵ所の石丁場がある。史料では、金谷村（現、富津市）字御代袋の官有地の石丁場から切り出している。石質は、凝灰質砂岩で、天神山産と比べると黒く緻密で硬い。また、官有地であるから、前章の犬島産同様、安い。表9-3では、金谷村で切り出された一本当たりの切数は、二切六分となる。石代・切出・回漕全てを含めた一本当たりの代金がおよそ三〇銭に相当する。五十嵐俊雄氏は、『考古資料の岩石学』のなかで、天神山産の切当りの山元価格として、一切一七銭　二切一八銭　三切二〇銭　四切二二銭　五切二三銭　六切二五銭と記している。何時の単価であるか、山元の切当りの価格としたものか原石代のみか或いは原石代に切出費を加えたものであるかなどの検討課題が残るが、民有地との価格差は歴然としている。ちなみに、史料には、一切に付一五銭三厘とある。石切賃六銭、山出賃二銭八厘、積込賃

表9－3　新石の産地別にみた数量と価格

岩石名	産地・俗称	数量		値段（原石・斫出・回漕等含）	使用先
		本数	切数		
花崗岩	犬島	27,861	102,714切9分	49,322円68銭3厘	
	小豆島	10,869	35,077切7分3厘	12,032円58銭9厘	
安山岩	相模（真鶴・岩村他）・本新小松石	12,068	31,690切9分2厘	11,466円4銭2厘	
凝灰岩	駿州江ノ浦・江ノ浦石	2,827	8,236切6分5厘	2,926円30銭	御内儀・供進所・御清流ｼ之間・女官化粧之間・他
	金谷村・房州石	8,020	22,596切	2,439円4銭6厘	大・小下水石、上下小吸込石
	河津村・青石	7,805	23,738切4分6厘	7,158円45銭4厘	煉化造建築屋根、調理所、建築胴蛇腹下、女官部屋竃・他
—	合　計	69,450	224,054切6分6厘	85,345円11銭4厘	——

一銭五厘、船賃四銭五厘、口銭五厘とある。口銭が原石代にあたるものかは判然としないが、官有地ゆえの安価で、前章の犬島産花崗石と同様である。なお、石丁場の絵図が添付されている。

房州石の用途は下水使用が主体である。第五號の「賢所及宮殿山里上下御敷地埋下水用ﾄｼﾃ上総国天羽郡金谷村官有地字御代袋ゟ石材」の案件に整理されている「下水石受取之件」として、

一椿円大下水　巾立三尺 径横貮尺五寸　百六拾間

元名石　長三尺厚壱尺　上巾壱尺貮寸 下巾九寸

壱間ﾆ付貮拾四本　壱本三切壱分三厘

三千八百四拾本　壱萬貮千〇九拾六切

内

七百本　八月中着

千本　九月中着

千本　十月中着

千百四拾本　十一月中着

一同小下水　内立貮尺五寸 径横壱尺六寸　百七拾間

同石　長三尺厚九寸　上巾壱尺〇五分 下巾八寸

壱間ﾆ付貮拾四本巻

四千〇八拾本　壱本貮切四分九厘七毛 壱萬〇貮百切

九百本　八月中着

内　千三百本　九月中着

八百八拾本　十月中着

千本　十一月中着

一上下水吸込石　元名石三尺大サ壱尺角　三百切
内
百本　　十月中着
〆八千貮拾本
此切、貮萬貮千五百八拾三切七分六厘
右者賢所及宮殿山里上下御敷地女官部屋向等埋下水用トシテ受取方

とある。房州石の使用が明確で、『皇居造営録（下水）一～九　明治一六～二二年』（識別番号四四一三一一～九）との照会も可能である。史料中の「元名石」は先述した鋸山の三ヵ所の石丁場の一つで、今日の鋸南町周辺にあたる。元名石は、房州石中の最上品であるという評価から、あえて史料中で用いた可能性が高い。

右に紹介した史料は、明治十七年六月二十五日に提出されたものであるが、翌年一月二十九日付で「金谷村産元名目石皆納ニ付上申」の記録がある。ほぼ予定通り進行したのである。

建築用資材の澤田山青石　伊豆半島の東浦、下田市に隣接する賀茂郡河津町の伊豆急行河津駅から北西約三キロに通称、沢田石（青石）が産出する沢田山が聳える。現在はほとんど産出しないが、淡緑色を呈し、石質は緻密であるが軟石で風化しやすいという特徴をもつ。古くから建築用・彫刻用石材として知られている。沢田石の発注は、明治十七年八月九日提出の第一一號「澤田山青石斫出ニ付工部省営繕課へ照會之件」にはじまる。とはいえ、表9-4にあるようにその三日前、「澤田山青石購買之件」が提出されており、実質的には先行している。

都合、五回にわたり七八〇五本を発注している。前述の房州石と同様、一本当たり六切未満の小型の石材が大半を占めている。この沢田石の切出は、加藤利右衛門氏が一括して請負っているが、沢田山は民有地である。相州本新小松石以上に一切れあたりの諸経費がかかる。第一三號の案件内に「代価取極分」として、石数に応じた経費が記されている。最も本数の多い五切未満でみることにする。この切数では、一切ニ付二七銭とある。一三項目にわたる内訳があるが他の産地とを比較するために八項目に集約すると以下の通りとなる。山代・地代一銭五厘、石工斫出賃五銭五厘、山出・川下シ賃二銭四厘、回漕賃七銭五厘、艀下賃一銭三厘となる。残りが石工取締人・石請負人の給料五厘、悪石の割除賃二銭二厘、手数料他が六銭二厘となる。これを房州石と犬島花崗石の経費と比較したものが表9-5である。後者の場合、斫出・回漕請負者の給料が費目に分かれている。やはり、民有林にある沢田石の場合、かなり割高といえるのは仕方のないところか。

ふり返って表9-2・3を見直すと、宮城造営における石材の調達では、新石と古石を取り交ぜ、新石の使用には宮殿・賢所・石橋等々の中核的な目立つ箇所、古石は新旧の石垣に振り分けていることがわかる。また、六カ所の採石地は、使用目的に応じて新たな石材を供給しているが、その産地が官有地と民有林の二者を十分考慮した上で、工事の進行に支障のない発注が行われていることを看取することができる。

四　セメントの発注と供給量

近代建造物に、セメントが不可欠であることは、言及するまでもな

表9-4　沢田山青石の発注と数量・価格一覧表

整理號数	案件提出日	約定書上申日	数量		価格	使用箇所
			本数	切数		
第12號	明治18年1月15日	明治18年2月7日	2,407	7,832切2分5厘	2,669円22銭	煉化造建築屋根、正面他飾石・他
第13號	明治17年8月6日	明治17年8月28日	4,191	12,447切5分8厘	3,472円78銭1厘	宮内省建築胴蛇腹下・他
第14號	明治18年8月21日	明治18年9月3日	442	1,957切1分9厘	638円10銭7厘	調理所・宮内省
第15號	明治20年2月24日	明治20年3月1日	46	331切　2厘	109円14銭9厘	東渡廊下
第16號	明治20年9月12日	不明	719	1,170切4分2厘	269円19銭7厘	女官部屋向竈
—	——	合計	7,805	23,738切4分6厘	7,158円45銭4厘	——

※表は時間軸ではなく、編纂時の號数による。

い。それは、前章の大手石橋や正門鉄橋でも多用していることから理解することができる。しかし、宮城造営で、どの程度のセメントを使用しているかということについては、皆目、見当もつかない。それを知る大変有難い史料が存在する。『皇居造営録（セメント）明治一四〜二一年』（識別番号四四三七）である。これまで、各工事案件の概算内訳のなかで「灰砂」の費目を集約したものである。ただし、案件中の「灰砂」は、セメントだけではなく砂利や砂も加わる。セメントのみの数量を求めるには、本書では紹介していない仕様書の後に続く「豫算取調書」をみる必要がある。

具体的に、史料を紹介することにする。

表9-6は、大正十年六月に図書寮編纂事業で作成された目次である。號数として四三件に分けているが、必ずしも一件＝一史料というわけではなく、一つの號に関連する複数の史料が収められていることも少なくない。また、ある程度、考慮されてはいるが、時間軸に沿うものでもない。そのなかで、史料にみる特徴として四点あげることができる。一点は、『皇居御造営誌』の明治十六年七月十七日条をもって宮殿や賢所をはじめとする建造物の正式決定をしたことを前述したが、それを見越すかのように明治十四・十五年の時点で大量にセメントを発注していること。この時点では、殖産興業としてセメントの官営工場である深川工作分局しか登場しない。独占状態に

表9-5　斫出地別からみた6切未満の1切あたりの経費

経費項目	民有林	官有林	
	沢田石	房州石	犬島花崗石
原石代（山代・地代）	1銭5厘	（　5厘）	2厘
石工斫出賃	5銭5厘	6銭	7銭3厘（石工斫出賃・港までの引出：積込賃）
港までの引出：積込賃	2銭4厘	4銭3厘	
手数料・他	8銭9厘		
回漕賃	7銭5厘	4銭5厘（回漕賃・艀下賃）	23銭8厘（回漕賃・艀下賃）
艀下賃	1銭2厘		
一切あたりの値段	27銭	15銭3厘	31銭3厘

※犬島花崗石は2ノ4（切数5切5厘7毛）を使用

あるともいえる。一点は、第一五號で民間企業の浅野セメント（史料では浅野工場）が買上願を提出し、参入がはじまること。一点は、第一七號の明治十八年六月以降、使用箇所を特定した上で、セメントの購入が行われていること。一点は、第二五號を好例として、セメント業者を通じて外国製も併用していることをあげることができる。

これらは、時間軸を考慮し、二つに大別することができる。一つは、第一〜一四號までの官営工場である深川工作分局が独占して受注している段階。使用を特定することなく、大規模事業を見越した大量発注を行う。一つは、宮城造営事業が本格化し、国内・海外の民間業者を活用する段階。後者は、第一五號が契機となっているので、そのあたりの経過を紹介する。浅野惣一郎氏が深川工作分局のセメント製造を引継ぎ、機械の拝借と共に機械や焼竈等一式を増設したことを理由にセメント購買を申し出る。それは、深川工作分局を経由する。深川工作分局より皇居造営事務局へ伝えるのが明治十六年五月十日、同年五月十七日に「深川工作分局ゟ御回答案件」の史料が収められている。これら一連の史料は、深川工作分局から浅野セメントに代わることを示唆している。すなわち、明治十六年中頃には、民間業者の参入が認められたのである。

二万樽を超えるセメント　皇居造営事務局が購入したセメント一覧を示したのが表9-7・8である。表9-7は、編纂時の目次に沿ったもの、表9-8は、年度でまとめたものである。単位である一樽は四〇〇磅（一磅＝一ポンド＝四五三・五九グラム）を示し、約一八一・四キロとなる。深川工作分局が受注した明治十四・十五年度は、工事先が未決定であること、購入と預置との関係が史料中で判断しずらいこと、宮城造営以外の使用もあること（一例として第四號では五二三三樽の内、一〇〇〇樽を横須賀送りと記載）などから、正確な数字を示すことが困難と言わざるをえない。ここでは、第七號で四〇〇〇樽分の代價払済。第一二號の明治十五年十二月十二日までに一万七〇〇〇円のうち内金一万二八九四円六五銭四厘を支払済という記録をもとに約六〇〇〇樽とした。総量では、二万樽を超える。今日の重量に直すと三八四〇・三トンに相当する。膨大すぎて見当がつかない量である。ちなみに、本書では扱わないが、コンクリートやモルタルとして使用するときには、相応する砂利や砂を必要とするのである。

当初、深川工作所分局に発注したのは約一万五〇〇〇樽であったが、事業の発注に伴い二万樽を超えることになる。また、深川工作分局に発注・購入分があったために、本格的な造営工事が開始した明治十七年から翌年中程までは、新たな発注を必要としなかったのである。

発注した月にもよるが、下半期の発注であれば、使用する時期は、早くて年末、多くは翌年となる。宮殿をはじめとする造営工事は、明治二十一（一八八八）年十月に完工するので、セメントの発注は、明治二十年度で終了する。明治十八年度以降三カ年は、六〇〇〇〜四〇〇〇樽の発注で移行するが、特徴的なこととして、三点あげることができる。一点は、官営工場の深川工作分局に代わり、民営企業の浅野セメントが台頭する。前述した深川工作分局の推薦もあるが、国内産業の発展を考慮し、一定の割合で保護されていること。一点は、明治十八年からセメント業者が参入していること。一点は、輸入先は、イギリスが先行し、ドイツが加わること。製造元は、第四三號に鱗印がエングリシ・ポートラ

表9－6　『皇居造営録（セメント）明治14～21年』の目次に載る案件一覧　（主要史料の日付を除く）

號　数	整理された史料の内容	主要史料の日付
第1號	セメント千樽代價深川工作分局ヨリ請求	明治14年12月5日
2	預置セメント引取方并ニセメント代價直増ノ義深川工作分局往復	同年12月30日
3	セメント千樽代價工作分局へ送付ノ件	同年12月16日
4	セメント千樽現品并代價授受ノ件	同年11月
5	セメント千樽代金深川工作分局ヨリ要求	明治15年3月1日
6	セメント試験ノ義ニ付宇都宮権大技長へ掛合	同年4月7日
7	セメント資用月額ノ義ニ付深川工作分局往復	同年5月23日
8	深川工作分局預ケ置セメント引取方同局往復	同年6月13日
9	猿江出張所鋸器機据付セメント配布伺	同年7月26日
10	セメント千樽分代價廻金方工作分局ヨリ照會	同年8月4日
11	深川工作分局ヨリセメント千樽購入方向	同年8月11日
12	セメント千樽譲受并代價支拂ノ件工作分局往復	同年12月10日
13	セメント千樽修繕ノ義深川工作分局へ照會	明治17年11月28日
14	深川分局預置ノセメント二千九百六拾樽引取方ノ件	明治16年4月9日
15	浅野惣一郎ヨリセメント買上願出ニ付工作分局往復	同年5月10日
16	深川製セメント使用工部書記官ヨリ照會	同年2月17日
17	宮内省謁見所地形用セメント購入ノ件	明治18年6月25日
18	宮内省地形セメント購入ノ件	同年6月11日
19	宮内省其他資用セメント購買ノ件	明治18年8月26日
20	宮内省并謁見所等資用セメント購入ノ件	同年9月11日
21	宮内省其他資用セメント購買ノ件	同年9月16日
22	貯蔵セメント譲受ノ件内匠課往復	同年8月16日
23	宮内省謁見所其他セメント購入ノ件	同年10月7日
24	宮内省謁見所其他地形用セメント購買ノ件	同年6月17日
25	獨国製相撲印セメント購買ノ件	明治19年3月3日
26	煖温器械用セメント購入方概算伺	同年3月9日
27	煖温機据付コンクリート用セメント購買方ノ件	同年3月12日
28	煖温気器械据付用セメント購入方ノ件	同年3月24日
29	ニセハ六號元済舶来相撲印セメント購入方ノ件	同年8月17日
30	同上元済煖温器墜道追加用刺賀商會ヨリセメント購買ノ件	同年8月21日
31	同上元済亜和商會ヨリセメント購買方ノ件	同年9月1日
32	貯蓄セメント不足ニ付購買ノ件	同年10月11日
33	石橋用練砂利モルタル用セメント川砂并砂購買方概算伺	同年3月31日
34	右工一九八號元済セメント購買ノ件	同年6月18日
35	同上元済セメント購買ノ件	同年7月5日
36	同上セメント購買ノ件	同年7月7日
37	（工五五七）（工四〇二）（工五七五）號元済セメント購入ノ件	明治20年4月8日
38	貯蓄トシテセメント購入ノ件	同年5月7日
39	工－四四二號元済セメント購買ノ件	明治20年7月8日
40	モルタル用セメント石灰砂利購入方ノ件	同年7月12日
41	工－六六九（工－四四四）號元済セメント購入ノ件	同年7月29日
42	モルタル用セメント其他購入概算伺	同年10月7日
43	鉄橋其他各所用セメント購入ノ件	同年8月15日

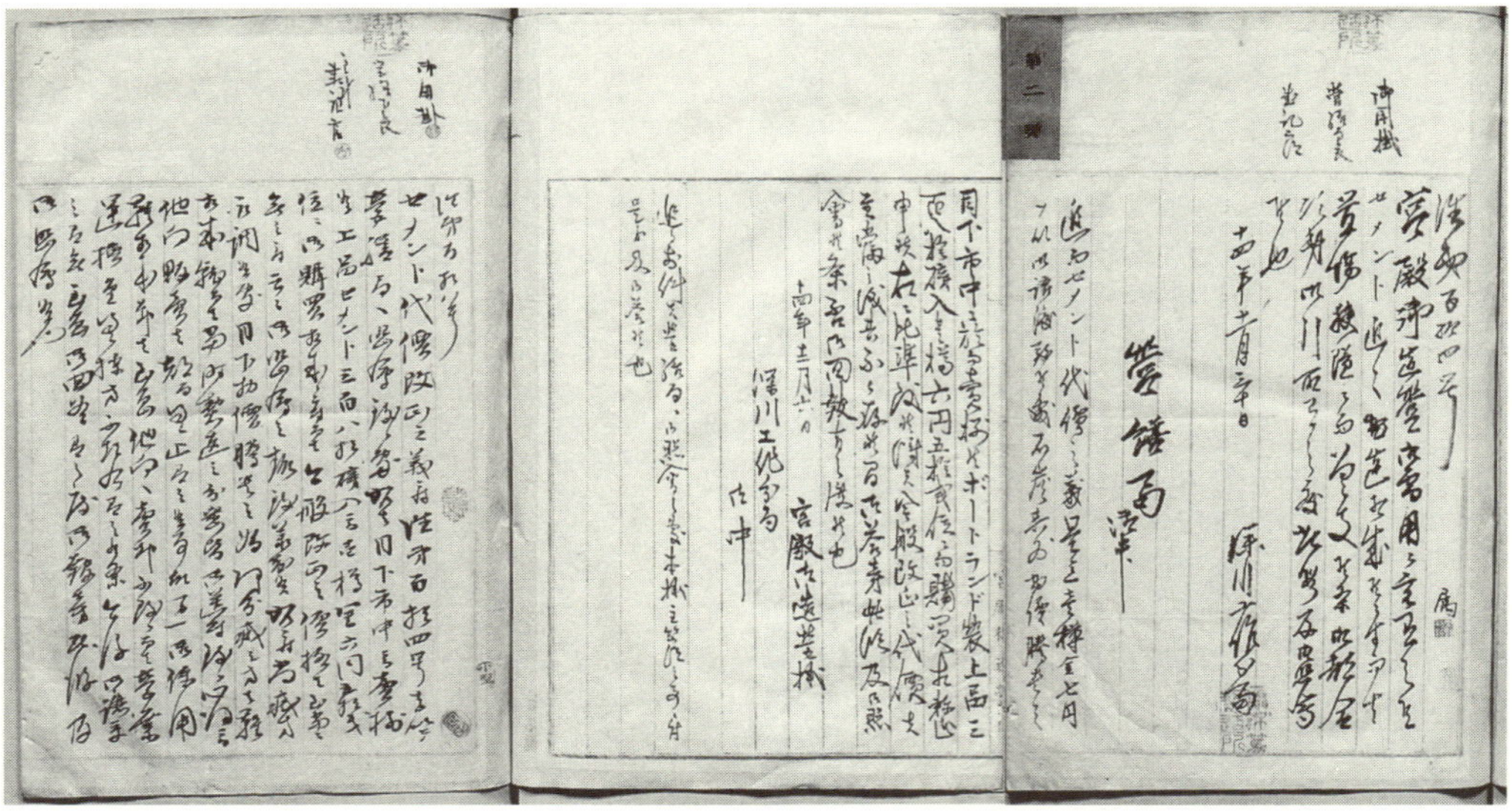

図９-20　深川工作分局よりセメント値上げ史料

ントセメント、矢印がボンナーセメント、相撲印がブレイテンバーガーセメントとあり、第三四・三五號にポルトランド製手印と四社が記されているが、横文印は不明である。

なお、貯蓄品として、工事の進行を見据えた発注をしていることも軽視することができない。

一樽あたりの単価　官営工場の深川工作分局が衰退した背景には、国策として官営から民営ということと同時に、セメント一樽あたりの単価が問題となる。図9-20は、深川工作所分局から皇居造営事務局に宛てた価格変更の史料である。従来の一樽あたり七円を七円五〇銭に値上げするというものである。造営事務局では、六円五〇銭に値下げすることを要求するが（第二號）、押し切られることとなる。セメントが我国に入ったのは文久元（一八六一）年といわれているが、明治初年、セメントは大変高価で、輸入品が一樽八円五〇銭であったという。それと比較すると決して高い値段ではない。しかし、官営工場の他に明治十四年山口県小野田市に民営工場で生産がはじまると一転する。

図9-23に表9-7をもとにした各社の価格の推移を示した。浅野セメントや外国各社製造品が宮城造営使用となる明治十八年には、一樽あたり四円五〇銭としているところが多く、その価格は、深川工作分局の六割までになる。製造の拡大と競合によって大幅な値下げとなっているのである。値下げ傾向は続く。例外として、明治二十年の英国鱗印・独国矢印・相撲印が一樽四円五〇銭とあるのは、松本氏解約の影響と考えられる。価格競争としての官営から民営への移行は、仕方のないところなのである。

表9－7　宮城造営で使用したセメントの数量と価格一覧

整理號数	案件提出日	購入セメント		1樽あたりの単価	製造元	使用場所	受注者、備考
		数量(樽)	金　額				
第1～14號	明治14年12月5日他	凡6,000	45,000円	7円50銭	深川工作所分局		7円から7円50銭へ、当初は6円50銭
第17號	明治18年6月25日	400	1,800円	4円50銭	英国、二枚鱗印		
第18號	明治18年6月11日	1,236	5,562円	4円50銭	英国本鱗印、独国矢印		西尾政恒840樽、刺賀商會396樽
第19號	明治18年8月26日	400	1,800円	4円50銭	英国、横文印		嘉納商會（岩槻守衛）
第20號	明治18年9月11日	460	2,148円20銭	4円67銭	英国、横文印		岩槻守衛
第21號	明治18年9月16日	250	1,125円	4円50銭	英国、手印		岩槻守衛
第22號	明治18年8月16日	200	900円	4円50銭	㊐深川工作場分局		譲受、同年9月18・25日付、宮内省内匠課
第23號	明治18年10月7日	250	1,125円	4円50銭	英国、手印		岩槻守衛
第24號	明治18年6月17日	3,000	13,500円	※4円50銭	浅野セメント		浅野惣一郎（1樽4円41銭、9銭運搬費）
第25號	明治19年3月3日	800	3,680円	4円60銭	独国、相撲印		刺賀商會、ウキリアム・ハイゼーの「セメント質分保證書」
第28號	明治19年3月24日	787	3,541円50銭	4円50銭	独国、矢印		刺賀商會、ウキリアム・ハイゼーの保證書付
第29號	明治19年8月17日	360	1,656円	4円60銭	独国、相撲印		刺賀商會
第30號	明治19年8月21日	100	500円	5円	独国、相撲印		刺賀商會
第31號	明治19年9月1日	378	1,701円	4円50銭	英国、横文印		亜和商會
第32號	明治19年10月11日	1,000	4,400円	4円40銭	浅野セメント		浅野惣一郎
第34號	明治19年6月18日	300	1,305円	4円35銭	英国、ポルトランド手印		亜和商會、第33號の800樽ノ内
第35號	明治19年7月5日	135	587円25銭	4円35銭	英国、ポルトランド手印		亜和商會、第33號の800樽ノ内
第36號	明治19年7月7日	365	1,587円75銭	4円35銭	英国、鱗印	石橋用	岩槻守衛、第33號の800樽ノ内
第37號	明治20年4月8日	154	731円50銭	4円75銭	英国、相撲印	第2・第3煖温器	刺賀商會
第38號	明治20年5月7日	1,600	7,040円	4円40銭	浅野セメント	貯蓄	浅野惣一郎
第39號	明治20年7月8日	500	2,075円	4円15銭	英国、手印	鉄橋橋台桁受地形	西川忠亮
第40號	明治20年7月12日	120	498円	4円15銭	英国、手印	モルタル用	西川忠亮、石灰、砂利の数量・代価有
第41號	明治20年7月29日	373	1,641円20銭	4円40銭	浅野セメント	鉄橋南部橋台用	浅野惣一郎
※第43號	明治20年12月11日	1,749	7,870円50銭	4円50銭	独国矢印・相撲印、英国鱗印	貯蓄	刺賀商會、1776樽より減
同	明治21年7月7日	300	1,320円	4円40銭	浅野セメント	貯蓄	浅野惣一郎、1000樽より減
—	合　計	21,217樽	113,094円90銭	——	——	——	——

1樽は400磅（1磅＝1ポンド＝453.59g）。約181kg

※　第43號では、当初松本理助2,373樽、浅野惣一郎1,000樽を同時に請負う。その後、松本は解約

表9-8　年度別にみたセメントの調達先　(単位は樽)

年　度	国　産		舶　来					小計
			英　国　製			独　国　製		
	深川工作所分局	浅野セメント	鱗印	横文印	手形	矢印	相撲印	
明治14・15年	6,000(100%)	—	—	—	—	—	—	6,000
明治18年	※200(3.2)	3,000(48.4)	1,240(20.0)	860(13.9)	500(8.1)	396(6.4)	—	6,196
明治19年	—	1,000(23.7)	365(8.6)	378(9.0)	435(10.3)	787(18.6)	1,260(29.8)	4,225
明治20年	—	2,273(47.4)	479(10.0)		620(12.9)	996(20.8)	428(8.9)	4,796
合　計	12,473		8,744					21,217

※は、旧製造の貯蔵品、(　)内は各年度の占有率

ところで、図9-21では、外国製品のなかに、同じ年度でありながら一樽あたりの価格が異なるものがある。一例として、明治十八年のイギリス横文印の四円五〇銭と四円六七銭。明治十九年のドイツ相撲印の四円六〇銭と五円。史料には、この価格差に関する記述はない。筆者は、拙書『江戸・東京の大地震』のなかで、関東大地震の復旧に大量のセメントを使用していることを述べた。そのセメントは、一種類ではなく、史料には少なくとも純白色ポートランド(一二円)、白色ポートランドセメント第二種配合品(一一円五〇銭)、ポートランドセメント(六円五銭)の三種類があり、一樽あたりの価格が異なり、目的に応じた選択をしていることを指摘したことがある。おそらく、このあたりの理由が考えられる。ちなみに、ドイツ製の相撲印は、高級品である。第二五號では、受注した刺賀商会が機械学士のウィルヘルム・ハイゼーの「セメント質分保證書」を添えることで、信用に努めている。

浅野セメントの信用　浅野工場は、深川工作分局からの推薦があり、セメント製造を引継ぐことになるが、それだけで信用を得たわけではない。浅野惣一郎氏は、自社の製品を化学分析し、その試験結果を皇居造営局事務局宛に報告する。明治十八年四月十七日のことである。一方、報告を受けた側では、担当係官である十三等出仕の新家孝正氏に命じ、新たに三社のセメントを分析することとなる。新家は、独自の分析結果をもとに、同年五月十三日に試験表に調書を添えて上申書を提出する。三社とは、浅野セメントを含む

甲・深川浅野工場製セメント見本に、

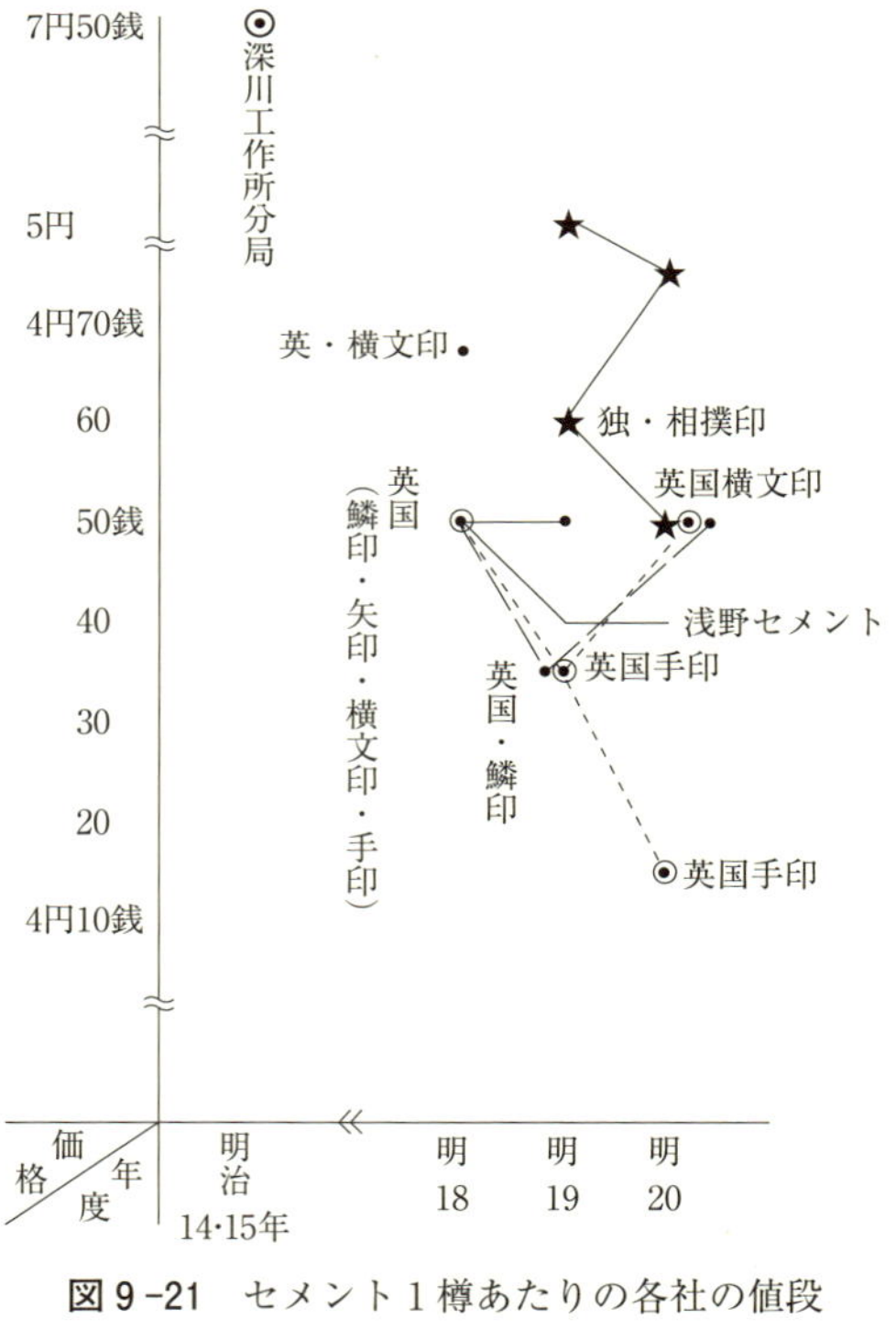

図9-21　セメント1樽あたりの各社の値段

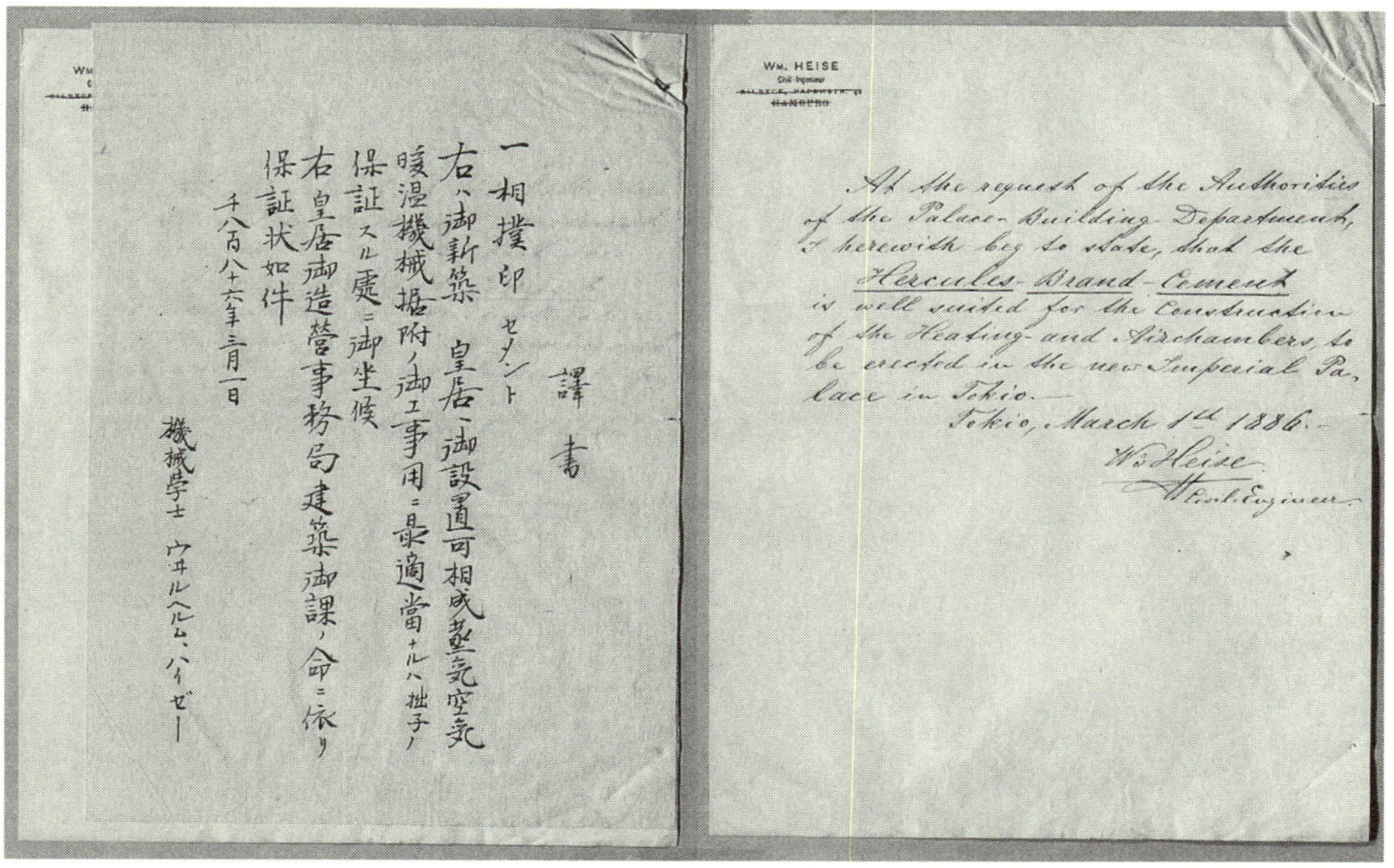

図9-22　ドイツ製相撲印のセメント品質保証書二点有（独・和文）（図9-22・23：宮内庁宮内公文書館所蔵）

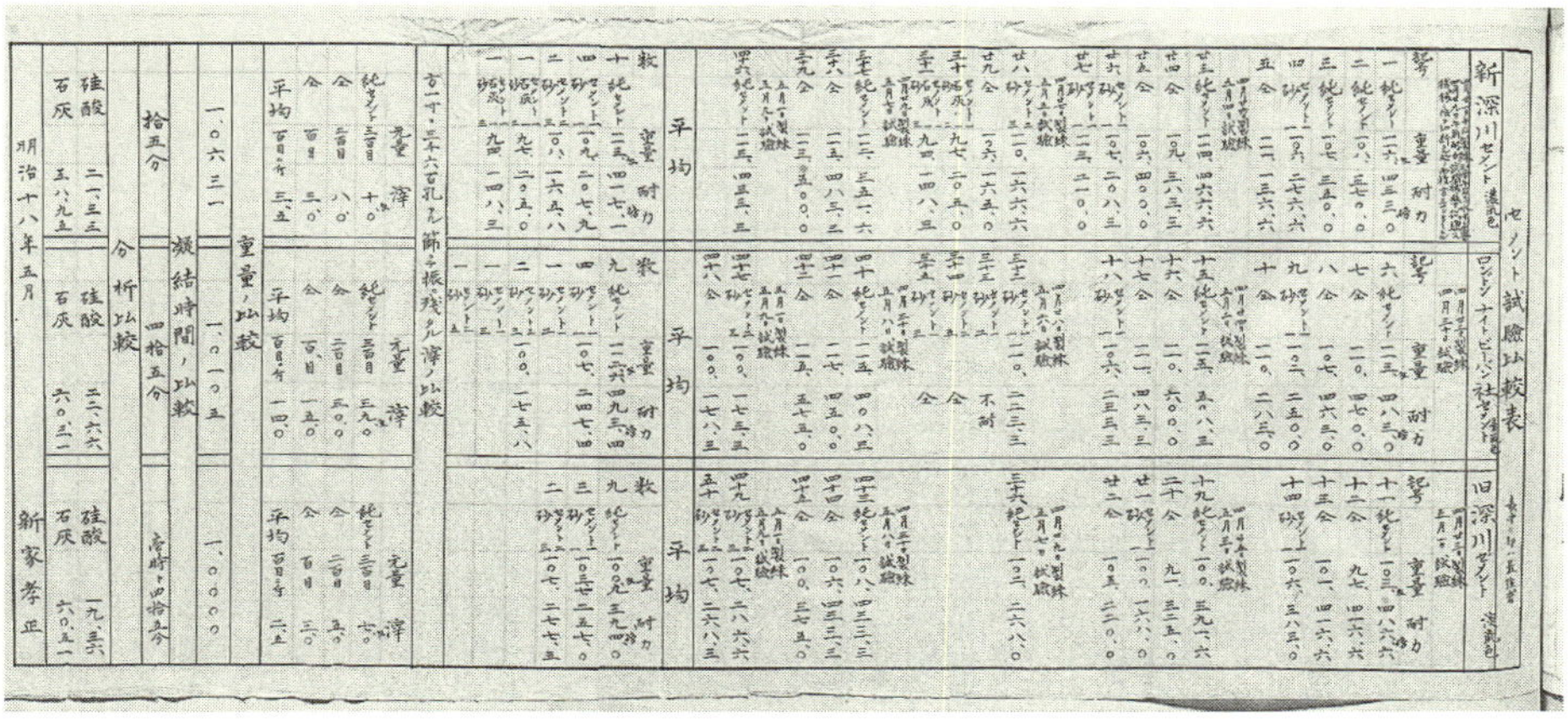

図9-23　浅野セメントを含む三社のセメント分析結果

乙・ロンドンナイトビーバン社製見本
丙・深川旧工作分局製貯蓄品
を指し、その試験結果が図9-23である。残念ながら筆者は門外漢のために、その数値を理解することはできない。しかし、添えられた調書をみる限りにおいて、浅野工場製セメントに問題はないという結論である。いわば役所のお墨付をもらい、信用を得ることになったのである。

このような経緯の上で第二四號の三〇〇〇樽の受注へと繋がるのである。

西丸大手櫓台・大手石橋・正門鉄橋使用のセメント　前章で、セメントを多用することを指摘したが、西丸大手櫓台の根石下地形、大手石橋、正門鉄橋の三カ所での使用は気になるところである。第三三・四三號と整理された史料のなかに、監督する工業部が作成した使用見込数量調がある。第三三號内のものを紹介すると、

　和製セメント自今工業部ニ於テ資用見込数量調

一千五拾五樽
　内
百四樽　　甲部
百樽　　乙部
三百五拾壱樽　　丙部
五百樽　　丁部
　十九年十月十一日　主計部

（中略）

丁部セメント仕用見込書
一五百樽
　内
貳百貳拾樽　鉄橋々臺用
百八拾樽　東代官所煉化塀楓山下
　　中仕切同断〆百五拾間見込
五拾樽　大手櫓臺石垣下地形用
五拾樽　上下水井戸其他小工事用
　〆
外
　石橋用　既ニ購買済
　二重橋ヨリ坂下マテ煉化塀　未定ニ付除キ
　半蔵口御門　右同断
　十九年十月十一日　丁工業部

とある。前章の図8-2と照会すると、三カ所でのセメント需要が重なることがわかる。工業部の見込数量調に「石橋用　既ニ購買済」とあるのは第三三號案件で石橋使用のセメント（砂利と砂を含）購入概算願が提出される。この案件に対して第三四～三六號案件でイギリス手印・鱗印セメント八〇〇樽を三回に分けて購入し、明治十九年七月七日には書類上終了していることによる。すなわち、使用見込ではなく、工業部の資料作成時点では使用中にあたるためである。文言の「和製セメント」には大意はないものと思われる。第二四號の浅野セメントの使用ということであろうか。

　また、史料の甲～丁部は、第四三號でも同義語で用いられているが、宮城内の位置を示すものである。例えば、甲部は、宮殿・山里。丁部が西丸大手櫓台・石橋・鉄橋等々を指している。

　明治十九・二十年の二回にわたり工業部から提出された丁部セメント使用見込数量調をもとに作成したものが、表9-9である。表9-8と照会すると、明治十九・二十年に発注した九〇二一樽のうち三二五五樽が大手石橋・正門鉄橋の二カ所で使用されている。これは、同年度全体の三六％を占めている。これら数字からみても、大手石橋と正門鉄橋の新造には、大量のセメントを使用していることが理解できるのである。

貯蓄用セメントを巡る解約と発注の見直し　宮城造営工事も終盤に

表9－9　工業部取調の丁部セメント使用見込一覧

資用箇所＼取調年月日		明治19年10月11日	明治20年７月29日	合　計	備　　考
大手櫓台		50樽	—	50樽	根石下使用
石橋	石橋用	（800樽）		1,400樽	第34～36號で購入済
	人道・車道下		600樽		
鉄橋	橋台	220樽			
	地形用		500樽		第39號案件、イギリス手印
	南北橋台迫持地形		200樽	1,855樽 ※を含	
	煉化扣迫背裏		85樽		
	※正門台より鉄橋		※850樽		
その他	楓山下・中仕切・他	50樽			
	下水井戸・他	180樽		780樽	
	附属工事用		550樽		
小　計		500樽	2,785樽	4,085樽 （　）内全てを含	—

差し掛かり、セメント発注の最後の案件となるはずであったのが、第四三號の明治二十年八月十五日に提出された「セメント購入伺之件」である。この史料には、

一金壱萬四千五百四拾壱円貳拾五銭

内

金壱萬百四拾壱円貳拾五銭　松本理助

但　舶来横文印セメント貳千三百七拾五樽持込納代壱樽金四円貳拾七銭

金四千四百円　浅野惣一郎

但　和製セメント千樽持込納代壱樽金四円四拾銭

（以下略）

とある。この史料は、貯蔵用セメントとして松本・浅野の両氏が合計三三七五樽を受注したものである。ちなみに、その後に予想される「セメント員数書」には、

一三千三百七拾五樽

内

四拾五樽　甲部用

五拾貳樽　乙部用

四百九拾三樽　丙部用

貳千七百八拾五樽　丁部用

資用時日

千三百七拾五樽　八月ヨリ九月中旬

五百五拾樽　九月中旬ヨリ

千四百五拾樽　　十月ヨリ十一月中

とあり、甲部以下、詳細な内訳が続く。丁部については、表9-9に記してある。受注した二者のうち、松本氏は期間内に納入することができず解約・出入禁止となる。松本氏に代わるのが刺賀商会である。解約を契機に在庫の貯蓄セメント、今後、工事での使用見込セメントを推算し、新たに発注したのが表9-7の第四三號である。刺賀商会に一七四九樽、浅野セメントに三〇〇樽の合計二〇四九樽に変更した記録が残る。

第十章　宮殿造営

一　宮殿の縄張決定に至る経緯

明治維新後、天皇が明治元年十月十三日に東京に行幸し、徳川政権下の元治元年に造営した仮御殿を宮殿として経営にあたったが、同六年五月五日女官部屋からの出火で宮殿全体が灰燼と化した。明治二十一年十月に新宮殿が竣工するが、従来の研究において、村井益男氏や小松博氏などその間の経緯について触れられることはあったが、これまで計画図をもって具体的に論じられることはなかった。筆者は、偶然にも宮内庁宮内公文書館所蔵『皇居御造営誌下調図1・2　明治二五年』（識別番号八〇一〇〇・八一三四七）の縄張図（絵図）と出会うことができた。縄張図には、各々付箋が貼られ、そこには作図の日付、作図目的が明記してある。つまり、二帖の資料からは、計画変更はもとより、宮殿の縄張りが決定し、明治十七（一八八四）年四月十七日の地鎮祭を迎えるまでの経過を知ることができるのである。

資料の体裁　二帖の縄張図は、共に彩色が施された絵図で、折本形式をとる。法量は、縦三七・七センチ、横二四・二センチを測る。縄張図は、一図一折（二面）を原則とするが、長い絵図には二折三折の場合もある。外題は、史料名と異なり、下調図1では『皇居御造営誌／編纂下調圖／貳冊之内第壹』（以後、下調図1と呼称）とある。見返しに「圖書寮印」の朱角印が押されているが奥書はない。

下調図1は、全て時間軸に沿って並べられ、七三点からなる。最後の数点は、上水鐵管図や下水・溜枡図などで、宮殿の縄張図とは関係ないものも含まれている。各図には、付箋に番号が記してあり、最初のものには「第壹號」、以下、順次、付けられている。内容は、第壹號が明治元年十月十三日の明治天皇が西丸宮殿に入った図にはじまり、第六拾九號の明治十五年十二月廿九日の皇居造営事務局の図が最後となる。

下調図2は、八九点からなる。このうち、はじめの六八点は、下調図1と同じ図が収録されている。混乱を来たさないために、付箋の番号が「編第壹號」と「編」の文字が加えられている。したがって、「編第六十九号」以降が新たな図となる。このうち編第六十九号から三点は日付、内容等が明記されておらず、それらが記されているのは、編第七十二号以降となる。同図には、明治十六年五月二十八日とあり、西丸山里楓山下の女官部屋を加えた縄張図となる。最後は、編第八十九号の明治十七年十月十八日の三丸實測図となる。宮殿に限ると編八十八號の同年四月十四日の図である。同図作成の三日後には、山里の聖上常御殿予定地で地鎮祭が行われるので、直前のものといえる。縄張図は、おおむね時間軸に沿うが編七十八號からの五点が、若干、ズレている。そこには、賢所の位置に関する三点が含まれている。

時間軸からみた宮殿縄張案の変遷　二冊の下調図で驚くのは、第五號から編八十八號に至る一〇年足らずの間に、八五回の縄張図が作成されていることである。このなかには、宮殿以外のものもわずかばかり含まれているが、実に多い。多過ぎるといった方が相応しい。表10-1に、その変遷をまとめた。図を交えてその動きをみることにする。

まず注目されるのは、第壹号・参號である。二つの図とも、宮殿は、西丸仮御殿を利用しているので、基本となる箇所は同一である。

図10-1は、明治天皇が一度、京都に戻り、再び東京に行幸し、西丸を皇居と定めた時の図である。第壹號の図と比べると二点異なる。一点は、山里に賢所が描かれていること。一点は、楓山（江戸城では紅葉山）下に女官部屋が建てられていること。前者は、仮御殿の大奥御座之間にあたる位置から西側に直線的に繋がるもので、賢所は明記されているが、神殿・皇霊殿は判然としない。山里中程には「梅ノ御茶屋」があるが、これは第壹號にも描かれている。後者は、付箋の但書にあるように、二年後に建てられたものである。旧紅葉山の位置にあたる。明治新宮殿造営の契機となった明治六年の女官部屋からの出火は、ここからとなる。

宮殿、旧本丸案　再建する宮殿の位置として最初に登場するのは、旧本丸案である。宮殿の位置が紆余曲折するのは、明治政府関係者の影響によるところが大である。第五號の三條實美をはじめとして、榎本武

図10-1　明治二年の西丸皇居平面図（図10-1～48：宮内庁宮内公文書館所蔵）

表10-1　『皇居御造営誌下調図１・２』にみる宮殿縄張案の変遷

號数	付箋の内容	備考
第壹號	明治元年十月十三日 車駕東京ニ抵リ西城ヲ以テ 行幸ト為シタル西丸之図	・「元治元年西丸仮御殿図」 ・山里に「梅ノ御茶屋」
参	明治二年三月二十八日 車駕再東京ニ幸シ西丸山里エ賢所 被　置西城ヲ以テ皇居ト為シ其後 楓山下ニ女官部屋建築相成候図 　但女官部屋建設　明治四年着手 　　同年十二月落成	◎図10-1 ・第壹號図に賢所と女官部屋を加えた図
四	明治六年五月五日　皇城炎上赤坂 離宮ヘ　遷幸同離宮ヲ以テ假皇居ト 被　定タル図 　但該図中朱引タルハ遷幸後御設置相成候分 　　御建物ノ如キハ不詳 　青山御所ハ明治六年中ノ御造営ニシテ同七年一月 　　廿八日青山御所ト称ス	
五	皇居内ニ宮殿御再営并舊本丸城ニ諸官省建築 被　仰出候條此旨相達候事 　明治七年十二月廿三日　太政大臣　三條実美 右御達相成候御場所皇居内并旧本丸城之地図 　但御造営ニ就テハ実地測量等都合ニ寄地所引渡 　　相成度工部省ヨリ付ノ分	・三條実美の達で旧本丸へ宮殿
六	假　皇居エ謁見所建築之儀ニ付右費額概算帳 相副上申明治九年五月二十三日付済之洋館之図 　但明治十二年七月廿四日該館ヲ以テ西丸二重橋内エ建 　造ノ位置を定 　　謁見所トシテ縄張ヲナシタルハ則是レナリ	◎図10-4・5 ・当初、謁見所は洋館として計画、明治十五年までの縄張図にこの外枠が登場
七	皇居御造営之儀明治八年七月工部省付之 通全百萬圓ノ目途ヲ以テ来十年ヨリ施行可致 旨御達相成候御造営目論見之図 　追テ御建物不詳候テ目下取調中ニ付脱ス	・皇居造営費百万円
八	明治十二年四月一日ヨリ宮内卿ノ内命ニ依リ 旧本丸并西丸之図面調査ニ取掛リ本丸城跡ニ 宮殿御造営ノ位置相定候目論見之図 　追テ工部少輔吉井友実、宮内少輔土方久元、営繕局長 　平岡通義内匠課長櫻井純造等右図ニ依り旧本丸ゟ 　　出張一覧之上皇后御造営ノ得失評議有之候事	◎図10-2 ・本丸案はこの時点まで ・西丸案浮上
九	明治十二年六月二十六日営繕局長平岡通義内匠課 長櫻井純造等西丸炎上跡ヲ見分シ山里エ宮殿以下 西丸ゟ表謁見所ヲ始メ宮内省楓山下女官部屋ノ見込 相立宮内省ヘ内陣調整シタル図	・山里・西丸案進行
拾	明治十二年七月二十四日午前第九時　御出門吹上ヘ 行幸之節　天覧　為在候ハ則該図ニ依テ縄張	◎図10-3 ・明治天皇、山里・西丸縄張図始めて天覧 ・賢所の位置は山里門辺
貮拾貮	明治十三年十一月九日　天覧後洋館エ掛紙ヲ 致　悉皆木製目論見之図	・新宮殿は全て和式へ
貮拾六	明治十四年四月十一日午前九時　御門出ニテ吹上御苑ゟ行幸 工部宮内ノ両者擔當之皇居御造営地所縄張天覧御学問所ヲ 内謁見所ノ御二階交換ノ儀御決定相成候図	
貮拾八	明治十四年五月榎本武揚　皇居御造営掛被仰付候テヨリ 宮殿ヲ吹上ニ正殿ヲ山里ニ置ントシ両所ノ地質ヲ試験シタル 図	・計画変更、宮殿ヲ吹上へ
貮拾九	明治十四年七月十一日午前第九時　御門吹上 御苑エ　行幸御造営之敷地縄張　天覧被　為在候図	
三拾	明治十四年七月十一日　天覧後同年八月廿九日 　但宮殿ヲ吹上ニ正殿ヲ山里ニ置 宮内省并三課洋館目論見之図	・謁見所を洋館に再案
三拾貮	明治十四年九月十二日吹上宮殿以下御間取ノ良否并内繕内 匠調度三課之使用適否ヲ取捨シタル図	・宮殿は吹上
三拾六	明治十四年十一月廿日吹上ニ謁見所ヲ設ケ山里ニ宮殿ヲ置トノ 目論見依テ山里ゟ表向縄張之図	・再び変更 　山里に宮殿、 吹上に謁見所

四拾	明治十四年十二月廿七日吹上試験済之図	・吹上に四カ所の謁見所位置案
四拾二	明治十五年二月十日吹上ゟ謁見所ヲ置ヲ置西丸山里ェ　宮殿以下縄張　天覧之図	◎図10-8・9 ※図は四三五四一を使用、全同
四拾三	明治十五年二月二十二日宮内省ェ差出タル道路目論見之図	◎図10-6 ・再度変更、謁見所を山里、宮殿を吹上
四拾七	明治十五年五月十五日吹上縄張之御場所高低測量之図	・全体に朱枠線を引、下りの数値を記入、各建物予定地も
五拾弐	明治十五年七月五日太政大臣并榎本副総裁宮殿以下尾建物縄張一覧之図	
五拾四	明治十五年八月十八日宮内卿并宍戸副総裁縄張見分同月廿八日太政大臣宮内卿宍戸副総裁其外書記官等縄張一覧之図	◎図10-7
六拾	明治十五年十月廿六日調整石種類別及地形箇所分之圖	・花崗石・相州石・駿州駿東堅石の石のランクと使用箇所
六拾壱	明治十五年十月廿六日調製銅葺瓦葺屋根坪調之図	・表宮殿建物の屋根の区別
六拾六	明治十五年十二月廿七日宮内省ェ差出シタル宮殿以下御建物之図　但此ノ図ニ依テ御建物等級附シ御建坪調致仕訳書ヲ同年同月廿九日宮内省差出ス	
編七十二	明治十六年五月二十八日　西丸山里楓山下位置目論見之圖　八百分一	・再び西丸山里へ宮殿案
七十三	明治十六年六月十四日為縄張　行幸被為　在天覧之節御案内之原圖ナリ　八百分一	
七十五	明治十六年十月十日　天覧目論見之圖　八百分一	◎図10-10 ・楓山下の女宮部屋を含

七十七	明治十六年十月十日天覧之圖　八百分一	◎図10-11 ・表奥宮殿の位置決定
八十	明治十六年五月三十日午前九時御出門ニテ吹上御苑ヘ行幸被為　在候節山里ヘ御縄張シ　天覧被為　在候賢所以下御建物之圖	
八十一	明治十六年六月九日宮内大輔杉孫七郎點検之節吹上釣橋際ヘ賢所以下御縄張シ同所大道ヘ神嘉殿ヲ位置御縄張セシ圖	・賢所を吹上、釣橋際
八十三	明治十六年十一月二十六日談圖ヲ原トシ蠟引布ニ引立　上覧ニ供シタル圖ナリ　八百分一　但第一區第二區共百分一ニ製同日此圖ニ副ヘ差出シタリ	・賢所の位置決定
八十五	明治十七年一月二十二日午前九時御出門ニテ吹上御苑ヘ行幸被為　在御造営御場所及模形等　天覧被為　在候節吹上賢所御縄張之圖	◎図10-12
八十七	明治十七年三月二十一日太政大臣三條實美及参議伊藤博文其他参考アリ點検相成條原圖　八百分一　但百分ノ一一區二區二枚六百枚分一壱枚賢所百分一壱枚トモ點検アリタリ	
八十八	明治十七年四月十四日御造營御場所　行幸ノ節供天覧シタル圖　八百分一　但寫シ共同局長ニ貳枚出ス　五月十二日参考	

揚や伊藤博文などの名が登場する。

図10-2は、宮殿炎上の翌年、太政大臣の三条実美の通達で作成された旧本丸の位置での宮殿縄張図である。建物全体の主要部分を西側、女官部屋を北側の天守台近くに配置するなど、徳川政権時の本丸御殿に類似する。第七號をみると、翌年には建築費を一〇〇万円程とし、明治十年の着工としているので、通常であれば、明治宮殿は、旧本丸跡に造営

されたはずであった。

しかし、明治十年二月に勃発した西南戦争によって、工事は延期され、宮殿の位置も見直されることとなる。

西丸・山里案　第八號の明治十二年四月一日時点で旧本丸案は消滅する。造営に関連する工部・営繕・内匠の代表者による本丸と西丸・山里の二カ所の視察の結果、西丸・山里との判断が下る。第八號の図に楓山下の図を加えたのが第拾號の図10-3となる。

図10-3は、明治天皇がはじめて縄張図を展覧したものでもある。図10-1と比較すると、山里の空間を広く使い、賢所を山里門近くに置くなどの計画となっている。この時点での建物の規模は、図内の数字を拾うと、

建坪合三千六百七拾五坪七合五勺

内二階建四百八拾壱坪七合五勺

女官部屋之部

建坪合千五百六拾弐坪弐合五勺

とある。

建物で注目される図がある。第六號の謁見所を洋館にするというものである。それは、宮殿を旧本丸案が進行中に作成され、西丸・山里案が固まると、あとは位置だけという段階まで進む。図10-4は平面図、図10-5は正面図となる。謁見所の洋館案は、その後、第弐拾弐號で廃案となるが、第三拾號で再度、浮上する。以後の縄張図に、謁見所がおかしな形状となっているのは、図10-4の平面図の外枠が描かれていることによるものである。しかし、謁見所（後に「正殿」と呼称）を含む表宮殿は、外装は和風、内装は洋風建築物となる。

宮殿吹上、謁見所山里案　新案がほぼ固まりつつ進むなかで、大きな変更が指示される。それは、榎本武揚によるものである。宮殿を吹上、正殿（謁見所）を山里とし、図には中々登場しないが賢所を楓山とするものである。第弐拾八號が明治十四年五月とあることから、前案は二年間程ということになる。第四拾三號のもので、図10-6は、謁見所を山里、宮殿を吹上とするもので、上端の楓山に賢所を道灌濠に架る釣橋で繋ぐ形状に描かれている。ちなみに、上端の楓山に賢所を垣間みることができる。図10-7は、吹上宮殿に、西側に女官部屋を加え、ほぼ決定に近い段階となる。それを裏付けるかのように、第六〇號では、建物の基礎に用いる石を三ランクに区別し、聖上常御殿・皇居宮常御殿・御学問所・内謁見所など最も重要な建物を花崗石、次いで相州石（本小松・新小松）、さらには駿州駿東堅石の順で各々の場所を指定している。さらに、第六拾壱號では、屋根を銅葺と瓦葺とに大別し、建物の格付けをしている。第弐拾八號では地質調査、第四拾七號では宮殿の主な建物の位置と地下りの関係を示した図などが加えられており、用意万端というところであった。少なくとも第六拾六號の明治十五年十二月二十七日の時点では、決断を待つのみという状況であった。この案の補足として、『皇居造営録（庭園）一　明治一五～二二年』（識別番号四四〇九-一）の第八號案件に、「楓山賢所敷地樹木伐採及植替伺之件」がある。明治十五年十二月六日に提出されたもので、この結果として「楓山敷地樹木伐採及植替運送共落成上申之件」の史料が追加されている、後者が提出されたのが明治十六年五月三日であることから、本案が動きだしていたことに

なる。

再び宮殿を西丸・山里、賢所を吹上に　明治十六年五月を迎えると、縄張が一変する。編第七十二号の宮殿を再び西丸・山里へ、女官部屋をそれに続く楓山案が浮上し、以後、宮殿を吹上とする案は、完全に消滅する。わずか五カ月での急変は、政治的判断からきているものと考えられるが、二帖の下調図からは、その手掛かりを知るすべがない。

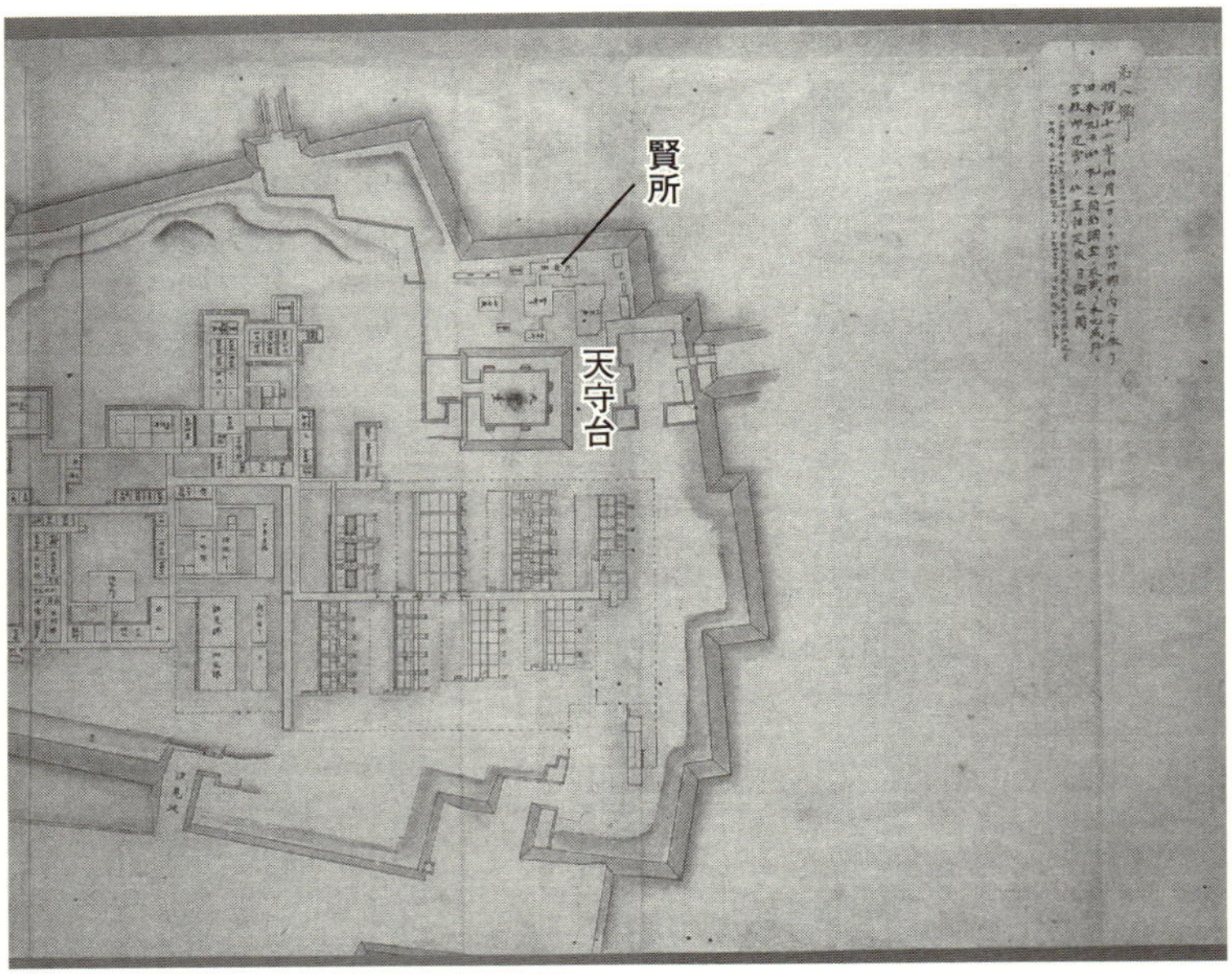

ところで、宮殿吹上論が進む前段階にあって、異論がなかったわけではない。第四拾二號にそれを垣間みることができる。そこでは、宮殿を西丸・山里、謁見所を吹上とするものである。図10-8・9が該当する。両図は、『皇居造営録（謁見所）1　明治一五～二一年）』にも所収されており、ここではそれを用いている。下調図を比べると、二点異なる。図10-8の場合、一点は付箋の記述文字、一点は図中央の付箋である。

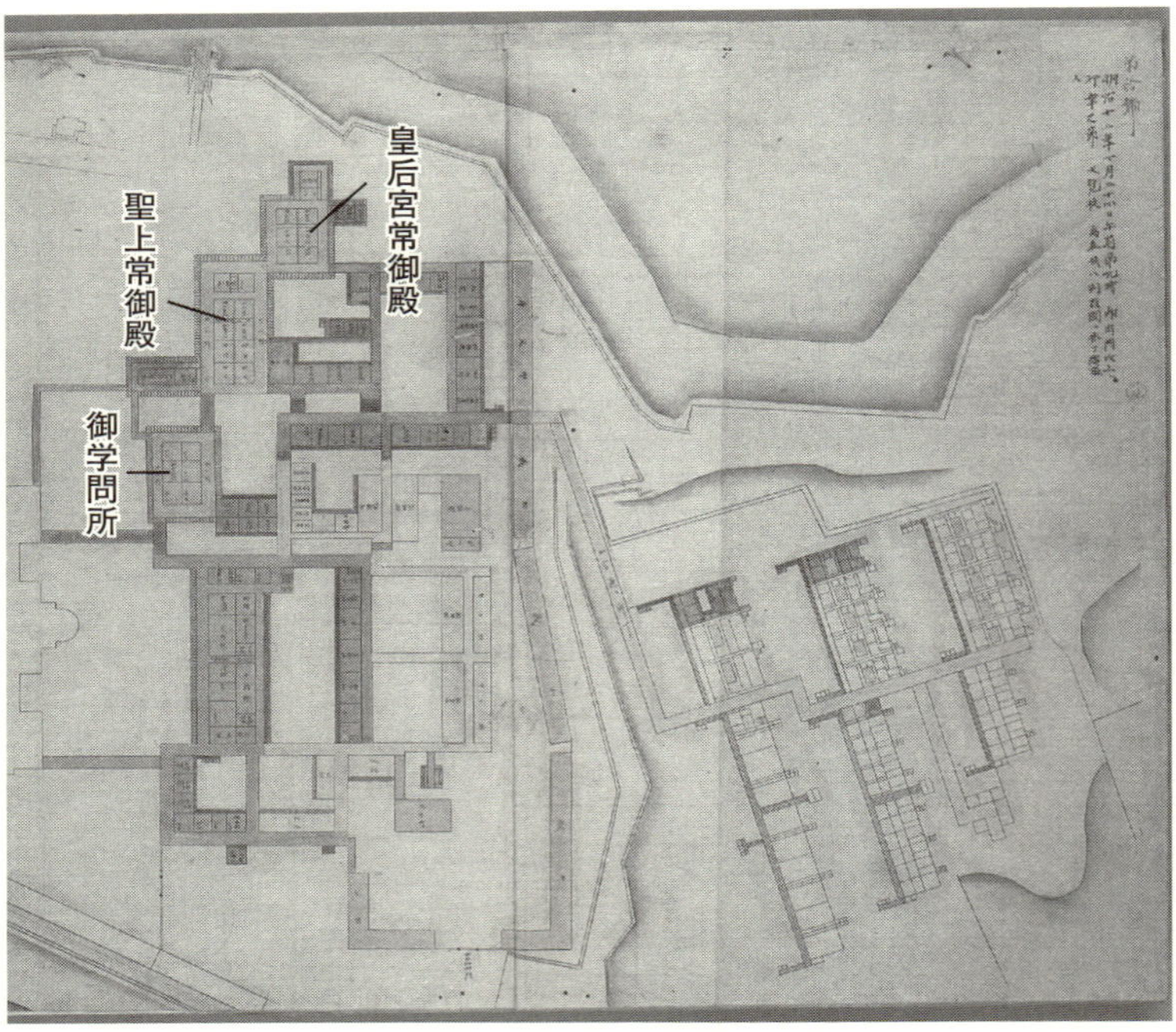

前者の付箋には、

「乙第四拾号

明治十五年二月十日

七百分一

西丸山里縄張天覧之図 」

とあり、内容は同じである。「乙第四拾号」とあるのは、案件番号であり、この図が後の表宮殿・奥宮殿、さらには宮内省の基本構想図となることから、別の史料にも収められていることになる。後者の画面中央付箋下には、同位置に「御学問所」の文字と右側の一部屋が二部屋となっており、ほぼ同じである。第四拾二号の図は、付箋上のものとなる。図10-9は、吹上の謁見所案で、本図では付箋を用い色を換えて二つの案を示している。謁見所の形がおかしく感じるのは、前述したように図10

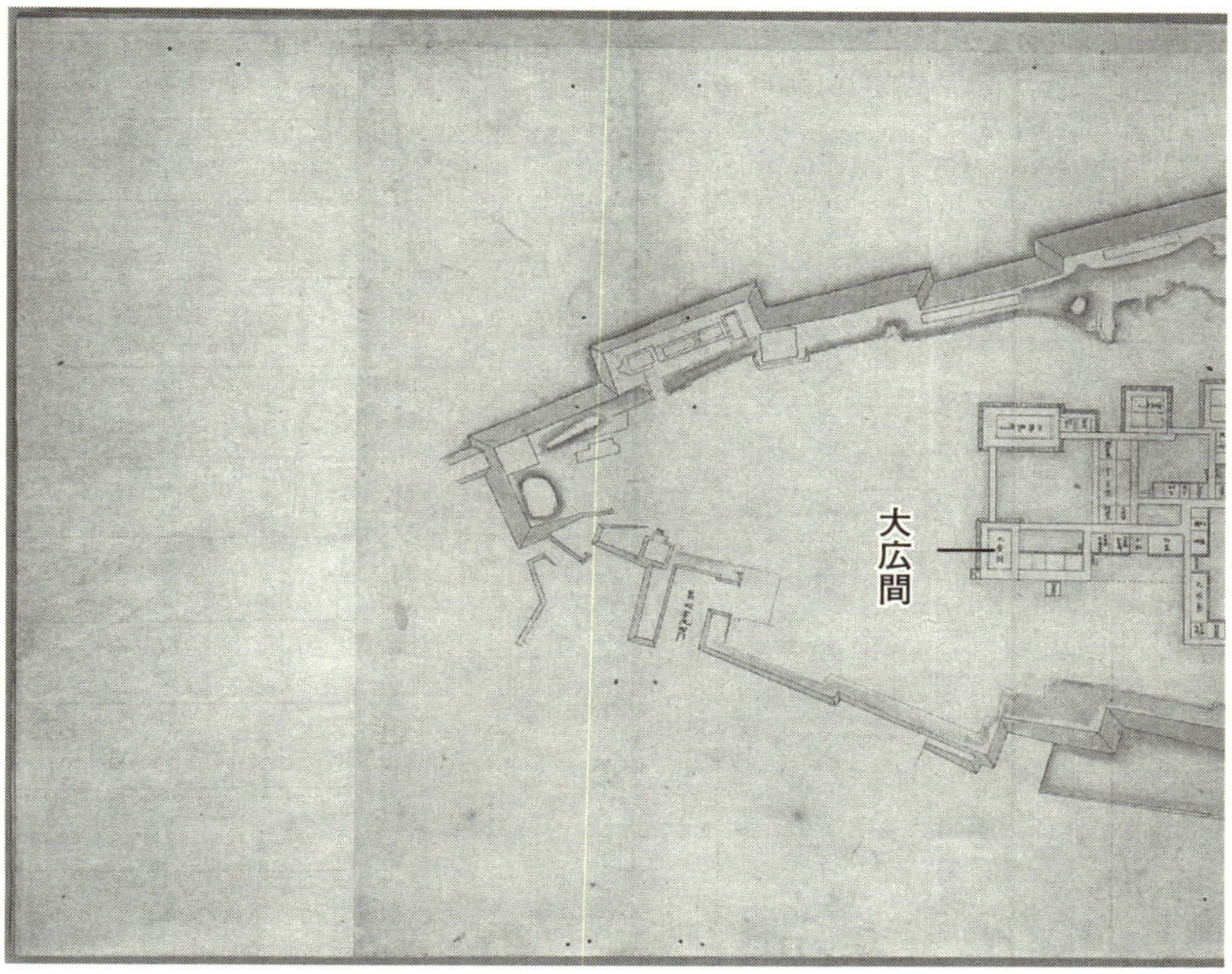

図10-2　明治七年の旧本丸宮城案図

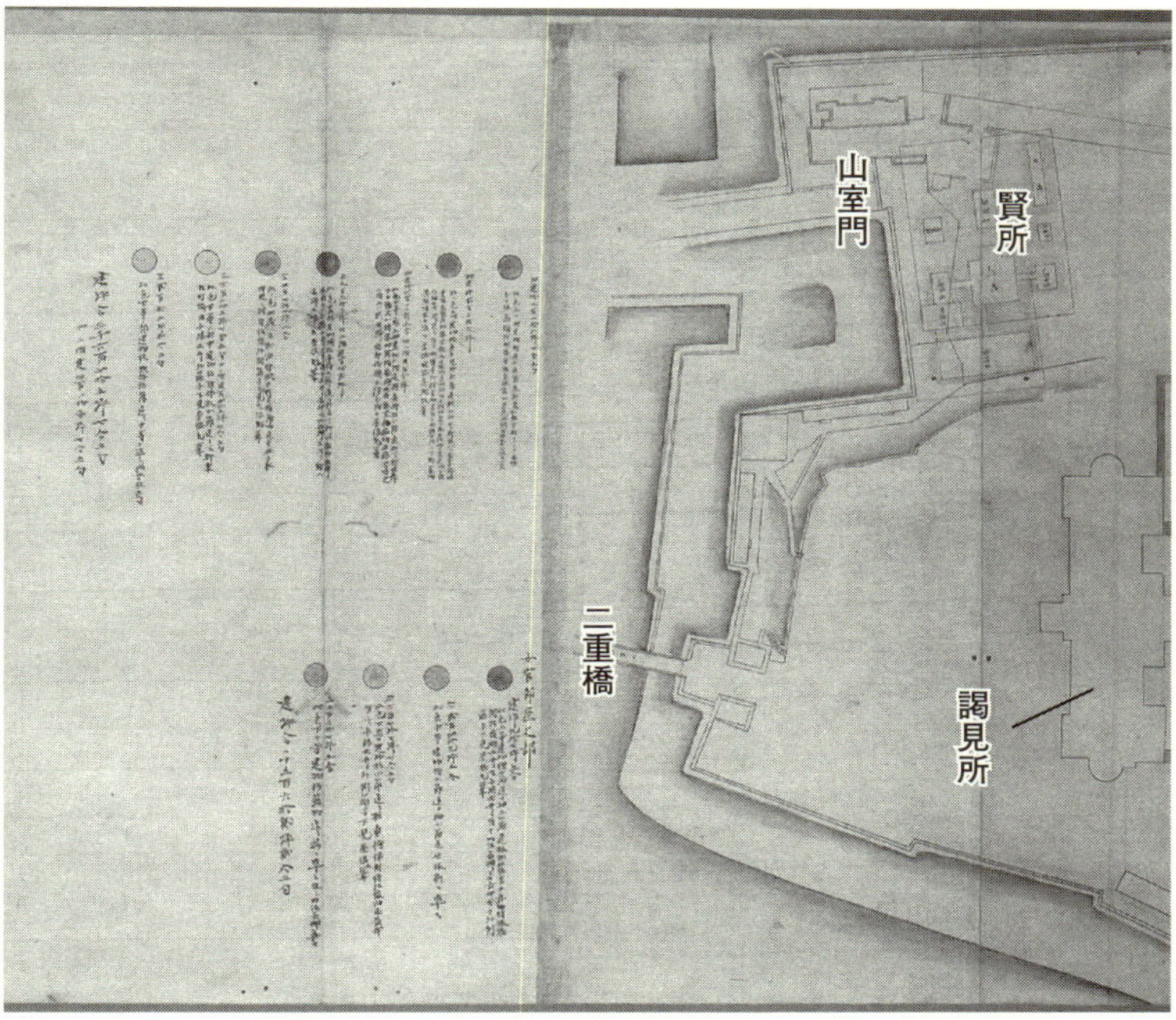

図10-3　明治十二年の宮城を西丸山里案図

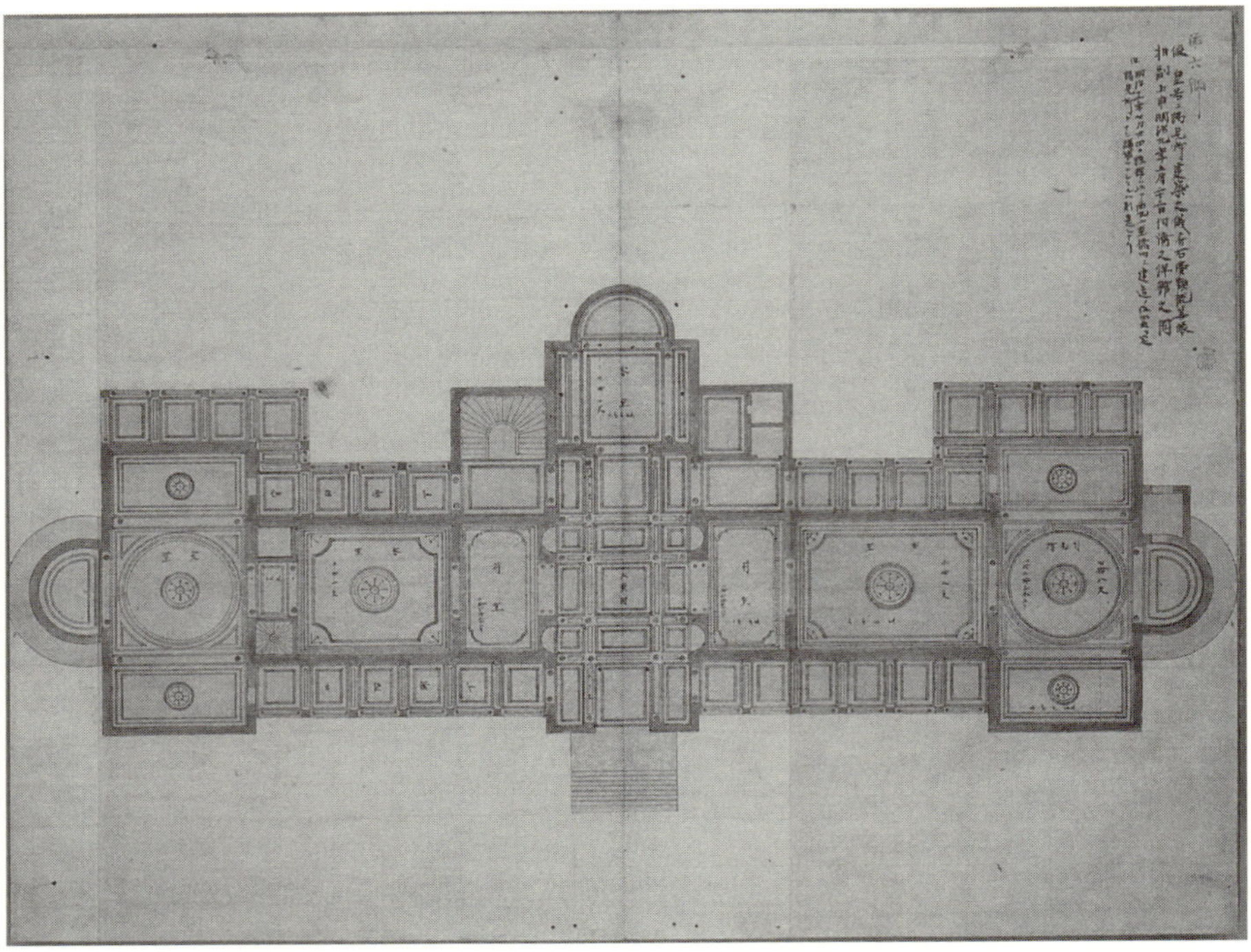

図10- 4　謁見所の洋館案平面図

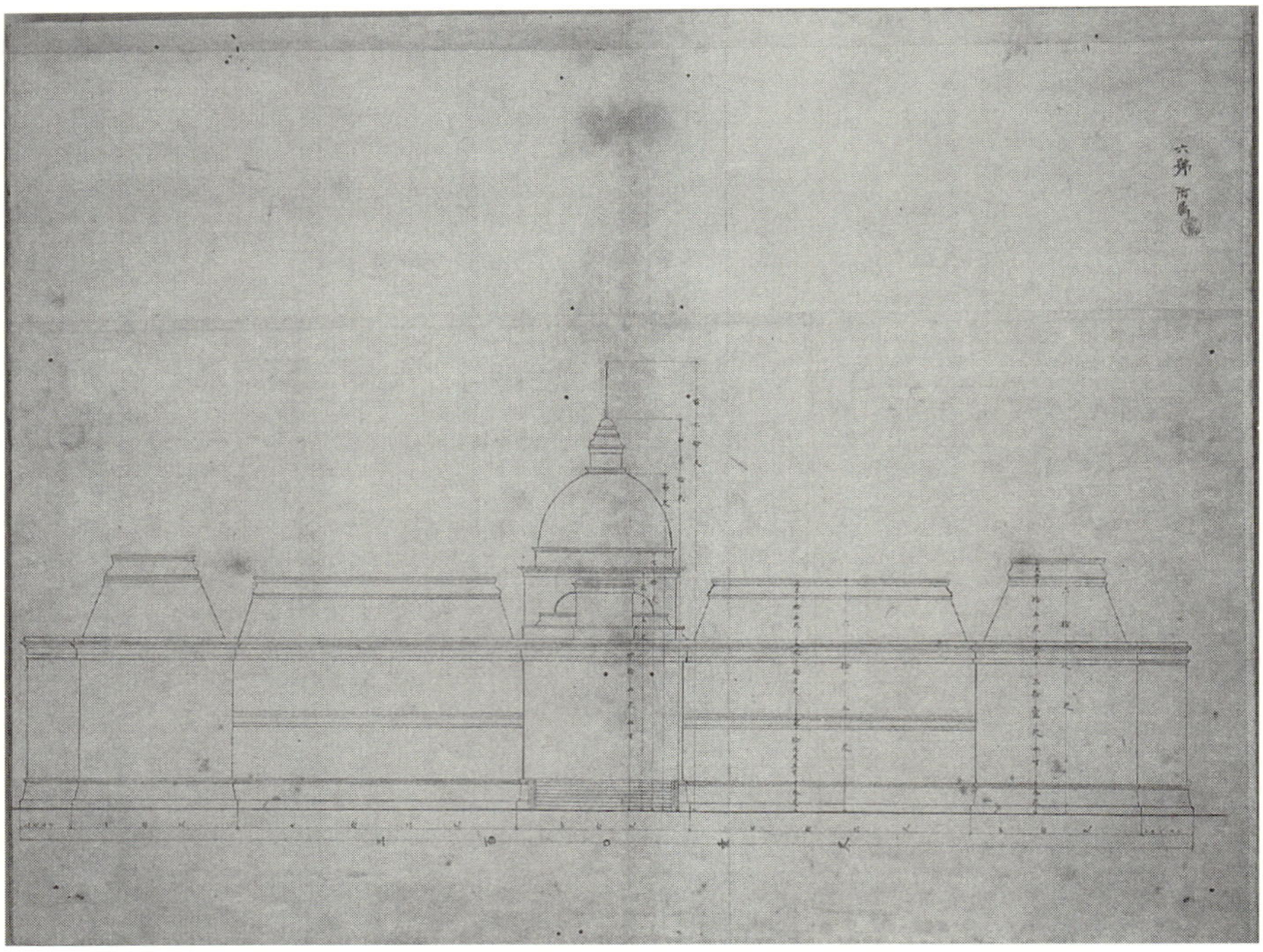

図10- 5　謁見所の洋館案正面図

-4の外枠が描かれていることによるものである。補足すると、図10-9の吹上謁見所案は、第四〇號では同所内に二カ所を加え、四カ所の案が示されている。謁見所を宮殿とは別にするという縄張図は、明治十五年で終了となる。

宮殿の西丸・山里案が急速に可決された史料として、『皇居造営誌』がある。本編一三〇巻からなるが、明治十六年七月十七日の条に以下の記述がある。

十六年七月十七日

御造営設計ノ義左ノ通被定

一　西ノ丸山里へ木製假　皇居御造営被　仰出候事

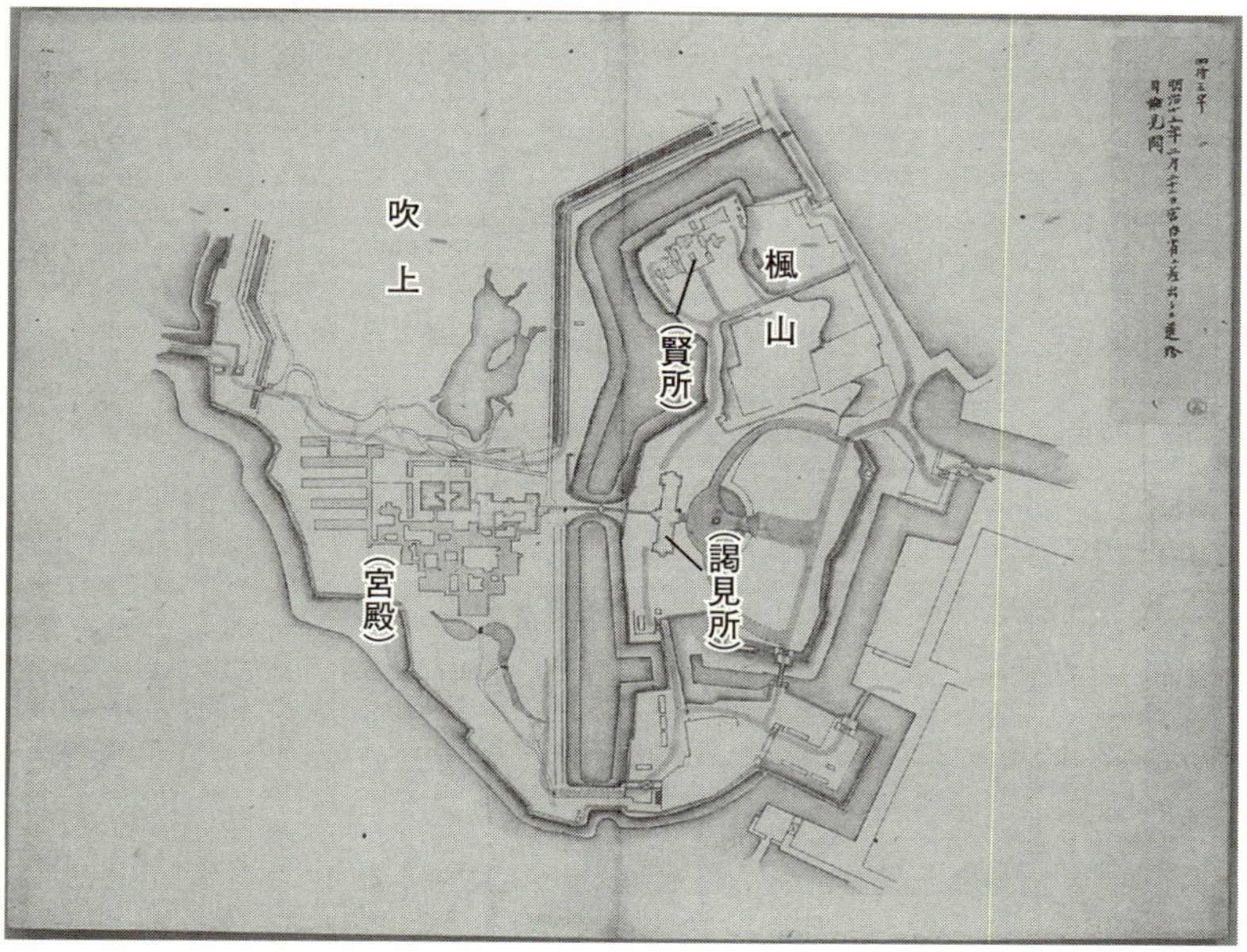

図10-6　明治十五年の謁見所山里、宮殿を吹上案図

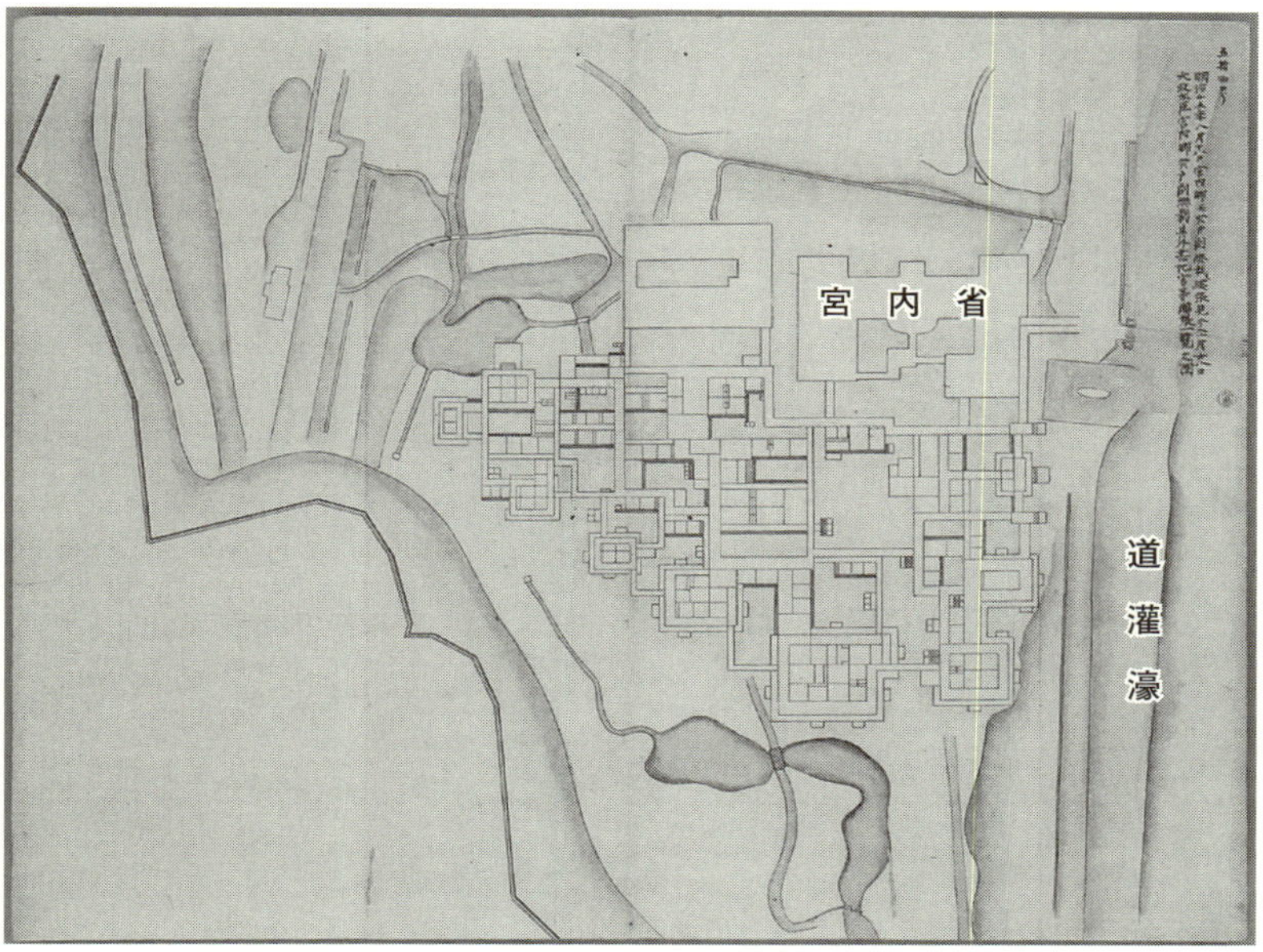

図10-7　明治十五年八月の宮殿山里案図

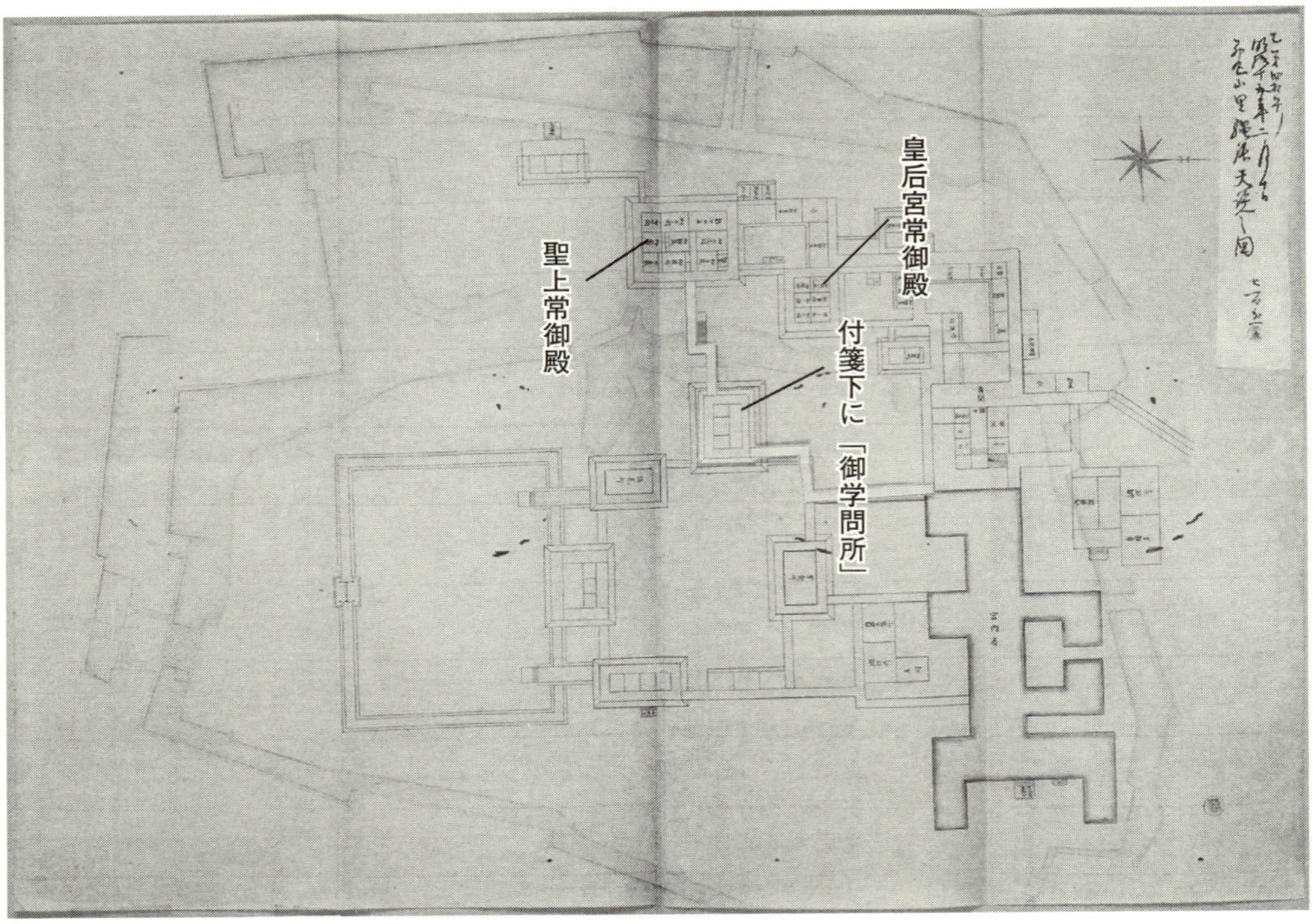

図10-8　明治十五年の宮殿西丸山里案図

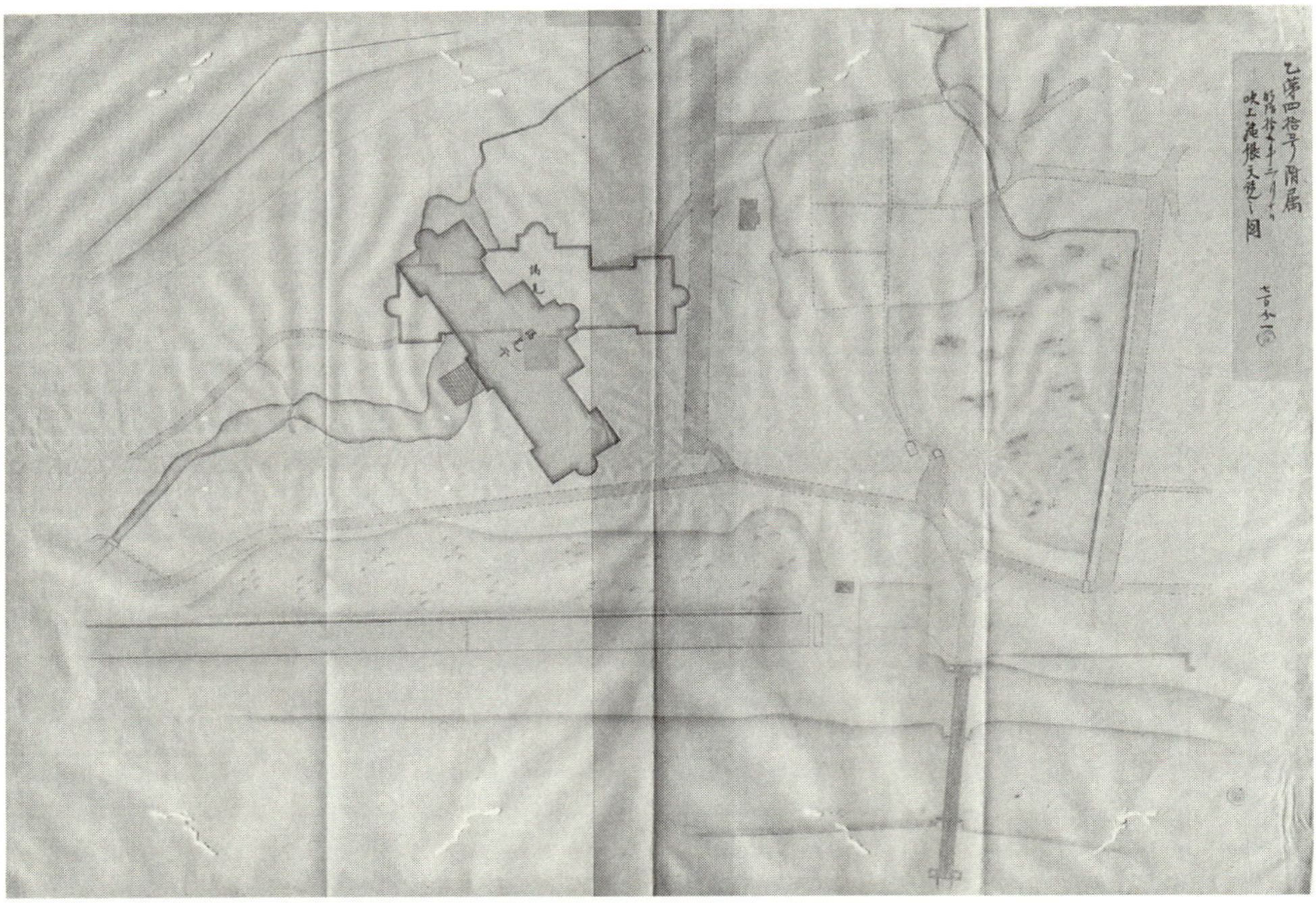

図10-9　明治十五年の宮殿謁見所吹上案図

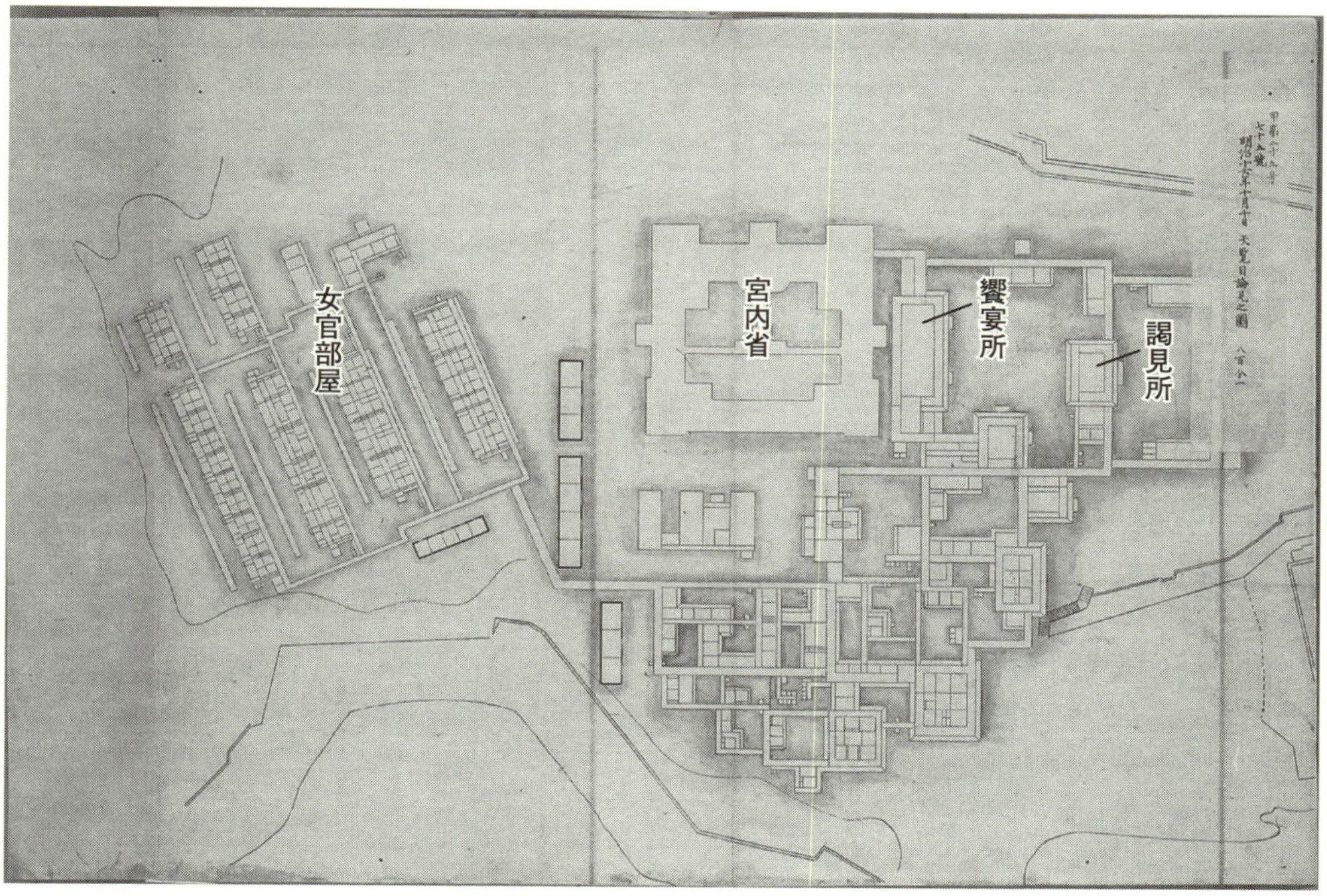

図10-10　明治十六年の宮殿を西丸山里、女官部屋を楓山案図

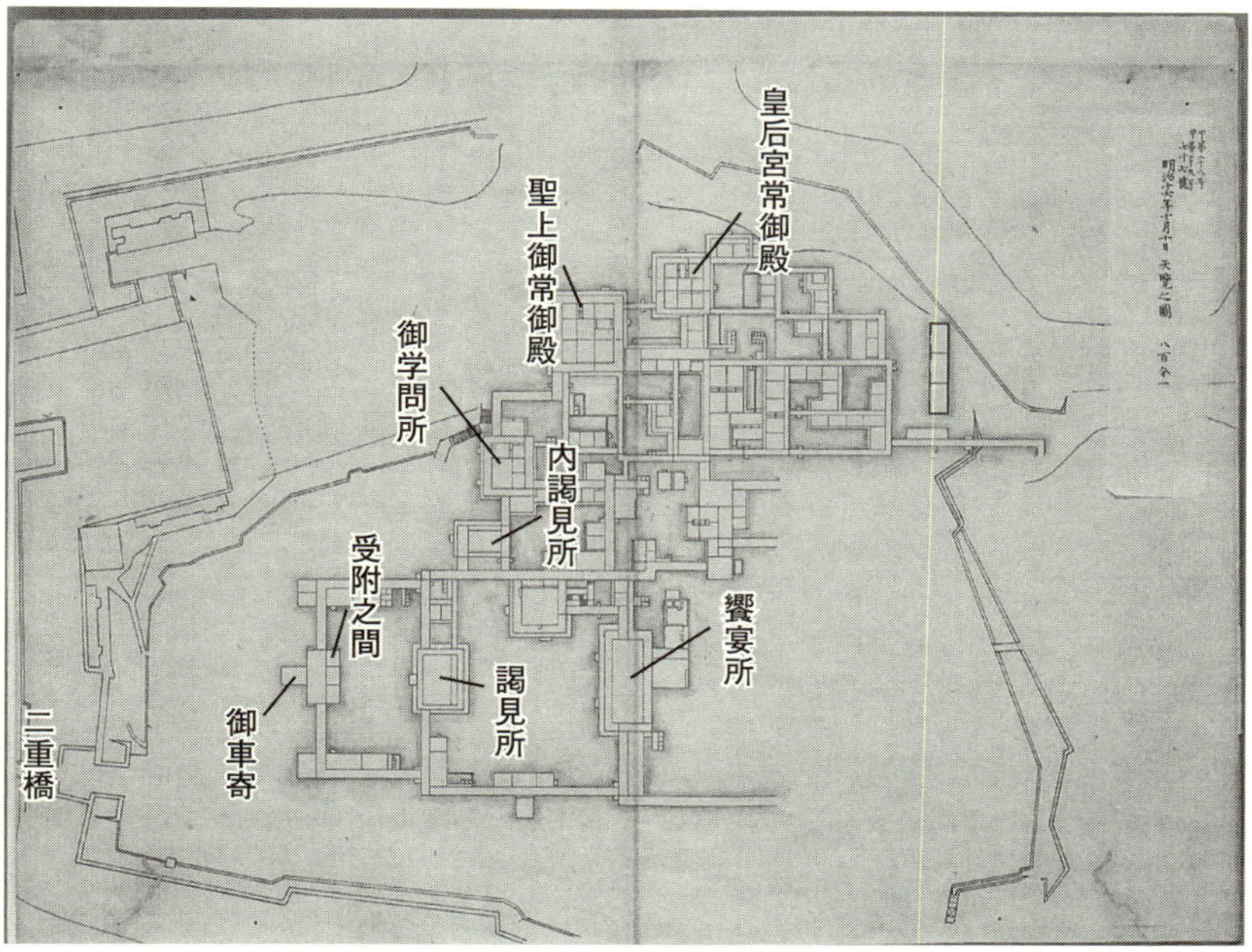

図10-11　明治十六年の宮殿を西丸山里案図

但宮内省ハ煉瓦造ノ事

一　吹上ヘ　賢所神嘉殿御造営被　仰出候事

右御造営五ヶ年ヲ期シ落成ノ見込相立費額自今金弐百五拾萬圓ヲ目的トシ超過セサル様取調ノ事

一　本丸ヘ永世堅牢ノ　皇居御造営漸次取調被仰出候事

この条によって、西丸・山里に木造の和風宮殿、宮内省を煉瓦造、吹上に賢所・神嘉殿を五カ年計画で正式決定されたことになる。その上で、費用は、当初の二・五倍となる二五〇万円に増額されている。この決定をもとに作成された縄張図が図10-10〜12である。

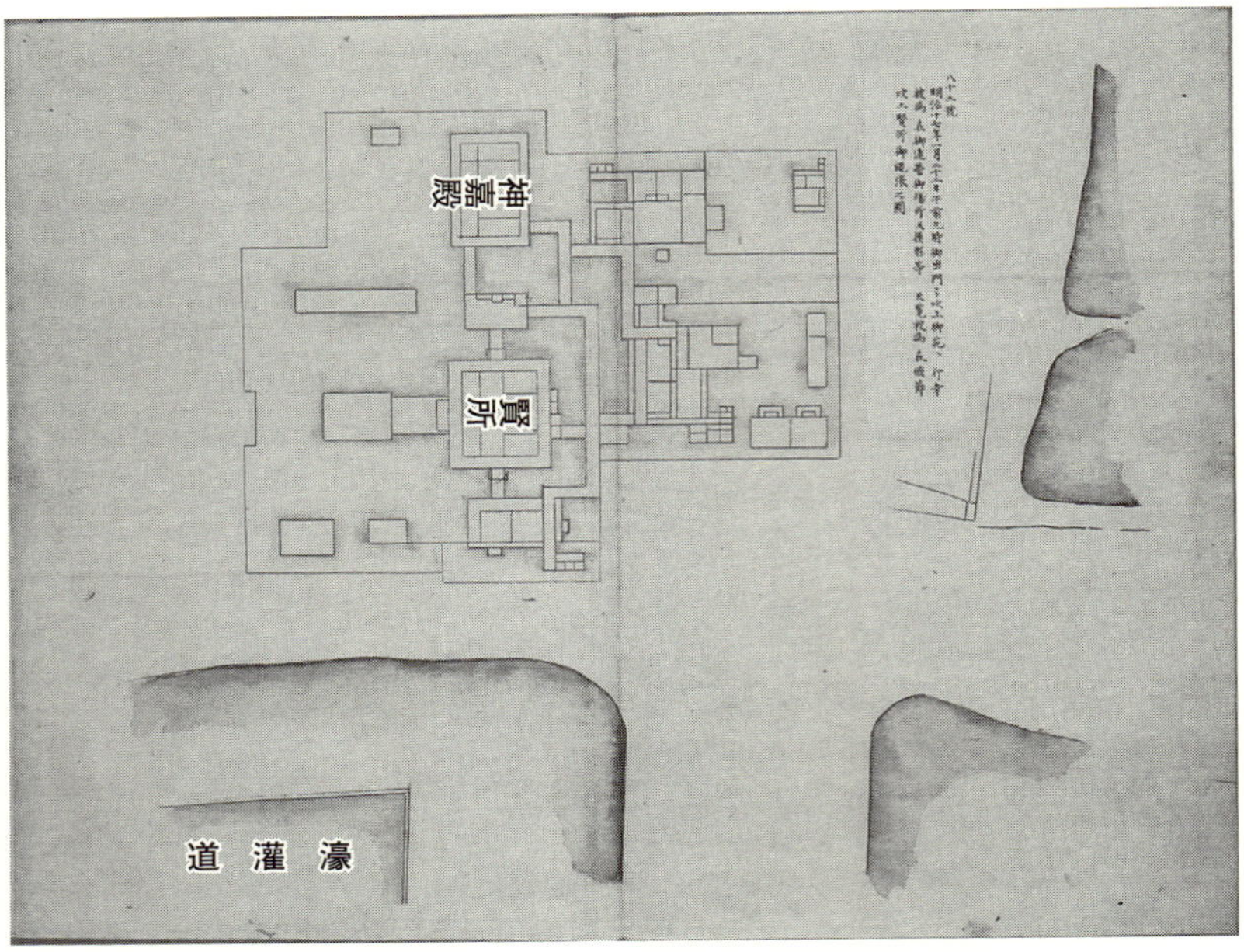

図10-12　明治十六年の賢所を吹上案図

図10-10は、明治十六年十月十日に作成された編第七十五号のもので、表奥宮殿に加えて楓山下の女官部屋が描かれている。表宮殿は、図10-9と比較すると、大分異なる。御車寄、受附之間、謁見所、饗宴所が直線上に並び、それらを回廊で矩形に結んでいるために同じようにみえるが、「受附之間」の左右には「脱幅之間」、「謁見所」手前の左右には「化粧之間」、奥には「東西溜之間」が加わるなど、建物・部屋とも増加する。奥宮殿も同様である。吹上の宮中三殿の位置は、もう少し東となり、編八十三号の位置となる。図10-11は、図10-10と同日、西丸・山里の表奥宮殿のみを描いた天覧図である。賢所の位置は、吹上となるが、編八十三號では、山里から釣橋を渡ると東側の位置に変更される。図10-12である。

このようにして、明治十七年三月二十一日、編第八十七号の付箋にあるように、三條實美、伊藤博文らの点検を経て、ようやく明治宮殿の位置と縄張が決定するのである。明治天皇は、工事着手の前に、決定した縄張図を天覧している。

二つの下調図と図内に貼られた付箋の文字から、宮殿が決定するまでの経緯を概述したが、大別すると四段階あり、どれが採用されたとしても全く不思議ではない。また、その変更は、政治的圧力によるところが大きいと感じる。当初の計画案よりおよそ一〇年の歳月を経て、ようやく宮殿造営工事の着手となるのである。

ところで、二帖の下調図の付箋には、数名の人物と役職名が登場する。そのなかで、四名について簡単に触れることにする。

三条実美は、明治二年七月八日から同十八年十二月二十二日まで太政大臣を務める。第一次伊藤博文内閣が組閣されるのが明治十八年十二月二十二日なので、そこに至るまでの最高権力者ということになる。明治十五年五月に「皇居御造営事務局」が設立されるが、その総裁でもある。

　榎本武揚は、表10-1では異例の抜擢人事である。各省課の関連する出身者のなかで、榎本は、外務大輔（明治十二年十一月六日～同十三年二月二十八日）、海軍卿（明治十三年二月二十八日～同十四年四月七日）を経て、皇居御造営掛への転任となる。着任後、早速、新縄張案を指示する。宮殿の位置が決定しないなかで、明治政府が期待した人物でもある。前述の事務局設立にあたっては、副総裁を務めている。以後、伊藤内閣では逓信大臣、さらには、文部・農商務・外務大臣などを歴任している。

　徳大寺実則は、下調図には実名が登場してはこない。宮内卿という職名での記載であるが、宮内省の重鎮として、明治天皇の側近として鍵を握る人物として知られている。文久二（一八六三）年、権大納言で国事御用掛、その後、参与、議定、内国事務総督などを経て、明治四年に宮内省に出仕する。宮内卿には、明治四年九月十五日～同十七年三月二十一日まで着任し、侍従長を明治四年八月四日～同十年八月二十九日までと明治十七年三月二十一日～大正元（一九一二）年八月五日までの都合、二回拝命している。西園寺公望の兄にあたる。

　杉孫七郎は、編第七拾壱號に登場する裏方の中心的人物である。宮内大輔に明治十年十二月二十六日～同十七年四月二十一日まで着任し、皇居御造営事務局長を務めている。『皇居御造営誌』の序文・凡例には、

> 皇居御造営誌序
>
> 　凡例
>
> 桓武天皇尊鼎《てい》柃平安城千有餘戴
> 子此明治中興
> 車駕東幸東京城充皇居六年羅災
> 有宮殿劍造之議事下遂行十七年
> 始起工孫七郎幹其事監視董督《とうとく》二
> 十一年工全竣其経営規畫《きかく》之圖書
> 汗牛不啻レ使人不易其顚末是所
> 以此誌立不可已也今告其成因聊《りょう》
> 辯《べん》一言云爾
>
> 　　明治二十五年六月
>
> 　天皇居御造営事務局長
>
> 　　皇太后大夫従三位勲二等子爵杉孫七郎

と記されている。

三条実美、榎本武揚、徳大寺実則、これに伊藤博文を加えた人物達が、宮殿の位置をめぐり、発言力を含め多大な影響を及ぼした人物といえるのである。

奥宮殿予定地における地鎮祭記録　筆者がこれまで『皇居造営録』、『皇居造営誌』を閲覧しているなかで、地鎮祭に関する史料が一点、含まれていた。江戸城では、第三章で万延度の上棟儀式を述べたが、ここでは、地鎮祭について紹介する。

　史料は、『皇居造営録（聖上常御殿）1　明治一五～二一年）』（識別

番号四三七〇-一）に所収されている。編纂時の目次を参照すると、「第三號　前條執行ノ儀ニ付式部寮来書」が該当する。明治十七年四月十五日に提出されたものであるが、前條とあるのは「第二號　御造営地鎮祭ノ儀ニ付宮内省往復」を指し、この案件は明治十五年六月二日に提出されている。前述したように宮殿を吹上で固まりつつあった時点と一致する。

第三號の案件は、地鎮祭次第にはじまる。その部分を抜粋すると、

明治十七年四月十七日

皇居御造營地鎮祭次第

當日早旦式部寮祭場ヲ設備ス

其儀祭場ノ四隅ニ青竹を樹テ注連縄ヲ引廻シ中央ニ假幄ニ宇ヲ構ヘ其四方ニ斑幔ヲ張リ中央ニ簀薦ヲ敷キ高案ニ脚ヲ設ケ供饌ノ所トス其一宇ハ神饌帛鎮物等ヲ辨備ス

午前第十時宮内省式部寮着床

次神饌ヲ供ス

次奉幣

此間奏楽

次神饌祝詞ヲ奏ス

次地鎮祝詞ヲ奏ス

次神饌ヲ撤ス

此間奏楽

次鎮物ヲ齋場ノ中央ニ設ク

次掌典掌典補ヲ率テ四隅及中央ニ向ヒ幣ヲ奉リ米酒塩切麻ヲ散布シ木綿着ル賢木ノ枝ヲ執テ鎮ム

次各祭場ニ帰参テ一拝退出

神饌

洗米　一臺　酒　一臺

堅魚　一臺　腊　一臺

海藻二品一臺　菓二品　一臺

塩水　一臺　幣串　一本

鎮物

五色絁　各五尺

洗米酒塩切麻　五臺

木綿着ル賢木　五本

とある。史料には、「神饌祝詞」、「地鎮祝詞」と続き、祭典奉仕人名として一等掌典の桜井能監以下九名、奏楽目録と演奏者八名、着床人名として宮内大輔の杉孫七郎以下五名が載せてある。絵図こそないが、二つの祝詞も全文が載り、実に詳細な記録である。

第三章で、明治年間に本丸で採取した地鎮具を紹介した。史料に載る鎮物とを比較すると、明治宮殿に関する方が簡素といえる。史料を十分、蒐集しているわけではないので、いずれ別稿で論じてみたい。

なお、地鎮祭の後、工事は、表宮殿の造成が明治十七年四月二十五日に着手されることとなる。

二　表奥宮殿と賢所

明治宮殿に関する概説書として、小沢朝江氏の『明治の皇室建築』がある。平易に書かれており、大変、理解しやすい。そのなかで、明治宮殿平面図として、小野木重勝氏の『明治洋風宮廷建築』を引用されている。全体像としては、この図を基本として間違いはない。ただし、造営中や竣工後に模様替を行うことが少なくなく、時間軸を特定すると明快な図面を示すことが難かしい。一例として内謁見所をあげると、同所には取合之間が二部屋ある。竣工後も部屋の数は同じであるが、一部屋は造営の途中で皇居宮内謁見所へと変更される。それによって部屋の格、仕様が一変する場合もあるのである。詳細については後述する。

本書を著すにあたり、宮内庁宮内公文書館で明治宮殿に関する多くの図面と出会えた。資料の作成時期を明示しながら、その概要について述べることにする。

1　表宮殿

公式行事の上で最も重要な空間である。西丸に造営されている。五点の図で説明する。一点は、「第貳區柱敷座色分之圖」（図10-13）、一点は、「第貳區各所矩計縮圖」（図10-14）、一点は、「第貳區屋根伏色分図」（図10-15）、一点は、「表宮殿向其外地之間図」（図10-16）、一点は、「宮殿／表宮殿平面図」（図10-17）である。このうち、図10-13・14は、『皇居造営録（謁見所）2　明治一五～二一年』（識別番号四三五四-二）、

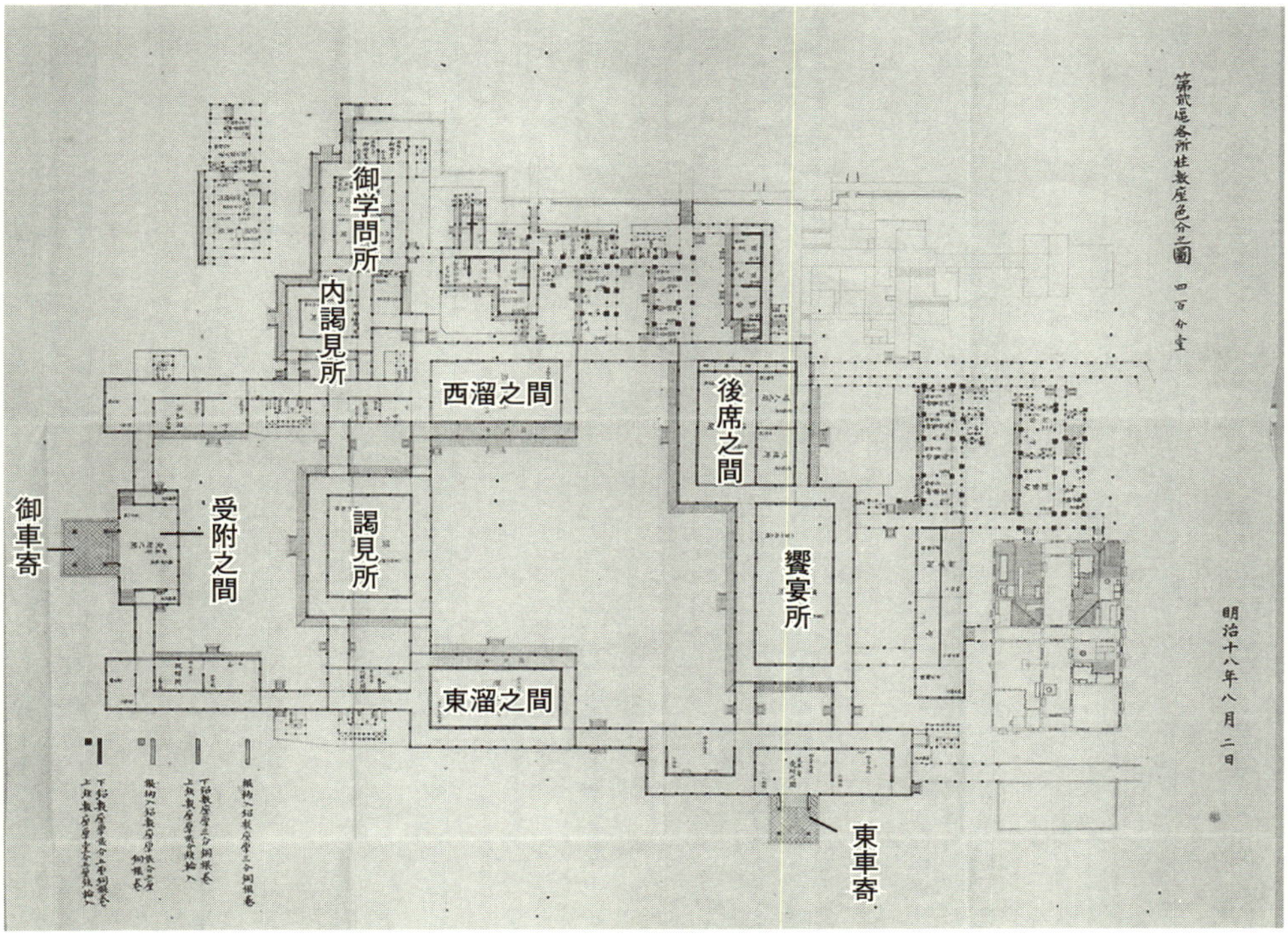

図10-13　表宮殿柱敷座区別平面図

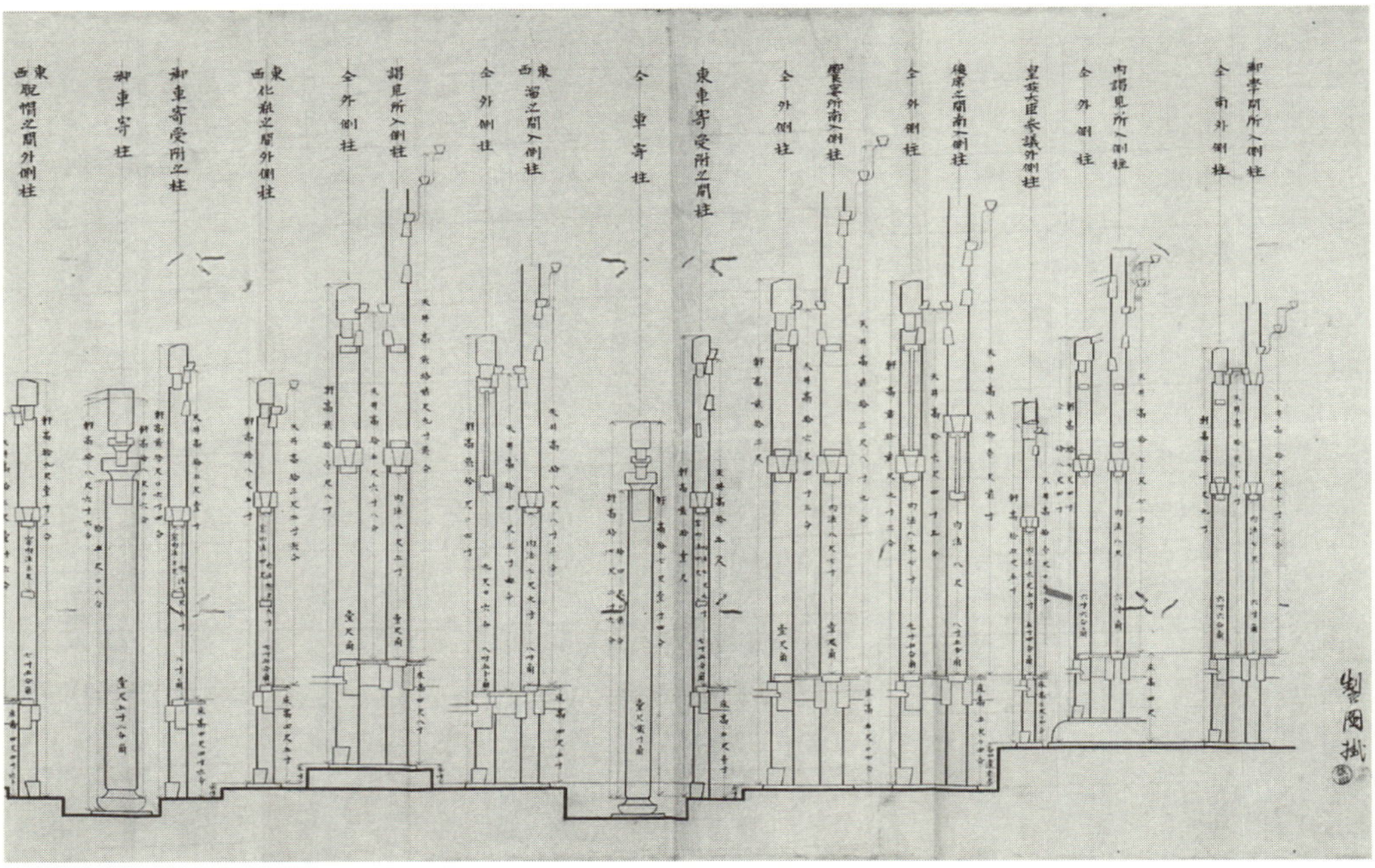

図10-14　表宮殿各所矩計縮図

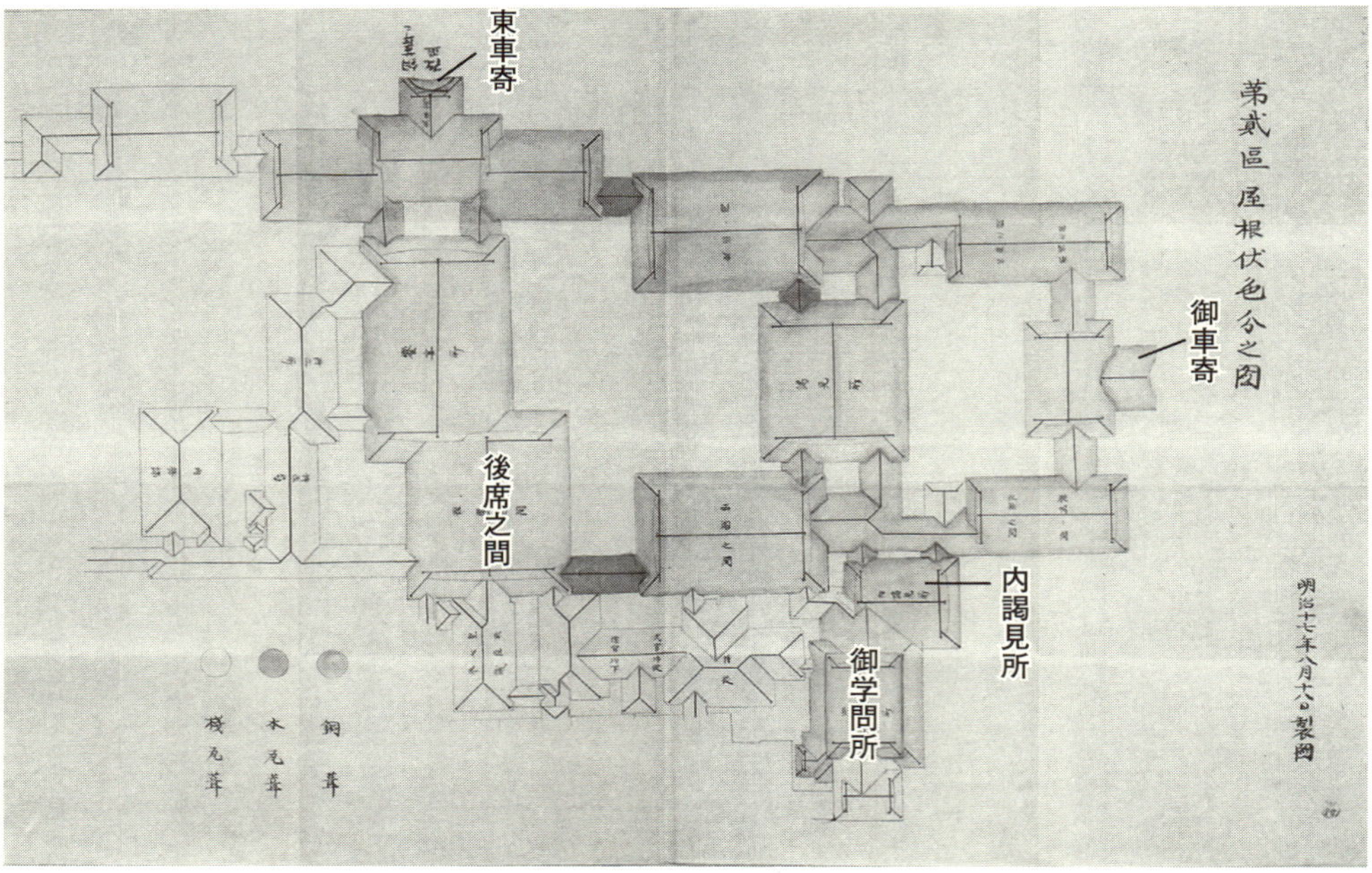

図10-15　明治十七年の表宮殿屋根葺案平面図

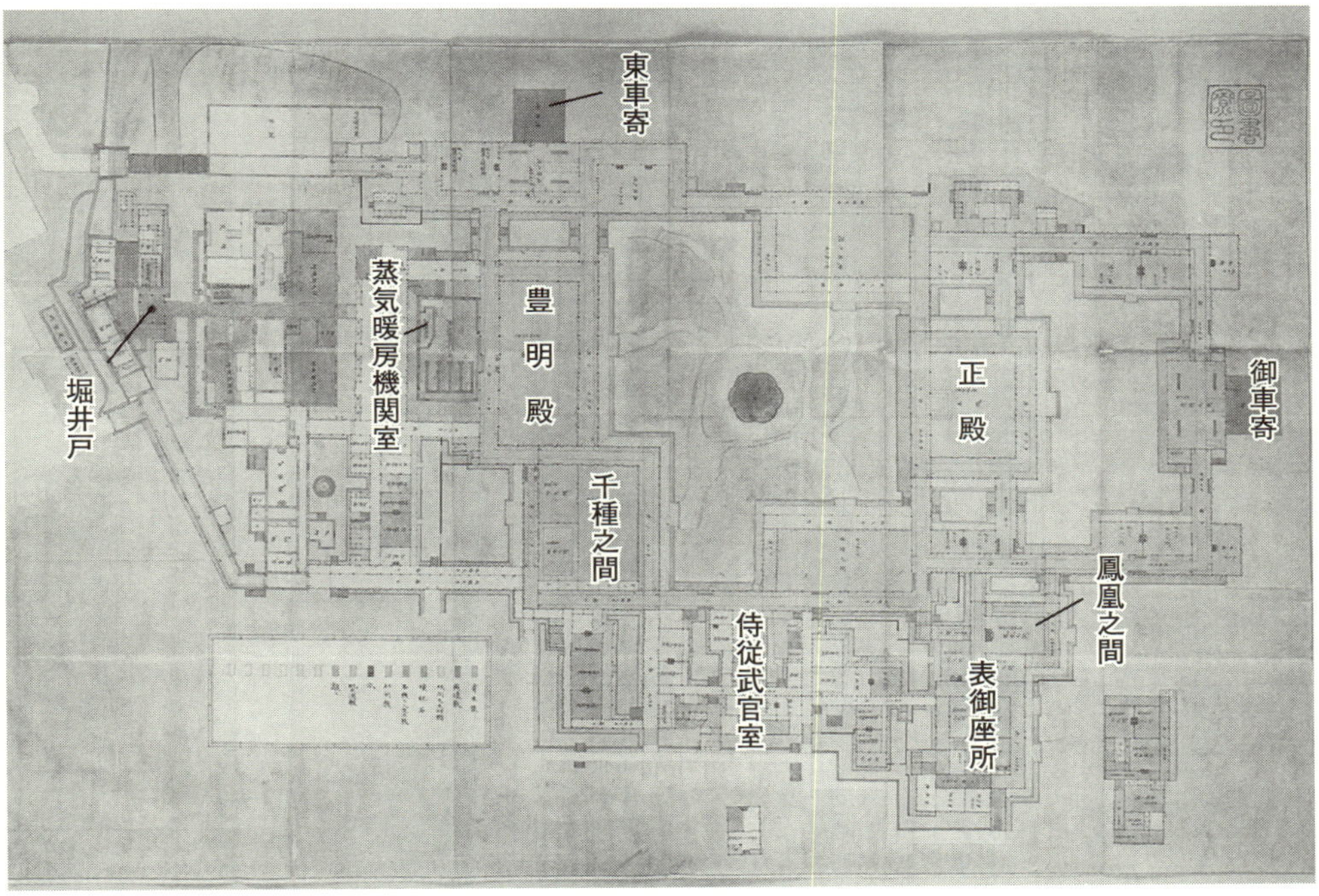

図10-16　明治三十三年に作成された表宮殿地之間図

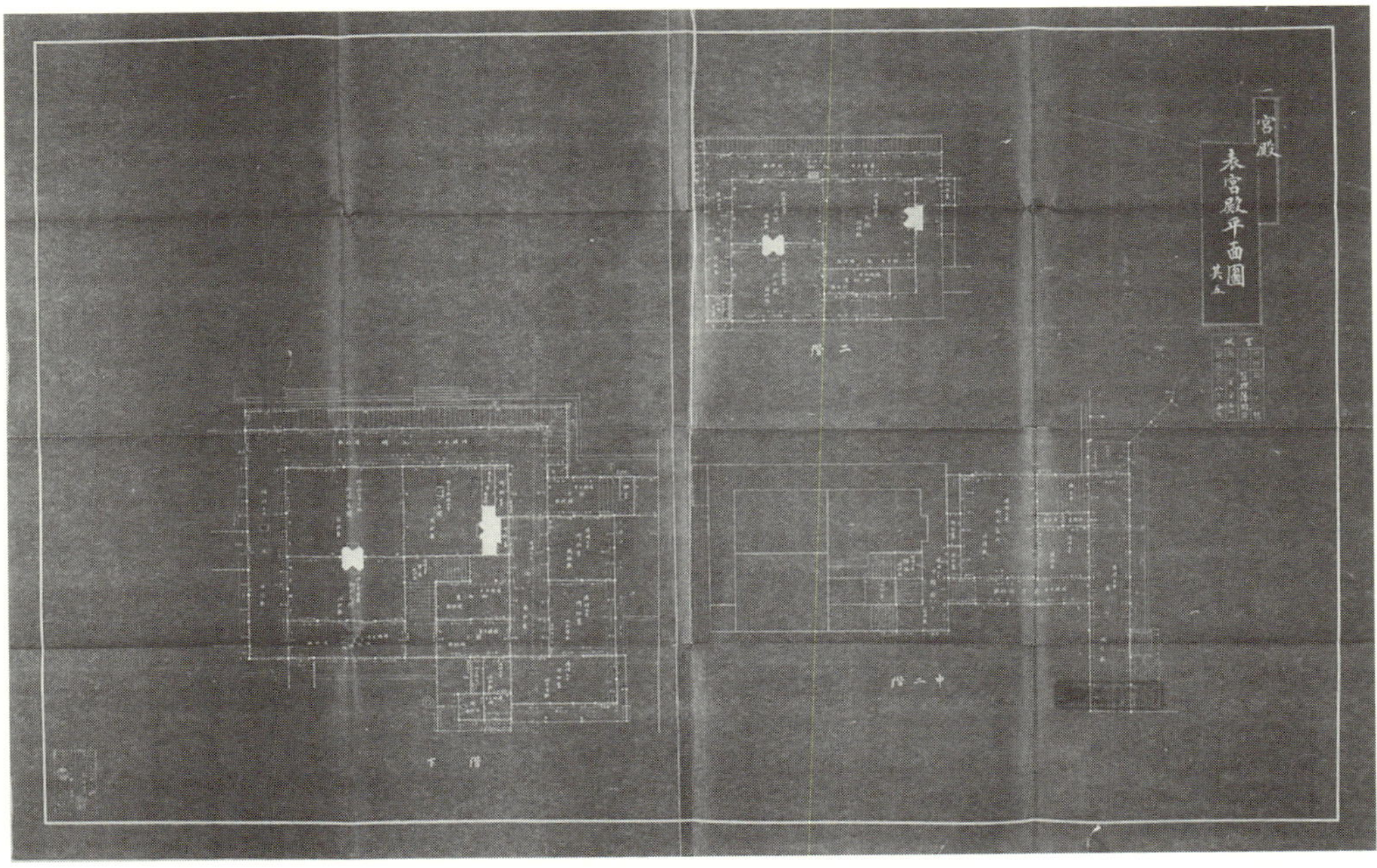

図10-17　大正八年に作成された表御座所図

図10-15は、『皇居造営録（謁見所）1　明治一五～二一年』（識別番号四三五四-一）、図10-16は、『表宮殿向其外地之間図二百分一　明治三三年』（識別番号三八六四一）、図10-17は、『東京　表宮殿平面圖　大正八年』（識別番号三八四二六）に所収されている。具体的にみることにする。

図10-13・16は、表宮殿の全体図でほぼ同じ図面である。図10-13は、右下に「明治十八年八月二日」とあり、建設途上で作成されたものであるのに対して、図10-16は、竣工後のものである。後者の場合、付属建物が増設されているが、それについては後述する。

図10-13は、彩色が施された表宮殿の柱敷座図で、法量は、縦四九・九センチ、横六三・八センチを測る。図の特徴を指摘する前に主要建物の配置についてまず述べる。本図に描かれた表宮殿は、画面からは外れるが左下が二重橋、右下が坂下門となる。西丸大手門が正門であるので、二重橋を渡ると正面玄関となる。これが「御車寄」で、図上では四盤石（床の石敷）と四本柱が描かれている位置となる。この中心線上の先にあるのが隣接して「受附之間」、さらに「謁見所」、「饗宴所」と続く。その間は中庭があり、回廊と建物（部屋）が矩形を呈するように規則正しく配置されている。「受附之間」の左右隅には「脱帽所」、同様に、「謁見所」の左右には、「化粧之間」、その先には「東・西溜之間」が続く。「饗宴所」の左右は異なり右手（東側）には、もう一つの玄関口「東車寄」があり、「受附之間」が続く。「東車寄」は、朝儀・公儀に関係のない通常の謁見の際の玄関口となる。「謁見所」の左手（西側）が「後席之間」となり、ここまでが表宮殿である。ちなみに、その先は宮内省となる。表宮殿は、「謁見所」の左手（西側）の山里方面に延びる。「化粧之間」を挟んで、「内謁見所」、「御学問所」と続き、ここまでが表宮殿である。この先は、山里の奥宮殿となる。「御学問所」の左手に独立して描かれているのは、同所の中二階・二階となる部分である。「西溜之間」と「後席之間」の西側には、南から「侍従詰所」、「佐官・尉官詰所」、「皇族・大臣・参議」などの各部屋が続く。本図の最大の特徴は、左下に凡例があるが、各建物の柱敷座による区別となる。四色に色分けされているが、本書はカラー印刷ではないので、説明を加えると、右端が黄色、その隣が青、左端が赤で表示されている。主要建物、例えば謁見所でみると、外側柱が黄色、入側柱が青となる。赤は、侍従をはじめとする詰所などである。その凡例を読むと、

黄　根柄入鉛敷座厚三分銅根巻

青　下鉛敷座厚弐分鉄輪入

　　上鉄敷座厚三分銅根巻

赤　下鉛座厚弐分五厘銅根巻

　　上鉄敷座厚壹分五厘鉄輪入

（桃は省略）

とある。全体を見渡すと、主要な建物の入側柱は全て青色、外側柱が黄色で表示されており、建物による柱座のランクが一目瞭然である。表宮殿の建設途上にあるが故の必要な図面なのである。

図10-14は、第一號の「桂太サ天井高内法高サ等伺之件」の案件で明治十八年六月十三日に提出されたものの付属図面である。本紙右下の日付から、前日に製作されたものであることがわかる。本図の特徴は、画

表10-2　表宮殿の主要な部屋の天井（軒）高と柱の太さ一覧

柱の位置	天井高①	天井高②	軒高	内法	柱大	床高
御学問所入側柱	一五尺七寸七分	一二尺七寸		七尺	六寸角	四尺（四尺）
同南外側柱			一七尺九寸		六寸六分角	—
内謁見所入側柱	一七尺七寸			八尺	六寸角	四尺
同外側柱			石上一七尺四寸 地上一八尺四寸		六寸六分角	—
皇族大臣参議外側柱	一一尺六分		一五尺五寸	六尺五寸	五寸四分角	三尺四分
後席之間南入側柱	二一尺二寸	一六尺四寸五分		八尺	八寸五分角	五尺四分（五尺四分）
同外側柱			二二尺九寸三分	八尺七寸	九寸五分角	—
饗宴所南入側柱	二三尺八寸九分			八尺七寸	一尺角	五尺四分（五尺四分）
同外側柱		一六尺四寸三分	二三尺		一尺角	—
東車寄受附之間柱	一五尺		※二一尺	七尺九寸	七尺五分角	五尺一寸
同車寄柱			一七尺二寸六分		一尺二寸角	—
東西溜之間入側柱	一八尺八寸三分	一四尺三寸四分		七尺九寸	八寸角	四尺五寸（四尺五寸）
同外側柱			二〇尺四寸	九尺六分	八寸五分角	—
謁見所入側柱	二三尺九寸二分	一五尺六寸八分		八尺五寸	一尺角	四尺八寸（四尺八寸）
同外側柱			二一尺八寸		一尺角	
東西化粧之間外側柱	一三尺五寸六分		一八尺五寸	七尺九寸	七寸五分角	四尺五寸
御東寄受附之柱	一五尺一寸		二〇尺六寸四分	七尺九寸	八寸角	四尺四寸六分
御車寄柱			一八尺六寸六分		一尺五寸二分角	—
東西脱帽之間外側柱		一三尺一寸六分	一九尺一寸三分		七寸五分角	（四尺四寸六分）
同間内柱	一三尺九寸九分			七尺九寸	七寸五分角	三尺八寸六分

・天井高①は、床上からのものである。地上からは、床高を加える必要がある。
・天井高②は、入側と軒間の椽の高さを示している。
※東御車寄の高さは、硬盤上端からのものである。

面左から右に向かって、御車寄から後席之間にかけて、主要な建物（部屋）の天井・軒の高さと柱の太さが三〇分一という同一縮尺に製作されていることにある。下端に太線で地盤面が記されているので、高低差もよくわかる。また、右端には、御学問所、内謁見所、皇族ほか三室の柱が加えられているので、表宮殿全体としても理解することができる。図10-14の数値を表10-2を交えてみることにする。特徴として四点、指摘することができる。一点は、建物の広さに相応して天井の高さを決めていること。天井の高いものとしては、饗宴所・謁見所・後席之間がある。反対に低いものは、脱帽之間や化粧之間が該当する。一点は、同一建物内の場合、総じて柱が入側柱より外側柱の方が太いこと。一点は、御車寄・東車寄の柱が他のどの建物の柱よりも突出して太いこと。なかでも御車寄の柱は際立っている。やはり、玄関としての威厳を保っているとみることができる。これらの特徴は、建物の機能・目的によって大きさと共に天井の高さを変えることで、建物全体として単調にならず、起伏に富み、しかも玄関口を象徴的にする配慮がなされた優れた建造物であることを看取することができる。

柱とは関係ないが、地盤の高低も注目される。前章で、山里の土壌を削平し、隧道上の盛土に使用することを述べたが、図10-14をみると御学問所や内謁見所などの山里南寄では他よりも二尺程高くなっている。反対に低いのは、御車寄と東車寄の玄関口である。これは、受附之間に上るには石段を数段登る必要があり、意図的に下げたものである。

図10-15は、第一六号の「諸殿御屋根葺方伺之件」として明治十七年八月十八日に提出した案件の付図である。さきに、下調図の第六拾壱号

で建物の屋根を銅葺と瓦葺に区別する図があることを指摘した。本図は、造成工事が進行中に、新宮殿の外装が和風としたことから作成されたものである。最終的には、全て銅葺となるが、各建物の格を知る上で格好の資料といえる。彩色が施されており、法量は、縦四五・三センチ、横七四・八センチを測る。屋根は、銅葺・本瓦葺・桟瓦葺の三色に分けられている。画面右端が御車寄、下端が御学問所、画面左手の後席之間の北側には侍医局・内膳課となる。具体的にみることにする。最も格の高い銅葺屋根は、茶色に塗られ四カ所ある。御車寄・東車寄・内謁見所・御学問所である。このうち、東車寄には朱書で「銅葺ニ／改正」とある。茶色く塗られた唐破風先端の上位、受付之間の手前には「東車寄」の文字があり、そこは本瓦葺を示す色が塗られている。つまり、改正前の姿ということになる。本瓦葺の屋根は、幾分濃い灰色に塗られ、残りの表宮殿の主体部となる。それは、受附之間、脱帽之間、謁見所、化粧之間、東・西溜之間、饗宴所、後席之間である。謁見所が本瓦葺となっているのは意外であるが、東車寄も当初、同じ屋根が予定されていたことを考慮すると、納得できるところでもある。桟瓦葺の屋根は、凡例では彩色が施されておらず、図内では文字のみとなる。侍従（詰所）、皇族・大臣・参議、侍医局、内膳課、附立所などである。

本図は、新宮殿の縄張が決定し、造成とはいえ工事が着手し、進行されるなかで作成された計画図であるが、その時点における建物の格を知ることができ、大変、興味深い資料といえる。

図10-16は、彩色が施された絵図で、法量が縦八四・六センチ、横一三一・三センチを測る。内題はないが、外題が二枚の付箋に記されている。一枚には、「壹　七拾七號／四折之内　弐」、もう一枚には、「明治三十三年五月調整／表宮殿向其外地之間圖　貳百分一」とある。外題から、本図は、宮殿竣工の一二年後に作成されたものであることがわかる。本図の特徴を記す前に、宮殿竣工後、建物が改称されるので、そこから述べる。ちなみに、本図内には、新名称が用いられている。それは、謁見所→正殿、内謁見所→鳳凰之間、御学問所→表御座所、饗宴所→豊明殿、後席之間→千種之間（牡丹之間・竹之間）などとなる。図10-13と比較すると、小建物の増設・撤去があるが、それを除くと、二つの変化がある。一つは、豊明殿と附立所との間に新たに「蒸気暖房機関室」が設置されていること。茶色（凡例と照会すると煉化石）く塗られており、一隅には「石炭置場」がある。一つは、鳳凰之間の北側、武官詰所が二階建となっていることである。本図の特徴として、彩色が床の違いとなっていることである。左下の凡例には、寄木張・絨毯敷・板間及木材類・煉化石・石敷及人造石敷・砂利敷・水・帆木綿敷・敲キの九種類に分けられている。水は、池と井戸を表し、正殿と豊明殿との間の中庭、侍医局の北側、調理所北側の井戸となる。このうち、寄木張は、表御座所を除く主要な建物で用いられている。その中心となるのは、入側となる。その廻り、内側柱と外側柱間の御縁座敷が絨毯敷となる。表御座所は、物置を除き絨毯敷となる。各建物・部屋の格に応じて床が決められていることになる。

図10-17は、表御座所の青焼き平面図である。内題に「宮殿／表宮殿平面圖／其五」とあり、その下に調査の項として「大正八年三月」が入る。外題は、「宮城　表御座所圖」とあり、「臨時帝室編修局蔵」の黒印

と、「㊙」の朱印が押されている。もとは、後述する二点の奥宮殿平面図と共に同一の袋に収められており、袋の外題には、「表御座所／奥宮殿其一／奥宮殿其二／東京／宮城」と記されている。このうち、「東京」は朱書によるものである。本紙は、青焼図面のため文字が読みずらいが、上位が二階、下位左が一階、同右が中二階の平面図となる。右下には、「圖書寮印」の朱角印が押されている。一階・二階の白い箇所は、暖炉の位置を示している。御座之間（一之間）は、一階・二階とも右手に暖炉のある部屋で、天井が異なる。一階は「折上小組天井」、二階は「吹寄格天井」となる。部屋の格があり、二之間・三之間は天井が異なる。法量は、縦六五・三センチ、横一〇五・七センチを測る。

なお、表御座所の地形根伐、石拵、煉化積等々の一連の建築工程を知る史料として、『皇居造営録（御学問所）一～七　明治一七～二〇年』（識別番号四三五六一一～七）がある。

2　奥宮殿

山里に築かれた天皇の私的空間である。図上では、より西上に位置する聖上（天皇）常御殿と皇后宮常御殿を中心とする空間（図10-18）と東隣りの宮御殿や供進所などを中心とする空間（図10-19）とに区別されている。両者の整合性を示すために、図内に矢印（⬇）を二箇所書き入れてある。同様に、図10-19の奥宮殿と図10-17の表宮殿にも矢印（⇩）を付けた。

図10-18は、内題に「宮殿／奥宮殿平面圖／（其一）」、その下に大正十年五月調査と記された平面図である。外題に「東京／宮城奥宮殿圖／其

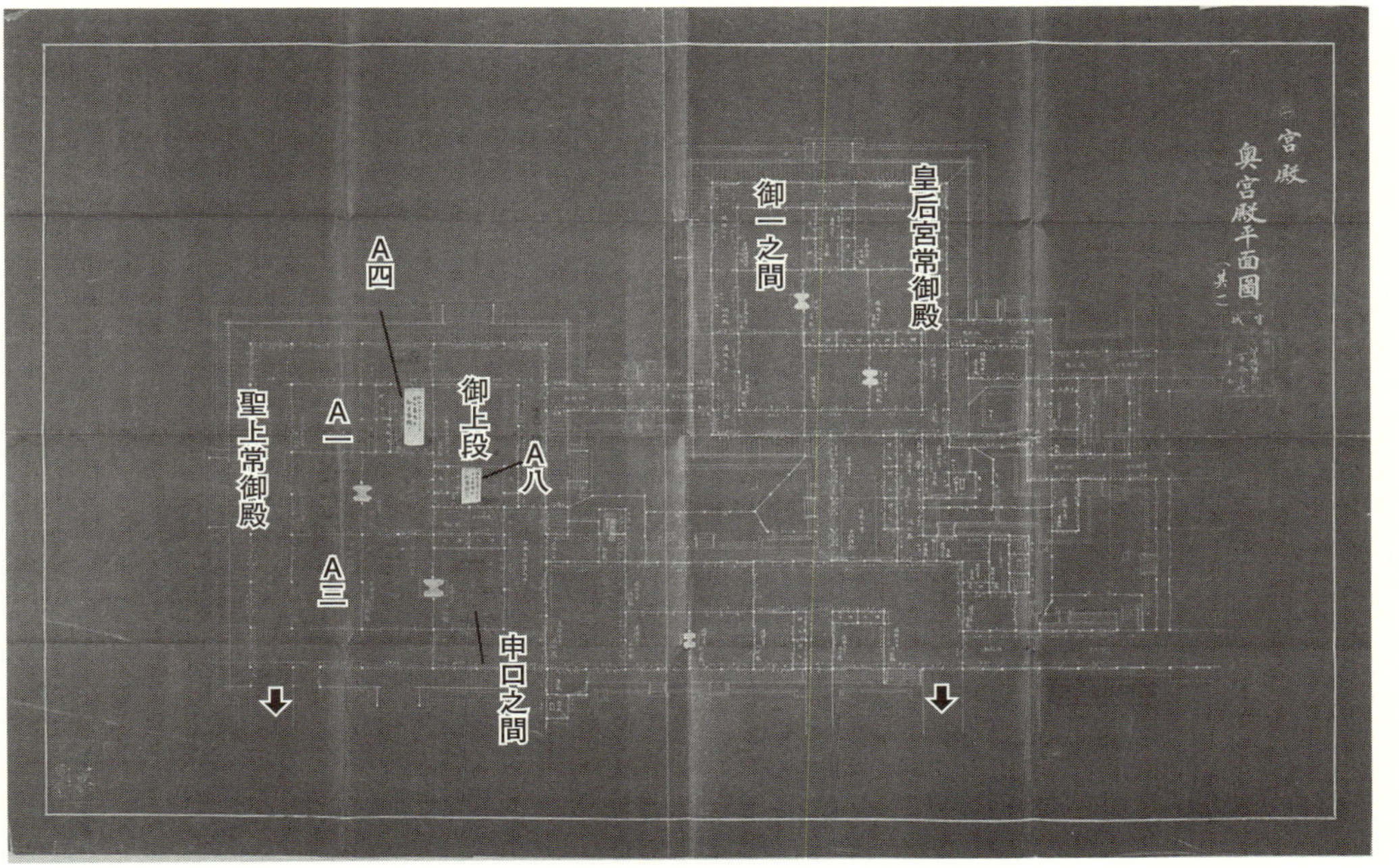

図10-18　大正十年に作成された奥宮殿・其一

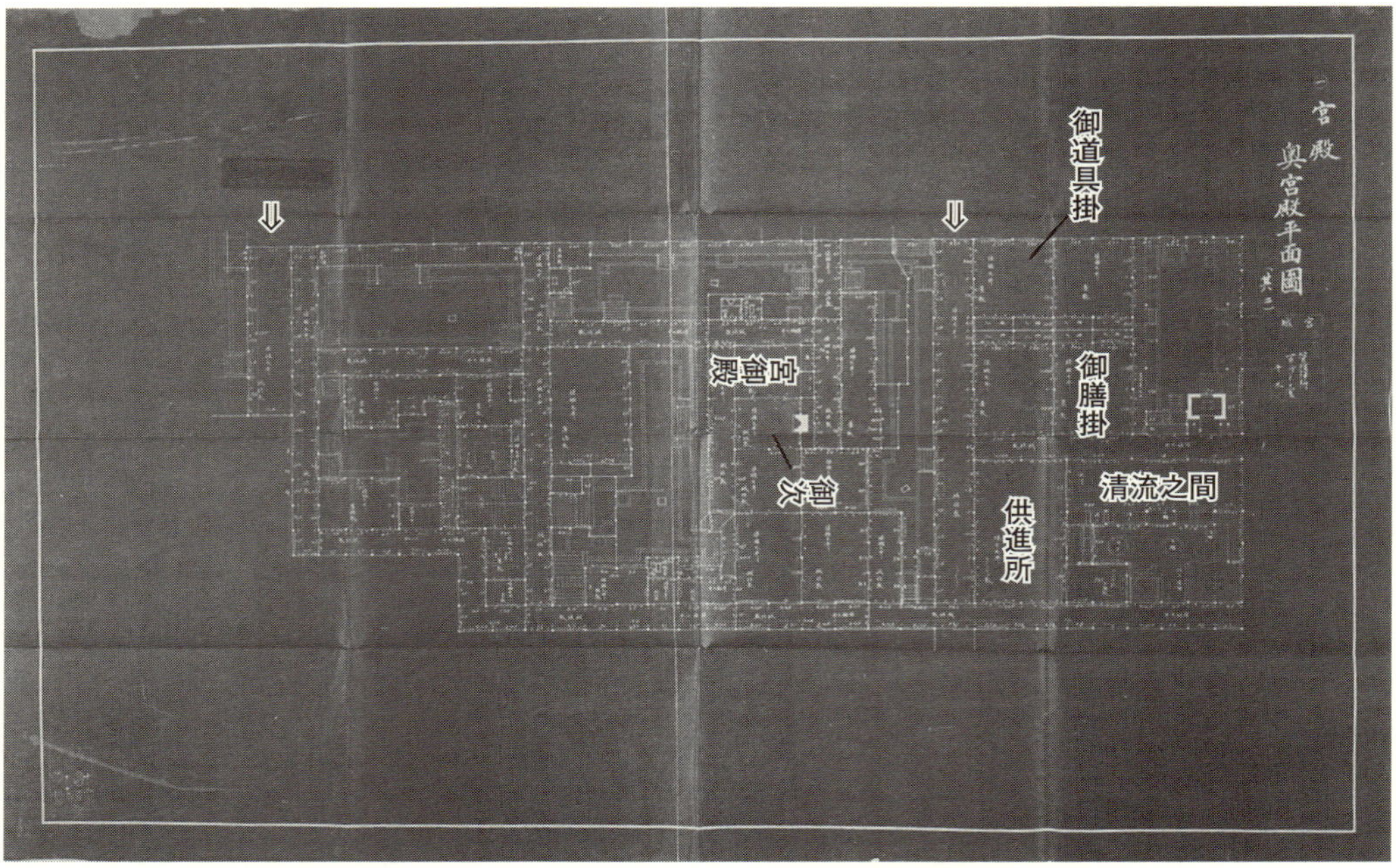

図10-19　大正十年に作成された奥宮殿・其二

二」とあり、「臨時帝室編修局蔵」の黒印と「㊙」の朱印が押されている。外題の「宮城」は、朱書きである。法量は、縦六五・四センチ、横一二四・〇センチを測る。

三点の青焼図のなかで、唯一、本紙にA～Cの建物と部屋番号、部屋の広さを朱書きで加えており、また、付箋が貼られている。画面左側、最も広いのが「聖上常御殿」。各部屋に左上から「A一」……「A十」と順次、朱書きによる番号が付けられている。このうち、A四（呉服之間）とA八（創璽之間）には付箋が貼られており、「昭和八年六月二十一日／石山墓陽云／（部屋）ナリ」と記されている。各部屋には名前が付けられており、右上のA七（御上段）を最上とする。左上のA一から順次みていくと、御小座敷、御一之間、御二之間、呉服之間（付箋には御召替之間とあり）、中央が御寝之間、御三之間、御上段、剣璽之間、御廊下を挟んで申口之間となる。部屋には格式があり、『皇居造営録（聖上常御殿）一　明治一五～二一年』（識別番号四三七〇一一）の第六號案件に付く「常御殿地之間圖を参照すると、御上段には「天井長押／二重折上小組拾天井、拾八帖」、御一之間には「天井長押／折上小組格天井、拾五帖／二重床」、申口之間には「天井長押／サルホ天井、拾七帖半」とある。聖上常御殿、皇后宮常御殿とも畳敷（正確には、聖上常御殿では御上段のみが畳敷で、他の部屋はその上に絨毯敷）であることから、天井の形態によって区別していることになる。ここでは、申口之間が最も低く、御縁座敷を挟んで石隣のC二「申口取合之間に繋がることになる。御上段の部屋を出ると、御廊下で右上の皇后宮常御殿へと繋がる。皇居宮常御殿も左上から順次「B一」から「B八」と朱で番号が付けられている。同様にB一より部屋の名称をみると、御一之間、御二之間、御三之間、畳敷の廊下を挟んで中央が御寝之間、御次、御化粧之間、呉服之間、甲口之間となる。八部屋のうち、御棚や御床を構えるのは、御一之間と御化粧之間の二部屋がある。ここで最も格式が高いのは、御一之間で「天井長押／小組天井、拾貳帖半」とある。申口之間と御次の先は、御縁座敷を挟んで女官詰所となる。聖上常御殿の右隣、朱書でCの部屋は、模様替があるが、左側より申口取合之間、女官候所、奥御物置、御用談之間、表使詰所の順となる。御縁座敷と申口取合之間とは「床違壱尺貳寸四分」とあり、明確な区別がされている。これらの部屋の天井は、いずれも「廻縁長押／サルホ天井」と記され聖上常御殿や皇后宮常御殿の天井とは異なる。ちなみに、これら部屋は、絨毯敷である。

奥宮殿のもう一つ、宮御殿、供進所・御膳掛などが描かれているのが図10-19である。内題・外題とも（其二）以外は同じである。法量は、縦六四・七センチ、横一二五・〇センチを測る。『皇居造営録（宮御殿）1・2　明治一七～二〇年』（識別番号四三七三一－一・二）の第壱號「宮御殿及供進所其他間仕切押入建具等之儀ニ付伺」の案件（明治十七年三月三十一日提出）に所収されている二点の図の内、代表的な二点を取り上げる。なお、ここでは地之間図（平面図）のみに留め、地形・上家等々については後述する。

宮御殿　図10-19内では中心的な空間である。画面中央やや右手の位置となり、「御次」を模様替して暖炉が設置されているので、それが目印となる。図10-20は、「宮御殿及御物置御厠御廊下共百分壹之圖」の

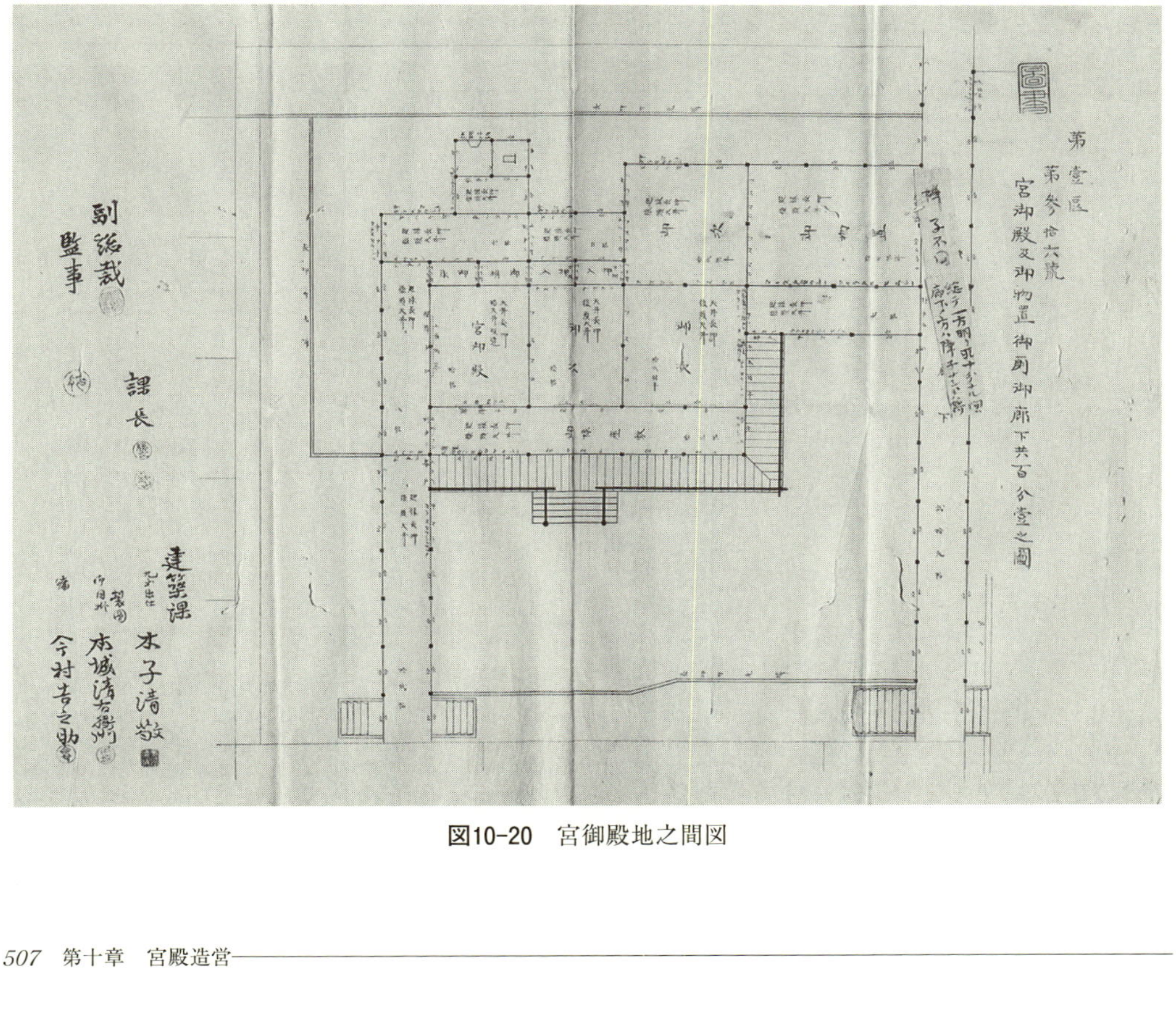

図10-20　宮御殿地之間図

内題をもつ宮御殿地之間図である。法量は、縦三三・一センチ、横四七・三センチを測る。厠を除き、五部屋が描かれている。中心は、画面左手の「宮御殿」で、「御次」三部屋と御物置からなる。御棚と御床を構える部屋が宮御殿で、隣接する御次の部屋には二つの押入が付く。この「御次之間」は、他の同部屋よりは格式が高くなる。押入付の御次の間は、明治二十年七月一日に提出された「宮御殿暖炉取設大工人足受負申付伺」の案件にあるように、押入を取り除き、そこに暖炉が設置されることになる。同案件には、図10-20と同一図面に、付箋に朱書で暖炉の位置を示すとともに、暖炉取付詳細図が添えられている。ちなみに、暖炉の取り付けは、同年九月十四日に完了する。本図に描かれている五部屋は、全て絨毯敷であるので、天井の違いをみることにする。宮御殿は、唯一、「格天井板違」であり、他の四部屋は、いずれも「猿頬《さるほ》天井」とある。部屋の周囲を巡る御椽座敷も同様である。なお宮殿殿の「格天井板違」は、聖上常御殿では、「御寝之間」・「呉服之間」・「御三之間」の三部屋、皇居宮常御殿では「御化粧之間」のみでみられる。「御物置」の右隣りの付箋について補足する。そこには、「障子不□　総テ一方明リ取十分ナル間ハ／廊下ノ方ハ障子ナシ、其ハ如何」とある。図10-21は、前述の上位にくる図である。図10-19では右端にあたり、清流之間と供進所が右下の位置となる。「供進所御膳掛御道具掛百分一之圖」の内題をもち、法量は、図10-20と同様である。本図では、二点述べる。一点は、天井と床。一点は、図右上の清流之間前の堀井戸と上水井戸である。前者を述べる前に部屋の配置をみると、本図には六部屋描かれている。左側から上下二つが「御道具掛」、同様に右隣が「御膳掛」、右側上位が「清流之間」、同下位が「供進所」となる。天井は、清流之間を除くと「猿頬天井／鴨居上張付」である。清流之間は、鴨居上張付は同じであるが、「平縁天井」とある。床は、供進所を除き畳敷となる。後者の二つの井戸については、説明が必要であるし、意外でもある。

二種類の井戸　徳川政権下の上水事情は、第六章で述べたように、玉川上水道と堀井戸であった。皇居造営においては、賢所の北西、半蔵門からは南の位置に沈澄池と濾池を設けることで、上水濾過装置をもつことになる（図8-1）。樋も鉄管に替え、いわば水道が表奥宮殿、宮内省等に引かれることになる。それと併用して堀井戸も利用する。この二つの方法による上水の使用は、宮中三殿がある吹上でも同じである。この間の事情は、『皇居造営録（堀井戸）一～三　明治一七～二二年』（識別番号四四一〇-一～三）、『皇居造営録（上水）一～三　明治一六～二二年』（識別番号四四一二-一～三）に詳述されている。ここでは、図10-21の二種類の水と賢所の堀井戸について述べることにする。

図10-21の御清流の水は、上位に「上水」、下位に「堀井」と記されている。図中の「上水」は、上水溜桝のことを指し、史料では『皇居造営録（上水）二』の第六號「御清流シ上水溜桝壱ケ所新設方受負申付之義ニ付伺」（明治二十年一月十九日提出）の案件が該当する。仕様書の溜枡の規模に関する部分を抜粋すると、

一壱ケ所　御清流シ上水溜桶桝
大サ口差渡内径三尺貳寸　木厚削リ立貳寸五分
高サ　四尺三寸
鉄輪　巾二寸五分

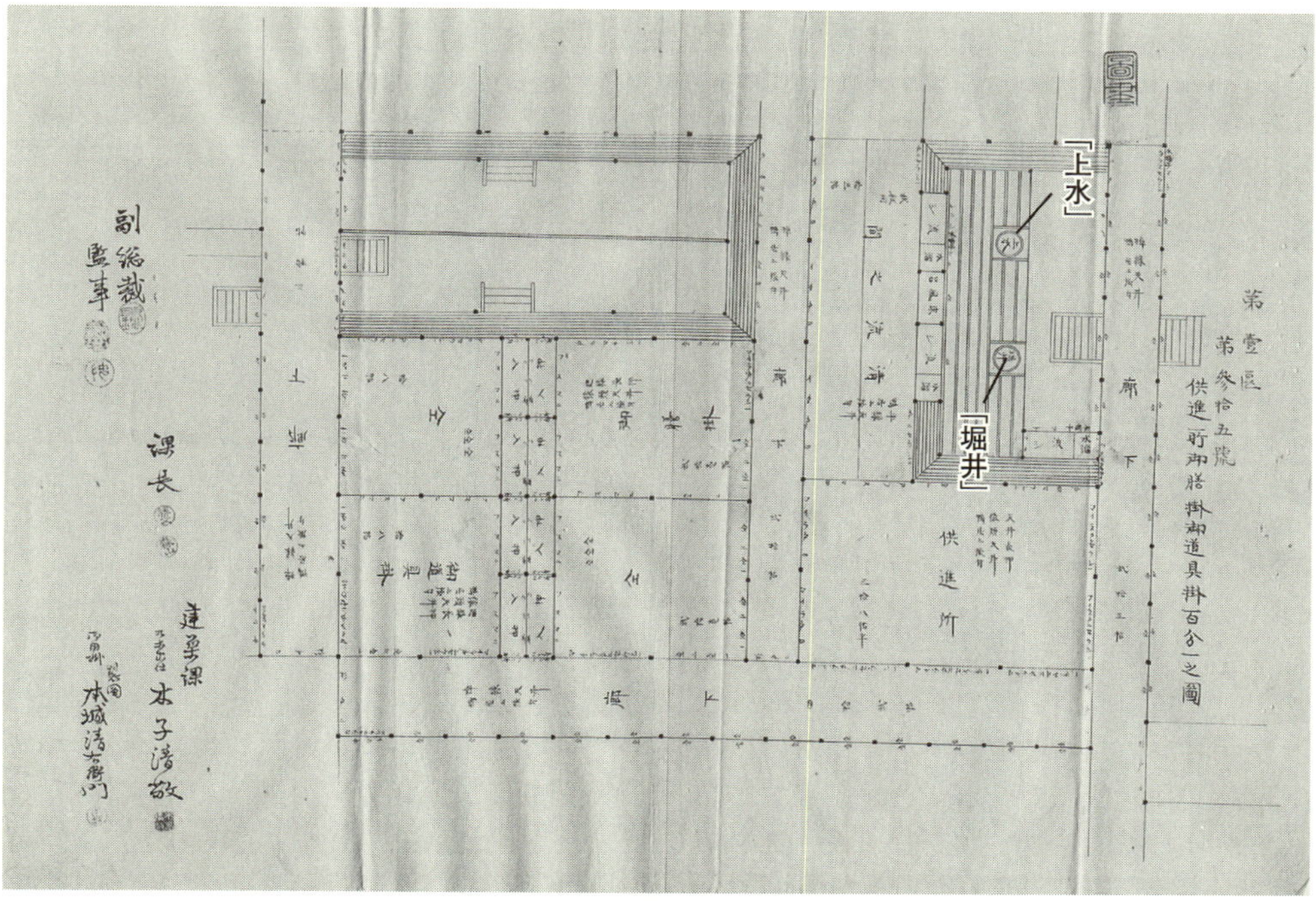

図10-21　供進所御膳掛御道具掛地之間図

六ケ所掛リ

厚　三分

とあり、これに図が付く。石の上に溜桝が置かれた図で、「樋口外径三尺七寸」、「樋下口外法四尺貳寸」の寸法が記入されている。同年三月二十五日に完成するが、これで濾過した上水が入ることが可能となる。

一方、「堀井」は、『皇居造営録（堀井戸）一』の第壹號と第四號案件に記されている。第壹號では、「宮殿其他懸上水樋桝同呼井戸及地山堀井戸共新設概算入費伺之件」（明治十七年五月九日提出）の案件として、上水施設に関する概算金五万四八七四円二三銭と内訳、さらに仕様書が続く。図10-19の「堀井」に関する仕様書の部分を抜粋すると、

賢所及宮殿御膳水内膳御清ョ水共他

堀井戸貳重側新規取設ヶ之仕様書

一　三ケ所　賢所御清水ニ重側堀井戸壱ケ所宮殿御膳水内膳御清流

共堀井戸ニ重側仕立貳ケ所

口差渡内径三尺貳寸

深地面ョリ凡六拾五尺ヲ目途トシ本水ノ深浅ニ因テハ入費ノ増減アルモノトス

一　外ケ輪　槇赤身材巻立

差口渡内径五尺五寸木厚削立三寸長サ六尺側数ハ凡ノ深六拾五尺ヲ以テ壱ケ所拾三側継合ノ見込

但深浅ニ因テ増減アルモノトス

一　内側　杉赤身小節材

差口渡内径三尺貳寸木厚削立貳寸五分側長サ五尺側数拾五側

其他前ニ進シ化粧側高三尺鉄輪三所掛
但シ賢所ノ分化粧側高サ壱丈鉄輪
四所掛出来

（以下略）

とある。皇居内で最も重要な賢所・表宮殿・奥宮殿の三カ所の堀井戸である。賢所では同所の背面、表宮殿では図10-16の左端、奥宮殿ではこの御清流シとなる。第四號「山里御清流二重側堀井戸壱ケ所井側共新設井側共新設入費伺之件」（明治十七年八月一日提出）では、三二三円七五銭の費用とその内訳―堀方代二四五円、井側拵代七八円七五銭―、さらには詳細な平面図を添えている。井戸は深かったとみえ、三五円二〇銭の増額となる。清流シの掘井戸が特別であることの比較として、図10-19の左端・奥宮御湯沸所用堀井戸を紹介する。前述の史料と同様、第一〇號「山里中段御湯沸所附属堀井戸壱ケ所新設入費概算伺」（明治十八年九月廿五日提出）として所収されている。仕様書と費用について述べる。

一　壱ケ所　山里中段御湯沸所堀井戸壱重側底付山井戸仕立
深御敷地上端ヨリ掘下ヶ六拾尺ヲ目途トシ本水ノ深浅及根ケ
輪据付之地山善悪ニ依リテ深浅之差ヲ生シタル時ハ掛員之検
査ヲ受見識書ヲ乞置増減之証トスル事
一　桶ヶ所　木品槙自太去木奥技ヲ以テ巻立竹輪締ノ事
此ヶ輪敷
化粧ヶ輪　壱個
大サ口径二尺八寸
ヶ輪丈三尺　鉄輪三ヶ所掛
埋ヶ輪　拾三個
同　口径三尺二寸
ヶ輪丈五尺　竹輪五ヶ所掛
根ヶ輪　壱個
同右ニ同ヶ輪丈六尺底付　同六ヶ所掛

（傍点筆者、以下略）

とあり、ここでの堀方代は一一六円と記録されている。井戸の深さは、当初の予想よりも浅く、六円四四銭の減となるが、目的・仕様が異なると、一口に堀井戸では括ることができないことがわかる。

なお、賢所での堀井戸について補足すると、前述の賢所背面が御神水を目的としているのに対して、神饌所と式部寮にも各一カ所、新設する。第壱號に仕様書があるので、その部分のみを抜粋する。

一　貳ケ所　賢所神饌所及式部寮地山堀井戸壱ト重側深サ地面印杭ヨ
リ深凡六拾五尺ヲ目途トシ本水拾三尺以上五尺マテ尤現場ノ
深浅ニヨリ増減アルモノトス
一　井戸輪　槙白太去リヲ以テ巻立
口差渡シ三尺五寸木厚削リ立貳寸五分側長五尺側数は拾五側
継合ノ見込化粧ケ輪（高五尺壱ケ所 同貳尺五寸壱ケ所）鉄輪三個掛
但シ本水ノ深浅ニ因ラハ増減スル事

（以下略）

とある。

3 賢所

皇室にとっての祭祀空間である。宮殿と謁見所の位置が紆余曲折したように、賢所の位置も翻弄される。図10-1の明治二年の皇居図では、山里の北側に造営されたものが、明治宮殿焼失後の本丸案（図10-2）では天守台西側、一回目の西丸山里案（図10-3）では山里門の隣、宮殿吹上案（図10-6）では楓山、最終的に西丸山里に決定し、ようやく吹上（図10-12）となる。

賢所は、宮中三殿の総称として用いられるが、天照大御神を祠った賢所、八百万神を祠った神殿、歴代の天皇や皇族を祀った皇霊殿からなる。これに、新嘗祭を行う神嘉殿が主要な建物となる。これらに関する史料は、利用制限があり、未公開の部分が多い。本書では、掲載が許可された『皇居造営録（下水）2　明治一六～二二年』（識別番号四四一三一二）の第二號「賢所神殿皇霊殿両雨落下水其他取設概算伺」（明治十九年三月十日提出）の図10-22、第一二號「賢所構内下水枡石及建樋受石々拵受負申付伺」（明治十九年七月七日提出）の図10-23の建物配置図のみを図から紹介する。図10-22は宮中三殿、図10-23は宮中三殿に加えて、神嘉殿、掘井戸がある神饌所・式部職など全域の建物が記されている。

三　宮殿の地形・上屋・屋根

明治宮殿のイメージで最初にあげるのは、床次正精が描いた『憲法発布式図』と答える人は少なくない。明治二十二（一八八九）年二月十一

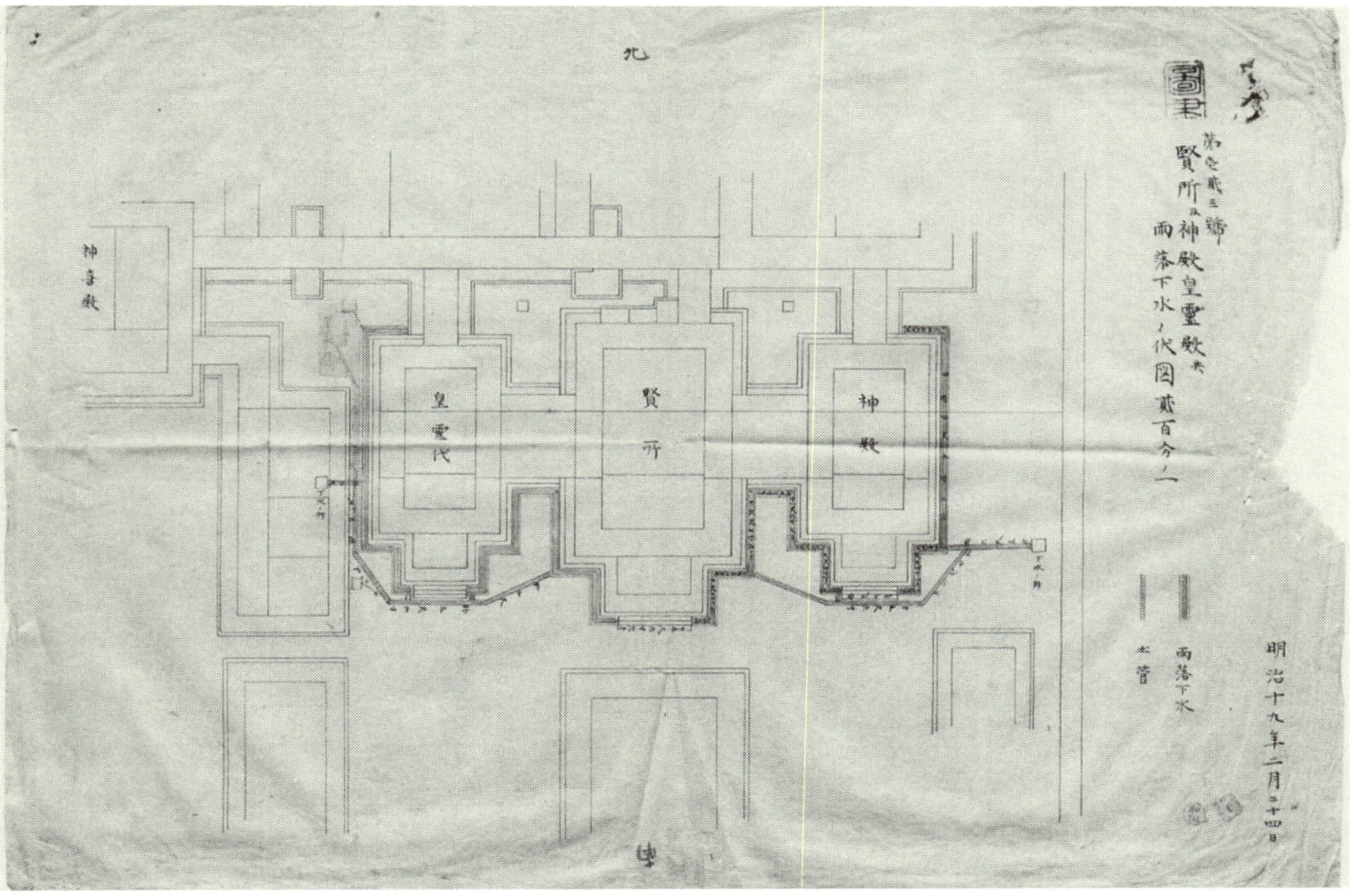

図10-22　宮中三殿と雨落下水図

日、表宮殿正殿において明治天皇から内閣総理大臣黒田清隆に大日本帝国憲法をお渡しになる場面である。正殿中央は、図10-16のように赤い絨毯敷の玉座が設けられ、床は寄木張で、天井は彩色豊かな二重折上小組格天井。部屋のなかは、威厳と格調の高い洋風に描かれている。この建物の土台や屋根など通常、目が届かない箇所に視点を向ける人はまずいない。ここでは、建てる（造る）という視点で述べることにする。なお、さきほど奥宮殿の宮御殿の地之間図を紹介したので、はじめに宮御殿、次に表宮殿の謁見所（正殿）、内謁見所（鳳凰之間）、御車寄の順で述べることにする。

A　宮御殿

奥宮殿が位置する山里は、地形の高低から山里中段・下段とも呼ばれている。総じて山里門がある

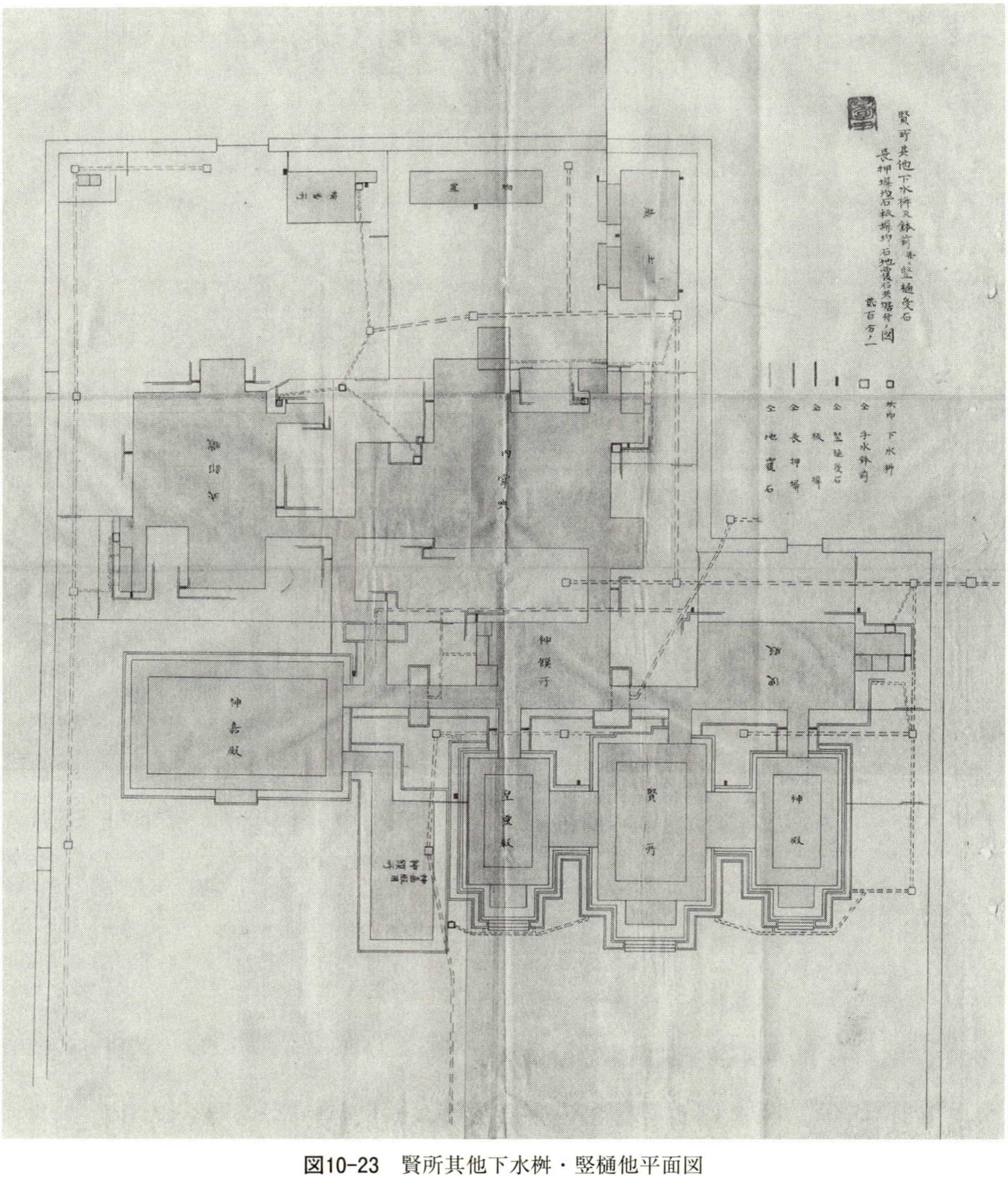

図10-23　賢所其他下水桝・竪樋他平面図

南側の方が高く、楓山方面の北東や東側が低い。宮御殿は、丁度、分岐点にあたり、地形にその特徴が顕著である。

石据図　図10-20の地之間図をもとに、関連する図が作成される。図10-24は、第四號「宮御殿石拵据付費概算伺」（明治十七年六月十二日提出）の案件に添えられている「宮御殿石据之図」である。左手上中程の四角一〇本の柱が「宮御殿」の御床・御棚、「御次」の御入の位置となる。左右に細長く延びるのが廊下。左下、「御次」の先、突出する箇所が中庭に降りる階段の位置となる。その上位、四角い大きな柱が左右に延びるのが外側柱。その内側の大小柱が交るのが入側柱の位置となる。小さく描かれた床束石が規則的に数多く配置されている。

地形之図　地形に関する案件が第六號「宮御殿地形費概算伺」（明治十七年六月十八日提出）と第七號「宮御殿御敷地々違下概算費伺」（明治十七年七月九日提出）の二本からなる。これは、西側では高く地盤が安定しているのに対して、東側では急激に落ち込むことによるものである。そのため、仕様書・図面とも二分されることになる。

図10-25・26は、宮御殿が位置する地盤の良い六號案件に伴うものである。図10-26の断面図は、宮御殿の西側二本の柱、床束柱と御床柱を示したものである。御床柱は、入側柱を兼ねているため、地形が一際、堅固な造りとなっている。また、入側は端部が饅頭形を呈し、山砂利と真土を交互に入れ、一種の版築層で一尺二寸の基壇を設けている。御廊下は、雨落側に傾斜をもって煉土打が施されている。地形で最も特徴的なのが東側となる。冒頭の仕様書をみると、

一　捨四ヶ所　大サ三尺四寸方 深 武尺八寸　柱下坪堀根伐割栗石コンクリート 打方ノ上煉化石積

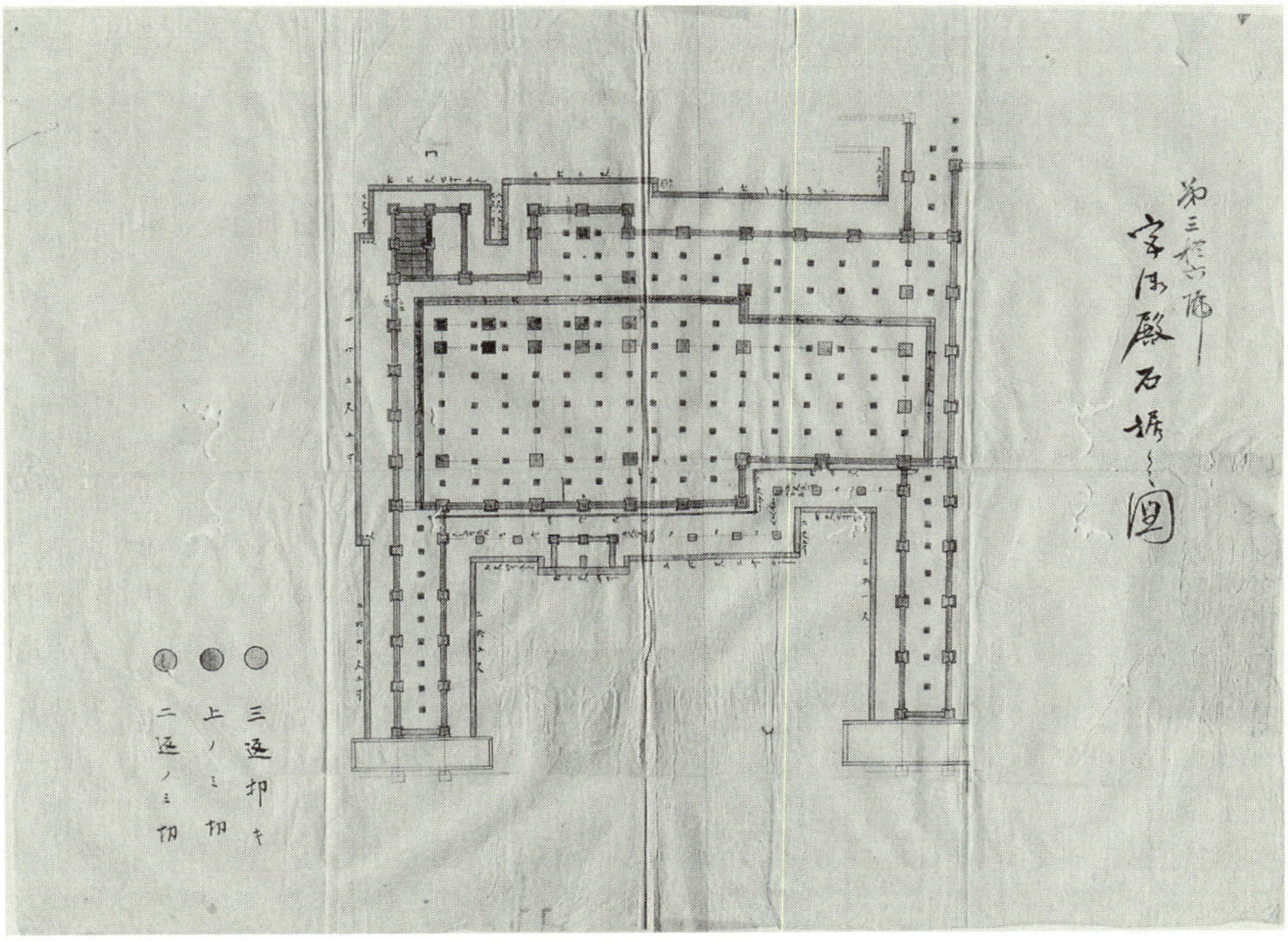

図10-24　宮御殿石据之図

此根伐立坪貳坪壱合

但山里ヨリ地違高サ拾七尺五寸

煉化石積地盤ゟ柱石下端迄高サ拾七尺六寸大サ上口貳尺方 敷口貳尺四寸方

内 高　九尺　四拾五段積
　 高　八尺六寸　四拾三段積

一　五ヶ所　大サ　三尺四方方 深　貳尺八寸　柱下前同断

此根伐立坪七合五夕

但山里ヨリ地違高サ九尺五寸

煉化石積地盤ゟ柱石下端迄高サ九尺六寸四拾八段積大サ貳尺方

一　五ヶ所　大サ 深　前同断　前同断

此根伐立坪七合五夕

但前同断高六尺

煉化石積前同断高六尺三拾段積大サ貳尺方

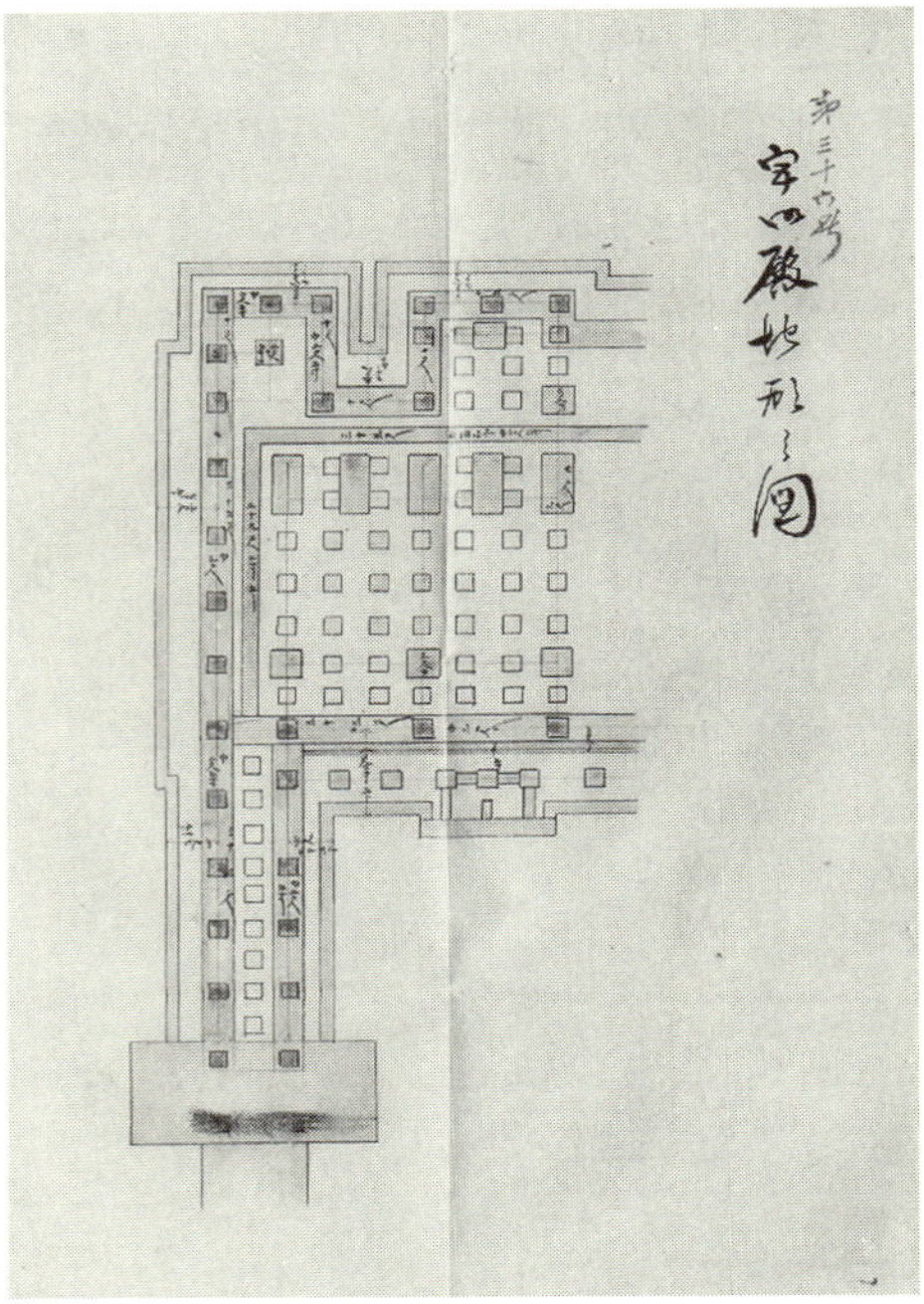

図10-25　宮御殿地形平面図①

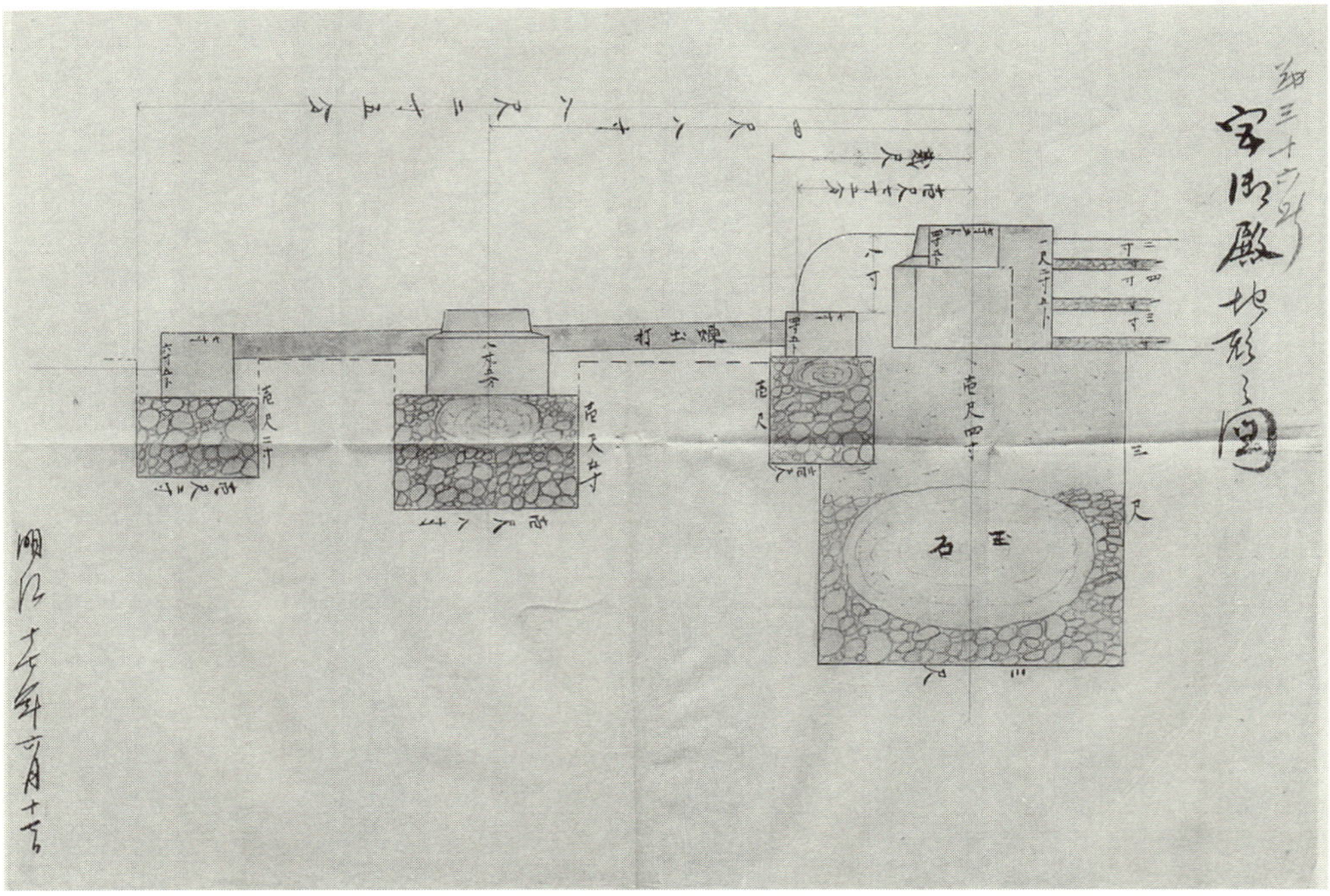

図10-26　宮御殿地形断面図①

但此地形共前貳虚之地形出来之上着手可致事
右仕様埋土堀《ママ》取有之跡地盤水盛ニ準シ坪堀《ママ》根伐致足代掛渡し割栗石目潰シ砂利共入貳拾四人を真棒ニ而念入突壁之上セメント入コンクレート玉川砂利セメント川砂持運混合触ニ練交四方枠取建築堅メ乾キ方見計ヒ遣リ形取建煉化右積三枚積ヨリ貳枚半積迠一側毎ニモルタル充分ニ相用順々ニ柱石据下端迠持不陸無之様積立但地盤ゟ高三尺積上リ之上廻リ及敷地共盛土平地形ニテ突堅メ上ケ之上尚前同断ツヽ高サニ応じ右之手順ニ而積ミ上リ

一　面積　七拾貳坪四合五夕八才　地違地盤ゟ山里敷地迠盛土平地形

内

五拾壱坪四合五夕八才　高サ拾七尺五寸

貳拾壱坪　高サ九尺五寸

右仕様盛土平地形地盤ヨリ煉化石積高サ三尺積ミ上リ之上山砂利真土共持運混合廻リ敷地共厚七寸五分通敷入小蛸ニテ五寸ツヽ順々ニ突〆上ケ煉化石積高三尺積上リ之上前同断高サニ応シ順々ニ突堅メ但榧石下両落下ニ相成　所ハ格別念入突〆可申事

（以下略）

とある。これを図10-27・28と照会することにする。図10-28は、図10-25に続く右側となる。二重角の大きな柱が、仕様書にある一四ヶ所と各五ヶ所、合計二四ヶ所の中心的な柱の堀方と柱の位置を示している。図の下位の断面図は、縮尺が異なるが図10-25の右手に続くもので、「御次」の部屋の押入の位置から地盤が急激に下ることを示唆している。し

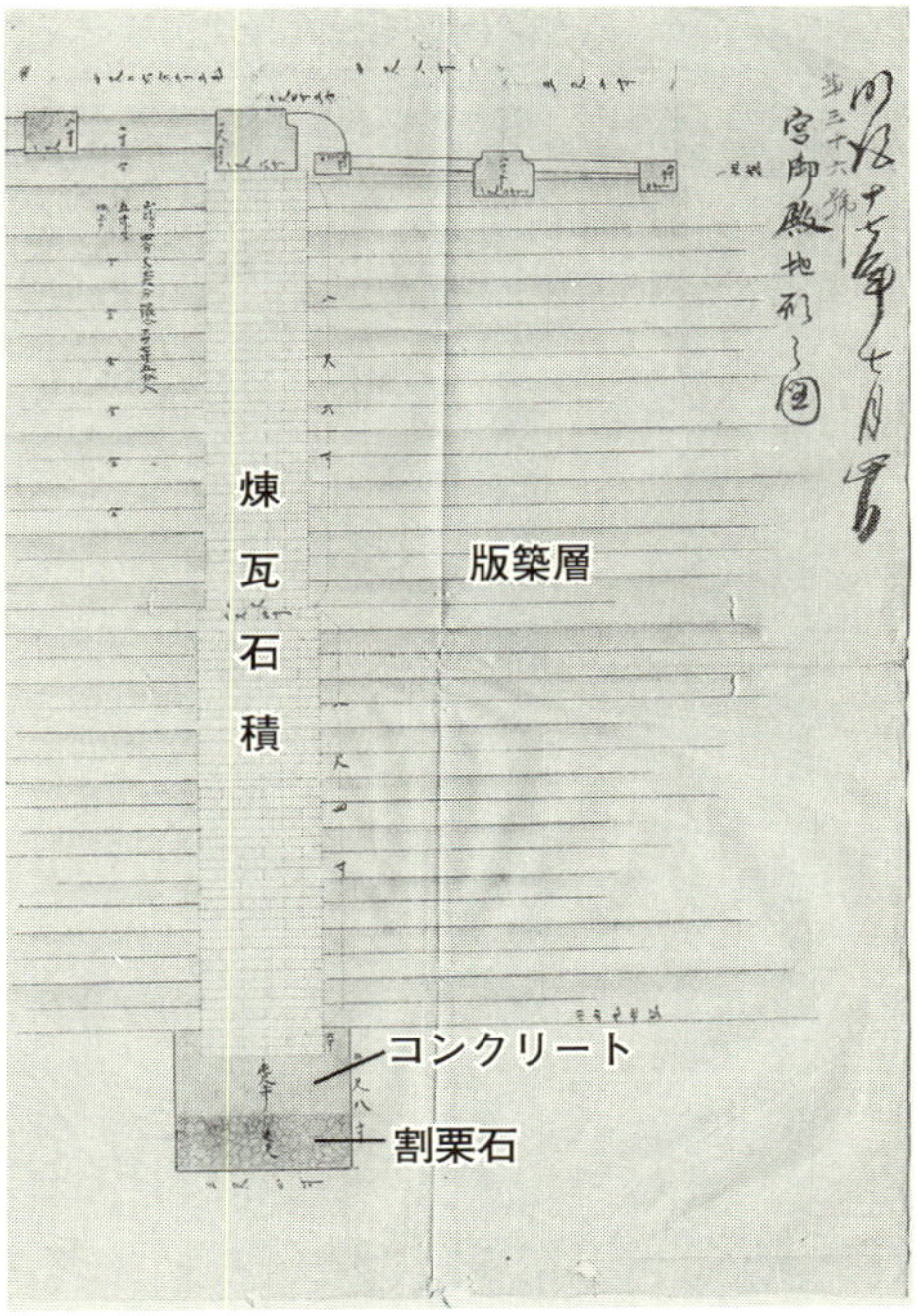

図10-27　宮御殿断面拡大図

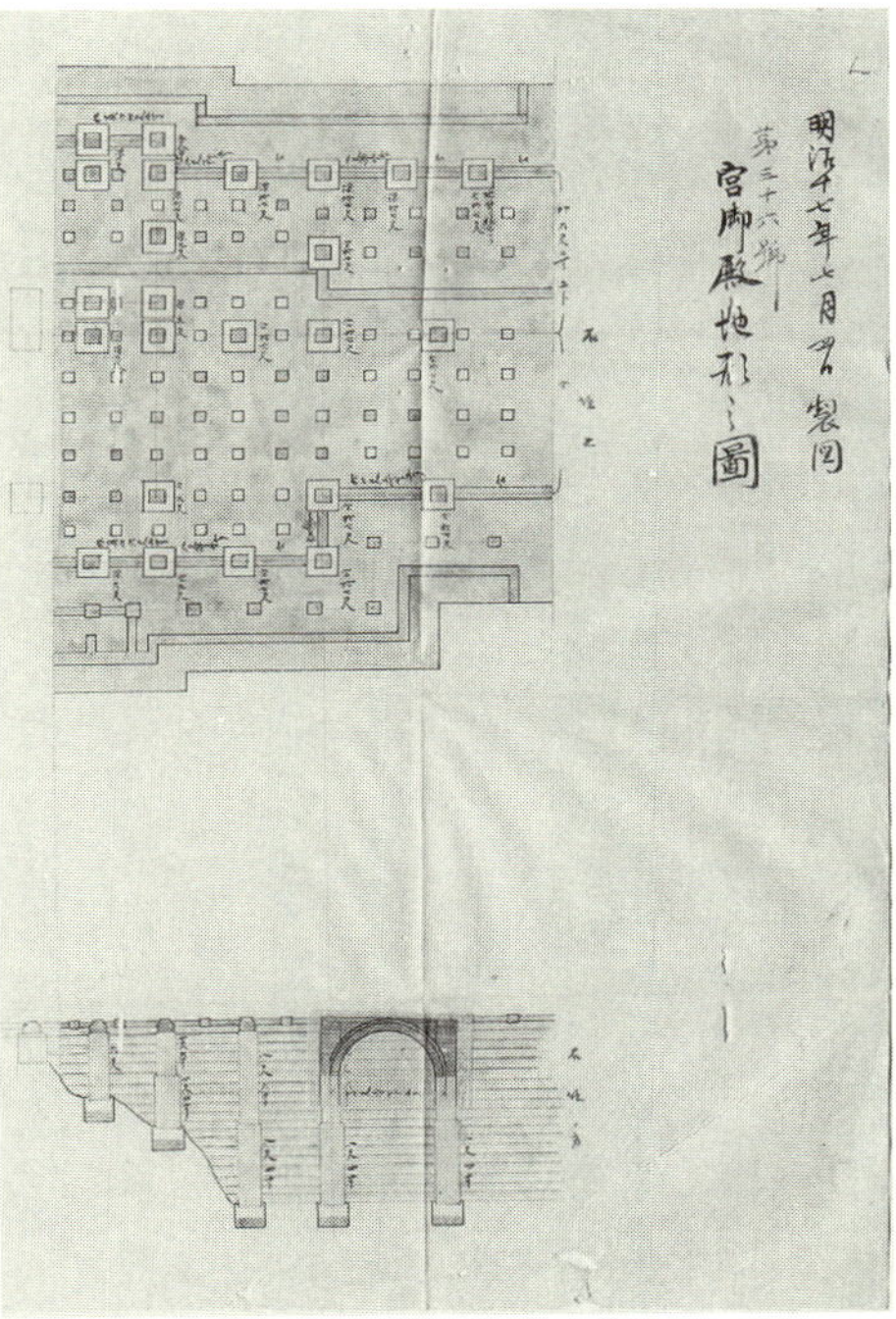

図10-28　宮御殿地形之図②

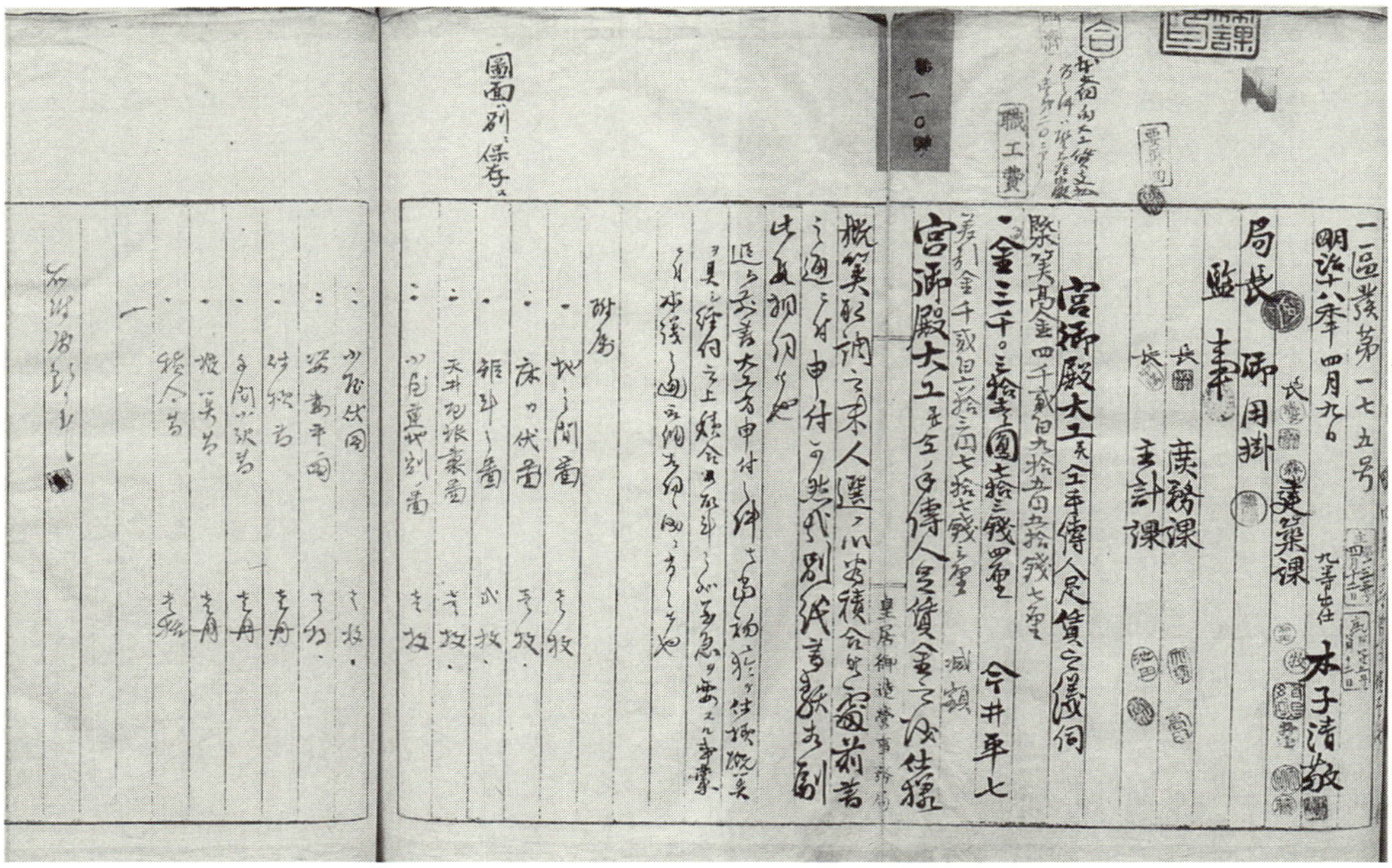

図10-29　宮御殿大工方案件・部分

たがって、断面図の下端のラインが旧地盤となる。仕様書をみると、敷地内の地勢が急変していることから、当建物の地盤を山里側に揃えるために、一種の版築層による盛土であわせていることになる。その際、主要な柱を盛土層の上に築くのではなく、旧地盤に掘り方を穿ち、割栗石とコンクリートで十分に補強した上で、今日の鉄骨・鉄筋の代わりとして煉化石積で柱受となる。それを据石まで積み上げることになる。図10-27は、煉化積が一七尺六寸となる地形の拡大図である。旧地盤下の割栗石とコンクリートで充填した掘り方と煉化石とを固定するために、六寸の深さで掘り方内に埋め込んでいる。仕様書にある煉化石の三枚積、二枚半積は、煉化石の強度を増すための並べ方の工夫であり、謁見所の煉化積の仕様書中に並べ方の図があるので、そこで説明する。なお、本図から盛土が版築層であることを看取することができる。建物が平家であることを考えられない程、入念な地形なのである。

大工仕様書　第一〇號「宮御殿大工及同手傳人足賃之儀伺」（明治十八年四月九日提出）案件の冒頭部分が図10-29である。史料に朱書きで「圖面ハ別ニ保存ス」とあるように、地之間圖以下八点の図を紹介することは残念ながらできない（地之間図は、模様替を含め、各案件に添付）。そこで、大工仕様書から一端をみることにする。

宮御殿及其他共大工仕様書

一　宮御殿及御湯殿御厠御物置廊下共

建坪九拾四坪九合貳夕　　但シ六尺五寸積

外ニ椽坪　七坪七合貳夕

本家之部

軒　高　南側拾六尺三寸
西側拾六尺八寸五分
北側拾八尺九寸六分
同東之方拾五尺五寸拾四尺四寸五分
東側及
南側江廻リ

床ヵ高　三尺七寸八分

椽巾　四尺八寸

軒出端　南側八尺壱寸九分
同東ノ方四尺五寸
東西側六尺壱寸三分
貮タマバラ棰木舞物
北側五尺
壱ト側マバラ棰木舞物
屋根入母屋破風狐格子造り
妻本瓦葺平栈瓦葺

御湯殿之部

軒高　拾三尺八寸

床ヵ高　三尺七寸八分

椽巾　貮尺

軒出端　西側三尺壱寸
北側四尺五寸
傍軒壱尺六寸貮分五リ
壱軒マバラ棰木舞物
本家ゟシユロニテ葺御シ銅板葺

とあり、史料は、「御厠之部」・「御物置部」・「聖上御厠廊下江取合廊下」・「女官候所江取合廊下」・「供進所江取合廊下」と続く。そして、

此譯

宮御殿　拾六尺貮寸五分
拾三尺
拾帖
畳ノ上絨毯敷
天井長押
格天井板違
野天井

御床コ　六尺五寸
三尺貮寸五分
壱帖
畳ノ上敷物
鏡天井
野天井

御　棚　六尺五寸
三尺貮寸五分
地板張
地袋違棚
袋棚鏡天井
野天井

御次之間　拾六尺貮寸五分
拾三尺
拾帖
畳ノ上絨毯敷
天井長押
ホルホ天井
野天井

押　入　六尺五寸
三尺貮寸五分
拭板張
中棚貮重
棹縁天井

（以下略）

とある。大工仕様書によって、床の高さ、屋根、天井などの相違から建物・部屋の格式をうかがうことができる。ところで、図10-20の地之間図は、模様替で少々、変更する。押入が暖炉に変わることは述べたが、「宮御殿」左手の廊下は交差するが、その先が「御湯殿」、「御厠」がもう少し右手、押入の延長上となる。また、右手の廊下沿にも「御物置」が新たに築かれる。

上家としては、『(宮御殿) 二』の第二號「宮御殿上家并足代之儀伺」(明治十八年七月四日提出）の案件に、三点の図を交えて詳細な記録が残る。

B　謁見所（正殿）

謁見所が皇居、あるいは明治政府にとってきわめて重要であったことは、縄張論のなかで理解することができる。この謁見所に関する史料

は、『皇居造営録（謁見所）一〜八　明治一五〜二一年』（識別番号四三五四-一〜八）に所収されている。

本史料は、表宮殿の中心的建物であるため、はじめの三つの案件が表宮殿の全容に関することからはじまることを特徴の一つとしてあげることができる。第壱號では、図10-8・9をもとにして、表宮殿の各建物の面積と経費の概算、第貳號では「御柱寸法等之義ニ付伺之件」（明治十七年二月廿一日提出）として主要な建物の太さと内法高さ、第三號では「第貳区負擔建築御敷地置土取除概算伺之件」（明治十七年四月十五日提出）として甲〜丁の四部に分け置土体積と費用等々が記されている。さきに図10-14と表10-2で主要箇所の柱の太さと天井高等々について述べたが、第二號案件の数字とやや異なり、訂正・変更を必要とする。地形が固まり、各建物が決定されるなかで、『（謁見所）二』の第二號「柱太サ天井高円法高サ等伺之件」（明治十八年六月十三日提出）の案件となるのである。ちなみに、この案件には図10-14が図面として付けられている。

第壱號は、費用の概算を含め興味深いので、その部分をまずは抜粋する。

表ノ部建坪概略

一　建坪合計千百四拾八坪五合

此概算費金四拾六萬貳千百拾五円

内

壱等

建坪七百五拾壱坪七合五夕　此概算金三拾貳萬三千貳百五拾貳円五拾銭 但壱坪ニ付四百三拾円・積

此内譯

七拾七坪　謁見所

四拾坪　同椽《ママ》側

九拾六坪　會食所

三拾九坪五合　同椽《ママ》側

百〇三坪五合　御車寄廣間

四拾五坪　同椽《ママ》側

七拾七坪　左右昇降口廊下共

貳拾七坪五合　同左右椽《ママ》側

九坪　四ツ脚御門

百七拾四坪　廻廊分

六拾三坪貳合五夕　廊下分

貳等

建坪三百九拾六坪七合五夕　此概算金拾三万八千八百六拾貳円五拾銭 但壱坪ニ付三百五拾円ノ積

此内譯

八拾五坪五合　昇降口廣間共

四拾坪五合　同椽《ママ》側

三拾六坪　月脇溜ノ間

六坪　同椽側

八拾五坪　内膳課出張調理所

百四拾三坪七合六夕　廊下分

と記されている。これは、明治十五年二月十日御進達縄張図（図10-8）を基にした建坪、概算となっているため、建物の名称はもとより、後述する謁見所に繋がるものではない。宮殿縄張変の変遷を述べた際に、明治八年七月の時点で皇居造営費に一〇〇万円を目途としたことを指摘したが、第壱號の概算金がこの数字を多分に意識しているものと思われる。

地　形　ここからが本題となる。謁見所は、宮御殿と異なり地盤が安定し、空間が一部屋ということで地形が単純となる。

案件は、『(謁見所)一』の「謁見所其外地形費概算伺之件」(明治十七年八月十六日提出)にはじまる。案件の其他とは、東西脇控所(化粧之間など)を指すものである。後述する「謁見書」の仕様書に関連するので、冒頭部分を抜粋する。

概算高金五千六百四拾五円〇壱銭八厘
一金千三百拾九円九拾八銭六厘　積合及定傭《ママ》等ノ付高
内
甲 金三百四拾七円四拾九銭　土方人足賃金
乙 金三百九拾壱円拾弐銭五厘　鳶人足賃金
丙 金四百四拾円〇〇九銭六厘　煉化石積職及人足賃金
丁 金百四拾壱円弐拾七銭五厘　水盛大工コンクリート打方
人足及手傳等賃金
〆
外 金弐千五百拾六円拾壱銭五厘　貯品金高
金千八〇八円九拾壱銭七厘　購買品金高
(内訳以下、略)

とある。人件費が土方(根伐)、鳶方(突堅)、煉化積方、コンクリート打方の四本立の計上となっている。本案件には、三点の図が付くが、図10-30が「謁見所地形之圖」である。彩色が施されており、内側柱(桁行五間、梁間四間)の掘方は灰色、外側柱(桁行七間、梁間六間)の掘方を青色、外側柱間を緑色に塗られている。このほか床束柱石(後述する仕様書では「床カ椪石」)と縁柱石、雨落は無色となっている。

第一五號「謁見所地形ノ費等伺ノ件」(明治十八年六月十五日提出)でいよいよ工事着手へと進む。積合の結果、謁見所の地形人件費は、根伐土方が四一円四八銭、突堅鳶方が四二円三六銭、煉化積方が一六二円七八銭、コンクリート打方が六一円九四銭三厘と決まる。四方の仕様書は各々作成され、地形の工程・経過がよくわかるので、少々、長くなるが、主要となる部分を抜粋する。

謁見所地形根伐土方人足仕様書
一 立三拾七坪六合　在来地盤根伐坪
一 立拾弐坪　全柱下煉化石積廻リ埋坪
内
拾五ヶ所　方平均五尺五寸 深五尺壱寸　外側及間内柱下
方五尺 深弐尺五寸　練砂利下
八ケ所　方平均五尺五寸 深弐尺五寸　外側柱下
方五尺 深弐尺五寸　練砂利下
三拾壱ヶ所　方弐尺五寸 深弐尺　椽《ママ》椪石下
百八拾弐ヶ所　方弐尺 深弐尺　床ヵ椪石下
長四百弐拾尺　巾弐尺 深弐尺　雨落石下
〆

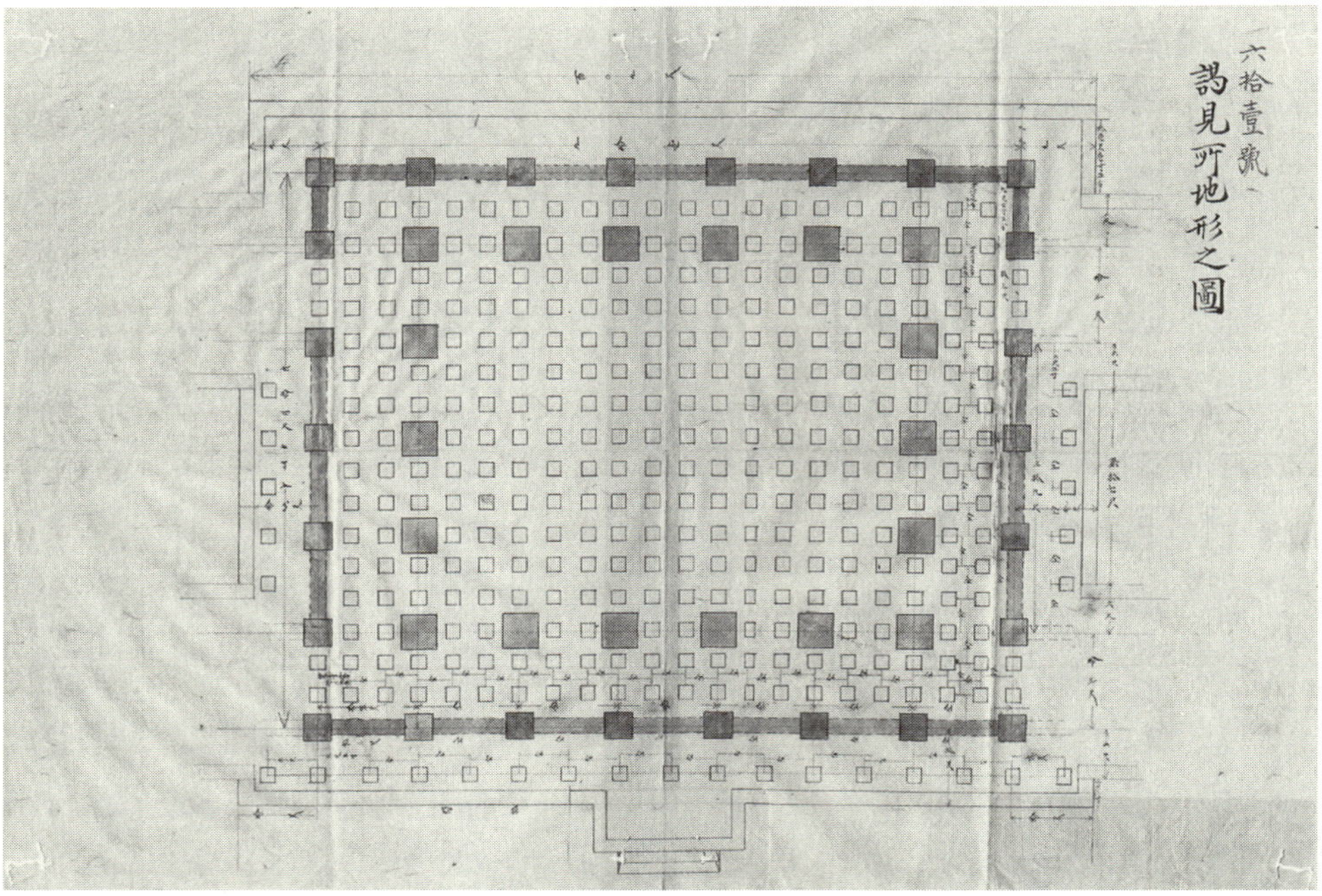

図10-30　謁見所地形之図

右仕様地盤水準遣形取建引通シ能ク調方致シ別紙図面之通リ内外柱下框石下雨落石下共根伐致堀土三拾七坪六合余工事ニ不相障場所ヘ積置右根伐不良ノ箇所ハ山留メ杭丸太先尖打込背板ヲ以テ矢板ニ致シ腹起伐張等杉丸太切込地山マテ堀《ママ》下ヶ可申尤深サ寸尺箇所書ニ有之候ト雖地山或ハ堅固ト検査候上ハ聊深浅可有之且煉化石在来地盤上ニテ積立候得ハ指示ニ随ヒ周圍埋方拾貳坪余漸々小棒ヲ以テ突堅メ尚又床カ框椽框石下及雨落石下共筒所書之通リ如前根伐致シ可申候事

但シ在来地ヨリ跡埋方之儀ハ温度器据

付之都合ニ依リ相除置候事

とある。内側柱・外側柱が合計四四本に対して、その堀方が二三カ所とあるのは、二一本分が暖温機設置の掘り方と重複するためであり、図10-31が参考となる。また、内外入側の掘方は、五尺一寸と二尺五寸の深浅の二種類あるが、図10-32・33の煉化石断面図をみると明らかのように、掘方は二段あり、前述の深さに煉化石積の土台となるコンクリート打ちの深さの分二尺五寸が加わることになる。したがって、深い方は、七尺六寸となる。

根伐土方と突固蔦方、さらにコンクリート打方とは一連である。

謁見所地形蔦人足仕様書

一　貳百三拾六ヶ所　地形突

一　長四百貳拾尺　同布突

内

貳拾三ヶ所　方五尺 砂利厚貳寸　外側及間内柱下

三拾壱ヶ所　方貳尺五寸 割栗厚壱尺　椽《ママ》框石下

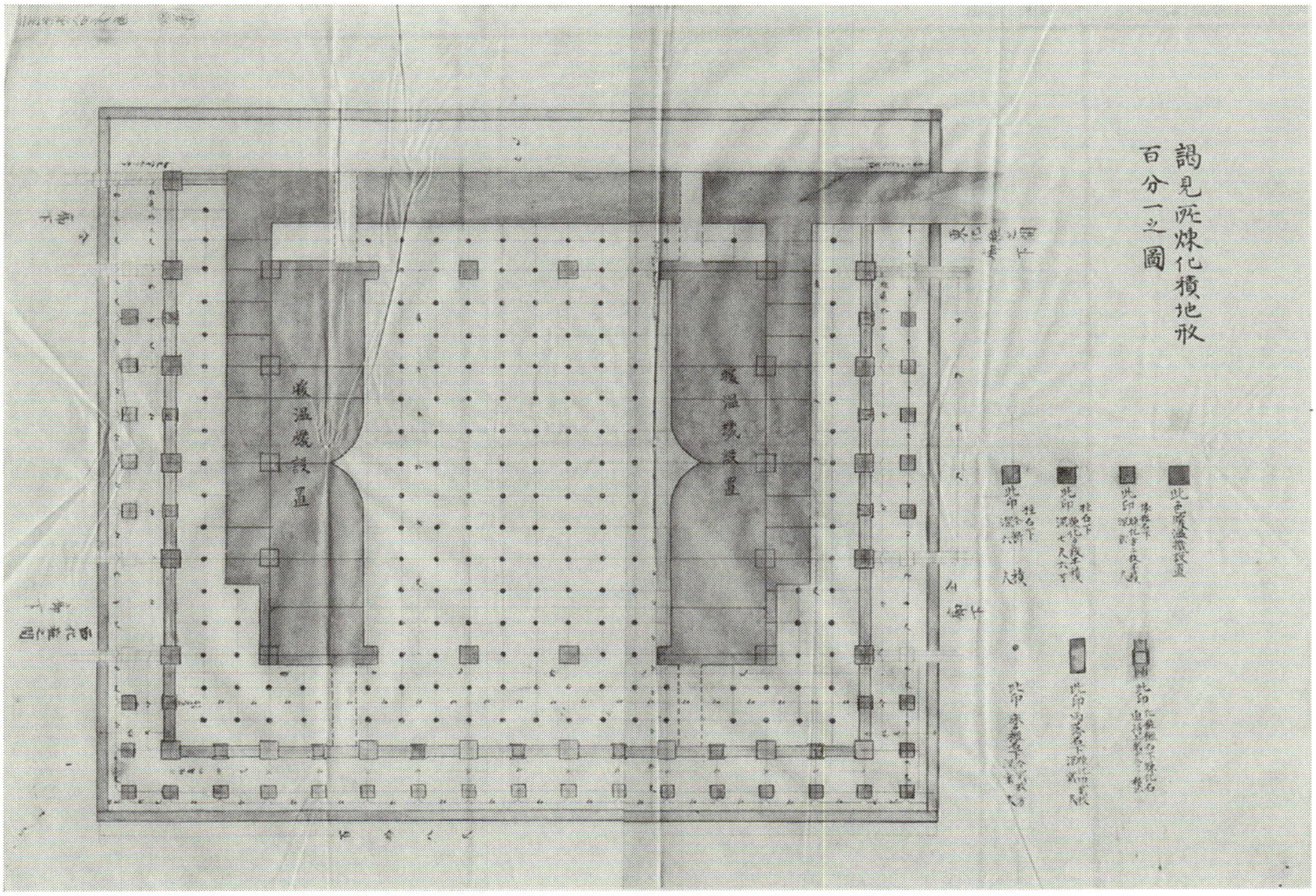

図10-31　謁見所煉化積地形平面図

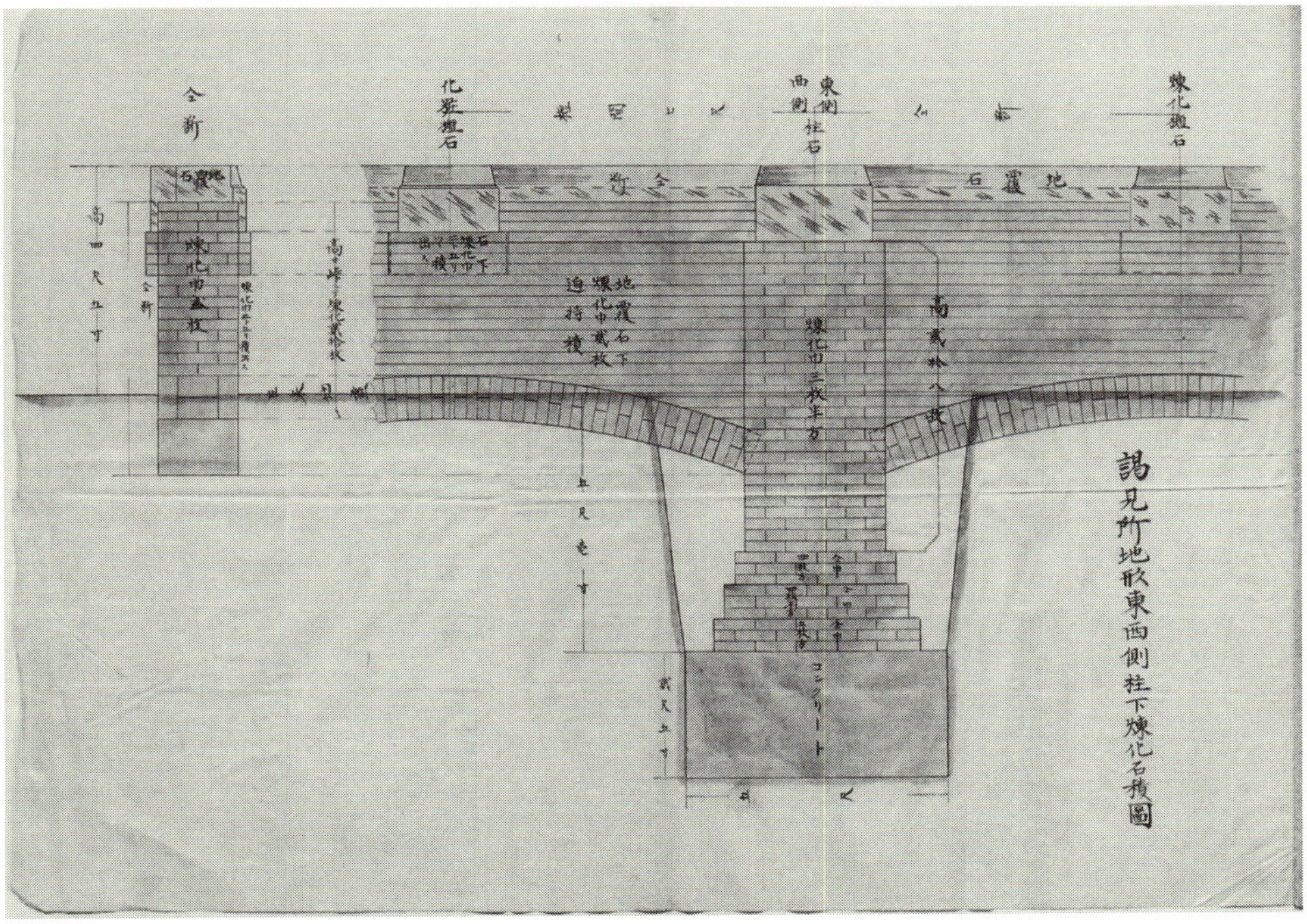

図10-32　謁見所煉化積地形断面図①

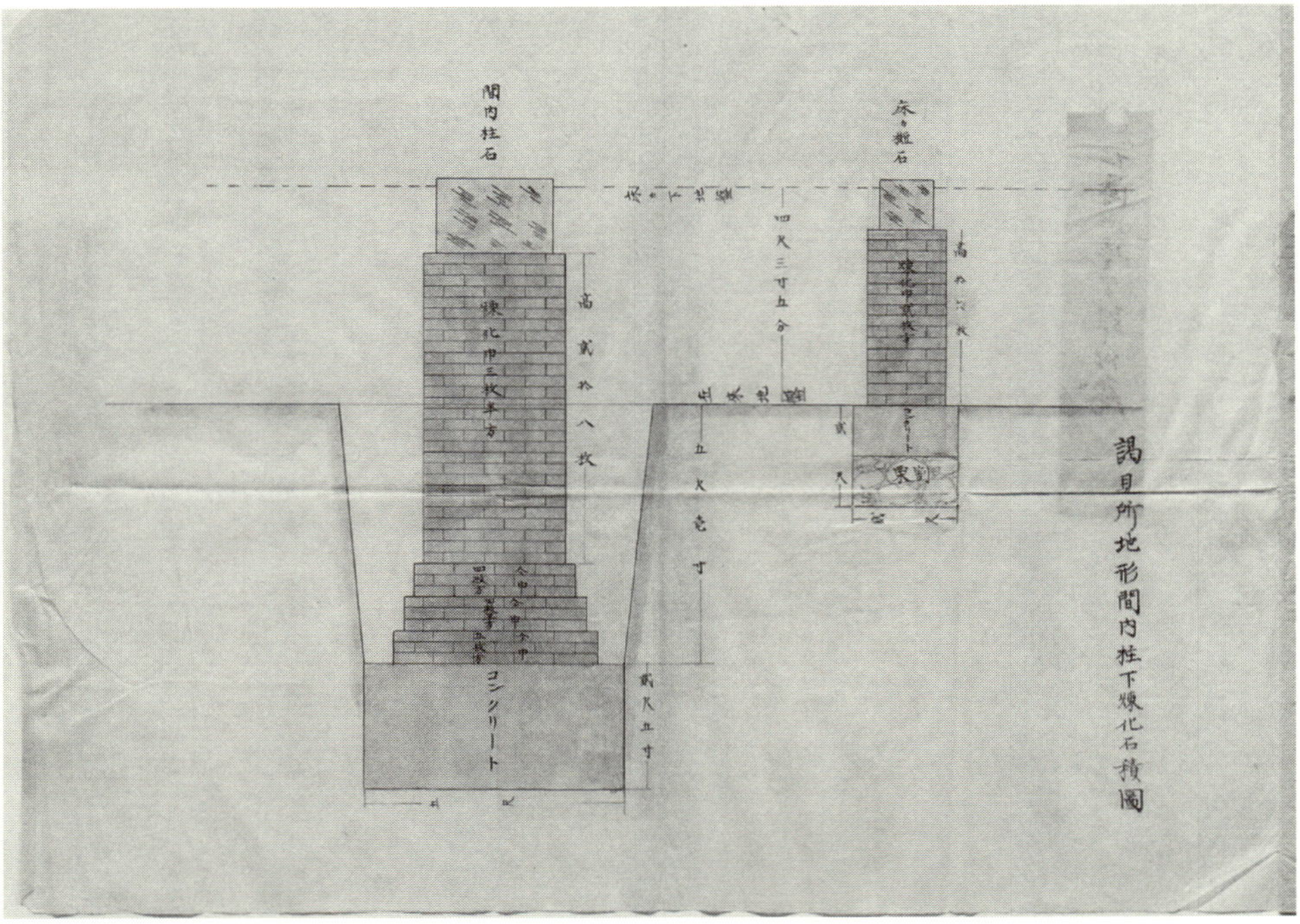

図10-33　謁見所煉化積地形断面図②

百八拾貳ヶ所　方貳尺 割栗厚壱尺　床カ椢石下

長四百貳拾尺　巾貳尺 同断厚壱尺　雨落石下

〆

右仕様前書ニ記スル箇所訳ノ内柱下地形突〆ェ就テハ仮櫓或ハ欄足代共杉丸太ヲ以テ縄結ニ致シ欄背板ヲ掻付根伐穴ヘ切込砂利厚サ壱寸宛貳度ニ入眞棒取建人足拾八人或ハ拾六人掛ニテ堅固に突堅メ都合砂利厚貳寸突之事

同床カ椢下雨落石椽椢石前書箇所訳之通リ根代穴ヘ割栗石五寸宛ニ敷並ヘ目潰シ切込砂利入大蛸ヲ以テ人足拾人掛ニシ貳度ニ突堅メ都合厚壱尺堅固ニ突堅メ之事

但シ割栗地形ノ箇所ハ前柱下其外之煉化積立廻リ埋立突〆等出来之上指図ニ随ィ着手可致且ツ切込砂利割栗共場所運送見込可置又突方之儀ハ一々検査ヲ受ケ指揮之通リ出来可致都テ足代木道具相渡候間跡元之通仕舞可置事

とある。突堅地形が柱穴と雨落に限られているが、入念である。入外側柱と他では、掘方内に砂利と割栗石という密度や厚さの違いがあることは、意外と知られていない。

突堅地形の次がコンクリート打ちである。

謁見所地形コンクリート打方仕様書

一　貳百三拾六ヶ所　コンクリート 立拾四坪九合

一　長四百貳拾尺

内

貳拾三ヶ所　方五尺 深貳尺五寸　外側及間内柱下

三拾壱ヶ所　方弐尺五寸 深壱尺　椽《ママ》梱石下
百八拾弐ヶ所　方弐尺 深壱尺　床カ梱石下
長四百弐拾尺　巾弐尺 深壱尺　雨落石下

〆

右仕様別紙圖面題號箇所訳之通ﾘ地形突方落成之上コンクリート築造ニ就テハ現場手近キ所へ練舟設置二重橋構内ニ積立有之玉川砂利五拾四坪九合洗篩方及運送致モルタール之儀ハ製造所ニ於テ受取速ニ運送致シ練舟ニテ玉川砂利ト指図ニ随ヒ能々混交シ打方致シ可申高地盤土質善悪モ有之候ニ付一様ニ難見極候得共可成同高サニ差下ケ矩計ヲ以テ上バ不陸無之様打平均シ乾堅メ可申右工業中雨降之節ハ夫々雨除ヶ手配ニ可及候事

同床カ梱下雨落石下椽梱等コンクリート打方仕様前之通リニ出来可致尤前柱下等ノ煉化積立廻リ築堅メ之上ニテ地形突方着手候間其手順ニ可相捗事

　但シコンクリート練方及打方雨覆之儀一々指図ニ随ヒ不都合無之様精々注意可致荷桶又練道具類ハ總テ貸渡雨除諸色杉丸太竹筥莚縄共相渡候間運送可致事

仕様に玉砂利は、二重橋構内は二重橋構内から運送とあるが、皇居造営では前章でも述べたがセメントを多用する。内外側柱のコンクリート地形や後述する煉化積ではモルタルを使用するが、謁見所近くでは、旧太鼓櫓近くと蓮池濠と蛤濠間にモルタル製錬所がある。これに関する史料は、『皇居造営録（モルタル機械）明治一五～二一年』（識別番号四四一六）に所収されている。

地形の最後が煉化石積方となる。

　謁見所地形煉化石積方仕様書

一　弐百三拾六ヶ所　煉化石積
一　六百四拾壱尺　同　断
　内
拾五ヶ所　内外柱下煉化四段積但　下積 方平均四枚半 高三枚ツヽ三段　上積 方三枚半 高貳拾八枚
八ヶ所　外側柱下同　但　同 方平均四枚半 高三枚ツヽ三段　同 方三枚半 高貳拾壱枚
三拾壱ヶ所　椽《ママ》梱石下煉化巾　方貳枚半積 高拾五枚　積
百八拾弐ヶ所　床カ梱石下同断　方貳枚 高拾六枚　積
長弐百弐拾壱尺　地覆石下 迫持 同断　巾貳枚 高貳拾枚　積
長四百弐拾尺　雨落石下同断　巾貳枚 高拾枚　積

〆

右仕様前箇所訳之通リ煉化石之儀二重橋門ニ撰立有之候ヲ築造都合ニ依リ運送致シモルタールハ練場ニテ相渡候間運送致シ右煉化石資用之際一々水ニ浸シ泡消候上ニテ取出シ積立壱ト側毎ニ継トロ入高サ都テ一日ハ枚ヲ限リ漸々積立可申尤モルタール之儀ハ成丈時間ヲ不移様注意致シ受取積立可申事

一　地覆石下總テ在来地盤ヨリ高弐枚下リヨリ積立廻リ持枠取建煉化弐枚並ニ別紙図面之通継トロ入前同断積立可申事

一　雨除丸太竹筥莚縄類共相渡候間水流シ能ク結方可致事

　但シ煉化石積遣リ形及迫持仮枠之儀

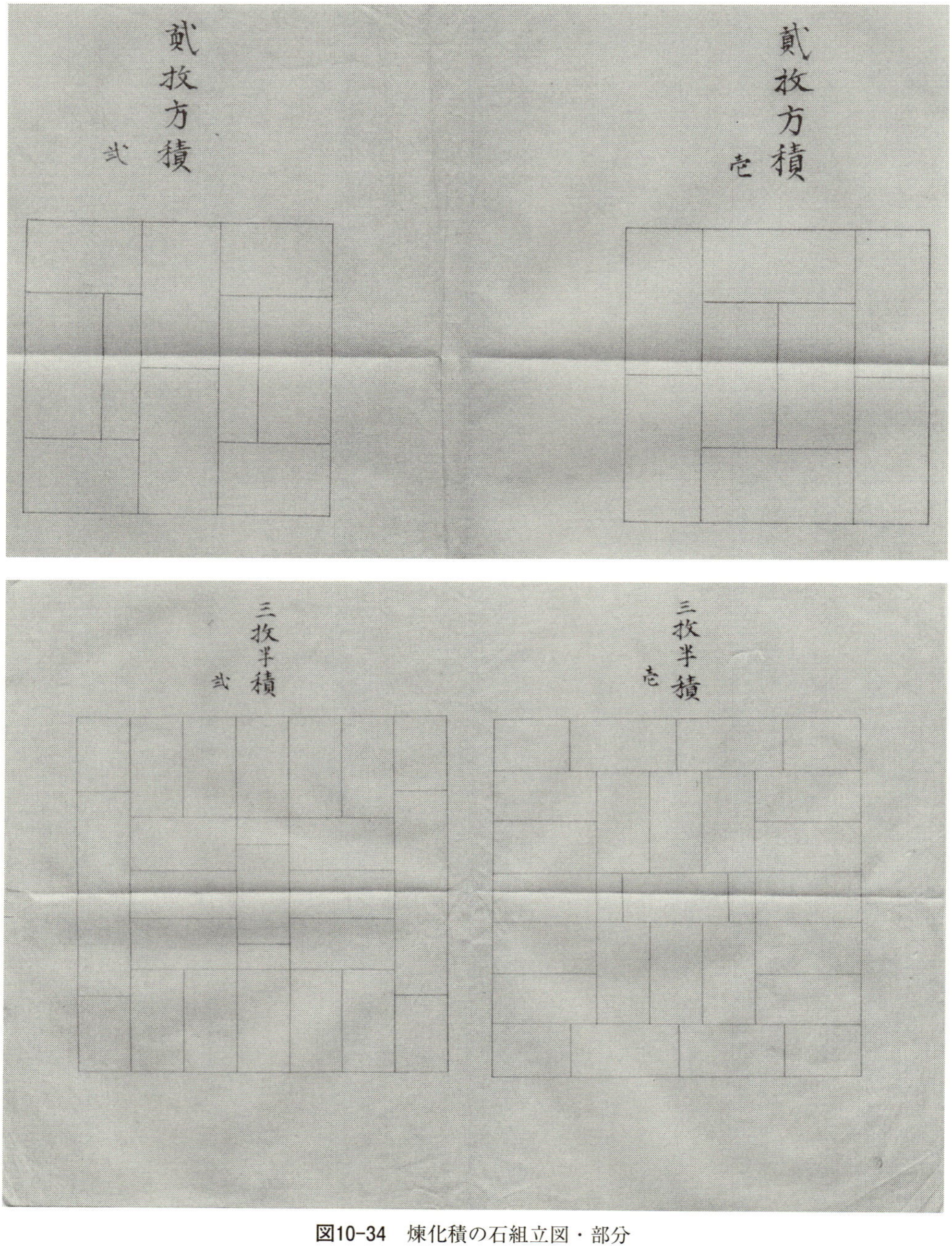

図10-34　煉化積の石組立図・部分

定雇大工ヲ以テ取建遣シ候事

煉化積仕様で、根伐・突堅・コンクリート打仕様と異なることとして、地覆石下の煉化石積をあげることができる。地覆石は、外側柱と同所化粧柱間を礎石と同一レベルで囲繞する石で、外側柱の安定に重要な役割を果たす。図10-32をみると、化粧石の左側に在来地盤から地覆石上端までの高さ四尺五寸とあり、隣りに「高サ峠ニテ煉化貳拾枚」の記述と範囲を示している。図10-32では、外側柱間の内側、縁を除く全てに煉化積とみるかもしれないが、それは誤りである。煉化積は、各種柱石の下と地覆石下に限られている。

煉化積の特徴として、二点あげることができる。一点は、図10-32・33とも深い柱は外側柱下の地形となるが、入側柱下を含め主要柱下の地形として、堀方向にコンクリートによる土台を築き、その上に煉化の枚数を減らし三段の基礎、その上に「三枚半方」の煉化積をしていることである。ちなみに、「三枚半方」とある煉化石組立は、『(謁見所)二』の第二號「煉化積之義ニ付伺之件」(明治十八年六月廿一日提出)の案件に、貳枚方積から三枚半方積の四種類(各積方二枚)八点の図が所収されている。図10-34は、そのうちの部分である。これ以外に、貳枚半積と三枚積が加わることになる。いずれも一つの平面上に煉化の位置を換えることによって、強度を増そうとしたものである。一点は、図10-32・33を好例として外側柱下の煉化積地形をみると、垂直方向はもとより、隣接する外側柱下との連絡・強化を計るために、在来地盤面でアーチ状の煉化積を施していることである。アーチ状の構造物は、第七章の大手石橋の巻石でも述べたが、力が多方面に分散することで強度を増し、かつ美的効果もある。この煉化積のアーチ状の地形は、謁見所特有のものではなく、宮御殿や内謁見所などでもみることができる。

このように、謁見所における地形は、各工程とも最善を尽くし、入念に行われたのである。

史料では、煉化積の上に礎石を据えるが、そこは省略する。

足代・屋根　床伏・矩斗・天井屋根裏・小屋伏・梁妻平面図等々は、宮御殿と同様、別に保存とのことで紹介することができないが、上家仮設(足代)と銅葺について簡単に触れることにする。

上家仮設に関する史料は、『(謁見所)二』第一九號「謁見所上家取設概算伺ノ件」(明治十八年九月九日提出)に所収されている。足代というと簡易に考えがちであるが、第七章の大手石橋の巻枠と同様、堅固な造りとなる。ちなみに、予算をみると、

概算金二八三九円八七銭一厘

一金一二〇六円二七銭三厘

但積合可附分

外

金一六三三円五九銭八厘

是者松丸太押角費背板縄之代

とある。職工費は、積合によって七四四円九八銭六厘で落札されるが、一坪当たりの単価が一円五五銭六厘程となる。金額だけでは判然としないので、仕様書と添付されている二点の図を載せる。仕様書は、規模のみを抜粋する。

桁行百三拾九尺

一　　　　上家取設
梁間百弐拾四尺
軒高サ石上ハヨリ桁迠弐拾七尺
同出弐尺
　勾配壱重ハ五寸五分二重ハ五寸
地坪四百七拾八坪七合七夕七才
家根坪六百拾坪五合六勺九才

（以下略）

とある。積合の一坪単価は、地坪ということになる。図10-35は、同案件の「謁見所御上家附テ之圖／取溜所及／登桟梯共　弐ヶ所宛」である。登桟梯は一〇尺の幅で勾配を持って二一尺の高さの取溜所に続く。図10-36は、「謁見所御上家建地割之圖」である。内側の四角い大きなものが五間×四間の入側柱、その周りが床束柱（床梱下柱）となる。仕様書にある上家取設の桁行と梁間の規模が外側に記されている。この案件は、明治十八年九月二十五日に着手して、同年十一月二十五日に落成している。足代を組むのに二カ月間を要したことになる。

図10-37は『（謁見所）三』第一〇號「謁見所屋根銅葺ノ費概算伺」（明治十九年四月三十日提出）の案件の図の一点である「謁見所屋根銅葺坪取之圖」である。図10-16の明治十七年作成の屋根葺案では、入母屋造りの謁見所を本瓦葺としていた。その後の見直しで、謁見表を含む表宮殿の主要な建物は、全て銅葺となる。それは、奥宮殿でも同様で、『皇居造営録（聖上常御殿）二　明治一五～二一年』（識別番号四三七〇-二）の第四號「常御殿向家根葺区分之儀伺」（明治十七年五月五日提

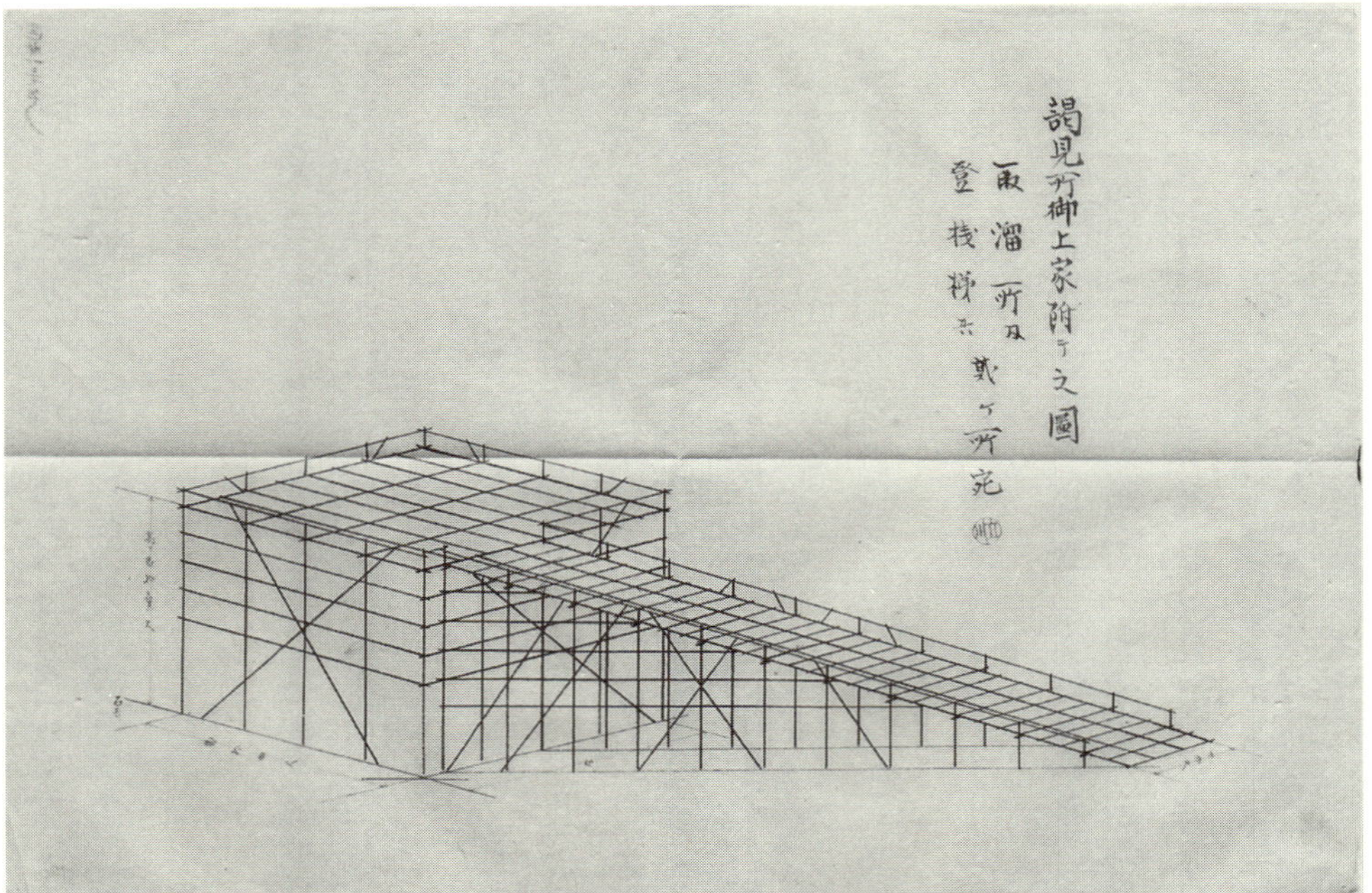

図10-35　謁見所上家取設のための取溜所・登桟梯足代図

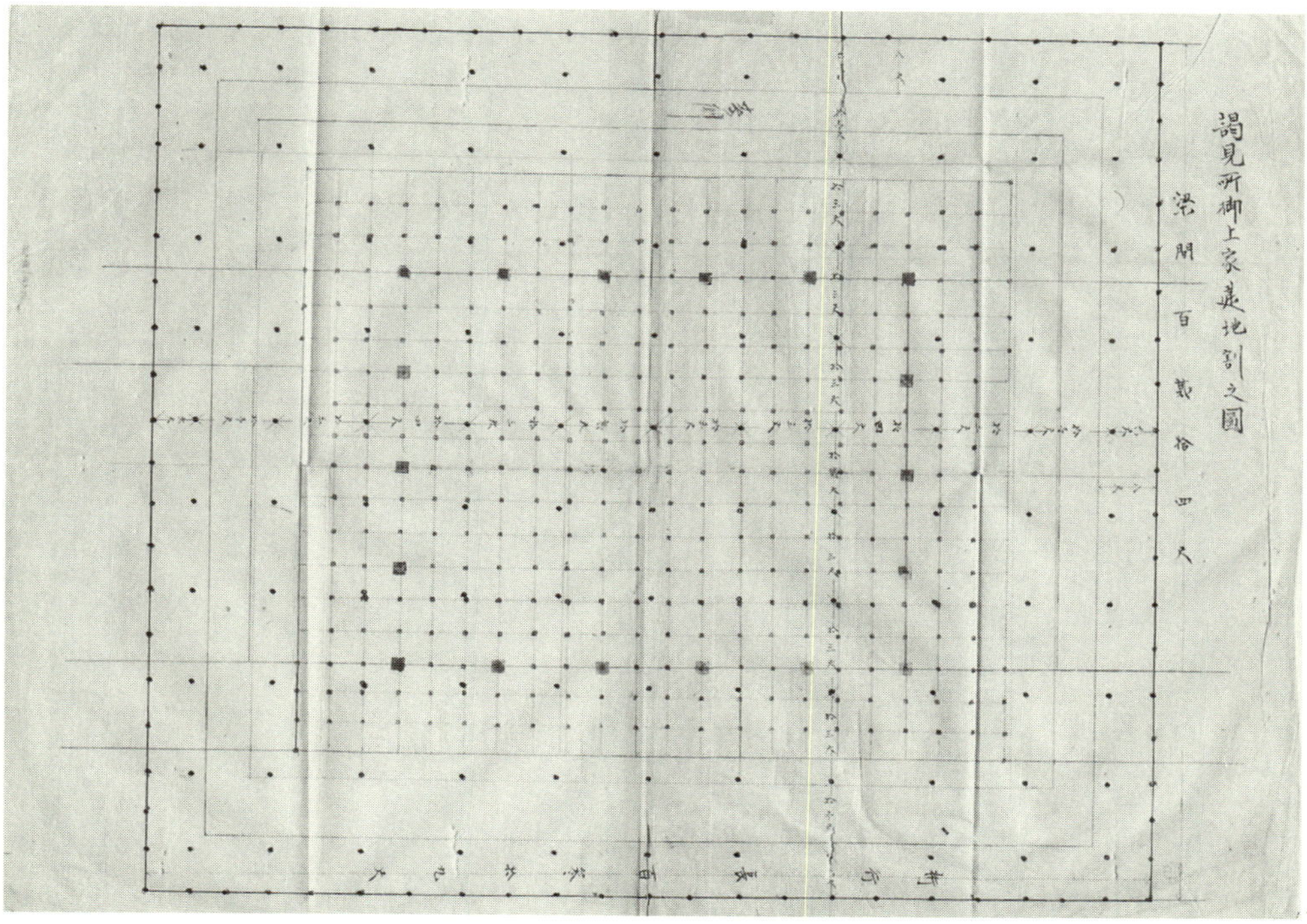

図10-36　謁見所上家建地割図

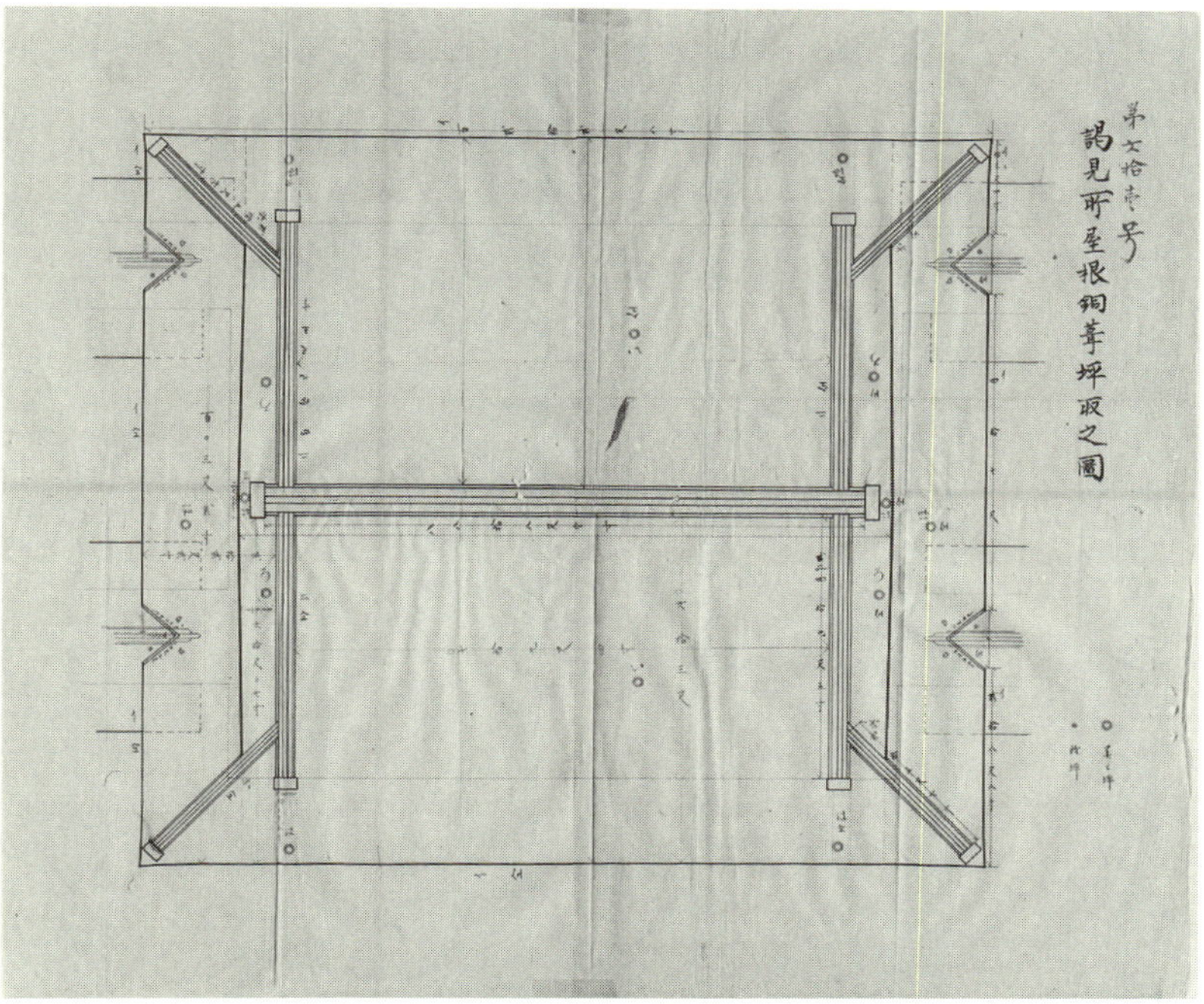

図10-37　謁見所屋根銅葺坪取図

出）の案件に付く図をみると、銅葺は、聖上常御殿と皇居宮常御殿の二棟の建物に限られていた。宮御殿や御休所（皇太后）をはじめとする他の建物は、全て瓦葺を予定していた。したがって、当初、謁見所の屋根を本瓦葺としたことは、特段、格がおちるというわけではない。

　案件に戻る。この案件の予算をみると、

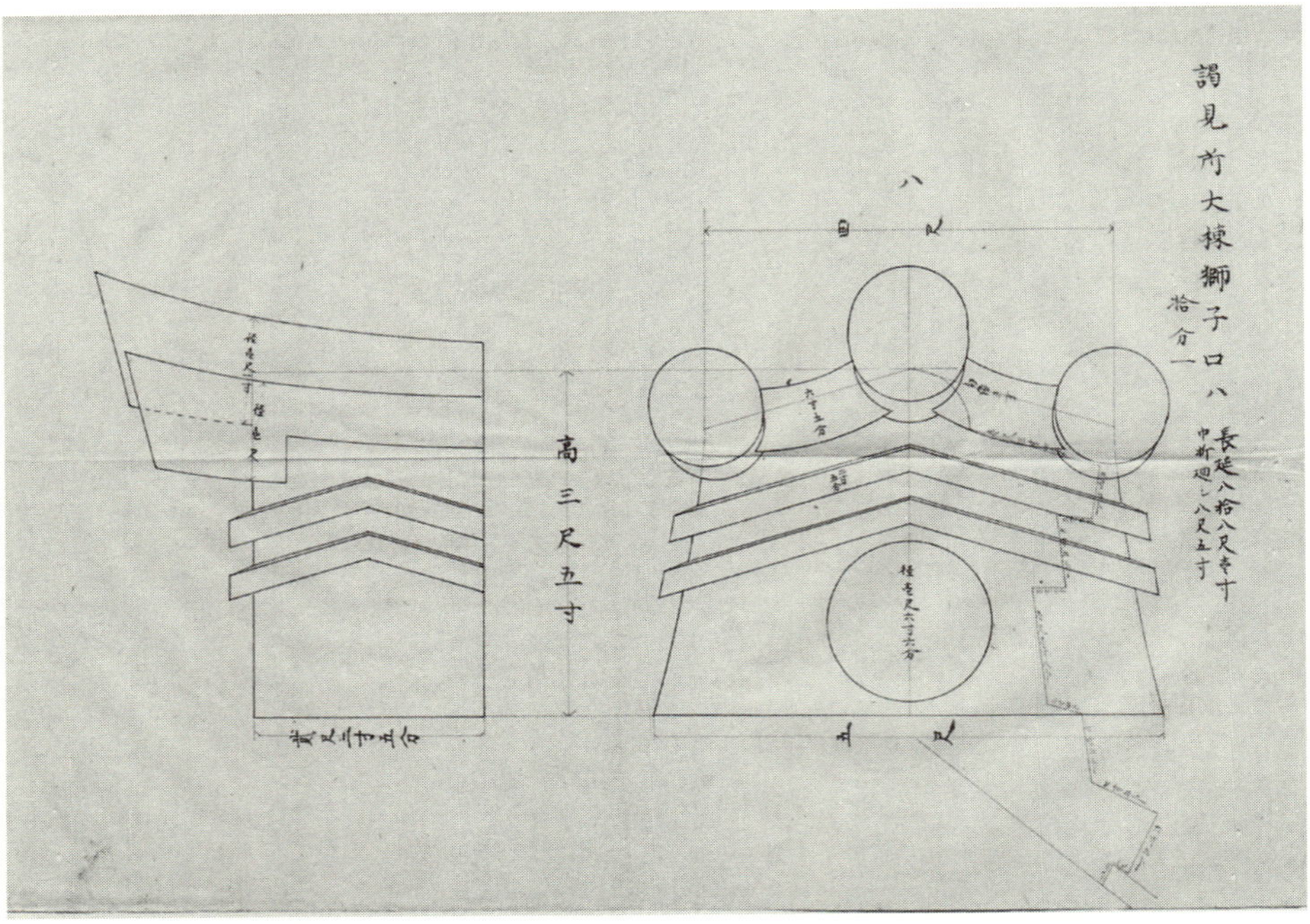

図10-38　謁見所獅子口図

概算金一四三一六円四五銭一厘

一金一二四二円六三銭六厘

内譯

職工料　金一一三五円八八銭七厘　積合可附高

材料　金六円七四銭九厘　　購買品金高

外ニ

金一三〇七三円八一銭五厘　貯畜品金高

〆

とある。最後の「貯畜品金高」とは、購入済の銅葺に使用するパーツ代ということになる。いささか高額に感ずるが、屋根本体を銅板が被うのではなく、檜皮葺の如く、銅板を幾重にも重ね、銅鋲や鉄鋲で止める大変、丁寧な仕上のためである。この件は、「御車寄」で詳述する。本案件には、図10-37の他に、大棟獅子口・下隅獅子口・隅棟獅子口・同足本図が付く。図10-38は、大棟獅子口である。

C内謁見所（鳳凰之間）

内謁見所は、江戸城ならば白書院にあたる空間といえようか。同所は、東側に化粧之間を挟んで謁見所、西側に隣接して御学問所がある。二棟の主要な建物の中間に位置することになる。

史料は、模様替が生じたことから、そこに至る経緯も残されている。取合之間を皇后宮内謁見所へ、小屋組も模様替などがあるので、まずはこの二点を紹介する。

内謁見所地之間図と取合之間模様替　内謁見所に関する史料は、『皇居造営録（内謁見所）一～三　明治一七～二〇年』（識別番号四三五

五一～三）に所収されている。このうち、二つの模様替は、『（内謁見所）二』にある。地之間図が添えられているのは、第三號「内謁見所及取合ノ間廊下共御模様襖ニ付大工人足増ノ費申付伺ノ件」（明治十八年七月三十一日提出）の案件である。

図10-39は、「内謁見所地之間百分壹圖」である。法量は、縦三二・三センチ、横四三・八センチを測る。部屋の配置をみる。画面中央の廊下を挟んで左手が内謁見所。入側が四四帖の広さをもち、正面に御床と御棚を構える。天井は、「二重折上小組天井／天井長押」とある。西側には取合之間（二四帖、猿頬天井／廻縁長押）が続き、三方を御縁座敷（四五帖、化粧屋根裏）が巡る。さらに、外側を縁が廻り、御学問所へと延びる。廊下を挟んで一間あり、ここが皇后宮内謁見所となる。図は、模様替後の仕様となる。正面に付書院、その左手に御床と御棚を構え、二四帖。折上小組格天井／天井長押で北側に縁が付く。この皇后宮内謁見所の取合之間からの変更を、数字の上でみることにする。

　　元概算金四千九百六拾七円七拾六銭九厘
一　更正概算金六千三百貳拾八円〇貳銭
　　差増金千三百六拾円貳拾五銭壱厘
　右廉増之ヶ所
　建坪四坪五合増　是レハ皇后宮内謁見所御設ニ付相増
　折上天井　是レハ同所猿頬天井之所折上格天井ニ相成
　野天井　是レハ同上
　床コ棚付書院　是レハ同上
　床コ棚　是レハ内謁見所元カーヘル之所床コ棚ニ相

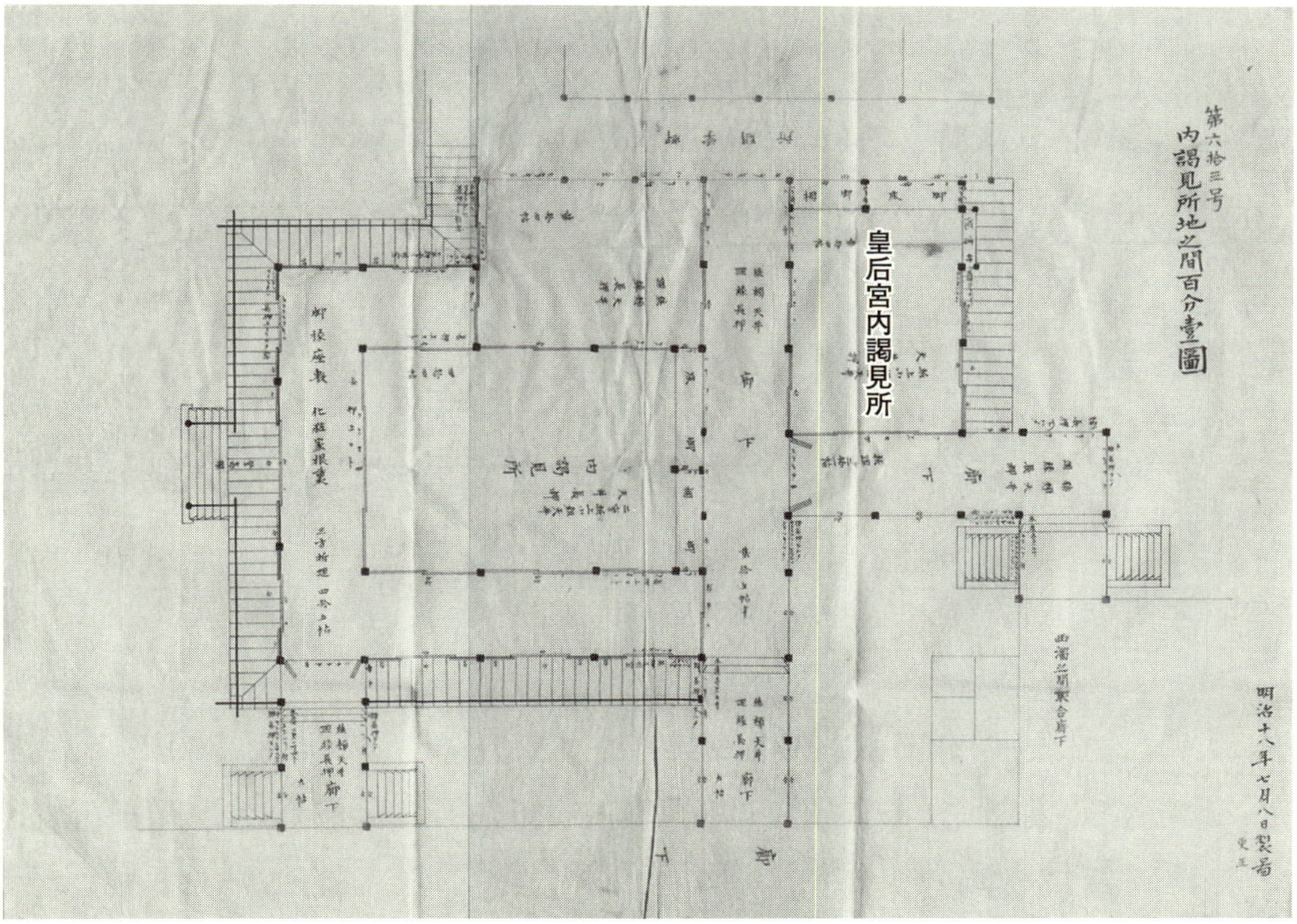

図10-39　内謁見所地之間図

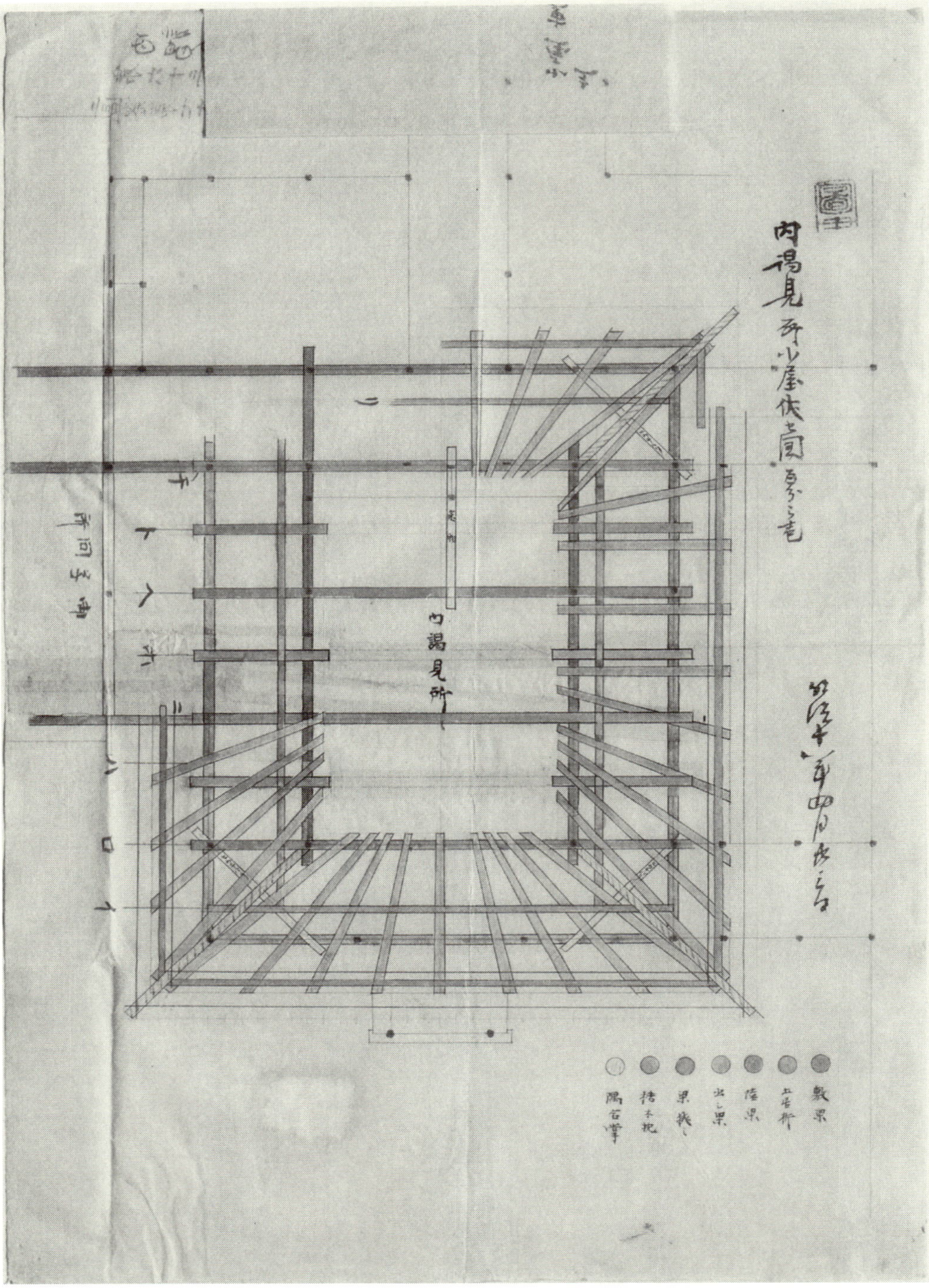

図10-40　内謁見所小屋伏図①

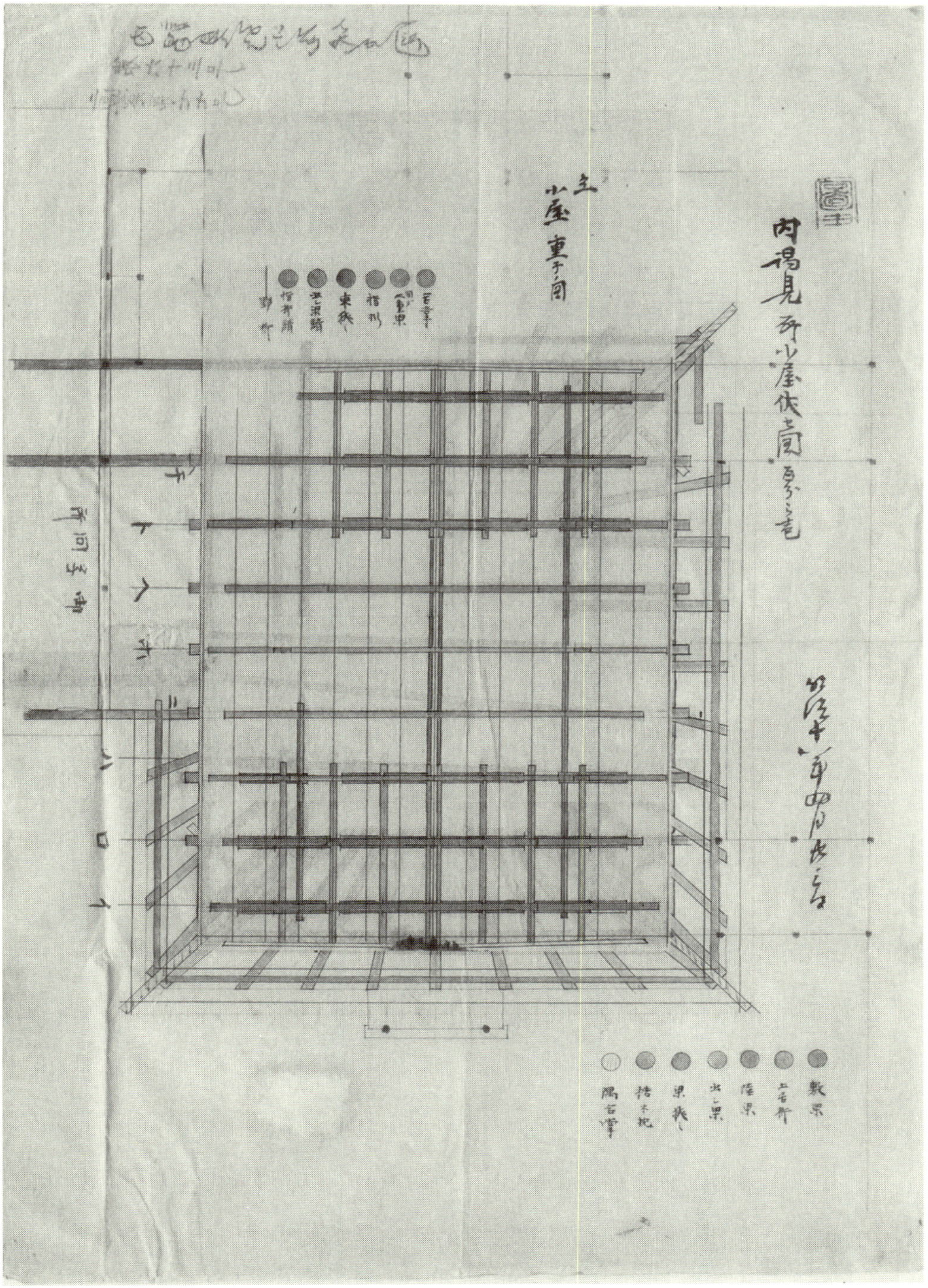

図10-41　内謁見所小屋伏図②

成

外側扉硝子　是レハ元硝子引障子之処開ニ相成
北外側腰羽目　是レハ元白壁之処腰長押下羽目ニ相成
竹之節　是レハ元白壁之処竹之節取付
西側軒捻組　是レハ御学問所取合入隅之処軒違ニ相成不都合ニ付捻上ニ致
以上模様替

とある。取合之間を格式を上げた部屋への模様替であるが、各項目、金額などをみると、丁寧な細工が施されているであろうことを垣間見ることができる。内謁見所と皇后宮内謁見所の二部屋に構える御床と御棚は、床が寄木張の洋風であることから後に撤去され、暖炉が設けられることになる。

図10-40・41は、内謁見所小屋伏図である。宮御殿で述べたように、大工図面は一括して別に保存されているために、『皇居造営録』に所収されているなかでは、数少ない図である。第二號「内謁見所小屋組模様替之儀伺ノ件」（明治十八年五月五日提出）の案件に添えられた図である。彩色が施されており、図10-40が当初の小屋伏図。図10-41は、その上にトレイシングペーパーを被せ、梁間口間持枝を加える図が描かれている。ここでは、図のみを紹介する。

石据と下行道　明治宮殿建物には、全てに石据図が付く。図10-42は、第八號「内謁見所及廊下并下行道石据築造概算伺之件」（明治十八年三月廿二日提出）の案件に添えられたものである。据石が四色に分けており、間内柱石と床カ下土溜石を灰色、外側化粧束石を灰緑色、床カ束石を黒色、他を青色としている。本書での区別は難しい。謁見所で地形の仕様を紹介したが、ここでは、石据の仕様を記す。

一　六個　上ハ壱尺三寸貳分 セイ壱尺六寸 地下ケ四寸　本家外側柱石
右仕様花崗石大サ壱尺七寸方 セイ壱尺六寸　上端伐下造リ出シ共三返叩キ左右地覆石ェ取合セ別圖之通リ枘穴据付之事
（以下、各石の仕様文章は略）
一　壱個　前同　同出隅柱石
一　三個　前同　同入隅柱石
一　七個　前同　同足堅メ下化粧椪石
一　貳拾個　上ハ壱尺六寸方 セイ壱尺六寸　入側柱石
一　貳拾個　上ハ九寸五分 セイ壱尺四寸 切下ケ五寸　椽椪石
一　壱個　上ハ壱尺五寸 セイ壱尺六寸 切下ケ四寸　西溜之間廊下取合柱石
一　拾七個　上ハ壱尺貳寸 セイ壱尺六寸 切下ケ四寸　裏側及廊下柱石
一　壱個　前同　同出隅柱石
一　貳個　前同　同入隅柱石
一　四個　上ハ八寸六分方 セイ壱尺壱寸 切下ケ四寸五分　裏側椽椪石
一　壱個　前同　同足堅メ下取合椽椪石
一　百三拾八個　上ハ壱尺壱寸方 セイ壱尺　床カ椪石
一　貳百六拾八尺〇五分　上ハ九寸五分 セイ八寸　地覆石

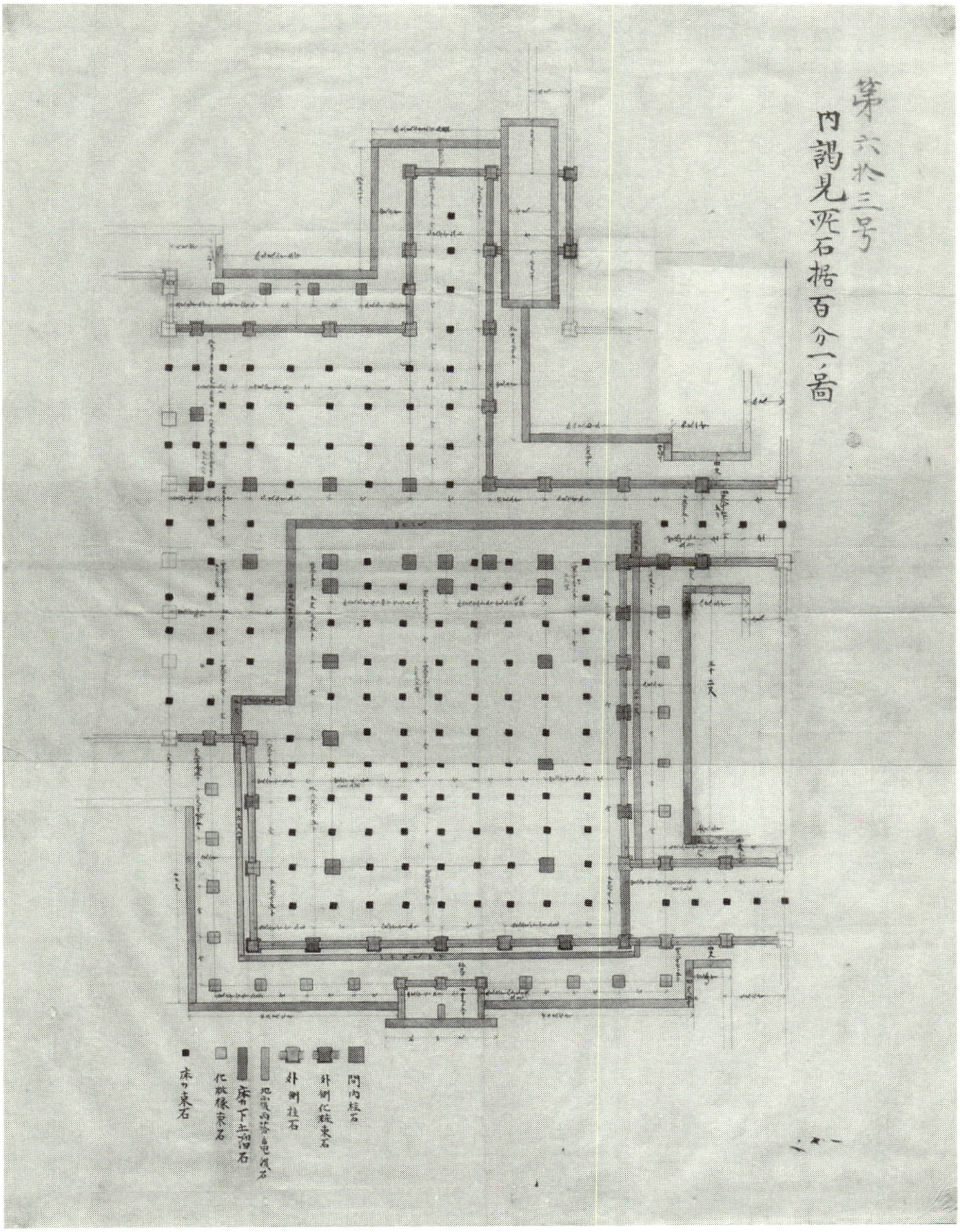

図10-42　内謁見所石据図

一　弐百三拾壱尺八寸八分　上ハ　壱尺　セイ　八寸　切下ケ　外　七寸　内　弐寸　切下ケ　四寸　雨落石

一　拾四尺　上ハ　壱尺弐寸五分　セイ　壱尺壱寸　切下ケ　段下踏石

一　拾八尺壱寸六分　上ハ　七寸　セイ　八寸五分　切下ケ　四寸　簓桁受及間仕切石

一　百拾四尺九寸　上ハ　六寸　セイ　五寸　亀腹受地覆石

一　四個　長　壱尺六寸　上ハ　九寸五分　切下ケ　弐寸　同留石

一　拾四間六分六厘　床カ下土留石

とある。図10-42の色別が困難でも、この仕様によっておおむね判断することができる。

内謁見所には、下行道と呼称される施設が二ヵ所に築かれる。廊下を潜る石組地下道の方が理解しやすいかも知れない。図10-42では右下と右上になるが、後述する図10-45の方が位置が明確である。下行道にも仕様書と三点の図が付く。図10-43が平面図、図10-44が石垣築建石割(断面)図となる。さきに仕様書をみる。ここでは、規模のみを抜粋する。

一　長延折廻シ三拾六尺五寸　折廻シ左右石垣築建
　　高平均石上ハヨリ五尺弐寸
　　長延四拾七尺六寸　石垣上平均石
　　弐ケ所　五段石階段
　　長延五拾尺

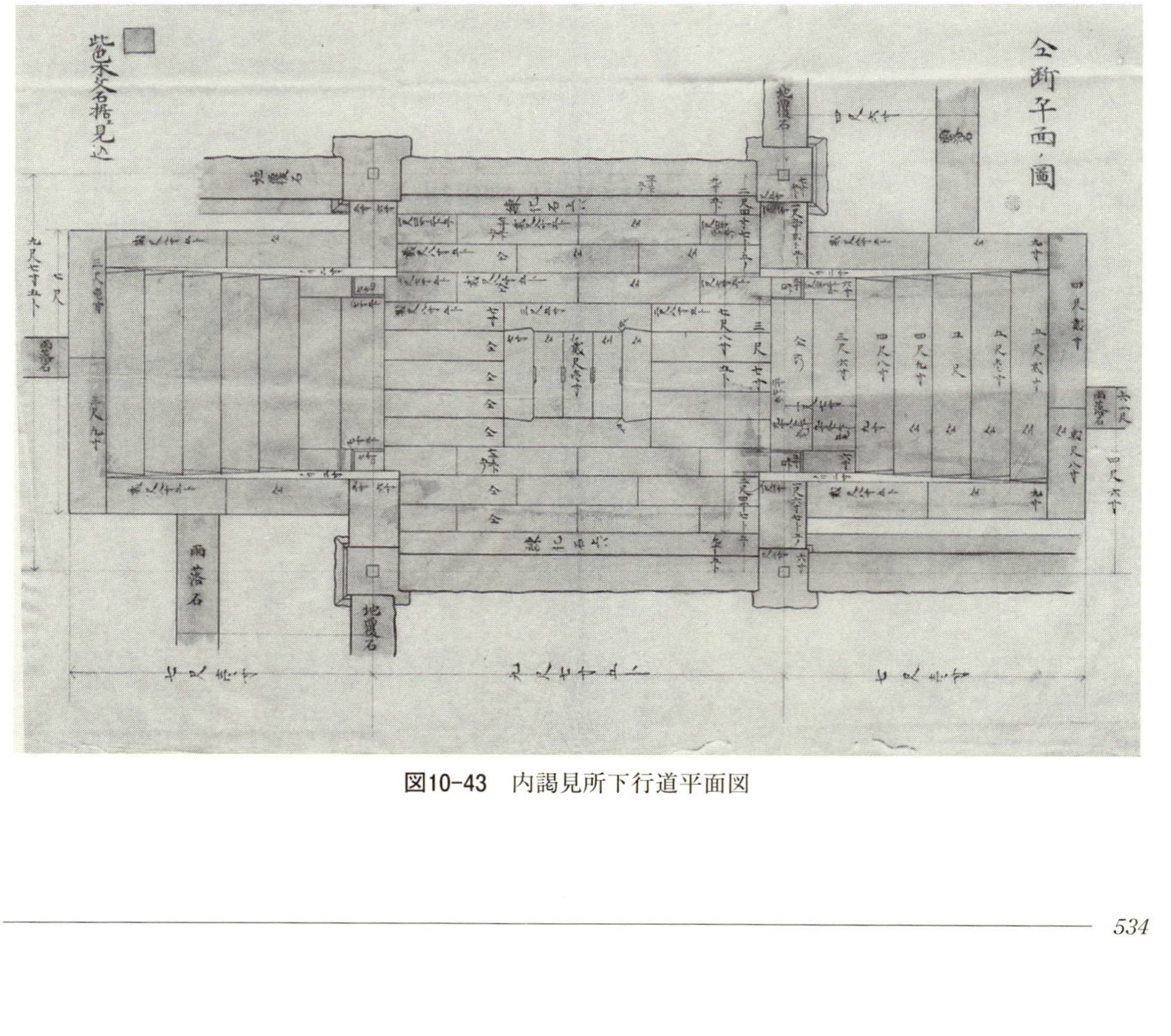

図10-43　内謁見所下行道平面図

長拾三尺壱寸五分　布敷石
巾七尺八寸五分
内長四尺七寸
巾四尺八寸
此内大サ三尺五寸方溜桝縁石外法
四個　入口門柱石
大サ上ハ 見付五寸五分 見込七寸五分
セイ
壱ヶ所　溜桝
大サ内法 弐尺壱寸壱 尺九寸三分
長拾尺四寸　ツマ降均石
高四尺四寸　下野面　石垣
長四間六分五厘
巾壱間五分　下行道根伐
深五尺
此立坪　五坪八合壱勺三才
長四拾五尺
巾壱尺五寸　石垣下同
深壱尺
此立坪　三合壱夕三才
壱ヶ所　溜桝同
大サ五尺方
深　弐尺八寸
此立坪　三合弐夕四才

此立坪〆六坪四合五夕

とある。図10-44では、廊下冠木と敷石との関係（別図が有）が判然としないが、六尺一寸となる。図内に石垣上端までの内法が四尺七寸六分とあるので、石垣上一尺三寸四分（約四〇センチ）の位置が廊下床板下となる。尤、石垣上端は、煉化積の上の据石であることから、地盤から

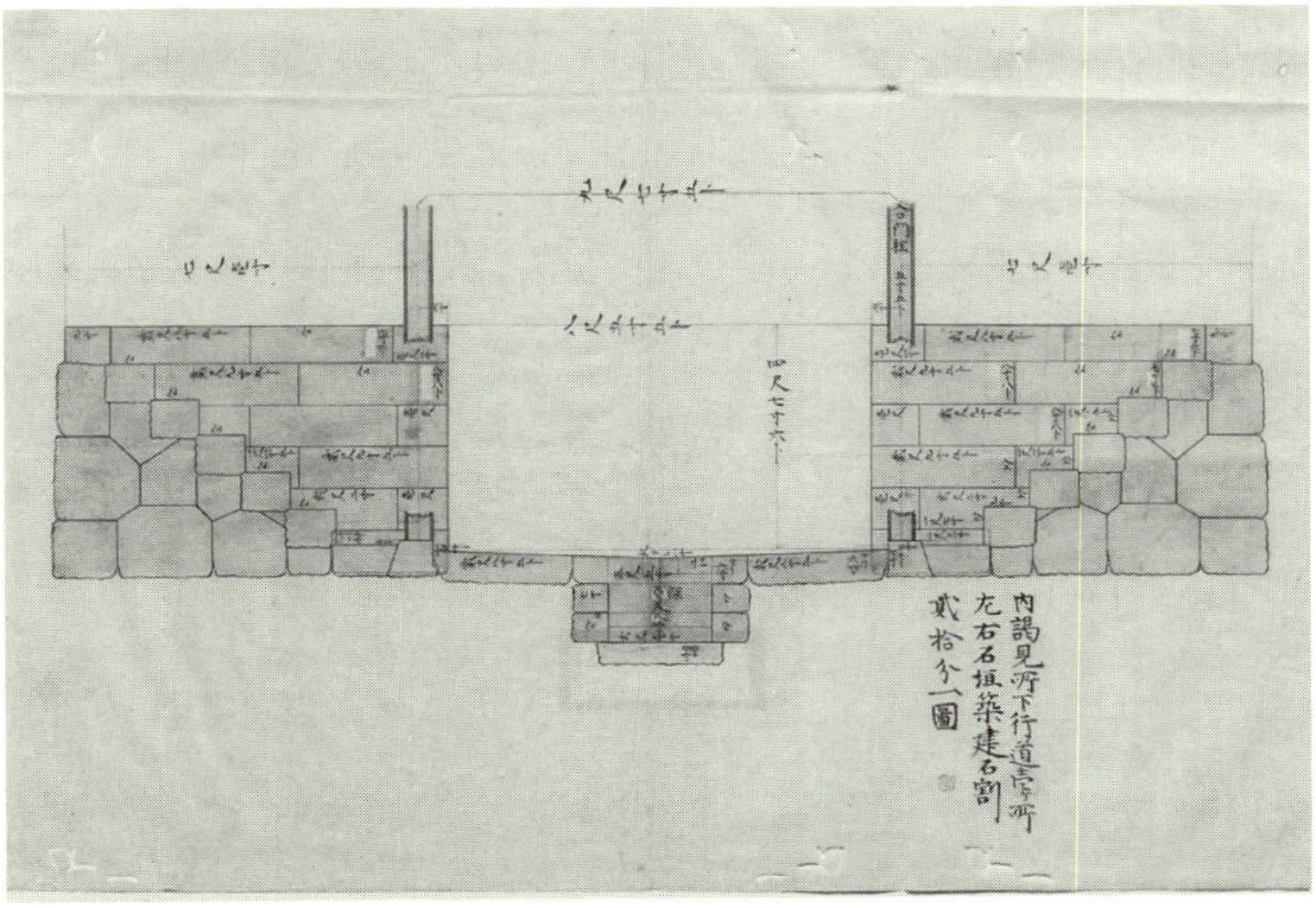

図10-44　内謁見所建石割図

はさらに高くなる。下行道長二三尺九寸五分（約七二〇センチ）、幅三尺七寸（約一一〇センチ）、切石による五段の石段をもつこの施設は見事である。

この下行道は、内謁見所が唯一というわけではない。前述した宮御殿では、御湯殿の西側廊下下にも敷設されている。さらに、図10-13の柱敷座図をみると、表宮殿の各所に描かれている。一例をあげると、謁見所と東西の化粧之間を結ぶ廊下の下。つまり、廊下によって建物が繋がっているため、中庭をはじめとする屋外から他の空間に移動するには、宮殿内では下行道ということになる。

地　形　史料は、第一〇号「内謁見所地形前比積申付之件伺」（明治十八年六月十五日提出）の案件となる。地形は、概算金二三八二円三三銭六厘に対して、根伐・突堅・コンクリート打・煉化積方の職工費が三二四円三三銭七厘、残りの一九五四円二八銭九厘が材料費で本件ではこれにセメント練方費一〇三円七一銭が加わる。職工費に関する四方の仕様は、規模が異なるが謁見所と同様である。

ここでは、地形に使用する材料について、数量と費用についてみることにする。

一金一九五五円二八銭九厘
　此訳
　金七一円五〇銭　石材費
　　五五坪五合　割栗石　壱坪ニ付 金一三円
　金九四〇円三二銭四厘　磚瓦費
　　一〇九三四〇本　煉瓦石　壱万本ニ付 金八六円
　金九四二円四六銭五厘　灰砂費
　　内
　　金四八円六五銭　篩山砂利
　　　立七坪　壱坪ニ付 金六円九二銭
　　金一〇三円四銭五厘　玉川八分目通し洗篩砂利
　　　立一四坪五合七夕五才　同 金七円七銭
　　金六〇八円九二銭　セメント
　　　一一七樽一分　壱樽ニ付 金五円二〇銭
　　金三九円一銭五厘　塩抜砂利
　　　立一三坪五合四夕七才　壱坪ニ付 金二円八八銭
　　金一四二円八三銭五厘　生石灰
　　　六五二〇〆四〇〇目　壱円に付 四五〆六五〇目

とある。資材のなかで、煉化石を取り上げると、約一一万本という数字には驚かされる。ちなみに、前述した謁見所では、東西控所を加えた煉瓦石は、約一八・四万本（一年前で一万本に付八〇円、一四七一円四八銭）となる。表宮殿だけでも一〇〇万本を超えることは疑う余地がない。莫大な資材である。筆者は未読であるが、煉瓦に関する史料として、『皇居造営録（磚瓦）一～九　明治一五～二二年』（識別番号四四四二一一～九）がある。前章において、セメントと石材の需要量と価格（変動を含）について少し述べたが、磚瓦についても研究の必要性を感じている。いずれ明らかにしたい。

ところで、本案件の提出日とセメント代金との関係も注目される。前章で述べたが、明治十八年には、公営の深川工作所に代わり浅野セメン

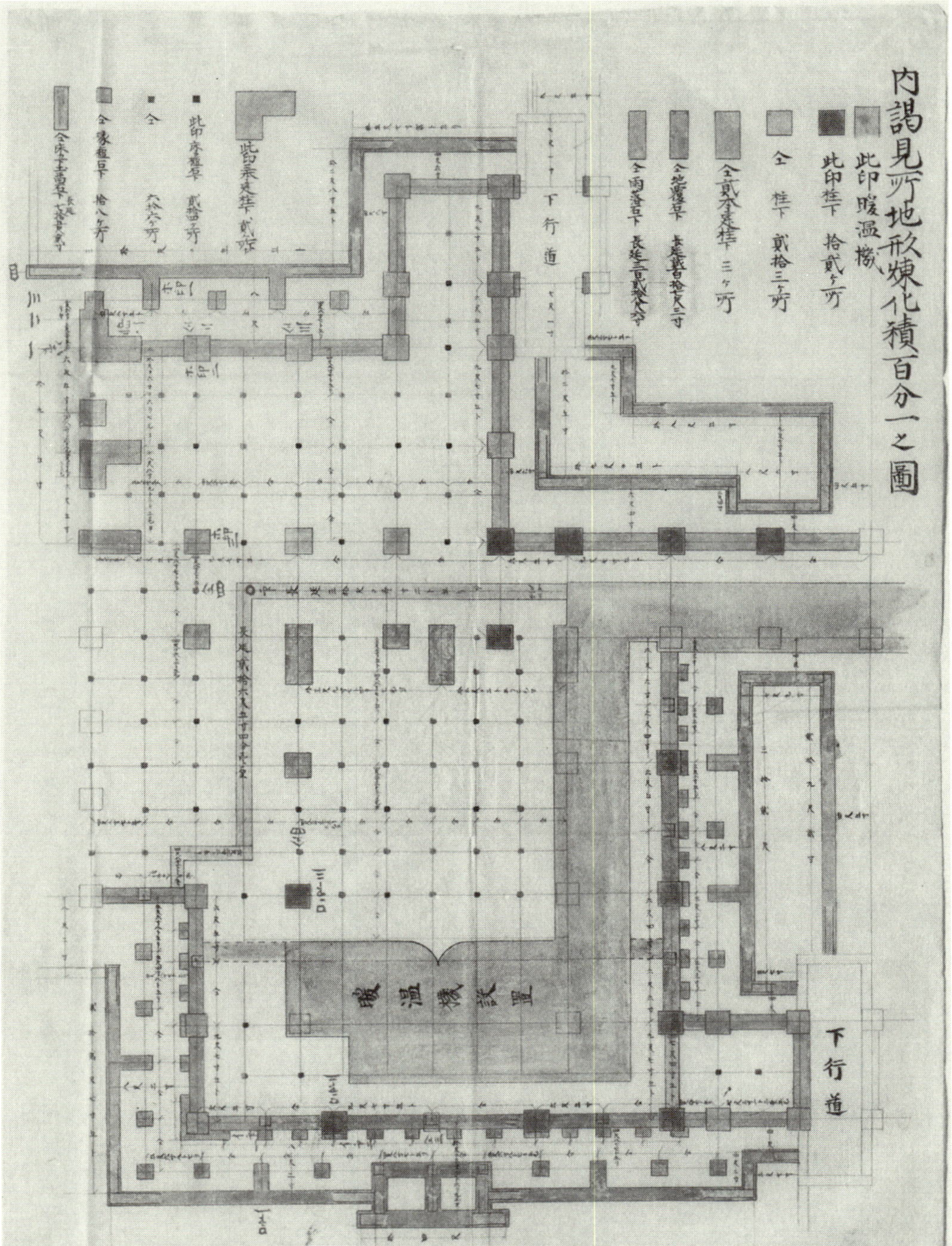

図10-45　内謁見所地形煉化積図

トが参入する。国内競争の高まりによって、一樽当たりの単価も七円五〇銭（明治十五年代）から四円五〇銭（明治十八年代）へと急落する。同案件の四日前、六月十一日には同価格で一二三六樽を購入する。史料に載る代金は、一樽当たり四円五〇銭（国内での運送費を含めても五円）となるところであるが実際には七〇銭高い。旧来の価格差を均しているようにも思える。

本来の地形に戻る。第一〇號の案件には、七点の図が付くが、このうち、三点を取りあげる。図10-45は、「内謁見所地形煉化積圖」である。前述した「下行道」も明記されている。本図には、暖炉は記されていないが、謁見所と同様「暖温機装置」が設置されている。謁見所では、左右に二手に分れる形状をとるが、内謁見所の場合、部屋が狭い分、装置は御縁座敷下を中心として配備される。そのため、装置にかかる入側柱と床カ束石の位置の煉化積はない。図10-46は、図10-45内の左下の拡大したもので、外側柱石・化粧束石、地覆石・亀腹受地覆石と煉化積の平面図である。彩色が施され、石を青色、煉化を茶色で区別している。内側の大きな柱が外側柱石と化粧束石で、それらを連結するのが地覆石となる。仕様書にある亀腹受地覆石とは、地覆石の外側に巡る幅の狭いものを指す。同所の断面を示したものが図10-47となる。画面中程に「内謁見所表側煉化積束ヨリ見ル圖」の内題があるが、その左手が外側柱の位置となる。見通図であるため、本来は、図内「地覆石」と記された直下の煉化石三段積分までが外側柱の据石となる。「亀腹受地覆石」は、外側柱の煉化三枚方地形の上位、突出した煉化積の上端に据石と同じレベルで配置された石のことを指す。据石とこの石との間には隙間が生じるので、その間はタタキによって饅頭形に仕上げられている。したがって、図10-46では、地覆石と同一の高さと見間違うが、亀腹受地覆石の方が低い位置となる。同図で補足すると、内題の左側、雨落石・椽框石・地覆石（外側柱）の上位には柱間の距離が記されている。ここまでは、正確な位置関係を示している。内題の右手、入側柱と椽柱は、同一

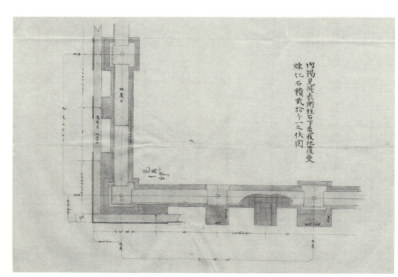

図10-46　内謁見所表側柱石下亀腹地覆受煉化石平面図

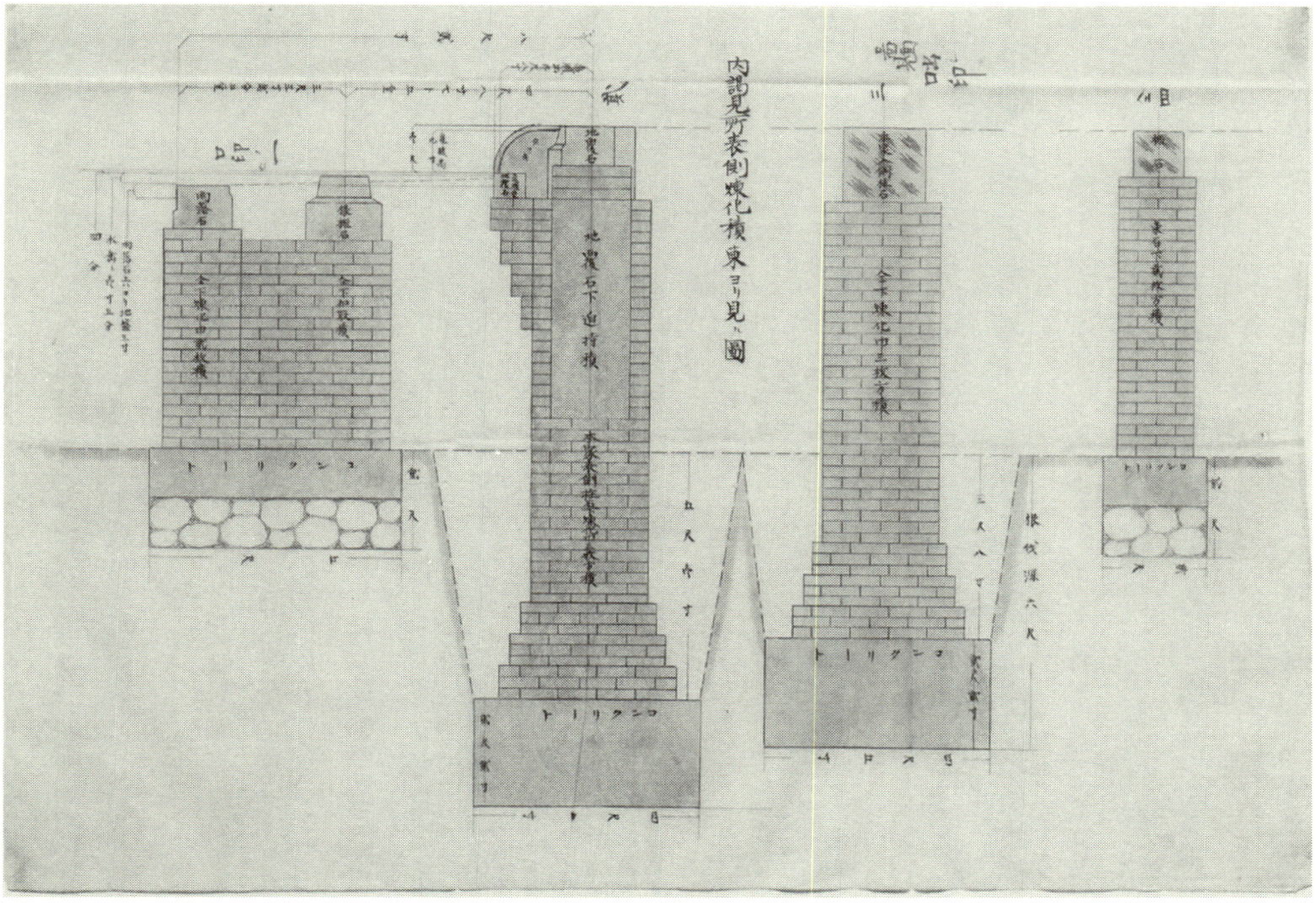

図10-47　内謁見所表側煉化石積断面図

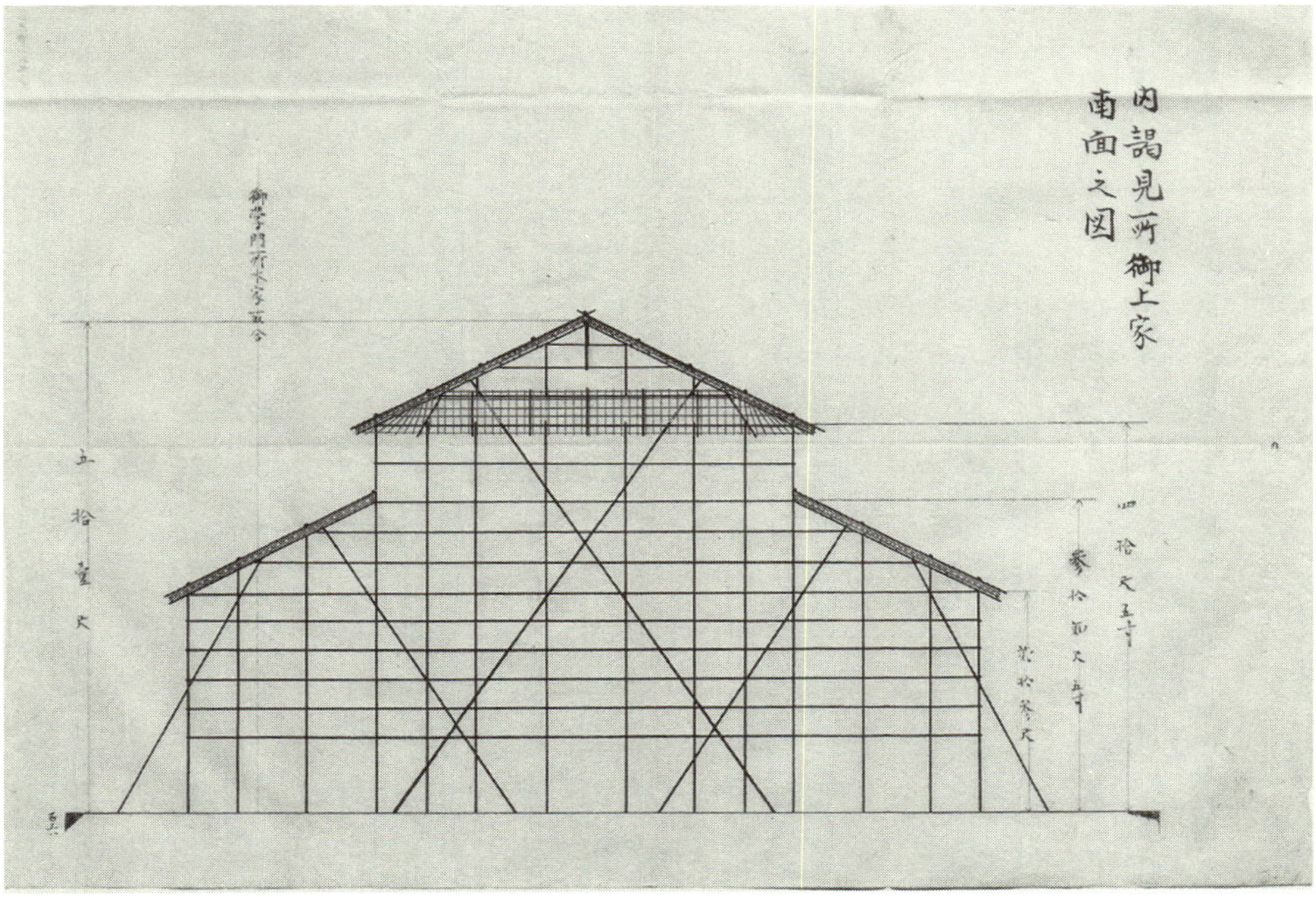

図10-48　内謁見所御上屋南面之図

ライン上ではなく、位置を換え地形の様子を示したものである。
なお、外側柱・内側柱煉化積地形は、謁見所と比較すると図10-47が示すように幾分、小振りとなるが、構造的に同じなので、ここでは省略する。

上家足代　謁見所で紹介した足代（図10-35）は、登桟台と取溜所のものであって、建物全体の足代ではない。図内、取溜台の高さが二一尺とあるが、軒高が二七尺であることから、軒よりも低いことになる。
第一一号「内謁見所上家取設概算伺ノ件」（明治十八年九月三日提出）の案件に、南面と北面の二つの足代図があるので紹介する。図10-48は、「内謁見所御上家南面之図」の内題をもつ足代図である。軒高さが二三尺、大棟までが五一尺となる。画面左上に「御学問所本家取合の位置が記されている。本図は、本家の足代図であるため、登桟梯と取溜所は除かれていることになる。ちなみに、本案件の概算金は、一三五一円四六銭三厘で、謁見所のおよそ半額である。

C　御車寄

御車寄は、正門である西丸大手門を入り、二重橋を渡るとその先にあり、正面玄関である。表宮殿に入るには、最初に目につく建造物である。そのため、威厳と格式を兼備した建物となる。御車寄に関する史料は、『皇居造営録（御車寄）一～五　明治一七～二一年』（識別番号四三六六一一～五）に所収されている。このなかには、隣接する受附之間が含まれている。本書では、煉化積地形、四本の柱を受ける礎盤、唐破風の銅葺屋根の三点について述べることにする。

煉化積地形は、『（御車寄）一』の第四號「地形工事豫算伺之件」（明治十七年七月九日提出）の案件に含まれている。この案件には図面が付き、一つは、御車寄と受附之間の平面図の上に、煉化積地形を描いた貼紙を同一ライン上に置く図、一つは、御車寄・受附之間・左右廊下の拡大図となる。前者の場合、御車寄には、三枚の煉化積地形図が貼られている。同所床には全面に四盤石が敷かれるが、受附之間に昇る階段を除く三方を四盤縁石が巡るので、その煉化積地形図。主柱下の同地形。階段にも煉化石を多用し、主柱から階段にかけての地形断面図。特徴が一目瞭然であるが、筆者の怠慢から、御車寄に関連する図面を用意することができなかった。いずれ、紹介したい。同図中には、御車寄・受附之間・左右廊下の柱石の位置に書き込みがあり、「御車寄柱下煉化／石巾四枚方積」、「受附之間柱下煉化／石巾三枚方積」、「左右廊下柱下煉化／石巾弐枚半方積」とある。傍点は、筆者によるものであるが、表10-3に三カ所の柱下煉化積

表10-3　御車寄・受附之間・左右廊下の柱下地形一覧

工程	仕様	御車寄	受附之間	左右廊下
根伐方	上口（方）	6尺方	5尺9寸方	4尺方
	深さ	3尺8寸	3尺8寸	4尺2寸
コンクリート打方突堅方	上バ（方）	5尺方	4尺5寸方	3尺方
	深さ	2尺5寸	2尺2寸	1尺8寸
煉化積方	基壇上端	平均5尺5寸	平均5尺	平均3尺5寸
	煉化積方	四枚方	三枚半方	二枚半方

※根伐方の深さは在来地盤からのもので、コンクリート打方に関する掘り込みは除いてある

地形を数字でまとめた。さきに、謁見所で煉化石積を貳枚方から三枚半方の組方について触れたが、御車寄では、その上の四枚方となる。表奥宮殿で、四枚方積は筆者の知る限りでは御車寄のみである。煉化積下のコンクリート打方をみても一際、入念である。柱下煉化積地形をみただけでも建物の格を感じてしまう。ちなみに、ここでの地形には、煉化石一三万七五〇本を使用している。

御車寄の柱受である礎盤も特徴の一つである。図10-14の表宮殿各所矩計縮図にもあるが、御車寄と東御車寄の各四本の礎盤（柱受）のみが、断面形が碁石（算盤）状を呈している。いわばみせる礎石なのである。勿論、煉化積地形の上に直接礎盤を置くのではなく、その間には礎盤臺石が入ることになる。礎盤と礎盤臺石に関する仕様は、第一〇號「御車寄受附之間石据概算伺之件」（明治十七年十一月廿八日提出）の案件に含まれている。その部分を抜粋すると

一　四個　大サ上端貳尺八寸四分四厘方セイ貳尺　礎盤臺石
右仕様花崗石荒石大サ三尺壱寸方セイ貳尺　圖面之通リ上端伐下ケ共五返叩キ上端重子目太枘穴彫据付
一　四個　大サ上端壱尺三寸方巾貳尺六分下ハ壱尺四寸五分方セイ九寸貳分　同上石
右仕様前同断荒石大サ貳尺壱寸セイ壱尺壱寸　圖面之通リ重子目太枘穴彫上端枘穴彫切下ヶ操形共五返叩キ地覆石取合巾貳寸深壱寸五分小穴突臺石ニ馴染能据付可申事
（以下略）

とある。図面が用意できないので、説明を加える。三尺一寸四方、高さ二尺の花崗岩製礎盤臺石は、上位に加工を施す。①礎盤と接する一尺三寸四方を平滑にし、中央に礎盤を固定するために二寸四方の枘穴を彫る。②上端の平滑面を二尺八分四方に拡げ、礎盤と接する部分を除き、対角線上に溝を彫る。③②の端部から二寸二分勾配をもって肩部を削る。④一辺が二尺八寸四分四厘の長さとなったところが四盤石（四半敷石）と接する面となる。すなわち、礎盤臺石の上位もみせる臺石なのである。礎盤も花崗石で、上下両端中央に二寸四方の枘穴を彫り、台石と柱とを固定する細工が施されている。巾二寸六分は、碁石（算盤）状の稜線にあたり、セイは高さを表す。稜線から両端までの高さは異なり、台石と接する下位が五寸四分、反対側が三寸八分となる。下位を高くすることで、重厚感を増している。

しかし、この案件は、礎盤の上に据わる柱の太さの変更によって模様替となる。第一〇號の案件時点では、柱の太さが一尺三寸角であったものが、一尺四寸五分角、根巻銅物を含めると一尺六寸となる。この変更によって、第一一號「御車寄受附ノ間石据御模様替ニ付石工人足之費申付伺ノ件」（明治十八年四月十日提出）の案件となり、礎盤はほんのわずか大きくなる。

御車寄の銅葺唐破風は、象徴的な建物である。銅葺前の下拵は、史料をみると二回行われている。『（御車寄）二』第一六號「御車寄軒付蛇腹板等拵立下拵等受負申付上申ノ件」（明治十八年十二月三日提出）と『（御車寄）三』第二號「御車寄屋根銅葺下軒付柿葺ノ費受負申付伺」（明治十九年三月十日提出）である。これらから破風の下拵が柿《こけら》葺であることがわかるが、二つの工事は、明治十九年四月二十日には落成す

る。このあと、胴板鍰葺となる。史料では、第三號「御車寄屋根銅板鍰葺之費概算伺」（明治十九年三月廿四日提出）の案件になる。概算額・仕様書のほかに「御車寄屋根伏図」「御車寄屋根銅板鍰葺方図」など四点の図が付く。とりわけ後者の図は、銅板平板の葺き方が詳細に記され、立体的な組立部分図もある。屋根伏図を参照すると、唐破風の屋根の規模は、棟長四拾七尺三寸五分（約一四・三五メートル）、軒長片側が三拾九尺八寸五分（約一二・〇七メートル）、平均長四拾一尺三寸五分、軒先から箱棟端までが貳拾貳尺五寸（約六・八二メートル）となる。この銅板鍰葺仕様について、数字部分のみを抜粋すると、

一　合七拾七坪○三勺八才

　内

五拾三坪○三勺六才　平鍰葺坪

　此訳

四拾壱尺三寸五分

貳拾貳尺五寸

此坪五拾壱坪六合ハタハ才　貳ケ所（箱棟を挟んで左右）

三尺三寸

七尺三寸五分

此坪壱坪三合四タハ才　貳ケ所（奥側、平均よりはずれる箇所）

貳坪四合○ハ才　軒唐草坪

　此訳

長四拾五尺

巾延八寸壱分　壱ケ所（正面軒）

此坪壱坪○壱タ三才

長七拾九尺七寸　同上（左右の軒合計分）

巾延六寸三分

此坪壱坪三合九勺五才

拾四坪七合○五才　箱棟坪

長四拾七尺三寸五分

巾折廻シ拾壱尺壱寸八分

貳坪八合八勺九才　谷坪

長延五拾貳尺

巾貳尺

四坪　獅子口及足元繪根登

とある。「六尺方坪」の仕様で、括弧内は筆者が加筆したものである。

この仕様書に伴う費用が、

概算金四、六九三円四七銭

一金三九二円八一銭

　内

金三九一円六銭六厘　職工費

金一円一五銭　金具費

金五九銭四厘　雑品費

外

金四、三〇〇円六六銭　金具費

である。このうち、金具費の大半が銅板費で占められている。品目としては、銅板・銅鋲・鉄鋲の三品目が載る。具体的にみると、銅板は、総

量が二四八九貫五四〇目（約九三三六キロ）。一貫目に付金一円七〇銭で合計四二三二円二一銭八厘。銅鋲が五万一〇〇〇本。一〇〇〇本に付金八六銭七厘で合計四四円二一銭七厘。鉄鋲が五万一〇〇〇本。一〇〇〇本に付金四七銭五厘で合計二四円二二銭五厘。銅板が大半を占めているが、その内訳を示したのが表10-4である。部材の「平」が二万四〇〇〇枚余と突出して多いのは、屋根葺にあたり五分の折返しをもってずらしながら重ね、止めることによるためである。それによって、御車寄の屋根には総重量で九トン以上の銅板が葺かれていることになる。唐破風屋根は、格の象徴ともいえるものであるが、造りも重厚なのである。

表10-4　御車寄銅葺屋根で使用する銅板一覧

部材	大きさ	数量	一枚当りの重さ	総重量
平	一尺二寸 七寸五分	二三九〇〇枚	九〇目	二一五一貫目
唐草及下端共	一尺二寸 六寸五分	三二〇枚	七八目	二四貫九六〇目
軒捨	一尺二寸 一尺	一三〇枚	一二〇目	一五貫六〇〇目
谷脇捨	一尺二寸 一尺	一一〇枚	一二〇目	一三貫二〇〇目
谷底	二尺四方	三〇〇枚	六六六目六分	一九九貫九八〇目
大棟	一尺 四尺	一七〇枚	四〇〇目	六八貫目
獅子口足元共	一尺二寸 一尺四寸	一〇〇枚	一六八目	一六貫八〇〇目
合計	—	二五〇三〇枚	—	二、四八九貫五四〇目

本書では、宮殿を建てるという視点で、通常、置き去りされがちな地形に焦点をあてて述べてきた。明治の建造物には、東京駅駅舎や万世橋高架橋をはじめとして煉化石が多用されている。それらを眺めていると、どことなく心が落ちつき癒されることもある。それは、コンクリートとは異なる煉化石特有のやわらかさからくるものであろう。一方では、宮殿の柱下地形や二重橋台の地形において、それが、鉄筋に勝るとも劣らない強度を保っていたことも事実である。

筆者は、建築はもとより土木についても門外漢であるが、宮内庁宮内公文書館史料を閲覧し学んでいるなかで、改めて歴史的建造物の意義を考える機会を得、あわせて史料を伝える重要性を感じている。本書で扱った史料は、『皇居造営録』や『皇居造営誌』のなかのほんの一部分であるにしか過ぎない。また、建築・土木についても、精通とはいかないまでも、理解力を高める努力の必要性を感じている。時間を要するであろうが、少しでも多くの史料と出会い、それらを精査していくなかで、別の視点から再度、皇居造営について論じる機会があることを願っている。

主要参考文献

青木路春『真鶴叢談』梅里書房　二〇〇〇年
秋田裕毅『井戸』法政大学出版局　二〇一〇年
朝倉治彦校訂　杉田玄白著「後見草」『燕石十種』第二巻　中央公論社　一九七九年
蘆田伊人編集校訂『御府内備考』雄山閣
天木詠子「徳川将軍家の葬儀のための建築」『江戸遺跡研究の視点と展開（発表要旨）』江戸遺跡研究会　二〇一四年
五十嵐俊雄『考古資料の岩石学』パリノ・サーヴェイ株式会社　二〇〇六年
石野友康「万治元年の江戸城普請と加賀藩」『城郭石垣の技術と組織を探る—金沢城と諸城—』石川県・石川県教育委員会　二〇一二年
伊藤和明『日本の地震被害』岩波新書　二〇〇五年
伊藤好一『江戸上水道の歴史』吉川弘文館　二〇一一年
伊東孝『東京再発見—土木遺産は語る—』岩波新書　一九九三年
同『東京の橋』鹿島出版会　一九八六年
宇佐美龍夫「元禄大地震の全体像」『房総災害史—元禄大地震と津波を中心に—』千秋社　一九八四年
同『最新版　日本被害地震総覧』東京大学出版会　二〇〇三年
内田清「足柄・小田原産の江戸城石垣石—加藤肥後守石場から献上石屏風まで—」『小田原市郷土文化館研究報告』No.37　二〇〇一年
榮森康治郎・神吉和夫・肥留間博『江戸上水の技術と経理—玉川上水留・抄翻刻と解析』クオリ　二〇〇〇年
大熊嘉邦「耐震構造」『明治前日本建築技術史　改訂版』臨川書店　一九八五年
岡本良一『大坂城』岩波書店　一九九三年
岡本良一編『大坂城の諸研究』日本城郭史研究叢書第八巻　名著出版　一九八二年
大島慎一「（史料紹介）史跡石垣山一夜城跡発見の加藤肥後守銘金石文について」『小田原市郷土文化館研究報告』No.35　一九九五年
大塚昌彦「上野国中瀬の江戸城築城石—上野国中瀬の記録と江戸城築城石採石の点と線—」『群馬文化』第二六九号　二〇〇二年
小沢朝江『明治の皇室建築』吉川弘文館　二〇〇九年
小澤弘ほか『図説・江戸図屏風を読む』河出書房新社　一九九三年
小野清『徳川制度史料』初輯　六合館　一九二七年
小野英樹「伊豆に見られる石丁場—東海岸稲取地区を中心として—」『怒濤の考古学』二〇〇五年
小野田護「駿府城の石垣のふる里と刻印」『家康と駿府城』静岡新聞社　一九九八年
貝塚爽平『東京の自然史』紀伊國屋書店　一九六四年
貝塚爽平・小池一之・遠藤邦彦・山崎晴雄・鈴木毅彦編『日本の地形4　関東・伊豆小笠原』東京大学出版会　二〇〇〇年
加藤清志『伊豆東浦路の下田街道』サガミヤ　二〇〇四年
香取秀美『江戸鑄師名譜』一九五二年
鐘方正樹『井戸の考古学』同成社　二〇〇三年
金子浩之「江戸城の石垣—海との関係から—」『城郭史研究』第二七号　二〇〇七年
金子浩之・岡田善十郎「伊豆石丁場遺跡調査の現状」『江戸時代の生産遺跡（発表要旨）』江戸遺跡研究会　一九九四年
北垣聰一郎「穴生の系譜と石材運搬」『日本城郭大系』別巻I　新人物往来社　一九八一年
同『石垣普請』法政大学出版局　一九八七年

北原糸子　『江戸城外堀物語』ちくま新書　一九九九年

同　『地震の社会史』講談社学術文庫　二〇〇〇年

北原糸子編　『日本災害史』吉川弘文館　二〇〇六年

朽木史郎　『明石城』一九五七年

同　『篠山城石垣符号の研究』一九六〇年

同　「城石垣の符号」『探訪日本の城』別巻　築城の歴史　小学館　一九七八年

黒木喬　『江戸の火事』同成社　一九九九年

桑原武夫訳　『新井白石　折りたく柴の記』中央公論社　二〇〇四年

後藤宏樹　「遺跡にみる城下町江戸の造成—江戸の都市開発—」『発掘が語る千代田区の歴史』図録　千代田区教育委員会　一九九八年

後藤宏樹・金子智ほか　『尾張藩麹町邸跡』紀尾井町六—一八遺跡調査会　一九九四年

小松和博　『江戸城—その歴史と構造—』名著出版　一九八五年

寒川旭　『地震の日本史—大地は何を語るのか—』中公新書　二〇〇七年

白峰旬　「全国穴太・石垣関係史料」『金沢城石垣構築技術史料Ⅰ』金沢城史料叢書7　二〇〇八年

同　「近世大名家臣としての穴生に関する若干の考察」『史学論叢』別府大学史学研究会　二〇〇九年

鈴木理生　『千代田区の歴史』名著出版　一九七八年

鈴木茂　「江戸城石垣と伊東の石切場」『伊東・文化財とその周辺』伊東市教育委員会　一九九五年

鈴木棠三・保田晴男編　『近世庶民生活史料　未刊日記集成　鈴木修理日記』第五巻　三一書房　一九九八年

鈴木尚・矢島恭介・山辺知行編　『増上寺　徳川将軍墓とその遺品・遺体』東京大学出版会　一九六七年

鈴木博之監修　『皇室建築—内匠寮の人と作品』建築画報社　二〇〇五年

千田嘉博　「集大成としての江戸城」『国立歴史民俗博物館研究報告』第五〇集　一九九三年

大道寺友山　「落穂集」『新訂増補史籍集覧』第十一冊　臨川書店　一九六七年

高木浅雄　「戸田村の石切文書」『沼津市博物館紀要』13　一九八九年

高田祐吉　『名古屋城石垣の刻紋』名古屋城振興協会　一九九九年

高橋正彦編　『大工頭　中井家文書』慶應通信　一九八三年

高山優　『台徳院霊廟跡の考古学—増上寺寺域第2遺跡とその周辺—』港区教育委員会　二〇〇九年

田端寶作　『駿府城石垣刻印の謎』一九九一年

田辺悟　『伊豆相模の民具』慶友社　一九七九年

田邊泰　「芝・上野徳川家霊廟」『東京府史蹟保存物調査報告書』第十一冊　一九三四年

同　『徳川家霊廟』彰国社　一九四二年

所荘吉　『大小御鉄炮張立製作　石火矢鋳方伝　気砲記・粉砲考・秘牀図』恒和出版　一九八二年

所理喜夫　「徳川家康『関東入国』の歴史的意義」『城郭史研究』第二三号　二〇〇三年

内藤昌　『江戸と江戸城』鹿島出版会　一九七二年

同　『江戸図屏風別巻　江戸の都市と建設』毎日新聞社　一九七二年

同　『寛永期江戸城本丸・二丸図』教育出版　一九九三年

中村博司　「『穴太』論考」『日本歴史』第六九四号　二〇〇六年

同　「徳川氏大坂城の石垣普請について」『城郭史研究』第二七号　二〇〇七年

同　『天下統一の城　大坂城』新泉社　二〇〇八年

同　「徳川幕府による大坂城再築の一様相—黒田家丁場における石垣普請を事例に—」『城郭史研究』第三〇号　二〇一〇年

同　「『石切り』の技術と系譜—中世から近世へ—」『小豆島　石の文化シンポ

ジウム資料集』小豆島町企画財政課　二〇一二年
西和夫『江戸建築と本途帳』鹿島出版会　一九七〇年
西ヶ谷恭弘「天守建築発生に関する考察」『城郭史研究』第一七号　一九九八年
同『江戸城―その全容と歴史―』東京堂出版　二〇〇九年
同「城郭の水堀―その歴史と概要―」『水環境学会誌』三六-四　二〇一三年
蜷川親正編『（新訂）観古図説　城郭之部』中央公論美術出版　二〇〇三年
野中和夫「豆州、大名丁場に関する研究序説―伊東市域・東伊豆町域の石丁場群より―」『竹石健二先生・澤田大多郎先生還暦記念論文集』二〇〇〇年
同「標識石と境界石」『千葉経済大学学芸員課程紀要』第一〇号　二〇〇五年
同「伊豆東浦の石丁場と江戸城築城石」『怒濤の考古学―三澤正善君追悼記念論集―』二〇〇五年
同「江戸城天守台と小天守井戸跡」『千葉経済大学学芸員課程紀要』第一二号　二〇〇七年
同「江戸城修築と相模・伊豆の石丁場」『利根川文化研究』第三一号　二〇〇七年
同「元禄大地震と江戸城―被害と復興の記録より―」『千葉経済大学学芸員課程紀要』第一三号　二〇〇八年
同「江戸城の邸吻」『想古』創刊号　日本大学通信教育部学芸員コース　二〇〇八年
同「江戸城外郭諸門の屋根瓦に関する一考察―筋違橋門・浅草橋門を中心として―」『城郭史研究』第二八号　二〇〇九年
同「江戸城、寛永・万治度本丸殿舎造営に関する一考察―絵図の検討を中心として―」『千葉経済大学学芸員課程紀要』第一四号　二〇〇九年
同「江戸城『地震之間』に関する一考察―絵図の検討を中心として―」『想古』第二号　日本大学通信教育部学芸員コース　二〇〇九年
同「江戸城、紅葉山の御宮・御霊屋―都立中央図書館所蔵『江戸城造営関係資料（甲良家伝来）』より―」『想古』第三号　日本大学通信教育部学芸員コース　二〇一〇年
同「江戸城、西の丸御殿と吹上曲輪の上水・給水に関する一考察―絵図・古写真等々の検討から―」『想古』第四号　日本大学通信教育部学芸員コース　二〇一一年
同「江戸城の下水に関する一考察―本丸・西の丸の中枢部を中心として―」『城郭史研究』第三一号　二〇一一年
同「『鈴木修理日記』にみる元禄大地震の復興に関する一考察」『想古』第五号　日本大学通信教育部学芸員コース　二〇一二年
同『江戸・東京の大地震』同成社　二〇一三年
同「江戸城、道灌濠の石組排水施設―『皇居造営録』より―」『想古』第六号　日本大学通信教育部学芸員コース　二〇一三年
同「宮城造営に伴う石垣修繕―二重橋正門・西丸大手門・坂下門の事例から―」『想古』第七号　日本大学通信教育部学芸員コース　二〇一四年
同「宮城と関東大震災―宮内庁宮内公文書館所蔵史料から―」『利根川文化研究』第三八号　二〇一四年
同「宮城、大手石橋新造に伴う石材需給に関する一考察―宮内庁宮内公文書館所蔵史料から―」『城郭史研究』第三四号　二〇一五年
野中和夫編『石垣が語る江戸城』同成社　二〇〇七年
同『江戸の自然災害』同成社　二〇一〇年
同『江戸の水道』同成社　二〇一二年
土生田純之・福尾正彦「江戸城本丸発掘調査報告」『書陵部紀要』第四〇号　一九八九年
原田幹校訂『江戸名所図会』人物往来社　一九六七年
平井聖監修、伊東龍一『江戸城　1城郭（城郭・侍屋敷古図集成）』至文堂　一九九二年

平野隆彰『穴太の石積』かんぽう　二〇〇七年
深井雅海『江戸城―本丸御殿と幕府政治―』中公新書　二〇〇八年
藤井重夫「城郭の符号」『城』五〇号　関西城郭研究会　一九六八年
同「大坂城石垣符号について」『大坂城の諸研究』名著出版　一九八二年
三浦浄心「慶長見聞集」『日本庶民生活史料集成』第八巻　三一書房　一九六九年
武者金吉『日本地震史料』毎日新聞社　一九五一年
村井益男『江戸城―将軍の生活―』中公新書四五　一九六四年
同「江戸の発展」『日本生活文化史』第五巻　河出書房新社　一九七〇年
村川行弘『大坂城の謎』学生社　二〇〇二年
力武常次監修『東京直下地震』毎日新聞社　一九九一年
渡辺偉夫『日本被害津波総覧』東京大学出版会　一九八五年
熱海市『熱海市史』上巻・資料編　一九六七年・一九七二年
熱海市教育委員会『瘤木石丁場遺跡』一九九七年
同『熱海市伊豆石丁場遺跡確認調査報告書』二〇〇九年
伊東市『伊東市史』本編・資料編　一九五七年・一九六二年
伊東市教育委員会『宇佐美北部石丁場群分布調査報告書Ⅰ』一九九一年
同『静岡県伊東市　伊豆石丁場遺跡確認調査報告書』二〇一〇年
江戸遺跡研究会編『災害と江戸時代』吉川弘文館　二〇〇九年
同『江戸の上水道と下水道』吉川弘文館　二〇一一年
江戸東京博物館『東京都江戸東京博物館調査報告書第四集　館蔵資料報告Ⅰ　今戸焼』一九九七年
同『江戸城』図録　二〇〇七年
大阪府立近つ飛鳥博物館『修羅！その大いなる遺産　古墳・飛鳥を運ぶ』図録　一九九九年
大阪歴史学会『ヒストリア別冊　大坂城再築と東六甲の石切丁場』二〇〇九年
小田原市『小田原市史』別編・城郭　一九九五年
葛飾区郷土と天文の博物館『諸国洪水・川々満水―カスリーン台風の教訓―』図録　二〇〇七年
同『東京低地災害史―地震、雷、火事？……教訓！―』図録　二〇一二年
宮内庁管理部『特別史跡　江戸城跡　皇居東御苑内　本丸中之門石垣修復工事報告書』二〇〇七年
同『江戸城跡　皇居山里門石垣修復工事報告書』二〇〇九年
同『特別史跡　皇居桔梗濠沿い石垣修復工事報告書』二〇一三年
宮内庁書陵部『宮内省の編纂事業』展示目録　二〇〇七年
宮内庁書陵部・三の丸尚蔵館『皇室の文庫　書陵部の名品』図録　二〇一〇年
宮内庁臨時皇居造営部『皇居正門鉄橋架替工事記録』一九六六年
国立歴史民俗博物館『時代を作った技―中世の生産革命―』図録　二〇一三年
社団法人霞会館編『鹿鳴館秘蔵写真帖　江戸城・寛永寺・増上寺・燈台・西国巡幸』平凡社　一九九七年
震災予防調査会編『大日本地震史料』思文閣　一九七三年
墨田区役所『墨田区史』一九七八年
地下鉄七号線溜池・駒込間遺跡調査会『赤坂御門・食違土橋』一九九五年
同『江戸城外堀跡　市谷御門外詰橋・御堀端　第Ⅱ分冊』一九九七年
築城史研究会『大坂城　石垣調査報告書㈡』二〇〇六年
千代田区教育委員会『丸の内一丁目遺跡』一九九八年
同『江戸城の考古学Ⅱ』二〇〇一年
千代田区丸の内一丁目遺跡調査会『丸の内一丁目遺跡Ⅱ』二〇〇五年
千代田区・港区・新宿区『史跡　江戸城外堀跡保存管理計画書』二〇〇八年
千代田区役所『千代田区史』一九六〇年
東京市役所『東京市史稿』皇城篇第壹～第五　一九一一年～一九一八年

同　変災篇第壹　一九一四年
東京大学地震研究所　『新収　日本地震史料』第三巻別巻（元禄大地震）　一九八二年
東京都水道局　『上水記』　二〇〇六年
名古屋市教育委員会　『金城温故録㈠』　名古屋叢書続編第十三巻　一九六五年
東伊豆町教育委員会　『東伊豆町の築城石』　一九九六年
文化財保護委員会　『重要文化財　旧江戸城田安門　同清水門修理工事報告書』　一九六七年
真鶴町　『真鶴町史』通史編・資料編　一九九三年・一九九五年
港区教育委員会　『港区立港郷土資料館所蔵　幕末・明治期古写真集―名所・旧跡、そして人びと―』　二〇一三年
港区立港郷土資料館　『増上寺　徳川家霊廟』図録　二〇〇九年
山内家史料刊行委員会編　『山内家史料　第二代忠義公紀第二編』　一九八二年
東京都埋蔵文化財センター　『尾張藩上屋敷遺跡発掘調査報告書Ⅶ』　二〇〇一年

あとがき

宮内庁書陵部に史料の閲覧のために通いはじめて五年目になる。平河濠と乾濠越しにみる高石垣、石垣の刻印、北桔橋門と屋根瓦、天守台。毎週みる光景であるが、いつも新鮮である。

そもそも書陵部に通う契機となったのは、乾通りから蓮池濠に面する高石垣にあった。西桔橋の南側、高石垣の面を思わず碁盤と見間違えてしまう。白黒の石が見事（?）に散り嵌れている。実際には、白くみえるのが花崗岩、黒（暗灰色）くみえるのが安山岩である。およそ、天下の城である江戸城にあっては、相応しくない姿である。勿論、双眼鏡では、ここでの石垣刻印をみることはない。この石垣の改修時期が気になったのである。拙著『江戸・東京の大地震』で、解決の糸口を摑むことができた。本来は、目的達成で終わりとなるはずであった。

しかし、同時に宮城造営に伴う西丸大手門や二重橋正門の石垣修繕、大手石橋・二重橋鉄橋の架替史料等々を目にするなかで、その重要性を認識し、伝える必要性を強く感じるようになっていた。

また、これまで拙稿を発表するなかで、筆者の勉強不足と怠慢から、解釈の間違や校正ミスなどの訂正を行なう機会がなかった。一方では、新たな資史料と出会い、追加することを願っていた。

本書は、江戸城と宮城という位置は同じであるものの、時間軸が異なる二つの城の造営と改修について扱ったものである。いずれも、各々の時代、我国の中心をなす城でもある。全体を一〇章で構成したが、第二章から第七章までが江戸城。私にとって、江戸城観の集大成でもある。第八章から第一〇章までが宮城。これは、先行研究が皆無に等しく、まずは正確な史料の紹介を心掛けている。したがって、全体を通すと、集大成の部分と研究序章ともいえる部分の二面性をもつ。そのために、バランスに欠如しているというご指摘があろうことを覚悟している。

筆者が江戸城や宮城に関心を持つようになったのは、全くの偶然からであった。以前、静岡県東伊豆町峠遺跡の発掘調査を依頼され、その時に地元、教育委員会の方に同町大川に所在する谷戸ノ入石丁場に案内されたのが発端となっている。はや四半世紀を経過するが、巨石や割石群が強烈な印象となり、その時の様子が今でも脳裏にうかぶ。つまり、私にとっては、江戸城への関心から入ったのではなく、採石丁場からということになる。

二〇一五年四月十七日は、徳川家康の四〇〇回忌にあたる。本書は、それに合わせて上梓したものではない。計らずもその時期と重なったのである。しかしながら、これまでの研究をふり返ると、不思議な繋りを感じないこともない。私自身、採石丁場を含む石垣には固執していたが、その後、御殿や天守などの建造物、上水と下水、災害と復旧など江戸城を介して新たな関心を持つこととなった。それは、遺跡や遺構・遺物など考古資料にとどまらず、都立中央図書館や宮内庁書陵部などで貴重な史料を閲覧する機会を得ることが端緒となっている。今回、史料を提示することができなかったが、増上寺では、『縁山三内図』・『増上寺三門之図』・『台徳院御霊絵図』などを間近で見ることができた。すなわち、これら新たな史料群との出合いが本書に繋がっているのである。そこには、自分の意志だけではなく、別の力によって背中を押されているようでもある。

ところで、今日、私が研究を進めているなかで、掛替えのない先生方との出会いがある。お礼をこめてご紹介したい。

小池汪先生。日本写真家協会でご活躍の写真家であり、本書でも口絵をはじめとして多くの写真をご提供いただいた。以下に、その一覧を記す。

口　絵　1~8
第二章　2-9・10・11・13・14・15・16・17・18・19・20・21・22・23・24・25・26・27・28・29・30・36・40・41・44・45・47・49・50・51・52・54・55
第六章　6-8・9
第七章　7-4
第八章　8-8・11・39

先生とは昭和五十年代、川崎市影向寺跡の発掘以降、ご一緒する機会が度々あり、とりわけファインダーを通してプロとしての鋭い視点や、撮影する際に光の重要性をご教示いただいている。本書において、先学とは異なる視点の箇所があるが、先生の影響が大きいものとなっている。

学問の上では、齋藤忠先生、田邉悟先生、西ヶ谷恭弘先生。いずれの方も、その方面の第一人者である。

齋藤先生は、恩師であり、先生との出会いなくして今の私は存在しないといっても過言ではない。前掲の峠遺跡のご視察をいただいた折、谷戸ノ入・谷戸山石丁場をご案内し、その時に石丁場についてまとめるように勧められたのは、ほかならぬ先生であった。最も印象深いのは、『石垣が語る江戸城』を上梓した後、ご自宅を訪ねた際にいただいた言葉である。それは、先生の恩師、黒板勝美先生が先生に語られた「同じ研究を十年間続けよ。そうすればその研究を世間が認めてくれる。」というものであった。その言葉を、齋藤先生からそのまま授けていただいた嬉しさと責任の重さを忘れることはできない。その先生は、一〇五歳を目前に、平成二十五年七月二十一日ご逝去された。ご指導を迎げないのは、残念である。ご冥福をお祈りするところである。

田邉先生は、海女《あま》・人魚・イルカ・鮪などをご研究されている民俗学者である。大学の調査実習で知りあってから、一五年余が経過する。先生が将来を見据えて、学問としての文化人類学の重要性や、身近なところでは、調査終了後の迅速なまとめと活字化など一語一語が大変重い。その上、研究領域の広さには敬服している。

西ヶ谷先生は、中世城郭をご専門とされるが、古代から近世の城はもとより、朝鮮半島から中国に至る東アジア地域の城郭に精通されている大家である。かつて、浅学の私が先生に愚問をしたことがある。それは、「城とは」との問であり、しばし考慮された後「人質を囲う所なり」の返答をいただいた。意外であったが、先生の真摯な姿勢、弛ゆまぬご研究、熱心な後進のご指導には日頃から強い尊敬の念を抱いている。

三人の研究者とともに畏友の橋本真紀夫氏。彼は、民間で自然科学分析に従事し、埼玉県和光市丸山台遺跡群や前掲の伊豆峠遺跡では、遺構や遺物を解明するために、議論し、発表した仲間である。発掘三昧に近い生活を送っていた私に、ある時、研究の道を問うた人物でもある。今日、私にとって最大の協力者の一人であり、彼の発言には感謝している。転機となった一語を考えると、先生と呼称した方が相応しいのかもしれない。

黒板・齋藤両先生の言葉を引用するまでもなく、私の宮城造営に関する研究は、未熟と言わざるをえない。莫大な史料を目前にし、まずは地道に目を通すことが急務と考える。今回、本書で扱った宮内庁宮内公文書館所蔵の史料は、これまで未発表であることを述べたが、保存状態が良く、内容が充実し、かつ詳細な記録である。本文中でも指摘したが、宮城を調べることによって、時間をさかのぼり、江戸城を考えることにも繋がる。正に、「新しきを知り、古きを再考する」機会でもある。さきに、江戸城の集大成であると述べたが、今後、研究を進めていくと、江戸城についても補筆が必要となることが予感される。

本書を上梓するにあたり、諸氏、諸機関から資史料の掲載のご快諾をいただいた。また、多くの方々からご教示をいただいた。この場をお借りして御礼申し上げる。また、同成社会長の山脇洋亮氏と社長の佐藤涼子氏には、企画の段階から相談にのっていただいた。さらに、編集長の工藤龍平氏と編集の山田隆氏には、大変お世話になり、親身なご協力をいただいた。心より、深く御礼を申し上げたい。

なお、私事であるが、今回、上梓するにあたり、家族の協力なしでは、ここに至ることができなかった。妻の房子と愛犬のムサシに感謝している。

平成二十七年四月十七日

野中　和夫

江《え》戸《ど》城《じょう》

—築城《ちくじょう》と造営《ぞうえい》の全貌《ぜんぼう》—

■著者略歴■

野中和夫（のなか・かずお）

1953年生。

1977年　日本大学文理学部史学科卒業。

1983年　日本大学大学院文学研究科日本史専攻博士後期課程満期退学。

現　在　日本大学講師・拓植大学講師・千葉経済大学講師。

主要著作

『石垣が語る江戸城』（〔編著〕同成社、2007年）。『江戸の自然災害』（〔編著〕同成社、2010年）。『江戸の水道』（〔編著〕同成社、2012年）。『江戸・東京の大地震』（〔単著〕同成社、2013年）。

2015年5月25日発行

著　者　野中和夫

発行者　山脇洋亮

印　刷　亜細亜印刷㈱

製　本　協栄製本㈱

発行所　東京都千代田区飯田橋4-4-8（〒102-0072）東京中央ビル　㈱同成社

TEL 03-3239-1467　振替 00140-0-20618

ISBN978-4-88621-699-1 C3021